[MIRROR]
理想国译丛

imaginist

023

为了人与书的相遇

理想国译丛序

“如果没有翻译，”批评家乔治·斯坦纳（George Steiner）曾写道，“我们无异于住在彼此沉默、言语不通的省份。”而作家安东尼·伯吉斯（Anthony Burgess）回应说，“翻译不仅仅是言词之事，它让整个文化变得可以理解。”

这两句话或许比任何复杂的阐述都更清晰地定义了理想国译丛的初衷。

自从严复与林琴南缔造中国近代翻译传统以来，译介就被两种趋势支配。

它是开放的，中国必须向外部学习；它又有某种封闭性，被一种强烈的功利主义所影响。严复期望赫伯特·斯宾塞、孟德斯鸠的思想能帮助中国获得富强之道，林琴南则希望茶花女的故事能改变国人的情感世界。他人的思想与故事，必须以我们期待的视角来呈现。

在很大程度上，这套译丛仍延续着这个传统。此刻的中国与一个世纪前不同，但她仍面临诸多崭新的挑战。我们迫切需要他人的经验来帮助我们应对难题，保持思想的开放性是面对复杂与高速变化的时代的唯一方案。但更重要的是，我们希望保持一种非功利的兴趣：对世界的丰富性、复杂性本身充满兴趣，真诚地渴望理解他人的经验。

[美] 弗里茨 · 斯特恩 著　　王晨 译

金与铁：
俾斯麦、布莱希罗德与德意志帝国的建立

FRITZ STERN

GOLD AND IRON:
BISMARCK, BLEICHRÖDER,
AND THE BUILDING OF THE GERMAN EMPIRE

四川人民出版社

GOLD AND IRON: Bismarck, Bleichröder, and the Building of the German Empire
By Fritz Stern

Published by arrangement with Georges Borchardt, Inc.
through Bardon-Chinese Media Agency

四川省版权局著作权合同登记号：图［进］21-2017-683

图书在版编目(CIP)数据

金与铁：俾斯麦、布莱希罗德与德意志帝国的建立 /(美) 弗里茨·斯特恩著；王晨译.
— 成都：四川人民出版社, 2018.1（2021.12 重印）

ISBN 978-7-220-10618-7

Ⅰ.①金… Ⅱ.①弗… ②王… Ⅲ.①德意志帝国－历史
Ⅳ.①K516.42

中国版本图书馆CIP数据核字(2017)第306492号

JIN YU TIE: BISIMAI，BULAIXILUODE YU DEYIZHIDIGUO DE JIANLI
金与铁：俾斯麦、布莱希罗德与德意志帝国的建立
［美］弗里茨·斯特恩著; 王晨译

责任编辑：张　丹
特邀编辑：吴晓斌　唐海涛
装帧设计：陆智昌
内文制作：陈基胜

出版发行　四川人民出版社（成都槐树街2号）
网　　址　http://www.scpph.com
E－mail　scrmcbs@sina.com
印　　刷　山东临沂新华印刷物流集团有限责任公司
开　　本　965mm×635mm　1/16
印　　张　56.5
字　　数　730千
版　　次　2018 年 1 月第 1 版
印　　次　2021 年 12 月第 5 次
书　　号　978-7-220-10618-7
定　　价　145. 00 元

如发现印装质量问题，影响阅读，请与发行部联系调换。
电话：（010）84255532 转6085

导 读

焦虑的联盟

许知远

一

在生命的最后几年，盖尔森·布莱希罗德（Gerson von Bleichröder）再度被这桩丑闻困扰。

一切源起于一桩从未被正式确认的偷情行为。1868年，一位名叫朵萝提·科洛纳（Dorothee Croner）的柏林女人声称，因为布莱希罗德的存在，她与丈夫离婚了。44岁的布莱希罗德是普鲁士最富有、最知名的商人之一，作为俾斯麦的私人银行家，他还有着一般商人难以企及的特权，尽管他是个犹太人。

这桩丑闻很快被压制下去。柏林的警察系统介入其中，布莱希罗德也付出了一笔赔偿款，安排这个女人离开德国。在这短暂的插曲后，布莱希罗德的财富、声名、权势即将因与俾斯麦的特殊关系，迎来戏剧性的提升。

这个女人并未消失，几年后，她重回柏林，开始持续不断地骚扰布莱希罗德，威胁公开丑闻，不停地索要金钱。柏林的警察、司法系统，也拿这个女人没有特别的办法。更糟的是，一位人品低劣的前警察施魏林（Schwerin）加入了这个女人的队伍，与她联手敲诈这位银行家。他们的无耻与勇敢背后，是一股越来越强烈的反犹风潮。在欧洲，对于犹太人的歧视由来已久，即使在19世纪中叶出现了一股“解放”潮流，但犹太人从未被真正平等地对待。当1873年的经济危机爆发后，富有的犹太人再度成为标靶，似乎是他们的贪婪、投机造就了萧条。再接下来，这个女人沉默了，施魏林继续指控，并迎来了新的同盟，一位反犹领袖。这桩私人丑闻有了更为明确的时代意义，在1891年出版的一本小册子中，布莱希罗德被描绘成一个不仅榨干了德国经济，还代表着“纵欲、作伪证、腐败的故事”。两年后，他们又在另一本小册子中写道：“德国人已经如此接受一个腐化千年的外来种族，他们以钱袋为上帝，以欺诈为信仰。德国人，团结起来，为德国的法律体系而战，否则你们将再无出头之日。”

这种赤裸裸的攻击也与俾斯麦在1889年的下台相关。即使在位时，首相都未必愿意为他的犹太朋友提供保护，更何况失去了权力。布莱希罗德最终在这一片中伤、声讨之声中离世。在逝世前的相当长一段时间，他饱受私人生活之痛楚。除去这起如影随形的丑闻，自19世纪70年代末，他已完全失明，需要搀着助手匆匆赴约。他的财富与荣耀每增加一分，公众的愤怒与反感就多了一分。更何况，他努力效忠的对象——不管是俾斯麦还是皇室、权贵们——从未对他表现出真心的尊重。他们需要他的金钱，借重他对商业变迁的判断，甚至给予他勋章、赞扬，却从未真的把他视作自己人。

他在一片诅咒中死去。死前，他仍一直扮演着他的公众角色，继续与贵族、内阁部长会面，商讨德国经济还有他们的个人财务。

对我来说，再没有什么事比这个庸常的通奸插曲更能表现出这个犹太银行家的个人困境与它背后的时代氛围。他一定是个倍感孤独、压抑之人，才会因某次突然的冲动而与一个莫名其妙的女人发生了关系。而且据说，这个女人“完全不具备美貌、魅力和地位”，根据她的言行判断，显然她颇有精神问题。可以想象，布莱希罗德一定对此既羞愧又懊恼。接着，他的犹太身份、他的金钱，更重要的是时代情绪，使这个偶然的错误演变成摧残他终生的伤口。那是个焦虑的德国，迅速扩张的工业与金融力量，既象征了这个国家的力量，也催生了不满，那些被发展抛弃的普通人心生怨恨；那也是一个新闻业爆发的德国，各种报纸、小册子需要各种能引诱公众想象力的题材，犹太银行家的阴谋最符合这一需求；它还是一个时刻处于性焦虑的时代，弗洛伊德之前的人们尚不知如何正视自己的欲望，这种压抑滋生丑闻、更滋生人们对丑闻之热爱……这一切也与他的保护人俾斯麦有关。这个 19 世纪最令人赞叹的政治强人既造就了一个统一的、咄咄逼人的德国，却也给新生的德国人带来不快乐的时光。他对自由有着天然的不信任，更没有兴趣建立一个能保护基本个人权利的制度。他对权力的绝对崇拜、他那强硬的个人作风，都让整个社会陷入持续性的紧张感。长期积郁的紧张，增加了褊狭与愤怒，而布莱希罗德将成为这种种复杂的、纠缠在一起的力量的替罪羊。

二

在我的书架上，这本《金与铁》已经放了七年。忘记了是在查令街上的哪家二手书店，我无意中发现了它。那时，我迷恋大书，就是那种动辄上千页、体积与内容都令人望而生畏的著作。这一本无疑如此。它肃穆地插在历史区上，封面已丢失，但黑色硬皮的包装，书脊上烫金的标题“金与铁”，发出特别的诱惑。我把它端在手中，既感到重量，也看到它的副标题“俾斯麦、布莱希罗德与德意志帝国的建立”。尽管甚至念不出布莱希罗德的发音，更不知道他是谁，但笃信这一定是本气势恢宏的著作。我也喜欢“金与铁”这个漂亮的标题。“当前的重大问题不是靠演说和多数派决议所能决定的，而是靠铁与血”，我记得俾斯麦斩钉截铁式的判断。把“铁与血”替换成“金与铁”又有何种意味？

这位叫布莱希罗德的犹太银行家与他的庇护人俾斯麦的交织关系，构成了这本书的双重传记，在他们背后，是德意志帝国的轰然崛起。

七年来，我常鼓起勇气翻开它，但随即又放了回去。我对于犹太人话题缺乏兴趣。它或许在欧洲历史中占据着中心的位置，我却缺乏这种与宗教、文化相关的敏感性。我对俾斯麦与德意志的兴起充满兴趣，却又常为当时复杂的政治关系所苦恼，普鲁士与其他公国之间的关系，统一后的德国与欧洲列国的纷争，一个俾斯麦的“铁与血”的神话无法涵盖这种复杂关系。

不过，它的作者弗里茨·斯特恩却从此进入我的视野。出生于1926年的斯特恩，于2016年5月去世，是20世纪最重要的历史学家之一，或许也是我最钟情的一种类型。他用典雅、雄辩的语调写作，同时穿梭于历史研究与现实政治之中。他还有一个或许过分多姿多彩的人生。他出生于一个杰出的德国犹太家庭，侥幸逃脱了希特勒的统治。在美国，爱因斯坦曾劝他学习物理学，他却选择了历史。他赶上哥伦比亚大学的黄金时代：他的年轻导师中有文学批评家特里林（Lionel Trilling），导师告诉他欧洲知识分子的悲观意识；他的论文指导者，则是文艺复兴式的人文学者巴赞（Jacgues Barzun）；在宿舍里，与他进行过争辩的同龄人则有艾伦·金斯堡（Allen Ginsberg）；当他留校任教后，又与天才历史学家理查德·霍夫斯塔德（Richard Hofstadter）成了同事，后者对于政治、社会心理的洞察深刻地影响了他的历史观。他在英语世界奠定了声誉后，又重回德国，与施密特（Helmut Schmidt）总理纵论20世纪，并成为柏林墙倒塌后的美国驻柏林大使的顾问，参与重建德国的商讨。在20世纪的最后一年，他成为了声誉卓著的德国和平书业奖得主。尽管一些人批评他的虚荣、他对于名利世界的迷恋，但没人否认他对于人们重新理解德国作出了巨大贡献。

我读过他的一本专著《文化绝望的政治》(*The Politics of Cultural Despair: A Study in The Rise of The Germanic Ideology*)，一本文集《爱因斯坦恩怨史》(*Einstein's German World*)，很是被他理解历史的新颖角度所吸引。他曾说，因为希特勒在20世纪历史与他个人经历中的绝对性主宰，他把一生的精力都投身于理解第三帝国如何兴起、它的历史根源何在。他也试图在19世纪的政治、社会心理中寻找这场灾难的源头。他相信，希特勒的第三帝国与俾斯麦的德国间，存在着强烈的连续性。德国的政治文化、大众心理，为理解德国问题提供了有力的分析。

我也知道，在他的著作序列中，出版于1977年的《金与铁》是最重要、规模最惊人，或许也是最能表现他的历史哲学的一部。在它的中文版即将出版前，我知道自己终于要阅读这本书了。

三

1858年，布莱希罗德结识了俾斯麦。他们来自两个截然不同的世界。一个是古老的容克家族，以贵族头衔、占有土地为荣；另一个则来自犹太银行家，他们被歧视的身份已持续了几百年，但他们又因为专门打理金钱而富有。

罗斯柴尔德家族促成了这次会面。当俾斯麦需要一位值得信赖的私人银行家时，36岁的布莱希罗德获得了这个机会，他刚刚执掌了父亲创办的私人银行，这家银行也一直以无比恭敬的态度追随着罗斯柴尔德家族。43岁的俾斯麦是普鲁士官僚系统中的新兴一员，他即将出使圣彼得堡。像当时很多类似的案例一样，他们最初的关系再简单不过，俾斯麦需要有人打理他的金钱，后者需要这样的客户，以提高自己的社会地位。

历史潮流很快将他们推向了一个崭新的阶段，他们的合作随即演化为一个更复杂的故事。先是1866年，长期政治失意的俾斯麦陡然间成为了新帝国的缔造者，普鲁士统一了四分五裂的德意志。接着在1871年它击败了法国，跃升为欧洲大陆绝对的新强权。而作为帝国第一任首相的俾斯麦则成了神话式的人物，他的铁腕、精明、威慑力，在欧洲政治舞台中占据的中心角色，更以强烈的个人风格重塑了国内政治。

布莱希罗德的地位随着俾斯麦迅速提升。在两次并无把握的战争中，他都是俾斯麦最热烈、忠诚的支持者，主动为此筹措资金。他也获得了相应的回报，不仅与俾斯麦更为密切，还觐见了新皇帝与皇储,参与了诸多决策。他在49岁成了德国最知名的私人银行家、唯一受颁铁十字勋章的犹太人，接着，又获得了贵族册封，名字中可以加入“冯”，这是他梦寐以求的承认。他还受惠于铁路、钢铁、海外贸易造就的新一轮经济增长，他在其中获得了巨额财富，这些又给他增加了新的虚荣与影响力。

他甚至跨入了欧洲最显赫人物的行列，被称作“柏林的罗斯柴尔德”。英国首相迪斯累利把他描述成“俾斯麦的密友”，唯一敢向他说真话的人。外交团体都讨好他，他最终还出任了英国柏林总领事这样的荣誉职位，为此，他还推掉了奥匈帝国总领事的头衔。而他的家则成为德国社交生活的中心，一位社交名媛回忆：“几乎柏林的所有贵族和政府要员都会前往……整张宴会桌上摆满了精品中的精品。人们使用银质餐具，面前摆放着最奢华的东西。然后（小提琴家）帕布罗·德（Pablo de Sarasate）和（宫廷钢琴家）埃西波夫（Essipoff）开始表演，随后是舞会。”

他不仅追求这表面的虚荣，还参与新帝国的冒险。与同时代中最杰出的欧洲银行家一样，他把目光投向海外，不管是滞后的俄国，还是陷于衰落的奥斯曼帝国与保加利亚、塞尔维亚这些新国家，以及非洲，它们因为缺乏完善的金融体系而需要这些外国资本。布莱希罗德借债给土耳其政府，试图修建连接土耳其与奥匈帝国的铁路。

他投资墨西哥债券。他还试图进入中国。一群德国银行家建立非正式的“中国研究组”，但他们总体上是保守的，放弃了这项投资，“因为激烈的外国竞争（特别是美国），因为中国业务总体上不够安全和可靠”（引自本书页 570）。

这迅速拓展的新世界、获得的新经验，也增加了他的个人影响力。俾斯麦给他庇护，他也拓展了俾斯麦对于这个时代的理解。俾斯麦不仅经常依赖于他的情报，银行家的外交消息反而常比大使更快，谓之“早八天”；俾斯麦也学会了通过银行家的眼光来理解世界，金钱、技术、贸易构成的新世界，它不同于一个容克的世界。俾斯麦对金钱之迷恋，他的精明与锱铢必较甚至让布莱希罗德吃惊。

他们的内在冲突也一直存在，这是旧精英与新富之间矛盾的象征。他们从来是不平等的关系，即使在最受宠的时代，布莱希罗德也仅仅是从俾斯麦家后门进入的人。权贵们在金钱上求助于他，却从不会真正尊重他。在他的著名的宴会上，俾斯麦从不出席，即使名流云集，也很少出现德国军官的身影——他们才是“精英中的精英”。那位盛赞过他的宴会的名媛同时也说，他的宴会虽然奢华却“有欠素养”，参与者们都“事后表示后悔”。

这种不平等既显示犹太群体强烈的身份焦虑，也同样显示了容克掌权者们对一个正在兴起的由金钱、工业、高度流动性构成的世界的焦虑。俾斯麦也知道，自己的权力既非神赐，更非民众的支持，全赖于皇帝的给予，倘若皇帝变了心情，他立刻失去一切。布莱希罗德更深知，自己对于俾斯麦的依附性。

还好，他们都有独特的性格特征来弥合这种紧张。俾斯麦用他的傲慢、权力控制欲来维持这种自我中心，布莱希罗德则是借助迟钝——“对许多轻视不敏感，满心以为他的财富、地位和智慧足以抵挡来自下层的攻击。”在某种意义上，他们之间是两个焦虑者的同盟。

同盟必有终结一日。1889 年是他们的转折之年。在一个咄咄逼人的年轻皇帝面前，俾斯麦轻易丢掉了权力，陷入一种可怕的孤立。他退隐到自己的家乡。而布莱希罗德庞大的金钱更为脆弱，他无力面对时代的敌意。

死亡更使得这种同盟关系变得脆弱、凉薄。当布莱希罗德去世时，他在短期内激起了一片的哀悼与赞扬，葬礼的盛大程度堪称国葬。一贯刻薄的新闻界也发出了这样的措辞："德国最慷慨的人之一，最崇高的慈善家……[德国金融界]失去了最杰出的代表。"但随即，他被迅速地遗忘。这遗忘与金钱相关，更与德国政治与社会上的迅速变迁有关，与罗斯柴尔德甚至瓦伯格家族不同，布莱希罗德家族的金钱未能持续太久。犹太人从俾斯麦时代进入了希特勒时代，从一个身份焦虑时代进入一个被清除的时代。

这种刻意遗忘更与俾斯麦相关，在他生前出版的气势恢宏、事无巨细的两卷本个人回忆录中，他甚至没有提到他的名字，而死后出版的最后一卷中，只提及了一次，尽管后者长期为他打理个人财务，为他的外交政策和战争寻找财政支持。布莱希罗德不仅与俾斯麦，还与他的家人、当时欧洲的主要权贵们，都有大量的书信往来。俾斯麦的刻意忽略，也影响了日后的历史学家。

当弗里茨·斯特恩在20世纪60年代发现关于布莱希罗德的海量个人通信与档案时，这个犹太银行家已基本被遗忘。与之相对的是，至少有7000本俾斯麦的传记、研究作品被出版。在这些档案中，不仅有他与俾斯麦，也有与俾斯麦的家人、德国皇帝、英国外交官、巴黎的罗斯柴尔德的通信，它们几乎构成了当时欧洲最显赫的关系网络。利用这些信件，斯特恩试图用一个视角来重新理解19世纪的德国历史。在对于19世纪德国的主流叙述中，占据一切的是俾斯麦的个人风格、皇帝的选择、强大的官僚与军事系统，一部纯粹的政治、外交史。尽管身为那个时代最重要的银行家，深刻地卷入了俾斯麦的个人世界与德国公共生活的布莱希罗德却很少被提及。他的犹太人身份，他代表的金钱力量，不仅是理解第二帝国的重要维度，还为理解希特勒的第三帝国的兴起提供了新视角。

在斯特恩笔下，德国人对于布莱希罗德的刻意忽略与沉默，或许正暗示了历史的趋势。即使身为那个时代最有权势的犹太人，布莱希罗德也从未摆脱传统、德国社会非理性思潮的压力。犹太人所取得的任何成功，都没有得到任何制度意义上的保护，必须依赖于掌权者与社会情绪的状况。巨大的金钱只是暂时遮蔽了他的身份困境，从未解决其困境。

但历史证明，傲慢的权力本身也是脆弱的，俾斯麦被威廉二世羞辱，嚣张一时的威廉二世也最终因为战争失败，进入流放生活，只能在回忆录中继续诋毁俾斯麦。在某种意义上，他们都是一种非自由文化的受害者。这种非自由化，不会尊重个体价值，难以理解自由之意义，它崇拜权力、渴望强人，最终所有人都沦为牺牲品。

这是一次大开眼界且疲倦不堪的阅读。除去这位天赋异禀人物的故事，这本书所展现的时代画卷——他对于柏林的兴起、时代的氛围、帝国的殖民经验的种种描述——都让你感到畅快异常。它印证了我七年前对它的盲目敬畏，它的确是一本“big book”。

金钱是我们时代的上帝，罗斯柴尔德是他的先知。

——海因里希·海涅

对世界史而言，罗斯柴尔德家族的历史比萨克森王国的历史更重要；这是一个德国犹太人的历史，我们对此能无动于衷吗？

——特奥多尔·蒙森

今天的重大问题不是靠演说和多数决定所能解决的——那是1848年和1849年的错误——而是要靠血和铁。

——奥托·冯·俾斯麦，1862年

事实上，德意志帝国的建立，更多的是依靠煤和铁，而不是血和铁。

——约翰·梅纳德·凯恩斯

目 录

第三部分　融合的痛苦

插图目录

（本书插图见页 413—432）

缩写说明

档案

AI：巴黎以色列联盟（Alliance Israélite, Paris）

BA：哈佛大学贝克图书馆布莱希罗德档案（Bleichröder Archive, Baker Library, Harvard University）

BLHA：勃兰登堡州首府档案，波茨坦（德意志民主共和国）（Brandenburgisches Landeshauptarchiv, Potsdam [German Democratic Republic]）

DZA：德国中央档案（德意志民主共和国）（Deutsches Zentralarchiv [German Democratic Republic]）

FA：俾斯麦亲王档案，弗里德里希斯鲁（Fürst von Bismarck Archive, Friedrichsruh）

GFO：德国外交部政治档案，波恩（German Foreign Office: Politisches Archiv, Bonn）

HHSA：维也纳家族、宫廷和政府档案（Haus-, Hof-, und Staatsarchiv, Vienna）

HN：保罗·冯·哈茨费尔特遗稿，巴德内恩多夫（德意志联邦共和国）（Paul von Hatzfeldt Nachlass, Bad Nenndorf [German Federal Republic]），格哈德·埃贝尔博士（Dr. Gerhard Ebel）保管

HS：霍亨索伦亲王家族和领地档案，齐格马林根（德意志联邦共和国）（Fürstliches Hohenzollern Haus- und Domänenarchiv, Sigmaringen [German Federal Republic]）

MAE：巴黎外交部政治通信（Ministère des Affaires Étrangères, Correspondance Politique, Paris）

PRO/FO：伦敦公共档案局 / 外交部文件（Public Records Office, Foreign Office files, London）

SA：舍恩豪森档案（Schönhausen Archive），不同于弗里德里希斯鲁的俾斯麦亲王档案

RA：巴黎罗斯柴尔德兄弟档案（Archives de Rothschild frères, Pari）

出版物

AHR：《美国历史评论》（*American Historical Review*）

APP：帝国历史委员会，《普鲁士的外交政策，1858—1871》（第 i—vi 卷和第 viii—x 卷，柏林，1932—1939）（Historische Reichskommission, *Die Auswärtige Politik Preussens, 1858–1871* [Vols. i–vi and viii–x, Berlin, 1932–1939]）

CEH：《中欧史》（*Central European History*）

DDF：法国外交部，《法国外交档案》，第 1 辑，1871—1900（16 卷本，巴黎，1929—1959）（Ministère des Affaires Étrangères, *Documents diplomatiques français*, 1st series, 1871–1900 [16 vols. , Paris, 1929–1959]）

DPO：海因里希 · 里特 · 冯 · 斯尔比克编，《奥地利的德意志政策探源，1859—1866》（5 卷本，奥尔登堡，1934—1938）（Heinrich Ritter von Srbik, ed. , *Quellen zur deutschen Politik Österreichs, 1859–1866* [5 vols., Oldenburg, 1934–1938]）

FBPG：《勃兰登堡与普鲁士历史研究》（*Forschungen zur brandenburgischen und preussischen Geschichte*）

GP：约翰内斯 · 莱普希斯等人编，《欧洲内阁的重大政策，1871—1914》（40 卷 xiv
本，柏林，1922—1927）（Johannes Lepsius and others, eds., *Die grosse Politik der europäischen Kabinette, 1871–1914* [40 vols., Berlin, 1922–1927]）

GW：赫尔曼 · 冯 · 彼得斯多夫等人编，《俾斯麦全集》（15 卷本，共 19 册，柏林，1923—1933）（Hermann von Petersdorff and others, eds., *Bismarck: Die gesammelten Werke* [15 vols. in 19, Berlin, 1923–1933]）

GWU：《作为科学和教学的历史》（*Geschichte als Wissenschaft und Unterricht*）

HZ：《历史期刊》（*Historische Zeitschrift*）

JEH：《经济史期刊》（*Journal of Economic History*）

JMH：《近代史期刊》（*Journal of Modern History*）

LBY：《莱奥 · 拜克学会年鉴》（*Leo Baeck Institute Year Book*）

OD：法国外交部，《1870—1871 年战争的外交根源》（29 卷本，巴黎，1910—1932）（Ministère des Affaires Etrangères, *Les origines diplomatiques de la guerre de 1870–1871* [29 vols., Paris, 1910–1932]）

SBHA：《议会下院商谈速记报告》（*Stenographische Berichte über die Verhandlungen des Landtages, Haus der Abgeordneten*）

导言

这是一本关于德国人和犹太人、关于权力和金钱的书。这是一本聚焦俾斯麦和布莱希罗德的书，前者是容克贵族和政客，后者是犹太人和银行家，两人的合作超过三十年。本书的背景是两个世界冲突中的德国：资本主义的新世界和古老封建精神的旧世界；一个更广泛的新精英阶层逐渐崛起，俾斯麦与布莱希罗德的关系成了这种重组的缩影。这是关于新德意志帝国建立的故事，在此过程中，身为少数族裔的犹太人上升到饱受争议的显赫地位。这是对一系列事件和促成这些事件的利益与情感的记录；记录主要出自当时人之手，来自数以千计未被披露过的书信和档案。这个故事也描绘了那个帝国及其统治者的脆弱，讲述了它隐藏的冲突，以及用光鲜外表掩盖残酷真相的虚伪。这份记录包含财富的两面性——既威胁到传统，又提供社会流动的希望；也包含犹太人的成功令人唏嘘的两面性，他们的成功如此惊人，如此瞩目，但又如此虚妄。这是对变化中的社会的研究，社会流动性是它的本质和痛处。

俾斯麦代表作为贵族、农业和等级社会的老普鲁士，但正是他寻求将现代社会元素与君主制的古老传统相结合。为了这个目标，他需要布莱希罗德。两人代表老贵族与新势力的历史性相逢，前者出身高贵，后者则拥有财富和抱负。两人与他们的合作形式还象征着德国现代化的过时形式。他们的工作反映出 19 世纪的重大主题：资本主义的冲击，民主与威权、民族主义与帝国主义的斗争，犹太人的崛起以及对这种崛起的报复——新的反犹主义。两人的人生交汇提供了关于他们所在时代的新视角，也呈现了一个活生生的社会，而不是流行观念中的概括与抽象。

俾斯麦的工作广为人知，至少被认为是这样。作为丰碑式的英雄和许多代德国人心中挥之不去的形象，俾斯麦是研究的热点，但直到最近，他与布莱希罗德的关系却无人问津。布莱希罗德的名字在当时家喻户晓，代表着巨大的财富、权力和神秘的影响。不过，随着布莱希罗德的死亡，他淡出了人们的脑海，尽管他的职业生涯对俾斯麦的人生和德国历史的进程产生了决定性影响。布莱希罗德 xvi 是俾斯麦与实务世界的私人纽带，俾斯麦则是布莱希罗德与高贵的普鲁士政治世界的首要联系。

作为首相的银行家，盖尔森·布莱希罗德从无籍籍名上升到德国社会的顶峰：他经常被称作德国的罗斯柴尔德，是第一位没有皈依基督教就获封贵族的普鲁士犹太人。他的崛起演绎了金钱的力量和那种力量的局限性，展现了金钱和地位变迁招致的敌意。他逐步确立自己的地位，首先仰仗于罗斯柴尔德家族的亲密关系，然后通过为俾斯麦、政府和德国精英提供专业的和私人的服务，他进一步提升自己的地位。

布莱希罗德的职业生涯反映出资本的无处不在：资本不仅影响政策和舆论，也吸引似乎鄙夷它的精英。作为心腹，布莱希罗德可以随时联系到俾斯麦。他掌管首相的财富，还因为兼具专业和审慎而被委以（有时也主动请缨）需要这种特质的政治任务。欧洲人都知道他是俾斯麦的秘密代理人，他的不同角色让我们能从新的视角看待俾斯麦的统治，看待德意志帝国成为欧洲主导力量时的德国统治阶级。布莱希罗德的职业生涯照亮了俾斯麦的统治中曾被轻视或忽视的方面。它表明，无论在公共还是私人领域，俾斯麦都完全理解金钱的力量。甚至在他引以为傲和被广为研究的外交领域，用经济武器作为政策工具的想法也从未淡出他的头脑。他很早就有过教训：发动统一德国的前两场战争需要钱，他所鄙视的议会拒绝拨款，是布莱希罗德帮他筹到钱。

布莱希罗德还为俾斯麦的身边人乃至整个老普鲁士精英阶层服务。那些精英向他承认自己的需求、胃口和野心。他们这么做时非常小心，因为金钱仍是重大禁忌。他们有求于他的影响力，但也厌恶这样做。他既提供便利，也令人难堪；他本来也可以发出感慨："为什么人们这么喜欢我们做的事，却如此讨厌我们的行当？"[1] 俾斯麦对于自己关心金钱则满不在乎：他应该能理解，为何历史学家关心他作为德国最大地主之一的身份，关心他投资政治上敏感的证券，关于他对他自己的纳税者角色讳莫如深。根据历史记录，他既不像德国历史学家所描绘的那样无比单纯，也不像帝国的诋毁者所指责的那样牟取暴利。他没有非法牟利，但也不认为利用公职获得的情报不能被用于投资参考。

俾斯麦与布莱希罗德的关系反映出政府与资本、外交与金融、公共利益与私人利益的联系。布莱希罗德的客户包括德国的精英阶层，他与他们的关系并无明确的公私之分；这是一张互利、互惠和互助的大网。这些联系被 19 世纪的伟大小说家所察觉，马克思的分析也对其做了精彩推断——但只是分析式的推断，而非经验的记 xvii
录。这些联系还被主要当事人和那个时代的风气所掩饰、否认或贬低，也被后世的历史学家忽视。因此，德国历史非正统的这一面很大程度上一直无人问津。

在布莱希罗德的故事中，我成功重建了这些联系中的一部分。它们彰显出经济的权力，但不同于近年来对经济权力的假定或教条化描绘。我们不仅惊讶于经济权力的渗透力和无处不在，还同样吃惊地看到它的局限性和在政府权力面前的相形见绌。布莱希罗德的职业生涯当然只是例证之一，虽然这个例子来自德国政体的最高层；犹太人身份让银行家对那位独一无二的英雄和独裁者特别俯首帖耳，这个例子因而变得更为复杂。该案例在许多方面都显得不寻常和极端，但俾斯麦与布莱希罗德关系的历史暗示，政治而非经济才是第一位的。俾斯麦居于支配地位，布莱希罗德提供帮助：按照自己的意志，俾斯麦接受布莱希罗德的建议，考虑他的愿望，并为其提供庇护。这也是德国政府的一贯做法。布莱希罗德的故事印证马克斯·韦伯（Max Weber）* 的观点："受经济制约的"权力当然不等同于纯粹的"权力"[2]。

布莱希罗德对权力和利润如饥似渴，并渴望两者能让他获得尊敬和接受。在 19 世纪中期的新世界，成功的标志同样发生改变：银行是那个时代的宫殿和神庙，它们由石头和大理石建成，散发出可靠和权力的气息。布莱希罗德属于那群为 19 世纪重大进步成果筹资的商业银行家。他为矿井、铁路和圣哥达隧道（St. Gotthardtunnel）† 融资；他的慷慨资助让罗伯特·科赫（Robert Koch）‡ 得以将对结核杆菌的新发现用于治疗病人。他为政府提供贷款，还参与少量殖民地事务。他的客户和合作者包括许多欧洲的商业和政治精英，他的兴趣遍及各大洲。俾斯麦和布莱希罗德都属于显贵统治的世界，但那个世界正在远去，即使在经济领域，布莱希罗德的风头也开始被股份制银行和工业大亨的成长所盖过。随着现代政府找到自己的筹款方式，他作为政府债权人的传统价值也逐渐减弱。

---

* 马克斯·韦伯（1864—1920），德国社会学家。——译注（本书页下注，除特别注明外皆为作者原注）

† 建于 1871—1881 年，全长约 15 千米，隧道穿越圣哥达山口，连接格申恩（Göschenen）和艾罗洛（Airolo）。——译注

‡ 罗伯特·科赫（1843—1910），德国细菌学家，诺贝尔生理学及医学奖获得者。——译注

尽管对俾斯麦和新帝国忠心耿耿，布莱希罗德从未忘记（或者被允许忘记）自己的宗教出身和责任。十年间，他一直试图组织西欧犹太人发挥影响，让各个大国迫使罗马尼亚授予当地犹太人平等的公民权。此举记录了他的使命感，他的成功和最终的失败。

布莱希罗德同时生活在多个世界。在某些世界，成功的代价是审慎和隐姓埋名；在另一些世界，他需要曝光和声望。他营造了一种高调的神秘光环。社会功能和地位决定他的行为，但就像大多数成功人士那样，他的角色恰好满足自己的激情。

他行事隐秘，但也寻求认同。他不知疲倦地追求头衔、声誉和 xviii
荣耀；他本能地感觉到，金钱需要尊敬，尤其是犹太人的钱。他并不比同时代的人、比任何地方的暴发户做得过分。在富豪手中，这种对尊敬的追求常常沦为令人瞠目的粗俗，成为缺乏品位的证明。布莱希罗德的人生描绘出这种对于被接受的渴望，他的社会存在显示了中产阶级社会本质上的焦躁和势利。

布莱希罗德的职业生涯把我们从俾斯麦的内阁带到德意志帝国所渗透到的最远边界——中国和墨西哥，但故事的核心是他的犹太人身份，这种身份决定他的人生，增加他的痛苦，并造成他与同辈和后代的隔阂。就像托斯丹·凡勃伦（Thorstein Veblen）* 对年轻犹太知识分子的评价：“这些不安分的异类，他们既不讨好也不满足：但这终究不是问题的关键。”[3] 他的职业生涯表现出犹太人成功的两面性：凭着财富和服务，他被允许上升到顶层；按照王室许可和从纸面上看，他与普鲁士贵族平起平坐——但到了晚年，他成了德国社会所涌动的全部怨恨、沮丧和憎恶的矛头所指。

他的人生显示了反资本主义和反犹主义影响深远的结合。德国还有其他富人，但布莱希罗德成了财富的象征。对许多人来说，他还象征着一个充满社会矛盾的体制下的不平等。1889 年，在交

---

* 托斯丹 · 凡勃伦（1857—1929），美国经济学家。——译注

给参议员同僚里彻博士（Dr. Rittscher）的私人备忘录中，吕贝克（Lübeck）警察局局长对俾斯麦的压迫性新法案提出警告，因为："它会扩大对现状的不满，甚至是在中产阶级圈子和自由化市侩中间，并令我们以无法接受地加速做出那个该死的决定：应该由谁来统治，倍倍尔*还是布莱希罗德？我认为这个决定终须做出，因为从格拉古兄弟（Gracchi）†的时代开始，财产或贫穷就是关键问题。"[4]

一直以来都存在着所谓体面的反犹主义，这也许不过是对一个以牟利为目的、以金钱为中心的小团体的谄媚行径的偏见。但在德意志帝国，布莱希罗德让这种潜在的情感走上前台。此外，他手握秘密权力，同时在社会上行事高调，这激怒了 19 世纪 70 年代的新反犹主义者。与更加谨慎的传统反犹主义者不同，这些人相信犹太人的力量已经对德国人的生活构成致命威胁，政府应当取消或限制犹太人的权利。在 19 世纪 70 年代初史无前例的经济萧条中，伴随着腐败和欺诈的指控，持众多不同观点的德国人都坚称，犹太人是一场国际阴谋的核心，旨在腐蚀德国人的性格和破坏欧洲的秩序。布莱希罗德成了新反犹主义的主要牺牲品，他既手握大权，又如此脆弱，甚至最富想象力的反犹主义者也无法创造出这样的人物。财富和声望是他的动力，但也腐蚀他的后代。布莱希罗德的故事既描绘了德国犹太人的崛起、奋斗和最终的衰败，也反映出多种形式的 xix
反犹主义是德国社会所特有的。法律上的解放恰逢新经济机会的到来；摆脱桎梏的犹太人取得巨大的经济成就：他们带来无限的帮助，也遭到无限的憎恶。在布莱希罗德的时代出现的模式和开始的沉默将持续很长时间。

---

* 斐迪南·奥古斯特·倍倍尔（Ferdinand August Bebel，1840—1913），德国社会民主党领袖。——译注

† 指罗马共和国时期的平民派政治家提比略和盖乌斯·格拉古兄弟，两人先后担任保民官，因为改革触犯保守势力而被杀害。——译注

不过，本书的中心主题是俾斯麦与布莱希罗德的共同成就。两人的合作范围广泛；在德国强势崛起的时刻，他们以不同的方式决定那个国家的命运。他们的人生和职业生涯向我们展现新社会的特征和运作。他们是那个社会的代表人物。

无论他多么重要和有声望，布莱希罗德在德国史学中仍然是个“无籍籍名者”。俾斯麦则变得如超人般高大，根据近来的统计，关于他的作品超过七千种。本书是第一部布莱希罗德的研究作品。甚至可以夸张地说，布莱希罗德是被德国历史遗忘的一切。

很长时间里，关于布莱希罗德的记忆都令人难堪。他代表如此之多挥之不去的禁忌：敛财、以权谋私和犹太人身份。甚至在他生前，大肆宣扬他的角色和权力的也是他的诋毁者；他所服务的精英阶层则道貌岸然地保持沉默。俾斯麦为此做了示范：尽管有过三十年的合作，有过无数的对话和大量的通信，他却没有在回忆录的前两卷里提到布莱希罗德的名字。在直到威廉二世去世后才付梓的第三卷里，布莱希罗德的名字只被提到一次，还是作为某人的使者。

当然，生前的俾斯麦和布莱希罗德地位悬殊，但这种不平等在他们死后被放大了。德国历史学家为其中一人封神，让另一人被遗忘——这两个过程相互联系。俾斯麦作品集的编辑没有收录任何一封俾斯麦写给其银行家的信；那位银行家很少被提到，即使提到也是一笔带过。在披露俾斯麦与布莱希罗德的联系时，编辑们似乎受到限制。删除过程一直持续到 1945 年。

无论具有何种信仰或意图，历史学家都反映出他们所在社会的价值，俾斯麦死后五十年间的德国历史学家有各种理由忽视布莱希罗德。在那些年里，史学的首选关注点局限于政治和思想领域；社会和经济史长久以来都不受德国学术重视。德国史学家很少触及犹太人问题[5]。即使俾斯麦拥有一位犹太人银行家和心腹，那也仅仅属于他的私人生活，与他的公众人物身份关系不大。忽略的意愿很容易满足：因为难以找到关于布莱希罗德角色的记录，可以体面地忽视他。

近年来，德国历史学家开始转向社会和经济现象研究，该学科 xx
某些最重要和最有前途的工作正是来自这个领域。当代史学家不再对银行家或经济胃口的存在感到尴尬，缺少这些东西反而会让他们警觉。但今天的历史学家有其他的兴趣，也许还有其他的禁忌：他们试图超越历史中的个体和实用元素，寻找社会结构，寻找那种结构中出现的与其基本要求和约束相应的广泛和无名的力量。他们回避传记，对结构的迷恋常常导致他们漠视为那种结构带去生命的精神，而且社会的精神无法量化。对个体历史角色的信仰今天已经过时，对精英阶层的研究逐渐让位于此前被忽视的阶级和动因研究。

在现代历史学家的描述中，布莱希罗德和其他银行家成了某种经济利益的代表。作为个人，他们仍然被冷落或类型化，以便实现让历史成为科学的新努力，去除无形而短暂的东西，去除让社会独具特色的习惯、态度和道德立场。

不过，布莱希罗德还可能出于另一个原因而被继续冷落。尽管在过去八十年间，历史学家研究他的兴趣有所升温，但他的生活痕迹大多却已消失。相关记录散落各处，埋藏在经常无法获得的档案里。直到许多不同素材被发现、许多零星证据被拼接起后，他职业生涯的部分轮廓才呈现出来。

追寻布莱希罗德和他与俾斯麦早就被遗忘的关系非常有趣，值得简要回顾。追寻的起因是纽约发现了盖尔森·布莱希罗德的部分私人档案；这份商业档案由该银行的雅利安人继承者于 20 世纪 30 年代接管，在二战中遗失。档案中包含数千份写给布莱希罗德的信，时间从 19 世纪 60 年代中期到 1893 年他去世，还有若干此前和此后的文件。这些材料此前从未被披露过，通信中有许多来自俾斯麦的家族和秘书，其余的来自重要的政客和外交官，来自德意志帝国的重要官员和银行家，来自迪斯累利[*]和利奥波德二世（Leopold II）[†]，来自罗斯柴尔德家族和奥本海姆家族（Oppenheims）[‡]，来自雅西（Jassy）[§]的犹太人和威廉一世，来自友人和求助者。这些坦诚的信，布莱希罗德是它们唯一的读者。信中充斥着各种消息、恐惧、希望、流言、影射和对不祥事件的暗示：它们真实记录一代欧洲人与自己银行家的对话，他们对他的正直、审慎和智慧寄予最大的期待，指望通过他的乐善好施获得有形和无形的利益（并非全部书信都是重要或有研究价值的，也许只有一小部分如此。但必须把它们读完，而且整体可以说明个别）。但有一个声音几乎不见踪影：布莱希罗德本人。可以推断出他的核心角色，但缺少其工作的真实记 xxi
录和人格印记。简而言之，布莱希罗德档案是令人着急甚至沮丧的开端，布莱希罗德仍然是个谜。

对布莱希罗德的追寻就这样开始：就像我在书末的致谢中将更清楚指出的，追寻工作最初由大卫·兰德斯（David S. Landes）和我共同负责。材料主要来自两个渠道：布莱希罗德与巴黎罗斯柴尔德家族的大量通信。这些书信涵盖他的整个职业生涯，但其中最坦诚的是写给雅姆斯·德·罗斯柴尔德男爵（1868 年去世）的早期私人信件。信件存放在老罗斯柴尔德银行的阁楼里，被非常慷慨地交给我们使用。第二个重要来源是各种档案，其中包含布莱希罗德的信件和他提供给俾斯麦及其家族的结算单，相当一部分存放于俾斯麦亲王在弗里德里希斯鲁（Friedrichsruh）庄园的马棚楼上。

布莱希罗德与俾斯麦的全部通信（一部分当然也保存在政府档

---

[*] 本杰明·迪斯累利（Benjamin Disraeli，1804—1881），英国首相，保守党领袖。——译注

[†] 利奥波德二世（1835—1909），比利时国王。——译注

[‡] 科隆银行家。——译注

[§] 罗马尼亚东北部城市。——译注

案里）远远超过一千封，只有极少数曾被披露过。大部分书信事关日常业务，虽然布莱希罗德经常在关于俾斯麦财务状况的普通报告中混入对德国和欧洲政治经济的观察，混入关于他本人活动或意图的报告，混入他从其他许多渠道获得的政治情报的摘要。通信涉及大量主题，包括私事和公务。这是揭示 19 世纪德国历史的最重要记录之一。

令人称奇的是，这两处最丰富的材料仍然留在它们具有历史意义的地点：拉菲特街（rue Laffitte）和弗里德里希斯鲁，布莱希罗德曾经常常光顾那里。罗斯柴尔德家族和俾斯麦：他生命中炫目的两极。

不过，光有这些记录还不够。个人的历史虽然浮出水面，但没有全面或连贯的故事。我可以在东德和西德的档案里找到布莱希罗德活动的回响和痕迹，警方记录也能提供信息。他的朋友中包括法国和奥地利驻柏林大使，这些人未发表的报告对故事做了补充。同样有用的，还有他与迪斯累利的通信——来自迪斯累利的老家休恩顿庄园（Hughenden Manor）。甚至巴黎以色列联盟（Alliance Israélite）的档案也提供了有价值的东西——至少本书是唯一使用该联盟档案的俾斯麦相关作品。我还有过其他发现，但因为材料遗失或无法接触某些档案，偶尔也会遭遇失望。

我不断搜索剩下的痕迹。每个线索都会暗示新的搜寻地点，而最终我也可能忽视某些隐藏的宝藏。我逐渐拼出俾斯麦和布莱希罗德关系的某些元素。有的方面仍然模糊不清，许多证据在二战中丢失。我阅读大量的书信和档案，出于对读者的尊重，我没有把更多东西放进本书。我的首选是未披露的内容，并始终试图采用能给人启示而非惯常的材料。没有人比我更清楚记录的不完整：布莱希罗德的角色很大程度上取决于隐秘，角色的履行也是通过谈话。我们 xxii
偶尔能听到这些谈话的回响；事实上，令人吃惊的反倒是，那么多来信者要求焚毁的信件被留存下来，那么多幕后谋士的痕迹被重新发现。

历史学家必须整合现有著作和他的新材料。通过这种方式，材料获得意义，流行的学术观点得到必要的修正。关于俾斯麦和欧洲历史的作品数量庞大；就像我的注释所暗示的，这些了不起的记录为我提供莫大帮助；但我也遗憾地意识到，许多东西不得不被省略。

我们最后发现，最好的书信和最完整的文件在某些方面语焉不详。它们想当然地省略了特定背景（共同的假设，与时间相联系的传统），历史学家必须从这些声音中挖掘背景，同时把这些声音放回背景下。用杨（G.M.Young）的话来说，我试图听见过去的声音。

除了规模庞大的无价学术作品，我还可以求助别的东西。我感觉自己的主题和材料组成了一个本质上辛酸和戏剧性的故事：布莱希罗德的崛起，他努力把难以想象的财富转化成尊敬，他在公开场合的荣耀和私下的羞辱，他追求的德国人身份和无法摆脱的犹太人身份，以及他家族的迅速衰败。这是布莱希罗德在新德国节节胜利的背景下崛起的故事。这是一个漫长的故事，也是一幅围绕着这位沉着银行家的群像，他的人生包含许多个世界。想要回顾这些世界，仅仅靠事实本身是不够的，我还试图推断或想象这些事实曾经的意义。对于我工作的这个方面，我必须承认自己从19世纪的伟大小说中汲取灵感，因为就像莱昂内尔*所说："小说是对真理的永恒追求，它的研究领域永远是社会世界，分析材料永远是作为人类灵魂方向标识的习惯。"[6]

本书的结构反映了它的特点和范围：第一部分描绘两位主人公的崛起，讲述布莱希罗德在俾斯麦统一德国的大胆政策中的作用。第二部分再现两人如何合力确立这个新德国的政策。他们的合作通

* 莱昂内尔·特里林（Lionel Trilling，1905—1975），美国文学家，社会文化批评家。——译注

过具体细节演绎不同领域和主题间的联系：金融和政治、国内和对外政策、私人和公共顾虑、个人野心和历史潮流。这部分内容涉及欧洲外交、殖民主义和帝国主义的重要方面。在第三部分，我关注布莱希罗德的故事中无处不在的元素：他的犹太人身份与德国社会、德国政治、犹太人群体、他的家庭乃至他本人的关系。他描摹了犹太人成功的顶峰：在晴朗的日子里，峰顶显得雄伟壮观；但在暴风雨中，它将第一个被闪电击中。两种景象都真实存在，都值得深思。

我希望本书不仅能提供新的事实或修正原有印象，它还应该表 xxiii
现出德意志帝国的气氛，表现出经历只能依稀理解的社会变革时，突然陷入阵痛的社会将做何反应。本书的目的不仅是描绘社会的运作，不仅是俾斯麦喜欢说的“礼尚往来”（do ut des），社会精神的某些内容也应被呈现，包括态度、各种观念与偏见、展现习惯的行为举止、如同布道文和爱国演说般表达价值观的沉默。德意志帝国的气氛似乎散发出一种多愁善感的自负、深深的虚伪和痛苦的奴性，虽然我们故事中的人物也许已经对这些特点司空见惯，以至于视而不见。与当时的人相比，我们可能对其更加敏感。尼采*说：“我的记忆说：‘我做过这事’；我的骄傲说：‘我没做过这事’，并毫不让步。最终，记忆屈服了。”[7]社会可以屏蔽记忆和现实，本书记录屏蔽的内容与方式。

我担心存在对本书与生俱来的偏见：由于关注金钱和犹太人，它触及德国社会的敏感神经。也许金钱和犹太人能够暴露那个社会最坏的东西。布莱希罗德和俾斯麦都不是美德和善意的焦点，在极少的情况下，布莱希罗德的部分客户将更多以债务人和投机者的角色出现，尽管他们也是著名的外交官和公职人员。俯视社会并不总

---

* 弗里德里希·威廉·尼采（Friedrich Wilhelm Nietzsche，1844—1900），德国哲学家。——译注

是令人高兴。布莱希罗德的职业生涯显示了德国社会某些深层次的两面性，它们在许多记录中只是被一笔带过，甚至完全被忽略。在20 世纪后半叶，谈论资本主义的胜利司空见惯，而德国社会的特异之处在于，资本主义侵入某些领域，在另一些领域则遭遇阻力。谈论德意志帝国的反犹主义并不少见，但本书描绘德国犹太人崛起背景下反犹主义在政治上的出现，并回顾犹太人在 19 世纪取得的不逊于欧洲历史上任何少数群体的重大飞跃。

这个故事写起来并不轻松，也无法为思考他的人带来教益。后来的事态发展让它承载过多的悲剧。我试图聆听那个社会当时的声音，聆听它私密地、坦诚地和近乎天真地揭示自己。那个社会存在不祥之兆，我如实记录它们。我相信，即使我们不是事后把它们看成灾难的征兆，它们也会被视作不祥。我们还听见罪恶开始前的巨大沉默，它将伴随 20 世纪上半叶德国的可怕堕落。本书也许有助于解释造就我们自身历史经验的大灾难，但这并非它的首要意图。最后，我们必须注意到，德国人与犹太人的关系研究被笼罩在巨大的尴尬中，而且无法改变。由于两者的各种对立，很难再现德国人与犹太人共享同样的利益乃至态度的日子。德国犹太人经常被描绘 xxiv
成受到歧视的无辜受害者，怯懦地服从威权。但在某些时间和地点，他们中也有成功的例子，和基督徒同胞们一样骄傲自大。

在趾高气扬而又饱受争议的资本主义的控制下，其他社会也表现出类似的特点，或者就像易卜生 *、萧伯纳 † 和更早时代的伟大小说家的巨大义愤所记录的。一代人之前，理查德·霍夫施塔特 ‡ 写道：“美国的传统表现出对平等主义民主的强烈偏好，但这是贪婪而非友爱的民主。”[8] 在德国，一定程度上出于本书所暗示的原因，我们看

---

* 亨利克 · 约翰 · 易卜生（Henrik Johan Ibsen，1828—1906），挪威剧作家。——译注

† 乔治 · 萧伯纳（George Bernard Shaw，1856—1950），爱尔兰剧作家。——译注

‡ 理查德 · 霍夫施塔特（Richard Hofstadter，1916—1970），美国社会学家。——译注

到的是没有民主的贪婪，因此缺乏来自政治领域有益的或改革的动力。

生命并不像萧伯纳曾经说的那样，是善与恶的力量泾渭分明的“道德健身房”。历史学家也不是某种道德裁判。但区别的确存在，历史学家必须将其指出。“我们无法靠真正的清点证明，某个时代现实生活中的恶人比另一个时代更多。但我们可以说，在某个时代，不怀好意的伪装的确更有理由和实用价值。”[9]这不是一本关于恶人，而是关于一个自以为是的虚伪个体行为变得如此司空见惯的社会，以至于暗示这些行为模式已经上升为支配体系的书。虚伪变成自欺，在共同努力和相互关系中，德国人和犹太人的自欺对世界产生可怕的影响。本书记录了这个社会的某些特点：这里有那个时代率直和未加反思的声音，但同样昭示不幸。它记录了人们种下风，却不知道一代人之后将收获暴风*。

---

* 《何西亚书》8：7，他们所种的是风，所收的是暴风。——译注

第一部分

危险的崛起，1859—1871

第一章

初逢：容克贵族与犹太人

哲学家必须无情、头脑清晰和摒弃幻想。成功的银行家拥有取得哲学发现所需的性格特点，即看清本质。

——司汤达，尼采引述

在 [勃兰登堡] 侯国，一切都事关钱，因为只有钱能让人或事变得神圣。

——特奥多尔 · 冯塔纳，《施台希林》(*Der Stechlin*)

异性相吸的原因之一在于其互补性。奥托 · 冯 · 俾斯麦 (Otto von Bismarck) 和盖尔森 · 布莱希罗德 (Gerson Bleichröder) 的出身截然不同，原先分别生活在不同的世界，向往不同的地位，但他们的人生发生交集，并在三十五年间相互帮助。作为各自领域的翘楚，他们互相改变对方的人生：一方的影响可见而强烈，另一方的虽不可见但同样深远。政客为了支持保守君主制而试图绕过普鲁士宪法，他需要天才犹太人银行家的帮助，而后者为了获得贵族地位也必须跨过当时的社会等级。合作逐渐变得类似友谊，他们的不寻常关系将是本书的核心。

俾斯麦和布莱希罗德出生时社会地位的差异不能更大了。但他们都超越所处的地位和先人的偏见，最终创造了一个让两人的合作成为现实并逐渐开始依赖这种合作的世界。

1815 年，正值滑铁卢战役打响前几周，俾斯麦出生在老勃兰登

堡侯国 * 的世袭产业舍恩豪森（Schönhausen）庄园。俾斯麦家族在侯国已经生活了几个世纪，远远早于霍亨索伦家族成为那里的统治者。奥托出生前一个世纪，普鲁士的腓特烈 · 威廉一世（Frederick William I）曾警告继承人，某些容克家族可能会不服管束，俾斯麦家族就是其中的“最桀骜不驯者”之一[1]。就地位或财富而言，俾 4
斯麦家族算不上普鲁士最显赫的家族，但他们世代高傲，属于统治者而非被统治者。

1822 年，布莱希罗德出生于柏林的一个犹太人家庭——十年前，政府敕令承诺让普鲁士的犹太人马上获得解放，但这个承诺直到半个世纪后才在俾斯麦主政时完全实现。几个世纪的压迫经历（压迫者认为，这证明了自己的高贵和受害者的卑劣）无法被三心二意的政令所消弭。走出犹太人隔离区的步伐是缓慢的，曾经维系着隔离区的观念也将继续存在下去。盖尔森所在的社会群体几个世纪来一直受到压迫，并被民众认为是堕落的。不过，就像盖尔森自己的人生将要展示的那样，这个群体将上升到无法想象的高度。俾斯麦来自社会顶层，但在之前的二十五年间，他的阶层在欧洲各地遭到猛烈的挑战，并将继续受到 19 世纪工业革命和平等革命的威胁。如果没有俾斯麦的拯救（经常是违心的），这个阶层的衰败将更快和更明显。后来，俾斯麦把布莱希罗德擢升进普鲁士贵族的行列，而布莱希罗德则帮助俾斯麦在一个物质主义日益盛行的时代成了富有的人。成功对两人而言都来之不易。

与那位更著名的同辈相比，盖尔森的少年和青年时代也许要轻松些。他的生活受到各种确定性的支配：信仰命令他恪守孝道，竞争激烈和充满敌意的世界要求他必须努力工作，摆在他面前的是有

* 勃兰登堡侯国最初是神圣罗马帝国皇帝为抵御斯拉夫人而建的边区（Mark）。1356 年，查理四世将勃兰登堡领主提升为选帝侯。1415 年，勃兰登堡被封给霍亨索伦家族的腓特烈，成为普鲁士王国的发家之地。——译注

限的前途。在过去的传统社会中，人的前程通常取决于他的家世，社会地位的突然改变非常罕见，这就是为什么拿破仑自封为皇帝成了 19 世纪重大的象征性传奇。很少有犹太人了解自己的先人，他们只知道自己的祖辈和作为共同祖先的亚当与亚伯拉罕，两者之间是模糊不清的大流散。

和许多德语地区的犹太姓氏一样，布莱希罗德很可能源于镇名，即普鲁士萨克森州（Saxony）哈尔茨山（Harz）的布莱希罗德镇（Bleichrode）。该镇位于哥廷根（Göttingen）以东几英里处，按照今天的政治地理，它紧贴东德边境的内侧。无从得知布莱希罗德家族最早何时和从哪里来到哈茨山；18 世纪前，大部分犹太人没有姓氏，而是作为他父亲的儿子为人所知。我们对这个家族在盖尔森父亲之前的情况只知道一星半点。布莱希罗德家族中第一个出现在国家档案上的是盖尔森的祖父盖尔森 · 雅各布（Gerson Jacob），他生于 18 世纪 40 年代，年轻时来到柏林，因为犹太社区需要掘墓人而获得了居留权。他还尝试过其他行当，但都以失败告终。他的重要成就之一是娶了一位柏林的受保护犹太人（*Schutzjude*）之女苏西·阿 5
隆（Suse Aaron）。为了理解这次飞跃的意义，我们需要简单回顾一下犹太人获得解放前极其复杂的状况[2]。

当时，封闭而等级森严的基督教社会把犹太人看作宗教和社会的毒瘤，当局的行动也反映了民众的情感。犹太民众生活在社会边缘，他们居住在自己的社区，说自己的方言，穿特别的服饰，吃特别的食物，并遭受特别的限制。在这种状况下，他们只能提供非犹太人不愿做或做得不够好的服务。于是，大部分犹太人从事放债业务和沿街兜售各种商品，不断买进和卖出——卖家和买主、犹太人和非犹太人之间永远弥漫着怀疑的气氛。基督徒指责犹太人只关心钱，著名哲学家摩西 · 门德尔松（Moses Mendelssohn）为此愤怒地高声反驳说："他们捆住了我们的双手，然后抱怨我们不会用手。"双方都认识到彼此间存在鸿沟，就像一位当代历史学家所说："犹太人的头脑并不过于关心外部世界。”[3]

少数犹太人获得比广大底层同胞更高的地位。由于对国家有特殊价值，他们被授予受保护犹太人的身份，得以免除国家对其他犹太人的许多限制，虽然并非全部。受保护犹太人的税赋较轻，并享有更大的流动性。一些犹太人的地位还要更高，他们的特殊服务（通常是银行家和向王朝贷款者）为自己赢得宫廷犹太人（Hofjude）的地位。盖尔森 · 雅各布娶了一位受保护犹太人之女，他的孙子盖尔森则经常被视为最后的宫廷犹太人[4]。

在盖尔森 · 雅各布的四个孩子中，萨穆埃尔（Samuel）从母亲的家族获益最多。1803 年，他在位于柏林一个非常偏远角落的罗森塔尔街（Rosenthaler Strasse）开设了兑换铺。作为东西方之间货物的集散地，柏林总是充斥着大量不同的货币。昔日的神圣罗马帝国境内有各种货币流通，而自从 1806 年法国人占领柏林后，对于兑换机构的需求变得更大。萨穆埃尔 · 布莱希罗德的铺子还是彩票站，从事彩票销售和赎兑。发行彩票是国家为光荣费用（比如付给士兵遗孀和残疾士兵的抚恤金）筹资的主要手段。萨穆埃尔逐步扩张业务，像当时的许多犹太人交易商一样，他开始给自己标上银行家这个更加响亮的头衔。盖尔森出生时，他的父亲已经是崭露头角的商业银行家。19 世纪 20 年代后期，萨穆埃尔开始与罗斯柴尔德家族（Rothschilds）建立联系——这些联系注定将让萨穆埃尔和后来的盖尔森获得远超其他柏林银行家的地位。一代人之后，正是罗斯柴尔德家族让布莱希罗德和俾斯麦走到了一起。

自从滑铁卢战役或者 1812 年迈耶尔 · 阿姆歇尔（Meyer Amschel）去世后（他留下巨额财富和五个将让财富倍增的能干儿子），罗斯柴尔德家族便成了传奇。迈耶尔 · 阿姆歇尔曾是法兰克福犹太巷（Judengasse）的一名钱币、奖章和古玩交易商。在革命 6
的动荡岁月里，他拯救了黑森亲王威廉（Prince William of Hesse）的财富。他的儿子们开创了一个国际银行家王朝，在维也纳、巴黎、伦敦和那不勒斯建立“宫廷”，长子则留在法兰克福管理祖业。罗斯柴尔德家族将国际银行业制度化，在他们的支持下，欧洲资本实现了完全流动。他们自己的财富超过所有对手，并可以据此操控更多资金。他们在五座城市扎根，说着带有同样意第绪语口音的各种外语，同时团结一致，相互在对方的产业投资，并与彼此的家族通婚。他们建立了商业世界的拿破仑王朝，后者同样从社会边缘发迹，同样依赖兄弟间的忠诚统治帝国。这个商业王朝无疑不如拿破仑帝国那么辉煌，但也没有那么血腥，而且延续得更久。在整个19世纪，它象征着童话般的财富和奢华，代表优雅和权力。罗斯柴尔德家族演绎了富豪统治的巅峰，并被模仿、嫉妒和憎恶*。罗斯柴尔德家族至今仍活跃于巴黎和伦敦，虽然势力已经不如当年，但他们的业务仍然遍及全球，他们的历史仍能激发大众的想象†。

萨穆埃尔与罗斯柴尔德家族首次合作的确切日期已经无考；有一种说法认为，1828年，安塞尔姆·冯·罗斯柴尔德（Anselm von Rothschild，维也纳的所罗门男爵之子）在访问柏林时将布莱希罗德加入代表罗斯柴尔德家族利益的可接受代理人名单[5]。我们从布莱希罗德写给巴黎和伦敦罗斯柴尔德家族成员的信中了解到，19世纪30年代初，萨穆埃尔已经从罗斯柴尔德家族定期接受佣金，

---

* 憎恶者包括各式各样的人。早在1832年，激进的德国诗人路德维希·伯尔讷（Ludwig Börne）就在巴黎暗示，罗斯柴尔德家族应该正式加冕欧洲的君主；这会让他们的无形帝国变得可见，而且作为君主，他们不会再发放苛刻的贷款。他写道：“罗斯柴尔德家族总是玩弄同样的把戏，牺牲被他们剥削的国家利益来增加自己的财富。”Ludwig Börne, *Sämtliche Schriften* (Düsseldorf, 1964), III, 482-491.

† 关于罗斯柴尔德家族的书籍种类繁多，出版动机通常是获利（该家族应该会赞许这点）。最著名的作品仍然是Egon Corti伯爵的*The Rise of the House of Rothschild 1770-1830*和*The Reign of the House of Rothschild 1830-1871* (New York, 1928)，更通俗的作者从中借鉴大量内容。学术性经济史见Bertrand Gille的*Histore de la Maison Rothschild*, 2 vols. (Paris, 1965-1967)。该题材具有天然的戏剧性；电影和音乐剧证明罗斯柴尔德家族的娱乐价值，Virginia Cowles的*The Rothschilds: A Family Fortune* (New York, 1973)对这个家族故事做了精彩描摹。但以现有档案资料为依据，描绘该家族在欧洲的政治和经济角色、社会地位以及不同国家对他们的反应的全面历史仍然尚未面世。这是个浩大的题材。

并逐渐疏远早前那些更值得尊敬的通信者，比如门德尔松家族。

我在这里不分析萨穆埃尔与罗斯柴尔德家族四大分支的关系（那不勒斯分支在柏林几乎不被提及）*。19 世纪 30 年代，柏林市场 7
开始焕发生机，萨穆埃尔为罗斯柴尔德家族买卖证券。他们的命令中经常明确要求他低于市价买入和高于市价卖出——罗斯柴尔德家族已经把这种结果看作理所当然。他还是他们在巴黎或伦敦与柏林间开展套利业务的代理人。套利（在多个市场上买入和卖出证券或货币，以便赚取价差）取决于对市场的精准了解和对时机的完美把握：最微小的变化都可能让获利变成亏损。罗斯柴尔德家族是欧洲消息最灵通的人士，他们收集情报的速度超过本国政府。这需要在收集和发送消息时一丝不苟。人们必须在各地认识合适的人，而在尚无快速通信手段的时代，他们还必须建立自己的信使和信鸽系统，以便在各地间快速传递消息。于是，萨穆埃尔在 19 世纪 30 年代经常请求罗斯柴尔德家族让自己加入他们的快速消息网；他抱怨说，他们从巴黎发来的信函耗时六天，而通过不同途径可能只需五天。罗斯柴尔德家族慢慢地意识到柏林市场的重要性。

萨穆埃尔竭尽所能引发他们的兴趣，特别是德国铁路问题。铁路在 19 世纪 30 年代末和 40 年代初引发柏林市场的第一波繁荣——不可避免的是，第一次崩溃随后到来[6]。萨穆埃尔也没忘了提醒罗斯柴尔德家族自己日益提升的重要性：1838 年 9 月，职员为他签发了一封信，并解释称布莱希罗德觉得“不得不接受”参加柏林到波茨坦铁路开通仪式的邀请。第二天，萨穆埃尔亲自报告说，从波茨坦到策伦多夫（Zehlendorf）的两英里旅程不如预想中快捷，来回分别耗时三十分钟和二十六分钟。不过，萨穆埃尔仍然很乐观，并无疑对受邀参加普鲁士王国首条铁路的开通仪式感到荣耀。他鼓励

---

* 此类分析见大卫·兰德斯对布莱希罗德银行史的研究，这部分内容我参考了他关于该银行 1845 年之前状况的章节草稿。

罗斯柴尔德家族购买波茨坦到柏林铁路的股份；但几个月后，他开始试图抛售他们的持股，因为他的乐观预想并未实现。公司没能像预期那样分红，反而面临额外支出。萨穆埃尔没有气馁，试图把罗斯柴尔德家族的资金引向其他德国铁路——这为他在一到两个董事会中赢得显要地位[7]。布莱希罗德与罗斯柴尔德家族的通信还反映出早期股票市场交易的另一个方面：适度的收益预期。萨穆埃尔正确地估计到，罗斯柴尔德家族将对短期承诺 1% 或者在几个月内承诺 3% 到 4% 收益的交易感兴趣。当时的信条更接近中国谚语“千里之行始于足下”，而非美国人快速致富的希望。罗斯柴尔德家族（以及他们的代理人萨穆埃尔）不愿走错一步。

从 19 世纪 30 和 40 年代的这份早期记录中已经可以清楚地看出，罗斯柴尔德家族各分支都是傲慢得令人无法忍受的王朝；他们清楚，自己的惯例对于一位在柏林苦苦打拼的银行家而言是无价之 8
宝。萨穆埃尔不得不处处乞求恩惠和分一杯羹，并奉上各种好处。更糟的是，1836 年内森 · 迈耶在伦敦去世后，巴黎的雅姆斯男爵（Baron James）成为家族的主导者，他时而指责萨穆埃尔忽视了罗斯柴尔德家族的利益，并总是含蓄地威胁说，家族可以在柏林找到别的代理人。萨穆埃尔向他保证，自己只为罗斯柴尔德家族效劳（而不像别的银行家那样）。因此，即使是出于一己私利，他也会完全致力于他们的利益。当柏林市场在 1840 年遭受重挫时，为了执行雅姆斯的命令，萨穆埃尔主动牺牲自己的一部分佣金。三年后，在又一次遭到严厉训斥后，萨穆埃尔抱怨说，自己不仅因为思考雅姆斯的愿望而度过许多不眠之夜，还为取悦他而放弃佣金并倒贴了钱[8]。

现存的几封书信展现了萨穆埃尔为罗斯柴尔德家族提供的其他服务。早在 1831 年，他就向他们传递政治动态的消息，适时解释他们在市场上的处境。他报告荷兰国王关于五国对新独立的比利时所做决定的预期回应*，并通报俄国对1831年波兰叛乱的处置†。他还报告霍乱的肆虐状况，并于1848年向法兰克福分支提供柏林革命的消息。在极为准确地描述柏林当日的革命战况后，他向他们保证，自己为他们购买的证券和黄金安然无恙："尊敬的先生们无需担心，因为没有理由为私产忧虑。"[9] 这句话既精明又一针见血：私产的命运对革命和罗斯柴尔德家族至关重要。

书信还揭示萨穆埃尔与罗斯柴尔德家族的另一条纽带：他们都不以犹太人身份为耻。在萨穆埃尔写给伦敦分支的第一封信最后有一段希伯来文的附言；书信和附言都使用德语，但这是萨穆埃尔·布莱希罗德所说的德语，带有浓重的意第绪口音。萨穆埃尔（以及他之后的盖尔森）将一再故伎重施，这种方法既能保证消息的机密（当时的审查者应该相当原始），又重申通信者之间的特殊亲缘关系[10]。萨穆埃尔想当然地认为，罗斯柴尔德家族对与犹太人相关的一切都特别感兴趣。1840年7月，他向巴黎分支报告说，普鲁士新任国王腓特烈·威廉四世（Frederick William IV）亲切接见柏林犹太人社群的执委会，聆听该团体发言人"非常优美的演讲"，然后做了大致这样的回复："我很高兴地发现你们属于我最好的臣民，我永远不会忘记犹太人如何爱国，特别是柏林犹太人——我并非来自某个黑暗时代，你们将总能从我这里得到公正的奖惩。"[11] 不同国籍的犹太人间经常存在难以言明的矛盾，仿佛他们在对彼此说：我们的异教徒至少和你们的一样好。

其他服务则顺理成章。罗斯柴尔德家族希望萨穆埃尔四处搜寻 9
可能符合他们品位与荷包的艺术品。当萨穆埃尔派女婿沃尔夫（B. Wolff）向雅姆斯男爵呈上"一小桶最新鲜的鱼子酱"，请求他"赏

* 1830年8月布鲁塞尔人民举行起义。同年10月开始的伦敦大会上，英、法、俄、普鲁士和奥地利五国宣布承认比利时从荷兰独立。——译注

† 1830年11月，一批华沙青年发动起义，翌年宣布波兰独立。1831年9月华沙被沙俄军队攻陷，起义失败。——译注

光”收下时，男爵没有拒绝[12]。罗斯柴尔德家族喜欢生活中的美好事物——如果是免费或廉价的就更好了。

罗斯柴尔德家族造就了萨穆埃尔；他清楚这点，而且永远不被允许忘记。身为罗斯柴尔德家族在柏林的代理人或联络人不仅是对萨穆埃尔智谋的挑战，让他本人有机会获得更多回报和奖赏，在某种程度上还是对他过去成绩和品性的认可。萨穆埃尔以正直和智慧著称[13]。与所有严苛的王朝一样，罗斯柴尔德家族要求臣属既像奴隶般忠诚，又伶俐和有魄力。仅仅顺从并不够，必须说到做到，而萨穆埃尔在言行两方面都很擅长。他尝试过优雅的表达，比如向正好在巴黎的维也纳安瑟尔姆·所罗门男爵（Baron Anselm Solomon）介绍自己 17 岁的儿子盖尔森时，他表示：

> ……请允许我简短地向您呈上我最深切和最诚挚的谢意，感谢您善意赐予我的仁慈，因为正是您，最尊贵的男爵老爷，从最底层提拔了我：最高贵的您让我有能力养活一大家人。
>
> 因此，只要我活着，您的音容笑貌就会活在我的心里，我的最后一息将献给您，我的恩主。
>
> 愿您也将恩惠和仁慈转赐给我的儿子……[14]

在当时的私营银行业，个人关系至关重要。共担风险取决于相互信赖，而这种信赖的基础是对个人的直接了解。

1839 年，盖尔森加入父亲的生意。我们对他在公司的最初岁月知之甚少。他工作勤奋，到了 1843 年已经获得代理公司签署文件的权力（Prokura）。萨穆埃尔向巴黎的雅姆斯男爵保证，这样做是因为盖尔森“公正而且努力效忠您的崇高利益”[15]。盖尔森于 1847 年成为合伙人，并在 1855 年萨穆埃尔去世后出任公司的掌门人。他的弟弟尤里乌斯（Julius）同样在这家银行工作，但在 1860 年退出家族生意，成立了自己的银行。两兄弟各自在对方的银行担任隐名合伙人*，这种联系维持了几年，直到1870年终止。

总体而言，盖尔森事业起步赶上了好时光。19世纪中期，得益于铁路、冶金业和日益丰富的资本，普鲁士经济经历了近代史上的第一次繁荣。19世纪50年代，德国工业以前所未有的速度发展着："这十年见证了德国近代资本主义企业的决定性突破。"[16] 作为一种 10
新的经济组织形式，股份公司成为增长的最佳载体。19世纪50年代，股份制银行首次出现，最终在实力上超过最大的私有银行。不过，股份制银行与私有银行长时间保持合作。巧合的是，盖尔森一生的合伙人和朋友（有时也是对手）阿道夫·汉泽曼（Adolph Hansemann）在1856年进入父亲的股份制贴现公司（Disconto-Gesellschaft），比盖尔森的独立事业起步晚了一年。

盖尔森帮助19世纪50年代的大扩张融资，并从随之而来的繁荣中受益。他最重要的财产仍然是与罗斯柴尔德家族的关系，他为增进这种关系所做的努力甚至要超过其父。但他也逐渐让自己成长为独当一面的强势人物。他与其他银行联合组建新的投资公司，用同样的方式进入冶金业并推动若干条铁路的建设，包括图林根（Thuringen）铁路。他被任命为科隆—明登（Cologne-Minden）和莱茵铁路的官方银行家。1859年，普鲁士摄政亲王（后来的威廉一世）邀请他参加著名的科隆跨莱茵河铁路桥的开通仪式——盖尔森参与了该项目的融资[17]。

他开始越来越多地与科隆的小所罗门·奥本海姆银行（House of Sal. Oppenheim Jr. and Company）合作，该银行由极具胆识的亚伯拉罕（Abraham）和西蒙（Simon）·奥本海姆兄弟经营†。

---

* 隐名合伙人（silent partner），指合伙方出资但不参与实际业务。——译注

† 所罗门·奥本海姆银行成立于1801年——4年前，新的法国统治者取消了实施350年之久的关于犹太人不得在科隆居住的禁令。奥本海姆银行很快成为科隆首屈一指的银行；到了19世纪中期，由于大力推进新的工业冒险和本身的国际联系，该行成为具有全欧洲影响的企业——就像19世纪70年代的布莱希罗德银行那样。Dr. Alfred Krüger, *Das Kölner Bankiergewerbe vom Ende des 18. Jahrhunderts bis 1875* (Essen, 1925), pp. 64-72.

1853 年，在法国资本的帮助下，奥本海姆兄弟违背普鲁士政府和罗斯柴尔德家族法兰克福分支的意愿，与杰出的企业家古斯塔夫 · 梅维森（Gustav Mevissen）一起带头创立所谓的达姆施泰特（Darmstädter）银行，这是最早的股份制银行之一。两年后，亚伯拉罕敦促盖尔森与达姆施泰特银行合作创建另一家银行，并提出也许可以让尤里乌斯 · 布莱希罗德来经营。奥本海姆还表示："无论如何，这个提议将向您证明，我对您本人和您的能力抱有无限信心，而且我毫不怀疑，在这件事上我的同事和我想的一样……"盖尔森谢绝了这份讨好的邀请，但奥本海姆兄弟继续对"您的智慧、洞察力和处理此类事务的方法"表达敬意[18]。1859 年，在法奥战争期间，盖尔森与汉泽曼家族合作成立所谓的普鲁士财团（Prussian Consortium），组织这个银行联合体的目的是为普鲁士征兵筹集 3000 万塔勒*。另一方面，政府也开始认识到布莱希罗德的重要性[19]。

人的外在事业往往比他们的内在成长得到更好的记录。对商人 11
而言也许尤其如此，他们总是被假定没有情感生活，比如托马斯·布登勃洛克（Thomas Buddenbrooks）的朋友谁会想到在他冷静沉着的外表下涌动着痛苦？我们对盖尔森的内心生活知之甚少，只有几封书信留存下来，信中是受妻子去世和老年孤独驱使而写下的关于 19 世纪 80 年代的几段怀旧式回忆。谁能保留青年盖尔森可能写过的私密书信？我们知道，在仔细考察一批符合条件的年轻女子并遵循父亲的意愿后，他决定娶银行家之女艾玛 · 古腾塔格（Emma Guttentag）为妻。艾玛来自布雷斯劳（Breslau），该城拥有庞大而杰出的犹太社群，其中有许多萨穆埃尔的熟人。即使盖尔森对狂飙

* 塔勒（taler）是一种在欧洲流通达数百年的银币。1857 年，德意志诸邦和奥地利开始使用统一塔勒（Vereinsthaler）。1 普鲁士塔勒等于 30 银格罗申（Silbergroschen，相当于 12 芬尼，后改为 10 芬尼）。德意志帝国建立后，1 塔勒等于 3 个金马克。——译注

突进运动（Sturm und Drang）* 有所动心，不愿成为体面的“毕德迈耶尔派”（Biedermeier）†，希望沿着新的道路打拼，他的民族和时代精神也不会鼓励他沉湎于这样的感情。工作被认为可以治愈一切；托尔斯泰的列文（Levin）曾说：“我想要给医学添加一个新词：工作疗法（Arbeitskur）。”[20] 盖尔森让自己沉浸在工作中，为此几乎牺牲了一切，甚至可能包括他的健康。我们将会看到，俾斯麦为寻找自我付出了闲暇和努力；而盖尔森则早早地受到责任的眷顾，回报就是他的成功。

但有一个弱点是盖尔森无法回避的：犹太人身份让他永远易受攻击。事实上，他越成功，不确定性和受到的攻击就越多。他追逐着异教徒世界，也被后者所追逐；他越是深入那个世界，就越是意识到自己缺乏那个社会最为推崇的传统和特质。犹太人身份界定了他的人生——远比容克身份对俾斯麦人生的影响更大。因此，下文中盖尔森的生平将被置于德国人和犹太人关系的背景下，我称之为融合的痛苦。

俾斯麦的青年时代则更加动荡。他一头扎进生活，对约束感到不耐烦，对自己的阶级及其理想心怀蔑视，对身边人感到困惑。他的出身让布莱希罗德永远无法企及：贵族的遗产，社会的最高阶层立即毫无疑问地向他敞开大门。不过，犹太中产阶级对这些优势的艳羡要远远超过俾斯麦对它们的看重，他的野心超越自己的出身。他秉性浪漫，深受莎士比亚和拜伦熏陶，擅长尖刻讥讽，渴望某种崇高的目的或英雄式人生，但在等待过程中把时间浪费在粗俗的放纵中。1838 年，他在给父亲的信中写道：“我的野心更向往命令而

---

* 18 世纪 60 到 80 年代在德国文学和音乐界出现的变革运动，提倡自然、感情和个人主义。——译注

† 1815—1848 年间德国的一种文艺流派，被批评有脱离政治和庸俗化的倾向。——译注

非服从。”这种野心和权力意志让他憎恶并放弃在普鲁士官僚体系中的前程[21]。他还抛弃宗教约束，终结了从孩提时代开始的晚祷习惯。所爱慕的年轻女子（他最好朋友的妻子）的去世和 1847 年与约翰娜·冯·普特卡默（Johanna von Puttkamer）的结婚让他冷静下来。同年，普鲁士的政治生活从死气沉沉中走出，俾斯麦带着兴 12
奋和出色的人脉踏入这个竞技场。

他尝试过乡绅生活，但觉得乏味得无法忍受。但终其一生，每当陷入暴怒和绝望，他总是梦想着退隐祖产舍恩豪森庄园，享受田园生活的快乐。他对舍恩豪森以及后来的伐尔岑（Varzin）与弗里德里希斯鲁（Friedrichsruh）庄园怀有真实和持久的依恋。他热爱自然，热爱身为自己土地的主人和一群农民的领主，热爱那种生活的独立和其乐融融。不过，管理庄园是项单调乏味的工作，而且回报常常非常有限。他在 1847 年写道："经验让我远离对典型地主的阿卡迪亚式幸福幻想,这需要掌握复式记账和研究化学品。"[22] 有时，他会故作高尚地表示对金钱无所谓，并在为自己挥霍无度和不负责任的习惯道歉时流露出明显的骄傲。但这只是亢奋之举，在他婚后出现得越来越少。大多数时候，他非常看重金钱，就像其他地主那样。甚至在年轻时他就认为自己需要"大笔财富才能享受为国效力，以便随意以我认为得体的光彩形象出现，而当发现职务不符合我的信念和品位时，我也可以轻松地放弃官位的所有便利"[23]。

担任公职后，他对金钱的需求更大，但打理它们的时间却减少了。他过去对金钱的蔑视消失了，与之相伴的反商和反犹情感也不再那么强烈。他曾把犹太人与不择手段地敛财画上等号，当他试图向友人赫尔曼·瓦格纳（Hermann Wagener）讨债时，他为自己"犹太人般的算计本性"（Berechnungswesen）道歉[24]。他写于 19 世纪三四十年代的书信证实了这种很容易产生的偏见；但他并无关于犹太人的特别意识形态，当他在 1847 年的统一议会（United Diet）

上[*]对他们加以阻挠时，他只是在为现状辩护。他认为，犹太人不应在基督教国家的公共行政体系中扮演任何角色。此外，他不喜欢他们，并对此相当自得。这是反自由主义立场和口无遮拦的又一种表现。

1848 年，俾斯麦的世界几近崩解。此前也有过零星的革命震感，复辟时期的欧洲曾受到雅各宾主义幽灵复活的困扰。但到了 1848 年，在米兰、巴黎、维也纳乃至柏林，革命力量四处取得胜利。和其他德意志邦国一样，在普鲁士，民众的主张是两方面的：统一和自由，人们希望可以设法通过和平而慎重的手段同时满足两者。他们在所有具体问题上存在不确定性和分歧（比如奥地利及其非德意志领土的角色，或者投票权的性质），只有理想中唯一、统一和实行自由宪政的德国成了行动的灯塔。对俾斯麦而言，上述理想及其自由主义和反普鲁士意图令人憎恶，实现它的革命道路同样如此。

在俾斯麦的回忆录中（可谓他自己的《诗与真》[†]），1848 年革 13
命被置于其政治发展过程中的首要位置。革命对他而言是一次情感激荡的经历，在他的记忆中留下炽热的印记。当历史学家忙着纠正他叙述中热烈的夸张时，他们忽视了这场起义对他的心理影响。革命带给俾斯麦（和马克思类似）新的冲动和方向。心爱女子的离世带给他一种对生命宗教般的新承诺；他的王国的几近死亡带给他一种新的政治决心。前者教会他所有人的无能为力；后者让他见证大多数人的脆弱。两者的结合让他更清楚地意识到自己的责任和命运[25]。

革命考验人们的坚韧和远见；它们创造权力真空，让超出想象的新选择一度显得可以实现。它们打破包含一个民族恐惧和憧憬的

* 由普鲁士国王腓特烈·威廉四世召集，参加者为来自普鲁士所有八个省的议会代表。——译注

† 《诗与真》（*Dichtung und Wahrheit*）是歌德晚年的自传。——译注

模式。它们让政治戏剧化，让政界与臣民和公民日常生活间的联系得以显现。革命奖赏不循规蹈矩的人。无论俾斯麦在途中干过什么蠢事，他在 1848 年的第一个冲动就是冲到柏林，设法接近国王，主张自己的意志，说出自己的想法——这一切都是在无视通常的礼仪和约束下做出的，旨在让国王变得坚定。他将从暴徒和君主本人手中救下君主制。

我们在这里不分析革命或者俾斯麦在革命期间的思想和行动。他震惊于对公共秩序的轻蔑，以及对那种秩序实际和象征性的违反。最令他痛苦的是权威的突然退却；在革命爆发两周后的第一次议会演说中，他表示："过去被埋葬了；由于君主制亲手在自己的棺椁上撒了土，没有人能使它复活，与你们中的许多人相比，我对此更感切肤之痛。"[26] 至少，他拒绝像国王的许多臣下那样，庆祝所谓的君主与人民的新联合。他在回忆录中记得自己曾威胁杀死一个同为地主但摇摆不定的家伙，记得对像恩斯特·冯·波德尔施温格（Ernst von Bodelschwingh）* 这样被吓破胆的部长的鄙视，记得向自己的君主强调国王必须要做到安枕无忧。他也许美化了自己的重要性和坚定，可能他本人也在不切实际的反革命计划和暴怒失态（比如导致他议会演说终止的那次失态）间摇摆。但难以否认，经过 1848 年革命的俾斯麦强大了无数倍，他有了更清晰的自我意识，对他人则更为不屑。（当虔诚的岳母表达了对某些被处决的匈牙利革命者的忧虑时，他如此大胆地在信中表示："我最亲爱的妈妈［Mutschchen］，您的头脑中仍然萦绕着卢梭式的教育原则。因为它，路易十六不愿依法处死一个人，却为此要对几百万人的消失负责……对罪犯人身的软弱同情导致了过去六十年间最可怕的杀人罪。"[27]）俾斯麦没有感到同情。他发现自己的冷酷无情。现在，14
他感到（并表达）对议会和议员的憎恶，这将成为他后半生的标志。

* 波德尔施温格（1794—1854），普鲁士政治家，曾任财政部长和内务部长。——译注

他从自己在革命期间的激情洋溢中意识到，如果时间和地点合适，自己将在政治戏剧中迎来巅峰时刻，实现才尽其用并感到不虚此生。但他同样明白，革命的失利只是缓刑，作为保守君主制国家的普鲁士将会再次打响生存之战，并通过更加大胆的不同方式取得胜利*。

革命助长俾斯麦的野心，也造就他的政治现实主义。他攻击国王在街垒面前的怯懦。他对法兰克福议会（Frankfurt Assembly）†只有鄙视。但 1850 年 12 月，他为国王向奥地利和俄国的军事力量屈服辩护，并因此放弃自己的统一德国计划，这震惊了左右两翼。他并未感受到他人所称的“奥尔米茨之辱”（humiliation of Olmütz）‡：“在我看来，普鲁士的荣誉不在于它为了议会里那些受辱的名流而在德国各地扮演堂吉诃德的角色……我认为，普鲁士的荣誉在于它在一切情况下都要避免任何与民主的可耻联姻……”[28] 当时，很少有人为国王辩护。

1851 年，腓特烈·威廉四世（Frederick William IV）委任俾斯麦为普鲁士在法兰克福德意志邦联议会的代表。俾斯麦早已适应政治生活，但在履新的最初几个月，他仍然对自己的不安分感到担心。他在写给妻子约翰娜的信中表示：“你是我在安全河岸边的锚；如果锚断了，那么只能愿上帝怜悯我的灵魂。”这具锚安然无恙——虽然他在同一年向密友汉斯·冯·克莱斯特·雷佐夫（Hans von Kleist Retzow）透露说：“罪恶袭击我的主要武器不是对外在荣耀的欲望，而是一种野蛮的感官欲望……每当我独处和无所事事时，

---

* 他在回忆录中补充说：“1848 年到 1866 年，我们不得不偏离正途，脚步沉重地穿过国内冲突的荒野，就像抵达福地之前的犹太人，这对我们的未来也许更好。”将不团结的德国人比作大流散中的犹太人，这在此处的背景下颇为有趣。*GW*, XV, 33.

† 1848 年在法兰克福圣保罗教堂召开的国民议会，讨论以民主方式统一德国。由于没有实权，加之保守势力的反对，议会以失败告终。——译注

‡ 1850 年 5 月，奥地利提出恢复邦联议会并由其和普鲁士轮流担任主席，而普鲁士则希望成立以自己为首的埃尔福特联盟。在奥地利和俄国的施压下，普鲁士被迫签署《奥尔米茨条约》，放弃领导权。——译注

我不得不与来自堕落幻想的深渊景象斗争……”[29]

在法兰克福的七年间，他变得更加严肃，不再纵容自己的精神怪癖。在那座拥有深厚传统、历史财富和大都会氛围的贵族城市里，他开始安心致力于长期责任，并抛弃波美拉尼亚*乡绅的面具。他现在正在更大规模的观众面前演出——赌注也更高。

抵达法兰克福几周后，俾斯麦受到阿姆歇尔 · 迈耶尔 · 罗斯柴尔德（Amschel Meyer Rothschild）的款待，后者年近 80，是五兄弟中最年长的一位。俾斯麦向妻子取笑罗斯柴尔德的口音和犹太人式的德语句法，但他很高兴受到邀请，罗斯柴尔德“这个真正诡计多端的老犹太人（*Schacherjude*）”和“成吨的白银，金质的勺和叉” 15
都给他留下深刻的印象。但他仍然认为罗斯柴尔德是“一个自己宫殿里的穷人，无子，鳏居，受到身边人的欺骗，遭到法国化和英国化的优雅侄子与侄女的恶劣对待，他们继承他的财富，却全无感激和爱意”[30]。罗斯柴尔德对犹太教正统的信守得到俾斯麦的赞许，因为这表明他的诚实，不愿掩饰自己的真实身份。不过，俾斯麦还是告诫妻子：“不要担心这座城里的杰出人物；就财富而言，罗斯柴尔德首屈一指，并取走他们所有人的钱和薪水。然后他们就会看到，自己本质上根本算不上杰出。钱无法让人杰出。此外——愿上帝让我谦虚，这里让人自满的诱惑特别大。”[31] 对同僚谦虚从来不是俾斯麦的特点，但他的不安分让他只能享受到最短暂的自满。他自认为在上帝和历史审判中显得卑微。不过，即使在与上帝的关系中也是他说了算：他唾弃教会和教士的中介。但终其一生，尽管在向自己的健康和国内政敌焦虑地发难时有过各种放肆之举，他还是保留了一定的节制，并在国务问题上保持清晰的责任感，特别是关于战争与和平的问题。

---

* 波美拉尼亚（Pomerania）位于今天德国和波兰的北部，历史上曾是神圣罗马帝国的一个省，后并入普鲁士。俾斯麦的出生地舍恩豪森庄园即位于那里。——译注

以奥地利为首的邦联议会没有向普鲁士及其代表提供俾斯麦认为他们应得的权力和威望；他对奥地利的虚伪感到愤怒，对每一次轻视反应过度，无论那是否有意。但作为外交官的他处于从属地位，他在柏林的上级对他采取更果断政策的请求不屑一顾。政治上的怒火也许影响了他对法兰克福生活的个人观点，他觉得这段日子“沉闷得可怕”，并认为外交是一场骇人的骗局[32]。沮丧之下，他继续骚扰和挑衅奥地利同事，嘲笑较小邦国的代表（“即使只穿着衬衫，他们也不忘自己是邦联议会的特使”），并抱怨法兰克福那些更加世俗的妇女道德败坏[33]。权力和智慧一直吸引着俾斯麦，但在邦联议会或者法兰克福政界，前者不见踪影，后者踪迹罕见。阿姆歇尔·迈耶尔和他的养子卡尔·迈耶尔（Karl Meyer）兼具两者，并拥有无可匹敌的财富和国际关系网。难怪俾斯麦把他们当做值得关注的对象，而他们也寻求栽培俾斯麦。在罗斯柴尔德家族的整部历史上，他们一直以自己能在赢家尚未浮出水面前就押对宝为荣。他们已经选择了迪斯累利（Disraeli）和海涅（Heine）。后来，他们还将发现温斯顿·丘吉尔（Winston Churchill）。

但在几个月的热情之后，俾斯麦与罗斯柴尔德家族发生了激烈争吵，导火索是后者的邦联官方银行家身份。罗斯柴尔德家族一直与奥地利政府保持最为密切的关系，正是后者最早给予他们家族荣耀和利益。1852 年，因为一件相对不大的事，奥地利和普鲁士在邦联议会发生冲突，罗斯柴尔德家族也被卷入其中。邦联议会急需筹 16
款支付一支德意志小舰队船员的薪酬——它承载着对 1848 年自由主义希望的模糊记忆*。不顾普鲁士的反对，奥地利代表邦联要求罗斯柴尔德家族立即贷款 6 万莱茵盾（gulden）†。老阿姆歇尔·迈耶尔

* 即国民议会舰队，由法兰克福国民议会在 1848 年革命期间组建，曾在黑尔戈兰岛附近与丹麦海军交战。——译注

† 哈布斯堡王朝在 1754 年到 1892 年间发行的一种货币。——译注

不情愿地同意了，于是俾斯麦的怒火立即降临到他头上。在俾斯麦与奥地利代表随后展开的唇枪舌剑中，后者反复指责普鲁士“诉诸最为下流和可耻的手段——伙同犹太人反对邦联”。俾斯麦则马上反击称，如果“邦联因为与犹太人的谈判而被拖进泥沼”，那么错误不在普鲁士，而在于奥地利违宪向犹太人求助。意味深长的是，我们注意到普鲁士和奥地利多么迅速地把可敬的罗斯柴尔德家族降格为“犹太人”：显然，与犹太人的亲密关系仍带有潜在的可耻意味。

俾斯麦的怒火没有平息，他怀疑罗斯柴尔德家族更加害怕奥地利而非普鲁士。他无视他们的恳求，拒绝了他们的邀请；他还上书普鲁士首相奥托·冯·曼陀菲尔（Otto von Manteuffel），要求委任罗斯柴尔德家族的基督徒竞争对手贝特曼（Bethmann）家族为普鲁士的宫廷银行家。普鲁士财政部比俾斯麦更加谨慎，他们不敢得罪曾为其提供过贷款帮助的罗斯柴尔德家族[34]。几个月后，奥地利大使离开法兰克福，俾斯麦认为自己是胜利者。他很快反转对罗斯柴尔德家族的政策，开始争取他们。他对他们与拮据的哈布斯堡王朝的特殊关系感到遗憾，意识到奥地利为法兰克福犹太人所做的努力巩固了这种关系。当下一次机会来临时，他将把普鲁士描绘成这些犹太人的庇护者，并一再建议政府迫使罗斯柴尔德家族这个南德“最有势力的金融集团”为普鲁士效力——这让不喜欢他们的普鲁士财政部长卡尔·冯·波德尔施温格（Karl von Bodelschwingh）非常恼火[35]。

1853年，俾斯麦对政府委任法兰克福的罗斯柴尔德家族为普鲁士宫廷银行家的提议表示支持。此外，他还要求授予卡尔·迈耶尔男爵普鲁士三级红鹰勋章。他在写给曼陀菲尔的信中表示：“我经常有机会让自己相信，这个金融集团的领导者将珍视普鲁士授予他们的荣誉，因为他们不仅很欢迎个人荣耀，而且还把受政府青睐的官方标志视作对他们信誉的重要支持，特别是那些财政状况良好的政府。”罗斯柴尔德家族得到觊觎的头衔，卡尔·迈耶尔男爵获得红鹰勋章——不过是为犹太人特别设计的样式。传统上，鹰的底座是个十字，但授勋处为罗斯柴尔德家族（以及后来的犹太人受勋者）设计了椭圆形底座。俾斯麦对这种歧视性装饰提出警告，因为“所有或多或少获得解放的犹太人——除了太老的阿姆歇尔，罗斯柴尔德家族都属于此列——对于佩戴一件将成为犹太人标记的饰物全无兴趣”[36]。卡尔·迈耶尔的反应就像俾斯麦预见的那样：他拒绝佩戴犹太版红鹰勋章。不过，俾斯麦与卡尔·迈耶尔的私人关系仍然 17
热情，未受影响。

1858年，普鲁士摄政王（后来的威廉一世）委任俾斯麦为驻圣彼得堡大使。俾斯麦虽然对自己在法兰克福不满，但对摄政王将自己派到天寒地冻的北国仍然感到恼火，而且接替他在法兰克福职位的是无能的乌泽多姆伯爵（Count Usedom）[37]。在1859年3月离开法兰克福前，他请求卡尔·迈耶尔男爵推荐一位可靠的柏林银行家。根据传说，他特别提出必须是犹太人银行家。也许俾斯麦的确这样说过，因为他知道罗斯柴尔德家族的成员不太可能推荐其他人，他还清楚，柏林犹太人已经是银行业的佼佼者。此外，容克贵族经常吹嘘自己结识犹太银行家。也许俾斯麦认为犹太人是独一无二的天才银行家，都受到与罗斯柴尔德家族同样的野心驱使；无论如何，他想要一个完全不会影响自己同罗斯柴尔德王朝密切关系的银行家。

卡尔·迈耶尔推荐了家族在柏林的效忠者和成功的代理人盖尔森·布莱希罗德。俾斯麦接受了推荐，在启程履新前正式委任布莱希罗德为自己的银行家[38]。他无疑听说过布莱希罗德，可能早在1851年就有所耳闻。作为普鲁士议会成员和某个议会委员会的报告起草人，他在当时检视了海贸银行（Seehandlung）*的业务和他用轻

* 设立于1772年，原为普鲁士政府为推动海外贸易而成立的公司，1845年开始转型为国有银行。——译注

蔑口吻所称的“海贸犹太人”（Seehandlungsjuden）[39]。两人甚至在19世纪50年代还见过面。俾斯麦对普鲁士的金融业肯定有所了解；1856年，他曾被询问是否愿意出任财政部长。带着特有的谦逊，他暗示自己无知，但心中却认为自己能和时任部长波德尔施温格做得一样好[40]。

俾斯麦没有理由为自己的新银行家感到有失身份。1861年时，布莱希罗德已经在柏林最核心区域的贝伦街（Behrenstrasse）63号购置了优雅宽敞的宅邸，距离作为俾斯麦未来官邸的威廉街（Wilhelmstrasse）上的城堡只有几分钟的步行路程。俾斯麦和父亲曾经住在60号，与布莱希罗德的银行隔街相望[41]。虽然仍然比不上某些更资深的柏林银行家（如门德尔松家族），但随着布莱希罗德与罗斯柴尔德家族的关系变得日益重要，他的地位正在冉冉上升。当罗斯柴尔德家族的客户（都是些拥有权势、财富和才干的人）在柏林时，他们会在位于贝伦街的布莱希罗德府上办理银行业务。即使像理查德·瓦格纳（Richard Wagner）和他未来的妻子柯西玛·彪罗（Cosima Bülow）这样后来的知名反犹主义者也在那里办理业务。柯西玛通过巴黎的罗斯柴尔德家族和柏林的布莱希罗德接受父亲弗朗茨·李斯特（Franz Liszt）的礼物。到了19世纪60年代初，布莱希罗德位于柏林市中心的宁静办公室已经名流云集，包括来自宫廷、外交界、艺术界和国际商界的显要人物[42]。

布莱希罗德立即开始为俾斯麦服务*。他为俾斯麦收缴官俸和其 18
他收入，偿付国内债务，并为其在国外建立账户。他还从俾斯麦仍

* 正当俾斯麦离开柏林前往圣彼得堡时（即他把个人事务托付给布莱希罗德之时），一位截然不同的银行家对他进行了游说。这个名叫列文斯坦（Levinstein）的人——可能也是犹太人——奉上每年3万塔勒的赤裸裸贿赂，条件是俾斯麦在新职位上同时代表普鲁士和奥地利的利益。俾斯麦试图索取书面凭据，但没能成功，于是他命令列文斯坦离开房间（事实上是威胁把对方扔下楼梯）。奥地利政府显然与行贿事件有牵连。俾斯麦意识到，可靠的银行家可以为其在政府的庇护人提供许多帮助。*GW*, XV, 142-45.

然微薄的资本中拿出一部分进行投资；一部分收入被布莱希罗德转至法兰克福罗斯柴尔德家族的银行，俾斯麦在那里仍然保留着账户。俾斯麦和布莱希罗德还开始相互通信。和罗斯柴尔德家族以及所有理智的银行家一样，布莱希罗德对政治消息极为渴求，而俾斯麦不时会帮他的忙。这是布莱希罗德服务的回报。下文将讨论他们最初的关系（对两人都不是特别重要）。他们的人生道路有了交集，但直到 1862 年俾斯麦返回柏林前，两人仍在追寻各自不同的野心。不过，他们都明白自己找到了有用的合伙人。

1862 年之前，对布莱希罗德最重要的是他与罗斯柴尔德家族的亲密关系，特别是法兰克福和巴黎分支，仅这一点就让他与柏林的其他银行家有所不同。这种关系证明他的诚实与智慧，而声誉显然有助于业务。终其一生，布莱希罗德都在为那个苛刻的王朝服务。正是通过那种服务，他学会了热情但绝不过分屈膝的效劳和忠诚，这将成为他与俾斯麦关系的特征。

普鲁士政府也开始承认布莱希罗德的价值。1858 年，他被授予四级红鹰勋章*。1861 年，普鲁士商务部长提议授予布莱希罗德“商务顾问”（Kommerzienrat）的头衔——该头衔被用来奖赏杰出商人；据我们所知，19 世纪 60 年代有 31 名柏林商人获此荣誉，尽管可能遗漏了其他几个人。作为此类提拔的惯例，部长要求警察总局提交一份秘密报告。通过报告，部长完全证实自己的估计。报告详细指出，布莱希罗德是一家大型银行机构的唯一所有人，雇有 22 名职员。他属于第 17 类收入群体，年收入 23 333 又 1/3 帝国塔勒（约合当时的 1.6 万美元），年缴税 700 帝国塔勒。报告总结说，布莱希罗德先生“道德品质无可指摘，在政治上是忠于国王陛下的忠诚市民，

---

* 亚伯拉罕·奥本海姆曾询问布莱希罗德，他的勋章是不是为迈耶尔·卡尔男爵特别设计的样式。布莱希罗德的回复没有保存下来，但很可能勋章上的鹰采用同样的非基督徒版本。画像上的他佩戴者勋章绶带，但没有看到勋章本身。奥本海姆写给布莱希罗德的信，1858 年 9 月 27 日，布莱希罗德档案。

在各大圈子里享有最高的名誉”。部长的提议获得批准[43]。39 岁那年，布莱希罗德已经获得自己的第一个勋位和头衔。他赢得作为所有公共荣耀来源的王室的青睐。他已经超越自己的父亲。

布莱希罗德当然是王室的忠实臣仆。普鲁士王室和普鲁士犹太 19
人一度相对融洽；王室保护和容忍犹太人，犹太人也容忍和服务于王室。但到了 19 世纪 40 年代，犹太人问题开始与普鲁士逐渐觉醒的政治生活交织在一起，而犹太人也在 1848 年德国革命和随后的德国自由运动中扮演重要角色。他们处于 19 世纪 50 年代经济扩张的最前沿，在某些领域和地区（比如柏林的银行业），他们为自己赢得显赫的地位。普鲁士实力的发展为犹太人提供巨大的机遇。通过迅捷地利用这些机遇，他们又反过来加速普鲁士的发展。

布莱希罗德明白，自己和犹太人同胞的福祉与他们同普鲁士国家的关系密不可分。东欧犹太人的动荡和贫困状况让这一切变得非常明显。于是，布莱希罗德成了普鲁士国王的忠实臣民，尽管普鲁士官方仍然对犹太人施加种种社会限制。不过，布莱希罗德也有其他效忠对象。幸运的是，直到 19 世纪 60 年代中后期，它们很少发生冲突。他更加狭隘和强烈地忠于自己的犹太人同胞，并仍然深切地感到自己属于一个不同和不平等的群体，正是对这个群体的歧视激发了团结感乃至一丝优越感。19 世纪 60 年代，他当选为柏林犹太人社团的执委，正式展现他对犹太人的忠诚。对犹太人强烈而毫无疑问的认同和忠诚推动他的跨越国界的忠诚，在布莱希罗德身上，这表现为他与罗斯柴尔德家族的关系。19 世纪 60 年代初，这三种忠诚仍能和谐共处，但普鲁士和欧洲的逆流让它们面临撕裂的危险。

第二章

俾斯麦的生存斗争 20

> 孩子！孩子！够了！时间的日驹仿佛被不可见的精灵鞭笞，拖着我们命运的轻车前行；我们所能做的只是勇敢地紧握缰绳，时而向左，时而向右，让车轮避开这里的悬崖和那里的岩石。谁知道它赶往何方？它几乎不记得自己从何而来。
>
> ——埃格蒙特伯爵，
>
> 歌德《埃格蒙特》（*Egmont*），第二幕

> 带着对上帝的信赖穿上马刺，让生命的野马和你一起飞跃砾石和藩篱，做好折断头颈的准备，但首先不要害怕，因为终有一日你将与大地上一切亲爱的东西告别，尽管不是永远。
>
> ——俾斯麦写给新娘约翰娜的信，1847 年 3 月 7 日

俾斯麦与布莱希罗德相会于他们祖国命运的关键时刻。19 世纪 50 年代末和 60 年代初，普鲁士（乃至全世界）的政治积聚了新的能量。民族主义势力再度兴起，而在俄国和美国则开始新的解放斗争。以新的统治者、新的热望和决定性战役为象征，欧洲正上演戏剧性的变化。创立于 1815 年并在 1849 年勉强恢复的旧秩序似乎再度岌岌可危，没有人知道新秩序将会是什么样。只有历史学家能在事后看到逻辑和必然性（常常还是错的），当时的人们只能摸索、随机应变并做出反应。对于发生巨大流动和变化的时代尤其如此，

比如俾斯麦上台时的普遍状况。

但那个时代的人对某些东西再清楚不过。19 世纪 50 年代末，作为中欧旧秩序堡垒的奥地利一再遭遇挫折。在克里米亚战争中对俄国的不幸干预导致它在外交上被孤立，并让施瓦岑贝格亲王（Prince Schwarzenberg）在 1849 年的警告早早提前变成现实：奥地利对俄国的忘恩负义将震惊世界。*1859 年，奥地利又在与新生的意大利（得到拿破仑三世军队的支持）的争夺中失去伦巴第（Lombardy）。这个多民族帝国与新的民族主义显得格格不入，它的经济发展也陷入缓慢而不均衡的节奏。北方的较小邻国正在稳步 21
赶超奥地利。这个古老帝国从 19 世纪中期开始衰败，但其间经历几波复兴和文化大繁荣，并仍有足够的力量维持古老的荣耀——因此，它长达几十年的衰败并不狼狈，有时还被掩饰。

德意志人没有无视意大利的统一。到了 1859 年，德意志各地的不同团体（主要由中产阶级组成）开始呼吁统一，最好是在自由的普鲁士王室的领导下。人们提出大量方案，大多反映出新的现实主义，与催生新一轮民族主义的强大经济动力保持一致。统一和自由是战斗口号，自由通常代表对宪政法治国家（而非议会主权）的期望，它将保护公民免受各种国家专制行为之苦。许多团体还呼吁工业自由，并彻底终结对各行业的所有行会限制。支持者坚称，经济自由将打破个人的枷锁，彻底释放他的潜力，就像一代人之前人们对精神自由的期望那样。

普鲁士的形势似乎印证了改革派民族主义团体的美好愿望。自从 1858 年起任兄长威廉 · 腓特烈的摄政王和 1861 年正式登基后，威廉得到普遍赞许，被认为开创普鲁士历史的又一个“新时代”。威廉是一位朴素和极为务实的统治者；普鲁士军队的精神塑造了他

* 施瓦岑贝格亲王（1800—1852），波西米亚贵族和奥地利政治家。俄国曾在 1849 年协助奥地利镇压匈牙利革命。——译注

的思想和人格。他似乎深谙新的现实主义，并疏远了兄长神秘和反动的亲信们。但几乎在一夜间，新时代就在旧冲突中终结，国王和议会陷入争执。

引发宪法冲突的正是威廉的务实：他决定大幅重组普鲁士军队，因为后者在1859年的奥法战争中准备不足。在战争部长阿尔布莱希特·冯·罗恩（Albrecht von Roon）的支持以及极端保守的军事内阁负责人埃德温·冯·曼陀菲尔（Edwin von Manteuffel）的鼓励下，威廉要求以削弱大受欢迎的国民军为代价提升常备军的规模和重要性。温和派和自由派都难以接受对国民军的打压——自从半个世纪前伟大的改革家博因（Boyen）和沙恩霍斯特*创立新的军事制度以来，国民军一直是中产阶级的特别骄傲。常备军是封建特权阶级的领地；而在国民军中，无头衔者和中产阶级子弟可以赢得军官委任状并穿上军官制服。事实上，旧体制已经变得低效，但威廉不仅希望借机强军，而且还要加强军国主义元素。

改革的核心是把在常备军的服役时间从两年延长到三年——这个改变将产生高昂成本。反对派议员同样想要一支强大的普鲁士军队，但钱让他们望而却步，而且他们也不愿拆毁早前的体制。他们正确地觉察到，国王的计划将让普鲁士变成比现在更专制的国家。威廉承认，自己关心的不仅是军事效率；他在1859年解释说，新 22
兵只有在第三年才能"理解军服的尊严，命令的严肃性，[只有到那时才能]领会等级精神（*Standesgeist*）"[1]。但议会温和派不想让士兵们领会的正是这种等级精神（充满各种狭隘的傲慢）。

最初，政府和反对派都做出妥协。1860年，政府撤回军队法案，请求议会通过一份"临时"法案，为改革提供必要资金，但并不具体授权改变军队体制。大部分议员同意了。这份法案的通过被称为

---

* 利奥波德·赫尔曼·路德维希·冯·博因（1771—1848），普鲁士战争部长，军事改革家。格尔哈特·约翰·大卫·冯·沙恩霍斯特（Gerhard Johan David von Scharnhorst，1755—1813），军事改革家，普鲁士总参谋部的奠基人。——译注

“德国历史上的决定性事件之一，它让普鲁士的专制和军国主义国家身份又延续了半个世纪”[2]。但妥协无法消弭双方都不愿看到的冲突。1861 年，更坚决的自由派组建进步党，并在 12 月的选举中取得史无前例的胜利。受此鼓舞，他们拒绝通过包含为三年兵役拨款的政府预算。他们依仗钱袋子的传统力量，政府没有预算就无法统治。而威廉则抓住枪杆子，他解散下议院，罢免自己的温和派部长们，并寻求解决方案。前景很不乐观。3 月 11 日，在写给巴黎的雅姆斯男爵的私信中，布莱希罗德提到自己之前发去的一封关于解散议会的加密电报：

> 我从心底确信，这个国家在此次议会解散后仍将保持完全平静，但如果可能的话，新议会将包含甚至更加民主的元素。如果像我担心的那样，在军队问题上无法达成妥协，那么三个月后议会将被再次解散，最终选举法将被修改，反动内阁将上台，或者议会被整个取消……过去几天我没见过财政部长，但在恰当的时候我会这样做，以便打听出可能的财政行动，然后立即向您报告。[3]

布莱希罗德的总结简明而富有远见，并显示了他本人的保守倾向。

冲突愈演愈烈。国王坚持自己对军队的绝对特权，反对派则坚持自己的预算权利不可侵犯。此外，自由派还意识到这场冲突将决定普鲁士社会在未来的具体性质。自由派议员大多是律师和官僚，他们的选民是受普鲁士三级投票体制青睐的有产阶级。企业家把票投给自由派，因为他们想要民族统一、经济自由和温和君主立宪制。与查理一世和“长期议会”*的类比在当时非常流行，而威廉也毫不

---

* 1640 年 11 月 3 日，为应对苏格兰起义，英王查理一世重开议会，这次议会一直持续到 1653 年 4 月 20 日，史称“长期议会”。其间，资产阶级反对派议员通过了处死国王宠臣的决定和限制王权的《大抗议书》（Grand Remonstrance），激化了议会与国王的矛盾。——译注

怀疑国王和他的臣民“截然不同”。然而，他的对头们对任何带内 23
战味道的东西都鲜有胃口。为此，他们对现有社会抱了太大期望，希望通过法律手段、抗议和拒绝通过预算取得胜利。外国革命的血腥成功（无论英国或是法国）令大多数普鲁士自由派恐惧。

他们的犹豫无疑还有另一个理由。自由派很满意政府的商务政策，在法普商务条约正式签字前，他们以近乎全票通过了它[4]。查理一世与长期议会在每个问题上都有冲突，威廉和他的议会则至少在经济问题上达成共识。这点共识削弱了威廉反对者们的动力，但他们还是发现自己陷入僵局，尽管肯定是无心的，不过仍然绝望[5]。

1862年9月，沮丧和绝望的国王威胁退位。罗恩说服他让俾斯麦来做最后的努力。威廉不情愿地同意了，于是罗恩发电报要求俾斯麦从法国返回，后者从1862年春起担任普鲁士驻法大使。那年夏天，当普鲁士局势几近崩溃时，俾斯麦正沉浸在与年轻貌美的俄国驻布鲁塞尔大使夫人卡特琳·奥洛夫（Katherine Orlov）的恋情中，并因此恢复健康与活力。接到罗恩的召唤后，俾斯麦带着罕见的好情绪回到柏林。在圣彼得堡和巴黎的外交工作增进了他对欧洲事务的了解，但自从在法兰克福起，他便向往着普鲁士最高的职位。早在1851年，他就写信给路德维希·冯·格拉赫（Ludwig von Gerlach）*，表示普鲁士的外交过于循规蹈矩，只有国王、副官长或外交部长的职位可以满足成年人的能力和野心[6]。多年来，他更渴望的并非职位，而是获得权威与合法权力，用更加智慧和直接的方式主导普鲁士的命运。47岁那年，这个长期怀有远大抱负的人物终于从普鲁士政治的边缘进入风暴中心。

在危机的顶峰受到权力的召唤，这对俾斯麦再合适不过。他更

---

* 路德维希·冯·格拉赫（1795—1877），普鲁士保守派法官、政客和编辑。他的长兄利奥波德是腓特烈·威廉四世的副官长和顾问，也是著名的保守派。——译注

善于和对手而非同僚或地位相当者打交道，而议会的反抗甚至限制了国王的选择自由。俾斯麦相对自由而且鲜有盟友——但他需要干什么呢？

尼采说，一切深奥之物都喜欢面具。而一切伟大统治者都有点像戴高乐（De Gaulle），认为权力应该包裹在神秘中。俾斯麦是个真正复杂的人物，虽然令人困惑的更多是他的直率而非伪装，但在同时代人看来他却莫测高深。大多数历史学家也觉得他无法理解，最糟糕的是，从成功开始回顾他的人生。因为这种视角忽略了他的斗争岁月，当时他正在摸索解决之道——那些年对他与布莱希罗德的关系也特别重要。

很难简短地概括俾斯麦在成为国王首席大臣时的目标或希
望[7]。与所有伟大领袖一样，性格和政策密不可分；人不是由独立 24
的部分组成，特别是像俾斯麦这么卓越的人。1862 年，他的成就即将实现，造就其伟大的是他打破常规的智慧、随机应变的能力、强烈的自信、无限的能量、唯我独尊的意志和百折不挠的勇气。尽管如此，他的品行上也存在缺陷：在政治生涯的开始，他傲慢而且以嘲讽世人为乐；在最后，他鄙视他人，愤世嫉俗，喜欢把人当做工具，用完了就一弃了之。最重要的是，他极为看重现实主义。他从生活和政治中获得大量实用知识，无论是理论家或多愁善感者，还是目光偏颇或僵化者都令他厌恶至极。正是务实天性让他欣赏那位利益超越国界但目标专一的银行家[8]。

1862 年上任时，俾斯麦并无具体计划。他试图维护普鲁士君主在国内的权威，提高其在国外的影响力，因为他把强大的王权视作阻止革命和混乱反复发生的保障。他在法兰克福时已经深信德意志邦联的无能，邦联由奥地利主导，因此对普鲁士的利益有害。1856 年，他致信普鲁士首相，表示“由于维也纳的政策，德意志无法同时容下我们两国”[9]。但他也意识到，奥地利的力量已经无法继续让它在德意志颐指气使。

俾斯麦对利用奥地利的弱点和孤立处境毫无顾忌。他也明白，奥地利正在为走出孤立做绝望的努力。普鲁士保守派——比如利奥波德·冯·格拉赫（Leopold von Gerlach），此人是俾斯麦在宫廷最早的庇护人，在宗教和政治原则上毫不妥协——他认为，德意志邦联和1815年的决议是阻止德意志革命者的神圣堡垒。当时，大多数人认为，分歧的焦点在于，民族主义者和自由主义者希望统一，而普鲁士君主制势力则想要维持现状。俾斯麦改变了这种等式：也许民族主义可以被用来为君主制服务。通过实行他所谓的“令人不快的利益政治”（*ungemütliche Interessenpolitik*），通过取代奥地利成为德意志的主导力量——也许可以通过此类方式让普鲁士的贵族君主秩序得以留存[10]。这是他的总体方向，他原则性的无原则做法是疏远昔日的盟友和争取过去的敌人。时势无疑有利于他的计划：奥地利正在衰退，德意志民族主义正在兴起。不过，也许没有人能和他一样灵巧地利用当时盛行的风向和潮流[11]。

1862年秋，俾斯麦可能选择任何道路——只要它们可以立竿见影地让普鲁士强大起来。他对自己不合常规的观点毫不在乎。履职几周后，他告诉迪斯累利：“我会抓住第一次最好的借口向奥地利宣战，解散德意志议会，降服小邦国，实现普鲁士领导下的民族统一。”[12]1862年11月和12月，他又重申这些警告。他告诉奥地利 25
外交官，自己对“手足相残之战”这样的字眼并不感冒，奥普关系必须改善，否则就会恶化甚至可能兵戎相见。“我们必须为自己的政治存在争取必需的空气（*Lebensluft*）。”[13]他对自己可能意图的另一次坦诚预言震惊了法国大使塔列朗伯爵（Count Talleyrand）：普鲁士宁愿离开邦联，也不允许奥地利将邦联用作反普鲁士的工具；这样的决裂将导致战争，“只要战鼓响起，我们就会派兵占领它们［汉诺威、黑森和萨克森］。我们将在南北德之间画出分界线，在那条线后站好阵脚”。当被问及如果德意志形势“激化”，拿破仑会做何反应时，塔列朗回答说，自己将难以“保持冷静”[14]。

俾斯麦理解当时德意志社会特有的大量期望。他意识到经济利益的政治重要性；早在 1851 年，他就在写给朋友利奥波德 · 冯 · 格拉赫的信中表示，普鲁士应该及时关注德国的物质问题：“在这些问题上首开先河的权力机构，无论是邦联议会、关税同盟（Zollverein）* 或普鲁士政府，都会在争取受惠群体的同情时大占优势……” [15] 他相信大多数人把物质考虑放在政治忠诚之前，并很可能认可兰克 † 关于人“总是首先追求两件东西——荣耀和财富”的观察，尽管兰克认为生命中应该有更高的目标，但俾斯麦可能会视其为纯粹的虔诚 [16]。俾斯麦敦促普鲁士应该支持“通过物质利益的纽带巩固健康的北德元素”，甚至不惜牺牲关税同盟中南德成员的利益 [17]。他对奥地利尝试加入同盟并使之满足其保护主义需要的举动提出警告，并反对奥地利人将德意志商务政策置于法兰克福议会多数派之手的一切企图。他赞同历届政府的主流观点，即普鲁士应该致力于实现对外贸易的更大自由，并大力支持 1862 年的法普贸易条约，该条约促进贸易自由，还让普鲁士进一步融入西欧充满活力的经济生活。他一眼就看出与法国签署这份条约的政治意义，并在 1862 年圣诞节起草的备忘录中向威廉陈说其优点 [18]。俾斯麦特别关心统治阶级的经济需求和欲望，这些人大多拥护条约。他知道物质繁荣能增强国力，并弱化有产阶级的革命热情或意识形态。

与俾斯麦本人和后来的德国历史学家的惯常描绘不同，他并非对经济一无所知。作为容克贵族，他曾经打理自己的庄园，总是对获得更大利润和拥有更多土地保持适度胃口；作为外交官，他曾与罗斯柴尔德家族共餐，见证他们在国际事务中的力量。诚然，与税收和关税问题或市场波动相比，他更关注欧洲的外交形势。但他

---

* 1834 年在普鲁士的倡议下创建，旨在消除德意志诸邦间的贸易障碍，形成紧密的贸易和经济共同体。——译注

† 利奥波德 · 冯 · 兰克（Leopold von Ranke，1795—1886），德国历史学家。——译注

并未忽视 19 世纪的现实，以至于轻视物质元素在他和国家生活中的角色。 26

除了国王看似绝望的要求与对手们的举棋不定，俾斯麦几乎没有什么可仰仗的。很少有人认为他能坚持下去，大多数人相信他会因为自己的鲁莽而倒台。他向威廉承诺不放弃军队法案（包括三年制兵役条款），哪怕没有足够授权的预算也要推行政令。但从一开始，他就在幕后寻求妥协。尽管经常对议会加以威胁和抱以鄙视，但如果能够避免的话，他不希望诉诸赤裸裸的专制。他并不觉得有必要实行三年制兵役，上台几周后，他似乎开始倾向于朋友罗恩试图推行的巧妙方案：允许一些士兵“买断”第三年服役期——法国有类似制度。该计划的狡诈让深入研究过它的一位学者怀疑俾斯麦参与其中：一方面它让议员保住脸面（他们的儿子如愿缩短了服役期），与此同时它还带给政府完全不受议会干涉的大笔额外收入。不过，总是得到极端反动的朋友曼陀菲尔支持的威廉驳回了这个方案。俾斯麦不得不寻找其他解决办法[19]。

俾斯麦的朋友或盟友寥寥无几。国王对这个暴躁而善变的家伙心存怀疑，他在一天里产生的想法和计谋让威廉用一年都无法消化。王储也和大部分自由派一样不信任俾斯麦，他表示：“可怜的妈妈，她的这位死敌得到任命会让她多么痛苦。”[20] 俾斯麦的许多同僚也害怕他，不知道这位跋扈的上级将把他们引向何方。

俾斯麦和罗恩是朋友，但对自己身边的其他人抱以鄙视，无论是能干的对手、无能的同僚还是议会中碍事的理论家，并轻蔑地称国王的一位首席外交官为“乌泽多米娅”（Usedomia）*。不过，尽管与同僚关系紧张，他不得不等待差不多十年之久才能安插自己的人选（即使到那时，他仍然承认自己情愿与任何敌对外国势力商谈最

---

* 指普鲁士外交官卡尔·格奥尔格·路德维希·圭多·冯·乌泽多姆伯爵（Karl Georg Ludwig Guido von Usedom，1805—1884），女性化称呼表示轻蔑。——译注

棘手的问题，也不愿与普鲁士的战争部长达成协议）[21]。在此之前，他需要来自政府惯常渠道之外的专家建议。他需要视野广阔和智慧出众的人，他们既乐于效劳又不会取代自己。

这种需要成了布莱希罗德的机遇。但在1862年9月和后来的一段时间里，布莱希罗德完全没有预见到自己（或俾斯麦）即将面对什么。他仍然谨慎而多疑。他主要关心自己的生意，而俾斯麦的看似鲁莽可能会激化宪法冲突和伤害经济。

布莱希罗德在宪法冲突的双方都有朋友，对双方都抱有同情。27
几名议员领袖是他的朋友和主顾；他的犹太人同胞通常倾向于议会和反对国王，并不特别认同黩武派不合时宜的观点，即军队及其封建特权是最神圣的。普鲁士犹太人信奉自由主义：在1858年到1866年间选出的160位犹太选举人（*Wahlmänner*）* 中，92% 把票投给自由派[22]。俾斯麦在议会的反对者是利益与社会休戚相关的有产者——于是布莱希罗德的某些天生的朋友和伙伴不情愿地成了当局的反对者[23]。另一方面，布莱希罗德与内阁乃至宫廷关系密切，他的主顾中包括一些血统最高贵的贵族†。与大多数银行家一样，布莱希罗德天性亲近、支持并忠于政府。当他因为可靠和杰出而成了俾斯麦的选择后，这种天性变成固定策略。

在俾斯麦上台后的最初几个月里，布莱希罗德是得天独厚的观察者——对后世而言幸运的是，他把自己的印象和俾斯麦的内幕消息分享给自己最看重的联系人：巴黎的雅姆斯男爵。除了贝伦街和拉菲特街（rue Laffitte）之间的每日商务信件，布莱希罗德还用自己的华丽字体亲笔写私信。这些信件有时用密码写成，或者为逃避

---

* 普鲁士从1849年起实行三级选举制，即按照纳税额的高低将选民分为三级，议会下院选举时，每个等级分别投票选出三分之一的选举人，再由后者选出议员。——译注

† 早在1861年，腓特烈·威廉三世之子卡尔就不断找布莱希罗德要钱，卡尔王子是柏林一个极端保守集团的成员。Kühlow 记录，布莱希罗德档案。

无处不在的监察而将关键字词或名字转写成希伯来文。它们向雅姆斯男爵提供一位银行家和政客看重和可以利用的那类情报——他从世界各地居于重要位置的人那里收到的正是此类情报。布莱希罗德写给雅姆斯男爵的密信是分析他对俾斯麦的早年时运以及他与这位首相关系看法的重要依据。它们是一位银行家对动荡时代印象的独一无二的记录。它们还反映出布莱希罗德与迈耶尔·阿姆歇尔五个儿子中硕果仅存的那位的不平等关系，并暗示他将逐步全盘接受俾斯麦的主张[*]。

1862 年 9 月 24 日，几乎就在俾斯麦刚回到柏林后，布莱希罗德致函雅姆斯男爵：

> 我们陷入内阁危机！作为首相的冯·俾斯麦—舍恩豪森先生正在忙着组建新的内阁。战争部长罗恩留任，这足以证明议会与
> 国王的冲突不会因内阁的改组而被解决……伯恩施托夫伯爵[†]和 28
> 冯·德·海特[‡]已被罢免。关于新内阁，没有任何确切消息，但似乎我们将迎来一个完全反动的内阁。波德尔施温格经常被提及将出任财政部长……[§]

---

* 罗斯柴尔德经常委托布莱希罗德一些特殊的小任务，比如推荐特别好的园丁或者寻找雉鸡专家，专家被要求能够收集布拉格附近的最佳品种并将其用火车送到巴黎，路线和所有细节均由布莱希罗德负责。作为对其辛劳和花费的补偿，布莱希罗德偶尔会收到一份优质鹅肝酱或其他美味。对他而言，在 19 世纪中叶那个欢乐而一丝不苟地礼尚往来的世界里，选择合适的礼物和执行委托一定是项耗时的工作。

† 阿尔布莱希特·冯·伯恩施托夫伯爵（Albrecht von Bernstorff，1809—1873），曾任普鲁士外交部长。——译注

‡ 奥古斯特·冯·德·海特（August von der Heydt，1801—1874），普鲁士银行家，曾任贸易和工业部长以及财政部长。——译注

§ 从 9 月 27 日波德尔施温格的一封此前未被注意的书信（很可能是写给俾斯麦的）可以推测出他如何看待入阁邀请，他在信中回答了是否乐意为新政府效力的问询。他满意事态的变化，认为这“清楚地体现了坚决抵制民主和议会制的意志——愿上帝保佑。形势的严峻和议会面目的彻底暴露无遗旨在为了恐吓人们不要入阁，或者让他们出于自身和家人的考虑而不这样做……但感谢上帝，国王有权期待所有忠诚的臣民服从上帝的命令和意志”。梅泽堡民主德国中央档案局：Zitelmann 遗稿。

他补充道，危机让市场萧条，特别是普鲁士证券市场[24]。

一周后，俾斯麦出现在议会预算委员会面前，并暗示自己的行动方向。他将用对外胜利来赢得国内的默许。他谈到普鲁士一再失去外交政策的“有利时机”，为了增强祖国的实力，必须要抓住这些时机：“维也纳条约划定的边界不利于这个国家的健康存在。今天的重大问题不是靠演说和多数决定所能解决的——那是 1848 年和 1849 年的错误——而是要靠血和铁。”[25] 对俾斯麦而言，这是从他经验中提炼的自明之言；但对自由派议员和他们在公众中的支持者而言，这是寻衅之词。俾斯麦开始被视作反动和黩武的“权宜人选”。当时,没有人能预见到这个“反动”政府的大胆和革命性特点。

在一段时间里，布莱希罗德仍对俾斯麦的立场颇有微词。他看不到解决日益加深的危机的办法，和所有人一样，他也听说了大量常常自相矛盾的流言，比如新内阁可能被罢免，议会将被解散和宫廷摇摆不定。在最初的那段日子里，布莱希罗德很少见到俾斯麦，因此几乎不比大多数柏林消息最灵通的人士知道得更多。普鲁士政治的不确定让曾经活跃的商界陷入沉寂，布莱希罗德苦恼不已。

不过，到了 1862 年底，布莱希罗德已经获得接近俾斯麦的特别机会，他写给雅姆斯男爵的信也开始反映了俾斯麦的内幕消息。这些信件无疑也是为了让雅姆斯男爵认识到布莱希罗德新的重要性——因此，信中对俾斯麦内阁即将倒台的一再预测就有了特别意义。如果布莱希罗德能让雅姆斯男爵相信自己的新消息源在一定程度上稳定，这本该对他的利益更有好处。

1862 年 12 月末，布莱希罗德报告说：“根据来自冯 · 俾斯麦先 29
生的私人消息”,同议会的冲突将不会在下次开会时解决。1 月 18 日，议会重开几天后，他又坚称“人们对改组内阁做了大量讨论，但并不朝着有利于自由派的方向。俾斯麦辞职似乎近在眼前，冯·德·海特（俾斯麦拒绝了他）正被酝酿作为财政部长进入内阁，但体系不会改变”。他报告说，国王仍在生病，并正比以往更认真地考虑退出国家事务。一周后他写道："我们的政局看上去不乐观……现任内阁的不受欢迎程度是普鲁士历史上所罕见的。"如果俾斯麦不被罢免，那么议会就将被解散，随之而来的是新的限制性选举法，那将标志着与宪法的最终决裂[26]。布莱希罗德早早地正确预见到，俾斯麦正试图摆脱三级选举制度。在该制度下，以牺牲下层阶级利益为代价，有产者（恰好是自由派）的代表占据着优势。布莱希罗德的信件印证了俾斯麦同时代人的不确定和迷惘，和首相一样，他们也不知道政府如何让自己或普鲁士走出当下的僵局。

1863 年，又一场危机爆发：长期受到俄国严苛统治折磨的波兰人揭竿而起，俾斯麦马上寻求帮助俄国人镇压叛乱。俾斯麦迅速征调部分普鲁士军力和与俄国人达成协议（所谓的《阿尔文斯勒本条约》[Alvensleben Convention]）的举动触怒了法国人和英国人；此举还激怒了普鲁士自由派，他们不愿看到本国为虎作伥，帮助俄国镇压寻求自由的勇敢的波兰人。另一方面，俾斯麦担心的却是亚历山大二世（Alexander II）可能屈服于俄国改革派并向波兰人让步，从而鼓励后者在普鲁士占领的波兰省份中制造麻烦。与大部分德国人一样，俾斯麦特别仇视波兰人。

这场危机期间，布莱希罗德定期向雅姆斯男爵提供关于普鲁士军事和政治动向的消息。"与我谈过话的冯·俾斯麦先生"是此类权威报告通常的来源。俾斯麦没有预料到西方强国或国内政敌会发起如此猛烈的抗议浪潮，他利用布莱希罗德安抚法国人，并表达对拿破仑三世居然会把《阿尔文斯勒本条约》视作"宣战理由"的惊愕[27]。俄国人最终取消了条约的军事条款，独自镇压波兰人，但俾斯麦的地位已经发生动摇。2 月 21 日，布莱希罗德预言危机将导致政府在几天内垮台。他援引"灵通的消息来源"，表示俾斯麦并非条约的始作俑者，条约是威廉的军事内阁在俾斯麦"不知情的情况下"达成的。这种很不可信的说法也许来自俾斯麦本人。2 月 27 日，
俾斯麦对英国大使安德鲁·布坎南爵士（Sir Andrew Buchanan）说 30

了同样的谎言[28]。危机期间，俾斯麦远没有像后来在回忆录中或者历史学家直到最近还常常做的那样对条约感到得意[29]。俾斯麦利用波兰起义赢得俄国人友谊的企图常常被称为他的高明一击，但此举几乎让他职位不保。布莱希罗德向雅姆斯男爵承诺，自己将用复杂密码写成的电报告知俾斯麦辞职和替代者（无论是反动派还是自由派）的消息[30]。根据布莱希罗德从“国王私人内阁”获得的消息，俾斯麦已经递交辞呈，并正在被认真考虑。他接着说，如果俾斯麦走人，市场将出现积极反应。布莱希罗德还报告说，议会抨击了《阿尔文斯勒本条约》，并以 246 票对 57 票否决了俾斯麦的政策[31]。俾斯麦反过来指责反对者无知和叛国。他想要让议会休会，但内阁拒绝了他；只有罗恩对他表示支持并写来一封信，信中充满了对内阁分裂和 E（内政部长弗里茨·奥伊伦堡伯爵［Count Fritz Eulenburg］）的绝望，认为 E 或者对事态不够重视，或者不愿“切断所有退路”。总有一天，奥伊伦堡的朋友们“诺亚（Noah）、沃尔夫斯海姆（Wolfsheim）、雅各比（Jacobi）和其他混蛋，无论是否受过割礼*，都会背叛他并让他举步维艰”。罗恩最后表示：“你、我和波德尔施温格在这件事中牵涉最深，如果我们因为无能而失败，我将不愿苟活下去。”[32]

俾斯麦的倒台似乎近在眼前，但布莱希罗德知道，如果罢免首相，国王将不得不同时放弃自己的政策：“没有人能像现任首相那么服众。”[33]布莱希罗德的报告足够清楚地指出，俾斯麦犯了错，一度让自己的处境变得更糟。也许他已经让情况变得如此之糟，以至于国王找不到其他人收拾残局。随着俄国人无情地镇压了波兰人，眼前的危机得到缓解，威廉保住了他四面楚歌的首相。

布莱希罗德关于危机的报告迅速而准确。他提供给雅姆斯男爵的情报与柏林各大使馆提供给本国外交部的一致，而且至少同样迅

* 受割礼者指犹太人，奥伊伦堡以对犹太人自由派宽容著称。——译注

速[34]。对于俾斯麦与布莱希罗德的关系，可以毫不夸张地说，正是在危机的那几周里，俾斯麦开始把布莱希罗德当成心腹和特别渠道。他们定期“会谈”，经常每周数次。布莱希罗德没有隐瞒自己的新关系，他得意洋洋地对雅姆斯男爵说：“为了摸清外交政策，我借机拜访了冯·俾斯麦先生”，“今天我借机与我著名的消息源做了长时间交谈”，或者更简洁地表示“内阁今天未收到值得注意的信件”[35]。

布莱希罗德开始把自己看作俾斯麦的秘密合作者，看作普鲁士政府首脑的特别顾问。反过来，俾斯麦清楚自己传达给布莱希罗德的任何信息都将很快流传到巴黎和伦敦，于是向后者提供经过选择的零星真相。全部真相只有他本人知道。他把布莱希罗德与巴黎 31
罗斯柴尔德家族（与法国政府关系密切）的联系视作同巴黎的常规外交关系之外的有用补充，特别是因为他不把驻巴黎大使罗伯特·冯·德·戈尔茨（Robert von der Goltz）当成朋友。戈尔茨伯爵有自己的政治野心，对普法关系也有自己的理解——这是俾斯麦无法原谅的两项死罪[36]。

到了1863年春，普鲁士的宪法冲突变得更加激烈，布莱希罗德也因此变得更加悲观：“从中立者视角出发，只能说我们的国内政治非常糟糕。”僵局在延续；国王不愿放弃军队改革，议会则拒绝批准授权改革的预算。议会以压倒多数否决了内阁的提案——1863年5月的一次重要投票的结果是295比5——“国王对这些情况感到愤怒，他的亲信则鼓动他无视民众的代表。”[37]俾斯麦希望自由派议员会厌倦他们的反对立场，特别是如果他能够证明，脱离民众的是他们而非政府。与此同时，他公开指责议员，并在私下向朋友约翰·罗斯洛普·莫特利（John Lothrop Motley）*抱怨这个“充斥陈词滥调的议会”：“我不得不提出抗议，这些空谈者实在无法统治普鲁士，他们没什么头脑却过于洋洋自得，［他们］愚蠢而又专

---

* 约翰·罗斯洛普·莫特利（1814—1877），美国外交官，时任驻英国大使。——译注

横。"[38] 到了1863年春，俾斯麦已经确立实质上的独裁。他无视议会，骚扰自由出版物，并寻求清洗官僚队伍；他向友人吐露心声，认为也许必须完全抛弃宪法[39]。与此同时，他为了自己的目的滥用宪法，凭着牵强的合法性借口就决定政府可以继续像过去那样收税，即使议会没有批准预算。他正在玩一场大胆和高深莫测的游戏，期待同时赢得多重优势。通过使国内局势无限复杂化，他让自己变得对威廉不可或缺；想要牺牲俾斯麦，国王必须同时牺牲自己的原则。至于议会，俾斯麦对议员抱以鄙视，希望这样能让他们变得可鄙。此外，普鲁士在德意志的角色也正在削弱。如何结束这场让国家元气大伤的冲突呢？国王和议会最终会接受他吗？

当时的俾斯麦冒着巨大风险。在回忆录中，他想起1863年春朋友们曾建议他应该把克尼普霍夫（Kniephof）庄园转让给兄弟，因为议会的正式强制令规定，违宪支出要由部长本人及其财产承担[40]。反对派无疑希望剥夺俾斯麦的职位和财产——如果他们能找到有效与和平的方法。

对布莱希罗德和当时的大部分观察者而言，普鲁士政治似乎注定将进一步变糟。形势似乎毫无希望。他在5月17日写给雅姆斯男爵的信中说："请允许我为您简短描绘一下我们国内的严峻状况，这种状况不幸地有利于为外敌打开大门，并［将］削弱普鲁士的国力， 32
如果它长时间持续下去的话。"议会与国王的冲突上升到新的高度，但政府既不愿面对也不愿解散议会。通过无视议会，政府"希望赢得公众的支持。我认为政府在相当拙劣地自欺欺人，因为八分之七的民众站在议会这边，渴望内阁发生改变"。但这样的改变不太可能，因为国王相信议会已经走得太远，"和解等同于示弱"。出路就这样被堵死了，"在上述状况下，贸易和商业无疑受到重创"[41]。

随后的几周里，双方的立场变得更加强硬。5月22日，议会在向国王上奏时抗议政府一再违反宪法，并警告说"普鲁士在德意志甚至在欧洲都几乎被孤立……每次［同内阁］的谈判都让我们进一步相信，国王的顾问和国家间存在着鸿沟，只有通过人事乃至体制改变才能消除”[42]。而俾斯麦则无疑认为，鸿沟存在于议会和国家间。即使温和的自由派也发出激进论调，赫尔曼·鲍姆加腾（Hermann Baumgarten）* 致信历史学家海因里希·冯·西贝尔（Heinrich von Sybel），表示反对派过于温顺：“必须让鄙视宪法、法律和理性的人发抖。我们必须唤起他们的恐惧，让他们知道自己终有一天将像疯狗那样被杀死……让俾斯麦得意一小会儿吧，我认为革命也将不可避免。”西贝尔回信称，能够震慑内阁的不是话语而是武力，是不忠诚士兵的威胁[43]。

5月24日，布莱希罗德再次送给雅姆斯男爵一份对这场冲突的小结，因为就像他所说（很有预见性！），普鲁士的国内状况“将在欧洲政治中扮演不可忽视的角色。议会对军队改革的苛刻行为让政府变得强硬，而在反动派顾问的包围下，国王也选择了极端封建反动的方向，尽管他的性格无比正直”。（“尽管”后面的话含蓄地区分了封建反动和正直性格，这是布莱希罗德本人立场的少数例证，他保守但愿意妥协，而非反动和好战。）布莱希罗德还表示，政府坚持自身的违宪立场，但在国王决心推行新的选举法之前不愿解散议会，“当前尚无法说服他这样做”。布莱希罗德的书信暗示俾斯麦试图说服国王颁布这样的法律——这进一步表明，1863年春，俾斯麦正在考虑政变[44]。俾斯麦如实告诉布莱希罗德，议会将不会被解散，而国王正就采取何种政策与其展开“激烈斗争”。布莱希罗德可能低估了他这位可敬朋友的力量和智谋，他写道：“普鲁士的命运掌握在国王手中。”

布莱希罗德还认为，“很大一部分民众站在议会这边，但另一
方面，也有许多慎重的人觉得议会走得太远”[45]。如果精明的市民 33
（布莱希罗德很可能将自己归入其中）觉得对普鲁士宪法的合法、

* 赫尔曼·鲍姆加腾（1825—1893），德国历史学家和政论家。——译注

非暴力和顽强的捍卫都被视作走得太远的话，那么议会中的自由派将注定失败。与此同时，自由派领袖维克多 · 冯 · 翁鲁（Viktor von Unruh）批评“富裕的中产阶级对政治漠不关心……但如果富裕的中产阶级和富有的公民缺乏政治神经和坚定立场，那么显然政治压迫将不断加强，直至下层阶级揭竿而起”[46]。与西贝尔和许多自由派一样，翁鲁担心如果自由派失利，国家和自由派将面对专制主义或革命的可悲选择。另一方面，俾斯麦指望依靠民众的保守态度，希望孤立自由派议员，向国民证明他们的代表事实上多么不具有代表性。

当时的普鲁士自由派令人同情地指望冲突自然解决，寄希望于威廉的驾崩和自由派王储腓特烈 · 威廉的登基（他迎娶了维多利亚女王之女），这充分展现了他们的政治观。但布莱希罗德一针见血地指出，“虽然公众普遍相信王位继承者持彻底的自由主义立场，但他和妻子却在圣灵降临周期间*穿越阿尔特马克（Altmark）†，前去拜访当地的封建反动派领袖”[47]。

5 月 27 日，议会开始休会。6 月 1 日，尽管国内完全风平浪静，国王却行使紧急权力，发布旨在让所有反对派报纸闭嘴的出版法令。甚至王储也被惊动——但很快遭到噤声。在王储对出版法令提出抗议后，俾斯麦告诉布莱希罗德，王储“在任何情况下都不会”重申反对。布莱希罗德同样感到吃惊。他认为，“相当严格的出版法”之后将很快出现限制宪法规定的集会权利的法令，最终则将是“针对公务员的综合性惩罚程序”。下次开会时，议会将否决这些压迫性法规；然后议会将被解散，选举将在国王推行的新选举法下举行。“如果这都不能成功，那么我们可以大胆地相信将发生政变。尽管

---

* 圣灵降临节（复活节后第五十天）起的一周，尤指前三天。——译注

† 德国历史地区，位于今天萨克森—安哈特州北部，是勃兰登堡侯国最初的领地，被称为普鲁士的摇篮。——译注

发生了这些事，国家仍然完全风平浪静，就像人们经常提到的，违宪只存在于外部事件中！”[48] 另一些人希望平静只是欺骗性的，甚至像海因里希·冯·特莱奇克（Heinrich von Treitschke）这样的温和自由派也相信“现在，革命只是……在等待合适时机……蒙神恩的王室需要有益的、严肃得可怕的惩戒”[49]。

布莱希罗德关于国内冲突的报告既准确又极其公正。他的书信还反映出其本人的观点。和俾斯麦一样，布莱希罗德也是个务实的人，不相信抽象原则。根据布莱希罗德的教育和经历，没有什么能让他承认预算权斗争和个人自由间存在联系——即使他特别看重后者。对布莱希罗德和其他有产者而言，这场斗争是少数人的野心和 34
顽固对公众的妨碍。布莱希罗德认为，政治是个人的斗争；决定君主政策的总是国王的倾向及其谋士的阴谋，很少是关于问题的冲突。他反对议会的阻挠和极端的封建反动。他很可能也不认可政变。和其他许多商人一样，他希望冲突能得到解决，让国家重新向繁荣进军。

布莱希罗德比大多数人更清楚，俾斯麦致力于推动向繁荣进军。他了解俾斯麦对经济的兴趣（无论是个人还是作为政府首脑），知道俾斯麦关心自由贸易和普鲁士在德意志的商业霸权。俾斯麦把普鲁士的繁荣视作权力工具，布莱希罗德则把它当成目的本身。但俾斯麦的政策和他对经济顾问鲁道夫·冯·德尔布吕克（Rudolf von Delbrück）的支持让大多数商人高兴，甚至连最直言不讳的自由派也支持俾斯麦的经济政策。俾斯麦和对手间既有冲突，也有共识——这既鼓励俾斯麦，也削弱他的对手[50]。

布莱希罗德是个爱好和平的人，因为和平是繁荣的先决条件。他也是个精明的人。俾斯麦的继任者会给予他同样的独家信任，就像俾斯麦在第一年任期内所做的那样吗？还有哪个犹太银行家如此频繁和热情地受到普鲁士首相的接见？布莱希罗德很可能是最受政界青睐的商人——这并非没有理由。

1863年6月，布莱希罗德报告说，国王将很快前往卡尔斯巴德（Karlsbad），很可能在那里会见弗朗茨·约瑟夫（Franz Joseph）*——他的确这样做了[51]。在那个多事之夏，布莱希罗德似乎中断了与雅姆斯男爵的私信往来，两人很可能分别去了某个著名的温泉浴场，在当地的自然风光中，欧洲的精英们正忙着调养身体和笼络关系†。

普鲁士的国内危机加剧了，就像布莱希罗德预料的那样，来自国外的压力让情况可能变得更糟。1863年夏，察觉普鲁士弱势的奥地利开始推行在奥地利人领导下加强德意志邦联的计划。作为第一步，弗朗茨·约瑟夫皇帝邀请其他德意志邦国的君主在法兰克福开会商谈奥地利的提议。威廉认为自己有义务参会，但俾斯麦——这是他政治生涯早年的最大危机之一——坚决认为国王不应该去。俾斯麦担心普鲁士在法兰克福受到孤立和被迫屈从，于是说服国王谢绝邀请，并针锋相对地提出自己的计划，要求确立普鲁士和奥地利的双头领导，并建立民选的民族议会。他仍然坚持早前的理念，即 35
奥地利必须为与普鲁士合作付出代价，否则就免谈。与此同时，他试图通过民族议会的提议拉拢德意志民族主义支持普鲁士。两大强国的角力进入新的关键阶段，在与俾斯麦会谈后不久，布莱希罗德于9月28日报告说："德意志问题仍然留待未来解决，但普鲁士目前对德意志，特别是对奥地利的立场从长期来看行不通，必将造成混乱。"[52]引发布莱希罗德向雅姆斯男爵提出警告的很可能就是俾斯麦。罗斯柴尔德家族与奥地利王室关系密切，对财政状况摇摇欲坠的奥地利帝国而言非常重要。最好尽早和时常提醒他们，普鲁士试图利用奥地利的虚弱实现自己的霸业。经过这场危机，俾斯麦变

* 奥地利皇帝。——译注

† 布莱希罗德的朋友和雅姆斯男爵的合伙人维克托·贝纳里（Victor Benary）曾敦促他去奥斯坦德（Ostend）拜访男爵："你知道时常与雅姆斯男爵交谈的好处与必要性。这比二十封信对买卖的帮助更大。"贝纳里致布莱希罗德，1865年8月1日，布莱希罗德档案。

得更加强大，甚至他的某些国内政敌也不情愿地支持他对奥地利的蔑视，至少他保住了普鲁士的行动自由[53]。

不过，随着石勒苏益格—荷尔斯泰因（Schleswig-Holstein）危机的爆发，俾斯麦被迫陡然改变计划。1863 年 3 月，丹麦国王腓特烈七世（Frederick VII）颁布宪法令，试图把石勒苏益格进一步拉向丹麦，尽管他一再保证这两个公国不会被分开。此举让关于这两个公国由来已久的问题再次被放到聚光灯下。这些公国的命运曾在 1848 年点燃过德意志民族主义情感，但革命的失利导致自由派在北方遭受严重挫折。1852 年的《伦敦条约》恢复丹麦对两个公国的统治，但规定两者特殊的联合状态应该被保留，而荷尔斯泰因则仍然是德意志邦联的成员。尽管《伦敦条约》做了如此安排，但丹麦人还是希望创立单一的国家。1863 年的整个春天和夏天，在较小德意志邦国的推动下，法兰克福议会对该问题表达了担忧。布莱希罗德在不同的上下文中提到该事件：5 月 1 日，他向雅姆斯男爵透露，“我们的内阁计划发行 5000 万塔勒公债用于海军，但后来……改为用于波罗的海防务，数额减少到 3000 万”。政府推迟向议会的申请，因为它知道肯定会被拒绝。布莱希罗德感到新危机的严重性，他报告说，俾斯麦告诉他，丹麦事件可能“在未来引发严重纠纷”，但三个月内不会有事，因为军队还没准备好[54]。这个警告一语成谶。

关于两个公国的危机在 1863 年秋加深。9 月末，布莱希罗德报告说，法兰克福议会准备对违反《伦敦条约》的丹麦发出军事威胁。他预测丹麦不会让步，并表示市场受到打击[55]。11 月，丹麦议会通过宪法法案，将石勒苏益格并入丹麦。两天后，腓特烈七世意外去世，没有留下直系继承者。现在，即位问题和关于两个公国的争端被搅在一起。民族主义情感被完全调动起来的丹麦人拥立克里斯蒂安九世（Christian IX）为新国王，后者马上签署吞并石勒苏益格 36
的宪法。另一方面，大多数德意志人坚称，按照他们的古老法律，亲德的奥古斯腾堡（Augustenburg）亲王最有资格成为两个公国的统治者*。这个错综复杂的问题给欧洲的和平投下阴影。

布莱希罗德报告说，奥古斯滕堡亲王已经造访柏林，但没能赢得俾斯麦的支持。此外，“石勒苏益格—荷尔斯泰因事件在证券市场引发一波巨大的恐慌，股价下跌3.5%，但仍然无法提起任何买家的兴趣”[56]。商界担心出现军事纠纷，作出了相应的反应。在像当时那样的太平年月里，上述跌幅相当可观。

1863—1864年冬，布莱希罗德经常与俾斯麦见面，但他向雅姆斯男爵的报告大多集中在俾斯麦对钱的需求上。布莱希罗德很少提及首相的复杂政策——也许因为他对此知之甚少。很少有人能猜到俾斯麦的意图。对俾斯麦来说，这是前所未有的困难时刻，他必须在不损害普鲁士有利外交地位的前提下打击丹麦人，必须同德意志民族主义和所有站在奥古斯滕堡那边的较小德意志邦国较量，必须击退奥地利与德意志民族主义的联盟。他还必须争取威廉的支持，后者倾向于奥古斯滕堡，而俾斯麦则认为在北方邻邦扶植一位自由派亲德亲王全无益处。眼前需要避开的礁石，比作为目标的海岸更加清晰。他逐步设计让奥地利人与普鲁士结成统一阵线，使他们疏远别的德意志邦国。两个公国的最终命运仍然不明，也许由普鲁士吞并它们是俾斯麦早期的目标。他的成功取决于每一步表面上的明确和有逻辑，以及最终目标的不可预测。

危机期间，俾斯麦在国内没有盟友，普遍受到怀疑。大多数德意志人倾向于奥古斯滕堡即位，但俾斯麦表示反对。如果不选择奥古斯滕堡，大部分普鲁士人希望普鲁士吞并两个公国，但俾斯麦绝

---

* 奥古斯滕堡亲王来自石勒苏益格—荷尔斯泰因—宗德堡—奥古斯滕堡（Schleswig-Holstein-Sonderburg-Augustenburg）家族，为奥登堡（Oldenburg）家族的分支。自从奥登堡家族的丹麦国王克里斯蒂安一世（1426—1481）继承石勒苏益格公国和荷尔斯泰因伯国（1474年升级为公国）后，丹麦国王一直作为君主兼任石勒苏益格—荷尔斯泰因公爵。不过，与丹麦不同，这两个公国实行萨利克继承法。由于腓特烈七世没有父系继承者，在父系血统上与王室最为接近的奥古斯滕堡对丹麦王位和石勒苏益格—荷尔斯泰因公爵提出主张。1863年，奥古斯滕堡家族的腓特烈八世自封为石勒苏益格—荷尔斯泰因公爵。——译注

不会公开承认这个目标，因为那将危及奥地利的支持并招来欧洲的敌意。俾斯麦一度以《伦敦条约》的捍卫者自居——该立场让他在国外赢得好评，在国内却并非如此。这场风波中，俾斯麦遭受从未有过的对其错误的谴责。他甚至无法为自己辩护，因为那将减少他成功的机会。他拒不辞职并坚持自己的政策，当胜利最终浮出水面时，他的命星因为曾经晦暗而更显明亮。

俾斯麦的对外计划需要钱——这个真理对他不言自明，却被后世的历史学家完全忽视。普鲁士政府在预算未获授权的情况下继续征税，但与丹麦迫在眉睫的战争和战后可能的动荡（只有俾斯麦能依稀预见到）需要额外的资金，无法靠常规收入满足。当时的战争已经非常昂贵，而就像我们将看到的，俾斯麦在外交上同样喜欢吹嘘国库充足。俾斯麦认为，对外胜利可以成功地削弱国内的反对声 37
音，但持续怀有敌意的议会威胁剥夺他所需的资金。他决心打破这种恶性循环。

在找钱过程中，他需要帮助和建议。他自己的内阁出现分裂，大部分阁僚听从卡尔·冯·波德尔施温格的无用主张，反对任何超越宪法授权的行动。波德尔施温格老迈怯懦，而且死守原则：难怪俾斯麦对他越来越不耐烦。他在回忆录中表示，波德尔施温格和商务部长海因里希·冯·伊岑普利茨伯爵（Count Heinrich von Itzenplitz）“无法领导自己的部门……从个人信仰来看，波德尔施温格属于内阁的极右翼，但他在投票时经常站在极左翼那边”，因为此人依赖其自由派顾问的建议。“我无法指望我的政策得到这两位部长的支持，因为他们既对我的政策一无所知，也对我这样一个比他们年轻而且原本不属于该领域的首相全无好感。”[57]

俾斯麦决心尽其所能筹钱，并不在乎法律细节。他所关心的是，国家的命运不能取决于某种设计糟糕的法律或宪法，而是取决于权力。换句话说，在俾斯麦看来，考虑权力和考虑法律处于不同和不均等的层面。他愿意求助未授权的发债或者同样违宪地变卖国有财产。关键在于如何调动必要的资金，以便利用俾斯麦察觉到的国外存在的重大可能性。

在急需用钱的那两年里，俾斯麦对布莱希罗德的依赖越来越大。他寻求后者的建议并利用后者的关系。罗斯柴尔德家族对俾斯麦特别重要。俾斯麦可能曾希望法兰克福的罗斯柴尔德家族迁往柏林（对于那个金融王朝的成员来说，柏林是德意志最合适和最有前途的地方），但他愿意信赖布莱希罗德，后者还与科隆—明登铁路存在正式关系——这条铁路对政府具有重要的财政意义。俾斯麦对布莱希罗德的信赖越来越深，关系日益亲密，主要原因是他对这位银行家的判断和智慧的信任。作为俾斯麦当时的主要助手之一，罗伯特·冯·科伊德尔（Robert von Keudell）写道：到了 1864 年，布莱希罗德“这位具有非凡才能的人已经属于助理的内部圈子”。“他的头脑活跃而犀利，记忆可靠，内心坚定而忠诚。”俾斯麦要求科伊德尔向布莱希罗德简要通报“外交政策的情况，只要不涉及机密，以便他能够快速和正确地理解”俾斯麦当面向他所做的“那些暗示”。首相希望许多此类信息能被传递给雅姆斯男爵，按照科伊德尔的说法，男爵“总是可以畅通无阻地见到拿破仑皇帝，并被允许就财政乃至政治问题畅所欲言。这让通过布莱希罗德和罗斯柴尔德向皇帝传递信息成为可能，而官方渠道则显得不合适”。于是，布莱希罗德曾经几乎每天都要拜访科伊德尔，他开始感觉“自己仿佛是外交 38
部的助理，开始称俾斯麦为‘我们极受尊敬的首长’”[58]。

布莱希罗德在那两年里定期与俾斯麦会面，经常达到每周一或两次。科伊德尔不可能知道两人在俾斯麦办公室密谈时发生的一切。除了国事，他们也谈论俾斯麦的个人投资——这个主题将在第五章再展开。布莱希罗德既接收也传递政治消息。没有关于他们谈话的记录，唯一的蛛丝马迹保存在布莱希罗德写给友人特别是给雅姆斯男爵的书信里。在那关键的两年里，俾斯麦在柏林待的时间比后来要长，布莱希罗德每当有要事都能见到首相；因此直接通信反而少了[59]。俾斯麦把助手分派到不同部门，只有他本人了解自己政策的所有方面。科伊德尔不知道（或者在 1901 年写回忆录时不愿承认），从 1863 年 11 月起，布莱希罗德不仅偶尔代表俾斯麦展开外交活动，还在为俾斯麦的冒险筹资过程中扮演核心角色。

1863 年 11 月，布莱希罗德第一次向俾斯麦建议，普鲁士政府可以将萨尔（Saar）地区的富饶煤矿出售给一家私人公司[60]。普鲁士政府控制着国家煤产量的很大一部分，拥有萨尔的大部分煤矿和西里西亚（Silesia）一些最大的煤矿。萨尔的自由派商业社群反对垄断，出于实践和理念原因希望弱化政府的角色。关于出售萨尔煤矿的传言早在 1861 年就已出现，据说巴黎的罗斯柴尔德家族为它们开价 2000 万塔勒。传言很快被否定，但总是特别顽强地卷土重来。

俾斯麦知道拿破仑觊觎萨尔煤矿盆地。1862 年 10 月末，法国皇帝在俾斯麦来访时明确提到该问题。俾斯麦此行的目的是探听皇帝的口风：如果德意志战争爆发，法国保持中立的可能性和开价是多少。俾斯麦不太可能把拿破仑的这些梦想告诉任何人，因为他无论如何都会立即拒绝，坚称威廉永远不会同意让出德意志的哪怕一个村子[61]。威廉偶尔会成为俾斯麦计划的顽固障碍，但更多情况下，他成了俾斯麦藏身其后的巨大挡箭牌。

没有证据表明，1863 年时罗斯柴尔德家族对萨尔煤矿感兴趣。这个话题只是无意中出现在布莱希罗德与雅姆斯男爵的通信里。不过，许多德国公司将会欢欣鼓舞地从普鲁士政府手中买下煤矿，让政府获得足够的资金继续其违宪的运作方式。另一方面，出售煤矿将减少政府的年收入。在宪法冲突中，政府提高煤产量，每年从中获利 200 万塔勒[62]。但流言仍然甚嚣尘上。1864 年，法国报纸多次报道称，萨尔煤矿将被出售。令威廉烦恼的是，奥地利报纸也开始热炒该流言，试图通过暗示德意志边境的这些煤矿将落入法国人 39
之手来抹黑普鲁士在德意志人眼中的形象。作为一个荣誉问题上的直性子，国王对这些报道勃然大怒，因为它们暗示了另一个普隆比埃尔（Plombières）——为了换取拿破仑的帮助，意大利割让了尼斯（Nice）和萨瓦（Savoy）*。煤矿问题暂时被搁置。1866 年，俾斯麦重新开始考虑该问题，部分原因是他认为，为了战胜奥地利，普鲁士将不得不对法国做出补偿。但那还要再等两年，并在一场战争后才会发生。

不过，俾斯麦仍然需要为同丹麦日益临近的战争筹款。1863 年 12 月 7 日，布莱希罗德致信雅姆斯男爵，表示政府将向议会提交 1000 万塔勒的发债申请，议会很可能会拒绝。那样的话，政府将请求自愿贷款。两天后，政府果然为了与石勒苏益格—荷尔斯泰因事件相关的可能军费支出向议会提交 1200 万塔勒的申请。政府承认自己拥有 2100 万塔勒的战争储备，但为了防备同丹麦战争之外的其他可能冲突，不能动用这笔储备[63]。在研究了政府的申请后，一个议会委员会提出首先应该提交请愿书，提醒国王俾斯麦的“反德意志政策”。委员会还狡猾地表示，国王可能被蒙在鼓里。俾斯麦警告议会不要提交这样的请愿书，并威胁议员们说，如果在接下来的战争中，普鲁士军队不如小国丹麦，那么议员们要对此负责。12 月 18 日，议会通过向国王上奏的决议，批评俾斯麦可能坚持《伦敦条约》，并提醒国王小心“可能长期危害我国的政策。鉴于内阁的立场，我们必须担心所申请的款项在它手中将不会被用于那两个公国或德意志，不会造福王室或国家”[64]。俾斯麦在 1864 年和 1866 年取得的惊人成功让上述大胆言词成了笑柄。难怪自由派的自信在那两年里完全崩溃。

12 月 21 日，布莱希罗德写信给雅姆斯男爵，表示议会可能拒绝发债，这将令政府“颜面大失”。议会委员会暗示政府可以靠国库满足需要，但布莱希罗德指出，这样做“将给政府造成沉重负

---

* 1858 年 7 月 21 日，撒丁王国首相加富尔与拿破仑三世在法国南部小镇普隆比埃尔签订协议，由法国出兵将奥地利逐出伦巴底和威尼斯，而撒丁王国则将尼斯和萨瓦割让给法国。——译注

担”[65]。委员会还建议，政府可以靠变卖自己的部分资产独立生存下去——这种想法后来由布莱希罗德为俾斯麦实现。

委员会提交给议会的报告援引俾斯麦的话称，他希望为同丹麦的争端寻求合法拨款，“但如果拨款请求遭绝，那么他将不择手段地筹款”[66]。议员们被激怒了，因为他们尚未适应俾斯麦粗鲁的直截了当。

1864年1月22日，议会以275票对51票拒绝发债，理由是不认可政府的政策构想，认为它不符合其他德意志邦国的意愿，这场战争只会导致普鲁士再次将两个公国交还给丹麦。更加好战的议 40
员们也断然反对俾斯麦。投票前四天，特奥多尔·蒙森（Theodor Mommsen）* 在写给友人的信中说，他觉得让俾斯麦“这个肮脏和火爆的笑柄（*Spottgeburt*）”继续执政将令人无法忍受，并表示如果那样的话，自己很可能会辞去在普鲁士的教职[67]。其他议员暗示，政府可能会随即提出为吞并筹款的“更具民族主义”的政策。无论如何，议员们错算了俾斯麦。恢复原状只是他的选择之一。他们不够灵活的头脑永远无法理解俾斯麦同时准备多种选择，希望实现政治形势所允许的最有利的那个。

议会拒绝发债有更深层次的理由，奥地利大使卡罗伊伯爵（Count Károlyi）向本国报告称，政府与反对派的冲突反映了——

> 政治乃至社会分歧这个最大痛处，这是普鲁士国家的内部生活所固有的，即不同等级和阶级对彼此的强烈仇恨。这种敌对并非源于这三年的斗争，而是远远早于1848年，它把军队和贵族归到一边，把其他所有的勤勉公民归到另一边，让两者产生激烈的对立。这是普鲁士王国状况中最显著和最黑暗的特征之一。[68]

---

* 蒙森（1817—1903），德国历史学家。——译注

即使在当时，这两个国家仍在期待对方的政治破产。

关键问题还是：俾斯麦能从何处找到必要的资金？战争的可能性逐步增加。12月末，布莱希罗德还能向雅姆斯男爵保证，自己的“好线人（他总是这样称呼俾斯麦）不认为会开战，除非奥地利外交部长莱西贝格伯爵（Rechberg）被自由派取代”。威廉和普鲁士保守派普遍希望和平。他们不愿因为看似无关普鲁士的目标而被拖进与丹麦的战争[69]。一个月后，俾斯麦告诉布莱希罗德，“外交形势不乐观而且非常扑朔迷离，没有人能肯定地预测结局”[70]。当时的俾斯麦以现状维护者自居，但他威胁说，如果欧洲列强干涉奥普即将对石勒苏益格的占领，那么他将毫无顾忌地采取更激进的策略。通过看似保守的立场，俾斯麦让英国更安心地满足于伪善地支持丹麦的声明。巴麦尊勋爵（Lord Palmerston）* 支持普鲁士，但气势汹汹地表达了英国对弱小丹麦的关心。巴麦尊的政策虚张声势，维多利亚女王坚决支持普鲁士，而英国内阁在丹麦问题上的分歧则无法调和。结果就是英国人袖手旁观，俾斯麦的立场让巴麦尊可以更安心地坚持口头道义[71]。

俾斯麦讨论了筹款的各种途径，包括来自南德意志联盟由法兰 41
克福银行家拉法埃尔·冯·埃尔朗格（Raphael von Erlanger）牵头的提议。埃尔朗格愿意向普鲁士政府提供1500万塔勒，尽管多名议员明确警告私人银行家，议会将不欢迎在未经议会许可的情况下向政府贷款[72]。布莱希罗德向雅姆斯男爵保证，“埃尔朗格提出的向王国贷款的建议已经被彻底否决”。布莱希罗德似乎曾敦促政府用已被议会批准用于铁路建设但尚未发行的债券作为抵押。债券应该被抵押给能马上向政府提供资金的银行家，然后再由他们将债券出售给公众。

在写给雅姆斯男爵的信中，布莱希罗德正确地宣称，王储已经

---

* 巴麦尊勋爵（1784—1865），时任英国首相。——译注

动身去了北方的军中，国王也将很快前往。他预言随着军事行动的展开，普鲁士国内将进一步限制出版，并推行新的选举法。

2 月 1 日，在欧洲的有利形势下，俾斯麦发起了普奥对石勒苏益格的入侵。他已经说服奥地利人一同对丹麦人和试图拥立奥古斯腾堡亲王的较小德意志邦国展开钳形进攻。为了让英国保持中立，两国援引《伦敦条约》作为联合进攻的基础。与俾斯麦共同作战的奥地利在传统上实力更强，但在同盟中只是次要角色，因为该国没有明确目标，而且哪怕想实现这些目标也希望渺茫。俾斯麦踏上了通往成功巅峰的道路，虽然他无法预测沿途的危险和曲折。

2 月 3 日，布莱希罗德再次与俾斯麦见面，并在罗斯柴尔德的授意下再次警告后者注意埃尔朗格。整个罗斯柴尔德家族都憎恶这个埃尔朗格，“他早年是罗斯柴尔德家族的雇员，后来成为家族的秘密代表”，随后他自立门户并取得成功，在 19 世纪 50 年代经常和优先与罗斯柴尔德家族的对手和仇敌合作，比如佩雷尔家族（Péreires）和富尔家族（Foulds）*[73]。罗斯柴尔德家族对所有成为对手的前雇员怀有无法平息的仇恨。为此，布莱希罗德似乎曾建议俾斯麦在普鲁士报纸上发表针对埃尔朗格的“挑衅文章”。俾斯麦拒绝了这个夸张的想法，但布莱希罗德向雅姆斯男爵保证，“无论如何，我已经小心地向［政府］通报了埃尔朗格的情况”[74]。

但俾斯麦仍然需要钱。在同一次会面中，他告诉布莱希罗德，波德尔施温格还是反对发债，而他则希望从某处获得 1200 万塔勒。决定将很快做出。波德尔施温格还是害怕发行未被授权的公债，特别是因为他坚称自己有“5000 万塔勒可供支配”，虽然那笔钱的来源仍然不明。与此同时，柏林市场死气沉沉，布莱希罗德相信，“目前，这里的资本家手握 2000 万到 2500 万塔勒的可用资金，在等待形势的明朗”[75]。这些钱将被用于第一波新发行的诱人公债，比如 42

* 均为 19 世纪巴黎著名的金融世家。——译注

当时罗斯柴尔德家族正翘首以盼的新一轮俄国公债*。

在丹麦战争最初几周的忙乱中，俾斯麦经常与波德尔施温格和布莱希罗德见面[76]。俾斯麦后来坚称，他把经济事务全部交给了部长们。这只是装腔作势，事实上，他非常关心普鲁士的后勤保障[77]。

2月25日，布莱希罗德报告说，普鲁士和奥地利已经接受了英国提出的举行国际会议的提议，但军事行动将会继续，普鲁士希望取得某些“瞩目的战果，比如突袭杜普尔要塞（Düppel trenches）……军队的‘荣誉’似乎需要这些”。布莱希罗德再次正确地体察到普鲁士统治者的心情，因为两周后罗恩向国王谏言，指出军队必须“在这场行动中*赢得某场重大胜利*”，而曼陀菲尔则直截了当地表示：“在当前的战局下，没有什么军事目标比普鲁士军队的荣誉更重要。”[78]对“荣誉”的需要出于国内考虑。他们希望民众会支持胜利的军队，抛弃作为阻挠者的议员。

布莱希罗德预测，在计划中的会议上，普鲁士将支持由丹麦国王兼任两个公国的统治者，而非像其他德意志邦国希望的那样支持奥古斯腾堡的主张。他还表示，来自法国的信函“令人乐观，与法国的关系再次变得非常友好，因此法、英和瑞典的联盟已经变得不可能”。他还用刚刚见过面的“首长”的口吻说：“虽然对奥普政策不满，但德意志诸邦将平静下来，最多表示抗议。”[79]

不过，每天仍有新的消息和危险到来。布莱希罗德偶尔会以书面而非口头形式向俾斯麦传达某些紧急消息。3月中旬，他告知俾斯麦，奥地利报纸表示“丹麦已经拒绝了会议！！！据报道，加里

---

* 俄国公债引发了布莱希罗德和雅姆斯男爵间最激烈的争执之一。2月23日，雅姆斯男爵指责布莱希罗德在这件事上过于轻率。两天后，布莱希罗德回复说：“无论在这件事还是其他关系到您家族利益的事上，我从不轻率——我对此发下过最神圣的誓言。”他敦促雅姆斯男爵把其他银行家列为泄密的嫌疑对象，比如圣彼得堡的卡普赫尔（Kapherr）和柏林的罗伯特·瓦绍尔（Robert Warschauer）。

波第 * 昨天从卡普雷拉岛（Caprera）失踪。他的失踪如果属实，将产生重大影响”[80]。布莱希罗德对加里波第的消失做了正确的判断——三周后，加里波第将在英国露面，并代表“可怜的小国丹麦”在英国各地展开大获成功的巡回演讲，这让维多利亚女王很不高兴[81]。加里波第的计划很清楚：从奥地利手中夺回威尼斯，因此奥地利的敌人是意大利的朋友。布莱希罗德和俾斯麦是否曾讨论过利用加里波第对付奥地利的潜在可能？若非如此，为何要忙着报告加里波第突然神秘失踪的消息呢？

3 月初，普鲁士的海贸银行似乎向埃尔朗格提出了一份秘密协
议。雅姆斯男爵勃然大怒，在另一封言辞激烈的信中申斥布莱希罗 43
德。3 月 14 日，布莱希罗德在回信中做了详细解释，并表达自己的无辜。甚至俾斯麦都不知道与埃尔朗格的协议，他“非常恼火”，准备找波德尔施温格算账。此外，布莱希罗德还遵照雅姆斯男爵的指示试探法兰克福分支对俾斯麦提议的口风，即以已获授权的 2000 万塔勒公债作为新公债的抵押。法兰克福分支回复称，巴黎对这样的冒险“仍然完全不感兴趣”。

> 为了您的利益，也为了不伤害我国政府，我没有把拒绝的结果告知我的好线人 [俾斯麦]。相反，我试图让他相信，您的尊贵家族将很高兴在财政事务上支持普鲁士。如果我在这件事上做错了，我可以预见来自好线人的不满，但您肯定会感谢我保护了您的利益，在您的声誉和我的好线人之间，我没有片刻犹豫。[82]

可以想见，这样做的另一个理由是，承认罗斯柴尔德家族拒绝

---

* 朱塞佩 · 加里波第（Giuseppe Garibaldi，1807—1882），意大利统一运动中的著名将领，曾组织红衫军远征。——译注

帮助将有损布莱希罗德本人的地位。罗斯柴尔德家族很少乐意为战争出资，但他们同样不乐意看到被自己拒绝的买卖受到对手们的追捧。

布莱希罗德向雅姆斯男爵保证，自己再次告知俾斯麦，罗斯柴尔德家族反对普鲁士政府与埃尔朗格进行任何交易。俾斯麦理解罗斯柴尔德家族的嫉妒，他指责波德尔施温格进行那些谈判，但也提到埃尔朗格的新提议，也就是以议会今后可能会批准的一项公债为抵押，筹资 1500 万到 2000 万塔勒作为预付金。布莱希罗德回复说，如此过分的提案“再清楚不过地暴露埃尔朗格的诡诈”。此外，埃尔朗格和他的金融家盟友显然对普鲁士议会的明确警告（上文已经提到）不屑一顾，即议会将否决所有未经其批准的情况下签订的私人向政府贷款协议。我们知道，俾斯麦认真考虑了埃尔朗格的提议，并将其通报给内阁[83]。就像我们将要看到的那样，最终他从其他地方筹到了钱——也许他夸大了埃尔朗格的热心，以便挑起金融大鳄们的内斗，就像他喜欢在欧洲列强间挑起和利用争端*。

普鲁士和奥地利军队继续向人数远处劣势的丹麦人发动进攻。4 月 18 日，联军突袭石勒苏益格东部的杜普尔要塞，终于获得了“光荣”的胜利。两代德意志人都为这第一次胜利欢欣鼓舞，但他们仍 44
然对俾斯麦神秘的外交政策抱有怀疑。杜普尔之捷一周后，伦敦召开国际会议，希望找到能满足冲突各方的解决方案。外交无功而返，6 月末战火重燃。到了这时，丹麦战败的结果已成定局。

对俾斯麦而言，这是需要最复杂谋略的时期。1864 年春夏，他

---

* 布莱希罗德一定让雅姆斯男爵相信了自己的无辜，因为他们很快恢复了无与伦比的亲密关系。为了进一步证明自己的忠诚，他于 1864 年 5 月购买了一件特别稀有的 15 世纪珠宝，作为“我深切谢意的小小象征”奉献给巴黎的恩主（巴黎罗斯柴尔德兄弟档案，1864 年 5 月 5 日）。这样的礼物可以增进哪怕最亲密的商业关系。不过，它们所反映的不仅于此。除了完美的形式，布莱希罗德的信也有实质内容，他对雅姆斯男爵即将造访德国温泉表示欢迎，因为这让布莱希罗德有机会“当面证明我的爱和忠诚”。

受到来自方方面面的政治问题的压力，还要担忧自己各种战略的物质基础。他需要钱和帮助，即使当丹麦人在 7 月被打败后。当时很少有人（后世的历史学家就更少了）意识到，为战争筹资给违宪的俾斯麦政府带来的沉重负担。“整个 1864 年夏天，部长们都在为如何应对丹麦战争造成的流动资金减少而忧心忡忡。”[84]

5 月初，俾斯麦告诉布莱希罗德，内阁在继续抵押早前发行的利率为 4.5% 的普鲁士公债问题上陷入僵局[85]。国外更高贴现率的不利影响令布莱希罗德不安，他敦促俾斯麦“尽可能快地”展开必要行动[86]。尽管在一个多月的时间里，俾斯麦和波德尔施温格几乎每天都要会谈，但仍无法做出决定。

在 6 月 12 日的部长会议上，内阁一致决定，在支付战争高额开支的其他所有手段用尽前既不重开议会，也不请求发债。但在其他所有问题上，内阁出现了分歧。多数阁员（5 票对 3 票）决定取消当前的税收减免，从而在议会召开前筹到钱。另一些占多数的阁员则认为，发行已被议会批准用于建造西里西亚铁路的公债并将其挪作他用将“不切实际”。大部分阁员还决定拒绝尝试在未获议会授权的情况下发行公债。他们也没有决定，当时机到来时，更应该召开老议会还是选举新议会[87]。

辩论在第二天的御前会议上继续进行。波德尔施温格首先宣布，截至 5 月底，丹麦战争的开支已达 1700 万塔勒，由往年盈余（1863 年达 530 万塔勒）和国库（1600 万塔勒）承担。波德尔施温格还提到其他可能的收入来源，比如在前一天讨论过并被否决的方案。不过，他要求在国库彻底空虚前，应当提请议会批准发债，用于支付丹麦战争的额外开支。内政部长奥伊伦堡伯爵在 1864 年 4 月提出过类似的计划[88]。

该计划遭到俾斯麦和罗恩的激烈反对。他们希望诉诸紧急权力，在未经议会授权的情况下发行公债。俾斯麦明确提到多位银行家的提议，并坚持要求接受其中某一位：他们只要求财政部长签字，至

多要求整个内阁同意。大战可能爆发，“宪法条款不能意味着在这 45
样的状况下，国王要么被迫接受议会的条件，要么拱手把国家交给敌人”。简而言之，他希望在未来的战争中能确保政府绕过议会获得必要资金，而不必满足议会的要求。波德尔施温格和大多数部长拒绝接受对1850年宪法又一次明目张胆的践踏。作为财政部长，他强调这种做法还违背了1820年腓特烈·威廉三世的国债法，该法规定发行新债需要议会批准。“只要陛下的部长们仍需遵守捍卫宪法的誓言，未经议会授权发行国债就有违誓言。”波德尔施温格还有反对俾斯麦的另一个花招，即将已授权用于铁路建造的公债挪用到完全不同的目的上。大部分与会者似乎支持波德尔施温格反对俾斯麦。会议无果而终，但国王下令收回尚未支付的税收减免，并利用其他可用的资金[89]。

不久，俾斯麦试图通过裁减军队在三个月内节约450万塔勒。这样做可以避免诉诸其他手段，外国舆论也会对普鲁士通过常规收入支持一场重大战争的能力印象深刻。“再没有人会对普鲁士财政力量说三道四。普鲁士财政的信誉将大大提升，政府的地位也将再次增强。”[90]

俾斯麦担心外国对普鲁士偿付能力的猜测，这充分体现在下面的举动中：御前会议无果而终后的第二天，他召见奥地利代办肖泰克伯爵（Count Chotek），为了自己的利益对普鲁士的财政状况做了乐观的描绘。俾斯麦承认，就像到处传言的那样，他的某些同僚希望再次召开议会并请求发债。他对此表示反对：“首先，财政需要并不存在。”即使没有国库中的4000万塔勒（俾斯麦表示这笔钱尚未被动用），“内阁还有3500万塔勒可用，甚至不必请求任何人”，他还详细罗列了各种储备。除了这7500万塔勒（显然是俾斯麦的幸福幻想，波德尔施温格对此肯定一无所知），他还夸口说，德意志西部与荷兰的私人银行家愿意向普鲁士政府提供“可观的资金”。

他承认，不召开议会也出于政治动机：“俾斯麦悄悄地表示，‘啊，如果能摆脱这个名为议会宪政的肮脏勾当就好了'。"在这席如此直率但又如此诡诈的谈话最后，俾斯麦向肖泰克保证，如果因为战火重燃而必须召开议会，如果议会再次拒绝发债，"立即修改宪法将显得顺理成章。他满意地得知，在这点上所有同僚都和他观点一致，甚至包括特别令人头疼和循规蹈矩的司法部长"[91]。俾斯麦与肖泰克精心准备的对话证明他希望让奥地利对普鲁士的军事和财政力量 46
留下深刻印象。在这个奥普关系错综复杂的时期，从结盟到战争的所有外交策略被同时考虑，俾斯麦试图通过展示普鲁士的力量和主动来震慑与迷惑奥地利。他意识到，普鲁士虽然较小，但在潜力上要比看似更富有的奥地利帝国更加强大。俾斯麦对奥地利的胜利有意识地利用了经济优势。

但俾斯麦内阁仍然担心钱。7 月 6 日，当首长在卡尔斯巴德陪伴威廉和弗朗茨·约瑟夫时，普鲁士阁员们再次开会。奥伊伦堡报告说，储备减少的威胁迫使他前往卡尔斯巴德，请求威廉尽早要求议会批准发债。国王的回答带有俾斯麦式风格，他表示如果要召回议会，自己将不得不回到柏林，尽管医生警告他不要中断疗养。因此，内阁必须在国王和国库的健康间做出选择，他们一致选择了前者。波德尔施温格继续忧心忡忡。他害怕政府将拖到最后的储备耗尽[92]。

内阁重新讨论了之前提出过的所有主张，罗恩代表缺席的朋友和首长发言。他坚称"如因战争持续而出现紧急［财政］需要，可以根据宪法第 63 条和 103 条，以临时法令的形式发行国债，该法令甚至无须议会批准，但在宪法上具有完全的法律效力"。罗恩的主张遭到在场所有人的否决，他们决定最晚 8 月召集旧议会。到了那时，政府将申请发债用于支付战争开支，但拒不参与议会就其他所有问题展开的讨论。他们还将为议会设定行动的最后期限，时限一过就将其解散。罗恩同意了这个如果实施可能招致惨败的计划。波德尔施温格和同僚们对宪法的捍卫看上去反而让宪法有彻底被毁的危险[93]。7 月 12 日，奥伊伦堡向内阁提交了关于重开议会的御览备忘录草案，但局势已经有所缓和[94]。

在这两场内阁会议之间，对丹麦的战争进入最后阶段。6 月 26 日，停火结束，奥普联军重新开始入侵丹麦。7 月 8 日，出于明确的求和目的，哥本哈根组建了新内阁。在 8 月 1 日与维也纳达成的初步和约以及 10 月 30 日的最终和约中，丹麦国王将石勒苏益格—荷尔斯泰因与劳恩堡（Lauenburg）割让给奥地利和普鲁士。

丹麦战争结束了。俾斯麦取得自己的第一场大捷：他既臣服和打败了丹麦，又没有破坏欧洲协调（Concert of Europe）*。他把奥地利和普鲁士的目标绑在一起，使其远离仅剩的天然盟友——南部 47
和中部德意志邦国。两个公国的解放令俾斯麦深得德意志爱国者的欢心，削弱和分化了国内的反对力量。但对丹麦的胜利，依然无济于事。最棘手的问题仍然存在：应该对这两个公国做什么？对德意志邦联做什么？如何解决普鲁士的国内矛盾？

俾斯麦曲折、精彩而惊险地赢下了第一个回合。国内矛盾激励他继续在国外冒险，但也阻碍了他的外交追求。他的统治仍然违宪，没有得到授权的开支预算。他的处境仍然危险而孤独，受到的憎恶远远超过爱戴。他仍然迫切需要钱。与此同时，他找到布莱希罗德这位精明强干的参谋，后者也觉得身处俾斯麦和罗斯柴尔德家族间让自己居于独一无二的有利地位。布莱希罗德将不遗余力地保持和加强这种地位。

* 指拿破仑战败后，欧洲列强推行的协商解决欧洲重大问题的机制。——译注

第三章

宝座和绞刑架间 48

> 1866 年，他 [布莱希罗德] 把战争的必要资金交到我手中。此举让我不得不心存感激，因为在当时的情势下，我与绞刑架和宝座几乎一样近。
>
> ——隐退后的俾斯麦

战争给普鲁士带来荣耀，也让俾斯麦从几位昔日的对头那里获得一些不情愿的赞美。但战争并未解决他的任何困难，反而造成新的困难。它没有解决宪法冲突，也没有解决德意志两强并立的局面，而且耗尽普鲁士的国库。不仅如此，战争让德意志两强解决冲突的时刻提前到来：如果和平手段无效，那就只能付诸战争。丹麦战争让对立的德意志两强走到一起；如何分割战利品将决定这次联手是进一步让德意志走向某种形式的和平重建，还是仅仅推迟了手足相残的战争。两个公国被割让给奥地利和普鲁士，对它们的处置不可能永远拖延下去。军事行动并不复杂，后续工作则困难至极。

1864 年夏，俾斯麦自己也不知道怎么办——尽管后来的历史学家赋予他先见之明。他的目标仍然不变：扩大普鲁士在德意志的势力（吞并两个公国的象征意义大于实质作用），并保留普鲁士的社会和政治体制。他的手段永远灵活而迷人。他作为政客的伟大之处正是在于其见机行事的能力，寻找（有时是营造）正确的时机和突然的机会，然后以可怕的速度和技巧利用它们。长期规划必然导致选择面缩小。俾斯麦将不愿做选择这一典型的人类特点提升为一种至高的政治优点。发明“多重选择战略”（strategy of alternatives）最能体现他的天才[1]。

俾斯麦统治的早年也是最困难的时期，对他提出最多的要求，
因此也显示出他人格的不凡。虽然可能有些牵强，但在思考处于 49
人生那个阶段的俾斯麦时，济慈*曾经提到过的一种特质发人深省。在与迪尔克†一起探讨各种话题后，济慈说：“有几件事在我头脑中吻合起来，我突然明白是什么特质造就了有成就的人，特别是文学领域，莎士比亚在这点上就非常突出——我指的是‘负面能力’（Negative Capability），即能够生活在不确定、谜团和疑惑中，绝不急躁地寻求真相和理由……”[2]俾斯麦的头脑分为确定和不确定的部分，但很少有政客能像他一样在那么多危险的不确定中生活那么久。

根本问题是德意志的重建——这个问题可以追溯到1848年，身处法兰克福的俾斯麦在19世纪50年代便认清了它，但围绕着1863年诸侯大会的矛盾耽搁了它。用最简单的话来说，问题在于：德意志的重组是否应该将奥地利排除在外？奥地利会因为自己的虚弱和与马札尔人冲突的加剧而接受普鲁士在德意志北部的霸权吗？或者它的衰弱会给普鲁士提供开战良机吗？如果是后一种情况，那么俾斯麦必须确保维持有利的外交局面，保证拿破仑三世不会趁普鲁士发动进攻之机提出割让莱茵河畔的土地作为“赔偿”，保证英国和俄国不会干涉对欧洲秩序如此重大的一次洗牌。如果必须摊牌，那么普鲁士的外交和军事准备必须完备，而且要比奥地利做得更好。此外，当国内的议会与政府仍然剑拔弩张，宪法冲突也远没有得到解决之时，穿越欧洲政治的雷区并不容易。

---

* 约翰·济慈（John Keats，1795—1821），英国浪漫主义诗人。——译注

† 查尔斯·温特沃斯·迪尔克（Charles Wentworth Dilke，1789—1864），英国作家和文艺批评家。——译注

历史学家们承认这些。但他们忽略了宪法冲突对俾斯麦政府造成的一个具体后果：他总是担心钱。普鲁士国库由于丹麦战争的开支而缩水，但议会顽固地拒绝了充实国库的请求。1864 年到 1866 年间，是俾斯麦政治生涯中最困难的两年，他需要为普鲁士政府筹钱以备战争，并试图不让钱流向奥地利，以便阻挠其准备工作。关于俾斯麦的主要作品忽略了这个世俗事实，因而更容易忽略布莱希罗德的关键作用*。

俾斯麦极具魄力但又谨小慎微。在与奥地利打交道的过程中，他时退时进，恩威并施，抓住时机或静观其变——直到一切水到渠成。与奥地利打交道时的这种灵活手段被形象地称为“魔鬼般的多管齐下”[3]。金钱并非这样做的唯一原因，但肯定是关键因素之一，他永远无法公开承认这点，否则必将暴露普鲁士的弱点。他无疑希望能摆脱那种额外的烦恼。也许他有时觉得这有失体面，就像诗人 50
可能会憎恶现实生活中的种种迫不得已。但俾斯麦明白，违宪的历史代价就是财政上的捉襟见肘，在克服原因前，他需要一直应对结果。

1864 年 8 月 1 日，丹麦将两个公国交给奥地利和普鲁士。俾斯麦希望把它们纳入普鲁士，并觉得支持奥古斯腾堡的德意志民族和自由主义情感是恼人的大麻烦。早在 1864 年 5 月，布莱希罗德就在信中告诉雅姆斯男爵，虽然两个公国的命运仍然“完全不明朗，但人们正在努力操纵舆论，民众请愿书被呈送给国王，提出石勒苏益格最终应当被交给普鲁士”[4]。他还表示，如果此事成真，普鲁士的国内局势将会改善，议会将向政府大幅让步，“特别是批准

---

* 比如奥托 · 贝克（Otto Becker）著，亚历山大 · 沙夫（Alexander Scharff）编校和增补的《俾斯麦的德意志形态斗争》（海德堡，1958 年）[*Bismarcks Ringen um Deutschlands Gestaltung* (Heidelberg,1958)]。这部 832 页的权威著作描绘了俾斯麦从 1862 年到 1870 年的政策，却几乎完全没有提及艰难的筹款努力。书中只提到布莱希罗德一次（第 797 页），称其为 19 世纪 70 年代初的转让代理人！

贷款”[5]。

不过，两个公国的未来只能与奥地利共同解决。奥地利在何种状况下和需要何种条件才会继续同普鲁士联盟？呼吁保守势力团结一致对抗“革命”是俾斯麦的老生常谈，这样做能否再次与奥地利言归于好？或者说，德意志长久以来的双雄并立，邦联内部两强的对立最终不得不由铁和血来解决，就像俾斯麦从在法兰克福的岁月起就常常预见的那样？

俾斯麦手握大部分王牌。他咄咄逼人，奥地利则处于守势。他清楚自己希望得到两个公国，确立普鲁士在北德的霸权。奥地利对两个公国没有计划，并觉得那个时而讨好、时而威吓自己的盟友反复无常，令人难以捉摸。俾斯麦试图让奥地利一直依赖普鲁士，同时发展普鲁士与欧洲其他国家的关系。拿破仑三世是关键人物，他支持民族国家，但也被认为阻挠德国统一：俾斯麦能否说服那个“没有秘密的斯芬克斯”为了完成意大利统一而延续反奥路线，同时接受普鲁士在美因河（Main）以北的霸权？1864 年夏，普鲁士的朋友比奥地利更多，敌人则更少。此外，奥地利正处在崩溃的边缘，而普鲁士则有大量潜在的财富，只要俾斯麦能找到利用的办法。孤立无援和囊中羞涩的奥地利不得不面对一位足智多谋的挑战者的狡猾伎俩。

1864 年 8 月，在著名的美泉宫会议（Schönbrunn Conference）上，俾斯麦突然提出奥地利应该同意普鲁士吞并两个公国，作为回报，普鲁士将在可能的适当时机帮助奥地利夺回伦巴第*。这将是一

* 早在 1864 年 1 月，他就有过类似建议。2 月末，俾斯麦派冯 · 曼陀菲尔将军前往维也纳，对东道主表示：“放手把石勒苏益格–荷尔斯泰因交给我们，我们将在下一次战争中帮助你们夺回伦巴第。”卡洛伊致莱西贝格，1864 年 2 月 28 日，HHSA：PA. Preussen。关于美泉宫会议的最佳分析，见瓦尔特 · 利普根斯（Walter Lipgens），《1866 年之前俾斯麦的对奥政策：1864 年 8 月美泉宫条约草案的发起人身份》，《历史世界》卷 10（1950 年），第 240—262 页［“Bismarcks Österreich-Politik vor 1866: Die Urheberschaft des Schönbrunner Vertragsentwurfs vom August 1864,” *Die Welt als Geschichte* X (1950), 240-262］。

个庞大的反动计划，它会伤害所有的自由主义者和民族主义者，但 51
符合俾斯麦对未来的预期之一：德意志两强结成保守同盟（很可能得到俄国支持），奥地利安于在东南欧施展拳脚，普鲁士则称霸北方。在美泉宫，奥地利外长莱西贝格伯爵把俾斯麦的话当真，为了防止普鲁士违背承诺，他要求在奥地利得到回报后再把两个公国交给对方。这并非俾斯麦的意图：他认为奥地利应该立刻践约，普鲁士的承诺则留待以后，如果真有那一天的话。当奥地利人对此不愿接受时，俾斯麦抛弃了那个方案，随后的两年间未能达成任何有关两个公国的明确解决办法。

和平与延续同盟是人们对美泉宫会议的期待。两个公国仍将处于奥普共治之下。但布莱希罗德对此表示怀疑，会议结束两周后，他警告雅姆斯男爵：

> 与奥地利的极度亲密已经走到尽头，随之而来的将是严寒。石勒苏益格的未来仍然扑朔迷离。我的好线人仍然认为，我们必须同他们[法国人]达成共识，让普鲁士得到石勒苏益格—荷尔斯泰因。俄国不会反对，奥地利和英国将保持沉默，无论它们多么不乐意。这种理想状况现在因为国王的想法而遭受挫折，因为太子妃，他倾向于奥古斯滕堡公爵。[6]

这是典型的俾斯麦式消息，既坦率又别有用心：俾斯麦希望让法国人相信，他与奥地利的联盟已经发生动摇，他对两个公国虎视眈眈，需要法国人的帮助——但挡在他和两个公国间的不仅是一位在英国儿媳怂恿下感情用事的国王。当然，和俾斯麦的同僚们一样，国王也需要教训。

布莱希罗德的判断很快被证实。商务问题突然威胁到俾斯麦对奥地利的平衡政策。6月末，一些中部邦国同意延长关税同盟；奥地利感到懊悔，希望正式确认自己最终加入同盟的可能性。出于政治原因，俾斯麦希望在形式（虽非实质）上安抚奥地利，如果奥地利看重“这个乌托邦”（他甚至对莱西贝格伯爵这么说），那么俾斯麦愿意假装该问题还有一线生机[7]。在实质问题上，俾斯麦毫不让步：他不顾奥地利人的沮丧，坚持与奥地利签署商务条约，因为在这件事上“政治考量不应损害未来的物质利益”[8]。俾斯麦决心巩 52
固普鲁士在德意志的经济领导地位，因为这既能进一步削弱奥地利的地位，又为普鲁士中产阶级带来物质利益，从而可能降低其对宪政的热情。与此同时，他希望与奥地利保持协作，希望莱西贝格伯爵这位亲普鲁士的保守派继续掌权。他敦促莱西贝格把政治利益放在物质利益之上，维持奥普同盟：以防“我们的君主们在才智上可能比不上自己的臣民”[9]。俾斯麦本人并不相信君主们高人一等。

但俾斯麦的同僚们让他失望了：当他在比亚里茨（Biarritz）休假，与拿破仑斡旋和与卡特琳·奥洛夫调情时，他们关死了奥地利加入关税同盟的大门，连今后举行谈判的可能性都彻底断绝。10月末，莱西贝尔伯爵因此下台，成了维也纳反普鲁士派的牺牲品，他们宣称莱西贝格的政策全无效果。

莱西贝格的被黜带来新的不确定因素，延续同盟的可能性减小了。维也纳变得焦躁不安，俾斯麦同样如此。不过，当时他是否想要与奥地利最终决裂，就像许多历史学家所声称的那样？或者他是否满足于不诉诸战争而获得眼前的和最低的目标？历史记录模棱两可。一方面，我们看到俾斯麦对奥地利态度蛮横，符合与他经常表达的观点，即德意志两强的最终摊牌不可避免。另一方面，他大费周章地避免引发战争，用各种手段试图达成和平方案。一些历史学家声称，后者是故作姿态。也许的确如此，但俾斯麦在做这些事时非常认真，而他在随后两年间的重要角色也证明，他本来满足于不诉诸战争赢得两个公国，将德意志重建的问题留待未来。

国内事务同样需要布莱希罗德。无论俾斯麦最终选择和平或战争作为对外政策，无论他试图通过收买或武力赢得两个公国，他都需要钱。如果他需要钱，那么他就需要在整个金融界人脉广泛的布莱希罗德。俾斯麦还开始把其他任务委派给布莱希罗德，他更乐于这样做的原因是：他的官方部属（包括大部分重要大使）几乎在蓄意破坏他这段时期的努力。特别是巴黎的戈尔茨伯爵和佛罗伦萨的乌泽多姆伯爵，他们对俾斯麦的政策和他本人都表示反对。忠心耿耿、头脑精明和拥有国际人脉的布莱希罗德成了大受欢迎的补充。俾斯麦需要布莱希罗德调动普鲁士的资金，还利用其阻止奥地利获得资金。他雇佣布莱希罗德参与可能是他实现最低目标的最佳方案：从奥地利手中购得石勒苏益格，此举既壮大了普鲁士，又羞辱了奥地利。有时，布莱希罗德也会主动提议，希望为某些有望兼顾利益和爱国的计划赢得俾斯麦的支持。

丹麦人签署维也纳和约草案两天后，布莱希罗德写信给俾斯麦："值此胜利之日，我向您致以最崇高的敬意，祝您和祖国安康幸福，这些胜利是凭借着国王陛下的决心、阁下的智慧以及团结一致的德 53
意志大国的英勇壮举取得的。"为了给刚刚获得解放，长期受到剥削，被丹麦人"视作法拉欣*"的人民带去繁荣，布莱希罗德请求成立石勒苏益格—荷尔斯泰因地方银行，主要目的是提供便捷贷款。该行还有权发行货币，可以帮助募集预期的战争赔偿金和修建重要的北海—波罗的海运河（Nord-Ostsee Canal）。罗斯柴尔德家族和汉堡的所罗门·海涅（Salomon Heine）家族已经承诺支持，因此该银行（对普鲁士很有用，对赞助者也似乎非常有利可图）可以马上被组建起来。布莱希罗德请求俾斯麦推荐"合适的地点，以便我的计划顺利执行"[10]。该银行最终没有成立，但这次尝试让贴现公司的汉泽曼和法兰克福的罗斯柴尔德家族走到一起，尽管他们不久前还是死对头。布莱希罗德的书信再次显示出他对互惠互助的期待。不仅如此，

* 法拉欣（Fellah），指在基督教和阿拉伯文明统治下的古埃及人后裔，他们身为佃农，被统治者视为异族。——译注

布莱希罗德的建议显然源于这样的信念，即物质上的主动将让普鲁士在两个公国获得政治上的优势*。

战争刚结束，普鲁士内阁就重新把注意力放到财政来源这个棘手的问题上。1864 年夏天和秋天，俾斯麦大部分时间不在柏林，政治事务的重担也落到罗恩的肩头。财政问题成了他的沉重负担，特别是因为他发现波德尔施温格无能得令人恼火。7 月，罗恩请教最好的朋友——历史学家弗里德里希 · 佩特斯（Friedrich Perthes），询问政府是否应召集议会和请求战争补贴。“俾斯麦和我坚决反对这样做，因为我们不能让国王第二次请求那些人给钱；如果同意给钱，这些人就有机会在头脑简单的公众眼中恢复形象；如果拒绝给钱，他们将严重伤害普鲁士的政治信誉和财政信贷。”罗恩还表示，其他部长希望召集议会，他们猜测反对派不敢拒绝，如果仍然顽固不化，“议会制在普鲁士将永远被毁灭”[11]。罗恩最终占了上风，因为政府无需任何紧急贷款或信贷。布莱希罗德写道，政府只花了不到四分之一的国库储备，“由于高税收，我们国库充盈”[12]。一 54
个月后，罗恩提出逐步裁军以便减少开支，“从而避免让我们受制于无法无天的议会”[13]。在准备 1865 年的预算案时，罗恩再次与波德尔施温格发生争执。1864 年秋，他考虑辞职。布莱希罗德听闻议会的严重分歧，他在写给雅姆斯男爵的信中表示，波德尔施温格

---

* 几个月后，布莱希罗德就类似的计划请求国王支持，这次的地点是普鲁士的波森省（Posen），那里生活着普鲁士的大部分波兰人臣民。该计划要求建立农业银行，通过发行股票筹资购地，再把土地出售给农民和佃农，或者代表当地村镇修建道路和运河。他在请愿中强调，该计划“旨在增强波森大公国的普鲁士民族元素”。布莱希罗德的请求被认为证明了他推动波森日耳曼化的愿望，但强调民族元素也可能是为了争取国王支持这项有利可图的计划。无论如何，他知道在有潜在麻烦的地区建立银行会带来有用的政治结果。布莱希罗德致威廉国王，1865 年 1 月 19 日，柏林—达莱姆，普鲁士秘密国家档案，Rep. 90，no. 1186。

的辞职近在眼前[14]。两位部长都没有辞职，继续不情愿地合作*。

1865年1月，议会的常规会期开始。战线仍然不变，但力量和威信发生决定性变化。“许多议员渴望和解”，俾斯麦和罗恩也愿意试试妥协的可能性[15]。关键问题仍是两个：军队改革和议会对预算的控制。军事胜利让许多议员震惊，他们的决心发生动摇，而国王则变得比以往更加顽固和不容妥协。反对派议员仍然不愿放弃他们从宪法冲突伊始就坚持的一项基本权利：调拨资金和批准其支出的权利。批准政府贷款将进一步削弱议会名义上的控制。自由派再次勇敢地对许多暴政和专制举动提出抗议，但他们卷土重来希望渺茫。在沮丧和频频的情绪失控中，议会不出意外地拖到了解散。会期无果而终，除了让议会变得更加无效和无用。

由俾斯麦起草和宣读的国王开幕致辞在口吻上有和解之意，在实质上却并非如此。国王声称那些重大胜利得益于他对普鲁士军队的重组（更糟糕的是，他还相信这点）。事实上，新规尚未实施，军事胜利是旧军队的功劳。现在，国王敦促议会接受那些改革，让它们的实施符合宪法，从而结束宪法冲突。但占多数的自由派在这点上拒绝让步，虽然他们在其他问题上存在分歧。在专横的曼陀菲尔的适时怂恿下，威廉拒绝罗恩和俾斯麦所倾向的真正妥协，比如放弃三年兵役制。3月27日，议会以绝对多数否决了1865年的预算案，并接受了议会委员会的结论，即减少计划中的军费拨款，而社会和教育支出则需要增加。一个月后，议会全盘否定了军事重组法案。罗恩一度陷入绝望，被所有无效的抗争弄得精疲力竭：“我

---

* 1864年10月30日，罗恩致信曼陀菲尔，表示自己可能辞职，并暗示应由曼陀菲尔接替自己。曼陀菲尔拒绝了，理由是自己早就有机会从政却没有那么做，因为他只有在与现代宪政格格不入的条件下才会接受那些职位。“除此之外，阁下和陛下一同上了小船，现在必须帮着掌舵，而我则乐于继续划桨。”《战争部长，陆军元帅冯·罗恩伯爵回忆录》，第四版（三卷本，布雷斯劳，1897年），第二卷，第300—301页［*Denkwürdigkeiten aus dem Leben des General-Feldmarschalls Kriegsministers Grafen von Roon*, 4th ed. (3 vols.; Breslau, 1897), II, 300–301］。

感觉，毋宁说确信，我们必须采取行动。”如果行动失败，那么“我只能预言自己将与斯特拉福（Strafford）同病相怜［斯特拉福是查 55
理一世的大臣，1640 年被处决］，汹涌的革命将淹没旗帜……那将是普鲁士的末日……我耗尽的不是力量，而是耐心和冷静。因此我并非不可或缺，是到了该离开的时候”[16]。

4 月初，作为海军部长的罗恩提交法案，要求授权政府在今后六年间有 1900 万塔勒用于海军，包括基尔（Kiel）的防御工事，其中 1000 万将来自新的贷款。从 1848 年开始，海军就是自由派爱国主义者的梦想计划。俾斯麦再次把一个两难选择放到自由派对手面前：要么放弃梦想，否决海军提案；要么放弃原则，批准政府贷款，即使政府的政策违宪。多数议员不情愿地准备拒绝为海军拨款，于是俾斯麦得意洋洋地指责他们失去了“海上雄心”，指责他们没能利用普鲁士的胜利，这场胜利让普鲁士获得基尔的共管权，但只有普鲁士愿意保卫那里。俾斯麦还嘲笑了议员们的“消极无能……如果否决我们当时提出的发债请求让你们征服了杜普尔，那么我希望，你们现在拒绝贷款将带来一支普鲁士舰队”[17]。

5 月，波德尔施温格向议会提交了丹麦战争期间巨额支出的纪要。总金额达到 2250 万塔勒，只有不到一半来自国库，其余来自收入盈余。政府要求议会追溯授权使用国库资金，议会先前拒绝政府的贷款申请让此举变得必要。议会不得不再次在放弃原则和拒绝支持胜利间做出选择，和广大民众一样，这场胜利也大受议员们欢迎[18]。

议会固执地拒绝所有对钱的要求。它以绝对多数否决了海军拨款和用于军事改革的资金，并于 6 月 13 日宣布，政府在未经议会授权的情况下动用国库的行为属于违宪，内阁应该为这些钱负责。同一天，俾斯麦向反对派发起猛烈攻击，隐晦地指控议员们叛国，因为他们阻挠国王的外交政策，有助于普鲁士敌人们的计划。他知道，许多自由派议员对普鲁士的胜利欢欣鼓舞，指控他们缺乏爱国心将伤害他们本人及其政治前途。6 月 17 日，俾斯麦结束议会，他遗憾地表示“议会没能取得渴望的和解，会期的结束再次给人留下这样的印象，被召集起来合作的两派力量仍然相互疏离”[19]。

会期在特别剑拔弩张的气氛中收场。两周前，俾斯麦向著名科学家和自己的主要敌人之一——鲁道夫·菲尔肖（Rudolf Virchow）发出决斗挑战，因为菲尔肖质疑他的诚实。甚至布莱希罗德也对这种过时的夸张举动感到震惊。他向科伊德尔表达自己的担心，后者交给他几份关于取消决斗的复杂的幕后斡旋的记录。决斗刚被取消， 56
布莱希罗德就赶忙告知雅姆斯男爵[20]。俾斯麦的暴躁反映了其对持续冲突的不安。他已经赢得一场胜利，但议会仍在抵抗;1865 年夏，俾斯麦无法确信，在没有议会财政支持的情况下，自己能否取得另一场大捷。还要多少场胜利，议会才会接受军事改革，并对其他要求做出妥协？俾斯麦的两难处境在继续：为了在国外取得胜利从而最终迫使国内的议会让步，他需要钱，但议会不愿满足这个要求。与此同时，为了筹措新的必要资金，他能够拉着怯懦和缺乏想象力的阁僚们继续在违宪的道路上走下去吗？

俾斯麦的筹资行动是在与奥地利关系不断恶化的背景下展开的。1864 年 11 月，缺乏经验的奥地利新任外交部长门斯多夫伯爵（Count Mensdorff）认为可以强迫俾斯麦接受自己的方案，他提出把两个公国改组成新的公国，最好由奥古斯腾堡担任统治者；如果普鲁士政府不愿放弃吞并的打算，那么奥地利将要求获得同等的土地作为赔偿：西里西亚或者霍亨索伦家族在符腾堡（Württemberg）的领地[21]。在几周乃至几个月的时间里，俾斯麦不愿给出明确答复，希望奥地利丧失耐心，或者国际局势变得更有利。与此同时，他还提出能够帮助奥地利货币恢复元气的“巨额等价金钱”[22]。但他坚称对土地赔偿不予考虑，因为威廉不会接受。2 月，他终于提出让普鲁士接受奥古斯腾堡统治的条件。新公国将作为普鲁士的受保护国，它的陆军和海军将并入和服从普鲁士军队。在提出这些苛刻条件前两天，他写信给戈尔茨，为自己试图维持普奥同盟的政策做了辩护。同盟仍然有利可图。

> 尽管双方有些小龃龉，我觉得最好还是暂时延续目前的婚姻，即便离婚变得必要，最好留待迫不得已的时候，而非现在就斩断纽带，因为赤裸裸的背叛全无益处，现在也无法确信今后的新关系能带来更好的状况。[23]

争执变得愈发激烈。奥地利觉得俾斯麦的条件和现有的共治局面都难以接受。如果奥地利人有任何自主行动——比如允许（更别说怂恿）奥古斯腾堡在荷尔斯泰因进行煽动——一贯傲慢无礼的俾斯麦就会以受害者自居。面对如此狡猾和无情的配偶，婚姻的确很难延续。俾斯麦时而恐吓威胁，时而劝诱示好，有时表现出神秘莫测的暧昧，有时则是令人疑惑的坦诚。奥地利驻柏林的外交官卡洛伊和肖泰克伯爵始终无法真正摸清俾斯麦的把戏。他们是理性和循规蹈矩的人，完全不是诡计多端的俾斯麦的对手。如果要形容俾斯 57
麦对奥地利的政策，那么可以把他比作一位让妻子惴惴不安的丈夫，他时而献上拥吻，时而无情拒绝，时而誓言忠贞不渝，时而佯装放纵调情。由于缺乏俾斯麦那样的咄咄逼人和足智多谋，维也纳只能将主动权拱手相让。

奥地利对俾斯麦要求的第一反应是惊得目瞪口呆。弗朗茨·约瑟夫告诉普鲁士大使维特男爵（Baron Werther），这些条件“完全无法接受”[24]。与此同时，内阁不管部长*，因政治头脑敏锐而极受尊敬的莫里茨·埃斯特哈齐伯爵（Count Moritz Esterhazy）向维特透露，普鲁士吞并两个公国似乎不可避免，而且更希望正大光明地

* 不管部长（minister without portfolio）指没有专管部门的内阁部长，但出席内阁会议，并参与政府决策。——译注

吞并，而非像奥地利人建议的那样遮遮掩掩，尽管这会让奥地利蒙羞。当维特提及不可能有土地赔偿，只能指望金钱赔偿时，埃斯特哈齐回答说，如果后者“很高，他将不会反对”，尽管皇帝觉得这样做有失颜面[25]。

与此同时，布莱希罗德与维也纳的一位有影响力的朋友——莫里茨·里特·冯·戈德施密特（Moritz Ritter von Goldschmidt）展开秘密谈判。1820年，17岁的莫里茨·戈德施密特陪同远亲所罗门·罗斯柴尔德从法兰克福前往维也纳，在半个多世纪里一直担任维也纳罗斯柴尔德银行的高级合伙人。作为罗斯柴尔德家族最亲密的合作者，戈德施密特获得梅特涅*的特别优待和豁免权，并经常与后者见面。他还从宫廷获得豁免权，若非如此，犹太人在维也纳的生活仍然相当艰难（他的儿子记忆尤深，父亲被豁免佩戴犹太人仍然必须戴的黄色标志）。戈德施密特与所有的罗斯柴尔德家族成员关系密切，他的许多亲属也在各地的罗斯柴尔德银行工作[26]。他和布莱希罗德是多年好友；两人都是上流社会成员，出入各自国家的宫廷，有机会接触到欧洲的国际精英。他们还都是虔诚的犹太人，把犹太血统看作彼此间的特殊纽带。2月末，布莱希罗德找到戈德施密特，两人试图想出某种“赔偿方案”，既满足奥地利的要求，又让普鲁士得到两个公国。

俾斯麦了解并鼓励布莱希罗德的计划，甚至可能是它的委托人。布莱希罗德的行动得到充分授权，是俾斯麦战略的一部分。俾斯麦同时开辟多条战线：上述计划是其中之一，如果那位爱好和平的银行家弟兄能够想出在不诉诸战争的情况下满足俾斯麦最低野心的方案，那将是很受欢迎的权宜之计。关于这场交易的流言甚嚣尘上：“关于金钱交易的想法从［1865年］1月开始就出现在各家报纸上，它

* 克莱门斯·文策尔·冯·梅特涅（Klemens Wenzel von Metternich，1773—1859），奥地利首相。——译注

变得日益流行，特别是在银行家圈子里。”[27]

布莱希罗德和戈德施密特保持了长期而亲密的书信往来，不幸的是，只有戈德施密特的信件留存下来。1865 年 3 月 1 日，戈德施密特在信中表示，他认同“最可敬的朋友”，维也纳和柏林间因为两个公国而产生严重难题，“我不知道这些难题如何解决，无论你多么深信我们（！！！）彼此诚心地在这件事上展开合作。亲爱的朋友，我们的合作在这样的世界性问题中能有何作用？”[28] 他抱怨 58
布莱希罗德对物质赔偿的暗示过于模糊，“你必须清楚地表达观点，因为这样的事不能含糊其辞。请清楚地告诉我，你想要什么。我会用正确的方式转告正确的对象，没有人会过问，我可以极为确信地向你保证”。布莱希罗德很快打消戈德施密特困惑的怀疑——显然他提到，他的“好线人”就是该计划的主使人。

一周后，戈德施密特表示，如果成功谈判的机会存在，他愿意前往柏林。他想要知道布莱希罗德所谓的“巨额”赔偿意味着什么，“用钱解决问题很不光彩，因此数额必须高到克服由此产生的巨大不适感”。他再次告诫布莱希罗德不要表现得那么“外交式的不可捉摸”。就像布莱希罗德所暗示的，区区石勒苏益格—荷尔斯泰因对奥地利全无用处。“用西里西亚作交换更能被接受。”[29]3 月 9 日，戈德施密特写道：“亲爱的朋友，我正在上帝的葡萄园中劳作！我们很快会知道是否可行！气氛缓和了！”[30] 绊脚石是皇帝的荣誉感。戈德施密特与维特男爵进行商谈，并扮演起他和奥地利财政部长伊格纳茨·冯·普莱纳（Ignaz von Plener）的中间人。维特提出“4000 万弗洛林（florins）*，这是他本人的意思，未经政府授意”，而戈德施密特则认为 6000 万是可商量的金额。无论如何，他要求布莱希罗德说服“他足智多谋、无所不能和手段层出不穷的主人”放弃霍亨索伦（普鲁士在符腾堡的天主教飞地），但不包括王朝城堡[31]。

---

* 即莱茵盾。——译注

威廉会同意放弃王朝的祖籍地——就像维克多·伊曼努埃尔（Victor Emmanuel）* 将萨瓦割让给拿破仑吗？

3月14日，科伊德尔在信中告诉布莱希罗德，维特报告说已经和戈德施密特见过面，并提到了"3000万到4000万"，但他被要求今后不要提及任何金额。布莱希罗德显然恳求科伊德尔要更积极地推进谈判，却被告知"开价不能来自我方。如果对方想要金钱赔偿，应由他们开价"[32]。俾斯麦是个精明的谈判者，似乎不愿通过金钱开路让奥地利放弃土地。

维特向柏林报告说，得益于戈德施密特的斡旋，他与普莱纳讨论了金钱等价物的问题。双方没有提到金额，但普莱纳表示，赔偿必须比奥地利的战争成本（约2500万弗洛林）高得多，包括战前开支。

> 普莱纳首先感叹，通过金钱赔偿达成妥协会在奥地利和整
> 个德意志引起抗议，并表示因此赔偿额必须很高……金钱赔偿
> 的想法在这里正日益流行，特别是在金融精英中间，他们知道 59
> 奥地利国库空虚，必须经常施以援手。

读过维特的报告后，威廉说："如果皇帝知道领土交易有损我的荣誉，那么金钱赔偿一事就能更进一步，这是荣誉与荣誉之争——金子无疑比人权更有可塑性。"[33] 按照维特的暗示，戈德施密特向普莱纳开价4000万弗洛林，但后者回复称："太少了。"戈德施密特担心，维特给柏林的报告可能掩饰了这个金额是维特自作主张的事实[34]。

在维也纳发出上述试探的同时，俾斯麦也在柏林做出和解的姿

---

* 维克多·伊曼努埃尔（1820—1878），撒丁国王，后来成为意大利统一后的首位国王。——译注

态。3 月 11 日，他漫不经心地提到，西里西亚的格拉茨（Glatz）伯爵领地是可能的赔偿筹码，虽然威廉表示反对，而且转让必须得到当地议会的同意*。几天后，他再次提及这个话题，并告诉卡洛伊，自己倾向土地赔偿，甚至不惜放弃格拉茨，但威廉“在良心上有点感情用事”，因此反对割地。不过，他建议奥地利人煽动当地人对割地的热情。“我将乐于睁一只眼闭一只眼。”[35] 不过，两国君主都是真正的固执之人，特别是当他们觉得自己的荣誉受到威胁时。布莱希罗德向雅姆斯男爵报告说：“他们的个人关系非常好”，但在两个公国的问题上谁都不愿让步[36]。

与卡洛伊的友好谈话后不久，维也纳的风向变了，俾斯麦气得目瞪口呆。奥地利人开始倾向奥古斯腾堡。俾斯麦对这个暗中违反奥普合作的举动感到愤怒，布莱希罗德和戈德施密特的谈判戛然而止。三周后，卡洛伊向俾斯麦抱怨说，罗恩在普鲁士议会面前坚持基尔永远是普鲁士的基地，俾斯麦反击称：“我可以向你保证，普鲁士不会退缩；只有战争失利，只有 30 万人的奥地利军队胜利开进柏林才能改变我们的决心。”[37] 普鲁士和奥地利朝着战争更近了一步，甚至威廉也开始感觉被他的帝国盟友背叛了。不过，俾斯麦的工作做得过于好了。1865 年春，俾斯麦还在犹豫是否把普鲁士引入战争，但国王的立场变得甚至比他更加强硬。在 5 月 28 日的御前会议上，俾斯麦甚至提出去掉 2 月提议中某些容易引起麻烦的内容，也许是考虑到普鲁士财政尚未达到理想状况。但威廉拒绝了。俾斯麦 6 月初对肖泰克伯爵所发的感慨既夸张又不无道理：“我不

---

* 切斯特 · 克拉克（Chester W. Clark）认为，俾斯麦在出售公国的谈判顺利进行的同时提出支持土地赔偿，此举只是诡计。通过搬出格拉茨，他让奥地利皇帝不太可能接受金钱。通过同时提出两种赔偿形式，他也许想要让自己显得通情达理，将不得不采取金钱方案的责任推给国王。但他不太可能出于真心地同时提出两种可能性。《弗朗茨·约瑟夫和俾斯麦：1866 年战争前的奥地利外交》（马萨诸塞州剑桥市，1934 年），第 226 页 [*Franz Joseph and Bismarck: The Diplomacy of Austria before the War of 1866* (Cambridge, Mass., 1934), p. 226]。

是普鲁士，维也纳千万不要在这点上自欺欺人。”[38]

1865 年 6 月，俾斯麦同奥地利和普鲁士议会的关系到达新的谷 60
底。两种矛盾有了交集：随着两国朝战争越走越近，普鲁士需要远远超过丹麦战争的财政力量。由于坚决拒绝提供帮助，议会于 6 月中旬被解散，这凸显了威胁的同时性。6 月 19 日，在威廉前往卡尔斯巴德进行那次关键性的度假的两天前，御前会议上讨论了如何应对议会。国王提出三种方案：立即解散；等 1865 年秋天再解散；召回现在的议会，如果它拒不从命就立即解散。罗恩倾向于尽早解散，然后由国王发表告国民书，如果这同样无效，那么就必须推行新的选举法。奥伊伦堡警告说，这样的方案可能削弱王室权威，招致普选权的危险。没有万全之计。

俾斯麦表示，“他早就深信，用现有宪法无法长时间统治普鲁士，对其做出重大和广泛的修改不可避免”*。唯一的问题在于何时出手。他要求继续让议会“自生自灭”，同时骚扰反对派和谴责自由派议员。过多的选举只会煽动反对派的情绪，暗示政府依赖自己青睐的多数派。因此，俾斯麦希望在 1866 年 1 月重新召集现有议会，一旦抗命就立即解散，并尽可能推迟下次选举。最后，俾斯麦“提到了国外形势的错综复杂可能带来的机会，指出也许可以通过合适的金融运作削弱目前货币市场对奥地利贷款的偏爱”。威廉支持俾斯麦的主张。简而言之，在俾斯麦不得不决定是否主动与奥地利撕破脸前，他必须再次面对一个不确定的内阁，应对所谓宪法与预想中的普鲁士命运的格格不入，以及国内僵局导致的严重财政后果[39]。

整个 6 月和 7 月，俾斯麦都在同时追求两个目标：一方面为普鲁士筹款，另一方面不让钱落入奥地利手中。1864 年，一笔巨额贷

---

* 6 月 20 日，肖泰克男爵分析了普鲁士的政治麻烦。他表示，政府和上议院的政策不符合“宪政国家中这些机构的惯常做法”。不过，他也指出，普鲁士远不是宪政国家。肖泰克致门斯多夫，1865 年 6 月 20 日，HHSA。

款帮助了接近破产的奥地利，贷款主要由阿道夫 · 汉泽曼筹办，并得到柏林市场的支持[40]。俾斯麦不希望 1865 年再出现类似的操作，他认为两国很可能开战，也许战端迫在眉睫。6 月初，他告诉布莱希罗德，“与奥地利真正撕破脸”可能在几个月中都不会发生。普鲁士将不会主动发难或者发出最后通牒；不过，如果奥地利想要开战，那么普鲁士也会做好准备[41]。这些警告可能会让布莱希罗德或罗斯柴尔德家族不敢帮助奥地利。几天后，俾斯麦会见了柏林的 61
一位重要银行家保罗 · 门德尔松—巴托尔迪（Paul Mendelssohn-Bartholdy），表面上询问商界对与奥地利的战争会做何反应，但更可能是在警告他，如果爆发战争，普鲁士可以在四周内打败奥地利[42]。

俾斯麦对普鲁士的财政越来越不耐烦，这反映了他咄咄逼人的意图。7 月初，他致信罗恩，表示“[我们需要] 通过自己的金融运作挫败奥地利想要展开的运作，从而维护和平”。他谈到几种筹款方案，但都遭到波德尔施温格的反对，因为此人“对议会心慈手软”。如果筹不到钱，“我只能向陛下解释，不得不暂停我们的外交计划”*。战争的危险越来越近，新的奥地利政府不愿示弱：“和我们一样，对内愈加保守的立场要求愈加强硬的对外态度。”[43] 这是俾斯麦罕见地承认自己政府的对内铁腕和对外黩武间有密切联系，这种联系将是随后几十年间德国政治生活的特点，并对其产生不利影响。

从 6 月末开始，威廉和俾斯麦待在卡尔斯巴德（位于奥地利国土上），而战争的危险则与日俱增。决战前的局势对普鲁士格外有利：其他大国不愿干涉或无暇旁骛，奥地利的财政状况一团糟，不得不裁撤军队，没有足够的钱来打一场战争[44]。国王也最终下定决心，

---

* 几周前，俾斯麦获悉奥地利官员的一句话，大意是“由于信贷缺乏，奥地利政府将暂时放弃大国地位”。他对此非常重视，坚决不想重蹈覆辙。引自鲁道夫 · 施塔德尔曼，《1865 年与俾斯麦德意志政策的问题》（慕尼黑和柏林，1933 年），第 17 页 [Rudolf Stadelmann, *Das Jahr 1865 und das Problem von Bismarcks Deutscher Politik* (Munich and Berlin, 1933), p. 17]。

认为奥地利在两个公国问题上的阻挠已经是足够的开战理由。那么，为什么一向主战的俾斯麦在随后的几周内产生犹豫，为再次和平解决冲突保留了可能？这是俾斯麦相关作品中的一个关键问题，最近的一个新答案印证了我的观点，即在俾斯麦与议会斗争的四年间，政府能否获得信贷是他最担心的问题[45]。整个7月，俾斯麦都在试图“不通过贷款为可能的征兵筹措必要资金”[46]。他接二连三地给罗恩和弗里茨·奥伊伦堡写信，要求他们采取行动。同时威吓波德尔施温格和伊岑普利茨，抱怨说自己早前的警告被当成耳边风。和所有重要的问题一样，俾斯麦在这件事上同样试图多管齐下，并不考虑这些计划是否违宪，他会向奥伊伦堡夸口说，国王同样需要钱，同样认为更有职责维护王室，而非遵守宪法。此外，“如果宪法在任何问题上站不住脚，那么［在国王看来］违反宪法规定就是在为废除它做准备”[47]。

在那几个忙乱的星期里，是战是和的问题悬而未决，一定程度上将由信贷流动决定。正是在这段时间，布莱希罗德证明自己对俾斯麦极其宝贵。他与俾斯麦在卡尔斯巴德举行重要会谈，这体现他的巨大价值。不幸的是，我们对那次会谈的了解仅限于俾斯麦当时写给奥伊伦堡的信。俾斯麦提到一种可能的操作：布莱希罗德将动员罗斯柴尔德家族牵头组成财团，财团借款给海贸银行，再由后者把钱交给政府[48]。 62

不过，布莱希罗德也报告说，他成功完成了那些年来最重要的工作。7月中旬，政府与科隆—明登铁路公司签订协议，为政府提供大笔资金。协议的达成经过旷日持久的谈判，布莱希罗德不仅作为铁路公司的银行家和董事之一（就像他的父亲那样）参与其中，也是俾斯麦的心腹。这个故事足够复杂和重要，有必要简短概述。

这条铁路拥有不寻常的历史，反映了德国经济和政治发展的某些最重要方面。修建计划于1833年提出，目的是将廉价的鲁尔区煤炭运往乌珀塔尔（Wuppertal）。1859年铁路竣工，布莱希罗德为其提供了决定性的帮助，在那个深陷危机的年份里筹措必要的资金。铁路的建成还要归功于奥古斯特·冯·德·海特男爵的推动，这位鲁尔区的银行家长期以来都对铁路感兴趣。1848年担任商务部长后，他是国家控制和最终收购整个普鲁士铁路网的主要支持者。海特与科隆—明登铁路签署一系列协议，政府为铁路债券提供3.5%的利率担保，还购买七分之一的原始股份，并有权分期购买更多股份，从而让国家最终成为铁路的唯一股东。1854年，政府同意分期购买权推迟到1870年。19世纪50和60年代，铁路是德国最重要的投资领域；这些铁路大多盈利，它们的股票主宰了德国证券市场[49]。

随着“新时代”（New Era）* 的开始，海特推进国有化的政策受到个人利益和广为接受的曼彻斯特自由经济主义的挑战†。在政府内部，海特遭到从1851年起担任财政部长的内阁同僚卡尔·冯·波德尔施温格的反对，两人总是意见相左。海特尚在任时，他的政策就已经开始失去市场，随着1862年他退出权力舞台，德国铁路政策出现暂时的反转。1862年12月，察觉到这点的布莱希罗德向政府提交长篇备忘录，建议政府终止担保和放弃最终收购的权利，以换取公司的立即赔偿。布莱希罗德称，政府不应等到1870年用贷款收购铁路，而是应该马上放弃这些权利，从而能马上自由支配1400万塔勒。他总结说，这些钱“现在可以找到更有用的途径，或者拿来充实国库”[50]。

布莱希罗德的备忘录是向商务部长伊岑普利茨伯爵提交的，后 63
者将其转交给自己的首席参事沃尔夫（Wolf）。沃尔夫指责布莱希罗德的建议可能以损害国家利益为代价让股东受惠。沃尔夫宣称，放弃各种权利将导致国家损失3000万塔勒，而布莱希罗德方案只

---

* 指1858年秋到1862年初，担任摄政王的威廉一世标榜温和自由主义的时期，对应之前腓特烈·威廉四世的“反动时代”。——译注

† 曼彻斯特主义（Manchesterism）指19世纪源于英国曼彻斯特的一系列政治、经济和社会运动。支持者认为，自由贸易能带来更加公平的社会。——译注

能提供 1000 万塔勒的赔偿和立即解冻 400 万塔勒的国家资金。沃尔夫认为赔偿和可能损失的差额悬殊，请求驳回该提议。1864 年 7 月，伊岑普利茨要求重新审阅布莱希罗德原先的方案。1865 年春，他再次征询和听取专家意见，并制定新的支付方案，新方案将为国家带来 1700 万塔勒的现金。这样的安排很常见，最后的谈判由布莱希罗德和科隆银行的奥本海姆（A. Oppenheim）主导，进展非常迅速。1865 年 7 月 18 日，政府与铁路公司签订协议（需由国王和股东批准），前者放弃收购铁路的权利，从而换取 1300 万塔勒[51]。此外，政府不必再为与科隆—明登铁路相关的某些小铁路维持担保基金，可以出售组成该基金的可转让证券。在公司需要支付的 1300 万塔勒中，300 万应在 1865 年 10 月 1 日以现金支付，其余部分为新设立的股票[52]。

协议可能没有波德尔施温格和伊岑普利茨希望的那么理想，更别提两位部长对于签署这样一份他们怀疑违宪的协定心存不安。但协议正当其时，让俾斯麦和罗恩欣喜不已。7 月 21 日，在前往加斯泰因（Gastein）途中，威廉在累根斯堡（Regensburg）召开决定性的会议，再次评估普鲁士的对奥政策。由于财政状况大大改善，俾斯麦可以提出更强硬的主张。同一天，他在发给王储的电报中表示："陛下在累根斯堡会议上做出决定后，全军动员和一年期军事行动的资金已经有了着落；金额在 6000 万塔勒左右。"[53] 一周后，罗恩兴奋地对俾斯麦的老朋友莫里茨 · 冯 · 布兰肯堡（Moritz von Blanckenburg）表示：

> 我们有钱了，足够让我们在外交政策上自由地施展拳脚，如果需要的话，也足够动员全部军队和支持一次完整的军事行动。这让我们在奥地利面前能够表现出必要的从容不迫，从而寄希望于他们接受我们的合理要求，避免我们都不想要的战争……钱从何而来？并没有违反法律，主要是通过与科隆—明登铁路达成的协议，

我觉得非常合算，甚至波德尔施温格也这样认为。[54]

奥地利代办肖泰克男爵致信门斯多夫伯爵，表示尽管存在战争 64
可能，但普鲁士并没有异常的军事举动；只有在金融领域，该国政府才做了不寻常的准备，主要举动是科隆—明登铁路协议。“这些金融运作……只能从迫切的政治必要性而非经济角度解释，议会是否会批准它们［令人怀疑］。”普鲁士国库已经积累了“通常只为战争准备的大笔资金”[55]。政府把协议视为宪法冲突的一部分，特别是由于早前与多位银行家的谈判已告破裂，因为他们要求贷款必须符合宪法。

事实上，出售未来的国有资产已经违反作为国家最高法律的宪法，议会后来也的确抨击了该协议。不过罗恩的热情也许足以抵消波德尔施温格的不安。当俾斯麦和罗恩的纠缠不休现在终于可以停歇一会儿，波德尔施温格感到的应该只有如释重负。

经过与奥地利人的最初几天谈判，俾斯麦发现他们在真心寻求战争之外的解决方式。他同样表现出和解姿态——同时他意识到，科隆—明登协议带来的真金白银不会马上到账，事实上该协议甚至尚未得到股东的批准。与此同时，国内的消息继续让俾斯麦失望。布莱希罗德报告说，7 月 17 日，罗斯柴尔德家族的卡尔 · 迈耶尔男爵与海贸银行行长奥托 · 冯 · 坎普豪森（Otto von Camphausen）就收购 900 万塔勒的 1859 年普鲁士债券展开商谈，这笔债券仍然留在海贸银行的金库里没有发行。罗斯柴尔德也是布莱希罗德的代表，他先后提出 98 折和 98.5 折购买，最后提出以 99 折甚至 99.5 折购买一半的债券。令布莱希罗德沮丧的是，坎普豪森坚持按面值出售。谈判破裂了，坎普豪森将债券分成小份，以平价出售给柏林的银行家。布莱希罗德告诉俾斯麦，他觉得拒绝外国帮助、倾向本国资金是“金融错误”，因为从政治危机角度考虑，本国资金应该被留作储备[56]。直到 8 月 8 日，俾斯麦仍然从加斯泰因往柏林发来电报，焦急万分地询问金融运作进展如何以及“钱何时到位”[57]。

8 月 10 日，俾斯麦致信奥伊伦堡，表示自己正努力与奥地利达成妥协，特别是因为如果关系破裂，“我们需要时间筹钱和稳住法国”。他希望获得“可以接受的喘息之机……让我们暂时有尊严地生活，但又不让战争［的可能］离我们远去……”他对与奥地利达成妥协很有信心，以至于他让奥伊伦堡转告布莱希罗德，“不知道我在他那里的账户是否仍有一部分被投资于证券，如果是这样的话，他完全不应该出于对战争的过早恐惧而抛售它们”[58]。这个联系很 65
不寻常，特别是对习惯于政客假装回避任何“利益冲突”的我们而言。如果俾斯麦试图与奥地利讲和，他肯定不愿无意中因此损失自己的钱。他要求奥伊伦堡向布莱希罗德转达那条消息，这证明他觉得求和的想法完全无可厚非。

8 月中旬，俾斯麦取得了外交胜利。利用奥地利的无心开战，他终于达成可接受的协议。这份后来被称为《加斯泰因条约》（The Convention of Gastein）的协议对“不可分割的两个公国”做了分割，普鲁士获得石勒苏益格的管辖权，奥地利得到荷尔斯泰因。在奥地利的要求下，两国维持了共同主权；虽然没什么实际意义，但这让俾斯麦有无数机会干涉荷尔斯泰因（该公国位置较南，普鲁士人必须穿过那里才能到达石勒苏益格），从而挑衅奥地利。劳恩堡公国被卖给普鲁士，后者还在荷尔斯泰因享有特别的陆军和海军权。

条约不过是又一次权宜之计，它让普鲁士有所获益，而奥地利除了时间一无所得*。许多普鲁士人把《加斯泰因条约》看作为奥尔

---

* 不过，俾斯麦的一些批评者（如戈尔茨）认为，该条约对奥地利更有利。见奥托·施托尔贝格—维尔尼格罗德伯爵著，《罗伯特·海因里希·冯·德·戈尔茨伯爵》（柏林，1941 年），第 172 页起［Otto Graf zu Stolberg-Wernigerode , *Robert Heinrich Graf von der Goltz* (Berlin, 1941), pp. 172ff］。拉多维茨（Radowitz）甚至觉得《加斯泰因条约》“糟透了……是奥地利的胜利”。见哈约·霍尔伯恩编，《约瑟夫·玛利亚·冯·拉多维茨大使生平记录和回忆》（斯图加特，1925 年），第一卷，第 76 页［Hajo Holborn ed., *Aufzeichnungen und Erinnerungen aus dem Leben des Botschafters Joseph Maria von Radowitz* (Stuttgart, 1925), I, 76］。

米茨雪耻，而奥地利的同情者则哀叹，奥地利“完全为了普鲁士的利益签订了《加斯泰因条约》”[59]。8 月中旬，两国统治者和大臣们在萨尔茨堡（Salzburg）和伊舍（Ischl）聚会，营造出条约签署后两国君主团结融洽的气氛。但普鲁士的胃口已经因为吞下劳恩堡而被吊了起来。

在写给同僚们的密信中，俾斯麦强调，财政上的不确定是和解政策的重要动机：“我们的财政和军事准备让提前主动撕破脸变得不可取。”[60] 这无疑是实情，就像他的所有筹钱活动所显示的——但该解释也别有目的。虽然奥伊伦堡是俾斯麦忠诚的朋友，但他并不总是支持后者的筹款计划，所以应该让他（更别提奥伊伦堡的同僚们）明白财政窘迫的后果。戈尔茨同样应该告诉法国人，钱是达成《加斯泰因条约》的重要考虑——免得法国人以为俾斯麦突然接受了亲奥的全新政策。

在条约签订前的几周乃至几个月里，布莱希罗德为俾斯麦四处奔走。作为回报，俾斯麦委任他为普鲁士向奥地利购买劳恩堡的资金过户代理人。条约规定的金额为 250 万丹麦塔勒，由普鲁士国库以普鲁士银币的形式支付给布莱希罗德，后者再将其过户给奥地利方面的代理人——维也纳的罗斯柴尔德家族[61]。戈德施密特鼓励 66
布莱希罗德索取 1% 的佣金，并恭喜他获得丰厚的利润和“额外的奖赏”[62]。

中欧的紧张和不确定没有因为条约的签署而结束，布莱希罗德的服务仍然非常有用。普鲁士和奥地利都清楚，条约只是推迟了战争，是最终解决前的暂时和解。双方抓住这个喘息之机，都寻求在国内外扎紧篱笆。

在加斯泰因，俾斯麦保留了对奥政策的两种基本选择——妥协或战争。他乐于静观其变，看看奥地利是否会和平地让步。虽然也可以通过暴力实现目的，但那样做不无风险。他很可能察觉到，在大多数方面，时间对普鲁士有利，因为仅凭本国物质上的力量和优势就能削弱奥地利在德意志的地位[63]。但俾斯麦倾向于加快这个过程，特别是因为普鲁士的国内状况要求尽早取得对外胜利。

俾斯麦一度希望从加斯泰因开始，奥地利人可能会继续悄悄地让步。早在加斯泰因时，他就认为出售劳恩堡可能成为有用的先例。他没有和奥地利使者讨价还价，但乐于接受所有要求，因为“财力允许我们一次性付清全款，我希望向你证明，可以和我们做成好买卖”[64]。他致信波德尔施温格，暗示奥地利人可能像出售劳恩堡一样卖掉荷尔斯泰因[65]。

但形势不断在变化。条约签署一周后，布莱希罗德的合伙人尤里乌斯·施瓦巴赫（Julius Schwabach）致信巴黎的罗斯柴尔德家族，表示“奥地利和普鲁士之间的友好关系似乎已经严重受损……短时间内重新开始冲突并非不可能”[66]。9月中旬，俾斯麦向乌泽多姆承认，《加斯泰因条约》只是“权宜之计”，两个公国的问题尚未解决，普鲁士必要和不容商榷的要求没有被满足[67]。

在整个危机重重的夏天，俾斯麦一直不安地观望着杜伊勒里宫（Tuileries）。普鲁士和奥地利在加斯泰因突然握手言和让法国人震惊和愤怒，俾斯麦不得不立即着手恢复与法国的亲密关系。他知道拿破仑是自己未来计划的关键。当英国和俄国把精力放在欧洲之外时，奥地利和普鲁士的敌对关系让拿破仑成了随时可以拉拢的那种仲裁者。拿破仑没有否定任何选择，俾斯麦知道，皇帝也会玩高深莫测的把戏，为自己争取最有利的条件。

离开加斯泰因后，俾斯麦回到自己最喜欢的疗养胜地比亚里茨，与皇帝一起享受政治休假。他与拿破仑的谈话涉及方方面面，但他不太可能寻求法国人承诺在未来的德意志战争中保持中立。提出如此要求的时机尚不成熟。在比亚里茨和后来的圣克鲁宫（St. Cloud），俾斯麦回答了皇帝对荷尔斯泰因未来的具体问题，表示普 67
鲁士将通过“经济赔偿或货币等价物”的方式从奥地利手中得到它[68]。俾斯麦足够现实地意识到，拿破仑只有得到某种赔偿才会接受普鲁士的吞并要求。墨西哥的溃败让拿破仑损失惨重*，他希望借这笔赔偿挽回自己的威望。俾斯麦暗示，比利时或卢森堡等法语区领地可能是合适的赔偿。

返回柏林前，俾斯麦参加了雅姆斯男爵在费里埃尔城堡（Ferrières）举行的狩猎，两人私下交谈了两个小时。显然，俾斯麦也告诉雅姆斯男爵，自己希望购买而非征服荷尔斯泰因。向法国的两大权势人物做了如是保证后，他返回柏林[69]†。

在比亚里茨休假期间，俾斯麦收到布莱希罗德的一封紧急长信。信的意思很清楚：奥地利的财政危机比通常所知道的更严重，应该和平地将其变成普鲁士的优势。布莱希罗德描绘了奥地利的惨淡局面：新的开支已经超过预期中的“巨额赤字”；向国际银行界求助的努力以失败告终，因为金融家们对奥地利的可靠性和匈牙利对哈布斯堡王朝的效忠“心存疑虑”。潜在的贷款者们本身也深陷“当时欧洲主要货币市场的巨大危机中，一方面是由于出口加工业的繁荣，一方面是对跨大西洋基金和原材料的过度投机……”

因此，布莱希罗德提出惊人的想法：普鲁士政府应该帮助奥地利，“通过最急需的金钱帮助，为了德意志的福祉而推行崇高的政策，把它的南方盟友更紧地与阁下绑定起来……由于最近的金融运作，普鲁士王国政府目前手握必要的资金”，即使不动用国库也有4200万塔勒，其中3000万来自科隆—明登协议‡。这个数字看上去也许不

---

* 1864年，拿破仑三世扶植奥地利大公马克西米利安建立墨西哥帝国。1866年，在墨西哥人的游击战和美国的施压下，法军损失惨重，不得不撤出墨西哥。翌年，马克西米利安被推翻。——译注

† 几周后，他收到费里埃尔之行的美好纪念。雅姆斯男爵在给布莱希罗德的信中写道：“俾斯麦伯爵最近来访时称赞我的一些葡萄酒，于是我自作主张，把一箱勃艮第和一箱波尔多送到你那里，请你以我的名义把它们交给俾斯麦伯爵。”雅姆斯男爵致布莱希罗德，1865年11月18日，BA。

‡ 按照最初的协议，铁路公司应支付1300万塔勒；布莱希罗德提到的另外1700万塔勒可能来自政府担保基金锁定的钱，设立该基金是为了偿付铁路债券可能的利息。由于已经不再承担意外责任，政府可以将担保基金减少到200万，并任意处置其余部分。

够，但即使只有一半：

> 只要在合适时机奉上，也会在外交礼仪的无情算计中点燃温暖的感激火光，让[奥地利]内阁下定决心心甘情愿地就割让石勒苏益格—荷尔斯泰因两省展开谈判。我已经可以在脑海中预见，维也纳的内阁不会容许北方问题继续悬而不决，因为这将危及其国内的统治；南方边境的问题复杂得多，它必须在南方问题迫在眉睫和成为心腹大患前先解决北方问题。 68

布莱希罗德表示这席话“出于爱国情感”，他最后指出“德意志舆论界已经洗心革面，认识到民族原则比任何特定利益更重要，况且被民主煽动推上台的觊位者［奥古斯腾堡］完全无法代表特定利益”，现在是“彻底”解决石勒苏益格—荷尔斯泰因的最佳时机[70]。

布莱希罗德的信（俾斯麦的回信没能留存下来）有几点不同寻常之处：它在一定程度上反映出作者惯常的经济—政治分析，他把两者视为不可分割；它还暗示作者强烈的和平倾向，并以为俾斯麦持有同感。布莱希罗德的建议巧妙而大胆，如果被采纳，它无疑将是俾斯麦对和平解决方案感兴趣的最好证明。也许布莱希罗德对他为俾斯麦筹得的钱怀有些许所有者的感情，希望确保其投入和平而非战争用途，“用来收购奥地利”[71]。俾斯麦从未试图证实奥地利是否愿意以区区 2100 万塔勒出售在德意志的权力主张。无论在某些方面显得多么合理，这个想法还是反映出布莱希罗德也许过于相信金钱的力量。

布莱希罗德对奥地利需求的诊断是正确的。奥地利政府正在大力削减开支和降低赤字，以期为必要的贷款创造合适的条件。1865 年秋，维也纳并未准备向普鲁士求助。它尝试更有希望的对象，但还是面对回绝和不可接受的条件。罗斯柴尔德家族的维也纳分支断然拒绝，伦敦分支也一样。雅姆斯男爵同奥地利人进行一段时间的谈判，但坚持附加苛刻的经济和政治条件——比如奥地利应该对意大利采取更缓和的政策。奥地利人倾向于和罗斯柴尔德家族的对手财团（由哈贝尔家族［Habers］银行、土地信贷银行［Crédit Foncier］和贴现银行［Crédit Foncier］组成）达成协议，这需要付出高昂的金融成本，但不附加政治条件。奥地利人得到 9000 万莱茵盾，不过利率很高，每 100 盾的本金到手的只有 61.5 盾。不过，即使这个计划也取决于法国政府在法国市场上贷款的许可；拿破仑的许可被广泛视作重要的亲奥举动[72]。确保这笔贷款后，维也纳对出售荷尔斯泰因不再那么感兴趣。获得拿破仑批准三天后，戈德施密特致信布莱希罗德，表示“对收购荷尔斯泰因一事已经彻底无能为力”[73]。

1865 年秋天和冬天，奥普关系再次恶化到了战争看似不可避免的程度——除非奥地利接受普鲁士蛮横的要求。维也纳对国内的举
步维艰感到沮丧，特别是与马札尔民族主义的冲突，俾斯麦时不时 69
的耀武扬威也使其不再抱有希望。门斯多夫感叹道：“我们的外交政策在这片贫瘠土地上难道什么都长不出来吗？”[74] 奥地利人知道，俾斯麦决心摊牌，这不仅体现在他的行动中，也反映在他们偶尔截获的书信里[75]。

但俾斯麦同样面对巨大的障碍。到了 12 月，罗恩相信战争已经变得不可避免，并认为自己和俾斯麦“可能在这条危险的道路上摔断脖子”[76]。在深陷国内冲突的同时，冒险发动对外战争的确非常危险。国内冲突与对外侵略的关系密切而复杂。国内的对立无疑促使俾斯麦决定在对外问题上采取强硬的态度，但首要问题仍然是，一个除了渴望和平而在所有问题上都存在分歧的民族能否面对战争，而最要紧的是，一个被社会上大量富有阶层痛恨的违宪政府能否找到冒险发动战争的必要资金。普鲁士国内舆论在这点上分歧严重。

事实上，自由派反对者在政府的对外政策上的确存在分歧，一些议员已经向权力和成功的诱惑屈服。10 月，肖泰克伯爵报告说，“更为明智的多数普鲁士人”现在支持俾斯麦的外交政策。一个月后，他遗憾地评论道：“在国内问题上，俾斯麦伯爵正节节胜利。”[77] 不过，俾斯麦一再违反宪法，让即使是最温和的自由派也很难完全站在他一边。

1866 年 1 月 15 日，俾斯麦再次召集议会，但和解希望渺茫。政府没有重新提交军队法案，因为经过之前的“无果协商……现在无法指望任何满意的结果”[78]。政府当然坚持新的军队制度。另一方面，议会指派了一个委员会，调查科隆—明登铁路协议中的违宪行为。调查负责人是反对派最犀利的法律专家之一，布莱希罗德的朋友爱德华·拉斯克（Eduard Lasker），结果不言自明。允许政府在未经议会批准的情况下出售国有资产无异于让议会的预算权成为一纸空文。调查报告毫不含糊地指出：“协议被视为非法，因为政府在未经议会批准的情况下出售国有资产，以便为可能的冲突筹款；一位成员听说，萨尔地区的煤矿也将遭遇同样命运。”[79] 委员会认为，协议参与各方都要负责，因为其中的法律问题非常清楚，以对法律无知为借口行不通。报告提交二十四小时后，俾斯麦突然结束议会[80]。在他看来，大部分议员仍然坚持“不让内阁得到一分钱”的誓言已经足够糟糕，更别提内阁还可能要吐出刚刚未经议会批准得到的数百万钱款[81]。有传言称，如果议会正式取消科隆—明登铁路协议，70
奥本海姆将要求政府返还相关钱款[82]。

政府和反对派的冲突也涉及其他问题。绝大部分代表认定购买劳恩堡违宪，因为宪法规定，国王需要得到议会批准才能成为外国土地的统治者。俾斯麦的反击是用嘲讽把水搅浑的经典之作，旨在再次暴露反对派的无能。雪上加霜的是，普鲁士高等法院也借机发难，推翻下级法院的决定，判决议员们要为在议会的言论负责。这个判决与宪法格格不入，令议会生活遭受重创，可能带来合法面纱下的专制统治，摧毁自由和对法律的敬畏。随着卡尔·特维斯腾（Karl Twesten）* 因为在议会发表反对司法腐败的言论而被起诉，反对派的怒火达到顶点，政府的形象则坠入谷底。难怪布莱希罗德报告说："普鲁士的国内形势很糟糕，政府和议会的鸿沟正变得越来越大。高等法院最近的判决……在所有的相关圈子里引发最痛苦的感受。"[83] 结束这个最短的议会会期时，俾斯麦再次把持续的僵局归咎于议会，并警告说议会走上的道路"将会引发更严重的冲突，并让现有冲突在未来变得更加难以解决"[84]。

但冲突终须解决。冲突损害了普鲁士在德意志的威望，而且每当需要巨额资金时，俾斯麦就只能面对不确定和采取权宜之计。国王的支持者没能就如何结束冲突达成一致。曼陀菲尔等人仍然倾向于政变；戈尔茨等人则希望改变体制：建立更加自由的政府（也许可以由他担任首相），并采取能够吸引各地德意志民族主义者的政策。俾斯麦看到另一种道路的可能性：他可以通过激化与奥地利的矛盾来转移国内情绪。他能够将两者合而为一，希望它们相互抵消。事实上，这个计策由来已久。早在 1862 年 12 月，当俾斯麦谈到自己的民族理想对自由派的吸引力时，他就已经有了这样的想法。他曾在议会断然否认自己咄咄逼人的外交政策是对付议会的一种手段，但这种否认本身暗示双方都意识到那条道路的诱人之处。

议会休会几天后，在一次关键的御前会议上作出加紧备战的决定，除非奥地利人愿意让步。之前，俾斯麦曾告诉议会："对外交政策而言，某些时机一去不复返。"他最终说服国王，眼下正是这样的罕见时机：一方面有望与意大利结盟，另一方面法国有望保持友好中立[85]。俾斯麦和他的支持者表示："强有力的对外形象和为普鲁士荣誉而进行的战争将有利于解决国内冲突。"波德尔施温格 71
表示同意，但希望避免战争，王储也警告不要手足相残[86]。外部条

* 卡尔·特维斯腾（1820—1870），德国政治家，国民自由党创始人之一。——译注

件有利于解决德意志问题，但俾斯麦下定决心抓住这些条件是因为他确信，对维也纳的胜利也将带来柏林的胜利。随着议会的灾难性休会，俾斯麦突然加快步伐：现在他力促马上作出决定，需要立即取得胜利。他和他的国家的政治未来悬而未决。

随后的四个月对俾斯麦极其艰难，他的神经几乎崩溃。既要绕过普鲁士与奥地利摊牌，又要避免外国干预的风险（特别是法国人），即使是俾斯麦无可匹敌的智谋也感受到最大压力。他必须孤立和挑衅奥地利，但又要给维也纳留下一丝余地，以防自己的外交策略不能奏效。他的计划随时可能被否定和摧毁，危险来自敌人与贪婪的中立力量的联手，成功的国内阴谋，或者国王信任和决心的减弱。这是一段险象环生的日子，俾斯麦注定要以毒攻毒。为了达到目的，他愿意冒险尝试一切，使用各种手段，无论是否离经叛道。与此同时，他遭到国内昔日朋友们的抛弃，甚至包括他最好的容克贵族朋友，他们对他大胆而没有原则的政策感到震惊。他的自由派老对手们则憎恶他复辟专制主义，尽管其中一些人被他的新德意志政策所吸引，还有许多人对他的能力与天才赞叹和惊异不已。5 月，自由派作家鲁道夫 · 海伊姆（Rudolf Haym）写道："无论他多么傲慢和轻浮，谁会无视他的运气和才干呢？"[87] 不过，国内舆论一边倒地反对战争和俾斯麦。

俾斯麦的政治策略立足于普鲁士的军事准备——在这点上他可以仰仗罗恩和普鲁士参谋长赫尔穆特 · 冯 · 毛奇（Hellmuth von Moltke）的得力支持。但政治和军事的巧妙安排还不够。军队仍然需要填饱肚子才能作战，需要调动的除了人员还有资金。俾斯麦在这方面的把握不如在政治事务上那么大，因此波德尔施温格的无能和吹毛求疵令他更加恼火。1866 年 3 月末，当内阁再次集会时，罗恩表示，"俾斯麦的神经质焦躁和波德尔施温格的官僚式严谨与审慎导致不和无法完全消失"[88]。由于波德尔施温格，"普鲁士在财政准备上远远落后于军事准备"[89]。波德尔施温格的任务非常困难，因为议会的反对立场毫不动摇，而随着战争的临近，受到全球紧缩冲击的柏林货币市场变得焦躁不安。俾斯麦需要找到新的资金来源，在这点上，他同样需要尝试各种途径后才能找到正确选择，但他对该领域并不那么熟悉。

就这样，布莱希罗德在俾斯麦生命中最艰难的这几个月里向他提供巨大帮助。战前的几个月里，布莱希罗德四处奔走，参与“首长”的和平与主战方案。和德国乃至欧洲的商界一样，布莱希罗德应该 72
倾向于和平解决危机，但他为人铭记和获得荣耀的却是帮助战争筹款。

从 1866 年 2 月中旬开始，布莱希罗德与戈德施密特的通信反映了对可能的战争重新产生强烈不安。2 月 18 日，戈德施密特安慰他说，战争不会那么突然地爆发，但附上电报号，以便布莱希罗德可以在形势有任何重大发展时立即通知自己。戈德施密特在信中表示：“你必须永远努力推动和解，我也一样。请随时写信给我，告知你那里的情况。你清楚我的谨小慎微。”[90] 安塞尔姆男爵也向布莱希罗德打听消息。2 月末，这位柏林银行家比维也纳的朋友们悲观得多，他的担忧一定程度上印证这样的故事：2 月 28 日的御前会议结束后不久，他警告自己的朋友萨克森驻柏林大使霍亨塔尔伯爵（Count Hohenthal），表示会上讨论了突袭萨克森的问题，但决定将入侵推迟到“原则上决定立即开战后和开始动员军队前”[91]。如果布莱希罗德的确发出警告，他是在俾斯麦授意下这样做的吗？虽然没有明确证据，但布莱希罗德无疑非常不安。

最后时刻，布莱希罗德和戈德施密特恢复早前的希望，认为可以达成关于两个公国的赔偿方案。这种想法也出现在其他地方，甚至俾斯麦在 3 月也时而提到它。他还荒谬地建议奥地利以最后通牒的形式提出赔偿要求，从而有可能动摇威廉的固执反对[92]（奥地利人很可能疑惑，这是为威廉还是为他们设的陷阱？）。大部分时间，俾斯麦推行主战方案。不过，因战争威胁导致业务瘫痪的两位银行家仍然抓住一切机会推动和平。3月，他们为门斯多夫的避免开战政策寻求支持。戈德施密特建议，如果在现金方案之外加上某些土地（如格拉茨），奥地利人可能会接受交易。他敦促布莱希罗德“竭尽所能……战争过于罪恶，将是对德意志的诅咒”。戈德施密特承诺将任何认真的金钱和土地报价（即使是非正式的）直接呈交给皇帝[93]。几天后，戈德施密特对自己的作用感到绝望：“我们俩过于人微言轻，无力介入这种局面。”

随着和平的希望变得渺茫，此前一直非常客观和冷静的书信也开始受到民族主义激情的影响。戈德施密特对咄咄逼人的普鲁士感到愤怒，对手足相残无法释怀。“我国公众对这些绝望状况的始作俑者［俾斯麦］的怒火与日俱增，如果爆发战争（但愿不要这样），那么我国将奋勇作战和同仇敌忾，即便我们身无分文。”尽管布莱希罗德试图辩解，戈德施密特还是坚称，一切挑衅都来自俾斯麦。他否认奥地利已经开始调兵。“我可以坦率地告诉你，俾斯麦在有意谋划战争和让世界陷入不幸……我们这里没有人会屈服于威吓， 73
他本来可以通过耐心得到他想要的。”[94]戈德施密特的信中充斥着骄傲、恐惧和愤怒——他的怒火发泄到同一个人身上。

在欧洲和普鲁士也有许多人对俾斯麦的挑衅游戏感到同样的义愤。3月末，一个被称为“科堡阴谋”（Coburg intrigue）*的国际阴谋集团（包括部分俾斯麦的同僚）试图说服威廉罢免那个正在误导他的胆大妄为的家伙[95]。约翰·罗素勋爵（Lord John Russell）†对维多利亚女王说的一句话表达了该集团的核心诉求：“唯一的补救办法——唯一确保维持和平［的方法］——是国王罢免俾斯麦伯爵。”[96]作为阴谋的一部分，4月1日的《科隆报》（*Kölner*

---

* 该集团的主要人物，如维多利亚女王、奥地利外长门斯多夫伯爵（维多利亚的表亲）和普鲁士王储腓特烈·威廉（维多利亚的女婿）都与科堡家族有亲缘关系。其成员还包括戈尔茨和伯恩斯托夫等。——译注

† 约翰·罗素勋爵（1792—1878），英国首相，辉格党和自由党政治家。——译注

Zeitung）暗示，普鲁士将用格拉茨交换荷尔斯泰因[97]。这个想法在许多普鲁士人那里立即得到积极响应*。关于俾斯麦将被罢免的传言再次流行起来，人们开始留心他的强大敌人。比如，4月4日，国王的儿子致信俾斯麦的一位部长，表示“罗斯柴尔德正处处与俾斯麦为敌，金融家们都颤抖了”[98]。俾斯麦有足够的理由珍视布莱希罗德的忠诚：这在当时是罕见的财富。

2月中旬，布莱希罗德再次开始筹款，他首先找到自己最有权势的关系人：雅姆斯男爵。如果罗斯柴尔德家族采取亲普鲁士的策略，那么其他银行家也会跟风。但这样的信号并未出现。布莱希罗德希望知道，罗斯柴尔德家族是否愿意牵头或加入财团来收购普鲁士政府准备出手的价值800万塔勒的科隆—明登铁路股份。罗斯柴尔德家族拒绝了，因为他们明白，任何此类行动都是在充实普鲁士的战争储备。大约四年前，在涉及普鲁士人早前的一次游说时，雅姆斯男爵已经向布莱希罗德解释过，“不为战争出资是我们家族的原则，即便我们无力阻止战争，但没有为它火上浇油至少能让我们心安”[99]。

但和平主义情感并非全部。全球市场陷入萧条，各地股价都开始动荡，每当有战争传言，股价就会暴跌。雅姆斯男爵对经济停滞和拿破仑的故作姿态颇有微词。他戏称“帝国就是下跌”（L’Empire, c’est la baisse），暗讽拿破仑的著名承诺“帝国就是和平”（L’Empire, c’est la paix）。罗斯柴尔德家族伦敦分支强烈反对向普鲁士提供任何帮助，巴黎和柏林的大部分银行家也认为如果开战，奥地利获胜的机会比普鲁士大得多[100]。简而言之，布莱希罗德碰了一鼻子灰。

---

* 甚至连罗恩的朋友弗里德里希·佩泰斯（Friedrich Perthes）也敦促普鲁士在现金方案的基础上考虑这种交换的可能性：“奥地利想要的不就是一块遮羞布吗？大到足够遮盖一笔真金白银。”普鲁士应该提供遮羞布，无论是霍亨索伦还是格拉茨。罗恩，《回忆录》，第二卷，第409—410页。但俾斯麦寻求遮羞布的唯一目的是：掩盖他的侵略想法和最后向奥地利摊牌的企图。他当时的主要目的是表现得像吃亏的一方。

在2月中旬写给雅姆斯男爵的一封信中，布莱希罗德还隐晦地提到萨尔煤矿："萨尔布吕肯一事没有得到最高层［布莱希罗德通 74
常用这个词表示国王］的支持，因此不太可能成真。"[101] 这句话暗示，在与雅姆斯男爵的对话中，布莱希罗德已经提到过出售国有煤矿的可能性，买主很可能是罗斯柴尔德家族，就像从1月开始传言的那样[102]。一周后，卡洛伊伯爵报告说，一位并非来自柏林的大银行家（可能是科隆的奥本海姆男爵）告诉他，普鲁士将很快强行通过与奥地利开战的决定，那位银行家被要求为政府持有的科隆—明登铁路股份寻找买家。那人还略带神秘地提到"有人打算出售属于普鲁士政府的另一项重大资产。他还用极为机密的口吻补充说，整个谈判由俾斯麦一人进行，财政部长和商务部长并不知情"[103]。俾斯麦亲自负责谈判的另一项"重大资产"正是萨尔煤矿。

3月9日，布莱希罗德致信俾斯麦，表示可以马上提交财政备忘录[104]。3月12日，波德尔施温格召见布莱希罗德讨论备忘录，不幸的是，备忘录似乎已经佚失[105]。提交和讨论备忘录后，布莱希罗德马上返回巴黎[106]。3月16日，柏林有传言称，政府正在商谈出售萨尔煤矿，布莱希罗德前往巴黎很可能是为了与雅姆斯男爵讨论此事。与此同时，亚伯拉罕·奥本海姆出现在柏林，商议建立有政府参与的新公司，用于接手这些煤矿[107]。第二天，普鲁士部长们开会评估与奥地利日渐恶化的关系。他们被告知，"奥地利不会接受用钱交换那两个公国"——此事被视为重要新闻，这反映了柏林曾相当看重金钱解决方案。"资金来源遇到困难。出售科隆—明登铁路的股份必将导致损失。有人建议出售萨尔布吕肯。第三种可能是召集议会寻求贷款，但条件是大德意志计划和德意志议会。"[108] 最后的办法是用自由和民族主义计划劝诱议会服从。俾斯麦无疑更希望不通过再次游说议会就筹到钱。

3月23日，戈尔茨对俾斯麦推进战争政策提出强烈警告。普鲁士的国内分歧和欧洲的敌意让这场冲突变得危险重重。在巴黎，亲普鲁士的气氛突然消失；除了皇帝，所有人都反对普鲁士。戈尔茨还表示："你肯定比我更清楚——我相信我只是揣测——罗斯柴尔德拒绝与你做萨尔布吕肯煤矿的买卖。"[109] 俾斯麦在备忘录中写道："我没提出把煤矿卖给他。"

戈尔茨的信是对俾斯麦一封来信的回复。首相在信中解释说，普鲁士没有做出与奥地利同等的军事准备，因为它希望"在金融运作完成前"避免调兵，"以免我们的军事准备造成的巨大压力让这 75
些运作变得更困难"。俾斯麦还秘密地透露，自己曾与罗斯柴尔德男爵展开商谈。男爵向俾斯麦的"代理人"（布莱希罗德）解释说，如果是几周前，他很乐意与普鲁士达成交易，但在当前的紧张状况下他不愿这样做——特别是当他和戈尔茨谈话后！俾斯麦提醒戈尔茨"一定要非常小心地维持与罗斯柴尔德的关系"[110]。难怪戈尔茨在回信中略带激动地表示，同罗斯柴尔德的谈判失败与他的谈话全无关系，而是不可信任的布莱希罗德为了掩盖自己的失败而散布的谣言，这个结果与布莱希罗德早前的乐观形成鲜明反差。罗斯柴尔德很久以前就告诉过戈尔茨，只要普鲁士的宪法冲突持续，他只有在王储副署的情况下才会提供贷款。雅姆斯男爵还说，他最近的拒绝反映了他不愿"为战争提供资金"，特别是为一场明显将损害他本人利益的奥普战争[111]。布莱希罗德的巴黎之行显然空手而归，只是多了戈尔茨这个敌人,戈尔茨对这个人的"莽撞干涉"非常厌恶。

随着军事准备的深入，对钱的需求变得更加迫切：3 月 28 日，经过漫长的斗争，俾斯麦终于说服威廉加强军队实力，并为一半的野战炮兵购置马匹[112]。外交人员仍在努力寻求日益渺茫的和平可能，与此同时，越来越多的奥地利和普鲁士军队（意大利人也将很快加入）开始浩浩荡荡地向指定地点开拔。随着战争的临近，俾斯麦扩大了冲突所涉及问题的范围。两个公国的命运已经毒害奥普关系，德意志民族的未来组织形式将成为战争的动机和意义[113]。在 3 月 31 日的会议上，普鲁士内阁获悉"俾斯麦将推动德意志问题"。

4 月 9 日，他提出革命性的建议，要求重组德意志邦联，并设立普选的民族议会[114]。前一天，他与意大利结成反奥军事同盟，尽管对方算不上保守势力。在将普鲁士推向战争的过程中，俾斯麦采用一系列革命性的手段，既触怒保守派朋友们，也让自由派对手们疑惑和常常感到恐惧。

在那几个动荡的星期里，布莱希罗德特别努力地收集和传播信息。与意大利签署同盟协议的前一天，法国代表埃杜阿尔·勒费弗尔·德·贝埃纳（Eduard Lefebvre de Béhaine）回答了布莱希罗德的质询：“我们的中立充满好意，我们完全不会损害你在此事中最终将获得的利益……你经常见到俾斯麦，比任何人都更清楚当前和未来形势的关键。”[115] 与此同时，布莱希罗德向伦敦的罗斯柴尔德男爵发去报告，报告中解释的问题包括：普意同盟被认为引发了伦敦市场的恐慌，但这种恐慌为时过早，因为目前双方刚刚交换同盟的草案。他还表示，人们正力图把俾斯麦赶下台，但这些努力很可 76
能失败，因为它们意味着国王的道德失败[116]。

在俾斯麦推行革命性政策的同时，他的财政部长只能亦步亦趋，怯懦使其举步维艰。3 月末，波德尔施温格开始在公开市场上出售政府持有的科隆—明登铁路股份，但如果想马上脱手肯定会造成损失。事实上，他为战争筹款的努力正好赶上一波严重经济紧缩的开始，表现为生产衰退、股价下跌和信贷日益紧缺[117]。3 月 24 日，他告诉同僚们，他也许可以筹得 4000 万塔勒，但此后政府将需要贷款，可能要得到议会批准[118]。与此同时，法国驻柏林大使樊尚·贝内德蒂伯爵（Count Vincent Benedetti）认为，在金融运作完成前，普鲁士政府将不得不遵循谨慎的路线。贝内德蒂预计，如果这些运作成功，国库中将拥有 1 亿法郎，足以发动战争[119]。

与此同时，市场开始下跌，部分原因是战争的威胁。对布莱希罗德而言，这是段艰难的时光。雅姆斯男爵曾授意，如果觉得“战争将要到来”就抛售他的普鲁士证券；普意同盟结成后，布莱希罗德开始出售罗斯柴尔德的持股，但遭到雅姆斯男爵的激烈反对，理由是他的行动和他令人安心的消息有矛盾："你没有证明你在保护我们的利益，希望告知我们你为何抛售。我们今天上午给你发去电报，表示不接受你的最后一笔卖出。"4月18日，布莱希罗德报告说政局有所缓和，他因此完全停止出售雅姆斯男爵的持股[120]。

俾斯麦仍然想着出售萨尔煤矿。4月3日，萨尔的商人们请求威廉不要批准这样的举动。第二天，政府否认考虑过这样做，但没有回应请愿[121]。事实上，俾斯麦突然变得对这个计划更感兴趣，并援引全新的理由。现在，他担心普鲁士目标的扩大会刺激拿破仑对土地赔偿的胃口，特别是对萨尔。4月20日，俾斯麦提议将普鲁士的萨尔煤矿出售给一家由政府作为主要股东的股份公司。4月30日，他知会其他部长，表示如果开战，法国可能会索要补偿，无论是当普鲁士遭受挫折时出手相助，还是当普鲁士胜利后的获益超过那两个公国时保持中立。拿破仑可能要求恢复1814年的边界，包括萨尔在内。"他从未表达对这些边界之外的德意志领土的欲望。"由于军事变迁可能导致割地，政府必须确保不同时失去煤矿资产（俾斯麦对其估价6000万塔勒）。因此，他要求对煤矿资产"做出变更，即使土地被割让，它［煤矿］仍将留在我们手中"[122]。

在5月2日的内阁会议上，俾斯麦重复了变更产权的理由，以 77
便当土地被转交给法国后，作为主要股东的普鲁士政府不会失去这笔资产。俾斯麦为自己的计划辩护，即便潜在买家的出价低于应有价值。此举可以被视作避免全损的保险，鉴于这笔资产的价值和暴露位置，溢价不会太高。罗恩表示同意，但其他部长一致反对，特别是波德尔施温格和司法部长利奥波德·冯·里普伯爵（Count Leopold von Lippe），此事就此作罢[123]。包括格哈德·里特（Gerhard Ritter）在内的德国民族主义史学家曾坚称，俾斯麦永远不会把一寸德意志的土地割让给拿破仑。这次内阁会议证明事实恰好相反，特别是因为俾斯麦应该不愿随便提及割让土地，他明白自己的对头（尤其是戈尔茨）正是由于这种可能而反对他的政策。如果想要，他本可以坚持用最初的财政动机来解释出售煤矿的想法，但他却为这种变更采用重要得多的政治动机[124]。俾斯麦知道，自己的大胆政策涉及的风险远远超过可能割让一块德意志的土地。

他还试图打消一位极端保守的萨尔矿主施图姆（C.F. Stumm）的疑虑，后者在5月8日对出售煤矿或割让土地提出反对。俾斯麦告诉施图姆，政府从未考虑这样做，他自己似乎也相信这个谎言[125]。但传言没有平息，5月中旬，布莱希罗德从戈德施密特那里获悉，维也纳相信萨尔煤矿已经被以9000万塔勒的价格出售[126]。

5月3日，在另一次御前会议上，威廉评估了普鲁士与奥地利的关系。自从2月28日的上次会议以来，两国关系不断恶化。在聪明的导师点拨下，他指责奥地利的黩武态度要为此负责，并敦促采取相应措施保护普鲁士免遭突然危险。他提议总动员；毛奇和王储表示同意，但奥伊伦堡等人提出反对，理由是“出于政治考虑”。最后的决定是部分动员[127]。奥伊伦堡的反对有充分的理由。鲁道夫·冯·德尔布吕克（Rudolf von Delbrück）*写道：“几乎整个国家都反对战争。自由派对政府深恶痛绝，指责其推行一场没有必要的战争。而对许多保守者而言，普鲁士与奥地利的同盟被看作信条。”[128]俾斯麦被痛斥为暴君，试图通过手足相残的战争逃避国内矛盾[129]。

5月2日，股市因为普鲁士即将展开动员的传言而陷入“恐慌”[130]。传言被证实后，市场进一步下跌。5月12日是“黑色的一天”，而更黑暗的日子即将到来[131]。普鲁士人的痛苦正好赶上法国和英国的经济衰退。5月11日，普鲁士不得不将贴现率提高到9%。几天后，恶劣的天气毁坏部分作物[132]。企业和公民团体向柏林提交请愿书，请求维护和平。作为受人尊敬的重要团体，柏林商会也

---

* 鲁道夫·冯·德尔布吕克（1817—1903），普鲁士商务部长。——译注

请求国王不要冒险毁了“几十年和平局面的物质果实……普鲁士的 78
荣誉、外部威胁或是国家的经济未来都不需要战争”[133]。

布莱希罗德很可能认同这些观点，但他明白为时已晚。5月初，他致信伦敦的莱昂内尔*，表示由于担心奥地利的攻击，普鲁士将继续动员。国王和王储已经放弃反战立场，热情也不会再受到抑制。议会将很快被召回，并很可能批准拨款。6月2日，他报告说，“好线人”向他暗示，战争已经不可避免[134]。

他的朋友们无疑希望和平。莫里茨·冯·戈德施密特写下辛酸的书信，哀叹俾斯麦煽动的内战即将到来，并反驳了布莱希罗德的指责，表示他的信并非出于奥地利人的爱国主义：

> 我在这个我所挚爱的国家已经生活了四十五年，我的儿子们都出生在这里。你呢？你碰巧亲奥地利吗？让我们像诚实和务实的人那样通信，每人都写出真正的所感所思。我不责怪你认同普鲁士和为它着想，但我们俩必须公正，我们正在遭受不公……[由于普鲁士声称奥地利好战]整个欧洲都明白和在谈论，你们的首相希望壮大普鲁士，把我们和德意志抛在后面；只是他没有明说而已。从几个月前我就看清了这一切，但我无法想象内战的可怕。

几天后，他再次打开心扉。为什么如此轻率地无视欧洲的福祉？“有人正利用人类激情玩一场危险的游戏。一旦战争爆发，我担心我们将见证可怕的东西；一旦战争夺走暴民的面包，代之以贫穷和饥饿，君主将无法再控制他们。”唯一能获益的将是“该死的拿破仑……那个臭名昭著的斯芬克斯”[135]。

---

* 莱昂内尔·内森·德·罗斯柴尔德（Lionel Nathan de Rothschild，1808—1879），英国议员、银行家。——译注

与此同时，布莱希罗德从维也纳得到其他消息，曾与巴黎罗斯柴尔德家族共事，现任奥地利信贷机构（Austrian Creditanstalt）董事的维克托·贝纳利（Victor Benary）给他“可敬的朋友”写信，表示“莫里茨·冯·戈德施密特的财政状况看上去糟透了，我相信他实际上已经破产”。后来的书信显示，戈德施密特暗指奥地利，施瓦巴赫暗指普鲁士。贝纳利一定也觉得奥地利的审查机制非常愚蠢。5 月 22 日，他在信中表示，他不认为最后的和平努力能成功，并补充说：

> 作为爱国者，如果你的朋友在最后关头选择妥协，我将感
> 到遗憾。我相信，经过这场战争，普鲁士的强大将变得无法想象。
> 正如你所知，我是民主派，并非俾斯麦的支持者。但在当前的
> 形势下，我将在选举和其他一切事上支持他。结束割据状态和 79
> 把莫里茨·冯·戈德施密特［奥地利］逐出德意志的机会不会
> 再有。[136]

整个 5 月和 6 月，贝纳利不断向布莱希罗德发来对奥地利财政状况最悲观的报告，其中一些被转交给俾斯麦[137]。布莱希罗德的信息加深俾斯麦对奥地利军事准备受困于资金不足的怀疑。这个怀疑在战场上得到充分印证[138]。

5 月 7 日，一个名叫斐迪南·科恩—布林德（Ferdinand Cohen-Blind）的人近距离向俾斯麦开枪，但首相大难不死，他认为这仿佛是奇迹。两天后，议会被解散，普鲁士全国弥漫着焦虑感。只有最坚强的神经和最坚定的自信才能承受如此的动荡和敌对。俾斯麦的神经已经恢复；他整个人进入完全的专注，就像经过长期筹备，运动员终于为那场将决定一切的赛跑做好准备。

对波德尔施温格来说，事态发展过于迅速，危险过于巨大。罗恩向他递交对可能花销的预计：动员全部九个兵团将花费 2400 万

塔勒，每月还要再支出600万塔勒[139]。波德尔施温格感到恐惧，不知所措的他心不在焉地在蒂尔加滕（Tiergarten）徘徊；最终，他频频拜访贴现公司的老板阿道夫·汉泽曼，以寻求慰藉和建议[140]。

波德尔施温格终于接受了两项紧急措施。为了应对严重的信贷短缺，政府于5月18日宣布成立公共信贷机构，旨在以各种商品为抵押，提供高达2500万塔勒的贷款。政府还取消了对利率的现有限制[141]。前一项措施显然违宪，而且两者都无法恢复商业信心。信贷凭证的印制被推迟到6月末；此外，使用这些凭证引发大量反对，不时还有人疾呼“不要接受不合法的钱”[142]。难怪波德尔施温格在5月20日致函俾斯麦，表示他没有足够的钱支持战争，甚至无法保证两个月后有足够资金[143]。

萧条的市场让政府很难出售持有的证券，把它们拿到国外贴现的努力也失败了。海贸银行的一位代表试图在巴黎安排这样的交易，但就像戈尔茨在写给俾斯麦的信中所说（他没能很好地掩饰自己的得意），没人愿意接受普鲁士人的提议。戈尔茨本人曾与雅姆斯男爵有过商谈，后者拒绝在如此关键的时刻投入自己的流动资金，并表示他认为该提议旨在回避议会。他推断，普鲁士的信贷一定已经捉襟见肘。戈尔茨也提醒俾斯麦，谈判显示出“王国政府获得对战争不可或缺的贷款多么困难”[144]。俾斯麦不需要戈尔茨或罗斯柴尔德男爵的建议，虽然他需要后者的钱。

雅姆斯男爵的不悦也伤及布莱希罗德。5月末，雅姆斯男爵严 80
厉指责布莱希罗德更乐于提供政治消息，而不是保障罗斯柴尔德的经济利益。这封信的言辞一定非常激烈，布莱希罗德的回信体现了前所未有的自尊[145]。

就像我们将要看到的，随着普鲁士离战争越来越近，随着它的信贷危机似乎愈演愈烈，布莱希罗德与科隆—明登铁路所签协议带来的那笔钱将成为政府的最后依靠。它为战争提供了动力。

第四章

银行家与俾斯麦的胜利

如果要有革命，我们宁愿做发起者而不是受害者。

——俾斯麦，1866 年

1866 年是俾斯麦的胜利之年。对普鲁士、德意志和中欧来说，这也是决定性的一年。克尼格雷茨（Königgrätz）战役摧毁了奥地利在德意志的地位，让普鲁士获得德意志的霸权。一位代表黩武君主的保守政客让欧洲腹地发生革命性变化。在欧洲的中心，一个专制而过时的政府同时掌握如此强大的经济和军事力量，这将对世界历史产生重大影响。下一个对德国历史具有如此决定性意义的年份是 1945 年——在帝国的残骸中，普鲁士将被彻底毁灭。

几十年来，1866 年一直被称颂为俾斯麦的功业之年——但这种称颂也产生不良后果。差不多从十年前开始，贬低俾斯麦的角色甚至抹去他的痕迹成为潮流，1866 年的结果也被视为广泛和无名的力量作用的高潮，这些力量让经济上进步的普鲁士从落后和分裂的奥地利手中夺得领导权。这一系列力量无疑存在，让普鲁士战胜奥地利的条件并非俾斯麦所创造。但他营造的局势让普鲁士敢于投入这场战争，并成功地吞下胜利果实，而且没有引发外国干涉。他必须应对此类干涉的威胁，就像他必须应对威廉和军方想要羞辱奥地利和向其提出更多条件的愿望（不仅是完全退出德意志）。

在真正到手前，压倒性的胜利只是不确定的幻象。在那场决定性的战役前，整个欧洲都认为普鲁士将遭受溃败，俾斯麦必须避免这种结果。他再次用谨慎缓和鲁莽，用节制缓和粗蛮。他愿意使用一切可能手段，不惜与他人结盟，迎合曾经令他讨厌的想法，这让他变得更加灵活。

在这场重大考验中，俾斯麦需要通往新世界的桥梁，甚至是革 82
命者的秘密世界。布莱希罗德成了连接议会中某些俾斯麦昔日对头的桥梁，他与俾斯麦的关系象征和加深了后者对经济力量影响力的理解。但这位忠诚的银行家暗中也和革命者保持联系，为其提供所需的秘密资金。简而言之，布莱希罗德以此前无人理解的方式帮助俾斯麦——这反映了俾斯麦毫不顾忌地探索和利用一切通往成功的手段。取得胜利后，布莱希罗德被允许分享部分果实。

所有人预料中的手足相残姗姗来迟。两方面都仍有强势人物呼吁和平与妥协；即使是认定战争已经不可避免的少数领导人（特别是俾斯麦）也不得不为和平留下退路，无论如何，他们都寻求挑动未来的敌人走出发动战争的致命一步。

在是战是和的问题仍然悬而未决的最后几个忙乱的星期里，俾斯麦已经感受到即将到来的战争对他本人和他的国家的可怕影响。5 月份那颗几乎要了他命的子弹引发关于他本人生死的思考，随后的几周里，他一再承认，自己宁愿选择死在战场上也不愿失败。死亡的暗示只有很少一部分是夸张之词，而且并不新鲜。俾斯麦上台几天后，国王就曾对他说：“在我窗户下方的歌剧院广场（Opernplatz），他们准备割下你的头，过一小会儿再割我的。”[1] 俾斯麦认识到面前的危险，明白自己正走向最大的危机。为了确保最终无虞，他万分小心，并鼓起自己百折不挠的勇气。他知道自己正拿霍亨索伦王朝的未来冒险。如果他胜利了，王朝的未来就有保障；如果他失败了，奥地利就已经有了肢解普鲁士的计划。如果他胜利了，他可以决定中欧的未来，可以约束（也许是控制）现代革命力量；如果他失败了，他担心当无能的反动力量面对来势汹汹的革命时，局势将陷入混乱。

因此，即将到来的冲突被押下无法估量的赌注，俾斯麦决心寻求各种形式的支持。多年来，他旗帜鲜明的反动观点令自己的国王和国家（甚至整个欧洲）印象深刻。自从上台以来，他一直警告所有愿意听从的人注意“革命”，（他认为）这个宽泛而邪恶的字眼涵盖了从社会主义到温和制宪主义的大量罪恶。他一再强调君主团结的原则，主要是为了尽可能久地稳住奥地利这个盟友。但在战争爆发前后的几周里，为了震慑敌人和加强自己的力量，他向自己曾经表现出憎恶的势力伸出橄榄枝。

俾斯麦曾多次试图利用德意志民族主义来实现自己的目标：1866 年 4 月，他提出新的德意志邦联计划，包括普选的国民议会（按照 1849 年法兰克福议会所设计的选举权）。此举未能如愿——大多 83
数人觉得，俾斯麦从议会的压迫者摇身一变成为其倡导者，这种做法露骨得可笑。不过，自由派对俾斯麦的好感还是有所增加，因为他变得更加迎合他们团结德意志的目标，他的经济政策也满足自由派的利益和理念。阻挠俾斯麦与自由派反对者合作的是他对下院预算权的藐视：即使是最容易被诱惑的自由派也对该原则毫不让步，因为如果没有对钱袋子的控制，议会将失去全部存在的理由。

俾斯麦需要分化反对派的坚固阵线，因为他意识到，只要与商界关系密切的自由派拒绝在议会中支持他，借款就总是困难重重。他还需要靠自由派来争取德国舆论，让自己成为实至名归的德意志民族主义代言人。与来自同一阶层和持有相同信念的人不同，他的目光并不局限于眼前的危机，而是意识到未来扩张后的普鲁士或统一后的德国需要这些人来治理。现代国家需要某种形式的代表性。

他逐步接近普鲁士自由派，希望吸引和分化一部分人，让他们脱离总是与他为敌的理论家。在被掩盖的战鼓声中，他为温和派奏响甜美的序曲。也许他希望通过拥抱来杀死自由派。

银行界总是担当政府与自由派商界的调解人。与其他群体相比，银行家更渴望国内和平。随着危机的临近，一些银行家开始向双方施压，以便结束冲突。比如，5 月中旬，亚伯拉罕 · 奥本海姆告诉俾斯麦，莱茵兰人想要和平，如果战争不可避免，那么应该首先实现国内和平。就像奥本海姆马上告诉布莱希罗德的那样，俾斯麦回答说，他表示同意，并为此请求国王罢免自己，因为招人怨恨的他阻碍了和解。他已经提议由霍亨索伦亲王接任，请求只让自己担任外交部次官 *[2]。俾斯麦的说法包含了他的夸张想象，但这种夸大证明他有意与自由派议员结束冲突。随着俾斯麦与交情最深的容克朋友们关系的破裂（5 月 16 日，慈父般的朋友路德维希 · 冯 · 格拉赫与他一拍两散），他开始试图弥合宪法冲突的裂痕。

5 月 29 日，俾斯麦见到几个月前他曾经试图送进监狱的卡尔·特维斯腾。五年前，特维斯腾曾将奥地利描绘成德意志统一的最大敌人，并承认在外交政策上，“国王臣民们智力有限的普遍观点有一 84
定道理”。他比俾斯麦更迫切见到对方。他告诉俾斯麦，如果政府承认议会对预算拥有完全和不可侵犯的控制权，那么议会将愿意提供所有必需的资金 [3]。很快，拨款之于自由派将变得比接受这些钱款之于政府更加重要。自由派必须在未来的胜利中分得一杯羹，否则就将一败涂地。俾斯麦需要防备普鲁士的失败，自由派则需要防备普鲁士的胜利。

与特维斯腾的谈话两天后，俾斯麦（终于）收到波德尔施温格的辞呈，他表示自己为此准备了一整年 [4]！波德尔施温格无法为他憎恶的战争筹款，为此精神崩溃。俾斯麦立刻任命波德尔施温格的

---

* 早在 1866 年 2 月 14 日，俾斯麦就告诉法国大使，普鲁士可能会迎合德意志民族主义，呼吁成立德意志议会。如果这样的话，他将推荐国王任命以戈尔茨为首的新内阁。晚些时候，布莱希罗德向雅姆斯男爵报告说，市场已经被流言惊动：戈尔茨将接替俾斯麦，后者则转任驻巴黎大使。OD，II，299；布莱希罗德致雅姆斯男爵，1866 年 2 月 28 日，RA。

老对头冯·德·海特接任。1862年，俾斯麦曾告诉国王，这两个人如此痛恨对方，以至于不愿在同一个内阁待上一天[5]。海特曾经是自由派，后来转向保守，因此受到两派的猜疑，尽管他在商界特别是银行界人脉深厚。面对海特的一位自由派对头，俾斯麦为自己的选择做了辩护："那个人会给我们筹到钱，我们需要钱。"[6]晚年的俾斯麦称他为"金叔叔"（Gold-Onkel）。1862年，海特曾辞去财政部长一职，因为他不愿容忍违宪提议。作为重新出山的条件，他要求在预期的战争结束后请求议会为所有未授权的政府支出提供免责。俾斯麦同意了，于是海特开始为即将到来的战争筹措必要资金。他意识到，在未获议会批准的情况下发债仍然非法，如果战争失利或国王失势，负有责任的部长将面对严重的个人后果[7]。

海特从一开始就向布莱希罗德和汉泽曼征询意见。他与布莱希罗德相识多年；最近，两人都是计划中的波罗的海—北海运河的董事会成员，该项目旨在推动贸易和普鲁士的海军实力[8]。（俾斯麦是最早认识到这条运河在政治和经济潜力方面的人之一，并大力促成了这潜力的实现[9]。）重要得多的是，在获得任命前仅仅两周，海特曾询问布莱希罗德，"目前的形势下"，他在埃尔伯费尔德（Elberfeld）的公司能否获得10万到15万塔勒的贷款，因为公司现有的信贷已经耗尽。"目前的形势"指市场突然遭遇的一场严重危机，特别是棉花贸易，导致埃尔伯费尔德的经济几乎"完全停滞"[10]。布莱希罗德马上允诺提供资金，海特对他的帮助深表感激[11]。海特经历过信贷短缺对企业家造成的困难，他发现政府也面临类似问题。他两次都向布莱希罗德求助。

获得任命后第二天的御前会议上，尽管面对这些困难，海特仍然敦促尽快开战。他担心进步人士和教皇至上主义者（ultra-
montanes）的持续反战煽动可能会影响民众。国王和俾斯麦表示 85
同意，但强调必须让奥地利扮演侵略者的形象[12]。于是，海特请求汉泽曼组建财团，购买财政部中最大的一笔单独资产——科隆—明登铁路的股份。汉泽曼马上找布莱希罗德商量，两人的亲密合作已经超过十年。他们的银行几乎毗邻，两人每天见面，汉泽曼对这位同行怀有最深的敬意。汉泽曼的官方传记作者写道："布莱希罗德是那些年里的所有私人银行家中最聪明的一个。"[13]两人愿意向政府开价 110；这些股份当时很抢手，市价为 117[14]。财团的其他成员则试图利用政府的急迫需求，坚持 105 的报价。汉泽曼不得不硬着头皮告诉海特，只有他和布莱希罗德愿意提出合理的报价。海特决定分批出售股份，在普鲁士取得最初的胜利后，通过海贸银行不断提高价格。布莱希罗德最初安排签订科隆—明登铁路协议的策略现在带来必要的资金。俾斯麦从未忘记，除了布莱希罗德和汉泽曼，普鲁士银行家在战争前夕都抛弃了他。1889 年，在哀叹德国资本家缺乏企业家精神和爱国主义时，他回忆说："那时，几乎不可能用国家资本偿付普鲁士的战争贷款，就像 1866 年的例子所证明的；在资本问题上，柏林的金融精英无法鼓起足够的勇气，为国家牺牲他们自己的财产。"[15]

海特正确地指出反战煽动的影响。随着战争的临近，反俾斯麦的情绪开始升温，市场暴跌。和平请愿书从除布雷斯劳之外的普鲁士各大城市涌入柏林，在 5 月的战争动员中，和平意愿制造了某些非常有违普鲁士特点的事件[16]。马克思和恩格斯预言将发生柏林革命和军队哗变[17]。俾斯麦一定感觉到特莱奇克对他所言不虚："我觉得可怕的是，几十年来普鲁士最重要的外交部长同时也是在德意志最受憎恨的人；我觉得更糟糕的是，普鲁士政府提出其有史以来关于邦联改革的最有希望的想法，却遭遇到这个国家如此可耻的冷漠。"[18] 5 月末，布莱希罗德收到鲍迪辛伯爵*从石勒苏益格写来的怒气冲天的书信，信中警告说："总督［埃德温·冯·曼

---

* 沃尔夫·海因里希·冯·鲍迪辛（Wolf Heinrich Graf von Baudissin，1789—1878），德国外交官、作家和翻译家。——译注

陀菲尔］对首相的敌意已成为公开的秘密。”不仅如此，曼陀菲尔政府损害普鲁士的利益，扩大对普鲁士的仇恨。鲍迪辛接着说：“所有人都认同，偏执狂必须辞职离开政治领导层，有‘十字报党’（*Kreuzzeitungspartei*）*的首脑在，任何重大计划都无法执行。”[19]这个封建党派对“新的”俾斯麦正在失去信心，开始对其设置障碍。

6月初，两强终于投入战争。奥地利向邦联提交关于两个公国的问题，俾斯麦称此举违反《加斯泰因条约》，下令普鲁士军队开进荷尔斯泰因。与此同时，他提出披着民主外衣的统一德意志方案，将奥地利排除在外。14日，邦联议会接受奥地利的提议，为对付普鲁士展开动员。两天后，普军入侵汉诺威和萨克森。木已成舟。 86

战争爆发的那一刻，焦虑变成担忧和恐慌。普鲁士公民不希望战争，各地很少有人认为普鲁士可以战胜奥地利。普鲁士已经半个世纪没有参加过重大战役；它的国内矛盾尚未解决，现在又要同一个看上去仍然令人生畏的帝国开战。战争打响前几个小时，亚伯拉罕·奥本海姆写信给布莱希罗德：

> 既然战争看上去已经不可避免，我们必须面对悲哀的可能性：我们在最初阶段可能遭遇不幸，奥军可能一直推进到柏林，那样的话这座城市可能遭到劫掠。亲爱的朋友，如果你担心那样的不幸，请把你为我们持有的价值2万塔勒的证券邮寄给我们，但一定要确定柏林到科隆沿途尚未被战火波及时才这样做。

---

* 即1848年诞生的普鲁士保守党。弗里德里希·施塔尔以及利奥波德和路德维希·格拉赫兄弟创办的《新普鲁士报》（*Neue Preußische Zeitung*）是该党喉舌，因为报头有铁十字图案，也被称为《十字报》。——译注

一周后，随着奥地利人在一些小规模交火中取得胜利，奥本海姆的来信变得更加不安。他写道，奥地利人正在散布关于普鲁士人在敌国领土上劫掠的“无耻谣言”，显然这是事先为“他们踏上帝国领土时展开烧杀劫掠”找的借口。“亲爱的朋友，所以我请你做好一切防备，你比任何人更危险，因为人们知道你和俾斯麦的关系。”这次，奥本海姆还要求俾斯麦在下一批邮件中送来他们的证券（价值 2.5 万塔勒），假如道路仍然安全的话。如果他愿意，也可以加上任何他自己的证券。最好当天晚上就派信使送来：“啊！时局真是糟糕！”[20]

时局还非常艰难，特别是对俾斯麦。布莱希罗德敦促他不遗余力地在国内讲和。战争爆发两天后，俾斯麦和布莱希罗德约定，由后者安排俾斯麦与自由派议员维克多 · 翁鲁会面。布莱希罗德向翁鲁保证，俾斯麦希望会面，因为他决心通过和解手段结束宪法冲突。但和主人一样，布莱希罗德也认为强有力的威胁可能有助于妥协请求。于是，他警告翁鲁，绕开议会调动战争资金意味着强制贷款和货币贬值等极端措施，这“将摧毁普鲁士的工业，可能影响一代人”。最初，翁鲁怀疑是布莱希罗德而非俾斯麦提出这次会面，但俾斯麦匆匆写给布莱希罗德的亲笔信打消了他的疑虑。布莱希罗德承认，自己曾急切地建议俾斯麦与自由派领袖沟通。根据布莱希罗德向俾斯麦的报告，疑虑解除后，翁鲁迫不及待地接受邀请。两人于 6 月 87
20 日见面，俾斯麦对翁鲁无法抑制的求和欲望做好了准备[21]。

由于战争已经爆发，翁鲁只得强调自己对普鲁士的无条件忠诚，并抱怨民众的“极度冷漠”。他提醒俾斯麦，在 1859 年两人的那次对话中，俾斯麦表示普鲁士被完全孤立，唯一的盟友是德意志人民。现在，为了保住这个盟友，必须恢复宪法。俾斯麦表示同意，就像之前与特维斯腾的对话一样，但抱怨说“所有人都认为他无所不能，而他只是凡人”。国王已经拒绝特维斯腾的提议，不愿通过认可议会权力来结束冲突，但俾斯麦知道，“尽早结束冲突是必须的”。即使取得军事胜利后，他宁愿辞职也不愿继续和议会冲突（决定性的克尼格雷茨战役结束后的第二天，他向王储重申这个承诺，并在一个月后将其兑现）。就像他对特维斯腾所说的，他也告诉翁鲁，要是能找到合适的继任者，他早就乐意辞去首相职务。翁鲁认同没有合适人选，因为“从 1849 年到 1858 年，再从 1862 年至今，反动政权成功地确保官僚体系高层中没有既具备必要的能量和耐力，同时又享有公众信任的自由派”[22]。事实上，翁鲁告诉俾斯麦，他是不可或缺的——翁鲁此举让俾斯麦预见了所谓的民族—自由主义思想的无意识服从性。在随后的几十年里，俾斯麦都将利用这点。

布莱希罗德对这次对话感到满意，他立即致信雅姆斯男爵：“关于国内问题的决议尚未达成，但已经有了初步行动。”[23] 显然，俾斯麦希望国外知道，他正在与德意志的所有派系沟通。

事实上，布莱希罗德一直在向雅姆斯男爵传递积极的消息——我们无从得知，他是否真的如此自信。6 月 19 日，他致信雅姆斯男爵：“本国民意在过去四天里向政府大幅倾斜，即将召开的［新］议会并非不可能向政府提供必要的资金。”[24]（事实上，自由派开始感到和夸大自己的无能；现在，他们认为俾斯麦可以抛开议会发动一场战争，“不止一年……运气都在专制主义者和容克贵族那边”[25]……）几天后，布莱希罗德向巴黎的罗斯柴尔德家族提交备忘录，并对普鲁士政治和财政做了展望。他预测国内斗争将提早结束，议会将授权战争信贷。他还敦促罗斯柴尔德家族，如果债券向外国人开放就赶紧购买，因为普鲁士的财政状况非常好，相比政府庞大的资产，公共债务比例很小[26]。

6 月 30 日，俾斯麦和国王离开柏林，前往波西米亚与普军会合。俾斯麦做了所有可能的准备，现在将取决于战场上的运气。他离开时既非全无烦恼，也不两手空空：前一天，布莱希罗德交给他一堆 88
金币，包括 50 个金腓特烈（Friedrichs d’or）、50 个金拿破仑（gold

Napoleon)、50 个奥地利达科特(Austrian ducat)* 和足够的银币，总价达 1000 塔勒。走上战场时，俾斯麦口袋里装着 7500 美元(按照今天的价值)[27]。此前或此后，布莱希罗恩都没有给过他这样一堆形形色色、马上可以使用的货币。也许俾斯麦想做好准备面对各种不测。一个确信能取得速胜的人不会在口袋里装满金币出行。他梦见自己被俘，或者担心自己像腓特烈二世那样在凄凉的战场上独自游荡吗？金子能派上用场，也给人安慰。

悬念很快结束。通过革命性地使用近代通信手段，毛奇为这场决定性的战争做了一丝不苟的细致准备。但他和俾斯麦仍然相信，“无论应用于外交还是军事行动，战略并非精确的科学”[28]。7 月 3 日，在克尼格雷茨周边，近 50 万人展开殊死搏斗。夜幕降临时，奥地利人已经损失了四分之一兵力，余者正向维也纳撤退。

俾斯麦整天都惴惴不安。他后来承认：他感觉自己正在玩一场赌注达到百万美元的纸牌游戏，但他并不真有那么多钱。终于赢得赌注后，他却感到沮丧而非兴奋。在骑马穿过遍布死伤者的田野时，他疑惑如果他的长子躺在那里，自己会作何感受。到处都找不到为他准备的营房，在找地方睡觉时，他滑倒跌入粪坑[29]。

这是世纪中叶的一场决定性战役。无论在德意志还是欧洲，一切都不同了。第二天晚上，在被告知发生什么后，教皇国务秘书安东内利枢机(Cardinal Antonelli)恐惧地惊呼：“世界崩塌了。”(Casca il mondo.)[30]1815 年，通过限制革命力量，人们千辛万苦地恢复由哈布斯堡王朝称霸中欧的世界，现在那个世界被摧毁了。

胜利令普鲁士陶醉，但也产生可怕的影响[31]。7 月 4 日，布莱希罗德致信俾斯麦，对胜利大加溢美之词。他的信可以被视作普鲁士人卑躬屈膝的象征：

---

* 金腓特烈是 1741 年开始铸造的普鲁士金币，名义上价值 5 个银帝国塔勒。金拿破仑是拿破仑一世时期发行的金币，面值为 20 和 40 法郎两种。达科特是欧洲中世纪后期开始流通的金银币，奥地利从 1511 年起铸造金达科特。——译注

> 我斗胆在此刻用这些文字打扰您，热烈的感恩祈祷已经传到全能的上帝耳中，感谢他对我们祖国的仁慈，让陛下的雄师战胜我们世代的敌人。我心中充满对阁下最深切的赞美之情，借着真挚预祝阁下取得下一次政治胜利，我斗胆向您表达此情。我还要请求您将我最卑微的祝贺放在国王陛下的脚边。为了显示我的感激，我将尽心为我们的伤兵效劳。[32]

即使考虑到当时的修辞，考虑到这个时刻的非凡意义，考虑到布莱希罗德感觉自己参与了这次壮举，这席话仍显得过于夸张。布 89
莱希罗德的信可能也是某些普鲁士犹太人无比强烈而又相当外露的爱国情感的早期例证，他们对新国家的热情忠诚超过基督徒同胞。爱好和平的布莱希罗德为普鲁士的胜利祭台奉献了自己的祭品。

布莱希罗德的信也有实际的一面。他报告说，柏林一位重要的法国人（可能是贝内德蒂，他是布莱希罗德的客户，直到 7 月 8 日才离开柏林前往普鲁士司令部）说了些“令人担心的话”，暗示法国人“嫉妒我们的胜利果实，害怕世界史上的最新一页可能威胁到他们对‘荣耀’的垄断”。布莱希罗德预计法国人将很快有所行动——预言在当天晚上得到印证。他还预见了俾斯麦的回应，即必须拒绝法国人的这些“傲慢要求”，并指出俾斯麦本人将用来威胁法国人的力量：“我们的民族意识大大提升，面对任何试图阻挠这场运动目标的人，人民将斗志昂扬地扑向他们。”

俾斯麦的确用德意志民族主义的满腔怒火威胁拿破仑。为了击退所有外国干涉，俾斯麦决心动员德意志和欧洲的各种革命力量。当俄国朋友问他对革命持何种态度时，他给出独特的答案：“如果要有革命，我们宁愿做发起者而不是受害者。”[33]

早在战争爆发前，俾斯麦就与外国革命者结盟。除了与“革命的”意大利结盟（这已经激怒了他的保守派朋友），他还同匈牙利革命者关系密切。俾斯麦致力于动员和发动衰弱的奥地利帝国境内的一切颠覆力量：仍未从1849年失利中恢复过来的匈牙利流亡者最有希望成为对付奥地利的盟友。事实上，俾斯麦上台不久就和他们取得联系[34]。到了1866年3月，俾斯麦的驻佛罗伦萨大使乌泽多姆伯爵已经与匈牙利运动的领袖们（包括著名的路易斯·科苏特[Louis Kossuth]）展开频繁接触，计划在普鲁士或意大利的土地上建立匈牙利兵团，以便直取奥地利帝国的"心窝"*。俾斯麦还直接与匈牙利民族委员会（Hungarian National Committee）的几名代理人进行磋商。整个6月，在意大利和普鲁士建立匈牙利兵团的计划稳步进行，尽管俾斯麦在6月10日向乌泽多姆抱怨说"他没有那么多钱"，因 90
此意大利政府应该提供必要资金。事后，普鲁士政府将返还一半[35]。

布莱希罗德看到这种武器的潜在重要性。就在克尼格雷茨战役打响前，他致信雅姆斯男爵，表示虽然普鲁士占据上风，但战争可能要持续很长时间，因为奥地利无法再承担另一次妥协，除非"匈牙利爆发革命，就像某些迹象所表明的"[36]。7月5日，当克尼格雷茨战役刚刚结束，当奥地利提出停火和拿破仑令人厌恶地提议斡旋后，俾斯麦在霍里茨（Horitz）接见匈牙利运动的两位领袖：萨基伯爵（Count Czaki）和冯·科玛洛米少校（Major von Komaromy）。（俾斯麦利用匈牙利人对付拿破仑的威胁，这种做法可谓因果报应。1859年的法奥战争中，拿破仑本人也曾鼓励在意大利领土上建立匈牙利兵团。在这件事和其他更重要的问题上，俾斯麦是拿破仑的好学生[37]。）他向流亡者提供40万塔勒的支票，支付人为维特男爵，他在柏林的外交事务代表。10万塔勒来自王室公使

---

* 在6月17日致意大利将军拉·马默拉（La Marmora）的信中，乌泽多姆用"直取心窝"这个著名的表述鼓动意大利人在匈牙利革命者的帮助下突袭奥地利。1868年，乌泽多姆的信件在意大利被公开，俾斯麦试图与乌泽多姆和匈牙利行动划清界限；后来，他谎称自己在7月4日拿破仑进行干涉后才鼓动匈牙利革命者。《俾斯麦全集》，第七卷第401—409页和第十五卷第271页［*GW*, VII, 401-409, XV, 271］；另见爱德华·冯·维特海默，《政治战中的俾斯麦》（柏林，1930年），第280—281页［Eduard von Wertheimer , *Bismarck im Politischen Kampf* (Berlin, 1930), pp. 280–281］。

基金，30 万塔勒由俾斯麦的助手洛塔尔 · 布赫尔（Lothar Bucher）向布莱希罗德收取。按照俾斯麦的命令，布赫尔将把这笔突然到手的巨款交给以化名入住一家柏林旅馆的两位领袖[38]。这笔钱将专门用于招募匈牙利兵团，兵团会被派往匈牙利，在帝国造成混乱。（与此同时，俾斯麦还敦促意大利人帮助加里波第的志愿军登陆达尔马提亚［Dalmatia］，在奥地利的南斯拉夫人中煽动革命[39]。）

7 月 8 日，布莱希罗德确认俾斯麦的命令，表示自己已经支付所要求的金额，并暗示他会把萨克森的军税作为抵押[40]。6 月 20 日，普军要求被打败的萨克森人缴纳每天 1 万塔勒的军税，作为换取后者持续的财政自主权的条件[41]。布莱希罗德收取了这笔钱，并以其为抵押支付俾斯麦的匈牙利人秘密资金。几周后，俾斯麦通知海特，萨克森军税已被用于匈牙利兵团，因为“兵团给奥地利带来的压力将对战争进程与和平非常重要，不能拖延支付”[42]。布莱希罗德参与匈牙利冒险计划一事从未被披露。这次共谋很可能让他在维也纳的朋友们非常痛苦。

布莱希罗德还卷入俾斯麦的德意志战争中最黑暗的篇章之一：对法兰克福的处置。这座与奥地利并肩作战的城市遭到普鲁士官员和威廉本人的痛恨，因为他们把它视作民主和反普鲁士主义的温床。事实上，法兰克福报刊的确以丑化普鲁士当局为乐。7 月 16 日，普军占领该城。第二天，普军统帅提出 600 万莱茵盾的惩罚性赔款，要求在两天内付清。赔款付清后，俾斯麦又于 7 月 18 日提出被认为是额外的 2500 万赔款，而威廉原先想要的更多。

同一天，布莱希罗德请求俾斯麦任命自己为这笔赔款的转账代 91
理人，就像他曾受托为萨克森军税所做的那样[43]。与此同时，法兰克福的新统帅曼陀菲尔试图通过威胁或暗示劫掠来敲诈该城。法兰克福公民感觉“新的匈奴人袭击开始了，法兰克福将注定毁灭”[44]。7 月 22 日，布莱希罗德给俾斯麦发去电报，表示 3100 万赔款在南德意志各地引发“惊恐的呼号”。他警告说，赔款金额太高，而且

“对真正的作恶者影响不大”，因为付钱的人想必是富人，而不是记者和煽动者[45]。布莱希罗德还致信科伊德尔，指出赔款“太高了点”[46]。法兰克福的命运——巨额赔款和被普鲁士劫掠的威胁——激起外国的不满，由此产生的抗议浪潮令俾斯麦颇感尴尬[47]。7月25日，他在电报中告诉布莱希罗德，该城的赔款只有2500万，因为已支付的600万将被算在总额里[48]。

同一天，卡尔·迈耶尔男爵率领的法兰克福公民代表团抵达柏林展开谈判。男爵试图将此行通知布莱希罗德，但遭到法兰克福普鲁士当局的禁止[49]。不过，柏林的接待相当周到，卡尔·迈耶尔男爵第二次回到柏林，于8月6日和7日见到俾斯麦。布莱希罗德向雅姆斯男爵报告说，如果法兰克福自愿被普鲁士吞并，俾斯麦愿意放弃赔款和做出其他让步[50]。俾斯麦还向自己在法兰克福的代表送去表达这种意向的便条[51]。

布莱希罗德在这桩可耻交易中扮演了可敬的角色。出于为俾斯麦效劳和私利的考虑，他曾希望由自己收缴和汇付第一笔赔款。但当第二笔赔款被提出后，他毫不犹豫地警告俾斯麦不要做得过分。公然反对普鲁士和为法兰克福与罗斯柴尔德家族说话一定需要相当的勇气，因为在大多数普鲁士人心中，两者是一样的。俾斯麦的下属并不被鼓励批评他的行为。布莱希罗德显然没有获得收缴赔款的委托。

7月18日，俾斯麦从布尔诺（Brno）向布莱希罗德发来电报，请他提供普鲁士塔勒兑换奥地利货币的公道比价[52]。这被认为将帮助俾斯麦决定奥地利的战争赔款数额。第二天，科伊德尔从尼克尔斯堡（Nickolsburg）给“尊敬的朋友”来信：“我个人已经预见到和平时光，也许你对此感兴趣。事情还没尘埃落定，但似乎进展顺利。但当一切尘埃落定之时，公众几乎肯定也知道了；到那时再通知[你]将没有价值。”[53]这条消息比奥普停火早了四天，在当时的确很有价值。对一位银行家来说，获悉俾斯麦的亲密谋士认为和平即将到来非常重要，尽管对方警告说判断可能有误，“战火”可能继续燃烧下去。布莱希罗德感谢科伊德尔的“宝贵消息”，并告诉对方，股市已经进入“和平市场”，和谈破裂必将导致股价暴跌。他请求科伊德尔随时提供最新消息[54]。

布莱希罗德总是礼尚往来。他送给俾斯麦及其朋友精致的雪茄， 92
并询问他们还有其他什么看得上眼的“提神之物”。他乐于为大佬朋友提供异国的奢侈品，特别是当他们面对无情的战争时[55]。对于不太幸运的人、受伤者及其家人，布莱希罗德表现出不寻常的慷慨——他因此结识了约翰娜·冯·俾斯麦，后者正组织救助她丈夫所发起的战争的受害者[56]。她变得非常了解布莱希罗德，一年后已经开始调侃他的夸张言词[57]。

7 月末和 8 月，俾斯麦只有一个目标：在各条战线上以胜利者的身份实现和平，或者消灭所有阻挠他获得这种和平的人。自从与特维斯腾和翁鲁谈过话并向海特做出承诺后，他便决心结束宪法冲突。在恰好与克尼格雷茨战役同天举行的选举中，进步党遭遇失利，这可谓好兆头。选举结束后，布莱希罗德马上致信俾斯麦——信中既有恭维，也提出建议：“所谓的进步党已经气馁，因此解决［宪法］冲突只需陛下仁慈地做出少许让步。”[58] 尽管遭到保守派的反对（他后来夸大了反对者的力量），俾斯麦还是说服国王和内阁：他请国王在 8 月 5 日的新议会开幕式上亲自发表和解性讲话，并要求为政府支出免责，这笔钱并未获得议会授权，因此“没有法律基础”[59]。在志得意满的时刻，俾斯麦与温和自由派分别做了让步：明目张胆的违宪行为得到承认，国王不顾议会反对而推行的军事改革则完全没有被提及。俾斯麦需要普鲁士自由派的支持，以便在外国干涉的持续威胁面前，他可以依靠和炫耀德意志民族的全力支持。

俾斯麦向议会伸出橄榄枝，后者只需要这个姿态就会向他臣服。与此同时，他还处理完对外事宜。他接连与北德诸邦签订联邦条约，与三个南德邦国组成军事同盟，并与奥地利达成明确和约。普鲁士还吞并汉诺威、黑森—卡塞尔（Hesse-Kassel）、拿骚（Nassau）和法兰克福，尽管威廉对俾斯麦推翻德意志最古老的王朝——汉诺威的圭尔夫家族（Guelphs）* 感到不安。作为极端保守派，俾斯麦却肆无忌惮地推翻或威胁推翻王公世家，这是任何德国革命者做梦都想不到的。他被迫尊重萨克森的独立，但通过粗暴的谈判，他向这个领邦索取巨额赔款，并要求其接受普鲁士在北德的霸权。普鲁士就此成为整个德意志的霸主。

在完成建国的过程中，俾斯麦必须对付拿破仑不时提出的领土赔偿要求。直到与奥地利签订初步和约前，俾斯麦一直试图点燃奥地利帝国的所有民族主义火药桶。现在，他又用德意志民主民族主义运动的浩大声势威胁拿破仑（布莱希罗德警告雅姆斯男爵，柏林“不愿让出哪怕一寸德意志的土地”。事实果然如此）[60]。俾斯麦被 93
亨利·基辛格（Henry Kissingeer）称为“白色革命家”，他抓住德意志民族主义的力量，利用那种力量为普鲁士的保守目标服务，由此挫败拿破仑的赔偿愿望，令其威名受到重创[61]。19 世纪 60 年代的俾斯麦展现出不同寻常的果断、灵活和极为开明的现实主义。

普鲁士的胜利看上去如此轻而易举，这让俾斯麦突然获得难以置信的名望。可恨的暴君成了国家的最大偶像。面对这种转变，普鲁士议会很快举手投降。自由派发生分裂——超过一半的昔日反对者向俾斯麦的成功屈服，为了掩饰自己的投降，他们辩称权力和团结优先于自由，“事实和事件的逻辑”优先于理念和理想。其他自由派议员则记得俾斯麦曾经推动自由派的经济利益，并促成新资本主义秩序的自由发展。1866 年 9 月初，普鲁士议会以 230 票对 75 票接受政府的免责提案。宪法冲突结束。非政治的德国人开始扮演他的决定性角色[62]。

剩下的工作是让普鲁士在北德获得永久的霸权。新的邦联必须

---

* 德语作韦尔夫（Welfen），德意志传统贵族世家，曾是施瓦本、勃艮第、巴伐利亚、萨克森和汉诺威等地的统治者，英国的汉诺威王朝也是它的一个分支。——译注

满足普鲁士国王、他的亲信和他坐在北德小国宝座上的姑表兄弟们，必须满足被公认为恭顺的民众的愿望，还必须能吸引南德意志人：南德人对褊狭的普鲁士人抱有疑虑，但最终还是不得不加入一个更大的类似联盟。1866 年秋天，尽管之前承受精神崩溃，俾斯麦还是成为新的北德邦联的主要构建者。邦联宪法将被 1871 年后的新帝国沿用，堪称复杂晦涩的杰作。简而言之，新邦联将由普鲁士主导；作为邦联的代议机构，国会采用民主选举，但几乎没有民主功能，甚至它的预算权都受到严格限制。主权所属仍然没有确定。新成立的民族自由党希望议会权利至少有一点实质内容，并成功地让俾斯麦做出稍许让步。

最重要的是，作为教育和财富（*Bildung und Besitz*）的代表，民族自由党欢迎宪法中的经济条款。俾斯麦特别重视这些条款，以便它们能“消除政治上的不统一对德意志人民的物质福利造成的损失”[63]。邦联提供统一的经济秩序；俾斯麦和民族自由党共同（一定程度上也是为了后者）创造不受束缚的市场经济制度，它将为德国资产阶级带来繁荣，为国家带来工业力量。

俾斯麦有理由对这部宪法感到高兴，因为它将让俾斯麦获得比在普鲁士大得多的权力。在新的邦联中，他将是唯一的部长，不受 94
潜在异议者组成的内阁掣肘*。没有人对北德的新结构完全满意。只有俾斯麦没什么怨言。

然后，俾斯麦对普鲁士政体做了现代化改造，但保留其过时的保守特点。在自由派看来，与 1848 年的希望或者甚至 1850 年的普鲁士宪法相比，1867 年的宪法是倒退的。但它在物质方面有所进步。宪政专制和民主外衣、政治的幼稚和经济的成长实现决定性的和史无前例的结合，这将成为一个强大而褊狭的德意志的发展特点。

---

* 北德邦联没有正式内阁，各部主管称为秘书，由首相任免。——译注

俾斯麦在德意志和欧洲取得完全的胜利。他分化国内反对者，为自己的统治打造新的多数派。他无视或愚弄整个欧洲；他创造新秩序，但没有彻底摧毁旧秩序。他认为，没有人能及时猜到他的把戏，他欢呼："我把他们全都打败了！全都！"[64]被打败的还有自由和仁爱之德意志的梦想，诞生的是一个强大的军国主义国家，它崇拜权力，即便那种权力不受思想或道德现实主义的约束。

我们也许会对俾斯麦将胜利与自己画上等号感到吃惊，这种等同成了对俾斯麦崇拜的首要幻觉。没有哪个人能决定历史，但俾斯麦、拿破仑和列宁的确彻底改变了本国历史的进程。大多数时候，俾斯麦对于靠人力影响命运的机会很没有信心，但在 1862 年到 1866 年，他感受和经历了一位沿着危险道路发动未知冒险的孤独领袖所受的考验。他的追随者寥寥无几，因为很少有人理解他；许多人反对他，因为他们因循守旧。他的敌人数目众多，支持者却寥寥无几，只有像罗恩这样的朋友或者像科伊德尔和布赫尔这样的工具。就像我所暗示的，他清楚地意识到失败的可能和惩罚。他表示，惩罚将是死亡：可能像他自己想象的那样死于战场，也可能因为发动不成功的革命而被处以死刑。或者这些只是紧张过度的头脑的夸张臆想，失败至多意味着丢脸或政治生涯的终结。但那样不也无异于死亡吗？无论如何，在后来更加安定的岁月里，他津津乐道于曾经逃脱死亡，并对少数几位在这个危险时期帮助过他的人怀有特别的感激*。布莱希罗德就是其中突出的一位。

---

* 从 1866 年 6 月 26 日罗恩写给佩特斯的信中可以看出，这种身处极度危险的感觉多么普遍："我经常觉得自己（这里的'我'不是指我本人，而是现政府的人格化）是个走钢丝的演员，头顶着摇摇晃晃的重物穿越尼亚加拉大瀑布。我知道，出现任何的失足或打滑，甚至只是重物失去平衡，我就会坠入深渊。我知道，一切取决于强大的神经和稳健的步伐，但更重要的是上帝的意志，他让神经和肌肉保持效力，没有他，连只麻雀都不会从屋顶坠下。"《战争部长，陆军元帅罗恩伯爵回忆录》，第四版（三卷本，布雷斯劳，1897 年），第二卷，第 141 页［*Denkwürdigkeiten aus dem Leben des General-Feldmarschalls Kriegsministers Grafen von Roon*, 4th ed. (3 vols.; Breslau, 1897), II, 141］。

布莱希罗德如期完成服务。1866 年，戈德施密特在写给布莱希
罗德信中说 :“人们都说，战争让你获得一大笔钱。” [65] 战争的确让 95
他发了大财,但远不止于此。过去的五年间,他干得很出色,借助“好
朋友”的光芒传播自己的声望，那位朋友同样收获颇丰。在这个成
果丰富的时期，最重要的成就是与俾斯麦建立的特殊关系，这种关
系注定将延续和加深。

第五章

俾斯麦的钱袋和布莱希罗德的地位 96

波美拉尼亚地主都有为他们家族服务的犹太人。作为波美拉尼亚地主，我有布莱希罗德。

——俾斯麦

“你最痛恨哪种恶习？”“奴性。”

——卡尔·马克思，19 世纪 60 年代

俾斯麦和布莱希罗德都是 1866 年胜利的受益者。在私人领域，两人都觊觎对方所拥有的东西：俾斯麦想要足够的钱，以便满足自己对土地的狂热；布莱希罗德想要在普鲁士传统的等级社会中获得稳固的地位。俾斯麦帮助布莱希罗德提高社会地位；布莱希罗德则提升俾斯麦的财富，并让他对现代经济世界有所了解。就这点而言，他帮助俾斯麦成为某种意义上的现代化推动者。

两人的合作在 1866 年后成为被认可的事实，象征当时德国社会在更大范围内的重组。经济正经历变革，贵族们试图扩张或者至少保持自己的经济地位，而商人们（有很多暴发户）则寻求稳固的社会地位。在私人生活中，俾斯麦取得不次于公共领域的成就：有布莱希罗德在身边让他认识到商业世界的重要性和价值，为此他推动农业和资本利益、贵族和资产阶级利益的和解。俾斯麦为资本主义创造有利条件，布莱希罗德则帮助保留前资本主义社会秩序。

在人生的前四十年里，俾斯麦经历更多的是应付债务，而不是选择投资。公职让他赢得声望，也让他获得财富。1866 年的胜利标志着俾斯麦在公共和私人领域的转折点。

作为 19 世纪一项受人欢迎的惯例（沿袭自更早时代），胜利的政客和将领应该得到奖励，以示国王和国民的感激。美德的奖励可能只是它本身，成功则会带来更多奖赏。赞誉稍纵即逝，世袭头衔或大笔赏金则是长久的纪念。刚刚“逃脱绞刑架”的俾斯麦现在获 97
得荣耀和财富。

丹麦战争结束后，俾斯麦被封为伯爵。1866 年的六周战争结束后，俯首帖耳的议会（代表感激涕零的国民）投票决定奖赏俾斯麦 40 万塔勒（按照 1974 年的比价，略多于 200 万美元）。这是一笔慷慨的奖赏；罗恩和毛奇也获得较少的奖赏。对俾斯麦来说，这是他巨大财富的发端，尽管若干年后他表示自己并不情愿从议会手中接受那笔钱：“我与这些人激烈争吵了那么多年，不想从他们手中接受任何钱……但最终我还是向诱惑屈服。”[1]

俾斯麦从不否认自己爱财——这样做在他看来显得虚伪而愚蠢。但考虑得更周到的后世历史学家把他的这一面抹去了，就像他们抹去他亲口提及自己放荡的青春或对母亲的“仇恨”[2]。金钱能提供独立、舒适和私密；他很可能会认同海因里希 · 海涅的说法，即金钱应该被视作获得自由的唯一手段[3]。青年俾斯麦欠过债，这也是其他许多容克贵族的命运。俾斯麦不愿怠慢投资或产业，与大多数经历过贫穷痛楚的人一样，他永远无法允许自己懈怠，把自己看作承担得起损失、重税或管理不善之后果的百万富翁。和对待权力与外交一样，俾斯麦对金钱的态度也极为务实。他还认为，财产是“参与政治事务的最重要的合法条件”[4]。理财反映出性格：节制是美德，挥霍或怠慢是恶习。对俾斯麦来说，做贫穷的贵族或傲慢的有钱人同样没有吸引力。

他体验过艰难。19 世纪 30 年代末，父亲的欠债和他本人订立的各项高额债务迫使他退出官场（尽管他完全不喜欢官场生活），重新开始打理负债累累的祖产[5]。1845 年父亲去世后，俾斯麦继承舍恩豪森和克尼普霍夫庄园。他把克尼普霍夫租给佃户，进入政界后又出租舍恩豪森。到了在法兰克福任职时，他的债务状况似乎已经有所好转，并在罗斯柴尔德的帮助下第一次投资股票市场。

1859 年，布莱希罗德开始为俾斯麦服务，但居于从属地位。他为俾斯麦收缴作为驻圣彼得堡大使的 3.3 万塔勒薪水，后者的大部分交通和娱乐开支都来自这笔钱[6]。难怪俾斯麦抱怨说，政府任命新外交官无异于强行向他们贷款[7]。在最初的这些年里，布莱希罗德本质上充当转账代理人，负责接收和支付钱款。他把任何收支盈余汇往法兰克福的罗斯柴尔德家族，俾斯麦在那里仍然保留着一个大账户。从所谓的舍恩豪森档案（目前被存放在现任俾斯麦亲王*的马棚阁楼上）中留存的记录来看，布莱希罗德当时似乎不太可能投资俾斯麦的任何资金。当时的账目大多是日常内容，记录显示，最 98
初的求助者是布莱希罗德，而俾斯麦则施以各种恩惠。

在我们手里布莱希罗德写给俾斯麦最早的一封信中，他感谢后者提供关于即将发行俄国债券的信息。1861 年 1 月，他再次感谢俾斯麦的信息，并对使用平邮寄信表示遗憾，“鉴于这些信的内容常常很宝贵，似乎不应该总是［用平邮］”[8]。这是老话重提：布莱希罗德需要快速而秘密地传递专业消息。

不过，俾斯麦和布莱希罗德的关系很快变成互惠互利。1861 年，俾斯麦第一次寻求布莱希罗德的建议。非常反讽的是，鉴于他以后的成功，这次的建议可谓糟糕。俾斯麦希望知道是否应该出售自己持有的柏林酿酒厂（也被称为蒂弗利［Tivoli］）股份。布莱希罗德建议不要卖，因为他预测一旦正式上市，股价将大幅上涨。酒厂运营“完全健康”，可能有 6% 到 7% 的股息[9]。不久，布莱希罗德又向朋友亚伯拉罕 · 奥本海姆保证，他预计股息为 5% 到 6%。11 月，奥本海姆在信中对布莱希罗德大发雷霆，责问股价为何突然暴跌（一

* 俾斯麦于 1871 年获得“亲王”（prince）世袭头衔，现任亲王为其长曾孙斐迪南（Ferdinand von Bismarck），自 1975 年继承此头衔。——编注

天内从 75 跌至 50），并表示管理层一定有违规行为瞒着布莱希罗德。情况“糟透了”，令奥本海姆愤怒的是，公司正要求大股东们增加资本，而仅仅几个月前，有人还向他们保证，公司的财政状况完全没有问题 [10]。

1862 年 1 月，布莱希罗德给俾斯麦写去一封 5 页的长信，告诉他那家公司没有支付股息，以后也不会支付，它的“最大问题”实际上是资本短缺。公司将很快召开会议，原始大股东们将被要求按照原先投资金额的比例投入更多的钱。如果提议被拒绝，“公司将陷入破产”。作为主要股东，法兰克福的罗斯柴尔德家族、科隆的奥本海姆和法兰克福的戈德施密特同意额外注资；另一位大股东，圣彼得堡的君茨贝格（S.E. Günzberg）则表示拒绝。“阁下，如果您出于自己和其他股东的利益而召见君茨贝格先生……并敦促他改变拒绝的立场，我将不胜感激，因为这会毁了一家本质上健康有序、只是需要些额外帮助的企业。”布莱希罗德还表示，他自己的专家已经宣布，再融资的公司前景健康。他请求俾斯麦原谅自己的“大胆”求助；他这样做是为了所有人的利益，但帮助与否仍然取决于俾斯麦 [11]。我们无从得知，普鲁士公使是否在办公室召见君茨贝格。但那家公司活了下来，俾斯麦也原谅了布莱希罗德的预测，尽管在他看来，这也许只是某人又一次牟取私利 *。 99

1862 年，俾斯麦在柏林就任首相，薪水不到担任大使时的一半。现在他每年收入 1.5 万塔勒，再加上一栋不起眼的官邸。布莱希罗德负责打理俾斯麦家的日常账户，每次汇出 500 或 1000 塔勒用于支付常规家庭花销。俾斯麦的薪水入不敷出，除了家庭需要（他有三个孩子），还要不时帮助岳父和其他亲属。当时，布莱希罗德似乎没有为俾斯麦收缴来自舍恩豪森约 3500 塔勒的收入，或者克尼

* 六年后，布莱希罗德送给俾斯麦几桶蒂弗利啤酒，希望它们不会“回味不佳”（Beigeschmack）。布莱希罗德致俾斯麦，1868 年 10 月 12 日，SA。

普霍夫那笔小得多的收入[12]。我们知道俾斯麦在娱乐上颇为节省，但他喜欢有品质的生活。比如，1863 年 7 月，布莱希罗德为酩悦香槟（Moët et Chandon）账单支付了 203 塔勒。两年后，布莱希罗德列出从俾斯麦账户向巴黎罗斯柴尔德家族支付的各种款项，俾斯麦亲笔确认这笔钱是在比亚里茨的花销。度假共计花费 10 550 法郎（按照 1974 年的比价，合 2 万美元）。尽管比亚里茨之行是政治度假，但没有证据表明，俾斯麦这笔相当奢侈的花费得到任何报销[13]。根据布莱希罗德的账单，1866 年俾斯麦的总花费达到 2.7 万塔勒，尽管其中某些项目可能是资本支出或贷款。

布莱希罗德最初的角色主要是私人出纳。法兰克福的罗斯柴尔德家族仍然负责俾斯麦的投资；根据留存的少数几张来自罗斯柴尔德家族的账单之一，1863 年 6 月 30 日，俾斯麦在该家族户头上的余额为 82 247 莱茵盾[14]。俾斯麦将账户留在法兰克福一定有理由；在宪法冲突的高峰，他可能觉得审慎起见，应该把流动财富放在安全的地方，即普鲁士以外。另一方面，布莱希罗德一定渴望取代罗斯柴尔德家族，成为俾斯麦的投资顾问。尽管与罗斯柴尔德家族保持着商业和效忠关系，他还是觊觎成为俾斯麦的亲信。他急于证明自己的特别热心，急于奉上老银行可能不再愿意提供的好处和服务。其中一项特别的“好意”（也可以用更加难听的表述）是向俾斯麦提供免费期权，让后者不必承担成本或风险就有很大机会获利。比如，1863 年 5 月，他致信俾斯麦，表示在 9 月 30 日前他将“为阁下持有”价值 1000 塔勒的柏林—安哈尔特铁路股份，价格为 148 又 3/4，以及另外 1000 塔勒的莱茵铁路股份，价格为 102 又 3/4。简而言之，布莱希罗德为俾斯麦提供以固定价格购买这些股份的五个月期权。俾斯麦婉拒了[15]。十一个月后，当俾斯麦存入 2.7 万塔勒现金时（这笔钱的来源没有说明，但布莱希罗德指出他将提供 5% 的利率，而法兰克福的罗斯柴尔德家族似乎只愿给俾斯麦 4%），布莱希罗德再次奉上价值 4 万塔勒铁路股份的六十天买入期权，而俾斯麦再次给出“否定”答复[16]。1864 年 9 月，他奉上价值 2 万塔勒的普鲁士银行股份的一百天期权，俾斯麦在 10 月 1 日接受期权，并于八个月后售出，获利 1100 塔勒[17]。布莱希罗德的殷勤和俾斯麦对股市的兴趣还表现在其他方面。比如，到了 1863 年冬，除口头报告外，布莱希罗德还不断在书信中通报市场状况；1863 年 12 月，他向俾斯麦的内务文书卡尔 · 路德维希 · 齐特尔曼（Carl Ludwig Zitelmann）送去类似的报告[18]。无论是在俾斯麦的公共抑或私人角色中，市场的健康以及罗斯柴尔德家族和商界的看法通常都对他非常重要。 100

对俾斯麦的私人财产和布莱希罗德为其提供的理财服务而言，1866 年是关键的一年。布莱希罗德的年度结算单反映出那一年的极端动荡：俾斯麦的账户波动巨大，布莱希罗德向他提供的利率（与官方贴现率成比例）同样如此。从 5 月 11 日到 7 月 13 日，利率为 9%；到了 12 月，利率已经下降到 4%。1866 年 12 月，布莱希罗德为俾斯麦做了第一笔重要投资：他购买了 21 623 塔勒、利率为 6% 的美国债券，24 875 塔勒、利率为 5% 的萨克森债券（布莱希罗德帮助该债券上市），16 075 塔勒腓特烈 · 威廉北方铁路（Friedrich Wilhelm Nordbahn）的股份[19]。南北战争的结束标志着投资美国的良机，罗斯柴尔德家族成员大多购买了大量美国证券。

对布莱希罗德来说，当年最重要的变化是俾斯麦决定关闭在法兰克福的罗斯柴尔德家族那里的账户。具体日期并不清楚；将资金从罗斯柴尔德家族转到布莱希罗德的银行一定是逐步进行的，最后一笔 5.7 万塔勒的转账发生在 1867 年 7 月。我们无从得知，为何俾斯麦最终从罗斯柴尔德家族转向布莱希罗德，但转变发生在普鲁士的宪法冲突结束之时，正值法兰克福刚刚失去独立地位，这肯定不仅仅是巧合：随着俾斯麦志得意满地稳固在柏林的地位，把自己的钱存放在其他地方不再有可能的优势。现在，布莱希罗德与俾斯麦的关系更加亲密。

俾斯麦对布莱希罗德的信任还表现在另一个方面。1867 年 7 月，从巴黎返回后不久，俾斯麦询问了市场前景。布莱希罗德回答说，由于来自巴黎的好战流言，柏林市场已经变得不安，“开始出现危言耸听者”。他还表示，无论这些报告的政治意义如何，他都认为市场将陷入萧条。因此，趁着还能赚钱或“损失不大”，他敦促俾斯麦卖掉证券[20]。收到这封信后，俾斯麦马上授意普鲁士首席银行（Prussian Hauptbank）行长赫尔曼·冯·戴程德（Hermann von Dechend）出售该行持有的俾斯麦名下的剩余证券（可能来自当年的官方奖赏）。

> 虽然我不相信会有任何危险的政治后果……但我相信有影响力的巴黎人正在做空，那里的急性子正写信和鼓动报纸发文。
> 因此，我不排除我们正面临市场的动荡时期，在此期间卖掉股 101
> 票可能要费点劲，而我也很可能想要些现金。*

7 月中旬，布莱希罗德更具体地重申自己的警告：他报告说，法国政府已经决定，即使没有议会授权也要进行重大军队改革，奥地利人同样在订购新的军备。他抱怨说，到处阴云密布，冷淡的市场很快将陷入萧条，是到了抛售的时候。两天后，科伊德尔送来俾斯麦出售其所持铁路股份的许可。7 月中旬，当戴程德和罗斯柴尔德汇来他们的资金和布莱希罗德出售俾斯麦的股票后，俾斯麦在布莱希罗德那里的账户达到 19.4 万塔勒[21]。

在上述重大投资变更发生的同时，俾斯麦已经搬入在伐尔岑的

* 奇怪的是，《俾斯麦全集》的编者将这封信的日期标为“伐尔岑，1867 年 6 月 6 日”。当天，俾斯麦正在巴黎参观世界博览会。根据 7 月 4 日布莱希罗德的来信、7 月 8 日戴程德给俾斯麦的回信以及 7 月 11 日俾斯麦给戴程德的另一封信，似乎几乎可以确定，俾斯麦这封信的日期应该是 7 月 6 日，当时他在伐尔岑。《俾斯麦全集》，第 XIV^2 卷，第 725—726、730—731 页。

新庄园。在将被驯服的议会投票同意奖励的40万塔勒交给俾斯麦时，威廉敦促他用这笔钱购买一处有限定继承权的地产，它将永远属于俾斯麦家族，并成为其伟大成就的纪念[22]。俾斯麦很乐意地接受。1867年4月，他从布鲁门塔尔伯爵（Count Blumenthal）手中买下位于波美拉尼亚省科斯林（Köslin）附近的伐尔岑庄园。由于国家奖励不够买价，布莱希罗德不得不预支额外款项[23]。预支款为短期，似乎布莱希罗德没要利息就把钱借给俾斯麦——这是他个人的孝敬。当年晚些时候，俾斯麦将父亲家的老产业克尼普霍夫庄园卖给侄子，亲情没有过分压低价格[24]。

伐尔岑庄园面积很大：购买时达22 500摩尔干（约合14 171英亩），一半为森林，许多已被砍伐。庄园还包括七座村庄[25]。但这还不够，俾斯麦马上开始寻求“扩张”自己的土地。他向一位朋友承认，自己每晚都会产生吞并毗邻庄园的强烈渴望，但早上就能平静地看着它们[26]。他又逐渐购买了大约相当于原先一半面积的土地。首相贪得无厌的习惯令布莱希罗德也开始担忧他的财政状况。

俾斯麦把心放在自己的庄园，他以生病为借口，在那里一住就是几个月。他对美国人炫耀说自己成了“伐尔岑的乡绅”，并邀请朋友莫特利前往距离柏林只有半天火车车程的“乡下”（backwoods）见他[27]。不过，这样的邀请寥寥无几，大多数时候俾斯麦只和家人在一起。他写道，对自己而言，树木比人更重要。他粗鲁地告诉部长们，“别他妈来烦我”（de me f ... la paix）[28]。1867年夏，俾斯麦独自在伐尔岑露营，没有带家人或家具。在保存于布莱希罗德档案里的一封动人书信中，俾斯麦的岳父老普特卡默（Puttkamer） 102
承诺送去干净的床单和餐巾，以便当家人前往时“不致短缺”[29]。

但伐尔岑不仅有骑马、打猎和无边的山毛榉林。俾斯麦很重视自己土地的商业方面，抱怨“有产者不得安宁的生活”[30]。他有两个目标：扩大自己的土地，让土地带来收益。他的护林员回忆说：“一切都必须精打细算。”[31]由于来自佃农的收入微薄，他总是意图开办有利可图的制造企业。从购买新土地到如何有利可图地开发它们，俾斯麦都会寻求布莱希罗德的建议和帮助。1868年，俾斯麦与科斯林的莫里茨和格奥尔格·贝伦德（Moritz and Georg Behrend）兄弟签订协议，将一座被烧毁的磨坊（俾斯麦买下它，想将其改建成造纸厂）出租给对方，为期二十一年[32]。一年后，布莱希罗德接受俾斯麦的命令，向贝伦德兄弟贷款2.5万塔勒。俾斯麦提供的贷款总额远不止这个数字[33]。后来，俾斯麦还把其他商业冒险托付给贝伦德兄弟，但与他们的关系变得日益紧张，布莱希罗德常常被要求直接同他们接洽。贝伦德兄弟是犹太人，或者是皈依基督教的犹太人。19世纪60年代末，“布莱希罗德和贝伦德谈生意时不得不在那里吃饭”，约翰娜对此不无微词[34]。

俾斯麦对土地如饥似渴，认为地产可以变成有利可图的买卖。布莱希罗德对此表示怀疑。1868年秋，当俾斯麦再次计划在伐尔岑附近购买更多土地时，布莱希罗德告诫说：

> 尽管我有幸打理的只是您的资本投资，我还是恭敬地指出……这些地产虽然购置价格便宜，但收益只有2又3/4个百分点，因此在财务上绝对有必要让用于证券投资的资金获得尽可能高的收益率……如果允许我对购地提出建议的话，我希望不要出售任何现有证券，而是以4%的利率把它们抵押给我。这样的话，阁下将不会损失那些股票带来的高收益。[35]

一年前，他曾提出以4又1/2个百分点的利率提供4.5万塔勒的抵押贷款[36]。布莱希罗德向俾斯麦保证，按照现行的2到2又1/4个百分点的贴现率，这样的抵押不会对贷方造成负担[37]。值得注意的是，布莱希罗德认为有必要做出这个保证，言下之意是上述条件并非对首相的特别优惠。他是否有理由认为，俾斯麦可能会觉得欠了自己的银行家太多人情，或者担心别人会盯上自己？

布莱希罗德希望俾斯麦明白，他为满足自身对土地的强烈饥渴而做出的举动并非“经济人”的行为。就像19世纪的绝大多数贵绅那样，他看到土地的特别价值，却造成特别的负担。经济学家衡 103
量那种特别价值的方法是比较土地与其他（风险相似的）投资在回报率上的差异。对俾斯麦来说，如果布莱希罗德的数据大致准确，投资土地和“流动”财富的收益差每年可达好几千塔勒。根据布莱希罗德的大致数据，伐尔岑每年应该可以带给俾斯麦约12 500塔勒的回报。但非经济因素战胜了上述考虑：对俾斯麦而言，“流动”财富无法像有根基的财富那样提供有形的快感和心灵的安全感。包括俾斯麦在内，德国地主总是试图尽可能地从自己的土地上榨取利润，常常不惜损害国家和其他国民的利益。他们决心既要获得成功，也要坚守与自己的地位密切相关的过时方式。

在俾斯麦的坚持下，布莱希罗德出售了他的部分股票（包括蒂弗利酿酒厂），但反过来做了些重要的说教：“我们这个物质思维主导的世纪倾向于从资本中榨取尽可能多的收益……”布莱希罗德的措词有时无意中惹人发笑，他用对财神略带轻蔑的口吻说出这条普遍法则，这一定让俾斯麦忍俊不禁。他继续说道：“抵押债券的时代在我看来已经结束，我们高收益的铁路债券也将遭受与收费关卡同样的命运，收益率将仅有3到4个百分点。”他还表示，俄国金融专家们已经明白这点，正在以更高但完全安全的利率吸引外国资本（主要是法国）建造本国铁路。

他进一步指出，如果俾斯麦能够以真正低廉的价格购得新的土地，那么土地也会升值——因为国王最终对冯·赞夫特—皮尔萨赫男爵*的计划给予了某些鼓励。该计划经过布莱希罗德及其合伙人（特别是科隆的奥本海姆和柏林贴现公司的汉泽曼）的修改，意

* 恩斯特·冯·赞夫特–皮尔萨赫（Ernst von Senfft-Pilsach，1795—1882），普鲁士波美拉尼亚省总督，《十字报》的创始人之一。——译注

图通过成立一家公司租借或购买“王国土地”来抬高地价。布莱希罗德承诺，从巴黎回来后，他会在造访伐尔岑时向俾斯麦透露该计划的更多细节[38]。他的巴黎之行（与汉泽曼和奥本海姆同行）和成立德国的土地信贷银行有关，旨在调动大笔资本，让农民和地主们可以购买、出租或改良土地。该计划遭到许多官员的反对，但布莱希罗德早就不动声色地唤起俾斯麦对这项令其也能受益的计划的兴趣。一年后，俾斯麦的坚决支持对普鲁士中央土地信贷股份公司（Preussische Central-Bodenkredit-Aktiengesellschaft）这家普鲁士抵押银行的成立起到决定性作用[39]。

从 1866 年到 1870 年，布莱希罗德最关心的是俾斯麦的证券组合。他在首相的许可下购入和出售——这项工作让两人有了日益亲密地接触和交流的机会。俾斯麦批准布莱希罗德建议的保守组合。布莱希罗德开始逐步更新俾斯麦的投资。1868 年，他出售价值近 0.6
万塔勒的蒂弗利酿酒厂股票和近 7.7 万塔勒的波美拉尼亚抵押债券。 104
与此同时，他还把 2 万塔勒转账给俾斯麦的法律代表古斯塔夫·冯·维尔莫斯基（Gustav von Wilmowski），这笔钱可能用于购置新地，也可能是给贝伦德兄弟的贷款。此外，布莱希罗德大幅增持俄国抵押债券，并在随后的几年里反复将其更换为新发行的同种债券，贴现率为 3% 到 5%。频繁换手带来不错的收益[40]。布莱希罗德还通过其他投资为俾斯麦赢取一些短期收益。比如，1869 年 7 月，他以 49 725 塔勒购入价值 4 万美元、利率为 6% 的美国债券；五个月后以 52 874 塔勒售出（这意味着五个月内取得 6% 的资本回报和 6% 的利息）[41]。我们在下文将看到，普法战争期间，俾斯麦对美国在世界上的角色表现出不寻常的欣赏，这可谓奇特的巧合。

俾斯麦的投资组合在内容和价值上发生变化——后者取决于他的其他需要。1869 年，组合价值 138 500 塔勒；1870 年 2 月，暂时缩水到 86 023 塔勒，很大一部分资金流向贝伦德兄弟或被用于购买更多土地。19 世纪 60 年代末，俾斯麦常常大额透支在布莱希罗德那里的账户，有时达到 5 万到 8 万塔勒。俾斯麦的证券当然不够满足这些透支。但布莱希罗德似乎向俾斯麦提供了短期无息贷款，这种恩惠不太可能给过别人。布莱希罗德的任何书信中都没有提及该话题，我们可以假设，双方当事人对此心照不宣。

俾斯麦和布莱希罗德经常在柏林和其他地方展开商谈。除了会面，他们也直接或通过俾斯麦的助手进行书信交流。从布莱希罗德写给俾斯麦和罗斯柴尔德家族的信中，我们知道他们谈的不仅是俾斯麦的私事。事实上，公共和私人领域间并没有明确的分界线。他们讨论的话题和交流的消息必然涉及所谓的欧洲政治经济——这正是作为政客和投资者的俾斯麦所关心的。他们谈论的不仅是战争与和平、股票市场的前景，也包括具体问题。比如 1868 年，俾斯麦就对“物价上涨和工业就业数据下滑也开始在普鲁士盛行”惴惴不安，表示“天气一好转，政府就将大力推动铁路建设，并设法降低面包价格”[42]。

那些年里，俾斯麦的眼界日益开阔，他对经济学的理解（即事物的相互联系）也加深了。布莱希罗德向他传递当时最出色的金融情报：通过布莱希罗德的投资，俾斯麦不由自主地关心起美国、俄国和德国铁路的盈利进展。他了解资本市场，作为普鲁士最大的地主之一，他还了解持续波动的市场中的土地信贷、木材销售和纸张
制造。在专业指导和最强烈的诱因（他本人的收益）驱使下，首相 105
开始认清农业—商业世界的复杂本质。

有时，俾斯麦假意倦怠国事，退归伐尔岑休养生息。俾斯麦远离狂躁的柏林，在心爱的庄园和美丽的花园里享受田园之乐——这样的日子过得越久，与布莱希罗德经常见面就显得更加重要。当国事令俾斯麦烦恼，他在柏林的下属们被授意扣下令其不快的书信时，他仍然保持着对自己私人事务的关心，精心检视布莱希罗德的账单。当时的人知道，他对私人事务的兴趣一丝不苟而且始终如一。1869 年，当俾斯麦将因为健康不佳辞职的流言甚嚣尘上时，奥地利代办明希男爵（Baron Münch）致信本国外长：“但所有报告都显示，

俾斯麦伯爵正在伐尔岑尽心尽力地打理自己的财富，让自己的地产收益更高。”[43]

危机到来时——在欧洲，还有谁比俾斯麦更能分辨真正的和谣传的危机呢——俾斯麦试图保护自己的资本，采取更加保守的行动。当然，布莱希罗德和俾斯麦自己的消息（尤其是后者）能帮助他做出投资决定。这种做法在俾斯麦看来无可厚非。如果他觉得有何不妥——或者别人会对混淆公私事务感到不安——他就不会在加斯泰因时要求奥伊伦堡向布莱希罗德转达对自己证券的安排，而是亲自通知；1867 年 7 月，他也不会根据政治解释对戴程德下达市场指令。我们将看到，普法战争爆发时，他对打理自己的资金表现出同样的关切。几个月后，他对利用政治消息赚钱的想法表示不屑。在某种程度上，他所言不虚：他仅仅是用这些消息省钱，他总是对那些让政策为投机服务的政客嗤之以鼻，比如法国外长格拉蒙（Gramont）[44]。只有非常幼稚的观察者（或者假装对财富不屑的德国历史学家）才会惊讶于俾斯麦在重大政治危机面前还有时间考虑自己的投资。他在利用自己独一无二的位置获利，从而保护自己的财富吗？俾斯麦会认为，无视自己的地位带来的情报等于自残。权力必须绝对与利益脱钩，公共和私人利益应该泾渭分明，因为后者可能影响前者——俾斯麦和 19 世纪的伟人们可没有这种想法。他们明白，权力会招致痛苦和折磨，也会带来兴奋和可能的名誉；权力无疑应该得到尊敬和效忠，如果这些有利可图就更好了。利益不会威胁他们的诚实，贫穷也不是为国王和国家效劳的应有回报。

对布莱希罗德而言，与俾斯麦日益亲密的关系是无价的。成为
俾斯麦的银行家和亲信——并获得他人认可——证明布莱希罗德的 106
特殊地位。但布莱希罗德也能从这种密切关系中获得某些眼前的和
实际的利益。与罗斯柴尔德和任何金融家一样，布莱希罗德特别重
视了解重大事件的最新进展，比竞争者早几小时或几天知道市场的

可能风向。他扮演着俾斯麦投资者和顾问的双重角色，因此有充分的理由不断向首相提供欧洲政治经济的消息。在对话或通信中，俾斯麦必然会加上某些个人评论，对报告加以确认或否定。简而言之，通过向俾斯麦传递消息，布莱希罗德也不断从前者那里套取消息。对他而言，了解欧洲舞台上最具影响力角色的想法或倾向具有无法估量的重要性。两人对彼此关系中的这一面毫不讳言。比如，1869年末，布莱希罗德建议俾斯麦不要卖掉证券，但别有深意地表示："不过，如果阁下认为近东问题或其他政治纠纷会引起麻烦，那么我将卖掉阁下的全部证券。"[45] 俾斯麦同样直言不讳；当19世纪70年代的英国驻柏林大使奥多·罗素勋爵（Lord Odo Russell）被要求确定英国政府是否应该把布莱希罗德当成消息灵通的线人时，俾斯麦描绘了自己与布莱希罗德的关系。俾斯麦说："你知道布莱希罗德在打理我的私人财产吗？如果知道，你相信我会误导他吗？"[46]

渐渐地，一种超越商业关系的东西开始成熟。布莱希罗德不仅高效而成功，热心而乐于献媚，他与俾斯麦也一定意气相投，而且因为两人的关系在那些年里更加深入，甚至约翰娜都和他有了私交。俾斯麦家族的一些人聘请布莱希罗德为私人银行家和投资顾问，比如奥托的堂弟与合作者俾斯麦—波伦（Bismarck-Bohlen）。其他人也不得不与布莱希罗德打交道，因为俾斯麦把一切财务事项都交给他。俾斯麦偶尔还会把自己的家书交给布莱希罗德，页眉标着拨款指示。在布莱希罗德档案中有两封老普特卡默写给"爱婿"的信，信中充满爱意，表达在伐尔岑见到他和孩子们的渴望，但也提到自己需要17 600塔勒，愿意支付5%的利息。布莱希罗德为中间人[47]。这个家族很可能觉得布莱希罗德和金钱一样是"必要之恶"。约翰娜的堂弟伯恩哈德·冯·普特卡默（Bernhard von Puttkamer）在写给俾斯麦的信中提到继承权问题上的某种妥协，他表示："我非常高兴这样做，因为该死的财神而引起家庭争端与不和，我不知道有什么比这更令人讨厌了。"[48]

布莱希罗德写给俾斯麦的信——总是兼有坦诚与谄媚，实质内容与空话——印证这种日益亲密的关系和相互关心。双方都对彼此的健康表示担忧。在那四年里，俾斯麦反复遭受神经衰弱或易怒发作，按照当时的流行做法，患者需接受艰苦的疗法或长期在乡下休养。这位铁血宰相在当时就频繁受精神疾病折磨，轩昂的外表和明晰的头脑掩盖了脆弱的神经和不安的灵魂*。布莱希罗德的忧虑令人 107
动容，他的表达则显得恭维过度或奇怪——即使考虑到当时更加夸张的文风："关于阁下状况的消息带给我无穷的兴奋，我和成百上千的其他人一起，每天向造物主祈祷阁下健康好转。"一年后，他又表示："愿造物主听到我每天的祈祷，愿他很快让阁下完全康复，体力复原——这将让一个高贵的家庭及其友人高兴，也是我们祖国的福祉。"[49]与祈祷相伴的还有旨在加速俾斯麦康复的各种合适的美食：一盒盒鱼子酱、鲟鱼和鹅肝酱被络绎不绝地专程运来，不时还有与那些食物相配的葡萄酒。布莱希罗德还安排医生直接通过电报从伐尔岑发来关于俾斯麦健康的快报[50]。1869年秋，布莱希罗德做了一次眼部大手术，在随后的一段时间里罹患眼部感染。他用身体有恙解释自己那段时间的销声匿迹。此后，俾斯麦总是询问他的健康。至少在病痛上两人扯平了。那些年里，布莱希罗德于1868年和1869年秋两次在伐尔岑住了些日子，很可能还有过较短的造访。这些造访是秘密的，但布莱希罗德对它们并不讳莫如深。

俾斯麦在1866年的胜利也改变了布莱希罗德的生活。他是俾

* 俾斯麦的家人本能地察觉到他病痛的源头。在一封写给俾斯麦的半私人半公事的信中（因此最终落到布莱希罗德手里），约翰娜的堂弟伯恩哈德恭喜他健康好转，并表示："上帝保佑，但愿你回到柏林后还能保持这种状态。那时你将置身于对国事的操劳中，夸夸其谈的议员们将想方设法地激怒你。如果我是你，我干脆就让他们喋喋不休，用鄙视惩罚他们。"俾斯麦试图那样做，但他对大部分反对派的强烈怒火也惩罚了自己。伯恩哈德·冯·普特卡默致俾斯麦，1868年11月25日，BA。

斯麦在黑暗和不确定的日子里的帮手。随着俾斯麦成为欧洲举足轻重的政客，布莱希罗德的声望也水涨船高。

布莱希罗德的成功得益于一系列有利形势的际会。1866 年后，柏林成了德意志的民族中心；俾斯麦非常希望看到这种结果，他愤怒地拒绝了宫廷提出的在波茨坦或法兰克福召开国民议会的建议。只有从自己的首都，普鲁士才能调集足够力量，让德意志接受自己的霸权[51]。在新近变得重要的柏林，布莱希罗德以财富著称，因此在一定范围内很有势力；他以俾斯麦的亲信身份著称，因此被认定可靠和消息灵通；他以同罗斯柴尔德家族关系密切著称，因此享有国际声望。他不断取得更多的财富、人脉和名望。但这一切都不是自动或不费力的。他必须不停地努力赢得自己的地位。

1866 年后，布莱希罗德的崛起戏剧性地描绘了德意志新秩序相互关联的性质。布莱希罗德的威望来自他在不同领域同时取得的成功——银行世界，俾斯麦的世界，欧洲财政和罗斯柴尔德家族的世 108
界，普鲁士宫廷秩序森严的世界。他帮助这些世界走得更近，他在某个领域的成功加强在另一领域的威望。钱带来的不仅是钱，还是影响力和某些有限形式的权力。但对布莱希罗德乃至广大欧洲金融家而言，光有财富还不够；在传统等级社会，地位和公众接受才是关键。布莱希罗德扩大的重要性象征了资本主义本身的胜利，但他的故事也显示了那种胜利的局限和痛苦。

1866 年后，布莱希罗德与俾斯麦的亲密关系成了社会和政治生活中广为人知的事实。他被视为一个拥有精明的判断力、诚实、审慎的人，具备点石成金的能力。甚至民众已经在想象中开始夸大布莱希罗德的影响力。他被恰如其分地誉为柏林消息最灵通的人，因为他在如此之多的不同领域中生活和工作。他的朋友、客户和走卒无处不在。他编织起人脉网络。他可以给予很多，也需要大量回报。他有时具有影响力，但从未拥有过政治权力。为了阶梯上的每一级，他都必须拼搏或欺骗。资本家的权力是司空见惯的主题，但人们常常忽视，在某些社会中，他们的成功背后险象环生。

布莱希罗德重要性的基础是他的银行，这家银行在整个 19 世纪 60 年代欣欣向荣。它的历史不属于本书的范围，只需指出几个主要事实就足够了。它仍然属于普鲁士财团，一个由顶尖银行家组成的团体（包括汉泽曼的贴现公司和法兰克福的罗斯柴尔德家族），常常在国家贷款和其他事务上进行合作。该行在世界市场上的地位变得日益重要，布莱希罗德逐渐摆脱仅仅是罗斯柴尔德家族依附者的身份。布莱希罗德银行独自或与其他银行合作建立或资助各类其他企业，从酿酒厂到铁路再到普鲁士抵押银行，就像我们所看到的。布莱希罗德和汉泽曼合作的最重要项目之一，是为极其重要和昂贵的圣哥达隧道融资 [52]。到了 19 世纪 60 年代末和 70 年代初，这种推动注定将变得更加重要和有利可图。

盖尔森是银行的主人，这里是他的帝国和职责所在。以曾为盖尔森父亲效力的忠诚的莱曼（Lehmann）为首的职员们是他的帮手。1868 年，盖尔森让表弟尤里乌斯 · 施瓦巴赫（Julius Schwabach）成为合伙人。从 1855 年老布莱希罗德去世到 1870 年，除了经营自己在柏林的小银行，盖尔森的弟弟尤里乌斯也参与家族生意；两兄弟都是对方公司的隐名合伙人。尤里乌斯写给盖尔森的几封信让我们对 19 世纪 60 年代布莱希罗德银行的年利润有所了解。1863 年的净利润是 18 661 塔勒，1867 年为 43 464 塔勒，1868 年为 54 940 塔勒，1869 年为 80 761 塔勒 [53]。七年间，利润增加了超过三倍，增长率相当可观。60 年代末，兄弟俩原先的合同到期。尤里乌斯想要继续这种关系，但盖尔森决定终止各自的参股 *。银行的利润只是布莱希

* 为了说服盖尔森继续这种关系，尤里乌斯写道："我们如此深爱的父亲死后，我俩有了各自的活动范围。我不敢说，仁慈的父亲在晚年是否有意把我们分开，让你独自代理布莱希罗德银行的业务，从而在财务和社会地位上也把我们分开。无论如何，我相信我们到目前为止都找到了让自己满意的方式，我希望无论未来发生什么，我们亲爱和可敬的先父都能满意地垂视他的两个儿子。"尤里乌斯致盖尔森 · 布莱希罗德，1869 年 11 月 29 日，BA。

罗德收入的一部分；1861 年，警方估计他的私人收入为 23 333 塔 109
勒[54]。60 年代末，他每年可能至少赚 10 万塔勒。

罗斯柴尔德家族仍然是布莱希罗德的榜样和最看重的合作者。尽管布莱希罗德也与伦敦和法兰克福分支不断接触，但雅姆斯男爵仍然地位特殊。除了经常合作，布莱希罗德还向雅姆斯男爵提供来自“好线人”的秘密消息。

他还为男爵奉上礼物。1864 年，雅姆斯男爵一定提到自己中意的某件古玩，布莱希罗德马上将其当做礼物送给男爵。“我非常喜欢这种古玩，”雅姆斯男爵在回信中写道：

> 亲爱的布莱希罗德先生，我承认，若非如此我不会接受它，因为它真是太珍贵了。我几乎不敢再命你为我买东西，否则我现在就会请你留意古画或古玩，因为对可怜的丹麦的战争很可能让许多美丽和有趣的作品流入市场。[55]

1867 年，两人在维尔德巴德（Wildbad）见面。同年，布莱希罗德向雅姆斯男爵提供了一批稀有藏画的期权，包括几乎落入奥洛夫亲王之手的克拉纳赫家族(Cranachs)和勃鲁盖尔家族(Breughels)的作品[56]。布莱希罗德仍然努力取悦雅姆斯男爵，但过去的奉承姿态逐渐消失。1868 年，雅姆斯男爵去世，布莱希罗德赶忙前往参加葬礼。作为传奇人物，雅姆斯后来也相信自己的传奇，他曾是盖尔森父亲的庇护人，因此儿子向长者表现出敬意甚至奉承似乎很自然。布莱希罗德与雅姆斯男爵的儿子和继承人阿尔方斯男爵（Baron Alphonse）的关系就不再那么受卑微的出身之累。布莱希罗德变得日益独立，并沉浸在普鲁士的荣光中，有时这会让罗斯柴尔德家族恼火。

罗斯柴尔德家族没有理由喜欢俾斯麦，但他们不得不重视和尊重他（很难想象罗斯柴尔德家族会喜欢任何人，利用价值是他们的唯一标准）。甚至莫里茨·冯·戈德施密特也开始认可这个强力推动自己的国家跻身欧洲第一流强国的可怕天才。1866 年 8 月，他写道："毋庸置疑，凭着自己的能量和精神力量，你们首相已经成为当世豪杰。"[57] 俾斯麦的健康欠佳总是许多流言蜚语的话题，布莱 110
希罗德不得不提供真实信息。1866 年 11 月，他否认俾斯麦像盛行的流言所说的那样患上了"不治之症"。一个月后，他又报告说："首相状态好极了，但非常忙。"[58]1868 年，他再次发出这条典型的布莱希罗德式消息："今天我拜访了好线人，他的状况大有好转，尽管他仍然非常虚弱，不接待任何人。"[59]

罗斯柴尔德家族也许已经厌倦布莱希罗德的炫耀，但他们知道可以利用他的人脉牟利。奥普战争的余波进一步证明这点。俾斯麦对不得不让萨克森保持独立大光其火，向这个奥地利的盟友索要巨额赔款。萨克森财政部长和首席和谈代表冯·弗里森男爵（Baron von Friesen）的所有请求都没有效果。他辩称萨克森已经为被普鲁士占领的所谓特权支付了 250 万塔勒，但根本无人理睬；他坚称萨克森在新的北德邦联中的军费开支将超过战前的预算，但普鲁士谈判代表干脆地回答，支付军费是萨克森的特权[60]。难怪布莱希罗德不久之后在写给雅姆斯男爵的信中表示："在萨克森这种被吞并的土地上，可以想见人们对普鲁士心怀怨恨，需要很长时间才会变得友好些。"[61]10 月 18 日，布莱希罗德拜访无助的弗里森[62]。令弗里森惊讶的是，布莱希罗德知道和约即将签订。在雅姆斯男爵的授意下，他表示可以提供预付款，条件是以今后为支付赔款而可能发行的贷款为抵押[63]。四天后，和约草签，萨克森同意支付 1000 万塔勒赔偿，其中 900 万为现金。雅姆斯男爵急于获得这笔贷款，于是布莱希罗德匆忙赶往德累斯顿（Dresden）为罗斯柴尔德报价，但遇到阻力和当地的竞争[64]。布莱希罗德希望以 95 折获得贷款再加上佣金，他认为这将是"出色的安排"[65]；他显然成功了，并把俾斯麦自己的钱也投入贷款。萨克森人也很高兴：1870 年 2 月，国王授予布莱希罗德高级奖章，弗里森也发来祝贺，感谢“您提供的重要帮助，特别是1866年萨克森贷款的相关事宜”[66]。布莱希罗德帮助萨克森政府提前支付赔款，从而促成普鲁士和萨克森的快速和解，萨克森成了新邦联的重要支柱[67]。

布莱希罗德的名字经常与1866年战争另一受害者的命运联系起来：他显然负责打理或帮助打理汉诺威王朝被没收的财产。财产的利息构成一笔巨额秘密资金——韦尔夫基金（Welfenfond），使用该基金时，俾斯麦只对国王负责。外交部是基金收益的最大受益者，直到1872年，布莱希罗德的朋友科伊德尔一直负责监管韦尔夫基金在外交部的支付。由于包括公使基金在内的全部记录都在二战期间丢失，我们无法再现布莱希罗德代表俾斯麦所做的大部分秘密支付[68]。

俾斯麦的各项利益总是紧密相关，但并不总是让布莱希罗德满 111
意。布莱希罗德知道，自己直接或间接为整个银行界代言，因此当他的利益没有得到满足时，他会毫无顾忌地向俾斯麦抱怨。无意之中，他一定还认为对布莱希罗德银行有利也对普鲁士政府有利。

仅举19世纪60年代末的一个例子就足够。1869年，为了筹集新的资本和吸引外国资金，贴现公司（可能与布莱希罗德合作）计划成立财团，代表德意志最大的四家铁路公司（俾斯麦是其中三家的股东）发行1亿塔勒的彩票。这样的冒险计划遭到议会的强烈反对，于是布莱希罗德催促俾斯麦返回柏林[69]。然而，俾斯麦的缺席是故意的；为了避免政治上的不愉快，他把健康不佳当做挡箭牌。他向莫特利解释自己的缺席：“我倒要看看议会能否帮忙干掉我的一些同事；如果我在那儿的话，他们也会受益于我所享有的免责。”[70]

提案失败。布莱希罗德怒不可遏，他用罕见的夸张修辞向俾斯麦抱怨说：“导致计划失败的元凶是典型的嫉妒和教条式的理论空谈，但罪魁祸首还是主管部长的软弱……［议会］两院被赋予介入具体政府事务的权力，因此对主管部长们取得上风，这将很快在预算问题中显露出来。”[71] 扩大议会权力是罪不可恕的罪行，对俾斯麦的部长们提出这样的指控需要勇气。几天后，布莱希罗德在伐尔岑见到俾斯麦。当月末，海特被罢免，此前一直担任海贸银行行长的坎普豪森被任命为接替者。布莱希罗德报告说，对坎普豪森的反响“非常非常好”。新任财政部长原来就支持彩票贷款，他将捍卫该计划，哪怕只是为了阻止议会权力扩大。但即使是坎普豪森也无法拯救这个计划，按照布莱希罗德的说法，它已经被议会“啰嗦的空谈理论”（俾斯麦也一直对此非常厌恶）所扼杀[72]。

在另一些问题上，布莱希罗德更加幸运地获得政府支持。同样在 1869 年，很大程度上由于布莱希罗德不懈的幕后活动，政府与沃尔夫通讯社（Wolff Telegraph Bureau）——相当于路透社——签订秘密协议。布莱希罗德为沃尔夫提供资金，作为交换，他有权优先获得新闻。这份政府协议和布莱希罗德角色的细节属于他与整个第四等级（Fourth Estate）* 广泛关系的故事，我们将在第十一章加以讨论。

与罗斯柴尔德家族一样，只要条件有利，布莱希罗德对再小的官方业务也来者不拒。即使日常交易也会带来佣金和一些收益。19 世纪 60 年代末，布莱希罗德变得越来越富有。他还获得某种权力：他的资源允许他向政府、公司和个人提供各种形式的帮助，或者拒绝这样做。并非所有的钱都一样：布莱希罗德的钱具有特殊的声望，
因此特别有价值。事实上，他可以决定一个人、一家慈善机构甚至 112
一家公司的命运。但这一切都有命门：他同样依赖政府和社会知名人士的首肯。这种依赖让他的权力摇摇欲坠。因此，他总是不断地追求财富和声望，不知疲倦和相当谨慎地前进。所有的收益、头衔和朋友都帮助确立或维持布莱希罗德在世界上的地位。没有固定的

* 指新闻媒体。托马斯·卡莱尔在《论英雄与英雄崇拜》中援引埃德蒙·柏克的话说：“议会中有三个等级（教士、贵族和平民），但在那边的记者席上坐着比他们重要得多的第四等级。”——译注

目标，也几乎没有时间满意地回头看一眼已经走了多远，远到无法测量。

对布莱希罗德而言，光有财富还不够，追求财富也不是最终目的。财富是让他被德国统治精英所接受的必要但非充分条件。没有社会地位的财富算不上完美的成就。反过来，社会地位在商业中的价值不可估量。追求财富和地位是一致的，并相互促进。新的大笔财富总是在追求地位——财富越新或者所有者的社会出身越低，追求就越急迫和绝望。在德国，这种追求也许比在其他地方更困难，因为那里的封建和反资本主义情感比在法国或英国更加根深蒂固，更别提美国。对于一个德国犹太人来说则无疑再困难不过，他们与生俱来地带有崇拜新老财神的印记。反讽的是，当许多犹太人嫉妒基督徒（特别是贵族基督徒）生来享有的尊重时，许多基督徒贵族也暗中嫉妒犹太人的财富（他们似乎特别善于积累钱财）。共同的欲望促成亲密合作乃至友谊，有时还会产生敌意和妒忌已经完全消失的幻觉。但老家族无法丢掉对新财富的鄙视，后者令他们缩水的祖产相形见绌。

布莱希罗德获得的尊重和他为社会地位所做的奋斗只是让新财富合法化的普遍努力的一个例子。19 世纪的大多数伟大小说家——如巴尔扎克（Balzac）、狄更斯（Dickens）、特罗洛普（Trollope）和特奥多尔·冯塔纳（Theodor Fontane）——把这种奋斗当成他们作品的中心主题，而社会科学家最近也重新发现了它。在布莱希罗德的例子中，我们可以看到舞台内外的奋斗过程。我们拥有的真实记录显示了一位柏林的犹太银行家如何在某些方面理想的环境下确立自己的地位。他的一生都受到犹太人身份影响，由此产生的特殊负担将在本书最后一部分讨论。在这里，我们将通过一系列画面描摹布莱希罗德这个富人和为国效忠者如何获得正式认可，如何通过认可获得更广泛的客户和可靠的朋友，如何又通过这些人让自己的生意获益，从而赢得更高的社会声誉和政治名望。对普鲁士保守派来说（也许也适用于许多欧洲的道德家），这个故事既反映了人与社会的无限腐败，也反映了无限的虚伪：边哭泣边攫取。但布莱希罗德不是道德家，他满足于向上攀爬，完全不费心思考这种攀爬的内在价值。

若干世纪以来，通过发放作为正式认可象征的头衔和奖章，心怀感激的政府已经放宽富人进入上层社会的通道。普鲁士政府系统地利用臣民对勋章的渴求。政治上可靠的人得到奖赏，异议者一无 113
所有。凭借向公共慈善进行大量捐赠，富人可以加速晋升（也有人会说是买到）。这类别有目的的慈善是一种自愿税。政府仔细审查布莱希罗德在上述所有方面的资质[73]。1866年元旦，布莱希罗德被授予枢密商务顾问（Geheimer Kommerzienrat）的头衔，这又一项罕见的荣誉意味着今后他将被称作“枢密顾问先生”（Herr Geheimrat）。获奖前，柏林警方仔细调查布莱希罗德的记录，警察局局长撰写长篇报告支持授予新头衔。他解释说，因为盖尔森父亲的诚实，罗斯柴尔德家族任命其为他们在柏林的代表；盖尔森继续扮演这个角色，但取得“更大的自主权”。布莱希罗德银行“现在已被视为柏林最大的银行……从政治上说，布莱希罗德属于严格的保守派，忠贞不渝地效忠王室；他在柏林商人元老会中很受尊敬”。这句话的其余部分“丰富的感情让他与众不同”很可能出自商务部部长伊岑普利茨，他必须批准警方报告，然后将其交给俾斯麦。（伊岑普利茨是否认为，银行家没有感情，尤其是犹太银行家？）布莱希罗德的爱国善举特别受到称赞，他在丹麦战争期间向普鲁士士兵的家庭提供慷慨援助。报告最后说：“如果盖尔森·布莱希罗德还有机会对王国政府做过什么贡献，阁下肯定会知道。”关于布莱希罗德“其他贡献”的细节由最权威的来源——俾斯麦本人——向伊岑普利茨提供。在一封正式书信中（俾斯麦亲手修改关键段落），首相肯定布莱希罗德的这个额外特质，因为“自从我担任现职以来，布莱希罗德商务顾问为我提供了值得赞许的政治服务”。布莱希罗德与罗斯柴尔德家族的联系让俾斯麦获得“可以让我用来为国家谋利的情报，他的人脉为我提供传递绝密信息和施加绝密影响的渠道。因此我认为应该授予他这项荣誉以示嘉奖”。俾斯麦还向伊岑普利茨保证，威廉一世也会赞同这项嘉奖，因为“今年在卡尔斯巴德休假期间，[陛下] 反复召见布莱希罗德商务顾问，屈尊听他对金融和股票市场问题的看法”[74]。

1867 年，国王准备授予布莱希罗德另一枚勋章，于是再次向消息灵通的警方征询意见。新的报告表扬布莱希罗德向一个援助 1866 年被征召士兵家属的委员会做了许多贡献，并强调“他在柏林金融界地位突出，他非常可观的财富让他可以实现自己的慈善意图。除了所有的慈善团体，他还非常积极地参与所有的爱国活动”。布莱希罗德为慈善做了“牺牲”，报告最后说 :“这个在所有意义上都无可指摘的举动为他赢得最广大圈子的尊敬，并让他配得上另一枚勋章。因此我建议授予他三等王冠勋章（Kronen Orden）。”[75] 国王照办了。包括内政部部长奥伊伦堡在内的许多人向布莱希罗德发来 114
热诚的非正式祝贺[76]。这是商人所能得到的最高级勋章[77]。

外国政府也纷纷效仿。1869 年，意大利国王授予他圣毛利齐奥和拉萨洛骑士团（St. Mauritius and Lazarus Order）十字勋章；俄国沙皇授予他二等斯坦尼斯拉夫骑士团（Order of Stanislav）勋章，感谢布莱希罗德对成立俄国抵押银行的帮助。布莱希罗德的每一枚外国勋章都需要并得到威廉的批准[78]。

布莱希罗德的新头衔恰如其分和令人满意地认可了其重要性的提升。它以正式的威严性确认欧洲银行界和外交界早就知道的事实：盖尔森 · 布莱希罗德已经成为柏林新的权力中心的重要人物。普鲁士给予他一名商人（更别说犹太商人）在当时所能憧憬的一切。在正式场合，他的胸前不再绝望地空空如也，来信中现在可以称呼他为“高贵的骑士”或者“最高贵的骑士”，尽管仅凭普鲁士勋章是否有资格获称“骑士”存在一些疑问[79]。在社会名望的危险长梯上，他攀上好几级台阶。

布莱希罗德在幕后不知疲倦地追逐头衔或奖章[*]。我们必须记住，这种追逐司空见惯，受到政府的支持和社会的容许，只有最骄傲和最独立的人才能免俗。俾斯麦早在19世纪50年代就发现，即便罗斯柴尔德家族这样的新富贵族中的翘楚也渴求勋章。这种欲望从未减弱。在俾斯麦档案收录的布莱希罗德文件中，有两封来自法兰克福分支当家人卡尔·迈耶尔·冯·罗斯柴尔德致俾斯麦的书信（日期为1863年11月和12月），请求得到国王封赏。第一封信的开头表示：“阁下清楚我对您久经考验的无限忠诚，知道我总是如何致力于普鲁士的利益，尽管我长期以来的重要服务完全没有以任何引人瞩目的方式得到认可。”然后，他又回忆起为了支持在法兰克福很不受欢迎的法普贸易协定，他如何投入全部“力量和经历，并动用［他］广泛的影响力”。他还罗列自己的其他努力：“现在我向您求助，我完全相信阁下是一位高贵、大度和无所不能的代表，也不怀疑如果您公正评价所了解的事实，阁下将对我心生好感，授予我高贵的纪念品作为无上的认可……没有人更值得接受这样的荣耀，并对此更加感激涕零”，因为他对普鲁士始终怀有无法超越的忠诚。几周后，卡尔·迈耶尔又在新年之际表达自己的愿望：“愿上帝永远庇佑阁下， 115
愿您家人的每天都享受到最大的快乐和无限的好运，愿我总能有幸受到阁下的青睐和恩庇，跻身您最忠诚的崇拜者和仆从行列。”未来的授勋典礼将是国王授予他荣誉的合适时机，“我如此看重这荣誉，认为它完全物有所值”。他提到自己最近的贡献，请求授予他

---

* 1865年秋，作为劳恩堡交易的转账代理人，他请戈德施密特为自己谋求奥地利勋章。戈德施密特告诫他不要得寸进尺：“请允许我真心诚意地告诉你，劳恩堡交易完全不够申请勋章。”安塞尔姆男爵不推荐这样做，但布莱希罗德可以尝试通过肖泰克伯爵或俾斯麦达到目的。戈德施密特表示，他本人“无意追求头衔或勋章”，布莱希罗德不必代表自己向普鲁士政府申请勋章，而是应该为他的儿子谋求驻巴黎领事的任命。最终，戈德施密特的儿子成了驻巴黎领事，布莱希罗德则在1872年获得奥地利勋章。戈德施密特致布莱希罗德，1865年9月25日，BA。

更高级的勋章，能够配得上德意志邦联内外的其他所有君主给予他的荣耀[80]。罗斯柴尔德家族是世界性的力量和受到普遍承认的王朝，许多君主都对他们加以封赏。但他们仍然小心翼翼地请求下一枚最高等级的奖章*。相比之下，布莱希罗德只是暴发户。求封者私下请赏，在公开场合则常常否认对这些东西感兴趣。即使在奴性的社会中，卑躬屈膝也被认为是缺陷。

财富、大银行、与俾斯麦的亲密关系、头衔和奖章——这些都为布莱希罗德进入普鲁士社交界打开大门。他的外表配得上他新获得的地位，可谓相貌堂堂。他身材高大，长着硕大的脑袋和睿智而开朗的面庞，身材壮硕但不臃肿。他的衣着和举止完全符合保守标准，他的观点当然同样如此。他的外貌散发着正气。他的谈吐缺乏幽默和火花，但体现受所有同时代人尊敬的智慧。他的发言辞藻华丽，还不时使用警句。他的诋毁者们只看到和听到自己希望看到和听到的，他们声称他长着犹太人的面相，坚称他会暴露德国犹太人的口音，哼哼唧唧地混杂着意第绪语。但事实上，他似乎完全没有通常所谓的“犹太人特征”；兴奋的时候，他可能会流露出年轻时的表情，但总体上他的仪表庄重得体。从 19 世纪 70 年代开始，他的视力逐渐衰退直至最终失明，但并未因此退出社交舞台。

19 世纪 60 年代末，他已经建立起客户和朋友的网络；他向他们提供物质好处，他们则常常按照更古老社会的货币制度报答他：接受他的邀请，回请他，鼓励其他人拜访银行家的府上，接受一位犹太人的热情款待。

举几个例子就够了。显然，俾斯麦的随从们不得不尊重布莱希罗德。一些人很乐意这样做，并从中得利，比如罗伯特 · 冯 · 科伊 116

* 但他们对此并不总是满意。1861 年，雅姆斯男爵获得一枚普鲁士勋章；他对布莱希罗德的祝贺表示感谢，但表示：“不过，我请你务必答应，不要在报纸上过多提到我作为犹太人获得勋章，因为那会引发对犹太人的口诛笔伐，有害而无益。”雅姆斯男爵致布莱希罗德，1861 年 11 月 19 日，BA。

德尔。另一些人则不太情愿 *。但布莱希罗德的人脉无处不在，甚至包括俾斯麦敌人的阵营。比如，从 1868 年到 1876 年，布莱希罗德将自家的一个房间租给与俾斯麦关系平平的王太子内廷总管奥古斯特 · 奥伊伦堡伯爵（Count August Eulenburg）[81]。后来，奥伊伦堡成了他的朋友和客户。在普鲁士宫廷，俾斯麦最害怕奥古斯塔王后（Queen Augusta），但布莱希罗德与她的宫廷总管内塞罗德伯爵（Count Nesselrode）关系密切，而俾斯麦则非常讨厌此人[82]。1867 年，内塞罗德以 5% 的利息借了 5 万塔勒，为期三个月。一年前，在奥普战争期间，他曾告诉布莱希罗德，“在皆大欢喜中”，王后已经提名他加入某个战争慈善机构的董事会。后来，他又向布莱希罗德提供其他密报。比如，1867 年 5 月，他在信中表示，刚刚抵达柏林的普鲁士驻巴黎军事专员洛埃男爵（Baron Loë）可能散布“关于法国军备的恶意谣言”，因为“我认为他似乎急着想要开战”。内塞罗德要求获得相关消息，以便阻止这个阴谋。书信的其他部分谈到他的投资。1867 年 7 月，他从温莎堡（Windsor Castle）来信，再次谈到自己的投资，并表示：“这里的人相信和平将会延续，尽管我认为当地的国内形势非常严峻，因为社会和工人问题必将导致严重冲突。”三天后，他报告说，法德关系似乎已经恶化，一些英国人认为应该利用普鲁士击针枪对夏斯波步枪的优势 †：“请您自行判断在当前形势下是否应该卖掉我的股份。”他还指出，一些英国

---

* 1866 年 4 月，普鲁士驻圣彼得堡军事专员和威廉的特别副官洛塔尔·冯·施魏因尼茨（Lothar von Schweinitz）带着亚历山大二世的急信返回柏林，希望阻止奥普战争。他首先觐见威廉，然后去找俾斯麦：“当我来到威廉街时，我首先只找到科伊德尔和与他在一起的布莱希罗德先生，这一幕令我觉得怪异而失礼。当时，布莱希罗德占据着俾斯麦亲信的位置，尽管俾斯麦后来曾告诉我：‘我和他的想法从不相同。’”《冯 · 施魏因尼茨将军公使生涯回忆录》（柏林，1927 年），第一卷，第 202 页［*Denkwürdigkeiten des Botschafters General von Schweinitz* (Berlin, 1927), I, 202］。

† 实际上，法军在普法战争中使用的夏斯波步枪大大优于普军的德莱赛击针枪，射程几乎是后者的两倍。——译注

人害怕本国发生革命[83]。我们不知道布莱希罗德是否同样悲观，但内塞罗德来信时，布莱希罗德正出于政治原因要求俾斯麦卖掉证券。此外，内塞罗德的信清楚地证明，普鲁士宫廷成员觉得利用政治信息满足个人财务的目的无可厚非，他们同样认为战争可能导致市场萧条。

另一些高管则用秘密信息回报布莱希罗德的个人友善，这些信息对他的商业利益有直接帮助。这在帝国时期成了惯例，但甚至在此之前布莱希罗德就有自己的特殊线人。其中的一个关键人物是A. 冯 · 勃兰特少校*，据瓦德西伯爵†回忆说，此人“乐天而随和”，因此显然特别需要布莱希罗德的帮助[84]。勃兰特称他为“我尊敬的朋友”，非常详细地在信中描绘政府即将在柏林房地产市场采取的行动。勃兰特写道：“我确信可以随时获得信息。只要在恰当的时候向我提出具体问题即可。”[85]

布莱希罗德还与自由派议员们保持着关系。他与拉斯克建立友 117
谊，这位小个子的犹太议员凭借智慧、勤奋和口才在德国政治中扮演举足轻重的角色。在克尼格雷茨战役结束后的十年间，他和民族自由党的同僚们先后帮助俾斯麦建立北德邦联和德意志帝国。布莱希罗德和拉斯克相互以朋友相称，柏林的传言显然认为两人有密切的商业关系。1869 年 12 月，拉斯克在写给布莱希罗德的信中谈到这些传言，他表示：“据说因为我也不知道的服务，我每年从你那里得到数以千计的钱，据说我还特别关心你的财务运作……我一直将我们的关系看作完全私人的，并总是以个人友谊的纽带为荣。”他愿意继续在纯粹的私人问题上提供建议，但希望避免任何可能暗示“与［我的］议会活动有关的偏袒”。与布莱希罗德的某些保守

---

* 马克西米利安 · 奥古斯特 · 斯基皮奥 · 冯 · 勃兰特（Maximilian August Scipio von Brandt，1835—1920），德国外交家。——译注

† 阿尔弗雷德 · 冯 · 瓦德西（Alfred von Waldersee，1832—1904），德国元帅，八国联军总司令。——译注

派客户相比（包括俾斯麦在内），看上去拉斯克更加小心，坚持区分公职和私利。几周后，布莱希罗德向拉斯克提供一个收入丰厚的职位。拉斯克显然曾对其有意，但这次他婉拒了："这样的职位将限制我的自由，而完全不受限的自由是我的生命。"[86] 拉斯克的拒绝让布莱希罗德避免潜在的尴尬，因为几年后，俾斯麦将如此痛恨拉斯克，以至于两人间的任何亲密联系都会危及布莱希罗德与首相的关系。

19 世纪 60 年代中期，布莱希罗德已经与某些国外的普鲁士外交官相当熟悉。其中一位重要的关系人是普鲁士驻伯尔尼大使冯·罗德（von Röder），此人是科伊德尔的朋友，在某种程度上布莱希罗德还是他的恩人。1867 年 5 月，罗德从伯尔尼写信给布莱希罗德：

> 尊敬的朋友，您总是如此对待我和我的家人，直到现在我才有机会全心全意地感谢您在我们停留柏林期间所展现的全部善意、恩情和真正的同情。我希望您足够了解我们……知道我经常想起您和您在黑暗的日子里出于友谊而鼓励我的同情话语。愿上帝为此祝福您，就像我感谢您那样。

我们不清楚罗德遇到什么困难，但显然布莱希罗德帮助了他，并成为他的朋友。这封信暗示布莱希罗德的另一面：对于需要他帮助的中等地位的人，他可以非常热心，几乎称得上慈爱。1870 年，布莱希罗德做出更加亲密和切实的举动，他主动向罗德提供帮助，承诺雇用他的儿子，后者刚刚毕业而且运气不佳，显然遭遇了当时年轻贵族的某种职业危机[87]。

最初，布莱希罗德的回报是罗德的感激。但从 1868 年开始，罗德开始积极参与圣哥达隧道建设的相关谈判。1870 年，罗德语带双关地表示"我们正像圣哥达般勇往直前"（*Wir gehen Gotthardlich hier wacker vorwärts*），布莱希罗德无疑很欢迎这条消息[88]。受到 118

布莱希罗德恩惠的人常常出现在有用的地方和重要的岗位。

对奥战争和对法战争之间的那些年里，布莱希罗德的家已经有外国外交官光顾，和银行家一样，他们也需要“了解情况”。但与银行家不同，他们是引领潮流的贵族和社会名人[89]。他们让布莱希罗德获得更多尊重。

柏林外交界将布莱希罗德视为重要线人，因为他能够见到俾斯麦。由于俾斯麦有很多个月不在柏林，外交官们非常渴望获得消息。比如，1868 年 10 月，布莱希罗德前往伐尔岑拜访俾斯麦，并马上把简要情况告诉外国朋友们。奥地利大使维姆普芬伯爵（Count Wimpffen）向本国政府全面汇报布莱希罗德对首相健康和倾向的印象[90]。布莱希罗德还通知法国军事专员德·斯托费尔中校（Lieutenant Colonel de Stoffel）——此人凭借智慧和魅力在俾斯麦家中和柏林社交界赢得独一无二的位置，他是布莱希罗德的客户和债务人，后者体贴地不提醒他偿还所欠贷款。斯托费尔将布莱希罗德的情报转交给朋友——路易·拿破仑三世的秘书弗朗切丝基尼·皮埃特里（Franceschini Pietri）。他首先描绘布莱希罗德的情况：

> 他是柏林的一位重要银行家、罗斯柴尔德的联系人和俾斯麦的亲信商人。他出身低微，凭借毅力和务实感赢得可观的地位。他是俾斯麦唯一亲密接见和愿意共同进餐的犹太人。他雇佣布莱希罗德搜集消息，还委派给他一些秘密任务之类的事。值得注意的是，过去百年间的历届普鲁士政府几乎都雇佣犹太人（早在西哀士*的时代就这样）作为某种程度上的秘密工具。布莱希罗德不是阴谋家，他希望扮演自己的角色和继承前辈们的地位，

* 埃马纽埃尔—约瑟夫·西哀士（Emmanuel-Joseph Sieyès，1748—1836），法国天主教会神父，大革命时期的理论家和活动家。——译注

> 其中最著名的是犹太人埃弗莱姆*。我还要指出，他是一位举止友善的绅士，我和他长期保持着热诚的关系。[91]

拥有最高层次的朋友、财富和影响力还不够，布莱希罗德必须公开展示自己的社会地位。世界必须知道布莱希罗德已经到来†。这
样的野心并非首创：不是有过罗斯柴尔德家族的光辉先例吗？整个 119
世界都惊叹于罗斯柴尔德家宴的优雅和奢华，王室和贵族与富人和才俊比肩而坐，旧世界欢快地与新世界相会，也许还别有目的[92]。吸引名流并奢华地招待他们是富人的梦想。布莱希罗德开始实现那个梦想。他的崛起并不快，而且爬得越高就越不稳当。他周围从不缺少对他的过失喋喋不休的毒舌。

困难首先来自家中。他的妻子既不漂亮也不聪慧，也不像盖尔森那么习惯于上流社会。犹太人身份使他们更容易受到社交界轻视，让他们更加不安，尽管 19 世纪 60 年代相对波澜不惊，老式的反犹主义偏见正在式微，而新的反犹主义理念尚未成型。在这个风平浪静的年代，布莱希罗德和其他一些信仰犹太教的银行家共同踏入柏林社交界。

布莱希罗德利用所有对手都不具备的独特优势。作为俾斯麦的亲信，培养和他的关系特别有价值。毕竟，正常的社交生活不是为

---

* 法伊特尔 · 海涅 · 埃弗莱姆（Veitel Heine Ephraim，1703—1775），腓特烈二世的宫廷银行家和铸币主管。为了帮助七年战争筹款，他主持铸造不足额的货币。——译注

† 布莱希罗德的发迹史可以写成小说，此类主题司空见惯。安东尼·特罗洛普的《如今世道》（*The Way We Live Now*，首版于 1874—1875 年）描绘了奥古斯都 · 梅尔莫特（Augustus Melmotte），他来自外国（还是犹太人），拥有数不清的财富（“……钱就是梅尔莫特鼻孔里的气息，因此他的气息都要钱”），甚至最高层的人物也想听命于他——直到他被发现是个破产的骗子。但梅尔莫特发迹的复杂过程和各个阶段让人想起布莱希罗德的奋斗——波莫娜夫人（Lady Pomona）说，“人们对他趋之若鹜”，并列举变成傀儡的各位权贵。正如特罗洛普所说：“诚然，这一切都是跳跃式获得的，所以世界上某些地方的人常常不知道那位伟人现在正站在哪处窗台上……那位伟人也经常不清楚自己的位置。但大部分世人知道，世人崇拜梅尔莫特先生。”（伦敦，1969 年）第 295、190、299—300 页。

了找乐子或洒脱的闲谈，而是情报网络的关键一部分，暗地里还是某些种类任命的交易场所。

1868年1月，布莱希罗德夫妇打响在社交界的第一枪：他们为俾斯麦和柏林最重要的外交官举办正式午宴。俾斯麦很少前往私宅，约翰娜通常婉拒邀请。宴会开始前是复杂的协商，仅座位排列就是一个大问题。科伊德尔建议布莱希罗德把首相安排在所有大使之下，旁边是维姆普芬伯爵夫人[93]。贝内德蒂夫妇和意大利大使劳纳伊伯爵（Count Launay）也参加宴会。这是一次欢乐的活动，很好地反映了布莱希罗德在国内外的地位。难怪，外交界更加关注布莱希罗德。难怪俾斯麦的部长们（如奥伊伦堡伯爵）也反过来邀请布莱希罗德赴宴[94]。

午宴需要大量幕后帮助。这些运作的记录正好被保留下来，向我们呈现了布莱希罗德的社交网络。称布莱希罗德为“我最尊敬的朋友”的科伊德尔是筹备者。因为一副新的野外双筒望远镜和被罗斯柴尔德邀请参观里昂铁路，科伊德尔在芒通（Menton）的假日变得更加惬意，两者都来自布莱希罗德的安排[95]。对于礼仪问题，科伊德尔需要王室司仪冯·罗德的帮助，后者正好是布莱希罗德的朋友——普鲁士驻伯尔尼大使的哥哥。这仍是一个很小的世界——社会顶峰就是宫廷。

布莱希罗德的社交生涯继续快速发展着，有人称赞，有人恐惧，但从未被默默接受。布莱希罗德对“正确”的采购毫不吝啬。1868年，他以150金路易的价格从布伦瑞克公爵种马场购买两匹拉车的马[96]。1870年2月，符腾堡首相法恩布勒（Varnbüler）非常聪明的女儿——也是该国驻柏林大使之妻——冯·施皮岑贝格男爵夫人（Baroness von Spitzemberg）在日记中记录到：

> 在银行家布莱希罗德举办的舞会上，我第一次见到他们夫 120
> 妇俩。舞会在他们位于贝伦街的装修气派的新宅［她指的肯定

> 是刚刚翻新]举行，受邀者几乎都来自社会顶层，连他们自己的亲属都被排除在外，这真是糟透了。黄白色的长方形舞厅是跳舞的好地方，各扇门通向沙龙和一条伪装成冬景花园的走廊。大批又大又美的花束，沙龙舞中的其他惊喜，再加上奢华的晚宴共同造就一场最欢乐的盛宴，人们兴致高昂地一直跳到凌晨三点。[97]

到了帝国时期，布莱希罗德的舞会将变得更加奢华和排外，但舞会上的主人是否感到自在呢？

第六章

第三场战争

> 人们终将认识到，这三场 [战争] 在多大程度上归咎于国内政治的原因。全世界都相信只有路易 · 拿破仑会出于国内原因而发动战争，七年以来，人们一直享受和利用这个巨大便利。纯粹从自保的视角出发，发动这三场战争正当其时。
>
> ——雅各布 · 布克哈特，1871 年 10 月 12 日

北德邦联是通向德国统一道路上的中转站。在不冒险与法国开战的情况下，这是俾斯麦在 1866 年所能做到的极限。但将巴伐利亚、符腾堡和巴登三个南德邦国排除在外的德意志大厦略显缺憾。1866 年被得意洋洋地引入中欧的民族主义原则强烈要求建立更广泛的联盟，建国逻辑和经济利益的力量同样指向更大的德意志国家。俾斯麦始终明白——并在 1864 年和 1866 年有了重新体验——没有什么能比对外战争的火焰更快地缔造团结的纽带。拿破仑三世在之前的两场战争中为他做了很多，超过他曾经的期待；现在，法国已经堵住北德进一步扩张的任何可能。拿破仑能帮的忙只剩下一个：在对俾斯麦有利的时机扮演（外交上被孤立的）入侵者，成为整个民族同仇敌忾的对象。

这一切的发生既无时间表也不确定。但在 19 世纪 60 年代末，欧洲弥漫着对战争的预期，各方面的军事准备让战争的前兆变得更加紧迫。欧洲人知道，俾斯麦已经发动和赢下两场战争，并在此过程中确立普鲁士在北德的霸权。有理由担心，在正确的时间他可能发动另一场战争，以便把整个德意志统一在普鲁士的权杖下。反过

来，拿破仑可能会试图恢复在国内遭到重创的威望，重塑法国在欧洲的霸主地位。法国的盟友可能是奥地利，后者总是被怀疑心怀复仇之念。

俾斯麦乐意等待，1867 年，他否决了毛奇发动预防性战争的愿望。不过，很少有人怀疑，为了完成德国的统一和建立欧洲新秩序，他同样认为普法必将在某个时间开战。但他并不着急，而是希望巩 122
固之前的战果，并确信时间对己方有利。因此他竭力对欧洲保证，自己向往和期待和平。

布莱希罗德在这点上又一次帮助他，并采用多种方式。布莱希罗德本人和整个银行业的利益倾向和平。但当战争真的来临时，他表现得极为随机应变而且特别爱国。

在和平年代，布莱希罗德的活动和广泛的通信反映了国际局势的不确定。他的书信折射出德国人普遍推崇“外交优先”（*Primat der Aussenpolitik*），对于同外部世界保持商业关系的他来说，这显得理所应当。不过，当新的北德邦联真正的制度正在被确立时，他对外部事务的关心默示德国人同样普遍轻视国内政治。政治现实、金钱私利和某种虚荣心让布莱希罗德开始培养与“大政治”（*Grosse Politik*）的关系。

第一场重大危机的导火索是卢森堡的未来——这个小公国由奥兰治家族（House of Orange）统治，由普鲁士军队驻守。普奥战争期间和结束后不久，先后遭到俾斯麦诱惑和拒绝的拿破仑曾希望为法国赢得某些补偿。但当和平恢复，当普鲁士吞下胜利果实后，俾斯麦马上对拿破仑的提醒置之不理，无视对于 1814 年边界乃至吞并比利时的模糊暗示。恼羞成怒的法国人决定解决卢森堡问题。俾斯麦拐弯抹角地表示鼓励，但假装在国内遭到阻力。布莱希罗德心知肚明，1867 年 3 月，他在危机处于最高峰时致信雅姆斯男爵：“这里的上层圈子对交出卢森堡一事装聋作哑。”[1] 这条信息一定是为拿破仑准备的，后者一定疑惑俾斯麦和布莱希罗德中谁才是柏林更好的消息来源。几周后，布莱希罗德收到来自巴黎的消息，那里的所有人都认为俾斯麦将发动另一场战争。来信人还表示，法国人试图让战争延后，因为他们的新枪还没有准备好[2]*。

维也纳的戈德施密特也警告不要发动另一场战争；4 月末，他报告说，俾斯麦接受召开国际会议来解决卢森堡问题，这让奥地利人感到高兴[3]。作为罗斯柴尔德家族的德意志事务文书和布莱希罗德的朋友，埃米尔·布兰代（Emil Brandeis）从巴黎发来警告：法国人正如火如荼地重整军备和进行巨额军购。他认为，一切取决于5 月 7 日将在伦敦召开的会议[4]。当天，科伊德尔交给布莱希罗德一张秘密字条，要求他读完马上毁掉。这次会议“肯定有望”带来 123
和平，但“[普鲁士] 加强军备有战争倾向的假设让俾斯麦受伤”，军队仅仅是恢复正常的力量[5]。会议批准事先做出的决定：卢森堡将继续由奥兰治家族统治，但不会有普鲁士驻军。当俾斯麦的其他承诺落空后，拿破仑一无所得，他连这个寄托最后希望的安慰奖也没得到。5 月末，布兰代写道：“公众对法国遭到的羞辱非常恼火……很快将寻求复仇，时间是今年秋天或最晚明年初。”[6]

同样在 1867 年夏天，布莱希罗德从马林巴德（Marienbad）给俾斯麦发来对国际局势的长篇盘点。他强调拿破仑在国内地位的动摇，收成欠佳的预期令其雪上加霜。

> 另一方面，奥地利政府处在大破产的前夜……延缓破产的唯一方法是让奥地利暂时降格为小国，但人们普遍相信这不可能。有人倾向于求助印钞机，但那样做隐含着更大危险……鉴

---

* 在法国人害怕普鲁士人攻击的同时，英国人也担心遭到法国人入侵。1867 年 4 月 10 日的《泰晤士报》抱怨说：“法国人有了法国还想要什么？……没有哪个国家拥有比法国更好的自然条件……即便不是装腔作势，法国人的焦虑也没有真正的历史基础，依据的只是疯狂而虚幻的预言。但如果我们预测遥远的未来，只怕最大胆的预言家也不敢说德意志有侵略企图吧？”

> 于这些悲观的前景，难道他们不会冒险团结法国，与普鲁士殊死一搏？难道在国内焦头烂额的拿破仑不会张开双臂欢迎这位盟友吗？

布莱希罗德在信的最后哀叹道："欧洲股市被普遍不信任的阴影笼罩，我担心贸易和工业将长期受此影响。"[7] 今天的历史学家常把国内动荡和对外黩武的密切关系看作新发现，但对布莱希罗德和他的朋友们来说这司空见惯。深受布莱希罗德信任的助手弗里德里希·莱曼（Friedrich Lehmann）表达类似的担忧，并警告说："因此，我只把目前的上涨看作清仓良机，而不是投入更多［资金］的保证。"[8]

布莱希罗德为俾斯麦所做的快速盘点基本正确。作为俾斯麦在1867年和1869—1870年两次成功的受害者，奥地利和法国似乎接近结盟，空气中充满时断时续的恐惧。布莱希罗德还正确地指出，经济气候将受到影响，因为市场和人一样厌恶不确定性。

1868年10月，布莱希罗德试图说服俾斯麦做出和平姿态——即使没有这样的姿态，他也向外国外交官保证俾斯麦具有和平意图。从巴黎回来后，布莱希罗德致信俾斯麦，表示在当年保持和平的前景很好，但法国仍然群情激奋，因此"如果我们很快解决北石勒苏益格问题，更持久的和平将指日可待"[9]。德国人曾同意法国人的要求，丹麦与石勒苏益格的最终边界将由全民公投决定，现在法国人希望德国人遵守和约中的该条款。俾斯麦无意接受这个带有民主意味的要求，而布莱希罗德反复提醒说法国人很看重这点，他对此 124
一定烦恼不已。

几周后，布莱希罗德造访伐尔岑，此行受到很多关注。俾斯麦极力强调自己的和平意图，即使其中不包括石勒苏益格的公投。奥地利驻柏林大使曾向维也纳报告说：

> 在伐尔岑与俾斯麦伯爵一起度过几天后，布莱希罗德先生昨晚偷偷告诉我，首相非常看重和平，并相信能把和平维持下去。[但]布莱希罗德对俾斯麦的健康一点也不满意，特别是因为他的神经非常敏感。他相信，首相对和平的极度自信在一定程度上可以用疾病造成的心理影响来解释，比如，这完全是出于个人静养的需要。[10]

通过法军驻柏林专员斯托费尔，拿破仑收到同样的消息：布莱希罗德为斯托费尔带来秘密消息，表示俾斯麦比以往任何时候都更向往和平，普鲁士目前满足于北德邦联，德国的统一迟早会水到渠成，无须特别推动。报告继续说，俾斯麦正寻求重建法普两国间最充分信任的方法，认为威廉与拿破仑的会晤可能会有助于这个目的，并“让欧洲人安心，结束当下令人苦恼的商业停滞”。斯托费尔无法确定，这条消息究竟代表俾斯麦的真实心声，还是“他的犹太人被对政治角色的热情冲昏了头脑”[11]。

三年后，斯托费尔的信在未经授权的情况下被刊发——这让布莱希罗德陷入尴尬，让他的敌人幸灾乐祸[12]。这封信的实质是什么？显然，从伐尔岑回来后，布莱希罗德对俾斯麦的和平愿望印象深刻，这迎合他本人的利益，即恢复和平，让生意重新兴隆起来。俾斯麦“命令”他与维姆普芬和斯托费尔谈话了吗？或者只是寄希望于通过布莱希罗德有分寸的泄密将消息传递给合适的人——由于来自私人渠道，消息可能会更显权威？俾斯麦无疑知道，自己与布莱希罗德的亲密关系将引起外交反响，也没有证据表明他介意布莱希罗德的国外关系——事实恰恰相反。另一方面，对布莱希罗德而言，扮演这种特别信使的机会无比宝贵。

也许不只消息，布莱希罗德在金融市场上的举动也被人仔细琢磨。1869 年 3 月，他选择做空。奥地利驻柏林代办明希抱怨说：“首先在市场上抛售股票的是布莱希罗德银行。众所周知，该行行长与俾斯麦伯爵关系很好。”布莱希罗德向明希承认，他在突然抛售之前和之后见过俾斯麦，首相两次都在他面前“对世界和平信誓旦旦”。 125
但来自伦敦和巴黎的报告令人不安。明希认为，政府与此事无关：“《十字报》上一篇显然是半官方的文章谴责了这种做空行为。”但令他失望的是，布莱希罗德卖掉的主要是奥地利股票；价格的突然下跌将“对我国的经济形势产生很严重的影响”。他还警告说，此类投机下次可能被用于政治目的[13]。也许布莱希罗德想要暴露奥地利的虚弱，以此作为有说服力的证据，阻挠一再被提及的法奥同盟阴谋。

但 1869 年在许多方面都是多事之秋。就像德国历史上常常发生的那样，不切实际的乐观让位于极度的悲观。由于地方主义在南德的回潮以及各地民主派对普鲁士容克统治的持续敌意，1866 年对完成德国统一大业的热望遭受打击。1868 年的关税同盟议会选举对民族理想是个灾难，而一年后的巴伐利亚选举则证明反普鲁士情感的力量[14]。这些挫折都可能损害俾斯麦的地位。1871 年，他不得不向北德国民议会提交新的军队预算，即使在普鲁士，失望之情也可能产生令人不安的影响。

布莱希罗德还略微牵涉进一次试图恢复德意志动力的有争议行动。1869 年 10 月，爱德华 · 拉斯克计划在议会提出让巴登提前加入北德邦联的计划，巴登是最支持普鲁士的南德邦国。他请求布莱希罗德征询俾斯麦的观点，布莱希罗德将此事委托给正要前往伐尔岑的科伊德尔。就像科伊德尔告诉法国专员勒费弗尔 · 德 · 贝埃纳的那样，俾斯麦明白无误地表示反对：“巴登问题免谈。北德邦联的内部事务已经够多，我们对巴登或其他南德邦国的加入不感兴趣，更别说计划这样做了。”[15]1870 年 2 月，拉斯克发起关于巴登加入邦联的质询，俾斯麦的回应非常激烈：他怒斥拉斯克干涉外交，并对巴登政府恶语相向，仿佛它与拉斯克勾结。他的暴怒回答在一定程度上反映出他不愿让议会介入自己专有的对外政策领域[16]。早前的德国历史学家常常把俾斯麦的拒绝作为他本质上向往和平的证明。不过，他有充足的理由避免利用这次机会打破僵局：巴登的加入将会疏远巴伐利亚，而违反《布拉格条约》则将导致整个欧洲联合起来与普鲁士为敌。最重要的是，俾斯麦知道，有用的战争必须看上去像是防御性的；如果要开战，必须挑动普鲁士的敌人打响第一枪。巴登并非有利的时机[17]。

从 1870 年 1 月开始，首相就秘密谋求让普鲁士国王称帝，这反映出他担心自己的机器熄火太久。5 月，奥地利大使报告说，由
于南德的反对，俾斯麦的帝制计划已经被搁置。但他又表示：“我 126
不排除意外的可能，首相的政策中肯定会有出人意料之举。”[18]

欧洲的和平的确即将被俾斯麦的一次出人意料之举打破。紧张的气氛已经酝酿一段时间，科伊德尔告诉俾斯麦，国际商界对不确定感到厌倦。俾斯麦回答说：“布莱希罗德不久前甚至［已经］请求他发动战争，以便让形势明朗化。不过，这种观点应该被谴责……没有人能够承担挑起这样一场冲突的责任，它可能只是一系列种族战争的开始。”[19] 布莱希罗德此举似乎不太符合他的性格，而且我们的证据只有俾斯麦的话。也许布莱希罗德只是说，如果战争不可避免，那么越早打完越好。但与此同时，俾斯麦警告他的驻巴黎大使，如果德意志民族的发展需要彻底变革，那么它就不能受制于现状。如果这样的话，“外国干涉对我们将是不可接受的”。为了不阻碍民族意志，哪怕冒战争之险也在所不惜[20]。

1869—1870 年冬天，俾斯麦对德意志政治的举步不前忧心忡忡。他在寻找危机——无论通过战争或者外交，危机的解决将为普鲁士赢得又一场胜利。西班牙提供了可趁之机。在 1868 年的革命中，伊莎贝拉女王（Queen Isabella）被推翻*，西班牙国会难以找到继

* 被保守派将领胡安 · 普里姆（Juan Prim）推翻后，女王逃往法国，受到拿破仑三世的庇护并寻求复辟。——译注

承人：这个王位的威名更多来自昔日的荣耀，而非当下的权力和稳定。对法国人来说，王位空缺总是令人难堪。拿破仑一边推行帝国的自由化，一边努力保持自己的权威，无法承受外交上的又一次挫折。他没有自己的人选，但共和派或奥尔良派（Orleanist）* 上台对他将是灾难[21]。西班牙国会的人选令他更加难以接受：1869 年 9 月，临时摄政者们选择霍亨索伦—齐格马林根家族的利奥波德（Leopold of Hohenzollern-Sigmaringen），他的妻子是葡萄牙国王的妹妹，他的弟弟卡尔（Karl）刚刚成为罗马尼亚大公[22]。但无论是霍亨索伦—齐格马林根家族还是该家族名义上的族长威廉一世都疑虑重重，利奥波德也知道罗马尼亚王位给弟弟带来的麻烦；已经有传言说他将厌恶地拒绝登基[23]。他们的父亲卡尔·安东（Karl Anton）意识到，为穷国提供君主会令家族财富损失惨重[24]。

但西班牙人没有轻易放弃。1870 年 2 月，他们找到俾斯麦这个强大的盟友。俾斯麦不顾本国君主的愿望，支持西班牙人的选择——这个事实毫无疑问，但动机仍然存在争议。根据一位现代历史学家的说法，俾斯麦“故意制造冲突，意图挑起战争或者引发法国的内部奔溃”[25]。也许吧，但我们所能确定的只是他不惜触怒威廉也要支持该人选，想来是因为这样做可能伤害法国和让普鲁士受益。但西班牙的水域能够再次托起德意志这艘船吗？麻烦在于，柏林和巴黎都从各自严峻的国内局势出发看待西班牙问题。

俾斯麦试图掩盖他对该人选的支持，终其一生，他都撒谎否认 127
这点。他的主要助手科伊德尔、布赫尔和赫尔曼·冯·蒂勒在这场危险但秘密的游戏中扮演重要作用。与某些历史学家在没有证据的情况下所做的断言不同，布莱希罗德似乎没有暗中参与此事[26]。他的朋友勃兰特少校在春天就向他透露了人选，但布莱希罗德没有意识到消息的重要性。1870 年 5 月，当勃兰特突然向他询问匈牙利兵

---

* 18 到 19 世纪时期法国拥护波旁家族奥尔良系的君主立宪主义者。——译注

团的基斯少校在 1866 年接受大笔普鲁士援助的方式时，他也并不担心。勃兰特还表示，自己将以“最秘密的身份”前往巴黎[27]。布莱希罗德对普鲁士官员间这种密谋式的口吻习以为常*。

6 月末，他两次向阿尔方斯男爵保证，“政治问题上没有新情况”[28]。6 月 26 日，他给俾斯麦写了一封关于各种金融操作的长信，包括几天后在巴黎发行新一期的普鲁士抵押银行债券。信的开头说：“政治领域没有令人不安的理由。”[29] 俾斯麦在“没有”下面画了线，并在页边打上问号。他很清楚，西班牙这颗炸弹随时可能爆炸。在快速回复中，俾斯麦没有透露自己的任何疑虑；相反，他写道：“如果我们能把可观的法国资本吸引到这个国家，我认为那将是重大成功。这在莱茵河沿岸早已实现，而且颇具规模，令工业企业大为受益。”他感谢布莱希罗德送来的啤酒和香槟，但表示目前的温泉疗养让自己感到疲劳和睡不着觉，而且暂时强迫戒酒。最后，他提出在结束疗养后，希望布莱希罗德来伐尔岑拜访自己一家[30]。

值得注意的是，在距离西班牙问题激化只有几天时，俾斯麦如此迫切地想要把法国投资吸引到普鲁士。也许他希望让法国资本流入普鲁士，避免其落到法国的潜在盟友手中，比如奥地利；也许他希望把法国资本截留在普鲁士，以便爆发战争的情况下更容易收缴赔款。无论战争或是和平，掌握法国的资本投资对普鲁士都是有利的。后来，俾斯麦即使在私下也总是假装对战争的爆发感到完全意外。几年后，他在写给布莱希罗德的信中表示：“我想向你重申，1870 年 6 月时，天边仍然全无阴云。”[31] 但就像页边的问号所显示的，

---

* 布莱希罗德多次为政治目的的秘密资金转账提供掩护。由于这类任务的性质，很少有记录保留下来。比如，1868 年 1 月，公使基金的受托人科伊德尔指示布莱希罗德将 750 法郎汇往巴黎。科伊德尔将“以最高的权限”和最秘密的方式在巴黎支取这笔钱。布莱希罗德银行或罗斯柴尔德家族的任何人都应该对这笔转账的真实原因一无所知：“请你自行决定用什么借口掩盖这件事。”科伊德尔还表示，今后将有类似的支付。科伊德尔致布莱希罗德，1868 年 1 月 29 日，BA。

当时他心知肚明。

最晚在7月5日，布莱希罗德开始察觉到战争的威胁。他给阿尔方斯男爵写了一封私信，报告说西班牙人选择霍亨索伦家族的成员，德国人担心法国人可能会反对[32]。布莱希罗德一眼就看到威胁，这证实我们现在所知道的：预测法国人对南方边界出现霍亨索伦君 128
主的反应既不需要专业知识也无需天才。因此，俾斯麦从2月开始就必定知道自己踏上了一条危险的道路。

拿破仑已经将此事告知巴黎的罗斯柴尔德家族，后者立即开始发动所有的关系，试图拯救和平。他们把拿破仑的消息转达给格莱斯顿*首相，并多次告诫布莱希罗德形势严峻[33]。7月8日，布莱希罗德知会外交部，并直接写信给俾斯麦："巴黎的罗斯柴尔德写信给我，仿佛普法之间战争已经爆发。"他还援引法国的报告，表示英国、奥地利和意大利都认同法国对西班牙的政策[34]。不过，他在信末的慷慨爱国陈词可能会让他的巴黎朋友失望："这里群情激昂，如果西班牙议会选择霍亨索伦亲王，我怀疑与法国开战将不可避免，因为没有人愿意接受法国的条件和做出让步！"[35]

法国人的表态同样充满民族主义豪言。7月6日，法国外长德·格拉蒙公爵（Duc de Gramont）向普鲁士和西班牙提出严厉警告，强调法国不会容忍自己的南部边界上出现敌对君主。甚至在这番言论发表前，柏林市场已经大幅下跌。布莱希罗德在写给罗斯柴尔德家族的信中表示，股价在6日已经下跌2%[36]。对银行家来说这是段艰难的日子，布莱希罗德试图寻找权威的行动建议。7月9日，他写信给消息最灵通的客户俾斯麦，信中充满对其物质利益的关心："我本人不相信政治局势极其严峻［俾斯麦在这个从句边加了感叹号］，因此还未出售阁下账户上的任何股票。但如果我错了，如果

---

* 威廉·尤尔特·格莱斯顿（William Ewart Gladstone，1809—1898），自由党政治家，曾四次出任英国首相。——译注

阁下认为有更多不好的事将发生，那么我恭请您示下只言片语。”[37]第二天，“只言片语”以约翰娜从伐尔岑来信的形式送达。信的开头说：

> 我先生正忙于加密和解密信件，他请我用这种方式回答你今天的来信：他并不真的相信会有战争，因为尽管某些人唯恐天下不乱，但他不认为会有人因为西班牙没有按照他们的意愿投票就突然袭击我们。但他觉得，未来的某个时候，相信将要开战的想法会比现在更强烈。由于他现在毕竟需要钱，最好卖掉他的铁路股份。但你比我先生更善于判断股市，也许市场并不像某些外交官那么草木皆兵。不过，就像预测天气那样，预测神经紧张的男人或女人所做的政治决定也不可能。[38]

普鲁士政府没有也不愿干涉他人事务，但如果法国武装自己，那么普鲁士也将效仿，如果法国发动进攻，那么普鲁士将不得不保卫自己。在这封奇怪的周日书信最后，约翰娜提醒布莱希罗德，信
是她先生亲自口述的——其间不停地被打断，每次只说几个词。事 129
实上，布莱希罗德获得的消息几乎与俾斯麦当天发给外交部的加密电报完全一致[39]。

布莱希罗德的信和俾斯麦的回答都很好地体现了他们的性格。获悉俾斯麦对局势的估计后，布莱希罗德可以全权处置首相和他自己的资金。第二天（周一），布莱希罗德向巴黎的罗斯柴尔德家族报告说：“所有报价都快速下跌。”[40]同一天，他似乎还授意在伦敦的代理人沃尔姆斯（Worms）亏本卖掉自己持有的股票[41]。

在最后的太平日子里，布莱希罗德收到大量消息，他一定就像当时欧洲各国的政府那样，被局势的加速发展和混乱搞得晕头转向。比如，7月10或11日，他从朋友勃兰特（现在是总参谋部的陆军中校，驻扎在比利时）那里收到一张普鲁士驻巴黎军事专员瓦德西伯爵的

手写便条。7月8日，在从埃姆斯（Ems）返回巴黎前几个小时，瓦德西把便条交给勃兰特（俾斯麦命令瓦德西回到巴黎，让他给巴黎大使馆那些受惊吓的普鲁士外交官打气，并仔细监视法军的动向，特别是在铁路上）[42]。瓦德西告诉勃兰特，“巴黎仿佛变成了地狱”，他必须赶紧回去：“对我来说，现在要做的就是睁大眼睛。请务必把B和S留给我［可能是勃兰特手下的特工］。”他还需要确保获得足够的资金——勃兰特能保证这点吗？“……我不相信会发生战争，但［预计］随后的几周将非常动荡。”勃兰特在这封信的底部留了言，要求布莱希罗德收到信后将其毁掉：他请对方借给自己1万法郎，将其存入科隆的奥本海姆银行。勃兰特告诉布莱希罗德，他已经向长官（毛奇？）和科伊德尔询问自己是否应该回德国。他还谈到瓦德西的信：“你还记得我在几个月前告诉和提醒过你这个计划吗？你和S［施瓦巴赫］当时还不相信。”[43]7月12日，威廉的宫廷总管佩彭谢—泽德里米茨基伯爵（Count Perponcher-Sedlimitzky）从埃姆斯致信布莱希罗德：“形势仍然很严峻，还看不到解决办法。”[44]

俾斯麦没有为拯救和平做任何努力。7月10日，他写道：“从政治上说，法国人的进攻将非常有利于我们的局面。”[45]不过，他意识到威廉和利奥波德亲王可能会在法国人的压力下放弃霍亨索伦家族的候选资格，把他的大胆游戏变成一场惨败。为了避免普鲁士遭受羞辱，他再次采取至今仍令人感到高深莫测的行动，并寻求布莱希罗德的帮助[46]。7月12日，他发电报给外交部，表示利奥波德亲王可以体面地保住候选资格，但必要条件是：如果法国攻击德国，西班牙将在未来的对法战争中与德国站在一起。外交部（通过布莱希罗德）应该通知媒体，利奥波德已经接受这个条件，并计划照此行事。布莱希罗德收到了消息，几家报纸也刊载了这个意图不明的故事[47]。这是为了震慑法国人，还是为了给利奥波德体面的台阶，让西班牙来承担在法国威胁面前退缩的责任？

同年7月12日，威廉命令俾斯麦前往埃姆斯；俾斯麦中途在

柏林停留，并马上召见布莱希罗德。在柏林，俾斯麦获悉利奥波德 130
放弃了资格，而且威廉已经把该决定告诉法国大使。这与俾斯麦的预期完全相反，震惊之下，他拒绝相信这是真的。但布莱希罗德证实了该消息。俾斯麦的亲信聚集在他身边，包括他的儿子赫伯特（Herbert），还有罗恩和毛奇。根据赫伯特的日记，毛奇气得满脸通红，“因为他白跑了一趟［柏林］，战争曾经清晰地呈现在他眼前（*den er schon fest ins Auge gefasst hatte*），现在却似乎再次遥不可及……老罗恩也灰心丧气”。俾斯麦表达了这群人的糟糕情绪：“直到刚才，我还以为自己身处最重大历史事件的前夕，但现在我感受到的只是突然中断温泉度假的不快。”他用法语对当时正在参军的赫伯特说：“我要求你努力工作，因为不会有战场上的晋升机会。”晚上，在官方发布弃权消息的同时，布莱希罗德也被授意散布同样的信息[48]。

对俾斯麦来说，7 月 12 日是混乱的一天。他时而想要辞职，时而计划继续羞辱法国或挑动其开战。13 日，局势发生戏剧性的变化。利奥波德的退出本来可以带给法国一场相当可观的外交胜利，但法国人还要求威廉保证未来不再重新提出霍亨索伦家族的候选人，此举无意中让俾斯麦有机会把受羞辱的威胁变成再次向法国挑衅，迫使其对普鲁士发起进攻。威廉拒绝法国人的要求，俾斯麦对威廉的措词做了修改，让它看起来像是在侮辱性地蔑视法国。但仅凭俾斯麦传说中的电报风格不足以让他逃离陷阱，这个陷阱本来是他为法国所设，在 7 月 12 日和 13 日却险些抓住他自己[49]。拿破仑的不自量力将俾斯麦从困境中解救出来。就像一位研究普法战争的最出色的当代历史学家所说：“在霉运、愚蠢和无知的可悲结合下，法国莽撞地与欧洲有史以来最强大的军事力量开战，它动机糟糕，军队尚未做好准备，而且没有盟友。”[50]

由于担心任何妥协都将在国内引发波澜，拿破仑给了俾斯麦他早就觉得必不可少的东西：法国的攻击将鼓舞德意志民族，团结德意志和加强普鲁士的领导权。和德国人一样，整个世界也把这场战争看作法国人的侵略之举，因此外交前景将对德意志有利。但很少有人认为，结局早已注定。

战争的爆发令柏林股市几乎陷入恐慌。与 7 月 1 日相比，科隆—明登铁路这样的坚挺股票下跌了近 30%，其他股票同样表现惨淡。政府通过公开认购方式发行 1 亿塔勒债券的努力没能成功；尽管汉泽曼提出过警告，贷款的条件（票面价格的 88 折和 5% 的利率）仍然不够吸引人。已经上市的其他国有债券售价更低，因此更有优势。债券没能实现计划的认购额。后来，民族主义政论家们攻击布莱希 131
罗德和其他银行界缺乏爱国心，把钱投在外国证券上（据说甚至包括法国的），而不是购买新的德国债券。10 月末，汉泽曼筹建财团，向柏林和伦敦公众发售 2000 万塔勒债券（汉泽曼的贴现公司包销 430 万，布莱希罗德和法兰克福的罗斯柴尔德家族各自包销 300 万）。这次发行取得巨大成功——但它经过精心的准备，而且普鲁士在之前已经取得大捷[51]。

布莱希罗德讨厌战争，与同胞相比，他更没有理由对战争的爆发感到兴奋。他最亲密的海外关系人来自法国，和广大中欧资产阶级一样（特别是犹太人），他很可能也对法国的东西赞赏有加。但随着德国人取得大捷，爱国热情开始高涨。8 月 13 日，奥地利大使维姆普芬伯爵哀叹柏林陷入“过度的胜利情绪”，让一切政治理性消失。“在这个自信变得日益引人注目和触手可及的地方，民族特征今天已经变得如此鲜明，旁观者很难想象它将进一步提升，更别说忍受它了。”[52] 在当时和随后的几个月里，戈德施密特恳求布莱希罗德提醒普鲁士人保持克制，否则奥地利的中立将受到威胁[53]。

9 月初，在色当（Sedan）被攻陷和拿破仑投降后，大部分德国人开始觉得胜利是上天的决定，上帝因为邪恶的法国人的罪恶而惩罚他们，终于即将走向统一的德意志民族显示了无与伦比的道德优越性[54]。布莱希罗德也被这种骄傲所感染，民族主义狂热有时甚至冲昏他清醒的头脑。他变得越来越像保守当权派，难怪他开始拥护保守当权派的意识形态。他还对德国的成功顶礼膜拜，犹太人身份也许让他表现得更为夸张，因为异族必须时时重新证明自己的爱国。战争完成了他向民族主义的转变，特别是因为他从这个新国家的胜利中获利。

在使许多人遭受痛苦和一无所有的同时，战争通常也向少数人提供巨大的机会。被历史学家迈克尔·霍华德（Michael Howard）称为第一场全面战争的普法战争也不例外。新的需求催生新的人才，有魄力的人可以比在和平时期崛起得更快。布莱希罗德在奥普战争中已经显露身手；在两场战争之间的四年里，他获得影响力和信任，或者说某种“起飞”点，让他能够在这场新的战争中扮演重要角色。他可以轻松地见到俾斯麦及其手下，轻松地出入威廉国王的宫廷，这为他提供无与伦比的运作基础。战争结束时，他在各个领域都取得巨大的进步。

整个战争期间，他的身影无处不在。他慷慨地向权势人物馈赠 132
礼物，还大方地捐助穷人和丧亲者。他扮演某种私人红十字会的角色，帮助约翰娜·冯·俾斯麦组织战时慈善活动，并帮助英国大使照顾法国战俘。普鲁士政府的各个部门和其他德意志邦国宫廷也有求于他。整个战争期间，俾斯麦和他的高级助手们都在战场上；布莱希罗德试图填补柏林的真空，他提供消息和服务，并扮演中间人。尽管战争造成通信困难，尽管站在普鲁士一边，但他仍然保持着与国外的罗斯柴尔德家族的联系。他在普鲁士司令部的朋友们充当线人，而他在战时事业生涯的顶峰是被俾斯麦召到凡尔赛宫。

从战争伊始，他就不时承担最秘密的使命。我们有关于这些任务的暗示，但它们很少被付诸文字。布莱希罗德在奥普战争期间就执行过类似的任务，而这场更长的战争需求更大，布莱希罗德也已更为知名，他的朋友科伊德尔正是俾斯麦与间谍和其他秘密工作打交道的左右手[55]。布莱希罗德成了向愿意为普鲁士效劳的个人和团体转账的有用的秘密代理。通过私人渠道汇款显然是更好的选择——在我们自己的时代，类似行为的例子也不少见。布莱希罗德的钱通过公使基金偿还，监管该基金的科伊德尔小心地毁掉大部分记录[56]。布莱希罗德与韦尔夫基金的联系是他成为合适代理人的另一个理由。

布莱希罗德的使命证明，俾斯麦决心不惜任何手段削弱敌人和限制潜在的敌人，比如奥匈帝国。8 月初，布莱希罗德受命向一位匈牙利记者雅各布 · 科恩（Jacob Cohn）支付 3000 盾，科恩则向普鲁士驻布达佩斯总领事承诺“执行约定的计划”[57]。8 月中旬，科伊德尔指示外交部，要求让布莱希罗德极其秘密地向一位意大利间谍或职业革命者支付 10 万法郎，用于展开针对尼斯（1860 年被法国从意大利人手中夺走）的行动。外交部最初表示异议，但到了 10 月，布莱希罗德还是收买了一些可靠的意大利闹事者，让他们在尼斯开展反法活动。作为俾斯麦最喜爱的年轻外交官之一，弗里德里希 · 荷尔斯泰因（Friedrich Holstein）调查了意大利革命者的实力，这为布莱希罗德重新与地下革命世界建立联系铺平道路[58]。同样在 8 月，普鲁士驻伦敦大使伯恩斯托夫伯爵转交给外交部一封来自阿尔及尔（Algiers）的信，信的署名只有首字母：一个反对法国统治的委员会已经成立，但需要资金，“好机会，几乎没有留下［法国］军队。钱！钱！”[59]。我们不清楚是否汇了钱，但这个请求和伯恩斯托夫的转交暗示，人们再次相信，俾斯麦准备引爆敌方阵营所有可能的地雷。无论如何，地雷爆炸了：9 月中旬，阿尔及尔爆发起义，法国人没有足够的兵力镇压[60]。

作为普鲁士的代理人，布莱希罗德最重要的戏份包括参与俾斯 133
麦与巴伐利亚复杂的战时斡旋。巴伐利亚是南德最大的王国，拥有最古老的王朝和最骄傲的国王，如果要让它同意德国统一，如果要说服路德维希国王同意威廉称帝，那么俾斯麦必须付出特别努力。俾斯麦认识到，他不仅需要同精于算计的巴伐利亚政府打交道，还要面对当时年仅 25 岁但神秘、古怪而且已经出现精神失常症状的国王。

战争伊始，巴伐利亚政府急需要钱，于是授意驻柏林代表佩格勒·冯·佩格拉斯男爵（Baron Pergler von Perglas）询问俾斯麦，普鲁士是否能秘密借款 300 万盾（170 万塔勒），用于帮助巴伐利亚动员军队。佩格拉斯是虔诚的天主教徒和巴伐利亚首相的朋友，对普鲁士心存疑虑。7 月 29 日上午 9 点，慕尼黑以最急迫的措词重申命令，但佩格拉斯觉得当时不可能拜见俾斯麦："上午 9 点我应该无法见到俾斯麦伯爵，他熬夜到很晚，因此通常要睡到接近中午。"于是，他给布莱希罗德写了急信，请求马上见面讨论"政府机密"。布莱希罗德同意了，并承诺扮演俾斯麦和佩格拉斯的中间人。此外，他还表示如果俾斯麦拒绝借款，他将对巴伐利亚施以援手。当天上午 11 点 20 分，布莱希罗德通知佩格拉斯，俾斯麦已经同意借款——8 月 1 日，一列全副武装的火车运送价值 3 万盾的银条和银币从柏林驶往慕尼黑。我们不清楚布莱希罗德是否垫付了这笔钱。不过，路德维希国王在 9 月 3 日授予他"皇家骑士十字勋章"，表彰他对获得这笔贷款的帮助，并"鼓励今后的类似行为"[61]。

11 月中旬，普鲁士驻慕尼黑大使发给俾斯麦一封"绝密"电报，报告说由于热衷宏大建筑和剧场，路德维希国王"陷入严重的财政困境"。在没有告诉政府中任何人的情况下，国王派私人使者马克斯·霍恩斯泰因伯爵（Count Max Holnstein）前往凡尔赛宫，商讨自己的财政需求。如果需求得到满足，路德维希将接受威廉称帝。俾斯麦许诺每年给国王 10 万塔勒，霍恩斯泰因得到其中的 10%[62]。布莱希罗德把这笔钱转给路德维希国王和霍恩斯泰因，后者在他那里开有账户。公使基金从韦尔夫基金里支款偿还布莱希罗德[63]。收到霍恩斯泰因的通知后，路德维希马上给威廉写了那封著名的"劝进信"（由俾斯麦为他起草），敦请普鲁士国王即德意志皇帝位（路德维希发出那封"想要的"信后，向俾斯麦通告此事的邮件绝不能被威廉看到，国王可能无法接受这种手段）。显然，转账代理人必须守口如瓶：在整个俾斯麦时代，普鲁士每年送钱给路德维希一事始终被严格保密[64]。

直到 20 世纪 50 年代，保守的德国历史学家对于赠送给君主的这笔钱（君主助手也分得一杯羹）仍颇有微词。奥托·贝克尔（Otto Becker）写道："他［霍恩斯泰因］毫不迟疑地接受这笔馈赠，完 134
全与超越世俗的理想信仰背道而驰。不过，因为提出给钱的是俾斯麦，这种无可否认的不良印象得以减轻。"[65] 布莱希罗德或俾斯麦是否对这个安排有过类似的不安则令人怀疑。他们知道贵族也要生活，对获益的预期能加速（也许还能促进）重大政治抉择，但很少起到决定性作用。

整个战争期间，布莱希罗德扮演多重角色，而且比以往更加投入——压力对他的健康造成损害。他需要维持在柏林和欧洲资本市场的地位，试图保持与巴黎罗斯柴尔德家族的联系，并将强与俾斯麦及其身边人的关系。他再次寻求动用在银行界的国际关系来恢复和平——整个战争期间，他的公共和私人慈善显示了他的声望和爱国。对布莱希罗德来说，这些活动是同时进行和相互促进的；我们必须简要地一一回顾。

布莱希罗德的热心甚至延伸到敌人。应英国大使洛夫特斯勋爵（Lord Loftus）之请，布莱希罗德担任被关押在德国的 30 万名法国士兵的薪俸出纳。每月向战俘发放这笔钱让洛夫特斯的助手"无暇旁顾"，对布莱希罗德的挑战则更大[66]。他垫付所涉及的巨额款项。洛夫特斯勋爵希望从作为法国政府代理人的巴黎罗斯柴尔德家族那里收到这笔钱[67]。9 月初，拿破仑被推翻后，布莱希罗德焦急地致信罗斯柴尔德家族；他估计任何法国政府都会"承认这种虔诚的善举"，但为了以防万一，他提醒罗斯柴尔德家族，他将要求他们承担付款责任，并请求他们确认[68]。1871 年 5 月，战斗结束三个月后，布莱希罗德请求伦敦的罗斯柴尔德家族借款，以便继续为20万仍然由他照管的战俘支付薪俸[69]。战争期间，布莱希罗德所做的不止这些：“我还把来自法国各地的亲属书信和礼物交给可怜的战俘，我可以毫不夸张地说，委托给我的这项工作几乎耗尽了我的资源。不过，我自愿这样做，只要力所能及，我都会做。”[70]布莱希罗德的信被转交给法国政府，希望对方能与新的德意志委员会合作，该委员会由拉蒂博尔公爵（Duke of Ratibor）领导，旨在帮助在法国的德国战俘。

布莱希罗德向俾斯麦通告洛夫特斯勋爵的请求，于是，俾斯麦为洛夫特斯—布莱希罗德行动和德军安排官方中间人。布莱希罗德向俾斯麦保证，他的新职责也将为德意志的利益服务。俾斯麦很可能不这样看。英国急于接管法国在柏林利益的举动激怒了他，他对他们提出在巴黎接管普鲁士利益的请求嗤之以鼻，而是高调地选择 135
美国[71]。对布莱希罗德来说，这次善举让他与英国大使建立新的亲密关系，并保留与法国的宝贵联系。布莱希罗德还大费周章地为多位法国显贵确定他们失踪或被俘的亲人下落。

保持柏林和巴黎间的通信变得困难。最初，布莱希罗德和巴黎罗斯柴尔德家族继续每日通信，通过布鲁塞尔和阿姆斯特丹的银行传递书信，也不时发送电报。布莱希罗德继续报告柏林股市的情况；7月和8月，罗斯柴尔德家族焦急地打听自己朋友或亲戚的下落。布莱希罗德敦促罗斯柴尔德家族卖掉一部分科隆—明登铁路股份。色当沦陷当天和第二天，他以128马克的价格卖掉他们账户上的1250股，而7月末的价格曾经只有95马克[72]。开战后的最初几周里，布莱希罗德仍然不时发送政治消息；比如，8月19日，他致信阿尔方斯男爵，表示“奥地利的立场再次变得含糊”，言下之意是奥地利仍然可能与法国一起对付普鲁士。为了骗过基督徒审查员，他用希伯来字母拼出“立场”（*Haltung*）一词——假定他们没有聪明到从句子的其他部分作出正确的推断。现在，书信送达需要三到五天，而在和平时期只需两天。

奇怪的是，布莱希罗德对巴黎罗斯柴尔德家族的感情很麻木。他本人与德国的利益关系密切，却认为罗斯柴尔德家族愿意和能够保持与他的日常业务关系，就好像他和他们站在一边。尽管爱国热情高涨，业务照常仍是他的座右铭。8 月末，布兰代明确告诉他，巴黎家族想要终止在德业务，也无法继续在巴黎执行布莱希罗德的要求，因为“不知道形势会发展到什么程度”[73]。几天后，帝国统治被推翻，如果被发现继续同步步紧逼的敌人打交道的话，巴黎罗斯柴尔德家族有足够的理由担心自己的安全，甚至可能激起民众的怒火。共和国宣布成立后第三天，布兰代写下似乎是 1870 年的最后一封信：“男爵们相信你的善意，但在当前形势下，最好什么都不做，任由事态发展。”[74]

但布莱希罗德继续写来报告；9 月 1 日后，他的报告通过伦敦的罗斯柴尔德家族送达。9 月 20 日，德国人完成对巴黎的合围；罗斯柴尔德家族选择留在被包围的城中。布莱希罗德的书信被积压在伦敦，直到来年 2 月才送达目的地[75]。罗斯柴尔德家族偶尔通过气球获得来自外国朋友（特别是英国）的消息，但他们与俾斯麦那位骄傲的银行家的纽带被切断了。在寒冷、饥饿和政局动荡的巴黎，罗斯柴尔德家族与同胞们同病相怜，不太可能想念布莱希罗纳那些不时流露出爱国热情的书信。

布莱希罗德也试图减轻同胞们的痛苦；他知道慈善应该从国内开始，也知道人们对他的预期。他的慷慨在和平年代便已知名，在
战争期间更是大幅提升。需求更大，公众情绪要求做出牺牲，但可 136
能的回报也更大。当俾斯麦伯爵夫人赞助一个支持应征入伍者家庭的协会后，布莱希罗德成了它的财务主管*。协会由腓特烈·威廉的

* 在 1870 年 8 月和 11 月的宣传单上，柏林支持应征者家庭总会（*Der Berliner Haupt-Unterstützungs-Verein für die Familien der zur Fahne Einberufenen*）呼吁公众慷慨解囊，收款人为该会的财务主管、枢密商务顾问布莱希罗德。

遗孀伊丽莎白王后资助设立，并得到威廉的保护。会员包括显赫贵妇、基督徒和犹太人、贵族和非贵族。财务主管这个引人瞩目的职务成了布莱希罗德重要性的又一个昂贵标志。伊丽莎白王后对他的馈赠表示感谢[76]。1870年12月，国王任命他为新设立的威廉基金（旨在帮助受伤或生病的士兵）的财务主管，布莱希罗德又获得一项昂贵的荣誉[77]。

冲突伊始，国王的朗读官和侍从路易·施耐德内廷参事（Hofrat Louis Schneider）请布莱希罗德（在他的印象中，这是“一个有爱国心的富人”）出资筹办一份单页报纸，主要刊载写给士兵的歌曲和诗歌，并免费发放给军队。布莱希罗德同意了，并提出还要赞助一本歌集。他赞助了二十三期这种短期兴奋剂，施耐德报告说，它们给士兵带去巨大的快乐。布莱希罗德要求匿名，但当施耐德向他传达威廉的感谢，表示这“再次证明你的爱国心。国王陛下还说，他当然认识你，对你的贡献完全不意外”时，他一定欣喜不已。国王一直想要一本永久性的诗歌集，“因为它不仅目前用得上，而且可能成为战争唯一留存下来的东西，永久见证今天被调动得如此高昂的精神”[78]。后来，国王还当面向他致谢[79]。对布莱希罗德来说，虚荣而多嘴的施耐德成了来自威廉司令部的宝贵联系人，最终还为他的爱国慷慨写了公开颂词[80]。

布莱希罗德还把大量新的精力投入私人慈善。他一直向显赫人物提供奢侈品，这些人虽然喜欢它们，但出于天性或需要而生活节俭。战争期间，他的圣诞老人式活动变得极其活跃，耗费大量时间。尽管德国人不断取得胜利，但战争甚至给最上层也带来困难。战争打响几星期后，俾斯麦的儿子赫伯特身受重伤，在巴德瑙海姆（Bad Nauheim）治疗好几周才缓过来。约翰娜陪伴在他身边，对他的痛苦和高烧忧心忡忡。布莱希罗德奉上别致的礼物以表示关心，约翰娜为此写来长篇感谢信，充满其家庭状况的细节。9月末，她又从瑙海姆来信：

> 您再次给我们送来一大堆最奢华的礼物，为此我希望略表我们最真诚的喜悦和感谢……愿上帝保佑，让巴黎很快被降服，
> 让和平尘埃落定，让我们的军队——特别是我的丈夫和我的儿 137
> 子威廉——很快回家。我已经几周没有来自威廉的消息了，对他非常担心。

这封长信还感谢了他为“他们”的救济协会所做的全部工作。约翰娜最后向布莱希罗德的妻子致以真切的问候，她在这个时期总是这样做[81]。两个月后，她从父亲在赖因费尔特（Reinfeld）的庄园来信，感谢布莱希罗德的雪茄，表示她的父亲已经领情地收下它们。她还说，她丈夫在信中报了平安，“但仍然看不到和平的希望。真不幸。已经三周没有来自威廉的消息了”[82]。

尽管战场上捷报频传，但布莱希罗德也听说了惨状，而且人们对最终的胜利越来越不耐烦。8 月，路易·施耐德从蓬阿穆松（Pont à Mousson）来信说：“我写这封信时置身于可怕的环境中，周围是 16 日和 18 日战斗的死者和垂死者，因此如果我的手发抖，请你原谅……”[83] 9 月，在色当被攻陷和拿破仑投降后，人们一度看到和平的希望，但法国临时政府拒绝普鲁士提出的苛刻的领土要求[84]。战争继续，德军首先在费里埃尔的罗斯柴尔德家族城堡设立司令部，10 月 5 日又迁往凡尔赛宫。对布莱希罗德来说，就雅姆斯男爵积累起来的难以置信的辉煌而言，这是多大的讽刺。施耐德第一个“从‘法国的布莱希罗德’——罗斯柴尔德男爵童话般的雄伟城堡”给他写信[85]。虽然布莱希罗德对恭维并不陌生，但这种夸张的表述一定让他莞尔。施耐德等人没有提到罗斯柴尔德家族宫殿在征服者中间激起的刺耳的反犹主义论调。比如，各种纹章上的 J.R.（雅姆斯·德·罗斯柴尔德）被恶意解读为“犹太人国王”（*Judaeorum Rex*）[86]。罗恩表示，这位“犹太人国王”的乡间别墅比他见过的任何建筑都要奢华[87]。“但即使是费里埃尔的轩敞大厅也无法容纳毛奇的手下、

王室随从、俾斯麦的官员和一群随军观战者，随着战争陷入僵局，他们的人数大幅增加……这是有趣、充满魅力和爱说长道短的一群人，但算不上快乐；随着天气变糟以及和平遥遥无期，他们变得更加郁郁寡欢。”[88] 毛奇和他的副手认为俾斯麦愚蠢地干涉严肃的战争事务，并为此勃然大怒，而俾斯麦同样对军队“半神们”的指手画脚嗤之以鼻，气氛变得紧张，在巴黎城外的等待也变得更加难以容忍。他们的矛盾预示着普鲁士军方和文官领导人后来更加深刻的对立。

布莱希罗德不断尽其所能地为这些情绪不佳的英雄打气。俾斯麦写道："我们饥肠辘辘，因为 H.M. * 禁止司令部征用一切东西，而且什么都买不到。”[89] 由于威廉对本方下达的禁令，他们的酒被喝光，而且罗斯柴尔德家的管家最初拒绝从大酒窖中拿出哪怕一瓶酒卖给他们。侍从们对这位犹太富翁的不友善极为不满。俾斯麦的手下不得不四处找酒，但其他生活必需品更难找到，因为这个国家贫穷而且充满敌意，与德国联系的铁路严重超载[90]。布莱希罗德试 138
图改变这种窘境，自告奋勇地为普鲁士随员提供美酒佳肴。他乐于看到国王、首相和他们的亲信副手们品他的菜肴，喝他的干邑，抽他的雪茄——一切都品质上乘。如果通过一个人的胃能够抓住他的心，那么布莱希罗德本应该是在司令部最受爱戴的人。

但他不是。也许他热心过了头。他一再追问施耐德或科伊德尔，要求知道他们各自的主人缺少什么。一旦被告知，他会立刻着手寻找和递送（后者更困难）想要的东西。传说中，威廉口味简单，他想要云雀、龙虾、大菱鲆和特制的啤酒。这些东西都会在要求提出后几天内奇迹般送达[91]。礼物当然有等级，级别较低的人不得不满足于较少的礼物。不过，科伊德尔报告说，他把布莱希罗德的雪茄分给俾斯麦的助手，如阿贝肯（Abeken）、俾斯麦—波伦和

---

* 赫尔穆特 · 毛奇。——译注

哈茨菲尔特（Hatzfeldt），这些人现在“每天都会为你唱赞歌”[92]。国王随员中的佩彭谢伯爵和安东·拉齐威尔亲王（Prince Anton Radziwill），以及王储手下的奥古斯特·奥伊伦堡伯爵也是布莱希罗德的受益者[93]。只有俾斯麦的敌人（总参谋长毛奇的人）没有收到布莱希罗德的礼物，该群体拒绝接受他。在他们眼中，他有两个罪名：他既是犹太人，又是俾斯麦的人，两者有时会被缩合成一种轻蔑的表述：“首相的私人犹太人。”[94]

布莱希罗德的受惠者偶尔也喜欢说些反犹主义的话，但他们还是用自己的方式回报了他的好意。他们大多加入布莱希罗德出色得难以置信的情报网络。他收到来自战场的书信和电报，仍然是柏林消息最灵通的人之一。其中少数人会在关键时刻为他的利益出力，特别是科伊德尔。

布莱希罗德和科伊德尔在战争期间保持活跃的通信，揭示当时的许多真相。他们的亲密关系和相互尊敬，通过带有“最尊敬的朋友”这样亲热称呼的书信彰显出来。布莱希罗德谈论柏林的事务、市场和民众的情绪，以及他从巴黎或中立国首都获得的秘密信息。反过来，科伊德尔向他全面描述战场的情况，还常常充当俾斯麦与布莱希罗德的中间人，因为两人在战争期间直接接触寥寥无几。

8月5日，布莱希罗德写道，商业状况堪忧，不过新发行的普鲁士债券走势良好——但后来的情况并非如此。他还报告说，奥地利和意大利仍然存在支持法国举动的危险。8月中旬，在普鲁士取得头几场胜利后，布莱希罗德的口气变得更加兴高采烈：“市场走势非常好”，而在法国，“那个国家满目疮痍”[95]。

科伊德尔的回答向布莱希罗德展现一幅完全不同的画面。8月16日，科伊德尔从梅茨（Metz）附近的蓬阿穆松（Pont à Mousson）来信——德军刚刚渡过摩泽尔河（Moselle），他也是在几个小时前才抵达那里——正置身于“战斗的惊雷中”，也就是代 139
价高昂的维翁维尔（Vionville）之战。他认为市场的积极表现为时过早。“在实现和平前，我们必须削弱法国，使它不会在一年后再次发动战争。这样的话，如此甘愿做出牺牲的我国人民就不会对我们失去信任，不会认为王国没能代表好他们的利益，从而产生向往共和制的冲动。”他表示，其他国家都很贪婪，因此想要实现和平必须经过“非常激烈的斗争，不仅是面对法国人，他们毕竟可能被煽动起来反抗侵略者，而且要面对中立国，更别提路易［拿破仑］可能被废黜而造成的困难和拖延”，“出于所有上述原因”，我们对较早或较容易地结束战争“全无信心”[96]。

简而言之，这不会是1866年那样的速战速决，不会以胜利一方快速取得有限的目标告终。这不是布莱希罗德的朋友所乞求的，也不是他本人可能期待的“适度”。科伊德尔的信清晰地反映出俾斯麦的想法，就像8月11日俾斯麦给沙皇的消息所证明的。科伊德尔反复强调一种相当荒谬的抉择：要么艰难地实现和平，要么国内出现共和主义浪潮，暗示这一定是当时俾斯麦的思维定势[97]。科伊德尔一直与俾斯麦待在一起，除了他写这封信之后的那个晚上，当时俾斯麦获悉儿子威廉阵亡，另一个儿子赫伯特受伤，于是星夜兼程赶去了解情况，第二天早上发现威廉毫发无损，而赫伯特受了三处伤[98]。

科伊德尔关于战争将持续很长时间的警告对布莱希罗德具有即时的重要性。它还意味着即时的利益。在过去的几年里，俾斯麦在吞并阿尔萨斯—洛林中扮演的角色再次成为争议话题。俾斯麦同时代的人重新闻到硝烟的味道：早在8月10日，弗里德里希·恩格斯（Friedrich Engels）就写道，德国人陷入“民族狂怒”，“处处［可以听到］夺取阿尔萨斯—洛林的呼声”[99]。究竟是俾斯麦煽动这波“民族狂怒”，还是他受到后者驱使？究竟是他在官方报道中散布主张吞并者的故事，还是他不情愿地接受舆论和军方的要求？（后来，他自称是身不由己。）俾斯麦在多大程度上参与此事仍然存在争议，但很少有人会否认，到了8月中旬，俾斯麦已经最终彻底下定决心吞并阿尔萨斯—洛林，尽管必然会付出代价[100]。

虽然俾斯麦的动机重新引发人们的兴趣，但他们没有注意到，正是在战争对他产生最切肤影响的那个星期，正是因为他两个儿子的命运，他下定决心惩罚法国，并摧毁其所谓的入侵欲望。此外，8 月 16 日和 18 日，德军侥幸逃过两次灭顶之灾，但损失惨重[101]。8 月 11 日，他对驻圣彼得堡大使的指示仍然态度模糊。但十天后，他在给伦敦的伯恩斯托夫的便条中却强硬地坚持领土要求：“从宫廷到平民，我国民众遭受巨大的牺牲，英国舆论将会理解，我们必须尽己所能地避免它在不久之后重演。”——两者在口吻和内容上有重要区别。他还表示，“即使这场战争后他们没有遭受领土损失”， 140
法国人也会怀恨在心。他最后说，必须削弱无法变成朋友的敌人，唯一的途径是让法国要塞投降，而不是摧毁它们[102]。

俾斯麦可能在一定程度上相信自己的断言，即人民的牺牲激发民众的希望，如果希望破灭，他们对王国的感情将会动摇。他尽其所能地煽动这些希望，把内阁发起的有限战争转变成民族间的战争——直到几个月后才有所收敛，因为他意识到自己促成的这场战争过于凶残。人们无法忽视，下一场战争（部分源于吞并阿尔萨斯—洛林）同样遭遇目标危机。为了不让故意被煽动起来的民众失望，政府在两场战争中坚持的和平条件都必将导致战争延长，并造成更高的损失和预期。在 1864 年、1866 年，俾斯麦坚决反对这样的目标升级，但在更加危险的 1870 年，他却故意支持这样做。这被证明是他最致命的错误。

为了这些目标，俾斯麦拒绝法国的和平提议——布莱希罗德将在这些提议中扮演自己的角色。8 月 16 日、18 日的战斗结束后，形势彻底变得对法国人不利，帝国军队跌跌撞撞地走向覆灭。9 月 2 日，随着拿破仑和他的军队在色当投降，法国遭遇漫长历史上最惨痛的失利。俾斯麦向法国全权代表维姆普芬将军（General Wimpffen）重复他在之前几周内说过的话：法国人一直是有侵略野心的民族，德国人的牺牲必须要求更好地防备这样的敌人——鉴于他过去的亲法态度，我们不免觉得这些话是他刚学会的[103]。

当局势有所缓和时，俾斯麦会恢复政治理性，但色当战役让德国公众的头脑变得如此疯狂，这是俾斯麦之前暗中通过媒体煽动所无法做到的[104]。头脑无法轻易恢复正常，就像臭名昭著的色当节（Sedan-Feiern）* 或随后几十年中的各种令人作呕的年度庆典所展示的。色当沦陷后，巴黎宣布建立共和国，并成立临时国防政府。年轻而暴躁的激进派莱昂·甘必大† 是政府的领导者和启发者，儒勒·法夫尔主管外交事务。新政府希望和平，但前提是要有尊严地获得；和长期的战争一样，耻辱的和平也会让法国的社会结构陷入最危险的境地。法夫尔的著名誓言——不放弃“她的一寸土地和一块城砖”——与德国人的目标格格不入。9 月 18 日，法夫尔在费里埃尔拜见俾斯麦，但俾斯麦的不妥协让一切希望破灭。作为败局已定的一方，法夫尔清楚地意识到，剩下的唯一选择是全力一战，唯一希望是欧洲的干涉。

在这样的悲观背景下，布莱希罗德试图扮演调停者的角色。他的中间人是施瓦巴赫的丈人亚历山大·门德尔（Alexander Mendel），此人是一位荷兰或比利时公民，一名见多识广的商人，在法国人脉广泛，与甘必大关系很好。8 月，布莱希罗德将门德尔的一封信转交给科伊德尔，“这是我在巴黎最可靠的人……虽然他是荷兰人，但在内心他是个好德国人”[105]。9 月 10 日，布莱希罗 141
德给科伊德尔发去电报，表示“我的线人”已经带着甘必大愿意展开谈判的指示回到伦敦。“如果首长想和门德尔面谈——这样做无论如何都是对的——请马上发电报，并附上路线指南。”回复马上

* 为了纪念在色当战役中击败法军和俘虏拿破仑，从 1871 年到 1918 年，德国在每年 9 月 2 日都会举行庆祝活动。——译注

† 莱昂 · 甘必大（Léon Gambetta，1838—1882），法国共和派政治家。第二帝国垮台后任临时国防政府的内政部长。——译注

就到了："首长将接见你的朋友；推荐使用新的柏林通行证，经由南锡（Nancy）前往。"[106]9 月 12 日，俾斯麦收到伯恩斯托夫从伦敦写来的信，里面附有一份门德尔刚刚在巴黎接到的报告。报告充满悲观，因为现政府无法实现和平。门德尔的未具名线人预言，面对共和制的混乱，巴黎无法保卫自己，尽管"巴黎不是法国——就像纽约虽然是肮脏人群的所在地，却没有阻碍美国成为一个伟大而高贵的国家"[107]。俾斯麦的新闻秘书莫里茨 · 布施（Moritz Busch）在伯恩斯托夫来信的顶部标注"用于新闻"。门德尔的悲观报告在德国的官方报纸上大受欢迎。

当布莱希罗德安排与俾斯麦的会晤后，门德尔再次匆忙赶回巴黎，直接打探"他们愿意接受什么牺牲"[108]。他的费里埃尔之行与儒勒 · 法夫尔（Jules Favre）的一样无果而终。科伊德尔喜欢门德尔，而毛奇的人则对他恶语相向，更愿意把他看成布莱希罗德的代表[109]。甘必大给了门德尔回巴黎的通行证，但维尔蒂 · 杜 · 维努瓦将军（General Verdy du Vernois）劝他不要冒险前往，并交出通行证。最终门德尔同意了，毛奇的一位军官记录道："我们希望让它物尽其用。"*[110]

布莱希罗德把门德尔留作后手。他的目标很简单：他希望和平，希望第一个知道和平即将到来，希望负责收取德国可能对法国开出的赔款，后两者意味着大笔收益。他向科伊德尔求助，比如请科伊德尔在和平临近时发加密电报给自己。但科伊德尔提醒他，从司令部发密电是被禁止的："我的第一封关于'几支雪茄'［和平前景的暗号］的电报被发送了，因为后面跟着'首长用的'，但昨天的电报被认定无法发送而退回。"[111]10 月中旬，布莱希罗德请外交部次

* 一个月后，俾斯麦谈到甘必大的一位中间人不久前的来访，那人向他询问，德国人是否会承认法兰西第三共和国。"不仅是共和国，如果你愿意，我还可以承认甘必大王朝；但它必须带来有利与稳定的和平。"在讲述这段故事时，俾斯麦还表示"是的，任何王朝，无论姓布莱希罗德还是罗斯柴尔德"，于是这两人成了后续谈话的主角。*GW*, VII, 385.

长蒂勒（Thile）发电报给俾斯麦，表示在接受法国内政部长提出的面谈后，门德尔相信“运送大批雪茄”将对法国人产生影响。俾斯麦一定对自己的亲信银行家突然胡言乱语感到奇怪，直到科伊德尔正确地解读这条消息；科伊德尔在电报上写道，布莱希罗德曾请求自己使用那种暗语，但他拒绝了[112]。严格来说，这并非事实，就像我们所看到的那样。但科伊德尔很可能对只有自己理解布莱希罗德的暗语感到尴尬。就这样，他们的密切关系大白于天下。 142

整个秋天，布莱希罗德不断把门德尔的报告发给蒂勒，后者再用加密电报将其转发给俾斯麦。10 月 25 日，门德尔报告说：“甘必大在电报中说，说什么都没用。法夫尔不会接受任何[领土]赔偿。”但事实上，正是组织全民武装的甘必大让法夫尔的不妥协有了底气。11 月初，门德尔警告德国人，图尔（Tours）政府认为和平是不可能的，装备精良的新军队正在投入战场，“绝望驱使人们身不由已地武装自己”。那个月晚些时候，布莱希罗德发出更多法国人抵抗升温的消息[113]。

俾斯麦无须布莱希罗德提醒自己形势的严峻。德军已经取得一系列胜利，但和平看上去仍然杳无踪影。等待的压力——首先是等待拿下梅茨，然后是等待攻陷巴黎——对凡尔赛那群人的心态造成不利影响。俾斯麦与军方的矛盾愈演愈烈，关于是否炮轰巴黎的争论成了新的冲突焦点。

布莱希罗德不时收到关于阴沉气氛的暗示。拿下梅茨前不久，科伊德尔在信中提到俾斯麦的指示：首相“乐意委托你收缴战争赔款，如果他可以做到的话，前提是局势发展到可以展开谈判的地步，但地平线上还看不到鸽子”。法国的抵抗变得更加强硬，人们做好在凡尔赛闷闷不乐过冬的准备[114]。布莱希罗德开始和所有人一样不耐烦起来，他在 10 月 28 日致信科伊德尔：“衷心祝贺梅茨的投降。愿上帝保佑，让我很快可以祝贺你们举行进入巴黎的仪式。但[即使]一切顺利，我们如何实现真正的和平呢？”也许最好让法夫尔走人（仿佛这掌握在德国人手中！），因为甘必大更温和，而且“已经同意割让阿尔萨斯”[115]。

布莱希罗德想要和平，想要入城式，还想要阿尔萨斯。他也被当时的沙文主义幻觉冲昏头脑，而且严重到可能不再看得清自己愿望中的矛盾之处。他的朋友莫里茨·戈德施密特则完全不同，后者吹嘘自己的亲德情感，但恳求普鲁士要有节制，并慨叹道：“有福的‘平安’何时才会来到？”[116]

虽然和平遥遥无期，但由谁最终收取赔款的问题仍被不断提出——俾斯麦有时几乎拿此事开玩笑。11 月初，在俾斯麦的要求下，科伊德尔致信布莱希罗德，表示“维也纳的罗斯柴尔德家族已经提议由他们来收取法国的赔款，你对此有何看法？按照惯例，我们更倾向于选择本土［德国］银行……如果可以的话”。（俾斯麦在夸大其词，因为维也纳的罗斯柴尔德家族仅仅提议，如果巴黎分支被要求参与和约的赔款安排，他们愿意担当中间人[117]。）不过，科伊德尔又说，前景很不妙：“简而言之，我没有好消息可以报告。”[118]

凡尔赛的气氛一度仍然悲观。12 月中旬，科伊德尔承认，没人
知道巴黎可以支撑多久：“我看不到进入尾声的迹象。”[119] 更糟糕 143
的是，从 12 月初开始，威廉和俾斯麦“［因为］称帝问题、炮轰巴黎和［法国人的］突击而神经极其紧张”。威廉不断给俾斯麦的神经施压，而布莱希罗德则努力减轻这种压力。沃尔夫通讯社（布莱希罗德与其关系密切，因此希望能在战争期间获得特别的优先权）把自己的报告发给施耐德，后者将其读给国王听，国王再就各种问题麻烦俾斯麦。俾斯麦觉得，至少可以在源头上阻断这个麻烦。他认为施耐德没有为这些报告付钱，因此绝对不应该免费得到它们。科伊德尔写道：“联邦首相要求［像沃尔夫通讯社］这样接受政府重要资助的组织不得找政府的麻烦。”在那几个艰难的星期里，当威廉对俾斯麦统一德国的各种举动加以阻挠时，首相常常试图限制国王的消息来源[120]。

12月中旬，科伊德尔感谢门德尔的后续报告，并承认“甘必大的确取得了惊人成绩，因此耽搁了和平”。“除非我们运气好，巴黎在随后的四周内陷落”，不然在德国展开进一步动员将必不可少[121]。同样在这个悲观时刻，布莱希罗德直接给俾斯麦写了报告，提及甘必大可能的求和愿望，以及法国人在伦敦筹款时遇到的困难，“尽管英国对法国怀有不可否认的同情。阁下的上一份照会惹恼了伦敦……而让本国人恼怒的是炮轰巴黎被拖延，或者就像传言说的被完全取消”[122]。俾斯麦几乎无须布莱希罗德提醒就能感受到所有人的怒火；他知道整个世界已经站到自己的对立面，外国人认为他顽固而苛刻，德国人（错误地）怀疑他对巴黎心慈手软[123]。不寻常之处在于，布莱希罗德毫无顾忌地把这一切都告诉他，在艰难时刻如此坦诚相见让两人都值得尊敬。

布莱希罗德还在信中谈到俾斯麦的个人资产。战争初期，科伊德尔担任首相和银行家的中间人。早在9月5日，当普鲁士的大捷推动市场上涨，当俾斯麦意识到和平仍然相当遥远时，科伊德尔通知布莱希罗德：“首长授权你出售他持有的任何证券，只要你认为正确。”布莱希罗德卖掉俾斯麦的全部或大部分俄国抵押债券，但在11月时想要把它们购回。俾斯麦则认为不必急着购回，特别是因为他可以在1871年购买新一期的债券。科伊德尔还表示，首相不认为俄国对《巴黎和约》中黑海条款的指责会引发战争，但“如果他改变看法，他会让你知道”。在谈到他自己的职责，并对法国局势做了快速盘点后，科伊德尔又说：“因此如果我也投机的话，我还不会买入。”[124]长时间以来，来自凡尔赛的消息令人沮丧。科伊德尔的书信进一步证实，俾斯麦认为让自己的银行家获得正确消 144
息是重要和无可厚非的。显然，他不会与其分享国家机密，但也不希望其在黑暗中做出代价高昂的决定。

俾斯麦关心个人财务和布莱希罗德对其的打理，但他的关心会因为自己的情绪而变化；当他紧张和沮丧时，布莱希罗德偶尔的拐弯抹角要求会让他发怒。俾斯麦的手下对他的糟糕心情诚惶诚恐，可能正是由于某种突如其来的不愉快让科伊德尔在12月中旬致信布莱希罗德，表示自己无法再就商务问题叨扰俾斯麦，布莱希罗德应该直接写信给首相[125]。布莱希罗德照做了，他告诉心情不佳的首相，自己暂时将俄国抵押债券的收益投资于新的德国贷款。在新一期的抵押债券发行前，德国贷款将一直升值。同样在这封信中，布莱希罗德还宣布将运来一些啤酒和雪茄，这是心怀感激的银行家提供的可食用的分红[126]。

圣诞节时，凡尔赛的火药味变得更浓。尽管遭遇更多惨痛挫折，法国领导人还是发誓继续战斗。在德军阵营，毛奇与俾斯麦的矛盾愈演愈烈。1月5日，首相早就要求的炮轰巴黎终于开始，但对于缓和怨气与矛盾收效甚微。毛奇完全乐意打一场持久战，只要以惩罚性的和平告终即可。俾斯麦则希望速战速决，因为欧洲国家干涉的危险再次变得大起来。凡尔赛弥漫着不和与沮丧，甚至1月18日威廉不情愿地登基为德意志皇帝的消息也无法驱散阴云。几天后，一位相对公正的观察者记录道："我从未见过有谁像现在的俾斯麦这样受到如此强烈的怨恨。"[127]

显而易见的是，被征服者将在胜利者的尴尬面前崩溃。整个1月，布莱希罗德一直从门德尔那里听说，巴黎即将投降，尽管战场上的法军仍然是不可小觑的威胁[128]。1月23日，科伊德尔提醒布莱希罗德，巴黎的陷落可能近在眼前："直觉告诉我，那些人支持不了多久，但我们已经欺骗自己那么多次，没人再相信直觉……我建议，一旦关键时刻来临，你马上给首相发电报，请求获准到这里来。我无法向你提供想要的保证。"[129]当晚，儒勒·法夫尔现身德军司令部，希望协商停火以缓解陷入饥荒的首都的压力，并为和谈条件做准备。

和平终于露出曙光。战争对法德两国造成重大伤亡。它推翻一个皇帝，创造另一个。它让法国颜面扫地，标志着其军事优势地位的终结。优势转移到新的德意志帝国手中——或者就像某位英国下议院议员所说："欧洲失去一位女主人，迎来一位男主人。"*——这让德国人既骄傲又恐惧。这种可怕的混合是俾斯麦的第三场战争的遗产，在随后的岁月里，他可以控制但无法再驱逐它。

* 亨利·布尔维（Henry Bulwer，1801—1872）语。——译注

第七章

凡尔赛宫里的狂妄

征服者多么无情，像德国这样的大国犯了多大的错误，将一切事务的主导权交给一个大胆而鲁莽的人。

——格兰维尔勋爵，1871 年 3 月 1 日

为了法国的投降，德国人等待了漫长的五个月。捕获皇帝和推翻帝国仅用了六周，但立足未稳的共和国拒绝德国人的条件，担心耻辱的和平会在法国人中间唤起类似 1793 年的革命狂热。对德国人来说，他们眼中的徒劳抵抗每持续一天，惩罚的欲望就更加强烈。与此同时，他们等待、谋划和争吵着。这几个月令法国人痛苦不已，对德国人同样是考验。

巴黎城外的普鲁士—德意志司令部是个奇怪的地方，与之前的任何普鲁士营地都不相同。那里包含普鲁士军国主义和德意志民族主义的新组合，饱受争议的俾斯麦不自在地管理着这种组合。在外界看来，随着几个世纪以来德国的分裂局面和法国优势地位的终结，凡尔赛的景象洋溢着胜利与荣耀。从战火中诞生一个新帝国。

但司令部内的情况并非如此。围城者陷入围城心态。诞生的不仅是一个新帝国，它精神中的某些东西也得到预示。也许是因为战争出乎意料和令人不适应的漫长，也许是因为德国领导者面对的重重危险和抉择，精神的粗鲁化甚至某种程度上的残酷化开始在凡尔赛的德国人中间蔓延。未来的各种仇恨突然在那几个月里出现，又

在帝国时期最初的和平岁月里销声匿迹。

司令部最显眼的矛盾发生在俾斯麦和毛奇之间，一方是坚持政治优先的政客，另一方是要求战时军队必须享有完全自治的战略家。在俾斯麦看来，战争是政策的工具，讲和是他自己的特权；在毛奇看来，政治对战略的任何干涉都威胁到他本人负责的领域。矛盾让司令部关系紧张，导致毛奇向俾斯麦隐瞒关键信息，尽管俾斯麦也试图向威廉隐瞒信息。这个矛盾将困扰并最终摧毁两人当时正在创 146
造的帝国[1]。

不过，君主和首相间也存在矛盾。当俾斯麦终于诱骗南德诸邦接受德意志帝国（普鲁士的霸权几乎未被掩饰），威廉却不愿接受德意志皇帝（German Emperor）这个新头衔。普鲁士国王只想要德国皇帝（Emperor of Germany）的头衔。在胜利的那一刻，当威廉在凡尔赛宫的镜厅（而不是在他自己的人民中间）被宣布为德意志皇帝后，他走下宝座与其他君主和亲信副官握手——事实上，唯一被忽略的是新德国的建筑师俾斯麦。让路德维希的弟弟，巴伐利亚王位继承人奥托亲王对这场盛大庆典发出抱怨的不仅是巴伐利亚的地方主义：“我甚至无法向你描述，我在仪式上感到多么悲哀和痛苦……一切都如此冷漠，如此高傲，如此炫目，如此卖弄、趾高气扬、无情和空虚……”[2]

当新帝国的骑士互相争斗时，他们更容易陷入一种似乎标志着精神残酷化的复合情感中，杂糅着沙文主义、排外主义和反犹主义。甚至俾斯麦都变了：至少在当时，1866 年那个有先见之明的外交家开始相信权力的无所不能——否则如何解释他向英国派往凡尔赛的特使奥多 · 罗素勋爵承认“法国被打败得越彻底，对德国的目标就越有利，和平就越持久”[3]？这种新观念决定了政策：俾斯麦要求的和平将让法国永远无法恢复元气。吞并阿尔萨斯—洛林不仅无法像预计的那样终结仇恨，反而使其更加深刻。俾斯麦本人生前就对这种无情感到后悔，并小心翼翼地将其归咎于军方。但当时他也倾向于这样做，一定程度上是因为他觉得对外胜利将大大提高普鲁士的荣耀，并削弱普鲁士威权统治的所有剩余反对者。

在凡尔赛，俾斯麦需要德国的议会派——但当他们出现时却遭到诋毁。忠诚的民族自由党的著名领导人路德维希·巴姆贝格（Ludwig Bamberger）立刻获得“红色犹太人”的绰号[4]。凡尔赛宫弥漫着不容置疑和无情的反犹主义论调：在俾斯麦的一生中，他从未像现在这样如此频繁、如此放肆、如此刻薄地谈论犹太人的无根性、热衷买卖和无所不在。（他抱怨说，几乎所有或至少很多法国临时政府的成员都是犹太人：“从面相来看，甘必大几乎肯定是。”[5]）在这点上，偏见再次固化为政策。

布莱希罗德对这些知之甚少。对他来说，凡尔赛宫是权力的所在，他诚惶诚恐地站在其所代表的一切面前。他很可能对德意志权力更丑陋的一面所知寥寥，而且不愿知道什么。也没有证据表明，他在分析德国的战争目标时加入了谨慎或节制的想法。他和俾斯麦 147
一样冷酷，与其他许多德国人一样，德军的胜利激发他对权力的无条件赞美和对一切军事事务的可怕尊崇。

布莱希罗德不太可能听到当时在凡尔赛宫如此常见的反犹主义论调。但他一定知道，在德国战争机器的某个地方存在着冷酷的反犹主义核心，存在着对犹太人和波兰人这样的“劣等种族”令人痛苦的漠视。他知道这点，因为受害者曾间接地请求他施以援手。这件事本身虽然不大，但具有深远的不利影响，因此值得关注。

12月末，布莱希罗德终于发现俾斯麦的手下可以多么冷酷。23日，波恩的拉比和一家重要犹太报纸的编辑菲利普森博士（Dr. Philippson）向布莱希罗德转交一封来自梅茨大拉比利普曼（Lipman）的信，信中报告说，梅茨的德国长官刚刚下令立即驱逐该城的所有波兰人，其中大部分是犹太人。利普曼对这种暴行感到震惊——男人、女人和孩子们在12月中旬被赶出家门，而且因为正值战争期间缺乏交通工具——他向长官圭多·亨克尔·冯·多内斯马克（Guido Henckel von Donnersmarck）求情，后者却声称这是上级指令，并拒绝按照利普曼的要求对这些指令提出抗辩。他解释说，政府的目标是“让洛林德意志化”，因此需要去除“那些与德意志精神背道而驰的元素。他告诉我，没有谁比波兰人更与那种精神格格不入”。菲利普森请求布莱希罗德“利用他的巨大影响”，让首相暂缓执行该命令，或者至少豁免妇女和儿童[6]。没有关于布莱希罗德行动的记录，尽管后来他常常为自己的犹太人同胞请命。波兰的基督徒当然也受到该命令的影响，因为德国人当时把波兰人看作敌人，他们的反德意志“灵魂”为各种残酷行为提供正当理由。这件事有一个堪称奇异的地方：在新帝国诞生之时，沙文主义暴行的首批受害者是波兰人和犹太人，他们也是统一德国的最后受害者*。

整个1月，布莱希罗德都在柏林等待其他消息。28日，德法终于签署为期三周的停火协议，巴黎城背上2亿法郎的赔款，这只是开胃菜，后来的各种赔偿数额要高得多。布莱希罗德渴望前往现场，以便为俾斯麦提供建议，如何最好地将这么大一笔钱收取和转账——并保证自己在相关金融操作中大赚一笔。他对欧洲货币市场无与伦比的了解和与罗斯柴尔德家族的亲密关系显然受到俾斯麦的青睐。

在当时的司令部里，布莱希罗德恰好被常常提及——不仅因为他送来的某些异国风味的亚得里亚海鱼类让俾斯麦在与法夫尔的艰难谈判间隙大快朵颐[7]。在那段忙乱的日子里——就像一位将军所
看到的，“许多人试图把这位大暴君的权力削弱到最小”——俾斯 148
麦和他饱受争议的亲随用基督徒的下流笑话取笑布莱希罗德[8]。比

* 本书写于1977年，当时两德尚未统一。——译注

如，1 月 30 日，他们谈到现在准备离开自己城市的巴黎人，比如据称已经获得安全通行证的一位罗斯柴尔德家族成员。俾斯麦立即暗示（并非戏言），那人应该被当作游击队（*franctireur*）逮捕，他的堂弟感叹道："那样的话，布莱希罗德会飞奔过来，代表整个罗斯柴尔德家族拜倒在我们面前。"俾斯麦回答："那么我们就把他们俩都送到巴黎，让他们参加猎狗。"[9]（这里影射了巴黎城内的饥荒。）两天后，在谈及巴黎城的赔偿时，俾斯麦说："好吧，首先，布莱希罗德应该参加战斗。他必须立刻进入巴黎，这样他和他的犹太人同胞就能嗅出彼此的所在，与银行家展开谈判……他真想来吗？"当科伊德尔回答说他希望在几天内到来时，俾斯麦说："请给他发电报，我们马上需要他。"[10]

布莱希罗德的确迫切想要前往，而且是一个人。他已经忙着阻止同样渴望这次征召的其他银行家。对布莱希罗德来说，这次征召结合了他最觊觎的东西：收益的诱惑和权力的滋味。一旦接到命令，他就不再隐瞒自己被召往凡尔赛——尽管他隐瞒了为此进行的钻营。他的朋友帮助安排复杂的旅行计划。普鲁士电报局主管绍芬将军（General Chauvin）提出路线建议，勃兰特少校（现隶属于司令部）向他提供官方命令，要求德国军方和文官当局为"因公务"前往凡尔赛的布莱希罗德和他的两三个同伴给予一切帮助，包括使用军用火车[11]。怀揣着诸如此类的命令，在小队随从的帮助下，他踏上前往凡尔赛的漫长而曲折的旅程。2 月 7 日，他抵达目的地，与俾斯麦和赫伯特共进晚餐[12]。

在凡尔赛，两项工作被正式委派给布莱希罗德：帮助收缴向巴黎索取的 2 亿法郎赔款，并与法国人进行谈判，商谈向整个国家索取的大得多的赔款。在这两件事上，他都将与另一位专家合作，那就是大工业家和俾斯麦的朋友——圭多 · 亨克尔 · 冯 · 多内斯马克伯爵，布莱希罗德不久前刚刚听说过此人的政治活动。2 月 8 日，两位专家在一个混编委员会中会见法方代表，该委员会旨在安排定于三天后支付的巴黎赔款事宜[13]。布莱希罗德提出一个令人满意的方案，包括由伦敦罗斯柴尔德家族提供担保。几天后，冯·施托什中将（Lieut.-General von Stosch）致信总军需官，表示“两张各200万塔勒的罗斯柴尔德汇票”令布莱希罗德的激动溢于言表，“他反复把它们拿给我看，问我是否存在着更美丽的东西。见到那么小的纸片代表那么多钱，他激动不已”[14]。令他惊喜很可能是因为，这两张很容易被接受的“小纸片”是罗斯柴尔德家族大费周章地在几天内筹集巨款的最终成果。它们代表银行家和金钱的力量，也代 149
表征服者和被征服者完成交易。布莱希罗德知道，还将有数目大得多的款项被征收和转账，在此过程中的每一步，参与的银行家都能大赚特赚。他从凡尔赛宫给巴黎罗斯柴尔德家族写了一张简短的商业收据，表示收到那400万，并告诉他们自己将为这笔赔款开设特别账户，佣金为0.25个百分点[15]。这又是盛宴前的开胃小菜。

早在1870年8月的最初几场战役胜利后，作为胜利方的德国将向法国索取巨额赔偿就已在预料之中。8月13日，消息灵通的奥地利驻柏林大使维姆普芬男爵致信维也纳，表示“[德方]决心向法国人索取20亿战争赔款”[16]。法国将被迫为这场所谓由它发起的战争进行赔偿，它的赔款将被用来说服南德诸邦：普鲁士的荣耀也能带来收益。

维姆普芬一定在柏林听说了关于这笔赔款的权威表态。他本来还可以说，历史上不乏好的先例。最显而易见的模板是1815年向法国索取的7亿法郎赔偿，用于偿付23年来革命者和拿破仑的入侵给盟国带来的损失和成本[17]。另一个先例是1866年的六周战役后向萨克森征收的1000万塔勒赔款。到了8月中旬，普鲁士领导者已经在计划利用当前的大好良机索取历史性的赔偿。

显然，最先将赔款与割地问题联系起来的，是以儒勒·法夫尔为代表的受害者。法夫尔希望大笔现金可以拯救法国的领土；而德国人则打定主意，他们既要土地也要赔款，双管齐下地让法国在今后几十年里无法恢复元气。这个问题在 9 月俾斯麦与法夫尔举行的最初谈判中首次被提出，据说法夫尔提出，如果可以保住斯特拉斯堡和阿尔萨斯，法国愿意支付 50 亿法郎。这个数字很可能超过俾斯麦曾经的任何梦想——但在当时，他拒绝就赔款进行更多商谈（如果法国人愿意谈这个问题，德国人就有必要强调另一个）。俾斯麦告诉儿子："我对他说，我们以后再谈钱，首先我们希望确定德国边界。"[18]

但俾斯麦没有忘记钱的问题——德国人被调动起来的贪婪也不会允许他这样做。与法夫尔的谈话结束三天后，他向内阁递交官方备忘录（奇怪的是，备忘录没有收入他的全集），批评过早确定方案，并信誓旦旦地表示："我们在和谈中的任务是争取尽可能多和满足各种目标的赔款，总额必须由协商决定。"利益各方对战利品的分配是内部事务，将在以后由政府解决[19]。俾斯麦递交的这份备忘录很可能是为了让普鲁士内阁不要过早提出较低的数字。内阁反复讨论该问题，并任命一个特别的下属委员会研究德国的开支，从而决 150
定赔款总额。

就像我们所看到的，布莱希罗德也在为预想中的赔款制订自己的计划。对他来说，最重要的是当德国向法国索取巨额赔款后，以他为首的德国银行家应该成为德法间的中介，最好把法国银行家排除在外。但即使在德国银行家中间，激烈的幕后竞争也开始升温。1870 年 10 月，亚伯拉罕·奥本海姆致信布莱希罗德，提出两人在"与战争赔款"相关的一切事务上都应该合作。布莱希罗德看上去同意了——也许是为了防止奥本海姆另谋他策。事实上，奥本海姆认为或希望的是，俾斯麦将要求布莱希罗德扮演次要和不太起眼的角色："正因为你和 v.B. 间的密切关系（因为与你的这种关系广为人知，而且可能被误读）。"奥本海姆要求布莱希罗德向俾斯麦传达这种意思，从而让俾斯麦委任奥本海姆为赔款的主要负责人——特别是因为奥本海姆同巴黎的银行世家富尔家族是亲戚。布莱希罗德还应该向俾斯麦保证，“只要他一声令下，你就会和我一起赶往司令部，口头向他呈上我们的方案”。如果不这样，奥本海姆提出也可以自己直接写信给国王，后者曾鼓励他在出现严重问题时这样做。布莱希罗德不太可能感到有如此克己谨慎的必要，他也并不一定希望在凡尔赛有个同伴。另一方面，俾斯麦完全没有奥本海姆所设想的那种顾虑[20]。奥本海姆直到最后都以为两人将同行，但没有因失望而失态。获悉布莱希罗德受邀前往凡尔赛宫后，他发来电报祝贺：“请不要再为我犹豫。祝愿你旅途愉快。请随时通告情况。我有一封信随后就到。”[21] 事实上，随之而来的有很多信，奥本海姆从未放弃自己将被召往权力中心的希望，无论是凡尔赛或者柏林。他的行李准备就绪。

当布莱希罗德抵达司令部时，不同的部门都在讨论赔款问题，包括总额和支付方式。

2 月 8 日，当法国人投票决定继续战争还是接受包括巨额赔款在内的严苛和平时，普鲁士内阁再次开会商讨赔款应该多么苛刻。当所有要求都在会上被列出后，他们得出的数字是大约 10 亿塔勒（或 30 亿法郎），其中 95% 归军队，后者不仅希望偿付战时花销，而且想要得到和平时期的预期开支，让军队再次完全做好战斗准备，并加强德国新边界的防卫。财政部长坎普豪森表示军队的估算有点高，但暗示除了德国受到的有形损失，很快还要计算其他损失。会后立即秘密提交给俾斯麦的简短纪要表示：“德意志民族毕竟遭受那么多额外的鲜血和物质商品损失，无法用金钱衡量，因此完全有理由 151
夸大估算战争代价，而且除了估算的金额，还要对无法计算的破坏追加额外要价。内阁对此意见一致。”[22] 驱使军队的不仅是普通的贪婪，10 亿塔勒将让他们在随后的多年间无须受制于议会的斤斤计较。如果坎普豪森为有形和无形损失索要赔偿的想法被公开，无疑可以免去凡尔赛各方确定德方合理损失的工作[23]。

不过，俾斯麦的部长们仅仅提供近似清单，他本人将决定总额。

他的决定不以对德国开支的估算为依据，无论估算多么夸大，而是依据他预想中法国的偿付能力。不同人预想的结果大相径庭，而且一定程度上取决于钱款的收取方式。

布莱希罗德不时提醒要适可而止。抵达凡尔赛不久，他告诉巴登大公，“法国的财务状况非常糟糕，他认为甚至连之前提到的40亿战争赔款都付不起”[24]。布莱希罗德认为50亿太高了，这已经广为人知[25]。亨克尔·冯·多内斯马克则倾向于更高的数字，事实上，凡尔赛周围还流传着高得多的天文数字。布莱希罗德告诉军方，法夫尔已经拒绝了俾斯麦提出的80亿[26]。布莱希罗德本人的保守观点得到2月14日亚伯拉罕·奥本海姆写给他的一封明智书信的支持：

> 如果报纸现在胡诌70亿到80亿法郎，那还情有可原，因为这些人对什么是10亿法郎没有准确认识。但如果作为金融家的我们也跟风，而不考虑法国这样一个富有国家现在的处境，那就是严重罪过。经过一场如此血腥的战争，财政来源又被以完全不负责任的方式使用，它几乎满目疮痍。我个人的观点是，如果我们适可而止并希望获得中立国的感激，那么我们应该满足于30亿法郎的赔款，再加上供养战俘的开支。但40亿法郎应该是我们要求的上限，而且法国人很可能会毫无怨言地接受。筹集这40亿法郎将对法国人造成沉重的负担，让他们每年的预算增加2.5亿法郎。如果再考虑到战争对法国造成多大的破坏，考虑到有多少家庭失去大部分财产，考虑到一点点从战争的灾难中恢复还需要多少开支，预测他们至少需要十年才能恢复元气并不为过。既要筹集如此大的一笔赔款，又不让这个国家陷 152
> 入将彻底毁灭它的金融危机，这绝非小事。[27]

布莱希罗德也从巴黎听到类似的警告。2月10日左右，当布兰代要求获得柏林市场的消息时，罗斯柴尔德家族与布莱希罗德银行已经恢复正式联系。施瓦巴赫同意了，并表示“布莱希罗德先生已受召前往凡尔赛，作为处理赔款金融事宜的委员会成员”[28]。2月17日，布兰代直接致信布莱希罗德，请求提出合理要求，并声称甚至10亿法郎都太多了[29]。布莱希罗德回信称，他听说巴黎有足够的钱，并表示“我希望很快与你会谈”[30]。

与此同时，布莱希罗德收到来自亲信秘书弗里德里希·莱曼的回信，同样恳请适可而止（显然布莱希罗德信中提到75亿法郎）。莱曼认可布莱希罗德的观点，即法国本身将从这场沉重的打击中获益，因为这将让它接受和平角色并裁军（如果结局相反，布莱希罗德是否会同样觉得普鲁士能获益呢？），但表示：“不过，年轻的德国设定的赔偿额超过弥补实际战争成本的绝对所需，我真心认为这不公平……如果只是考虑到实际成本，我认为8亿到10亿塔勒（30亿到37.5亿法郎）已经是很高的估算了。”向法国提出更高的要求将激怒它，让德国置身于“危险的道路，或者永远出于防御姿态，或者成为征服国；那样的话，我们将无法享受和平的福祉，德国的负担也不会减轻”。他警告不要“因为尊重舆论而走错路，毕竟舆论是伪造的。为德国争取应有赔偿的欲望不应成为‘过度’索取的理由”[31]。奥本海姆和莱曼提供的意见有先见之明，他们担心傲慢会导致做出不顾和平经济后果的决定。我们不知道布莱希罗德在多大程度上认同这些明智的观点；但即使他认同，他也不可能说服其他人。

当德国人为赔款数额争论不休时，法国人不得不组建一个负责和谈的政府。选举结果显示，绝大多数人向往和平，并希望恢复君主制。在没有被广泛接受的王位继承人的情况下，阿道夫·梯也尔（Adolphe Thiers）于2月18日当选法国政府的行政领导人。梯也尔是法国政治元老，典型的白手起家的政治家——令德国人难堪的是，他们国家从未出现过这样的人物。从19世纪20年代开始，他一直反对威权统治，并在他帮助建立的奥尔良派王朝中担任过部长要职（时年 35 岁，36 岁时又成为法兰西学院的成员）。他的理想是以保守的社会秩序为基础的君主立宪制。1871 年 2 月，作为被打败的法国众望所归的救世主，他不得不与贪婪的征服者展开斗争，并 153
制止意图反叛的激进派。为了阻止国内的起义，他需要与外国人达成和解。他是法国历史的热情记录者，该国历史已经展示过战争与革命的联系 [32]。当时的德国人很少考虑这些问题，但到了 1918 年，他们将恳求适可而止的和平条件，他们威胁说，因为任何其他结果都可能把布尔什维克主义带到德国。

就职三天后，梯也尔踏上前往凡尔赛宫的忧伤之旅。他对德国人的宽宏大量不抱任何希望，但即使是这样一位清醒的现实主义者（最初受到大量礼遇）也对俾斯麦的口气和条件感到震惊。谈判持续了六天，但记录少得可怜 [33]。谈判的结果并不在预料之中，尽管梯也尔求和欲望强烈，而且他的国家重新开战的能力也几乎为零。凡尔赛宫的气氛经常一触即发。俾斯麦掌握着大部分王牌，但他受到来自本国军队的压力，而且担心最后时刻的外国干涉。难怪王储觉得他“暴躁到了极点”，害怕他“按照自己惯常的方式，再次采取导致战火重燃的政策” [34]。

两个相互关联的问题主导着谈判：赔款金额和割地范围。梯也尔对总额的估计显然是 50 亿，当俾斯麦（出于战术原因）在一张纸上写下 60 亿时，梯也尔吓得不轻。他“好像被疯狗咬到那样”跳了起来，一长串夸张之词脱口而出，最后激动地表示：“这是侮辱。”（C’est une indignité.） [35] 这时，被激怒的俾斯麦转而说起德语。法国人拒绝 60 亿赔款的要求，认为这个数字大到无法计算，即使有人从耶稣时代就开始一法郎一法郎地数，他到现在也数不完 60 亿。俾斯麦则回答说，“他已经为此做好准备”，带来一位从创世时就开始数钱的专家（布莱希罗德） [36]。他向梯也尔保证：“我们的两位最重要的金融家已经设计好方案，这笔赔款虽然看上去巨大，但支付时你们将感受不到。” [37] 俾斯麦真认为可以割掉一磅肉而不引起剧痛吗？无论如何，双方必须达成一致的不仅是总额，还有德方提出的支付流程。德国人希望控制支付方式（并规定由德国银行家扮演主导角色）；法国则担心自己的经济难以为继，无法满足尽快付清赔款的需要：从法国北部逐步撤兵将与赔款的分期支付相联系，因此法国人有动力快速解除这个负担。

布莱希罗德和亨克尔·冯·多内斯马克试图说服法国人，放血将是无痛的。为此，2 月 23 日，他们在特别安全保证下被送到巴黎，与法夫尔和他的专家展开谈判。法夫尔后来回忆起与德国全权代表（俾斯麦对他们大加赞赏）的这次会谈时说："布莱克施罗德先生［M. Black Schröder，原文如此］和德·霍伊克尔伯爵［Count de Heukel，原文如此］的庞大财富、巨大声望和毋庸置疑的智慧让他们跻身第一流的［银行家］。"但法夫尔和同僚没有被他们提出的 154
"巧妙安排"说服，没有允许由两位银行家和他们的德国合伙人收取赔款并与德国政府达成协议。法夫尔记录了"这两位普鲁士的金融君主"给他留下的"痛苦印象"：

> 他们总是面带微笑，语气柔和，话语中带着动听的、几乎动人的礼貌，不遗余力地向我们证明他们多么希望接手我们数十亿赔款的庞大业务。他们在该问题上谈了很久，对每一项反对都做了回答，除了那些我们出于礼貌说不出口的。[38]

会谈无果而终，亨克尔回到凡尔赛，担心和谈将彻底崩溃[39]。布莱希罗德在巴黎一直待到与朋友埃米尔·布兰代见面，然后也返回凡尔赛。

俾斯麦和梯也尔就赔款和新边界的问题展开激烈的争辩，直到和约草案签署前几个小时。俾斯麦对法国人的反对和拖延感到愤怒，部分原因是英国政府正在最后努力，迫使减少计划中的赔款[40]。梯也尔要求罗斯柴尔德男爵参加他们最后的会谈，当后者最终现身时，俾斯麦把积蓄已久的怒气都发泄到倒霉的罗斯柴尔德身上。过去几周里，俾斯麦开始讨厌这个人，无理由地憎恶他说法语和对法国忠诚（当时的俾斯麦认为，任何罗斯柴尔德家族成员都只是来自法兰克福的犹太人）。布莱希罗德后来告诉皇储："俾斯麦伯爵在谈判中似乎表现出极度的无礼和有意的粗鲁，这样的行为特别让巴黎的罗斯柴尔德深受震惊，他一开始对俾斯麦说法语。"[41] 无论是否受到俾斯麦可怕粗鲁的影响，和约草案在 2 月 26 日晚终于签署，距离停火结束只有几个小时。赔款额定在 50 亿法郎，但支付方式由法国人决定。这是他们为自己争取到的最后权利——布莱希罗德很可能对此感到遗憾。

在世界的大部分地方，战争结束的喜悦超过苛刻条件带来的痛苦。不过，即使在德国也有不同的声音：皇储认为，包括赔款在内的德方条件太苛刻了——社会党人奥古斯特 · 倍倍尔同样持此观
点*。英国人的抗议来得太晚，俾斯麦已经收到梯也尔接受条件的消 155
息[42]。多年后，俾斯麦告诉帝国议会，与德国人在赔款问题上的态度相比，如果再爆发一次战争，法国人将永远不会如此体谅战败的德国："世界上不会再有像基督徒德国人那么有节制的胜利者了。"[43] 很难想象，法国人会相信这算得上节制。但无论是否基督徒，德国人都对胜利欢欣鼓舞。

布莱希罗德分享了荣耀。德国新闻界报道他在凡尔赛的活动，一份报纸写道："布莱希罗德先生堪称该领域的小俾斯麦，知道如何同变得日益胆怯的法国人打交道。"[44] 他让法国人背上沉重的负担。但他没有为自己或德国银行家在后来的金融运作中赢得垄断地位。欧洲的顶尖银行家之间随即展开激烈竞争。

---

* 3 月 4 日的《经济学人》(*Economist*) 评论道："……胜利之后索取大笔金钱暗示这样的想法，下一次金钱将不仅是战争的意外犒赏，而且还是目标。讨价还价的风气已经侵入国与国之间的关系，拉低政客的品格，迟早还会影响人民的品格。"在某些方面，赔偿比讨价还价更早——它涉及粗暴地利用权力，这同样会拉低政治家的品格。

布莱希罗德又在凡尔赛停留了一周或更长时间；他在圣克鲁宫大道的居所总共待了一个多月。他显然对自己的重要角色颇为得意——也许过于明显了。在这群基督徒和贵族中间，在平民受到轻视和犹太人受尽鄙视的军营里，布莱希罗德一定显得非常特别。他知道这点吗？如果他意识到身边充满敌意，他会更加谦虚、更少自夸吗？或者他是否感受到（也许是无意识的），作为一个犹太人，无论做出什么贡献和奉献什么礼物，无论多么低调，他都将是恶意玩笑中的笑柄？他似乎对轻视和流言无动于衷：他履行自己的工作，得意于同大人物的亲密关系，也许他认为这些人会用尊敬回报他的服务，即使不是感激。

那个月里，他经常与俾斯麦一起用餐和交谈。他觐见新皇帝和皇储，会见南德意志的大臣们，甚至还冒险进入军方“半神们”的巢穴。他自视为官场的一员，可以自由享受随员的特权。有一小段时间，他在柏林的家被允许使用军方电报向他发送股市报价；但后来，军方愤怒地拒绝继续这样做[45]。不过，他了解柏林的状况，在凡尔赛有很多人私下向他打听市场的消息和他的看法。哈茨菲尔特等人还利用布莱希罗德与罗斯柴尔德的关系送钱给巴黎的亲戚[46]。

不过，凡尔赛仍然存在强大的反犹主义暗流。毛奇的亲信布隆萨特·冯·舍伦多夫（Bronsart von Schellendorff）认为布莱希罗德的存在是耻辱，他在日记中愤怒地写道：

> 现在，他（俾斯麦）急不可耐地与自己的犹太人银行家布莱希罗德磋商，让他来这里参与关于向巴黎索取战争赔款的官方讨论。令人奇怪的是，如果在国家事务中充当顾问的不是普鲁士银行的官员，而是首相的私人犹太人，我们设立这样的机构有什么用……布莱希罗德今天早上来到总参谋部。他的纽扣 156
> 孔里插着一朵经过工艺处理的多彩玫瑰，这是许多基督教军团的骑士身份象征。和真正的犹太人一样，他吹嘘自己受到国王

> 的私人接见，吹嘘他的其他关系，吹嘘他和罗斯柴尔德这样的人享有的信誉等等。他对政治形势和俾斯麦伯爵的意图足够了解；现在，他希望获得参谋长的帮助，甚至有机会同毛奇伯爵打交道。[47]

2 月 25 日，在与法国谈判者大干一仗后，布莱希罗德与俾斯麦和其他顾问聚餐。巴登首相尤里乌斯 · 约利（Julius Jolly）回忆这件事时说："谈话极为有趣。差别最大的观点和欲望都得到表达：碰巧在场的勒纳德伯爵（Count Renard）代表最粗暴的普鲁士精神，长着无与伦比的犹太人面相的银行家布莱希罗德代表英勇的自尊……亨克尔伯爵代表见多识广的圆滑。"[48]

2 月 26 日，当和约草案终于签署，梯也尔和法夫尔也已离开后，俾斯麦"兴致很高地"与自己的随员聚餐，包括巴伐利亚首相布拉依伯爵（Count Bray）和布莱希罗德。这是一场庆功宴，晚宴结束后，甚至包括毛奇在内的对手也前来送上祝贺，并与俾斯麦握手言和[49]。这是历史性的时刻，即便没有布莱希罗德那么虚荣的人，也会因为当时的聚会和场景而兴奋不已。

几周前，布莱希罗德在柏林的秘书弗里德里希 · 莱曼抱怨他在凡尔赛待得太久，并取笑说，面对重新开战的威胁，这次旅行不能"算作生活中的重大乐事。因此我只能希望您自愿的自我牺牲将得到大量荣誉作为奖赏"[50]。布莱希罗德无疑有类似的想法。离开凡尔赛前，他收到二等铁十字勋章，表彰他刚刚提供的服务。在热情地恭喜他获得这项实至名归的荣誉后，门德尔忍不住又表示："愿你永远不必佩戴不同的十字！阿门！"[51] 除了公共荣誉，布莱希罗德知道自己在同辈中已经声望鹊起。有时爱挖苦人的戈德施密特从维也纳致信布莱希罗德，谈到他的"这次伟大而光荣的出行，甚至可以说将被载入世界史……我相信在凡尔赛的日子向你呈现了许多最有趣的东西，让你留下终生难忘的记忆。只有被上帝眷顾的人才能经历这些”[52]。尽管后来获得许多更大的荣誉，但很难想象有什么比在凡尔赛的这个月，比身处权力和上流社会的最核心，更让布莱希罗德得意。

第二部分

帝国的银行家

第八章

新柏林的新男爵

维尼林夫妇是伦敦一个崭新街区一幢崭新房子里的崭新住户。维尼林夫妇的一切都是簇新的。他们的家具都是新的，他们的朋友都是新的，他们的仆人都是新的，他们的门牌是新的，他们的马车是新的，他们的缰辔是新的，他们的马是新的，他们的画是新的。就连他们自己也是新的，他们结婚的时间刚好够合法生下一个全新的婴儿。如果他们搬出一位曾祖父，他也一定是被包好从家具仓库送来，身上没有一点刮痕，直到头顶心都锃明瓦亮。

——查尔斯 · 狄更斯，

《我们共同的朋友》(*Our Mutual Friend*)

统一前，各地和各公国的气氛与生活方式是地方性和欧洲化的；统一后的变化渐进而不彻底。勃兰登堡是个例外。对于这个普鲁士的核心区域，对于这片地处边境、土壤贫瘠多沙、城市坐落于巡阅场和稀疏松林间的贫穷平原，对于这个拥有驻防要塞以及斯拉夫短工和胡格诺工匠工作的臃肿庄园，由条顿骑士后裔统治的边远省份，俾斯麦的成功战争和帝国的奠基立刻带来大笔金钱、大型企业、庞大建筑和宏大理念，模糊等级的界线，让军规和家法膨胀为瓦格纳式的表演，扼杀早前的经济传统、简朴和诚实。商人们开始大把赚钱，资产阶级变得富有，富人变得豪富。官员的薪酬仍然微薄，但他们充满自负。银行家的儿子们加入近卫军，而不是子承父业。准将的儿子们放弃军衔，

> 更乐意迎娶女演员或女继承人。军装不再是表明职责的制服，而是变成所有者炫耀自己和吸引意中人的羽毛。人们仍在辛勤劳作，但也开始消费和炫耀。
>
> ——西比尔 · 贝德福德（Sybille Bedford），
>
> 《遗产》（*A Legacy*）

新帝国诞生于鲜血和狂喜中。突如其来的胜利和统一让德国人对自身的力量和重要性有了新的感受。胜利披着戏剧化的英雄主义外衣，德国人觉得他们的生活和共同命运发生剧变。他们不再把自己看作诗人、梦想家和思想家的民族：19 世纪 70 年代初，他们发现自己踏上通往权力和世界大国地位的道路，在军事和政治上，他们不再是欧洲的铁砧，而是成了铁锤。

这是令人陶醉的体验，到处弥漫着喜悦的情绪。一位年轻学者 160
写道："我感到仿佛每天都是星期天。"[1] 最让当时的人兴奋的是法国的战败，这个国家已经统一许多世纪，一直以来都以赫赫武功出现在世人面前。突然，德国人将自己的军事胜利变成神圣正义的工具：是上帝惩罚轻浮和腐朽的法国人。对德国人来说，庆祝他们自己的政治统一就没有那么容易了，因为这场特别的革命来自上层，并非他们的胜利，而是由俾斯麦主导，作为其象征的霍亨索伦王朝很快被赋予霍亨斯陶芬家族（Hohenstauffen）的帝胄光环。巴伐利亚人更愿意庆祝击败法国，而不是普鲁士新确立的霸权。强调德国的军事力量产生一个明显而重要的后果：它让政府和君主的传统臣仆获得新的威望。德国的军官们是当时的英雄，但他们绝大多数来自普鲁士的老地主贵族，来自容克阶级。因此，在德国完成现代化的同时，现代社会中过时和经济上处于衰退的元素再次得以兴起。

新的骄傲既是自发的，也是精心培育的。经过许多个世纪的分裂，在遭受许多耻辱的失败后，整个民族都为胜利陶醉。即使施皮岑贝格男爵夫人这样老于世故和敏锐的见证者也在1871年3月的日记里写道：“对我们德国人来说，这是什么样的和平啊！比我们曾经取得过的一切更加伟大和光荣！我们统一成了一个帝国，欧洲最伟大、最强大和最令人敬畏的帝国，它的伟大不仅来自物质力量，更来自其文化，来自感染其人民的精神。”[2] 短短几个月里，德国人突然长高了几英寸，走路的姿态也更加骄傲。就在帝国灭亡前不久，马克斯·韦伯指出，“德国人的外在举止极度缺乏优雅和尊贵”[3]。

胜利需要得到公开和私下的颂扬。每座城市和每个成员邦争相为这场伟大胜利举办庆典和留下纪念，柏林自然是第一个。一夜之间，它成了欧洲大陆的政治中心。正是在柏林，在1871年6月的一个完美夏日上演了这个国家的盛大胜利游行：展示军威的队列看不到尽头，最前方是马背上的毛奇、俾斯麦（当然身着戎装）和罗恩，随后是独自一人、威仪堂堂的威廉陛下，然后依次是他的儿子们和帝国的亲王——身后还有4.2万人参加游行——花环、凯旋门和热情的观众一应俱全。施皮岑贝格男爵夫人回忆说：“来自全军的士官们走在军队的前面，手持81面法国旗帜和鹰，对一颗德国人的心来说，这是最值得骄傲的场景。”[4] 该城为游行支付15万塔勒，但与后来不断攀升的爱国炫耀成本相比，这不算太高[5]。

游行结束后，除了每年为铭记法国的耻辱而举行的色当节，德
国艺术家们也用一大波纪念碑式的绘画、建筑和诗歌庆祝新帝国的 161
成立，一切都模仿之前的英雄风格。他们试图让这场胜利在民众心中立即神化。一切散发着权力和成功的味道，新的民族浮夸掩盖了之前的清醒和毕德迈耶尔式（Biedermeier）的节制。事实上，一个新的民族已经诞生，像尼采这样的不合群者的担心之音，这场伟大的胜利可能导致德意志精神的毁灭，没人听得见[6]。

柏林是这个新帝国的中心。它过于突然地意识到自己新的重要性，它成了一座引人瞩目的大都市。不过，就像在1870年前统一就已经不动声色地酝酿了几十年，柏林城也早已开始改变，但它的

自我认识没能跟上现实的变化。这座城市已经不再是以宫廷和旧精英们为主的沉寂而著名的都城。到了1871年，柏林已经清楚地象征着新社会的元素：人们开始意识到，柏林在过去和未来都是一座生机勃勃地扩张着的城市，是成长中的银行、贸易和工业中心。一个新柏林在旧柏林的周围和上方成长起来。

人口数字可以说明部分问题：19世纪50年代，城市人口增长20%；1861年，在兼并了几个外围地区后，城市人口达到52.9万人；到了1871年达到82.4万人，两年后达到90万人。到了1877年，居民超过100万。在17年里，柏林的人口翻了一番，成了欧洲发展最快的首都之一（该城犹太人口的增速更快，1860年为18 900人，1880年达到53 900人）[7]。

柏林成了机会之城，数以千计的东普鲁士人逃离贫穷的农村，到工厂里寻找收入微薄的工作。柏林成了吸引不满现状或野心勃勃的外省人的磁石，就像整个19世纪的巴黎那样。它也是吸引犹太人的磁石，其中许多来自东欧，他们发现柏林是一座有贸易和商业发展前途的开放城市，提供给专业人员的机会也越来越多。

这座城市开始感到自己的重要性。1870年，甚至在新帝国尚未建立前，流行滑稽剧《柏林成了世界之城》（*Berlin wird Weltstadt*）就在剧场演出季大获成功，剧名成了城市的代名词[8]。城中没有铺过的街道、相当死板的文化生活和杂乱无序的市容揭穿世界之城的谎言；但另一方面，它成了新贵们的金钱之城（*Geldstadt*）。铁路和航道让该城令人艳羡的地理位置得到充分利用，柏林成了商业大都市，工业规模稳步扩大。帝国时期的柏林仍然是暴发户和外省人的奇异混合体。无论多么重要，它始终没能获得巴黎或伦敦那样的都市活力与优雅。

瓦尔特·拉特瑙（Walter Rathenau）* 曾用“施普雷河畔的

---

* 瓦尔特·拉特瑙（1867—1922），犹太裔德国实业家、政治家。——译注

芝加哥”(Chicago an der Spree)这样意义极其含糊的话称呼柏林[9]。
这是大多数柏林人最不愿听到的。他们曾喜欢被称作北方的斯巴达；
但在帝国时期，芝加哥也许更接近现实，无论对于这些从 19 世纪
70 年代开始就被警告避免让德国美国化，愿意放弃斯巴达而成为当 162
代雅典的人来说，这种类比多么伤人。

与芝加哥类似，柏林也是一座资本主义生机勃勃的城市。但与芝加哥不同，柏林有旧阶级，他们憎恶城中酝酿的变革。资本主义有自己的节奏，既能取得令人陶醉的进展，也会遭受灾难性的倒退，周期性的每次转向都让人们相信，新的方向将注定持续下去。19 世纪 70 年代初，胜利的激动和以赔款形式突然流入的 50 亿法郎引发无与伦比的繁荣和投机狂热。这是奠基之年 (*Gründerjahre*) *,是疯狂推动和创造的岁月。这种新精神找到一个戏剧性的焦点：股市。建于 19 世纪 60 年代初的柏林交易所是一座新文艺复兴风格的豪华建筑,19 世纪 70 年代初,那里成了人人谈论的希望与期待的裁判所。在不可避免的崩盘到来前的短暂而戏剧性的时间里，股市成了所有人的诱惑神殿。投机狂热完善了德国人对自己的新认识：正是在这个资本主义处于夸张状态的时期，德国人开始意识到，新的经济制度已经主宰他们的社会。他们再也没有从这种认识带来的震惊中完全恢复——从此，反对资本主义一直是德国人生活中的强大力量。

随着资金涌入柏林，它的面貌发生改变，但也开始反映出新秩序下的社会不和谐。资本家的欲望席卷城市，柏林成了极端之城：富人在城西为自己建造宫殿，而穷人则生活在被称为“出租营”(*Mietskasernen*) 的城东贫民区。富人的艳俗与穷人的拮据形成鲜明反差；无论在风格还是阶级上，新柏林都不和谐。几十年后，一位观察者惊讶地看到，这座城市里可以找到“各式廉价和昂贵的丑陋……这边的亚述神庙旁是一座来自纽伦堡的贵族宅邸；稍远些可

* 指 1871 年至 1873 年德国经济繁荣时期，与下文的“奠基时代”同义。——译注

以瞥见凡尔赛宫，然后是百老汇、意大利和埃及的记忆——设计者酒后突发奇想制造的可怕畸形儿”[10]。但这些反差正是奠基时代（*Gründerzeit*）的本质，直到几十年后，柏林人在回想起那个年代时仍然感到厌恶*。

城市社交生活的特点是新富者和旧精英的不安互动，穷人完全被无视。宫廷仍然是社会之巅；在政府、官僚体系以及深受仰慕和频频露脸的军官团体上层，老贵族们仍然保有自己的职位。他们是 163
旧秩序的支柱。但城市的动力、力量和财富来自新阶层，来自银行家、实业家和工商业大佬。

富人觊觎旧精英的传统，旧精英则鄙视和觊觎新富者的财富。富人希望用自己的财富套住旧式显贵，同时通过获得头衔和勋章与旧精英一较高下。这是一个紧张和不安的时代，一个新旧阶级逐渐融合的时代。这是一个价值观发生变化的时代，特别是自我认识经历痛苦变化的时代。在把自己同世界其他地方相比时，德国人学会对权力的崇拜，现在这种崇拜也以某种方式渗入他们国内的生活，与旧有的价值和利益发生冲突。作为国家和社会的支配者，植根于自家庄园的老普鲁士精英曾经奉行荣誉、节俭、责任和自律的简单生活准则。他们无法否认权力的现实或财富的诱惑。但他们觉得新风格危险而令人反感，他们的反感既是真实感受，也出于自私心理。这让他们一直坚持自己特权的主张有了某些理由。旧阶层憎恶

---

* 在1914年8月的狂热中，当许多知识分子认为战争也将带来文化的重生时，弗里德里希·迈内克（Friedrich Meinecke）回忆道：“1870年后，国家的思想和政治生活遭到物质主义和利己主义等更粗俗元素的破坏……今天，我们怀着耻辱感回想起奠基时代平民的放荡，回想起无价值的自由主义带着无所谓的傲慢发动的文化战争，回想起人们在面对第四等级要求时常常显得冷漠而短视，而这些要求当然也经常极其粗鄙；相当令人遗憾的是人们对美感的麻木，以至于我们年轻时的那个古老、可爱而端庄的德国，我们古老的城市、花园和器具成了规模工业和大众品位的廉价光芒的牺牲品。”弗里德里希·迈内克，《1914年的德国调查：论文与报告》（斯图加特和柏林，1914年），第19—20页［*Die deutsche Erhebung von 1914: Aufsätze und Vorträge* (Stuttgart and Berlin, 1914), pp. 19–20］。

现代化，而德国的现代化显得特别快速和浮夸。但他们也憎恶与现代社会制造的新精英分享权力和特权："与全新的服务贵族（service nobility），与拥有或没有贵族头衔的富豪，与经过或未经洗礼的做旧衣买卖的犹太人（*Kleiderjuden*），甚至有时与梳过头或没梳头的（*gekämmten und ungekämmten*）学者。"[11]

总而言之，柏林是一座未完工和变化中的城市。它既不是也没有成为资产阶级的城市——就像这个帝国不是资产阶级的国家。资产阶级无法（在一定程度上也不愿）建立自己的价值标准或生活方式，而是模仿潦倒的贵族。在帝国时期的柏林，身份的标志不是资产阶级的黑色外套，而是国王的制服；甚至俾斯麦也总是穿着胸甲骑兵的外套现身议会。1914 年，罗伯特·米歇尔斯（Robert Michels）* 写道："不存在以自己为荣，具有独立社会地位的资产阶级。"[12] 出于政治和历史原因，即使在享有无与伦比的经济力量的那几十年里，德国资产阶级也对早前贵族对手的价值观俯首帖耳，尽管后者在经济上捉襟见肘，常常依靠资产阶级的财富和援手才能体面地生存。

德国没能实现资产阶级化，对该国犹太人产生了特别影响。这也许有利于他们社会地位的提升，此类提升在帝国时期非常引人注目。但这也导致他们更容易受到污蔑。与某些资产阶级邻国相比，不愿完全承认自己的资本主义—资产阶级身份的德国在精神上更难容忍犹太人地位的提升。

1871 年 3 月，布莱希罗德从凡尔赛返回柏林，比威廉的历史性入城式晚了几天。布莱希罗德取得自己的胜利，他亲眼目睹帝国的诞生，是唯一参与重大决定的犹太人。他的铁十字勋章见证过去的 164
激动。他的若干支持者——银行家同行和犹太人同族——不得不对

* 罗伯特·米歇尔斯（1876—1936），德国社会学家。——译注

他表现出更大的尊敬。49 岁时，他已经取得很多。他是柏林最知名的私人银行家，也是那里最富有的公民之一，他还是俾斯麦的参谋和许多精英的顾问。

随后的二十年里，布莱希罗德变得更加强大、著名和显赫。在帝国时期，工业资本主义决定社会的面貌与发展；与其他地方相比，德国银行家对主要工业企业的决策拥有更大的控制性影响。19 世纪 70 年代初，以股市快速致富心态为象征的新经济周期成了德国人生活中被承认的现实，尽管许多人对此表示遗憾。由于越来越多的人认识到资本主义在德国人生活中的核心地位，布莱希罗德自己的角色也受到更广泛的认可和非议。

1871 年后，布莱希罗德被更深地卷入现代工业世界。他帮助重组被称为“劳拉舍”（Laurahütte）的西里西亚煤矿工业区，并推动西部的希波尼亚（Hibernia）大煤矿组建新公司。就这样，他在采矿业这个经济中发展最快的行业之一拥有了巨大利益。他还扩大与多条铁路的联系。与他关系最密切的几家公司在 1873 年经济崩溃中受到的影响比其他大部分企业小得多。他富有冒险精神但也不失谨慎，既能在好年景赚钱，也能在坏年景保住钱。他保持甚至还增加了在国际债券市场的份额。简而言之，他是德国经济生活各门类中的一股重要力量。他以某种形式参与几乎所有经济领域的重大决策。

为了追逐自己的各项利益，他不得不与其他银行家紧密合作；国家或国际层面的大型项目几乎总是需要财团，布莱希罗德必须保持警惕，以防对手捷足先登。在法国赔款支付问题上，即使布莱希罗德最亲密的合作者（比如汉泽曼的贴现公司）也试图将他排除在一项有望名利双收的安排之外。在关键的赔款谈判过程中，尤里乌斯·施瓦巴赫向布莱希罗德回忆起一个故事，从中我们可以体会到习惯性的对立：银行家施派尔（Speier）总是提到，一位经纪人赚了 40 盾时，他会宣称自己赚了 500 盾。当有人对此提出疑问时，经纪人解释说：我赚了 40 盾，其他经纪人少赚了 460 盾，因此我总共赚了 500 盾[13]。

但布莱希罗德参与实业不仅是为了自己。就像大卫·兰德斯所说，银行业总是在用别人的钱，就像客户需要布莱希罗德，他也需要客户。他是大臣、外交官、将军和出身显赫者的银行家——他们对他趋之若鹜，被他的精明、有保证、久经考验的诚实和对政治经济形势无与伦比的认识所吸引。布莱希罗德为沃尔特·白芝浩（Walter Bagehot）* 在 1873 年说的话提供了例证："无论在理论上或实践中，
我都想象不出比最初形态更好或更成功的私人银行。一个人在财富、 165
诚实和能力上得到公认，邻居们就会把大笔钱托付给他。信任在严格意义上是个人的。"[14]

对于特殊的顾客，对于能给他帮助的顾客，布莱希罗德可以给予超常的优惠。他可以指导少数几位如何赚钱，而其他人则需要他拯救自己的财富。所有的客户都能指望他的建议，有的还能以较低的申购价格购买新发行的债券。他的热心为所有人提供心理和金钱保证：他以专业的方式照管德意志帝国时期许多人仍然不屑但又离不开的东西——他们的钱。

布莱希罗德的关系和利益无处不在：只有他享有同俾斯麦的亲密关系，大部分有权势或野心的德国人都不敢轻易得罪他。他自己的合作者圈子和影响范围反映出德国精英们同气连枝的特点。就像一位历史学家不久前所写的：

> 工业特别是银行业的集中化和大财阀化倾向，将一小群领军企业家、经理人和金融家放到德国经济的指挥桥楼上，他们控制经济核心领域的决策过程。从政治和社会史角度来看，这种倾向变得至关重要。他们融入帝国的封建社会等级，与之相对应的是他们行事和思维的威权风格。[15]

---

* 沃尔特·白芝浩（1826—1877），英国经济学家和社会学家。——译注

换句话说，当布莱希罗德出现在指挥桥楼上时，他拥有额外优势，知道或者至少假装知道俾斯麦的动向。他是经济和政治领域的重要纽带，而且他的重要性很容易被夸大，特别是对于那些在这两个领域都无能为力的人。在无能为力者和偏执狂看来（两者有一定的相似性），布莱希罗德似乎是最邪恶的幕后操纵者。

布莱希罗德的人生描绘了19世纪的一个中心故事：资产阶级富人奢华但可悲的处境。他为德国富豪的不稳定地位提供了写照：他们苦苦追求财富和地位，但发现前者并不能带来后者。与穷人变得富有相比，富人获得荣耀更难。柏林充斥着富豪新贵，也充斥着作为富豪新贵中贱民的犹太人。他们受到双重歧视，因此想要被社会接受的愿望比他们的基督徒同胞更为迫切。

布莱希罗德的人生几乎是富豪寻求被接受的“理想类型”（不是规范性的，而是韦伯意义上的*）。布莱希罗德的故事也是许多资产阶级富人的故事，但至少他的故事以世界—历史为背景。在描绘 166
布莱希罗德的发迹时，我们不能用自己的标准评判——他弟弟尤里乌斯的生活方式更加普通，可以适用我们的标准。我们也不能忘记，布莱希罗德不是特别喜欢反思的人：他是实干家和活动家，孜孜不倦地迎合现有的状况，有人可能会称之为机会主义。但与其说布莱希罗德的成功依靠机会主义（这个词总是暗示一定程度上的阴谋），不如说他发展出帮助实现自己社会目标的本能，他在经济领域已经将其运用自如。

当然，反讽的是，布莱希罗德试图爬得越高，他就越发清晰地成为所有嫉妒、恐惧和鄙视犹太人富豪社会地位之人的靶子。到了19世纪70年代初，布莱希罗德已经成为柏林社会各色人等中家喻户晓的名字。在《噼里啪啦》（*Kladderadatsch*）上——一份在全国

---

* 韦伯的“理想类型”（ideal type）指在分析历史或社会现象时，主观地强调某些特点，根据这些特点将对象纳入统一的分析结构。——译注

发行的柏林幽默杂志，供稿者大多是犹太人——布莱希罗德成了新崛起阶层的象征。提及他的地方很少有恭维的意思，但比对新道德的其他大部分记录更客气。讽刺作家们知道，无论作为个人还是类型，布莱希罗德一眼就会被认出。19 世纪 70 年代初，布莱希罗德终于把许多人曾经对他的恭维称呼变成现实：柏林的罗斯柴尔德。他没有那个家族的显赫历史，财富也不及他们，但他现在获得盛名，与象征犹太人财富和神秘影响的前辈相比，他很可能对此更加在乎[16]。

布莱希罗德的生活中有许多地方象征帝国的风格。他仍然住在位于老柏林中心的贝伦街 63 号，这栋庞大而装潢华丽的宅邸既是他的私宅，也包括他的营业场所。战前，他把一层楼面租给瑞典大使，把几个房间租给奥伊伦堡伯爵；战后，他需要整栋房子，把私人办公室搬到瑞典大使曾经的沙龙，那里有一面对着贝伦街的大窗户[17]。

这是一条繁忙的街道，遍布巍峨的宅邸和轩敞的办公室[18]。西面是老宫殿和新贵宅邸林立的威廉街，俾斯麦就在那里生活和工作，布莱希罗德距离首相的办公室只有几步之遥。皇储的宫殿从菩提树下大街（Unter den Linden）延伸到贝伦街，旁边是历史悠久的显赫家族所住的较小宅邸[19]。著名犹太银行家马格努斯（Magnus）和瓦绍尔（Warschauer）就住在那里，而汉泽曼的贴现公司则在距离布莱希罗德家几栋楼之外建造了宏伟的总部。往东同样不用走很远就是柏林证券交易所，布莱希罗德早年曾亲自前往那里。就像内森 · 罗斯柴尔德（Nathan Rothschild）在伦敦证券交易所的传统柱子那样*，布莱希罗德也有自己位于交易所中央的位子。现在光顾那里的是他的合作者[20]。

因此，布莱希罗德与东面的证券交易所和西面的俾斯麦距离大致相当。这同样是个象征性的位置，让人联想起他的出身和抱负。“交

---

* 据说，内森 · 罗斯柴尔德在交易所时常常倚靠一根柱子。——译注

易所犹太人”（*Börsenjude*）这个绰号在当时司空见惯，经常和出身
东欧的人联系起来[21]。离俾斯麦越近，他就越容易进入威廉街的那 167
些办公室，同时更加远离曾经代表他一切的股市。

但布莱希罗德不断需要对自己更高声望的更多认可；在这个各级荣耀和威望界限分明的社会里，他希望永不停步地向上攀爬。战前，他已经赢得平民所能向往的最高头衔：他被任命为枢密商务顾问，人们称呼其为“枢密顾问先生”；他还得到与那个头衔相配的必要勋章。但普法战争后，民族英雄们获得特别慷慨的奖赏。威廉用新的头衔和大笔封赏嘉奖胜利的缔造者俾斯麦、罗恩和毛奇。整个在位期间，威廉只在 1871 年将俾斯麦一人封为亲王。俾斯麦马上抱怨说，自己由富伯爵“沦落”为穷亲王。布莱希罗德梦想着类似的“沦落”。

他知道，资产阶级的荣誉并非终点，下一步是跃入世袭贵族的行列。这是拥有财富或声望的所有平民的梦想；在法律上，此类擢升将带来与最古老的蓝血贵族同等的地位。事实上，这种所谓的平等只是幻想，老贵族仍然瞧不起新贵族，而新贵族一边仰视老贵族，一边俯视平民。在第二帝国，社会流动性实际上意味着这种眼球的快速运动——这种可怕的仰视和俯视就是社会。布莱希罗德知道，罗斯柴尔德家族在两代之前就获封贵族。事实上，奥地利帝国早在 18 世纪末就将富有的犹太人封为贵族，通过说服或买通，也可以让较小的德意志邦国这样做。在普鲁士，为国效劳和致力慈善的富豪偶尔会得到这样的荣耀，但与法国或英国贵族相比，普鲁士贵族很不愿意用如此商业化的方式扩充自己的队伍和钱包。在普鲁士，这最多只是一种罕见的荣耀，还没有未皈依的犹太人被擢升为世袭贵族。

但在 1872 年，布莱希罗德获得了这样的荣耀。分封贵族是皇室特权，威廉很珍惜剩下的这点权力。这次的提议来自俾斯麦，他口头要求威廉授予布莱希罗德贵族头衔。因此，不存在俾斯麦的书

面申请，我们所知道的只是1872年3月8日，威廉正式签署封布莱希罗德为世袭贵族的证明书。对布莱希罗德来说，这几乎算不上意外：六个月前，施瓦巴赫曾写信给他，表示听说他的贵族封号证明书已经在巴德加斯泰因被签署[22]。稍早之前，他的岳父在来信中说："亲爱的盖尔森，我在报纸上读到你受邀参加陛下的晚宴，我希望这些殊荣能有利于你的健康。"[23]国王和官方备忘录与俾斯麦写给普鲁士内政部长的信宣布，阿道夫·汉泽曼获得同样的荣耀[24]。（这种联系让包括历史学家在内的人们相信汉泽曼也是犹太人，但事实并非如此。）正式的证明书令人印象深刻，开头写道"我威廉，普鲁士国王，蒙上帝圣恩"，然后宣布布莱希罗德及其现在和将来的直系后代都将跻身贵族行列。作为外在标志，他的姓名中将加入 168
令人艳羡的"冯"，此后他将与所有贵族平起平坐，包括那些天生的贵族。但皇家公告的通常措词被做了一处特别的修改：当君主本该解释说，他试图向全体臣民普施恩泽，但不得不挑出那些"出身好家庭，本人又以对我的忠诚和有益效劳著称……"时，他删去了"好家庭"，用"公心活动"代替"有益效劳"[25]。即使国王也无法假装布莱希罗德出身普鲁士人所称的好家庭。

敕令足够引人瞩目，某些方面甚至比当时的人所能知道的更不寻常。在19世纪70年代的记录中，威廉总共只擢升两位银行家为贵族。整个在位期间，他只新封了131个贵族，大多已经与贵族有亲缘关系，其中差不多90%是新教徒。有人认为，威廉的分封加强了老贵族的排外性，从而加深了阶级界限[26]。德国的犹太报纸《犹太人大众报》（*Allgemeine Zeitung des Judentums*）强调了这次分封的独一无二：

> 有直系后代的犹太人被封为贵族，这在普鲁士历史上是第一次。无论如何，布莱希罗德的受封[仅仅]是犹太人第二次在普鲁士被封为贵族（第一次是科隆的亚伯拉罕·冯·奥本海姆

> 男爵)[*]。普鲁士没有个人贵族 [persönlicher Adel][†]。前任国王拒绝封举世闻名的犹太人梅耶贝尔[‡]为贵族，尽管方式非常礼貌。[27]

布莱希罗德一跃成为德国最著名的犹太人。

反讽的是，他独一无二的地位得益于其他贵族的危险困境。布莱希罗德和汉泽曼被封为贵族是因为他们出手拯救了陷入施特鲁斯贝格博士（Dr. Strousberg）的罗马尼亚铁路计划破产事件中的普鲁士容克贵族的财产——这在当时广为人知，并在后来得到俾斯麦的证实[28]。英国大使言简意赅地告诉索尔兹伯里侯爵（Lord Salisbury）[§]："皇帝加封他们男爵，作为对其努力的奖赏。"[29] 许多大贵族——以普特布斯亲王（Prince Putbus，很快被戏称为"破产亲王"[Prince Kaputbus]）为首，还包括拉提波尔（Ratibor）公爵、乌耶斯特（Ujest）公爵和莱恩多夫伯爵（Count Lehndorff）——在施特鲁斯贝格的冒险中投入自己的钱，到了 1870—1871 年时已经处于破产边缘[30]。他们大多是威廉的宠臣（施特鲁斯贝格和罗马尼亚难以置信的复杂关系见本书第十四章）。普鲁士贵族的资本主义胃口带来意想不到的后果，为了解救他们，布莱希罗德的确卖了大力气。

这无疑是威廉愿意放下古老偏见的主要原因。布莱希罗德之前 169
的服务无疑让皇帝更容易克服顾忌，但只有俾斯麦的个人介入才能真正消除它们。布莱希罗德对此深表感激：

> ……我心情澎湃，迫不及待地向阁下表达我的感激。因为

---

* 指非世袭贵族。——译注

† 亚伯拉罕·奥本海姆没有儿子继承头衔。

‡ 贾科莫·梅耶贝尔（Giacomo Meyerbeer，1791—1864），德国歌剧作家。——译注

§ 索尔兹伯里侯爵罗伯特·塞西尔（Robert Cecil，1830—1903），英国保守党政治家，曾三度出任首相。——译注

> 毕竟是阁下的推荐让我和我的家人获得这项荣誉。我可以推心置腹地向阁下承认，这项荣誉让我和我的家人兴奋至极，但我最看重的还是阁下继续施恩，我以至诚谦卑请求您这样做。您的信任带给我巨大荣誉，我将终生效忠阁下，以证明我配得上您的信任。[31]

几个月前，在被封为亲王时，俾斯麦用类似的口吻感谢了威廉：

> 让陛下满意是我内心不可或缺的需要，我需要这样才能享受成功。我的祖先把对国家和封地的世袭统治者的个人忠诚传给了我，但愿它也能成为我孩子们遗产的一部分，因为在这个崩溃和怀疑的时代，上帝的祝福有赖于此……[32]

这些不仅是感激涕零时的口头表态：虽然背景不同，但布莱希罗德和俾斯麦都相信这种形式的个人依附与忠诚，尽管它在当时的德国社会中已经开始式微。它加强和保护了他们之间的纽带。

对布莱希罗德来说，跃入贵族行列带来无法名状的快乐。突然，人们称他为“冯 · 布莱希罗德先生”（更有甚者，德国和外国的许多人称他为冯 · 布莱希罗德男爵，尽管普鲁士没有“男爵”［Baron］头衔），“冯”这个词在他心中一定堪比他的全部财富。他忙不迭地试图确定这项新荣誉能让他走多远*。他发出正式询问：宫廷现在是 170

* 《嘣里啪啦》杂志也忙不迭地取笑他的新荣誉，并讽刺他的新诋毁者。布莱希罗德获封贵族后，《嘣里啪啦》马上刊发一小则告示，题为：“更多失踪者：盖尔森 · 布莱希罗德和汉泽曼——有待稍后进一步确认——毫无痕迹地从我们的圈子（*Kreis*，也表示国家）和团体中消失。我们对失去他们感到特别遗憾，因为他们一直是我们阶级（*Stand*）的骄傲。”署名为“柏林全体市民”，1872 年 3 月 24 日。一周后，神秘的世袭贵族“冯 · 马虎男爵”（Baron von Prudelwitz）在《嘣里啪啦》上对同样神秘的“冯 · 糊涂男爵”（Baron von Strudelwitz）说：“终于发生了，这在由股票经纪人搭建起来的奥地利早就发生了，但在自然成长［*naturwüchsig*］的普鲁士曾被认为是不可能的。两个犹太人——（转下页）

否会接待布莱希罗德家族，即他们是否已经正式“有权进入宫廷”（*hoffähig*）。答复是肯定的[33]。但从正式被允许进入宫廷社交界到被其接受仍然天差地别。即使对基督徒来说，有权进入威廉二世宫廷的人也被分成 56 个等级[34]！难怪玛丽·霍恩洛厄王妃（Princess Marie Hohenlohe）曾经感叹：“什么都无法超越所谓的社会这个共济会。”[35]布莱希罗德的迫切心情还表现在他马上提交了自己的纹章：背景为黑、白、红三色，中央的白色部分镶嵌着铁十字[36]。这些颜色象征新帝国，铁十字代表普鲁士，布莱希罗德的纹章将两者结合起来。

1872 年秋，布莱希罗德获得又一项荣耀。由于杰出的银行家维克多·冯·马格努斯男爵（Freiherr Viktor von Magnus）去世，英国驻柏林总领事一职空缺。这是一个没有报酬的荣誉职位，但它提供又一条信息通道，还能带来很高的声望。布莱希罗德在普奥战争中曾与英国大使馆合作，而且已经是大使奥多·罗素勋爵的密友。作为柏林外交界的明星，罗素精明而富有魅力，是俾斯麦和宫廷的最爱（他的父亲在 1836—1841 年间曾任英国驻柏林大使——在此之前，由于疯狂地爱上卡尔斯鲁厄［Karlsruhe］的著名犹太银行家所罗门·冯·哈贝尔男爵［Baron Salomon von Haber］守寡的女儿，他几乎毁了自己的生活和婚姻）[37]。1872 年 9 月，罗素男爵致信外交部，表示虽然“没有必要”任命新的总领事，因为大使馆可以承

（接上页）一个是天生的犹太人，一个是职业上的［*Beruf*］犹太人——同时被封为贵族。罪恶的开始！老基督徒的原则被践踏，传统被破坏，此前犹太人一直无法逾越的墙壁出现裂缝，关于‘社会贱民’中‘被诅咒民族’的信条被永远摧毁。如果我错了，就让我改名为‘犹太佬’［Itzig］，但我看到这正在到来：犹太人将成为贵族，贵族将被犹太化［*verjüdelt*］……等着瞧吧，你将活着读到‘往来账伯爵’［Comtesse de Contocurrente］，读到受过割礼的‘达科特公爵’和‘摩西亲王’！骑士的黄金时代将让位于……金路易的时代。”真正的贵族（而非自由派对他们的戏谑）很可能更多几分尖刻和少几分幽默。《噼里啪啦》，1872 年 3 月 31 日。

担所有必要的工作*，但他——

> 完全赞同格兰维尔勋爵的观点，即在柏林城任命一位拥有财富和威望的人对英国的工商业利益大有好处，与英国外交部相比，此人与当地官员和商务部门打交道更方便。他认为，没有谁能比银行家布莱希罗德男爵更好地实现这种好处，此人不仅是柏林的罗斯柴尔德，还是俾斯麦亲王最亲密的朋友以及金融和商务问题上的顾问。布莱希罗德男爵在柏林社交界拥有特别好的地位，皇帝和皇储经常亲自找他商量，普鲁士的统治阶 171
> 层和商界普遍信任和尊敬他。奥多·罗素勋爵刚刚从私下获悉，布莱希罗德男爵愿意接受无报酬的总领事一职……[38]

10月初，格兰维尔授权罗素任命布莱希罗德，并“向门德尔松—巴托尔迪发去客气的回绝信”，因为他同样提出愿意效劳[39]。几天后，罗素勋爵召见布莱希罗德，“请求［他］帮英国政府一个大忙，‘接受这个职务’”[40]。

布莱希罗德不仅在英国总领事一职的争夺中击败了著名的对手门德尔松，同月，奥地利政府也提出任命他为该国驻柏林总领事。他就这些富人的尴尬请示俾斯麦，表示自己已经接受英国人的邀请，但奥地利人的职位具有“显著的优势，能够让他特别详尽地了解邻国的金融运作”。俾斯麦建议他忠于英国人，因此直到1893年去世，他一直是英国的总领事，与英国驻柏林大使馆关系特别亲密[41]。其

---

* 最近的一项研究显示，英国外交部对于商务问题几乎不感兴趣，作为这种忽视的众多例证之一，“当1879年奥多·罗素勋爵提出需要在驻柏林大使馆人员中安排一位商务专家时，一名外交部次长却提出异议——索尔兹伯里解释说，此人‘极为正统，对所有商人的看法就像老小姐对所有男人的看法——仿佛他们图谋诱使他提供某种非法的恩惠’”。普拉特，《英国外交政策中的金融、贸易和政治，1815—1914》（牛津，1971年），第xx页［D. C. M. Platt, *Finance, Trade, and Politics in British Foreign Policy, 1815–1914* (Oxford, 1971), p. xx］。

他政府也向布莱希罗德奉上大量荣誉；从1870年到1873年，他多次向柏林警察总局申请皇家许可，允许其接受和佩戴巴伐利亚、萨克森、奥地利、意大利和巴西国王的勋章[42]。

差不多与此同时，普鲁士政府也认可了尤里乌斯·施瓦巴赫的功劳。1871年，警察总局在他的第一份授勋推荐中写道：“在那些不但快速和没有太多架子地做了大量好事，而且可以作为本行业可靠和得体行为之典范的人中，银行家尤里乌斯·施瓦巴赫占据突出的位置。”六年后，在提议授予其更大的荣誉时，警察总局估计施瓦巴赫的年收入在20.4万到24万马克之间。他被认为对慈善极为慷慨，各方面完全无可指摘，始终远离“创立活动”（*Gründungen*）。1878年，47岁的施瓦巴赫被任命为枢密商务顾问[43]。

我们看到布莱希罗德对自身社会地位的重视：爬得越高，他就比以往更看重合适的生活方式，更看重举止与身份相符。冬天，他的家是柏林最豪华和被人谈论最多的娱乐场所。夏天，他把家人搬到位于城郊的时髦的夏洛腾堡区（Charlottenburg），就像他的父亲曾经搬到更加乏味的潘科区（Pankow）[44]。与父亲不同，盖尔森常常光顾著名的温泉——如奥斯坦德或马林巴德，基辛根（Kissingen）或施朗根巴德（Schlangenbad）——他的孩子们则被留给各位仆人照料，包括他信赖的助手西贝特（Siebert），此人在19世纪70年代初还曾是布莱希罗德的代表，按照他的指示安排过俾斯麦的购地操作。

1873年6月，获封贵族后仅仅一年，布莱希罗德买下了古特戈茨（Gütergotz），这是一座位于柏林附近的古老领主庄园，曾是著 172
名的罗恩伯爵的乡间宅邸。刚刚收到威廉嘉奖的罗恩准备卖掉古特戈茨，在更加远离新首都喧嚣的地方买一处更大的休假地[45]。1868年8月，罗恩以13.5万塔勒买下这处庄园，对其进行翻新，扩大花园并修缮庄宅（也被称为“宫殿”）；现在，他以129万马克的价格把庄园卖给布莱希罗德，相当于买入价的三倍。吝啬的罗恩对房屋翻新的投入不太可能接近这个价差。尽管做了翻新，尽管房产价格在 1868—1872 年间有了大幅飞跃，但有理由猜想布莱希罗德付出了额外的钱，因为他买的是陆军元帅的房子[46]。

布莱希罗德的乡间宅邸位于柏林西南，距离市中心约 15 英里，距离波茨坦皇宫约 5 英里。庄园的位置完美而有战略意义，庄宅在 19 世纪初经过著名建筑师大卫 · 吉利（David Gilly）的改建[47]。布莱希罗德购买罗恩宅邸还具有引人瞩目的象征意义，是德国社会史上一个篇章的缩影：资产阶级，特别是犹太资产阶级——或者说，在这个案例中是一年前刚刚获封的犹太人贵族——买下老贵族和著名武士的庄园，并继承或效仿前主人的观点和价值[48]。古特戈茨交易的最后安排让罗恩和布莱希罗德保持亲切的书信往来，罗恩曾表示："我很高兴再次看到那熟悉而优美的签名，因为我希望可以据此推断你的眼疾已经无恙。"[49]

布莱希罗德喜欢自己的新庄园，在那里度过很多时间。园中的鲜花带给他最多的快乐，园丁对他来说和厨师一样重要。多年间，他一直把自家花园的罕见品种送给威廉和奥古斯塔：这是一位绅士农夫送给另一位的礼物。无论是否身处古特戈茨，他总是很关心收获，他的亲信西贝特会向他报告作物是否已安全收割，特别是燕麦[50]。但他也喜欢实施一些怪诞的计划。他花费高价，请石匠从普军取胜的战场上（特别是法国）收集近 2000 块石头或石块，将这些光秃秃的战利品运到古特戈茨，作为怪异的爱国展示。他希望吸引威廉参观自己的收藏——或者说皇帝来访才是这个疯狂举动的真正原因？安排来访无疑要大费周章，还必须再次动用与国王亲随的关系。威廉最初同意 1875 年夏天来访，但直到两年后才成行*。皇

* 古特戈茨显然是布莱希罗德的费里埃尔，雅姆斯男爵同样曾经迫切希望皇帝造访他的新城堡。拿破仑的来访是在 1862 年 12 月，当时费里埃尔刚刚完工不久。此行堪称一次盛大的国事访问："陪同皇帝的有富尔先生、瓦莱夫斯基伯爵（Count Walewski）、考利勋爵（Lord Cowley）、弗洛里（Fleury）和内伊（Ney）将军……男爵侍从们身着蓝色和（转下页）

帝只待了一个小时，但布莱希罗德喜形于色地告诉俾斯麦："我必须向阁下报告，上周五陛下路过古特戈茨，我有幸接待了他。陛下看上去好极了……"两人讨论了近东危机[51]。后来，国王的朗读官路易·施耐德正式告知布莱希罗德，国王"很满意你舒适的家。贵夫人的喜形于色特别令他高兴……"报纸刊登国王来访的新闻，布莱希罗德还从多位朋友那里收到祝贺，包括维也纳的莫里茨·冯·戈德施密特[52]。 173

布莱希罗德通常在古特戈茨度过周末和夏天的一部分时间。几十年后，他曾经的助手卡尔·菲尔斯腾贝格（Carl Fürstenberg）回忆说：

> 盖尔森·布莱希罗德的别墅非常清静。我曾在那里见到他来自外交部的朋友，不时还有外国使节和行政部门的高官偕夫人来访。我无数次挽着失明的盖尔森，在古特戈茨的菩提树林荫道上徘徊，与他谈论商务、外交或与外国的金融关系，总能感受到此人久经世故的智慧。[53]

在柏林的冬天，布莱希罗德家会举行规模浩大的宴请活动。他

（接上页）黄色制服，[在最近的车站] 等待皇帝陛下。陛下坐上敞篷马车，配备四匹纯种马和马车夫……10 点 45 分，皇帝抵达城堡，一座塔楼上立刻升起皇家旗帜。巡视城堡内部后，皇帝来到庄园散步，并种下一株雪松纪念此行。然后，他回到城堡用早膳。银质餐盘的模具在制作完成后马上毁掉，以保证独一无二；瓷器餐具由著名的塞弗尔瓷器厂（Sèvres）制造，每个盘子上都绘有布歇（Boucher）的亲笔画作，带有 B 字签名……早膳过后，大批猎手侍从已经在等待客人们，准备前往庞大的庄园。庄园占地 1500 公顷（3700 英亩），包括三个农庄，完全被步道包围。狩猎非常尽兴，共杀死约 1000 头猎物。"《泰晤士报》（*The Times*），1862 年 12 月 10 日；亦见《世界画报》（*Le Monde Illustré*），1862 年 12 月 27 日。1974 年 9 月，我在参观这座城堡时被告知，当皇帝踏上宏伟的楼梯时，他停了下来，嗅到某种东西——显然是来自厨房的味道。皇帝离开后，雅姆斯男爵下令将厨房搬到城堡外的一处地下室，通过地下通道与城堡相连。不清楚拿破仑是否重新巡视过现在已经没有异味的城堡。

们的舞会堪称盛事，柏林社交界常常既羡慕又不客气地谈论这些奢华的宴请。那是一个争相举办宴请活动蔚然成风的时代，当时的书信和回忆录证实宴会的极度奢侈，钱不是问题，但只有钱显然不够。真正重要的是参加者。

早在获封贵族前，就有不少社交界的头面人物光顾。毕竟，他的一些客户觉得很难拒绝他。获封贵族后，潜在客人的圈子大大扩充。俾斯麦王妃和她的孩子们、拉齐威尔夫妇、施皮岑贝格夫妇、柏林的外国使节和其他许多人纷纷捧场，而那些没有受邀的人则对 174
主人和客人们愤恨不已。拥有英国和德国血统、在柏林社交界顶层如鱼得水的玛丽·冯·本森（Marie von Bunsen）* 回忆起 1877—1878 年间第一次登上闪亮社交舞台时说：

> 布莱希罗德的宴会同样引人瞩目……布莱希罗德家的社会地位可谓很高，但仍然有欠素养。几乎柏林的所有贵族和政府要员都会前往，但事后表示后悔。整张宴会桌上摆满精品中的精品。人们使用银质餐具，面前摆放着最奢华的东西。然后，[小提琴家帕布罗·德]萨拉萨特(Pablo de Sarasate)和[宫廷钢琴家]埃西波夫（Essipoff）开始表演，随后是舞会。[54]

奥特马尔·冯·莫尔（Ottmar von Mohl）† 用更加不客气的口吻记录同一场景，他提到布莱希罗德是俾斯麦的“宠儿”，但表示：

> 不过，算不上英俊的外表和社交事务上犯的一些错，让他在柏林的德国人圈子里不受欢迎。喜欢奢华夜宵的外国使节热

---

* 玛丽·冯·本森（1860—1941），德国女作家、水彩画家和旅行家，柏林的沙龙女主人。——译注

† 奥特马尔·冯·莫尔（1846—1922），德国外交家，曾任日本明治时期的政府顾问。——译注

> 衷参加他的舞会，但本国社交界对其态度冷淡，特别是军官群体，他们与布莱希罗德关系很不好，有的军官把他的家看作禁区。[55]

有时，作为社交界必不可少的元素，宴会上也能看见许多身着体面制服的军官，因为就像一位同时代的人所看到的，“皇帝的制服尤其受尊敬，没有军官在场的宴会都不会被看作成功”[56]。参加布莱希罗德家的宴会总会引起争议。就像冯塔纳在小说《通奸者》（*L'Adultera*）中对一位柏林金融家的评价：“在股市中他被无条件地看作一个优秀的人，但在社交界只是有条件的。”[57]

问题在于，布莱希罗德迫不及待地想要被无条件地认同。虽然他的名望和重要性得到承认，但他也渴望被社会完全接受。他比大多数人更清楚地了解大部分贵族自负背后的空虚：他知道他们的金钱和婚姻丑闻，知道他们依赖像自己这样的人，知道自己在财富上超过他们所有人，也许在智慧上同样如此。不过，他倾慕他们的生活方式和价值观，并试图效仿。

被接受的模糊性无疑严重困扰着布莱希罗德，但这还不是最糟糕的。他感受到某些容克贵族的怒火，比如俾斯麦昔日的朋友路德维希·冯·格拉赫，此人对“犹太人爱好者”的鄙视甚于对犹太人本身。格拉赫在1873年2月的日记中写道：“最近，犹太人布莱希罗德举办了盛大的舞会，俾斯麦王妃以及她的女儿和两个儿子是最尊贵的宾客，他们是五十年前的敬虔派［*Stubenprediger*］的女儿和孙辈。”[58]对大部分老贵族来说，这种结交带有背叛意味，他们把俾斯麦与布莱希罗德的关系视作自己对首相不满的原因和理由。 175
对于19世纪70年代初形成的整个反对俾斯麦的反动“投石党”而言，布莱希罗德象征“自由主义帝国”的背信弃义。我们将看到，19世纪70年代中期兴起的新反犹主义把布莱希罗德作为显眼的靶子，尽管俾斯麦常常是真正的目标。

布莱希罗德继续着自己的事业，外表光鲜，但内心痛苦。对他的攻击从未停止。他的私人生活没有像在公共领域那样的运气，失望和病痛早早袭来。早在19世纪60年代末,他的视力就开始出问题；到了19世纪70年代末，他已经完全失明——他挽着助手匆匆赴约，或者只是沿着时髦的蒂尔加滕散步，这成了熟悉而令人同情的景象。他的私人生活变得日益痛苦。与俾斯麦一样，他在成功的那几十年里变得更加内向，逐渐陷入某种孤独。两人在公共生活的最后十年里都变得更加苦恼。他们的关系最初只是各取所需（布莱希罗德还常常扮演奉承者的角色），后来逐渐演变成两位奋斗与胜利已成为往事的老去之人的联系和友谊。成功变成了日常，剩下的只是工作，两人的工作虽然不同，却一遍遍让他们走到一起。

第九章

政治和经济上的帝国风格 176

> 我的睡眠不是放松，如果我真有睡着的时候，我的梦将延续醒着时的思考。有一天，我看见面前有一张德国地图，上面一个接一个地出现了烂点，然后剥落。
>
> ——俾斯麦致卢基乌斯 · 冯 · 巴尔豪森，1872 年

表面上，新帝国是一块权力的磐石：快速扩张的工业和庞大的军队让德国成为欧洲大陆的统治者。但新的权力带来新的矛盾：每座新开的工厂都会增强无产阶级异议者的力量，工业财富的每一次增长都会削弱老地主贵族精英对国家政府的控制。磐石上的裂缝越来越宽，裂缝被掩饰和否认，但这导致变化迅猛的社会与相对僵化的政治秩序产生冲突。

新帝国经历不完全的现代化过程：它的经济发生改变，但前工业化时期的阶级仍然掌握着权力，试图通过拉拢和威逼新的工业阶级来延续自己的超群地位。和所有近代社会一样，德国也是一个转型中的社会。那里的转型比其他地方更快，但也更不完全，特别是德国社会对自身的理解不如其他社会。回头来看，帝国的历史进程似乎很清晰——事实上，它清晰到让一些历史学家忘记，对于新帝国的大部分公民而言，未来完全谈不上清晰，他们正为了某种新的稳定而苦苦摸索。

19 世纪 60 年代末，俾斯麦曾表示，只要将德国抱上马鞍就够了，它会知道如何驾驭。新帝国时期，他发现德国不知道如何驾驭，至

少不是他想要的方式或方向。统治新国家的困难超乎预期。俾斯麦曾试图为这个四不像社会准备四不像的宪法：新帝国无法被简单界定，既不完全专制，也不采用君主立宪。当时的批评者和现代的历史学家常常把俾斯麦的统治与拿破仑的统治或公民独裁相提并论。与具体名目相比，现实更加重要。俾斯麦是政策的制定者：他在帝 177
国的对手中没有人拥有他那样的远见，像他一样为所有的国内外政策负责；但俾斯麦需要仰仗皇帝的支持和帝国中几个邦国的默许，他不得不应对宪法之外的压力和阴谋。最重要的是，他需要帝国议会批准自己的国内政策。这是一场永无止境的平衡游戏，不时传来他将辞职或重组帝国的威胁[1]。

1871 年后，俾斯麦成了大英雄，但过早被神化让俾斯麦和国家都没有对现代政治的固有矛盾做好准备。斗争的岁月，从致命危险中夺取戏剧性胜利的岁月，已经远去；矛盾的日常化被证明更令人难以忍受。19 世纪 60 年代，他要对付的是敌人；1871 年后，他不得不应对被官方划定为友好的个人或团体，他觉得后者更讨厌。1871 年后，他对局势的掌控削弱了，耐心和精力也不如从前。他反复的辞职威胁只是策略，但也反映了真正的沮丧和绝望。出于个人和实质性原因，权力的快感减弱，职位的魅力也下降了。（1880 年，他抱怨说，过去十年间，自己在履行职责时完全感受不到“个人的快感”，“只［感到］对上帝和人的职责，完成这种职责并非出于任何对工作的热爱，而是良心的强迫”[2]。）不过，他仍然紧抓权力，摧毁对手，他的领导风格加剧了各种政治冲突。

帝国时期的俾斯麦没有宏大战略，只是寻求自保。他的对内和对外策略大同小异，如果有所不同，那就是他在国内更加无情。对于欧洲大国，他怀有一些敬意，哪怕只是因为它们过去的历史角色。但对国内的敌人就完全没有尊敬可言：他们既没有历史根基，也没有正当理由；他们是试图阻挠他计划的小人。他把外交政策中的不道德手段搬到国内舞台，试图恐吓、操纵和打击对手，他在对付国内对手时的残忍和轻蔑在面对外国时很少敢使用。

帝国建立之初，俾斯麦与民族自由党协同执政，这是议会中最大的党派，代表中产阶级的利益和理念。从 1867 年到 1873 年，政府和议会建立自由经济的框架。帝国的政策旨在促进资产阶级的经济诉求。俾斯麦还联合民族自由党向中央党（Center party）所代表的天主教政治势力发难；他害怕德国政治中有组织的天主教势力，决心将其消灭在萌芽状态。在所谓的文化斗争（Kulturkampf）过程中，他让天主教徒对自己的党派更加忠诚。与此同时，他紧密依靠民族自由党，将其视作暂时性的策略工具，这导致他与代表他的朋友和其他容克贵族的保守派的决裂。在回忆录中，他把与帝国国内史相关的章节命名为“文化斗争”、“与保守派的决裂”和“阴谋”。这些冲突中，与保守派的决裂对他伤害最深。他觉得受到背叛，如 178
果没有他，那群人可能早就因为自己的固执而吃苦头了。他们的离弃令人愤恨，但又无法忽视，俾斯麦设想的社会和政治秩序需要老地主阶级保持显赫地位。

在 19 世纪 70 年代的斗争中，政治中的经济元素变得日益重要和明显。那个十年的核心事件是象征德国社会勃勃生机的大繁荣，以及 1873 年的大崩溃和其后的长期萧条。大崩溃过后，人们就其原因和可能的解决办法展开激烈辩论。俾斯麦用多年时间摸索新的经济政策，最终逐渐制定出全面的方案，并做了保守的新调整。这些变革如此激进，以至于许多人感觉帝国经历了重生。

在经济动荡时期，布莱希罗德所扮演角色的重要性稳步提升。无论是对德国金融业和工业的了解，还是与国内外商界的联系，他都无人能及。他的专长是实用经济学，并与德国的主宰者关系密切：这些成了他的影响力不断扩大的基础。

掌权者喜欢聆听有用和渊博的人，根据所代表的支持者的特点，他们也许还喜欢聆听有影响和有权势的人。布莱希罗德符合所有条件，他继续享有随时见到俾斯麦的特权。在两人之间，公共和私人事务仍然纠缠在一起。布莱希罗德关于俾斯麦财务状况的私人书信常常也包括对政治和经济动态的评论。他们的对话还触及国内外政策的所有方面。他用这种非官方的方式对官方报告和备忘录做了补充，后者总是会处于众目睽睽之下。

布莱希罗德有很多权力渠道。他的手下、客户、朋友和门徒无处不在：包括政府和宫廷，议会和报界，以及除了社会党之外的所有党派。这些关系中有的是他业务的衍生品，有的则是他孜孜不倦培养的结果。他热衷于成为要人和名人。罗斯柴尔德家族喜欢搜集艺术品，他则喜欢搜集秘密，两者出于相同原因：让同时代的人惊异。

因此，他成了人们追逐的对象。对于柏林的权势者、罗斯柴尔德家族和外国使节来说，他是消息的重要来源。1878 年，英国大使致信本国外交部，表示“就像阁下所知道的，冯·布莱希罗德先生是俾斯麦亲王的银行家和秘密代理人，比柏林的任何人更受首相的信任”[3]。现在，所有的罗斯柴尔德家族成员都感谢他的情报，并请求提供更多；霍亨索伦—齐格马林根家族的卡尔·安东亲王代表许多显贵的观点，他在写给朋友的信中表示：“布莱希罗德消息异常灵通，尽管有外交式的含蓄，但他很好说话……这是一个出色的、在政治上非常敏捷的人。”[4]1882 年，一位内阁部长记录道，布莱 179
希罗德的联系人延伸到“陛下最核心的随员”[5]。所有书信都由布莱希罗德亲自撰写，这本身就是一项令人惊叹的工作：既有每天写给罗斯柴尔德家族大部分分支的信，还有写给世界各地的商业伙伴、顾客和官员的几十封信。布莱希罗德还要接见源源不断的访客，既有大臣和使节，也有经济精英。作为惯例，布莱希罗德只等候俾斯麦。布莱希罗德培养如此之多的关系，而且日进斗金，他的精力令人钦佩。他经营多重买卖，同时是利润和权力的掮客。

不消说，许多德国人不满布莱希罗德的地位，包括那些声称与他友谊深厚的显贵和官员。俾斯麦的专制风格赋予布莱希罗德要人的光环，俾斯麦的其他助手也对首相这位爱管闲事的犹太人感到不满。由于工作的不安稳和首相的喜怒无常，他们把布莱希罗德视作在主人面前说他们坏话的伊阿古（Iago）*。1885 年，德国驻巴黎大使霍亨洛厄亲王对自己的职位感到担心，因为“布莱希罗德和亨克尔等人曾利用报纸反对我，而且会故技重施”[6]。其他许多显贵也害怕布莱希罗德造就或摧毁他们事业的能力，并时常夸大他的影响。

[1]

帝国建立伊始，布莱希罗德推荐的政策与俾斯麦官方顾问们的提议存在分歧。19 世纪 70 年代初的首要工作是创立帝国银行，取代统一前仍然存在的 32 家有货币发行权的银行。1872 年 5 月，布莱希罗德致信俾斯麦，表示“很希望首相一直执掌［该行］，因为至少根据愚见，对金融问题而言，许多时候政治判断比物质判断更加重要”[7]。俾斯麦听取他的意见，但政府将动议权留给帝国议会中的民族自由党。1874 年末，该党在昔日的银行家路德维希 · 巴姆 180
贝格的领导下准备合适的法律。其中一部分与布莱希罗德的观点一致，包括首相的保留权力，另一些方面则有出入。他致信俾斯麦：“在金融事务上，阁下常常纡尊听取我的意见，因此我将乘便对银行的棘手问题提出几点看法，因为我非常关心此事。”他特别指出，按照当前的法律草案，股东将没有足够的代表权，信贷供应也太容易被切断[8]。

作为帝国银行的倡导者和俾斯麦最重要的阁僚，鲁道夫 · 冯 · 德尔布吕克和奥托 · 冯 · 坎普豪森支持金本位。布莱希罗德则不这么看。他担心实行金本位将危及货币的灵活供应。倡导者们对黄金的普世

---

* 莎士比亚《奥赛罗》中的反派，喜欢告密和挑拨。——译注

统治力着迷，而布莱希罗德则相信，金本位将导致利率波动，每当必须劝阻从帝国银行取出金条储备时，利率就会大幅甚至急剧上升。他担心出现商人不愿看到的一幕：周期性的货币和信贷政策将导致衰退时货币供应紧缩，扩张时货币供应增加。因此，他要求以数量尽可能多的贵金属为基础，与当时的主流观点不同，他始终是双本位的拥护者。

他知道如何在这个高度技术化的问题上打动俾斯麦。1874 年，他警告首相，早早引入纯粹的金本位将导致德国依赖英国的黄金市场，而英国人会通过提高贴现率保护其市场。那样的话，德国就不得不如法炮制。但他指出：“与英国不同，支撑我国工业的并非巨额资本，而是对银行家和银行信贷的稳定需求，这点广为人知……”金本位将让资金变得更昂贵，从而威胁工业。“甚至现在，我国工业已经无法成功地与外国生产者竞争，因为工资和利率太高了……”布莱希罗德提醒俾斯麦，“帝国的务实者太少……以英国为模板调整我们情况的欲望主导着某些圈子”（俾斯麦也对某些教条主义议员的能力和爱国心感到怀疑）。布莱希罗德敦促俾斯麦咨询长期担任普鲁士银行行长的赫尔曼·冯·戴程德，后者将给出类似的建议：“阁下不应忽视我的请求，应该相信这是出于我对祖国的爱。”[9]

1876 年 10 月，布莱希罗德在一份长篇备忘录中再次警告不要让白银彻底退出货币，并指出帝国银行的黄金储备不足。采用金本位很可能导致必须从英国借贷大量黄金，这肯定会带来贴现率上升的危险，并进一步伤害“已经元气大伤的我国工业”。对备忘录的措词稍加修改后，俾斯麦将其发给帝国银行的现任行长戴程德[10]。一年后，布莱希罗德抱怨说，为了遏制黄金外流，帝国银行将贴现率提高到 5.5%，“必须设法控制银行持续波动的做法，否则我国工 181
业不可能与外国竞争”[11]。

布莱希罗德一直批评德国的货币政策。他没能成功，因为他的看法与传统观念背道而驰。他务实地得出远远早于自己时代的货币政策原则。现实证明他是对的，后来他还可以寄希望以更大的权威谈论更关键的问题*。

[2]

帝国的最初三年见证了史无前例的经济繁荣。德国沉浸在兴奋中：似乎一个无限财富的时代开始了。银行为大扩张提供资金，这三年里兴建的钢铁厂、鼓风炉和机械制造厂的数量相当于之前七十年的总和。新成立的合资公司总资本达到 28 亿马克，几乎是之前四十四年间所有合资企业的总资本。繁荣是在统一之后到来的：德国似乎注定将在所有领域取得胜利和繁荣，“柏林成了德国经济的中心”[12]。

繁荣标志着从 1867 年开始的经济加速上行。法国的 50 亿法郎赔款为其添柴加火，让公共债务得以提早还清，从而突然为德国提供大量流动资金。充裕的资金、振奋的民众和允许毫无困难建立合资公司的法律吊起人们的胃口，引发狂热的活动。

这是一个真正的扩张时代，充斥着各种不诚信的创立活动，在无所顾忌的灰色区域，利润的诱惑战胜正常的谨慎。这个时代被称

---

* 布莱希罗德对金本位的反对引发俾斯麦和路德维希·巴姆贝格在帝国议会的激烈交锋，后者是帝国银行和统一帝国货币的实际创立者。1879 年，奥多·罗素勋爵预言德国将采用双本位的记录被泄露给媒体。报道并不属实，巴姆贝格没能从政府获得非正式信息，于是在议会提出该问题。在发言之前，他暗示罗素勋爵一定从布莱希罗德那里获得了信息。俾斯麦怒斥巴姆贝格，表示这是可耻的影射，“由于某些可耻和可鄙的审判，世人都知道这家银行担任我的私人银行家和商业管理者”。然后，俾斯麦反过来谴责巴姆贝格与银行界的联系。这件事让当事人陷入尴尬，让布莱希罗德深为忧虑，为此闷闷不乐了好几天。汉斯·菲尔斯腾贝格错误地将此事的发生时间标为 1876 年，见他所编的《卡尔·菲尔斯腾贝格：一位德国银行家的生平，1870—1914》（柏林，1931 年），第 77—79 页［Hans Fürstenberg, ed., *Carl Fürstenberg Die Lebensgeschichte eines deutschen Bankiers 1870–1914* (Berlin, 1931), pp. 77–79］。另见，卡尔·赫尔费里希编，《路德维希·巴姆贝格关于货币和银行问题的发言与论文选》（柏林，1900 年），第 102—110 页［Karl Helfferich, ed., *Ausgewählte Reden und Aufsätze über Geld-und Bankwesen von Ludwig Bamberger* (Berlin, 1900), pp. 102–110］。

为“奠基时代”，见证帝国在政治和经济上的奠基。各阶层的德国人都陷入投机热潮，德国的精英们突然从对经济的倦怠和缓慢的生活节奏中惊醒，前所未有地受到经济机会的教育。

著名的银行和谨慎的银行家们抵制快速创立的诱惑。早在 1871 182
年 9 月，布莱希罗德的一位助手就在给他的信中谈到“奠基幻想”（*Gründungsphantasie*）滋生的所有公司，显然布莱希罗德从一开始就与创立者们保持距离[13]。（蒸蒸日上但无所顾忌的新贵与日暮西山但保持尊严的旧贵族的斗争当然是 19 世纪耳熟能详的故事，也是《布登勃洛克一家》[*Buddenbrooks*] 的关键主题。）布莱希罗德创立的最重要企业是哥尼斯舍和劳拉舍联合公司（Vereinigte Königs-und Laura-Hütte，通称劳拉舍），一家由亨克尔 · 冯 · 多内斯马克伯爵所拥有的私人煤矿和钢铁厂组建而成的股份制公司。该公司非常稳健，经受各种考验。布莱希罗德在 1873 年组建名为希波尼亚的大型西德煤矿综合体过程中也扮演了核心角色；他还帮助筹建帝国大陆铁路建设公司（Reichs Continental Eisenbahnbaugesellschaft），后者组织修筑魏玛至格腊（Gera）和波森（Posen）至克洛伊茨堡（Kreuzburg）的铁路。这些铁路运营糟糕，但总体而言，经济崩溃对布莱希罗德的影响不像对其他银行和企业家那么严重[14]。

正直和谨慎让布莱希罗德和他的客户逃过最严重的经济倒退。因此，他的财富和名誉损失相对较小，虽然当时的煽动者们试图无中生有地诋毁他（在 1877 年的一份内部备忘录中，柏林警方表扬了布莱希罗德的合伙人施瓦巴赫，因为他不参与任何可疑的创立活动）[15]。布莱希罗德再次展现自己的精明。

他已经预见到崩溃，并警告俾斯麦，1873 年 5 月维也纳市场的突然崩溃也可能影响柏林。1873 年夏天和秋天，纽约和柏林股市遭遇灾难性的重创，信贷变得稀缺，企业开始倒闭。1874 年初，61 家银行、116 家工业企业和 4 家铁路公司宣布破产[16]。

令包括布莱希罗德在内的许多人吃惊的是，崩溃演变成 19 世纪持续时间最长和影响最广泛的萧条*。物价、利润和分红暴跌，生产下滑，失业率上升[17]。人们遭受灾难性的损失，对家庭产生的严重影响常常要持续几十年。关于这场灾难的作品少得令人吃惊，部分原因也许在于19世纪70年代中期的损失是早前投机的结果，道德准则仍然羞于公开承认这点†。

崩溃和随后的萧条对德国社会产生深远影响。它以前所未有的 183
戏剧化方式表现出那个社会在性质上的改变：它表明德国已经成为资本主义国家，尽管前资本主义时期的思想仍然流行[18]。普通公众中流行着从道德角度解读这次崩溃的强烈倾向，把它看作对过错的惩罚。（当托妮·布登勃洛克[Tony Buddenbrook]听说丈夫破产后，“这个词所包含的全部模糊和可怕的东西在她心中涌起，她还是小孩子时就感受过它们。‘破产’比死亡更可怕，意味着灾难、毁灭、侮辱、耻辱、痛苦和绝望”[19]。）保守派和天主教批评者将这股道

---

* 1873年初，马克思预言，经济周期的下行将标志着“普遍危机”的开始，“这样的危机正再次来临，尽管才刚刚开始；但它的普遍范围和影响强度将向人们的头脑灌输辩证法，甚至包括新的神圣普鲁士—日耳曼帝国中势头迅猛的新贵”。……就像我们将看到的，这场萧条向德国人头脑中灌输的不是马克思主义辩证法，而是反犹主义和反社会主义。卡尔·马克思，《资本论：资本主义生产的批判性分析》（纽约，1947年），第xxxi页［Karl Marx, *Capital. A Critical Analysis of Capitalist Production* (New York, 1947), p. xxxi］。

† 布莱希罗德档案中充斥着名人客户们抱怨突然遭受损失的书信。有时，客户的哀叹中会流露出对布莱希罗德的指责——你怎么能让这种事发生在我身上，或者更有甚者，你怎么能鼓励我进行这么危险的冒险呢？有时，素不相识的人也会写信给布莱希罗德，下面的例子很有代表性：1875年，布莱希罗德收到一位名叫卡岑贝格（Katzenberger）的哲学教授的几封求助信。他以90马克的价格为守寡的堂妹买了些帝国大陆公司（Reichscontinental）的股票，现在跌至13马克。他向帝国大陆公司的主要发起人之一布莱希罗德求助，因为朋友告诉他，布莱希罗德“人格高尚……您不仅是金融权威，而且生性仁慈乐善”。布莱希罗德无能为力吗？毕竟，众所周知，那位可怜的寡妇带着一群无依无靠的孩子，要不是柏林“最好的银行”站在那家公司背后，她不会买那些股票。布莱希罗德的回信让卡岑贝格发来了更多请求，他甚至承诺知恩图报，“我的笔将在所有重要报纸上听您调遣”。卡岑贝格致布莱希罗德，1875年9月7日、10月23日、11月7日，BA。关于萧条影响的新证明，见特奥多尔·莱辛的自传《一次足矣》（古特斯洛，1969年）［Theodor Lessing, *Einmal und Nie Wieder* (Gütersloh, 1969)］。书中写道，他性格不合而且极不幸福的父母不得不延续婚姻，因为父亲输光了母亲的嫁妆——所以离婚无法想象。

德化倾向转变成对曼彻斯特自由经济主义的全面攻击，指责自由派和犹太人应对国家的困境负责。资本主义当然活了下来，但成了深受怀疑或贬低的资本主义。在1873年后的德国，无论形势是好是坏，总是存在强大的反资本主义情感——左派和右派都不例外。与此同时，长期的危机推动各种经济利益团体的出现，提出改变政府自由政策的要求。

危机和不满对俾斯麦构成巨大的最初无法理解的挑战。他已经对帝国的财政状况，对帝国和成员邦（特别是普鲁士）之间日益紧张的关系忧心忡忡。他本人的健康也极其糟糕，1875年5月的那次请辞可能是他职业生涯中最真心的一次[20]。威廉拒绝他的辞呈，而俾斯麦也逐渐捏合出帝国财政和经济政策的新方案。他慢慢明白如何利用不满浪潮建立新的政治联盟，将地主与工业家、保守派与右翼自由派联合起来，让天主教中央党加入这个反自由主义色彩鲜明并将从此统治帝国的新联盟。俾斯麦用四年时间看清这条狭隘新道路的所有可能。经济危机提供变革的契机，但德国的政治—文化传统和俾斯麦本人的倾向促成这个特定方案的诞生——在后来灾难性的几十年里，它将决定德国历史的进程。

俾斯麦的部长们（特别是德尔布吕克和坎普豪森）保持了对自
由经济的信心，大部分民族自由党成员同样如此。自由经济的倡导 184
者将萧条归咎于生产过剩，认为假以时日，国内外需求将恢复。他们觉得德国不必抛弃自由贸易道路，包括立法取消对铁制品的剩余关税。仍在出口粮食的农业代表们同样支持自由贸易，希望铁制品价格越低越好。简而言之，自由贸易得到的支持相当可观。

德国钢铁企业受到的冲击最大，它们的代表大声呼吁保留关税，宣称德国工业需要对国内市场的垄断，尽管那还不够。德国工业的保卫者们达成的经济方案只有一条原则：披着经济爱国主义外衣的保护主义。需要“保护”国家免受外来竞争，“国家的”一词逐渐染上排外和反犹色彩，还为德国各压力集团的纯粹物质要求提供合理借口。

1874年春，大型钢铁生产者组织起来。布莱希罗德在东西两地分别创立的劳拉舍和希波尼亚两家大型企业携手组成代表整个德国的首个压力集团[21]。布莱希罗德对这些公司的利益并非漠不关心，但作为银行家的他还要捍卫其他利益，后者不希望看到保护主义。他似乎满足于让某些朋友加入战团，自己仍然置身事外。1874年7月，他仍然对经济复苏持有乐观的态度。他致信俾斯麦，略带粗俗地描绘了股票瘾："商业生活极为沉寂，股市仍然不想复苏，但我认为到了深秋时物价将有所改善，因为公众已经更习惯于好吃好喝而非睡得安稳。"[22]* 但布莱希罗德错了，到了1875年，强烈的焦虑让他无法保持淡定。这年春天，他最亲密的合作者之一威廉·冯·卡多夫（Wilhelm von Kardorff）成了保护主义势力的一位领袖。与布莱希罗德一样，卡多夫也在不同的经济门类中拥有股份；与布莱希罗德不同，卡多夫是帝国议会议员，拥有相当的影响力。他决心利用这种影响力并四处出击，无论是议会、公共领域还是创立新的压力集团。他与布莱希罗德的接触极为密切，后者在一定程度上可谓他的庇护人和导师。

布莱希罗德与这位重要的德国政治家的亲密联系此前一直不见经传，他们当时的敌人也仅仅对此有所猜测，因此需要略微说些题外话。卡多夫比布莱希罗德年轻6岁，来自梅克伦堡的一个小贵族家庭，父亲在他出生前就去世了。卡多夫专修法律，1855年，他不顾巨额债务，买下位于西里西亚的瓦布尼茨（Wabnitz）大庄园。他在这处占地1200英亩的庄园定居下来，沉湎于对狩猎和赛 185 马的昂贵热情[23]。1866年，他进入政界，向反对俾斯麦的新保守

* 这与布登勃洛克公司早年的座右铭形成鲜明反差："白天奋发工作，但不要做让你晚上睡不好的事。"托马斯·曼，《布登勃洛克一家：一个家族的没落》（柏林，1928年），第58页［Thomas Mann, *Buddenbrooks. Verfall einer Familie* (Berlin, 1928), p. 58］。

主义势力发起反击，预示着他在后来的整个政治生涯中将成为俾斯麦强烈的拥护者（虽然也不无批评）。他帮助起草北德帝国议会的经济立法。到了19世纪70年代初，他已经成为自由保守派的领军人物，这个政党或团体由与俾斯麦和布莱希罗德的利益最为接近的显贵组成。

卡多夫积极参与19世纪70年代初的“创立活动”，布莱希罗德用他的名字为自己创立的公司提升声誉。1871年，他被任命为劳拉舍的董事会主席。他还参与波森至克洛伊茨堡的铁路和普鲁士抵押银行的筹建，两者都由布莱希罗德创立。简而言之，卡多夫同时拥有土地和工业利益，因此特别契合第二帝国的政治。但由于同时涉及这两个经济分支，他也遭受双重损失。

在父亲的传记中，卡多夫之子承认父亲遭受巨大损失，但没有提及其与那位“德国领军银行家”（他对布莱希罗德的称呼）最密切的关系[24]。事实上，布莱希罗德与卡多夫的关系非比寻常；他们在信中极为详细地谈论共同的利益，卡多夫接受并常常遵循布莱希罗德的推荐。他向布莱希罗德通报保护主义运动的进展，并不时请求他向俾斯麦传递消息。在语气和内容上，这些信反映了卡多夫热心为布莱希罗德效劳；银行家是两人关系中的主导方*。

这种主导地位的原因之一在于，布莱希罗德不得不屡次将卡多夫从债主们手中救出。早在1871年7月，卡多夫就向布莱希罗德抵押借款2万塔勒，因为他不愿向自己担任董事的土地信贷公司（Boden-Kredit）借钱[25]。在1873年的经济崩溃中，他损失一大

---

* 在社交上显然不是。在写给妻子的不知所措的信中，卡多夫描绘了布莱希罗德的宴会：“昨晚参加布莱希罗德家盛大的音乐会和舞会；音乐会之后是规模浩大的晚宴，然后是舞会——参加者寥寥无几，军官尤其少。俾斯麦王妃和我谈了很长时间：亲王本人当然没有来，否则外交官、大臣和所有的大人物将蜂拥而至。”齐格弗里德·冯·卡多夫，《威廉·卡多夫：俾斯麦和威廉二世时代的国民议员，1828—1907》（柏林，1936年），第149页［S. von Kardorff, *Wilhelm von Kardorff: Ein nationaler Parlamentarier im Zeitalter Bismarcks und Wilhelms II*, 1828–1907 (Berlin 1936), p. 149］。

笔钱，而且旧债未偿又添新债。1875 年，他哀叹说，如果人们决心让他破产，那么他代表保护主义在议会取得的成功又有何好处呢？作为对他重大贡献的奖赏，祖国把手枪对准他的脑袋[26]。布莱希罗德提供帮助，农业部长卡尔·鲁道夫·弗里登塔尔（Karl Rudolf Friedenthal）同样施以援手，他致信布莱希罗德说："虽然我总是乐意遵循你的建议，帮助陷入任何窘境中的卡多夫，但我为自己设立某些限度并遵守它们，因为我的收入水平完全不能和我尊敬的朋友冯·布莱希罗德相提并论。"[27] 最终，弗里登塔尔贡献 1.2 万马克抵押贷款，布莱希罗德提供的金额相应更高*。

但卡多夫的状况越来越糟，除了担任各种董事的报酬和庄园收 186
益，他别无收入。议员没有报酬，因为俾斯麦希望避免出现职业政客阶层，或者让无产者参与政治。他放弃赛马，1877 年时还不得不卖掉所有的马匹。1886 年，巨额债务迫使他考虑卖掉瓦布尼茨。他在议会的影响力如日中天，俾斯麦的支持者们终于自 1887 年的选举中赢得多数，卡多夫是实际领导者。他还是争取降低农村酿酒厂税收的主将，从而惠及包括他和俾斯麦在内的农业阶级。所有这些活动让卡多夫认为，政府将愿意表示感恩。当绝望中的他决定把庄园卖给皇储的近臣时，感恩的机会来了。他希望得到 90 万马克，邻居们把这个数字看作"跳楼价"。但党内同僚、现任农业部长卢基乌斯·冯·巴尔豪森（Lucius von Ballhausen）只愿出价 80 万。卡多夫在信中对布莱希罗德说，"这意味着我彻底毁了"，并警告自己将不得不辞职。"我以为他［布莱希罗德］对我爱莫能助，但我知道他会对我离开议会感到失落。"也许他在议会的努力能够拯救自己："当我让保守党和民族自由党组成联盟后，鉴于对酿酒厂［有利立法］的前景，我认为我很可能得到 90 万马克，如果与此同时人们不拧断我脖子的话……"如此公然地承认个人利益与议会活动

* 1873 年，德国马克取代普鲁士塔勒，兑换比为 3:1。

的联系非常罕见。卡多夫的沮丧使其直言不讳，他致信布莱希罗德表示："……我对生活受够了，对多年来的麻烦和烦恼受够了，我甚至对自己是否仍对妻儿有用感到绝望，因为多年来我经手的一切都失败了。"[28]

最后，卡多夫希望布莱希罗德能敦促柏林人开出慷慨的报价。但布莱希罗德却安排了新的抵押协议，他将再借给卡多夫10万马克，条件是在还清贷款前，卡多夫将不能从庄园获得任何收入[29]。

1875年春，现在已经是激进保护主义者的卡多夫开始劝说纺织业利益方支持关税。他还写了一本重要的保护主义小册子《逆流》（*Gegen den Strom*）。1875年6月初，卡多夫在普鲁士议会抨击财政部长坎普豪森，并告诉布莱希罗德，另两位部长——弗里登塔尔和奥伊伦堡——特意向他示好，他将其（正确地）解读为俾斯麦对他抨击坎普豪森并无不满[30]。

俾斯麦的其他朋友也没有对德国工业遭受的灾难闪烁其词。1875年6月，奥本海姆在信中表示，股市的萧条状况"反映了我国工商业状况的彻底瘫痪"[31]。随着危机的加深，沮丧情绪也更加强烈。人们越来越多地要求减轻痛苦，要求改变帝国的经济政策。

保护主义的大部分拥护者是俾斯麦的忠实支持者。他们希望改 187
变政策，也许还想除掉一些最铁杆的自由贸易者。但1875年6月末，一场全然不同的攻击开始了：作为容克贵族和地主利益的权威喉舌（俾斯麦本人也曾为其撰文），《十字报》（*Kreuzzeitung*）刊登一系列关于"布莱希罗德—德尔布吕克—坎普豪森时代与新奇的德国经济政策"的文章。这场论战（将在第十八章讨论）指控俾斯麦将德国的利益出卖给犹太人的利益代表布莱希罗德，并从中牟利。《十字报》强烈抨击一个已经破产的自由体制的腐败，指责布莱希罗德是"新帝国财政和经济的'家神'［*spiritus familiaris*］……整个经济政策的主笔人"。他被认为是《十字报》所称的犹太政治（*Judenpolitik*）的谋划者，"德国公众对'犹太政治'一词并不熟悉"，因为犹太人隐藏了自己的支配地位，但“事实上犹太人现在正统治着我们”[32]。言外之意显然是：德国的统治者是犹太人的工具——除了俾斯麦，还有谁称得上德国的统治者？

这篇文章犹如炸弹。作者弗朗茨·佩洛特博士（Dr. Franz Perrot）自称金融专家，编辑纳图希乌斯（Nathusius）又对其做了精心润色，让老保守派对俾斯麦和犹太人积蓄已久的憎恶公开化。《十字报》坚称，该文没有鼓吹任何经济方案或经济利益，仅仅希望揭露犹太人的大阴谋。在俾斯麦的纵容下，这个阴谋已经摧毁国家经济的健康。

在俾斯麦的整个政治生涯中，没有什么比其他容克贵族的这次攻击更令他苦恼。他把这次攻击视作最大的忘恩负义，是嫉妒和愚蠢的结果。俾斯麦被指控为犹太人的奴仆（*Judenknecht*），受到黄金锁链的束缚。这是他永远无法原谅的。

布莱希罗德更有理由被这次攻击震惊。毕竟《十字报》不是八卦小报，而是普鲁士贵族的喉舌。尽管该报近来处境艰难，但它的读者在布莱希罗德客户中仍然大有人在。卡多夫在信中表示：“《十字报》的文章让我觉得很好笑：这样的论战只会对我们有利，并让《十字报》进一步堕入体面人羞于阅读的报纸行列。”[33]但布莱希罗德很难表示认同。

布莱希罗德没有觉得好笑。该文发表的那天，布莱希罗德致信赫伯特·冯·俾斯麦（为了不打扰病中的首相）。他在信中附了该文，表示“它的放肆无以复加。作者更关心的似乎不是打击个人，而是重新激起属于悲哀而黑暗的过去的宗教仇恨”。此外，该文把矛头指向他个人并“号召鄙视”，显然应该为此提出诉讼。“但我希望遵照您父亲的精神行事，是否应该用轻蔑的沉默回应这些可鄙的攻击。”赫伯特能否“在适当的时机”征询和转达他父亲的观点呢[34]？

两天后，赫伯特寄来 4 页回信。回信得到他父亲的许可，很可 188
能还是其口授的。他写道，这篇文章的目的是扭转《十字报》销量的下滑，诉讼正中编辑的下怀。不过，对攻击视而不见将鼓励更多此类行为。因此布莱希罗德应该亲自撰文，否认“德国的财政政策部分或全部出自你的建议”，这种看法有抬举之嫌。“你还可以对帝国的财政政策缺乏任何影响力表示遗憾，因为如果你有这样的影响力，你本该在许多问题上推荐不同的路线。”赫伯特暗示，“对于《十字报》的乏味谎言，最令人信服的反驳”将是布莱希罗德坚称自己的观点与官方政策不同，他无足轻重，因为毫无权力。赫伯特最后表示，具体措词由布莱希罗德决定，但在公开表达对现行财政政策有异议时要注重“方式的礼貌，不能伤害该政策的代表们”[35]。

难以想象有比赫伯特的回信更加令人难堪和冷漠的回答，即使没有画蛇添足地提醒布莱希罗德注意体面。当如此忠诚的仆人受到如此可怕的侮辱，俾斯麦一家却无法表示一丁点同情、团结或遗憾。受到《十字报》的侮辱后，布莱希罗德现在又要自虐式地否认自己对政府的经济政策有任何影响。朋友被证明和敌人一样无情，但收到赫伯特的来信后，布莱希罗德没有表现出愤怒或憎恨。至少在口吻上，他的回信带有尴尬的奉承味道：“没问题……感谢您友好而详尽的回信。”他的主要意思是无须大动干戈，因为《十字报》的攻击似乎没有引起多少反响（文章才发表了一星期！），不值得正式提出否认[36]。布莱希罗德在精神上如此奴性十足，以至于没有感觉到赫伯特回信中的侮辱吗？或者他只是假装没有注意到而“强颜欢笑”吗？

本质上，俾斯麦并没有错，布莱希罗德一直是帝国货币政策的批评者。在收到赫伯特的信和看到经济状况不断恶化后，他对政府政策的批判更加直言不讳。但此时，俾斯麦本人也开始与德尔布吕克等昔日的朋友和最亲密的助手分道扬镳，持续的萧条和反自由主义运动成了重新全面评估经济政策的契机。

反讽而巧合的是，布莱希罗德宣扬的政策正是在《十字报》上诋毁他的人鼓吹的那一套。俾斯麦开始重视布莱希罗德的警告，1875 年 10 月，他告诉一位密友，布莱希罗德“多次严厉批评了德尔布吕克和坎普豪森的某些做法，如果他的观点和预测现在被公之于众，他看上去就是一个伟大的财政决策者。但布莱希罗德拒绝这样做，担心看法曝光后会对他的买卖造成不利影响”[37]。同月，俾斯麦向德尔布吕克发出第一封严厉的批判信，抱怨无能的理论家、 189
法理学家和学究们将对“真实”利益造成伤害[38]。

到了 1875 年秋，布莱希罗德开始倾向于紧缩开支，比如，他坚持减少劳拉舍董事会成员的报酬；卡多夫对这种克己的做法感到疑惑。《十字报》的攻击发表后，卡多夫马上说要从劳拉舍辞职，主要原因是内部斗争，但也因为他觉得辞职在政治上有利。也许他担心自己的政治角色可能被看成经济利益的衍生品。但他无法下定决心，因为他的朋友们持有 100 万股，“我的辞职会让他们紧张”[39]（而且他需要这笔收入）。布莱希罗德情绪低落，他的合作者们同样如此。亚伯拉罕 · 冯 · 奥本海姆男爵承认，他完全认同盖尔森的悲观态度。

> 我看不到任何地方有率先复苏的迹象。唉！我们没能减少持股，必须等待时机转好。我从业已经差不多五十六年了，但想不起来经历过这么长的危机。在我看来，德国的国民财富缩水三分之一，这是最严重的问题……遵照你的要求，我必须告诉你，莱茵地区的工业仍然死气沉沉，损失惨重。[40]

几天后，布莱希罗德向俾斯麦通报令人难过的形势，尽管“对我而言没有那么意外，因为我可以事先评估某些做法的后果，而且我预计这些后续影响将会持续”。他认为关于英国和法国欣欣向荣的报告有水分，因为“鉴于欧洲的金融生态，德国这样的国家受苦而邻国势头良好几乎不可能”。他警告说，如果目前的趋势延续，欧洲将出现全面萧条——事实果然如此[41]。几周后，卡尔·迈耶尔·冯·罗斯柴尔德男爵向布莱希罗德抱怨说，各地股市的价格都走低："整个世界成了同一座城。"[42]

与此同时，莱茵地区的工业家们（冯·奥本海姆男爵是他们的代言人）向威廉请愿，要求保留定于 1877 年到期的最后那部分钢铁关税。尽管同情他们的请愿，但威廉还是听从了德尔布吕克关于保护主义无益的精彩分析。进口只占德国市场很小的一部分，因此关税的效果微乎其微。"保护主义浪潮席卷大半个欧洲"，德尔布吕克警告说，如果自由贸易被抛弃，"几十年推进国际贸易的努力将付诸东流，整个德国经济将受到伤害，即使特殊利益会获得短期好处"[43]。

无论是德尔布吕克的反对，还是俾斯麦和布莱希罗德的冷漠都
无法浇灭保护主义者的热情。1876 年 1 月，德国工业家"推动和保 190
护民族企业"中央委员会成立，卡多夫是第一任会长[44]。关税要求是该协会的主要信条。尽管布莱希罗德持保留意见——他在 1874—1878 年间写给俾斯麦的许多书信显示，他认为复苏的关键在于不同的货币政策，而不是关税——他还是不可避免地与保护主义者的激进活动越走越近。作为经济领军人物，他不得不追随自己的部队。随着经济状况的恶化，他们的声势也更加浩大。

卡多夫写给布莱希罗德的信记录了劳拉舍的困境：市场的缩水、来自鲁尔区的更多竞争、利润的降低、减产和裁减工人的需要[45]。迈耶尔·卡尔·冯·罗斯柴尔德男爵在信中表示："贸易和工业奄奄一息……在我四十年的经历中，我从未遭遇过这样的状况……人们看不到改善的起点，因为所有地方的萧条似乎携起手来，最好的组合也被摧毁。"[46]（被摧毁的还有罗斯柴尔德的健康："当股价下跌时，我的痛苦却上升了；我更愿意情况相反。"[47]）罗斯柴尔德希望政府"尽快出手帮助贸易和工业，因为我们正走向大灾难"[48]……

1876 年 4 月，帝国司法部长、俾斯麦曾经最受尊敬的副手鲁道夫 · 冯 · 德尔布吕克出于健康原因辞职，但很少有人相信这个解释。显然，俾斯麦对于德尔布吕克的政策和他“傲慢而固执的性格”产生不满 [49]。德尔布吕克被罢免，成了俾斯麦的不满、布莱希罗德的批评、保护主义者的特别怒火和威廉怀疑的牺牲品。他曾是《十字报》和保守派的头号靶子。反动风暴的力量比之前意识到的更加强大。

德尔布吕克的被黜削弱了自由贸易者的力量，而持续的萧条让组织有序的保护主义者更加大胆。俾斯麦仍然没有拿定主意，他收到的报告也自相矛盾。1876 年 7 月，自由保守党领袖卢基乌斯·冯·巴尔豪森非正式地向俾斯麦提交本党的竞选宣言，请求他的批准。这是该党与首相亲密关系的不寻常证明。卢基乌斯写道：“国内盛行保守之风。人们受够了改革，把持续的经济动荡的一部分罪责归咎于新的立法，归咎于关税和商业政策。保守党将在选举中得益。” [50]

差不多与此同时，保守党进行重组。通过采用旨在推进地主阶层物质利益的非意识形态平台，他们希望更受欢迎，从而更容易被俾斯麦接受。但俾斯麦没有忘记《十字报》的攻击。1876 年 2 月，他在议会怒斥该报“对身居高位者”进行“最无耻和最虚假的诽谤”。他号召抵制该报，因为“所有的订阅和购买者间接参与了诽谤和撒谎”。三周后，俾斯麦昔日的朋友和邻居们——波美拉尼亚最有声望的牧场主和容克贵族声明支持俾斯麦的诋毁者，而不是和他站在 191
一边。这些人后来被称为“声明派”（*Deklaranten*），俾斯麦永远不会原谅他们，并仍然对这个新党派充满怀疑 [51]*。不过，1876 年的

* 《北德大众报》（*Norddeutsche Allgemeine Zeitung*）的编辑埃米尔 · 品特（Emil Pindter）致信俾斯麦，通报他的报纸上刊登了新方案；俾斯麦马上回信警告说，从支持者来看，新党只是《十字报》党的加强版，因此如果《北德大众报》支持该党，它看上去就如同“加入反动的反对派”。俾斯麦还表示，政府不会反对这个新党，“即便新党的组建削弱甚至还可能伤害了作为政府最坚实支柱的［自由］保守派”。品特致俾斯麦，1876 年 7 月 12 日；赫伯特 · 冯 · 俾斯麦致拉多维茨，1876 年 7 月 14 日，GFO：I.A.A.a. 50，第二卷。

选举证实了卢基乌斯的判断：风头从民族自由党转向两个保守党派。

在那动荡的两年里，俾斯麦越来越多地听从布莱希罗德的意见。布莱希罗德成了固定的、特别的经济政策顾问。反过来，他的朋友和合作者则敦促他利用自己的影响力。比如，1876 年，亚伯拉罕·奥本海姆致信布莱希罗德，欢迎他对“我国商务政策发生改变”的预言，“如果不想让钢铁工业彻底毁灭，这样做极其必要。如果你能对首相发挥巨大影响，那将是对我们国家的大功一件。但要抓紧时间”[52]。迈耶尔·卡尔也从法兰克福来信表示，如果剩下的钢铁关税被取消，“目前的混乱只会恶化，我们的经济形势将面临更加严峻的未来”[53]。布莱希罗德很可能表示认同，但御前会议还是决定，剩余的钢铁关税将在 1877 年 1 月被废止。坎普豪森坚持之前的自由贸易决定，即便他预见到钢铁工业将进一步衰落，政府将受到指责[54]。

1877 年 1 月，俾斯麦要求布莱希罗德提交一份关于鲁尔区形势的报告。布莱希罗德回复称，前景很不乐观。煤价的进一步下跌将很快引发新的减产，让 1 万名工人失去工作，并导致工人的工资再被削减三分之一[55]。感到不安的政府提出法案，针对法国的出口补贴采取报复措施*。1877 年 4 月，议会中的地主和自由贸易者挫败了这种缺乏决心的努力。布莱希罗德致信俾斯麦，表示“议会的决定……在受影响的省份引起巨大的痛苦。在工业领域，我们仍将遭受巨大灾难”。他还调查了政府败于自由贸易者之手将可能如何影响坎普豪森的地位[56]。

当政府遭遇失败时，俾斯麦已经离开柏林。他离开一年多，首

---

* 俾斯麦对该法案的初稿提出反对，他解释说，报复措施不该是对外国狡猾伎俩的回应：“在与外国签订各项契约时，我国官员总是更加诚实、笨拙和直率，与更有技巧和纪律的外国官员相比，我们很容易处于下风。”俾斯麦致霍夫曼（Hofmann），1876 年 10 月，GFO：I.A.A.a. 50，第一卷。

先在弗里德里希斯鲁，然后在伐尔岑，偶尔前往温泉 *。由于一直在 192
超负荷运转，他的健康和神经崩溃了。他罹患一系列器质和心理疾病：风湿病、剧痛、面部痉挛和带状疱疹。一年前，他已经向朋友抱怨说：

> 今年我已经忍受了十二个月的病痛……整整一年，我的医生们都威胁我说，如果不放弃工作，我会死……我只在白天从8点睡到中午或下午1点，然后开始工作，特别是和别人一起？……我对所有人都粗鲁无礼，这大大增加我敌人的数量，不仅是那些因为政治和因为我为国尽责而自然产生的敌人。[57]

在他著名的不眠之夜中，他把自己的智慧和强硬赋予敌人。他曾经宣称："我整晚都在恨。" [58]

他白天也在恨。他想象敌人无处不在。他把奥古斯塔皇后看作无法和解的强大敌人，随时准备通过对丈夫施压来推行自己的政治观点和愿望。离开柏林前，他对奥古斯塔皇后耍花招的自恋式恐惧达到新高；他私下告诉一位朋友："她的阴谋近乎叛国。" [59] 他对自己的部长们，对他们的无能和不忠感到绝望；他感到自己敬重的许多人（包括布莱希罗德）看不起那些部长。更糟的是，他知道政府的经济政策没能遏制萧条——经常有人向他提醒这点。最后，他还痛恨许多宵小之徒（有的还有头衔），他们诽谤他与布莱希罗德的关系，声称其中沾染太多的利益和腐败。他曾与这些体面人对簿公堂（见第十八章），把其中一些送进监狱。但对于诋毁者本人和站在他们身后的少数沉默者——他的容克朋友们，他仍然无法平息怒火。

---

* 1877 年 11 月，伐尔岑和柏林间开通电话；难怪俾斯麦家的老总管热妮 · 法提奥（Jenny Fatio）在信中对布莱希罗德说："政治带给亲王许多不安，微不足道的满足感，还有一大堆工作。" 1877 年 12 月 4 日，BA。

与他的其他重要决定和举动一样，改变是逐步到来的。他希望加强帝国财政，减少对顽固而狭隘的各成员邦的依赖。就要离开柏林前，他抱怨说："普鲁士更需要德意志化，而不是德意志需要普鲁士化。"[60] 他感受到新经济政策的必要，也看到新政治联盟的可能，联盟可以建立在经济利益而非原则或意识形态之上。最初，他对重建帝国没有明确方案，但通过权宜之计，通过半成型的计划与突如其来的意外事件的结合，他提出一系列措施。它们对帝国的改变如此之大，以至于被称作帝国的第二次诞生。1878 年，他谈到做 193
出决定时的心理感受："仿佛指针突然停止，天平静止了，谁也不知道在经过如此之久的来回摆动后，这种稳定状态如何突然到来。"指针停止后，他"不再向来自上级和下级的影响让步"[61]。

在指针仍然摆动的那些月份里，除了打理俾斯麦财务和地产的常规工作，布莱希罗德还为他处理大量完全不同的紧要事务。俾斯麦认真听取布莱希罗德对经济问题的建议，认同他非教条的保护主义。两人对国家作为守夜人的自由主义理念都没有特别的反感；他们都相信国家可以扮演更加积极的角色，特别是霍亨索伦王朝。

我们已经看到，布莱希罗德不是经济理论家。作为一个拥有多重利益和海外密切关系的人，他显然不会加入保护主义者不加鉴别的高声叫嚣之中。他和俾斯麦都对教条主义立场抱有一些怀疑。早在 1876 年秋，当俾斯麦向国王抱怨坎普豪森和商务部长海因里希·冯·阿亨巴赫(Heinrich von Achenbach)拒绝保留钢铁关税的"教条主义报告"时，他就已经表达了这种怀疑[62]。布莱希罗德从不认为保护主义本身是好的，或者是治疗恶疾的良药。他的沉默证明近年来的学术结论，即经济上的需要并非新政策唯一甚至最重要的决定因素[63]。布莱希罗德不厌其烦地告诉俾斯麦："廉价的资金是工业竞争力的首要因素。"[64]

俾斯麦的亲随仍然意见不一。他的老阁僚们偏爱老路线，包括自由贸易；新顾问们则是热情的保护主义者，特别是克里斯托弗·冯·蒂德曼（Christoph von Tiedemann）和弗里德里希·冯·法恩布勒男爵（Baron Friedrich von Varnbüler）。1877年6月，法恩布勒致信俾斯麦，表示自己日益肯定，“如果目前的自由贸易狂热继续，我们将离经济毁灭越来越近”[65]。

保护主义的官方代表恰好与布莱希罗德关系密切。身为议会自由保守党重要成员的法恩布勒是布莱希罗德的客户。他同样担心自己在劳拉舍的股份，还向布莱希罗德请教如何选择既安全又可能升值的投资：“我远离字面意义上的投机，投机会损害有意从政者的清白。”[66]清白是奇妙的东西，虽然保护主义煽动的成功将让法恩布勒获得经济利益，但他似乎并未感到不安。保护主义者的问题如此重要，以至于当布莱希罗德的另一位合作者，来自汉堡（自由贸易的壁垒）的参议员古斯塔夫·戈德弗洛伊（Gustav Godeffroy）转向保守主义时，国务秘书恩斯特·冯·彪罗（Ernst von Bülow）在1877年圣诞节向俾斯麦报告此事[67]。

布莱希罗德充当西德德国工业家协会与俾斯麦之间的关键纽带。协会的执行主管是前政府官员威廉·波伊特纳（Wilhelm Beutner）。1877年6月协会成立前不久，布莱希罗德与其见面并建 194
立亲密的关系[68]。布莱希罗德的任务之一是征求俾斯麦对未来动向的看法。为此，他致信赫伯特，告知协会计划向威廉发起保护主义请愿，并把一份请愿书交给首相。如果俾斯麦有任何反对，布莱希罗德将尝试说服协会会长不要这样做[69]。赫伯特回信说，俾斯麦没有异议，但要求布莱希罗德避免“以他［俾斯麦］的名义施加任何压力……因为他必须对会长保持冷淡”[70]。赫伯特的信反映出俾斯麦对保护主义者日益友好，打消了布莱希罗德和他在保护主义者阵营朋友们的疑虑。来自德国各地的500名工业家参加集会，这是一次史无前例的经济力量的展示。请愿对象被精心安排给皇帝，而不是怀有敌意的议会或存在分歧的政府。请愿催生质询委员会，让俾斯麦与保护主义走得更近[71]。集会刚结束，法恩布勒就致信俾斯麦，敦促他实行新关税，那也将给帝国带来新的收入。他还表示，坎普豪森会反对这种做法[72]。

1877年秋，俾斯麦开始缓慢行动；就像他在政治生涯的关键时刻常常做的那样，他在确定明确路线前尝试多种选择。1878年改变了这一切。这是决定性的一年，俾斯麦展开对德国政治影响深远的变革同时，在他的控制之外也发生了一些戏剧性的事件，比如利奥十三世（Leo XIII）登基和威廉两次遭遇暗杀企图。每次事件都被俾斯麦利用。

这场大变革意味着终结俾斯麦与民族自由党心照不宣的同盟，他试图建立一个以保守党、民族自由党右翼和中央党为基础的新联盟。俾斯麦花了几周时间，试图说服民族自由党的领袖鲁道夫·冯·贝尼格森（Rudolf von Bennigsen）按照他的条件加入内阁。他的努力没能成功，但风向突然开始大变。1878年2月，布莱希罗德致信俾斯麦，表示公众预计在新一届的议会会期内，国内事务上将出现剧震，但人们“普遍相信，如果没有阁下在场，预期中的改革方案无法通过”[73]。

俾斯麦现身了，并戏剧性地揭开新路线。他利用一次不起眼的机会：坎普豪森代表政府为提高烟草税辩护，否认暗藏任何建立帝国对烟草垄断的企图。这时，俾斯麦起身发言，宣称他希望这样的垄断成为帝国财政全面重组的一部分。此举一箭双雕，既否定了坎普豪森，又标志着与民族自由党的决裂——国家垄断是后者最不想看到的东西。在俾斯麦发言的同时，利奥十三世当选教皇，接替固执的庇护九世（Pio Nono）。俾斯麦与民族自由党的决裂让他与中央党的和解变得更加容易和紧迫。

与此同时，布莱希罗德向贝尼格森示好，请他探讨俾斯麦的经济方案。3月中旬，布莱希罗德为贝尼格森开设账户，但安排他们最初接触的汉诺威中间人提醒布莱希罗德，贝尼格森会“极其矜持”。 195
毕竟，俾斯麦刚刚与民族自由党决裂[74]。另一方面，俾斯麦总是希望分化民族自由党，让贝尼格森留在自己这边。

新路线需要新的执行者。同情自由主义的守旧者离开了。坎普豪森第一个提交辞呈，但布莱希罗德已经有了继任人选。他致信俾斯麦称："[汉诺威的波托·奥伊伦堡（Botho Eulenburg）]伯爵很有资格担任普鲁士财政部长，甚至可能是副首相；即便他不是毕业于严格的金融学校，但熟悉该领域对他来说并不困难，特别是如果在更重要的问题上他可以请教博学的专家，我肯定他会这样做。"[75]布莱希罗德推荐一位极端保守者，这颇有深意；他一定有理由相信，奥伊伦堡认同俾斯麦的新经济方案。（三周后，波托取代与他姓氏相同的弗里德里希，就任内政部长。在回忆录中，俾斯麦对两人都有微词[76]。）俾斯麦中意的财政部长人选是卢基乌斯·冯·巴尔豪森，对于此人经验不足的担心，他自我安慰说："财政部长是世界上最简单的工作：如果像波德尔施温格这样无能的人都能执掌该部八年，那么谁都能领导它。"[77]卢基乌斯拒绝从命，又找不到别的人选，最终完全没有经验的阿图尔·霍布雷希特（Arthur Hobrecht）被拉来凑数[78]。找到合适的部长人选从来不易，一年后，俾斯麦对皇帝抱怨说："无论如何，对部长职位的申请不是很多；与外在要求相比，薪水太低，只有富人才能担任部长而不陷入财务困难。"[79]

1878年的动荡中，俾斯麦在各式问题上都需要布莱希罗德的帮助；反过来，与帝国时期的其他时间相比，布莱希罗德在那年也更需要俾斯麦的恩宠。因此，两人只要可能就见面，其他时间则通信[80]。他们在最广泛的问题上展开合作。

1878年初，俾斯麦致信布莱希罗德，表示什切青（Stettin）的政府官员们代表约翰尼斯·克维斯托普（Johannes Quistorp）向他求助：克维斯托普的工厂因为什切青银行的倒闭而受到威胁。显然，那里的1万名工人的命运危在旦夕。俾斯麦表示，如果可能的话，他希望伸出援手，因为"我不仅认识和尊敬工厂所有者，而且避免那么多人失业符合我身为官员的利益"。布莱希罗德回复说，克维斯托普事件是“我从业以来遇到过的最复杂和最困难的问题之一”。挽救克维斯托普需要大约 150 万马克，远远超过俾斯麦提到的 10 万到 20 万马克；布莱希罗德怀疑这样的帮助是否明智。克维斯托普只雇佣了 700 或 800 名工人——完全不是在证明有必要救助这家濒临倒闭企业时提到的 1 万人。这场交易反映出俾斯麦原则上愿意用国家资金支持濒临倒闭的企业，反映出他依赖布莱希罗德的快速帮助，而不是他自己笨重的官僚机器[81]。

1878 年 5 月，布莱希罗德敦促创立代表各种经济利益的新的全国委员会。这种社团主义*方案将削弱议会对经济问题决议的影响。俾斯麦欣赏这种想法，与此同时，他致信财政部长，表示自己将永远为“健康的理智”而战，反对党派伎俩：“没有生意、财产、行当或产业，以薪水、报酬或分红为生的学者们今后必须服从于生产者的经济要求，否则就将失去议席。”[82] 196

整个 1878 年春天，俾斯麦一直希望找到让这些教条主义的议员加快走人的方法。布莱希罗德知道，俾斯麦在考虑提前解散议会。他提醒首相不要因为次要问题而这样做，因为那会危及“我们的经济改革”[83]。意外事件帮了俾斯麦的忙：对威廉的两次暗杀企图让俾斯麦有了对付民族自由党的完美武器。威廉的伤势让俾斯麦开始担心未来在皇储领导下的政府。面对这样一个自由派统治者，面对完全由俾斯麦所谓的敌人组成，被他戏称为“格莱斯顿式内阁”的可怕前景，还有什么比打造新的保守派联盟更好的自保方法呢[84]？

国王刚刚受伤，俾斯麦就命令阁僚们提交严厉的反社会党人法案，他本人则留在弗里德里希斯鲁（人们普遍相信暗杀者是社会党人——尽管事实并非如此，但这种断言足以将整个党派描绘成颠覆阴谋者）。镇压迎合民意；就像布莱希罗德对俾斯麦所说的：“这次

* 社团主义（corporatism）指将立法的权力交给由工业、农业和职业团体代表的政治制度。——译注

卑鄙的企图［引起了］无限的激动”，对皇室的拥护从未像现在这么强。布莱希罗德也认为，刺杀是社会党人所为[85]。俾斯麦找到不容错失的机会：如果反社会党人法案获得通过，民族自由党将不得不牺牲自己的原则，而社会党则将失去自由煽动事端的机会；如果法案被否决，那么民族自由党将背上对社会主义心慈手软和不顾公共秩序的罪名，而社会党人得到的也仅仅是缓刑。布莱希罗德显然理解俾斯麦的政策；就在投票开始前，他在信中写道：“明天，针对社会党放肆行为的法案将不幸地被绝大多数议员否决。我担心这意味着与自由民主党彻底的决裂。”[86]布莱希罗德的两点预计都是正确的。

6 月 2 日的第二次暗杀企图帮助了俾斯麦对民族自由党的发难。这次，81 岁的皇帝身受重伤，但俾斯麦的第一反应却是，“现在我们解散议会”，然后他才询问威廉的状况。国家被激怒了，爱德华·拉斯克记得，“整个德意志民族现在处于愤慨和恐惧的真正发作中”[87]。九天后，俾斯麦解散议会，以便发起一场“法律与秩序”的选战，通过夸大红色恐怖来打败民族自由党[88]。

与俾斯麦统治的其他任何时期相比，他与民族自由党的斗争最能反映了他愿意用国际冲突中的策略来对付国内的对手。他曾试图 197
迫使民族自由党永远为自己效劳；失败后，他又决心寻找新的盟友，摧毁昔日的支持者。他为这场分歧严重的选战调动所有的力量；奥古斯特·倍倍尔记得，选战的“残酷史无前例”。选战过程中，贝尼格森抱怨“这种斯文扫地和令人作呕的形式……它似乎是与政治和党派体制不可分割的罪恶。现在，我们德国人要对这个欧洲世界最糟糕的东西负责，到目前为止至少我没有看见普选权的教育价值，除非其教导的是煽动人心和残酷暴虐”[89]。1878 年的第二次选举对帝国变革计划而言是一次决定性的活动。

[3]

布莱希罗德以前所未有、以后也不会再现的方式，追随自己的主人，投入这场选战。在某些方面，他的影响力达到顶峰；俾斯麦的自由派顾问们正在离开，而合格的继任者尚未找到。不仅如此，布莱希罗德的人脉和财力也帮上忙。选举的焦点问题是他关心的：反社会党立法和新的经济方案。布莱希罗德还有其他动机：我们在下文将看到，第二次暗杀企图发生时，他的儿子被指控行为与军人身份不相称，因此父亲有必要为最终的赦免准备好理由。此外，选战打响时正值柏林会议（Congress of Berlin）召开，布莱希罗德希望俾斯麦在帮助罗马尼亚犹太人时扮演决定性的角色。因此，显示出对俾斯麦和国家的忠心正当其时——当然，两者在布莱希罗德心目中被画上等号。

德国工业家协会同样以有史以来最大的热情投入选战，希望把选举变成对保护主义的公投[90]。就在选举开始前，协会领导人询问布莱希罗德的"观点和愿望，以便我在我们的辩论中能有正确指示"。波伊特纳还告诉布莱希罗德，政府应该帮助羊毛业。因为在有重要羊毛业利益的地区，"政府的敌人们"成绩可观："如果政府做些什么争取当地的支持，选举结果肯定会大不相同。"[91]布莱希罗德要求协会马上成立宣传处，为本会的候选人造势。他提供 5000 马克启动资金，第二天就雇佣四名编辑[92]。

布莱希罗德的参与没有被无视。霍亨洛厄亲王之前就拜访了他，并待了 90 分钟。

> ……聆听他的塔木德式智慧……整个谈话过程中最引人注意的是，我意识到布莱希罗德似乎的确能影响俾斯麦的商业政策。尽管他信誓旦旦地称自己地位卑微，但他的行为看上去就像是政府的一员。关于选举，布莱希罗德告诉我他已经接到俾 198

> 斯麦的指示，仿佛他可以搞定选举。因此，他断言俾斯麦不希望拉斯克和巴姆贝格继续留在议会……在我看来，布莱希罗德在商业事务上自私的犹太式策略要对德尔布吕克的下台和近期其他各种准备不足的财政计划负责。[93]

布莱希罗德的消息一定比霍亨洛厄更加灵通，否则后者就不会惊讶于俾斯麦对拉斯克和巴姆贝格特别的敌意。根据俾斯麦另一位助手的回忆，也许当布莱希罗德向在场官员的耳中“低声密报”时有点傲慢[94]，但他报告的内容是正确的。

布莱希罗德还为赫伯特第一次竞选议席提供慷慨的帮助。赫伯特在多地展开竞选，包括拉斯克的选区；他并未指望击败那位老议员，但布莱希罗德声称：“他的参选足以证明，候选人对手 L 不受政府欢迎。”[95] 通过帮助赫伯特，布莱希罗德也支持了工业家协会的主要努力目标：打败拉斯克和巴姆贝格。两人都是自由贸易者和犹太人。协会要求布莱希罗德“痛斥”拉斯克的支持者，布莱希罗德则反过来要求协会支持赫伯特。布莱希罗德建立赫伯特与协会的联系，通常还充当他主要的竞选经理之一[96]。

布莱希罗德知道，俾斯麦家族与他的老朋友拉斯克有强烈的个人仇怨。他还知道，俾斯麦之前曾欣然利用了拉斯克出众的才能，现在却报之以不同寻常的侮辱和反犹主义影射。赫伯特写给未来的姐夫兰曹伯爵（Count Rantzau）* 的一封此前未知的信显示，俾斯麦家族把拉斯克视为主要敌人。在告诉兰曹如何授意媒体时，赫伯特写道：“特别重要的是，应该永远把拉斯克和欧根 · 里希特［Eugen Richter，进步派领袖］与‘宣扬暴动’画上等号，必须一遍遍搬出根据他们的煽动性言论精心准备的摘要。”通过强调自由党（“拉斯

* 俾斯麦的长女玛丽（Marie）嫁给库诺 · 兰曹（Kuno zu Rantzau，1843—1917）。俾斯麦家与兰曹家关系密切，俾斯麦的妹妹玛尔维纳（Malwine）正是兰曹伯爵之母。——译注

克的余党现在应该被称为‘进步党’”）对下层阶级命运的漠不关心，这些报纸将灌输拉斯克和他的助手们“在为社会党人效劳”的观点。俾斯麦家族特别擅长现代选举中令人不齿的伎俩[97]。布莱希罗德永远不会保护拉斯克免罹俾斯麦的怒火，他反而还参与对这位老朋友和极为正直的杰出议员的攻击，可见他多么奴颜婢膝，至少也是漠视友谊的要求。简而言之，布莱希罗德对拉斯克的态度和别人对布莱希罗德的态度一样[98]。

在赫伯特的请求下，布莱希罗德也发挥了他对媒体的影响力。除了与《柏林日报》（*Berliner Tageblatt*）的交涉，赫伯特还要求他让某家报纸务必刊文澄清，否认近来关于他加入或亲近保守党的“谎 199
言”：“我从未说过这样的话，而是一直表示，在这艰难的时期，重要的不是依附特定的议会集团，而是防备所有意图颠覆的党派。我很可能不会加入任何议会集团，加入德国保守党集团更是绝无可能。”[99] 直到选举日当天，甚至直到所有决胜投票结束后，布莱希罗德一直在为俾斯麦家族奔忙，直接或通过兰曹与他们商谈，并向媒体提供有利于赫伯特的材料[100]。尽管做了这些努力，赫伯特还是一败涂地。首相大光其火，将劳恩堡的势力归咎于“自由派弄虚作假的竞选活动”。他宣称，如果当局（特别是县长）更积极地打击反对派的诽谤，这些活动永远不会得逞。赫伯特假意对失利表示高兴，因为这让他摆脱了“议会政治必然黏附的肮脏”[101]。不过，他还是决定再到别的地区参选。俾斯麦授意奥伊伦堡伯爵和当地县长们发动支持政府的选民[102]，但赫伯特再次败北。

选战开始时，布莱希罗德想过亲自竞选议员。不清楚这种冒险想法来自他本人、波伊特纳还是胡戈·布朗克（Hugo Blank）。布朗克是哈尔茨机械厂厂长，6 月 30 日，他致信布莱希罗德，表示他很高兴听说后者有意接受不伦瑞克（Braunschweig）地区的候选人资格。他还说，由于现任的民族自由派议员出人意料地决定再次参选，情况变得复杂。不过，如果布莱希罗德有望表现良好，布朗克及其“工业家朋友们”仍然希望他参选[103]。布莱希罗德接受了，条件是“有相当大的机会选民们把票集中到我身上”[104]。他成了协会的候选人。

布莱希罗德与民族自由党的角逐带有某种鲜明的象征意义——即便在当时，党派标签和党派忠诚的意义远不如后来。在前民主政治时代，竞选压力的确要轻得多，布莱希罗德可以宣称，他无法发表竞选演说，因为健康问题让他必须早早休息。应选举要求，他提交了几份宣言：

> 我几乎无须赘言，我没有任何野心，如果我在百忙中做出这样的牺牲，那只是为了我们的祖国德国的利益。鉴于我和帝国政府的关系，我将全力支持其维护国家和公民社会的秩序 [*die Ordnung der staatlichen und bürgerlichen Gesellschaft*]，这不言自明。总而言之，我的政治立场与自由保守党相同。

还有一次，他写道：

> 我与帝国首相俾斯麦亲王多年来的关系相当准确地刻画了我的政治和经济面貌。我希望看到下届议会完成的任务包括： 200
> 承认反对社会民主党人快速增加的法律是必要的；放弃自由贸易，设立较轻的保护性关税，以此为基础让我们的贸易和工业实现繁荣；与此相应，为了推行统一和廉价的铁路运费，应该由帝国接管铁路。[105]

7月中旬，布莱希罗德放弃候选资格。布朗克建议他退出，因为“只有相当确信你能赢得多数时，你才会想要成为候选人……”但在“经济候选人”出现前，太多的人已经投向在任议员。不过布莱希罗德的参选还是迫使他的对手支持政府的反社会党人法律和经济方案。布朗克认为，这意味着布莱希罗德的“间接成功”[106]。布莱希罗德应该满足于这种有限的胜利。他有意进入议会本身就很了不起，特别是考虑到 1877 年鲁道夫·迈耶尔（Rudolph Meyer）* 对他的讽刺攻击，他几乎肯定清楚此事。对于布莱希罗德可能出现在议会，迈耶尔写道：“任何哪怕只见过布莱希罗德先生一面的人都明白，[想象] 他现身议会只会引人发笑。尽管他和他的种族爱慕虚荣，但他明白这点……因此放弃议会的全部荣誉。”[107] 在不寻常的 1878 年，布莱希罗德曾有意冒险，他没能在这条道路上走下去让历史学家感到遗憾，从政本来可以迫使他抛弃惯常的隐蔽角色，让他本人和他的观点获得大得多的曝光。不过，布莱希罗德更喜欢在幕后出谋划策，这减轻了他的遗憾（如果真有的话）。此外，政治聚光灯可能会损害他的生意。

布莱希罗德和他的朋友们有充分理由对选举感到满意。作为俾斯麦的新敌人，民族自由党损失了 10 万票，而保守党派则在新帝国时期首次取得大捷。自由保守党的得票数几乎翻番，78.5 万票是他们在第二帝国选举中的最高峰。保护主义者的表现也非常好。布莱希罗德最亲密的记者朋友之一在信中表示：“结果可以令我们满足，即使为了赢得可靠多数，我们必须同天主教党派妥协……社会—民主党派的得票数实在高得可怕。”[108]

俾斯麦在选举中取得大胜，德国自由主义则再次遭遇惨败。胜利来自无情的抹黑活动，由此开创的先例和取得的结果对德国的政治未来造成巨大伤害。法国驻柏林代办承认这个时刻的重要性：

> 德国的专制政治——这是那位独裁者的理想，在他的头脑中被越来越多地同德国统一的目标联系起来——[现在] 应该接 201

* 保守刊物《柏林评论》(*Berliner Revue*) 的编辑。1877 年，他在《德国的政治奠基人与腐败》一书中指责布莱希罗德和汉泽曼侵吞国家财产，暗示俾斯麦是背后主谋。——译注

> 近实现。这种制度显然只能在俾斯麦亲王治下才能存在，他是唯一有能力主导和支配它的人；在刚刚结束的政治斗争中，他的人格统一了各自为政和优柔寡断的力量，是他胜利的首要元素，这难道不证明了上面所说的吗？*

胜利为帝国的保守主义重组铺平道路。俾斯麦马上要求新议会通过禁止一切社会党人活动的法案，尽管该党仍然可以参加选举。受到再次解散议会威胁的自由民主党人（包括拉斯克）为反社会党人法案投了赞成票，新的反自由主义和自身的无能令他们痛苦不已。对社会党人而言，生存斗争拉开他们历史上的“英雄时期”序幕；该党获得的选票稳步增加，反社会党人运动比文化斗争败得更惨†。

反社会党人运动只是帝国重建的一部分。保护主义者叫嚣设立关税，他们在新议会中占据着微弱多数。1878 年 7 月，布莱希罗德力劝俾斯麦向议会提交关于政府预期经济方案的清晰蓝图。“工业的关键利益”需要这样的澄清——但俾斯麦批注说，他本人也不知道计划是什么[109]。

---

* 德·穆伊（C. De Moüy）致瓦丁顿（Waddington），1878 年 10 月 22 日，MAE：德国，第 25 卷。法国驻柏林使馆每天向巴黎报告德国的国内状况。报告具有不同寻常的高水准，鉴于德国的动态对法国独一无二的重要性，这理所当然。报告没有被包括在《法国外交档案》（*Documents diplomatiques français*）中，因此这笔丰富的材料此前未被使用。圣·瓦里耶（St. Vallier）是布莱希罗德密友，1878 年到 1882 年担任驻柏林大使期间，他的报告经常包括来自或关于布莱希罗德的消息。

† 在为反社会党人法辩护的同时，俾斯麦承认自己很早以前与斐迪南·拉萨尔（Ferdinand Lassalle）有交情——他和布莱希罗德的关系与此不无关系。他告诉议会，拉萨尔“不是那种可以建立明确的‘礼尚往来’关系的人，但我还是遗憾由于我俩的政治立场，我和他没有太多接触；如果我庄园的邻居中有一位如此有才华和风采的地主，我会很高兴”。这席话带有某种显贵自夸的味道，宣称自己可以在最不可能的人中选择朋友，无视阶级或宗教。如果他可以乐于同一位不能带给自己什么的犹太社会党人为伴，那么他也可以和一位能带给自己很多的犹太银行家保持密切关系。在同一段发言中，他还宣称自己认识到“社会—民主元素是国家和社会需要自卫的敌人”，因为倍倍尔或李卜克内西（Liebknecht）在 1871 年称赞巴黎公社为“政治制度的模板，认可这些强盗和凶残纵火犯的信条”。《全集》，卷 11，第 606—610 页。

俾斯麦举棋不定的原因在于，“工业的关键利益”并非他唯一甚至首要的考虑。他希望构想出的计划既得到地主—保守利益的支持，又能加强帝国的财政独立。1878 年秋天，受到进口俄国和海外廉价粮食威胁的地主们终于也开始寻求保护。现在，俾斯麦新政策的内容浮出水面：全面的关税将满足工业家和地主，把他们纳入同 202
一项政策；与此同时，关税将为帝国带来新的收入，此前它一直依赖间接税和成员邦每年缴纳的钱款。此外，俾斯麦还寻求设立新的间接税，并对烟草和食盐等商品实行国家垄断。

俾斯麦的计划逐渐成形。三年间，他一直拒绝向保护主义者的强烈要求让步。现在，当一些地主也开始呼吁保护时，他很快就采取行动。据说，当他意识到保守主义政策将惠及作为大地主的他自己时，他就发生了转变。诚然，俾斯麦在制定经济政策时不可能不考虑自己的经济利益，但很少有证据表明，他自己的潜在利益在这件事上扮演了任何角色[110]。

政治考虑是首位的：他希望满足帝国所有的主要经济利益集团，将他们团结到新的经济方案中。钢铁业已经证明自己有能力左右舆论，说服人们只有关税才能拯救它。布莱希罗德参与纯粹经济力量的首次展示[111]。但俾斯麦也想保留地主—保守势力。将“生产力”元素团结到自己这边后，他可以更有信心地对付死守意识形态或教条的反对者。

1878 年秋，俾斯麦开始看到，地主和工业家的特殊要求可以用来服务于远比他们的设想更宏大的计划。直到多种动机交汇，直到经济和政治秩序的全面重组似乎迎来良机，俾斯麦才开始行动——他的敏捷和无情果断让人回想起他在 19 世纪 60 年代的动作。

12 月中旬，他向联邦参议院提交自己的方案。现在，他坚持应该对几乎所有进口商品征收一般性关税，同时提高间接税以进一步增加帝国的收入[112]。1879 年初，俾斯麦与蒂德曼和法恩布勒一起制订最终计划。在弗里德里希斯鲁的这次重要战略会议后，俾斯麦接见了法国大使圣瓦里耶，又一次令人费解地将自己的计划和盘托出。首先，他希望让帝国财政站稳脚跟：

> 为了保证帝国服务的必要运转，我每年都不得不扮演乞讨者的角色：不得不乞求不伦瑞克和梅克伦堡开恩。这可以忍受吗？我必须浪费时间，耗尽全力却最终在这些小国代表的面前沦为笑柄吗？他们马上开始扮演世界命运的仲裁者角色，使我提心吊胆，好让他们可悲的人生中有一次机会得意洋洋地以为自己是重要的。

他希望德国效仿法国对间接税的依赖；他还认识到，和工业一样，他最熟悉的农业也需要保护。而统一铁路运价的要求需要国家购买几条铁路。 203

这是他的总体方案。细节将取决于：

> 我遇到的议会和公众的意向；我将像在确定航线后遇到逆风的领航员一样行动；他会或多或少地修改航线，或多或少地用煤，根据反复无常的风暴或多或少地用帆，但航线的目的地永远不变。我将像他一样行动，现在你知道了我的目标；至于实现目标的手段，我将保留选择权，这取决于反对者的把戏和战斗的激烈程度。[113]

战斗注定将很困难，布莱希罗德帮助争取必要的盟友。俾斯麦需要中央党的帮助，该党拥有稳定的选民基础，而且日益同情保护主义。但文化斗争留下沉重的包袱，而且俾斯麦与路德维希 · 温特霍斯特（Ludwig Windthorst）之间的鸿沟似乎无法逾越——一边是身材高大的首相，处处怀疑教会的阴谋，一边是矮小谦和的中央党顽强的领袖，圭尔夫家族利益的维护者，俾斯麦在议会的头号敌人——直到布莱希罗德让两人走到一起。

几个月前，布莱希罗德和温特霍斯特开始走近彼此。对布莱希罗德来说，当文化斗争期间中央党内出现反犹主义风潮时，温特霍斯特是该党少数几位提出反对的领袖之一；而温特霍斯特则对布莱希罗德的俾斯麦亲信身份感兴趣。1878 年 3 月，布莱希罗德在汉诺威的一位犹太银行家朋友路易斯·迈耶尔（Louis Meyer）来信表示，温特霍斯特愿意和他谈谈："他对谈话的目的不置一词——就像一位老外交官通常所做的……但我确信他心里有事。"迈耶尔在布莱希罗德的银行为温特霍斯特开设了账户，以便"在不引人注意的情况下，他可以比过去更频繁地来拜访你"[114]。温特霍斯特的确频频来访，"每周日，当温特霍斯特在柏林时，他都会拜访冯 · 布莱希罗德先生。事实上，他一参加完黑德维希教堂（Hedwigskirche）的弥撒就会前往"[115]。既虔诚又世俗的温特霍斯特从教堂赶往银行——这是一幅有趣的画面。温特霍斯特甚至在几处温泉疗养地拜访过布莱希罗德，19 世纪 80 年代还参加了他的正式宴会。

从那时起，布莱希罗德变得比以往更关心被废黜的汉诺威王室的事务*。1878 年 6 月，流亡的乔治国王去世。此后不久，路易斯 · 迈耶尔致信布莱希罗德，指出国王的去世让最初扣留王室财产的理由不复存在。他建议他们两位银行家应该在普鲁士政府和汉诺 204
威王室间进行斡旋。迈耶尔警告说，如果被没收的数百万财产仍然

* 足够引人注意的是，他还和圭尔夫家族的底层党羽打交道。19 世纪 60 年代，被废黜的乔治国王试图唤起外国对他的同情。他主要依赖一位名叫奥斯卡 · 梅丁（Oskar Meding）的记者，此人曾担任巴黎一家支持圭尔夫家族的报纸编辑。就在普法战争爆发前，俾斯麦把梅丁争取到普鲁士这边；作为变节的回报，他承诺向梅丁提供养老金，后来还要求他发表控诉圭尔夫家族的文件。1878 年，再次债务缠身的梅丁向布莱希罗德求助。他承诺充当布莱希罗德的新闻写手，并提出帮助在圭尔夫家族和德国政府间斡旋。当时，俾斯麦警告布莱希罗德不要帮助梅丁，认为此人无法量入为出。但布莱希罗德还是施以援手，而梅丁也撰文恭维他。梅丁致布莱希罗德，1878 年 12 月 3、29 日，BA；赫伯特 · 冯 · 俾斯麦致布莱希罗德，1879 年 3 月 2 日，BA；迈耶尔致布莱希罗德，1879 年 1 月 5 日，BA。

留在普鲁士人手中，那么尽管汉诺威人仍然忠于帝国，但他们将重新同情失势的王室。他还表示“我觉得目前最好不要和W—t先生商谈”——很可能是考虑到温特霍斯特与俾斯麦的长期对立[116]。

但布莱希罗德没有这么做。1879年3月，他安排俾斯麦和温特霍斯特的历史性会面。多年来，俾斯麦一直讨厌温特霍斯特，视其为新帝国下教皇和圭尔夫家族利益狡猾的维护者。俾斯麦表示：“每个人都需要爱和恨的对象。我也有爱和恨的对象。我爱妻子，恨温特霍斯特。”[117]但时过境迁，俾斯麦需要为自己的新经济方案争取选票，而温特霍斯特也认为乔治国王的去世可能会推动圭尔夫家族与德国人的和解。

会见的动议来自温特霍斯特，他向布莱希罗德表达与俾斯麦见面的愿望。俾斯麦心存疑虑，但最终答应布莱希罗德的请求[118]。布莱希罗德知道，俾斯麦需要选票，而温特霍斯特想要在金钱上满足被废黜的汉诺威王室。他希望两个如此务实的人可以达成有限的交易。他是对的。会面中，俾斯麦同意从韦尔夫基金（来自被没收财产的利息）中定期付款给刚刚守寡的汉诺威玛丽王后。然后，俾斯麦提出关税问题，坚称德国农业的存亡取决于此。没有土地的自由派无法理解这点，但俾斯麦希望温特霍斯特可以——毕竟中央党代表了德国农村。

这次会面被证明是转折点。温特霍斯特对布莱希罗德“善意的介入”感到高兴；更多会面的桥梁被搭建起来，现在可以期待“令人满意的谅解”[119]。温特霍斯特致信布莱希罗德，表示他相信“首相的好心肠和你本人的精明”将确保玛丽王后获得抚恤金。他还暗示了礼尚往来：“离开柏林后，我在关税问题上什么都没能做……回到柏林后，我会随时拜访你，打听事态进展。”[120]

虽然俾斯麦和温特霍斯特在原则上同意向玛丽王后和她的两个女儿定期付款，但谈判迟迟没有结果。为了让谈判早日结束，布莱希罗德（在幕后）尽其所能。他把这次会面告诉自己的朋友——皇储宫廷总管奥伊伦堡，后者又向自己的宫廷转告“这次极为重要的谈话……这里的人急切希望，关于那位寡妇和她女儿们的行动将取得切实的成功，人们还希望这次和解可以为我们的总体状况带来可喜的结果”[121]。5 月中旬，温特霍斯特仍未等到明确的安排，于是向布莱希罗德求助[122]。7 月 2 日，温特霍斯特获悉，布莱希罗德已经向王后支付了 10 万马克，向每位公主支付了 1.5 万马克（扣除他 0.25% 的佣金）[123]。这是第一笔半年分期支付，布莱希罗德此后定期从韦尔夫基金中付款。简而言之，俾斯麦满足了温特霍斯特的愿望——距离对政府改革计划的决定性投票不到两周*。 205

布莱希罗德在俾斯麦和温特霍斯特之间的最初斡旋取得重要的成果。两人的首次私人会谈后，温特霍斯特第一次参加俾斯麦的议员晚会——他受到的款待“就好像文化斗争从未发生过”[124]！人们开始对新路线议论纷纷，路易斯 · 迈耶尔和布莱希罗德为自己的工作感到高兴[125]。为了摧毁昔日的盟友民族自由党，俾斯麦与昔日的敌人建立策略联盟。现在，新的经济方案接近通过，布莱希罗德的角色非常重要——至少与他之前在俾斯麦与自由派领袖翁鲁之间的斡旋同样重要，当时同样是在大战前夕。

俾斯麦与温特霍斯特会见后不久，圣瓦里耶预言俾斯麦将早早取得胜利：

> 柏林的初来乍到者或肤浅的观察者经常误以为那里存在真

---

* 直到现在，人们一直认为，俾斯麦同意帮助玛丽王后是因为来自英国的压力；迪斯累利的确亲自向他提出请求，以避免维多利亚女王采取更正式的行动。不过，迪斯累利的请求比温特霍斯特和俾斯麦的历史性会面晚了一星期。俾斯麦更有理由答应温特霍斯特而不是迪斯累利，尽管他无疑乐意一举满足两人。参见汉斯 · 菲利皮，《韦尔夫基金史》，第 204—212、235—246 页［Hans Philippi, “Zur Geschichte des Welfenfonds,” pp. 204–212, 235–246］。菲利皮没有提到布莱希罗德或温特霍斯特在这件事中的角色，斯图尔特 · 斯蒂林也未提到，见《俾斯麦与圭尔夫问题，1866—1890》(海牙，1973 年)，第 200—201 页［Stewart A. Stehlin, *Bismarck and the Guelph Problem, 1866–1890* (The Hague, 1973), pp. 200–201］。

> 正的议会制度。但有了更多的经验和反思后，人们很快发现：德国拥有精美漂亮的门面，表面上装饰华丽，忠实描绘了议会和宪政制度的画面；规则被正确地引用，制度被遵守，外在特权得到尊重；党派游戏、廊下骚动、活跃的辩论、激烈的会议、政府甚至强大的首相遭受的失败（当然只有在他认为次要的问题上），简而言之，一切能带来幻觉和让人相信辩论之严肃性和投票之重要性的安排应有尽有；但在布景背后，在舞台后面，206
> 国王和首相总是在决定性时刻横加干涉和自行其是，他们得到这个国家重要力量的支持——军队的忠诚达到狂热的地步，官场被首长管得服服帖帖，地方官同样唯唯诺诺，民众偶尔对他们的判断感到怀疑，迅速提出批评，但更加迅速地服从于最高意志。

他断言，总而言之，一旦俾斯麦拿定主意并得到皇帝的首肯，“[关于改革的]投票肯定已成定局”[126]。

结果可能已成定局，剩下的可能只是走过场，但还是包括失态的一幕。在议会辩论中，拉斯克对政府计划的财政和政治后果提出警告。俾斯麦的反击是他议会生涯中最尖刻的讥讽之一。对于拉斯克及其同事，他引用了《圣经》：“他们也不种，也不收；也不劳苦，也不纺线*，却仍有衣服穿。我且不说是如何得到的，但他们至少有衣服穿。这些绅士既晒不着太阳，也淋不着雨——除非他们出门时碰巧忘记带伞。”言下之意是他们对国家的经济生活全无实际经验。他暗示，组成议会的是无知的寄生虫，而拥有财产的部长们对民众的需要要清楚得多[127]。尽管俾斯麦深信自己的指控内容，但那只是荒谬的放纵之词，就连议长都罕见地小心翼翼提出反驳，结果遭

* 见《马太福音》6:26 和《路加福音》12:27。——译注

到俾斯麦的申斥和解散议会的威胁。即使俾斯麦的支持者也对他“非常易怒和暴躁”感到遗憾[128]。他对国外的敌人有时会心慈手软，但对国内的批评者从不留情。

民族自由党人成了他的头号敌人。他宁愿与中央党达成协议——即便中央党坚持的修正案否定他为加强帝国的财政独立所做的努力——也不愿与本来会接受他财政计划的民族自由党人合作。一定程度上由于俾斯麦向中央党的要求让步，三位与之前的政治路线关系密切的官员提出辞呈：文化斗争的拥护者阿达尔贝特·法尔克（Adalbert Falk）、农业部长卡尔·弗里登塔尔和刚刚被任命为财长部长的阿图尔·霍布雷希特。俾斯麦对这些辞呈提出的时机感到恼怒，但就像圣瓦里耶所说，“他坚持自己的道路……与曾经为自己效劳过的人划地绝交并将其打倒在地，他们对他不再有用，或者对他无比强大的意志表现出反抗”[129]。

俾斯麦用保守派填补空缺的职位：他任命卡尔·比特（Karl Bitter）为财长部长，卢基乌斯·冯·巴尔豪森为农业部长，罗伯特·冯·普特卡默为法尔克的继任者。圣瓦里耶把三人形容为“亲王首相恭顺而听话的工具”。观察家相信，通过选择“像比特先生这样毫无声望的人……亲王试图亲自掌控内阁，或者由他最乐意听 207
从的顾问之一布莱希罗德先生掌控，此人的银行家身份和宗教信仰让他无法在国家事务中扮演前台角色”[130]。

俾斯麦的胜利在7月中旬到来，即使在胜利面前，他仍然是个不依不饶的对手。他指责民族自由党迫使自己与中央党合作。他指责民族自由党内“潜伏着破坏性力量”，只要一场失败就会转化成“愤怒激情”。他无法同这样的人共事。在训斥民族自由党时，他还表达了自己对政治的某些最深刻思考。他表示，在国内外政界，人们总是：

> 仿佛走在陌生国度，同行的是不知道接下去会有何举动的

> 陌生人。如果有人把手放进口袋，另一人就已经掏出手枪；如果另一人开火，前者就会射击。在这种时候，没有人会停下询问《普鲁士刑法典》关于自卫的前提是否适用，而且由于《普鲁士刑法典》对政治无效,人们只能准备好快速的主动防御。[131]

这番话是对俾斯麦活动的合适总结，表达了他认为政治是用其他方法延续战争的观点（他如此喜爱两个陌生人的意象，几周后又对一位密友提起它，认为其适用于欧洲政治）[132]*。

他的策略在短期内效果辉煌。7 月 12 日，中央党、保守党和民族自由党右翼组成的联盟接受他的方案——如果他想要，他本可以像 1866 年那样欢呼："我把他们都打败了。"就像圣瓦里耶所言，他取得"政治生涯中最重大的胜利之一"，而且是在他的敌人认为他无知的领域[133]。

在中央党和老普鲁士保守党这样的特殊利益者帮助下，俾斯麦加强帝国的一元性，打造工业家与地主、富有市民和容克贵族间的政治联盟——这个联盟注定将支持德国农业，从而保留普鲁士保守主义的社会基础。他分化敌人。他压制或打击教条主义者，奖赏追求物质利益者。他本来很乐意将德国政治永远变成利益政治，可以谈论和收买经济利益，而其他一切事务都掌握在他手中。他野心勃勃地试图消灭意识形态政治，将政治变成竞争性利益的市场。但转 208
向保守主义让未来政治的意识形态基调更加明显；普特卡默在任时提出新的正统意识形态，带有相当程度的反犹主义色彩。大萧条成了催化剂，迫使德国回到之前几十年确定的发展模式中。尽管立法

---

* 在回忆录中，俾斯麦提到国内政治与对外战争的同一性，他把这种想法归咎于 19 世纪 70 年代自己的对手："摒弃一切体面和荣耀的东西与对党派利益（被包装成祖国的利益）的情感隐隐相关，这种情感认为必须用不同于私人生活的标准来衡量党派利益，对荣耀和传统要求的解读甚至不同于战争中面对外敌时的状况，而且更加宽泛。"《全集》，第 15 卷，第 351 页。

成就格外丰富，但自由主义的插曲还是画上休止符，新的政治体制变得更加僵硬和压抑。

在此期间，布莱希罗德一直是其忠实的副手。他还曾是俾斯麦与德国政治中第一个组织有序的压力集团的中间人。在所谓的公司资本主义（corporate capitalism）诞生之时，布莱希罗德扮演某种游说者—顾问的角色，尽管在他自己看来，作为有见识的声音，他无疑代表有利于全民族的方案，而非特别利益。当年年末，布莱希罗德兴奋地告诉俾斯麦："工业的所有部门都生机勃勃，特别是采矿业，这得益于美国的巨大需求。"他表示，物价将很快上涨，工资也将随之提高[134]。他致信赫伯特："工业变得日益活跃，我希望今后几年能让支持自由贸易的绅士们从骨子里明白，他们的自由贸易体制多么愚蠢。"[135]为了保证自由贸易者为他们的罪过受到惩罚，俾斯麦坚持他们都"不应获得授勋提名"。另一方面，保护主义者的中坚蒂德曼和法恩布勒获得应有的勋章。在帝国的新阶段，保守派赢得大部分荣耀[136]。

[4]

在精神和实质上，新的经济方案标志着德国放弃短暂的自由主义道路。19世纪50和60年代，自由经济思想曾流行于商人和受过教育的阶层，但尊崇国家是更加古老和根深蒂固的习惯，德国人从未真正接受自由派对国家的怀疑。统一为专制政府做了辩护，19世纪70年代初的繁荣、破产和腐败很快被解读为对自由派的道德审判。利益集团嚷着要求"国家"保护；有影响力的学者组成社会改革联盟，要求终结曼彻斯特自由经济主义和新的激进主义国家[137]。老自由主义开始式微（甚至在英格兰同样如此），俾斯麦开始相信，他所谓的国家社会主义方案将先发制人，遏制革命性或民主性的社会主义。

俾斯麦一直是干预主义者和家长主义者，经济必要性、政治考虑和个人偏好共同决定他在19世纪70年代末和整个80年代的路线。除了新政策，他还确立了新基调：新帝国应该不仅是收税者、社会党人的压迫者或旧王朝的敌人，也是仁慈的代理人、社会领域的民族保卫者——保护工人免受职业事故、疾病和老年之苦。国家应该 209
提供帮助，好让臣民感恩。

为了让帝国买下本国的铁路，将它们组织成高效的全国系统，使之成为新实现的民族统一的功能性和象征性展示，俾斯麦经历漫长的斗争——这预示着他的新干预主义路线。德国统一时，铁路仍归成员邦管理，各邦都有自己出色的体制，通常混合国有和私人线路。俾斯麦的计划有坚定和实际的理由：国有化将自动意味着统一运价和运营，这将允许战时更有效地使用铁路，1866年和1870年的经历已经证明铁路的战略重要性。1873年，拉斯克揭露铁路涉及腐败行为——这被用作国家控制的理由（并非拉斯克本意），另一个理由是市场崩溃后铁路股价的大幅下跌。铁路事务过于重要，不能交由市场或帝国的特殊利益群体。关于铁路旷日持久的争议反映了俾斯麦权力的局限性，即使在一个他认为重要的领域。多次遭遇挫折后，俾斯麦的政策终于在1879年获得部分成功。尽管国有化辩论被称作德国发展史上的“转折点”，但俾斯麦政策的真实历史并未获得现代人足够的关注[138]。

我们在这里关注的是布莱希罗德在俾斯麦的铁路政策中扮演的角色——历史学家此前完全忽视该问题。首先应该指出，他的角色完全局限于政策的执行而非构想。没有证据表明，布莱希罗德在19世纪70年代初倾向或反对国有化。（1871年8月，以铁路专家自居的弗朗茨·佩洛特声称，俾斯麦和布莱希罗德反对他的国有化计划[139]。）布莱希罗德的第一次相当典型的介入发生在1873年7月。当时，在俾斯麦的坚持下，议会成立帝国铁路局（Reichseisenbahnamt），表面上是为了运价结构的进一步统一，实际上是为了推动最终的国有化。布莱希罗德对提议的局长人选提出反对，因为此人与另一家银行关系极为密切。他致信俾斯麦，表示关于弗里德里希·威廉·谢尔（Friedrich Wilhelm Scheele）将被任命为新铁路局局长的传言在金融圈里造成“骚动”。在人们看来，谢尔其人“尽管聪明，但有时会受激情和想象左右，这种特点对于领导位置上的执行者算不上优点”。金融圈担心，作为贴现公司的董事会主席，谢尔每年获得 3 万塔勒的股份收益。只有与先前所在的银行达成某种持续安排，他才会接受年薪 5000 塔勒的国家任命。布莱希罗德并不担心这种利益冲突本身，他介意的是，一位肩负重要财政事务的政府机构首脑与竞争对手银行有专属关系。他提醒俾斯麦，议会也会出现类似的担心，“特别是因为选择谢尔先生将让贴现公司在帝国获得极不寻 210
常的优势地位，通过该行的董事米克尔*先生，他们在议会已经有了利益代表。我本人当然对谢尔先生没有意见，只是试图表达公众的观点”[140]。两周后，俾斯麦亲笔写了简短的回信：“6 月以来，政界没有新动向。我身体感觉好些了，但仍未康复。你关于铁路局的信来晚了两个月。”[141] 这个回复并不完整，也不完全属实：谢尔是在布莱希罗德来信前两周而非前两个月被任命的，威廉皇帝在确认任命时也对与贴现公司关系如此密切的人选感到吃惊[142]。但俾斯麦似乎不为这些疑虑所动。八个月后，谢尔辞职，私人铁路公司和个别成员邦的阻挠让他精疲力竭[143]。

俾斯麦任命阿尔伯特·马伊巴赫（Albert Maybach）为继任者，此人与铁路打过多年交道，是少数受到俾斯麦敬重的人之一。但马伊巴赫同样遭遇强烈反对，议会拒绝赋予他的部门对全德铁路的监督权。甚至在法案被提交前，大卫·奥本海姆就致信布莱希罗德，表示帝国政府似乎决心通过无休止的规定毁掉所有的铁路公司，从

---

* 约翰·冯·米克尔（Johann von Miquel，1828—1901），德国政治家，民族联盟创始人。——译注

而让帝国最终廉价购得铁路。（皈依基督教后，大卫也被称作达格贝特［Dagobert］，他是银行世家中的红色成员：从1841年到1843年，他是《莱茵报》［*Rheinische Zeitung*］的创始人之一和编辑，这份进步报纸刊登过马克思的一些早期文章。后半生，他活跃于莱茵铁路这家与他的兄弟们关系最密切的公司[144]。）他后来写道："在这里，俾斯麦亲王被视作声名狼藉的新铁路法草案的构想人……居然有人胆敢如此提议，实在是时代的悲哀，特别是它完全忽视促进所有经济利益的必要性。"[145]一年后，在俾斯麦的坚持下，普鲁士议会通过法案，为帝国收购普鲁士铁路扫清障碍。这样的集权方案引发抗议风暴——就连俾斯麦的同僚也反对该计划，特别是坎普豪森和阿亨巴赫。奥本海姆对所提议的"征用"（正式形式还在构想中）大发雷霆："尽管我既不能也不愿相信这位伟大政客的计划——它无所顾忌地拿德意志帝国的经济和财政毁灭做赌注——会在今后十年间被实施，但仍然令人遗憾的是，俾斯麦亲王的计划无意中为社会主义和共产主义做了帮凶。"他表示，这是一道"在共产主义肉汤中"烹制的菜肴[146]。遗憾的是，这番激烈言辞没有传到俾斯麦耳中，不久之后他向敌人发起类似的指责。

俾斯麦的普鲁士同僚不愿将利润丰厚的铁路让给帝国，也不想 211
收购私人铁路。帝国的其他成员邦同样反对帝国购买普鲁士铁路。俾斯麦对不断的破坏活动感到恼火，而布莱希罗德的影射加强了他的怀疑。1877年12月，布莱希罗德写道：

> 十天前，我同商务部长［阿亨巴赫］谈话，并向他陈述我对什切青铁路事务的看法。此后，他再也没有和我接触，尽管他似乎很高兴我提出解决该问题的新方法。阁下将会理解，我在这件事上已经尽力，只能等待商务部长提起该问题。我只是担心这样的拖延会损害事情的进展。[147]

四天后，俾斯麦给阿亨巴赫写了一封怒气冲冲的信，内容是总体的铁路问题。12 月 23 日，他坚称，如果普鲁士议会反对他的铁路计划，他将辞职——他还表示，该计划对普鲁士的防务绝对不可或缺[148]。

俾斯麦把铁路问题放到最重要的位置。他视其为全国性问题——而包括普鲁士部长们在内的特别利益者则从狭隘的自私视角看待它。他的改革提议遭到多次挫折；1878 年 3 月，他在普鲁士内阁的头号敌人阿亨巴赫终于辞职；同年秋天，俾斯麦创立普鲁士公共工程部，由阿尔伯特·马伊巴赫主持，负责铁路事宜。现在的计划是收购普鲁士剩下的私人铁路，将它们纳入普鲁士体系——这样至少在德国最大的成员邦，统一的体系可以满足防务和效率的需求。该计划的执行遇到无尽的困难，布莱希罗德总是抱怨各种拖延和阻挠。

执行俾斯麦的计划对布莱希罗德有很实际的利益。从 1875 年和 1876 年开始，他买断了他认为将被国有化的两家公司的股份——他行事尽可能小心，并获得罗斯柴尔德家族一定的资金支持。尽快完成买断而又不推高股价是一项微妙的操作，他似乎把日常策略委托给卡尔·菲尔斯腾贝格，后者几年后成为一家竞争对手银行的行长，开始自己的传奇生涯[149]。但这项交易必定也包含巨大的风险：铁路前景黯淡，唯一的希望是某种形式的国有化，布莱希罗德知道政府在该问题上分歧严重。普鲁士议会刚刚通过首部允许向帝国出售铁路的法令，迈耶尔·卡尔男爵就致信俾斯麦，表示他们共同创建的波森至克洛伊茨堡铁路的状况几乎不能更糟了：“最好的出路是国家收购这些线路，因为在私人手中它们无法繁荣，只有在沿线拥有产业的地主能通过他们获利。”[150]1877 年夏，汉斯在信中告诉父亲，市场势头良好，“除了我们可怜的德国铁路，它们正慢慢地但似乎确定无疑地走向最终的破产”[151]。同年，布莱希罗德创立 212
的大陆建设公司损失 600 万马克，莫里茨·冯·戈德施密特非常尖刻地记录了此事[152]。但布莱希罗德还是把赌注押在早日国有化上，他买入铁路股票，并不断提醒俾斯麦，部长们正在阻挠首相的政策。

政策的成功同样关系到俾斯麦巨大的个人利益。俾斯麦的很大一部分私人财产投资于铁路股票。授权普鲁士向帝国出售铁路的法令推行三天后，俾斯麦就授意布莱希罗德购入价值3万马克的柏林—什切青铁路4.5%的优先股，以及同样价值的柏林至安哈尔特铁路4.25%的股份[153]。几年后，柏林—什切青铁路成了普鲁士第一条被国有化的铁路。我们将看到，在随后的八年里，俾斯麦连续买入和卖出价值超过100万的铁路股票——某些时候，他差不多一半的流动资本都投资于这些股票。这些投资是对他自己的国有化政策最清晰的承诺，因为国有化失败或耽误过久可能造成他的经济损失。

在频繁写给俾斯麦的信中，布莱希罗德从未提及两人在该问题上共同的金钱利益，但他可以指望俾斯麦的强烈关心，直接提及他们的金钱赌注显得多此一举。布莱希罗德与官方矛盾不断，他在许多私信中向俾斯麦报告这些伎俩。在1877年12月的一封长达11页的书信中，他抱怨说：

> 自从就任之初，马伊巴赫部长就对我表达了他对将某些私人线路国有化的观点，认为这对完成国家经济改革绝对必不可少，他觉得有必要在下次议会会期内解决此事。与此同时，他一直抱怨在财政部遇到的阻力，这让他在铁路问题上无法取得成功。不过，在过去的几周里，财政部长变得更加配合，于是我成功地安排商务部长与柏林—什切青铁路[和其他几条铁路]的执行官们举行会谈。但此后，财政部长又提出新的反对，上述谈判被迫推迟。

书信的其余部分涉及柏林—什切青铁路，两人都是它的股东。如果该铁路被国有化，普鲁士政府将向股东支付普鲁士国债，计划的利率将取决于线路通常的回报率。对柏林—什切青铁路而言，财政部长和商务部长同意支付5又2/3个百分点的利率（之前的回报率在4到8又1/2个百分点之间）。与此同时，布莱希罗德还表示，由于净收入下滑，铁路公司的董事们取消了1月1日的分红。因此，213
部长们决定不向议会提请授权收购该铁路，而是请求其接受国有化原则。布莱希罗德非常愤怒，因为这样的拖延可能导致为压低利率展开更多争夺，落得股东拒绝整个方案的下场。布莱希罗德指出，马伊巴赫应该坚持国有化原则，并为什切青主张5又2/3个百分点的回报，如果这被证明不可行，马伊巴赫仍然可以达成5或4又1/2个百分点的目标。仅仅通过原则还不够。“阁下宽宏仁厚，定会原谅这些直率的解释，相信我的主张并非出于自私利益，而是基于铁路国有化必须与春天将要展开的税收改革同时进行的观点，因为若非如此，1879年又将是工商业遭受损失的一年。”[154]布莱希罗德显然清楚地向俾斯麦表达了自己的想法；赫伯特写信给弟弟威廉：“布莱希对马伊巴赫很不满，坚称完全无法理解他，并表示到了秋天，我们或者根本买不到铁路，或者价格要高得多！另一方面，他居然称赞了霍布雷希特！”[155]

1879年1月末，议会预算委员会接受进一步国有化的原则。当天晚上，布莱希罗德在委员会中的朋友写信给他：“委员会认为，通过经济规章摧毁私人铁路，从而廉价收购它们的做法不符合政府的体面。”[156]但当时没人知道政府收购铁路的时机和可能的条件。关于政府的内部分歧和股东间尔虞我诈的传言甚嚣尘上。正是在这种众说纷纭中，布莱希罗德的其他名人客户开始不断向他打听关于国有化确切前景的秘密消息。1878年12月，罗伊斯（Reuss）亲王亨利七世询问某些具体线路的国有化可能。1879年5月，他又询问是否不应该以119的价格出售他的科隆—明登铁路股份，因为布莱希罗德曾经预测国有化只会将股价推高到115。1879年7月，莱恩多夫伯爵请求获得类似的信息。当年8月，奥古斯特·奥伊伦堡伯爵报告说，他见到马伊巴赫，后者向他提供了关于莱茵和安哈尔特铁路国有化的计划条件的真实信息。因此，奥伊伦堡问布莱希罗德，额外购入莱茵铁路的股票是否“值得”。几个月后，奥伊伦堡重申对铁路股票的兴趣，但表示一切取决于国有化，而国有化的前景“只有你知道”。与此同时，布莱希罗德一直向俾斯麦通报情况。1879年6月，他报告说，什切青铁路的股东们已经接受政府的条件[157]。不过，他警告说，马伊巴赫告诉自己，财政部长霍布雷希特似乎不愿支持更多的国家收购[158]。一个月后，霍布雷希特离职，更加顺从的卡尔·比特接管财政部。

但麻烦并未结束：1879年11月，马伊巴赫终于向议会提交第 214
一份具体的国有化法案。当俾斯麦远远地怒称如果法案被驳回就辞职时，马伊巴赫却不得不当场面对强烈的反对者。他觉得攻击是最好的防御。他承认股票金融家们反对该法案，因为这会让他们失去投机对象。他宣称：“我相信，在这个问题上，股票交易是一株毒树［*Giftbaum*］，向国家的生命投下致命的阴影。”让马伊巴赫愤怒的是，尽管采取了最严格的保密措施，市场上还是出现了对将要被国有化的铁路股票的投机。他在公开场合只说了这些；私底下，他完全清楚布莱希罗德及其客户们已经获悉政府的计划。“毒树”言论引发抗议风暴，他只得收回这种比喻。但他只是说出当时大多数普鲁士人的感受——甚至在铁路问题上的贵族投机者也会假装对股市不屑[159]。

布莱希罗德一定对马伊巴赫的讥讽感到特别痛苦。马伊巴赫和广大感兴趣的公众都很清楚他对柏林—什切青铁路股票的操作。（早在1877年12月，一位记者朋友就致信布莱希罗德，抱怨说《柏林交易所通讯》［*Berliner Börsen-Courier*］刊登了“一篇如此恶毒的文章，内容是你和商务部长最近因为柏林—什切青铁路而建立的关系。鉴于你给予过达维德森［Davidssohn,《通讯》编辑］许多恩惠，此文几乎让人难以置信”[160]。）但更让布莱希罗德烦恼的是马伊巴赫的拖延而非其言辞，于是他继续向俾斯麦抱怨。

布莱希罗德最大的困难来自一条较小的铁路：连接莱茵河与萨尔河谷的莱茵—纳厄（Rhein-Nahe）铁路，全长不到 80 英里。这是一条单轨铁路，军方一直希望将其改造成双轨铁路，但股东们拒绝，他们觉得这条亏钱铁路被国有化的唯一机会是让军方相信，除了国有化之外没有可能建造第二条铁轨。布莱希罗德记得事情的缘起："1880 年 5 月，我有幸获得财政部长比特的来访，他要求绝对保密，告诉我希望将莱茵—纳厄铁路国有化，因为陆军元帅毛奇伯爵认为这在战略上很重要，觉得第二条铁轨绝对有必要。"[161]6 月，布莱希罗德在写给比特的信中提出自己的方案：他报告说该铁路的名义资本为 2700 万马克（或者票面价值为 100 马克的 27 万股），其中约 5 万股仍然在原始投资者手中，他们不愿亏本出售。为了实现国有化，政府需要得到三分之二参加投票的股份支持；过去的经验显示，并非所有的股东都会投票，因此政府需要 13 万股。布莱希罗德建议，政府应该开价每股 25 马克，因为过去三年的股价在 11 到 30 马克间波动。

布莱希罗德已经以 18 又 3/4 的价格购买了 3 万股，还说服持
有 2.2 万股的朋友们接受 25 马克的价格——因此只需再收购 7.5 万 215
股，他提出在四到五个月内完成。他明确表示，整个操作都将为官方着想，以低于 25 马克价格购入股份所产生的收益显然将归政府所有，从而减少收购铁路的总成本。比特接受这些建议，但将上限定为 24 马克[162]。布莱希罗德请求尽可能保密，因为任何可能的消息泄露都会抬高价格。七周后，他报告说，尽管遭遇"巨大的苦难"，他还是又购买了 1.2 万股，他的朋友们现在持有 3.6 万股，而部长持有 1 万股。还需购买更多股份，但价格已经上涨到 22 又 1/2，布莱希罗德担心，泄密肯定刺激了竞购。事实上，为了防止价格进一步上涨，他不得不出售一部分已经购入的股票。9 月，经过布莱希罗德的更多幕后运作，公司股东接受政府的方案[163]。

但最大的困难仍未解决：12月，布莱希罗德一边重新整理记录，一边多次拜访比特，希望打听出政府何时向议会提交必要的法案。比特向他保证，只要他对最终结果有信心就会马上采取必要行动，因为战争部长和皇帝都支持该方案。另一方面，根据布莱希罗德的说法，比特拒绝他的提议，即操作中的收益应该归政府。比特坚称，政府不能参与这样的交易，收益应该留给布莱希罗德，因为后者也承担风险。两人同意在议会投票结束后再解决该问题。

不过，公共工程部长马伊巴赫——1880年7月，布莱希罗德在巴德霍姆堡（Bad Homburg）见过他，并向其坦诚自己的操作——突然在议会谴责令他“恶心”的莱茵—纳厄铁路股票“大投机”。投机将股价推高到不合理的地步——受益者是当今的投机者，而非将自己的钱投入铁路建设并损失一部分投资的诚实之人。马伊巴赫的这番话危及议会的投票，一位中央党的反对派领袖也呼应上述指控：大部分股票被“少数大银行”买走，“因此如果今天我们接受24马克的价格，那么我们只是在滋养那棵毒树，就像部长所做的形象比喻”[164]。布莱希罗德担心股票将因为无法国有化而暴跌，导致自己可能被套牢。他写道：“对我而言，我相信可以证明，整个交易并非为了我自己，而是诚心为了政府和以政府名义，就像书信所显示的。因此国有化被拒绝导致的损失也应由政府而非我的银行承担。”如果可以让马伊巴赫“在议会对国有化进行辩护，从而完全打消对整个公共工程部立场的怀疑”，议会仍有可能被说服接受所 216
提出的协议[165]。一年后，该铁路以24马克的价格被国有化。

我们不知道谁获得这些收益，尽管可以合理地推断，出于官僚主义的原因，财政部很难将这笔意外之财纳入囊中。因此布莱希罗德很可能留下大约25万马克的资本利得——无论他可以想出什么推脱的理由。当时他一定觉得那是自己挣得的：我们没有证据表明，他在其他任何铁路交易中遇到如此之多的困难或者获得如此之高的收益率（他在22个月内获得了约30%的收益）。

俾斯麦满足于小得多的收益。1880 年 11 月和 1881 年 5 月，布莱希罗德分别为他购买了价值 14 万和 2.26 万马克的奥得河右岸铁路（Rechte Oder Ufer Road）股票；1881 年 6 月和 8 月，他分别以 14.6 万和 2.5 万马克出售了这些股票。在较小的那笔买卖中，他三个月内获利近 10%（这些铁路最终于 1882 年国有化）。随后的两年间，他又买入和卖出价值约 17 万马克的科隆—明登铁路股票，收益率更低。1883 年 7 月，在俾斯麦的口头“授意”下，布莱希罗德通过六次交易买入 40 万马克的上西里西亚铁路（Upper Silesian Railroad）股票。该铁路六个月后国有化，俾斯麦赚取略多于 2% 的收益[166]。这种操作本质上就是银行家们所称的套利：铁路股票被换成普鲁士债券，这是一种以微小折扣购买债券的方法。

俾斯麦购买这些股票时，普鲁士铁路将国有化已经众所周知。不过，普通投资者无法确定某条铁路是否将国有化或者有何补偿条件。俾斯麦比几乎其他任何人都更了解这些情况，此外他还有能力对部长们施压，尽管就像我们看到的，他在铁路问题上经常遇到大难题。按照我们的标准，首相投资铁路股票的时机很奇怪。在某些情况下，这涉及我们所谓的内幕信息，尽管始终都没有出现巨额或不合适的收益。不过，俾斯麦很可能觉得他在用自己的钱帮助政府，因为作为股东，他将投票支持政府。我们可以肯定，他自己的大量投资维持了他对铁路国有化的强烈兴趣*。

布莱希罗德在普鲁士铁路国有化过程中扮演重要角色。即使在普鲁士内阁和议会接受原则后，国有化的实际操作方面仍然复杂。每项收购都必须分别立法，需要与议会的漫长谈判和股东的批准。217
布莱希罗德的建议在前者中切实有效，他复杂的市场操作在后者中

* 他对铁路国有化的兴趣无所不至。比如 1881 年，他授意马伊巴赫，在铁路国有化问题上，应该准备攻击政府敌人的政治小册子——就像在私人铁路上有“进步”报纸出售。他从未放弃宣传伎俩。《全集》，卷 14 第 2 册，第 926—927 页。

发挥重要作用。内阁官方需要谨慎、高效和足智多谋的银行家完成自己的计划，在国有化之前购买必要数量的股份。布莱希罗德无疑看到这项任务有利可图。至少他赚取巨额佣金，有时还获得可观的收益。

最重要的是，俾斯麦的计划成功了：他坚持认为铁路应该属于普鲁士政府，它们是国家在和平时期的经济命脉和战争时期的防务基石。1876 年，国家拥有 4683 千米的铁路；到了 1890 年，它又以超过 28 亿马克的价格收购另外 1.4 万千米的铁路[167]。几乎没有私人铁路剩下，国家运营着一个高效、可靠和经济的模范体系。通过运营已经成为普鲁士最大企业的铁路（而且完全没有罢工的威胁），国家的力量大大增强。俾斯麦有理由对自己的成功和布莱希罗德的帮助感到满意：对国家和那些无利可图的铁路的昔日拥有者而言，私企的国有化被证明是幸事。

[5]

对俾斯麦而言，1878—1879 年的重大改变只是新的保守主义重组的开端。他构想一个积极的社会立法方案，准备把下层阶级纳入其中，从而保护国家免受社会冲突和党派争端所累。新方案需要得到议会批准，他希望投票支持经济改革的联盟也将支持他的其他计划。

但新的权力分配并不像 19 世纪 70 年代初的自由民主党那么稳定和忠诚。俾斯麦仍然无法在议会掌握多数，仍然不得不应对上院的特殊利益元素。为了每一部法案和每一项财政改革顺利通过，他都需要收买支持者。十年间，他对议会恩威并施，并考虑削弱其力量。他经常提及修改选举法的必要；在愤怒和沮丧的时刻，他还认为可能不得不毁掉帝国和动用军队。有时，这些威胁是策略性的，作为对付反对者的武器；其他时候，他很可能认真考虑过政变。1886 年，他对德国驻俄国大使冯·施魏因尼茨将军表示："我也许不得不毁掉我所创造的，这的确可能发生。"[168]

俾斯麦乐于相信，国民议会不能代表人民——专制统治者特别容易产生这种幻觉。尽管议会可能无能，但它并非不具有代表性。议会中反映出的分歧是真实的，尽管俾斯麦本人让它们加深。他不知疲倦地寻求权宜之计来赢得新的支持：有时取笑或揶揄其他德意志成员邦的统治者，有时向受侵害的群体施以物质恩惠，并总是操纵着媒体。在所有上述举动中，布莱希罗德扮演着谋士和助手的惯 218
常角色。

19 世纪 80 年代，布莱希罗德的角色有了些许改变：他更多充当游说者和请愿者，而非顾问。他与俾斯麦的个人关系仍像以往那样紧密，尽管我们在下一章将看到，他与赫伯特关系破裂。布莱希罗德与荷尔斯泰因对彼此的关系都变得冷淡。俾斯麦的亲随发生人员流动，布莱希罗德不得不做出调整。俾斯麦的新文书和女婿兰曹伯爵成了布莱希罗德的亲信，俾斯麦的新下属——外交部的哈茨菲尔特和内政部的卡尔·冯·波蒂谢（Karl von Boetticher）与布莱希罗德特别亲密。（波蒂谢写道："愿上帝与你同在，愿他奖赏你如此无私和自我牺牲的友谊……请在未来保持这份友谊，它让我如此幸福。"——也让他有能力还债。）

布莱希罗德本人的政治观点仍然与政府的新正统思想保持一致。他同样是保守主义者、干预主义者和反社会主义者。他对国家家长主义的拥护反映在他 1879 年 12 月写给赫伯特的一封信中，他请求国家立即对上西里西亚进行干预，因为当地遭遇失业、饥荒和疾病的突袭："遗憾的是，我们的政府对这次紧急情况表现得相当冷漠，但我认为除了各种人类情感，援助那个不幸的省份在政治上也有必要，以免让社会党人趁机为他们自己和他们的卑劣目的赚取资本。"他认为应该花费数百万马克提供工作和食物[169]。

俾斯麦对议会的敌意似乎没有让布莱希罗德感到不安；他甚至

参与反对左翼自由派的活动，尽管在政府鼓励和从中受益的新一波反犹主义浪潮中，他们是德国政界唯一提出反对的团体。比如，在1881年的议会选举中，拉斯克指出“反动派将犹太人问题放到他们运动的核心，以便迎合宗教狂热主义，利用对犹太人的广泛憎恶实现自己的目的”。尤里乌斯·布莱希罗德帮助拉斯克阻止犹太人特别行动，向自由派提供资金支持——但盖尔森不愿参与反对行动[170]。他仍然认为，政府和“他的朋友们”（尤其是后者）是抵御反犹主义的最佳堡垒。他仍然通过宫廷犹太人的视角看待世界。

另一个事件讲述同样的故事：1884年12月，由左翼自由派、中央党和社会党组成的议会多数派拒绝了俾斯麦提出的为外交部一个新设立职位提供资金的请求。此举的目的是对俾斯麦的外交和殖民政策表达不满，特别是后者。俾斯麦对此恼怒异常，一位与他亲近的同僚写道：“我从未见过亲王如此烦恼，我担心这会对他产生严重影响……他反复强调，他将欢迎社会党人的政变，应该允许为更多的冲突积累材料。”两天后，布莱希罗德在写给俾斯麦的私人书信中报告说：

> 最近在帝国议会发生的事已经引发商业领袖圈子里……对议会的高声怒斥，比如针对进步党和中央党的领导人。我们一致认为，如果现在举行新的选举，柏林商界将尽其所能确保路德维希·勒维 [Ludwig Löwe，柏林的进步党议员] 和菲尔肖之流不会再次当选。祖国因为阁下认为必要的一小笔资金遭到拒绝而蒙羞，帝国商界对此愤怒异常，也许到了欣然做出牺牲的时候。[171] 219

布莱希罗德的信象征着对议会拒绝的怨声载道。一些商业团体甚至提出向俾斯麦提供设立新职位的必要资金。布莱希罗德认为解散可能是对议会的合适惩罚，而俾斯麦倾向于更强硬的回应。

俾斯麦的保守主义转向包括创立伪代议制机构以削弱议会，以及通过社会立法让工人们放弃对社会党效忠的计划。他很早就有组建国家经济委员会来为政府提供咨询的想法。布莱希罗德在1878年提出过此类方案，工业家协会也有过类似提议。1880年秋，俾斯麦亲自执掌普鲁士商务部，并以御令之名提议创立这样的委员会。1881年初，委员会成立。在开始审议前，俾斯麦提醒委员们，他们比政府官僚或议员们更有能力和实践经验，代表国民中有创造力、务实和有见识的元素，应该帮助普鲁士政府在他们最熟悉的领域制定法律[172]。俾斯麦此举的反议会目的显而易见，因此帝国议会反对为帝国创立类似的机构。俾斯麦的计划收效甚微，它有意识地退回到早前的社团制度，并预示着后来专家和技术官僚在更复杂的社会中扮演的角色[173]。

普鲁士委员会审议的首份提案是俾斯麦关于工人意外保险的计划。这标志着俾斯麦雄心勃勃的社会立法（与反社会党人法同时制定）的开始。以真正的保守主义者方式，他希望同时镇压颠覆活动和消除其根源。1878年末，他表示："如果工人再也没有抱怨的理由，那么社会主义的根源也就枯竭了。"[174] 俾斯麦的目标无疑是政治的：在残酷的依附时刻，下层阶级应该明白，只有国家能向他们提供帮助，而不应该依靠贫穷的家庭、冷漠的雇主或社会党。圣瓦里耶承认俾斯麦方案的宏大："[它]比其他方案更加全面、大胆和危险；为了打击社会党人，他借鉴他们的目标，并让国家成为所有工人组织的轴心。"[175]

俾斯麦称自己的方案为"国家社会主义"，对于总是相信国家 220
有照顾国民的道德责任，相信基督教的家长主义要求富者照顾贫者的人来说，该方案顺理成章[176]。在农村生活中，"位高则责重"的理想仍然流行。但政治动机同样强烈，并减轻了袖手旁观心理的影响。

和后来的其他许多社团主义改革者一样，俾斯麦过于信仰某种庸俗的马克思主义或者经济决定论。工人们需要的不仅是面包，甚至不仅是保障；他们自己的党派能很好地提供剩下的需要，以完全非马克思主义的方式将理想诉求和确定性分析结合起来。面对俾斯麦的打压和让步，社会民主党仍然逐渐壮大，他的政策经常被认定失败。的确如此吗？这些政策不是帮助造就该党的修正主义性质和工人们的驯服吗？这种性质和驯服不是大大有利于俾斯麦的帝国吗？它们是否在长期内有利于德国政治的发展是另一个问题。

虽然布莱希罗德关心穷人，愿意看到政府扩大管辖范围，但他反对威斯特法伦工业家路易斯·巴尔（Louise Baare）提出的意外保险方案。在写给俾斯麦的信中，布莱希罗德质疑巴尔的方案只涵盖工作中的意外——俾斯麦的批注否认这种说法。然后，布莱希罗德又批评巴尔的养老金提议，认为失去劳动能力的工人真正需要的是一小笔资本；俾斯麦的批注是："他花完那笔钱怎么办？？"（*Das schlägt er todt??*）布莱希罗德承认，主动提出这种建议是因为他与一家大保险公司关系密切——他在北极星公司（Nordstern）担任董事[177]。俾斯麦不喜欢保险公司，后者也担心被他国有化。他没有理会布莱希罗德的警告[178]。

1885 年，布莱希罗德帮助俾斯麦的守林员长彼得·朗格（Peter Lange）准备关于俾斯麦庄园的农业工人们现有保险状况的备忘录。一年后，意外保险法的适用范围扩展到农业工人。1889 年，为各种类型的工人设计的养老计划获得通过，从而完成俾斯麦的方案[179]。俾斯麦的全面社会立法是他在 19 世纪 80 年代最大的成就，让德国成为该领域无可争议的领先者。

俾斯麦发现很难说服顽固的议会批准额外的收入用于弥补攀升的开支。但至少他现在有了得力部长的帮助：1882 年，比特辞去财政部长，俾斯麦任命阿道夫·冯·朔尔茨（Adolf von Scholz）继任。他把朔尔茨看作第一位忠于自己的财政部长，他与朔尔茨的亲密关系稍稍削弱布莱希罗德的影响[180]。

不过，俾斯麦钟爱的一些计划仍然反复受挫。布莱希罗德被怀
疑破坏1883年的普鲁士预收收入税计划。荷尔斯泰因在当时记录道：
“在纯粹的金融问题上，特别是与股票交易相关时，首相本人没有
主见，而是依赖朔尔茨和布莱希罗德的阐述。这两人很少意见一致， 221
而俾斯麦亲王几乎总是站在舒尔茨那边……”[181]

1884年5月，当朔尔茨提议立法征收营业税和周转税后，两人的分歧爆发了[182]。三天后，布莱希罗德给俾斯麦写了长达8页的信，抨击这个已经让股价下挫2到10个百分点的新提议。比起计划中的税率，更让布莱希罗德诟病的是新税法的形式。“作为商业活动的两大支柱，荣耀和审慎组成商人的骄傲，要求永远交出账簿以最敏感的方式伤害他们……”计划中的税率让潜在的灾难雪上加霜。布莱希罗德表示，这种阻碍将迫使“受惊的资本”寻求不受束缚的国外市场。较小的交易将枯竭，数以百计的家庭将受到影响：

> 一部分奢华[*Luxus*]……将可能消失。这对我们的经济状况是否有好处，我不敢断言……根据我四十六年的从业经验，我知道德国大都市逐渐吸引欧洲商业的原因正是我们所享有的自由流动，我国的繁荣从中大受裨益……阁下会原谅我的这番直白表态；我总是乐意用自己多年的经验为国效劳，根据这些经验，我可以预见到此举的后果。[183]

布莱希罗德显然知道这个建议并非出于公心。另一方面，就像后世之人可能说的，对布莱希罗德不利可能也对整个德国商界不利。事实上，商界发出公开的哀号，很像布莱希罗德私下所做的。不过，上议院还是在6月通过该法案。让俾斯麦足够烦恼的是，他的一个噩梦——当他沿湖边行走时，湖水突然波涛汹涌，如果不退避就会被淹死——可能源于他提出的股市税。

1885年5月，帝国议会批准证券交易税；布莱希罗德仍不甘心，

告诉俾斯麦这种税收正在迫使投资流向国外。他对荷尔斯泰因表示：

> 俾斯麦和我一样清楚，同样反对证券交易税，但当《十字报》和《帝国邮报》[*Reichsbote*] 暗示俾斯麦亲王对金融家表现出过分的顺从时，他觉得停止抗议更加明智。我告诉他："阁下什么都不必说。我理解阁下，认同您的做法。有时我会梦见眼前出现第二份《帝国之钟》[*Reichesglocke*，一份反犹主义报纸，曾攻击过俾斯麦与布莱希罗德的关系]。"[184]

反犹主义影射的威胁强大到足以打消其他考虑——至少从布莱希罗德的说法来看是这样。这从另一个方面解释了在 19 世纪 80 年代的保守时期，为何他对财政事务的影响下降。 222

[6]

但他在某些领域的作用仍然很大。俾斯麦对总是阻挠自己的帝国议会恼怒不已，于是更多依赖代表帝国各成员邦政府的机构——联邦参议院（Bundesrat）。19 世纪 70 年代，他也曾和联邦参议院发生过冲突，但到了 1879 年，他意识到如果不得不在"加强 25 个追求私利的政府或者加强帝国议会的权力之间做出选择，他宁愿选择前者"[185]。1880 年 4 月，联邦参议院否决了一些不太重要的法案，俾斯麦马上提出辞职*。威廉拒绝接受，但俾斯麦借机加强对联邦参

---

* 俾斯麦的威胁被信以为真。布莱希罗德的朋友之一绍芬将军写信给他："首相的辞职使我深为震动。让我们希望还有可能让这位无可替代者留任。除了他，还有谁能推进德国的发展和维持世界的和平？与这位伟人相比，这些所谓的政治大佬多么渺小。"布莱希罗德表达了同样的情感。绍芬致布莱希罗德，1880 年 4 月 9 日，BA。布莱希罗德收到很多像这样支持俾斯麦的表态，有些无疑是真诚的，另一些可能只是希望通过布莱希罗德传递给那位恩惠和地位的施予者。

议院的控制，甚至想要大幅修改它的构成，让普鲁士在其中永远拥有多数[186]。无论如何，俾斯麦试图加强与其他王朝的联系，并反复提醒它们，只有德国的各邦政府密切合作才能遏制颠覆浪潮[187]。

但俾斯麦知道，意识形态的诉求最好得到更加有形的服务补充，在这点上布莱希罗德和过去一样有用。他与德意志其他邦国的政府和王朝建立密切的关系——既为了招揽生意，也为了提高自己的地位。毕竟，各邦政府仍在发行自己的贷款，各王朝也仍在颁发勋章。

在俾斯麦与德意志各王朝关系的某些关键时刻，布莱希罗德以自己的审慎和财力扮演重要的幕后角色。他有时担任转账代理人（常常与韦尔夫基金相联系），有时通过特别顺从地满足拮据统治者的愿望来为俾斯麦效劳。

我们已经提到，布莱希罗德在被废黜的汉诺威王朝的命运中扮演了重要角色。参与关于不伦瑞克王位继承漫长争端的同样是温特霍斯特、不满的圭尔夫家族、英国王室和布莱希罗德。一位圭尔夫家族成员对王位提出主张，维多利亚女王支持自己的亲戚，但俾斯麦决心阻止圭尔夫家族获得德意志的王位，只要他们仍然拒绝放弃对汉诺威（1866年被普鲁士吞并）的主张。1881年，威尔士亲王（后来的爱德华八世）要求布莱希罗德提供关于不伦瑞克问题的备忘录， 223
再由其转交给他的母亲。经过与温特霍斯特的协商后，布莱希罗德提供了备忘录，并与亲王进行了几次谈话。但努力无果而终，该问题直到1913年才解决[188]*。

比这重要得多的是布莱希罗德与巴伐利亚王朝的联系。每年，他继续从韦尔夫基金中向路德维希国王支付30万马克的补贴。但这些钱远远无法满足国王著名的“大兴土木狂热，这是他疾病的症

* 1913年，被废黜的不伦瑞克公爵恩斯特·奥古斯特二世之子恩斯特·奥古斯特三世与德国皇帝威廉二世之女维多利亚·路易丝公主联姻。恩斯特·奥古斯特二世放弃对汉诺威和不伦瑞克的主张，作为交换，恩斯特·奥古斯特三世继承了不伦瑞克公国。——译注

状之一”*。路德维希风度翩翩，喜爱艺术，精神状况不稳定，他试图效仿路易十四取得的伟大建筑成就，甚至对波旁王朝最后成员的情妇们怀有性迷恋，却拒绝了自己身边准情妇们的所有献媚。

从1876年开始，关于路德维希即将破产的传言陆续传到柏林，人们还经常提到，布莱希罗德是可能的马伊克纳斯（Maecenas）†。到了1884年初，国王的债务已经上升到超过700万马克，但他雄心勃勃的计划才刚刚展开[189]。最终，路德维希决定派遣行政专员菲利普·普菲斯特（Phillip Pfister）向俾斯麦求助。2月9日，普菲斯特匿名抵达弗里德里希斯鲁，他发现俾斯麦乐意帮忙，尽管采用什么方式仍不清楚。700万马克是笔可观的数目。俾斯麦询问威廉是否愿意援助这位身为他外甥的国王‡，与此同时，他向普菲斯特暗示，布莱希罗德也许可以筹到必要的资金。尽管威廉含糊地表示愿意帮忙，俾斯麦还是派首相府的重要参谋弗朗茨·冯·罗滕伯格（Franz von Rottenburg）说服布莱希罗德出手相助。按照荷尔斯泰因的说法，“布莱希罗德兴奋得说不出话来，［罗滕伯格］刚说明来意就被他一把抱住”。与此同时，赫伯特致信荷尔斯泰因表示：“巴伐利亚的财政事务落入布莱希罗德之手令我惋惜，因为我把那个肮脏的犹太人视作邪恶的化身，对任何现在或将要被迫和他展开业务的人感到遗憾。”[190]（赫伯特真的对自己的父亲感到遗憾吗？）荷尔斯泰因和赫伯特认定，布莱希罗德觊觎这笔巴伐利亚业务。荷尔斯泰因认为他想要巴伐利亚的贵族头衔或大十字勋章，并恶意将其

---

* 关于对这位不幸国王的同情描绘，见巴伐利亚驻柏林大使胡戈·莱申费尔德—科菲林伯爵的回忆录《回忆与铭记》（柏林，1935年），第152—175页［Graf Hugo Lerchenfeld-Koefering, *Erinnerungen und Denkwürdigkeiten* (Berlin, 1935),pp152-175］。莱申费尔德对所有的财政援助守口如瓶，这反映了他本人的审慎，以及几十年间围绕该问题普遍的讳莫如深。

† 罗马皇帝奥古斯都的谋臣和朋友，他的名字成了富有、慷慨的艺术赞助者的代名词。——译注

‡ 路德维希二世之母玛丽公主是威廉一世的堂妹。——译注

描绘成一个“总是因为缺乏谦逊而显眼”的人[191]。

荷尔斯泰因忽视了布莱希罗德对哈茨菲尔特的抱怨，即他接手巴伐利亚业务只是为了取悦俾斯麦。据说布莱希罗德甚至表示：“巴伐利亚国王有什么能给我的？”这几乎肯定是布莱希罗德的所说或所想：银行家（甚至犹太银行家）不得不在君主宝座前奴颜婢膝的日子已经过去。国王仍然能享有特惠待遇，但无法再让人放弃谨慎[192]。没有银行家会为了多得一项头衔或一枚勋章而冒险付出700万马克。

布莱希罗德的行动小心翼翼。2月10日，他与普菲斯特在柏林进行谈判。返回慕尼黑时，巴伐利亚顾问带着来自普鲁士政府的 224
100万马克易兑现证券和来自布莱希罗德的明确报价承诺[193]。一周后，布莱希罗德提出奉上300万马克贷款。路德维希对此表示感激，但迟迟没有接受，直到他获悉一个南德财团正在考虑提供1000万马克的贷款[194]。遭到那个财团拒绝后，普菲斯特于3月中旬回到柏林，受路德维希之托请求俾斯麦斡旋，希望布莱希罗德提供600万马克的贷款。俾斯麦的回复反映出他本人对此事的兴趣：他承诺全力帮助路德维希，如果失败了，“那是[因为]我的权力和手段有限，而非没有尽力”。与此同时，他警告国王注意联邦参议院中再次出现的自由主义骚动，显然他希望用布莱希罗德的财政帮助来换取巴伐利亚的忠诚[195]。

4月6日，普菲斯特询问布莱希罗德，如果以“父系许可”（即由父系亲属承担连带法律责任）为基础，他是否愿意和在什么条件下可以借给路德维希800万到1000万马克。但布莱希罗德要求更多保证。4月10日，普菲斯特通知他，“鉴于此事对王室和国家的重要性”，巴伐利亚财政部长已经接管此前秘密为国王进行的谈判。但他同样无计可施，于是再次向布莱希罗德求助。布莱希罗德的回答毫不含糊：这样的父系许可将提供什么样的“物质基础”或担保？针对违约有何物质保证？

> 你们提出的不太高的利率和条件完全没有吸引力，因为目前的一流可兑现俄国债券有望升值，带来5.5%到6%的利率。这点很容易理解，因此你们应该相信，我乐意签订你们提出的协议几乎完全是因为我有意服从你们的国王陛下。[196]

谈判结束几个月后，巴伐利亚财政部长终于同一个南德财团达成750万马克贷款的协议。普菲斯特对布莱希罗德致以最热烈的谢意[197]。这些信揭穿了荷尔斯泰因的虚假指责，即布莱希罗德提出非分要求，从而惹恼国王。在荷尔斯泰因等人看来，布莱希罗德永远都是错的：他既是谄媚者又是夏洛克*。

荷尔斯泰因恶意枉屈布莱希罗德不计代价地寻求提供贷款。但长达四个月并以失败告终的谈判完全不符合一位迫不及待的银行家形象。如果条件合适，他愿意相助。为了迫使路德维希顺从自己的德意志政策，俾斯麦也愿意帮助他——不过他更愿意通过自己的银行家，而非自己的君主。最终，巴伐利亚人在短期内实现自救。这
个故事的结局令人咋舌。两年后，当更迫切的新需求出现时，几近 225
疯狂的国王命令他的代理人闯入法兰克福的罗斯柴尔德银行。那些人去了法兰克福，但选择不执行这个不寻常的御令就返回了。

布莱希罗德是第二帝国的政治中独一无二的存在。在俾斯麦的影子里，他成了谋士和游说者、亲信、国王拥立者和金融杂务工；后来的压力集团、政府委员会或机构将发挥类似的功能。在显贵政治的最后阶段，布莱希罗德试图扮演重要角色，并取得成功。他本人的收获毁誉参半，但出于普遍的虚伪和他的自卫性虚荣，他更多感受到公开的荣耀，而非私下的侮辱。

---

* 莎士比亚《威尼斯商人》中贪婪而恶毒的犹太富商。——译注

第十章

贪婪与阴谋 226

唉，没办法；这就是当兵的悲哀。

升迁靠推荐和私情，而不是遵照惯例，按资格依次递补。

——伊阿古（《奥赛罗》，第一幕，第一场）

虚伪是罪恶对美德的致敬。

——拉罗什富科

我总是认为，正直是虚伪的原材料！

——巴尔扎克，《贝姨》（*Cousine Bette*）

布莱希罗德生活在德意志帝国的高贵世界里，置身于贵族的光辉和权力的威严中。他也生活在那个世界的地下部分，社会的统治者很少承认那部分世界的存在，但他们的财富和前途却在那里被造就和毁灭。布莱希罗德知道，这两个世界相互连通，许多生活在赞誉阳光下的人为了生活中更阴暗的一面有求于他。

在所有的社会和人类事务中，表象和现实间、流行准则和实际行为间存在距离。这种距离在德意志帝国也许特别大，部分原因在于那里的准则特别严格，与存在的物质现实的差异日益扩大。准则是贵族式的，现实则是新富阶层的崛起。准则宣扬名誉、勇气、正直和责任；它崇尚朴素，某种“铁一般的节俭”或者假装如此；它谴责市场，谴责对金钱的过度重视，谴责可以用金钱购买一切（甚至荣誉）的观点[1]。（这当然是一个特别版本的古老欧洲准则，莱昂内尔·特里林曾评价道："符合这种精神的就是高贵的，达不到或违反它的就是低俗的……我们也许注意到，曾经被认为适合军队生活的特征对于高贵自我的形成也是决定性的，它形象鲜明地出现在世人面前，它的目的得到清晰认识和公开承认。"[2]）金钱或性问题上的不负责被认为与准则格格不入。公然违反准则就是"丑闻"，227
在极端情况下只能通过流放或决斗赎罪；决斗提醒人们，名誉被认为比生命更宝贵。任何丑闻都是等级和准则的潜在污点。

准则一直被暗中违反。在德意志帝国，正直的论调也许比其他任何地方更加严格和严厉，对现实的否认也更加普遍。这种正直滋生虚伪，而虚伪带来虚假和怨恨的基调。既有崇高的请求，也有恶意的私语。就像我们将看到的，还有关于广泛阴谋和贪婪的怀疑。这种地下精神有多重来源：既有新财富的腐化和诱惑，也有狭隘、专制而又恐惧的统治引发的愤世嫉俗。感伤主义的盛行是被恐惧侵蚀的崇高憧憬的残余。

我们最关心的是对金钱的看法。和其他地方一样，在德国，对金钱的声讨无处不在。"物质主义"是罪恶的，受到教会的谴责；它还令人反感，受到道德家的谴责。它是剥削性的，因此威胁到国家统一。金钱还成了相互竞争的阶级的战场。面对新制度下暴发户的威胁，老地主阶级重拾对敛财的偏见——与此同时，经济现实迫使他们开始与市场打交道。1895 年，马克斯·韦伯谈到"普鲁士容克贵族在经济上的垂死挣扎"[3]。生活的现实不可能被无视：国家公务员的报酬遵循普鲁士的朴素，却不得不生活在德国的富豪统治下*。暴发户买下老地主的产业[4]。谈及生活在祖先土地上的快乐时，

* 1894 年，特奥多尔·冯塔纳注意到："并非由于自己的错，公务员的地位不断下降。一百年前或者甚至五十年前，他们因为自己的职务和教育而地位崇高，财政状况虽然一般，但也不至于落后；现在，他们在金钱上被超过十倍，导致在其他所有方面同样如此。因为除了少数引人瞩目的例外，财产也决定所有和教育相关的问题。"《家书》(柏林，1924 年)，第二卷，第 302 页［*Briefe an seine Familie* (Berlin, 1924), II, 302］。

一位虚构的容克贵族在世纪末表示：“谁知道呢，也许到了下一代它已经落入犹太人之手。”* 面对这样的威胁，容克贵族学会以孤注一掷的顽强为自己而战，同时坚持自己仍然是简单而质朴之美德的唯一捍卫者。反物质主义将永远拥有强烈的吸引力，不仅对于有产者 228
本身如此，而且将钱从公共话语中去除的愿望可能也是为了麻木无产者和被剥削者的痛苦。阿纳托尔·法朗士（Anatole France）† 说：富人和穷人一样有权睡在桥下——也同样有责任不谈钱。

整个德国社会的基调建立在这种外表的体面和优雅上，建立在德国人所说的“礼貌”（*der gute Ton*）和“保持礼仪”（*Dekorum wahren*）上。礼仪要求将真实生活中的许多东西扔到楼梯下‡。教育必须被审查，以便去掉生活的残酷现实。（“我记得我的［父母］要求家庭教师不要在教材里使用任何提及钱或收益的算术例子；事实上，他们亲手删除了这样的例子。”[5]）谈话必须中规中矩和令人兴奋，特别是当有女士在场时。金钱总是被视作对情感的冒犯，尤其

---

* 金钱是这部关于19世纪70和80年代一个普鲁士家族的小说的主题。一位少校感叹道：“该死的钱！永远是钱！”身为一家之长的退休内阁部长回应称：“比起无辜的金属，那些有罪的人更该死。”从商的败家子曾告诉他的贵族兄弟，他的孩子们应该拥有“今天胜过其他一切的东西，它取代过去时代的武器，降服一切，打开所有的大门——那就是钱……刀剑变得无用，我们今天的战场是股市、贸易、商业和工业”。当对方回答说，贵族绝不能把成为股票经纪人当成目标时，贵族商人警告说：“贵族不必成为股票经纪人，但他们能战胜好逸恶劳，能适应时间带来的改变。简而言之，他们能从事生产性工作，否则就会走向毁灭。”格奥尔格·冯·奥姆普泰达男爵，《埃森：1900年前后的德国贵族》，第1卷（柏林，1902年），第38、42、364—366页［Georg Freiherrn von Ompteda, *Eysen: Deutscher Adel um 1900*, I (Berlin, 1902), 38, 42, 364–366］。

† 阿纳托尔·法郎士（1844—1924），法国作家。——译注

‡ 举一个我在档案中找到的例子，交流双方是普鲁士档案主管海因里希·冯·聚贝尔和俾斯麦。聚贝尔代表一位年轻历史学家马克斯·莱曼（Max Lehmann）致信俾斯麦：莱曼在档案中找到散落各处的大约二十封来自陆军元帅布吕歇尔（Blücher）的书信，并希望发表它们。聚贝尔承认，信中包含一些偏激的表达，但没有此前未知的事实：“莱曼博士立刻去掉了布吕歇尔与哈登贝格［Hardenberg，当时的普鲁士政府首脑］间不太愉快的通信，涉及前者极其糟糕的财务状况。”关于钱的内容马上被去掉。但俾斯麦还是拒绝请求，这些信一直没有发表。聚贝尔致俾斯麦，1876年11月4、10日，GFO：I.A.A.a. 50，第2卷。

是对女士和年轻人的情感。（这又是某种欧洲特征的变体，就像狄更斯所说："一切的关键在于，它是否会让年轻人脸红？"[6]）低贱的人或资产阶级，谈论钱和赚钱方法；有文化的人或贵族，谈论收成和充盈的谷仓，而不是股票和债券。如果钱的话题不可避免，谈到它时也要带着尴尬的痛苦。在《布登勃洛克一家》中，托马斯·曼把这种矫揉造作称为"虔诚的贪婪"[7]*。

德意志帝国的生活经过清洗。金钱和性欲激情的存在，体现在神秘的表述、扬起的眉毛、手势或双关语中。公开表达任何形式的欲望都将改变那个社会的本性及其文明观。在帝国社会中，在艺术和文学中，在上层阶级的日常生活中，上演着某种对现实的系统性感伤化。冯塔纳曾经抱怨过这种"永远的美化"和"轻视"（*Verniedlichung*）[8]。德国社会的一个奇怪事实是，这种虚假感伤 229
的最伟大揭露者是犹太人：海涅、马克思和弗洛伊德†。不过，一边是那个社会的成就和理想，一边是对其胃口的否认（哪怕仅仅是口头否认），只有头脑简单的人才会无视两者的联系。

在德意志帝国，没有谁比布莱希罗德更了解人们的脆弱。人们

---

* 或者以冯塔纳的燕妮·特莱贝尔(Jenny Treibel)为例，她令人作呕地表示："一切都没有价值；但最没有价值的是整个世界如此贪婪地追求的东西：有形财富、地产、金钱……我本人坚持理想，永不放弃。"她的一位前追求者看穿她的面具，因为她曾经抛弃此人，转投富人的怀抱："她是个危险的人，更危险的是因为她本人不知道这点，真心以为自己有颗善良的心，特别是钟情于'更崇高事物'的心。但她的心只钟情于有形事物，钟情于一切能赚钱和生利的东西……他们总是宣扬自由和表达感伤，但这些都是闹剧。到了显露本质的时候，他们的座右铭是：只有金子是王牌。"冯塔纳，《燕妮·特莱贝尔夫人》(柏林，1905年)，第32、96页 [Theodor Fontane, *Frau Jenny Treibel* (Berlin, 1905), pp. 32 and 96]。

† 最合适的例子来自《文明及其不满》(*Civilization and Its Discontents*)，弗洛伊德在书中写道："伟大诗人可以允许自己表达受到严厉批评的心理真相。就像海涅所说：'我性格极为平和。我想要的只是一间茅草顶的小屋，但要有一张好床、好的食物、最新鲜的牛奶和黄油，窗前要有鲜花，门前有高大美丽的树木；如果上帝想让我尽兴，他会让我看到这些树上挂着我的六七名敌人。我心潮澎湃，将在他们死前原谅他们生前的所有过错——是的，我们必须宽恕敌人，但要等到他们将被处决时。'"齐格蒙德·弗洛伊德，《文明及其不满》，第四版（伦敦，1949年），第84页。

不断向他索取帮助、建议和财务救赎。他为这个体制的虚荣和野心提供服务。他方便地满足精英们的需求，也令他们的价值陷入尴尬。最重要的是，在与他无休止的打交道中，精英们不得不做到诚实：欺骗银行家就像欺骗化验员那样自欺欺人，付钱给两者都是为了寻找真相。

作为沟通真相和表象的代理人，布莱希罗德的地位独一无二，不仅在金融界，在一丝不苟和非常谨慎的政界同样如此。政界也有行为准则：它憎恶阴谋、腐败、贪赃枉法和钻营功名。当时的俾斯麦传说掩盖了俾斯麦的现实——布莱希罗德对此心知肚明。传说暗示，统治者是一个仁慈的天才，符合关于正直和美德的未成文法则；而在描绘现实时，当时的德国人和外国人常常提到俾斯麦统治的腐蚀性拜占庭式风格[9]。

布莱希罗德深知帝国的秘密，他参与其中并从中获利。在一个不那么注重面子的社会，他的大部分工作本可以公开进行；帝国的隐秘作风让他显得比实际上更加“多事”和邪恶。在俾斯麦帝国拜占庭式气氛中，他被视作和被中伤为神秘的幕后操纵者，是宝座和政策背后的邪恶魔鬼。他的如日中天助长了关于其重要地位的传言。其间他一直受到信赖他的俾斯麦的庇护，并在后者的要求下做了他最不体面的事。

与俾斯麦的关系对布莱希罗德至关重要，其他一切都源于这层关系。但别的帝国官员同样需要他，就像他也需要他们。通过他们和自己的眼睛，他一定感受到俾斯麦手下人的某些“当兵的悲哀”。

俾斯麦是一位苛刻、喜怒无常和内心愤世嫉俗的主人。他严于 230
律己，对他人则更加苛刻。统治已经变成令人沮丧和无比复杂的事；到处是阻挠、对抗和阴谋——至少在他看来如此。19 世纪 70 年代，他的健康非常糟糕，统治者特有的愤怒加剧了他身体的痛苦和折磨。这让他更加怒火中烧，并影响他的政治风格。抱怨带来更多的抱怨，形成无休止的循环。只有非常坚强的人才能战胜这种考验。一位亲密的副手认为他是“被缚的普罗米修斯”。此人还对同一个对话者透露说，“事实上，他生来喜欢幻想和感伤”[10]。那个十年的主基调是痛苦加上自怜，过去的活力和热情只是偶尔再现。但他足够坚强地没有向自己的弱点屈服。他保留自己性格的许多方面。也许他多变的情绪和角色避免他对自己感到厌倦。

他鲜有朋友和地位相当者；世人把他看得高高在上，不仅因为他的天才，也因为他把自己造就成新帝国唯一的权威，仅仅居于君主之下（更多是理论上而非事实上）。1873 年罗恩退休时，他在写给对方的信中反复使用几乎完全相同的文字：“我的办公室将变得孤独，随着时间的流逝更加如此；老朋友去世或变成敌人，但我再也不会得到新朋友。”[11] 这是自我实现式的预言。他相信大多数朋友是潜在的对手或敌人，并相应地对待他们，从而加剧自己的孤独。他的一位赞美者用真正的德国方式表示：“命运赋予他天才的奥林匹斯式孤独。”[12]

他的许多容克朋友与他反目。有的在 1866 年就已经如此，因为他们难以置信地看到，俾斯麦在国内外扮演着革命冒险家的角色。新帝国在自由主义时代的标志是所谓的曼彻斯特自由经济主义和随之而来的腐败，是文化斗争，是损害容克贵族利益的行政改革，这些又激怒了一大批保守主义者。俾斯麦与犹太人和自由派的合作证实他们的感觉，即他已经背叛自己的阶级和原则。另一方面，俾斯麦永远无法原谅他们的叛国，他确信自己“永远无法忘记失去政治上的老朋友——保守的老容克贵族”[13]。

与宫廷和死敌奥古斯塔皇后的持续斗争同样令他苦恼。在与威廉的所有分歧背后，他都怀疑有奥古斯塔的阴谋；众所周知，她与俾斯麦的政治对手关系密切，但她能做的只是偶尔提醒丈夫注意俾斯麦的诡计。不过，“女人在高层搞阴谋”的强烈想法仍然困扰着他，特别是在 19 世纪 70 年代[14]。到了 19 世纪 80 年代，即使当他不再那么担心奥古斯塔近乎叛国的活动时，他仍然对宫廷和皇储怀有病态的怀疑。19 世纪 70 年代，海因里希 · 莱恩多夫伯爵是他在宫廷的唯一朋友，在柏林社交界的其他地方，俾斯麦的朋友“用一个手 231
就能数过来”[15]。

无论俾斯麦的孤独是真实还是想象的，他变得更加厌恶与下属打交道，尽管他时而仍能吸引和打动他们。为了给自怜找理由，一些下属可能夸大自己遭受的轻蔑。不过，他们处境艰难的证据毋庸置疑。早在1868年，俾斯麦的一位批评者弗朗茨·冯·罗根巴赫(Franz von Roggenbach) 就提及“广泛的崩溃”，原因是“所有现成的秩序都被某个人的阴郁专断取代……所有的工具渐渐开始失效，被他的滥用和强迫所抑制”[16]。五年后，一位赞美者抱怨说 :“不幸的是，俾斯麦常常表现出病态的易怒。尽管他不得不经常忍受同僚的懒惰和无能以及宫廷的阴谋，但与他共事同样足够困难。”[17] 多年后，荷尔斯泰因(被认为曾受俾斯麦庇护，后来关系恶化)在日记中写道：

> 很遗憾，首长的不信任——他称之为悲观主义——与日俱增……怀疑、厌倦和怠慢像酸那样侵蚀他与其他人的任何关系……由于算计和怀疑，由于对别人的抵触恼火，由于对他们感到厌倦，他失去对别人的兴趣。他与别人的关系可以用情感关系的主导原则来判断 : 越新越好。

1885 年，荷尔斯泰因感叹道，俾斯麦不把人“当成朋友，而是仅仅当成工具，就像每道菜后都要更换的刀叉”[18]。甚至忠诚的布莱希罗德也曾对霍亨洛厄抱怨说，俾斯麦“完全不考虑别人，像挤柠檬那样压榨他们”[19]。俾斯麦无疑助长了德国社会的严厉氛围 : 他出于鄙视不信任别人，他的专制令人难以忍受，这在德国的公共生活中注入某种特殊的毒素。

由于年龄、成功和缺乏有约束力的政治传统，俾斯麦变得反复无常和蔑视他人。难怪保罗·哈茨菲尔特伯爵（Count Paul Hatzfeldt）曾向布莱希罗德抱怨说，首相总是委任无足轻重的人物担任重要职位[20]。做他的朋友也许比做他的敌人更难。

俾斯麦的亲随并非一个由忠诚助手组成的快乐小团队，就像有时被描绘的那样。他们中既有大量嫉妒和仇恨，也有恐惧和愤怒，不得不将这些隐藏起来让人更加痛苦。他们还要承担繁重的工作，因为俾斯麦把如此之多的工作集中到自己手中。在帝国，他甚至没有名义上的同僚。有时，他一连几个月不在柏林，作为他助手的工作人员会忙得不可开交，无论他们留在柏林，还是和他一起在伐尔岑、弗里德里希斯鲁或某处温泉疗养地[21]。

因此，成为俾斯麦的亲随是种痛苦的特权。在帝国早期的各种风波和丑闻中，还要加上俾斯麦的统治可能不会长久，加上他可能
很快被推翻或辞职的危险[22]。相反，在19世纪80年代，看上去俾 232
斯麦的统治将会以俾斯麦王朝的形式持续下去，俾斯麦家族不会终结。这两种前景都无法带给下属们安全感。

即使是俾斯麦的亲随，同时包括外人和他的家人，也于事无补。他最偏爱的助手当然是他亲爱的长子：生于1859年的赫伯特。在政治事务上，赫伯特与父亲最为亲密。小儿子威廉同样担任文书。当一位很不起眼的公务员库诺·冯·兰曹伯爵娶了俾斯麦的女儿后，他同样开始为首相效劳。事实上，兰曹不得不一直住在俾斯麦家，以便身为唯一女儿的妻子能陪伴她的父母。兰曹的书信（包括与他的朋友布莱希罗德的定期通信）非常重要，因为它们通常由俾斯麦逐字逐句口授[23]。反过来，俾斯麦的家人也必须同他的其他助手合作，包括哈茨菲尔特伯爵和弗里德里希·冯·荷尔斯泰因。这两人是能干的外交官，因此特别迎合俾斯麦最大的爱好，他们也曾短期担任过他的私人助手。当科伊德尔不再是内部圈子的成员后，荷尔斯泰因对他的离开和由此对布莱希罗德产生的所谓灾难性后果感到幸灾乐祸[24]。此外还有过一系列正式助手：洛塔尔·布赫尔、赫尔

曼·冯·蒂勒、弗朗茨·冯·罗滕伯格和克里斯托弗·冯·蒂德曼。

布莱希罗德不得不和所有这些人打交道。在俾斯麦的要求下，他们都曾与他有过书信往来。他们都知道布莱希罗德与俾斯麦多么亲密，有人甚至可能夸大这种密切关系。1884 年，荷尔斯泰因在日记中写道："除了布莱希罗德，只有赫伯特能施加真正的影响。"[25] 这种夸张反映了不满：俾斯麦的许多手下对那位几乎是他们一员的犹太人嫉恨不已。任何亲信都可能受到怀疑，更别提本质上邪恶的犹太人了。

但他们经常需要他。只要俾斯麦仍然接受他的服务和保护他，他们就不能公开侮辱和怠慢他。不过，在这些人内部，他们可以对他大放厥词，发泄自己强烈的嫉妒。他们害怕他的影响力，怀疑他有卑鄙的阴谋。(比如，罗滕伯格就担心布莱希罗德可能毁了自己作为俾斯麦秘书长的前程；因此，他既讨好又憎恶此人，并告诉荷尔斯泰因："布莱希罗德是第一流的掘墓人。"[26])他们在他背后称其为"肮脏的犹太人"和"犹太猪"，但瞒着彼此在写给他的信中称呼其为"尊敬的朋友"。布莱希罗德的通信对象常常请求他把书信保密，甚至隐瞒通信一事本身！这些鬼鬼祟祟的书信表明，他们羞于和这个人的联系被公开化(遗憾的是，他又不可或缺)。看上去布莱希罗德可能在很大程度上无视这种虚伪，从而掩盖人们对他的卑鄙行径。

随着时间的流逝，内部圈子的某些成员与布莱希罗德的关系逐渐恶化。最引人瞩目的(某种意义上也是最坦诚的)是他后来与赫
伯特的决裂。紧张关系大多愈演愈烈，特别是与荷尔斯泰因。他怀 233
疑布莱希罗德搞阴谋、以权谋私和非法牟利——荷尔斯泰因本人更有理由被怀疑这些罪名。布莱希罗德经常是投射性愤怒的受害者。在散布关于布莱希罗德的坏话时，荷尔斯泰因将他本人及其圈子的某些不太光彩的行径和特征投射到布莱希罗德身上。

如果布莱希罗德如此令人讨厌，为何人们不无视他？为何他们

不得不私下讨好他，却以半公开的方式诽谤他？俾斯麦的庇护只是部分答案。他对俾斯麦的下属非常有用，因为他们大多入不敷出。德国贵族在政府中拥有特权地位，外交事务几乎是他们的专属领地。他们的薪水不高，而且私人财产寥寥，但生活方式已经变得更加国际化和奢侈*。与英国贵族不同，他们既没有掌握与有钱人联姻的技巧，也没有赚钱的本事。贵族的拮据影响到他们作为帝国代表的角色。难怪一位外交官在回忆起 19 世纪 70 年代开始的外交生涯时表示，他当时充满紧张、敌意和反犹主义情感。老贵族看不起富有的新贵族："他越穷，否定立场就越强硬。他一无所有，只剩下老旧的盾徽见证着残余的昔日荣光。"[27] 在社会上出人头地代价高昂，而且变得日益昂贵[28]。

因此人们需要布莱希罗德，而他有时也会宣扬自己的作用。在新近出版的赫伯特 · 冯 · 俾斯麦私人书信集中，第一封信是 1872 年弗里茨 · 荷尔斯泰因写给朋友赫伯特的，这个巧合发人深省。信中痛斥布莱希罗德有所谓的为权势人物开设虚假账户的习惯。荷尔斯泰因解释说，布莱希罗德向他保证，只要打理得当，存在该行的资本每年会翻番。荷尔斯泰因认为，这番话的意思是："只要我对他有用，每年他会加入这么多钱。"[29] 在下一封信中，他摆出高姿态："我终于决定放弃那个犹太人的钱。"[30] 无法想象布莱希罗德做出过任何类似荷尔斯泰因所宣称的承诺。赫伯特显然知道，布莱希罗德最看重的客户也得不到这样的待遇。难道荷尔斯泰因出于某些

* 德国驻外大使的薪水高于国内官员，但花销也要大得多。薪酬最高的职位是驻圣彼得堡大使，1872 年的收入为 4 万塔勒。德国大使的薪酬总是低于英国、法国、俄国和奥地利同行。但英国外交官也有类似的苦恼："很少有人能只靠薪水过活……哈罗德 · 尼克尔森（Harlold Nicolson）在 1919 年宣称，入职十年后，他的税后真实年薪只有 89 镑。" 扎拉 · 斯泰纳，《外交部与外交政策，1898—1914》（剑桥，1969 年），第 174—175 页［Zara S. Steiner, *The Foreign Office and Foreign Policy, 1898–1914* (Cambridge, 1969), pp. 174–175］；鲁道夫 · 莫塞，《俾斯麦时期的帝国最高行政部门，1867—1890》（明斯特，1957 年），第 113 页［Rudolph Morsey, *Die Oberste Reichsverwaltung unter Bismarck, 1867–1890* (Münster, 1957),p.113］。

不良动机，曲解了布莱希罗德的诱惑之词吗？他是否想让俾斯麦生疑——怀疑遭到布莱希罗德的欺骗，或者怀疑此人会用各种不光彩的手段打入自己的圈子呢？又或者也许荷尔斯泰因“希望”相信，234
的确存在这样的犹太魔法？

当时大多数手头拮据的人夸大了布莱希罗德积累财富的能力。经过对奠基时代的曝光，人们普遍认为，俾斯麦通过布莱希罗德的操纵获得巨额利益，即使一场公开审判也无法完全终结这类指控。19 世纪 70 年代中期，布莱希罗德受到大量通过恶意操纵谋求更高利益、影响和地位的指控。

帝国早年危机和丑闻不断。阴谋和腐败的传言来自和围绕着最高层。没有什么像阿尼姆事件那样震动柏林社会，关于不法和抗命行为的传言持续多年，经过几个月的公开调查和审判，事件以一位著名的德国外交官哈里·冯·阿尼姆伯爵（Count Harry von Arnim）彻底被毁灭告终。该事件充满戏剧性，并对俾斯麦的权威和他与威廉的关系构成威胁；事件的一部分在第四等级的地下世界上演，被收买的报社记者有时充当业余间谍，报纸也会刊登秘密文件。最终，金融违规成了事件的焦点，阿尼姆被怀疑利用外交手段为他的股市投机服务（他被指与法国外交部长德卡兹公爵［Duc Decazes］共谋）。在这场闹剧的幕后，布莱希罗德扮演了重要但不太光彩的角色，故意煽动对阿尼姆的偏见。

哈里·冯·阿尼姆比俾斯麦小 9 岁，和后者一样出身古老的普鲁士贵族。1864 年到 1871 年，他曾担任普鲁士驻教廷的代表，这是近代教廷历史上最戏剧性的时期之一[31]。阿尼姆喜欢居于中心位置，出于同样的原因，当被任命为德国派往布鲁塞尔的两名首席谈判代表之一，负责与被打败的法国人达成最终和约时，他非常高兴。在各项任务中，阿尼姆都试图特立独行，这对同事造成伤害，并惹恼上级。根据各种描述，他风度翩翩，与皇帝和奥古斯塔的圈子关系也非常好。能力和野心让他成为德国派驻战败后法国的首任大使。

俾斯麦不情愿地做了这个任命，担心阿尼姆“轻浮而放肆”，特别是为了特立独行而抗命[32]。俾斯麦的担心被证明不无道理，而他因此采取的行动也激怒了阿尼姆。在政治阴谋愈演愈烈的背景下，这两个地位不同的人都认为错误和不怀好意的是对方，从而走上对抗的道路。旁观者令怀疑更加严重，主角们则让所有可能的出路变得困难重重。

首先，俾斯麦怀疑阿尼姆拖延与梯也尔关于最终赔款支付的谈判，以便满足他本人的金融投机[33]。由于俾斯麦记得阿尼姆是个奢侈和贪婪的年轻人，他更愿意相信此人有罪[34]。作为惩罚，他从阿尼姆手中收回了谈判权。

两人还存在严重的分歧。俾斯麦（和布莱希罗德）支持梯也尔， 235
认为他能够确保国内足够稳定，从而让法国兑现和约中的承诺。他们还希望，一位共和主义者组建的政府将让法国在外交上被孤立。阿尼姆则认为，梯也尔和共和国注定会失败。他在写给威廉的报告中公然宣称，恢复君主制能最好地为德国的利益和欧洲的社会和平服务。当形势证明他错了后，他仍然固执己见。“他的恐惧是夸大的，他的预言是错误的，他暴露了自己的偏见。但他拒不改正，不承认过失和错误。”[35]

更糟糕的是，阿尼姆总以为自己是国王的使者，不满俾斯麦对外交政策的控制。另一方面，俾斯麦认定阿尼姆的特立独行是抗命和不忠的表现，认为他的个人权威和帝国的组织秩序受到威胁。他把阿尼姆的立场看成个人挑衅，并确保它真的变成挑衅。到了1872年秋冬时节，首相与大使已经剑拔弩张。

这时，布莱希罗德出现了，他本人对阿尼姆早已心生恨意。布莱希罗德极其迫切地想在法国赔款支付的所有方面扮演主导角色。阿尼姆阻挠布莱希罗德的企图，1872年7月，他把汉泽曼召到巴黎，特意为最后50亿法郎赔款的支付与法国政府交涉。布莱希罗德对俾斯麦抱怨说：“由于我足够清楚汉泽曼前往巴黎将遭遇什么，我现在更愿意不关心巴黎的整个金融问题。”* 不到一周后，布莱希罗德又给俾斯麦写了一封私信——这次是从巴黎。他希望亲临其地做出判断：“哈贝尔、亨克尔和汉泽曼这些 H. 冯 · 阿尼姆的朋友已经把地翻了个遍。从金融角度来看，此行无甚收获。”不过，他至少与梯也尔多次见面，从而对法国事务有自己的印象。布莱希罗德报告说，梯也尔被指责对德国卑躬屈膝，需要向他提供支持，因为任何接替者只会更糟。毕竟，撇开政治，梯也尔与布莱希罗德颇为亲密。他用合宜的漂亮话结束这封信——并略带尴尬地提及“他们”在凡尔赛的日子——足够清楚地流露对阿尼姆观点和政策的不满[36]。从此，俾斯麦和布莱希罗德分别而又相互呼应地与阿尼姆发生了争执。

两人都认为要严密监视阿尼姆。俾斯麦的亲随从对阿尼姆不满的秘书荷尔斯泰因那里收到坦诚的报告。1872 年，俾斯麦派鲁道夫 · 林道（Rudolf Lindau）担任驻巴黎大使馆的媒体专员，负责应对盛行的反梯也尔情绪，据说也是为了监视阿尼姆。43 岁的林道 236
（祖上原是犹太人）是一位经验丰富的作家，游历过世界各地，早年还在日本横滨担任过英文报纸编辑。他对法国政治和法国媒体的理解让俾斯麦印象深刻。1879 年，他被俾斯麦任命为外交部新闻局局长[37]。

布莱希罗德做的也不少：1872 年冬天，他让沃尔夫通讯社雇佣巴黎的一位德籍犹太人记者埃米尔 · 兰茨贝格（Emil Landsberg）。1873 年 10 月，布莱希罗德第一次对俾斯麦称赞兰茨贝格，“我的记者多年来一直向我提供被证明客观可靠的消息，他的报告以在巴黎的多年经验为基础，对德国的赤诚令它们出类拔萃和令人称道”[38]。

兰茨贝格希望，这些报告能让布莱希罗德允许他参与某些利润丰厚的冒险。他经常提醒布莱希罗德不要忘记自己，信誓旦旦地表

---

* 俾斯麦在布莱希罗德的信上潦草地写了“H. 阿尼姆！”，显然这是他最关心的东西。布莱希罗德致俾斯麦，1872 年 7 月 4 日，FA。

示如果遭遇损失，自己愿意承担。“我不相信布莱希罗德银行会让莽撞的操作毁了我。”首笔投资表现糟糕，兰茨贝格不得不提醒布莱希罗德，不要再给他开“空头支票”。但如果布莱希罗德想让他参加又一次冒险，“我不会限制您久经考验的好意”。显然，布莱希罗德的确为兰茨贝格投资了虚假基金。多年来，他一直请求布莱希罗德让他参与金融操作，就像我们手中来自他的最后一封信中所说：把他引荐给“对您恩宠有加的股市女神（*Börsengöttin*）”[39]。

兰茨贝格给布莱希罗德发来详细的报告，但只涉及“我可以确保真实性”的东西。他知道如何保护线人和自己，并反复提醒布莱希罗德，巴黎没有人知道（或应该知道）他们的私人通信[40]。他提交了关于法国形势的系列评论，谴责应该复辟君主制的流行观点。他提醒布莱希罗德不要相信身为奥尔良派的罗斯柴尔德家族对复辟的预测。事实上，我们现在知道，他们同样认定保守共和国将是法国分歧最少的政体[41]。

兰茨贝格与阿尼姆关系特别密切，但也从不忽视与阿尼姆的下属交流，包括荷尔斯泰因[42]。他逐渐成为某种双重间谍，阿尼姆后来有理由为与这样一个人的亲密关系后悔。

最初，兰茨贝格只是向布莱希罗德通报阿尼姆的活动。1873 年 10 月，兰茨贝格警告布莱希罗德，大使将他看成“死敌之一”。这是第一封布莱希罗德秘密交给俾斯麦的信，信中还包含对法国事务的全面盘点。此后，兰茨贝格的信——无论是否有他的署名——常常交给首相[43]。布莱希罗德无疑配得上“死敌”的称号，甚至在听说阿尼姆与他的犹太银行家竞争对手关系亲密前，他就有理由憎恶阿尼姆。事实上，阿尼姆无法想象布莱希罗德的敌意有多深，或者会造成多么严重的后果。

在一封未具日期的信中（几乎肯定写于 1873—1874 年冬），兰 237
茨贝格证实了俾斯麦最大的怀疑：他报告说，阿尼姆仍然认为俾斯麦将在几个月内隐退，曼陀菲尔或阿尼姆将成为接替者。显然阿尼姆希望加速俾斯麦的倒台——就像俾斯麦在回忆录中所说，“你滚蛋，给我让位”（*ôte-toi, que je m'y mette*）[44]。（几个月前，英国驻柏林大使曾指出，阿尼姆“不惜使用任何阴谋来推进他取代俾斯麦成为德国首相的计划”[45]。）就在俾斯麦最终说服威廉必须让阿尼姆走人前，兰茨贝格报告说，法国政府对阿尼姆的孤立和无能感到疑惑[46]。

1874年2月末，威廉同意召回阿尼姆，把他调往不那么重要的君士坦丁堡任职。阿尼姆拒不接受降职，他与俾斯麦的战斗打响了：“虚弱的大卫对阵强大的歌利亚，最终败下阵来。”[47]

现在，兰茨贝格定期发来关于阿尼姆的报告，他对“这个人本身”有所同情[48]。阿尼姆很不愿意前往君士坦丁堡，尽管他的金融界伙伴们——埃尔朗格、巴姆贝格和希尔施男爵（Baron Hirsch）——不断敦促他赴任（想必出于自私）。这些人坚称，在他们的帮助下，他在巴黎的政治损失可以在土耳其得到金钱补偿。显然，希尔施与土耳其铁路修建关系密切，希望在当地得到阿尼姆的帮助。但阿尼姆关心的是施普雷河（Spree）而非博斯普鲁斯海峡（Bosporus），他计划最多只在君士坦丁堡短暂停留。更糟糕的是，阿尼姆毫不讳言可以发动民意反对俾斯麦，兰茨贝格警告柏林：“他似乎对自己拥有的某些文件非常骄傲，特别是来自他在罗马时的。他在其中为首相勾画了反对天主教徒的全盘战略。”[49]

4月2日，维也纳的《新闻报》（*Die Presse*）刊发阿尼姆在梵蒂冈大会期间的一些信件，旨在对比阿尼姆的远见和首相的近视。阿尼姆否认对这些“外交泄密”负责。但俾斯麦的回应如人所料地迅速：他要求国王下令让阿尼姆立即离职。现在，他需要关于阿尼姆尽可能多的信息，兰茨贝格变得不可或缺。“外交泄密”震惊欧洲前一个月，布莱希罗德交给俾斯麦一份兰茨贝格的报告，并引荐此人：“作者是我们通讯社新近委任的一位记者。如果阁下需要特别的信息，我乐意做出安排。”他还请求俾斯麦销毁报告——有一次，俾斯麦似乎照做了[50]。俾斯麦接受提议。获悉此事后，兰茨贝格对新地位感到既荣幸又不安。他不再署名，并表示：“如您所见，现在我这样写信，以便您可以随意处置它们。”但在机密附件中，他请求布莱希罗德保持谨慎，不要习惯于把他的信交给别人，也不要透露它们的来源。“我对俾斯麦极为钦佩，但完全无意被他注意或为他效命……间接承担警察职责的想法令人厌恶至极……您是我的 238
俾斯麦，我只愿为您效劳。如果同时我也能服务祖国就更好了，但请勿透露我的名字。”[51]不久之后，他又请求布莱希罗德不要把他的信交给俾斯麦：“当 A 和 B 这样的两位大人物，我们这样的人最好保持得体的距离。”兰茨贝格警告说，如果两人和解后俾斯麦把他的信拿给阿尼姆看怎么办呢[52]？布莱希罗德没有那么谨慎，但他知道俾斯麦永远不会和解。

兰茨贝格后来的信暗示，他直觉上明白俾斯麦想知道什么，或者他是在回答布莱希罗德提出的具体问题。他提醒说，阿尼姆正变得日益绝望，准备现身柏林，在法庭上做“最后一搏”。目标是打倒俾斯麦[53]。

当阿尼姆不必要地升级关于之前《新闻报》泄密的争议后，兰茨贝格确信这位伯爵“极不可靠、傲慢自负和生性狡诈”。阿尼姆现在失败了，但在汉泽曼或亨克尔 · 冯 · 多内斯马克的帮助下，他可能重启之前的计划，在柏林创办一份重要报纸。不过，鉴于该报现在唯一的口号只可能是“打倒俾斯麦”，这些人对于是否要创办它犹豫不决。兰茨贝格还坚称，阿尼姆与法国外长德卡兹公爵的关系已经逼近所允许的极限。兰茨贝格此前从未如此充满恶意地谈论阿尼姆。

那封信被工整地转抄，但没有署名，这是现存最早的布莱希罗德与赫伯特 · 冯 · 俾斯麦的通信[54]。兰茨贝格马上被要求提供阿尼姆与德卡兹所谓的非法关系的细节。他的回答暗示共同的金钱利益：“两人的见面次数比公务需要的多得多；在土耳其人（萨迪克帕夏

[Sadick-Pascha]) * 和雷赛布 † 事件中，德卡兹几乎每小时都向他的朋友发送简报，后者再与埃尔朗格和赫尔施等人商谈——他的职责允许这样做吗？”一切似乎都与市场投机有关，“但无法证明”[55]。这再一次证实俾斯麦早前对阿尼姆搞金融阴谋的怀疑，他已经将此事告知威廉。几个月后，俾斯麦毫不怀疑地对一位朋友重复这个故事，并表示：“阿尼姆和德卡兹一起通过希尔施银行操纵市场。”[56]

俾斯麦和布莱希罗德继续追问关于“外交泄密”作者身份的明确信息。兰茨贝格闪烁其词，表示被巴黎人怀疑的有多位记者，他本人也在其中，“……但如果我被公开指认，我不会否认”[57]。再次追问下，他还是拒绝透露任何更多他可能知道的东西。“这样做有利于你我的关系：只有知道在恰当时机如何保持沉默的人才会得到有用信息。您稍加思索就会认同我，不再提及这个话题。”[58]

1874 年夏天，兰茨贝格在巴德霍姆堡与布莱希罗德见面，俾斯 239
麦马上获悉他们谈话的大意。阿尼姆曾告诉兰茨贝格，他正尝试最后一次对德国政治发起突袭，准备向威廉提交结束文化斗争的计划。对俾斯麦而言，这无疑是阿尼姆仍然构成威胁和不知疲倦地策划阴谋的惊人证据。布莱希罗德还告诉俾斯麦，兰茨贝格与阿尼姆多么亲密：

> ……的确是 L 博士把阿尼姆伯爵的文件交给了《新闻报》，但宽恕 L 博士并且不要用任何方式伤害他对大家都有利，否则他与阿尼姆伯爵的关系就会立刻被切断。L 博士相信，他在不

* 萨迪克帕夏（1825—1901），1875—1877 年间任土耳其驻法国大使。1875 年，奥斯曼帝国统治下的巴尔干地区爆发严重动乱，西方列强趁机干预，与代表奥斯曼政府的各国大使展开谈判。谈判的基础是奥匈帝国外长安德拉什（Gyula Andrássy）提出的方案，涉及一系列政治、宗教和经济改革。——译注

† 斐迪南 · 德 · 雷赛布（Ferdinand de Lesseps，1805—1894），法国外交官。1858 年，他获得埃及总督赛义德帕夏许可，开始修建苏伊士运河，并于 11 年后开通。1879 年，他又主持开挖巴拿马运河，但以失败告终。——译注

> 久的将来将从伯爵那里获得更多消息，尽管他非常羞于把信息交给阁下，但我相信我能从他那里得到信息。

布莱希罗德向俾斯麦承诺，当两人从各自的温泉疗养地回到柏林后，他会告知更多能作为阿尼姆罪证的鲁莽行径[59]。布莱希罗德的密探提供了不利于阿尼姆的宝贵证据。

与此同时，俾斯麦在这场斗争中找到另一个帮凶——阿尼姆本人。6 月初，荷尔斯泰因发现巴黎大使馆有 86 份文件失踪。阿尼姆承认留下其中一些文件，并对俾斯麦发出又一次挑衅——但也向其提供毁掉对手的机会[60]。

1874 年 10 月 4 日，阿尼姆被捕，罪名与这些失踪文件有关[61]。被捕当天，布莱希罗德向俾斯麦保证，兰茨贝格会提供更多消息，但“再次恳请阁下注意，我交给您的所有关于此事的消息都仅供您过目，而且无论如何不要透露作者的名字；因为我已经信誓旦旦地向兰茨贝格做了如是承诺”[62]。

兰茨贝格的匿名愿望没能实现。最后导致事情曝光的坏事者并非布莱希罗德，而是阿尼姆，因为在搜查他的住宅时发现他和兰茨贝格联系的记录和书信。几天前，布莱希罗德送给兰茨贝格一些钱；阿尼姆被捕当天，由于“形势完全改变”，兰茨贝格马上赶往柏林，“非常乐意”效劳[63]。检方希望证明阿尼姆在否认自己是“外交泄密”的始作俑者时撒了谎，从而让他名誉扫地。对此，兰茨贝格将是主要证人。布莱希罗德一度看上去也不得不成为政府的证人，这让俾斯麦很不高兴；最终，检方没有征调他。12 月 11 日，兰茨贝格作证说，是他把那篇臭名昭著的文章交给《新闻报》，但坚决拒绝透露是谁把那些文件给了他。他援引法律条款表示，如果透露秘密将危害某人的营生时，证人不必提供证据[64]。

法庭接受辩方的许多意见，仅仅认定阿尼姆的一项罪名成立，判处他三个月监禁。判决轻得令人意外，但双方都计划上诉[65]。 240

兰茨贝格作证后和判决宣布前，俾斯麦秘密召见了兰茨贝格[66]。他首先斥责后者在审判时保持沉默，但随后变得友善。与首相的见面让兰茨贝格骄傲不已，回到巴黎后，他告诉霍亨洛厄，自己竭尽所能捍卫职业荣誉（*Standesehre*），但暗示后悔没有给阿尼姆更多打击[67]。

阿尼姆闹剧继续上演，每一场的主线都是阿尼姆不断的自毁和俾斯麦不减的仇恨。（一位有见识的观察者表示："搞阴谋总是危险的，而对俾斯麦搞阴谋注定没有好下场。"[68]）最初，布莱希罗德被认为应该在下一场审判中作证，尽管俾斯麦仍不希望看到这幕[69]。兰茨贝格也意外地拒绝效劳。与此同时，阿尼姆准备做最后辩护。兰茨贝格提醒柏林，阿尼姆正在将更多秘密文件从巴黎转移到瑞士的安全场所[70]。阿尼姆自证清白的《徒然》（*Pro Nihilo*）出版几周前，兰茨贝格就警告此人可能用这种手段对付俾斯麦，尽管他并不确定，因为"他终止与伯爵的联系已经有一段时间了"[71]。收到预警的柏林立即抄没了匿名出版的《徒然》，书中对俾斯麦和皇帝进行辱骂。该书出版后，甚至威廉也无法再庇护这位前王国公仆。新的叛国罪审判开始。阿尼姆被判处五年监禁，但他选择终生流亡国外。布莱希罗德知道阿尼姆过着艰难而羞辱的生活——因为施瓦巴赫在一处瑞士温泉疗养地遇见他，令人动容地描绘他的孤独[72]。

这是一起肮脏的事件，布莱希罗德在其中的角色并不光彩。他总是热心为俾斯麦效劳，并对阿尼姆怀有个人仇恨，通过安排兰茨贝格同时充当俾斯麦的间谍和阿尼姆信任的代理人，他促成阿尼姆的倒台。

兰茨贝格因为自己的卑鄙服务获得丰厚的奖赏：除了金钱，布莱希罗德还把他介绍给阿尼姆在巴黎的接替者霍亨洛厄亲王，他曾担心此人"狂热地憎恶犹太人"[73]。霍亨洛厄抵达巴黎十天后，他们第一次见面，兰茨贝格对新大使印象深刻，认为其是"正直的典范"，而霍亨洛厄则觉得他是"一个聪明又相当正派的记者"[74]。

两人建立友好的关系，霍亨洛厄多次让他充当匿名代理人，为他在媒体安插故事。兰茨贝格继续向布莱希罗德报告巴黎的各种消息[75]。

阿尼姆事件令所有人蒙羞，并埋下积怨。阿尼姆的贵族朋友们记得他们所认为的俾斯麦的恶毒，布莱希罗德记得对手们可能采取
的极端手段。一些人的生活永远蒙上阴影。比如，荷尔斯泰因被怀 241
疑按照俾斯麦的命令或者为讨好首相而监视自己的上司。我们现在知道这并非事实，而且是多余的。但传言没有平息，并损害了荷尔斯泰因的社会地位[76]。该事件让荷尔斯泰因更加愤世嫉俗，他和俾斯麦的亲随大多对布莱希罗德介入这桩本来是自己人之间的尴尬纠纷感到不满。但他们可能不知道布莱希罗德在多大程度上卷入此事，或者俾斯麦是他的同谋。

荷尔斯泰因不喜欢布莱希罗德，早在 1872 年就满怀恶意地向赫伯特 · 冯 · 俾斯麦表达过这点。在阿尼姆事件中，他的厌恶更深了。反讽的是，兰茨贝格在写给布莱希罗德的一封“极其私密”的信中赞扬了荷尔斯泰因，当时后者刚刚被调入柏林的外交部：“您认识 H. 荷尔斯泰因男爵，但也许对您来说是新闻——我该怎么说呢？——他对股市很感兴趣。这不是他亲口告诉我的，但我还是很确定。”尽管布莱希罗德拥有其他许多更好的联系人，但他仍然会觉得荷尔斯泰因特别有用，“不过在和他打交道时始终要记住，此人生来是个不可救药的悲观主义者，这种性格特点已经让他在这里损失很多钱”。兰茨贝格还表示，荷尔斯泰因不知道他们俩在通信，因此布莱希罗德永远不应透露他们的关系。兰茨贝格是对的：尽管标榜自己对“犹太人的钱”感到恐惧，荷尔斯泰因仍然经常向布莱希罗德咨询财务问题。他对布莱希罗德与日俱增的仇恨在柏林广为人知。他在公开场合鄙夷地谈论后者，但私下里，谁都不知道他给后者写去友好和亲密的书信，这些信此前一直埋藏在布莱希罗德档案中。作为鲜有朋友的单身汉，荷尔斯泰因专心政治。与布莱希罗德一样，他总是希望了解真相；与布莱希罗德不同，他怀有自己的

政治野心。1884年前后，荷尔斯泰因与俾斯麦变得疏远；他担心兰曹对首相的影响，甚至开始怀疑他的老朋友赫伯特[77]。因此，他对布莱希罗德的恨意变得更深——这成了他与赫伯特的最后纽带。

荷尔斯泰因的恶意部分来自害怕，害怕布莱希罗德可能危及他的地位。正因为这个，两人的关系破裂很少公开。事实上，在不完整的布莱希罗德档案中，19世纪70年代和80年代初那些热情而异想天开的信（包括1880年1月的六封信）与1890年后致“可敬的朋友”的亲密书信（俾斯麦的被罢免让布莱希罗德失去政治力量）之间存在空白*。不过，即使在这段时间，荷尔斯泰因仍会求见布莱希罗德，他们仍会像在更加风平浪静的时期那样进行荷尔斯泰因所称的“愉快交谈”[78]。说得好听点，他是个不由自主的嚼舌者和两 242
面派；说得难听点，他是个虚伪的人，同时诋毁和讨好布莱希罗德，他越是在公开场合诋毁，在私底下就越讨好，反之亦然。这样的双管齐下很可能导致自己不适，并加深他的愤世嫉俗。

阿尼姆事件是19世纪70年代最著名的丑闻。其他丑闻还有很多，大部分暗示金钱与政治的非法关系。新帝国弥漫着浓重的腐败味道，就连最高层的人，就连俾斯麦与布莱希罗德也受到指控。许多此类指控被证明是无中生有的诽谤，旨在让政治对手名誉扫地。对俾斯麦的指控通常是错的，他比大多数人更谨慎。

对“奠基活动”（*Gründertum*）最早的攻击来自布莱希罗德的自由派朋友和同为犹太人的爱德华·拉斯克，主要目标是俾斯麦三十年的老朋友和内阁高官赫尔曼·瓦格纳。1873年2月，在一场被称为“炸弹”的普鲁士议会演讲中，拉斯克揭露公务员（特别是

* 布莱希罗德档案中最后一封荷尔斯泰因的来信日期为1893年2月8日，即布莱希罗德去世前两周，收信人是他的儿子汉斯。荷尔斯泰因谈到是否应该告诉布莱希罗德其状况的严重性，建议等急性发作过后就告诉他。荷尔斯泰因并不回避对这样的最敏感话题发表看法，这在一定程度上反映出他们的关系。

伊岑普利茨的商务部）与铁路建造商的各式勾结，并特别点名参与兴建波莫瑞湾中央铁路（Pommersche Zentralbahn）的瓦格纳。他还表示，瓦格纳案件属于臭名昭著的“施特鲁斯贝格制度”（System Strousberg）*，得到商务部的大力推动[79]。

拉斯克发表演讲前几个小时，布莱希罗德致信俾斯麦，表示“除了少数例外，议会的几乎所有成员都反对拉斯克的提议；他本党的成员也会投票反对他，因此他要求成立质询委员会的动议将会失败”[80]。事实上，拉斯克的演讲大受欢迎，尽管并未对他的动议进行表决。该指控令俾斯麦尴尬不已，因为正是他不顾威廉的反对任命瓦格纳，并将其作为社会政策的专家和与普鲁士保守党的纽带[81]。（拉斯克声称完全无意攻击俾斯麦，但俾斯麦告诉他：“你的子弹离击中我就差一根头发丝。”[82]）拉斯克的演讲发表前一年，俾斯麦曾致信瓦格纳：“在我的亲随中，我只对你坦诚相见。当我不能再这样做时，我将被怒火憋死。”[83]尽管俾斯麦清楚有的人的罪行更为严重，他还是无法保护瓦格纳。1873 年 10 月，瓦格纳被迫辞职。足够反讽的是，他是曼彻斯特自由经济的激烈批评者。经济灾难紧跟政治溃败而来：在一起铁路破产引发的民事诉讼中，他被判决赔偿 180 万马克。俾斯麦保持与他的联系，最初还委派他从事社会政策领域的特殊任务。1876 年秋，瓦格纳的财务状况进一步恶化，俾斯麦表达了帮助的意愿，不过遭到（或自称遭到）无法动摇的反对[84]。瓦格纳放风说，他可以透露让首相尴尬的信息。但俾斯麦 243
一直坚称自己和瓦格纳的关系无可指摘，抱怨后者忘恩负义[85]。

布莱希罗德档案揭示他们最后的痛苦接触。1876 年 11 月，约

* 由德国铁路建造商施特鲁斯贝格发明。按照 1838 年的铁路法，股东必须全额支付股票的票面价格，且不能低于这个价格出售，因此人们对投资铁路的热情不高。施特鲁斯贝格想出变通方法：铁路公司和承包商签订合同，承包商按照法规标准负责修建，铁路公司用股票支付其服务。承包商不受铁路法限制，可以低于票面价格出售股票，从而便于筹资。——译注

翰娜致信布莱希罗德，表示“走投无路的瓦格纳夫人刚刚来访，因为如果她的丈夫不立刻支付 5000 马克，她将被没收财产，但她丈夫不可能拿出这笔钱。情况似乎很糟，我丈夫让我请你马上把这笔钱交给瓦格纳枢密顾问，暂时算在我们的账上”[86]。在随后的三周里，瓦格纳多次登门向布莱希罗德问计，并以他与俾斯麦在莱茵贝克（Reinbeck）的庄园毗邻的土地为抵押，请求预支 2.4 万到 2.7 万马克[87]。1876—1877 年冬，布莱希罗德与瓦格纳达成协议，保护其在破产后免遭最坏的结果[88]。三年后，布莱希罗德得到“感谢”：瓦格纳通知他，自己代表他人对与布莱希罗德相关的利益提出 90 万马克的主张，在提起诉讼前，他希望给布莱希罗德一个友好解决的机会。他成了怨毒的忘恩负义之徒，充满无礼的自怜，“作为帝国最显赫的人物，王公贵族享有不同于我这个小市民官员的标准，在我身上被认定有罪的事丝毫无损于这些绅士的地位，这种矛盾令人震惊”*。无论瓦格纳多么怨气冲天，赫伯特·俾斯麦在 1881 年给他起的有趣绰号“彻头彻尾的猪猡”（*ein ausgemachter Schweinehund*）也许更多表明赫伯特对他缺乏了解和同情，而非瓦格纳的真实写照[89]。

瓦格纳所言不虚，布莱希罗德对这种双重标准心知肚明。帝国显贵对物质好处具有不同寻常的胃口。投机和快速致富的欲望四处蔓延；比起其他许多人，瓦格纳不算过分。

风度翩翩的保罗·冯·哈茨菲尔特—威尔登堡伯爵（Count Paul von Hatzfeldt-Wildenburg）来自一个古老的家族，是这种逐利热情中的一位谨慎人物。尽管在个人生活中有过严重的金钱和婚姻过失，尽管间歇性的好逸恶劳为他赢得“懒虫保罗”（*Der faule*

---

* 在关于奠基活动和腐败的论战中，与瓦格纳具有相同社会面貌的鲁道夫·迈耶尔表达了同样的观点：“议员们的虚伪令人震惊，他们几乎都清楚自己内部的奠基活动和专业奠基者，却聆听拉斯克揭露三个臭名昭著的半吊子的违法行为”——包括瓦格纳。鲁道夫·迈耶尔，《德国的政治奠基者与腐败》（莱比锡，1877 年），第 117—118 页。

Paul）的诨号，哈茨菲尔特还是在德国外交界获得显赫地位，最终在圣詹姆斯宫（Court of St. James's）* 结束职业生涯。他是少数做到这点的天主教徒之一[90]。俾斯麦曾用典型的俾斯麦式表达称其为“我马厩中最好的马”[91]。认同断断续续地到来，至少哈茨菲尔特这样认为。在普法战争期间写给妻子的信中，他愤愤不平地抱怨说，在授勋大会上，他和凡尔赛的其他文官完全被遗忘：“一般来说，
我对勋章不屑一顾……”不过，在他日记集的扉页上可以看到，后 244
来的哈茨菲尔特满身戎装，胸前挂满勋章和绶带[92]。他是个复杂的人，比大多数人更好地展现了在俾斯麦手下担任公务员的困难。

或许只是因为我们拥有的几部分哈茨菲尔特书信让我们对此人和他的职业生涯特别清楚。他恰好是布莱希罗德的朋友、客户和债务人，并不断向其提出要求，关于他们不寻常关系的大量记录留存下来。

保罗是索菲·哈茨菲尔特伯爵夫人之子，她与斐迪南·拉萨尔（Ferdinand Lassalle）† 的友谊广为人知，并吸收了后者的某些社会主义理念。后来，她逐渐抛弃这些理念，而且显然从未用家庭财富实践它们。她的儿子从未对它们倾心，尽管他可能继承母亲对不合常规的友谊的喜好。作为同时代的荷尔斯泰因的终生朋友，他也是俾斯麦早期的门生。19 世纪 60 年代，他在外交界快速崛起，显示了俾斯麦对他的信心[93]。他显然是个精明的观察者和具有相当政治智慧的人。在那个盛产出色语言学家的时代，他的法语出类拔萃；他和美国人海伦妮·莫尔顿（Helene Moulton）的婚姻也很不寻常。

普法战争前，哈茨菲尔特曾是布莱希罗德的客户。战争期间，他加入俾斯麦的亲随，在凡尔赛享用过许多布莱希罗德的雪茄[94]。1871 年 2 月，两人在司令部再次见面，并时常交谈。布莱希罗德在

* 1837 年前英国君主生活的王宫，所有的外国大使都在那里受到接见。——译注

† 斐迪南·拉萨尔（1825—1864），德国工人运动活动家，全德工人联合会创始人。——译注

凡尔赛期间，哈茨菲尔特对妻子开玩笑，提及可以让他赚钱的许多不诚实方式，就像法国所做的那样："我们不像他们这里那般腐败。同时我必须指出，我想用诚实的方式赚些钱，正在绞尽脑汁想办法。我们所需做的只是想出好点子或发现好投资。现在我们应该能那样做……" [95] 布莱希罗德后来将常常听到这种耳熟能详的论调，它一度呼应了整个柏林的流行欲望。

几个月后，布莱希罗德让哈茨菲尔特加入劳拉舍的董事会，这是他创立的最著名的公司。董事会初始成员享有可观的好处：以低发行价申购股票，还有大笔董事酬劳。早期的分红也很高。在最初的六个月，通过向公众卖出股票，财团赚得 349 724 塔勒，哈茨菲尔特投资的 5000 塔勒获利 1165 塔勒。即使在那个充满刺激的时代，不到六个月获利超过 20% 也令人满意；甚至连最初的 5000 塔勒都可能是布莱希罗德预付给哈茨菲尔特的 [96]。

快速获利让哈茨菲尔特更加贪婪：1871 年 11 月，他在威斯巴登附近买了一处昂贵的庄园——索莫贝格宫（Sommerberger Hof）；随后，他又请布莱希罗德帮忙在柏林寻找一处合适的住宅，租金不超过 2500 塔勒："如果我的收入能相应提高，我将更愿意接受更高的租金。也许很快又能遇上劳拉舍这样的好买卖，而您则会一如既往地在董事会中为我安排个位置。" [97] 布莱希罗德当即同意。1872 年 1 月，他在自己新创立的德意志帝国和大陆铁路建设公 245
司（Deutsche Reichs-und Continental-Eisenbahn-Baugesellschaft）为哈茨菲尔特安排了职位，同时加入的还有卡多夫、法兰克福的卡尔·迈耶尔·冯·罗斯柴尔德、莫里茨·冯·戈德施密特等显要人物 [98]。卡多夫和哈茨菲尔特为这些企业带来贵族派头。

但哈茨菲尔特的胃口超出布莱希罗德的能力。1872 年 2 月初，他要求布莱希罗德为其购买股票，投机股价突然下跌后的可能上涨。不过，他的真正目的不止于此：

> 是否有可能让我获得铁路特许权？你手头很可能有许多这样的项目，能够向我推荐其中的某一个。我还要请教你推行铁路计划的方式和方法。我没有理由不能像冯·卡多夫［原文作 Kardof］先生一样在这种计划中取得成功，人们总能从中预见可观的好处。[99]

一年后，在拉斯克发表演讲的当天，另一名贵族投机者弗兰肯贝格伯爵（Count Frankenberg）感叹道："今天，所有没能取得铁路特许权的人一定欢呼雀跃。"[100]不过，布莱希罗德为他实现了 2 万塔勒的收益，大多来自申购新发行的股票，几乎立刻获利 26%。在表达感谢的同时，哈茨菲尔特又提出新的要求，但布莱希罗德并不能全部满足它们。

不过，哈茨菲尔特的书信和建议还是蜂拥而至：计划一个接着一个，越来越多地卷入房地产投机。留存下来的那部分书信记录了富有想象力和不断上升的贪婪，这是那个时代的典型症状。哈茨菲尔特获得回报。1871—1873 年间，他的总收益可能接近 10 万塔勒——对一位囊中羞涩，每年勉强只能承担 2500 塔勒租金的贵族和公务员来说，这个成绩并不糟。

布莱希罗德的仁慈令哈茨菲尔特大为受益。那么哈茨菲尔特为他做了什么呢？正如布莱希罗德所说，此人为他在 1872 年举办的最初几场宴会"带来荣耀"，甚至还邀请其他贵族前往。哈茨菲尔特还为布莱希罗德在巴黎干了些小差事，比如为其挑选一名厨师，并带来其可能有意购买的一串价值 1.2 万法郎的珍珠项链。他也会发来巴黎的消息，1872 年，他觉得那里"道德沦丧……人口很多，但都称不上真正的人（*viel Volk aber keine Menschen*）"。他还暗中试图推进布莱希罗德在巴黎的利益，不过并不成功。但他首先是布莱希罗德发起活动的装饰品。犹太财团欢迎基督徒伯爵加入其中[101]。

但布莱希罗德的仁慈是有限度的，当有形的风险开始超过无形的好处时，他可能就会直觉地感受到限度。布莱希罗德的警钟早早响起；1873 年，哈茨菲尔特的账户显示了亏空 129 409 塔勒，施瓦巴赫在例行通信中附言说：“如果当下较为有利的货币状况能让您有机会减少账户亏空，我将表示欢迎。”[102] 哈茨菲尔特显然养成了 246
轻易透支账户的习惯。当哈茨菲尔特的透支额达到 129 000 塔勒时（可能是其当时年薪的 10 倍左右），布莱希罗德开始担心，他通常仅仅允许透支 4%。事实上，哈茨菲尔特未经协商或融资贷款程序就借了一大笔钱。

布莱希罗德承认，哈茨菲尔特曾交给他价值 5 万塔勒的抵押品，但布莱希罗德的“原则”禁止他处理它们[103]。他反复敦促哈茨菲尔特减少亏空。1875 年 3 月，他终于带着明显的怒气写道，哈茨菲尔特承诺一旦拿到某笔抵押贷款就还钱，据他所知，贷款现已到手[104]。与此同时，布莱希罗德要求他辞去劳拉舍的董事职务，可能是因为自从 1874 年被任命为驻西班牙大使后，身处他乡的哈茨菲尔特成了过于显眼的装饰。揭露腐败成为流行，布莱希罗德不得不应对舆论批评[105]。哈茨菲尔特辞去董事职务，但愤愤不平地表示，形势常常让人无法按时行使职责，当布莱希罗德没能按照承诺让哈茨菲尔特参与某些大买卖时，他一定有所同感。“无论如何请勿忘记，只要能够，我从不错过为你提供服务和帮助的机会。”[106] 债务得到减免，但一年后布莱希罗德还是不得不请求对方偿还已经升至近 5 万马克的债务[107]。在中间人的帮助下，布莱希罗德最终协商达成还款日程。但不到一年后，哈茨菲尔特再次违约[108]。

身在马德里的哈茨菲尔特感到被冷落，认为柏林的官场并不赏识他，渴望看到认可他的举动。他受到野心的鼓舞，但不时发作的懒病阻碍了他。他的才智配得上高级职位，但除了才智，俾斯麦要求大使具备其他品质。哈茨菲尔特觉得处处都是阴谋的味道，他自己也要起阴谋，但他希望不必这样做。他感到沮丧，因为“我接触过的一切都对我不利”。因此，他更加感激布莱希罗德对他的物质困难施以援手。在俾斯麦长期病休期间，他与柏林的关系变得更糟：“我已经到了不再发表观点的地步，除非我被明确要求这样做。”[109]哈茨菲尔特变得焦躁不安。他希望得到“提拔和认可”，但两者似乎都遥不可及。“当我在四年间克服诸多险阻取得这些成就，当我凭借一己之力让这个国家与我们友好共处”，官方的冷漠浇灭继续行动的欲望。“[俾斯麦]亲王总是忽略他最好和最忠实的支持者，将最显要的职位交给他无法依靠的无名之辈，这实在让人无法理解。”他对驻维也纳大使职位不抱幻想，认为驻君士坦丁堡大使也希望渺茫：“不幸的是，我非常清楚，对我们来说，取得某些成就并没有用，职位最终会落入皇太子的某个门下之手，或者某位对外交事务一无所知的亲王会被优先考虑。”如果仍然一无所成，他准备彻底离开外交界，只要他承担得起。布莱希罗德是否愿意相助？ 247
能否为他向俾斯麦说情[110]？这时，布莱希罗德已经成为他的拥护者和财务上的庇护人。

这种私下抱怨持续整个1878年的春天，他还不断请求布莱希罗德介入。此刻打扰俾斯麦很不是时候，首相仍然因为严重的带状疱疹而遭受痛苦和失眠。布莱希罗德在信中对身在伐尔岑的赫伯特表示：

> 我从报纸上看到，君士坦丁堡的罗伊斯亲王的职位将很快空缺，我斗胆请示令尊，是否可以让哈茨菲尔特伯爵填补这个空缺。H伯爵似乎很喜欢该职位，而且根据我听说的他在西班牙的情况——无论如何，您和令尊都能对此做出恰当的评判，尤其是令尊——他在马德里为自己赢得很好的地位，在所有圈子里都受到欢迎。[111]

二十四小时后，赫伯特终于表示收到信，在致谢的同时，他声称父亲仍然过于虚弱，没有精力过问这样的事[112]。布莱希罗德尽了全力；他的介入证明，他认为推荐高级外交职位的候选人完全无可厚非，而俾斯麦父子同样认为这种请求司空见惯。几周过去，哈茨菲尔特在来信中表达感激，但也变得越来越不耐烦。布莱希罗德真的成了他在柏林的首要庇护人吗？无论如何，可怜的伯爵不得不又努力一年才得以前往东地中海。与西班牙这潭死水相比，那里的政局更为动荡，对布莱希罗德分布广泛的利益也重要得多。

哈茨菲尔特的职业生涯受到关于他婚姻和财务麻烦的广泛传言影响，甚至见诸报端[113]。1879 年初，听到这些传言后，布莱希罗德给俾斯麦写了五页长信，谈及哈茨菲尔特的复杂问题："经商那么多年来，我从未在给人解决问题时遇到这么多困难。"甚至哈茨菲尔特的母亲也来催债；不过，根据向他的所有债主提出的还款安排，哈茨菲尔特可以在 4 万马克的年薪中保留 2.5 万到 2.9 万，足以让他在君士坦丁堡过上体面的生活，"并毫无问题地履行大使的社交义务"。俾斯麦在页边批注"几乎不需要"——这个评语可谓奇怪，因为它来自一位抱怨过财务负担的前大使。不过，当时的俾斯麦对土耳其宫廷和那里的社交生活嗤之以鼻[114]。

但哈茨菲尔特始终没有摆脱关注或麻烦。他刚刚动身前往君士坦丁堡，就有传言说他可能接替突然去世的外交国务秘书恩斯特·冯·彪罗。当时，布莱希罗德正推荐另一位朋友霍亨洛厄亲王出任此职，并对俾斯麦表达了这种想法，但首相再次预见到财务困难。大使的薪俸比国务秘书高得多，同样债务缠身的霍亨洛厄不得不婉拒成命，这让布莱希罗德很失望[115]。霍亨洛厄拒绝后，布莱 248
希罗德向赫伯特提交了一份关于哈茨菲尔特情况的长篇报告："我为保罗伯爵预支了许多钱，好让这个兼具经验和才能的人继续为政府效力……"他的偿债前景已经有所改善，只要广受争议的海伦妮伯爵夫人不再挥霍无度。"如果她能更低调地和她的父母生活在一起，更好地认清她丈夫的财务状况，那么保罗的生活将舒坦得多。”[116]这种亲密关系可能让赫伯特反感，但他在两天后的回信中完全没有流露出此情。“如果能让哈茨菲尔特伯爵这样才干出众的官员避免被迫辞职，你称得上为我们国家办了件好事。”[117]

因为空缺的是外交部的最高职位（尽管薪酬不高），流言和阴谋开始甚嚣尘上。俾斯麦的亲随们私下传言称，布莱希罗德已决定推荐拉多维茨出任该职（此人在罗马尼亚事件中曾为他服务），因此不遗余力地加剧哈茨菲尔特的财务困境。他的确曾对霍亨洛厄等人表示，他觉得哈茨菲尔特无法胜任该职。永远心存怀疑的荷尔斯泰因也在写给赫伯特的信中谈到拉多维茨：“……如果受 Bl［原文如此］庇护的人执掌外交部，我会感到非常别扭。你比我更能判断 Bl 的影响力范围。”[118]几乎与此同时，他致信布莱希罗德称：“在 H 一事上，我认为在公共利益上——这是唯一关系到局外人的方面——希望我们的朋友能摆脱困境。他的家人作何安排完全是私事。”[119]

1880 年 8 月，布莱希罗德向俾斯麦报告说，保罗有钱的哥哥哈茨菲尔特亲王愿意做出某些让步（俾斯麦曾请他帮助保罗），但需要布莱希罗德预支 45 万马克，利率为 4%，分 80 年还清。如果俾斯麦仍希望哈茨菲尔特出任国务秘书，布莱希罗德愿意满足该条件。哈茨菲尔特亲王还提到一处价值 45 万马克的房产，即所谓的柏林蒂希（Tichy）庄园。保罗用来购买它的抵押贷款即将到期。哈茨菲尔特家族希望国家能买下这处房产，或者由布莱希罗德接手贷款。布莱希罗德向阿尔伯特·马伊巴赫求助，后者回答说，国家在三年内什么都干不了。能否找到可以帮助哈茨菲尔特的公共基金呢？

赫伯特在信上批注讽刺的话，但第二天亲自写了七页长的回信。大意是他将致信马伊巴赫，敦促其立即买下蒂希房产。他所能做的就是这些，但他鼓励布莱希罗德坚持下去。普鲁士政府拒绝按照布莱希罗德的开价购买房产，即购置价加上利息[120]。

1880年夏天，俾斯麦的亲随越来越担心保罗将无力偿还债务；赫伯特估计债务总额为85万马克。有人宣称布莱希罗德已经对哈茨菲尔特置之不理，另一些人则抱怨布莱希罗德—哈茨菲尔特轴心已经过于亲密[121]。布莱希罗德不断敦促对保罗的任命。在俾斯麦 249
王妃的建议下，哈茨菲尔特把女儿海伦妮留在布莱希罗德家，自己前往弗里德里希斯鲁。此举导致流言四起。一家预测哈茨菲尔特将很快获得任命的报纸在文末写道："大使的长女再次住进冯·布莱希罗德枢密顾问家。"更有报纸报道称，这名18岁的姑娘将嫁给布莱希罗德的一个儿子[122]！但哈茨菲尔特纠纷不会以如此喜剧收场。两家联姻将让哈茨菲尔特摆脱债务，让布莱希罗德摆脱犹太人身份，双方家长也许乐于如此，但主角们不这样想。

到了1882年，俾斯麦不得不做出永久任命；布莱希罗德向哈茨菲尔特保证，"朋友"（布莱希罗德总是这样指称俾斯麦）仍然很看重他。1882年7月，在保罗的婚姻被解除后（"按照罗马天主教会的规定尽可能做到这点"*），他获得国务秘书的临时任命[123]。10月，他被正式任命为国务秘书，尽管他的优柔寡断和所谓的懒惰彻底激怒赫伯特等人[124]。

布莱希罗德的"合伙人"（莫里茨·布施对新获任命者的指称）终于成了外交部的掌门人[125]。两人经常见面，这种亲密关系回报了布莱希罗德的长期努力。荷尔斯泰因同样感到高兴，尽管他像"奶妈般"对哈茨菲尔特一举一动的关心惹恼了赫伯特[126]。哈茨菲尔特的任期注定不长。为了给赫伯特腾出房间——俾斯麦现在希望和儿子一起主持外交部——他不得不搬到楼上。1885年，哈茨菲尔特被派往圣詹姆斯宫（有人认为此举过于仓促），令他大受欢迎的不仅是翩翩风度，也因为"在他厌恶运动的同胞中，几乎只有他热衷

---

* 天主教禁止离婚，但满足一定的条件可以撤销婚姻，如双方是血亲、没有完成结合或者婚前隐瞒某些情况等。——译注

草地网球”[127]。这是德国外交官的最佳工作。与此同时，哈茨菲尔特请求布莱希罗德向他在伦敦的前任明斯特伯爵保证，将其挤出伦敦并非他的意图[128]。对布莱希罗德来说，患难之交哈茨菲尔特被死敌赫伯特·冯·俾斯麦取代令人遗憾。

布莱希罗德还不得不继续关照哈茨菲尔特混乱的财务状况，尽管现在有人分担压力。保罗过去的投机热偶尔仍会轻微复发。布莱希罗德不得不告诫他：“我觉得阁下不应该再参与任何新计划。”[129]保罗的前妻和儿子同样常常向布莱希罗德提出要求，后者仍然打理着哈茨菲尔特的投资，但有时拒绝提供新的信贷。如果所有客户都像哈茨菲尔特那样费时和难伺候，布莱希罗德永远发不了财。

但他也获得丰厚回报，从留存下来的通信中也可以看到这点。他们的亲密关系体现在许多方面。赫伯特对兰曹抱怨过这种关系，因为布莱希罗德泄露给伦敦罗斯柴尔德家族的故事只可能来源于哈茨菲尔特：“从伐尔岑返回后，布莱希罗德在柏林只待了几个小时，如果H在此期间把消息告诉他，那么显然两人一定十分亲密，尽管他们对彼此造成伤害。”[130]* 赴伦敦履新前夜，哈茨菲尔特与布莱希 250
罗德共进晚餐[131]。

前往伦敦后，他们继续时断时续但异乎寻常坦诚的通信。哈茨菲尔特显然需要倾诉对象，一吐被真实或想象的不公正对待，被敌人对他的阴谋、被柏林的诡诈和粗鲁所伤害的感情。两人还交换关于各自活动领域和整个政界的消息和观点。哈茨菲尔特的信涉及私人领域，提及他混乱而多灾多难的婚姻和金钱生活。1889年，他在信中偷偷告诉布莱希罗德，他的女儿可能与乌耶斯特公爵之子订婚，然后是他自己复婚。但赫伯特·俾斯麦提醒父亲，再婚将让保罗背

---

* 哈茨菲尔特被普遍怀疑向布莱希罗德泄露信息；当布莱希罗德吹嘘自己知道一封威廉写给霍亨索伦—齐格马林根家族的卡尔·安东亲王的重要书信的内容时，后者的一位亲信立刻猜测是哈茨菲尔特起草该信。菲利克斯·巴姆贝格（Felix Bamberg）致卡尔·安东亲王，1883年10月5日，HS。

上巨额的新债务，彻底毁了他。事实上，保罗的确因为妻子的债务求助布莱希罗德。俾斯麦家族显然反对这两门婚事，只有他们没向订婚者表示祝贺。哈茨菲尔特被召到弗里德里希斯鲁，他不得不请求俾斯麦同意自己可能的复婚，并对财务状况重新做了保证。俾斯麦表示首肯，并同意请威廉二世批准此事[132]。

有时，布莱希罗德要求自己的帮助立即获得有形的回报。这种时候，他会变得极其执着。比如，1888 年 4 月，汉泽曼和贴现公司突然威胁到布莱希罗德在埃及事务中的主导地位。布莱希罗德动员一切关系对付这些入侵者。他向哈茨菲尔特派出特使并发出急信（埃及事务详见第十五章）："我急切地请求阁下同意为我的银行的利益做一切可能的事。"哈茨菲尔特能做的事情之一是告诉伦敦的罗斯柴尔德家族，"你们不太看重汉泽曼和他与外交部的关系，但我完全可以打包票说，我与首长有私人友谊"。向德国大使提出这种要求很奇怪，但哈茨菲尔特本人也将得利：布莱希罗德已经把一部分新发行的墨西哥债券归入其名下，如果埃及事务结果令人满意，他显然也会那样做[133]。后来果然如此。

布莱希罗德与哈茨菲尔特的关系比他与俾斯麦亲随中其他成员的关系更加亲密和长久。对他而言，这也是昂贵而复杂的关系。它在本质上象征礼尚往来，那是他与公众人物打交道所具有的全部私人性特点。

布莱希罗德的野心无疑也延伸到皇帝。宫廷毕竟是社会的顶点，尽管因为对俾斯麦的敬畏而显得软弱，国王仍然对政府决策拥有相当的影响力。在艰难时刻，布莱希罗德代表家人和犹太同族向皇帝请命。在平时，他不动声色地花钱讨好威廉及其助手们。 251

布莱希罗德无法获得皇家银行家的荣耀，那个职位已经被同为犹太人的迈耶尔—科恩男爵（Baron Meyer-Cohn）把持。他只能满足于不那么重要的服务；他慷慨捐助各种爱国慈善团体，每年圣诞节还送给威廉最好的鱼子酱和活鲟鱼。在特殊的日子——比如威廉第二次遭遇暗杀企图——布莱希罗德奉上几桌来自古特戈茨的鲜花，皇帝感激地接受“［布莱希罗德］考虑周到的又一证明”[134]。不过，普鲁士的简朴限制了布莱希罗德的慷慨：1878 年冬天，他多次送鱼子酱给威廉，但在致谢的同时，佩彭谢伯爵要求他不必送来更多，因为这种美味专供皇帝享用，所以供应充足[135]。反过来，威廉正式到古特戈茨拜访布莱希罗德，并多次接见他（通常在温泉疗养地这样的非正式场合）。被召见到皇宫的人凤毛麟角，奥古斯塔皇后的正式邀请标志着布莱希罗德社交生涯的高峰。

布莱希罗德还与威廉的亲随建立密切的关系——他与威廉的朗读官路易 · 施耐德关系特别亲密，但最重要的是与威廉的副官长海因里希 · 莱恩多夫伯爵的关系，此人“几十年来一直是威廉的头号亲信”，为保持威廉与俾斯麦的密切关系付出了比任何人更多的努力[136]。威廉二世回忆说：“祖父的副官们都对莱恩多夫伯爵极为尊敬，他们也爱戴他，因为鉴于他对君主的默默奉献，鉴于他的沉着和高贵举止，他是他们全体的楷模。”[137]

> 在外貌和性格上，海因里希 · 莱恩多夫伯爵是杰出的普鲁士军官的典范……他被视作柏林宫廷中最帅的军官……他在二十多年的时间里先后担任副官和副官长，通过老德意志式的忠诚与国王和皇帝相联系，这种忠诚完全不包含谄媚和奉承，对他而言是自然地完成家族传统和真正尊敬所要求的责任。他绝不是野心家。古老的贵族血统和每天在皇帝身边效命满足了他的抱负。他别无他求。[138]*

* 莱恩多夫伯爵的孙子与他同名，也是一位风度翩翩和意志刚强的人，1944 年 7 月 20 日，他参与针对希特勒的政变企图，后来被纳粹处以绞刑。关于他动人而生动的回忆，见玛丽昂·登霍夫伯爵夫人，《再没有人叫这些名字》（杜塞尔多夫，1962 年），第 81—94 页［Marion Gräfin Dönhoff, *Namen die keiner mehr nennt* (Düsseldorf, 1962), pp. 81–94］。

这是最敏锐的观察者之一凯斯勒伯爵（Count Kessler）对他的回忆。 252

但布莱希罗德看到另外一面。与哈茨菲尔特和奥古斯特·奥伊伦堡一样，莱恩多夫也非常关心赚钱。布莱希罗德担任他的银行家和顾问长达二十年，在他的各类土地和证券投机中扮演核心角色。莱恩多夫参与了一些精明的房地产运作，将让他从柏林城市铁路的修建中获利，他请求布莱希罗德从中相助。1878 年 11 月，他要求布莱希罗德征求马伊巴赫的意见，并为他的利益寻求可能的帮助。还有一次，他询问关于可能的铁路国有化的秘密信息。布莱希罗德还被要求争取柏林警察总监圭多·冯·马达伊（Guido von Madai）的帮助。1885 年，莱恩多夫请求布莱希罗德说服负责收入税的官员，因为他们错误地把他归入第 28 类而非第 26 类[139]。

为此，莱恩多夫和布莱希罗德一直见面，如果某一方不在柏林，他们就频繁通信。生意是他们最关心的问题，但不是全部。莱恩多夫还提供关于宫廷、关于皇帝的健康和计划、关于其政治观点的私密消息。布莱希罗德则提供金融和政治消息。莱恩多夫经常代表布莱希罗德出面，无论是向皇帝递交请愿书还是安排访问。最重要的是，莱恩多夫给予坚实的友谊并在私下证明它，这在布莱希罗德有影响力的贵族客户中非常少见。1877 年，他对两人通信中断表示遗憾，在信中询问布莱希罗德是否安康，“因为我对您有好感，希望你一切顺利，听到您的好消息”。当布莱希罗德为一项利润丰厚的计划提供特别重要的帮助时，莱恩多夫写道：“您知道我无法抱怨自己的命运，但有一点是肯定的：如果一切都能有好结果，那么我的财务状况必须改善。您愿意考虑和参与此事，您的老朋友莱恩多夫对此表示真诚感激。”当布莱希罗德的妻子在 1881 年去世后，莱恩多夫亲自来到他家，希望伸出“真正感怀至深的手”[140]。很少有人以如此温情的方式回报布莱希罗德坚定不移的帮助*。

莱恩多夫的主公同样需要布莱希罗德的暗中帮助。1884年，82岁高龄的威廉忙着关照一位女性朋友。在亲笔写给布莱希罗德的便条中（这在当时非常罕见），皇帝告诉他，德·卡斯基先生（Mr. de Karsky）——“我和他的妻子是老相识”——对一项铁路计划感兴趣，该计划将帮助他走出因为房地产投机失败而陷入的严重窘境。卡斯基曾请求威廉与布莱希罗德交涉：“考虑到我对卡斯基家族的关心， 253
考虑到沙皇亚历山大二世之前对该家族的礼遇，我推荐你支持该铁路计划，并告知你将如何推行它。回信上请注明由我亲启。”署名是“威廉，皇帝和国王”[141]。

和柏林社交界的大部分成员一样，布莱希罗德也一定知道威廉总是喜欢漂亮女人。威廉年轻时热情地追求过艾丽莎·拉齐威尔公主（Princess Elisa Radziwill）六年，直到宫廷认定她不符合要求。他按照协议而非爱情娶了奥古斯塔，和她过了六十年相对无爱的生活。人们知道，年轻女子能驱散平日里帝王生活的阴郁——20世纪的人也许更关心她们是如何做到的，这个时代喜欢强调性，而威廉时代的人知道，爱情可以有多种令人满意的形式[142]。

布莱希罗德查验了这个途经俄属波兰的洛兹（Lodz），连接佩特罗科夫（Petrokov）和库特诺（Kutno）的铁路计划，并与威廉做了讨论，后者向他施加不少压力。无处不在的荷尔斯泰因风闻这次秘密接触并提醒赫伯特，后者回答说：“无论陛下给布莱希罗德写了什么，我从不认为有这样的关系存在。”[143]1884年秋，在斯凯尔涅维采（Skierniewice）举行的三帝会议上†，威廉特别关照卡斯

---

* 莱恩多夫也会幽默地揶揄布莱希罗德。在布莱希罗德家的一次宴会上，主人的同事和犹太人同胞照理被小心地排除在外，莱恩多夫对席上的同伴表示：“要不是这家的主人，有资格参加宴会的人将比现在通常的情况少得多。”冯·布劳尔，《为俾斯麦效劳》（柏林，1936年），第208页［A. von Brauer, *Im Dienste Bismarcks* (Berlin, 1936), p. 208］。

† 德皇威廉一世、奥匈帝国皇帝弗朗茨·约瑟夫一世和俄国沙皇亚历山大二世。——译注

基，并鼓励亚历山大表现出类似的关心[144]。与此同时，卡斯基夫人给布莱希罗德写来口气尖锐的信："我第一次向您求助时，你在最后假装对我友好——这真是生活给我的一次可悲而残忍的教训。"她还表示，布莱希罗德至今什么都没有为她做，威廉也对此感到吃惊[145]。

卡斯基家族很快不再满足于原先的铁路计划；他们梦想在莫斯科修建新的电车轨道，并在克列梅涅茨（Kremenetz）开发新的煤矿。煤矿至少需要 6 万马克，但"如果宫廷［威廉］的支持和您的好意足够，借给我们所有的必要资本，比如说 18 万马克，那么我们肯定能大赚一笔"[146]。当布莱希罗德仍然犹豫不决时，她反复用略带毛病的法语发出请求，口吻让人想起当时的许多小说："您有勇气拒绝我吗？——这笔贷款将让我们和我们可怜的儿子们生活无忧——相信我……如果没有孩子，我永远不会向任何人乞求任何东西——但我是母亲……我可怜的丈夫病了……啊！如果您知道求人多么痛苦，知道我多么不幸就好了……"这还不算最糟糕的：在来自蒙特勒（Montreux）的下一封信中，她的丈夫已经濒临死亡，她几乎还没成年的儿子疯狂地娶了"一名又丑又穷的 32 岁女仆"；她本人也几乎死去，多亏朋友（威廉）和医生救了她[147]。1866 年 8 月，威廉发出最后的请求："如果你能帮忙，我肯定你会的，因为显然这家人的情况确实很糟，但我不知道这样的帮助是否能得到任何保障。"[148] 此事终于告一段落，没有迹象显示出布莱希罗德听从 254
了皇帝。卡斯基家族一定会发现，即使皇帝的庇护也无法挽回严重的轻率行为。俾斯麦见过许多贫穷但人脉广泛的贵族上演这样的闹剧，尽管他们没有如此神秘地控制着一位如此强大的恩主。

尽管卷入柏林的阴谋网，但布莱希罗德逃脱了所有致命的陷阱。无论俾斯麦的门徒多么憎恶他的影响，他们还是向现实低头，承认布莱希罗德的庇护者是德国最有权势的人。只有一个人敢于公开和布莱希罗德反目，那就是首相的儿子。

与俾斯麦关系最密切的，要数他的儿子赫伯特；因此，对布莱希罗德来说，俾斯麦的亲随中没有人比赫伯特更重要。经过多年友好甚至亲密的接触，两人关系破裂，赫伯特成了布莱希罗德的死敌，恶毒地辱骂他（只有他能这么做）。关系的破裂源于导致父子短暂反目的一次个人危机，此前一直不为人知。

赫伯特英俊而聪明，年轻时是个相当活跃和幽默的同伴。他是父亲最大的骄傲和亲密的合作者，最终成了被选定的继承人。赫伯特最初立志从军，后来转而进入外交领域，选择在父亲手下度过成功而服从的岁月。儿子无疑在两种情感间左右为难：一边是钦佩父亲的天才（只有赫伯特了解俾斯麦心底的想法和算盘），一边是厌恶永远生活在天才的阴影下。赫伯特与父母关系的主基调是披着挂念外衣的依赖。他对他们不可或缺，通过满足他们的情感和实际需要，他确定自己的目标和使命感。但这种自我安排的角色带来沉重的心理负担，很可能限制他的男子气概。若非如此，怎样解释他在19世纪80年代写给弟弟和姐夫的信中仍然流露出子女对父母的恐惧呢？他曾对兰曹透露，自己计划离开在德累斯顿的职所，外出旅行一天，“请千万不要在那里［伐尔岑］提及此事。因为爸爸可能觉得这是渎职”[*]。

19世纪70年代，布莱希罗德与赫伯特的关系反映了与他父亲的亲密。赫伯特给布莱希罗德写了几百封信，大多代表俾斯麦。两人逐渐也建立直接关系。我们看到，当21岁的赫伯特在对法作战中受伤时，布莱希罗德表现得多么关切。布莱希罗德当时送来的礼物预示后来对整个俾斯麦家的孝敬：鱼子酱、雉鸡、松鸡和鹅肝酱 255

* 赫伯特·冯·俾斯麦致兰曹伯爵，1880年9月2日，SA。1967年6月，在研究该档案时，我找到装有赫伯特写给兰曹书信的特别文件夹。这些信中有许多在政治上很重要，但没有被包括在1964年瓦尔特·布斯曼（Walter Bussmann）版的赫伯特政治书信集中。那个版本也没有提及赫伯特与布莱希罗德的大量通信。

给父亲，荷兰美味给母亲，雪茄和 28 年陈的雪莉酒给父子——礼品源源不断地到来，赫伯特通常会表示感谢。他常常对布莱希罗德保证，家人在享有这些礼品时“对慷慨的送礼人念念不忘”[149]！不过，他与布莱希罗德的通信大多是传递他父亲的政治或私人消息。

很快，两人的联系不再仅仅是公事往来。布莱希罗德对赫伯特的微薄财产关怀备至。他征询赫伯特的建议和看法，用许多巧妙的方式恭维他，把这个年轻许多的后辈当做同龄人对待。反过来，赫伯特对布莱希罗德青眼有加，经常用“最尊敬的冯·布莱希罗德先生”这种称呼特别恭维他。1878 年的议会选举中，赫伯特欣然接受布莱希罗德的帮助。19 世纪 70 年代，赫伯特常常与布莱希罗德家一起进餐或者光顾他们的宴会；当他不得不爽约时，他会送来详细的致歉信。

在布莱希罗德的背后，赫伯特无疑取笑过他；所有人都这样*。他可能憎恶布莱希罗德和他父亲的亲密，他的反犹主义情感如此强烈，以至于荷尔斯泰因可以在他面前谴责布莱希罗德的诡计和“该死的犹太人的钱”，完全不担心会触怒他。不过，赫伯特与布莱希罗德的关系在 19 世纪 70 年代末变得特别亲密。由于首相长期病痛不断，赫伯特承担了更多的责任。

与此同时，赫伯特即将经历人生最大的危机；经历这场危机后，他性情大变而且深受打击，与布莱希罗德的关系不复存在。危机的起因是爱情——俾斯麦对这种激情曾经心知肚明，年届七旬的他现在担心这种无法控制的力量将颠覆儿子的忠诚。多年来，作为德国条件最好的单身汉之一，赫伯特一直爱着美丽的伊丽莎白 · 冯 · 哈

---

* 羞辱布莱希罗德似乎还能带给他恶意的快感。有目击者称，赫伯特告诉布莱希罗德，他曾与巴黎的罗斯柴尔德家族提及欧洲主要的银行，当然也谈到布莱希罗德。据说罗斯柴尔德回答说：“布莱希罗德？布莱希罗德算什么？他只是获得我给的那 1%。”布莱希罗德面色难看，但什么都没说。这个故事经常被讲起，但只有一次与赫伯特联系起来，展现布莱希罗德不得不效力的主子们多么傲慢。见布劳尔，《为俾斯麦效劳》，第 207 页。

茨菲尔特（Elizabeth von Hatzfeldt，与保罗是远亲），后者与卡罗拉特亲王（Prince Carolath）的婚姻并不幸福。1881 年春，伊丽莎白终于和卡罗拉特离婚，坚信赫伯特会娶她。报纸预测他们即将携手。伊丽莎白与赫伯特无疑深爱着对方。

但这对恋人没有考虑到俾斯麦，后者将不遗余力地破坏儿子的意图。首相“哽咽着”一遍遍用各种想象得到的灾难威胁儿子，包括剥夺继承权和自杀。当赫伯特想要前往威尼斯探视病倒的伊丽莎白时，俾斯麦表示他将同往，赫伯特知道“因为与整个帝国，与他［俾斯麦］所有的承诺和他的余生相比，他更在乎我，更急于阻止这场 256
婚姻”。如果有哪位俾斯麦能和伊丽莎白交谈，那将是首相本人[150]。

俾斯麦对最宠爱的儿子使用过去对死敌使用的无情威吓。该策略再次奏效，但付出的代价甚至连这位父亲都没有想到。赫伯特在孝道和挚爱间左右为难，如果娶了一位离过婚的女子，他将面临羞辱和被剥夺遗产，变得一文不名。他无助地挣扎着，直到伊丽莎白意识到他永远不会娶自己，于是厌恶地取消了两人间的所有接触*。赫伯特陷入后悔和懊丧，也许偶尔也感到解脱，因为令人痛苦的彷徨终于结束。

为什么俾斯麦要让儿子罹受这样的恐惧？人们通常认为，他对儿子娶一位离过婚的女人感到不安，更让他恼火的是，伊丽莎白与他最痛恨的某些敌人还有亲属关系。她的姐妹们分别嫁给瓦尔特·冯·洛埃男爵和亚历山大·冯·施莱因尼茨伯爵（Count Alexander von Schleinitz），两人都是反俾斯麦的“乱党”领袖。他

* 赫伯特在信中对最好的朋友说：“除了限定继承的两处庄园，我父亲一无所有。”《菲利普·奥伊伦堡—赫特菲尔德亲王五十年回忆录》（柏林，1923 年），第 95 页［*Aus 50 Jahren. Erinnerungen des Fürsten Philipp zu Eulenburg-Hertefeld* (Berlin, 1923), p. 95］。按照新近的规定，地产不能由娶了离婚女子的人继承。奇怪的是，赫伯特对朋友表示——也许还自欺欺人——父亲除了庄园别无财产。当时，俾斯麦的投资已经增至约 100 万马克。赫伯特想要夸大对婚姻的物质障碍，从而逃避情感愧疚吗？

们还和一直被俾斯麦视作最危险敌人的奥古斯塔皇后关系密切。他警告赫伯特，他的“恐惧感让他无法允许自己的名字通过婚姻与所有叫哈茨菲尔特、卡罗拉特和洛埃之类的人联系起来”[151]。

但这些似乎都无法解释俾斯麦的愤怒。俾斯麦的确憎恶这种联系，但作为机智过人的外交官，难道他不能设法将未来的姻亲从自己和赫伯特的眼前赶走吗？我怀疑，这幕闹剧的驱动力是父亲无限的嫉妒，担心这个美丽而老于世故的女人可能削弱儿子对他的完全依赖。俾斯麦不会仅仅因为她那些倒霉的亲属而如此暴怒，真正的威胁是赫伯特的独立。也许另一些情感和回忆也在潜意识中发挥作用：他本人也迷恋活泼的已婚女子，但还是忠于百依百顺和了无趣味的约翰娜。突然跃入都市品位的奢华世界，他的儿子会幸福吗？事实上，无论俾斯麦有什么样的嫉妒和恐惧，他都没有考虑其他问题，比如强硬拒绝赫伯特可能付出的代价。这件事不仅反映出俾斯麦无情的自我主义，也体现了他的某些弱点。

此事无疑让赫伯特遭受重创。在痛苦彷徨的那几周里，他觉得就像被五马分尸。他不敢对不幸的始作俑者抱怨；事实上，他为让 257
父亲如此大发雷霆而自责。与此同时，他自责误导了王妃——或者说欺骗了她，就像许多人所断言的。他最深的自责无疑是辜负了自己，没有抓住能确立自己人生和幸福的机会，没有成为男子汉。为了给自己的牺牲辩护，他不得不进一步美化父亲，由此产生的心理负担一定极其沉重。分手几周后，他致信奥伊伦堡，表示他通过埋头工作寻求解脱，但这让他更加厌恶“人渣”：“当父亲身心俱疲和因为公务精疲力竭时，他会说‘我厌倦了赶猪’，他说得完全对。”无论小俾斯麦在危机前有多少愤世嫉俗的苗头，这种情感在危机中被放大许多倍，并在他的心灵上留下烙印，他再也不能摆脱他所说的“对人类的无尽鄙视，对被迫共事的官员的恶心”[152]。这种新的愤世嫉俗的直接受害者是布莱希罗德——赫伯特现在似乎把所有的仇恨和沮丧都集中在他身上。他的愤怒并非没有理由，尽管他在攻击布莱希罗德时从未认清仇恨的真正原因。俾斯麦曾派布莱希罗德向王妃提出某种警告——即便是如此卑鄙的勾当，布莱希罗德仍然恭顺地为首相效命。我们对布莱希罗德的角色只知道蛛丝马迹：4 月 13 日，在离婚被公布前，布莱希罗德交给俾斯麦一份来自他“心腹”的信，要求阅后返还，并表示他听候俾斯麦的“随时调遣。也许还有别的办法实现想要的结果，但对此我只能口头向阁下报告”[153]。俾斯麦显然授权采取进一步行动，在布莱希罗德档案中，我们找到一份日期为 4 月 23 日的电报副本，抄写在他的专用信笺上。电报显然来自布莱希罗德派往威尼斯的秘密代理人莱德曼（Ledermann），报告说卡罗拉特王妃没打开看就把信退还给他，因为“她不希望第三方介入，毕竟俾斯麦亲王可以直接写信给她”。代理人想知道他是否应该再次尝试，将发信人的名字改成俾斯麦。1881 年 4 月 23 日正是离婚令颁布的那天。我们还有另一封布莱希罗德写给俾斯麦的署名信，日期为第二天，大意是除非首相有不同指示，否则 L 先生将离开（威尼斯）。布莱希罗德档案中还有一份未标日期的备忘录，同样写在他的专用信笺上，包含由他在布雷斯劳的银行家朋友收集的关于卡罗拉特亲王的零星信息。卡罗拉特亲王同意返还王妃嫁妆中剩余的 11.8 万马克，并支付每年 2.4 万马克的赡养费。备忘录中还提到卡罗拉特亲王的一些心腹，他们也许可以说服亲王不要让 4 月 23 日的离婚令生效[154]。

留存下来的零星材料暗示，布莱希罗德不仅试图收集关于卡罗拉特夫妇的活动和财务信息，而且向两人（肯定包括卡罗拉特王妃） 258
传达了俾斯麦的愿望，让他们不要离婚或者撤销离婚决定。首相无情地将布莱希罗德拉入这个阴谋，而他愚蠢地接受了俾斯麦的命令，就像往常那么爽快。布莱希罗德将为自己的不谨慎和俾斯麦狡诈的阴谋付出代价。

1881 年 7 月，赫伯特给布莱希罗德银行写了一封不太客气的信。一同寄来的还有布莱希罗德发给他的对账单，显示出亏欠 3309 马克，来自先前他在那不勒斯时获得的一笔信贷。赫伯特怒气冲冲地回复称，他在3月底已经要求银行清算收支，他认为这应该被理解为关闭账户，那不勒斯的信贷应该从他父亲的账户收取："我要求现在就执行，并焚毁我寄来信的账单，因为从今年3月底开始，我在你们银行就没有了账户。"布莱希罗德档案中有一封他写给赫伯特的从未发出的署名信，时间为这封傲慢书信到来之前[155]。赫伯特一反常态地要求焚毁布莱希罗德的信和账单，这清楚地象征最终的决裂。两人从此再无直接沟通。

赫伯特从未向任何人透露过反目的原因，历史学家至今也没搞明白原因。也许赫伯特担心这样做会牵涉父亲。于是，他把永不平息的仇恨发泄到布莱希罗德身上。布莱希罗德清楚真正的原因，但显然只向国务秘书波蒂谢透露过实情，后者在未发表的遗稿中留有一份"俾斯麦与布莱希罗德关系"的备忘录。备忘录中提到赫伯特的敌意，并表示布莱希罗德对此给出的原因是：俾斯麦伯爵"憎恶布莱希罗德破坏了他与卡罗拉特王妃的婚姻"[156]。当时有少数人知道，布莱希罗德了解此事，可能还参与其中。1881年6月，卡多夫在写给他的信中表示："我认为我们在政治事务上仍然受到赫伯特和威尼斯的影响，至少首相再次生病主要归咎于此。"[157]

布莱希罗德不得不忍受赫伯特的满腔怒火，后者粗鲁而野蛮的反犹主义更是火上浇油。现在，他向所有亲随发泄对"恶心的布莱希罗德"的怨毒，"那家伙变得越来越无耻。吊死他"[158]。赫伯特对乐于接受他观点的荷尔斯泰因表示："我把那个肮脏的犹太人看作恶魔……那个恶臭粗鲁的布莱希罗德。"[159]他甚至对与布莱希罗德关系亲密的兰曹说："布莱希是猪猡。"[160]赫伯特的仇恨没有随着时间而消减；亲随们不得不做出复杂的安排，好让他不要在布莱希罗德被他父亲召见时在场[161]。关于赫伯特对布莱希罗德故意做出粗鲁举动的故事开始流传：比如当失明的布莱希罗德在相府等待时，他大胆地放鞭炮吓唬前者。显然，没有人怀疑这是一个受伤之人试图通过伤害另一个人获得慰藉。

断言赫伯特对布莱希罗德仇恨完全归咎于他的婚姻受挫并不正 259
确。这次挫折只是加剧了早就怀有的鄙视，点燃了之前得到控制的反犹主义*。但曾经可以容忍的东西现在变得无法忍受。赫伯特憎恶布莱希罗德对父亲的影响，嫉妒他们的亲密关系。布莱希罗德在1881年春天的干涉是这种亲密关系的缩影——赫伯特一定觉得遭到父亲的背叛。他可能隐藏了这种感情，只允许表露出对布莱希罗德的愤怒。在某些方面，这是无能者的愤怒，是尼采所定义的有害现代性力量“愤懑”（*ressentiment*），即无能者的仇恨。

如果赫伯特意识到自己的这些复杂感情，他也许会向父亲索取布莱希罗德的头颅作为对放弃婚姻的回报。俾斯麦可能会同意，因为对儿子的爱要超过对仆人的忠诚。这样的请求可能从未被提出，而且没有理由认为俾斯麦知道赫伯特发现布莱希罗德扮演了破坏他爱情的卑鄙角色。

布莱希罗德对自己与赫伯特的关系忧心忡忡。荷尔斯泰因指出：“布莱希罗德恨赫伯特·冯·俾斯麦，因为他知道那是最不可能和解的敌人。”[162]布莱希罗德最终请求俾斯麦帮助自己与赫伯特和解，但没有成功。首相暗示，赫伯特的怒火也对他造成工作上的麻烦，但他无力改变[163]。赫伯特与布莱希罗德都曾被俾斯麦利用和伤害。让他的受害者们和解对他有何好处呢？最终，布莱希罗德不得不为自己的不谨慎遭受夸张的报复，赫伯特始终将这种报复置于反犹主义的背景下。

布莱希罗德吸取教训了吗？我们没有理由如此认为。为俾斯麦

---

* 六年后，作为国务秘书的他试图拒绝让一名犹太人进入外交部——仅仅因为那是犹太人，这个举动与此无关吗？通过此举，他打破了之前实行的略微灵活的政策。他宣称身居高位的犹太人总是野心勃勃，如果仅仅因为此人的父亲“靠做股票经纪人”赚了很多钱就招入“犹太崽子”（*Judenbengel*），被精心选拔的其他人员会表示反对。莫尔赛，《俾斯麦时期的帝国最高行政部门，1867—1890》，第121—122页。

服务已经成为他的第二天性，服务与讨好只有一线之隔。讨好甚至战胜谨慎。布莱希罗德对赫伯特的仇恨感到不悦，但他挺了过来。

1882 年夏天，布莱希罗德对俾斯麦的关切甚至超过他本已夸张的准则，这仅仅是巧合吗？5 月，布莱希罗德试图向俾斯麦奉上一匹特别的马——尽管当时俾斯麦还没有重新开始骑马（“苏格兰矮脚马是种温顺而美妙的动物……等待着它被展示”）；威廉向布莱希罗德保证，只要价格合适，父亲会感兴趣。但这匹马（布莱希罗德可能想把它作为礼物）没能通过检验。俾斯麦担心它不适应乡下，“而且有点懒”。8 月，布莱希罗德把另一匹“无比温顺和训练有素”的 260
矮脚马送到伐尔岑[164]。

那年夏天，俾斯麦的健康非常糟糕。6 月，在议会发表的两次演讲中，他指责议员们将休假看得比国务更重——但随即在伐尔岑连续消失了六个月。布莱希罗德一直非常关心俾斯麦的健康，并认为首相的亲随理所当然地会向自己通报情况。（早在 1872 年初，洛塔尔·布赫尔就交给他准确的诊断报告：“你知道亲王的精神和肉体状况多么紧密相关。因国事激动或烦恼时，他更容易着凉和没胃口，而当身体不适时，任何工作都会让他不耐烦。”[165]）1882 年 7 月，俾斯麦在手写便条中向布莱希罗德保证，他的精力正在恢复，但“面部疼痛仍未减轻”[166]。

布莱希罗德立刻咨询曾给俾斯麦看过病的柏林顶尖内科医生弗雷里希斯教授（Professor F. T. Frerichs）。弗雷里希斯为俾斯麦的面部疼痛开了新药丸，布莱希罗德买下药丸派人送到伐尔岑。此外，出于对俾斯麦的关心，弗雷里希斯每天多次拜访布莱希罗德，“他和我都希望阁下仍能下决心前往加斯泰因或维尔德巴德，这对阁下的神经有好处”。简而言之，布莱希罗德和弗雷里希斯敦促他离开伐尔岑，进行旨在加速其康复的更彻底的温泉疗养。与此同时，布莱希罗德报告说：“谢天谢地，弗雷里希斯的诊断认为阁下无碍，因为他知道阁下的所有器官都正常。”布莱希罗德给俾斯麦送去弗雷里希斯的药丸和医疗建议，一个特别的波西米亚玻璃酒杯和他本人对俾斯麦神经的祝愿——还有“我对造物主最热忱的祈祷，希望他能让阁下在许许多多年里身体康泰，阁下的赞美者们将为此欢欣鼓舞”[167]。俾斯麦接受礼物，但没有听从建议；他留在伐尔岑，于12月回到柏林——他的胡子完全白了，显示出他突然变得多么苍老。第二年，一位年轻得多的医生施魏宁格（Schweninger）用严格的饮食安排和心理安慰让他奇迹般康复。

俾斯麦无疑对布莱希罗德昂贵的挂念感到得意。他对谄媚的胃口很大。另一方面，赫伯特却怒火中烧，他在写给弟弟威廉的信中表示：“那个什么事都要插手的令人作呕的布莱希罗德昨天代表弗雷里希斯来信……这种主动巴结真是太无耻了。今天，一个罗圈腿的犹太马夫突然带着一匹马上门……很快，那个犹太人还会送来一箱小王冠；那家伙变得越来越无耻。吊死他！”* 事实上，俾斯麦只把那匹马留在身边几周；10月，兰曹向赫伯特保证：“那匹犹太马…… 261
昨天被送往柏林，交还友好的送礼人。”尽管兰曹如此口无遮拦或者说不计后果，赫伯特和荷尔斯泰因还是觉得他对布莱希罗德过于软弱，担心他“个性犹如女子”[168]。暗中的恶意是俾斯麦手下人普遍的心理宣泄。

布莱希罗德的敌人憎恶他“多管闲事”、诡计百出和犹太人的“野心勃勃”。但他被指摘的行为在他的同伴身上不也都能看得到吗？他的情感无疑比较迟钝，但在俾斯麦的德国那个居心叵测、充满阴谋和虚伪的世界里，真正敏感的犹太人永远无法攀上顶层。

德国人对友谊的崇拜被恰如其分地赞美为德国文化的重要方

---

* 布莱希罗德没有送来一箱小王冠，而是在俾斯麦70大寿时打造了纪念章：一面是年轻得多的俾斯麦肖像，另一面是其家族纹章。他给了俾斯麦10块金质纪念章，25块银质章——还有1万块青铜章的出售所得用于某个俾斯麦慈善基金，这让俾斯麦非常高兴。诺曼·里奇和费舍尔编，《荷尔斯泰因文件》（剑桥，1957年），第二卷，第227页 [Norman Rich and M. H. Fischer, eds., *The Holstein Papers*(Cambridge, 1955–1961), II,227]。

面，在布莱希罗德的人生中扮演重要角色。也许富人和有权势者很少有朋友，但布莱希罗德不幸地体验到真正友谊的式微。在俾斯麦的德国，很少有人像布莱希罗德那样声称与那么多人建立友谊，但也很少有人像他那样完全没有朋友——如果朋友的标准是忠实和诚实。最后这句话属于俾斯麦，在俾斯麦被罢免前几个月，当亚历山大三世哀叹俄国“只有一个真诚的朋友”（黑山亲王［Prince of Montenegro］)时，他在报告开头写下简短的问话:“但谁有朋友呢？”很难想象，他想到的只是国际政界[169]。

第十一章

第四等级

262

我曾是新闻强盗。

——威廉·俾斯麦伯爵致荷尔斯泰因，1883 年 7 月 16 日

谢天谢地！没人能指望
贿赂或左右英国记者。
但没有机会看到
未被贿赂的话，记者将做什么。

——洪贝特·沃尔夫（Humbert Wolfe）

威廉·俾斯麦抱怨“我曾是新闻强盗”概括了他父亲与新闻媒体的关系[1]。从政治生涯伊始，俾斯麦就认识到和夸大新闻媒体的力量。他在公开场合谈论其“可怕的虚伪”，暗中却试图利用其为自己的目的服务[2]。他认为大部分记者是失败者、不负责任的三流作家和文人，他们对政治一窍不通，用粗鲁之词攻击他。他试图在新闻界以毒攻毒——或者用他自己最喜欢的格言来说：在绅士面前是绅士，在海盗面前是一倍半的海盗（*A gentilhomme, gentilhomme / A corsair, corsair et demi*）。俾斯麦在新闻界很少遇到绅士，因为他对此根本不抱指望。他相应地选择了自己的武器。

在他的整个统治期间，新闻媒体变得日益重要。得益于更高的识字率、更廉价的报纸和对政治事务关注的上升（一定程度上受到俾斯麦戏剧性成功的刺激），越来越多的人开始阅读越来越多内容更加丰富的报纸。新闻报道和评论决定舆论，这是 19 世纪后半叶

未经检验的常见现象。选民被新闻报道左右，政客们同样如此。与1862年相比，1890年的新闻媒体在德国生活中的影响力要大得多。就像他对待所有重要的对象，他对付新闻媒体的手段也是打压、操纵和劝诱。

俾斯麦对新闻媒体的评价并非个例。欧洲自由派认为新闻媒体至关重要，它的自由是抵抗暴君的壁垒。保守派也开始利用新闻媒体，但也对它的权力感到遗憾，慨叹没有原则的记者手握如此力量是民主影响的例证。俾斯麦对记者的鄙视广受认同。记者（和股票经纪人）被视作现代性的有毒产物——犹太人在这两个群体都拥有 263
显要位置。无论是不是犹太人，记者都最容易遭到辱骂；在大众眼里，他们常常被看作失败的作家或老师，因此特别容易受到各种诱惑的影响。记者要么唯利是图，要么意图颠覆，或者兼而有之[3]。巴尔扎克的《幻灭》（*Lost Illusions*）是对新闻媒体的权力和腐败的经典描摹，即使现实早已改变，歧视仍然挥之不去。

几十年来，德国历史学家一直认为那位伟大的首相未受现代畸病的影响，比如金钱和新闻界[4]。但布莱希罗德明白，事实并非如此。他知道俾斯麦利用自己的职务、下属和家人安插故事、反驳文章和抹黑对手。俾斯麦像鹰一样盯着新闻媒体，有位下属记得他的命令："必须粉碎新闻媒体的每一次攻击，报复每一次侮辱。"[5] 无论在国内还是国外，贿赂是俾斯麦对付新闻媒体的最后一招，资金通常来自韦尔夫基金，常常由听话的布莱希罗德执行。

当然，布莱希罗德对新闻媒体的关心也由来已久。直到19世纪中叶，媒体报道仍以商业和金融新闻为特色；银行家和记者都对迅速获取消息感兴趣，抢先发布可以带来名气或收益。在布莱希罗德生前，新闻媒体成为越来越重要的消息来源，他本人的情报收集网络显得捉襟见肘。报纸也可以影响商界舆论：有利的故事可以确保新债券发行成功，不利的故事则会毁了发行。敌对的金融团体在报纸上展开斗争。布莱希罗德认识到营造正确氛围的重要性；19世纪 70 年代初，他常常成为辱骂的靶子。因此，他同样需要尽可能多地在第四等级中结交朋友。而且他同样掌握着大量手段。

因此，俾斯麦与布莱希罗德对新闻媒体的关心既不同又互补。他们的第一次合作持续几十年，与柏林的首家通讯社有关。创办者伯恩哈德 · 沃尔夫（Bernhard Wolff）原为一名德国犹太医生，后来成为政客。1849 年，从柏林到亚琛的普鲁士国家电报线架设完成后仅几天，沃尔夫就创办了新闻社，在柏林和莱茵兰之间传递商业新闻。他还逐步加入政治新闻，在 19 世纪 50 年代的经济大繁荣中，柏林和西部的这条连线变得越来越重要和有利可图。

1849 年，沃尔夫以几天的优势击败竞争者。尤里乌斯 · 路透（Julius Reuter）1816 年生于卡塞尔（Kassel），原名伊斯拉埃尔 · 贝尔 · 约萨法特（Israel Beer Josaphat）。19 世纪 40 年代，他皈依基督教后娶了一位柏林银行家之女伊达 · 玛利亚 · 马格努斯（Ida Maria Magnus），并在夏尔 · 阿瓦斯（Charles Havas，有的说法认为此人是犹太移民）1835 年创办的巴黎通讯社工作。1849 年，路透曾试图建立与沃尔夫同样的线路。他没有气馁，而是巧妙地在亚琛和布鲁塞尔间开设信鸽服务，将德国和法国的业务连接起来。
1851 年，路透迁往伦敦，在那里建立自己的第一个办公室[6]。后 264
来，路透超越所有的竞争者，于 1871 年被萨克森—科堡—哥达公爵（Duke of Saxe-Coburg-Gotha）封为贵族；尤里乌斯 · 德 · 路透男爵和布莱希罗德男爵成了朋友。

与此同时，沃尔夫在德国各地扩张业务。他编织起提供者和接收者网络，并逐渐延伸到国外的站点。他为柏林总部雇佣洛塔尔·布赫尔，此人参加过 1848 年革命，在伦敦流亡多年，1865 年被任命为俾斯麦的主要助手之一[7]。布赫尔的继任者是著名文人保罗 · 林道（Paul Lindau），他的回忆录描绘了通讯社的运作。雇员筛选送来的报告，经过编辑后发送给德国的客户，重要新闻也被发给国外订阅者。沃尔夫的雇员比其他大多数人早几个小时知道世界各地发生了些什么，这种能力得到布莱希罗德的青睐[8]。

沃尔夫一度与伦敦的路透和巴黎的阿瓦斯这两位外国同行合作。1865 年，阿瓦斯试图在柏林开设办公室与沃尔夫竞争，并收购后者的业务。沃尔夫向国王求助，请求避免让普鲁士依赖外国人提供新闻[9]。沃尔夫警告说，个人无法与外国公司竞争，需要“爱国金融家”确保自己业务的安稳。他强调保留普鲁士通讯社的政治重要性，暗示如果国王的政策与内阁有分歧，通讯社将成为其宝贵的个人工具。威廉断然拒绝这种建议，但在俾斯麦的支持下，他敦促布莱希罗德这样的“爱国金融家”出手“巩固［沃尔夫］的企业”[10]。在政府的鼓励下，布莱希罗德、维克多 · 冯 · 马格努斯、冯 · 奥本菲尔德（C.D. von Oppenfeld）、斐迪南 · 萨罗门博士（Dr. Ferdinand Salomon）和另外两人成立新的股份公司：大陆通讯公司（Continental Telegraph Company）。他们提供33万塔勒的原始资本，计划总股本为 200 万塔勒。特奥多尔 · 维莫尔（Theodor Wimmel）和理查 · 文策尔（Richard Wentzel）被任命为法律上的负责人，任期十年。另一项协议收购了沃尔夫的通讯社，并让他留任新公司的总经理，新公司将“专业发布政治、商业和金融内容的电报”，扩大现有网络，并购置所有新的电报设备[11]。

这家公司在普奥战争中马上被俾斯麦派上用场，并成为平息新吞并的汉诺威省反普鲁士暴动的重要武器[12]。但阿瓦斯和路透仍然觊觎竞争对手的业务。1869 年 2 月，尤里乌斯 · 弗洛贝尔（Julius Fröbel，慕尼黑出版商和前激进分子，在 1848 年曾被判处死刑，在 1868 年前一直为奥地利的利益服务）警告俾斯麦，哈瓦斯和路透准备收购大陆通讯社。他还表示，向俾斯麦示警牺牲了他自己的利益，因为路透向他开出“优厚的报价”；但计划中的合并有利于法国人的利益。为了阻止合并，俾斯麦的办公室开始复杂而隐蔽的行动[13]。
几天后，科伊德尔致信布莱希罗德，表示俾斯麦建议他赶快出售通 265
讯社，“这符合你［布莱希罗德］的利益”，自己将在第二天口头告诉他这个不同寻常的建议的理由[14]。（对历史学家来说，这类口头交流多么不幸！）

无论如何，俾斯麦改变了主意。在科伊德尔的积极斡旋下，普鲁士政府出手阻止外国收购。4 月 19 日，沃尔夫警告布莱希罗德，科伊德尔承诺的干涉可能来得太晚，因为阿瓦斯和路透已经下了最后通牒，威胁撕毁一切让沃尔夫获得外国新闻的合约。4 月 23 日，科伊德尔让布莱希罗德直接与绍芬将军（普鲁士电报局主管）和德尔布吕克交涉，以便获得政府不出售通讯社的有效承诺[15]。与此同时，阿瓦斯和路透将报价从 65 万法郎提升到 70 万法郎。文策尔请求布莱希罗德说服政府支持现有公司，对付包括汉诺威人在内的外国利益，“这事关报效祖国和阻止外国煽动”[16]*。

1869 年 6 月，布莱希罗德的努力获得成功：与阿瓦斯的谈判在之前就已破裂，普鲁士内阁与大陆通讯公司签署正式合同，但在几十年间一直对公众保密。合同的核心内容是政府将赋予沃尔夫事实上的垄断地位，以换取对公司活动的广泛控制，控制可以变成审查。政府承诺让该公司的政治报道优先于所有的私人电报，并同意在柏林主要的电报局旁边设立公司的特别办公室。显然，没有这些特权，竞争者将处于严重的不利地位，甚至可能是绝望的。政府还进一步同意借给公司 10 万塔勒（第一年免息），并在 1871 年和 1872 年又直接赠予 10 万塔勒。作为回报，公司承诺向政府和任何政府指定的官员提供除股市和商业消息之外所有收到的电讯。（布莱希罗德显然能收到各种消息。）此外，公司将扩大网络，按需求向所有国

* 沃尔夫在这些谈判中展现特殊的作用。1869 年 4 月，他从巴黎给布莱希罗德发来密报，表示由于拿破仑的“巨大努力”，帝国当局将赢得选举，但政府代表不会再“荣辱与共”地支持当局，“因此我对保持和平有信心”。俾斯麦也从沃尔夫通讯社收到私密报告。其中一些报告的基调让他不安，他询问了出处，获悉它们来自亲奥地利的巴黎记者埃米尔·兰茨贝格博士。沃尔夫间接获得此人的报告，将其转送给少数几个人，但没有发布。沃尔夫致布莱希罗德，1869 年 4 月 26 日，BA；布莱希罗德致俾斯麦，1869 年 4 月 27 日，DZA：梅泽堡：A.A.I. Rep. 4. Nr. 721。

外的北德官员提供政治报道，并应政府的要求在国内外对任何电报消息进行“最大可能的宣传”。“大陆通讯公司的通讯社想要传送的 266
所有政治性质的电报都将事先受到王国政府特别指派的官员控制。”如果发生故意违规，政府可以要求任命新的主管，以纠正通讯社的政治方向。政府还有权要求解雇不可靠的代理人，并在董事会安排自己的观察员。合同将为期十年[17]。

双方进行了精明的讨价还价，该合同让普鲁士政府拥有最重要的宣传武器——合同的隐秘性让它更加重要，使其长期未受怀疑，因此还不受议会掣肘[18]。近来的研究显示，与沃尔夫的联系“让俾斯麦手握影响新闻界的非常有效和决定性的工具，还让他控制新闻传播的源头”[19]。令人称奇的是，即使当经济自由主义在普鲁士如日中天时，也可以创造出这样的混合垄断。（德国的传统改变缓慢；1844年，一位外国观察者指出：“在德国，政治情报的准备、生产和出售在很大程度上被王室垄断，就像烟草在法国的情形……”[20]）1891年，欧根·里希特谴责最初设立这种垄断，但他不知道政府在其中享有秘密特权。对于促成如此有违新闻自由原则的合同，布莱希罗德没有感到不安。他站在政府那边，也许银行家和首相对于缔造这个迎合他们共同利益的工具只会感到高兴。反过来，该公司现在可以与阿瓦斯和路透商谈协议，事实上将世界分成不同的利益范围；沃尔夫获得“开发”中欧和东欧的独家权利[21]。

俾斯麦在与新闻媒体打交道时使用各种有力的工具。其中最臭名昭著的是韦尔夫基金，该基金来自被扣押的汉诺威王室资产的年收入，俾斯麦可以不通过公共审计使用它。由于俾斯麦把某些汉诺威记者称为爬行动物，该基金俗称爬行动物基金。在俾斯麦的整个统治期间，反对派领导人一直认为俾斯麦用该基金喂养“爬行动物”，即贿赂各类记者和报纸。该基金成了俾斯麦腐蚀德国社会的象征；真实的使用情况可能更加适度，更符合当时和后来所有政府的做法*。

1873 年，英国大使提到这笔“[议会交给俾斯麦] 被他不负责 267
任地使用的秘密服务基金……许多人对此好奇，但没人敢打听俾斯麦亲王如何使用那 1600 万塔勒或 240 万英镑的利息”[22]。布莱希罗德比当时大多数人知道得更多。他可能投资或帮助投资被扣押的本金，还肯定是利息的主要支取者之一[23]。

布莱希罗德的朋友科伊德尔负责监督外交部对韦尔夫基金的使用，那是韦尔夫基金收入的最大受益者[24]。科伊德尔知道布莱希罗德在重要问题上会守口如瓶，因此安排他充当信得过的中间人。我们只有关于该基金的一组账目，显示出在 1869 年的最后九个月里，布莱希罗德汇款超过 3 万塔勒，大部分汇给他的朋友冯 · 勃兰特少校，后者当时正在从事秘密情报工作。因此，布莱希罗德负责汇付总支出的超过 30%[25]。他还为较小的数目提供掩护；比如，1868 年，科伊德尔指示布莱希罗德向巴黎汇款 750 法郎，他将以“最高授权”和最秘密的方式花掉这笔钱。科伊德尔还表示，随后还将有更多支付[26]。

普法战争期间，俾斯麦利用新闻界煽动普鲁士人吞并洛林—阿尔萨斯的热情；他还孜孜不倦地推动中立者的亲普鲁士情感，为此使用包括补助在内的各种手段。和往常一样，他得到布莱希罗德的帮助。战争让俾斯麦更清楚地认识到新闻媒体的力量。在新帝国，随着大众媒体通过广告取得资金上的独立，他的操纵变得更加重要和困难。

俾斯麦和布莱希罗德都对沃尔夫通讯社的战时表现感到满意。

---

* 政府如何试图通过收买外国报纸来影响或颠覆他国的完整故事也许永远不会被公布。但即使不完全的研究也可以在一定程度上展现这些政府的期待以及它们对特定个人和总体舆论的相对重要性的评价。一个不可靠的例子见拉法洛维奇，《新闻界肮脏的贪婪：根据俄国档案（1897—1917）》（巴黎，1931 年）[A. Raffalovitch, ... *L'Abominable Vénalité de la Presse, D'Après les documents des archives russes (1897–1917)* (Paris, 1931)]。

两人都获得优先待遇，俾斯麦甚至试图要求沃尔夫不要向国王发送消息。战后，布莱希罗德仍然是沃尔夫公司的董事会主席，他的朋友理查·文策尔担任董事。文策尔继续为布莱希罗德定期提供金融、政治和宫廷消息。1871 年，文策尔向布莱希罗德保证："永远清醒的眼睛为您效劳。"布莱希罗德档案也证明，文策尔源源不断地向柏林办公室和度假中的布莱希罗德发送各类消息。他定期发来秘密消息，还经常让布莱希罗德比其他任何人更早收到普通消息[27]。包括皇帝在内的显要人物常常恭维布莱希罗德，因为他能比其他任何人更早地提供某些特定消息。文策尔常常是他的消息来源。

维持沃尔夫通讯社的半官方但独立的地位殊非易事。外国通讯社仍在寻求建立国际卡特尔，德国政府对是否与该公司保持关系存
在分歧。1874 年 11 月，尤里乌斯·路透再次敦促布莱希罗德同意 268
三家通讯社合并。作为对布莱希罗德在沃尔夫通讯社投资的补偿，路透愿意提供新公司的股份或 6 万英镑现金。他还承诺，原先的三家公司都将保持完全的政治独立。

路透和布莱希罗德在普法战争期间有过合作，后来又在多处温泉疗养地见过面[28]。大陆通讯社的董事们乐于接受路透的提议，但委派布莱希罗德征求俾斯麦的意见。布莱希罗德正式询问俾斯麦对合并计划是否有异议。如果俾斯麦反对，他承诺将试图驳回同事们的决定；但作为安慰，政府应该马上延长与该公司的协议，而不是等到 1879 年协议到期。新合同必须保证，新任电报局主管将延续绍芬将军时期的优先发报特权[29]。三天后，外交部国务秘书彪罗致信布莱希罗德，表示俾斯麦对此事非常关心，指示他与布莱希罗德展开商谈[30]。

最终，俾斯麦拒绝提前延长协议——理由居然是他无法为远远超出他可能任期的事约束普鲁士政府。但他也更为中肯地表示，这样的合同对政府没有多少好处，如果新的国际公司损害政府利益，政府仍将有足够的力量消灭它[31]。简而言之，俾斯麦认为政府没有

理由接受布莱希罗德的价码。尽管条件未能被满足，布莱希罗德还是拒绝合并——这证明与政府的关系对他有利[32]。

政府与沃尔夫通讯社的协议将于1879年到期。1876年，蒂德曼正式提出反对延长；两年后，一个政府专家委员会接受该询问。布莱希罗德的朋友彪罗坚称该公司“对政府……具有极大的政治意义……它总是最忠心耿耿地服从政府的政治影响，并采用对政府最方便的方式。对于所有存疑的电报，它都会请示政府，并无条件地遵守政府的指示”。新协议的核心仍将是政府愿意向该公司提供电报发送的优先待遇，而该公司则必须接受政府确认和罢免通讯社主编的权力[33]。与1875年的俾斯麦相比，彪罗对通讯社在政府的新闻政策中的地位重视得多。

1879年10月，现状的最坚定捍卫者彪罗去世。俾斯麦坚持更具体的权力，如优先审查和对通讯社管理方更大的权限[34]。布莱希罗德试图至少保留现有的特权。他向荷尔斯泰因求助，但后者从伐尔岑来信，表示：

> （俾斯麦已经）竭尽全力，要求延长现有的政治电报优先待
> 遇，尽管其他官员想要彻底取消特权。要求更多会让他难堪， 269
> 因为你知道，这种支持太容易引发投机怀疑。这就是为什么你现在应该前往内阁游说，毕竟你的人脉无处不在，在那里也不例外。[35]

正式协议没能达成；即使对温顺的文策尔和布莱希罗德来说，俾斯麦和谋士们的要求也太过苛刻。现有安排通过非正式协议得以延长。俾斯麦仍然认为沃尔夫通讯社有特别的义务满足他的愿望[36]。通讯社仍是他的工具之一——由于没有正式的依赖关系，它完全不受议会控制，因而更加有用[37]。

1872 年，布莱希罗德与德国政府和新闻界建立新的秘密联系。多年来，他一直与伦敦的德国记者马克斯 · 施莱辛格博士（Dr. Max Schlesinger，又一位学医的记者）保持接触。此人从 19 世纪 50 年代初就开始编辑一份名为《英国通讯》（*Englische Correspondenz*）的周刊，向德国报纸提供英国新闻。施莱辛格还向英国新闻界提供德国事务的消息，并对其施加影响。他最早是亲奥地利的代理人；在普法战争的最初几周里，柏林政府高度重视很有影响力的英国舆论，试图购买他的报纸[38]。1872 年，通过科伊德尔的斡旋，布莱希罗德试图说服俾斯麦购买施莱辛格急于出售的《英国通讯》。

俾斯麦同意了，他在写给财政部长坎普豪森的绝密信中给出理由：

> 在政治上，不让《英国通讯》落入敌人之手，不让它的专栏受到地方主义者、教会或社会主义者的影响无疑很有价值；《英国通讯》几乎是关于英国政治的唯一消息来源，因此对欧洲所有德语国家的舆论具有重要影响。[39]

简而言之，施莱辛格的报纸迎合 1871 年后俾斯麦对新闻媒体的首要考虑：现在他专注于影响德国而非外国的舆论，在这点上《英国通讯》可以扮演重要角色[40]。

尽管俾斯麦缺席，但在坎普豪森的批准下，沃尔夫与普鲁士政府签署秘密协议，然后又与施莱辛格达成协议。布莱希罗德促成这两份协议的签署。协议规定，沃尔夫通讯社应“代表［普鲁士］内阁”给施莱辛格支付 5 万塔勒，从而获得对《英国通讯》的独家所有权。 270
按照政府的指示，沃尔夫通讯社将对施莱辛格报社进行资金监管和政治控制。作为交换，沃尔夫之前欠政府的 5 万塔勒债务被一笔勾销。就这样，最初向沃尔夫注资的韦尔夫基金间接促成对这家外国媒体的收购[41]。

对布莱希罗德来说，施莱辛格成了伦敦的宝贵联络人*。施莱辛格向布莱希罗德提供关于伦敦政治、外交和金融的可靠情报，他的报告凸显政治与金融的相互关联：他发给布莱希罗德关于英国和俄土战争的秘密报告；早在1877年，他就暗示在某种情况下，英国可能夺取埃及，因此埃及证券有望升值。几天后，他吹嘘说自己的建议“对朋友价值6个百分点”，并遗憾布莱希罗德错过良机[42]。1878年5月，他又像哲学家那样分析英俄战争的可能性。他写道，没人知道今天的信条是“做最坏的打算，做最好的准备”，甚至连耶和华或朱庇特也不知道[43]。

但施莱辛格被证明是一笔糟糕的投资。他的英国小报继续刊发反政府的报道。俾斯麦相信，他“从博伊斯特［奥地利大使］而非明斯特［德国驻伦敦大使］那里得到信息”[44]。1876年2月，德国政府对此忍无可忍，考虑对施莱辛格采取法律行动。尽管施莱辛格是英国公民，但原合同规定最终将采用普鲁士法律。不过柏林意识到，如果施莱辛格拒绝接受普鲁士法庭的判决，那么就不得不以英国法律起诉他。由此将产生不利的宣传效果，因为英国可能没人知道德国政府与施莱辛格的密切关系。政府甚至想过在柏林“保护性地逮捕”施莱辛格，即在不诉诸法庭的情况下迫使他放弃权利[45]。俾斯麦对签署原协议的手下非常不满：他在协议副本的页边批示“草率的谈判”[46]。

普鲁士政府派布莱希罗德引诱或召唤施莱辛格前往柏林，我们不清楚他是否知道政府有意逮捕施莱辛格。无论如何，布莱希罗德向俾斯麦在外交部的助手洛塔尔·布赫尔保证，他已致信施莱辛格，“含糊地暗示”柏林公司及其伦敦代理人之间出现了某些误解。施

---

* 布莱希罗德文件中最早的一封施莱辛格来信（显然之前还有很多）感谢朋友送来的珍稀鱼子酱：“虽然匿名送达，但除了全知的上帝，消息灵通的记者能揭露世上发生的一切善事与恶行。”施莱辛格致布莱希罗德，1874年12月30日，BA。

莱辛格对这些所谓的“深层次分歧”表示震惊，但还是同意在健康允许的情况下尽快来柏林[47]。

与此同时，德国外交部罗列了施莱辛格的罪名。他主要被指控
散布违背德国利益的报道：1874 年，他只刊发支持格莱斯顿的报 271
道，无视对后者的批评。当格莱斯顿发表反梵蒂冈的小册子后，这位首相的支持者阵营发生巨变*。1874 年，当英国举行多场新教徒集会，对俾斯麦与教皇至上主义者的斗争表达同情时，施莱辛格只报道英国新闻界对此的不利评论，隐瞒许多积极观点。简而言之，政府认为施莱辛格和天主教徒一起反对柏林政府——此举无疑符合奥地利的利益。最终，他被控在英国新闻界有选择性地刊发反德观点，导致英国出现这样的报道：德国对法国重新武装起来的恐惧可能导致德国爆发预防性的罢工。柏林外交部总结说，施莱辛格一定从“反德来源”获得这些印象，他有选择性的报道证明他的反政府立场。难怪俾斯麦和德国政府对把稀缺的资源花在此人身上恼怒不已[48]。

1876 年 3 月，俾斯麦与布莱希罗德讨论施莱辛格事件，同意由文策尔和布赫尔负责处理此事[49]。一个月后，布莱希罗德把施莱辛格召到柏林，要求布赫尔与他会面。但布赫尔愤怒地回复说，布莱希罗德早前曾认为布赫尔的介入“有害”，因为施莱辛格“没有荣誉感，我和他说的一切都会被他出卖给博伊斯特伯爵”。如果知道布莱希罗德如此严厉地评价自己曾经的受保护人，俾斯麦一定会恼怒；布赫尔致信布莱希罗德表示：

> 亲王嘱托我恭请您试着说服施莱辛格，就像您多次主动提出要做的那样，今后他要么遵照德国政府的明确利益编辑《英

* 即《梵蒂冈敕令与公民忠诚的关系》(*The Vatican Decrees in their Bearing on Civil Allegiance*)，谴责梵蒂冈第一次大公会议通过“教皇无谬误论”。——译注

国通讯》，要么解除现在的关系，无论是返还收购款还是交出报纸的管理权。亲王相信，鉴于这些关系的由来，如果不采取法律诉讼，只有您能让事情有所了断。[50]

俾斯麦的信息明白无误：施莱辛格是布莱希罗德找来的，现在必须由他来对付这个讨厌的家伙。

布莱希罗德毫不费力地在俾斯麦和施莱辛格间做出了选择，特别是因为他曾派儿子汉斯前往伦敦调查施莱辛格的情况，并证实俾斯麦的怀疑："亲爱的父亲，您对他的熟人一无所知；这家伙在这里根本算不上人物……他非常聪明，也许拥有重要的政治影响，但他不受欢迎，因为没人完全信任他。"[51]

布莱希罗德要求施莱辛格签署新的协议，发誓"出于施莱辛格博士的个人信念，《英国通讯》的精神和立场将遵循德国政策的原则，支持德国的目标，避免对德意志帝国和普鲁士王国重要政客的行动造成任何阻碍"。如果未来出现任何分歧，文策尔博士担任仲裁。施莱辛格被要求发誓对他的公司付出"全部忠诚和个人力量"，这隐晦地批评了他之前没有全身心投入[52]。直白地说，他必须同时接受审查和唯命是从——后来的通信显示，布莱希罗德和政府对施莱辛格的辩解并不满意*。布莱希罗德和布赫尔合力为施莱辛格寻找适当的"合作者"；最终，他们选择最廉价的候选人。韦尔夫基金在那段时间颇为吃紧[53]。 272

在实质问题上，施莱辛格已经就范。现在，布莱希罗德授意施莱辛格在英国报纸上散布消息，然后在《英国通讯》上为德国读者引用它们。1876 年 4 月，施莱辛格引用几家英国报纸对俾斯麦的铁

* 显然，施莱辛格在言语上开始表现得像是忠诚的俾斯麦派。他感谢布莱希罗德带来关于首相健康的好消息，"今天，这比欧洲其他所有两足动物的健康更宝贵（据我所知，对亚洲、非洲和美洲同样如此）"。施莱辛格致布莱希罗德，1879 年 5 月 9 日，BA。

路国有化计划的称赞，布莱希罗德无疑也在这些计划中押了很大的赌注 [54]。

但安宁是短暂的。不到两年后，施莱辛格越来越高的亏空激怒了柏林政府。官员们抱怨他把赚钱的买卖变成亏本生意，即使最初的亏损仅为每季度 30 英镑。坎普豪森反复警告俾斯麦这将消耗韦尔夫基金，他的一句题外话更耐人寻味："我请求内阁对今年那笔被扣留财产的收益使用做出决定，但彪罗部长要求等［您］回来。"简而言之，韦尔夫基金被视作俾斯麦的私人领域。坎普豪森还表示，《英国通讯》的订阅量下降近 50%，收入也相应减少，但开支继续上升 [55]。

施莱辛格对订阅量下降的解释不太可能为他在柏林赢得朋友。除了糟糕的商业形势和来自通讯公司与日俱增的竞争，他还指责"指定的政治立场"，称其让订阅者抱怨《英国通讯》成了"纯粹的俾斯麦报纸……党派的喉舌……《英国通讯》的衰落不是我的错" [56]……他无疑是对的——德国报纸不需要施莱辛格来告诉它们俾斯麦的立场。

布莱希罗德向政府转达上述借口，但远远不能说服对方。大发善心的柏林官员们相信施莱辛格的健康正在恶化，他抱怨神经病痛常常让自己无法工作。但善心在柏林是稀缺商品。作为俾斯麦的助手和保护主义的先锋，克里斯托弗·冯·蒂德曼相信，施莱辛格和 273
某个没有"爱国心，认为犹太人是国际公民"的人都"是英国政府的奴仆"；蒂德曼没有说明这两人因为信念还是腐败而沦为奴仆。"他们喜欢在支持自由贸易的德国报纸上为英国的商业利益辩护。" [57] 随着 1881 年马克斯·施莱辛格的去世，与《英国通讯》的联系画上句号，此人虽不起眼，却是欧洲新闻界一个丰富多彩和多才多艺的人物。

俾斯麦与新闻媒体的许多关系得益于第四等级的许多成员也是

犹太人*。俾斯麦曾向法国大使圣瓦里耶抱怨说:“德意志帝国的新闻媒体几乎完全掌握在犹太人手中。”——这也是大多数德国人的想法,但很少有人说出口[58]。这种指控当然是反犹主义者的陈词滥调,他们把新闻媒体看作犹太人支配世界的工具[59]。不过,一边是新闻界存在大量犹太人的历史事实,一边是反犹主义者断言这种存在暗示犹太人为了自己的利益而控制或剥削新闻界,两者间存在重要区别。犹太人纷纷进入新行当,将对文字的特殊喜好带到新闻业——如果不是被拒之门外或不受欢迎,他们本来也会在旧行当中展现出这点。总而言之,德国的犹太记者彼此差异太大而且过于胆怯,无法将新闻界变成他们自己的利益工具,尽管他们的存在本身就能唤起和证实嫉妒、恐惧和仇恨之情。

我们已经提到过布莱希罗德与埃米尔·兰茨贝格的亲密接触。布莱希罗德的另一位朋友菲利克斯·巴姆贝格博士(Dr. Felix Bamberg)同样身兼新闻工作和非正规的外交任务,这个职业经历如此丰富多彩的人再次显示出 19 世纪的社会多么开放。巴姆贝格早年是黑格尔研究者,在巴黎成为海涅的朋友,后来逐渐从文学转向政治。1851 年,36 岁的他成了普鲁士驻巴黎领事。俾斯麦在巴黎与他相识,1862 年时曾称其为“诚实而且完全可靠的人”。俾斯麦让巴姆贝格监视驻法大使戈尔茨伯爵,担心后者是可能的竞争对手[60]。奥普战争结束后,巴姆贝格敦促俾斯麦增加普鲁士对法国新闻媒体的资助,以便对付奥地利人的金钱攻势,但俾斯麦拒绝这些请求[61]。普法战争期间,巴姆贝格负责普鲁士司令部的新闻事务。

---

* 欧洲外交官们经常提及这个事实。比如,1869 年,法国驻维也纳大使抱怨说,当地新闻媒体掌握在犹太人手中,并表现出“反天主教和伪自由主义狂热”,阻挠博伊斯特的亲法政策,支持亲德立场。引自昂利·贡塔米纳,《外交或领事信件与国内历史:以奥匈帝国为例(1867—1914)》,刊于《外交史评论》,1961 年 LXV 期,第 215—230 页[Henry Contamine, “Dépêches diplomatiques ou consulaires et histoire intérieure: L’Exemple de l’Autriche-Hongrie (1867–1914),” *Revue d’histoire diplomatique*, LXV (1961), 215–230]。

战后，他成了德国占领军司令曼陀菲尔将军的政治顾问。19 世纪 70 年代末，他气愤地向布莱希罗德抱怨说，作为对他劳苦功高的酬 274
报，柏林的某些绅士让他转任无足轻重的墨西拿（Messina）领事——薪水减少了 1300 塔勒[62]。在痛苦的孤独中，他为朋友弗里德里希·黑贝尔（Friedrich Hebbel）* 准备了传记，并写了一部东方问题的标准史。他还与霍亨索伦—齐格马林根家族的卡尔 · 安东亲王建立密切的关系，在通信中交流政治问题和他为亲王购买的艺术品。事实上，为卡尔 · 安东与布莱希罗德牵线搭桥的正是巴姆贝格。布莱希罗德与巴姆贝格同龄，他们经常为相同的目标和主人工作——而且他们至少在出生时拥有相同的信仰。和许多犹太人一样，巴姆贝格可能皈依了基督教，但洗礼无法消除他在内心深处对犹太同胞的认同。比如，他在写给布莱希罗德的一封信中对犹太节日表达热烈祝贺[63]。

布莱希罗德在记者中还有其他许多朋友和熟人。他足够重要，能让媒体人争相巴结他——他有足够的野心，但也非常脆弱，为此他寻求所有可以得到的秘密影响。著名的维也纳《新自由报》（*Neue Freie Presse*）的编辑米夏埃尔 · 艾蒂安（Michael Etienne）请求布莱希罗德提供秘密消息，并承诺守口如瓶。“当时，欧洲大陆没有哪一份报纸在影响力和地位上能与之相比。”[64]1880 年，竞争者《维也纳大众报》（*Wiener Allgemeine Zeitung*）成立，罗斯柴尔德家族称该报编辑特奥多尔 · 赫茨卡（Theodor Hertzka）极其“负责”。他试图与布莱希罗德套近乎，所用的方法曾被人以无数种形式用过：“您将会理解，我从心底希望与像您这样处于事件源头的人保持联系。”[65]

布莱希罗德不断地给予和获得。记者请求他提供信息和接受访问，甚至像《法兰克福报》编辑利奥波德 · 索纳曼（Leopold Sonnemann）这样的著名人物也向布莱希罗德求取消息。个别记者

* 弗里德里希 · 黑贝尔（1813—1863），德国剧作家和诗人。——译注

还时常请求金融建议或帮助，布莱希罗德大多满足。出版者也会请求资助，特别是如果他们可以宣称为国家利益服务。1877 年，著名法学家鲁道夫 · 冯 · 格奈斯特（Rudolf von Gneist）请布莱希罗德出资支持《社会通讯》(*Social-Correspondenz*）周报，该报的宗旨是反对社会民主党，推动对下层阶级“真正”问题的理解[66]。

反过来，布莱希罗德也对编辑和通讯员们提出无数要求。他对这些人的情报需求几乎就像这些人对他的消息需求一样迫切。更重要的是，他一刻不停地关注着新闻媒体——任何重要报纸上的任何不利报道几乎都会立即招来质疑和反驳。如果冒犯足够严重，布莱希罗德在该报的所有广告都会被取消。1876 年，《弗斯报》(*Vossische Zeitung*）就因为触怒布莱希罗德而遭受这样的惩罚[67]。当布莱希罗德要求知道冒犯报道来源的时候，包括索纳曼在内的编辑不得不以职业秘密为由搪塞。无论是遵照他人吩咐还是主动，布莱希罗德还经常代表他人出面。俾斯麦家族强迫他为自己服务，其他人也同样如此：他是如此方便和强大的中间人。 275

布莱希罗德还需要散布各种故事来支持某些政策，如双本位制、铁路国有化或关税改革。他试图为俾斯麦煽动舆论。此外，他还常常要求刊发有利于罗斯柴尔德家族（特别是职业生涯早前）和他本人金融操作的报道。他一再为自己的重大投资安排合适的新闻，无论是抵押银行债券、俄国基金，抑或墨西哥债券。

有时，他会为了获得有利的宣传而大费周章，不惜恳求朋友帮忙。1890—1891 年冬天，他赞助著名作家和编剧保罗·林道的墨西哥之行，后者正陷入与一位女演员的丑闻。作为回报，林道承诺对那个国家做“引人瞩目的描绘”，当时布莱希罗德正在推销墨西哥证券。林道给施惠者写了个人报告，在报纸上发表了三十四篇文章，还出版了一本书。林道的传记作者们都没提到布莱希罗德赞助了这次墨西哥探险[68]。

一一描绘布莱希罗德与新闻界的广泛关系令人厌烦，再举几个例子就够了。19 世纪 70 年代，他定期与南德的独立报纸《法兰克福报》的出版者利奥波德 · 索纳曼通信。作为来自法兰克福的帝国国会议员，索纳曼在德意志帝国堪称异类。索纳曼是资产阶级民主派，比拉斯克和巴姆贝格等人左倾得多。他反对社会党人，尽管他确信有必要大幅改善工人阶级的处境。他还是犹太人，反对普鲁士，支持法德友好——很难想象有什么组合比这更让俾斯麦厌恶了。俾斯麦两次用尽手段伤害索纳曼：10 月，他在帝国议会指控后者为法国效劳；1884 年，他敦促右翼支持索纳曼的社会民主党人对手，导致其竞选失败[69]。

留存下来的寥寥几封索纳曼写给布莱希罗德的信透露了前者的兴趣。1875 年，他表示反对全面保护主义，支持和平外交政策："如果你有机会那样做就去做吧。" 1877 年，他报告说，克虏伯*带他去了"只有最高级军官光顾的商店"。军火生产欣欣向荣，特别是因为俄国的军购，但其他行业勉强盈亏平衡。索纳曼希望更多地与布莱希罗德通信，尽管两人政见明显不同，而且他没有刊发对布莱希罗德的俄国债券有利的亲俄报道[70]。19 世纪 80 年代，两人关系破裂。1880 年 12 月，布莱希罗德向俾斯麦透露，"《科隆报》的继承者们有意出售报纸。我同时从别的地方听说，著名的社会党人索纳曼想要购买，虽然今天的报价已经高达 200 万塔勒"。如果俾斯麦有意， 276
他的一些朋友们将买下该报。事实上，继承者们改变了主意，但为了迎合俾斯麦的偏见，他莫须有地给索纳曼贴上社会党人的标签[71]。

布莱希罗德与柏林的几家最重要的报纸关系特别密切，他的敌人相信他可以在任何恰当的时候在这些报纸上散布政治故事。他定期与自由派刊物《民族报》(*National-Zeitung*，伯恩哈德 · 沃尔夫所有）的斐迪南 · 萨罗门和弗里德里希 · 德恩堡（Freidrich Dernburg）交换消息。荷尔斯泰因曾建议赫伯特利用该报给布莱希罗德下套："布莱希罗德知道令尊从来不读 *Nat. Ztg* [原文如此],

* 阿尔弗雷德 · 克虏伯（Alfred Krupp，1812—1887），德国财阀和军火商。——译注

因此肆无忌惮地利用它。”简而言之，《民族报》可以被用来削弱布莱希罗德对俾斯麦的影响，据说后者称其为“犹太人的报纸”[72]。

布莱希罗德与最重要的金融期刊联系不断，尤其是《柏林交易所通讯》和《法兰克福交易所与贸易报》（*Frankfurter Börsen-und Handelszeitung*）[73]。这些报纸的编辑源源不断地向他提供关于特定铁路国有化的信息。布莱希罗德还和《柏林交易所报》（*Berliner Börsen-Zeitung*）特别亲密，该报编辑基里施·冯·霍恩（Killisch von Horn）是经验丰富的股市记者。（当时的一位反犹主义者评价霍恩说："他的能力和成就超过所有的同行，尽管他并非犹太人，完全是德国血统。”[74]）1877 年，在基里施最早的某封书信中，他承诺为布莱希罗德的投资刊发有利报道，同时询问是否可以马上见面："因为我知道您在过去几天里就柏林—什切青铁路事宜与商务部长进行了交谈，我希望您能指示我在这件事上怎么做最好。”[75]不清楚他把自己视作编辑还是投机者：他两者都是，布莱希罗德关于一条重要铁路国有化前景的秘密消息显然令他非常感兴趣。两年后，基里施投机另一条铁路的股票成功，在四天内就实现收益[76]。难怪他写给布莱希罗德的信总是以“最尊敬的施惠者”开头。

但与记者们的关系即使再好也存在局限——市场上的强大竞争者同样可以坚持自己的要求。确保在第四等级中获得权力的最佳方法是拥有一家报纸，就像其他银行家那样。比如，布莱希罗德的合作者（有时也是对手）贴现公司就分别从沃尔夫和破产的施特鲁斯贝格手中购买《民族报》和《邮报》（*Die Post*）；敏感的德国传记作者没有在汉泽曼传记中提到他与报纸的联系。19 世纪 80 年代，银行直接拥有报纸的做法开始式微[77]*。

* 奇怪的是，不存在对资本与新闻媒体关系的严肃研究。就像马克思主义者所认为的，两者关系密切；强大、具批判性且独立的新闻媒体缓慢的发展，必然令马克思主义者感到观点上的混乱，而且这发展也有助于解释欧洲改良主义的兴起。

布莱希罗德在职业生涯中多次考虑过购买一家报纸。1870年，就在普法战争爆发前，威廉·贝措尔德（Wilhelm Betzold）—— 277
这个聪明的人是犹太后裔，早年有过冒险经历——建议布莱希罗德和他一起创办国际金融期刊；贝措尔德的雇主罗斯柴尔德家族同样对此感兴趣[78]。布莱希罗德还想过购买《科隆报》，并出手拯救曾经兴旺的奥格斯堡《大众报》（*Allgemeine Zeitung*），让它以周刊的形式在慕尼黑延续下去。俾斯麦有时会在该报的专栏里安插故事[79]。

布莱希罗德与《北德大众报》（*Norddeutsche Allgemeine Zeitung*）的关系最为重要。该报由脾气火爆的德国民主派奥古斯特·勃拉斯（August Brass）创建于1861年，此人参加过1848年的街战，随后开始流亡。勃拉斯的首席助手威廉·李卜克内西是民主社会党人。一年后，俾斯麦就任首相，《北德大众报》成了他最喜欢的喉舌。勃拉斯出于信念站在俾斯麦那边，我们没有记录显示出他的转变有其他原因。俾斯麦的助手中充斥着与其合作的前革命者，这是抑制欧洲革命火焰的方法之一。俾斯麦甚至想过收买卡尔·马克思。与其他国家相比，德国的知识分子更加左倾。俾斯麦确信，他可以让这些人为自己所用；如果在此过程中能削弱他的敌人，那就更好了。

1872年，勃拉斯以30万塔勒的价格将《北德大众报》出售给奥伦多夫兄弟（Ohlendorff）* 和北德银行（由俾斯麦的朋友戈德弗洛伊［Godeffroy］参议员担任行长）组成的汉堡财团。埃米尔·品特（Emil Pindter）成了新任编辑，此人同样有动荡的过去，并流亡多年[80]。成为编辑时，品特已经完全驯服，主要关心头衔和勋章[81]。

---

* 阿尔伯特（1834—1894）和海因里希·奥伦多夫（1836—1928）兄弟，汉堡商人，是19世纪下半叶德国最大的海鸟粪进口商。——译注

该报成了俾斯麦的喉舌，他不断在专栏里安插故事*。

品特是布莱希罗德和文策尔的朋友，也是俾斯麦听话的工具。俾斯麦家族利用该报为自己的目的服务，安插自己的故事——在1878年和1879年的选战中，这类故事变得特别频繁和恶毒。作为俾斯麦行动方式的典型例子，他通过赫伯特对兰曹下达指示：

> 此外，你应该召见品特，为那篇反对贝尼格森的文章狠狠训斥他；千万不要说贝尼格森坏话，那篇文章让我父亲非常不 278
> 高兴，如果对贝尼格森的攻击不停止，他会向报纸的所有者抱怨编辑们。反过来，他没有看到任何对弗肯贝克（Forckenbeck）† 的攻击，这类攻击越尖刻或越频繁越好。[82]

我们也可以把弗肯贝克的名字换成拉斯克、里希特或任何左翼自由派领导人。俾斯麦无疑希望品特配合自己的尖刻基调。俾斯麦下台后，品特转而为新统治者效劳，开始攻击前首相[83]。

俾斯麦和布莱希罗德偶尔会给品特下达矛盾的指示。1880年5月，该报刊登批评犹太人的故事，布莱希罗德的朋友们马上怀疑俾斯麦是授意者。布莱希罗德向他们保证，这个故事会很快被遗忘。但几个月后，他又坚持让品特发文警告德国的“反动幽灵”[84]。俾斯麦也借此机会对反动的普特卡默部长解释说，“在犹太人问题

---

* 1880年11月，应巴黎的要求，圣瓦里耶报告了德国政府对新闻界的控制。他写道，俾斯麦掌控着一切，这种垄断符合德国宪法的奇特性质和首相的政治脾性。这种安排“与‘爬行动物基金有关’，该秘密基金供首相独家和不受控制地使用。他因此拥有总能发挥效果的强有力工具”。对于哪些报纸愿意接受俾斯麦的故事，圣瓦里耶回答说，列出不愿意的报纸更方便，比如社会党人和天主教报纸，但后者有时也和所有人一样，愿意“接受爬行动物基金，迎合全能首长的观点”。《北德大众报》一直“最忠诚地”表达他的想法。圣瓦里耶致奥拉斯·德·舒瓦瑟尔伯爵（Comte Horace de Choiseul），1880年11月16日，MAE：CP：德国。

† 马克斯·冯·弗肯贝克（Max von Forckenbeck，1821—1892），德国律师和政治家，民族自由党的创始人之一。——译注

上……不应该认为富有的犹太人和我们一起对新闻界施加巨大影响。巴黎的情况也许有所不同”。他表示，在新闻界惹麻烦的是没有财产的犹太人[85]。第十八章对俾斯麦在该问题上的总体表态做了讨论。

同年，布莱希罗德曾几乎差不多就买下了《北德大众报》。奥伦多夫为报纸的一半所有权开价 40 万马克，但要求保留选择权，因为品特也希望购买该报，而奥伦多夫不愿卖给他。布莱希罗德回复称，如果俾斯麦批准改变该报的策略，他就接受条件——该报不能再攻击某些人（布莱希罗德指的也许是拉斯克），也不能再偏向反犹运动。令布莱希罗德吃惊的是，奥伦多夫马上直接与他接洽此事。俾斯麦批准布莱希罗德的愿望，还“……愤怒地否认他参与日渐减少的［反犹］事件，就像他经常被指责的那样”。蒂德曼进一步向布莱希罗德做了保证，但谈判仍然失败。1894 年，布莱希罗德再次计划收购，不过还是放弃了[86]。

布莱希罗德与品特的关系中有些奇怪的特点。他们合作密切，有许多共同的合作者，为同一个主人服务。在将近二十年的时间里，他们相互帮助和彼此见面，品特经常对乐善好施的布莱希罗德表达热烈的感情。但在两人背后，情况并非如此。布莱希罗德愿意在不与品特协商的情况下商谈收购他的报纸，而在私人日记中和荷尔斯泰因这样有同感的听众面前，品特透露了他对布莱希罗德令人困惑的鄙视。

新闻界是一个粗暴和充满竞争的世界。布莱希罗德在其中表现
良好。一部分媒体攻击和污蔑他，但更多有口碑的报纸无法忽视他 279
的影响力和重要性。它们向他施惠，也得到他的回报。我们将看到，在俾斯麦统治的最后十五年里，布莱希罗德与媒体关系恶化。他常常成为怀疑对象，更重要的是，他的金融计划出于政治理由而受到攻击。他不得不做出新的秘密安排。随着俾斯麦命星的黯淡，布莱希罗德也走向下坡路。

第十二章

发财的亲王

俾斯麦是有史以来最轻视原则的人……他是天才、国家的救世主和感伤的叛徒。他总是以我为尊，当事态不再如意时，他就开始哀叹忘恩负义和爱哭鼻子的北方德国人的多愁善感。当我觉得俾斯麦是神意的工具时，我向他鞠躬致意；当他只是他本人，是容克贵族、护堤员和谋利者时，我觉得他完全不值得同情。

此人既是超人也是狡猾的逃避者，既是国家奠基者也是马棚逃税者，既是英雄也爱哭鼻子，黄油在他嘴里不会融化，我对他充满复杂的感情，无法对他表达任何纯粹的赞美。

——特奥多尔 · 冯塔纳致女儿，1894 年 1 月 29 日和 1895 年 4 月 1 日（俾斯麦的 80 岁寿辰）

1871 年夏，俾斯麦似乎登上事业和财富的巅峰。作为国家英雄，他即将成为欧洲的仲裁者。他推翻许多国王和一位皇帝，摧毁旧国家，缔造新国家。自拿破仑以来，还没有哪个人对欧洲的生活产生如此革命性的冲击——而且他还成功扮演保守主义壁垒的角色。

和失败一样，成功也有代价。1871 年后，当俾斯麦知道大事已经办完时，他开始感到痛苦。和其他凡人一样，他开始担心个人事务，担心健康、财富和职业的快乐。与其他凡人类似（甚至更加严重），他的各种焦虑相互叠加，对他的强健体格构成威胁。但与普通人不同，权力长期以来一直是俾斯麦的鸦片，缓解他的痛苦，减轻他过分的自怜。他逐渐习惯于权力这种鸦片，但当他的权力成为日常，不再令人兴奋和带来光荣时，效果就大打折扣。早年，他热衷于不确定的游戏，结果对他而言倒是次要的。

即使在这个金钱的世界里，他也害怕胜利的代价将是高昂的。1871 年 3 月，威廉致信俾斯麦，表示希望让他晋爵为亲王。俾斯麦最初的想法（如果我们相信他的回忆录）是这种荣誉超出他的收入水平。他记得“哈登贝格（Hardenberg）和布吕歇尔（Blücher）这样入不敷出的亲王”，担心自己的儿子们也会像他们的子嗣一样无法保住头衔。（1814 年，布吕歇尔被封为亲王，并获得巨额奖赏； 281
随后的几年间，他因为赌博把奖赏挥霍一空，而且欠债越来越多。俾斯麦联想到这个例子令人奇怪*。）无论如何，当俾斯麦当面向国王提出拒绝时，国王眼泪汪汪地抱住他——俾斯麦别无选择，只能接受。他在回忆录中写道：“从此我始终觉得，作为伯爵，即使不令人生厌地显摆也能过得很好，但作为亲王，如果想避免这样的显摆，他一定要有钱。”[1] 让俾斯麦在财务上成为受人尊敬的亲王是布莱希罗德的任务。

国王还给了俾斯麦另一份礼物：古老的萨克森瓦尔德（Sachsenwald），位于劳恩堡公国的汉堡附近。这片国有领地当时价值 100 万塔勒，包括 15 625 英亩森林和 1250 英亩以草地为主的土地。这份新礼物后来被称作弗里德里希斯鲁（Friedrichsruh），它让俾斯麦成为德国最大的地主之一（到了他的孙辈仍然如此）。1976 年，弗里德里希斯鲁周围的俾斯麦庄园估计仍达 17 290 英亩。

---

* 读者应该还记得，1876 年，俾斯麦拒绝发表布吕歇尔的一些书信，即使当信中的财务内容被去除后（见第十章）。特奥多尔 · 冯塔纳也把布吕歇尔和俾斯麦联系起来。冯塔纳记得布吕歇尔曾向国王抱怨说，没人再愿意和他打牌。腓特烈 · 威廉三世回答说，人们知道他作弊。对此，布吕歇尔回应称：“‘是的，陛下，小小的作弊再好不过。’那也是俾斯麦的原则：在他看来，‘小小的作弊（比如抓阄）’总是最美好的东西”。特奥多尔 · 冯塔纳，《家书》（柏林，1924 年），第二卷，第 300 页。

但最初，新庄园让俾斯麦付出额外的钱。庄园没有合适的宅邸，“如果不想生活在原始森林中闹鬼的猎人木屋里，只有一处地方可以安身”，但那里已经被出售。布莱希罗德以 4% 的利息借给他 87 500 塔勒，用于修缮那片土地[2]。同样在 1871 年，布莱希罗德“不计入［我的］银行账户，从［我的］私人基金中”借给俾斯麦 25 000 塔勒，但没有透露用途。贷款在十三年后才被偿还[3]。

在外人眼中，新亲王看上去绝对幸运。甚至他的哥哥也认为他幸运，享尽“尘世之乐”（*Erdenglück*）。为此，俾斯麦克服“对墨水的恐惧”（*Tintenscheu*）——他曾是个多产和无与伦比的书信作者，因为工作和内心的愤世嫉俗而变得沉默——致信纠正兄长的说法。在一封表面上为兄长贺寿的信中，他写道：“我在处理公事上很幸运，在个人冒险上就不太走运了……对国家而言，拥有这样的首相要比相反的情况更好。我在个人财务上没有运气，也许还缺乏才能，无论如何我没有时间亲自关心这些事。”他抱怨说，伐尔岑在烧钱，即使新近获赠的萨克森瓦尔德目前也只出不进，尽管未来应该能带来每年 3 万塔勒的收益。现在，他不得不靠薪水生活，并出租舍恩豪森。他认为自己是一个贫穷而疲倦的亲王，再无体力承担精神上的负担；此外，他还拒绝平日里收到的借取或馈赠数千塔勒的请求[4]。俾斯麦夸大自己的烦恼，也许是为了遏制兄弟的嫉妒苗头。 282

整个 1871 年，他无疑特别担心自己的财务状况。也许没有什么比 100 万塔勒的奖赏和亲王的昂贵荣耀更让人念念不忘自己的财富了。也许他遗憾没有更多时间管理财富，但他还是花大量时间关心个人事项和账户的细节。有时，他的一丝不苟到了小气的程度，不过他的关心重点时而有误，因此他在打理财务事项时有点“小钱精明，大钱糊涂”。约翰娜同样“一门心思地关心庄园的经济状况”[5]。

1871 年，俾斯麦又有了一个为财务状况担心和烦恼的理由。1870 年 12 月，当他在法国为新德国奋战时，普鲁士收入税委员会大胆地将他归入收入更高的第 19 级（年收入约为 3.2 万到 4 万塔勒），而不是第 18 级（2.4 万到 3.2 万塔勒）——1871 年德国的年人均收入是 116 塔勒。1871 年 3 月，约翰娜提出抗议。7 月，在科伊德尔的帮助下，俾斯麦起草多份抗辩书，结论是他甚至不应该被留在第 18 级——这非常符合他的性格。抗辩书姗姗来迟，但俾斯麦解释说："前些年，国事让我无暇顾及自己的事。"[6]

俾斯麦与税务机构较劲的文件提供了关于他的财富和政治立场的某些线索。科斯林（Köslin）县的官方税务评估详细描绘了伐尔岑和附近两处较小庄园的状况。伐尔岑本身占地 5752 英亩，其中 4000 英亩为森林；另两处庄园占地 8062 英亩。根据俾斯麦的估算，1870 年这些庄园的收入为 15 286 塔勒，包括一家砖厂和一家石灰厂。他还拥有舍恩豪森庄园，占地 856 英亩；税收委员会把他在 1868 年就卖掉的克尼普霍夫庄园也计算在内，俾斯麦对此勃然大怒："这是不应该发生的错误！" 委员会对他的伐尔岑宅邸公允价值的估算也让他愤怒："租金被定为 500 塔勒同样武断。我不相信有租客能张罗到 50 塔勒。我可以按照这个价格租给委员会；另一方面，支付给各类工匠，用于维护这幢快要散架房子的开支超过 500 塔勒，账单可以作证。" 在下一份愤怒的备忘录中，俾斯麦又对 500 塔勒的租金做了补充："能想出这个数字，你们一定是不熟悉乡下状况的城里人……委员会似乎认为波拉诺夫（Pollnower）地区是寻开心的游客们夏天的度假地！" 在类似的犀利言词和花招的帮助下，俾斯麦宣称他的应纳税收入——包括 1.2 万塔勒的薪水，4000 塔勒的劳恩堡公爵补贴（1872 年将终止）和威廉街上的免租金宅邸（估价 2000 塔勒）——应为 2.45 万塔勒，而不是估算的 3.2 万，尽管他补充说，庄园的收入未来有望增加。

科伊德尔征求了司法公务员迪特里希博士（Dr. C. Dietrici）的
建议。在仔细查看了俾斯麦的抗议书草稿后，他提醒说，如果将伐 283
尔岑的净收入估算为 4533 塔勒，那么最初为该庄园花费的 40 万塔勒皇家奖赏（不包括俾斯麦追加投入的 10 万塔勒）的回报率只有

1.12%。这样的话，他的总收入将刚刚超过第16级，也就是他在1865年已经接受的水平！他还询问了亲王是否持有任何“计息投资”，俾斯麦用铅笔在旁边标注“没有”以示否认。（但若非“计息投资”，布莱希罗德为他持有的证券又算什么呢？）

迪特里希警告说，不要让税务委员会觉得太难以置信。1871年10月，委员会接受俾斯麦的申诉，将他重新归入第18级[7]。不过，降低等级的好运只持续几年。1876年，他被归入更高等级。1877年，在以马克计量的更精细体系下，他被归入第31级，估算收入为20.4万到24万马克，应纳税6120马克[8]（此外，根据个人税税率，他还被征收更高的市镇税）。1880年，俾斯麦再次对税务部门提出挑战，结果直到1890年他仍然属于第31级。纳税普遍不受欢迎，但对贵族而言（不仅在德国），抗税被认为是反抗官僚暴政的崇高举动*。

俾斯麦与税务部门的斗争得到布莱希罗德的帮助，就像后者曾经帮助他在弗里德里希斯鲁的新庄园购置合适的宅邸。布莱希罗德的服务形形色色而且一丝不苟，总是受人欢迎。俾斯麦变得越富有，他的利益就越多元化，对金钱也越加关心。无论在政治危机中还是在度假时，无论在柏林还是在自家庄园，无论患病还是健康时，俾斯麦无时无地不加强对自己财富的管理。因此，1871年后，布莱希罗德的角色变得比之前更加重要。

在1877年的一次审判中，布莱希罗德描绘了自己的责任：

> 十五年前，当俾斯麦亲王获得普鲁士首相的任命时，他委

---

* 俾斯麦遵循其他容克贵族的传统，就像一位后来的变节者对他们的尖刻描摹：“‘尽可能多地从国家索取，尽可能少地给国家’是他们的座右铭！他们只在纳税时显得俭朴。他们认为，昂贵的马匹、花园、狩猎、教师和女管家等的花销属于必要的家庭预算。”赫尔穆特·冯·格尔拉赫，《从右派到左派》（苏黎世，1937年），第36页［Hellmut von Gerlach, *Von Rechts nach Links* (Zurich, 1937), p. 36］。

> 托我掌管他的全部财务事项。我将打理他的所有收入和开支，买入和卖出他的土地和证券。亲王指示说，在投资选择上，我应该更多考虑基本的安全而非收益。[9]

此外，布莱希罗德还要管理抵押贷款，和麻烦的承租人打交道，推销俾斯麦庄园的主要产品——木材，并处理其他琐事。他还是俾 284
斯麦家的日常银行家。对布莱希罗德而言，这种承诺很耗时间。他和下属们不断提供一丝不苟的服务，但没有直接的金钱报酬。俾斯麦有充分的理由感激布莱希罗德的付出，尽管19世纪70和80年代日益流行的关于俾斯麦通过与布莱希罗德的关系获得不法或巨额收益的影射并无根据。俾斯麦痛恨这些攻击，将它们归咎于昔日容克朋友们的嫉妒——他认为，这些人都希望能像他一样拥有聪明的犹太人银行家。

在整个帝国，布莱希罗德与俾斯麦及其家人和下属圈子关系最为密切。当俾斯麦在柏林时，布莱希罗德频频与他见面；他可以马上得到接见。布莱希罗德经常造访伐尔岑和弗里德里希斯鲁，而且从不隐瞒自己的行踪。当俾斯麦因为养病长期不在柏林时，他和布莱希罗德会定时通信，有时直接写给对方，有时则通过他的妻子、儿子赫伯特和威廉、女婿兰曹伯爵或历任秘书。在秘书中间，布莱希罗德与罗腾堡和蒂德曼建立了特别友好的关系，尽管两人都不如当年的科伊德尔和他那么亲近。

俾斯麦别无选择，不得不关心自己的额外收入。他的6.3万马克年薪（包括劳恩堡的补贴）只够生活成本的三分之一，即使免租金的首相府也帮不上多少忙。俾斯麦自认为生活俭朴，但国家甚至无法提供必需品。他生命的很大一部分被用来确保额外收入能够充裕地满足他的需求。在此过程中，他奉行一句古老的德国谚语，并曾在帝国议会引用过它："商业世界没有情感。"[10]

事实上，俾斯麦从政府获得的现金收入很少超过每年5.3万马克。政府以各种税收的名义扣去0.9万到1万马克，并向他收取生活享乐品的费用，特别是鱼子酱、法国葡萄酒和陈年波特酒，这些从国外订购的东西经常由当地德国使馆垫付*。俾斯麦家生活考究，经常有娱乐活动，尽管总是并不昂贵。俾斯麦的官邸相当朴素（有人觉得寒酸），令客人们激动的不是美食，而是他本人在场。他对食物和美酒的奢侈消费广为人知，但他不愿接受把有限的钱花在其他用途上的建议："喜欢粉饰门面的人对食物不感兴趣，最重要的是吃得好。"[11]

但俾斯麦关心家人。他的儿子们时而收到补助和礼物。1879年， 285
他命令布莱希罗德每季度汇给刚刚成为他女婿的兰曹伯爵3000马克，这也许是分期付款的嫁妆或者对兰曹秘书工作的酬劳。

喜欢说长道短的柏林人知道，俾斯麦的花销远远超过国家给他的薪俸，许多人声称布莱希罗德是首相财富的秘密来源。这个犹太人的诡计据说为俾斯麦带来巨额收益†。人们广泛传说，俾斯麦利用自己无与伦比的消息在股市牟取暴利。这种可能性是存在的，因为如果有人在股市中的预感能够经常成为"自我应验的预言"，那人就应该是俾斯麦。难怪嫉妒这两人的敌人们编造了荒谬的故事。然而，此前一直扑朔迷离的真相平淡无奇。俾斯麦和布莱希罗德的性格让他们选择保守的投资组合，让今天所有"增长导向"的金融家大吃一惊。

无论如何，俾斯麦的大部分财富是土地，很大一部分是他政治

---

* 比如，1873年，公使基金扣去购买波特酒的2275塔勒和购买鱼子酱的56塔勒，并按惯例扣去175塔勒的收入税（布莱希罗德结算单，1873年4月1日，SA）。每季度购买15到20磅鱼子酱并不少见——每当有特别好的鱼子酱从圣彼得堡运抵时，布莱希罗德还常常向亲王赠送这种美味。

† 法国媒体在普法战争期间最早提出这种指控，一家报纸报道说："通过与布莱希罗德先生……的卑劣投机……俾斯麦的贪婪让他积累了巨额财富。"这份报纸还特别谈到俾斯麦的性放纵："人们说，他在柏林有大约五十个私生子。"莫里茨·布施，《日记选》（莱比锡，1899年），第一卷，第384页［Moritz Busch, *Tagebuchblätter* (Leipzig, 1899), I, 384］。

辛劳的成果。他的大部分额外收入来自庄园。但这种收入有波动，因为它受到意外的影响，如租户的效率、木材市场的状况和修缮支出。大多数年份，他实现盈利，但利润每年都在变化，而且需要不断关注。德国历史学家们荒谬地认为，俾斯麦对生活的这个方面漠不关心，或者忽视对私人事项的打理扩展了他的经济视野。下面是至今为止对俾斯麦乃至任何近代政客财务状况的最翔实描绘。

俾斯麦的资本投资是布莱希罗德的专属领域；他全权负责俾斯麦的投资，但很少私自动用它们。在变更亲王的投资组合前，布莱希罗德几乎都要请示前者。他们的通信中充满布莱希罗德对未来操作的具体建议，或者“按照阁下指示”完成交易的报告。有几次，动议无疑来自俾斯麦。对于布莱希罗德的询问和建议，俾斯麦总会做出回应。请示俾斯麦无疑对布莱希罗德有利：这位银行家既获得无与伦比的情报，又预先为他可能犯下的任何错误找好借口。

他们共同设计旨在将最大安全性和最高收益相结合的投资组合。俾斯麦没有参与 19 世纪 70 年代初任何重大的公司创立活动，也没有任何证据表明布莱希罗德试图让他参与其中。俾斯麦的账户中从来没有劳拉舍或希波尼亚的股票；因此，他错过让哈茨菲尔特和卡多夫受益的意外之财，但也躲过后来市场崩溃的影响。19 世纪 70 年代（并断断续续地延续至今），人们指控布莱希罗德通过普鲁
士土地信贷公司为俾斯麦实现巨额账面收益。布莱希罗德发誓否认 286
这种指控，他的档案中也找不到任何东西暗示该说法的真实性[12]。对俾斯麦来说，布莱希罗德更愿意以优惠的发行价或趁着价格低得不合理时购买安全的证券。因此，如果能够获得购入价格的 1 或 1.5 个百分点的收益，布莱希罗德就会满意，哪怕收益需要几年才能实现。有时他做得更好，在几个月里获得 5 到 10 个百分点的收益。对俾斯麦账户的粗略估计显示，无论市场状况如何，布莱希罗德在大多数年份里获得 4% 的资本利得。

尽管有各种需要，俾斯麦还是试图尽可能多地将资本利得和

利息重新投资。因此，他的资产从 1871 年的 125 864 塔勒（约合 37.7 万马克）增加到 1880 年的 56 万马克——1890 年达到 120 万马克[13]。19 世纪 80 年代，他为部分地产建立信托基金，还把钱转到约翰娜和赫伯特名下。

由于这些特殊账户，由于布莱希罗德的一些结算单已佚，很难重现他的投资全貌。但列出主要门类应该就够了。1871 年，俾斯麦超过 70% 的投资是俄国证券，近 4.9 万塔勒用于购买俄国抵押债券。布莱希罗德在几个月前以 4.15 万塔勒的发行价买下这些债券——从 19 世纪 60 年代末开始，他就是柏林市场上俄国证券的主要来源。这样的快速升值并不常见。另外的 4.2 万塔勒被投入 1871 年的英俄公债和库尔斯克—哈尔科夫铁路（Khursk-Kharkov Railroad）债券。在国内证券上，他持有少量普鲁士国债和价值 2.86 万塔勒、收益率为 4.5% 的贝尔吉施—马基施铁路（Bergisch-Märkisch Railroad）优先股。1871 年下半年，这些投资带来 3360 塔勒的收益，或 5.3% 的年收益率[14]。

尽管奠基之年提供大量机会，布莱希罗德还是坚持投资收益率为 4 到 5 个百分点的德国和欧洲证券，不过俄国股票的回报要高于名义上的 4 到 5 个百分点。俾斯麦以 5 到 8 个百分点的收益卖掉他的美国证券[15]。

俾斯麦的外国投资总是令人非常感兴趣的话题，因为人们认为他可能有意在这个他最喜欢的领域投机。早年他的确这样做过。1872 年，也就是柏林举行三帝会议的那年，布莱希罗德为俾斯麦购入近 8.5 万塔勒的奥地利证券[16]。政策和投资组合在那个点上出现巧合。奥地利的经济已经从过去二十年的破坏中恢复，但繁荣是短暂的，布莱希罗德购买这些证券的时机并不好。1873 年 5 月发生著名的维也纳股市崩溃，冲击波影响到欧洲各国的经济[17]。6 月 10 日，布莱希罗德和俾斯麦会面。第二天，这些奥地利证券被出售，获利 300 塔勒。

六周后，布莱希罗德从马林巴德给俾斯麦写了长信，报告总体形势：

> 被通称为维也纳崩溃（*Krach*）的奥地利金融动荡源于过度投机……股市中的聪明人几周前还相信灾难即将结束，但现在他们都同意这只是末日的开始。投机热已经发展到难以置信的程度，影响首都和外省的所有社会群体…… 287

他还表示，奥地利崩溃也将影响德国市场，尽管两者发展模式不同，德国也存在过度投机：

> 特别是房地产；如果可以，我将不客气地指出，[这里的]人行事有点不诚实，尽管必须强调，与维也纳相比，作为德国首都的柏林有望实现快速和大幅增长。但土地、房屋和租金价格上升如此之快，下调将不可避免。这可能带来痛苦的损失，特别是那些被迫变现的社会成员。[18]

1874年8月，俾斯麦从伐尔岑写来亲笔信，作出一些不同寻常的指示：

> [几周前]我离开时，你谈到出售我的俄国证券，并建议推迟购买同种证券。现在我请你如此行事，但不用着急，只是因为市场价格看起来合适这样做。我想抛掉[全部]俄国证券……但就像我刚才说的，不用过分着急。操作完成后，我们也许可以考虑投资抵押债券。鉴于你的承诺，等你来访时我们再详谈。不过，不必等到那时开始操作。[19]

三天后，布莱希罗德以9.85万塔勒卖掉所有的俄国证券——比成本高了差不多1.3万塔勒[20]。俾斯麦并不急需现金，布莱希罗德对突然变现感到不安，于是直截了当地询问俾斯麦是否担心政治动荡。他收到不太肯定的回复：

> 类似你向我提出的关于政治形势判断的问题永远不好回答；我可以提醒你，直到1870年6月，形势还非常风平浪静。无论如何，今天我看不到任何对和平的威胁，特别是来自你提到的那个国家。如果我希望改变自己的投资，那并非因为我担心和平受到威胁，而是因为我觉得那些债券的价格已经够高，因为我觉得下跌时很难做出抛售决定。[21]

俾斯麦明白投资心理，知道市场操作和高层政策一样，时机意味着一切。

三年后，俄土战争爆发，俄国证券大幅下跌。俾斯麦曾吹嘘说，布莱希罗德称赞他早早套现，并宣称他的理由很简单：1874年，当他听说彼得·舒瓦洛夫伯爵（Count Peter Shuvalov）被任命为驻伦敦大使时，他想："如果在这种时候，俄国人送走他们中最聪明的人，那么我们可以十拿九稳地认为，他们即将干出蠢事。因此是时候卖掉俄国国债了。"他记得，第二天早上，他通过电报向布莱希罗德下达指示[22]。与三年后的诗意回顾相比，他在1874年的先见平淡无奇：俾斯麦并非在舒瓦洛夫被调离后第二天，而是三个月后才卖掉债券。此外，舒瓦洛夫在伦敦取得巨大成功，但他之前担任警察三处（负责行政和安全）的处长，在外交政策上很少有机会发表决定性的言论[23]。 288

俄国证券甚至在战争爆发前就已经下跌。约翰娜、赫伯特和女仆热妮·法提奥没有卖掉他们持有的俄国证券，1875年秋天，两个女人对手里俄国证券的下跌懊丧不已[24]。与此同时，布莱希罗德通知赫伯特，他已经推迟重新购买俄国证券的计划，"因为黑塞哥维那（Herzegovina）的动荡令人担心”对俄国的投资[25]。显然，政治情报会影响市场。

后来，俾斯麦宣称他在1874年后再没买过任何外国证券，表示“这些东西蒙蔽了外交部长的眼睛，实在不该购买”[26]。事实上，他在1885年6月忘记这条克己原则，指示布莱希罗德将20万马克投入最新的英俄公债。反讽的是，购买俄国债券的钱似乎来自一个特别账户，里面是为了祝贺1885年4月俾斯麦70大寿而向公众募集的国家基金[27]。一周后，由于布莱希罗德对俄国政策提出警告，俾斯麦卖掉这些债券，没有遭受损失[28]。1889年，俾斯麦还投资大量埃及和墨西哥证券。

从1874年到1889年，除了上面提到的那次例外，俾斯麦的钱都被投资于国内证券。投资主要包括三大类：政府债券，特别是普鲁士统一公债，1877年后为德意志帝国公债（*Reichsanleihe*），收益率均为4%；抵押债券，大多来自与布莱希罗德关系最为密切的俄国抵押银行；1876年到1884年间的各种铁路股票。

到了1889年，俾斯麦的投资组合以政府债券为主，比如德意志帝国公债。从1889年到1890年，亲王的投资发生最后一次重大变化。1889年夏天和秋天，他卖出部分帝国公债，买入25.1万马克的埃及债券和23.2万马克的墨西哥债券（利率为6%）。布莱希罗德在两者中显然都有特殊利益。有史以来，俾斯麦资本的最大一笔交易发生在1890年3月8日到14日之间。当时他正身处自己最后的危机，为了政治生命与年轻的皇帝展开较量，但败下阵来。那个星期里，他变现75万马克的政府债券，将其中近一半投入埃及 289
债券[29]*。当时他正准备向帝国议会提交注定将被否决的挑衅性军队

* 出于金融而非政治原因，在俾斯麦被罢免前几周，柏林市场大幅下跌。1890年3月9日，重要的金融周刊《股东》(*Der Aktionär*，第37卷，第157页）提到：“上周……定期的恐慌笼罩［股票交易］……周末情况有所好转……很大程度上是因为他人的干预，特别是布莱希罗德银行。”也许值得一提的是，3月5日的《股东》刊载的头版文章评论说，埃及的财政状况大有好转——布莱希罗德早就对那里感兴趣。

法案，这次变现是否与此有关呢[30]？俾斯麦是否像人们常常宣称的那样在考虑发动政变，导致帝国解体和国债下跌？或者说，这更可能是俾斯麦最后的投机——投机对象是他本人的下台？他是否认为，赶走最能干之人的帝国将很快在政治上做出蠢事，就像他很久以前对舒瓦洛夫事件的断言？他的确认为“皇帝让自己最好的将军［卡普里维（Caprivi）］当首相，让最好的首相当陆军元帅，这非常奇怪”[31]。这次，他在三点上都猜对了：他被罢免后，市场出现短暂但剧烈的下跌*；埃及债券继续上涨；帝国的确踏上权力不受限制和犯蠢的新道路。

他最后的投机成功了。1890 年 6 月，在布莱希罗德的建议下，俾斯麦出售持有的埃及债券，获利 3.3 万马克，或者说在三个月和九个月里分别实现 5% 的收益[32]。1891 年 7 月，亲王询问抛售持有的墨西哥债券是否明智，他听说墨西哥正处于巨大投机性繁荣的阵痛中；也许他觉得人生有过一次从“奠基时代”中幸存下来的经历已经足够[33]。布莱希罗德的墨西哥冒险让俾斯麦赚到了钱。

现存最晚的俾斯麦证券对账单的日期是 1890 年 12 月 31 日，显示的投资组合价值为 1215 831 马克，或者说相当于那时的 30 万美元。如果不是之前转给赫伯特数十万和转给约翰娜 30 万马克，总额应该还要更大。此外，俾斯麦在其他账户中也存有巨款，有的是与几处庄园相关的信托基金。他还用为他 70 大寿而募集的基金购买了一些证券，利息被他用于各种慈善活动。当 1893 年 2 月布莱希罗德去世时（据说他此时是德国最富有的人），他把自己最中意的客户的事务打理得井井有条，财富总价值达好几百万。

---

* 对熊市推波助澜的是，“与首相的关系广为人知的柏林第一大银行大量抛售”。《股东》，第 37 卷（1890 年 3 月 23 日），第 197 页。在俾斯麦被罢免前几天，布莱希罗德显然就已经知道他的位置岌岌可危。

俾斯麦不是柏林人，不喜欢大都市的生活。（他曾对帝国的议员们说：“我更愿意生活在乡下，而不是和你们在一起，尽管你们很有魅力。”[34]）他也不是安于庄园生活的容克地主，视野不超过最近教堂的尖顶或者对下次收成的预期。事实上，俾斯麦需要他的多种生活：他需要庄园的平静，让自己从柏林的斗争中恢复过 290
来。仅有柏林的都市生活会要了他的命，但纯粹的田园生活会让他无聊死。

没有哪个近代政客像俾斯麦那样长时间地离开首都和职守。伐尔岑和弗里德里希斯鲁成了另两个首相府，但没有任命、会议和演讲，只有一两位受到信任的秘书。弗里德里希斯鲁至少还比较容易到达，但从柏林前往伐尔岑要经过一天的车马劳顿[35]。即使在他最喜爱的环境中，他也从未彻底与政治隔绝。在某个无忧无虑的时刻——让人联想起富兰克林·罗斯福（Franklin D. Roosevelt）——他对女儿说：“甚至在这里，政治也不让我彻底安宁……但由于这里没有人帮倒忙，欧洲总是在早餐的十或十五分钟里得到打理和被梳洗。”[36]在帝国早年，他有时一连几个月住在伐尔岑；后来，他转而偏爱弗里德里希斯鲁，并在1895年永远退居那里。

1871年后，俾斯麦拥有三处大庄园：柏林西面的舍恩豪森；位于波美拉尼亚，距离波罗的海不远的伐尔岑；汉堡附近的弗里德里希斯鲁（也有人用旧名萨克森瓦尔德称呼它）。三处庄园共占地约4万英亩，投资至少500万到600万马克。扩大后的伐尔岑占地约2万英亩，包括七处相邻的庄园。弗里德里希斯鲁占地近1.7万英亩[37]。伐尔岑和弗里德里希斯鲁的房屋较为原始，但拥有庞大而壮丽的森林，其间生活着大量野兽。广阔的萨克森瓦尔德出产优质木材，能够带来可观的收入。俾斯麦拥有德国最大的未被砍伐林地，因此对寻找和维护国内外市场的问题有直接了解。

俾斯麦爱这些庄园，认为地主身份拥有其他生活方式所不具备的特殊美德和崇高。俾斯麦的标准传记（特别是德国人所写的）动人地描绘他对自然的爱、对树木的热情、与农夫们快乐（有时不太快乐）的领主关系——或者说与庄园相关的一切，但不包括管理。有的传记提到俾斯麦自诩对土地怀有饥渴之感，提到他每天晚上看到邻居土地时想要把它们吞并的强烈欲望，但很少有传记承认他对庞大地产的运营倾注的无尽关心[38]。

布莱希罗德知道管理这些庄园多么复杂。事实上，他觉得比起帮助这些庄园盈利，投资俾斯麦的钱更容易。布莱希罗德负责处理新购置土地的法律和财务事项，掌管着与限定继承的庄园相关的几处账户，收取和支出来自庄园的资金，与麻烦的租户谈判，还要监督管家。（1867 年，恩斯特 · 威斯特法尔［Ernst Westphal］被任命为伐尔岑的护林员长，两年后受命全权管理庄园[39]。几年后，彼得·朗格［Peter Lange］受命在弗里德里希斯鲁扮演类似的角色——两人都不断和布莱希罗德保持接触。）

由于俾斯麦并不从事传统农业，布莱希罗德的帮助显得更加重要和适当。俾斯麦的收入并不依靠种植粮食和养牛，而是来自木材销售和庄园里开办的制造企业。这是正确的选择，因为 1870 年后，海外竞争导致谷价逐步下跌。他还认为这个选择有利于国家：他曾在帝国议会表示，产业工人的背包里放着元帅的指挥棒；农业工人没有这种抱负，因此推动农村工业是有益的——还能减少对外移民[40]。 291

早在 1871 年，布莱希罗德就安排收购与萨克森瓦尔德毗邻的两处庄园：奥穆勒（Aumühle）和弗里德里希斯鲁，这两座农庄至今仍是俾斯麦家族产业的核心。亲王对价格和交易的速度都很满意[41]。

布莱希罗德了解俾斯麦的贪得无厌，有时也提出购置建议。1873 年 11 月（购入弗里德里希斯鲁后仅两年！）他致信俾斯麦，表示根据“可靠消息”，布鲁门塔尔伯爵可能准备出售与伐尔岑毗邻的雅诺维茨（Janowitz）庄园。“现在的开价是 100 万塔勒，首付 20 万塔勒。我不了解那处庄园，但我得到的信息暗示，布鲁门塔尔伯爵会接受大幅砍价。”如果俾斯麦感兴趣，布莱希罗德乐意协商。俾斯麦马上亲笔写了四页回信：“雅诺维茨庄园完全超过我的承受能力和需要，尽管我很乐意买下其中的一部分……”由于伐木权争议的影响，庄园现在价值 60 万或 70 万塔勒。“这对我来说太高了；我更希望还清债务。如果要买的话，我现在更想要霍洛夫，只需 6 万塔勒现金，总成本为 10 万塔勒。”[42]

随后几年间，俾斯麦先后购入伐尔岑附近的老霍洛夫（Alt-Chorow）和新霍洛夫（Neu-Chorow）*。购置细节由布莱希罗德安排，包括结束和延长现有的抵押贷款[43]。1882 年，他又以 26.4 万马克买下舍宁施泰特（Schöningstedt）庄园。布莱希罗德再次为他提供利率为 4% 的抵押贷款，每年还需摊销 1% 的本金[44]。1883 年底，布莱希罗德提交他所持有的俾斯麦抵押贷款完全清单，大多用于伐尔岑庄园。最初的成本为 94.8 万塔勒，还有 84.4 万塔勒未偿还。利率为 4%，大部分抵押贷款的摊销率特别低。简而言之，布莱希罗德提供 100 万马克的抵押贷款——能让他这样做的客户寥寥无几——因此俾斯麦无须变现其他资产就能购置新土地，这些投资的收益要高于抵押贷款的成本[45]。

布莱希罗德开设和管理着几个不同账户，分别被俾斯麦指定用于不同的庄园。其中最重要的是限定长子继承的施瓦岑贝克—萨克森瓦尔德庄园（Schwarzenbeck-Sachsenwald）。1872 年 8 月，俾斯麦亲笔致信布莱希罗德，要求开设该账户，并授意他将总价值 4 万 292
塔勒的特定证券转入新账户：“如果你觉得合适，可以出售这些证券，所获款项或新购买的证券仍然存入该账户。”[46] 其他时候，他还开设和关闭类似账户，用于支付修缮、抵押贷款利息和偶尔的扩建。

俾斯麦关注自己广泛利益的每个方面。他要求管理者和监督者们恪守节俭，并提供最翔实的信息：“我对自己一无所知的地产不

---

* 即今天的霍洛沃（Chorowo）和霍洛夫科（Chorówko），现属波兰。——译注

感兴趣，股票的收益率要高于地租。”[47] 后来，约翰娜承担更多责任，这让赫伯特非常担心：“虽然已经年老体衰，但她独自打理着家中的一切——所有的书籍、账单、与供应商的通信和与仆人的关系——一切都依靠她。”[48]

布莱希罗德还要承担无穷无尽的琐事。但俾斯麦特别担心时，他会委派布莱希罗德审计某处地产的账簿。1880 年，俾斯麦再次请他调查几个账户：

> 感谢你承诺帮助审计与我的庄园相关的账簿和开支。如果你现在能派人来伐尔岑帮忙，我愿意接受你的好意。在威斯特法尔管理下的那部分庄园——伐尔岑的森林和农场——运营良好。但对于里彻先生（Mr. Ritsch）管理的[毗邻的]普迪格—米斯多夫（Puddiger-Misdow）农场……我没有收到任何消息，只是间接听说为尚未收割的燕麦签订了 5000 马克的预售合同。对于随时可以从我这里拿到钱的人来说，这种交易奇怪而不经济。如果你愿意遵照我的愿望，我将允许你全权调遣我的所有管理人员，但目前仅限普迪格—米斯多夫农场，因为我没有收到那里的任何消息。我一直没有等到你的造访，但无论你何时来，我都会感到高兴。恐怕我等不及身体完全康复就要返回柏林，因为我不得不对付那些让我的工作变得更困难的[政治]反对者。我工作的额外成本超过额定要求，把我的精力消耗得差不多了。

他在信尾附言中补充说：“为了一视同仁，伐尔岑也应被审计，但先从普迪格开始。”[49]

深受布莱希罗德信任的代理人西贝特调查了各处庄园并提交了详细报告。俾斯麦后来对舍恩豪森的审查显示，从 1873 年到 1878 年，亲王在那里的支出超过收入 27 153 马克[50]。朗格和威斯特法尔很 293

可能讨厌布莱希罗德的监督，但他们别无选择，只能恭敬地合作。

1882 年，朗格和布莱希罗德密切合作，为弗里德里希斯鲁制定合适的保险计划。1879 年，俾斯麦终于在弗里德里希斯鲁购买了可居住的房子——一座未经修缮的老客栈，房门外侧还留有编号——并坚持要对房子和家具提供足够的保险[51]。他们随之展开了冗长乏味的通信，布莱希罗德不仅要核对清单上将被投保的物件，还要四处寻找能为俾斯麦提供比之前条件更优厚的保险公司。俾斯麦亲自评估所有物件，弗里德里希斯鲁的房子和家具分别被投保 12 万和 8 万马克。威廉致信布莱希罗德表示："[我父亲] 希望在为清单上所有物件定价时，确保总额正好是 8 万马克。他希望避免根据幸存物品来估算被火灾烧毁的物品，因为这会大大减少赔偿，甚至导致一无所得。"[52] 在大多数方面，俾斯麦是个谨慎的容克贵族。

但并非总是如此。在与格奥尔格和莫里茨·贝伦德的关系中——他们经营的加工厂是伐尔岑收入的主要来源——俾斯麦既不走运也不谨慎。他与这两人的关系始于 1868 年，一直延续到布莱希罗德去世后，给俾斯麦和布莱希罗德带来无尽的麻烦*。贝伦德兄弟在距离伐尔岑 12 英里的科斯林拥有一家纸浆厂和造纸厂，他们是犹太人，尽管莫里茨决定"让自己和家人接受洗礼；他的儿子恩斯特在马炮兵部队服役过一年，成了预备军官，还在亲王家中享有很高的声誉，经常受邀和他们一起进餐"[53]。

1868 年，俾斯麦买下伐尔岑附近被焚毁的福克斯磨坊（Fuchsmühle）。他在原址修建纸浆厂，用庄园里的木材制造纸

* 这段关系也留下一些有趣的逸闻。贝伦德兄弟中的一人对弗里德里希·恩格斯的朋友讲过这样的故事：有一次，俾斯麦询问工厂监督（他常常与这类管理人员发生争执）的薪水是多少，当被告知是 1000 塔勒后，俾斯麦说："那么你肯定收了贿赂。"这位朋友向奥古斯特·倍倍尔转述那个故事，用以证明俾斯麦的粗鲁。卡尔·马克思与弗里德里希·恩格斯书信，1884 年 10 月 11 日，《致倍倍尔、李卜克内西和考茨基等人的信》，第一部分（莫斯科，1933 年），第 361 页 [*Briefe an A. Bebel, W. Liebknecht, K. Kautsky und Andere*, Part I (Moscow, 1933), p. 361]。

张，并以 4550 塔勒一年的价格将其租给贝伦德兄弟。1870 年 4 月，俾斯麦和贝伦德兄弟签订合同，修建并出租名为哈默磨坊（Hammermühle）的纸浆厂和造纸厂。后来又增加第三家工厂：坎普磨坊（Campmühle）。俾斯麦经常带着访客们参观这些工厂，对它们的现代机械感到自豪——但只有他的密友知道承租人给他带来多少旷日持久的麻烦*。

布莱希罗德是知情者，因为他在其中扮演重要角色。他一次次试图让俾斯麦走出贪婪引起的轻信；但俾斯麦不顾他的警告，继续向这些磨坊注资，而贝伦德兄弟总是处于违约的边缘。第一次危机发生在 1876 年 7 月，贝伦德兄弟的合伙人小阿贝尔（W. Abel, Jr.）破产。布莱希罗德马上警告当时身在巴德基辛根的俾斯麦，贝伦德兄弟也可能面临破产，而且他们没有按时支付 7000 马克的福克斯磨坊半年租金。因此，他已经停止向贝伦德兄弟支付一切款项。俾斯麦很快从当事人那里听说这场可能的灾难：在他度假期间，格奥尔格 · 贝伦德现身向他求助。布莱希罗德建议俾斯麦万分谨慎，现在应该放弃修建坎普磨坊的计划[54]。但赫伯特表示，俾斯麦愿 294
意允许贝伦德兄弟延期还债，只要他的法务参谋德鲁斯司法顾问（Councillor Drews）和布莱希罗德同意。德鲁斯向布莱希罗德解释说："你知道亲王对贝伦德兄弟的仁慈，特别是对莫里茨。"德鲁斯看不到拯救贝伦德兄弟财产的希望："枢密顾问先生，你在多年前就看到了结局。"[55] 但麻烦永远不会结束。

俾斯麦既没有听从布莱希罗德"不要急着资助贝伦德"的警告，也没有接受他的建议，即趁着破产可能以低价购入工厂的机器。俾斯麦表示反对："鉴于我的情况，我更愿意出租而不是亲自运营，

---

* 特奥多尔 · 冯塔纳曾评价"亲王作为造纸厂主"的矛盾之处："这实在是非常奇怪；事实上，一切与书写有关的东西，特别是所有的印刷用纸都让他难以忍受，现在他却创办了造纸厂。"《艾菲 · 布里斯特》（柏林，1895 年），第 105 页 [*Effi Briest* (Berlin, 1895), p. 105]。

尽管收益要低得多。”俾斯麦不愿经营额外业务，或者增加自己的债务。最终，他决定尽可能地防止贝伦德破产，授意布莱希罗德继续按照合同约定付款给坎普磨坊[56]。

在从基辛根前往伐尔岑的途中，俾斯麦在柏林逗留了两天，终于见到布莱希罗德。几天后，布莱希罗德无奈地来信表示：“阁下仍然可以确信，我几乎每个钟点都在考虑这件重要的事，努力寻找两全之策，既在各方面都满足阁下利益，又顾及阁下对贝伦德兄弟的仁慈。”[57]与此同时，俾斯麦要求贝伦德兄弟向布莱希罗德请教如何筹集更多资本，但后者不会直接借钱，“以免产生误会”[58]。或许是为了避免他自己的损失？

在一封十二页的长信中，俾斯麦提到新的麻烦。莫里茨——贝伦德兄弟中的那个好人——可能彻底退出买卖，将其交给不可靠的格奥尔格经营。两兄弟也可能分家，莫里茨需要筹集 7.5 万塔勒，他愿意为此支付 10% 的利息，但即使那样也找不到贷款者。无论如何，“格奥尔格·贝伦德的下一次破产”将让莫里茨痛苦不已，“鉴于他的挥霍无度，这很难避免”[59]。俾斯麦束手无策——这封信的长度显示出他深深的关切。他在那些日子里乐意写多少十二页长的信呢？

最终的权宜之计是，格奥尔格仍然是承租人和麻烦制造者，而莫里茨获得大笔贷款，用于完成坎普磨坊。

下一次危机发生在 1877 年 10 月，什切青骑士私人银行（Ritterschaftliche Privatbank）第一董事突然神秘地去世。布莱希罗德马上警告俾斯麦，该行可能破产，并让格奥尔格也遭遇灭顶之灾。该行持有来自贝伦德的 160 万马克有疑问票据，如果突然要求兑现，贝伦德将破产，债主们将夺走福克斯磨坊[60]。贝伦德逃过破产，但资本大大减少。12 月，他不得不关停哈默磨坊的生产[61]。

与此同时，俾斯麦借给莫里茨的钱越来越多；除了最初预计的 295
22.5 万马克，他又追加 15 万马克。布莱希罗德多次反对这种策略和程序，但大多被俾斯麦驳回。布莱希罗德可能把此事看成拿钱打水漂，而俾斯麦想要他的磨坊，出于某种原因，他不愿与贝伦德兄弟闹翻和寻找新的承租人[62]。

19 世纪 70 年代末，贝伦德兄弟几乎每个月都会带来新的危机。俾斯麦对两兄弟的争执感到担忧：“我们听说关于格奥尔格的令人疑虑的报告。他以 27 马克的净价生产纸板，以 12 马克出售，只是为了压他兄弟的价。我相信，莫里茨的单价为 15 马克……”另一些传言让俾斯麦担心格奥尔格“将很快彻底破产”（*dass er sehr bald eine grosse Pleite machen wird*）——他在这个合适的场合用了犹太人关于破产的流行表达[63]。布莱希罗德回复说，格奥尔格已经被迫将福克斯磨坊的实际控制权交给一个银行家财团，包括著名的柏林贸易公司（Berliner Handelsgesellschaft）；他的个人行为将很快导致另一场灾难[64]。

贝伦德兄弟带来的麻烦永无止境。1879 年 7 月，格奥尔格没能按时支付 6906 马克的福克斯磨坊半年租金，俾斯麦最终决定起诉他。赫伯特向布莱希罗德做了必要指示，但几天后格奥尔格付清租金，采取极端行动的理由消失了*。当年晚些时候，格奥尔格试图为磨坊添置蒸汽锅炉。在俾斯麦的要求下，布莱希罗德调查此事，发现柏林贸易公司反对新的冒险。该公司认为格奥尔格不名一文，希望终止与他的关系，并要求“警告所有人都不应把钱托付给他”[65]。12 月，原有的蒸汽锅炉破裂。圣诞节当天，赫伯特代表父亲给布莱希罗德写了长信，解释说格奥尔格的疏忽造成锅炉被毁，很长时间无法工作[66]。但俾斯麦还是拒绝布莱希罗德的建议，不愿终止与格奥尔格的协议；他更愿意“不主动发难……而是继续顺势而为……鉴于格奥尔格·贝伦德目前的状况，他自己很快就会撑不下去”[67]。

---

* 布莱希罗德致俾斯麦，1879 年 7 月 7 日，SA。俾斯麦在信的背面写了回信草稿，内容与赫伯特同一天写给布莱希罗德的信相同（BA）。包括此事在内的一些例子表明，俾斯麦的儿子和女婿代表他写给布莱希罗德的商业信件其实是由俾斯麦本人起草或口授的。

事实上，俾斯麦借出更多的钱，新的麻烦也随之而来。1888 年，磨坊因为被水淹而停工。贝伦德通知布莱希罗德，他只能履行部分义务，日期也不确定。俾斯麦被激怒了，向布莱希罗德下达严厉的指示。但在格奥尔格的请求下，他在两天后又改变主意。1889 年 10 月的一天夜晚，奥穆勒的磨坊被烧毁，俾斯麦亲眼目睹火灾[68]。

从这几十年麻烦不断的交易中，我们看到一个通情达理得令人
奇怪的俾斯麦。不过，俾斯麦从与贝伦德兄弟的关系中获益良多。296
每年的基本租金达到 78 018 马克，还不包括额外收取的利息。后来，为了给自己在伊利湖（Lake Erie）畔的公司筹资，莫里茨 · 贝伦德把伐尔岑的磨坊改组成股份公司，每年付给俾斯麦 87 105 马克——这个数字更接近俾斯麦曾经提到过的金额[69]。贝伦德兄弟还购买俾斯麦的伐尔岑庄园出产的木材，并为用水付钱。总而言之，他们是俾斯麦收入的最大单项来源。

但俾斯麦不仅要忍受格奥尔格令人难堪的不可靠，还因为与贝伦德兄弟的关系受到诽谤。反犹主义者将此视为俾斯麦与犹太人打得火热的又一个证据，他们宣称他以 8% 的利率借钱给贝伦德兄弟，还让兄弟俩享有垄断地位，独家向帝国邮政局和帝国铁路供应纸张——后来的历史学家们重复这个故事，但没有证据。（1881 年，俾斯麦向贝伦德兄弟保证，他“极不赞成对犹太人的这种打击，无论是基于宗教，或者更糟糕的，是基于［种族］出身”[70]。）布莱希罗德档案并未提及贝伦德与帝国政府有过任何利润丰厚的合同。如果格奥尔格拥有如此坚实的收入基础，俾斯麦还用为他如此担心吗？

俾斯麦对树木的喜爱广为人知*。他的热情货真价实，并深谙养护和培育森林之道。这种喜爱还有助于他的真正德国人形象；他的

* 他所钦佩的迪斯累利也有这个爱好，而他讨厌的格莱斯顿则没有。1887 年，他给后者发去不怀好意的留言：“告诉他，当他挥动斧头砍树时，我正忙着种树。”阿诺德 · 奥斯卡 · 迈耶尔，《俾斯麦：人和政客》（斯图加特，1944 年），第 448 页［Arnold Oskar Meyer, *Bismarck. Der Mensch und der Staatsmann* (Leipzig, 1944), p. 448］；罗伯特 · 布雷克，《迪斯累利》（伦敦，1966 年），第 410、414 页［Robert Blake, *Disraeli* (London, 1966), pp. 410, 414］。

同胞中很少有人意识到，森林也是他主要的收入来源*。

1879 年，在为木材关税计划辩护时，俾斯麦对议会抱怨说，对钱感兴趣的人再也不愿种树了；未来，森林将变成荒漠——只有少数像他这样的“树痴”（*Holznarren*）“以看见森林成长为乐，不计较锱铢小利”[71]。俾斯麦也许是“树痴”，但与议会演讲不同，他在现实生活中并不认为喜爱和利润有矛盾。

多年来，俾斯麦从木材赚得的钱超过薪水。因此，他特别关心为自己的产品找到便捷和可靠的市场。1882 年，他决定只通过安排好明确支付方式的特别销售令出售。他在谢菲尔德（Sheffield）的 297
客户也许会有异议，不仅因为价格和质量，而且就像他对布莱希罗德所说的，因为“英国人不希望接受其他方式，他们习惯于自己决定商业条件”[72]。

不过，俾斯麦的主要客户是德国批发商弗里德里希·弗温克尔（Friedrich Vohwinkel），此人因为自己的买卖与布莱希罗德有过间接接触。1882 年，俾斯麦在弗里德里希斯鲁的护林员致信布莱希罗德：“您应该从亲王财务的管理者了解到，来自盖尔森基辛（Gelsenkirchen）的弗里德里希·弗温克尔先生长期从萨克森瓦尔德供应矿井的木支架。因此，亲王的管理者非常希望那位总是及时付款的弗温克尔先生能保住自己的市场。”这些市场中包括希波尼亚大煤矿，那里将很快签订购买木支架的新合同。“由于……合同的决定权在您手中，我冒昧地代表亲王的管理者，恭请您再次选择弗温克尔先生。”[73]

布莱希罗德是希波尼亚的董事，他的儿子和施瓦巴赫后来也是。他无疑拥有巨大的影响力，尽管他通常不太可能亲自过问购买木支架的事。不过，他还是为俾斯麦的主要客户成功争取到合同。1886 年，

---

* 1882 年，他特别担心自家木材的收入。他告诉财政部长阿道夫·冯·朔尔茨，自己刚刚种下的一大片花旗松濒临死亡：“我的儿子们不应对此感到愤怒！别的父亲因为马匹、纸牌和女人等东西让儿子们遭受大得多的损失——所以我不应该因为森林管理上的错误而受到任何严厉指责。”《全集》，第八卷，第 456 页。

朗格再次提出请求，指出弗温克尔从1878年开始就是俾斯麦的客户，但未来的购买将取决于希波尼亚继续以优厚价格向他购置木支架。他写道："价格已经大幅下跌，如果继续下跌，我担心可能失去这位宝贵的客户。"这位客户的确宝贵：弗温克尔已经向亲王的庄园支付了"整整100万"，从未有过一次分歧。布莱希罗德一如既往地同意了。一年后，朗格对他的帮助表示感谢："因为您，我们得以保住最好的客户，免去寻找其他可靠市场的尴尬，而且市场可能非常难找。亲王大人……对这种有利的商业地位感到高兴，这多亏了您。"[74] 首相被罢免几天后，朗格再次代表弗温克尔请求布莱希罗德，并表示比起其他矿井，弗里德里希斯鲁的橡木更适合希波尼亚。三天后，布莱希罗德得到希波尼亚的回复，表示鉴于弗温克尔过去令人满意的表现，延长他的合同应该没有问题[75]。

在帮助俾斯麦维持与弗温克尔的关系过程中，布莱希罗德的角色具有某种鲜明的典型性。这是俾斯麦与鲁尔区工业家最密切的商业联系，而且对他非常重要。毕竟，弗温克尔给他的比国家给的更多。容克贵族和工业利益间的这种联系也不无政治意义：在路易斯·巴尔非常活跃的波鸿（Bochum）商会中，弗温克尔是重要成员。该商会从1873年开始推动征收铁矿石关税。布莱希罗德创建的希波尼亚（也是俾斯麦的间接客户）属于同一个压力集团[76]。俾斯麦有充分的理由考虑他们坚持的要求。

俾斯麦的庄园还有其他收入来源，但相对不太重要。比如臭名昭著的罗特维勒火药厂（Pulverfabrik Rottweiler），最初年收入1.09万马克，到了19世纪80年代末翻了一番*。俾斯麦从庄园里的酿酒 298

* 阿尔弗雷德·瓦格茨（Alfred Vagts）强调，俾斯麦在军火业的利益可能引发不当行为：《俾斯麦的财富》，刊于《中欧史》，1968年第1期，第216—217页［"Bismarck's Fortune," *CEH* (1968), I, 216–217］。但他的利益是固定的，尽管后来租金价格上升。因此，与瓦格茨的观点相反，有利可图的战争带来的突然繁荣并没有使俾斯麦获益，他的其他投资反而可能因为战争爆发而遭受损失。瓦格茨没有提到俾斯麦与鲁尔区大亨们的重要关系（通过弗温克尔）。

厂也获得一些收入，尽管布莱希罗德的记录中没有提到细节。此外，弗里德里希斯鲁庄园还有一眼矿泉水，装瓶后以“俾斯麦泉”（Bismark-Quelle）这个恰如其分的名字出售。上述这些增加了三处庄园的收入，但都算不上重要收益。

俾斯麦的账户极为复杂。它们消耗他和布莱希罗德的大量时间，尽管我们手头不乏资料，但理清它们仍然非常困难。俾斯麦极其仔细地检查某些半年对账单，核对许多项目的用途。布莱希罗德一次性交给俾斯麦家人、他们的老仆人恩格尔（Engel）或者总管热妮·法提奥6000马克，用于家庭开支。1878年，这笔开支似乎上升到15.6万马克，1879年达到18.5万马克，1883年降至138 989马克[77]。

我们拥有1884年俾斯麦在布莱希罗德银行账户的完整清单。当年年末，俾斯麦共支出526 692马克，收入为408 425马克，亏欠118 267马克，需要向布莱希罗德支付4%的年息。在支出中，119 500马克被交给俾斯麦家，每年还要给兰曹伯爵1.2万马克和给威廉一笔较小的款项。一些开支被直接交给各种供应商，包括购买葡萄酒的4000马克单笔花销。弗里德里希斯鲁的护林员得到11万马克，可能用于与庄园正常运营相关的购置、修缮和意外开支。俾斯麦还花了18.5万马克重建贝伦德的磨坊，12万马克用于偿还抵押贷款的利息和本金。

1884年的收入分类账目也许并不典型，尽管每年的比例可能变化相对较小。最大款项来自贝伦德的各种租金，总额达8.53万马克；弗温克尔那年支付了76 242马克。俾斯麦的投资利息为56 613马克，薪水为52 294马克。伐尔岑的护林员威斯特法尔上交了3.5万马克，罗特维勒火药厂仅仅贡献了10 910马克。账目看上去大多是出售证券，被记作收入。这些数字证明布莱希罗德在俾斯麦重要收入来源中的核心角色。

六个月后，俾斯麦亲自粗略计算了布莱希罗德提供的半年详细 299

清单，他记录道：伐尔岑（包括贝伦德兄弟）收入 118 769 马克，舍恩豪森收入 22 万马克，弗里德里希斯鲁（包括弗温克尔）收入 86 538 马克，薪水 26 324 马克，利息 7618 马克——最后一项低得不同寻常。在那六个月里，俾斯麦为抵押贷款的本息支付了 5.3 万马克，为贝伦德的建筑工程支付了 2.02 万马克，为伐尔岑和弗里德里希斯鲁的护林员分别支付了 3.7 万和 1.5 万马克。个人总支出为 6.2 万马克。

在与税务部门有关的另一次麻烦中，俾斯麦请布莱希罗德提供 1887 年到 1889 年来自其三处庄园的净年均收入清单。布莱希罗德提供的数字是：伐尔岑（包括贝伦德租金），125 200 马克；弗里德里希斯鲁，130 400 马克；舍恩豪森，9800 马克。考虑到对伐尔岑和贝伦德的投资（包括最初的国家奖赏）接近 300 万马克，对弗里德里希斯鲁的投资更是远高于 300 万马克，上述收益率相对寒酸，几乎肯定低于每年 4%。不过，在俾斯麦晚年，庄园收入显著上升，他的巨额投资开始有了回报*。

俾斯麦被免职意味着他的薪水将立即停发，转而领取相当于薪水三分之一的养老金。他每年的总津贴减至 2.7 万马克，包括作为劳恩堡大臣的养老金；他还失去了免租金的柏林宅邸[78]。此外，公使基金要求俾斯麦立即补上 1890 年 3 月最后十天的薪水和养老金的差额，这是普鲁士的规定还是皇帝的报复？俾斯麦本人轻蔑地表示："此举让普鲁士当局变得伟大。"[79]† 政府还为"去年在俾斯麦柏林官邸所做的工作"收取 586.4 马克，这是强词夺理还是规规矩

* 下台几周后，当着布莱希罗德的面，俾斯麦向来访的护林员抱怨说："除了舍恩豪森，我的庄园都没有给我带来任何东西——只有舍恩豪森有好土地。"感到难以置信的冯·布莱希罗德先生露出微笑，甚至亲王似乎也没太把这句话当真。《全集》，第九卷，第 29 页。

† 布莱希罗德档案中一张未署名的便条提到他的养老金，便条最后表示："大人需要为 3 月 21 日到 3 月底的薪水退回 1500 马克。"俾斯麦明确批准支付。克里桑德（Chrysander）致布莱希罗德，1890 年 6 月 1 日，BA。

矩[80]？俾斯麦经常被指锱铢必较，他刚刚被解放的下属青出于蓝。

在任时，俾斯麦把很多时间花在投资上。退休后，钱只是他的次要爱好。他觉得管理自己的数百万财富就像半个世纪前打理他微薄的遗产一样乏味。权力和政治是他一生最大的热情，没有它们，金钱对他的心灵价值寥寥*。他最后的举动是用自己的政治热情谋利：他预售了回忆录，每卷 10 万马克——这是有史以来德国出版商为作者预付的最高金额[81]。

俾斯麦去世后，关于他的巨额财产的流言立即甚嚣尘上——这 300
不可避免，可能也并不意外。最终，与这位前任首相关系特别密切的《汉堡消息报》（*Hamburger Nachrichten*）报道说："根据权威说法……财产的总资本和现金价值不到 250 万马克，这笔钱要承担他的继承人每年的债务和开销。"[82] 现在我们知道，俾斯麦的遗产接近于那个数字的三倍——尽管晚年他把一部分钱和土地转到赫伯特名下。如果亲王知道他的财富被低估，他也许会露出微笑，他明白这可能是为了对付贪婪的税务评估员。不过，他也许希望后世知道自己做的要更好——而布莱希罗德无疑希望人们知道，俾斯麦的财富在他生前增值了许多倍。

俾斯麦对他的个人商业冒险从不满意。也许他认为，如果将自己的智慧、雄心和无尽的利己主义投入物质追求，他可能已经是商业巨擘了。事实上，他做得相当好。和他的政治生涯一样，他在个人商业冒险中的成功让他成为现代化的容克贵族。俾斯麦在商业和政治上取得成功，这得益于他对当下的机会出色的适应能力，得益于他对自身目标不懈甚至无情的追求。

---

* 退休后和布莱希罗德去世后一个月，俾斯麦回想起他的银行家的贡献："他让我不必对如何安全和有利地投资与管理我的钱忧心忡忡，由于公务在身，我当时几乎无力独自处理这些事；他为我收取庄园和其他地方的收入，反过来还为我的日常开支提供几乎无限的信贷。他总是按时寄来账单，而且完全不需要任何修正。"《全集》，第九卷，第 336 页。

就像我们在上述对俾斯麦财务状况的描述中所看到的，布莱希罗德为俾斯麦带来巨大便利，但他并不提供非法财富或可疑投机。相反，俾斯麦对同时代人的某些虔诚感到不耐烦：在推进自己的利益时，他有时无视传统道德；有时，他会为了自己的目的曲解甚至量身定做法律；他还恐吓官僚，逃避税务部门。不过，在他的个人利己主义中，令我吃惊的不是他的胃口，而是他的锱铢必较。

下面的例子体现俾斯麦追求物质利益时的冷静：他决定用作为他 70 大寿礼物的公众筹款购回新舍恩豪森（比他 1830 年出售的祖产面积大得多），售价为 150 万马克。数以千计的捐赠者曾以为，俾斯麦会用他们的贡献（被称为“奥托基金”,参照教皇们设立的“彼得基金”）创立爱国基金。但他们只是一厢情愿，俾斯麦在筹款委员会的朋友们坚持让他购买新舍恩豪森。媒体报道了委员会中的不同意见，但像拉提波尔公爵这样的坚定支持者（俾斯麦在罗马尼亚风波中帮了他大忙）说服其他三十四名成员投票接受舍恩豪森方案 301
（另外六人反对）。于是,基金的一半（115 万马克）被用来购回祖产，其余的 35 万马克来自以布莱希罗德和银行家门德尔松为首的一群富有赞助人[83]。就这样，舍恩豪森被顺利购回，让俾斯麦非常高兴。布莱希罗德在回购中出了很多力（该庄园当时已经被指定由赫伯特继承），他对荷尔斯泰因说：“真是咄咄怪事。那家人得到舍恩豪森多亏了我，赫伯特有一天将继承它，但如果我要见他却可能被赶出来。”[84]

俾斯麦愿意把剩下的钱捐给国家慈善机构。在写给威廉一世的私信中，俾斯麦解释说，他计划设立基金会支持中学老师，因为“教育是民族情感的摇篮。教师职业的理想主义意识……能在道德上平衡我们时代的物质主义”。他继续表示，基金会将位于舍恩豪森而非柏林，“以避免它和柏林市政当局有任何接触，受到后者任何可能的影响”。俾斯麦在信中道貌岸然地谴责物质主义，但他没有提到那笔钱一部分将被用来成立信托基金，帮助俾斯麦庄园里的穷人。

他也没有提到，这些信托基金的本金由布莱希罗德管理，一部分将被用于俾斯麦庄园的抵押贷款，从而赎回布莱希罗德持有的部分抵押权[85]。

俾斯麦没有与约翰娜或儿子们商量就决定了分赃计划。特别是他的儿子们“认为那位犹太人大银行家的贡献讨厌透顶”。赫伯特被激怒了，因为父亲的这个决定令皇太子的宫廷和南德的许多人蒙羞。很少有人像巴伐利亚驻柏林大使那样，称赞俾斯麦将公众礼物用于私人利益是“道德上的勇敢之举”。他认为，常人可能假装“高尚”而不愿接受这样的礼物，“但在全世界面前这样惺惺作态不是俾斯麦的风格”[86]*。收购过程出人意外地复杂，布莱希罗德提供了大量帮助。书信往来持续几个月，无论赫伯特多么讨厌布莱希罗德和假装憎恶这笔交易，他却是主要受益者，几乎立即成为这座大大扩张的庄园的继承人。

俾斯麦的朋友和敌人（许多人两者都是）经常提及他本人的经济利益与他的商业政策的巧合。1884 年，荷尔斯泰因写道：“不可否认，在木材和酒精等商品的关税上，首相考虑了自己的利益，人们曾用这个事实向他发难。但在所有这些问题上，他与广大公民利 302
益相同，因此他绝不只是为了一己私利。”[87]1879 年，俾斯麦警告战争部长，高估美国木材的质量将对国内产生有害影响[88]。1887 年，他的同事卢基乌斯注意到，每当讨论酿酒税时，俾斯麦都会很快算出税收对自家买卖的影响，“从而对所建议税率的水平获得实际印象”[89]。路德维希 · 巴姆贝格报告说，1833 年 3 月，在俾斯麦家的一次宴会上，有人提到德国木材价格太低。俾斯麦随口回答，他不再关心此事，因为他把所有木材都卖到英国。巴姆贝格不怀好意地

---

* 作为奇特的心理巧合，当俾斯麦与施皮岑贝格男爵夫人谈起回购祖产时，俾斯麦突然提到自己的母亲，并留下了名言：“她非常聪明，但冷静透顶。”鲁道夫 · 费尔豪斯编，《施皮岑贝格男爵夫人日记》（哥廷根，1960 年），第 218 页［Rudolf Vierhaus, ed., *Das Tagebuch der Baronin Spitzemberg* (Göttingen, 1960), p. 218］。

补充说：“不久之后就出现要求提高木材关税的法案。”[90] 巴姆贝格不知道，俾斯麦关于英国市场的话很大程度上是不符合现实的谎言。

近来有人提出“俾斯麦为自己，有时也为同僚获取几乎数不尽的行政和法律上的物质利益”[91]。事实上，俾斯麦最多只是偶尔担心个人和公共活动可能的“利益冲突”，当他出于其他理由不愿做某件事时，他会把这种冲突作为借口。布莱希罗德档案中没有更多证据表明俾斯麦利用公共政策来推进个人利益。我们看到，俾斯麦的铁路政策为他提供投资机会，但将铁路国有化的决定显然独立于他的投资。另一方面，就像荷尔斯泰因所说，俾斯麦的确从 19 世纪 80 年代末的某些税收中获益，特别是木材关税，他还试图让酿酒税符合自己的需要。

俾斯麦认为，地方的道路或税收政策应该由大地主的利益决定。面对违背这种预期的地方当局时，他可能表现得无比专横。俾斯麦对官员的恐吓广为人知，但布莱希罗德似乎与此全无关系。不过，在首相任期的最后，布莱希罗德再次目睹俾斯麦不愿交税。从 1882 年在帝国议会的一次重要讲话中，我们可以感受到俾斯麦对普鲁士的收入税多么反感。他宣称，正是普鲁士的税收让那么多德国人移民海外，还有许多付不起税的公民被国家收税官逼迫自杀。俾斯麦的夸张指控与其说指出了德国人大规模移民海外的原因，不如说表达了他对“不谙世事的城市人、科学家、官僚和立法者圈子”征收直接税的看法[92]*。

1890 年 3 月，当税务委员会通知俾斯麦将被归入第 31 级时—— 303
估算收入为 20.4 万马克到 24 万马克之间，每年纳税 6120 马克——

* 一年后，俾斯麦再次向国王申请税收豁免。1866 年和 1871 年的奖赏已经变成伐尔岑和弗里德里希斯鲁的限定继承权庄园。在威廉的命令下，通常需要为此支付的 3% 印花税被免去。1883 年，俾斯麦希望为这些庄园可观的扩大部分也免去通常需要缴纳的税款。在两位部长的建议下，国王同意了。朔尔茨和弗里德贝格致威廉，1883 年 4 月 23 日，DZA：Merseburg：Geh. Civil Cabinet，Rep. 89H，XXIII，12ff。

整个普鲁士只有 1500 人的估算收入超过 10 万马克。（读者们应该记得，高得多的市镇税也以对收入税的评估为基础。）他从 1877 年起就处于那个等级。被罢免并失去薪水和免租金的宅邸后，俾斯麦想要申诉更改自己的等级，于是让布莱希罗德提供他的收入信息。布莱希罗德提交了对 1890 年的盘点：总收入为 33.2 万马克（包括 2.7 万马克的退休金和 4.3 万马克的利息，其余来自庄园）。俾斯麦的收入比官方的估算高 9 万马克，他应该归入第 33 级，纳税 9000 马克——这似乎无可辩驳。俾斯麦放弃了向官方申诉的计划。没有记录显示，他试图纠正那些低估他的数字。官方估算与实际数字间的差距可能让他感到高兴[93]。套用俾斯麦的话：此举让这位普鲁士容克贵族变得富有。

雅姆斯·德·罗斯柴尔德男爵

盖尔森·冯·布莱希罗德，埃米尔·旺特斯（Emile Wanters）于1888年绘

奥托·冯·俾斯麦，1864年

德皇威廉一世

《庞奇》(*Punch*，1867 年）杂志漫画描绘法国警告普鲁士：“现在你已经够高了，不能再长个。我告诉你这些是为了你好。”

普鲁士国王威廉一世（前排右一）、俾斯麦（前排左二）与毛奇（前排右二），1866 年克尼格茨战役开战日早上

雅姆斯·德·罗斯柴尔德男爵的费里埃尔城堡

布莱希罗德银行正面，柏林贝伦街 63 号

19 世 纪 50 年 代 的 盖 尔 森 · 冯 · 布莱希罗德

阿道夫 · 冯 · 汉泽曼

亨克尔 · 冯 · 多纳斯马克伯爵

布莱希罗德银行大堂。右侧挂着盖尔森的肖像

陆军元帅毛奇（中坐者）在普法战争期间眺望巴黎

俾斯麦和助手们在凡尔赛宫，1871 年；左起：阿贝肯、科伊德尔、俾斯麦、德尔布吕克、哈茨菲尔特、俾斯麦—波伦

俾斯麦（左）与儒勒·法夫尔（中）和阿道夫·梯也尔（右）“谈判”，卡尔·瓦格纳（Carl Wagner）绘

当时的法国漫画:左侧，俾斯麦与威廉一世在清点法国的赔款;右侧，劫掠阿尔萨斯—洛林

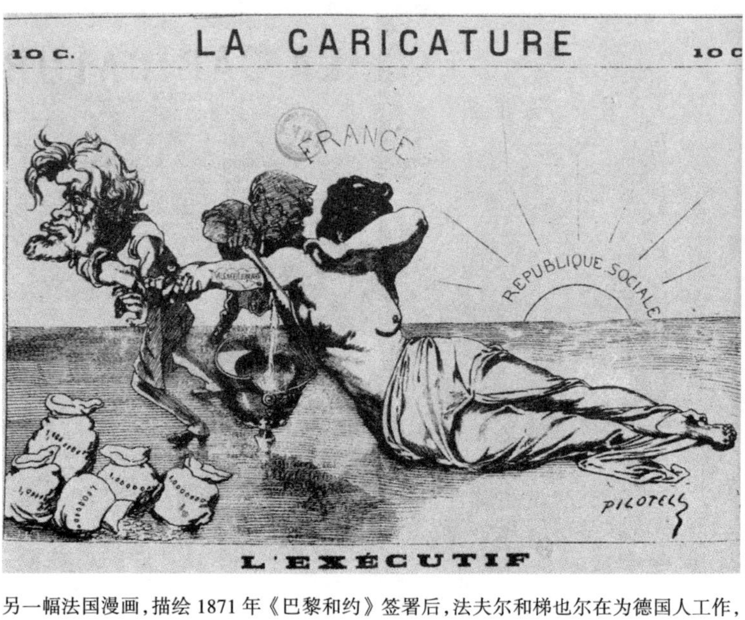

另一幅法国漫画,描绘1871年《巴黎和约》签署后,法夫尔和梯也尔在为德国人工作,1871年

讽刺普鲁士《十字报》(*Kreuzzeitung*)反犹主义论战的漫画(约 1875 年)。画中画把布莱希罗德描绘成国王，把德尔布吕克、俾斯麦和坎普豪森描绘成侍从

1889年蒂尔（E.Thiel）所绘的柏林证券交易市场，刊于发行量很大的《画报》（*Illustrierte Zeitung*）。请注意许多交易者都带有刻板印象的犹太人特征

约翰娜·冯·俾斯麦

赫伯特·冯·俾斯麦

俾斯麦（左）和威廉二世（右）在弗里德里希斯鲁，1888 年 10 月 30 日

俾斯麦与家人和朋友在弗里德里希斯鲁，1893 年。桌边左起：赫伯特 · 冯 · 俾斯麦、兰巴赫夫人（Frau Lenbach）、兰曹伯爵夫人（俾斯麦之女）、约翰娜 · 俾斯麦和俾斯麦。兰巴赫夫人和兰曹伯爵夫人之间是威廉 · 冯 · 俾斯麦

本杰明 · 迪斯累利

摩西 · 蒙特菲奥雷爵士，乔治 · 里奇蒙德（George Richmond）绘，1874 年

柏林议会，1878 年

“吞下它，鸟儿，不然就去死！”指涉1878年俾斯麦坚持让帝国议会通过他的反社会党人法案，不然就解散

《庞奇》杂志漫画，描绘俾斯麦和迪斯累利在柏林会议期间讨论奥地利对波黑的占领，1878年

海因里希·冯·莱恩多夫

约瑟夫·玛利亚·冯·拉多维茨

保罗·冯·哈茨菲尔特

弗里德里希·冯·荷尔斯泰因

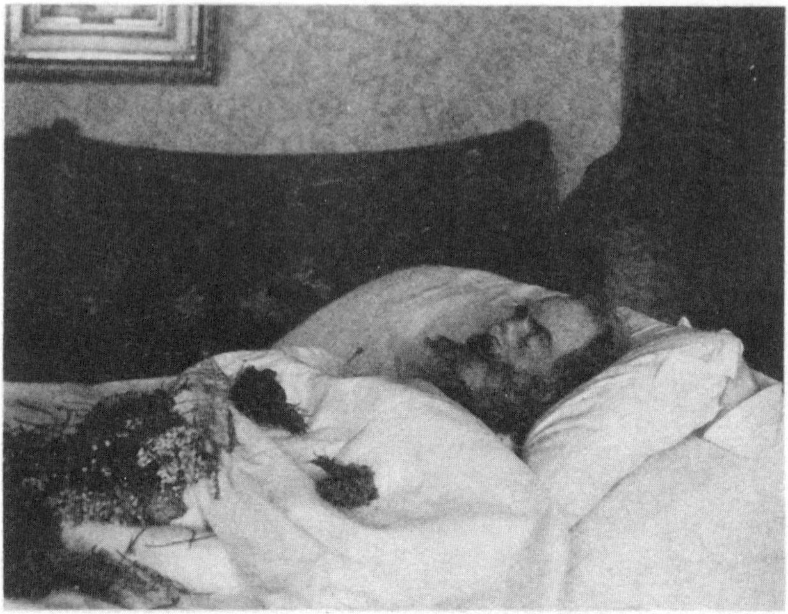

临终的盖尔森·冯·布莱希罗德，1893 年

保罗·冯·施瓦巴赫

运动迷格奥尔格·冯·布莱希罗德驾驶自己的汽车

小汉斯·冯·布莱希罗德和朋友们一起听广播，1927 年

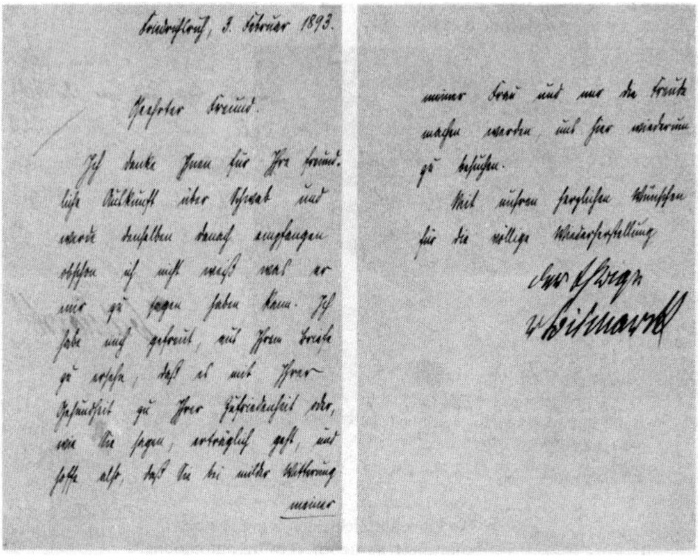

Friedrichsruh, 3. Februar 1893.

Geehrter Freund.

Ich danke Ihnen für Ihre freundliche Auskunft über Schwab und werde denselben danach empfangen, obschon ich nicht weiß was er mir zu sagen haben kann. Ich habe mich gefreut, aus Ihrem Briefe zu ersehen, daß es mit Ihrer Gesundheit zu Ihrer Zufriedenheit oder, wie Sie sagen, erträglich geht, und hoffe also, daß Sie bei milder Witterung meiner Frau und mir die Freude machen werden, uns hier wiederum zu besuchen.

Mit unseren herzlichen Wünschen für die völlige Wiederherstellung

Der Ihrige

v. Bismarck

俾斯麦致布莱希罗德的最后几封信之一，写于后者去世前三周

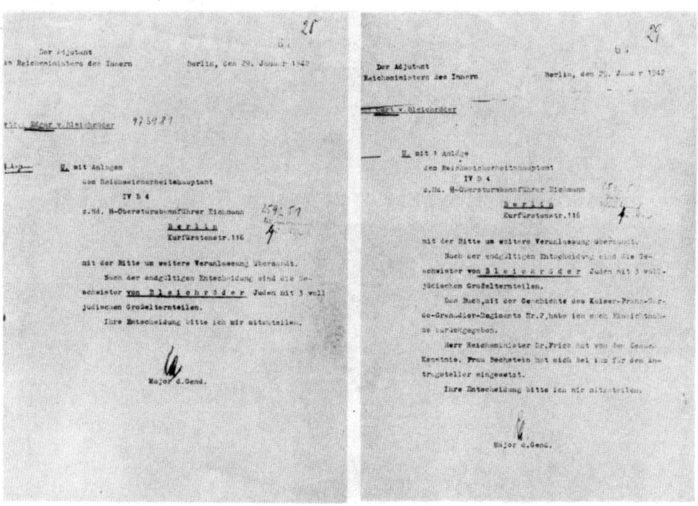

25

Der Adjutant
des Reichsministers des Innern

Berlin, den 29. Januar 1942

Edgar v. Bleichröder 973981

II. mit Anlagen
dem Reichssicherheitshauptamt
IV B 4
z.Hd. SS-Obersturmbannführer Eichmann
Berlin
Kurfürstenstr. 116

mit der Bitte um weitere Veranlassung übersandt.

Nach der endgültigen Entscheidung sind die Geschwister von Bleichröder Juden mit 3 volljüdischen Großelternteilen.

Ihre Entscheidung bitte ich mir mitzuteilen.

Major d.Gend.

29

Der Adjutant
des Reichsministers des Innern

Berlin, den 29. Januar 1942

Kurt v. Bleichröder

II. mit 1 Anlage
dem Reichssicherheitshauptamt
IV B 4
z.Hd. SS-Obersturmbannführer Eichmann
Berlin
Kurfürstenstr. 116

mit der Bitte um weitere Veranlassung übersandt.

Nach der endgültigen Entscheidung sind die Geschwister von Bleichröder Juden mit 3 volljüdischen Großelternteilen.

Das Buch, mit der Geschichte des Kaiser-Franz-Garde-Grenadier-Regiments Nr. 2, habe ich nach Einsichtnahme zurückgegeben.

Herr Reichsminister Dr. Frick hat von der Sache Kenntnis. Frau Bechstein hat sich bei ihm für den Antragsteller eingesetzt.

Ihre Entscheidung bitte ich mir mitzuteilen.

Major d.Gend.

内政部给党卫军一级突击大队长阿道夫 · 艾希曼的备忘录，宣布埃德加和库尔特 · 冯 · 布莱希罗德为犹太人，因为他们的祖辈中有三人是犹太人。他们的命运交由艾希曼处置

第十三章

银行业与外交界 304

后来，外交报告被再次讨论，似乎总是轻视它们的首长表示："它们大多只是被墨水弄脏的纸……如果有朝一日被用作历史材料，上面将找不到任何有价值的东西。我相信档案将在三十年后对公众开放——但也可能大大提前。即使报告中的确包含信息，如果不了解所涉及的人和他们的相互关系，仍然很难看懂。三十年后，谁会知道作者是何许人，他对事情的看法如何，他的个性如何影响这些事情？谁会真正熟悉他报告中提到的人？人们必须知道当戈尔恰科夫、格莱斯顿或格兰维尔发表信件上所记录的言论时，他们在想些什么……重要内容总是在私人书信和秘密交流中，有时是口头的，而这些永远不会进入档案。"

——莫里茨·布施，1871 年 2 月 22 日

在昨天的《泰晤士报》副刊上，我看到俾斯麦对"报告"和"国家文件"等可能对兰克学派非常重要的材料的观点。他认为这些材料的价值微乎其微。他问道："目前的所有报告中提到多少我、格莱斯顿或梯也尔的真正政策？"显然，它们提到民族情感和真正创造历史的冲动（而非政客的政策）——得到比肯斯菲尔德勋爵（Lord Beaconsfield）和兰克的首肯——就更少了。

——格林（J.R. Green）致弗里曼

（E.A. Freeman），1878 年 11 月 20 日

> 我在电报中告诉你，俾斯麦亲王通过他的秘密代理人布莱希罗德给我发来私人秘密消息。
>
> ——安特希尔勋爵（Lord Ampthill）
>
> 致格兰维尔勋爵，1881 年 11 月 26 日

二十多年间，俾斯麦一直是欧洲举足轻重的政客。他的专横跋扈和德国的实力让他在欧洲领导人中享有独一无二的地位——事实上，后来再没有政客能超过他的任期或影响力。那些年里，外交事务中一直可以看到他的特别助手和“秘密代理人”布莱希罗德的身影——既不在他的身侧，也不在他的影子里[1]。这是此人在欧洲人眼中的形象。

就持续时间、范围和强度而言，这段关系在欧洲也独一无二。
再没有哪位仆人为俾斯麦服务如此之久；没有谁私底下与他进行如 305
此之多的坦诚交谈，无论是在柏林还是在俾斯麦的某个休养地。这三十年见证范围广泛的谈话、习惯性的盘点，以及请求、给予和拒绝恩惠。我们没有这些谈话的记录或录音带，只能从他们的通信和他们与其他显贵的谈话中找到蛛丝马迹。

两人为彼此提供各种帮助，包括从私人到公共的各种事项、官方和非官方业务、金融和外交问题。两人都扮演一系列角色：布莱希罗德是俾斯麦的银行家，还受人之托或出于热心传播信息；他也是俾斯麦与某些政客打交道时的代理人，是首相的非正式无任所大使，是他本人或德国银行界利益的代表；他有时为自己的客户谋求高位，有时为国外被迫害的犹太人请命。他请求给予自己恩惠，以便增进自己的角色或买卖：俾斯麦在适当时候的一句话可能让布莱希罗德对国内外竞争者拥有决定性的优势。在谈话或通信中，所有这些话题被不断涉及，方式可能让一个更加官僚主义的世界反感。

俾斯麦发现，这位无所不在的银行家是对他官方下属的极好补

充：“我习惯于通过布莱希罗德获取来自巴黎或圣彼得堡的重要政治消息，通常要比通过我自己的大使们早八天。”[2]但布莱希罗德的服务值得称道的不仅是速度：俾斯麦学会通过自己银行家的眼睛观察世界，后者与世界上的新生力量，与罗斯柴尔德家族乃至整个竞争与合作的银行网络建立私人关系。不仅如此，他还委派布莱希罗德在国外执行特殊任务。鉴于这些任务的微妙或临时性，它们最好不通过官方渠道。欧洲人重视布莱希罗德的话，因为他与俾斯麦的特殊关系尽人皆知。

对布莱希罗德而言，这些谈话是无价的。它们赋予他地位、重要性和无所不知的光环。它们也带给他实际的好处：他由此了解那位当时举足轻重的政客的想法和计划，并相应地制订自己的计划。他能轻易接近俾斯麦，这意味着他可以同样容易地接近权力阶梯更低的部分。他的话受到重视，他在外交部或海外使馆的例行活动还经常得到帮助。他希望成为富有的幕后谋士——俾斯麦的其他下属不得不接受他的地位，有时还向他表示尊重，甚至竞相争取他的青睐。

俾斯麦和布莱希罗德的关系象征着金融和外交、国内和国外事务、私人和公共问题间许多相互重叠的利益。它还暗示在俾斯麦眼中，外交过于重要，不能交给外交官。它表明银行家也需要政治意识这第二双眼睛，就像水手需要对天气的预感。这一切对俾斯麦和布莱希罗德来说不言自明：他们对三十年的相互关系习以为常，但 306
那些将世界看成互不关联部分的人对此并不太满意。俾斯麦与布莱希罗德的关系凸显仅从外交记录再现历史的困难乃至徒劳，哪怕只是外交界的历史。这种关系也不符合某些现代史学家或理论家的观点，他们认为历史的结构泾渭分明，其中的某种因素（通常是社会经济因素）占据“首要地位”。与其反差最大的是那种曾经流行的观点，它把国际银行家描绘成恶棍和战争的幕后操纵者。但至少从布莱希罗德的例子来看，现实远没有那么耸人听闻；它展现了一个比人们设想的更加复杂、纠结、变化多端、迷人和不确定的世界。俾斯麦与布莱希罗德的特别关系要求对一个宏大体系的构建保持谨慎。就像我们在开头所说，虽然这种关系名义上总是互利的，布莱希罗德有能力施加压力并的确这样做了，有时甚至是可观的压力，但权力总在他的伟人朋友手中，天平永远偏向对俾斯麦有利的一方[3]。

19 世纪时，外交仍然是特权者的专属领域。大多数外交官是贵族，因为人们认为只有贵族子弟拥有这项工作需要的天生优雅、与生俱来的谨慎、得体举止和老于世故；只有他们能确保立刻进入所在国家的顶层社交圈。

但让外交成为特权者专属领域的不仅是等级或地位：整个外交政策领域——德国人所谓的“大政治”（*die Grosse Politik*）或法国人所谓的“高级政治”（*la haute politique*）——被认为高于其他领域，特别是肮脏的国内政治。外交是“高级”的，因为参与者是卓越的典范，赌注是最终的战争与和平。在这个浮华而神秘的小号世界中，出入威廉街、奥塞码头（Quai d’Orsay）* 或唐宁街的人们觉得自己是历史剧中的伟大演员——该剧决定国家的命运。他们头戴羽帽，身着制服，保卫着国家利益这一神秘的宝藏，认为自己扮演无比重要的角色。

外交是闪耀而神秘的世界。在君主访问和正式会议的光芒之下透着神秘，那里有国家的真正企图和统治者的野心。外交不仅是偶尔的决定时刻，也是对线索的日常搜寻——线索存在于模棱两可的声明、新闻活动和经济计划、君主的话语或姿态、军备和军队动向中。光芒之下，是最多只能一知半解，需要不断为相互矛盾的要求寻找权宜之计的世界。外交官们相信，多亏他们的才能，欧洲国家

---

* 位于塞纳河畔，对面是法国外交部，因此成为后者的别称。——译注

才没有发生冲突；他们是世界体系的医生，如果没有他们的小调整，307
那个体系将病痛不断。和他们在军中的贵族同胞一样，这些人将自己描绘成国家安全的保卫者。与此同时，外交和战争仍然是贵族的职业，两者都向参与者提供荣耀的诱惑*。

外交是俾斯麦的生命。对他来说，外交政策的优先并非某种学院教条：外交事务是他的世界和激情。在外交的盾牌下，他带领普鲁士参加了三场绝缘的战争；1871 年后，他意识到统一的德国很难再打一场如此没有风险的战争。他的德国由外交和战争创造，他害怕它毁于胜利者联盟之手。他想要和平与越来越大的权力，因为国际事务并非静态系统，因为他知道在许多个世纪的失败和分裂后，他的民族愿意为了对外荣耀而原谅国内的失望。因此，对俾斯麦而言，外交是生存的根本。

外交意味着将事物看作相互联系的。在逼仄的欧洲，任何大国的任何举动都会产生上百种深远的影响——即使小国也能引起大风波。最重要的是，形势在不断改变，至少在表面上如此；新的问题和危机总是威胁着岌岌可危的权力平衡。利益和联盟发生着变化，尽可能地预测和主导这些变化是俾斯麦的目标。

外交事务也是布莱希罗德的领域。在欧洲的几乎每个国家和欧洲之外的许多国家，他同样拥有实际或潜在的利益。他同外国政府谈判，与外国银行家和辛迪加结盟或者为敌。拥有国际关系的金融家是身着便服的政客。外国政府和银行家需要他的帮助，他则需要他们的买卖。他的客户名单很长，他的利益必然和国家利益产生交集。

---

* 布莱希罗德的法国驻柏林使馆的一位朋友，其下面这番话反映了大使们觉得自己的角色多么高尚和重要。在深情回忆自己的人生时，德 · 穆伊伯爵写道："我从中找到……对重大国事的各种强烈兴趣，找到活跃生活、四处旅行以及和世界上最优雅与最正确的人建立持久关系的诱惑，找到我所承担的并比其他所有人做得更好的重要职责的吸引力，找到超越一切党派、只为祖国服务的信念。"夏尔 · 德 · 穆伊伯爵，《一个外交官的回忆与漫谈》（巴黎，1909 年），第 iii 页［Comte Charles de Moüy, *Souvenirs et Causeries d' un Diplomate* (Paris, 1909), p. iii］。

布莱希罗德是典型的国际银行家，既深受尊敬，又广受诟病。这些银行家是古代权贵的现代翻版——有时他们希望得到类似的尊重*，他们集结数以百万计的资产，花起钱来就像过去的权贵派遣自己的人马。

在投钱之前，布莱希罗德需要知道当地的状况；他的计划还要 308
考虑到短期前景和长期战争或和平的可能。与更加有利的时候相比，战争前夕，购买俄国公债将面临更多风险。和许多成功人士一样，布莱希罗德也热衷于某种本质上务实的行为：他希望了解一切人和事，并跻身伟大的外交界。在此过程中，他无疑还获得受到许多人称赞的精明判断力，并拥有自己的整合能力，能从当下的可见事实推断出未来的可能后果，这让他有了第二双眼睛。

布莱希罗德总是向往和平，他的愿望广为人知。英国驻柏林大使曾表示："俾斯麦对土希战争可能性的无动于衷让布莱希罗德非常不安，作为银行家，他是和平人士。"和平能带来繁荣，而战争意味着不确定。股市憎恶不确定，就像自然憎恶真空。在谈到奥地利和德国的军事预算时，布莱希罗德的朋友戈德施密特曾写道：

---

* 国际银行家享有特别的特权，只要他们获得成功。19 世纪 80 年代末的英国驻柏林大使爱德华·马雷特爵士——他和布莱希罗德接触频繁——描绘了英国使馆所在地前主人的（短暂）荣光："这座房子由一个名叫施特鲁斯贝格的银行家建造，他极其富有，曾经像彗星般照耀金融界。如日中天时，他在柏林最高贵的街道建造这座豪宅。但此人注定无法享受它……我认为那一定是 1874 年……我抵达巴塞尔的三王旅馆时又冷又饿，看见旅馆的所有工作人员在大厅列队。当我走近一个派头看上去像是经理的人时，他要求我站在一边。我躲到角落里，猜想某位国王（至少也是亲王）将随后到来。在我翘首以盼时，一个侍者拿着点燃的烛台走来，他下了台阶来到街上，领着一个身穿非常漂亮的毛皮大衣的小老头回到旅馆，老头身后跟着一位清秀的犹太女子。在手持烛台的侍者引领下，他们上了楼，大厅里的侍者们也散了。我从角落里出来。门童看上去恢复了与身份相称的平静表情，我问他刚才来的是谁。他似乎对我的问题感到惊讶，回答说：'这是施特鲁斯贝格先生。'我没听说过这个名字，问道：'谁是施特鲁斯贝格先生？'门童看上去越来越惊讶，他说：'你不知道施特鲁斯贝格先生，那位柏林的大金融家吗？'"我们将在下一章看到施特鲁斯贝格的不幸遭遇。爱德华·马雷特，《变换的场景：对许多地方的许多人的记忆》（伦敦，1901 年），第 166—167 页［Sir Edward Malet, *Shifting Scenes. Or Memories of Many Men in Many Lands* (London, 1901), pp. 166–167］。

“……我只能痛苦地哀叹……为了我们的勋章，数十亿资金被从工业和有用的生产中抽走，军国主义牺牲了人民的福祉。”我们没有布莱希罗德的类似表态，而且我们当然知道他在早年曾为战争筹款。但他无疑更看重和平，这是由他的世俗智慧和私心决定的[4]。

不同于外交史学家或精心编辑过的档案集所描绘的奥林匹斯神祇或冷漠的象棋大师，工作日的俾斯麦务实地看到外交政策与国内政策所有方面的相互联系。正是由于他的更加务实，也许还因为他亲身参与国家的经济生活，他欣赏自己的银行家对国际事务的看法。在俾斯麦看来，经济事务是国家健康和意向的晴雨表——有时，他对该晴雨表拥有有限的权力。但他也知道，在决定战争与和平的问题时，至少有时“激情比算计更有力”[5]。

俾斯麦的广泛视野反映了他身兼多种职务：他是首相和外交部长，有时也担任商务部长；英国大使将他形容为“德国的独裁者”， 309
拥有对所有领域的权力[6]。与其他政客一样，他有时也将国内和国外领域描述成分离或可分离的，但他知道世界并不那么简单，对他和他的外交主角都是如此。外交是在明确的国内限制条件下在国外实现可能的目标。两者永远相互影响，俾斯麦还知道战争与革命紧密交织在一起：巴黎公社让他想起这条历史经验。这两个领域在经济事务中的交集更加明显。他总是认为国家应该在国内外推动商业利益，只要不损害与其竞争的更高利益。

因此，俾斯麦关心布莱希罗德的主要业务：外国贷款的发行。按照今天的术语，欧洲的稳定在一定程度上取决于先进国家向欠发达国家提供的各种贷款。即使大国也非常需要外国信贷，就像俄国和奥匈帝国不断表现的那样。比起伦敦和巴黎，柏林的资本市场非常有限，面临着想要为扩张融资的国内企业的巨大需求[7]。因此，必须按照最好的经济和政治标准明智地投资有限的资本。俾斯麦知道，将德国资本投资到国外能为德国带来权力、影响和威望，还能扩大德国的市场。另一方面，他也担心将德国资本投到国外将影响国内需求，或者让外国（特别是俄国）具有战略或政治优势。简而言之，资本流入和流出德国总是带有政治意义。布莱希罗德整天与这些问题打交道，并不断向俾斯麦报告情况。银行家们希望在某些交易中得到政府的关照，不仅出于爱国理由，也因为在遇到麻烦时他们需要政府的支持。俾斯麦也极其密切地关注着经济问题。

布莱希罗德的报告反映了任何操作的多面性。以1880年他写的一封长信为例，他在信中警告俾斯麦，英国正在购买大量普鲁士统一公债，导致价格抬得很高。比起英国投资者，德国投资者习惯于更高的利率，因此可能开始抛售所持债券，转而把钱投到国外。他用自己的古怪方式补充说："没有办法否决目前的动向；但根据我的愚见，有一个办法可以阻止统一公债的快速上涨。"——那就是加快铁路的国有化，这需要发行新的统一公债，从而扩大此类债券的市场。"从政治角度来看，英国人的购买行为应该受到欢迎，因为它们表达了英国公众对德国政治与德国和平的信心。"尽管行文风格上有点不精确，但信息毫不含糊。俾斯麦在信底的批示字迹模糊，似乎表示布莱希罗德的信应该转交给马伊巴赫，"寻求政治指示"[8]*。我们知道，俾斯麦和布莱希罗德都有其他理由加快铁路 310
的国有化。

俾斯麦知道，外交政策的形成和影响是无数因素作用的结果。从政治生涯伊始，他就明白国内外政治的经济方面，对这些关系持有现实主义甚至霍布斯式的观点。他善于使用被后世称为"经济战"的武器。在这个词汇被发明前很久，俾斯麦（和布莱希罗德）已经

* 三个月前，当统一公债下跌时，布莱希罗德向财政部长提出类似的请求，希望可以更方便地在伦敦和阿姆斯特丹购买公债，从而实现普鲁士债券的国际化。多年来，布莱希罗德一直倡导这样做，但遭到财政部长的反对——部分原因是这有违普鲁士的传统和大国的自给自足。海因里希·施托伊贝尔，《国家和银行在普鲁士债券领域的关系，1871—1913》（柏林，1935年），第34—37页［Heinrich Steubel, *Das Verhältnis zwischen Staat und Banken auf dem Gebiete des preussischen Anleihewesens von 1871 bis 1913* (Berlin, 1935), pp. 34–37］。

演绎过它的实质。对俾斯麦而言，战争与和平或者对立与结盟都不是黑白分明的，而是存在被假定为对立的巨大灰色区域。俾斯麦知道，经济政策和他手中的许多武器在这个区域同样有用。武器范围从向被打败的敌人索取巨额赔偿到向潜在的朋友提供贷款——布莱希罗德参与这两种情形中的重要案例。除了上述极端情形，还有征收选择性关税——通常有利于国内利益，打压国外利益——或者采取进口限制，或者实施《抵押贷款禁令》(*Lombardverbot*)，禁止中央银行接受某种外国证券作为抵押品 *。有时，俾斯麦假意表示，这些商务政策应该被视作纯粹的经济行为，对外交没有影响 [9]。但从根本上说，他知道它们相当于财政领域的战争与结盟，因此非常重视专业地使用它们。

俾斯麦一直密切关注着其他国家的经济和金融状况。1879 年 4 月，他担心奥俄开战，并向法国大使提起俄国希望从法国获取一笔信贷："如果今年春天没有俄国贷款，和平将得到保证；如果借钱给俄国，任何事都有可能。" 1882 年，他感到紧张，因为"……法国拥有的黄金超过它的需要" [10]。有时，他告诫大使们不要以为处于破产边缘的国家肯定不会生事。钱是战争的驱动力，但空空如也的钱柜也不是和平的保证。国家可能为了获利而走向战争。与此同时，外交官们关注着股市，金融家也关注着外交官们。市场根据其对政治消息的理解而波动；因此，它本身也成了政治的风向标。就像俾斯麦曾经指出的，对战争恐惧而引发的证券价格下跌常常会加剧那种恐惧 [11]。布莱希罗德不断为俾斯麦点评政治的经济方面或者市场的政治方面。比如，以 1877 年 8 月俄土战争期间他的书信为例，他报告"股市中一个有趣的现象，即股价因为土耳其的胜利而大幅上涨。这是因为投机者们仍然相信，俄国的虚弱将让奥匈帝国置身

---

* 1887 年 11 月 10 日发布的《抵押贷款禁令》针对俄国债券，一定程度上是为了报复同年 5 月俄国拒绝将所占波兰的土地卖给外国人的决定。——译注

冲突之外，从而增加和平的希望”[12]*。 311

由于大多数公使略去了这种肮脏的情报，布莱希罗德在提供和解读经济消息中的角色变得更为重要。公使们专注重要人物的意图，将经济事务交给领事们——后者没有头衔，在外交事务中不受待见。在德国外交部，高级政治和下层政治的区别被制度化，分成两个不平等的部门：政治部门和商业—法律部门，后者在威望和影响力上远远低于前者，甚至容许吸纳（皈依基督教的）犹太人[13]†。

因此，在俾斯麦的世界里，布莱希罗德是对官方渠道受欢迎的补充——当然，特别是因为他不可能被怀疑藏有自己的政治野心或者希望成为俾斯麦的对手。（对俾斯麦的其他手下而言，“任何自立门户或自作主张的尝试都会被他［俾斯麦］立刻扼杀”[14]。）所以，俾斯麦频繁和不断地把他作为特使，作为与外国势力和政客的额外与非正式联系。政客们总是乐于拥有大量联系人，用来试探反应、传递暗示、加强威胁或减轻恐惧。有时，布莱希罗德也会被正式委派执行这些任务；大多数情况下，他是俾斯麦主要的非官方发言人，因此，所有的对话者都能轻易地否定他。这种非正式补充的便利显而易见：无论多么微妙，正式渠道总可能造成反应难以更改或限制以后的灵活性。相反，受到信任的第三方的话可以为官方交流增添

* 当然，他还向其他人提供同样的消息。1882 年，安特希尔勋爵报告说：“在拜访布莱希罗德时，我见到一封来自巴黎罗斯柴尔德家族的电报，要求马上了解微染风寒的皇帝的真实健康状况。我问布莱希罗德，法国金融家们认为皇帝去世会对巴黎交易所产生什么影响。他回答说：‘股价将普遍下跌 10 到 15 个百分点，因为在新君主手下，俾斯麦的地位将面临不确定。’”保罗·纳普伦德编，《柏林大使馆来信》（华盛顿，1944 年），第 283 页［Paul Knaplund, ed., *Letters from the Berlin Embassy* (Washington, 1944), p. 283］。

† 在这点上，英国外交使团并不比德国人好，也许更加糟糕。以经济事务为主责的英国领事总是外交人员中的底层，正经外交官对英国的商业利益或来访的商人表现出极大的不屑。一位在巴西的年轻英国外交官回忆 1907 年他与上司（英国驻当地大使）的谈话，“我鼓起勇气向他提出，我不认为今后领事们不能像海军和陆军军官一样被上帝和人们接受……［大使］小心地戴上单片眼镜，仿佛那块地方很疼。他瞪着我，脱口而出：‘亲爱的坎贝尔，领事算得上人物吗？’”引自普拉特的开创性作品，《英国外交政策中的金融、贸易和政治，1815—1914》（牛津，1968 年），第 xxii 页。为德国编写类似作品很有必要。

砝码。布莱希罗德的重要性正在于他的“不用负责”。不消说，布莱希罗德乐于扮演这样的角色，而俾斯麦也知道此人的虚荣和自私让他成为不知疲倦的助手。

举两个例子就够了。1887 年 10 月，当德俄关系特别紧张时，兰曹向赫伯特 · 俾斯麦报告说：

> 爸爸早就对布莱希罗德发表长篇大论，指出舒瓦洛夫［俄
> 国驻柏林大使］自欺欺人地以为我们担心俄法联手发难，因此 312
> 向我们提出不切实际的要求；我们希望避免战争，因为那会带来财政和经济问题……但我们不怕战争，我们的力量包括 300 万训练有素的战士。爸爸希望布莱希罗德把这一切转告舒瓦洛夫。[15]

在此之前，荷尔斯泰因曾致信赫伯特（对布莱希罗德最为嫉妒的敌人），表示在某场危机中，英国突然变得更加配合：“布莱希罗德也是马雷特［英国驻柏林大使］的顾问，他的狡猾和对亲王性格的了解不容否定，无论人们对他有什么别的看法。”[16]

“对亲王性格的了解”也许是欧洲各国政府最垂涎的情报。政客们总是在猜测俾斯麦，因为他的外交风格依赖刻意的模棱两可——布莱希罗德可以帮助解开谜团。在秘密外交的时代，俾斯麦显得特别神秘，就连他自己的下属也被蒙在鼓里。他更喜欢不把敏感话题诉诸文字，曾经要求威廉二世焚毁他的一封来信，因为信中涉及的“事情和问题我通常不愿付诸文字，只要它们尚未真正开始发展，我只做口头讨论”[17]。俾斯麦总是“真诚地”做出各种表态，换句话说，他总是传达部分事实。在模棱两可中经常有坦诚之光闪过——当然，他的下属或外国合作者仍然常常猜不出他的目的和政策，因为他本人并不遵循明确的道路，而是多管齐下。模棱两可或令人生畏的城府是他常用的武器；有时，俾斯麦也会恐慌、威胁、拉拢和恳求——因为他的风格，难怪欧洲人经常把他称作斯芬克斯；人们

还注意到，威廉街入口台阶的两侧守卫着一对黑色石头雕成的斯芬克斯[18]。

人们都知道，布莱希罗德是那个斯芬克斯的亲信和私人银行家，他因此变得大受欢迎。在柏林会议期间，当布莱希罗德为欧洲政客们举办奢华的晚宴后，迪斯累利致信维多利亚女王："布莱希罗德先生……是俾斯麦亲王的密友，每天上午都要见他。按照他自己的说法，他是唯一敢向首相说真话的人。"[19]迪斯累利几乎肯定美化了布莱希罗德原本就夸大的话，但他抓住了布莱希罗德想要在世人面前展现的形象的实质。渐渐地，世人开始这样看待布莱希罗德，帮助他成了他所渴望成为的人。我们将看到，梯也尔、迪斯累利、利奥波德二世和历任俄国财政部长都试图利用这条特殊渠道。柏林的外交团体常常讨好他，并总是把他作为主要的线人之一*。

不过，布莱希罗德也是德国世界的特殊使者，特别是对于俾斯 313
麦的大使们和外交部的正式随员而言。俾斯麦让他们也蒙在鼓里；他对他们中的许多人缺乏信任，还担心某些人是对手。他们被告知需要知道的，但仅此而已；他们同样需要猜测俾斯麦在某个时刻的特别意图。他们不像布莱希罗德那样可以长期方便地接触到俾斯麦，因此对前者趋之若鹜：哈茨菲尔特、明斯特、霍亨洛厄、拉多维茨和荷尔斯泰因——虽然他们都觉得这样做有失身份，但没有办法回避布莱希罗德。作为外交部的常任官员，阿图尔·冯·布劳尔（Arthur von Brauer）回忆说："与老布莱希罗德交谈总是令人愉快。我们不得不忽略他的犹太人举止，但他智慧而敏锐的头脑知道很多东西，他还用出色的政治意识把事物组合起来。"明斯特伯爵是俾斯麦最杰出的大使之一，先后在伦敦和巴黎任职，他与布莱希罗德保持着

* 有趣的是，德国的大型战前外交文件出版物《欧洲内阁的大政治，1871—1914》（*Die Grosse Politik der europäischen Kabinette 1871–1914*）仅仅不起眼地三次提到布莱希罗德；《法国外交文件》（*Documents diplomatiques français*）中提到的次数要多得多，德国和法国外交部的档案显示，他是官场边缘的重要人物。

非常活跃和坦诚的通信，并对后者的消息深表谢意——比起微不足道的官方报告，这些消息更加权威和迅捷[20]。

荷尔斯泰因对布莱希罗德的角色和所谓的影响而抓狂；赫伯特对自己的父亲与布莱希罗德的亲密关系感到愤怒，这种关系正好涵盖赫伯特被安排继承父亲衣钵的那个领域。但早在赫伯特还穿开裆裤时，布莱希罗德就是他父亲的亲信了。

不过，赫伯特有最特殊的理由憎恶布莱希罗德的“肮脏干涉”，他总是认为父亲与布莱希罗德的密切关系源于后者的诱惑和假意效忠。更糟糕的是，赫伯特和荷尔斯泰因等人认为，布莱希罗德利用自己的影响力支持或打击俾斯麦的下属。（荷尔斯泰因写道：“罗腾堡私下里讨厌布莱希罗德，但更多的是害怕。他认为，如果布莱希罗德对俾斯麦说他的坏话，他就毁了。昨天他还对我说：‘是的，布莱希罗德是第一流的掘墓人。’”）赫伯特和荷尔斯泰因总是抱怨布莱希罗德腐蚀见钱眼开的人，包括他们的朋友和亲属（比如兰曹）。此外，他们还怀疑布莱希罗德利用对俾斯麦的神秘控制和无限的资金打造谄媚者的网络。1887 年，赫伯特表示，布莱希罗德正在散布他希望离开柏林的谣言。他致信兰曹说：“我完全相信，布莱希罗德更希望让能被他收买的人留在这里，但目前他的阴谋对他没有任何好处。”[21] 兰曹表示赞同，并向赫伯特保证，“当那头讨厌的‘布莱希’猪后天”来见俾斯麦时，他将狠狠地给其颜色看[22]*。

* 在另一些人看来，布莱希罗德并无大罪，他们描绘他结交朋友的方式时无疑更加准确。1880 年，俾斯麦在外交界最信任的助手拉多维茨在日记中写道：“消息灵通的布莱希罗德——他喜欢让人觉得他对俾斯麦的了解达到匪夷所思的程度——多次来访，告诉我‘首长’（他习惯于这样称呼俾斯麦）对施托尔贝格和我在夏天提供的支持很满意。他对此毫不怀疑，并清楚地听见俾斯麦提到，我应该成为冯 · 彪罗国务秘书的继任者。”拉多维茨的另一番话形象地描绘两人的关系：“‘布莱希’对此的确信程度从他新年时给我送来昂贵的新鲜小体鲟可见一斑。他习惯于每年这个时候从俄国进口几车，分送给他最尊敬的政治人物。无论如何，我喜欢这种鲜嫩孝敬的味道。”其他无数人同样如此。哈约 · 霍尔伯恩编，《约瑟夫·玛利亚·冯·拉多维茨大使生平记录和回忆》（柏林和莱比锡，1925 年），第二卷，《1878—1890 年》，第 114 页。

当然，外交官们与布莱希罗德的亲密关系还有另一个理由：他们大多是穷贵族，在各自所在的国家被迫过着入不敷出的生活——支出不仅超过薪水，还常常超过全部收入。重要的外交岗位仍然大致按照《哥达年鉴》(*Almanach de Gotha*)* 分配，但财富不再如此。1877 年，当帝国议会拒绝将明斯特伯爵的薪水从 3 万马克提升到 15 万马克时，他威胁辞职。可以言之凿凿地说，甚至在 19 世纪初，英国的外交已经“显然是绅士的职业；很少有人能靠薪水过活”[23]。因此，对于肩负代表重任的大部分公使而言，钱让他们一直不得安宁。许多人选择成为布莱希罗德的客户：这又是对首相的模仿。他们都对他的建议表示感激。这样一个对市场状况和欧洲形势同样了解而且能感受到两者相互作用的人，对他们特别有吸引力。显然，关系中的这个方面让他们更加坦诚：布莱希罗德的“无所不知”与他所有的客户利害攸关。 314

对布莱希罗德的自尊和买卖而言，上述多重角色具有无与伦比的重要性。他通过这些角色收获好处。但记录显示，他也接受一些无利可图的投资委托，而且俾斯麦政府有时无视他的请求，不愿改变立场。简而言之，尽管与政府关系密切，他还是饱尝职业上的失望，比如被国际财团拒之门外，或者利益被竞争势力侵犯。不过，偶尔的挫折以及与俾斯麦或罗斯柴尔德家族间歇性的争执让他保持警醒。他已经成为柏林最富有的银行家，拥有最显赫的联系人——他还努力保持和扩展自己的角色。

在开始讲述布莱希罗德在外交事务中的某些具体任务前，也许有必要先勾勒一下他行动的政治背景，总结他的联系人和通信所透露的东西——更多的不是外交史实，而是当时“未被说出的假设”。布莱希罗德的同时代人如何看待周遭的世界呢？

---

* 欧洲各国王室和贵族的谱系名录，1763 年开始在哥达出版。——译注

最简要地回顾政治结构就足够了[24]。随着德国的统一，欧洲的力量平衡发生改变，柏林成了欧洲大陆最重要的首都。大国仍然是原先的五个（俄国、奥匈帝国、德国、法国和英国），意大利不断 315
在努力，但很少达标*。在大国中，法国对德国永远怀恨在心，俾斯麦最大的梦魇是法国有朝一日成为新的反德同盟的核心。俾斯麦的外交政策向欧洲保证，德国已经志得意满，因此不会惹事（但在德国境内有太多喜欢惹事的外国人）。与此同时，他为扩大德国的影响展开不断的斗争。作为欧洲最强大的国家，德国处于人们怀疑的目光之下。俾斯麦希望德国令人恐惧而不是爱戴，因为恐惧是最好的震慑。没有人想当然地相信他的仁慈或和平意图，在和平声明背后总有足够的金戈之声，提醒欧洲勿忘俾斯麦好战的过去和德国当下的强大。

俾斯麦关心权力的实质而非形式。可见的霸权或持续的扩张将促使其他国家搁置矛盾，共同应对德国的威胁。他交替利用和调解他国的矛盾，这是让其他大国依赖德国外交的方式之一。

在大国中，由于国内的动荡和对外的仇恨，法国被认为最不稳定。英国被认为是一个在近东和印度拥有重要利益的帝国，除了俾斯麦的死敌——在道德上毫不妥协的格莱斯顿曾威胁把激进原则强加给英国政治，英国的国内形势一直保持稳定。奥地利和俄国的国内体制不稳，对外利益相互冲突。人们越来越多地认识到俄国拥有巨大经济潜力，但需要大量资本才能实现。布莱希罗德希望德国提供资本。

在俾斯麦执掌外交的二十年间，具体的危机区域和敌我阵营常常改变。直到 1875 年，法德重开战端的危险一直笼罩着欧洲外交。

---

* 另一些国家寻求披上大国的外衣，但没有大国的实质。它们遭到拒绝（有时是粗暴的），就像俾斯麦曾经抱怨西班牙人的“大使热”（*Ambassadomanie*），并告诉他们：“我不关心大使的任命，但不要请求我给你们送来一位；无论现在还是今后，我都不会这样做。”圣瓦里耶致瓦丁顿，1878 年 4 月 24 日，MAE：德国，第 23 卷。

1875年后，东方问题成了对和平的主要威胁。腐朽的土耳其帝国再也不能控制巴尔干臣民的民族主义愿望；这个帝国注定将分崩离析，俄国、奥地利和英格兰都希望获得丰厚遗产，至少也不能让他国得手。

在第一个阶段，俾斯麦重建三帝同盟——与其说这是对联合行动的有形承诺，不如说是在意识形态上重申保守势力的团结*。在第二阶段，他试图扮演“诚实的掮客”——他在1878年柏林大会上 316
的主席身份象征这个角色。很早就有传言称，布莱希罗德曾提醒俾斯麦，不存在诚实的掮客这样的东西，而俾斯麦也发现俄国不满他的斡旋，开始反对德国。俄国扩张主义和法国复仇主义的结合对德国构成致命威胁。

1879年，俾斯麦一改自己在欧洲政治中偏好的灵活立场，与奥匈帝国结成牢固的防务联盟。威廉强烈反对疏远俄国，布莱希罗德也警告俾斯麦，“与奥匈帝国结盟无异于把我们和一具尸体捆绑起来”[25]。俾斯麦逐渐将更多国家纳入自己的新联盟网络，并希望与法国签订盟约。他的首要目标仍然是限制奥俄在巴尔干的矛盾。随着东方出现新的冲突，俾斯麦不得不有所偏袒，而英国也选择了塞浦路斯和埃及。19世纪80年代初，在仍然寻求与法国和解的同时，他不时在殖民地问题上对英国表现出敌意。到了19世纪80年代中期，由于德国已经俨然是奥地利的保护者，俄法联盟的可能性变得更大。最终，他的外交越来越多地陷入国内难题中。面对突然登基的鲁莽而年轻的威廉二世，年事渐高的首相采取了各种即兴政策，但似乎都与国内外的政治力量对不上调。甚至布莱希罗德也不认同俾斯麦违背原则和自身利益的反俄政策，叹息着回忆起主人似乎是

---

* 在三帝会议的最后一天，布莱希罗德正确地向巴黎罗斯柴尔德家族指出：“他们只是就自己的和平意向达成协议，我认为三位君主只是分别承诺在所有重大政治问题上合作——我相信自己没说错，但请您指教。”布莱希罗德致罗斯柴尔德，1879年9月12日，RA。

真正统治者的日子。

历史学家的事后观点很少能真正反映出前人不确定的预见。布莱希罗德属于这样的人，他们的成功取决于对未来的正确评估；他的朋友和客户们在来信中特别坦诚，从他的书信中——数以千计的信此前未被研究过——我们可以在一定程度上重建他所在世界的环境、政治状况和判断风格。这些信为那代人的主张和价值观提供新的信息。

欧洲最重要的外交官和政客如此频繁和坦诚地给布莱希罗德写信，这个事实暗示他们的某种观点：尽管高层被隐秘笼罩（在某些方面正因为如此），世界仍被认为是完全可知的。政治被认为掌握在相对少数人手中——因此，关于这少数人及其期望、健康和计划的消息变得宝贵。甚至同盟关系也被认为不可靠，因为就像俾斯麦曾经对奥多·罗素勋爵说的，同盟“有时依赖个人的生命”[26]。显然，这些书信反映了政客的个人恩怨所扮演的角色。虽然俾斯麦被盛赞为“务实的政客”，但他让自己的反感和仇恨超越国界，对戈尔恰科夫（Gorchacov）* 和格莱斯顿的反感几乎决定他的政策。

当时的人知道国际政治不可预测。从普法战争结束到 19 世纪 90 年代出现敌对集团间的和平岁月里，这些书信描绘了当时的动荡与紧张。对观察者来说，欧洲永远无法确保长久的和平。战争的阴 317
云先后笼罩着西欧和东欧，只要一有危机，人们就开始担心战争。后人对那个时代的概括也许会让布莱希罗德的通信者们吃惊：“人们忙着赚钱，没时间考虑战争……他们开始相信和平与安全是‘常态’，其他的一切只是意外和反常。”[27] 相反，这些人认为自己注定将在战争的阴云下追求财富。某处爆发战争的威胁总是伴随着当时的人，但比起后来，战争的可能并不那么令人恐怖——既因为战争

* 亚历山大·米哈伊洛维奇·戈尔恰科夫（Alexander Mikhailovich Gorchakov，1798—1883），俄国政治家，1856—1882 年间担任俄国外交部长。——译注

的性质，也因为威胁无时不在。

在那个各国间关系非常紧张但还算安稳的世界，对线索的寻找从未停止。由于人们普遍相信，每个人都喜欢威胁其他所有人——这是所谓的国际无政府主义的基本规则，从道德和政治上说，任何选择都是开放的，尽管事实上很可能并非如此——每个举动都值得仔细玩味。人们永远不能放松。就像 1883 年法国外交部长在写给布莱希罗德的信中所说的："我和你一样认为目前欧洲的和平没有受到威胁；但不可见的力量总是在人类事务中扮演着重要角色；不绝对相信现在是明智之举。"一年后，明斯特伯爵抱怨说，即使天边万里无云，突降的暴风雨仍能带来致命的威胁[28]。俾斯麦乐于提醒布莱希罗德等人：有时战争会在最意想不到的时候发生；他喜欢举 1870 年的例子——也许有点口是心非。

极端的变化无常有时会凝结成特别的梦魇，比如当一系列负责的英国人害怕俄国进军印度，或者像迪斯累利和圣瓦里耶这样的重要政治家担心德国吞并荷兰时[29]。如果不是对外交官如何做出反应和决定提供了某些线索，我们可以忽视恐惧的突然升级和固化，就像大多数历史学家那样。反复出现的恐惧帮助描绘当时的"气候"：阳光总被认为是暂时的反常，每次真正的暴风雨背后是几十次错误的预报。换一种比喻：人们认为，决定国际政治的是人而非盲目的力量，上述纷繁迷离的景象似乎印证这种假设。人们很少关心历史学家所谓的根本状况，这种对事物表象的执迷——也许人们永远无法摆脱它——是造成习惯性（也许并不让人反感）紧张状态的原因之一。

这些专业人士对祖国和自己的利益同样关心，他们的坦诚书信的不寻常之处在于对政治的深层次或"根本"原因的恐惧和集体忽视。这些书信反映了国际秩序的脆弱，反映了人们普遍担心国家会像捍卫某些更加有形的利益那样坚决捍卫自己的威望和地位，总是认为失败或外交挫折可能产生多米诺骨牌效应。俾斯麦言辞犀利地

警告不要实行威望政治，不要为成功的表象付出高昂代价，他认为
大国不需要如此故作姿态。不过，大国很少这样做，尽管发表了上 318
述言论，但俾斯麦也知道威望是权力的元素之一，因此需要被特别保护。明斯特伯爵曾致信布莱希罗德："在这个时代，所有人都想变得强硬（*schneidig*）。我讨厌这个词，强硬只是对野蛮和力量的混淆。"[30]

银行家和外交家谈论和害怕战争，总是向往和平。他们夸大了自己面临的危险吗？布莱希罗德的通信似乎暗示这点，信中同样充斥着从未发生的战争。但战争一直与欧洲为伴，没有谁能保证这代人可以逃过共同的灾难。无处不在的恐惧可能还有实际作用：它也许产生了抵消战争威胁的力量。

恐惧的作用可能还体现在另一个方面：它让外交官们确信自己有价值。对这个职业来说，危险的幻觉可能相当于寻求冒险。另一个理由也许是：在民族主义盛行的时代，对战争的恐惧可以被用来对付国内的骚动。布莱希罗德的通信者属于特权精英，他们都含蓄地（也有人明确地）表达对国内敌人、虚无主义者、无政府主义者和社会主义者的担忧。俾斯麦是编造外国威胁的大师——但在专业人士圈子里，通过夸大外国威胁来抑制国内激进主义的民族主义煽动者并不受到同情。他们无疑都憎恶民主，更别说社会主义了。但他们似乎认为，与战争或沙文主义相比，和平更有助于带来繁荣和抑制革命。

此外，这些书信中很少流露出对所谓的社会帝国主义冲动的认识，更别说纵容了。与布莱希罗德同时代的德国人的世界以欧洲为中心，新的殖民主义以及对非洲和亚洲的瓜分只是边缘。如果按照近来的说法，帝国主义在1890年前就在德国精英中成为焦点，那么当时的主角们很少意识到这点——否则在与自己银行家的亲密通信中，他们一定会吐露心声。事实上，布莱希罗德卷入萨摩亚（Samoa）和刚果（Congo）的殖民地事务，并参与对奥斯曼帝国和

埃及财政的监督。19 世纪 80 年代末，他又开始对墨西哥这样的发展中国家的经济前景产生兴趣。但不能认为在 19 世纪 70 和 80 年代，布莱希罗德的同时代人特别关心帝国的诱惑力——除非他们对彼此隐瞒。相反，他们的信中只是顺带提到在非洲、南太平洋和印度支那的真正帝国竞赛。他们以欧洲为中心——也许到了过分的地步。

法国是俾斯麦和布莱希罗德投入最多和最持久兴趣的国家。俾
斯麦生于滑铁卢战役打响的那年，记得法国军队和法国革命理念曾 319
经引发的混乱；无论是 1870 年的战败、巴黎公社抑或共和国的不稳定都没有让俾斯麦忘记那个“伟大国家”的力量和威胁。他非常了解法国，在那里度过了人生中某些最幸福的时光。他喜欢用法语交谈，展现出像他的德语那样的独特灵活性。对布莱希罗德来说，法国是巴黎罗斯柴尔德家族的故乡，该家族帮助自己父亲的公司声名鹊起。与巴黎的联系是他最重要的海外关系。他同样非常了解法国，与法国外交官和政客关系特别亲密。

对俾斯麦来说，比起曾经的法兰西帝国，战败、分裂和怀恨在心的法国是个麻烦得多的邻居。一切确定性都消失了：梯也尔和他的保守共和国能维持多久？他会被君主复辟取代吗？法国会陷入无法预计的混乱、雅各宾派主义和新的军事独裁吗？哪种统治最有能力统一这个国家并在欧洲找到盟友，从而把复仇欲望（俾斯麦对此深信不疑）转变成务实态度？

多年来，俾斯麦一直关注着法国，特别是因为他的主要下属（司令官曼陀菲尔将军和德国大使阿尼姆伯爵）自作主张，执行与他相反的政策。俾斯麦把梯也尔看作德国所能期待的最佳人选，因为此人有足够的力量在规定时间里还清战争赔款，但又不足以推行复仇主义政策。正是这种想象中的复仇危险让俾斯麦考虑或至少威胁采取先发制人的行动。他对法国的担忧持续到 1877 年，直到他对温和共和国的希望成为现实和东方的新危险转移他的注意力。此后的

若干年里，他试图与法国签订盟约，但在统治的最后三年重新变得好战。

布莱希罗德同样被法国事务深深吸引。与俾斯麦的密切关系影响了他与罗斯柴尔德家族的关系。他们仍然重视与他的关系，但反感他们的代理人转向普鲁士主义，反感他对一位令法国人恐惧和憎恶的暴君卑躬屈膝。

对布莱希罗德来说，战争赔款是他的金融和政治成功的试金石。1871 年 2 月，他前往凡尔赛，来到俾斯麦的身边，并希望以这种荣耀为跳板通向下一个有利可图的任务：收取巨额赔款。欧洲从未有过如此复杂的金融交易，政治影响让它变得更加复杂。简而言之，法国越快付清赔款，德军就会越早结束对法国领土的占领。大卫·兰德斯关于赔款的论文权威地描绘了这个史无前例的事件的复杂和相关的阴谋[31]。

兰德斯指出，赔款的支付实际上包含两个问题：法国人如何筹钱以及如何“把这笔钱交给德国人，但不打破国际收支平衡……？” 320
德国人规定可以接受的钱和票据（金条和大银行的支票）。第一笔 10 亿赔款将在梯也尔政府打败巴黎公社和回到巴黎后的一个月内付清。法国政府必须决定如何筹钱（它选择以资本课税或税收为抵押寻求连续贷款），如何转账，如何在短短一个月内完成全部工作。它不得不依靠历史悠久的欧洲私人银行。这些银行开始相互竞争，为了争夺一席之地，它们陷入最为混乱的阴谋和对抗，一切都在不择手段的气氛中和无情的最后期限面前展开。布莱希罗德希望，与俾斯麦和巴黎罗斯柴尔德家族的关系能让他拥有决定性的优势；但其他人试图将其排挤在外，包括他长期的合作者，贴现公司的阿道夫·冯·汉泽曼。与银行家的狂热竞争相对应的是两国政府的谈判，由于德国人众说纷纭（曼陀菲尔和阿尼姆都自行展开谈判），谈判变得更加复杂。尽管布莱希罗德提出请求，巴黎罗斯柴尔德家族还是把首批贷款分配给全欧洲，他只获得很小的份额。让布莱希罗德满意的是，法国人交给德国占领军当局的德国银行支票大部分由布莱希罗德承兑——这反映出他的地位，并带来一小笔（比起早前的预期）收益[32]。

在第一轮赔款期间，布莱希罗德的眼疾大大加剧，不得不暂时让表弟和合伙人尤里乌斯·施瓦巴赫主管此事，后者比他本人更加强硬和直率。不过，施瓦巴赫事无巨细都向布莱希罗德做了请示。幸运的是，他在 1871 年夏天的来信完整留存下来。

仿佛银行家之间的对立和钩心斗角还不够让布莱希罗德烦恼——施瓦巴赫安慰说，他的病完全是“神经性质的”——他还被卷入德国官场的贪婪。俾斯麦从不信任自己的下属，对军人插手政治更不放心。法国的德国占领军司令是埃德温·冯·曼陀菲尔，此人在 19 世纪 60 年代就反对过俾斯麦的政策。法方派到曼陀菲尔那里的全权代表是圣瓦里耶伯爵，1871 年春天和夏天，他们都待在南锡，两人的接触流露出一定程度的相互尊敬和个人温情，这在 19 世纪的胜利者和失败者之间就非常罕见，在我们的时代更是闻所未闻。他们都是贵族，都极其老派，可能都担心德国人的严厉会让“恶徒”（*canaille*）的革命力量死灰复燃（巴黎公社刚刚被镇压）[33]。曼陀菲尔主张对法国人采取怀柔政策，并直接向威廉和俾斯麦提出这点。1871 年 7 月，在法国付清第一笔分期赔款后，他要求马上从三个被占省份撤军。

在干涉俾斯麦势力范围的同时，曼陀菲尔还做了另一件冒险的 321
事——鉴于他的偏见，此事令人惊讶。他发电报给布莱希罗德，要求后者来贡比涅（Compiègne）商讨“一件非常重要的金融事务”。布莱希罗德仍然因病在温泉疗养，于是派遣自己信任的助手莱曼前往。布莱希罗德猜测，曼陀菲尔希望得到关于法国付款方式的专业建议。事实上，他要求布莱希罗德把 1000 万塔勒拿去投资，这笔钱是他从法国支付的占领军费用中省下来的。保密事出有因：占领军费用应该用于实际支出，而不是巨额赔款的一部分。俾斯麦明白占领的肮脏性质，早在 1870 年 12 月，他就“把占领军比作树上的毛虫，啃遍了整棵树”[34]。

曼陀菲尔的要求让莱曼、施瓦巴赫和布莱希罗德吃惊。三人当时的通信留存下来，大多使用暗语（可能是施瓦巴赫临时想出的），“帝国”（*Der Reiche*）是俾斯麦，“异教徒”（*der goi*）是曼陀菲尔——这个词既带有贬义，又没有特指。布莱希罗德向俾斯麦通报了这次召见。等他发现曼陀菲尔试图向俾斯麦隐瞒该交易时，为时已晚。二十年后，在向布莱希罗德索取一大笔捐助时，施托什将军告诉他，那笔交易的目的正是为了绕开“内阁账户”的中介[35]。布莱希罗德的老朋友科伊德尔仍然与俾斯麦的手下非常亲近，他同样声称自己参与安排曼陀菲尔的征召。“我很高兴能把这件事交到你手中，特别是考虑到之前发生的阴谋，因为我确信王国政府再也找不出哪家银行能提供更加宝贵和无私的服务。”[36] 尽管有科伊德尔的来信，布莱希罗德仍然担心自己犯了大疏漏，让俾斯麦知道曼陀菲尔有意为军队设立小金库。他请求俾斯麦“不要告诉曼陀菲尔将军，我擅自向您通报这些情况”。俾斯麦没有回复，这让布莱希罗德更加焦虑。十天后，布莱希罗德又给俾斯麦写信，“担心我那不起眼消息的命运”，并报告巴黎罗斯柴尔德家族关于法国下一笔赔款提出的新建议。几天后，布莱希罗德收到简短的回信，表示来信已收到，但没有保证将布莱希罗德的信息保密；俾斯麦还拒绝罗斯柴尔德提出的用法国公债支付赔款的建议，并轻描淡写地把类似的建议此前已被拒绝作为理由：“我们没有理由与人方便。”（*Zu Gefälligkeiten haben wir keine Ursache.*）[37]

布莱希罗德觉得整件事令人尴尬，但施瓦巴赫向他保证，俾斯麦对其没有恶意，事实上还希望他尽快造访伐尔岑。不过，此事是俾斯麦的下属们不得不在秘密和不确定氛围中工作的早期例证。在这件事中，布莱希罗德只是提心吊胆地过了些日子，而曼陀菲尔的小金库很可能落入了某个公共战争基金。记录中再也没有提到这笔钱。

回到赔款：法国人准时完成第一笔支付，而且出奇地顺利。这 322
要归功于人们对法国信用的信心和国际银行财团的高效运作。俾斯麦对这次大获成功印象深刻，但也有点担心。不过，赔款问题又拖了两年，经过无数官方和非官方谈判。（下一次的重大赔款是一战后德国的赔偿，如果不是十二年后德国违约，可能会拖上六十年。）对银行家来说，赔款过程的每个阶段都牵涉数以百万计的金钱，包括出售公债、存入收取的钱、资金转账和收取佣金。对这两个国家来说，赔偿牵涉关系的正常化，对法国来说还牵涉驱走“德国毛虫”。

1871 年法国付清第一笔赔款后，曼陀菲尔与俾斯麦的分歧马上变得尖锐起来。前者与法国财政部长举行谈判，并直接向威廉提出建议，这惹恼了俾斯麦。曼陀菲尔对圣瓦里耶吐露心声，认为俾斯麦的怒火源于他对曼陀菲尔可能取代自己的恐惧，也源于他不愿结束紧张局面，因为他通过“经常合作的亨克尔·冯·多内斯马克伯爵和银行家布莱希罗德等人”参与某些股票交易运作[38]。当然，俾斯麦也曾谴责阿尼姆有类似行径。令人称奇的是，对立的德国领导人常常觉得他们反对的政策背后存在某种肮脏的投机。如果不考虑其他原因，这些怀疑暗示人们始终没有忘记从股市牟利，但仍然耻于这些想法，很乐意把它们投射到对手身上：俾斯麦在他的法国政策中没有物质利益。

在曼陀菲尔给圣瓦里耶写这封密信的第二天，俾斯麦在与法国驻柏林代办德·加布里亚克（M. de Gabriac）初次见面时就狠狠地斥责了后者。俾斯麦对法国人与曼陀菲尔的关系表示愤怒，指责法国人阴谋报复（当时还是 1871 年 8 月！），只愿意支付 20 亿，“当剩下的 30 亿在 1874 年到期时，你们将对我们开战”。俾斯麦展现了跋扈而直率的自我。加布里亚克指出，俾斯麦喜欢气势汹汹地冤枉别人，以便为自己不怀好意的计划寻找借口[39]。当时，法国驻柏林的代表们担心，即使法国支付了 4 999 999 999 法郎，在付清最后一个法郎前，没有一名德国士兵会离开法国。德国人究竟想要金币还是一磅肉——或者像某些法国人所担心的，两者都想要呢[40]？

在1871年8月末的一次此类危机中，俾斯麦让布莱希罗德充当他的“秘密代理人”，威慑反对梯也尔的法国人。与俾斯麦和威廉同在巴德加斯泰因的科伊德尔致信布莱希罗德，谈到来自法国的“令人不安”的消息，以及复仇主义者和反梯也尔骚动。

> 我请您让您在巴黎的朋友们不要怀疑，我们认为形势非常严峻；如果新政府不能像现政府这样令我们有信心，占领军的
> 数量将马上增加。如果对方把此举视为敌意，那么我们认为应 323
> 该先发制人，发动进攻阻止这种苗头。对我们来说，如果对方不愿遵循和平道路，重开战端的想法很正常，而且一切都做好了准备。

通过对巴黎“有影响人物的暗示”，布莱希罗德也许可以避免那里做出不利的决定：“也许我们这里把情况看得太悲观了。”[41]科伊德尔设法保证让布莱希罗德和施瓦巴赫收到这些悲观的消息，好让他们向巴黎的罗斯柴尔德家族施压——后者对此感到厌恶。在执行俾斯麦的委托时，布莱希罗德总是更加高调，而施瓦巴赫则更加谨慎。但俾斯麦授意的游说很少考虑到缓和巴黎罗斯柴尔德家族与布莱希罗德之间已经相当紧张的关系。罗斯柴尔德家族一度既不回信，也不与这家柏林银行展开日常业务。有一次，施瓦巴赫甚至承认他“担心”这些信惹恼罗斯柴尔德家族。他想要的是他们的生意：“你知道，否则我对这类事毫无兴趣。”[42]与布莱希罗德不同，施瓦巴赫并不觊觎政治角色。就像这个例子所显示的，政治角色既可能帮助也可能损害生意。

从1871年到1873年，布莱希罗德扮演多重角色，常常相互矛盾。在与赔款问题相关的所有技术事项上，他是俾斯麦的顾问。在俾斯麦的要求下，他与法国人举行间断性的非官方谈判。他还试图

保持与罗斯柴尔德家族的特殊关系，并实现自己最大的目标，即在负责最终赔款支付的任何国际财团中担任德方的首脑。他经常请求俾斯麦采取更加怀柔的政策——这不仅有利于和平和财政健康，也符合布莱希罗德本人的利益。他还常常请求法国公众（特别是罗斯柴尔德家族）更加配合，因为“毫无疑问，只有当最后的德国军队离开法国土地时，法国的繁荣才会开始……只有当政府停止赔款时，仇恨的刺痛才会变得可以忍受”。或者按照他更乐观的说法：只有当赔款问题解决和德国撤兵后，“两个国家才能结盟”[43]。梯也尔也认为，“我们的土地有德军存在就像伤口上有异物”[44]。

布莱希罗德的角色取决于他同时与俾斯麦和罗斯柴尔德保持着关系。不过，他也因为这种角色而付出代价，像所有的中间人那样经历挫折。有时，双方都对他不满。罗斯柴尔德家族接受他的信息（但常常向他隐瞒消息），和他一起对敌人和干涉者的诡计表示愤怒，但仍然遵循自己的路线。所有人都为自己考虑，巨大的金额和如何执行这笔庞大交易的不确定性吊起所有人的胃口和怀疑。

1871 年 10 月，法国财政部长奥古斯特·普耶—凯尔蒂耶 324
（Auguste Pouyer-Quertier）来到柏林，俾斯麦把他引荐给布莱希罗德。两人讨论下一笔支付的方式，后续谈判转至巴黎，由布莱希罗德信任的下属伊莫尔曼（Imelmann）负责。法国人担心找不到可接受的支付工具，普耶—凯尔蒂耶建议布莱希罗德银行接受 2 亿法郎的银行支票，只要德国政府认定支票是有效的支付方式[45]。布莱希罗德试图让俾斯麦对该方案感兴趣，但俾斯麦厌倦了他的游说。1872 年 1 月，俾斯麦写信给他，表示他的提议不够清晰，而且“除非法国政府提出与我们的谈判有关的官方动议……我才会开始考虑这些提议”[46]。

这正是布莱希罗德敦促巴黎的罗斯柴尔德家族去争取的，他希望新的法国驻柏林大使也能提供支持。梯也尔选择德·贡托—比隆子爵（Vicomte de Gontaut-Biron）担任此职——此人是新共和国所能找到的一位蓝血保守贵族，虽然他没什么外交经验，对德国事务也缺乏了解。俾斯麦对他的缺乏经验颇有微词，但威廉回应说，贡托—比隆的“古老高贵出身”要重要得多。布莱希罗德立即请求罗斯柴尔德家族让贡托—比隆来见自己，“因为也许我能提供柏林其他人无法提供的帮助”[47]。两人开始密切合作，贡托—比隆把布莱希罗德视作俾斯麦的秘密代言人；他设法维持这种关系，特别是因为1872年初俾斯麦尽可能地不见人。贡托—比隆对梯也尔报告说，俾斯麦更愿意使用中间人。法国人也逐渐意识到，俾斯麦很少相信自己的官方下属，他和阿尼姆开始互相憎恶——这种仇恨也加深了他们本质上的差异。在写给梯也尔的首批报告中，贡托—比隆表示，“布莱施罗德”（Bleischröder，他在两人的所有通信中都用这种拼法）是“一位非常富有的银行家，与俾斯麦非常亲密，为后者打理生意”。他还提出一个在随后的二十年间将让外国代表们犯难的问题：在多大程度上可以相信布莱希罗德？他的回答是：对布莱希罗德的信任应该“适度，但他的游说和沟通肯定为俾斯麦所了解并得到批准，因此值得特别注意”。梯也尔要求他听取布莱希罗德的观点，“他被认为比其他所有人更受普鲁士信任，从他那里可以得到启发我们的有用线索”[48]。梯也尔还屡屡更进一步，要求贡托—比隆向布莱希罗德提出具体建议，事实上把他作为所有金融事宜上的主要对话者。

1872年3月末，刚刚与俾斯麦见过面的布莱希罗德重申希望法国人就支付方式提出新的动议，并表示作为交换，德国人手中的法国战俘将很快被释放[49]。4月，当法国人提出最初动议后，刚刚见过“我的朋友”的布莱希罗德提醒贡托—比隆和罗斯柴尔德家族， 325
柏林“并不完全认同T先生的立场”，即梯也尔的军事准备和在圣彼得堡的提议。“我希望您……利用对T的影响，说服他放弃刚刚选择的方式，更加配合我国政府的想法。请您在看完信后立即销毁。”——但罗斯柴尔德家族没有从命，尽管他们几乎不在乎信上的任何内容[50]。

当布莱希罗德自愿充当喉舌，传达俾斯麦的不满时，阿尼姆伯爵在一个德国财团的支持下自行与法国人展开谈判，布莱希罗德和罗斯柴尔德家族面临被冷落的危险。这完全出乎布莱希罗德的意料：5 月 18 日，他向巴黎保证，秋天之前不会做出任何决定；5 月 19 日，他明显带着绝望向刚刚开始在伐尔岑休假的俾斯麦求助，告诉他阿尼姆正在与法国人谈判，身边是亨克尔 · 冯 · 多内斯马克和一群反对布莱希罗德的银行家。（亨克尔得到威廉的支持，这被认为将让俾斯麦与他为敌，因为当时国王和首相关系紧张。）布莱希罗德报告说，亨克尔率领的财团——

> 把我排除在外！在这项庞大的金融运作开始时，我非常荣幸地得到阁下的召唤，但现在伯爵得到强有力的支持，严重威胁到我的地位；我将此事告知阁下，以免今后被您埋怨："如果你早点告诉我，我就会让亨克尔伯爵知道，在这个金融问题上，他应该与你合作！"[51]

俾斯麦的回信没有留存，很可能不置可否。只要方便，俾斯麦就会设法相助。但当时的情况过于混乱，他可能不愿意为自己的私人银行家做得太过分。他的文书洛塔尔 · 布赫尔一直向布莱希罗德通报情况，当布莱希罗德继续不断恳求俾斯麦时，布赫尔终于斥责前者，表示只有他胆敢打扰首相的休假[52]。

1872 年 6 月末，法国和德国签署新的协议，协调法方的赔款支付和德方的撤军计划。7 月初，布莱希罗德向俾斯麦抱怨说，汉泽曼已经在巴黎待了十天，并在阿尼姆的帮助下成为新贷款的德方代理人。布莱希罗德准备忽略整件事，但表示"最后的 10 亿赔款和将持续到 1875 年的占领及其开支令梯也尔忧心忡忡。他担心议会的强烈反对——无论是真实的还是吓唬人……"布莱希罗德说，他无意把俾斯麦的钱投入法国公债——当然，存在投资的可能性本身表明，尽管俾斯麦不时叫嚣“世世代代的敌人”，他仍然和之前一样信任法国的经济实力，希望在投资时不以意识形态为根据[53]。 326

布莱希罗德的烦恼没有持续多久，不到一周后，他就在俾斯麦的关照下前往巴黎。他与梯也尔多次会面，但继续抱怨阿尼姆的小团体把一切据为己有：“从金融角度来看，此行无甚收获。”失望中的布莱希罗德至少加深了俾斯麦对阿尼姆的怀疑。他报告说，梯也尔担心自己的政治前途，因为法国人认为新协议比和约更糟糕。他提醒俾斯麦，“梯也尔下台后，局势将恶化……似乎应该保住此人”。这条明智的建议同样在与阿尼姆对着干*。他还表示，凡尔赛的面貌比 1871 年时“无聊得多”；他仍然怀念当时飘飘然的气氛[54]。

他的巴黎之行远非徒劳。他似乎架空了阿尼姆的小团体，与罗斯柴尔德家族达成协议，由他的银行担任一部分法国贷款的德方代表。不过，与罗斯柴尔德家族的关系仍然紧张，而且维系的代价高昂。比如，在日常业务中，罗斯柴尔德家族要求对大额短期存款采用通常的利率——当柏林资金充足时，布莱希罗德发现很难赚得这么高的利息。罗斯柴尔德家族似乎曾威胁彻底退出合作，布莱希罗德马上谦恭地回应说，为了保持与他最尊敬的巴黎朋友们的关系，他会竭尽所能并承担各种牺牲。失去这种关系将让布莱希罗德难堪不已，而罗斯柴尔德家族（和俾斯麦一样）喜欢提醒客户注意自己的从属地位。无论如何，在最后一轮赔款中，布莱希罗德扮演核心角色并获得丰厚回报。

法国的恢复势头出乎所有人的意料，包括布莱希罗德。经过惨

---

* 反过来，梯也尔也不断要求贡托—比隆与布莱希罗德保持亲密关系，“他友好而且希望保持友好，他还是首相的人。前些天，他送给梯也尔夫人（他经常在梯也尔家吃饭）一些德国人非常看重的珍馐，味道相当粗犷，有点超过文明人胃的承受能力。梯也尔夫人向他表示感谢，我想请您处理所附的书信，因为我不知道那位大金融家的具体地址”。《领土的被占与解放，1871—1875》（巴黎，1903 年），第二卷，第 179—180 页［*Occupation et Libération du Territoire*, 1871–1875 (Paris, 1903), II, 179–180］。不用说，梯也尔夫人频繁的感谢信使用了不同的措词。BA。

败和内战，经过艰难的和约和支付沉重的占领成本后，法国以惊人的速度重建了自己的军队和经济。1872 年 10 月，布莱希罗德向俾斯麦保证，法国将无法像梯也尔预计的那样在 1873 年底前付清全部赔款 [55]。1872—1873 年冬天，布莱希罗德仍然习惯于传达俾斯麦不时的挑衅，他还威胁（然后安慰）贡托—比隆，俾斯麦可能接受军方的请求，不在原先约定的日期撤出贝尔福 [56]。但第二期法国贷款取得巨大成功，国际财团随即顺利地把法郎兑换成德国人愿意接受的金条和债券。1873 年 9 月，法国人付清最后一个苏（sou，当时法国的一种铜币），最后一名德军士兵也终于从法国土地上撤 327
离——比计划早了十八个月。梯也尔有资格得到国家的感谢。1873 年 5 月，当他的政策确定将取得成功时，君主立宪派把他赶下台。俾斯麦一直反对的君主复辟似乎近在眼前。法国仍然让人非常担心。

俾斯麦还怀疑新的法国统治者与他在国内的天主教敌人合谋。反过来，法国人也从来无法确定俾斯麦不会寻求预防性的战争，就像他的某些军队领袖所希望的。1875 年 4 月，当俾斯麦禁止向法国出口马匹后，危机爆发。德国报纸称“战争近在眼前”，法国人也带着半真半假的担忧向欧洲其他国家求助。但俾斯麦做了让步，战争的威胁烟消云散。他的动机仍不清楚。也许他想为与法国结盟消除误会 *。6 月初，赫伯特再次向布莱希罗德保证，目前他的父亲看不到“和平有任何危险” [57]。当年年底，布莱希罗德的老朋友戈德施密特从维也纳来信说：“除了疯子，谁希望看到世界陷入战火？……但还是有蠢人相信俾斯麦将重新与法国开战，以便向法国人索取数十亿钱财。” [58] 多年来，法国人一直对德国人的意图忧心忡忡；1877 年 5 月，当俾斯麦通过布莱希罗德在巴黎的一位可靠的代理人得知，尽管法国的经济恢复迅猛，“对德国的恐惧仍然超出

---

* 这是泰勒（A. J. P. Taylor）的解释，他还表示“和其他德国人一样，俾斯麦把恐吓视作友谊的最佳前奏”。见《对欧洲霸权的争夺，1848—1918》（牛津，1954 年），第 225 页［*The Struggle for Mastery in Europe, 1848–1918* (Oxford, 1954), p. 225］。

一切想象！如果德军沿着孚日山脉（Vosges）向巴黎进发，这看上去将是世界上最自然的事”[59]，他一定相当满意。

俾斯麦维持着这种没有根据的恐惧，但随着 1877 年法国建立温和的资产阶级共和国，他自己的恐惧消失了。在新的欧洲格局中——东方问题和加快步伐的帝国主义成了主导——他寻求与法国结盟。为了转移法国的不满，俾斯麦试图为其寻求殖民领域的“补偿”，支持法国在罗马尼亚和近东的政策，并让德国认可其在拉丁民族中的“卓越性”，理由是法国具有更高的文明程度和“融入更多日耳曼血统”[60]。当时，他甚至对法国大使表达吞并阿尔萨斯—洛林的遗憾，表示那是迫于军方的压力。俾斯麦指责他人的能力只有他灵活而又不断自我美化的记忆堪能匹敌。他希望与法国实现真正的谅解，为此不惜牺牲其他大国的次要利益。他对法国大使表示：“我希望你们原谅色当，就像你们曾经原谅滑铁卢。”[61] 但法国人如何能原谅德国人无法忘记的东西呢？

对于这个新的阶段，更换大使显得很有必要，这对布莱希罗德
来说是重大利好。共和政府召回贡托—比隆，俾斯麦已经开始讨厌 328
他，因为他被认为要对迫在眉睫的战争危机负责，而且和奥古斯塔皇后关系密切。圣瓦里耶伯爵成了他的继任者——此人同样具有无可挑剔的血统和保守观点，但对德国事务熟悉得多。我们已经提到他成功地与德国占领军司令曼陀菲尔建立亲密关系。圣瓦里耶是理想的选择，他年过四十，是个英俊的单身汉，德语流利，作为爱国者的他认为复仇没有前途。在与布莱希罗德交往的外交官或政客中，圣瓦里耶可能是关系最亲密和最真诚的一个。两人经常见面，并持续合作。作为老派人物，圣瓦里耶觉得回报布莱希罗德的热心和感情很容易。他写给布莱希罗德的信体现真正的友谊，以及对布莱希罗德健康和福祉的真正关心，很少有人表现得这样。

圣瓦里耶抵达柏林几周后，布莱希罗德安排他前往弗里德里希斯鲁拜访俾斯麦[62]。这次长时间和不寻常的拜访是俾斯麦与圣瓦里

耶亲密关系的开始。欧洲的麻烦来自东部；柏林会议后，俾斯麦不得不警惕俄国的愤恨；1879 年 4 月，为了摸清俄奥紧张关系不断加剧时德国的政策，圣瓦里耶在一周内与布莱希罗德多次见面[63]。1880 年后，俾斯麦的眼中钉格莱斯顿再次上台。这是改善法德关系的良机，特别是如果可以让法国把注意力转向殖民冒险（如突尼斯），或者让它和英国争夺埃及。圣瓦里耶明白俾斯麦的意图，在帝国戏剧性的"第二次奠基"时，他恰好在柏林。他认识到，德国的国内形势和国际形势一样变幻莫测，而且同样重要。他给法国外交部写了关于德国国内政治的透彻报告，其中只有几份被收入后来出版的《法国外交档案》；不过，它们在这里都派上了用场。

布莱希罗德在这些报告中扮演突出的角色。他被看作俾斯麦的权威代言人，甚至比德国官场更加重要，因为俾斯麦被认为对布莱希罗德特别坦诚。布莱希罗德还一再被视为俄国财政和某些金融细节方面的专家，比如罗斯柴尔德在埃及的贷款和罗马尼亚事件背后的主要推手。

圣瓦里耶从一开始就发现，他在柏林的任期既愉快又危险。他与柏林的关系非常好，但随着法国政府越来越左倾，他在巴黎的庇护人瓦丁顿已不见踪影。他的保守观点成了不合时宜。早在 1879 年 6 月，俾斯麦就敦促圣瓦里耶为报效祖国而留任，不要顾及国内的激进浪潮；俾斯麦向他保证，自己永远不会接受一位激进的大使[64]。圣瓦里耶也多次向布莱希罗德求助：如果俾斯麦只对巴黎的新政府说恰当的话，圣瓦里耶就会被允许留在柏林。布莱希罗德动员赫伯特乃至整个德国官场，而俾斯麦也终于同意发挥自己的影响，因为 329
就像他告诉奥多·罗素勋爵的，圣瓦里耶"是有史以来最好的法国驻柏林大使"[65]。

圣瓦里耶暂时获救——足以有时间回报布莱希罗德的恩惠。1881 年 7 月，为了表彰其对法国战俘的帮助，布莱希罗德被授予司令官级法国荣誉军团勋章；对于十年前曾参与让法国背上巨额赔款的人来说，这是很不寻常的荣誉。恶俗的巴黎媒体叫嚣该荣誉被授予给“德国的犹太吸血鬼布莱希罗德”，并嘲笑说俾斯麦著名的看门狗“苏丹”（Sultan）将是下一个获勋者。霍亨洛厄亲王向俾斯麦报告了这些抗议[66]。

几个月后，随着曾经的激进共和派（现在是负责的政客）甘必大上台，圣瓦里耶的命运无可挽回。他的位置被库尔塞尔男爵*取代，在甘必大很快倒台后，此人又阻挠了旨在让圣瓦里耶返回柏林的幕后操作。法国贵族把柏林大使视作美差，郁郁寡欢的圣瓦里耶不得不回到巴黎当一名普通的参议员[67]。他在写给布莱希罗德的信中发泄怒火，并反复向后者保证，在柏林期间的所有朋友中，他只对皇帝夫妇和布莱希罗德还有感情。圣瓦里耶的信完美地记录了贵族对平民政治日益强烈的反感，这种政治的代表包括“大恶棍”甘必大，他的“工具和卑鄙的灵魂”弗雷西内†，以及所有的共和派领导人——这些人在埃及的胆怯让法国蒙羞，而像圣瓦里耶这样的爱国者却沮丧地被扫地出门。他是一个精明而感伤的保守主义者，满怀受伤的尊严和敏感的绝望。他对布莱希罗德与库尔塞尔和巴黎新政客们的关系感到遗憾，他的信中流露出某种“你居然也这样”的惊讶。1886 年，伤心欲绝的他无法接受被迫退居二线，年仅 52 岁就去世了。

资产阶级共和派试图收获圣瓦里耶为法德和解播下的种子，布莱希罗德也很快开始与儒勒·费里（Jules Ferry）‡和夏尔·德·弗雷西内等新人合作。他和阿尔方斯·德·罗斯柴尔德的校友莱昂·萨伊（Léon Say）频频通信。萨伊是参议院议长，还多次出任财政部长，他在当时的各种货币会议上扮演重要角色，这些会议主要涉及

---

* 阿尔方斯·德·库尔塞尔（Alphonse de Courcel，1835—1919），法国外交家。——译注

† 夏尔·德·弗雷西内（Charles de Freycinet，1828—1923），法国政治家，曾任战争部长和总理。——译注

‡ 儒勒·费里（1832—1893），亦作茹费里，法国政治家，曾任外交部长和总理，推行政教分离和殖民扩张。——译注

美国和欧洲的金融关系。布莱希罗德和萨伊一次次在马林巴德举行“会谈”。

俾斯麦觉得法国政治令人困惑，而布莱希罗德的评论被证明有帮助——特别是因为随着年龄的增长，俾斯麦对大使们的不信任不降反升。在数以百计的信中，布莱希罗德常常正确地预言将发生什么，或者揭示某些议会举动和市场波动的“内幕”故事。俾斯麦读了这些报告，还不时加上批注。即使仅仅想概括这些报告也是不可能的，举几个例子就够了。1882 年初，他正确地预言甘必大的倒台和随之而来的市场动荡[68]。几天后，他提醒俾斯麦，联合总银行（Union Générale Bank）的倒闭将让法国右翼的某些重要人物身 330
陷囹圄或身无分文[69]。（该事件还引发可观的反犹主义者浪潮，因为受害者把银行倒闭归咎于罗斯柴尔德家族的阴谋。）他还常常进行更加一般性的盘点，1882 年 6 月来信中的这段话算得上典型的例子：

> 在巴黎，人们担心弗雷西内可能下台。比起埃及问题，对法国市场打击更大的是人们感到法国和英国不合。两国间的嫉妒似乎接近高潮，英国可能希望与法国断绝关系。客气地说，法国对土耳其的政策非常幼稚。[70]

这里谈到的是埃及问题，布莱希罗德对形势的总结——在现代人听来可能有点不成熟——接近当时俾斯麦本人的观点。

当然，布莱希罗德也向法国的外交官和政客们通报情况。由于国际形势如此变幻莫测，而俾斯麦的行为又常常令人费解，对文字或举动的解释变得非常有用。1881 年圣瓦里耶离职时，俾斯麦正好开始加强拉拢法国人和转移他们注意力的努力：他看到他们在埃及卷入与英国的纠纷，希望让他们与意大利争夺威尼斯。此外，法国人还涉足印度支那。俾斯麦乐于看到法国人把精力分散到新的地区，同时树立新的敌人。很多时候，他尽可能表现得仁慈，真心希望德法同盟可以帮助遏制格莱斯顿。简而言之，俾斯麦考虑和法国达成影响深远的协议，后者可能逐渐变成对抗英国的新大陆同盟[71]。

事实上，俾斯麦不断变换着口风。因此，法国人极难读懂来自柏林的大量不同信号。布莱希罗德的复杂角色表明，法国人对俾斯麦意图的担心远远超过俾斯麦对法国最严重的复仇动乱的担心。法国人仍然害怕德国的力量，并对俾斯麦的行事风格疑惑不解，就像法国大使在 1887 年所描述的："事实上，当俾斯麦想把某些政府置于其政策的控制之下时，恩威并施是他驯服手段的特征之一。"[72] 法国人知道布莱希罗德经常充当俾斯麦的非官方代言人——但他总是如此吗？他们不得不揣测他何时是俾斯麦的喉舌，何时代表政治的自我。不过，他们仍然注意听他的话，并不时在背后嘲笑他。

圣瓦里耶的继任者库尔塞尔男爵和儒勒·埃贝特（Jules Herbette）* 把布莱希罗德介绍给历任外交部长。1883 年，库尔塞尔男爵请求时任外交部长的夏勒梅尔—拉库尔（Challemel-Lacour）接见布莱希罗德："这位银行家是俾斯麦亲王的心腹，为后者充当与某些大使间的官方中介。"会面过程中，布莱希罗德解释了俾斯麦"对法国的友好感情"和他对法国殖民政策的支持。（圣瓦里耶 331
对布莱希罗德与"敌人"见面并为他在柏林的继任者说好话感到遗憾[73]。）在这些场合，布莱希罗德俨然就是要人，他有时向霍亨洛厄亲王和罗斯柴尔德家族通报自己的行程，有时则偷偷出入巴黎，导致传言夸大他此行的重要性[74]。几个月后，布莱希罗德再次来到巴黎（这次与他的土耳其生意有关），告诉德国大使馆："我们决不能允许弗雷西内走上前台，因为他会把局面导向红色，这将导致社会革命和随后的反动报复。"[75]

---

* 儒勒·埃贝特（1839—1901），法国外交家。——译注

1884年初，库尔塞尔建议新任外交部长儒勒·费里接见布莱希罗德。两人进行多次“亲密的对话……尽管命星近来略有黯淡，他仍然一如既往地消息灵通，与首相的私人关系使得俾斯麦的重要举动不可能完全逃脱他的注意”[76]。1884年春，俾斯麦延长三帝同盟，但试图向法国保证，此举的唯一目的是维持近东的和平形势。与此同时，他还派遣布莱希罗德作为自己的私人特使前往巴黎。我们有费里对此行的描述：“当时，这个几近失明的狡猾的老犹太人是首相的秘密代言人。他以‘秘密和完全私人的方式’来见我……［布莱希罗德说］那个老人想告诉你，我们非常非常友好。”布莱希罗德还表示，德国希望进一步改善与法国的关系，但俾斯麦不太敢公开这样说，担心影响费里在国内的地位。“他真诚而强烈地希望您长期执政。”*布莱希罗德传达俾斯麦的意思，希望法国在埃及扮演领导角色。费里正确地指出，这将导致法国卷入与英国的纠纷，正中俾斯麦的下怀。俾斯麦还提出在土耳其问题上他会暗中相助。

然后，“老鳄鱼”——费里在这次会议的记录中如此称呼布莱希罗德——傲慢地解释说，在偏远的弗里德里希斯鲁，俾斯麦常常夸大诸如无名法国报纸上的反德文章这样的东西。但他又表示：“为了让他能继续为德国服务，我们说服他去那里休养……您不会相信除了像我这样的私人朋友，见到他变得有多难。”他继续说：“您无法想象亲王痛恨格莱斯顿到了什么程度！他憎恶这个人，也反感他的观点。”布莱希罗德请求费里不要把他的此行告诉任何人，特别是霍亨洛厄。费里问，霍亨洛厄是否仍然受到亲王的信任。布莱希罗德回答说：“是的，但并非完全信任。如果您想向亲王传递什

* 恭维也常常可以通过第三方传达。前任法国外交部长圣伊莱尔曾让布莱希罗德向俾斯麦提出一个“小小的请求”，并称赞俾斯麦是“得到验证的天才”。圣伊莱尔致布莱希罗德，1881年11月19日，BA。

么私人信息，我将全力为您效劳。”[77]布莱希罗德的此行当然没有 332
逃过霍亨洛厄的眼睛，后者因此对他更加怀疑。霍亨洛厄认为布莱希罗德在阴谋反对自己，没有意识到可能是俾斯麦希望利用布莱希罗德的弱点与权势人物打交道。霍亨洛厄猜测，布莱希罗德试图加深罗斯柴尔德家族对奥尔良派的同情[78]。在布莱希罗德的一生中，人们眼中他的邪恶其实常常是他的虚荣——他对此难辞其咎。

布莱希罗德对“法德同盟”的前景感到高兴，并对自己的推动者角色洋洋得意[79]。1885 年 2 月，库尔塞尔再次敦促费里接见布莱希罗德。他表示，无需夸大此人的角色，但“对我们来说，他仍然是睿智而乐于帮忙的中间人。您对他说的一切都会被非常准确地转达给德国首相”。于是，费里接见了布莱希罗德——他称其为“无照亲信”（*le confident marron*）——多年后，他还记得这次谈话涉及两个话题：皇太子继位后俾斯麦的命运以及法国涉足印度支那。对前一个话题，布莱希罗德预测皇太子将用大笔金钱换取俾斯麦退休；如果没能奏效，皇太子将用其他办法强迫他走人。对第二个话题，布莱希罗德热心地表示，印度支那战争“不受欢迎”，法国应该为了自己的利益尽快结束它。“您想要柏林对此表态吗？”当费里露出不悦时，布莱希罗德向他保证：“啊，完全不必正式。您无需向首相提出任何请求，只要把您想说的告诉我布莱希罗德就可以。”费里拒绝了他，看着布莱希罗德离开时喃喃自语：“‘您知道，我随时待命，您只要对布莱希罗德说句话就行了。’一边用手杖摸索着道路，因为他已经近乎失明。”[80]一位宫廷犹太人步履蹒跚离开的样子生动地跃然纸上。

布莱希罗德尊重费里；这次见面后不久，他形容费里是“最好的总理”，但认为此人很快将因为印度支那下台。印度支那战争的确导致费里的下台，温和共和派失去最好的成员。无论是他本人还是在遥远国度推行帝国主义都缺乏“对民众的吸引力”[81]。法德同盟的希望没有随着费里的下台而破灭，但变得日益渺茫。只有巴黎和柏林的强有力政府才能坚持这样不受欢迎的道路——换句话说，只有强有力的政府才有足够的自信忽视被认为总能调动选民情绪的沙文主义战鼓。1886年，法国的民族主义热情集中到一个新的人物——布朗热（Boulanger）身上。除了他是个马上将军，具有不祥的吸引力和野心，对此人的一切看上去都没有定论。他似乎利用了复仇主义情绪，在法德同盟尚未正式启动前，他和其他压力就让同盟的希望破灭。

即使当主人早已放弃对亲法政策的全部严肃希望，布莱希罗德仍然对此念念不忘。1885年，布莱希罗德在巴黎有了一个出色和意想不到的新盟友。俾斯麦最能干的大使之一明斯特伯爵被从他热爱的伦敦召回，派往他讨厌的巴黎——更让他愤怒的是，巴黎大使的薪水不如伦敦。明斯特从巴黎继续给布莱希罗德发来尖刻而敏锐的报告，即使今天看来仍是佳作。甚至像弗雷西内这样的顶尖法国政治家也赞赏明斯特不凡的洞察力[82]。此外，布莱希罗德还与费里的继任者弗雷西内建立了个人关系。1886年9月，他与弗雷西内见面，并向俾斯麦报告此人的和平意图以及对被其任命为战争部长的布朗热的不满。但只有等到布朗热犯下大错才能没有后顾之忧地罢免他。弗雷西内“想要摆脱他，但什么都不敢做，担心反而会导致自己下台”。他“对埃及事务非常激动”，因为英国即将宣布成为埃及的保护国，法国舆论对此无法容忍——但布莱希罗德表示，持有埃及债券的法国人将对此表示欢迎。弗雷西内还提到英国在地中海沿岸的扩张，希望得到俾斯麦的支持。最后，布莱希罗德报告说，弗雷西内任命他的密友和下级儒勒·埃贝特担任驻柏林大使，此举将带来“一位极其勤奋的人……但此人能否胜任仍然存疑！人们意见不一”。布莱希罗德将口头报告其他消息[83]。这是埃贝特第一次离开外交部任职，47岁的他仍然不为人知。布莱希罗德开始与弗雷西内通信，并交给后者对埃贝特“有利的”报告[84]。 333

布莱希罗德与埃贝特本人的关系也很好，尽管不如与他的前任们亲密。也许布莱希罗德对“第一个资产阶级出身的法国大使”（《民族报》对埃贝特的称呼，这让他很恼火）的兴趣要稍低一些 *。他和埃贝特频繁见面，但尽管两人相互依赖，却称不上推心置腹。埃贝特把布莱希罗德提供的信息转交给弗雷西内，比如俾斯麦仍然对埃及不感兴趣，但他补充说：“我越来越怀疑布莱希罗德先生的真诚。他出于本民族的天性和金融利益而参与政治。此外，他还与各个国家的大银行家有生意关系，是他们诚实的代理人。”[85]

1886—1887 年，布莱希罗德憧憬的法德同盟梦想突然被对战争的担忧取代，这是十年来的第一次。由于保加利亚问题的爆发和英国在埃及地位的稳固，国际形势总体上变得更糟，但法国和德国并未产生新的矛盾——除了布朗热制造的大量噪音，出于国内原因，俾斯麦对此小题大做。他必须迫使不友好的帝国议会接受新的军备法案，对战争的担忧正中他的下怀。 334

1886 年，明斯特提醒布莱希罗德警惕布朗热。与此同时，他不厌其烦地指出，虽然法国的沙文主义势头强劲，但仍然比不上对和平的渴望。共和政治令他反感，他曾写道：“该死的，这是个什么国家。”——不过他反复提到的还是和平 [86]。然而，俾斯麦只听到

---

* 事实上，埃贝尔曾向布莱希罗德抱怨说，刊发此文的报纸本身是“大资产阶级的喉舌”。法国大使馆经常请求布莱希罗德介入媒体事宜。最著名的使馆与报纸的冲突发生在 1883 年，有人宣称，法国代办德·奥比尼伯爵（Comte d' Aubigny）的夫人是臭名昭著的作品《柏林社交界》（*Berlin Society*）的作者之一，发表时用了笔名瓦西里伯爵（Count Vasili）。德·奥比尼伯爵代表美丽的伯爵夫人给俾斯麦写了一封怒气冲冲的信——圣瓦里耶也写了。布莱希罗德要求《民族报》插入正式声明，伯爵对此非常感激。《柏林社交界》中对布莱希罗德的描绘明显带有敌意，这让人们议论纷纷，开始猜测可能的作者——其中甚至包括布莱希罗德最亲密的助手的妻子莱奥妮 · 施瓦巴赫（Leonie Schwabach）。真正的作者是卡特琳 · 拉齐威尔亲王夫人。埃贝特致布莱希罗德，1896 年 10 月 22 日，BA；德 · 奥比尼致布莱希罗德，1884 年 3 月 28 日、4 月 8 日，BA；赫尔穆特 · 罗格，《荷尔斯泰因与霍亨洛厄》（斯图加特，1957 年），第 208—210 页［Helmuth Rogge, *Holstein und Hohenlohe* (Stuttgart, 1957), pp. 208–210］。

自己愿意听的。1886 年，当战争部长布隆萨特报告说，石勒苏益格—荷尔斯泰因正在购买大量马匹，买主可能是法国人时，俾斯麦马上要求禁止出口马匹。他表示，这样的禁令“除了军事上的谨慎考虑，也会对议会产生有用的影响……如果进行新的选举，它将正确地为选民指明形势”。内阁接受该禁令，证据仅仅是说法语的代理人在某地订购马匹，据说还是为比利时！俾斯麦私下还指出俄国试图从法国获得贷款，并反复表示担心法国一旦与俄国结盟就会开战[87]。俾斯麦逐渐相信自己的话，立场变得更为好战。明斯特在信中对布莱希罗德说：

> 在这里，开战的想法似乎不像在柏林那么流行。人们越来越清楚地看到，这个国家不想要战争。共和派知道，战火燃起之时将是共和国末日的开始；原本有意战争的立宪派也不想看到开战，因为他们无法确保胜利，知道失败的后果将是最可怕的无政府主义。我仍然希望，一旦帝国议会接受法案，霍霍的磨刀声将会有所平息。[88]

明斯特还表示，无论如何，真正的危险来自东方。如果不是德国的压力，布朗热将会很快失势：在德国的威胁下，没有法国政客能罢免他[89]。

1886 年 12 月 23 日，正当俾斯麦谋划马匹出口禁令时，布莱希罗德匆匆找到埃贝特，向他保证德国的任何公共骚动只是为了推动军队法案，“如果法国在这场风波中被提及，那只是因为‘不可能’提到这一切的真正元凶，比如俄国”[90]。（威廉一世反对公开表达任何对俄国的不满。）在布莱希罗德的斡旋活动中，也许没有哪一次像现在这么重要或迅速，尽管我们不知道他是否直接得到俾斯麦的授意。随后的几周内，布莱希罗德多次向埃贝特重申这种说法。1887 年 1 月和 2 月，德国的军事准备让法国人紧张。1887 年 2 335

月，他们更为担忧，因为法国情报部门截获布莱希罗德的报告，“开战决定已经做出”，只待俄国承诺中立[91]。但当俾斯麦赢得选举后，气氛开始缓和，而且他不再需要布朗热。

不过，那位将军走上自取灭亡的道路。1889 年 2 月，布莱希罗德正确地向俾斯麦报告说，布朗热掌权的可能性正在变大，但此人间接地接受他的建议，正在与金融界高层巩固关系；如此听话的将军不会对德国开战[92]。几个月后，失去推翻一个弱势共和政府机会的布朗热开始流亡。

在俾斯麦任期最后三年的复杂外交中，法国不再扮演核心角色。让俾斯麦担心的是俄国的力量和奥匈帝国的敌意，而法俄结盟是他最害怕的。1887 年 6 月与俄国签订的再保险条约只是为了降低危险，就像俾斯麦和布莱希罗德反复向法国保证的，德国完全无意战争。另一方面，俾斯麦也对这两个国家提出威胁，布莱希罗德有各种理由为德国的摇摆不定担心。他在那个时期经历复杂的挣扎，背景正是俾斯麦孤注一掷的最后任期。

俾斯麦下台后，布莱希罗德与法国继续保持着特殊关系。俾斯麦最令人不满的对法举动之一是 1888 年推行的护照规定，旨在尽可能地让法国人前往阿尔萨斯—洛林变得困难。布莱希罗德和阿尔萨斯—洛林的新任帝国总督一直反对这种做法，但俾斯麦我行我素——也许是为了避免军方提出更苛刻的要求。法国人被激怒了，明斯特伯爵也对这种做法提出强烈批评：“从一开始就错了，这属于那些甚至伟人也会犯的错误。”布莱希罗德请求俾斯麦允许暂停该规定。1891 年 9 月，布莱希罗德在卡普里维和埃贝特之间展开非官方斡旋，终于彻底废除那个挑衅式规定。对埃贝特和明斯特等人来说，法德关系缓和是政治上的热望和职业上的骄傲，他们因此非常高兴，并向布莱希罗德致谢[93]。

在与法国打交道的几十年里——面对不断更迭的政府和永远苛刻的罗斯柴尔德家族——布莱希罗德既收获利润和荣耀，也遭遇羞辱。他经常同时受到德国人和法国人的怀疑。他不是没有利害关系的一方，这不可想象。但正因为布莱希罗德是银行家，他才扮演了真正的调停者和法德关系特使的角色：好关系意味着好生意。不过，信任和怀疑他的人也许是同样的，在这个领域也不例外，他可谓毁誉参半。

布莱希罗德与法国的关系——比他和任何其他国家的关系更加 336
丰富和亲密——也是他崛起的清晰缩影。他的父亲曾为罗斯柴尔德家族办些小差事，而盖尔森几乎与他们平起平坐。就我们所知，他的父亲从未去过巴黎，而盖尔森却在法国外交部参加“会谈”。

他与英国的联系没有那么密切；他的英语不流利，而且从未去过那个国家。他与罗斯柴尔德家族伦敦分支的关系不像与巴黎分支那么亲密。英国政府不像较穷国家的政府那样需要他的金融服务。但英国是唯一真正的世界大国，每个国际银行家都关心该国的广泛利益，尤其是在近东和埃及。不过，从 19 世纪 70 年代开始，英国也陷入严重的金融危机。英国政治主要由迪斯累利和格莱斯顿的竞争主导，爱尔兰问题使其遭受冲击，由此新产生的激进势头让一些观察者感到担心，特别是俾斯麦。当时，欧洲大陆人亟须关注英国事务。

无与伦比的高贵以及各种荣耀和声誉也让英国拥有特殊的光环。许多德国人还能感受到昔日英国热的激动。布莱希罗德有充分的理由发展与英国的最亲密关系——公共关系可以提高他的地位，私人关系可以在做出实际决定时帮助他。读者应该还记得他被任命为英国驻柏林总领事。这只是开始。

这让他在柏林的英国人圈子中拥有正式角色；他的儿子也因此获得副领事的头衔，他当时在容克贵族眼中颜面扫地，亟须重整形象。更重要的是布莱希罗德与奥多 · 罗素勋爵特别亲密的关系，后者从 1871 年到 1884 年去世一直担任英国驻柏林大使，在当地的外交官中绝对是出类拔萃的人物。罗素同时受到俾斯麦和皇太子妃的青睐——两人很少有其他共同的朋友——还结交形形色色的德国朋友，并对德国的情况形成自己的敏锐判断。他不仅是老派外交官和贵族，能够流利地使用除俄语之外的所有主要欧洲语言交流，而且具有政治智慧、个人判断力和“令人愉快的乐观主义”[94]。

1871 年，罗素勋爵在凡尔赛第一次见到俾斯麦，可能也在那里见到布莱希罗德。一年后，他在写给兄弟的信中说：“俾斯麦把财产交给布莱希罗德，后者使其翻番。”[95] 罗素家也把一部分财产交给布莱希罗德打理，也许希望能有同样的意外之喜。1882 年，罗素勋爵兴奋地写信给他：“我带着无法言表的满意读了您友好的来信，在您的呵护和专业打理下，我的私人账户快速增长。为此，我想向您表达最热烈和真诚的感谢。你无法想象这让我多么高兴！”[96] 丈夫去世几个月后，罗素夫人对余额表达不满，因为“我听说部分投资最近表现 337
很好”……[97] 布莱希罗德还为英国大使馆在柏林购买合适的办公场地展开长时间谈判。罗素刚赴任时，英国人与土耳其大使共同租借阿尼姆伯爵的一栋房子办公[98]。在罗素勋爵的要求下，寻找新办公地点必须匿名进行，以防在战后繁荣的柏林房地产市场被漫天要价。最终，布莱希罗德安排买下施特鲁斯贝格宫，该宅邸由那位著名发起人建造，但他本人没能享用多久。

热情的私人关系也逐渐建立，罗素家是布莱希罗德家的常客，布莱希罗德也记住了罗素全家，包括六个孩子。罗素夫人在圣诞节时肯定能收到玫瑰和丁香花，罗素家的小孩子们则为特别的礼物和纪念品亲笔写了感谢信。

当然，最重要的是两人不断交换消息和观点。布莱希罗德的名字频频出现在罗素勋爵发往本国的报告中，而对于布莱希罗德来说，罗素对英国政策的坦诚观点极其重要。

布莱希罗德关于英国事务的另一大消息来源是明斯特伯爵，后者从 1873 年起担任德国驻伦敦大使。这位汉诺威贵族是“少数把国家理想置于地方感情之上的贵族之一”。他为俾斯麦工作，还对普鲁士君主具有封臣般的感情，当威廉遭遇刺杀企图后，他致信布莱希罗德说："我爱那位亲爱的老人，仿佛他是我父亲。"[99] 明斯特是保守的大贵族和热情的运动家：他娶了一位英国女子，因此英国社交界的所有大门都对他敞开。从 1875 年到 1893 年，他先后从伦敦和巴黎源源不断地给布莱希罗德写来坦诚的书信。没人怀疑他与布莱希罗德的特殊联系——甚至连作为传记作者的明斯特外孙也对这种亲密的关系一无所知，当然也包括布莱希罗德的银行服务，两人的通信可能因此更加坦诚[100]。

明斯特的书信涉及欧洲生活的各个方面，包括高级政治和八卦稗史：比如俄土战争期间他在伦敦的秘密外交，以及对战争与和平前景的日常评论。俾斯麦对明斯特并不满意，不仅因为当年轻的赫伯特在伦敦使馆短暂工作时，明斯特对其颇有微词。事实上，俾斯麦认为明斯特比英国人更像英国人。还有传言称他试图取代俾斯麦，为此维多利亚女王向威廉表达了担忧，此举对提高明斯特在俾斯麦心目中的地位几乎没有好处[101]。

明斯特毫不隐瞒自己的偏见和感情；他极端保守，担心自己眼中的欧洲颠覆分子，如英国和德国的社会党人，以及俄国的虚无主义者和无政府主义者。他的信中经常提到这种危险，并提出如何打击他们的个人主张：比如他曾敦促英国人起诉约瑟夫·莫斯特 338
（Joseph Most）等德国流亡社会党人，因为他猜到布莱希罗德会欢迎这些动议[102]。

明斯特的所有书信都带有悲观基调，也许与他童年时的重病经历不无关系[103]。1877 年，他在俄土战争期间预测俄国和英国将不可避免地摊牌，还致信布莱希罗德表示，英国人可能在君士坦丁堡或加里波利（Gallipoli）登陆。1878 年春，他帮助阻止那场战争，并暗示自己在英国和俄国人之间的调停劳苦功高。当柏林会议似乎解决了东方问题时，他的口气有所改变，并写道："我认为欧洲和平在今后十年间不会受到威胁……在政治上，我不像以前那么悲观了。”但几年后，他又老调重弹，预言英国和俄国将因为阿富汗而开战，并对德国在殖民地问题上的愚蠢表示悲观。1884 年，他请布莱希罗德购买 7 万马克的新一期俄国公债；1885 年，担心战争的他致信布莱希罗德：“我想把请你购买俄国公债的 7 万马克投资到其他地方，希望你马上卖掉公债，因为现在卖还不会有任何损失。”[104]这是最宝贵的情报。布莱希罗德得以看到经验丰富的外交官何时和为何转移资金，这让他对潜在的麻烦有新的判断依据。

布莱希罗德与明斯特的秘密关系极为宝贵。但他在英国最著名的联系人是迪斯累利，尽管他们的关系更多只是情投意合，而非能立刻派上用场。两人在柏林会议期间相遇，布莱希罗德曾请求莱昂内尔 · 罗斯柴尔德勋爵引荐自己。就像前文所引述的，我们对布莱希罗德为会议所举办宴会的最佳描绘来自迪斯累利笔下，这毫不奇怪*。

两人开始数量不多但重要的通信。在布莱希罗德档案中，迪斯累利的信具有重要地位：它们不是敷衍了事的感谢信或者大人物的买卖指令，而是真实和经过反思的声音。

1878 年 10 月，在与迪斯累利相遇几个月后和与俄国财政部长会谈几天后，布莱希罗德写了第一封信：“……我将冒昧地对欧洲财政形势加以简要和有甄别的概括……”俾斯麦把重点放在俄国财政上，他知道迪斯累利对此最感兴趣：“俄国需要 14 亿卢布用于在东方的开支，并将因此新征税 6500 万到 7000 万卢布，以便以此为基础请求欧洲国家提供资本。”俄国仍然拥有 1700 万到 1800 万
卢布的外汇储备，因此无须立刻贷款。目前，它可以靠发行更多货 339

* 根据迪斯累利的私人秘书蒙塔古 · 科利（Montague Corry）的日记，我们可以想见布莱希罗德毫不迟疑地向迪斯累利提供了关于宴会的某些美好纪念品：“自从我们受到您殷勤备至的款待后，比肯菲尔德勋爵两次告诉我，您的拉菲是他品尝过的最美佳酿！所以可以毫不夸张地说，您的热情让他获得罕见的款待！”科利致布莱希罗德，1878 年 7 月 6 日，BA。

币维持局面。“当然，一切迟早都会贬值，并引发一定程度的怀疑。但我必须客观地指出，德国和法国目前对俄国财政仍然很有信心，如果再次打响战争，它可以筹集40亿到50亿卢布……”俄国财政将受到冲击，但还挺得住。

“奥匈帝国的情况更加糟糕。”占领波斯尼亚将带来难以弥补的新亏空。

> 英国的危机远未达到最后阶段，受害者人数和后果仍然不明……我很少愿意谈论外交，因为在该领域没有谁比勋爵大人的消息更加灵通；但您也许对我们这里的流行观点略感兴趣。这里的人觉得欧洲不会很快爆发战争，至少在不久的未来不会：东方的事务被认为尚不明朗，俄国不愿马上执行《柏林条约》。

布莱希罗德最后谈了德国的国内政治。

迪斯累利的亲笔回信迅速而亲切：“很高兴收到你的信，我兴致勃勃地读了这封礼貌的来信，希望它不会是唯一一封。”对于俄国在欧洲的金融储备，他表示：“我觉得如果俄国政府不马上决定让《柏林条约》生效，该国的贷款能力将很快受到考验。”迪斯累利希望布莱希罗德把英国决心推动条约生效的信息传递给俾斯麦[105]。1878年末，布莱希罗德送出惯常的礼物，并收到不同寻常的感谢：

> 今年的鱼子酱风味不同寻常。我认为这是和平的味道——我们的大人物朋友怎么样？我希望他和他可爱的全家都好，我很爱他们。我相信他会支持我让《柏林条约》完全生效。这同样维系着他和我的荣誉。如果我们能用相同的手段在相同的时间保住我们的个人荣誉并推动人类的普遍幸福，我们应该满足。[106]

通信似乎中断了超过一年；1880 年 4 月，迪斯累利下野；6 月，他派自己的朋友和亲信罗顿勋爵（Lord Rowton，即昔日的蒙塔古 · 科利）去见布莱希罗德，后者马上回了一封长信，表示“英国发生无法理解的政治变故……德国人对此很不高兴，特别是在最高层”。辉格党政府（布莱希罗德对格莱斯顿内阁的称呼）被认为可能“让欧洲陷入令人不快的混乱，该党天生的不确定元素让外国隐隐感到不安”。英法结盟的可能性也不是特别受人欢迎。布莱希 340
罗德写道，但新的困难可能会阻止结盟的实现，他指的无疑是埃及问题以及俾斯麦决心加剧英法之间现有的矛盾。“在外交上，格莱斯顿先生将不得不遵循勋爵大人为他开辟的道路，并伴随着令人讨厌的摇摆不定，就像我们在戈申先生*的高调出使中看到的。东方问题注定将继续吸引列强政府最多的注意力。”与土耳其帝国关系破裂将是“可怕的灾难……几乎肯定将把欧洲拖入全面战争”。书信的其他部分再次关注德国的国内事务和俾斯麦的巨大困难。布莱希罗德写给迪斯累利的信不像通常那样表现得过于恭敬——他似乎本能地知道迪斯累利反感这种媚态，不像本国权贵那样接受甚至期待奉承。这也许只是形式问题，但也反映出更深层次的东西[107]。

迪斯累利马上写了回信——当时他没有与许多人保持通信的习惯。鉴于它提供关于迪斯累利和英国政治的重要信息，我们有必要全文引用，这在本书中绝无仅有。

亲爱的冯 · 布莱希罗德先生：

你的来信让我很高兴，还要感谢你对罗顿勋爵的热情接待。我会永远牢记你的热情和智慧。这里发生重大变故，但并不像

* 乔治 · 戈申（George Goschen，1831—1907），英国政治家，时任驻土耳其宫廷特使，参与划定与希腊和黑山的边界。——译注

国内外的人们所以为的那么出乎意料。我的上届政府遭遇史无前例的一连串灾难性状况：商业萧条、收入下滑和连续几季的农业歉收。在我看来，我们能坚持那么久，很了不起，这要感谢上届议会的奉献和忠诚。

我本人不相信英吉利民族完全改变了对外交事务的看法；只不过因为他们遭受那么多痛苦，又处于如此不幸的状况，这让他们只能考虑自己的家庭。当耐心耗尽时，他们求助于改变，对此我并不惊讶。我自己本来也应该这么做。

现在，我的全部愿望和希望是，英国应该骄傲地维系和平，如果新内阁秉承这种精神，我将支持他们。但很难明白他们的目标是什么，也许他们自己也几乎不明白。内阁过于庞大，包括太多没有经验的人，有些只是煽动者；他们的领袖虽然很有才干，但唯独缺乏领导能力。

外交大臣格兰维尔勋爵是一位绅士和政治家，但他已经失去年轻时的活力，而且不幸地被某些老迈特征所光顾，比如极度耳背。因此，我们的外交事务管理大多落到新任副大臣查尔 341
斯·迪尔克手中。此人在任职前一直是公认的共和派，不仅是甘必大的朋友，也是他的弟子，与他保持着持续的书信往来，甚至每天如此。新任法国大使将与他共事。

这就是我们的危险所在！迪尔克希望在外交事务中做出些惊人之举，以便证明自由党像保守党一样忠君爱国：甘必大认为，如果能诱使法国和英国合作——比如在希腊问题上——让英国深陷对法国的同情，那么当更重大的问题出现时，它必然会继续成为法国的盟友。

我相信，这就是真正的现状。我感到不安，因为我觉得普遍的和平受到威胁。

我遗憾地听说，你的大人物朋友因为国内事务而烦恼不已，尽管此刻外部事务需要他的卓越智慧。我一直记得在柏林兴致

> 勃勃地与他交谈，他令我感到由衷的尊敬。我很高兴听说你们安好。[108]

两人的通信断断续续地持续到1881年4月迪斯累利去世。书信并没有全部保存下来。1880年9月，迪斯累利给布莱希罗德写了一封关于希腊问题的短信，信的开头一如既往地表示“我对现状完全不满意”。布莱希罗德在回信中描述俾斯麦的东方政策和格莱斯顿的错误。1881年2月，迪斯累利描绘格莱斯顿内阁的困境，布莱希罗德把信的副本转交给俾斯麦，后者又将其交给威廉，信封上写着“英国前首相习惯于经常与冯·布莱希罗德先生通信”。让威廉看到对格莱斯顿的权威批评没有害处，俾斯麦一直担心宫廷中支持格莱斯顿的小团体。两个月后，迪斯累利去世，这是俾斯麦眼中唯一能与他比肩的政客，他为此感到悲痛[109]。

迪斯累利去世后，布莱希罗德与英国的关系再次有所失色。他向戈申勋爵提出关于双金属本位制和威尔士亲王访德计划的建议，并为德语报纸提供一些秘密服务。他仍然与罗素勋爵及其继任者们保持着很好的关系；他从明斯特伯爵那里获得悲观的报告，从其继任者哈茨菲尔特伯爵那里获得的报告则相当乐观。他与俾斯麦分享重要的消息，就像他曾经说的：“鉴于政局的动荡，阁下应该对我今天从伦敦收到报告和信件有些兴趣。”[110]明斯特希望英德建立最亲密的同盟，1883年他写道，罗斯柴尔德勋爵也有此愿，就像“大多数理性的英国人，除了少数大臣”。一年后，他又写道，“绝大多数”英国人支持德国：“我只是希望，我国民众现在也能意识到像我们这样的两个国家保持良好关系多么有用。毕竟，对我们来说，英国人比俄国人或法国人安全得多。无论您怎么认为，后两者是我们天生的敌人。”当时，俾斯麦对英国人怀有戒心，他曾致信布莱希罗 342
德，表示身体不适让自己远离政治，但又语带讥讽地说：“我很好奇，和平使徒布莱特*同事们的好战倾向最终会发展成什么样。"[111]

在生命的最后十年里，布莱希罗德对英国的主要兴趣在于欧洲对埃及和土耳其债务的管理，那里有他的实际利益。此外，他还遗憾地关注着英国和德国因为殖民地问题而不时出现的紧张关系。

布莱希罗德在俄国事务中扮演的角色反映了他在事业和影响力上的非凡成长。19 世纪 50 和 60 年代，他的兴趣主要在经济方面；从 19 世纪 70 年代开始，他的政治关系开始扩张，因为他在柏林的特殊地位，历任俄国财政部长喜欢向他咨询和与他协商。最终，沙皇的部长们和犹太人布莱希罗德开始秘密通信。这些不为人知的书信经常涉及俄国政策和俄国的反犹主义，当 1881 年亚历山大二世遇刺后，反犹主义再次成为官方的政策工具。到了 19 世纪 80 年代末，布莱希罗德对俄国的兴趣变得非常强烈，以至于冒险长时间与俾斯麦持不同意见，后者希望至少暂时阻止德国人投资俄国债券。

长久以来，德国的银行家和投资者一直认为俄国经济潜力巨大，但目前财政状况堪忧，因此不得不以高收益吸引必需的外国资金。门德尔松银行几十年来都是德国对俄投资的主要渠道。19 世纪 50 年代，布莱希罗德的合伙人奥本海姆开始积极参与俄国铁路建设。1868 年，布莱希罗德会同巴黎和法兰克福的罗斯柴尔德家族，发行新成立的俄国土地信贷协会的抵押债券，以后又发行更多期。据估计，在前十年里，仅这些债券就为布莱希罗德和罗斯柴尔德家族获利 650 万马克[112]。就像我们看到的，布莱希罗德把一部分这种抵押债券卖给他最著名的客户（包括俾斯麦），这笔业务只是俄国事务所带给他利益的开胃菜。

金融利益也意味着政治上的关心——况且布莱希罗德扮演着俾斯麦"亲信"的角色，特别是因为当时俄土战争威胁到欧洲和平与

---

* 雅各布 · 布莱特（Jacob Bright，1821—1899），英国自由党议员。——译注

俄国的财政稳定。布莱希罗德再次建立不寻常的信息网，包括英国驻圣彼得堡大使洛夫特斯勋爵，以及德国驻伦敦大使明斯特伯爵*。早在1876年10月，布莱希罗德就通知威廉街，俄国正在大规模备 343
战。有证据显示，俾斯麦在1877年承诺向俄国政府提供1亿到2亿金卢布，由布莱希罗德筹集[113]。1878年最初的几个月里，当俄土战争有可能升级为英俄战争时，布莱希罗德和俾斯麦经常交换俄国事务的消息，布莱希罗德多次敦促俾斯麦在圣彼得堡秘密斡旋，以便确保老迈的外交部长戈尔恰科夫（俾斯麦讨厌此人）被理智的“西方派”舒瓦洛夫而非伊格纳季耶夫（Ignatieff）这样的泛斯拉夫主义激进分子接替[114]。最终，舒瓦洛夫与英国人的谈判成功地避免战争——这个结果在1878年夏天的柏林会议上得到适时的确认。

柏林会议后，布莱希罗德在俄国财政和政治中的作用变得更加重要。对他来说，1878年10月俄国财政部长格莱格将军（General S. A. Greig，一位姓麦克格雷格［McGregor］的苏格兰移民后裔）在柏林为期一天的逗留是决定性的事件。布莱希罗德预感到，在格莱格前往巴黎前截住他非常重要。格莱格赴巴黎名义上是为了休息，但事实上就像布莱希罗德私下警告俾斯麦的那样，“是为了与欧洲的金融家们接触，向他们了解欧洲资本希望以何种形式或方式参与计划发行的俄国贷款。我相信，如果能成功地在格莱格逗留柏林期间与他见面，那将是一笔特别大的买卖”[115]。布莱希罗德事先就获悉格莱格的到来，消息来自他在俄国最重要的私人渠道——圣彼得堡贴现银行的犹太人行长萨克（A. Sack），在要求“阅后即焚”的

---

* 1876年，当施特鲁斯贝格在俄国被囚禁和受审时，洛夫特斯勋爵“发现”自己欠此人1.5万马克。洛夫特斯急于不让公众知道此事，布莱希罗德立即同意帮助掩盖——作为回报，他收到有用的信，有时还将其转交给俾斯麦。洛夫特斯勋爵与布莱希罗德的不定期通信，1876年2月7日到6月21日，BA；布莱希罗德致赫伯特·冯·俾斯麦，1878年5月6日，FA。

来信中，他敦促俾斯麦尽一切可能见到这位“不太聪明”的部长[116]。10月14日，布莱希罗德见到格莱格；不清楚俾斯麦是否提供了直接帮助，但也许间接帮助就足够了：格莱格觉得有必要见见俾斯麦的金融专家。

第二天，布莱希罗德向俾斯麦报告与格莱格的“长谈”，后者“居高临下地”谈论俄国财政，表示国外信贷足以维持至少两年的利息支出，国内的偿债能力也没有问题。布莱希罗德质疑格莱格解决俄国长期经济问题的能力[117]。他还让其他人知道自己最近介入俄国事务。就像我们所看到的，那次见面十天后，他给迪斯累利写了信。不久，圣瓦里耶就布莱希罗德与格莱格的谈话专门给法国外交部发报告，强调布莱希罗德提出的关于贷款的政治先决条件[118]。整个欧洲都知悉了布莱希罗德与格莱格的谈话。

成为俄国通正当其时，因为柏林会议后，俾斯麦的心中充满对俄国可能行动的担忧。俄国的胜利只为它带来少得可怜的政治利益，该国国内的权势集团似乎将此归咎于德国。与此同时，俾斯麦对俄国的军事准备表达真实或假意的担忧。此外，德国的关税计划威胁到俄国的粮食出口，那是俄国地主精英的命脉，还是俄国海外信贷的基础和工业现代化的动力。当涌入的德国资本帮助俄国的同时， 344
德国关税却伤害了它。在一定范围内，俾斯麦也可以把这些经济手段当作外交武器[119]。1879年4月，他多次同布莱希罗德讨论俄国事务，要求他为了和平而拒绝俄国人所有新的贷款请求[120]。俾斯麦对俄国的怀疑很大程度上源于他对老戈尔恰科夫的憎恶，他还非常担心威廉的亲俄倾向可能影响到他自己的行动自由。各方面都出现越来越深的敌意。新闻战让关系进一步恶化；1879年8月，主要的俄国报纸突然停止攻击，因为就像布莱希罗德告诉德国外交部那样，俄国财政部长警告说，持续的新闻战将对“俄国债券的价格带来灾难性的影响”[121]。

俾斯麦逐渐下定决心推进德奥同盟，但遭到威廉及其亲随的激烈反对，被迫再次祭出终极武器：威胁辞职。历史学家对俾斯麦为何选择这条道路疑惑不解。最可能的解释是，他认为德奥同盟能防止奥地利在西方寻找盟友，一旦奥地利被安全地和德国绑定，他就能回到亲俄路线上。布莱希罗德的信反映出当时人们对俾斯麦的举动莫衷一是，并指出一种附带的担忧：1879 年夏天，奥匈帝国的亲德外交部长安德拉什伯爵（Count Andrássy）可能辞职令德国官员忧心忡忡，奥地利可能一边继续反俄政策，一边加大寻找西方盟友的努力。在俾斯麦的心中，俄国的实力和奥地利的背叛这两种威胁会相互加强——雪上加霜的是，他怀疑某种国内保守势力可能阻挠他的外交政策。1879 年 10 月，他不顾威廉的顾虑，强行与奥地利建立防务同盟[122]。

在随后与俄国逐渐恢复关系的过程中，布莱希罗德扮演重要角色。他与俄国官场的广泛关系此前不为人知，但在俄国历史上具有重要意义。克里米亚战争失利后，俄国历任统治者都试图推进现代化，从而缩小与英国和德国的差距。俄国的人力不再充足；俄国政府在推进经济发展过程中扮演首要角色，工业对军队的需要是原因之一。“政府经济政策的核心机构是财政部。”[123] 俄国财政部长担负着重任：他们负责为国防和发展提供足够的资金，从 1866 年到 1885 年，陆军和海军的花费达到政府开支的 32%，债务支出则占 28%[124]。一系列总体上相当能干的开明派财政部长全力应对这些问题，希望通过引入西方技术和吸引西方资本来推进俄国的现代化。“财政部长更喜欢与俄国天主教徒资本家合作，其次考虑外国 345
资本家，即使其中有些是犹太人。俄国的犹太公民只是第三种选择……”[125]

鉴于布莱希罗德作为银行家和俾斯麦代理人的双重身份，俄国财政部长们自然越来越多地向他求助。不过，犹太人问题始终是挥之不去的阴影。在亚历山大二世时期，俄国犹太人仍然被限制在“栅栏定居区”（settlement of Pale）*，但命运慢慢有所改善。这种趋势成了某些乐观情绪的依据，尤其是像布莱希罗德那样对乐观情绪很感兴趣的人。布莱希罗德本人与俄国的联系反映了俄国官场内部的分歧，担忧和恐惧现代化的那部分人也对犹太人避之不及，而支持现代化并意识到俄国的经济发展和财政稳定依赖外国资本的那部分人则对犹太人更加友好。

甚至在与格莱格会面前，布莱希罗德就已经与亚历山大手下的一位重要官员瓦鲁耶夫伯爵（Count P.A. Valuyev）常有书信往来。按照俄国的标准，此人是改革派，甚至有些自由派倾向；但与布莱希罗德的通信显示出他是严格的保守派。1879 年春，他致信布莱希罗德，表示俄国对俾斯麦外交政策和计划中的保护主义经济政策的攻击没有道理——他隐晦地批评戈尔恰科夫和俄国地主们，目的也许是安抚俾斯麦，他的办公室里挂着后者的画像。瓦鲁耶夫还说：“当然，我全心全意地希望他在议会中完胜拉斯克集团。至于李卜克内西和倍倍尔，最好什么都不说。”[126] 瓦鲁耶夫和格莱格都在写给布莱希罗德的信中提到，他们对萨布罗夫伯爵（Count Saburov）被任命为俄国驻柏林大使抱有厚望。瓦鲁耶夫称赞萨布罗夫的智慧，表示该任命特别令人高兴，因为驻柏林大使已经成为欧洲最重要的职位。格莱格则认为，作为财政专家，萨布罗夫“既聪明又有同情心，是贵国首相最热情的赞美者之一，也是与德国结盟最坚定的支持者之一”。格莱格还表示，“随着年事渐高，我们的老部长［戈尔恰科夫？］越来越力不从心，已经完全从舞台上消失。他保留着头衔，但政治上已经不复存在……”[127] 萨布罗夫很快成为布莱希罗德的密友，最终还成了后者的客户。比如，他曾要求布莱希罗德把他的 25 万马克存款投资于“最可靠的股票”[128]。荷尔斯泰因认为“两

* 沙皇俄国对犹太人的迁移和定居有严格限制，不愿皈依东正教的犹太人全部被迁移到“栅栏定居区”，该制度由叶卡捷琳娜女皇在 1791 年创立，定居区主要位于西部和西南部边境。——译注

人总是在一起”，并提到布莱希罗德曾散布不可思议的故事：1884年被任命为萨布罗夫继任者的奥洛夫亲王请求布莱希罗德几乎马上贷款100万马克[129]。无论如何，布莱希罗德与俄国驻柏林大使们的关系极为亲密。

刚刚敲定与奥地利结盟，俾斯麦就开始着手改善对俄关系。在此过程中，布莱希罗德成了俾斯麦的帮手，除了他的私人关系，他还与俄国政府达成各种互利的金融协议。1880年初，他借给俄国政府200万英镑，并对大量购买西南铁路的股份很感兴趣。离任后的 346
格莱格致信布莱希罗德表示：“我开创了帝国政府和贵银行的正式关系，这仍是我在财政部长任内最美好的记忆之一。”[130]（布莱希罗德的儿子汉斯已经在憧憬父亲获得俄国勋章，并敦促他争取获得比竞争对手更高的荣誉[131]。）思想开明的阿巴萨（A.A. Abaza）接替格莱格，继续与布莱希罗德保持着私人关系。反过来，布莱希罗德给俾斯麦写了长篇备忘录，提及俄国财政糟糕透顶的前景和各种传言，比如阿巴萨可能让俄国纸币贬值40%，又如亚历山大二世的财富据说高达3600万卢布，全部投资于用黄金支付的外国股票，没有任何一股用俄国卢布支付。俄国的困难至少排除了会引起“新的不便和负担”之对外政策的可能性[132]。1881年6月，随着三帝同盟重新订立，俄德关系显著改善。

亚历山大二世在准备新一轮改革的过程中遇刺身亡，他的儿子亚历山大三世继位，此人不那么亲德，具有更强烈的民族主义情感。布莱希罗德马上表示哀悼，阿巴萨以沙皇的名义正式致谢[133]。新政府在国内实施严厉的反犹政策，尽管在能干的财政部长本格（N.K. Bunge）的主导下，经济现代化道路得以延续。布莱希罗德一直关心着犹太同胞的命运，多次向俄国官员提出他们所受待遇的问题*。

---

* 巴黎的罗斯柴尔德家族同样不安。1880年5月，阿尔方斯男爵写道：“我无须告诉你我多么关心与世界各地我的犹太同胞有关的一切事情。”阿尔方斯·德·罗斯柴尔德致布莱希罗德，1880年5月3日，BA。

瓦鲁耶夫伯爵曾试图让他不要担心某些新的法律，但也提醒他，无政府主义者圈子里的大批犹太人的确引起对“犹太族裔”的怀疑[134]。布莱希罗德人生中的一个反讽之处是，他像任何保守派一样憎恶无政府主义者和社会主义者，但他恐惧地意识到，这些人中有足够多的犹太人，他们的存在可以被反犹主义者利用——甚至他本人的地位也会激起反犹主义情感。19 世纪 80 年代，作为著名财阀、拉斯克式的中产阶级激进派或者无政府主义暴徒的犹太人，开始被不同的群体当作犹太人威胁上升的证据。

新政府抛弃亚历山大二世逐渐减轻歧视的政策，新实行的俄国化政策对犹太人的影响特别大[135]。布莱希罗德向他人吐露自己的担忧——这种担忧反映出他对不幸同胞的真正同情，以及他害怕俄国的反犹措施可能波及德国所谓的“东方犹太人”（*Ostjuden*），那也是德国政府所害怕的。（这当然是一个重要问题，我们将在后文继续讨论。）1881 年发生了几次屠杀犹太人事件，1882 年 3 月又颁布了禁止犹太人在空旷地区购买土地的命令。布莱希罗德在信中对 347
俾斯麦说：“基辅又开始迫害犹太人，这次由政府发起。我们的股市本来势头很好，但因为此事而在收盘时下挫，特别是俄国证券。”第二天，布莱希罗德对荷尔斯泰因说起俄国重新抬头的反犹主义（他希望鼓动后者吗？），表示自己刚刚就此事致信本格，“要求他不要忘记，1868 年，当罗马尼亚的犹太人第一次遭受迫害后，一个柏林犹太人委员会号召世界各地的犹太同胞停止交易罗马尼亚债券，导致它们下跌 30%”[136]……我们不知道他是否真的对本格用这种措词，不过本格的回信保留下来，虽然措词不失优雅，但更加令人厌恶：

> 我们关于犹太人的立法存在缺陷，现有法律的实施更是如此。如果德国的开明阶层也缺乏宽容，那么在俄国发生这样的事毫不奇怪，因为按照这里的法律，犹太人是异族，矛盾也更加强烈……但我并不怀疑可以找到公正的解决办法。[137]

由于政府的行动和日益流行的反犹主义，俄国犹太人的处境不断恶化。但布莱希罗德完全没有组织任何抵制，继续担任沙皇政府的银行家，并与沙皇的部长们通信。他希望通过自己的影响缓和局面，并加强本格等人的力量，这些人反对扩大歧视性和在经济上倒退的立法。

在随后的几年间，尽管俄德关系经历种种起伏，布莱希罗德仍然保持着与俄国部长们的联系，并向俾斯麦等人通报俄国的动态。1881—1882 年，他承认对俄国财政非常悲观。1882 年 7 月，他向俾斯麦报告自己在马林巴德与舒瓦洛夫伯爵的“约会”，后者希望沙皇推进立宪改革，并和本格一样对俄国的对外信贷表示乐观。布莱希罗德不这样认为，因为“欧洲公众已经失去信任”，更愿意卖掉之前的俄国债券，而不是买入新的。至于舒瓦洛夫本人，他眼下没有希望成为部长，最渴望成为驻柏林大使[138]。

1883 年，门德尔松再次在柏林市场上发行俄国贷款；布莱希罗德不太看好这次发行，不清楚是出于无私的想法，还是因为他被排除在外。媒体谴责这次发行，俾斯麦把敌意归咎于布莱希罗德。包括开明的《柏林日报》在内，多家报纸指出，贷款条件本身（6% 的利息，用黄金支付，再加上购买价 3.5% 的贴现）显示了俄国财政多么岌岌可危——甚至罗马尼亚都做得更好。此外，《柏林日 348
报》还要求德国人不要把钱投给一个试图对德国发动“毁灭战争”（*Vernichtungskrieg*）的政府。俾斯麦警告外交部，官方媒体不应使用这样的语言，但要求暗中告诉可能的始作俑者布莱希罗德，他忘记提到“俄国金融形势糟糕的主要原因，即之前的贷款未被用于生产目的，而是完全用于军事需要……俄国应该被视作唯一可能的和平破坏者。一旦开战，谁都不知道结果如何，特别是波兰的命运”。他在最后想到波兰，这也许反映了他经常对俄国提出的威胁，包括恢复某种形式上独立的波兰[139]。

不过，从 1883 年开始，布莱希罗德越来越多地参与俄国财政，理由是参与俄国的发展不仅有利可图，还有助于德俄两国保持友好的外交关系。1884 年，布莱希罗德牵头发行利率为 5% 的 3 亿马克俄国贷款，他也许得到俾斯麦的授意，而且肯定听到首相的保证："欧洲的和平已经无虞，俄国不会发动战争。"在俾斯麦的命令下，普鲁士国有的海贸银行也申购了该协议——从而给予该贷款某种官方许可。布莱希罗德报告说，贷款被超额申购 20 倍，表现出"对俄国和平保证的完全信心"[140]。发行业务以他和海贸银行行长的争执告终，引发对布莱希罗德赚得"大约几十万卢布特别费用"的怀疑[141]。赫伯特觉得给俄国钱"极其遗憾"，这些钱"只会被用于陆军、海军和宣传目的"[142]。

在经济学领域有过出色学术经历的本格称赞他"用精彩的方式回报帝国政府的信任。您仅仅以这笔新贷款教父的角色自居，这过谦了。我高兴地看到，这笔重要业务的构想、动议和执行几乎由您一手包办"[143]。俄国政府欣然肯定这番赞美之词，授予布莱希罗德圣斯坦尼斯拉斯大十字勋章（Grand Cross of St. Stanislas）——与此同时，他和著名的俄国银行家贺拉斯 · 德 · 古恩茨堡（Horace de Guenzburg）正在往来书信中谈论俄国愈演愈烈的反犹主义[144]。

1884 年后，俄国事务对布莱希罗德来说变得更加困难。他的金融利益不断与政治现实发生冲突。1885 年，所有人都预测英俄将因为阿富汗开战（"瓦德西伯爵把俄国和英国在亚洲的战争看作历史的必然之一"）。同年 4 月，明斯特伯爵授意布莱希罗德卖掉他投资的 7 万马克俄国债券。布莱希罗德"非常紧张，曾经试探着请示他的首相朋友，是否可以做些什么来避免可能的战争"。与此同时，他试图向英国人保证，俄国人没有在为战争做财政准备。英国驻柏 349 林代办评价布莱希罗德的报告说："他应该很清楚俄国的财政状况，因为他经常向德 · 吉尔斯先生（M. de Giers）咨询此事，拥有最灵通的消息来源。"[145]

6 月 3 日，在伐尔岑与俾斯麦进行特别诚恳的会面后（俾斯麦最后拥抱了他），布莱希罗德“按照口头指令”购买了20万马克最新一期的英俄贷款；几天后，仍然极为诚恳的俾斯麦致信布莱希罗德，表示尽管他不相信后者电报中的某些令人不安的消息，但应该在不亏本的情况下卖掉他的俄国债券。布莱希罗德照做了[146]。当年夏末，当布莱希罗德与俄国外交部长吉尔斯举行会谈后，俾斯麦和布莱希罗德都认为这年秋天爆发英俄战争不可避免[147]。这一次，战争再次没有如约而至。但俾斯麦与布莱希罗德在商议这些事时的隐秘方式惹恼首相的亲随，特别是他的儿子们。

从1886年到1890年，俾斯麦的对俄政策变得越来越有疑问，布莱希罗德的直接利益也因此受损。在德俄关系恶化的时期，作为为俄国人服务的银行家，布莱希罗德的角色成了俾斯麦统治最后岁月里的热门话题，实际上还加深了俾斯麦与威廉二世的裂痕。布莱希罗德的活动与俾斯麦最后的危机紧紧交织在一起，必须放在后者下台的背景下讲述。我们在这里只需强调，布莱希罗德坚持自己的亲俄观点。事实上，1887年1月，他曾试图亲自前往俄国。而在1883年，他还曾希望把一个儿子派去那里。前一次，萨布罗夫请求他不要这样做，因为很难为私人安排邀请；后一次，萨克要求他不要来[148]。对俄国的部长们来说，与布莱希罗德通信或者在柏林和他见面是一回事，但让他们在本国土地上会见他完全是另一码事。他们可以接受他的钱，但不能接受他本人。无论是这些拒绝还是俾斯麦更加强硬的态度都无法让布莱希罗德改变主意——为了丰厚的回报加强与俄国的联系。

通过布莱希罗德与三个重要欧洲国家所打的交道，我们回顾了他在国际舞台上的角色。他与其他地方也建立了极好的关系，通过为奥匈帝国、塞尔维亚、西班牙、希腊发行贷款获利丰厚。这些努力都不无政治意义，因为它们都需要他与德国外交部密切合作。人们普遍认为，政治、军事和经济动机间存在互动，但很少被清楚地

表达出来。布莱希罗德为其提供例证。有时，政治压力和经济诱惑
会发生巧合，就像在奥匈帝国、塞尔维亚和曾经的俄国。不过，19
世纪 90 年代，布莱希罗德不得不出手拯救意大利的财政，好让后 350
者继续留在三国同盟中——与这种窘境相对应的当然是他为了继续
回报丰厚的俄国业务而与俾斯麦产生的不合。有时，布莱希罗德认
为自己手握王牌——比如在他与罗马尼亚人错综复杂的关系中，他
暗中对这些人心怀鄙视，就像许多贵族对他那样。

第十四章

罗马尼亚：权宜的胜利

我在乎罗马尼亚人就像在乎我空了的酒杯……[没人关心罗马尼亚的独立，除了德国]犹太人，我需要讨好和拉拢这些人，在德国他们可以对我很有用，我将用罗马尼亚回报他们；您难道不认为那是敷衍搪塞吗[n'appelez-vous cela de la monnaie de singe]？

——俾斯麦致圣瓦里耶，1879年2月27日

对罗马尼亚独立的完全承认耽搁了很久，这是最艰难的政治分娩之一……你可以对自己说，确实没有一个问题是顺利或简单的。时至今日，你已经走过各种复杂得可怕的混乱，克服和整理这些混乱并使其变成稳定的形式是对精力和耐心的超人考验。

——霍亨索伦—齐格马林根家族的卡尔·安东亲王致他的儿子，罗马尼亚的卡罗尔大公，1880年2月27日

根据俾斯麦老生常谈的故事，布莱希罗德从罗马尼亚挣得他的贵族头衔——对于一位赢得普鲁士贵族封号的德国犹太人来说，这是个奇怪的地方。从蛮荒的罗马尼亚（布莱希罗德无疑这么认为），他获得自己最大的荣耀；在超过十年的时间里，他还把自己的全部资源投入那里。这被证明是他在外国事务中最复杂的冒险。

与布莱希罗德生命中的其他段落相比，罗马尼亚的故事更好地展现他为通常互不相干的世界间架设桥梁的角色。这个故事还在微

缩尺度上体现19世纪的某些重大主题：民族主义的兴起、资本主义的扩张以及西方理想和东欧现实间的冲突。19世纪中叶，罗马尼亚陷入民族主义者独立热情的阵痛中。为了独立，罗马尼亚人需要大国们的帮助和承认。为了经济发展，特别是铁路建设，缺乏本土资本和技术的罗马尼亚人需要求助外国。作为落后民族，他们既需要也反感帮助。在追求独立的过程中，他们发现自己依赖外国势力，更为难堪的是，大国们宣称，承认罗马尼亚独立的条件是后者接受 352
西方的公民平等理念。这个条件得到国际犹太人群体的大力推动，要求罗马尼亚解放当地特别巨大的犹太人口（占总人口的比重比中欧或西欧任何地方都高），其中许多刚刚从情况更糟的俄国移民而来，尚未被融合。这个故事还是人权（在这里是犹太人的）和物质权利（在这里是德国投资者的金钱利益和大国们的政治利益）如何经常相互冲突的微缩模型。两者都能实现的愿望被证明不切实际；最终，人权为物质利益让路。

在本书中，这个故事第一次以广泛的新资料为基础被讲述，它的各种元素在布莱希罗德身上融合。在罗马尼亚的纠葛中，他同样重视捍卫人权和物质权利。一方面，他不得不执行俾斯麦的决定，挽回因为考虑不周的罗马尼亚铁路建设计划而似乎竹篮打水一场空的德国投资；另一方面，以他为首的西方犹太人试图保护罗马尼亚的犹太人免受压迫和歧视。由于在铁路问题上帮了俾斯麦的忙，他一度很有希望赢得俾斯麦对犹太人的支持。他的全部关系人、效忠者和依附者都被卷入进来。

对俾斯麦来说，介入罗马尼亚事务带来无尽的麻烦。不过，他神秘的政策最终取得巨大成功，既证明他是一位狡猾而无情的大师，也显示出他的外交举动中对内和对外考虑的纠结。

罗马尼亚的冒险发生在一个经过连续臣服于土耳其人和俄国人的历史后寻求独立的国家，但只能够通过大国们的施恩实现目标。罗马尼亚是腐朽的土耳其帝国身上掉落的碎片之一，它的强邻俄国和奥地利虎视眈眈地把独立的罗马尼亚看作潜在的卫星国。对罗马尼亚人来说，既利用列强的矛盾又不沦为它们的牺牲品殊非易事——没有人会考虑呼吁崇高的政治道德。权宜是家常便饭，欺骗常常成为成功的手段。

罗马尼亚是19世纪的发明。从罗马时代以降，并没有这样的
国家存在；14世纪时，那里出现两个公国：摩尔达维亚（Moldavia）
和瓦拉几亚（Wallachia），两国居民说同一种语言，具有相同的拉
丁人祖先，并或多或少地处于土耳其人及其助手——被称为法纳尔
人（Phanariots）* 的希腊人直接统治下。从18世纪中叶到19世纪
中叶，俄国人阶段性地把势力范围扩展到这两个公国，他们的统治
总体上比土耳其宗主更加开明。俄国在克里米亚战争中失败后，“欧
洲协调”在1856年的《巴黎条约》中决定俄国不再担任保护国，
两个公国应该留在土耳其宗主的统治下，并成为欧洲的保护国。罗 353
马尼亚人强烈要求两国同意，并向他们的拉丁人兄弟——法国人求
助。法国人很快答应了，因为拿破仑三世自视为各民族的保护者。
当然，各大保护国之间发生争执，并各行其是。奥地利坚持要罗马
尼亚从俄国独立，以便对前者确立事实上的垄断影响。另一方面，
奥地利人担心罗马尼亚的民族主义，因为那很容易渗透到生活着大
量罗马尼亚人的匈牙利。罗马尼亚人想要民族独立——他们逐步向
目标迈进，既依赖大国，又借机挑拨它们。

这里不是介绍罗马尼亚历史的地方[1]。对我们来说，重要的是记住这两个公国的首位共同统治者库萨亲王（Prince Cuza）于1866年被废黜，而在罗马尼亚政客伊翁·布拉提亚努（Ion Brătianu）的安排下，霍亨索伦—齐格马林根家族的卡尔亲王被选为继任者。

---

* 指来自君士坦丁堡法纳尔区的希腊人或希腊化家族。18世纪时，由于这两个公国面临俄国和哈布斯堡王朝的不断威胁，奥斯曼当局决定让忠于自己的法纳尔人担任大公。——译注

卡尔来自霍亨索伦王朝的一个信奉天主教的小宗；卡尔的父亲将小公国齐格马林根的主权交给柏林的国王（他的堂亲），事实上开始为普鲁士效劳。卡尔是个 27 岁的美男子，他勇敢而且雄心勃勃，正在寻找自己的命运。他希望接受这个挑战，无论面对什么风险，并得到俾斯麦的鼓励。卡尔不同寻常的血统让他更容易被所有人接受，他不仅与统治普鲁士的王朝有亲，还与拿破仑三世是表亲*。卡尔亲王和他的新臣民都对彼此一无所知，但他通过公投顺利当选，投票结果是令人惊讶和带有欺骗性的 685 969 票对 224 票[2]。罗马尼亚人早就想要一位外国大公，显然他与普鲁士的关系让罗马尼亚在俾斯麦的眼中更加重要。此外，卡尔前往罗马尼亚任职开创了先例。1870 年时，俾斯麦希望西班牙人能够效仿。出口霍亨索伦家族的成员可以提升普鲁士和德意志的影响。

卡罗尔大公发现，懒惰的库萨给他留下一个烂摊子。“很少有统治者在登基伊始便不得不面对如此沮丧的工作。”[3] 库萨留下的是空空如也的国库、巨额的公共债务、已经六个月没领到薪水的官员们，还有腐败而低效的原始行政体系。罗马尼亚的政客们急于标榜自己的西方身份和强调他们与法国特别的亲缘关系，以 1831 年的《比利时宪章》（Belgian Charter）为蓝本起草自由主义宪法。在异教徒土耳其人和专制的俄国人环伺下，罗马尼亚想要成为模范的西方子民。

这些原则在一个经济落后和政治经验欠缺的国家很难实现。在制宪过程中，犹太人问题爆发。一些罗马尼亚人试图把西方原则扩展到犹太人身上，建议将他们解放。随之而来的是声势浩大的抗议，布加勒斯特的一座新建犹太教堂也被焚毁。犹太人被定性为外国人，354
宪法第七条规定，“只有信奉基督教的外国人才能被归化”[4]。简而

* 拿破仑 · 波拿巴的妻子约瑟芬与前夫所生的女儿奥唐斯嫁给路易 · 波拿巴，生下拿破仑三世。卡尔是约瑟芬前夫堂兄弟的女儿斯蒂芬妮的外孙。——译注

言之，犹太人永远不可能获得公民权。

在罗马尼亚犹太人历史的撰写中，争论一直超过事实。很难找到客观证据——首先是罗马尼亚犹太人的人数和来源问题。19 世纪 60 年代,500 万罗马尼亚人中估计有 20 万到 30 万犹太人。1869 年，摩尔达维亚首府雅西的普鲁士领事向俾斯麦报告说，罗马尼亚政府的宣传册声称 500 万罗马尼亚人中有 40 万犹太人（或 1 比 12.5）的说法不正确，事实上只有 23 万犹太人，因此“1 比 19.5 的数字低于俄国等地”[5]。他们大多生活在摩尔达维亚，大多是为了逃避尼古拉一世的迫害从俄国逃难而来。1829 年的《亚得里亚堡条约》（Treaty of Adrianople）签订后出现犹太移民的涌入潮，该条约标志着俄土战争的结束，为从前被奥斯曼人封锁的地区带来贸易和商业机会。犹太人既急于逃离可怕的俄国栅栏定居区（包括前波兰的土地），又被这片看似充满希望的土地强烈吸引。一些犹太人更早以前就从波兰和乌克兰移民到这里。他们经常被称作加利西亚犹太人，这个称呼在各式人群中都带有特别的贬义，包括在犹太人中间。在摩尔达维亚，犹太人与当地人分开居住，根据罗马尼亚人的报告，他们甚至不说当地的语言。当然，土生或富有的犹太人不在此列。由于被禁止拥有土地和从事大多数职业，他们成了工匠、小商人、放贷者和酒馆老板。罗马尼亚人认为他们放高利贷和鼓动农民酗酒。更让罗马尼亚人难堪的是，到了 19 世纪 50 年代，包括雅西在内的大多数摩尔达维亚城市中，犹太人数量占优。到 1866 年和 1867 年，甚至连最终的平等承诺都让罗马尼亚人越来越不安。

卡罗尔登基后，罗马尼亚众议院开始通过新的限制犹太人法律，不仅恢复过去的禁令，还加入新的。1867 年的一项法令重申，犹太人被禁止拥有土地，被禁止生活在村镇中或者拥有酒馆。地方命令和“自发”暴动完成了剩余工作。同年，雅西当局宣布犹太区对卫生构成威胁，并驱逐一些所谓的犹太人流浪汉，其中也有富人。在加拉茨（Galatz），罗马尼亚人试图将犹太人赶过边界，但土耳其人不愿接受他们，一些受害者溺死在多瑙河。

罗马尼亚的反犹主义不同于俄国或匈牙利。罗马尼亚的统治阶层并不像普通人那样歧视商业。相反，罗马尼亚人效法在独立前那个世纪地位显赫的希腊人，成了精明的企业家。不同于匈牙利贵族或俄国贵族（*dvoryanstvo*），他们从一开始就把犹太人视作经济上的对手。不过，和俄国人一样，他们也在东正教会的影响下对犹太 355
人怀有宗教上的敌意。简而言之，经济对立一直助长着罗马尼亚的反犹主义，因此该国犹太人的状况比匈牙利糟糕得多，尽管比俄国要好上不少[6]。

西欧的犹太人竭尽所能帮助东方的同胞。在今天看来，我们可以说 19 世纪 60 年代是欧洲对正式的反犹主义最反感的时代，欧洲公众最不能坐视歧视和暴行，这些行为一直被认为属于上个时代的宗教狂热。较为富有和影响力更大的欧洲犹太人建立非正式的合作网络，在那个以宽容和启蒙人性为骄傲的时代，他们手握一件威力巨大的武器：宣传。他们利用新闻媒体揭露和指责罗马尼亚人（或者后来的俄国人）的反犹举动，并希望他们的开明读者能做出恰当的反应，希望他们的政府能采取正式或非正式的行动，希望受到批评的那个国家能感受到公众不满的压力。西欧和中欧的犹太人意识到，罗马尼亚的反犹主义特别严重，但也是唯一可能屈服于国外压力的国家，这让他们更加坚决地采取行动。通过媒体和私人渠道，他们让罗马尼亚人的恶行受到关注，并诉诸被普遍接受的原则以唤醒欧洲人的良心。

从一开始，布莱希罗德就在犹太人动员欧洲舆论指责罗马尼亚反犹主义的行动中扮演重要角色。我们无从得知他内心深处关于该问题的感受，但即使他希望表现出缄默和谨慎，他有权势的国外朋友仍会要求他参与其中，因为他们把他与俾斯麦的关系看作非常重要的工具。1867 年 5 月，当雅西爆发第一次严重的反犹暴行后，他收到来自维也纳的朋友莫里茨 · 冯 · 戈德施密特的特别召唤，后者无疑也代表罗斯柴尔德家族：“鉴于普鲁士对统治布加勒斯特的大公拥有最直接和最大的影响力，鉴于俾斯麦伯爵非常宽容，我肯定您会过问此事。维也纳教众很关切此事，这样的善举必将得到上帝的奖赏。”一天后，普鲁士驻伦敦大使伯恩斯托夫伯爵致信俾斯麦：“罗斯柴尔德家族对雅西的犹太人遭到迫害一事非常激动，敦促我提请王国政府关注，并请求大人代表他们的犹太人同胞与罗马尼亚亲王进行友好交涉。”布莱希罗德也向俾斯麦提出请求。接到这些请求后，首相命令驻布加勒斯特领事调查情况，“如果合适的话，委婉地向当局提出此事”[7]。这些抗议令被卡罗尔大公称为“基督徒民族中最宽容者”的罗马尼亚人不安。几天后，路易·波拿巴致信卡罗尔：“公众对以色列人［*israélites*］事件反应强烈，因为这种迫害属于另一个时代，被视作以讨好大众的低级本能为目的。”[8]* 356
甚至卡罗尔的父亲也奉劝他向现实低头：法国是罗马尼亚唯一的支持者，犹太人的钱统治着法国媒体，因此犹太问题总会激怒巴黎[9]。整个世界都试图教会罗马尼亚人如何对待他们的犹太人。不过，罗马尼亚人被证明是顽固不化的学生，最终耗尽道德先生们的热情。

布莱希罗德继续向俾斯麦通报新的暴行。1868年2月，他向巴黎以色列联盟德高望重的会长阿道夫·克雷米厄（Adolphe Crémieux）保证，自己将试图帮助罗马尼亚的犹太人[10]。救助迫在眉睫。部分“激进”的罗马尼亚议员提出的新法案几乎剥夺犹太人的全部公民权利，雅西的犹太人社群也发电报给布莱希罗德，表示某些地方长官自作主张地准备把议会意图马上变成可怕的现实。电报谈到“灭绝”计划，并报告说在巴考（Bacau）地区，“五百个犹太家庭在二十四小时内被从乡间驱逐，只能饿着肚子，悲惨而漫无

---

* 开明的法国人常常使用“以色列人”而非“犹太人”，因为后一种称呼已经带上强烈的贬义。德国人使用“摩西信仰者”，有时也说“以色列人”，被同化的犹太人有时同样如此。但俾斯麦很少在意委婉说法。

目的地流浪。他们遭遇无限的悲惨，不幸无法言表”。为了打消广泛的怀疑，布莱希罗德要求获得上述事件的细节，他的要求马上得到满足。他把这些报告交给俾斯麦[11]。

俾斯麦的驻伦敦大使已经在电报中向他报告说：“十二名罗斯柴尔德家族的成员请求我紧急寻求王国政府的友好干预。”俾斯麦警告卡罗尔大公不要批准“如此可怕的迫害，因为这些人的用处超过他们的威胁，他们在欧洲各地的犹太人同胞将把这场迫害转变成［罗马尼亚］政府的危机”。一周后，他再次敦促政府“对摩尔达维亚的迫害犹太人事件采取强硬立场”。俾斯麦还试图让俄国加入这样的非正式警告，但没有成功；戈尔恰科夫用罗马尼亚人也喜欢的方式对普鲁士大使罗伊斯亲王说，他总体上不愿“把罗马尼亚人对国家瘟疫（当地犹太人）所采取的行动视作犯罪……如果所有的犹太人都像罗斯柴尔德或克雷米厄家族一样，那么情况就另当别论。但在当前的形势下，不应该指责政府为保护民众而对这些吸血鬼采取的行动”[12]。罗马尼亚犹太人不是罗斯柴尔德家族和圣人，他们不是西欧犹太人——这在随后的几十年间成了反复被提起的陈词滥调；诚然，雅西的犹太人与巴黎的犹太人不同，不过似乎很少有观察者记得，布加勒斯特人也不同于巴黎人——但他们仍然强烈主张自己的权利。

在布莱希罗德和罗斯柴尔德家族的敦促下，俾斯麦要求卡罗尔 357
扮演摩尔达维亚犹太人的守护天使角色，这让后者非常恼火，他把犹太人视作讨厌的异族，认为他们利用高人一筹的勤奋和低人一等的道德剥削自己的臣民[13]。德国犹太人——包括布莱希罗德的朋友奥本海姆男爵、法兰克福的罗斯柴尔德家族男爵和作家贝托尔德·奥尔巴赫（Berthold Auerbach）——不断代表罗马尼亚犹太人向卡罗尔的父亲卡尔·安东求情，这让亲王更加烦恼。雪上加霜的是，1868 年 4 月，犹太人领袖们安排柏林和维也纳的各大报纸对罗马尼亚迫害犹太人事件发起声势浩大的严厉抨击。行动取得成功，卡罗尔告诉父亲和全世界，他的政府一直反对新的法律草案[14]。在大国的支持下，犹太人成功阻止更苛刻法律的实行。六十五年后，英国最著名的罗马尼亚史学家给出相当有代表性的总结："1870 年后，[反犹主义] 浪潮逐渐平息，但在整个 70 年代仍有针对犹太人的周期性骚乱和攻击，特别是在瓦斯卢伊 [Vasluĭ]、普洛耶什蒂 [Ploeşci] 和达拉巴尼 [Darabani]，以色列联盟对此做足文章。"[15]

布莱希罗德出了自己的一份力，但前台的以色列联盟和幕后的罗斯柴尔德家族可能发挥更大的影响。1870 年法国战败后，法国犹太人的力量不复往昔，如果想继续保护罗马尼亚犹太人，那么柏林必须扮演更重要的角色。正在此时，看似幸运的巧合出现了：1871 年，俾斯麦请求布莱希罗德为德国人的钱介入罗马尼亚事务。

自 1862 年上台以后，俾斯麦就一直关注罗马尼亚的情况。他对罗马尼亚轻蔑但持续的关注验证早前有人对他的看法，即俾斯麦"是个政治上的棋手，知道如何评估哪怕是最小的棋子；虽然并不首先使用它们，但他知道如何把它们留作后手"[16]。他密切关注雅西和布加勒斯特领事们的报告（本书是首次使用这些报告），它们反映出当地欧洲领事们的地位：他们是"欧洲受保护国的支柱；对于这个诞生中的国家而言，显然没有更敏锐的观察者了"[17]。

"这些公国最需要两件东西：良好的初级学校和可通行的道路。"1863 年，普鲁士总领事如是向俾斯麦概括罗马尼亚的问题——他的表述也经典地适用于广大发展中国家。出于贸易和声望的原因，罗马尼亚的领导者希望建立尽可能大的铁路网。普鲁士总领事支持这些计划，认为它们在一定程度上旨在打破奥匈帝国对多瑙河航运的垄断[18]。俾斯麦也支持罗马尼亚的铁路修建计划，因为这将"有利于我们的商业"[19]。

俾斯麦对罗马尼亚铁路的兴趣从一开始就兼顾商业和政治：如 358
果可以方便地避免，没有必要允许奥地利在任何地方扩大影响力。

事实上，1866年春，当奥地利和普鲁士开始为决定性的摊牌动员军队时，卡罗尔大公就动身前往罗马尼亚。在奥地利的后方有一位霍亨索伦家族的成员对俾斯麦来说是诱人的前景，他有各种理由支持卡罗尔大公雄心勃勃的修建铁路计划。不过，和大多数发展中国家一样，资本、机械和许多技术必须进口。来自英国和奥地利的多家公司都表示兴趣，卡罗尔显然略微倾向于德国财团，比如贝特尔·亨利·施特鲁斯贝格所组建的。(由于罗马尼亚决定不再发行对外贷款，施特鲁斯贝格建议，由他和财团筹集必要的资本，由罗马尼亚政府负责担保利息。)

施特鲁斯贝格来自一个在东普鲁士的奈登堡（Neidenburg）生活了三到四代的犹太人家庭。童年时的他就皈依基督教；他在英国生活多年，在新闻、保险乃至艺术展览业赚了一小笔钱。1863年，他返回柏林，先后为英国公司和他自己的公司工作，成功地在东普鲁士修建多条铁路。他逐渐将自己的帝国扩展到采矿业和在国外修建铁路[20]。

施特鲁斯贝格说服一些著名的西里西亚权贵，如拉提波尔和乌耶斯特公爵、莱恩多夫—施泰诺特侯爵和他共同组成财团。他们的名字令新公司熠熠生辉。卡罗尔大公把修建庞大的铁路网视作“关键问题”，而柏林也在发给他的报告中对施特鲁斯贝格的可靠信誓旦旦。几周后，卡罗尔也许有点不放心，他请求俾斯麦亲自对施特鲁斯贝格的“资质和能力”做出评价。俾斯麦亲笔写给普鲁士总领事的回复是典型的搪塞之词：

> 你和我一样清楚拉提波尔和乌耶斯特的情况。施特鲁斯贝格多次出色地参与过各种铁路项目，因此做成一些出色的交易；当然，我对他现在的财产状况一无所知，也无论如何不能对个人的能力提供官方意见，因为即使这样的意见也意味着间接的担保，我无法代表王国政府这样做。[21]

俾斯麦急于撇清一切责任，没有咨询布莱希罗德就马上做了回复。一年后，布莱希罗德主动提醒俾斯麦小心施特鲁斯贝格的可能命运。他提到，在奥地利财政糟糕至极的时候，施特鲁斯贝格试图在维也纳为塞尔维亚的铁路筹资。布莱希罗德还表示："此人非常聪明，但他用新冒险弥补旧亏空的做法很危险，如果遇到［突 359
然的］障碍，他的整个部署可能崩溃，把数百万轻信的股东埋在废墟下。"[22]

普鲁士领事继续向俾斯麦通报各国人士对罗马尼亚铁路特许权的争夺。施特鲁斯贝格的主要对手是奥地利铁路建造商奥芬海姆伯爵（Count Ofenheim），此人从利沃夫（Lvov）到切尔诺维茨（Cernowitz）的铁路赚不到钱，他相信如果让该铁路穿过罗马尼亚延伸到黑海就能走出困境。奥芬海姆和施特鲁斯贝格为这个罗马尼亚没钱推行的项目展开竞争。一些罗马尼亚要人提出反对，认为铁路是一种将引入现代罪恶的昂贵投资。更重要的是，许多人相信，外国人将牺牲罗马尼亚的利益，用铁路特许权为自己牟利。在此过程中，他们将让该国遍布各种讨厌的外国人。奥芬海姆将引入肮脏的波兰人，而施特鲁斯贝格则将带来普鲁士军队，利用罗马尼亚领土对俄国或土耳其开战。为了减轻这样的恐惧和推进自己的目标，奥芬海姆和施特鲁斯贝格都忙着贿赂罗马尼亚立法者——或者说有这样的传言。普鲁士领事们无疑相信企业家已经送出了和罗马尼亚议员收受了大笔好处[23]。施特鲁斯贝格的财团报价较低，因此赢得卡罗尔大公的全力支持。最终，政府决定修建两条铁路，把特许权同时授予两人。1868 年 4 月，卡罗尔利用自己的权威迫使顽固的众议院批准施特鲁斯贝格的特许权。同年 7 月，曾因不听话而被解散的参议院也批准授权。

施特鲁斯贝格试图修建多条线路（从北部的罗曼［Roman］经加拉茨到布加勒斯特，然后前往匈牙利边界），总长 942 千米。该公司将最多发行价值 25 434 万法郎、利率为 7.5% 的债券*，每千米造价估计为 27 万法郎。债券发行在柏林进行，由罗马尼亚政府的代理人——普鲁士高级财政顾问阿穆布隆（Ambronn）监督，此人与卡罗尔大公家族早就私交甚密。政府将为利息担保，不过并未明确其完全责任将马上开始还是等到铁路竣工后。协议规定，竣工日期将不晚于 1872 年[24]。

施特鲁斯贝格热情饱满地开始新工程。在加拉茨，他像将军对军队训话那样告诫工人们“不要失去普鲁士人的性格，不要陷入德国人的懒散（*Dusel*），而是要坚持守纪律、有干劲、谨慎和顽强的普鲁士方式”。按照普鲁士人的效率，工程将于 1869 年底完成——至少施特鲁斯贝格这样对罗马尼亚人保证[25]。与此同时，他还在商谈获得更多特许权。

但技术困难、罗马尼亚人的掣肘和现实中的管理不善给施特鲁斯贝格强烈的乐观主义浇了一盆冷水。工程进展不如预期，当竞争者奥芬海姆的公司大张旗鼓地开通他们的铁路时，施特鲁斯贝格的 360
团队却被越拉越远。1870 年初，新任普鲁士总领事冯 · 拉多维茨（J. M. von Radowitz）抵达布加勒斯特。拉多维茨来自一个古老的、政治上显赫的家族，他本人才智过人，刚刚开始出色的外交生涯。1870 年 1 月，当他离开柏林时，俾斯麦嘱咐他把施特鲁斯贝格“当作大人物对待，为了此人在当地所代表的广泛德国利益与其和谐相处”。拉多维茨在赴任前与施特鲁斯贝格见了面，马上就对后者产生反感。但他意识到，整个柏林都中了这位伟大“推动者”（*Macher*）的魔法：“从亲王和头牌贵族到最小的资本家，所有人都参与施特

* 从后文来看，这种债券（obligation）似乎是股票，属于有固定分红的优先股。按照最初的协议，股东们将组成协会，在铁路竣工后负责管理九十年，然后再将其转交给罗马尼亚政府。为统一起见，仍把 bond 和 obligation 译作债券，share 译作股票。参见弗雷德里克·凯洛格，《罗马尼亚的独立道路》（普渡大学出版社，1995 年），第 75 页［Frederick Kellogg, *The Road to Romanian Independence* (Purdue University Press, 1995), p75］。——译注

鲁斯贝格的发起活动。”施特鲁斯贝格也被称为“铁路之王”，他生活极端奢侈，他的炫耀本身当然证明了他公司的稳定。无论如何，拉多维茨马上抱怨说，他为施特鲁斯贝格事件付出的时间超过在布加勒斯特的其他一切事，卡罗尔大公和布莱希罗德等人也将发出同样的抱怨。施特鲁斯贝格将让许多人损失金钱，还有少数人自认为损失了人生中的多年时光[26]。

拉多维茨报告说，有敌意的罗马尼亚媒体再次叫嚣外国人正在骗罗马尼亚人的钱，但也一直盼望这些外国人“用金钱收买媒体的沉默”。在罗马尼亚，普鲁士使节并不像一般外交官那样倾向于认同所在国或为其辩护。在他们看来，罗马尼亚人的贪婪令人震惊——普鲁士人自觉保持正直，罗马尼亚人则对腐败问题满不在乎，也许很难想象有比这更大的文化反差。拉多维茨警告说，“像瓦拉几亚人这么兴奋、没耐心和极度贪婪的人”不会为了外国人出于私利而开展的项目无限期地等下去。他担心反德情感的巨大浪潮将席卷罗马尼亚，让卡罗尔大公父子尴尬不已，因为两人都被认为参与施特鲁斯贝格事件。拉多维茨拒绝施特鲁斯贝格代理人的要求，即总是假装卡罗尔大公支持此人的一举一动。在这份二十八页报告的最后——俾斯麦讨厌长报告——他希望至少部分铁路能很快开通；那样的话，即使有拖延和流言，股东们也不会遭遇真正的危险。施特鲁斯贝格即将展开的布加勒斯特之行关系重大，如果他能够表现得谨慎！也许普鲁士内阁能够引导他走上更明智的道路[27]。

但形势越来越糟。施特鲁斯贝格不断遇到新的障碍：所有的机械、铁轨和技术工人都必须进口，通过不存在的道路运往工地。他解雇了代理人，并与罗马尼亚的下属发生争吵。拉多维茨报告说，“铁路之王”习惯于轻蔑对待他的手下，但总能“用金钱上的满足抚慰他们的感情”[28]。施特鲁斯贝格的帝国中存在管理不善和不满。

拉多维茨的报告变得越来越不祥，尽管忙于普法战争事务，俾斯麦还是密切关注这场酝酿中的灾难。到了1870年春末和夏天， 361

施特鲁斯贝格的股票开始下跌，拉多维茨收到来自德国各地的焦急问询，打听该公司的命运。他提醒俾斯麦，许多“小人物”可能失去积蓄，当然“大人物们”的资本损失也同样不乐观。涉及金额约为 5000 万塔勒，几乎都来自德国人[29]。

到了 1870 年 8 月，股价已经从 70 塔勒左右下跌到约 43 塔勒。股市只是更多灾难的预兆：人们发现，铁路债券发行的罗马尼亚代表阿姆布隆先生同意施特鲁斯贝格把金边债券*（公司在需要全部现金用于建设开支前的投资选择）换成有疑问的债券，由施特鲁斯贝格其他不可靠的公司担保。施特鲁斯贝格把为罗马尼亚筹集的钱用于拯救他处于危险中的其他公司。

9 月，阿姆布隆彻底失踪。他的逃跑证实人们最大的担忧，布加勒斯特也炸开了锅。与此同时，摩尔达维亚的地主们开始为施特鲁斯贝格的铁路建设用地开出天价，尽管这些土地根本不值钱。人们本以为“征用委员会”会标明必要用地，并向所有者开出合理的补偿。但事实上，地价突然蹿升，罗马尼亚法庭也支持这些不合理的要求。拉多维茨变得日益焦虑，他对俾斯麦解释说，布加勒斯特的所有外国代表都认同，“是时候考虑采取严肃措施，拯救受我们保护之人的利益，使其免受日益腐败的罗马尼亚司法和官僚之害”[30]。俾斯麦迅速从凡尔赛发来令人绝望的回复：他命令拉多维茨严守中立，甚至不能为德国人的利益使用个人影响。遭到驳回和拒绝的拉多维茨回信说，他当然会遵守新指示，但就连卡罗尔大公也总是支持他向罗马尼亚内阁施压[31]。

俾斯麦对整件事感到恼火，他的克制并非出于对罗马尼亚人的感情。当拉多维茨早前私下向他提出，8000 马克的薪水不足以满足卡罗尔大公眼中德国代表所应有的生活方式时，俾斯麦拒绝了请求，

* 金边债券（gilt-edged securities）原指英国国债，由于带有金黄色边而得名，后来也泛指所有的国债。其因有政府担保而具备很高的资信等级。——译注

表示他觉得卡罗尔的想法有点幼稚："约束如此堕落的民族不能靠几场丰盛的宴席，而是需要几营强大的士兵。"[32]俾斯麦对罗马尼亚人怀有无限的鄙视，普法战争期间席卷布加勒斯特的狂热亲法情感无疑让他更加厌恶。亲法也暗示反对卡罗尔，布加勒斯特流传着这样的话："我们无法去法国打德国人，但我们可以在这里打。"[33]

1870年秋天，比起罗马尼亚事务，俾斯麦更担心俄国意图指责《巴黎条约》中的黑海条款，担心此举可能对英国产生的影响。他命令外交部尝试联合奥地利、俄国和土耳其，在布加勒斯特发起联 362
合行动。同时，他还授权拉多维茨发表非正式声明，表示普鲁士不会坐视自己的利益受损。俾斯麦希望其他国家也能认识到，施特鲁斯贝格的垮台将威胁到罗马尼亚的所有外国企业[34]。他的奥地利同僚博伊斯特伯爵马上采取强硬立场，但沙俄政府表示不信任施特鲁斯贝格，拒绝一切合作。

将施特鲁斯贝格的麻烦国际化的尝试来得太晚。与此同时，普法战争导致股市下跌，这威胁到施特鲁斯贝格资产的流动性，也威胁到他的整个错综复杂和大胆建造起来的铁路、房地产和实业帝国。12月中旬，施特鲁斯贝格向俾斯麦发出绝望的请求，后者当时正在凡尔赛进行自己的艰苦战斗。这位大金融家担心，他可能无法在两周后支付250万塔勒的罗马尼亚债券半年利息。他声称自己已经损失400万塔勒，因为他不得不低价抛售证券，以便维持各项买卖——其中一些对普鲁士的战事必不可少。所有的柏林银行家都嫉妒和反对他，因此国家应该借给他250万塔勒，以他名下其他公司价值500万塔勒的股份作为担保。他认为这个请求合情合理：

> 但不幸的是，在这个我生活的国家，在这个我相信为之付出很多的国家，我遇到的只有敌意和讨厌的逆境……尽管在战争期间遭受损失，我相信我仍能自诩为这个国家最富有的人之一。不过，我毫不看重这点，因为金钱对我没有用……[35]

施特鲁斯贝格还动员乌耶斯特对俾斯麦施压——结果出人意料，俾斯麦在亲笔批示中敦促王国政府和威廉帮助施特鲁斯贝格。“据我所知，许多家庭的生计和财产维系于施特鲁斯贝格的几家企业。”施特鲁斯贝格无法支付利息意味着“灾难”[36]。

俾斯麦愿意动用国家资金帮助私人企业（还是在战争期间），这暗示他在这类事务上比后世史学家们所认为的更加通融和灵活。无须经历 19 世纪 70 年代的萧条、1879 年正式转向保护主义或帝国主义冒险，俾斯麦就愿意拯救陷入麻烦的国内企业[37]。

俾斯麦在柏林的同僚们提出异议。他们怀疑施特鲁斯贝格是否有能力偿还贷款。坎普豪森向俾斯麦解释说，他们认为大部分罗马尼亚债券“属于一小群被相对较高的利息和巧妙的宣传所吸引的将
积蓄投入这场冒险中的人。这些债券价格的下跌很可能让其中一些 363
人遭受重创。但我不认为这样的财产损失是一场帝国政府必须动用国家信贷来阻止的灾难，任何购买投机性债券的人都会面临风险，罗马尼亚债券显然属于此类”[38]。

尽管得到俾斯麦的支持，但施特鲁斯贝格阻止灾难的最后努力还是流产了。随之而来的风暴甚至超出俾斯麦的想象。1 月 11 日，施特鲁斯贝格宣布无法支付半年利息，但承诺将在 3 月支付。他还声称，为利息做“担保”的罗马尼亚政府将为支付负责，但罗马尼亚政府却坚持责任需要以铁路完工为条件。股票价格骤跌，因为德国投资者认为自己被罗马尼亚人欺骗，而罗马尼亚人则认为自己再次被外国人欺诈，这次连他们的王室都成了帮凶。甚至在这最新一击到来前，罗马尼亚的形势已经恶化：国库仍然空空如也；议会两大党派争执不休，只有在对卡罗尔大公的敌意上保持一致；而所谓的保护国们对卡罗尔保证，它们出于好意不会干涉罗马尼亚事务。卡罗尔孤立无援——到了 1871 年 2 月末，他的父亲认为儿子很可能退位，已经在国内为他安排好出路[39]。

施特鲁斯贝格事件具有重大纠葛的一切特点：巨额金钱被牵扯

其中（根据不同的估计，金额在 1.5 亿到 2 亿马克之间；与之相比，1879 年普鲁士的全部国家债务只有 13 亿马克）；施特鲁斯贝格和罗马尼亚政府最初签署的协议很不仔细，导致争议债券的责任模糊，为法律上的相互指责留下无限空间。德国人和罗马尼亚人至少还得到了民族偏见的慰藉，互相认为对方才是罪魁祸首。卡罗尔大公被夹在中间，无法随意指责任何一方，反而遭到所有人的责难。难怪整个施特鲁斯贝格事件让他“没有一刻安宁”[40]。不过，所有不幸被卷入其中的人都不得安宁。该事件一度有可能上升为重大国际危机。

俾斯麦的策略仍然和过去一样：他试图通过在布加勒斯特建立大国的统一阵线来威吓罗马尼亚人。但只有奥地利人全力支持他。与此同时，他感受到来自德国的罗马尼亚股票持有者的强大压力；2 月，他们组织起来，大声要求政府提供帮助。“旨在保护罗马尼亚铁路债券受到威胁的利益之委员会”向俾斯麦提交正式请愿书——共有 580 名持有者签名，债券价值 2 117 700 塔勒——要求他说服罗马尼亚政府支付承诺的利息。他们解释说，“由于［施特鲁斯贝格的］特许权合作者们在西里西亚被认为非常可靠和极度可信”，西里西亚人的损失最为惨重。拉多维茨估计，在德国人投资的 5000 364
万塔勒中，有一半来自西里西亚人[41]。俾斯麦意识到，受到威胁的不仅是小投资者的小钱，也包括国王的某些最显赫臣子的财富和信用。王室不会坐视数以千计的臣民遭受损失，因为正是国王的臣子诱使他们参与这场带有欺诈色彩的投机冒险。

在罗马尼亚议会讨论铁路特许权的未来之时，施特鲁斯贝格发出“最后通牒”（愤怒的拉多维茨如是形容）。事实上，施特鲁斯贝格要求以罗马尼亚政府的名义授权他发行新债券，尽管人们认为他还有 900 万塔勒的建设资金。他还威胁提出模糊的“赔偿”要求。与此同时，拉多维茨对俾斯麦坚称，承担支付利息责任的是施特鲁斯贝格而非罗马尼亚政府；但在回忆录中，他持相反的观点。按照拉多维茨的解读，施特鲁斯贝格的最后通牒证明他试图逃避责任，把“即将到来的灾难”归咎于罗马尼亚政府。更糟糕的是，拉多维茨抱怨说，施特鲁斯贝格的行为“非常错误，虽然他无疑在罗马尼亚人手中遭遇不公和伤害，但这无法减轻他为一场可能灾难所负的重要责任”。唯一的希望是，施特鲁斯贝格的特有权合作者们在“最后一刻”坚持支付利息，在此之后仍有可能达成妥协。若非如此，“认为尽可能伤害外国人是‘爱国之举’”这种典型的罗马尼亚人态度将会盛行，导致外国人的财产被全部没收。拉多维茨对争执各方都没有什么同情，但他关心德国在布加勒斯特的威信和保护小投资者[42]。

最终，罗马尼亚人无意中救了施特鲁斯贝格。5 月 22 日，一伙罗马尼亚暴徒闯入拉多维茨和德国侨界正在为威廉祝寿的大厅。暴徒们放肆了几个小时。几名德国人在由此引发的混乱中受伤，而罗马尼亚警察和军队却袖手旁观。拉多维茨勃然大怒，因为在那个风平浪静的时代，外交官仍然认为礼貌是可以办到的准则。事件发生后几个小时，拉多维茨要求卡罗尔解散整个政府——后者照做了。随后，他把退位诏书交给前摄政者们，并请拉多维茨“求告俾斯麦，在铁路问题上应该对特有权合作者施加巨大压力，让他们支付 1 月的利息”。大公的荣耀维系于可接受的妥协。即使在退位之时，铁路问题仍是卡罗尔心中的头等大事[43]。

最终，卡罗尔被说服留任，一个保守而有能力（按照过去的标准）的政府接管局面。但现在，俾斯麦可以比以前粗暴得多：普法战争已经结束，而且罗马尼亚人让他有足够的理由保持强硬。他要求对暴行作出补偿，并威胁罗马尼亚人说，如果不能让德国人满足， 365
他将马上诉诸他们的宗主国土耳其。这种武器是对罗马尼亚人最大的冒犯，提醒他们在法律上从属于那个老帝国（这正是意图所在）。罗马尼亚人窝着火赔了钱。在下一轮麻烦中，俾斯麦不忘继续使用这种威胁。

不过，施特鲁斯贝格事件仍然悬而未决。1871年春末，罗马尼亚政府和施特鲁斯贝格达成妥协，但罗马尼亚众议院否决该方案，而且颁布法令取消原先的特许权，并在事实上没收已经建成的铁路（事后再给予赔偿）。俾斯麦被激怒了，向土耳其苏丹提出赔偿要求；随之而来的是无尽的纠纷，拉多维茨用不寻常的方式发泄不满，在柏林的讽刺杂志《噼里啪啦》上发表了指责罗马尼亚人欺诈的匿名诗歌[44]。卡罗尔大公开始相信，俾斯麦发动了“[对罗马尼亚的]外交战……施特鲁斯贝格问题不再是权利问题，而是武力问题”[45]。但俾斯麦无法使用他更强的物质力量——今天的大国对此并不陌生，它们也见到过试图没收他国财产的较贫穷民族做出的愤怒和疯狂的反应。

在这个极其复杂的问题中，急需解决的是究竟由施特鲁斯贝格还是罗马尼亚人重新支付利息；如果双方都不支付，公司将垮台。俾斯麦为此陷入无尽的烦恼，雪上加霜的是，威廉坚持不能让其贵族朋友们损失投资。对罗马尼亚人来说，这个问题事关自尊和权力；对卡罗尔大公来说，这事关个人名誉和政治生存。如果向德国人屈服，那么他就冒犯本国人民的感情；如果为罗马尼亚人辩护，那么他将在应对俄国和土耳其时失去德国人的支持。没有别的事让他如此发愁，或者像他常常说的，耗去每天的许多时间，甚至生命中的许多岁月。这个故事如此错综复杂，导致后世史学家在此事上既不准确又不客观[46]。

俾斯麦的威逼和恐吓举动没有收到成效。他希望国际性的联合行动能让罗马尼亚因为害怕被欧洲资本市场孤立而屈服。但格兰维尔勋爵拒绝一切合作，因为他觉得这“完全是商业问题”。与此同时，俾斯麦遇到的压力越来越大，罗马尼亚债券的不幸持有者们组织起来，既通过印发小册子向公众求助，也用更加平和与有效的方式向国王请命[47]。1871年秋，俾斯麦最终把整件事丢给布莱希罗德和贴现公司的阿道夫·汉泽曼。他对前者解释说，德国政府已经竭尽所能："如果他［布莱希罗德］能够找到解决办法，'他将得到上帝的奖赏'，他为祖国和帝国政府所做的贡献无论怎么评价都不会过分。"[48] 布莱希罗德同意了，但希望得到更加世俗的奖赏。

布莱希罗德对罗马尼亚危机已经关注一段时间。1871 年 7 月，366
施瓦巴赫在写给他的信中谈到这次"疯狂的事件"，并报告说，他的客户罗伊斯亲王对自己在罗马尼亚的投资忧心忡忡，并抱怨说当股价还没有下跌那么多的时候，布莱希罗德曾敦促他不要卖掉股票。布莱希罗德还与威廉讨论这场危机，后者最亲信的侍从们有可观的钱被牵扯进该事件[49]。威廉的副官海因里希·冯·莱恩多夫是施特鲁斯贝格一位特有权合作者的兄弟。布莱希罗德乐意介入罗马尼亚事件让莱恩多夫和威廉"感激和安心"[50]。布莱希罗德希望说服国王把他对德国投资者的仁慈关心转化成积极的政策。威廉深表谢意，可能还偷偷帮助他的一些骑士[51]。

10 月，布莱希罗德和汉泽曼接管罗马尼亚的乱局，尽管肯定很不情愿。对布莱希罗德来说，这将成为长达十一年的刑期。两位金融家为此耗费大量的时间、耐心和资本。两人没有赚到一文钱，但都获得对普鲁士财阀来说比金钱更珍贵的东西：贵族头衔。下文将引述俾斯麦对罗马尼亚纠葛的理想化盘点，声称布莱希罗德把贵族头衔作为介入的条件。这个头衔无疑是他挣来的。

布莱希罗德和汉泽曼不得不多线出击，并达成非正式的分工。在德国外交部和外国政客看来，布莱希罗德是与罗马尼亚人的首席谈判者。汉泽曼则负责与施特鲁斯贝格协商，更重要的是，他还筹划将陷入困境的铁路真正建成的方法和手段。

详细叙述随后的复杂过程将会枯燥至极——《噼里啪啦》在一幅漫画中对其进行恰如其分的描摹。布莱希罗德和汉泽曼必须成立新的股份公司接管原施特鲁斯贝格公司的利益；他们请求原先的持有者们交出债券，到了 1871 年 11 月，已经有价值 5000 万塔勒的原始债券掌握在他们手中。但新公司还需要找到 1500 万塔勒完成铁路修建，不得不与施特鲁斯贝格达成协议（他承诺为将建设资金变成可疑证券而赔偿600万塔勒，但几年后违背了承诺）*，并与罗马尼亚政府签订新的合同（还需得到疑虑重重和排外严重的议会批准）。此外，汉泽曼也宣称“我没有能力在罗马尼亚造铁 367
路”，希望经验丰富的奥地利皇家铁路公司接管这些铁路的修建和运营[52]。

布莱希罗德必须说服罗马尼亚政府批准他和汉泽曼制订的新计划。罗马尼亚众议院对于另一家外国公司的介入特别恼火，议员们斥之为新的“强暴”。这是布莱希罗德的一场斗争，一边是他的执着，一边是罗马尼亚部长和议会的狡猾推诿。

布莱希罗德手中有几张王牌：他与俾斯麦合作密切，后者对罗马尼亚人怒火难消，有时也会发泄到布莱希罗德身上。德国外交部不断向布莱希罗德提供关于罗马尼亚事务和他在当地行动的通信。布莱希罗德还成功地发动布加勒斯特的外国人施压。通过与奥地利驻柏林大使卡洛伊伯爵的会谈，他说服奥地利向罗马尼亚施压。通过动员巴黎的罗斯柴尔德家族，他成功地让法国在布加勒斯特宣布：“为了避免罗马尼亚政府陷入更大的困境，作为保护国之一的法国建议接受与布莱希罗德先生及其同伴们的妥协。”法国驻布加勒斯特领事勒苏尔（Le Sourd）递交了这条消息，他知道此举摧毁了罗马尼亚人对外国支持的最后希望。几周后，罗马尼亚财政部长马弗洛格尼（Mavrogheni）来到柏林，与布莱希罗德建立“互信”关系，并讨论按计划完成铁路修建的前景[53]。

---

* 1875年，施特鲁斯贝格博士因为破产而在俄国锒铛入狱；在老友们（特别是莱恩多夫—施泰因诺特［Lehndorff-Steinort］）的请求和俾斯麦的敦促下，德国外交部试图设法将施特鲁斯贝格开释，至少让他有足够的时间处理完在德国的纠葛。不过，曾经帮助过自己贵族朋友们的威廉一世却对他们的这位同伴没有好感，听说施特鲁斯贝格获刑后，他如是问候乌耶斯特公爵：“日安，乌耶斯特博士，施特鲁斯贝格公爵怎么样了？”赫伯特·俾斯麦致拉多维茨，1876年6月24日，GFO：土耳其104。玛丽昂·登霍夫伯爵夫人，《再没有人叫这些名字》（杜塞尔多夫，1962年），第186页。

罗马尼亚人最终让步，同意让新的德国公司委托奥地利公司修建本该已经完工的罗马尼亚铁路。甚至卡罗尔大公也对德国人的压力大光其火，对俾斯麦因为“某些资本家把钱投入实业投机”就大张旗鼓地调动国家力量非常不满。就像格兰维尔勋爵之前所说的，在卡罗尔看来，这完全是商业事件。卡罗尔的父亲卡尔·安东尽管经常批评俾斯麦的无情，但这次批评了儿子：他同样指责罗马尼亚人违背担保承诺，更重要的是，他叮嘱卡罗尔记住“德国元素目前最有生命力和未来，只有与那种元素保持合理的联系，罗马尼亚人才有继续主宰自己未来的基础”[54]。不用说，这种傲慢无助于相互谅解。

1872 年，几项新协议签订，铁路建设也得到更有效的推动，但总有需要布莱希罗德与罗马尼亚人紧急协商的新危机出现。铁路主线在 1873 年 5 月竣工——那个月恰逢维也纳股市崩盘，中欧进入新的经济危机。罗马尼亚铁路受到贸易下滑的影响，到了 1874 年， 368
施特鲁斯贝格原先规划的最后一条线路尚未运营，布莱希罗德和汉泽曼的公司需要新资金偿付上升的开支。

从布莱希罗德写给汉泽曼的一封信中，可以看出他当时对这场特别危机的态度。这是两位朋友留存下来的寥寥几封书信之一，他们通常口头交流。布莱希罗德提醒汉泽曼，他的银行已经为新的罗马尼亚铁路公司预支近 200 万塔勒；根据他们最初的协议，他估计贴现公司一定已经预支近 400 万塔勒。现在，布莱希罗德断然拒绝再预支“哪怕一个塔勒”。他还表示，借给施特鲁斯贝格的钱能否全数归还令人怀疑（后来果然没有）。新需求可以由贴现公司或奥地利铁路公司满足（布莱希罗德认为后者一直故意拖延）。

> 或者还有第三种选择，我提出供你参考：如果贴现公司和奥地利铁路公司都不愿意预支，那么是时候向我们的老伙计寻求新贷款了，比如海贸银行、迈耶尔·阿姆歇尔·冯·罗斯柴

> 尔德、所罗门·奥本海姆和达姆施塔特银行。他们通常不愿只在公司中挂名，对所持股份要求多多益善。海贸银行已经为匈牙利做了那么多，应该愿意为罗马尼亚付出同样多，后者的状况要好得多。[55]

布莱希罗德招募名义合伙人的如意算盘似乎没能实施。

有充分的理由认为布莱希罗德的潜在损失甚至超过他向汉泽曼提到的200万塔勒。如果参照他与俾斯麦多次向他国外交官所做的表述，布莱希罗德似乎借给被施特鲁斯贝格连累的大佬们可观的金钱，以他们高风险的罗马尼亚股票为担保。因此，解决罗马尼亚纠纷关系到布莱希罗德本人的巨大利益。

在解决过程中，柏林和布加勒斯特再次因为新股的发行条件产生争执。绝望的舞蹈再次开始：布莱希罗德向俾斯麦求助，后者推动其他力量对罗马尼亚人施压，而罗马尼亚人则觉得新要求无法忍受，并对压力感到耻辱。卡罗尔大公对俾斯麦和父亲抱怨说，德国人让他陷入无法忍受的困境。1875年1月，他在写给父亲的信中表示，罗马尼亚人正在与奥地利人展开贸易协议的谈判，但“如果我们不能解决铁路问题，那么没有哪个大国会和我们签署协议——俾斯麦亲王将确保如此”[56]。另一项妥协刚刚达成，巴尔干就陷入混
乱，随之而来的俄土战争再次让局势陷入混乱。布莱希罗德和汉泽 369
曼一次次取得阶段性胜利，但德国投资者的命运仍然没有脱离危险。到了19世纪70年代中期，现有线路的收入大幅下滑，股价同样如此。那时的布莱希罗德和汉泽曼只有一个目标：迫使罗马尼亚政府收购铁路，把全部剩余股份转成有担保的罗马尼亚国债。罗马尼亚人拒绝接受强行高价国有化，此事又拖延几年[57]。

当布莱希罗德继续为了德国容克贵族和自己而努力时，国际犹太人社会也加大力度帮助被压迫的东方同胞。19世纪70年代标志

着该帮助行动的高峰。西方犹太人仍然对自己新获得并不断提高的地位很有信心，仍然尚未遭遇本国的第一波新反犹主义浪潮，他们决定发挥自己的力量和影响，组织全欧洲向东欧各国政府施压，要求改善犹太人少数族裔的命运。

1871 年后，犹太人的合作形式发生改变。以色列联盟由法国人主导，非法国犹太人开始不满巴黎在犹太人事务中的权力[58]。70 年代末，布莱希罗德的一些英国通信人开始对联盟发表不屑之词。（“难道万国以色列联盟不是个大骗子吗？它有什么影响力？！”[59]）各国团体开始叫板联盟，尽管后者仍然是重要的集体机构——即使在走下坡路之时仍能成为国际犹太人力量的象征。事实上，通过相互通信、与报界和议会的犹太同胞磋商以及向各自政府求助，富有的犹太人比联盟做得更多。对于所有这些努力，有人评价说：“欧洲犹太人有某种默契。”[60] 不过，某些人眼中的默契在另一些人看来是不协调的阴谋。

罗马尼亚成了犹太人力量的试金石。罗马尼亚人的反犹情绪仍然特别强烈，但也特别容易屈服于外国压力。19 世纪 70 年代，罗马尼亚成了主要目标，各地的犹太人团体试图发动舆论，迫使罗马尼亚人停止歧视和反犹暴动。甚至美国犹太人也扮演重要角色；通过银行家塞利格曼（Seligmann）的出色游说，美国犹太人说服格兰特总统任命一位美籍塞法迪犹太人（Sephardi Jews）本杰明·佩肖托（Benjamin Peixotto）担任没有薪水的美国驻布加勒斯特领事。

不过，西方犹太人社会的主要政治武器是布莱希罗德。他发现自己既受俾斯麦之托处理铁路纠纷，又受犹太人同胞之托为罗马尼亚的犹太人争取俾斯麦的支持。这个角色并不轻松，常常招致各方的不满。不过，他具有得天独厚的地位——毕竟俾斯麦仍然需要他介入罗马尼亚事务——很长时间里，他一直认为俾斯麦会考虑自己 370
的请求。

1872年3月，刚刚被封为贵族的布莱希罗德提醒俾斯麦：“生活在罗马尼亚的犹太人曾多次遭受卑鄙的迫害，现在又在伊斯梅尔（Ismail）等地遭到狂热暴徒的侵扰。”他恳求俾斯麦表现出“著名的仁慈”，让德国和英国、法国和奥地利领事一起为这些犹太人提出抗议。俾斯麦在布莱希罗德请求书页边批示“照准”，授意总领事支持这些抗议——

> 并私下口头告诉卡罗尔大公，新的迫害犹太人事件给德国和其他国家留下很坏的印象……特别是因为他们的同胞在媒体、政界和范围广大的圈子里拥有不可小视的影响力。因此，卡罗尔大公政府在这个方面的任何弱点都会削弱他本人的地位。

卡罗尔应该意识到，即使不考虑道德，反犹主义也不明智。俾斯麦告诉布莱希罗德，他已经向布加勒斯特下达合适的命令[61]。

布莱希罗德把结果告诉以色列联盟。巴黎的联盟成员曾祝贺他获封贵族，在给俾斯麦写信的当天，他也感谢他们的祝贺：“……你们可以确信，[获封贵族]给我带来的喜悦中有相当一部分源于我把此事看作我们民族遭受的歧视正在消失的象征。现在，我更加觉得有义务利用我微小的影响力帮助受压迫的罗马尼亚同胞……”几天后，他报告说，他对俾斯麦的请求取得“巨大成功”，并“秘密地”向巴黎转达俾斯麦告诉他的一切[62]。

在布莱希罗德进行个人努力的同时，柏林成立罗马尼亚犹太人委员会——它的组织本身隐含与以色列联盟分庭抗礼的意味。这个委员会不乏名流，包括著名学者莫里茨·拉撒路（Moriz Lazarus）、知名犹太作家贝托尔德·奥尔巴赫和布莱希罗德的弟弟尤里乌斯。布莱希罗德本人没有参加，他无疑认为自己更适应一向以来的幕后角色，那样最能发挥他的作用[63]。

柏林委员会向巴黎炫耀自己的成功：他们已经筹集一大笔钱。

“后续工作即将展开。接下去的几天，我会向你展示我们在媒体活动的证据。你可能已经听说柏林股市中的反罗马尼亚骚动。”[64] 柏林委员会还呼吁召开国际会议商讨罗马尼亚犹太人问题。委员会的临时主席尤里乌斯 · 布莱希罗德致信巴黎，表示这样的大会（1872年秋天在布鲁塞尔召开）应该探讨如何“通过齐心协力，我们可以 371
一劳永逸地改善罗马尼亚犹太人的物质和道德状况”[65]。

这些行动受到广泛关注。从 1872 年 5 月布莱希罗德的朋友奥多 · 罗素勋爵写给英国外交大臣的信中，我们可以看出犹太人多么成功地唤起基督徒的感情 ：“如果你能为保护罗马尼亚的犹太人做些什么，你将在德国获得金质桂冠。”[66] 俾斯麦的柏林成了罗马尼亚犹太人的庇护者——这是新自由德国的面貌吗，就像许多反犹主义者所声称的？

我们不必记录布莱希罗德或广大犹太人的所有不同行动。下一个重大问题在 19 世纪 70 年代中期到来 ：罗马尼亚政府希望同大国们签订贸易协议，此举既出于商业理由，也为了让该国的独立地位获得某种事实上的认可。与德国的协议当然是关键 ；罗马尼亚犹太人向柏林委员会呼吁，要求协议中规定所有宗教平等，否则即使在罗马尼亚从商的德国犹太人也会受到罗马尼亚人的限制。柏林委员会发动议会中的朋友们，特别是拉斯克，以便在没有平等条款的情况下阻止协议通过。罗马尼亚人对该条款提出反对，但德国政府持开明立场，认为在目前的情况下不应签署协议。各大犹太人团体对此欢欣鼓舞[67]。

犹太人的压力是俾斯麦政策的决定性因素吗？ 1877 年 11 月，布莱希罗德给俾斯麦写了密信，表达“罗马尼亚铁路公司对高层如此仁慈之保护的最深切感谢 ；延迟签署商务协议让我们得以与罗马尼亚政府达成合约”，这将加快德国债权人与罗马尼亚政府的妥协。事实上，俾斯麦早在 1877 年初就发出过其他威胁，试图让罗马尼亚人意识到他们别无选择，只能在铁路问题上让步——此举是在布莱希罗德的明示请求下做出的，后者相信外交部会支持他的行动[68]。我们有充分的理由相信，在布莱希罗德心中，与罗马尼亚人关于铁路的无休止谈判和犹太人问题的压力是两码事，只在他身上产生交集：通过在铁路问题上满足俾斯麦的要求，他更有底气呼吁保护犹太人。俾斯麦也持同样看法吗？或者说他何时注意到两者的联系，就像布莱希罗德信中近乎直白地提出的：在犹太人问题上保持强硬也许可以迫使罗马尼亚人在铁路问题上妥协？多年间，俾斯麦也许把这两个问题看作互补的。他无疑更关心德国人的财富和威望，而不是罗马尼亚的犹太人。但他一度愿意同时为了这两个问题威吓罗马尼亚人，特别是因为这样的威吓符合他的总体政治观点，而且反映出他同样鄙视罗马尼亚人和犹太人。

1876—1878 年，俾斯麦没有特别的理由拒绝犹太人群体或者公开质疑西方的开明论调。当然，他也有务实考虑。他可能认为，罗 372
马尼亚犹太人能在罗马尼亚起到些许有用的“德意志化”影响*。当然，最重要的是俾斯麦对德国投资者的关心，这种关心成了布莱希罗德在犹太人问题上的“特殊武器”。1878—1879 年间的某个时刻，俾斯麦一定意识到，他可以把国家社会对罗马尼亚犹太人的关心当作工具，迫使罗马尼亚人在铁路问题上让步。俾斯麦的思想逐步发生变化，反映出政治现实的改变。布莱希罗德似乎没有很快意识到俾斯麦改变优先考虑，这种改变将危及他自己的希望。

1877—1879 年，俾斯麦摸索着为帝国寻找新的秩序。东欧问题的突然卷土重来，逐渐迫使俾斯麦在外交上也做出根本性改变。对

---

* 1888 年，新任德国领事抵达雅西。他后来回忆说：“全部贸易都掌握在犹太人手中。凭着勤劳、俭朴、精打细算和紧密团结，他们阻止罗马尼亚商人的崛起……我开始非常透彻地了解犹太商人。对德国的出口贸易而言，他们是很有价值的工具，多亏他们的灵活和创新才取得巨大的成功。”威廉·奥纳塞特，《在黑白红三色旗下：帝国总领事回忆录》（柏林，1926 年），第 34 页［Wilhelm Ohnesseit, *Unter der Fahne schwarz-weiss-rot: Erinnerungen eines Kaiserlichen Generalkonsuls* (Berlin, 1926), p. 34］。

罗马尼亚人来说，新危机同时带来新的机会和危险，罗马尼亚的形势发展因此加快，包括与犹太人命运相关的事件。

1875 年，除了罗马尼亚人之外的巴尔干各民族开始反抗土耳其人的统治。土耳其人镇压了叛乱，但大国们希望让土耳其人接受有利于他们基督徒臣民的新改革，为此于 1877 年 1 月在君士坦丁堡召开大使会议。可以想见，涉及罗马尼亚的问题也会被讨论。关心罗马尼亚的各个犹太团体试图将犹太人问题纳入大会日程。

俾斯麦的国务秘书彪罗在会议上承诺德国将支持犹太人的主张，但会议无果而终。1877 年 4 月，俄国对土耳其宣战[69]。战争放大罗马尼亚的窘境：它被夹在中间，一边是江河日下但仍然颐指气使地宣称对其拥有主权的土耳其，一边是气势汹汹的俄国，为了与土耳其人交战，俄军已经进入罗马尼亚领土——他们的最低战争目标是重新征服罗马尼亚北部的比萨拉比亚省（Bessarabia）。罗马尼亚人被迫尴尬地与潜在的掠夺者结盟，但他们（欧洲也一样）惊讶地发现，俄国人没有那么强，土耳其人也没有预想的那么弱。著名的普列文（Plevna）守卫战（“少数几场改变历史进程的交锋之一”）让俄国人直到 1877 年 12 月都无法前进，导致罗马尼亚军队与土耳其人直接交锋[70]。次年 1 月，双方达成停火。随后的几个月里，欧洲的和平取决于俄国是否愿意大幅降低对土耳其的要求，以及英国是否放弃为土耳其宣战。在这场危机的发展过程中，俾斯麦扮演重 373
要角色——而为了迫使大国们坚持东方问题的任何重要国际协议中必须包括承认巴尔干犹太人的平等地位，布莱希罗德在最终的协同努力中也居功至伟。

战争的结束向国际犹太人社会发出信号，是时候采取决定性行动了。人们普遍认为，和约将认可罗马尼亚的独立；一旦罗马尼亚成为主权国家，大国们将不得不放弃干涉其内部事务的权力，包括声援罗马尼亚犹太人的权力。因此，犹太人决心竭尽所能迫使罗马尼亚承认该国犹太人的平等，将其作为该国独立的条件。在犹太人和自由派看来，这完全无可厚非——即将加入欧洲国家行列的新国家应该遵循西方人的宽容和在法律面前平等的原则——但在罗马尼亚人看来，这是对国家主权的粗暴干涉。这场斗争注定不会轻松。

人们马上向布莱希罗德求助。阿尔方斯 · 德 · 罗斯柴尔德非常明确地告诉他：

> 我请求你发挥对贵国政府的巨大影响，让 [东方] 犹太人的状况作为专门条款被写进和约；不然的话，鉴于罗马尼亚目前明显存在的反犹情绪，可以想见战后犹太人将遭遇悲惨的命运。另一方面，你可以自信地指出，在所有那些给予犹太人平等地位和人性尊严的国家，我们的同胞都是政府的忠诚支持者。考虑到俾斯麦亲王的仁慈，如此行事对你应该不难。我对此事非常关心，迫切盼望收到你的相关报告。[71]

布莱希罗德不太需要这种暗示，但直到收到罗斯柴尔德的来信二十四小时后才采取行动。1 月中旬，布莱希罗德建议德国较大的 374
犹太人社群应该向俾斯麦请愿，“要求德国外交部门为了犹太人的平等权利向准备建国的罗马尼亚施压”。他对德国的犹太人领袖保证，“如果我的微弱影响能引起热心的俾斯麦亲王对我们在罗马尼亚同胞的关心”，他将很高兴。“由于我知道自己很受大人的青睐，我认为我们也许可以期待理想的结果。”[72] 就这样，德国犹太人发起有史以来规模最大的集体行动，这让一些犹太人领袖也深感意外。至少以色列联盟的当地领袖为了之前的怀疑向布莱希罗德道歉时是这样形容的 [73]。

请愿书很快准备完毕：它请求俾斯麦继续提供帮助，以便德国政府在后续谈判中坚持“罗马尼亚犹太人应该享有与基督徒同样的政治和公民权利。就像大人从真实的报告中所看到的，在几乎任何一个欧洲的文明国家，犹太人都不会像在罗马尼亚那样面对如此巨大的压力和遭受如此无情的迫害"。布莱希罗德向俾斯麦通报这次请愿，不到二十四小时就收到赫伯特的保证，表示他父亲"乐意接受［请愿书］，并满足其中包含的愿望"[74]。到了月底，彪罗代表俾斯麦正式对柏林的犹太人社群承诺："德国全权代表将支持一切旨在让被考虑国家的各宗教群体所有成员获得德国宪法所规定之同样权利和自由的努力。"[75]俾斯麦的帮助承诺不能再明确了，事实上它超过请愿者最初的要求。

布莱希罗德赢得第一轮。他向巴黎的以色列联盟转达彪罗的回复，并表示："从附件中你们可以看到，我成功地唤起我们的伟大政治家对犹太人利益的关心……"[76]此时，布莱希罗德显然处于舞台的中心，正是他筹划从1878年1月中旬到6月中旬柏林会议正式召开期间犹太人的全部努力。他不断与犹太人团体和重要政客保持接触。他从维也纳获悉对于安德拉什回复的积极报告，罗马、阿姆斯特丹和苏黎世也传来类似消息。圣瓦里耶向布莱希罗德和阿道夫·克雷米厄保证，如果真的举行会议并且他参加的话，他一定会"把设法改善东欧犹太人的命运视作正义和人性的责任，秉承法国一贯慷慨的政策传统"[77]。当然，罗斯柴尔德家族也在巴黎和伦敦争取到类似的承诺。但这些协调一致的行动的发起者知道，这次的关键点在于柏林，而柏林是布莱希罗德的"领地"。

不过，犹太人阵营内部也争执不断。布莱希罗德经常收到来自罗马尼亚不同团体的报告，其中布加勒斯特的一些富有的犹太人强烈反对外国对"他们"政府施加任何压力，而雅西等地的犹太人则不断请求布莱希罗德发起国际行动[78]。以色列联盟同样认为，在对大国们进一步施压前，犹太人应该直接向塞尔维亚和罗马尼亚政府请愿。布莱希罗德对此表现出罕见的愤怒，警告不要这样做："我应该向你们明言，我相信只有凭借欧洲意志的强大力量才能改善我们在罗马尼亚同胞的命运。过去几周，罗马尼亚财政部长正在柏林。在许多会议上，他总是回避我的询问，我确信罗马尼亚政府和人民都对我们的要求毫无同情。”* 他继续说，为了唤起欧洲的意志，必须要求一切宗教平等，无论是天主教徒、新教徒还是犹太人[79]。巴黎方面同意了，但即使在德国犹太人内部也存在强大的呼声，对布莱希罗德现在所致力的行动提出警告。比如，1878 年 3 月，德国的官方犹太人出版物警告不要对俾斯麦施压，因为罗马尼亚人会把此举视作“在欧洲人眼中抹黑罗马尼亚和逼其就范的阴谋”[80]。 375

但布莱希罗德继续全面出击。他仍然对俾斯麦无保留的支持有信心——毕竟，他还要迫使罗马尼亚人接受铁路问题的最终解决方案。为此，布莱希罗德在 1878 年 4 月“接见”罗马尼亚首相伊翁·布拉提亚努，后者在合适的场合发表自己的煽动性反犹主义言论。在与俾斯麦达成共识后，布莱希罗德要求布拉提亚努把比萨拉比亚“卖给”俄国，这笔交易被认为（尽管没有明示）将让罗马尼亚有足够的钱买下那些不幸的铁路。罗马尼亚人买下铁路是拯救德国人投资的唯一方法。布莱希罗德敦促俾斯麦在布加勒斯特施加同样的压力，尽管仍不清楚为何俄国人会为一个他们本来决意夺取的省份付钱。布莱希罗德在给俾斯麦的报告最后表示：“就犹太人问题［*Judenfrage*］而言，布拉提亚努很乐意让罗马尼亚政府做些什么，但他看上去坚决不希望完全解放。”[81] 使用“犹太人问题”一词时，布莱希罗德表现出某种超然。在俾斯麦面前，他觉得自己是为高级政策问题寻找解决办法的外交官；而在犹太人面前，他觉得自己是为同胞们寻求帮助的犹太人。他向克雷米厄更加全面地描述布拉提亚努的观点；布拉提亚努暗示，他乐意解放土生土长的罗马尼亚犹

* 布莱希罗德的朋友莫里茨·冯·戈德施密特的说法更加夸张：“在可爱的罗马尼亚，在这个大国们的污点而非保护国［*Schmutz-nicht Schutzstaat*］，可怜的犹太人正在受难，没有夸大其词，一切都是真的，如果至今尚未被曝光，那么统治者的恐怖和领事们的软弱难辞其咎。”戈德施密特希望任何犹太商人都不要与“这些粗鲁的掌权者”发生任何关系，“好让他们在自己所谓的文明中窒息”。事实上，戈德施密特最初不相信犹太人在罗马尼亚受难的说法，但维也纳联盟进行的正式调查打消他的怀疑。戈德施密特致布莱希罗德，1877 年 1 月 30 日，BA。

太人，但“犹太移民数量庞大，将对罗马尼亚民族构成持久威胁，因为一旦他们掌握公民和政治权利，这些人就会很快夺取议会席位，从而控制罗马尼亚”[82]。奇怪的是，布莱希罗德对罗马尼亚人的偏执敌意如此了解，却仍然相信可以把欧洲的意志强加给他们。

无论感受如何，他在行动上毫不松懈。5月，筹备已久的德罗新贸易协议即将签署；在最后时刻，罗马尼亚政府拒绝一个条款，即生活在罗马尼亚的德国犹太人不受该国对犹太人的现行一般性禁令影响，比如对居住和职业的限制。奥地利没有坚持这样的条款就 376
签署协议，但布莱希罗德和其他活动家希望德国政府不要如此。带着布莱希罗德提供的论据，彪罗在帝国议会发表强硬的讲话，声称德国政府永远不会容忍以信仰为理由歧视本国公民，这样的歧视与德国宪法背道而驰。帝国议会一致同意公民平等不可侵犯，并严厉谴责任何德国可以容忍“二等公民”的想法。在这个问题上，那个威严的机构还会再次如此一致吗？罗马尼亚政府拒绝让步，柏林则拒绝签字[83]。

这是犹太人的重大胜利。布莱希罗德对克雷米厄宣布：“我们处在解放的前夜。”克雷米厄祝贺布莱希罗德“在帝国议会取得巨大成功，这要归功于您和犹太议员们的出色努力”。德国的行动被认为将成为先例，其他所有的大国也会纷纷效仿，拒绝签署允许不平等的商业协议[84]。

布莱希罗德变得越来越像犹太人行动的领袖；他曾经假意谦虚，拒绝任何特殊荣耀，并对克雷米厄保证，自己只是试着“追随他的脚步”*。他新获得的荣耀无疑在德国犹太人和基督徒中引发怨恨。但他开始觉得领袖的斗篷已经落到身上。

---

* 布莱希罗德的孩子们也追随克雷米厄的孩子们的脚步，后者在19世纪40年代皈依天主教，这让克雷米厄没能当选以色列联盟的首任主席。布莱希罗德致克雷米厄，1878年6月30日，AI: IDI；另见波斯内，《阿道夫·克雷米厄》（巴黎，1934年），第二卷，第140—163页［S. Posener, *Adolphe Crémieux* (Paris, 1934), II, 140–163］。

德国拒绝签署贸易协议后，他马上第一次写信给伦敦的犹太耆硕，94岁的摩西·蒙特菲奥雷爵士（Sir Moses Montefiore）。他把拒绝签署协议称为“特大好运”，还表示：

> 我以自己的卑微方式追随着您的脚步，同样热心关注我们在多瑙河畔的可怜同胞。我成功赢得俾斯麦亲王对我们在罗马尼亚受难同胞的重要支持。生性仁慈的亲王承诺在会议上全力支持一切宗教平等的要求，我们希望会议很快召开。

布莱希罗德回忆说，三十年前他在父母的家中见过摩西爵士。

摩西爵士赞扬他的工作，并向他保证说，“女王陛下的政府表 377
达了看到正义和宗教宽容的原则被完整应用于罗马尼亚犹太人的最殷切希望，并愿意竭尽所能实现这个目标”。这位大慈善家还提出，如果布莱希罗德觉得有需要，他愿意前往柏林。此外，他也记得从大马士革归国途中曾造访布莱希罗德家：“我很高兴在朋友的儿子身上看到他父亲的诚挚同情和积极善举。”[85]

德国人拒绝签署贸易协议，这让罗马尼亚人意识到，德国在至关重要的柏林会议上也会毫不让步。会议于6月13日召开，是维也纳会议后规模最大的政治家聚会。俾斯麦被选为主席，他第一次自己和与自己平起平坐的人为伍：迪斯累利、索尔兹伯里、戈尔恰科夫、舒瓦洛夫和瓦丁顿都参加会议，与会的还有英俊而聪明的马札尔人安德拉什，“此人具有某种特别的魅力，融合了贵族和吉普赛人”[86]。会议的日程很多，关于保加利亚和波黑的争议仍有可能导致其无果而终。人们希望确立巴尔干的政治新秩序（很大程度上已经实现），既反映了俄国对土耳其的胜利，又不大幅增加俄国的力量。这样的新秩序能被欧洲接受，而且又一定可能维持下去。与维也纳会议不同，柏林会议冷静而有效率。大国们希望工作进展迅速——因此如果有必要的话，小国的主张会被听取，但它们只是特别的求助者，而不被看作参与者，就像迪斯累利所说："所有问题被公开提出，然后私下解决。"[87]

布莱希罗德的办公室在某种程度上成了国际犹太人的总部。所有人都在那里碰面，在他的努力下，德国报纸刊发关于罗马尼亚犹太人受难和向会议所提交请愿书的长篇报道。会议召开后，他马上安排来自以色列联盟的代表们与彪罗见面。他本人与俾斯麦讨论主请愿书的草案，在会议召开前一天再次同其见面，并再次得到严肃的支持保证[88]。布莱希罗德还拜见其他与会者，包括迪斯累利，以及风度翩翩、老于世故的舒瓦洛夫伯爵，与他的上级戈尔恰科夫不同，后者并不反对犹太人的主张。

对大人物们来说，犹太人问题虽然无法回避，但显然并不重要。6 月 24 日，法国外交部长瓦丁顿在谈及保加利亚时率先提出该问题。那个国家只有不到 1 万名犹太人，会议要求该国所有公民都应该享有平等权利，无论信仰如何。这条最重要的原则首先被应用于影响最小的地方；很快，它被接连扩大到鲁米利亚（Rumelia）* 和黑山。当轮到塞尔维亚时，戈尔恰可夫提出反对。他坚称"英国和德国有教养的犹太人"与东欧犹太人之间存在差异，后者常常是"他们国家的吸血鬼"。俾斯麦回应说，犹太人的缺陷也许要归咎于他们遭遇的多种形式压迫。瓦丁顿和其他西方政客也坚持人性原则，要求 378
新的国家必须承认所有信仰平等。罗马尼亚人传统的反驳理由甚至未被考虑，即犹太人是外国人，因此没有权利。7 月 1 日晚上，会议通过著名的第 44 条款，事实上要求罗马尼亚人将包括归化权在内的平等政治权利扩大到该国的全体民众，以此作为国际社会承认

* 指奥斯曼土耳其人统治下的南巴尔干，包括今天的希腊中部、土耳其伊斯坦布尔以西地区、保加利亚和马其顿等地。——译注

其独立的条件*。

犹太人欢呼雀跃。布莱希罗德四处发送电报，宣布这场重大胜利。作为回报，他收到来自西方和雅西犹太人的最夸张赞美（甚至有首诗把他比作摩西，但他请求取消发表计划）。克雷米厄在电报中“对一项如此伟大工作中出色的主要合作者致以最热烈的祝贺”，摩西·蒙特菲奥雷爵士也祝贺他的“不懈努力取得成功……您出于善心，利用您的重要地位和巨大影响，在最有影响的场合为我们同胞的福祉付出努力。我确信在上帝的祝福下，这一切努力注定会收获最让人满意的结果”[89]……类似的评价从四处涌入。当犹太名流们在他家中临时聚会时，“在场者起立向布莱希罗德致敬”[90]。

7 月 3 日，布莱希罗德宴请柏林会议的代表。迪斯累利、瓦丁顿、安德拉什和赫伯特·俾斯麦等所有重要和不太重要的人物都出席了——但俾斯麦除外，他从不参加私人应酬。一位奥地利外交官在写给国内的信中谈到“本地‘罗斯柴尔德’布莱希罗德家的盛宴，那是我参加过的最佳宴会”[91]。我们在下文还将提到迪斯累利的描述（第十七章）。这是布莱希罗德的巅峰时刻，为一度看上去将圆满告终的罗马尼亚工作迎来合适的高潮。

在胜利的鼓舞下，布莱希罗德试图更进一步，迫使俄国也作出解放犹太人的承诺。为此，他约见在伦敦大使任上取得巨大成功的舒瓦洛夫伯爵，试图说服后者，俄国也有必要接受欧洲刚刚对巴尔干人提出的平等原则。舒瓦洛夫向他保证，“他已经多次建议解放俄国犹太人，但至今仍未成功；不过，他相信和约签署后，俄国将

* 争议性的第 44 条款内容如下：“在罗马尼亚，不得以宗教信仰的差异为由排斥或禁止任何人享有公民和政治权利，获得公共职务和荣誉，或从事不同的职业或行业。应该保证罗马尼亚国家的所有公民和外国人自由而公开地开展任何宗教活动，不对各种宗教团体的等级组织或者它们与精神领袖的关系设置任何障碍。各国公民，无论是商人或者其他，无论信奉何种宗教，都应在罗马尼亚被完全一视同仁。”塞顿—沃特森，《罗马尼亚人史》（剑桥，1934 年），第 350 页［R. W. Seton-Watson, *A History of the Roumanians* (Cambridge, 1934), p. 350］。

给予本国民众各种自由，包括宗教平等”。两人都认为，布莱希罗
德应该敦促俾斯麦为了这个目标对俄国驻柏林大使施压。和俾斯麦 379
一样，布莱希罗德也被舒瓦洛夫迷惑。他致信克雷米厄和蒙特菲奥雷，提及“这个高贵而崇高的人……拥有杰出的智慧和伟大的心……无论发生什么，他都会恪守承诺”。布莱希罗德预计，他将很快成为俄国首相[92]。

蒙特菲奥雷和其他犹太人领袖警告布莱希罗德不要孤注一掷；俄国不是罗马尼亚，任何逼迫俄国的做法都将失败。蒙特菲奥雷对布莱希罗德透露自己的原则：

> ……取得俄国沙皇和大臣们配合的最佳方法是表示我们相信他们有意改善犹太人的状况……历史已经清楚地告诉我们，庞大宗教社群的社会和政治状况只能逐步提高，我不必再向你提醒这一点……我还认为，最重要的是应该不遗余力地敦促我们在东方的较富有同胞，让他们竭尽所能教育和提高他们不幸的同伴。[93]

犹太人真诚地对个别政治家表示感谢，布莱希罗德还组织特别演讲向俾斯麦致谢。在犹太人的历史上，1878 年 7 月是不寻常的时刻，因为凭借着他们自己的力量和影响，凭借着被普遍接受的原则，东西欧犹太人的命运似乎终于变得安全和有利。平等原则得到正式奉行；罗马尼亚人被迫不情愿地接受它，而大多数西欧犹太人的观点也得到清晰印证，即解放范围将不断扩大。难怪在柏林会议接受平等原则几小时后，布莱希罗德给俾斯麦写了他最激情洋溢的书信之一：

> 对于经历那么多年的压迫和迫害后终于恢复尊严和人权的数十万人来说，他们的第一反应是对造物主深情祈祷，乞求上

> 帝赐福那位积极而崇高地推动人性和文明原则实现的人。今天，我只能用卑微的笔和他们一起祈祷……愿阁下相信，没有哪颗心像布莱希罗德的那样忠诚地为阁下跳动。[94]

各犹太社群也用更加克制的口吻给俾斯麦发来正式致谢："在德意志帝国首相主持的会议上，德国首都发生的壮举让我们兴奋而骄傲……我们深表谢意，相信每当人类需要保护者时，德国都将振臂高呼，永远不容忽视。" [95]

如果布莱希罗德知道，他的私信上被批注"犹太人的感谢"——
几乎肯定出自俾斯麦之手——他还会觉得如此满意吗？他是否读过 380
《泰晤士报》上的报道——"俾斯麦亲王同意……大力支援［罗马尼亚的犹太人］，作为交换，柏林犹太人承诺在下次选举中支持保守党？" [96] 类似这样的交易曾被明确提及吗？他是否知道，几个月后威廉将对朋友说："［柏林会议］做出的许多决定令我不悦，比如解放罗马尼亚的犹太人；但我当时生病，什么都不能做和不能说。" [97] 也许布莱希罗德和他的同伴们都没有充分重视罗马尼亚外交部长在会议期间对一个犹太人代表团的警告："不过，如果你们相信外国干涉会迫使我们给予你们平等的权利，那么你们大错特错了。我们是独立的，是自己家园的主人。" [98] 在会议做出决定的翌日，一家重要的罗马尼亚报纸不屑地写道："我们不会放弃比萨拉比亚；我们不会接受多布罗加（Dobrudja）*，也不会给予犹太人权利；我们将用武力反抗，而不是接受强加给我们的条件。" [99]

最初几周的激动过去后，布莱希罗德开始意识到他的工作远未

---

* 根据 1878 年俄土战争后签订的《圣斯特法诺条约》，位于巴尔干半岛东北部的多布罗加地区被划归俄国和保加利亚。随后，俄国人提出用自己占有的北多布罗加交换罗马尼亚的南比萨拉比亚，从而获得多瑙河的入海口。——译注

完成，犹太人和容克贵族都尚未获得救赎。他真以为罗马尼亚人会不情愿地放弃反犹主义恐惧，顺从地服从欧洲的意志吗？答案似乎是肯定的——他如此信赖强大保护的全部效力。似乎没有人认真考虑过如何对付顽固不化的罗马尼亚。大国们会像在提出平等原则时那么团结，一致拒绝承认罗马尼亚吗？当俾斯麦认为他在国内的最大对手是有原则的自由派，其中大部分被他归为犹太人时，他还会继续表现出对罗马尼亚犹太人的关心吗？大国们会允许犹太人问题决定它们在罗马尼亚和整个近东的全部政策吗？布莱希罗德将发现，罗马尼亚事件将不断拖延下去，而且情况远比柏林会议前不利。他再次需要多线出击，确保各路盟友不抛弃他。现在，他陷入最复杂的局面以及欧洲大国的利益冲突中。对犹太人而言，他仍是关键人物，掌握着决定性的影响。他觉得要对他们负责，但逐渐发现自己的力量在下降。

各阶层的罗马尼亚人一致决心不让犹太人获得完全的权利。1878年,反犹主义骚乱可能让这些流行情感有爆发的危险*。卡罗尔大公意识到，他的民众几乎一致反对欧洲的命令；他的政府愿意装 381
出接受的姿态，比如立刻归化那些参加过罗马尼亚军队的犹太人。多数议员反对一切让步。民族主义的骄傲和对解放犹太人后果的广泛恐惧造成普遍的顽固，偶尔被恭敬的虚伪面纱所掩盖。罗马尼亚人根本不相信欧洲会真的坚持这些沉重的牺牲。罗马尼亚按照条约献出比萨拉比亚还不够吗？

最初，罗马尼亚人对欧洲人可能无动于衷的猜测似乎得到验证。在休会的三周里，安德拉什告诉罗马尼亚政府，鉴于平等原则实施上

---

* 著名的罗马尼亚历史学家约尔加（N. Iorga）——他的民族主义热情超过治史的严谨——对此作了奇怪的表述："这种新的羞辱可能很容易引发罗马尼亚的第一波反犹迫害，但非常智慧的内阁避免了这种不幸。"他把之前的事件归咎于犹太人自己。《建国背景下的罗马尼亚民族》（哥达，1905年），第二卷，第363页［*Geschichte des Rumänischen Volkes im Rahmen seiner Staatsbildungen* (Gotha, 1905), II, p. 363］。

的困难，维也纳无论如何都会很快派全权大使前往布加勒斯特[100]。俄国也随即照做，罗马尼亚则派出第一批使节，希望欧洲把含糊的承诺当作真实的履行。现在，布莱希罗德和整个西欧犹太人网络开始专注于阻止大国们在平等权被授予前承认罗马尼亚。

1878 年 10 月初，布莱希罗德对彪罗抱怨说，罗马尼亚人已经开始迫害犹太人。他提醒后者，承认罗马尼亚的独立和卡罗尔的“国王陛下”新头衔应该等到罗马尼亚满足条约要求之后。彪罗接受布莱希罗德的立场，并对德国大使们作了相应指示[101]。彪罗是俾斯麦在外交事务上的亲信秘书，也是布莱希罗德的朋友。他在 1879 年 10 月的突然去世让布莱希罗德失去唯一真正相信解放犹太人之正义本质的柏林盟友。

1878 年秋，布莱希罗德试图向巴黎和伦敦施加合适的压力。共同阵线逐渐形成。布莱希罗德敦促 83 岁的克雷米厄同瓦丁顿交涉。瓦丁顿对克雷米厄作出最坚决的保证，表示法国不会派使节前往布加勒斯特，除非“犹太人获得我们一致同意给予他们的东西。这是法国的意愿，英国也遵循相同的路线和想法”。迪斯累利在写给布莱希罗德的私信中作出类似承诺：“英国坚决认为，《柏林条约》的精神和内容都应该得到遵守。我很难想象你的要人朋友会满足于其他任何结果。”甚至在迪斯累利的书信到来前，俾斯麦就通知列强，德国将等到罗马尼亚履行义务后才予以承认。在平等权利问题上，选择相反路线的罗马尼亚人自欺欺人地以为，他们无论如何都能获
得承认。但德国舆论不愿接受其他任何解决方案。10 月末，当罗马 382
尼亚请求获得列强承认时，彪罗清楚地表示，承认的前提是解放犹太人和确立完全的宗教平等[102]。

但布莱希罗德及其同伴们几乎没有片刻安宁。克雷米厄致信布莱希罗德，表示他有“糟糕的预感”，罗马尼亚人的阴谋将会得逞：“唉！对于为此付出如此之多的你来说，这将是巨大的痛苦。你的朋友俾斯麦是我们的依靠，他的立场本来应该和能够决定一切，但

随着他和教皇走得更近，他放弃自己的立场，不再保护犹太人……”不过，布莱希罗德可以向巴黎方面保证，俾斯麦给他最明确的保证，在条约要求被满足前，德国不会承认罗马尼亚的独立[103]。从那时起，作为罗马尼亚犹太人的保护者，俾斯麦的态度变得越来越激烈——只有他对罗马尼亚人的夸张怒火可能泄露玄机，他的真正动机不是无私地遵循原则，甚至不是为了满足某个国内压力集团。

1878 年秋，俾斯麦的坚决挫败所有寻求提前承认的努力。不过，意大利政府却几乎证实克雷米厄的预感：它任命驻布加勒斯特大使，但罗马议会中支持犹太人的议员们制止了这个举动——更别提俾斯麦对意大利人的愤怒斥责。后来，当意大利再次发生动摇但还是回到法德阵营时，彪罗告诉圣瓦里耶：“我们很高兴它重新加入我们……但经验告诉我们将来不要过于相信它。”[104]

由于本国的原因，甚至英国也有所动摇。罗马尼亚人焦急地散布消息称，俄国人对他们提出新条件，要求给予该国军队穿越罗马尼亚领土的特权；仍然对俄国深感恐惧的英国人试图支持罗马尼亚的抵抗，为此希望尽快承认该国独立。索尔兹伯里把意图告知瓦丁顿和明斯特伯爵。但俾斯麦的回应强硬得出人意料。索尔兹伯里向罗素报告说：“明斯特伯爵非常恳切地请求我在犹太人的桎梏被解除前不要承认罗马尼亚。当发现我不愿等待后，他试图说服法国大使站在德国一边，在这个问题上孤立英国。”[105] 瓦丁顿告诉英国人：“德国政府在此事上非常强硬；他猜想，俾斯麦亲王一定对布莱希罗德先生或柏林犹太人社群的其他重要成员作出某些相关承诺。”[106] 俾斯麦在此事上态度强硬，对可能从统一阵线叛逃的国家警告说，如果它们承认罗马尼亚，那么德国将对执行条约中的其他条款不再感兴趣。

事实上，俾斯麦的策略远比这复杂，策略的不可捉摸推动了它的成功——这是俾斯麦的经纶之道中耳熟能详的情节。在柏林会议后的几乎一整年里，他阻止一切减轻对罗马尼亚压力的尝试。他的 383

政策符合他与法国建立密切关系的愿望，但也出于其他原因，包括外交、国内和纯粹个人的。他始终没有忘记铁路问题，尽管他在1878年冬天很少提到。比如，1879年1月末，索尔兹伯里询问大国们，罗马尼亚给予“土生非基督徒”平等权利能否令它们满意——也就是暂时搁置外国犹太人的问题，后者通常能获得出生国的一些保护*。但德国人表现出高姿态，教导英国人重视条约的神圣性和宗教自由的重要性[107]。2月末，俾斯麦表现出更加典型的好战态度。他对罗素表达“对罗马尼亚人的憎恶，由于用词太过激烈，无法写入官方报告”……“他谴责他们在《柏林条约》的规定上弄虚作假，对俄国傲慢，对德国不敬。他遗憾地表示，如果他们在自己的控制范围内，他会给予这些罪有应得的人一顿皮鞭。”[108]俾斯麦还带着惊人的坦诚对圣瓦里耶表示，他告诉罗马尼亚人：“只要罗马尼亚人不履行《柏林条约》确定的关于他们跻身独立国家行列的条件，我就不想听人提起他们……我在乎罗马尼亚人就像在乎我空了的酒杯。”在罗马尼亚事件中，他有机会帮助“犹太人，我需要讨好和拉拢这些人，在德国他们可以对我很有用，我将用罗马尼亚作为回报；您难道不认为那是敷衍搪塞吗”[109]？还有一次，他绘声绘色地为圣瓦里耶描述罗马尼亚事件和布莱希罗德在其中的角色†。

---

* 一位渊博的罗马尼亚犹太人致信布莱希罗德，表示生活在罗马尼亚的25万到30万犹太人中约有六成是土生土长的。但他强调不可能获得确切数字。赫施博士（Dr. H. Hirsch）致布莱希罗德，1879年2月10日，BA。

† 圣瓦里耶报告说，俾斯麦首先发泄对罗马尼亚人，“对那些骗子和蛮族”的怒火，他“非常激动和粗鲁，就像人们在评价他时常常提到的那样”。大使如实复述谈话内容：“我［反对罗马尼亚人］的另一个动机与私事有关，对我们来说非常紧急和痛苦；你了解施特鲁斯贝格事件，知道它让德国资本损失多么惨重；这些罗马尼亚铁路已经吞下2亿法郎却全无产出，而且价值几乎还不到成本的十分之一；我们的大贵族和擦鞋匠都认为施特鲁斯贝格会给他们带来金矿，许多人相信这位冒险家的承诺，冒险投入大部分财产。这一切现在都被埋入罗马尼亚的泥沼，两位公爵、一位担任皇帝副官的将军、六名侍女、十二名侍从、一百名咖啡店老版和柏林所有的出租马车夫发现自己彻底被毁了。皇帝同情公爵、副官、侍女和侍从，命令我救他们脱难。我向布莱希罗德求助，他同意救助拉提波尔公爵、乌耶斯特公爵和莱恩多夫［原文作Lehndorf］伯爵，条件是让他获得犹太人所（转下页）

布莱希罗德还向圣瓦里耶吐露心声："'罗马尼亚人'不讲信用，他们只有一个目标：欺骗和抢劫我们。"虽然是德国人和霍亨索伦家族成员，但卡罗尔大公"已经变得比其他人更糟，他在灵魂上已经成为罗马尼亚人。为了获得拥戴，他试图变得比他的臣民更加狡诈。我向俾斯麦亲王提供确凿证据……以卡罗尔为首的人试图一面在犹太人问题上用甜言蜜语欺骗我们，一面在铁路问题上毁了我们"。卡罗尔无意接受条约中的义务；获得承认后，罗马尼亚人将"继续在遭到欺骗和藐视的欧洲面前迫害他们的奴隶和奶牛，也就是犹太人"。布莱希罗德解释说，在铁路问题上，罗马尼亚人令人无法容忍。欧洲为该项目投入 4 亿法郎；其中 2.5 亿来自德国，1.5 亿来自法国的小食利者（这个相当巨大的法国投资数额似乎出于事后考虑或权宜夸大）。大部分德国投资来自"我国的大贵族和一些宫廷要人，按照俾斯麦亲王的要求和皇帝的愿望，我借给他们一大笔钱，避免他们彻底毁灭，现在掌握着他们的铁路股票或债券作为抵押"。罗马尼亚人已经停止为铁路支付利息（1877 年），而且试图避免重新开始支付。唯一的解决办法是出售铁路，但罗马尼亚人正试图阻 384

（接上页）珍视的贵族头衔；两位公爵和一位副官得救了——坦率地说，好心的布莱希罗德配得上获得'冯'。但侍女和车夫等人还在水里，甚至布莱希罗德的三位摩西［他把他们打捞上岸］也没有完全得救，每年都不得不面临难堪的审判，被要求赔偿 200 万或 300 万马克。他们无法支付赔偿，因为拉提波尔和乌耶斯特等人已经把他们的财产完全抵押给布莱希罗德，以换取后者的保证。只有一个办法能救所有人脱难，那就是试着卖掉罗马尼亚铁路……［目前］罗马尼亚政府利用所有者们的困境进行野蛮盘剥；通过骚扰、不公正和敲诈，它想要迫使他们以微不足道的价格把铁路出让给自己……每天都有我们的德国工程师和工人们被殴打、虐待、监禁、欺骗和夺走一切，我们完全无法帮助他们伸张正义。这就是为什么我刚才告诉你，我希望可以利用军舰达到目的，就像在尼加拉瓜那样；但那是不可能的，而且我也没有气球把德国军队送到那里。"他敦促公爵们卖掉铁路，也许可以卖给奥地利或俄国，但必须要收现金，因为借钱给这些大赖账者将是错误。公爵们认为俾斯麦也许会反对把罗马尼亚铁路卖给俄国，但他向他们保证，"即使罗马尼亚铁路乃至整个罗马尼亚都落入俄国人之手，我也毫不在乎"。法国大使提醒法国外交部，这对法国来说也许前景不妙。1879 年 2 月 26 日，MAE：CP：德国，第 27 卷。

挠铁路运营和破坏设施，以便低价购入。和俾斯麦一样，布莱希罗德也愿意把铁路卖给俄国人，但他表示，他最关心的是犹太人问题。“我们有证据表明，在这两个问题上，我们遭遇全体罗马尼亚人针对欧洲利益的大阴谋，从大公到普通议员都牵扯其中。”[110]

当俾斯麦意识到整个罗马尼亚的纠葛变得严重，而且他的惯用武器这次也似乎失效时，他变得更加怒不可遏。该问题带给俾斯麦的烦恼超过外交事务中的其他任何问题，这在柏林已经是公开的秘密。1879 年春末，英国人再次推行只给予土生犹太人归化权的折中方案，试图为承认罗马尼亚独立扫清障碍。但俾斯麦再次警告说，385
在这件事上的机会主义偏离将削弱他对执行条约其他部分的兴趣。俾斯麦把更多希望寄托在法国身上，他告诉圣瓦里耶：“只有法德联盟才能……迫使一个因为虚弱而傲慢的小国政府履行《柏林条约》中最重要的条款之一。”[111]6 月末，俾斯麦再次威胁在君士坦丁堡召开大使会议，并坚称如果会议失败，土耳其应该恢复对罗马尼亚的宗主权。没有什么比这番威胁更让罗马尼亚人愤怒。

俾斯麦尝试所有途径，甚至对奥地利向罗马尼亚施压寄予一定的希望。他向安德拉什提出派德国军舰穿越达达尼昂海峡，以便封锁罗马尼亚海岸线。难怪安德拉什向本国驻布加勒斯特领事解释说，德国人毫不妥协，尽管俾斯麦的怒火并非出于他“对犹太人的仁慈”（原话是“对布莱希罗德先生的同族”），而是因为罗马尼亚侵害德国的物质利益。安德拉什的警告在布加勒斯特产生效果[112]。

1879 年 7 月，谈判的步伐突然加快。5 日，为第 44 条款进行修宪准备的罗马尼亚特别议会决定重申罗马尼亚人长久以来的非正式理由：“现在和过去都不曾有过罗马尼亚犹太人；他们只是出生在本公国的犹太人，但在语言或习俗上从未融入罗马尼亚民族。”[113]因此，所有的犹太人都要经历归化程序，而且议会坚持必须逐个进行。面对这种公然否定《柏林条约》的行为，卡罗尔大公的政府提出自己的折中方案，但议会拒绝让步，导致政府辞职。

欧洲被这些提议激怒了，后来的一位亲罗马尼亚的历史学家称其为“几近挑衅欧洲的提议”[114]。为了平息舆论，罗马尼亚人描摹了解放后的犹太人将对罗马尼亚造成的可怕影响。奥地利领事报告说，在犹太人问题上，罗马尼亚政府甚至没有收集最基本的统计信息，所有的表述都随心所欲：“这无疑是让该问题更加难以解决的主要原因之一，它把问题搞得一团糟，导致谁也无法分辨理想与真相……”[115] 罗马尼亚议会迫使政府寻找别的方式安抚德国。

罗马尼亚人派财政部长迪米特里·斯图尔扎（Dmitri Sturdza）前往柏林，与布莱希罗德商讨铁路问题，与德国政府和法国大使商讨犹太人问题——这位政客在德国受过教育，对犹太人问题的态度相对温和。人们知道布加勒斯特希望妥协：为了换取斯图尔扎在铁 386
路问题上的让步，俾斯麦应该在犹太人问题上做出让步[116]。他从布加勒斯特带来能让双方保住面子的让步：为了安抚欧洲，他提出五类犹太人可以立刻被归化——主要是那些生于罗马尼亚，并通过某种方式脱颖而出的犹太人，比如教育或服兵役。7 月 8 日，圣瓦里耶被告知，德国政府认为这些提议“完全不合适”。法国政府表示同意，在这个月余下的时间里，两国政府就妥协的可能性展开磋商。斯图尔扎是个足智多谋的谈判者。他郑重告诫柏林，罗马尼亚人永远不会接受完全解放犹太人，认为后者是“社会的灾难”。强迫罗马尼亚接受第 44 条款将引发混乱，进而导致卡罗尔大公辞职和罗马尼亚立刻被俄军重新占领。事实上，俄国间谍已经涌入摩尔达维亚，煽动民众反对西方的亲犹政策；布莱希罗德也独自确认了这些俄国间谍的存在。鉴于英国的举棋不定，这是个聪明的威胁；它甚至比罗马尼亚人所认为的更加聪明，因为俾斯麦正试图与奥地利建立联盟，而奥地利把俄国人重返罗马尼亚看作对自己的重大威胁。

值得一提的是，圣瓦里耶指出，甚至布莱希罗德也认为提议中的五类人包括绝大多数真正想要被归化的犹太人*。斯图尔扎也告诉圣瓦里耶，罗马尼亚人正在认真考虑回购铁路。圣瓦里耶提醒瓦丁顿，这对俾斯麦乃至法国都很重要，因为 8000 万法郎的法国资本也牵涉其中[117]。

整个 7 月，斯图尔扎和布莱希罗德都在为那些棘手的铁路讨价还价。双方都急于找到解决办法：一方面，斯图尔扎开始意识到，如果罗马尼亚解决铁路问题，俾斯麦可能放弃对犹太人的高姿态；另一方面，俾斯麦希望摆脱整个罗马尼亚事务，而布莱希罗德想要减少损失。斯图尔扎（被布莱希罗德称为“罗马尼亚最正派的人之一”）足够聪明地诱使布莱希罗德相信，比起铁路问题，罗马尼亚人更急于解决犹太人解放的问题。布莱希罗德无疑也希望相信是这样。7 月 21 日，布莱希罗德通知俾斯麦，与罗马尼亚政府关于铁路收购的谈判破裂，因为斯图尔扎坚持新的铁路公司的总部将设在布加勒斯特。“我和我的继承者无法接受这样的责任。我在价格上已尽可能做了让步，但对方在这个法律观点上拒不松口，谈判因此破裂。”[118]沮丧的俾斯麦要求进一步了解“布莱希罗德想要的交易的 387
性质”。如果新公司的总部仍然设在柏林，俾斯麦担心“罗马尼亚铁路事务将给我们带来比过去更多的麻烦”[119]。临时在外交部供职的拉多维茨给布莱希罗德写了“非常机密”的信，透露俾斯麦突然变得不耐烦，并隐晦地威胁称他将不会无限期地支持德国股东们的利益[120]。布莱希罗德几乎不需要这样的告诫。他有自己的理由为铁路纠葛找到满意的解决办法，在纯粹的金融事务中表现得比汉泽曼更加灵活。在犹太人问题上，斯图尔扎告诉布莱希罗德，他认为

* 整个 1879—1880 年秋天和冬天，戈德施密特都坚称，完全和立即解放罗马尼亚的所有犹太人将是个错误。他并不认为“罗马尼亚犹太人希望取得的一切能一次性实现；在那些国家，也许最好不要因为完全解放而伤害基督徒，从而避免做得过头。在奥地利，我们只是逐步取得今天的局面，而且我们肯定比罗马尼亚的同族更优秀”。戈德施密特致布莱希罗德，1880 年 2 月 5 日和之前的书信，BA。

“[解放] 原则必须得到承认，但在方式上还需要考虑更多”。像这样的模糊保证和关于铁路的艰难谈判让布莱希罗德无法离开柏林，他写信给正和父亲一起在巴德基辛根享受温泉的赫伯特，表示：“你可以想见，铁路问题的最终解决对鄙银行的金融状况多么至关重要。尽管我的身体很不好，但我还是选择留在这里，等事情更加明朗后再去霍姆堡休假。”[121]

经过一番艰难的讨价还价，斯图尔扎终于在铁路问题上做了让步。布莱希罗德向俾斯麦报告说，协议即将达成，斯图尔扎已经前往巴德基辛格休假。俾斯麦能否接见他，哪怕只是匆匆一面？俾斯麦很不情愿。但布莱希罗德苦苦相求，表示这会让斯图尔扎在他顽固的同僚面前更有底气；不过，斯图尔扎曾向圣瓦里耶透露，俾斯麦的蛮横令他害怕。最终，布莱希罗德说服不情愿的俾斯麦接见战战兢兢的斯图尔扎。在一封简短的电报中，赫伯特拒绝布莱希罗德希望了解俾斯麦对这次会面印象的请求；赫伯特写道，他的父亲目前无意与布莱希罗德谈论细节[122]。

俾斯麦对布莱希罗德的无礼中包含某种善意的欺骗。俾斯麦对斯图尔扎说的话令后者振奋，但可能让布莱希罗德沮丧。俾斯麦谈到了第 44 条款对罗马尼亚造成的困难，告诉他该条款如何由法国人和意大利人提出（首先是后者），德国如何无法反对它。他意识到在这类事上不能强行冒进，必须循序渐进。不过，小国必须遵守国际法，该条款是条约的一部分，对应着所有文明国家通行的一般原则。他对罗马尼亚人过去允许犹太移民自由进入表示遗憾，现在他们能做的只有在经济竞争中打败犹太人。“为了改善德罗关系，必须解决铁路问题。”只有到那时，罗马尼亚才能充分受益于德国的友谊，夹在两大敌对国家之间的罗马尼亚需要这样的友谊。

俾斯麦为罗马尼亚人指明道路。他还没有放弃犹太人问题，部
分原因是他顾及其他大国。但更重要的是，他把犹太人问题留作后 388
手，以防罗马尼亚人在铁路问题上顽固不化。如果罗马尼亚人对柏

林的态度还有任何疑问，威廉写给卡罗尔父亲的一封信应该能让他们放心。威廉一直反对解放的要求，但在柏林会议期间无法理事："我凭经验知道，那些地方——首先是波兹南、柏林、立陶宛和乌克兰——的犹太人是什么样的，据说罗马尼亚的犹太人甚至更加糟糕！英国人热情地为整个犹太人问题辩护……他们把每个犹太人都看作有教养的罗斯柴尔德。"[123]

1879 年夏天，俾斯麦遭遇人生和职业的又一次突然危机，政治上的困难还对他的精神状况产生影响。他终于在帝国议会取得胜利，并确立新的国内路线——但他发现威廉坚决反对他设想的新的对外路线。我们在前文看到，为了让威廉接受他的德奥同盟计划，他再次使出最后一招：威胁辞职。在这一切中，罗马尼亚总是扮演着恼人的角色。罗马尼亚对俾斯麦造成的烦恼源于他本人的厌恶和国家利益；在政治上，与奥地利的更亲密同盟意味着需要减轻对罗马尼亚的敌对态度，而无论多么不可靠，奥地利都把罗马尼亚视作对付俄国的前哨。俾斯麦希望摆脱罗马尼亚问题，唯一还让他在乎的是德国股东们的物质利益。

罗马尼亚人感到风向有变，他们的拖延开始收到成效。8 月，他们派新任外交部长博埃雷斯库（B. Boerescu）巡访欧洲，希望通过承诺和欺骗让本国获得承认。由布莱希罗德的一位"绝对可信"的通信人提供，圣瓦里耶给瓦丁顿发了关于博埃雷斯库的报告。根据报告，那个罗马尼亚人完全没有原则，曾经背叛政治盟友并投入敌人怀抱，他似乎只有一个观点始终不变，即犹太人是罗马尼亚无法忍受的瘟疫[124]。博埃雷斯库此行总体上失败了，但他或内阁肯定注意到，当他和布莱希罗德在霍姆堡举行秘密会谈时，甚至布莱希罗德也不再坚持要求完全实行第 44 条款。布莱希罗德要求宗教自由原则应该得到承认，出生在罗马尼亚并没有外国保护的犹太人应该在成年时获得公民身份，非罗马尼亚犹太人应该在十年后获得公民身份[125]。布莱希罗德在写给克雷米厄的信中谈到与博埃雷斯库的会面，并解释说，大国们非常急于同罗马尼亚达成最终协议。他认为，在这样的形势下，“我们必须暂时满足于实现我们的一部分愿望，希望我们的计划能在未来完全实现”[126]。奥地利驻巴黎大使认为，博埃雷斯库将直接与以色列联盟交涉，那是第44条款背后运动的真正发起者[127]。

现在，两大问题到了最后解决阶段。9月末，斯图尔扎带着新 389
条件回到柏林，虽然比不上他之前向布莱希罗德和汉泽曼所提出的，但双方还是在10月3日草签令人满意的协议。俾斯麦要求加快速度；随着德奥同盟条约在9月底签署，他希望从罗马尼亚抽身。新协议还要经过罗马尼亚议会批准；俾斯麦明确告诉布莱希罗德和汉泽曼，他无法再为他们提供许多保护或外交帮助。他正试图让自己从整个罗马尼亚问题的困境中解脱出来，这意味着拯救铁路股东和抛弃犹太人。无论如何，犹太人自由派成为他在国内舞台上的特别靶子，他的一部分怒火可能殃及池鱼。

10月，罗马尼亚议会讨论关于犹太人问题的宪法修正案的最终措词。拒绝对宪法做出任何修改的议案以微弱劣势被否决，给予土生犹太人归化权的政府议案获得通过（列出1000名将被立即归化者的名单，包括去世和虚构的人），但逐个归化的要求令其大打折扣。当罗马尼亚议会作出歪曲第44条款的这个最后决定时，布莱希罗德致信联盟，表示他认为德国希望英国和法国带头拒绝承认；到了10月中旬，他认定一切都已无可挽回[128]。

形势从此急转直下。布莱希罗德很难否认自己一败涂地。11月中旬，他收到德国驻布加勒斯特领事的秘密报告。报告评估了犹太人在新法规下的命运：他们仍然被禁止在农村购买或持有地产；而城市中的情况则各不相同，他们被禁止成为律师、药剂师或酒店老板。“如果拥有财富”，他们也许有权在城镇或乡间定居[129]。不过，布莱希罗德还是致信已经开始对他不满的巴黎以色列联盟，表示他希望“尽可能地”挽救之前的希望，但无论如何，罗马尼亚犹太人似乎对10月的新法规感到满意，这非常令人吃惊[130]。

另一些人则没有那么乐观。德国犹太人领袖之一，重要犹太人报纸的编辑路德维希·菲利普森（Ludwig Philippson）请求布莱希罗德作出最后的努力，在罗马尼亚议会“骇人的欺骗后”阻止承认该国独立。他的理由是：“在德国，一些党派正在大肆活动，明目张胆地试图让我国关于犹太人的立法出现倒退……如果立法者认可罗马尼亚人的这种骗局，那么这些德国的邪恶党派也将受益……”[131]卡罗尔亲王的父亲表达了类似观点，尽管情感有所不同：

> 所有的事都有滑稽的一面：在普鲁士，新教徒的“牧师党”（Pastorenpartei）发起的反犹主义运动取得一定成功，保守党也
> 支持这场相当危险的实验。与此同时，德国政府全力支持或至 390
> 少支持过以色列联盟在罗马尼亚的活动——仿佛东欧犹太人比西欧犹太人更好！……如果这样的局面继续下去，我们可能在这里目睹迫害犹太人，如果其他大国继续忠于《柏林条约》的要求，他们将谴责德意志帝国！[132]

罗马尼亚人继续在铁路问题上拖延。该国议会一再试图修改布莱希罗德和斯图尔扎最终达成的协议，为股东提供担保和新公司的最终所在地一再成为最大的绊脚石。布莱希罗德坚称，股东们应该对罗马尼亚国有垄断的烟草公司享有优先留置权，但罗马尼亚人认为这个条件是种羞辱。公司总部的选址也涉及实际利益和面子，被证明是最棘手的一个问题。

罗马尼亚人坚持要把总部放在布加勒斯特，布莱希罗德和汉泽曼则拒不接受；俾斯麦对此恼怒不已，因为他希望了结此事，更愿意把麻烦的中心搬到布加勒斯特。在写给俾斯麦的多封书信中，布莱希罗德试图解释自己的强硬立场。该问题没有明确的法律先例；如果新公司立刻迁往布加勒斯特，德国的商业法可能不再适用，布

莱希罗德和汉泽曼担心被股东们起诉，因为他们批准了这次可能损害股东利益的搬迁[133]。双方都充满怀疑。经过十二年的纠葛和欺骗，如果有哪方特别配合或好心反倒让人吃惊。

铁路问题又拖延了三个月，这让俾斯麦非常烦恼。其他大国也开始显得不耐烦，希望最终让罗马尼亚纠纷成为历史。俾斯麦希望在铁路问题解决前保持团结——为了确保其实际目的，他故作高尚地强调条约的神圣。他还通过各种可能渠道向布莱希罗德和汉译曼施压，要求他们结束谈判，并表示他们无法再指望从政府获得保护。与此同时，他带着同样的怒火，用手头的各种武器威胁罗马尼亚人。当布莱希罗德告诉他，俄国和土耳其已经对罗马尼亚提出可疑的巨额财政要求时，俾斯麦授意拉多维茨明确告诉罗马尼亚人："目前我们对这些财政主张保持中立……但如果他们反对或阻挠铁路问题，我们将把他们看作政敌，并相应地对待他们，特别是支持这些主张。"[134]面对这样的待遇，难怪卡罗尔大公抱怨说："柏林的老爷们准备像对待埃及那样对待我们。"柏林的老爷们当然会这样——但罗马尼亚人也并不比埃及人更喜欢外国人吧[135]？ 391

同时，俾斯麦还试图阻止法国和英国承认罗马尼亚，尽管人们普遍认同，对犹太人问题已经再不可能有更多期待。他告诉圣瓦里耶："在允许罗马尼亚人享受他们根本不配的独立前，让窒息再持续几周对他们有好处。"[136]与此同时，带着同样微妙的嘲讽，德国政府告诉罗马尼亚外交部长，除非他们立刻批准铁路协议，柏林政府将宣布"犹太人问题尚未解决"[137]。俾斯麦敦促法国人和英国人在犹太人问题上和他保持共同阵线，好让他在铁路问题上对罗马尼亚人施压[138]。他在这点上大言不惭：他不愿再为犹太人做任何事，不过想要把他们留作最后的底牌。

可是，俾斯麦的烦恼愈演愈烈。11月末，当布莱希罗德再次按照惯例对他提起罗马尼亚问题时，赫伯特回信说，父亲病体沉重，请勿再打扰："现在，他对罗马尼亚问题完全无能为力。由于他总是亲自打开和阅读你的全部信件，如果你愿意为他的康复着想，你最好暂时不要来信，除非在政治上的确重要。”[139]于是，布莱希罗德转而送给他一些对健康无碍的珍稀陈年雪莉酒[140]。事实上，俾斯麦当时的健康状况的确非常堪忧。

但没有人阻止布莱希罗德每天继续费力地与罗马尼亚人打交道。12 月中旬，罗马尼亚议会批准经过几处修改的协议，却遭到布莱希罗德和汉泽曼的拒绝。双方似乎又要陷入僵局。卡罗尔大公认为，“是时候让皇帝做出决定性的表态了；特别是这一定会对布莱希罗德产生效果”。然而，德国政府再次威胁不再姑息，奥古斯塔皇后还私下请求卡罗尔的父亲对他施压，以便让罗马尼亚最终接受协议，为整件事画上句号。布莱希罗德也敦促卡罗尔的父亲介入，因为协议草案的最终失败将意味着罗马尼亚内阁垮台，“那时我们将直接面对混乱”[141]。

1880 年 2 月 2 日，距离施特鲁斯贝格首次违约已经过去将近十年，罗马尼亚议会终于投票通过略加修改过的最初协议，汉泽曼和布莱希罗德也正式接受新的文本。所有人都大出一口气。

现在，罗马尼亚人希望马上获得无条件承认；他们认为这是柏林对他们所付出代价的补偿[142]。在奥地利的帮助下（德国和罗马尼亚都曾向其求助），德国政府说服瓦丁顿起草合适的通告，宣布各大国将承认罗马尼亚。经过关于具体措词的更多争论——尽管罗马尼亚坚持认为，作为对解决铁路问题的回报，德国人承诺无条件 392
承认——最后的通告上还是表示，（关于非基督徒的）10 月立法没有“完全符合”大国们的预期，但“另一方面，我们相信大公的政府有意以此为契机，一步步实现大国们秉持的自由理念……”因此这些国家现在承认罗马尼亚的独立[143]。危机终于结束了，欧洲的政客们如释重负。威廉一直对“因为犹太人问题”而无法给布加勒斯特的皇侄派去大使感到不悦，而新任法国外交部长弗雷西内也高兴地看到，他前任遗留下的两大难题之一得到解决[144]。

布莱希罗德为罗马尼亚问题奔忙十年。结果如何呢？他获封贵族，但他在罗马尼亚的同胞们仍然受到歧视。1878 年，在俾斯麦的全力支持下，大国们强迫罗马尼亚接受自由原则，他曾经为此庆祝过胜利。在柏林会议后的决定性阶段，俾斯麦逐渐意识到可以利用整个犹太人问题迫使罗马尼亚人在铁路问题上作出让步。用他在私底下可能都没用过的直白方式来说，俾斯麦把支持犹太人的活动视作可以用来对付罗马尼亚人的武器。通过鼓励国际社会支持犹太人，他打造了一件对付罗马尼亚人的武器，这是其他容克贵族永远无法得到的。他逐渐让罗马尼亚人意识到，如果希望继续压迫他们的犹太人，那么他们必须还清欠德国的钱。简而言之，被布莱希罗德称为“热心而仁慈”的俾斯麦实际上见利忘义，善于利用西欧的亲犹和自由原则实现自己的目的，就像他即将利用国内保守派的反犹和非狭隘原则*。他利用犹太人拯救了容克贵族。

面对这位大投机者的技巧和力量，大受吹捧的国际犹太人社会被证明完全不是对手。事实上，1878 年的短暂胜利也许还加速了他们的失败：他们炫耀自己的力量，因此更加成为柏林会议后卷土重来的反犹主义的靶子——就像罗马尼亚故事所显示的，反犹主义者利用了他们的外强中干。

截至 1913 年，罗马尼亚只有 361 名犹太人被归化[145]。剩下的人中有许多移民美国。与留下来的更富有同胞不同，他们的后代逃 393
过了在两代人之后的蹂躏整个欧洲的德国铁蹄——反犹主义是那场灾难最重要的信条。另一方面，俾斯麦曾认为，可以随意和不受惩罚地像操纵人类本身一样操纵人类的偏见。

如果布莱希罗德一生中有某个阶段被别人牵着鼻子走却浑然不

---

* 俾斯麦的助手拉多维茨在回忆录中用简洁而实事求是的方式谈及此事：“1879 年，我们不得不终结倒霉的铁路事务……但只能通过犹太人和独立问题。我们不得不用这种方式对布加勒斯特的政客们施压。”见哈约 · 霍尔伯恩编，《约瑟夫 · 玛利亚 · 冯 · 拉多维茨大使生平记录和回忆》（斯图加特，1925 年），第二卷，第 84 页。

觉，那就是罗马尼亚纠葛。没有理由相信，也几乎没有证据显示，布莱希罗德曾经意识到自己亲手推动自己的失败*。不过，他试图把失败描绘成有限的胜利，就像当大国们无条件承认罗马尼亚后，他在致信以色列联盟悼念克雷米厄时所说的：

> 不过，我知道大国们要求罗马尼亚代表按照第44条款的意旨和精神推进解放。所以，这个问题的解决正处于非常有利的阶段，因为和我一样，那些清楚罗马尼亚形势的人也会认识到，当这个国家正经历骚动而且民众蠢蠢欲动的时候，完全和突然的解放将导致我们的同胞受到迫害，而通过这样的方式可以在不引发动乱的情况下实现目标，毕竟那个国家首先还是会和我们的朋友们站在一起。[146]

布莱希罗德对罗马尼亚问题的预期目标和实际结果间存在落差，这封信表明，他试图尽力减少这种落差给自己带来的不适。他的信反映了某种无知，但一切无知也包含自欺欺人的成分。正是那种自欺欺人的成分让他很难适应本国隐晦的和不太隐晦的反犹主义。

---

* 唯一的证据来自一位1879年11月随代表团访问柏林的罗马尼亚犹太人，他公开表示不友好和受到伤害。代表团试图在最后一刻请求布莱希罗德和德国政府不要抛弃罗马尼亚犹太人，布莱希罗德接见了这些人。根据一位在场者的说法，他告诉他们，德国政府直到现在仍要求完全执行《柏林条约》："不过，对所有政府来说，本国的利益必然优先于对人性理想的关心。犹太人问题让我国首相有机会拯救德国人数以百万计的财富。如果这笔钱掌握在你们政府手中，无论哪派当权都非常危险。这样的代价让德国人必须毫不犹豫地展开［铁路问题］谈判。"据说，布莱希罗德还要求代表团直接与罗马尼亚政府磋商，并为俾斯麦亲王准备一份备忘录。罗马尼亚代表团无疑对布莱希罗德突然的"现实主义"深感委屈，也许还对他的话添油加醋。引自盖尔伯（N. M. Gelber）关于罗马尼亚犹太人问题未发表的手稿，第228—229页，BA。

第十五章

不情愿的殖民者

394

> 相信我，老兄，要是我也有这么一笔买卖在外洋，我一定要用大部分的心思牵挂它；我一定常常拔草观测风吹的方向，在地图上查看港口码头的名字；凡是足以使我担心那些货物的命运的一切事情，不用说都会引起我的忧愁。
>
> ——《威尼斯商人》，第一幕，第1场

> 我国的殖民努力受制于这样的现实：与英国相比，我国的资本和热情较少集中在同一人身上。德国资本家一般缺乏信心，作为新贵，他们还不敢涉足有远见的冒险，而热情的企业家精神反倒广泛分布于我们的无产者中间……掌握大量德国财富的人（与英国的富人不同）仍然非常担心可能失去到手不久的东西。这种现状很大程度上决定了我们在与英国进行殖民竞争中处于劣势……这也是为什么在德国，无产者对本国有产公民的妒忌要比在英国严重得多，大部分民众对少数富人（特别是银行家）的敌意在我国产生的影响也要超过英国……鉴于妒忌是德国人的民族病，我们可以理解（特别是从人的角度），对没有百万财产的人来说，百万富翁的样子一定不太讨人喜欢。
>
> ——来自准备在报纸上发表的政府备忘录，
> 俾斯麦亲自做了修改，1889年6月

布莱希罗德登上权力巅峰之时正值欧洲的扩张进入最后的狂热阶段。从19世纪70年代到90年代，欧洲大国们确立或扩大了对亚洲与非洲大片地区的控制。到了 1900 年，欧洲对世界其他部分的统治达到最高峰，然后开始不确定的退潮。

这波帝国主义最后巨大浪潮的起因曾经让历史学家困惑和莫衷一是。为什么欧洲和美洲人不再满足于“自由贸易帝国主义”的非正式统治，而是补充正式吞并和殖民化企图这样的昂贵新制度，甚至用其取代前者呢？关于新帝国主义的辩论并非无关利害的学术练习，我们今天的政治观念影响我们对过去的理解。帝国主义时代的 395
人们可能用“教化使命”、拯救灵魂或为祖国效劳等想法自欺欺人，而今天的人们则普遍认为，欧洲和美洲的帝国主义是无情剥削和把物质进步的伪神强加给原始社会的可耻故事，原始人本来幸福或者至少满足地生活在世界边缘，对机械时代的福音和国际冲突的诅咒一无所知。

帝国主义带有负面意味。在今天的政治语汇中，它与种族主义和法西斯主义一样象征着邪恶，前者与它联系在一起，后者则常常被视作帝国主义遭受挫折或威胁时特别恶性的衍生物。在某些史学家和许多理论家看来，“帝国主义的经济主根”（霍布森［J.A. Hobson］在 1902 年的开创性研究中如此称呼它）已经成为信条。根据这种观点，各种形式的帝国主义（直接统治、间接统治和经济渗透）的首要根源是物质利益。霍布森甚至特别指出，“大金融机构”这类特殊群体主导了帝国的掠夺：

> 它们被最坚固的组织纽带联系在一起，总是彼此保持着最亲密和最迅捷的接触，位于各国资本业务的最核心，至少在欧洲，它们主要由某个单一种族的人控制，这些人的背后是许多个世纪的金融经验，在操纵国家政策上，它们拥有独一无二的地位……金融操纵着政客、士兵、慈善家和商人们创造的爱国力量……[1]

布莱希罗德似乎完全符合上面的描述，但他具有典型性吗？

分析布莱希罗德对帝国主义的反应应该能让我们更好地理解关于帝国主义主发条的一般性辩论，更直接的是，它能让我们更好地理解俾斯麦为何曾短暂地转向殖民主义，尽管首相此前坚称德国不会走帝国主义道路，此后也表达了对此的厌倦和冷漠。鉴于布莱希罗德在俾斯麦世界中的地位，此人对帝国主义冒险的看法特别重要。他对出现在面前的大量帝国主义和殖民主义诱惑作何反应呢？他是否按照计划行事，是否促使俾斯麦获取殖民地，让德国突然拥有相当于本土面积五倍的海外土地？

他显然清楚扩张主义的力量，也知道帝国主义者某些最粗俗的物质野心，就像我们将在他与利奥波德二世的关系中所看到的；商人和其他银行家也经常不断地向他提出要求。与此同时，他通过明斯特伯爵等人了解到，扩张主义威胁到德国与欧洲的良好关系。布莱希罗德也许没有关于帝国主义的理论和一致性观点，但在生命的
最后十五年里，他面临着一系列抉择，仔细分析这些抉择也许可以 396
为我们提供线索，了解他对殖民冒险的营利性和吸引力的总体态度。

布莱希罗德早就涉足帝国事务。他意识到，英国收购苏伊士运河股份以及此后加快在近东和非洲扩张利益的举动意义重大。更重要的是，他被邀请直接参与德国在萨摩亚的首个海外领地事务，而比利时国王利奥波德二世也试图把他拉入从1878年开始的刚果冒险。

德国在南太平洋的利益由来自汉堡和受人尊敬的约翰·策扎尔·戈德弗洛伊（Johann César Godeffroy）公司开创。这家公司在19世纪中叶的老板被称为“南太平洋之王”。从19世纪30年代到70年代，戈德弗洛伊家族扩大在中美和南美太平洋沿岸的领地，拥有自己的贸易船队。他们主要的海外冒险集中在萨摩亚群岛，逐步在那里购置超过10万英亩土地，势力范围的长度接近5000英里，宽度超过2000英里。戈德弗洛伊家族建立种植园，他们的代理人

报告说，那里什么都能生长。主要产品是椰仁干，它们被运往德国榨油，残渣用作动物饲料。每年出口的椰仁干达到 7500 吨到 8000 吨。此外，那里还采集珠母贝和种植海岛棉，这类异国产品让人们更有理由把萨摩亚想象成一片无比丰饶的土地[2]。

到了 19 世纪 60 年代，南太平洋约 70% 的贸易掌握在德国人手中。有时，戈德弗洛伊家族和萨摩亚的德国领事（该家族的代理人）会向德国海军求助，请求威吓被分化和掠夺的萨摩亚人。德国人在当地的利益本来可能让德国对萨摩亚实施直接统治。但主要出于战略和政治原因，其他国家也把目光对准萨摩亚。新西兰和澳大利亚对其表现出越来越大的兴趣，英国外交部在一定程度上也不得不开始关注它。随着美国成为太平洋地区的强国，它同样对萨摩亚打起算盘。19 世纪 70 年代，英国和美国都在那里建立对立据点。戈德弗洛伊家族的私人帝国受到这些强大入侵者和当地政府持续混乱的威胁[3]。

19 世纪 70 年代末，戈德弗洛伊家族有了更加迫在眉睫的担忧。萨摩亚的利润反而可能成了他们的灾难：由于在奠基之年把利润投入工业发起活动，他们扩张过度，到了 1873 年面临马上破产的危险。他们的得救，一定程度上多亏亨利 · 施罗德（Henry Schroeder）的英国公司。几年后，他们遭遇新的麻烦。为了至少拯救他们在萨摩亚的产业，一家名为德国贸易和种植园公司（Deutsche Handels-und Plantagen-Gesellschaft）的新公司于 1878 年成立，戈德弗洛伊家族只享有该公司的部分权益，只有一部分股份可以出售。为了筹集必要的资本，公司不得不以萨摩亚的产业为抵押向英国的巴林银行（Baring）贷款[4]。

布莱希罗德在远处旁观这一切；他的主要联系人是古斯塔夫 · 戈 397
德弗洛伊（Gustav Godeffroy），此人于 1872 年离开家族公司（尽管最初还保留着一部分经济利益），成为汉堡北德意志银行的一名董事（该行也是半官方的《北德大众报》的主要股东之一），并开始贵族政治生涯。在汉堡商人和德国银行家中，古斯塔夫是个异类：19 世纪 70 年代中期，他成了狂热的保护主义者，高调支持俾斯麦的新经济政策。另一方面，他也投机矿业和铁路股票，就像家族的其他成员一样——结果同样惨淡。他与布莱希罗德关系密切，曾对后者抱怨说，某些铁矿让他亏了一大笔钱。他想诱使布莱希罗德出手拯救这些铁矿，为此他描绘它们美好的未来，声称美国的铁路建设需要大量钢铁。布莱希罗德愿意慷慨地提供建议，对于自己的钱则小心谨慎[5]。

不过，新的种植园公司并不比老戈德弗洛伊公司表现得更好。1879 年 1 月，戈德弗洛伊公司的掌门人向彪罗求助：新公司需要 250 万马克才能活下去。彪罗承认政府一直很关心德国在萨摩亚的利益，但他的答复是否定的：让戈德弗洛伊公司屡遭打击的经济状况也导致帝国的任何机构都不可能筹集到所需的数目。几周后，戈德弗洛伊再次提出公司正面临“灾难性的状况”，并表示“凭着德国人的精神和勤劳，不用多长时间就能在南太平洋创造一个真正的黄金国”*……1879 年 7 月，戈德弗洛伊公司请求 300 万马克贷款，但遭到拒绝，理由是内阁质疑国家提供这笔贷款的正当性[6]。

1879 年 12 月 1 日，戈德弗洛伊公司宣布破产，俾斯麦和布莱希罗德马上得到消息。普鲁士驻汉堡大使致信俾斯麦，表示“那家享有盛誉的老公司”破产让汉堡商界震惊。同一天，古斯塔夫 · 戈德弗洛伊也告诉他的合伙人，自己的家族企业（他已经不再与其有关系）将无法偿还债务。他还给“老朋友和庇护人”布莱希罗德写了私信，解释“这场让他失去全部生活乐趣的沉痛的家庭变故”的原因[7]。戈德弗洛伊家是历史悠久的胡格诺派家族，属于汉堡的贵

* 对于稍早些的时期，一位历史学家评价说：“19 世纪中叶，关于萨摩亚黄金国的消息既源于刻意包装，也出于误判和一厢情愿。”吉尔森，《萨摩亚，1830—1900：多民族社群的政治》（墨尔本，1970 年），第 185 页［R. P. Gilson, *Samoa, 1830–1900: The Politics of a Multi-National Community* (Melbourne, 1970), p. 185］。

族阶级。类似布登勃洛克一家，他们的存亡也受到国家和商界的关注。在没有收到正式求助的情况下，布莱希罗德就为戈德弗洛伊家族“在萨摩亚群岛非常重要的种植园”致信赫伯特·冯·俾斯麦——仅仅一周前，赫伯特还提醒他不要在亲王健康如此不佳的时候提起罗马尼亚问题——他表示“根据我的信息，英国有意利用［戈德弗洛伊家族的］困境在那里站稳脚跟。如果阁下对此感兴趣，那么请 398
您示下，我将向家族成员古斯塔夫·戈德弗洛伊详细了解整件事”。赫伯特马上回信说，虽然父亲因为健康而无法商讨此事，但他对萨摩亚感兴趣，欢迎布莱希罗德提供更多信息。尽管如此，他不会主动要求政府提供资金[8]。赫伯特回信的速度和主动提起政府帮助的可能性一定让布莱希罗德明白，首相对此事极感兴趣。

另一方面，布莱希罗德也听取古斯塔夫的不断请求。拯救南太平洋的种植园不需要太多资本，而且几乎没有风险；但让它们落入英国手中将会削弱或摧毁德国在太平洋的地位。戈德弗洛伊和布莱希罗德习惯于在书信往来中谈论所有买卖的应有目的：赚钱。但在这件事上，即使在私信中，古斯塔夫也用了不同的口吻向布莱希罗德求助：“您如此忠诚而有影响，又与首相如此亲近，定会保证到了新世界，我们的铁血首相在旧世界里戴在额头的桂冠上不会有任何一片重要的叶子掉下。”不过，除了诗意表达，古斯塔夫的信也不乏务实之处：他敦促布莱希罗德马上接洽汉泽曼及其小舅子——外交部商业法律处的主管海因里希·冯·库塞罗夫（Heinrich von Kusserow），以便协调拯救德国在南太平洋利益的行动*[9]。

* 库塞洛夫被恰如其分地称为“热情的殖民主义者……无私的帝国主义者，激发这类人想象力的正是祖国控制大片海外领地的前景，即使他们自己在殖民世界中没有经济利益”。见亨利·特纳，《俾斯麦的帝国主义冒险：源于反英吗？》，收录于《英国和德国在非洲》，吉福德教授和罗杰·路易斯编（纽黑文，1967 年），第 66 页［Henry A. Turner, “Bismarck’s Imperialist Venture: Anti-British in Origin?” in *Britain and Germany in Africa*, ed. by Prosser Gifford and Wm. Roger Louis (New Haven, 1967), p. 66］。在帝国建立的过程中，“无私的帝国主义者”扮演的角色比马克思主义者所认为的更大，特别是因为利益相关的帝国主义者完全不像后来的马克思主义者所宣称的那么多。

在古斯塔夫的坚持下，布莱希罗德在12月14日组织戈德弗洛伊家族、汉泽曼和他本人的会谈；第二天，在外交部派来参加会议的帝国国库局（Reichsschatzamt）主管阿道夫·冯·朔尔茨的见证下，各方制定成立新公司的方案。外交部临时主管施托尔贝格（彪罗于1879年10月突然去世）向俾斯麦通报了方案：新公司的资本将为1000万到1200万马克，但“先决条件”是政府愿意提供“得到帝国法律批准的补贴分红担保”。俾斯麦的批注仅仅是“多少？”，显然他对银行家们的方案感到满意（政府将为股东提供4.5%的分红担保，但每年的责任总额不超过30万马克，而且公司必须全额偿还这笔钱），并授权向议会提交这样的议案。

12月末，威廉接受该议案，因为人们让他相信，如果不这样做，萨摩亚的土地将落入英国人之手。从开始到完成，俾斯麦政府只用 399
了一个月就制定政策，做出决定的速度（众所周知，当时俾斯麦的健康正处于低谷）和决定被接受的容易程度暗示，政府并不认为此举严重背离一贯方针，此事似乎还印证老生常谈的说法，即帝国是在一次次心不在焉中建立起来的。俾斯麦为萨摩亚做出重要动议，当时很少有人能预见到，无论成功与否，这次动议都将持续影响他对帝国主义冒险的看法[10]。

政府表面上的漫不经心没有阻止另一些人非常严肃地看待这些计划。崇尚自由贸易和重商主义的报纸反对任何可能的政府干涉，汉堡商人们同样如此；他们的一家报纸表示：“即使德国政府希望实行殖民政策（尽管所有证据显示出它无意这样做），它选择的起点也不能再糟糕了。铁路国有化之后必须把海外投机也国有化吗？”[11]自由贸易主义者认为，帮助戈德弗洛伊公司的计划延续俾斯麦的保护主义和加强国家干预的政策。不清楚俾斯麦是否也这样看，因为对于向在海外遭遇困难的德国公司提供国家帮助，他总是显得务实，甚至有骑士风范。1879年7月的保护主义胜利无疑让他在六个月后的萨摩亚问题上更加坚决。

自由贸易主义者不是唯一感到不安的群体。同样忠于俾斯麦和反对殖民主义的明斯特伯爵接连给布莱希罗德来信，谴责在萨摩亚的一切政府行动。1879 年 12 月中旬，他再次警告任何政府担保："汉堡公民是最糟糕的德国人，如果可以的话，他们会为一己私利而利用帝国政府。"他在圣诞节当天写道："如果现在帝国首相府有人开始执行殖民政策，我将非常遗憾……"明斯特希望俾斯麦能拒绝下属们的野心，他还为布莱希罗德罗列反对德国殖民主义的理由：比如成本极其高昂，而且只要赫里戈兰岛（Heligoland）仍然掌握在英国人手中，保护海外基地将是不可能的。此外，巴林银行等伦敦银行无意购买戈德弗洛伊公司的产业，英国政府也不愿为增加本国在当地的利益效举手之劳："因此不要再干殖民的蠢事，不要再参与萨摩亚的骗局了！"12 月的最后两周里，明斯特在写给布莱希罗德的信中五次激烈抨击计划中的萨摩亚冒险，认为那是他所担心的政策的开始。他无疑希望布莱希罗德能让柏林的热情降温，也许还能对病重的首相施加影响。明斯特的警告一定对布莱希罗德有所影响[12]。

布莱希罗德的朋友圣瓦里耶一直担心德国在中南美洲、非洲（特别是摩洛哥）和太平洋的利益。他提醒巴黎注意这种扩张倾向，并认为尽管德国政府专注国内政治，但还是可能把萨摩亚作为殖民地 400
吞并，特别是因为皇太子有意这样做[13]。当圣瓦里耶听说戈德弗洛伊公司破产时，他再次提醒巴黎，德国人在波利尼西亚的意图将威胁到法国在塔希提的利益。他认为，法国应该扩张自己在南太平洋的帝国，而不是被动地看着德国和英国扩张（他的请求是所谓的"先发制人帝国主义"的典型例子，即为了遏制他国而扩张。这也是帝国主义动力的重要来源之一）。为了增加提醒的分量，圣瓦里耶再次强调皇太子对保护德国在萨摩亚的利益"很感兴趣"。皇太子显然卷入首起殖民事件，这让我们对某种常见的说法产生怀疑，即俾斯麦开始殖民活动是为了让反对殖民的亲英派皇太子尴尬。

圣瓦里耶最后表示："昨天，我从布莱希罗德先生那里得知，在俾斯麦亲王的要求下，他刚刚筹建一家大型金融公司……并得到政府的保护和支持。"新公司准备维护和扩大戈德弗洛伊公司受到威胁的产业[14]。

1880年2月，布莱希罗德、汉泽曼和德意志银行的瓦里希（Wallich）果然成立了名为德国海贸公司（Deutsche Seehandels-Gesellschaft）的新公司。他们接管戈德弗洛伊公司在萨摩亚的利益，并与巴林银行达成协议——后者完全不像德国政府所以为的那样急于主张在萨摩亚的权利——然后等待议会批准政府所承诺的支持。支持政府的报纸开始宣扬爱国主义，圣瓦里耶则认为，整个事件只是彻底吞并萨摩亚和德国在各地加快殖民活动的前奏。在他看来，德国扩张的主要动力来自德国对外移民的加速，这种现象愈演愈烈的部分原因是"沉重的税收、兵役负担和工农业危机；但与国内形势和经济危机无关，这种[移民]倾向属于德国人精神中的冒险元素，属于德国人对流浪生活的想象，注定将会延续"[15]……圣瓦里耶从大得多的视角看待萨摩亚，认为它测试了柏林对帝国扩张日益浓厚的兴趣。

帝国议会的左翼自由派反对者们也对萨摩亚提案持类似观点，尽管它的资金要求如此微不足道。巴姆贝格率先斥之为殖民主义的"试验场"，表示此举行帝国主义和保护主义之实，却一直假装出于国家利益的要求。1880年4月，提案以128票反对、112票赞成和140票弃权的结果未能通过[16]。圣瓦里耶将此归咎于俾斯麦的长期缺席[17]。事实上，大部分弃权者去看了新上演的《浮士德》，舞台上的浮士德精神比政策中的更吸引他们。

俾斯麦充分利用自己的失败。多年来，他一直对帝国议会的"萨
摩亚多数派"嗤之以鼻，后者总是破坏他扩大政府对海外德国利益 401
援助的努力。他找到另一条"爱国主义"大棒来对付作为自己死敌的左翼自由派。他们再次证明自己更加忠于对自由贸易的教条式幻

想，而非爱国主义的必要性。俾斯麦不断试图帮助戈德弗洛伊公司的利益，这让他越来越深地卷入萨摩亚事务。到了 1889 年，这几乎导致德国和美国兵戎相见 [18]。

萨摩亚提案的失败让布莱希罗德和汉泽曼可以自由地终止拯救行动。不过，在俾斯麦的鼓励下，他们设计了新的操作方式。在写给他们的正式信件中，俾斯麦表示很高兴看到银行愿意“出于国家利益”保住现有企业，他们做出重要的爱国举动，将受到皇帝和帝国其他有关人士的欢迎 [19]。关于新公司的谈判迟迟没有结果，雪上加霜的是，戈德弗洛伊公司拒绝提供必要的数据，海贸协会在萨摩亚提案失败后不愿继续合作，还有形形色色的障碍让布莱希罗德和汉泽曼差点放弃整个计划。让他们坚持下来的是俾斯麦持续的兴趣和汉泽曼的信念 :“如果失去萨摩亚，德国就失去在南太平洋的全部利益。”经过几个月的焦头烂额，他们终于在 1880 年秋天解散几个月前成立的南太平洋公司，恢复并大大加强德国贸易和种植园公司 [20]。

汉泽曼开始对德国在萨摩亚和新几内亚的地位越来越感兴趣 *。在其中一些行动中，他也邀请布莱希罗德参与。1884 年，两人牵头成立新几内亚财团。一年后，俾斯麦批准该财团在（无利可图的）新几内亚本土成立受政府保护的公司 [21]。布莱希罗德的名字确保了获得俾斯麦的批准，但除此之外，他仍然谨慎地保持消极态度。没有证据显示，他对这场错误投机真正感兴趣。自始至终，他在萨摩亚事务中的角色都是不起眼和不情愿的。根据今天的流行观点，他

---

* 但几乎没有证据支持近来一种关于汉泽曼在新几内亚活动的说法，即他“迷恋……这样的想法……只有殖民地……才能保证德国制造商们的产品有市场，把对外移民留在德意志帝国内，并为大众提供另一个乌托邦，转移他们对社会革命的兴趣”。同样不能断言汉泽曼是恳求者，而俾斯麦是谨慎的拍板者。弗斯，《新几内亚公司，1885—1899 ：一个不盈利帝国主义的案例》，刊于《历史研究》，1972 年第 15 期，第 361 页［S. G. Firth, “The New Guinea Company, 1885–1899: A Case of Unprofitable Imperialism,” *Historical Studies*, XV (1972), 361］。

本该是推动者，但证据却显示出他被别人推着走。推动他的是古斯塔夫·戈德弗洛伊，此人身为他的亲密合作者和一家重要银行的董事，还间接参与当时布莱希罗德为收购半官方的《北德大众报》的一半股份而正在进行的谈判[22]。在某种程度上，布莱希罗德受制于 402
自己的力量：当俾斯麦"出于爱国理由"对破产的戈德弗洛伊公司在萨摩亚的产业感兴趣时，如果布莱希罗德不参与此事，他的地位可能受到损害。萨摩亚提案失败后，绍芬将军在信中告诉他：一旦爱国富人表明立场，即使遭遇这次挫折还要帮助首相，那么布莱希罗德的名字出现在他们中间（而且位列榜首）就毫不奇怪。绍芬本来还可以说：布莱希罗德的缺席将令人吃惊[23]。

就这样，布莱希罗德带着不多的钱和少得可怜的热情参与其中；记录显示，他只给赫伯特写过一封关于萨摩亚的信。对于自己关心的问题，他不会如此沉默。他没有动员任何议会或报界的朋友。他迫于商业联系和与俾斯麦的特殊关系才涉足萨摩亚事务；他没有做出动议，也没有扩大自己的影响。南太平洋的那大片群岛理应被命名为俾斯麦群岛，正是俾斯麦的兴趣维持和扩大了德国在太平洋的存在。

俾斯麦在德国帝国主义引起的第一波骚动中扮演不起眼的角色，但在利奥波德二世国王在刚果实现巨大野心的过程中，他起到重要作用。萨摩亚加快德国的帝国主义步伐，而利奥波德国王对刚果的逐步吞并则是瓜分撒哈拉以南非洲的信号。布莱希罗德近距离见证欧洲帝国主义的重生，看到推动帝国主义的权力、利润和冒险激情。他目睹争夺战，但很少投入自己的钱。

19 世纪 70 年代中期，布莱希罗德与比利时国王利奥波德二世成为朋友，两人初识于奥斯坦德的浴场。利奥波德身上汇聚推动欧洲发起最后一波海外扩张高潮的所有动机，他是热情的旅行家和平庸的冒险家，还充满民族主义野心（1861 年，距离登基还有四年时，他遗憾比利时的中立限制了国家的发展，但表示"大海拍打着我们的海岸，宇宙就在我们面前”）。在他身上，发现新世界的理想中越来越多地加入务实和贪婪。当时的自由贸易者可能会像柯布敦*那样谴责“沾染鲜血的帝国癖”，而利奥波德则主张殖民地既是比利时出口商的需要，也是人道主义的要求。他声称必须废除奴隶贸易，却引入一种残忍得无法想象的新奴隶制。在那个毫不掩饰的物质主义时代，所有潜在的殖民者都用金钱来解释自己的愿望；利奥波德总是表示，获得殖民地和新市场将为比利时制造商带来收益。但商人们仍然不为所动，于是他越来越多地决心为自己追求权力和收益。在建立后来成为帝国主义历史上最大私人领地的过程中，利奥波德发现布莱希罗德是个谨慎而有用的助手。另一方面，布莱希罗德也被利奥波德的帝王派头所吸引，并对这位君主的贪婪印象深刻[24]。 403

利奥波德游历广泛。他曾对埃及和苏伊士运河的前景着迷，还曾经去过远东。传说他早年从雅典卫城回来后发誓要让比利时拥有殖民地。登基后，他没有放弃这个梦想；但实行中立和采用自由宪法的小国比利时让他的野心很难施展——他的邻国中有的已经建立庞大的殖民帝国（比如荷兰），有的则在欧洲建立大帝国（比如普鲁士），这更加刺激他的愿望。利奥波德在地图上搜寻殖民地，他想到太平洋，于是就收购菲律宾与西班牙人展开间接谈判。1876 年，他在布鲁塞尔召开以探索非洲为主题的国际会议。第二年，他迅速意识到史丹利†在刚果河上游惊人的发现意义，非洲的中心发出召唤。1878 年 11 月，他建立上刚果研究委员会，这个名字看似无害

---

* 理查德 · 柯布敦（Richard Cobden，1804—1865），英国制造商和自由党政客，自由贸易运动领袖，曾发起反《谷物法》联盟，并与法国签订《柯布敦—舍瓦利埃条约》，让英国废除对所有制造品的关税。——译注

† 亨利 · 莫顿 · 史丹利（Henry Morton Stanley，1841—1904），英国记者和探险家，曾赴中非寻找英国传教士大卫 · 利文斯顿，并探索和开发过刚果地区。——译注

的组织是后来成为他私人统治工具的刚果国际协会的前身[25]*。几天后，在写给布莱希罗德的一封长信中，利奥波德重新提起他们在奥斯坦德谈到过的一个话题："各地的工业状况都不佳，有必要开拓新的渠道，对象是那些现在产品还没进入、公共工程也尚未展开的国家。从这两点来看，非洲大陆值得我们特别关注。"

利奥波德概括他的各种计划，并宣布他的主要助手之一格林德尔男爵（Baron Grindl）将拜访布莱希罗德，更详细地描绘他们的方案。"他会告诉您，如果您和您的朋友们觉得可以加入我们的计划，我会多么高兴……"格林德尔男爵拜访布莱希罗德，但后者婉拒一切诱惑，只是礼貌地表示对刚果冒险感兴趣。他和利奥波德开始友好的通信，通报德国的政治形势、俾斯麦的精神和健康状况、皇室的健康。他还提供一些有趣的细节，比如教皇利奥十三世委托弗朗茨·冯·伦巴赫（Franz von Lenbach）† 绘制俾斯麦肖像——这无疑标志着梵蒂冈和德国的关系进入新的阶段。布莱希罗德也为利奥波德最亲密的顾问们投资。利奥波德最初的书信不那么有趣，但亲切地署名"您的朋友"或者"你亲爱的好友"[26]。

在差不多五年时间里，利奥波德颇为秘密和迅速地推行着自己的计划。为了掩盖它们，他一直坚称开发中非是国际性工作，出于 404
科学和人道主义理由。当利奥波德把史丹利派回刚果时，法国人也派出另一位著名探险家萨沃尔尼安·德·布拉柴（Savorgnan de Brazza）勘探刚果河北岸，并对那里提出主张。后来，葡萄牙人也变得警觉，而英国人虽然因为埃及无法脱身，但希望和葡萄牙人一

* 后来出现与布鲁塞尔委员会类似的国际组织。1878 年 11 月，撒哈拉探险家古斯塔夫·纳赫蒂加尔（Gustav Nachtigal）在柏林创立非洲协会，协会的三项目标与在布鲁塞尔提出的一致：发现非洲仍然未知的地区，让它们向文明、贸易和商业开放，和平地废除奴隶制。纳赫蒂加尔邀请布莱希罗德担任创始成员，价格是 300 马克。但直到三个月后，经过特别谈话和几封书信交流后，布莱希罗德才加入。1880 年，他秘密地为利奥波德向柏林非洲协会转账 4 万法郎。

† 弗朗茨·冯·伦巴赫（1836—1904），德国画家，现实主义画派的代表人物之一。——译注

起阻止利奥波德。随着勘探工作的完成和刚果国际协会在刚果河沿岸站稳脚跟，利奥波德需要国际社会承认自己的统治。在这件微妙的事情上，布莱希罗德成了他的重要依靠。利奥波德在刚果的活动是私人性质的，无法正式依靠比利时在国外的外交官，于是布莱希罗德成了他在柏林的特使，是他决定性的资本。

1883 年 5 月，利奥波德向布莱希罗德求助，这是他众多请求中的第一个。他首先总结刚果国际协会的历史，表示灵感来自红十字协会以及古代的马耳他和圣约翰骑士团。过去的五年间，协会已经沿着刚果河瀑布修建道路，将该地区向各国商人开放。“协会……拥有自己的旗帜，不服务于某个国家的目标，它的代理人来自所有国家。它从未向任何政府请求保护或经济援助，依靠私人捐赠维持……”现在它需要得到国际社会的中立承认，让它不对任何国家负有任何义务：

> 刚果河谷前景广阔，我们已经打开那里。我们的工作不会阻碍任何人，全世界都能从中受益。男爵先生，鉴于德国政府如此关心工业，如此致力于推动工业发展和普遍繁荣，您相信它有意承认我们各基地的中立地位吗？如果您能够以您惯常的才能探究此事并告知您的看法，我将不胜感激。[27]

布莱希罗德的回复似乎没有留存下来。利奥波德的“中立”计划（当年晚些时候，一个国际法学家委员会也提出类似方案）逐渐被更高的要求取代：承认新的独立国家。

两人的通信似乎中止了，但并非因为刚果变得不再重要。事实上，利奥波德的大肆侵占让其他国家警觉，非洲的未来突然成了欧洲各国政府关注的问题。1884 年 2 月的《英葡条约》最直接地挑战利奥波德的地位。根据条约，英国承认葡萄牙对刚果大片土地的有争议主张。条约让利奥波德陷入烦恼，也激怒俾斯麦——事实上，《英葡条约》导致英德关系进入前所未有的紧张时期。现在，俾斯麦倚重法德同盟，展开自己的殖民吞并活动，他一度成为非洲的主宰，就像他曾经断断续续地在欧洲取得过同样的地位[28]。

1884 年春，利奥波德成功地让美国承认他的协会对刚果拥有实 405
际主权。为了说服法国，他向其提供协会一旦清算资产时的优先购买权。现在，他的主要目标是正式承认，只有柏林能确保他实现目标。于是，他在 5 月 15 日再次向布莱希罗德求助——那是他通过布莱希罗德这个谨慎而非官方的渠道给俾斯麦写的大量书信中的第一封。他写到，协会的下一个任务是——

> 让在其庇护下建立的中非独立邦……跻身国际社会。我们现在正忙着为新的国家制定宪法和起草基本法律。我们希望该宪法能让德国满意，这个新的国家将大力服务德国的商业利益，德国向我们提出的所有意见和建议，它向我们表达的所有愿望都会得到应有的尊重。[29]

随后的四个月间，利奥波德不断向布莱希罗德发出求助和暗示，就像后者在写给俾斯麦的信中所说的：“比利时国王……非常强烈地想要结束刚果事件。我昨天回信表示，这主要取决于刚果协会，但该协会仍然不愿做出某种约束性的宣言。”[30] 整个夏天，布莱希罗德都是利奥波德在柏林的主要代表，这段时间被证明是刚果谈判的关键阶段。他不断向双方通报情况，试图为最终解决铺平道路。利奥波德每周（有时甚至每天）都向布莱希罗德简述自己的立场，布莱希罗德则在回信中盘点柏林的情况。

5 月和 6 月初，布莱希罗德向利奥波德保证，外交部和威廉已经同意与刚果协会建立关系[31]。另一方面，利奥波德对布莱希罗德承诺：“我们希望新国家的边境不设任何税关。”他表示，大国们因此应该同意划定边界[32]。按照布莱希罗德的说法，俾斯麦坚持要求这样做，让刚果市场继续对德国产品开放。1883—1884年，枪支、弹药和烈酒出口有了大幅增长。在非洲寻找“德国的印度”的想法开始在德国流行起来，俾斯麦也认为，对德国的利益而言，由利奥波德统治中非自由贸易区远远好于由法国或葡萄牙的保护主义者统治，更别提英国人的可能侵入。在与俾斯麦交谈后，布莱希罗德提醒利奥波德“不要对英国进行任何这样的游说，因为英国和德国目前的紧张关系正源于跨大西洋问题，而且严重到向英国请求最小的恩惠都不太可能的地步”[33]。与此同时，在利奥波德的提议下，布莱希罗德试图安排国王和俾斯麦见面，但俾斯麦态度暧昧。他在外交部官员面前嘲笑利奥波德说，此人“行事天真而苛刻，自私得就 406
像意大利人，以为所有人都会无偿地（*pour ses beaux yeux*）为他做很多事，不要求任何回报”[34]。

利奥波德变得不耐烦，布莱希罗德不得不一再提醒他，俾斯麦只会接受让德国人享有自由贸易的最具体保证，而且是永久性的，即使刚果的权利最终落入法国人之手。8月，一名葡萄牙特使出现在柏林，利奥波德有了最坏的预感。他马上向布莱希罗德求助，要求后者提醒德国政府，只有他的刚果协会承诺贸易自由，而葡萄牙人会马上征收高昂的关税。因此，只有赶快承认利奥波德的统治才能避免麻烦。在俾斯麦和外交部的授意下，布莱希罗德没有立刻平息利奥波德的担心：

> 我被告知，葡萄牙人开出的条件非常优厚，他们只想设立几项不高的关税用于满足行政开支。既然我有幸向陛下解释此事，我认为必须让协会及其可能的继承者法国尽快做出自由贸易的保证。如果这样做了，“我在这里的朋友们”将愿意提议召开国际会议，以确定新国家的边界。[35]

整个8月，布莱希罗德都在为国王的事奔走。他多次与哈茨菲尔特商谈，并于 11 日获得威廉召见，他致信利奥波德说：“我没有忘记提出陛下的观点。”[36] 当月晚些时候，布莱希罗德和他的小队亲随来到奥斯坦德的浴场大酒店。这类宫殿式酒店价格高昂，但可以让新贵们感受老贵族的生活。28 日，布莱希罗德和他的女儿在王宫与国王共同进餐；席间，他们谈论刚果的命运 *。

9 月，利奥波德通过布莱希罗德交给俾斯麦一幅筹建中的国家的地图，恳求获得德国的承认，这会让其他国家“亦步亦趋地”效仿 [37]。与此同时，葡萄牙特使回到柏林，利奥波德开始焦急地打听消息 [38]。布莱希罗德第一个告诉他，俾斯麦已经决定承认新的国家（“承认联盟毫无疑问”），但方式仍需与法国协商，特别是关于边界。最终，他在 10 月 6 日来信表示：

> 我刚刚收到非常机密的消息，法国和德国在非洲问题上已经完全达成一致，在不久的将来，刚果问题将被提交给国际会议。这次会议几乎肯定将在柏林召开，很可能就在下个月。[39] 407

布莱希罗德的消息是正确的，他的工作似乎已经完成。会议召开前一周，俾斯麦批准正式承认那个新国家。但法国仍然拒绝承认，利奥波德于是请求布莱希罗德向俾斯麦求助：“我们希望与法国结盟，愿意为此做出牺牲。但您应该明白，我们不会自杀。法国无中生有地对史丹利湖（Stanley Pool）† 左岸提出主张……”他认为那将威胁到对新国家最富有省份的开发。利奥波德声称，受到法国人威胁的那部分刚果土地本来也许可以补偿协会的巨额开支。“亲爱的男爵，您知道我在为大众利益操劳，并不想收回个人的支出。但如

---

* 几天后，《柏林交易所通讯》刊登了一首关于布莱希罗德与国王共同散步的打油诗。布莱希罗德没有感到不悦，还把它送给利奥波德：“在多风但温暖的极好天气里 / 消息被刊上报纸：/ 布莱希罗德手挽手 / 与比利时国王散步。”

† 今称马莱博湖（Malebo Pool），是刚果河下游湖泊状的扩大部分。——译注

果当联盟建立各处基地后，法国人跑来说那是他们的，那么我的努力就不再是为了推进所有国家的利益,而只是满足法国人的贪婪。”[40]

会议持续三个月。布莱希罗德为与会者举办盛宴，向利奥波德的代表们“大献殷勤”[41]。在各国的坚持下，会议确定了自由贸易和自由航行的国际原则。利奥波德和俾斯麦都实现了自己的目标：前者希望获得国际承认，后者想要在非洲中部得到大片自由贸易区——或者不受阻碍地进入“德国的新印度”。比利时议会全然无所谓地批准利奥波德的扩张,此举为1884年一家英国报纸所称的“瓜分非洲”拉开序幕。一位最犀利的当代帝国主义史学家写道：

> 欧洲人的傲慢时代在1885年的柏林刚果会议上达到华丽的顶峰，欧洲国家开始“瓜分非洲”，抢在其他国家之前将地图上的每个白点涂上自己的颜色成了关乎国家声望的问题……在这场竞赛中，一切理性、经济和人道主义动机仅仅成为借口，每个国家都为自己抢占大片未知的土地，但就像我们知道的，他们永远无法真正组织、利用或把它变成殖民地。[42]

布莱希罗德帮助利奥波德实现野心。几个月来，他安排非官方的谈判，并私下探听口风，这些是对布鲁塞尔和柏林正式交流的必要补充。在布莱希罗德看来，刚果的未来就像利奥波德和德国宣传者所描绘的那么美好乐观吗？记录显示，他的态度要谨慎得多。布莱希罗德从未兴奋地与人谈起过刚果问题。到了为计划中的刚果铁 408
路筹资阶段，他的角色显得矜持或消极。（史丹利宣称：“没有铁路，刚果将一文不值。”）在1884年9月的谈话中，布莱希罗德给利奥波德留下这样的印象，即他有意成立公司开发刚果，包括修建一条铁路[43]。利奥波德会不时谈到那条铁路，但布莱希罗德从不提及。这样的沉默不是俾斯麦惯常的行事方式。如果对在刚果建造铁路有一丁点兴趣，他本可以利用自己极为有利的地位推进主张。但他等了五年才加入在刚果修建铁路的国际财团，而且自己只投了很少的钱*。

柏林会议结束后，刚果获得国际社会的承认，但布莱希罗德和利奥波德仍然保持亲密关系。事实上，利奥波德还有另一件事要求助于布莱希罗德。1885 年 3 月，俾斯麦终于诱使顽固的帝国议会同意提供政府补助，开设一条前往远东的班轮航线。北德意志—劳埃德公司(Norddeutsche Lloyd)将建造必需的船只和运营特定的航线。利奥波德多次请求布莱希罗德利用自己的“巨大影响”说服劳埃德和其他航运公司选择安特卫普作为在欧洲大陆的主要港口。在从奥斯坦德给俾斯麦写的信中，布莱希罗德表示，“我在这里多次与比利时国王交谈”，国王对俾斯麦在刚果问题上的帮助表达“最诚挚的感谢”，现在他希望德国船只能使用安特卫普这个“对德国出口最重要的港口”，不然将被英国航运公司占得便宜。布莱希罗德的儿子格奥尔格（Georg）恰好是劳埃德公司的董事，布莱希罗德可以适时向国王和同样执着的部长们进言说，劳埃德公司的船只应该停靠安特卫普[44]。

利奥波德有充分理由感谢布莱希罗德“为我们的事慨然付出的全部辛劳……亲爱的男爵，你对协会的支持非常宝贵。在表达我最强烈感激的同时，我请求您继续关注我们的工作”[45]……国王经常表达的强烈感激没有被完全浪费。布莱希罗德向利奥波德提出的唯一请求被欣然接受：他希望钢琴家朋友格罗泽夫人（Mme.

---

* 布莱希罗德档案披露布莱希罗德与布鲁塞尔的更多联系。1885 年秋，利奥波德将布莱希罗德的亲信助手格洛纳（Gloner）召到布鲁塞尔，但电报往来暗示，布莱希罗德拒绝利奥波德的请求。格洛纳的加密电报上说：“刚刚结束国王的召见，他请我向您转达最友好的问候，并对您的缺席表示遗憾。他相信您的好意……我将于周日上午回到办公室。”格洛纳致布莱希罗德，1885 年 11 月 13 日，BA。1889 年，布莱希罗德联合贴现公司购买筹建中的从马塔迪（Matadi）到史丹利湖铁路的股份，价值 200 万法郎；这笔钱中，贴现公司出资 87.5 万法郎，布莱希罗德只是剩余部分的名义出资人，其中 90 万法郎由其他投资者承担。结果，布莱希罗德在刚果的最大一笔投资仅仅是 22.5 万法郎——档案显示，这个数字在后来的谈判中被进一步减少。

Grosser）受邀到王宫举办独奏会。柏林传言说，吸引布莱希罗德的不仅是格罗泽夫人的音乐才能。当人们意识到这场特别演出多么大费周章时，传言变得有点可信 *。国王的副官杜特尔蒙伯爵（Count 409
D'Oultremont）亲自为这位受到布莱希罗德青睐的女士提供关照，国王也致信布莱希罗德表示："格罗泽夫人充满魅力，她的演奏令人愉快……我乐意授予夫人她想要的头衔，她愿意把这些话捎给您让我很高兴。"[46] 这是对布莱希罗德劳动的友好回报，无论格罗泽夫人获得什么头衔，那都是利奥波德在刚果建立统治的最无害副产品之一 †。

当利奥波德巩固自己在刚果的私人领地时，俾斯麦也让世界大吃一惊，创造了一个相当于德意志帝国本土面积五倍的殖民帝国。1884—1885 年，为了宣布德国的主权，德国国旗突然被插上广袤的不毛之地，那里几乎没有德国利益，也很少有德国公民涉足。俾斯麦的同时代人对这种突然转变疑惑不解，因为长久以来，他一直对帝国扩张表示冷漠。早在 1868 年，他就在写给罗恩的信中表示，人们经常提到拥有殖民地的好处，但那只是幻觉，这样的冒险应该由私人公司进行，不能让纳税人来支持一项只会让少数商人获利的政策。普法战争期间，一些商人开始呼吁夺取包括西贡在内的法国殖民地。但俾斯麦认为："对我们德国人来说，殖民地就像波兰贵族的丝袍和貂裘，下面却连衬衫也没有。"[47] 整个 19 世纪 70 年代，

* 喜欢收集丑闻的单身汉弗里德里希 · 冯 · 荷尔斯泰因告诉赫伯特 · 冯 · 俾斯麦："你的朋友'布莱希'[Bleiche] 愿意给予他心爱女子的丈夫，一位姓格罗泽的记者 [特殊地位]。"荷尔斯泰因致赫伯特 · 冯 · 俾斯麦，1883 年 12 月 13 日，FA。

† 杜特尔蒙没有理由为讨好布莱希罗德感到后悔。多年后，他对布莱希罗德表示："我们上次在奥斯坦德见面时，您好心地告诉我，如果有机会做笔有利可图的小交易，你乐意帮我的忙。我们这里似乎相信卢布将很快大幅上涨，如果您也这么认为，我想请您代理我的账户，做笔这种货币的小交易。"生性谨慎的他提出只能承担不超过 2000 马克的损失。三个月后，他从布莱希罗德那里收到 2000 马克——那是投机卢布的收益，而且显然没有动用杜特尔蒙自己的钱。杜特尔蒙致布莱希罗德，1890 年 12 月 7 日、1891 年 3 月 31 日，BA。

他始终持这种观点，无论是出于战略、政治还是经济原因。萨摩亚提案标志着这种限制政策表面上第一次有所松动，尽管此举似乎仍然符合他的观点，即德国政府应该仅仅支持德国商人的行动，而不是走在他们前面。1884 年，俾斯麦在非洲建立德国殖民地，他在两年间获得的土地远远超过不安分的威廉二世通过广受吹捧的“世界政策”将要获得的。到了 1886 年，俾斯麦再次表现出厌倦和冷漠，他的殖民阶段结束了。

俾斯麦突然跨越原则和大洋，这让同时代的人纳闷，也让后来的历史学家们困惑。近年来，关于俾斯麦动机的讨论变得日益激烈和有争议。问题的关键仍然是他的决定背景：他主要考虑对外政策 410
还是国内政策？如果是后者，他主要受到政治动机还是经济动机驱使？他把殖民地看成欧洲棋盘上的卒子吗？他的扩张行为是否意在反英，并打击国内的亲英（和反俾斯麦）势力，比如皇太子和残余的左翼自由派？他是“垄断资本主义”的工具吗，就像某些东德史学家所声称的？或者影响他的是对政权经济基础的更深层次担忧，因为 1882 年的新一轮萧条再次构成威胁？或者说，促使他做出突破的是一系列动机的结合，就像亨利·特纳*所提出的常识性观点？特纳还指出当时普遍的“关门恐慌”（*Torschlusspanik*），“人们担心大门正在迅速关闭，最后的机会就在眼前”[48]。

这场争论超出本书的范围。显然，作为本书的关注点，布莱希罗德的角色不仅仅是略表兴趣。作为俾斯麦在经济问题中的主要顾问和许多事务中的亲信，他是否强烈地支持过俾斯麦的想法？是否启发或者说理解俾斯麦被公认的复杂经济思想？布莱希罗德对殖民地诱惑的反应方式一定能为俾斯麦的政策提供某些线索。

此外，读者必须牢记俾斯麦举动的直接背景。俾斯麦的殖民政策在 1884 年达到顶峰，那年也是选举年。连续的失败惹恼他，这

---

* 亨利 · 阿什比 · 特纳（Henry Ashby Turner，1932—2008），美国历史学家。——译注

次他决心彻底击败左翼自由派，后者恰好支持自由贸易和反对殖民主义。同样在那年，利奥波德试图实现对刚果的主张，法国人卷入印度支那的纠纷，而英国人仍然忙于埃及。局面非常有利。

俾斯麦的第一次尝试选择当时仍然独立的非洲西南沿岸。1882年，不莱梅的烟草商人鲁德里茨（F. A. E. Lüderitz）试图在那里建立贸易点，并寻求“德国旗帜的保护”。鲁德里茨的要求不高，但对俾斯麦来说还是难以接受。1883年初，德国政府询问伦敦是否对那些地区享有权力，如果那样的话，德国“将很乐意看到英国将有效保护延伸到那里的德国定居者”[49]。英国人拖延几个月；出于自满和傲慢，他们的效率低得令人难以置信，外交部的格兰维尔勋爵和殖民部的达比勋爵（Lord Derby）一定被当成俾斯麦帝国的守护圣人。一直对格莱斯顿心存怀疑的俾斯麦把拖延解读为反德情感的证明，特别是因为英国人时而让人难以捉摸，时而主张对整个南非实行英国式的门罗主义。1883年底到1884年4月，俾斯麦决心让英国人面对既成事实；4月，他要求将鲁德里茨的领地安格拉佩克尼亚（Angra Pequeña）置于帝国的保护下；等到英国人发现俾斯麦不再像过去常常声称的那样不愿做殖民主义者时，为时已晚[50]。当他们意识到占领埃及让自己失去行动自由时，为时已晚。他们陷 411
入两难选择，一边是在埃及问题上寻求德国支持的需要，一边是南非提出阻止德国人入侵的最后请求。一位南非代表团成员语出惊人地向索尔兹伯里勋爵呼吁：“我的老爷，我们被告知德国人是好邻居，但我们更希望没有邻居。”[51]在波利尼西亚、非洲、中亚和美国西部，人们突然有了邻居，整个世界陷入提早到来的幽闭恐惧。

1884年8月，德国国旗开始飘扬在安格拉佩克尼亚上空，朝着想象中的伟大迈出第一步，尽管当时的有识之士认为，非洲西南部甚至不适合用作流放犯人的殖民地。英国人接受无法阻止的事实；在官方宣布几天前，安特希尔勋爵致信布莱希罗德：“殖民地问题以首相的胜利告终，如果可能的话，还会把他推上更高的神坛。”[52]随后，借助以强烈的反英元素为首要成分的法德同盟，俾斯麦加快行动[53]。当英国因为埃及和中亚而无暇旁骛后，凭借着欧洲大陆主要国家的外交支持或漠不关心，俾斯麦授权吞并更多土地（德属东非、喀麦隆和多哥兰［Togoland］)。

德国殖民主义无疑带有反英元素，布莱希罗德经常感受到它的回响*。众所周知，明斯特伯爵反对德国扩张，他写给布莱希罗德的信比他的官方报告更加直言不讳。1884年10月，他致信布莱希罗德，表示在与俾斯麦见面后，他觉得首相“能正确理解德国的殖民狂热，而许多着迷者却对其一无所知”。1884年圣诞夜，明斯特抱怨自己不得不应付德国对英国泼的各种“脏水”（*Pöbeleien*）。而且这些脏水并无必要：他对布莱希罗德保证，英国人不反对德国的殖民主义，甚至将其视作对法国和美国的制衡。“要不是知道我们德国人是什么样的理论贩子和巧舌如簧的演说家，是什么样的理想主义者（在远离我们的地方），我将无法理解为何我们的殖民热突然与狂热的沙文主义混在一起。”[54]† 令明斯特遗憾的事却受到另一些人的欢迎，比如彼得·萨布罗夫就致信俾斯麦说：“我们祝贺贵国的新殖民政策取得成功。”——因为它具有反英性质[55]。 412

布莱希罗德的多种利益让他了解支持和反对扩张主义的理由。

---

* 1885年，保守党内阁取代格莱斯顿，首相索尔兹伯里对德国帝国主义持不同看法：“通过在加罗林群岛和桑给巴尔岛做出让步，我在俄国、土耳其和埃及赢得俾斯麦的帮助。他很像犹太人，但总体而言物有所值。”引自保罗·肯尼迪，《萨摩亚纠葛：英美关系研究，1878—1900》（纽约，1974年），第48页［Paul M. Kennedy, *The Samoan Tangle: A Study in Anglo-American Relations, 1878–1900* (New York, 1974),p.48］。

† 明斯特本人从未接受德国的扩张主义。直到1890年，当俾斯麦已经下台后，他还在信中对布莱希罗德表示，即使“真正的成功也无法让他改变”对这种“殖民闹剧”的反对。他还表示：“如果非洲这个黑色国度不存在，我们外交官就没什么事可做。如果我们避开那里，如果愚蠢的德国人米歇尔没有染指那碗黑粥，我们现在就能心平气和地看着英国、法国、意大利、葡萄牙人和刚果会议为它争执不休。我们把这个角色留给俄国佬！！！您知道，这不是我的错。”明斯特致布莱希罗德，1890年6月30日、12月26日，BA。

但后世的历史学家只看到一个方面："汉泽曼和布莱希罗德……在说服俾斯麦实行殖民政策的过程中扮演并非不重要的角色。"尤金·斯塔利（Eugene Staley）更加言之凿凿，他问道："希望将私人资本投资到海外谋利的人的利益和影响对［俾斯麦转向殖民主义］产生重要影响吗？答案是肯定的。作为俾斯麦的银行家朋友，冯·汉泽曼和布莱希罗德对支持殖民政策施加巨大影响……"马克思主义历史学家把布莱希罗德视作帝国主义的主要操纵者之一，他们中的一位最近还给布莱希罗德贴上"支持殖民主义"（*kolonialfreudig*）的标签[56]。但他的确如此吗，或者说这属于历史学家们在只有飘忽的证据支持固定设想时所做的假设？俾斯麦常常对德国资本的怯懦表达愤慨，指责德国人不愿投资海外冒险，布莱希罗德是否印证这种说法，或者正是他引发这种言论呢*？

在对德国扩张主义的任何描述中都可以看到布莱希罗德的名字和资本。甚至在德国殖民主义的宣传筹备中也间接出现布莱希罗德的名字。1882 年，德国殖民联盟成立，口号是殖民地将提供广阔的新市场。这在正遭受又一波严重商业紧缩的德国（尽管 1879 年实行新关税）引发特别的共鸣[57]。一些政论家以及几位著名的民族自由党和自由保守党议员签名支持联盟的第一次请愿，比如与布莱希罗德关系密切的法恩布勒和弗里登塔尔。莱茵大实业家和民族自由党议员弗里德里希·哈马赫（Friedrich Hammacher）热衷殖民主义，包括他在内的少数人希望海外扩张能缓解国内的社会紧张[58]。

---

* 让热衷非洲的人士愤慨的不仅是德国资本家。索尔兹伯里勋爵的门徒哈里·约翰斯通（Harry Johnston）本人也是探险家，他给外交部的一位非洲事务官员写信说："英国商人是今天最不可理喻的人——他们希望政府为他们包办一切，自己却什么都不做。他们希望吞并、开放、教化、清理、打扫和装饰像乞力马扎罗这样的大片领土，然后交由他们开展方便和有利可图的买卖。"罗杰·路易斯，《大英帝国和德国在非洲的扩张，1884—1919》，收录于《英国和德国在非洲》，吉福德和路易斯编，第 14 页［Wm. Roger Louis, "Great Britain and German Expansion in Africa, 1884–1919," in *Britain and Germany in Africa*, ed. by Gifford and Louis, p. 14］。

但布莱希罗德没有签名。联盟的大部分普通成员是相对无名的市民，一些名人也逐渐加入。1885 年，联盟在柏林开设分会。“来自实业、银行、政界和学界的少数几个名字代表了具有重大影响的力量元素。”[59] 在这些重要人物中,柏林的“大银行”得到应有的代表，汉泽曼和代表布莱希罗德银行的施瓦巴赫都名列其中。不过，值得注意的是，布莱希罗德本人没有参加——尽管他通常并不习惯置身事外或甘当背景。

1884 年春，德国政府重新开始考虑之前提出的创立海外德国银 413
行的计划，该行将为德国的出口提供便利，打破英国银行对这个行当事实上的垄断。1884 年 5 月，帝国银行行长戴程德和他的老朋友汉泽曼、布莱希罗德以及西门子 * 等人进行商谈。银行家们对计划感兴趣，但想要政府也加入其中，并希望得到史无前例的特许权。俾斯麦感到失望，如果私人利益继续表示反对，他准备在秋天考虑设立政府银行。戴程德请求在与其他银行家商谈前先与布莱希罗德进行秘密会谈。最终，由于银行家们的谨慎和俾斯麦另有打算，计划没能实现 [60]。

在俾斯麦购买第一块殖民地（安格拉佩克尼亚）的过程中再次出现布莱希罗德的名字。早在 1884 年 6 月，就有传言说布莱希罗德和汉泽曼买下了鲁德里茨领地附近的某些所谓铜矿的所有权。领地获得德国保护后，鲁德里茨却没有钱维持他受人艳羡的领地，更别说发展了。1885 年春，他威胁将自己的权益卖给英国人，这让俾斯麦非常恼火。那将意味着德国的殖民活动迅速而羞耻地终结，也将刺痛新贵们自负的承诺。于是，施瓦巴赫、哈马赫和汉泽曼软硬兼施地迫使不情愿的鲁德里茨把领地卖给他们为此成立的财团。1885 年 4 月，又是在汉泽曼和布莱希罗德的牵头下，德国西南非洲殖民公司（Deutsche Kolonial-Gesellschaft für Südwestafrika）宣

* 格奥尔格 · 冯 · 西门子（Georg von Siemens，1839—1901），德国银行家。——译注

告成立，总资本为80万马克，其中20万马克由布莱希罗德署名提供。一位新公司的主要宣传者声称，在这样的“爱国责任”中，经济考虑应该被放在一边。出资者“在某种意义上做了牺牲”[61]。新公司的董事会包括哈马赫、乌耶斯特伯爵（布莱希罗德在赔本买卖中的老合作者）、施瓦巴赫和格奥尔格·布莱希罗德[62]。尽管事先获得某些税收优惠，公司仍然经历多年的停滞和不赚钱[63]。一位英国驻柏林大使馆的官员回忆起布莱希罗德的反应：

> 如果把安格拉佩克尼亚作为在非洲建立第一个落脚点的尝试，那么这次冒险没能获利。银行家布莱希罗德后来承认他损失了1万英镑。鲁德里茨发现那块地方全无价值，不愿再砸下任何资本。首相获悉此人考虑把那里卖给我们，他非常愤怒，因为那片定居点让他花了不少力气。于是，布莱希罗德不得不出资维持那一小片殖民地的运营，避免俾斯麦沦为笑柄。[64]

与他家结姻的汉泽曼的传记作者也遗憾地表示，汉泽曼拯救海外殖民地的爱国举动直到他1903年去世后才开始盈利[65]。

布莱希罗德学会躲避殖民主义的要求。俾斯麦曾支持过卡尔·彼 414
得斯（Carl Peters）在东非建立德国殖民地的计划，但希望不由德国政府而是由特许公司统治，效法经常被提到的东印度公司或北婆罗洲公司。德国东非公司应运而生，但从一开始，彼得斯的狂热自大、工作能力差和长期缺乏资金就让公司陷入困境。政府开始寻求帮助，但就像一位东欧史学家所说，“经验丰富的金融资产阶级强盗们”要求的保证超过政府或公司的承受能力。在威廉和莱茵兰银行家冯·德·海特的私人资金帮助下，该公司最终获救，但与后世历史学家的说法相反，布莱希罗德并未施以援手[66]。到了1886年夏天，俾斯麦本人也觉得没有必要再拯救东非公司：“他可以心平气和地设想东非公司破产，不担心我们的国家声望将因此受损……

对于我们的殖民政策，他仍然坚持遵循指导原则，但不会为德国开拓者铺路。”东非公司能干什么呢？咖啡种植园似乎是唯一不会与德国国内产品竞争的可行活动。“但谁来喝种植面积可达3万平方英里的全部咖啡呢？”[67]除了皇帝和海特，为该公司提供帮助的还有一些著名的犹太人或前犹太人银行，如门德尔松—巴托尔迪银行和罗伯特·瓦绍尔银行等——当重组后的公司罢免坏脾气的彼得斯时，他的偏执狂同事们开始愤恨地抱怨犹太人的阴谋[68]。

一旦俾斯麦为殖民主义亮起绿灯，所有的探险家和潜在的利文斯通都试图为自己建立小帝国。但殖民活动成本高昂，每次远征都需要特别筹资。布莱希罗德经常收到这类爱国冒险的求助，但他学会说不[69]。有时，他会提供一小笔启动资金。比如，1884年他给邓哈特（Denhardt）兄弟1000马克，后者多年来一直在探索东非沿岸的维图（Witu）周围的土地。1885年12月，邓哈特请求与布莱希罗德见面，好向后者报告为德国开设贸易区的进展，他称其为“中部东非”，包括今天的肯尼亚。几个月后，他再次写信给布莱希罗德及其助手格洛纳博士，请求额外资助。建立开发该地区的股份公司需要50万马克，他本人已经筹集一半，他想向布莱希罗德贷款至少5万马克，至多50万马克。如果没有这笔贷款，他将不得不将相关业务出售给英国人，后者非常急于抓住这次机会。当然，那将令德国的外交部和殖民活动的参与者非常失望。无论是否属实，贪婪英国人的幽灵是当时最受欢迎的借口，非常类似近代的反共需要。邓哈特问道，为什么德国资本宁愿支持非德国人的海外冒险，却忽视德国企业家的要求呢[70]？最终，1887年12月，经验丰富的 415
“不成功殖民计划专家”，霍亨洛厄—朗根堡家族的赫尔曼亲王（Prince Hermann zu Hohenlohe-Langenburg）出手相助，组建维图公司。布莱希罗德和其他几位显贵也象征性地贡献资金，公司前十八个月运营的收入是4120马克[71]。

上述对布莱希罗德参与德国殖民活动的简短描述足以证明，他从一开始就审慎介入建立海外德国殖民地的亏钱生意。从最初对萨摩亚的犹豫举动到非洲的几块殖民地，总能看到布莱希罗德的身影。不仅如此，他还帮助建立 19 世纪 80 年代的最大殖民帝国：利奥波德的刚果。他向殖民活动提供自己的名字和才能，还一贯低调地提供自己的金钱。

为什么他要这样做？按照许多著作的暗示或假设，最简单的答案是他想要赚钱。认同这种说法是对布莱希罗德金融智慧的侮辱；1885 年 8 月，当俾斯麦搞砸与西班牙人关于有望带来丰厚回报的加罗林群岛（Caroline Islands）的谈判时，就连布莱希罗德的儿子汉斯也表示，把钱投入非洲是“胡闹”，与太平洋正好相反 [72]。布莱希罗德可能相信殖民地的最终未来，相信它们将有潜力提供新市场或带来丰富的矿藏资源吗？他认可身边的殖民狂热者提出的任何标准的经济理由吗？证据显示出他没有。他似乎也不相信近来大受吹捧的社会帝国主义观点，即 19 世纪 80 年代的激进分子应该已经意识到，德国的殖民主义可以“输出”国内的社会问题，甚至可能将其扼杀。布莱希罗德无疑认同上层阶级对各类革命者的恐惧，特别是对社会民主党。不过，他关于如何对付革命者的想法远比社会帝国主义者的计划原始：他基本上认为镇压就够了 *。简而言之，完全没有证据显示出布莱希罗德在任何时候接受过德国殖民主义的任何经济或理念观点。在他的书信中找不到任何这类情感的回响，没有一封信表达殖民热情。在他的通信者中，明斯特式的偏执比利奥波德式的自私热情更典型。另一方面，布莱希罗德的行动虽然谨慎，但始终显示出对殖民主义的适度支持。

---

* 1883 年 4 月，他致信利奥波德国王说：“如果欧洲政治目前风平浪静，那是因为各国间的关系非常好，至少从外部看来如此。不过，必须承认几乎所有国家都受到这样或那样的急迫问题困扰，其中最重要的是社会运动。各国很快将不得不共同采取有效措施对付这些煽动者。”他依次讨论各国形势，希望诸如德国的反社会党人法案等措施成为有效救济。布莱希罗德致利奥波德二世，1883 年 4 月 23 日，BA。

为什么他要支持德国的殖民主义？首先，他也许对德国的扩张持有同俾斯麦类似的务实观点。他几乎肯定和俾斯麦一样担心，德国工业需要自由进入海外市场，但法国等保护主义势力的侵扰将破坏这个目标。他也许还像俾斯麦和德国政府的其他成员那样，对殖民地感到某种“关门恐慌”。如果有殖民赛跑的话，德国人必须“足够强硬地”（man enough）参与和胜出*，必须抢在其他国家之前。布莱希罗德无疑相信，德国的海外利益值得保护，这从他在罗马尼亚的漫长斗争中可见一斑。此外，他从未低估国家声望的重要性；银行家们善于利用自己的地位，因此他们也许比大多数人更清楚声望能反映和增强力量。他明白，殖民主义也许有助于俾斯麦在选举年大力推行反自由主义路线。他本人对激进分子的看法或许比俾斯麦更复杂，但同样不客气。 416

俾斯麦和布莱希罗德观点可能存在模糊的共鸣。但更重要的是，布莱希罗德支持殖民主义的原因是俾斯麦和德国政府希望他这样做，因为俾斯麦对德国商人在推动德国海外利益时的犹豫非常愤怒，不希望他的私人银行家也让自己失望。想要理解布莱希罗德为何支持殖民主义，也许应该先搞清楚如果他不那么做会发生什么：他本人或者殖民活动将会名誉扫地。有他参与的冒险受人尊敬，并获得商业上可靠的光环。布莱希罗德明白，他的银行参与与否将反映俾斯麦的意图†。简而言之，布莱希罗德受制于自己的地位，如果想要保住在德国银行家中的特殊地位，他就不得不支持政府。

---

* 这个词来自约瑟夫 · 康拉德（Joseph Conrad）的《黑暗之心》（*Heart of Darkness*），它让人想起对于探险家、商人和政客而言，寻找殖民地是男子气概的冒险。这也是需要被铭记的扩张主义动机。

† 以 1886 年 7 月施瓦巴赫写给德国驻中国大使的信为例。信中表示，由于中国正与“法国发生军事纠纷”，他无法贷款给中国。这会让“德国遭遇不利的指责，因为所有人都认为——无论正确还是错误，我甚至可以说是错误的——这笔贷款得到亲王的特别许可”。引自赫尔穆特·施托克，《19 世纪的德国和中国》（东柏林，1958 年），第 279 页［Helmuth Stoecker, *Deutschland und China im 19. Jahrhundert* (East Berlin, 1958), p. 279］。

这样看来，霍布森关于犹太银行家是帝国主义重要支持者的观点有了新的解释，至少适用于德国犹太人。他们的参与（在我看来，他们常常是不情愿的）也许源于他们特别难以承受的来自国家的任何压力。他们总是特别乐意证明自己爱国，因此最难以质疑国家观点。随着 19 世纪 80 年代反犹主义在俾斯麦时代达到高峰，这种情况变得尤为突出。反讽的是，反犹主义在某些领域与殖民主义走到了一起。

因此，布莱希罗德的故事反映了俾斯麦经常被人遗忘的观点， 417
即德国银行家过于谨慎，不愿冒险投资殖民活动。它还证明，俾斯麦不是贪婪的金融资本家的工具，银行家们反而常常执行或预判俾斯麦的意志*。如果德国殖民主义没有在 19 世纪 80 年代兴起，布莱希罗德或他的朋友们也不太可能发明它。

这种冷淡一定程度上源于他们热衷于另一种形式的剥削：他们常常以苛刻的条件把钱借给欠发达国家，希望既能扩大商业机会，又能收获比国内投资更高的利润。俾斯麦被罢免约一个月后，布莱希罗德前往外交部拜会马克斯 · 冯 · 贝谢姆（Max von Berchem），后者是俾斯麦后期商务政策的推动者。贝谢姆为新上任的外交国务秘书，概括这次谈话：布莱希罗德表示，君士坦丁堡的德国债券持有者对他提出的新安排感到满意，他希望当地的帝国使馆能继续支持他的银行的利益。贝谢姆不置可否。然后，布莱希罗德又通报德国和意大利的金融集团已经达成协议，德国利益方将接管意大利人的某些运作。贝谢姆报告说：“按照最高指示，我趁机指出，陛下对［布莱希罗德］参与该协议的达成感到高兴。”贝谢姆还表示，

---

* 这还让人想起 1711 年丹尼尔 · 笛福（Daniel Defoe）的断言：与其说“有钱者必有权”，还不如说“有权者将有钱”。引自《献给刘易斯 · 纳米尔爵士的文章》，理查德 · 帕尔斯和泰勒编（伦敦，1956 年），第 53 页［*Essays Presented to Sir Lewis Namier*, ed. by Richard Pares and A. J. P. Taylor (London, 1956), p. 53］。笛福的话是我的朋友罗伯特 · 韦布（Robert K. Webb）告知的。

德国政府希望英国“大金融集团”也能加入那家意大利公司，尽管布莱希罗德认为，从纯金融角度来看没有必要。随后的话题是奥地利的财政，特别是因为布莱希罗德刚刚带着重要信息从维也纳回来。接下来，布莱希罗德又谈到俄国财政；为了购买一系列小型俄国铁路，俄国财政部长伊凡·阿列克谢耶维奇·维什涅格拉茨基（Ivan Alekseyevich Vishnegradski）新发行3亿马克贷款。德国政府对这笔贷款有何看法？贝谢姆认为，柏林持有的俄国债券已经减少到之前的三分之一，不应该再次增加。虽然布莱希罗德回应称，维什涅格拉茨基的经济状况很好，但贝谢姆反驳说：“波斯国王的状况也很好，因为他像维什涅格拉茨基先生一样不关心自己国家的物质利益。”[73]

这是关于布莱希罗德当时感兴趣的一番常规谈话，内容包含整个世界，盘点涉及与土耳其、奥匈帝国、意大利、英国和俄国的政治经济关系。有时，布莱希罗德也会和贝谢姆或卡普里维讨论他和德国政府感兴趣的其他地区，如东欧国家、埃及、墨西哥、中国和 418
美国。由于布莱希罗德和帝国政府的兴趣遍及世界，他们保持着最亲密和互利的接触，就像在俾斯麦时代那样*。

经常有人表示，比起包括管理和保护殖民地的正式帝国主义，非正式帝国主义的回报要高得多，风险则低得多[74]。如果“帝国主义”一词被扩展到用来表示某个国家或国际集团对另一国的财政政策的控制，那么布莱希罗德无疑参与了帝国冒险。也可以从另一个角度看待他变化不定的兴趣：从一开始，他的银行和欧洲的其他许多商

* 汉堡大金融家马克斯·瓦尔堡（Max Warburg）曾清晰地描绘德国银行家与德国政府的关系。他的纽约合伙人试图让他对某些日本贷款感兴趣，瓦尔堡在日记中写道，他“驱车前往柏林的外交部，就像所有优秀银行家在这种情况下都会做的”。简而言之，在把钱投到国外前，你先请示外交部。引自阿尔弗雷德·瓦格茨，《瓦尔堡公司，德国世界政治中的一家银行，1905—1933》，刊于《社会经济史季刊》，1958年第45期，第302页［Alfred Vagts, “M. M. Warburg & Co. Ein Bankhaus in der deutschen Weltpolitik 1905–1933,” *Vierteljahrsschrift für Sozial-und Wirtschaftsgeschichte,* XLV (1958), 302］。

业银行家就专门为政府运作贷款。进入 19 世纪后，大多数发达国家逐渐可以通过税收或发行只需银行家提供例行服务的贷款筹集到足够的钱。于是，这些银行家开始转向还没有足够现代化的国家，如奥斯曼帝国这样的老朽帝国或者它名义上的属国埃及，或者像俄国这样处于现代化过程中但仍然落后的国家，或者像塞尔维亚和保加利亚这样的新国家。金融独立需要一定水平的金融知识，需要合理的管理结构和总体上诚实的官僚体系，还需要对政体的政党达成些许共识。如果没有这些先决条件，政府经常将被迫依赖外国银行家筹集初级运作所必需的资金。国家越不发达或越动荡，风险就越高，需要用更高的收费和更苛刻的条件来补偿，可能的收益与安全成反比。同样需要的还有更好的判断，指导何时和以什么价格发行贷款。在与外国政府打交道方面——本国政府也总是对此感兴趣——布莱希罗德成了国际认可的权威。他无疑属于“国际大银行家”群体（霍布森所说的恶棍），他们一直明白，繁荣而独立的国家是最好的客户[75]。

没有必要回顾布莱希罗德的每次外国冒险，举几个典型的例子就够了。他很早就卷入奥斯曼帝国不幸的财政。从 1854 年到 1875 年，奥斯曼政府共借了 2 亿英镑的外债，新贷款被用来偿还先前的贷款和满足奢侈生活：据估计，只有不到 10% 的贷款“被用于增强该国的经济实力”[76]。欧洲病夫也是个穷人。1875 年，奥斯曼政 419
府将现有债务的利率减半，一年后完全停止付息。巴尔干叛乱和俄土战争完成了剩下的工作，甚至最强硬的欧洲债主（贪婪让他们变得容易受骗）也开始绝望。在柏林会议和最迫切必要的驱使下，土耳其政府于 1881 年颁布了著名的《穆哈兰姆月法令》（*Decree of Mouharrem*），重组整个债务结构，并第一次允许欧洲人控制帝国的部分收入。名为奥斯曼公共债务管理局的机构应运而生，该机构由七名成员组成，代表国内外的主要债券持有人。在德国外交部的帮助下，布莱希罗德银行获得任命德国代表的权力，因此布莱希罗德的话对博斯普鲁斯海峡具有一定的分量[77]。

柏林大会后，特别是英国占领土耳其的埃及行省后，阿卜杜勒·哈米德（Abdul Hamid）苏丹成了坚定的亲德派，而俾斯麦虽然一直害怕德国被卷入近东一触即发的紧张局势，但随着对俄国的敌意更加担忧，他也相应地缓和对土耳其的态度。于是，他允许几位俄国士兵向遭受重创的土军提供建议，支持德国扩大在当地的经济活动，并欢迎布莱希罗德对土耳其财政时刻关注[78]。布莱希罗德在君士坦丁堡的第一位代表是商务顾问普利姆克（Primker），此人曾为德国政府担任法律顾问。

布莱希罗德对土耳其的胃口大起来。1882 年，作为公共债务局的成员，他受到无所不在的希尔施男爵启发，试图会同一个奥地利财团修建一条连接土耳其和奥匈帝国的铁路。布莱希罗德显然希望俾斯麦为这次冒险提供特殊保护，于是请求哈茨菲尔特和拉多维茨为自己向俾斯麦说情，但后者拒绝一切保护。俾斯麦告诉对该项目感兴趣的奥地利政府，他必须“对奥地利人的通信中提到的谈判极其小心，因为谈判中有他的银行家的名字，因为亲身经验不幸地告诉他，丑闻散布者多么乐意利用这样的机会”。事实上，一家德国报纸已经谴责“某个特别种族的特别成员”在搞金融阴谋，假借德国的庇护剥削土耳其[79]。

1883 年，公共债务局将土耳其烟草收入的管理权出租给一家新的公司，简称“专卖公司”（Regie），由布莱希罗德银行、罗斯柴尔德所有的维也纳信贷公司和奥斯曼帝国银行组成。专卖公司每年必须支付 75 万土耳其镑的租金，并在收入超过支出 8% 以上时分享利润[80]。德国官场祝贺布莱希罗德的这次运作取得成功，并纷纷向他提出专卖公司的管理者人选。德国驻君士坦丁堡大使拉多维茨（也是布莱希罗德的朋友和客户）敦促他不要任命某位泰斯塔先生 420
（Mr. Testa），此人与德国大使馆关系密切，不宜担任此职。“必要的工具应该保持纯洁，好让它们不失锋芒。鉴于您比任何人都更尊重政治工作，我确信您将认同这点的重要性。”经过大量书信往来，布莱希罗德接受拉多维茨提出的人选巴尔塔齐（Baltazzi）[81]。

但布莱希罗德对奥斯曼帝国的兴趣不仅是扮演遥控的财政总督；他在希尔施庞大的土耳其铁路网络中拥有一笔不算大的股份，价值约为 150 万马克。1886 年冬，希尔施决定出售自己的巨大战略性资产。布莱希罗德可能第一个提醒俾斯麦和德国外交部注意这笔极其复杂的意向交易。1886 年 11 月，拉多维茨对布莱希罗德承诺：“如果他问我，我将总是愿意支持你在这里代表捍卫德国资本的利益。”他还表示：“对于总体的政治前景，特别是东方事务，在贝伦街的你无疑要比在金角湾的我理解得更好。”[82]

不过，即使布莱希罗德和俾斯麦有时也难以理解东方的纠葛。把铁路卖给财团前，希尔施必须与苏丹完成财务清算。布莱希罗德在写给俾斯麦的私信中表示：“尽快完成清算对于德国利益同样具有最深远的意义，最好与土耳其政府直接达成协议，因为仲裁程序肯定会造成拖延。”[83]

欧洲各国政府同样有理由担忧可能的买主；最初的传言是俄国人将买下它，但通过在圣彼得堡的朋友萨克，布莱希罗德获悉真相。经常从布莱希罗德那里获得消息的奥地利外交部长非常希望阻止法国对土耳其政府施加更大影响，英国驻君士坦丁堡大使同样支持德国涉足当地，因为这必将激起俄德对立。这笔交易涉及很高的经济赌注：据估计，通过二十多年来修建的东方铁路，希尔施的总收益达到可观的大约 1.5 亿法郎，其中很大一部分被用于东欧犹太人的慈善项目。希尔施以一己之力扮演土耳其财富的再分配者[84]。政治赌注同样很高：大国们对土耳其的财富拥有战略利益。如果新流入的资本让此前置身事外的国家登上舞台（比如德国），那么政治平衡也会受到影响。俾斯麦不愿因为巨大金融利益的突然闯入危及他在政治上的超然，特别是因为他认为土耳其财政岌岌可危。

1888 年 2 月，施瓦巴赫向外交部保证，希尔施将不会在柏林找到任何可能的买主；人们对土耳其的偿债能力没什么信心，事实上，布莱希罗德还试图摆脱他持有的相对较小的投资[85]。两个月后，德意志银行的格奥尔格·冯·西门子通知外交部，表示他对希尔施的股份感兴趣，因为这样的安排将避免德国资本流入更不安全的地方（俾斯麦在这里打了问号），并阻止法国利益的扩大。不过，“只有帝国政府不从政治角度提出反对”，他才愿意与希尔施进行谈判。尽管俾斯麦把法国人的进入看作加剧英法对立的途径（“英国人的反法兴趣对我们有利”），他还是正式批准西门子的计划，并承诺提供外交支持。但他警告说，不要以为德国政府会在未来中东的任何纠纷中保护投资者[86]。 421

这是德国决定性地进入奥斯曼帝国的开始信号，西门子和德意志银行为其提供保护。俾斯麦建议让英国或法国人也参与进来，而奥地利外交部长卡尔诺基（Kálnoky）则哀叹“奥地利和德国的金融家一个比一个怯懦”[87]。在卡尔诺基的抱怨基础上，布莱希罗德进一步指责银行家们不够爱国，特别是对土耳其业务不太感兴趣的奥地利罗斯柴尔德家族。1888 年秋天，布莱希罗德从奥斯坦德致信俾斯麦，告知多位金融家正在那里“商谈修建亚洲铁路。如果德国参加的话，那么德国工业应该通过提供铁路材料和铁轨获利”[88]。如果德国工业盈利，那么在其中拥有利益的布莱希罗德也会获利。在外国冒险中，银行和工业经常具有共同利益，这种联系是所谓的金融资本或金融帝国主义的核心。

1888—1889 年，德意志银行大举进入：它首先为苏丹提供一笔贷款（英法主导的奥斯曼帝国银行拒绝提供），然后接管和大大扩张希尔施公司的规模，并朝着柏林至巴格达铁路迈出决定性的第一步。

布莱希罗德扮演先驱者角色，尽管并不显眼。在土耳其还很少有德国投资的时候，他是监督土耳其财政的国际机构中的重要德方代表[89]。在烟草专卖公司，他扮演同样重要的角色，并无疑获利颇丰——尽管参与土耳其财政也导致他被卷入一起累人的诉讼：德国的债券持有人泡姆加藤伯爵夫人（Countess Paumgarten）起诉布莱希罗德对股东的利益管理不当。案件经过多次审理，直到布莱希罗德死后才判决他胜诉[90]。新的安纳托利亚铁路的修建由工程师奥托·卡普（Otto Kapp）监督，此人最初是在布莱希罗德的请求下开始关注土耳其铁路的[91]。

介入土耳其事务也让布莱希罗德可以向朋友们提供照顾。他在君士坦丁堡的最后一任代表是鲁道夫·林道，此人在俾斯麦下台后失去工作而且不被赏识。他对布莱希罗德保证："我从未忘记是您的友谊让这成为可能。"[92]

当布莱希罗德在博斯普鲁斯海峡有了一定的根基和权力时，他 422
更有冒险精神的西欧同行们则扑向埃及。从 19 世纪 50 年代到 70 年代末，埃及就像是吸引冒险家的磁石：资源匮乏但充满梦想的埃及渴望现代化，它的统治者伊斯梅尔总督（Khedive Ismail）试图让国家和自己富起来。受人尊敬的银行家和商人纷至沓来，投机者和股票经纪人也随后到来——他们中的许多人就像秃鹫般蜂拥扑向债务缠身的埃及。埃及不止是糟糕财政管理的奇葩，不仅有总督的习惯性破产——欧洲银行家们总是利用这点，试图从埃及的混乱中挤出最后一点可能的利润，就像总督剥削和驱使他挨饿的臣民那样，埃及也是一个极具战略意义的国家。拿破仑让这种意义戏剧化，而在他侄子的统治下，德·雷赛布修建的苏伊士运河增强了那种战略地位，并使其变得无法回避。

法国、英国的领导人把埃及视作他们帝国的有缺陷基石，或者就像俾斯麦曾经在谈到英国时所说的："埃及就像帝国的脊索，连接着脊椎骨和大脑。"[93] 除了政客，银行家和数以千计的债券持有人同样对这个国家的未来怀有强烈的兴趣。从 1875 年迪斯累利买下苏伊士运河的股份到 1878 年罗斯柴尔德家族提供的第一笔贷款，到 1880 年总督下台，到 1882 年英国占领埃及（布莱希罗德的对头格莱斯顿不情愿地做出这个决定），再到以后的几十年间，那个国家一直被困于欧洲政治和金融的漩涡中。在令人沮丧的依赖状况下，它令自己感到害怕，对其他国家则是昂贵的诱惑，这幕景象让高尚者学会刻薄，让刻薄者变得绝望和残忍[94]*。

布莱希罗德通过与罗斯柴尔德家族和德国官员们的通信关注着埃及事务，大多出于一个嗅到不确定收益的银行家的视角。1882 年 6 月，当民族主义叛乱让开罗陷入混乱并可能导致英法干预后，布莱希罗德向俾斯麦报告说，“恐慌”袭击伦敦和巴黎的股价，由于没有别的政治事件发生，这一定是由于英法在埃及的数以百万计资本受到威胁[95]。德国在埃及的经济利益微不足道[†]。就像兰格[‡]所说：“巴黎和伦敦的犹太人大银行——如罗斯柴尔德家族、弗鲁林家族 423
（Frühlings）、奥本海姆家族和毕肖夫斯海姆（Bischoffsheim）——都以高贴现率发行贷款，并收取高额佣金。”[96] 无论如何，在被英国人占领时，埃及的公共债务已经升至近 1 亿英镑，每年的利息支出达 500 万英镑，而政府的总年收入只有 1000 万英镑[97]。布莱希罗德也许拥有附带利益，但重要性微不足道。不清楚他是否像银行家同行们一样普遍保持谨慎，还是曾有意获得更大份额，只是没能

---

* 埃及也不乏传言。比如，当时有传言说，为了让总督下台，罗斯柴尔德家族曾“求助俾斯麦，后者自从法兰克福的岁月后一直向这个犹太人大家族提供某种令人不齿的保护”。维尔弗里德 · 布伦特，《英国占领埃及秘史》（伦敦，1907 年），第 65—66 页［Wilfrid Blunt, *Secret History of the English Occupation of Egypt* (London, 1907), pp. 65–66］。

† 而且很难评估。1876 年，当控制埃及财政的第一个国际机构“公共债务局”（Caisse de la Dette Publique，与土耳其的类似）成立时，其中甚至没有德国代表。1884 年 4 月，格兰维尔勋爵写道：“德国在债务局的经济利益不超过可怜的 100 万马克。”6 月，俾斯麦对“1 亿马克德国人的钱被投入埃及证券”表示惊讶。格兰维尔的数字更接近事实。埃德蒙 · 乔治 · 菲茨莫里斯，《格兰维尔勋爵传》（伦敦，1905 年），第二卷，第 339 页［Edmond George Fitzmaurice, *The Life of Lord Granville* (London, 1905), II, 339］；保罗 · 克纳普伦德编，《柏林大使馆来信，1871—1874，1880—1885》（华盛顿，1944 年），第 232—233 页［Paul Knaplund, ed., *Letters from the Berlin Embassy, 1871–1874, 1880–1885* (Washington, 1944), pp. 232–233］。

‡ 威廉 · 兰格（William L. Langer，1896—1977），美国历史学家。——译注

成功。

1882 年英国人占领埃及后，情况有了变化；英国总领事伊夫林·巴林爵士（Sir Evelyn Baring，后来的第一代克罗默勋爵［Lord Cromer］）对埃及实现有效控制，在处理如何既满足欧洲债券持有人的利益又不导致埃及经济完全瘫痪的紧要问题时，他得到 26 岁的专家埃德加·文森特（Edgar Vincent）的帮助。后者在 20 世纪 20 年代成为英国驻柏林大使，获得"德国护国公"的绰号[98]。在法国人的主导下，债务局想要收回某些埃及官员可能借过的每一个苏，即使他们常常没有收到钱；而英国人则认为当务之急是建立一个最低限度上稳定和能够运行的国家。俾斯麦也会间歇性地介入，主要是为了让英国人感到（和反感）他们有赖他的好意。经过三年的占领，英国人迈出拯救埃及债务的第一步，他们安排了 940 万英镑的新贷款，利率为 3%（即便是十年前，30% 的利率也不算罕见），并得到债务局六国代表的担保——为此，德国和俄国也被吸纳为成员。

布莱希罗德向俾斯麦提出他本人对贷款条件的建议；他推荐 3.5% 的利率，但遭到外交部的反对。最重要的是，布莱希罗德银行被指定为 1885 年新贷款（第一笔真正受到信赖的贷款）的唯一支付代理[99]。就埃及债券而言，布莱希罗德为自己在德国赢得独一无二的地位——但他马上希望获得更多。在此过程中，他越过自己的底线。1886 年 3 月，他向俾斯麦递交正式请求，希望后者授意开罗债务局的德国代表，让布莱希罗德银行也被指定为过去发行的所谓统一和优先埃及债券的支付代理。布莱希罗德声称，新的 3% 利率的贷款引发德国资本家对埃及债券的兴趣，但必须通过把票据提交给巴黎或伦敦的指定银行来将对他们造成不便。在之前与俾斯麦一次谈话的鼓励下，布莱希罗德一改平日的谨慎，直接与德国代表里希特霍芬男爵（Baron Richthofen）接洽。里希特霍芬表示，他需要俾斯麦对此的特别授权，尽管埃及官方很乐意接受布莱希罗德的方案。与此同时，俾斯麦也咨询了财政部长阿道夫·冯·朔尔茨，但后者反对布莱希罗德的请求："让德国资本市场轻易获得埃及债券对我们的状况没有好处。"不仅不应该加大对埃及资产的投入，从而导致增加政治负担—— 424

> 政府还必须拒绝支持国内资本在国外寻求更高利率的任何举动，特别是当这类票据的信用可疑，就像眼前的埃及债券，损失资本或利息的危险很大。我认为，还有必要尽可能地把国内资本留给国内用途和企业，在发生不测时也能用于我们自己的国家信贷。少数个人银行家的经济利益很难比得上这些重要考虑。

如果有人向他征询意见，朔尔茨本来还会反对在柏林设立新贷款的代理机构[100]。布莱希罗德的做法和请求内容触怒德国政府的多个部门；枢密顾问冯·布劳尔代表俾斯麦正式指责布莱希罗德，并告诉开罗，布莱希罗德因为"行为不端"受到训诫[101]。

布莱希罗德对这类指责已经不太习惯，他深感懊悔，但也非常执拗。他用最浮夸的口气给俾斯麦写信，并在信的最后表示，如果完全把事情澄清，"我相信阁下不会对我的行为那么严厉，我也不会因为被回绝而那么痛苦"。他曾试图通过在埃及的一位共同的熟人间接接洽里希特霍芬，从未想过干涉官方事务。他希望这番简短的解释能让俾斯麦"息怒"[102]。也许下属们夸大了俾斯麦的愤怒，他们总是嫉妒布莱希罗德。俾斯麦比大多数人更能理解利益的诱惑。

不过，这对布莱希罗德来说仍然是尴尬的挫折。尴尬发生时，他的儿子汉斯碰巧（更可能是有意的）在开罗，后者前往那里的理由可能不仅是旅游。其他德国银行也在推行类似的计划，包括汉堡的贝伦家族（Behrens）。但盖尔森不得不暂缓自己的行动。8月，他直接向埃及政府提出请求。1886年10月，他又给俾斯麦写了八页长的信。这次，他给出更加有力的理由：在此期间，即使没有德国的支付代理人，即使必须“痛苦地”在巴黎或伦敦兑现全部票据，埃及债券仍然变得极为流行。布莱希罗德还表示，埃及政府支持设立德国代理机构，除了为投资者提供方便，它认为这样的机构也许还能终结法国和英国在清算德国与埃及贸易时的中间角色。“我希望阁下不再反对埃及政府的努力，在这样的动议被提交给债务局时马上授权德国代表批准它，这更多并非为了增加［我的］利益，那实在算不上什么，而主要是为了德国资本的利益，让它享有和英法 425
资本家同样的优势。”[103] 这次，外交部的专家们支持布莱希罗德的请求，尽管可能出于他们自己的理由。布劳尔回复俾斯麦说，鉴于德国资本家倾向于在国外寻求更高利率，最好把这些资本导入国际市场，而不是让东欧债券进一步增加。投资于俄国债券的金额已经“惊人”。俾斯麦也反对投资巴尔干，他授意外交部将新政策通知财政部长朔尔茨，并授权开罗的里希特霍芬做好必要安排[104]。

朔尔茨没有被征询意见，只是被告知俾斯麦已经改变主意，因为分化海外的德国资本将把政治困难降到最低：“除了数十亿俄国债券，德国市场上的奥地利、塞尔维亚和土耳其债券也已经到了令人担心的规模。”[105] 俾斯麦原则上同意布莱希罗德的请求，但具体方式还有待在开罗做出，并需要经过开罗和柏林的协商。布莱希罗德提交的建议不仅将让他获得债务局向伦敦和巴黎银行支付的 1% 佣金的八分之一和开支，他还希望通过按照法郎对英镑的固定汇率赚钱，这将让他按照更优惠的每日汇率获得更高的收入。又经过几个月的角力，柏林获得英国政府和伦敦罗斯柴尔德家族的许可，布莱希罗德终于被任命为早前贷款的支付代理人，但他必须按照每日汇率支付给德国债券持有人。支付代理人的主要和可观的利润源于这样的事实：将要支付给债券持有人的钱被存在布莱希罗德的银行，他可以在收款人和付款日之间利用这笔钱，即使只有几天；巨大的金额足以使其成为可观的业务。到了 1887 年 3 月，布莱希罗德在埃及债券中大大提升的角色正式获得承认[106]。

布莱希罗德的成功与其说得益于俾斯麦的关照，不如说要归功于后者外交政策的逐步转型。到了1886年，他试图在埃及事务上稍稍变得亲英，部分原因是法俄和解的初步迹象让他不安。他还试图阻止德国资本流入俄国。出于上述原因，他支持布莱希罗德扩大在埃及的角色——他的支持力度如此之大，以至于到了1889年，他本人也投资了将近15万马克的利率4%的埃及债券[107]。

布莱希罗德的成功很快带来更多苦恼。1888年，新的危机爆发，起因显然是新发行的贷款：布莱希罗德在柏林的朋友和偶尔的对手阿道夫·冯·汉泽曼入侵他的地盘。布莱希罗德陷入史无前例的恐慌，他给自己的客户和德国驻伦敦大使哈茨菲尔特写了两封信，请求他在埃及事务中提供帮助。哈茨菲尔特应该提醒与汉泽曼合作的伦敦 426
罗斯柴尔德家族，他们高估了汉泽曼与德国外交部的关系，而布莱希罗德本人与俾斯麦的关系重要得多。布莱希罗德对自己在埃及的地位感到担心，此事“对他的银行至关重要”；他甚至不加掩饰地承诺让债务缠身的哈茨菲尔特全面参与埃及贷款，并在墨西哥冒险中扮演更加重要的角色。这是留存下来的布莱希罗德商务信件中最急迫的求救信号[108]。最终，他的努力获得成功，保住独一无二的地位。

布莱希罗德在埃及事务上表现出不寻常的执着，为了捍卫自己的地位不惜对最亲密的政治和金融盟友采取不寻常的严厉手段，这暗示他为了自己的利益可以成为可怕的对手。他在埃及的固执与他在德国自己的殖民地的谨慎举动形成鲜明的反差。埃及业务属于他的特别领域：为政府贷款服务。他获得的利润——1%佣金的八分之一和所存资金的利息——不可能很高，但他的许多业务都建立在这样的可靠收入之上，来自每周数以百计的贷款。从他向哈茨菲尔特的请求来看，他真正担心的是自己在银行界的地位。在这点上，银行业和政治相类似：威望和权力（或收益）不可分割，银行家之间的同盟可以很容易变成对立，就像国家间的同盟那样。对于俾斯麦和布莱希罗德而言，永远的怀疑是权力的代价，尽管两人处于不同层面*。

1886—1887年，俾斯麦希望德国的对外投资不再压倒性地集中在东欧，这同时反映了短期政治考虑和长期商业现实。德国的对外贸易绝大部分位于欧洲的保护主义市场；如果想在高度竞争的新市场发展贸易，德国资本和银行设施的先行进入将带来便利。一位英国史学家最近指出，1914年前，“德国只在四块地理区域有可能通过竞争胜出——近东和中东（特别是小亚细亚、黎凡特和波斯湾）、赤道非洲、中南美洲、中国和远东。在所有这些地区，它都面临着激烈的挑战，在1914年之前的十年间进展甚微”[109]。

布莱希罗德对德国的影响力进入这些地区做出贡献。他在中东扮演开拓者的角色。1888年，布莱希罗德让德国的影响力进入另一个国家：在墨西哥政府迫切需要欧洲帮助的时候，他为其组织巨额国际贷款。墨西哥的需求很大，但欧洲人兴趣寥寥；德国驻墨西哥大使认为，墨西哥政治健康发展的唯一保证是总统波费里奥·迪亚兹（Porfirio Díaz），其他迹象都不乐观。由于所有人的怀疑，布莱希罗德可以为自己的财团（包括几位英国银行家）要求格外有利的条件。这些银行将为墨西哥政府提供105万英镑，关税收入的23.5%将作为担保，利率被定为6%，银行家将得到1.25%的开支 427

* 几乎与此同时，布莱希罗德还同样努力地争取让西班牙政府任命他为西班牙国债的唯一德国代理人。他授意自己的客户，德国驻马德里大使索尔姆斯伯爵（Count Solms）确保他从西班牙政府获得这项特许权。索尔姆斯报告说，德意志银行和门德尔松家族也在争取同样的特权——他试图用昂贵的消遣拉拢西班牙部长们，这是影响他们的最佳方式，但他难以承担。索尔姆斯还说，西班牙财政部长支持布莱希罗德，因为“您代表了柏林最有影响的银行”。德国政府拒绝介入；最终，布莱希罗德获得任命，然后请求索尔姆斯再为他寻求一枚西班牙勋章。作为回报，索尔姆斯继续获得布莱希罗德的财务建议，开始投资埃及债券。索尔姆斯致布莱希罗德，1885年1月23日、1月24日、2月2日、3月19日，1886年3月10日，1887年2月1日，BA。

补贴和 0.25% 的贷款服务佣金，发行价将是票面价格的 70%。此外，协议还包含一个秘密条款：布莱希罗德将获得未来所有墨西哥贷款的期权。债券被超额申购二十倍："债券受欢迎的一个重要因素是参与交易的银行家们的显赫地位。"[110]

布莱希罗德试图确立自己在墨西哥的垄断地位，就像罗斯柴尔德家族在巴西所做的——至少德国驻墨西哥大使如是向俾斯麦报告[111]。一年后，新的墨西哥贷款引发激烈竞争，布莱希罗德最终胜出——他利用了各种手段，甚至有传言说，他向墨西哥财政部长提供了 30 万英镑的秘密"佣金"[112]。布莱希罗德大费周章地保持在墨西哥的地位，但逐渐被他的继承者们丢失。他第一次涉足墨西哥事务时正值美国、英国和德国商业利益竞争加剧；德国贸易继续落后于其他两国，但若非布莱希罗德的举动，情况还会更糟。这个十年通常被称为"布莱希罗德时代"，德国对墨西哥出口增长四倍。当然，布莱希罗德扮演间接角色，正如他送给墨西哥政府的两支克虏伯枪所象征的。此举是为了向政府和克虏伯公司示好，他曾为双方筹资，还支持它们在其他地方寻找新的市场[113]。

布莱希罗德在墨西哥冒险中下了大赌注，并鼓励其他人效仿。这对他是一项利润极其丰厚的买卖。俾斯麦追随他投资墨西哥债券，就像之前投资埃及债券那样。但布莱希罗德还计划让广大公众相信墨西哥的前景远大而美好；就像我们看到的，他资助友人保罗·林道的美国和墨西哥之行，后者承诺对墨西哥进行"引人入胜的描绘"。布莱希罗德死后，墨西哥冒险变得更加艰难，施瓦巴赫与厄内斯特·卡塞尔爵士（Sir Ernest Cassel，爱德华七世国王的银行家）在这个问题上发生争执[114]。

俾斯麦的大胆商业想象和德国资本家的谨小慎微形成鲜明反差，这个特点也体现在德国与中国的关系上。德国人的第一次中国考察发生在 19 世纪 60 年代俾斯麦上台伊始，船上搭载着一批当时 428
无籍籍名但后来事业辉煌的年轻人，比如后来成为布莱希罗德朋友的拉多维茨和马克斯·冯·勃兰特。19世纪80年代，俾斯麦提高了对中国的兴趣；他同样认为中国市场在向自己招手，德国供应商应该满足中国人对铁路和武器的需求，而英国和美国在当地的利益也在与德国争夺先机。

19世纪80年代中期，主要的柏林大银行家们组建了非正式的“中国研究组”，并派代表团前往中国考察和争取机会。汉泽曼也试图与伦敦罗斯柴尔德家族达成独立协议——汉泽曼与他们的亲密关系让布莱希罗德感到威胁[115]。1886年，施瓦巴赫给德国驻华公使马克斯·冯·勃兰特写了“非正式”书信，表示布莱希罗德银行愿意为所有的金融交易和铁路建设提供服务。他提醒勃兰特，布莱希罗德与劳拉舍冶金厂和大轮船公司北德意志—劳埃德有联系，因此在满足中国的需求上至少能做得像任何德国竞争者一样好[116]。如果勃兰特向有关部门谈起过此事，他应该已遭到冷遇。无论如何，什么都没有发生。

俾斯麦一直希望设立德国海外银行，好让德国商人不必总是通过伦敦和巴黎的银行结算账户，因为那样做费时费钱。这个想法在1881年被首次提出，五年后，当许多德国政论家呼唤“德国的香港”时，他再次试图推动德国银行家们设立这样的机构。

布莱希罗德在此事中的独特角色此前一直被忽视。1887年9月，他向俾斯麦报告说，讨论该计划的银行家们陷入绝望的内部争执：“由于符合德国的经济利益，我知道阁下很支持成立德中银行，因此我斗胆提议……最好通过会议推行该计划，会议应由海贸银行主管以及属于著名的海贸银行财团的各银行主管和各位银行家召集。”海贸银行主管埃米尔·冯·布夏德（Emil von Burchard）心存疑虑。他认为，布莱希罗德的提议听上去“无害”，但会让整个计划带有政府色彩。布夏德察觉到银行家寻求国家支持时的惯常手法——他为此拒绝提议，指出银行家们没能达成协议很大程度上要归咎于他们内部的矛盾。在私下谈话中，施瓦巴赫证实布夏德的怀疑：布莱希罗德、贴现公司和德意志银行没有达成协议是“因为激烈的外国竞争（特别是美国），因为中国业务总体上不够安全和可靠”，也因为他们之间对于银行的规模存在分歧。然后，施瓦巴赫告诉布夏德，布莱希罗德的提议的确是为了“改变该计划的基础，通过政府资金的加入使其获得重生，因为完全私人的形式现在似乎已经没有任何实现的可能”。最终，俾斯麦命令很不情愿的财政部长阿道夫·冯·朔 429
尔茨授意布夏德召集这样的会议[117]。

不到两个月后，俾斯麦接受布莱希罗德的提议，尽管遭到部长们的一些反对。但参与者的极度不情愿——主要成员包括汉泽曼、布莱希罗德和德意志银行的瓦里希——导致谈判又持续了十五个月。汉泽曼曾对外交部解释说，在这类计划上“我们［过于］保守了”，而布莱希罗德也坚称他在欧洲的投入已经太多。1889 年 2 月，当俾斯麦再次表达“浓厚的兴趣”和愿意“为该计划的进展进行更多斡旋”后，德国亚洲银行（Deutsch-Asiatische Bank）终于成立。贴现公司认购最多股份，然后是布莱希罗德、德意志银行和有海外利益的大部分德国银行，海贸银行也被说服认购象征性的股份[118]。

布莱希罗德再次正确估计德国银行家的极度谨慎——他本人无疑也对其做出贡献。新银行的前几年令人失望，似乎印证创始人的观点，即整个计划只是为了“向帝国政府示好”（勃兰特对他们情感的轻蔑解读）。对布莱希罗德来说，为德国海外扩张所做的这次特别努力产生令人不快的余波。一位在中国的德国商人卡尔 · 帕什（Carl Paasch）与他昔日的朋友勃兰特闹翻。回到德国后，他出版恶毒的小册子，谴责勃兰特与商人的亲密关系，并污蔑布莱希罗德对外交部施加邪恶的影响。这次偏执的攻击导致勃兰特提前离任驻华大使（后来他又回到北京，担任德国亚洲银行的主管），也让布莱希罗德晚年更加痛苦[119]。

鉴于德国资本输出的政治和经济影响，俾斯麦一直对此怀有强烈兴趣。有时，这两种兴趣会产生矛盾：出于经济和商业理由，俾斯麦希望鼓励德国的对外投资转向，以便同时为德国贸易打开新市场，在某些对外投资上尤其如此。但政治考虑要求继续对德国的盟友提供金融支持，并阻挠可能的敌人，特别是俄国。19 世纪 80 年代中期以后，随着俾斯麦的外交遭遇越来越多的困难，“高级政治”和“高级金融”间永远存在的关系变得更加紧密。大国的政客们（特别是德国和法国）越来越多地试图让银行家成为他们外交政策的附属代理[120]。只要举几个布莱希罗德经历中的例子就够了。

1879 年，奥匈帝国成了德国的首要盟友。布莱希罗德并不很看 430
好这个二元帝国的财政，但早在结盟前就对其很感兴趣[121]。1879 年后，他和汉泽曼为奥地利政府提供出色的服务，将大量德国资本导入帝国。1881 年，他们完成最了不起的工作，成功地把价值 4 亿、利息为 6% 的匈牙利国债转换成价值 5.45 亿、利息为 4% 的贷款——此举显然对匈牙利的经济和声望大有帮助。作为奖赏，汉泽曼于 1880 年被任命为奥地利驻柏林总领事。通过为二元帝国的服务，两人都名利双收[122]。

但布莱希罗德也知道如何以消极和安全的方式满足俾斯麦的愿望：他拒绝巴尔干利益的诱惑，让对手们完成诱人的交易（很快被证明失败）。塞尔维亚是焦点案例。自从 1878 年获得独立，塞尔维亚一直依赖外国投资。法国人几乎从一开始就占据主导，主要通过邦图著名的联合总银行。保罗—欧仁·邦图（Paul-Eugène Bontoux）出道于维也纳罗斯柴尔德家族，后来成为其对手；家族对他的敌意一直持续到 1882 年他的末日来临。

塞尔维亚是奥地利的政治卫星国，奥地利人本来乐意让布莱希罗德和汉泽曼接管塞尔维亚的业务，但法国国有贴现银行的出现很快重新确立法国人的主导。1884 年，布莱希罗德的前助手卡尔·菲尔斯腾贝格接手一大笔塞尔维亚贷款，就此让德国投资者登上舞台。1885 年的塞尔维亚与保加利亚战争让俾斯麦对前者的财政更加关心。他要求知道细节，于是维也纳的罗伊斯和贝尔格莱德的布拉依伯爵都对法国人在塞尔维亚的主导地位做了形象的描绘：法国人如何利用无限的魅力和世俗，利用胸有成竹的外表周旋于贪婪的塞尔维亚官场中（包括米兰国王[King Milan]），如何让整个国家陷入“腐败的沼泽”，而他们自己则成为金融霸主[123]。

1886 年 1 月，布莱希罗德与奥地利外交部卡尔诺基伯爵进行长谈，详细讨论塞尔维亚的财政。布莱希罗德的出访（1885 年除夕，他在临行前刚刚与俾斯麦见过面）是俾斯麦一直被忽视的战略的一部分，即利用塞尔维亚财政问题试探奥匈帝国的忠诚。在 1885 年 12 月 30 日写给罗伊斯的特别指示中（从未被发表过），俾斯麦提到塞尔维亚与法国间的亲密关系，这种关系以法国的金融控制为基础，但得到奥地利土地银行的支持。鉴于德国对塞尔维亚的可能责任，不能对这种亲密关系“视而不见”。米兰国王对贿赂来者不拒，也许还包括来自法国政府的贿赂，“此事同样令人不安”。但罗伊斯（也许还包括布莱希罗德）的主要任务是从卡尔诺基那里探听一个微妙得多的问题：

> 奥地利是否容忍塞尔维亚对法国的明显青睐，这个问题关系到我们与奥地利的关系。法国各党派的沙文主义元素越强烈，摸清奥地利的立场对我们就越重要。如果我们必须不情愿地与法兰西共和国或者可能诞生的法兰西帝国交战，我们就需要考虑到奥地利的立场。 431

俾斯麦提醒罗伊斯，奥地利拒绝承诺在发生这种情况时提供支持——因此有必要利用塞尔维亚与法国的关系获得“症候式”回答，从而让德国获得关于奥地利可能选择的线索[124]。卡尔诺基告诉布莱希罗德和罗伊斯，他对法国的主导地位感到不安，视其为“系统性掠夺”。他信誓旦旦地表示自己鄙视塞尔维亚人的贪婪，但坚称法国的介入完全以金融为目的。

德国驻贝尔格莱德大使布拉依伯爵也简明地谈到这个问题："简而言之，法国人在这里的影响力非常大，对任何竞争都做了准备，但仅限于金融领域。"法国政府没有试图以任何方式支配塞尔维亚的政策。法国人"想要榨取该国仍然拥有的全部生命力……这个目标应该会在不远的将来实现"。到了那时，持有塞尔维亚贷款的德国人将会后悔。当俾斯麦获悉卡尔·菲尔斯腾贝格和其他银行家购买这笔贷款时，他批注道："轻浮的人。"[125]俾斯麦放心了，布拉依对塞尔维亚财政"状况凄惨"的估计也被证明是正确的。19世纪80年代末，在债务中陷入绝望的塞尔维亚政府再次玩起古老的把戏：它拖延支付利息，但不承认破产，希望手中债券因此下跌的银行家们会赶忙来救自己。菲尔斯腾贝格迎来艰难的日子，而布莱希罗德可以对自己逃过那个陷阱感到庆幸[126]。和大多数巴尔干国家的首都一样，贝尔格莱德也喜欢自称东方的巴黎；但在金融事务上，它更应该自称"小埃及"。

不过，布莱希罗德没能完全逃过巴尔干的纠葛。他与法国贴现银行和奥斯曼银行一起为东鲁梅里亚的一条支线铁路提供资金。1888年7月，布莱希罗德紧急向俾斯麦求助，因为铁路刚建成就被保加利亚人没收，大部分管理人员也遭到逮捕。俾斯麦回信说，他在索菲亚无能为力，布莱希罗德最好动员法国介入，因为法国人投入的资本要超过德国人[127]。布莱希罗德没有气馁，当年晚些时候，他和汉泽曼一起为罗马尼亚发行大笔贷款，在对手面前维持他们在罗马尼亚"强大和几乎不可战胜的地位"。1889年，他又加入一个为希腊发行贷款的国际财团[128]。这些对布莱希罗德来说基本上是 432
日常业务，是他银行的主要收入来源。

在俾斯麦统治的最后三年里，当他编织的精巧盟友网络越来越难以维持时，布莱希罗德曾经帮过他一个忙。在这个案例中，大国们特别肆无忌惮地用经济武器实现政治目的。19世纪80年代，从三国同盟形成开始，意大利与德奥同盟越走越近。一系列举动（包括 1887 年末意大利军官访问柏林，协商在欧洲爆发战争时派意大利远征军前往莱茵河畔的计划）促使法国对意大利财政展开全面攻击，尽管此前它一直热心地对后者提供支持。在本国政府的支持下，法国银行和投资者开始变现他们的意大利证券，出售意大利房产，他们的高调行动引发意大利经济的重大危机。

1888 年 2 月 15 日，意大利驻柏林大使劳纳伊伯爵告诉俾斯麦，亲德反法的意大利总理弗朗切斯科 · 克里斯皮（Francesco Crispi）非常担心巴黎市场上的意大利资产。由于无法当面强迫意大利，法国人决定展开“沉默战争”惩罚意大利人的朝三暮四。俾斯麦能说服柏林银行家们立即出手相助吗？几天后，“最著名的关税战争”爆发，导致法意交恶长达十年之久[129]。

俾斯麦召见了布莱希罗德，后者一直警觉地关注着意大利财政。早在 1875 年，荷尔斯泰因就建议布莱希罗德应该试图取代罗斯柴尔德家族获得对意大利财政的控制，也许可以和一些英国银行合作。这将让意大利摆脱“对法国的依赖……而且由你掌握它的金融债务也许在政治上对德国有利”。当时，布莱希罗德曾向俾斯麦提出此事，赫伯特立即给出答复：“从与我父亲的对话中，你应该知道我们希望对意大利包容。此外，目前他看不到任何对和平的威胁。”[130]法国人保住了控制权。1880 年秋，布莱希罗德致信俾斯麦，表示意大利政府正向巴黎的罗斯柴尔德家族寻求一大笔贷款，以便稳定里拉的国际地位。布莱希罗德还记得之前与俾斯麦的谈话，于是自信地要求意大利大使“牢记意大利贷款应该秉持‘世界性政策’，而不是仅仅把宝押在法国身上，这点非常重要”。意大利也应该与英国和德国谈判[131]。不过，巴黎罗斯柴尔德家族和法国银行业总体上维持了在意大利的地位。布莱希罗德对此心知肚明，因为从 1880 年到 1887 年，巴黎罗斯柴尔德银行频频让他代表意大利政府，从该行账户上把数以百万计的法郎转给克虏伯的军火公司[132]。

但 1888 年的情况已经不同。布莱希罗德不再请求和意大利人做买卖，意大利人反倒需要他和其他德国银行马上提供帮助，否则他们摇摇欲坠的信贷结构将彻底垮掉，特别是因为法国人的行动正赶上意大利陷入经济萧条[133]。劳纳伊伯爵向俾斯麦求助的第二天，433
施瓦巴赫被召到外交部，因为布莱希罗德在结束与卡尔诺基的会谈后即前往尼斯度假。施瓦巴赫表示，如果首相认为有必要，“布莱希罗德银行完全乐意与某些合作银行一起参与谈判，通过大量购买那些被看好的［意大利］公债抵消巴黎的做空——我们将采用绝对秘密的方式，不会让政府承担任何责任”。俾斯麦的批注简短而犀利：他在施瓦巴赫的提议旁边写了“好”，但能把“伦敦也拉进来吗？”在施瓦巴赫请求政府批准的文字边，他批注了“就这样办”[134]。

布莱希罗德马上开始行动：他的银行在几天内买入数以百万计的意大利公债，价格稳定下来。但各种副作用随之而来。其他德国银行家——达姆施塔特银行和德意志银行——直接找到意大利政府并奉上新的贷款。克里斯皮认为巴黎罗斯柴尔德家族正在利用布莱希罗德变现他们在柏林市场上持有的意大利债券，于是要求德国政府对布莱希罗德施压，尽管不清楚克里斯皮是希望让布莱希罗德停止为罗斯柴尔德家族工作，还是仅仅希望他本人购买更多。施瓦巴赫的回复毫不含糊：“他的银行完全不关心巴黎罗斯柴尔德家族是否在做空意大利［债券］。考虑到我们的利益，他将坚决尽可能地提升意大利债券的价格。”为了这个目标，他在之前几天里已经购买价值 1800 万法郎的意大利公债，其中 200 万来自他的私人账户。俾斯麦希望劳纳伊了解施瓦巴赫的立场，他还向克里斯皮保证，“在意大利与巴黎交易商的斗争中”，德国将继续竭尽所能地保护该国的金融利益[135]。

1888 年 3 月初，布莱希罗德提议与意大利国家银行（Banca Nationale）组成财团购买意大利公债，其他德国银行则利用别的手段和渠道开出比他更低的报价。当贝谢姆伯爵得意洋洋地向俾斯麦报告说，克里斯皮和意大利人应该多么感激所获得的帮助时（大部分归功于布莱希罗德），索尔姆斯也从罗马发来报告说，一个对立德国团体的领袖告诉他："布莱希罗德被完全排除在外。我们与德意志银行、巴黎的信贷银行和维也纳土地银行合作……"俾斯麦感到厌倦，他在一份报告中写道："我再也不管这档子钱的事了。"[136]

但俾斯麦不会长时间对意大利财政感到厌倦。虽然布莱希罗德及其合作者们避免了 1888 年迫在眉睫的危机，但意大利经济继续衰退，导致一连串银行破产。国家本身也面临破产威胁，克里斯皮的政府当然也无法幸免——后者的存亡对俾斯麦关系重大。1889 年，布莱希罗德帮助组织又一个德国财团；1890 年，他牵头成立"土地
信贷公司（Instituto di Credito Fondiario），通过这家银行可以向公 434
共信贷提供特别支持"[137]。俾斯麦下台后，索尔姆斯马上致信布莱希罗德，表示这个消息动摇了克里斯皮的位置，但只有经济问题能让他垮台。在经济领域，他指望布莱希罗德的支持。同一天，布莱希罗德给克里斯皮发了电报："我很高兴能向阁下宣布，我和一个银行家集团组成同盟了。"克里斯皮需要布莱希罗德的支持，索尔姆斯也敦促布莱希罗德这样做[138]。布莱希罗德继续努力着，尽管可能并不情愿。他曾对外交部商务专家路德维希·拉施道（Ludwig Raschdau，此人的父亲在罗马尼亚铁路上损失了所有的钱）表示，俄国贷款远远优于意大利业务。按照拉施道的说法，布莱希罗德甚至抱怨那个"意大利犹太人不可靠"——他指的可能是意大利财政部长路易吉·卢扎蒂（Luigi Luzzatti）。19 世纪 90 年代初，当意大利的私人信贷结构受到威胁时，布莱希罗德组建包括汉泽曼在内的德国财团。1894 年，在奥地利和瑞士的帮助下，该财团在米兰创立意大利商业银行（Banca Commerciale Italiano），初创资本为 7 亿里拉[139]。该银行直到布莱希罗德去世一年后才真正成立，但称得上他为意大利财政所做的五年努力的高潮。和布莱希罗德职业生涯中做过的其他许多事一样，此举既是为了他本人的利益，也是为了俾斯麦的国务需要。事

实上，布莱希罗德的意大利冒险让他与俾斯麦的继任者们有了亲密接触，反映出他与德国政府关系的延续，无论掌舵人是谁。

和俾斯麦的许多话一样，他对于德国资本家怯懦的哀叹也不能从字面理解。他本人相信这种说法吗，或者那只是掩盖他殖民政策失败的众多托词之一？随着年事和在任时间的增长，他对温驯的德国人越来越不满，越来越鄙视他亲自教会他们的温驯。为什么不谴责德国资本家呢？这些人没能在殖民领域扮演俾斯麦为他们所设想的角色。也许他们应该对那个让俾斯麦越来越有偏见的时代负责，即 19 世纪 80 年代中叶的整个殖民时期。或者说，德国资本家的确不如西方的同行们那么富有冒险精神吗？俾斯麦的抱怨并非没有理由吗？因为直到 1913—1914 年，德国 53% 的对外投资集中在欧洲国家，而英国的相关数字则是 5%[140]。

在银行界，俾斯麦最了解布莱希罗德。布莱希罗德不正代表了俾斯麦对某种怯懦的谴责吗？银行家们意识到，尽管也许缺乏魅力，但安全本身就是回报，而追求高收益往往也意味着高风险。出于原则和习惯，布莱希罗德偏好安全，安全可能来自处理政府的金融需求，但不可能来自某片非洲沙漠不确定的未来。在这点上和其他许多方面，布莱希罗德是老派的：他不相信殖民地的虚假诱惑，就像 435
他仍然有点不愿意充分利用德国新产业代表的巨大机会。国家贷款领域才是布莱希罗德的擅长，那里对各地的国际银行家充满吸引力，上演着最激烈的竞争。他顽强地战斗着，和国务领域的俾斯麦一样，他知道今天的死敌可能是明天的盟友，在竞争性行业中，忠诚是罕见的美德，汉泽曼这样的老朋友和合作者很可能会加入一个将布莱希罗德排除在外甚至与之为敌的财团。此外，国家贷款能给他带来确定的收入，可以让他与本国政府保持密切的关系，他可以继续把自己看作“首长”的助手，就像在 19 世纪 60 年代那样。助手、顾问和恳求者，但永不平等，更别提做主人了。在扩大德国对俄投资的问题上，布莱希罗德曾试图违抗首相的意志。从经济和政治角度来看，他也许是对的，但处境艰难的首相还是胜出。即使在布莱希罗德去世后，国家仍然至高无上。

第十六章

俾斯麦的倒台

436

俾斯麦的悲剧在于，他留下的伟大遗产无法被吸收。

——亨利·基辛格

我是俾斯麦的头号仰慕者；每当妻子把他的演讲、书信或话语读给我听，我都会感到绝对的快感；世上很少有过更伟大的天才，很少有过更勇敢或个性更鲜明的人，很少有过更机智的人。但他缺少一种特质：宽宏；他的人生表现得正好相反，最终呈现为令人反感和极端小气的刻薄（要不是同时具有可怕的幽默，他可能早就令人无法忍受），这种不宽宏最终也毁了他，导致在他离开时，甚至连他的仰慕者们也表现得相对冷漠。

——特奥多尔·冯塔纳致格奥尔格·弗里德兰德，1890年5月1日

俾斯麦的体系在他倒台前就已经动摇。在他统治的最后岁月里，他的国内体系的所有裂缝和弱点变得越来越明显，而他对外的威吓性和平政策也越来越不与其他大国的政治憧憬合拍。最后三年里，特别是最后三个月，俾斯麦不断采取应急手段，而且经常铤而走险，他在国内权威的逐渐削弱令其雪上加霜。

他的权威建立在不可动摇的支柱上：威廉一世的支持。若非如此，俾斯麦的统治可能早就垮台了。这种支持从不是自动的，俾斯麦对此的依赖让他怀疑其他所有人对国王的影响。但二十六年来，

俾斯麦赢得了他在乎的每一次较量。但在德国政治的其他方面就不是这样了；即使在自己的普鲁士内阁，他也常常陷入困境（他曾抱怨说："每次希望喝一勺汤都要获得八头驴子的许可。"）；他在帝国议会几乎从未获得过绝对多数；他总是不得不争取帝国成员邦政府的支持——简而言之，他觉得自己的一举一动都受到掣肘，就像他在 1882 年对帝国议会所暗示的，他内心深处从不怀疑，专制主义和爱国主义的组合比爱国主义和他亲自引入的半宪政制度更密切[1]。

1888 年，90 岁的威廉一世去世。三个月后，他的儿子腓特烈三世跟着进了坟墓。作为维多利亚女王的女婿和德国自由派的希望， 437
腓特烈登基时已经罹患喉癌。公认的自由派沉默地统治着，继任者却是最啰嗦的霍亨索伦王朝君主。29 岁的新皇帝威廉二世与老式普鲁士人截然相反：他身上完全看不到朴素或单纯；他是一个有着痛苦的不安全感的复杂人物——他的左臂萎缩失灵——试图通过华丽和威势，通过粗俗地展现男子气概来掩盖自己的缺陷，显示出他对自己神圣统治权的虔诚信仰。他还渴望那种权力获得肯定，期待被敬爱和偶像化。除了个性缺陷，他也是一个有智慧和远见的人，决心在德国留下自己的印记。他认为，德国注定将成为令世界畏惧的世界大国。威廉的灾难性统治延续了三十年；他的权力如此之大，他的影响如此有害，他的个性如此专断，以至于他的统治可以提醒人们，盲目的力量和结构无法塑造世界的一切东西。

俾斯麦和威廉二世在思想、经验和个性上完全不同。更糟糕的是，俾斯麦已经习惯于独裁权力，而威廉则渴望当家做主。谄媚者早就告诉威廉，如果有俾斯麦在身边，即使腓特烈大帝也不会取得那么大的成就。除了潜在的个人矛盾以及跋扈的首相和新皇帝间日益加深的隔阂，还存在着实质性矛盾，两人在政策选择上分歧严重。

随着君主的更迭和一位年轻而有魅力（许多人这样认为）的皇帝登基，俾斯麦自己的亲随突然发现另一个他们可以支持、吹捧和取悦的对象。俾斯麦的同僚、对手和下属对他日益难以理解的政策感到烦恼，实质性分歧再次让个人背叛变得容易。在俾斯麦统治的最后十八个月里，阴谋变成集体性的不忠，为了破坏他的政策，他的下属们向他的敌人和外国势力泄密，特别是荷尔斯泰因。（私下里，荷尔斯泰因哀叹俾斯麦的精力和目光下降，虚伪、专制和不可靠则逐渐上升，还渐渐对吗啡上瘾——这些症状都是他为自己的不忠找的借口[2]。）多年来的怨恨在最后的那几个月里凝结成毒汁。

更重要的是，在俾斯麦统治的最后几个月里，他创造的国家表现出本质上的无法控制。没有谁比首相本人更清楚和更担心这种失控的可怕影响。与威廉那一代的许多人不同，他知道国内不稳定和对外冒险可能摧毁德意志帝国。

俾斯麦逐渐失势的那些年里，布莱希罗德过得非常艰难。在保
守的 19 世纪 80 年代，他对国内问题的影响已经开始削弱，尽管人 438
们对其剩余影响的怨恨仍在扩散。他仍是令人敬畏的存在，受到俾斯麦特别信任的保护。但随着俾斯麦地位的动摇，随着老宫廷让位于新的宫廷和新的亲信，布莱希罗德的地位更加风雨飘摇。他复杂的相互关系和联系网络被削弱并逐渐崩溃。

在发电报告知布莱希罗德威廉的死讯时，莱恩多夫伯爵毫不夸张地说：“我该说什么呢？我完了，被毁了。愿上帝怜悯我们。”[3]布莱希罗德主要通过莱恩多夫精心地与威廉的宫廷建立关系，他的老客户奥古斯特 · 奥伊伦堡伯爵则是他与腓特烈宫廷的纽带。这些联系都断了——布莱希罗德感到新皇帝将有所不同。

威廉去世后不久，埃米尔 · 品特拜访了布莱希罗德，他不怀好意地写道：“布莱希罗德家的前厅总是洋溢着欢乐的气氛：奥伊伦堡伯爵在里间，莱恩多夫将军在外间。后者一边喝着干邑，一边问道：‘嘿，奥古斯特［奥伊伦堡］，能也给我一点时间吗？’这些是宝座和王朝的支柱！！！！争相与布莱希罗德见面！！！”[4]随着时间的流逝，布莱希罗德家的前厅安静下来。莱恩多夫当即退休。奥伊

伦堡虽然在1890年被任命为宫廷总管，但再也没有扮演同样的角色，他与布莱希罗德的关系也变得不再那么亲密。

俾斯麦在新的宫廷没有朋友，他也不认为俾斯麦会有。（后来他回忆说，1888年春天，仍然激动不已的俾斯麦告诉他，自己刚刚和年轻的皇储宣誓永远相互效忠，据说布莱希罗德这样回答："您相信皇储的承诺吗？"[5]）布莱希罗德有充分的理由担心新皇帝。威廉二世仰慕布莱希罗德的老对手施托克，而俾斯麦也曾经指责皇储公开支持这位身为反犹主义者的牧师。威廉二世身边围绕着激进的反犹主义者——虽然后来他也有了自己的犹太人亲信，而且他本人也成了恶毒而偏执的反犹主义者的靶子。

这些对布莱希罗德都不是好兆头：他注定将在权力和野心家的洗牌中成为失败者。更糟糕的是，新宫廷和老首相在实质性问题上存在分歧，双方怀疑的加深让这些问题变得更加棘手。皇帝对国内外政策有自己的想法，他还希望逐步削减俾斯麦的权力。俾斯麦不同意威廉的一切动议，并动员同僚们反对他——当意识到威廉希望剥夺他的权力时，他更加坚决地这样做。

在俾斯麦与威廉二世的外交政策矛盾中，布莱希罗德不幸成为核心人物。更糟糕的是，在捍卫自己的利益时，布莱希罗德与两人的政策都发生分歧。那就是德俄关系问题，俾斯麦所有外交政策中最复杂和最有争议的部分——这个问题表面上的难以驾驭威胁到俾斯麦的整个体系。

在俾斯麦统治的最后阶段，德俄关系让政治的相互联系戏剧化： 439
在这两个国家，国内利益对外交官和外交施加巨大压力；从未完全实现的外交事务独立性明显呈现崩溃之势。金融和经济利益开始走到前台，记者们也试图高调地影响舆论。1886—1890年是1911—1914年的某种预演，随着民族主义热情在俄国和法国升温，随着这些热情引发德国的好战举动，欧洲大陆最强大的国家因为官方的分歧而变得更难预测。好在 19 世纪 80 年代末的危机最终平息。

最简单地说，德国受制于 1879 年与奥地利的同盟和对那个二元帝国存亡的兴趣；奥地利在巴尔干与俄国关系紧张，俾斯麦则试图在当地实行积极而公正的政策，旨在保持对立双方的信任。柏林会议后，俄国对德国的怨恨与日俱增——聪明的《莫斯科时事报》（*Moscow Gazette*）编辑卡特科夫（M. N. Katkov）充分利用这种怨恨，他不断宣扬俄国不需要谨慎政策，而是需要“腾出手来”，即摆脱德国的束缚。卡特科夫令俾斯麦感到担忧，他的政治地位上升正值复仇主义者和极受欢迎的布朗热将军在法国受到热捧之时。

俾斯麦认为，由于巴尔干的乱局，德国就像被夹在两条恶狗之间的人，一旦松开束缚，它们就会立即向对方扑去[6]。俾斯麦希望不要让它们摆脱束缚，同时希望英国和意大利能帮助奥地利限制俄国，让他有机会安抚后者。

俾斯麦的俄国政策集中体现他在不确定中生活的能力。他有最充分的理由维持与俄国的和平关系；他把俄德的亲密视作和平与君主团结的壁垒，视作对叛逆的波兰人和有颠覆企图的社会党人的障碍。他最大的梦魇是俄法同盟——在卡特科夫和布朗热的时代，第一次有人开始叫嚣这种同盟。俾斯麦不断试图安抚和强迫俄国，通过恩威并施与其维持密切关系。对于永远束缚巴尔干那两条恶犬，或者阻止俄国恶犬与法国配对的可能，他没有多少幻想。对于某些德国将领把先发制人地打击俄国看作救赎手段的轻浮而愚蠢的想法，他完全不抱希望，就像他在 1888 年对驻维也纳大使所说的：“最辉煌的胜利也没有用：俄罗斯民族的帝国不可摧毁，它的强大来自气候、沙漠和节俭，来自只需守卫一侧边界的优势，它被打败后仍将是我们的死敌，渴望着复仇，就像今天在西方的法国。”[7] 从 19 世纪 80 年代中期开始，俾斯麦对与俄国关系的担忧加深了。他比过去更频繁地选择强硬立场，希望威吓那里的扩张主义派别。与柏 440
林的军方不同，他拒绝让两国永远为敌的想法，因此也拒绝快速解决问题的诱惑。

俾斯麦的俄国政策只有他的几位下属理解，支持者则可能完全没有。最著名的破坏者是荷尔斯泰因，他暗中与柏林和维也纳的反俄党派合作。威廉二世最终站在俾斯麦的批评者那边，皇帝和首相间的核心分歧由此凸显——矛盾焦点是帝国的安全，再加上个人的怀疑和敌意引起的实质性分歧。

布莱希罗德被夹在这场冲突的中间。他的利益很简单：由于在19世纪80年代的巨额贷款中的角色，他与门德尔松和汉泽曼一起成了为俄国服务的主要银行家。贷款和兑换的收益非常高，而且业务有望不断扩大，因为俄国的需求和经济潜力非常大。此外，布莱希罗德还认为，自己和帝国的利益是一致的。1884年，俾斯麦曾要求他推动俄国贷款的发行，他也认为延续德国在俄国财政中的最重要角色增强了前者的影响。但到了1886年，风向发生变化；其他经济利益强烈要求对俄国采取强硬立场，而政治军事考虑也不利于促进对俄信贷。

这个问题在世界史上具有重要意义，因此值得说几句题外话。19世纪80年代，俄国走上工业化的昂贵道路，并计划修建连通庞大帝国的铁路网。俄国的国内资本不足，因此依赖外国投资——吸引投资的是高利率和俄国经济增长的前景。俄国的海外借款方法昂贵而笨拙，为了把程序合理化，亚历山大三世时期的历任财政部长合并了之前的高利息短期小额债务。通过这样的合理化，俄国财政部希望削减巨额债务支出。

德国成了俄国主要的资本提供者。德国资本输出的大约20%到25%流入俄国；到了1887年1月，估计有价值超过20亿马克的俄国债券掌握在德国人手中[8]。这个巨大的数字大大超过俄国全部外债的一半。两国的贸易同样势头强劲，直到19世纪80年代，俄国因为民族主义和商业愿意提高关税（就像德国在1879年所做的），对德国工业出口造成重大影响。简而言之，金融和商业利益发生分歧。

对布莱希罗德来说，与俄国的关系是巨大收益和政治威望的来
源。他不是第一个涉足俄国的银行家（门德尔松比他更早），而且
那里的竞争很激烈。但布莱希罗德拥有特别的优势，也知道如何利
用它。俄国人看重他与俾斯麦的关系，称之为“俾斯麦—布莱希罗 441
德财团”[9]。布莱希罗德的名字显然提高了俄国债券在德国的信誉，
他还说服自己的一些最著名的客户投资俄国债券，包括俾斯麦[10]。
他变得闻名遐迩，就连美国驻俄国大使也把1884年贷款的巨大成
功归功于布莱希罗德，这件事证明“俄国信贷的恢复”[11]。俄国人
很高兴，1885年，沙皇把圣斯坦尼斯拉夫骑士勋章授予布莱希罗德。
但布莱希罗德更多成功的先决条件是俾斯麦的仁慈支持；否则，德
国银行家将陷入麻烦，对布莱希罗德来说尤其如此。

然而，德俄关系开始恶化。就像我们在第十三章看到的，1886年秋，俾斯麦警告布莱希罗德，他已经对长久与俄国保持良好关系失去信心*。布莱希罗德很快意识到，政治关系的恶化也将对金融产生影响。多年来，他一直提醒俾斯麦，俄国可能转而向法国寻求资本；1886年12月，他发现俄国人试图在巴黎筹集5亿法郎贷款，认为巴黎银行可能邀请自己参与。布莱希罗德马上找到俾斯麦在帝国首相办公厅的助手弗朗茨·冯·罗腾堡，并把这个消息告诉他，希望俾斯麦能同意和支持自己参与：“我该怎么做？如果俄国人从巴黎筹到钱，亲王将会不悦；他多次告诉我，这两个国家的金融关系将是政治接触的最坚实基础。但如果我拒绝，俄国将会恼火，首相也不想看到那样……”

罗腾堡认为布莱希罗德出于担心“因为此事损失本可赚到的数百万”，试图让俾斯麦做出某些支持的姿态，好向德国投资者证明

---

* 不安的警惕是治国的一部分。1886年8月，俾斯麦听到传言，俄国政府向仙灵公司（Schering）订购4000千克碘。碘通常被用来给伤口消毒；俾斯麦对这样的疑似战备交易“感到不安”，要求马上展开秘密调查。罗腾堡致外交部，1886年8月18日，GFO：I.A.A.a. 50，adh，secreta，vol. 3a。

俾斯麦支持自己对俄国债券的新冒险。于是罗腾堡把此事压下，希望不让在弗里德里希斯鲁休养的俾斯麦知道。他自作主张地告诉布莱希罗德："我们通过自己的经验深刻体会到，金融关系并不必然带来政治上的亲密。否则，我们就该和俄国连在一起了。"[12] 俾斯麦的确倾向于不参与，布莱希罗德在深夜和圣诞节对罗腾堡的多次急切造访无果而终。更糟的是，赫伯特也想嘲弄他，于是命令罗腾堡向布莱希罗德转达沙皇最近关于"该死的犹太人"的言语。罗腾堡报告说，布莱希罗德"对沙皇的言语并不生气；他微笑着低声说道，'轻浮的人'。在贷款面前，他愿意忍受更糟糕的东西"[13]。罗腾堡关于布莱希罗德的报告总是很不客气；一年前，为了在赫伯特面前为自己接待布莱希罗德辩护，他编造了疯狂的故事。不过，他仍然对布莱希罗德表现得友好，并觉得圣诞节的谈话颇有裨益："布莱希对我分析欧洲政治的方方面面，俾斯麦也许对其中一些内容感兴趣。"[14] 告知布莱希罗德不要参与一周后，俾斯麦又命令他参与—— 442
否则俄国人会把他的冷漠归咎于首相的反对[15]。最终，那笔贷款不了了之。

俾斯麦的动摇和突然转向应该让布莱希罗德为更坏的情况做好准备。作为其复杂外交政策的一部分（1887 年初，俾斯麦试图建立英奥同盟来限制俄国，好让他有机会向俄国示好，就像 6 月秘密签署的《再保险条约》所显示的），俾斯麦开始系统性地对俄国财政下手。他的动机有很多：他既试图威吓俄国和阻止其获得信贷，也想要报复该国一系列伤害德国利益的经济举措。由于新的关税，德国工业家在对俄出口上遭受重创，另一些法律则限制他们在那里做生意的权利。德国农民担心，俄国铁路网的进一步扩张将导致对德粮食出口增加。俾斯麦可能还想警告俄国新任财政部长伊凡·阿列克谢耶维奇·维什涅格拉茨基，后者被认为是民族主义和保护主义者。（布莱希罗德的俄国朋友萨克向其保证，尽管维什涅格拉茨基被认为是卡特科夫的门徒，但此人也在萨克的银行投资很多钱，务实的他不太可能遵循卡特科夫的荒唐计划[16]。）此外，俾斯麦真正对太多俄国的钱掌握在德国人手中感到担心。1887 年夏，他授权对俄国债券发动新闻战，俄国债券的价格下跌 5%。10 月，伦敦的《经济学人》评价说："俄国金融家们一定意识到，德国市场在今后很长时间内实际上对他们关闭了。"[17]

1887 年 10 月，布莱希罗德受命警告舒瓦洛夫不要想当然地以为德国无意战争。11 月，在赫伯特的怂恿下，俾斯麦不顾布莱希罗德的请求，继续采取行动。11 月 10 日，他颁布著名的《抵押贷款禁令》，要求帝国银行停止接受把俄国债券作为贷款抵押品[18]。此举更多是象征性和戏剧性的，而非为了立竿见影的效果；人们认为这将是暂时性的举措，如果持续下去，它显然将削弱对所有俄国债券的信心。但此举带有挑衅意味，特别是因为它是在亚历山大三世访问柏林前一周颁布的。在某些方面，这是俾斯麦惯用技巧的翻版：利用威吓让对手成为朋友。但这次，此计适得其反，因为法国很乐意取代德国在俄国的金融地位——事实上，就像我们看到的，法国已经朝着那个方向迈出第一步*。

俾斯麦对俄国的"金融战"让布莱希罗德感到沮丧。此举导致
现有的全部俄国债券贬值，还让德国银行家们几乎不可能展开新的 443
操作。俄国债券几乎立刻开始从德国流向法国，俾斯麦希望减少德国资金投入俄国债券的愿望很快达到。但布莱希罗德认为这一切是个巨大的错误，在幕后试图改变政策。显然，俄国官场认为他对俾斯麦的行动具有特别的影响。俾斯麦告诉布莱希罗德，他对与亚历山大三世的会谈"非常失望"。12 月，布莱希罗德致信俾斯麦，表示来自圣彼得堡的消息显示出"沙皇不希望战争……俄国对奥地利

---

* 《经济学人》用在今天的人看来相当尖刻的方式评价《抵押贷款禁令》与沙皇来访的巧合："当急需用钱的俄国财政部发现德国首相的命令让他们的债券被本来最方便进入的交易所拒之门外时，他们一定不高兴。这些宫廷人物得过且过，总是面临缺钱，在政府从不拮据的英国人看来，他们对金融的看法相当有失体面。"1887 年 11 月 26 日，第 1490 页。

的敌对态度确定无误，集结在与奥地利边界上的军队无疑是为了激怒该国”[19]。《抵押贷款禁令》超越布莱希罗德的个人利益：就像他一直警告的那样，巴黎现在加入对利润丰厚的俄国业务的竞争，在从柏林到巴黎的历史性转向过程中，各银行之间还上演了激烈的对抗。

在随后的斗争中，布莱希罗德保持自己与俄国财政部长的秘密关系，这种关系把他与欧洲政治的地下世界中一个富有魅力的小人物联系起来。布莱希罗德与别名伊利亚·法捷耶维奇·奇翁（Ilya Fadeyevich Tsion）的俄国犹太人伊利·德·基翁（Elie de Cyon）有公开和秘密的联系。基翁生于1843年，师从菲尔肖和克劳德·贝尔纳（Claude Bernard）*，曾是圣彼得堡医学院的著名教授，后来被愤怒的激进学生驱逐。1876年，基翁移民法国，他改名易姓，擅自加上代表贵族的“德”，作为《高卢人报》（*Le Gaulois*）的编辑开始记者生涯，后来又接替他的庇护人亚当夫人（Mme. Adam）担任《新评论》（*Nouvelle Revue*）的主编。1880年，他获得骑士级法国荣誉军团勋章。19世纪80年代末，他被广泛视为卡特科夫的朋友和代理人，因此也被认为反对德国。1887年2月，新任俄国财政部长维什涅格拉茨基将基翁召到圣彼得堡，希望他帮助发展与巴黎市场的新关系。19世纪80年代末和90年代初，基翁被看作法俄同盟的推动者，就像他自己所标榜的那样。他还是研究这种关系的首位史学家。

从1887年开始，基翁也和布莱希罗德建立了密切的联系。（早在1884年，他就向布莱希罗德提出不同寻常的建议，请求资助创办一家由基翁和科特科夫联合编辑的报纸；如果布莱希罗德愿意资助，该报将支持俄德建立亲密关系。布莱希罗德拒绝邀请。1893年，彪罗†后悔没有像法国人“那么大胆。牺牲几百万比做出真正的让步

---

* 鲁道夫·菲尔肖（Rudolf Virchow，1821—1902），德国医生和生物学家。克劳德·贝尔纳（1813—1878），法国生理学家。——译注

† 伯恩哈德·冯·彪罗（1849—1929），前帝国外交国务秘书恩斯特·冯·彪罗之子，1900—1909年担任帝国首相。——译注

要好”[20]。）在返回俄国途中，基翁在柏林停留并向布莱希罗通报自己的使命，包括在巴黎罗斯柴尔德家族和俄国财政部长间首次建立直接联系。布莱希罗德则向基翁保证俾斯麦的和平意图[21]。

基翁发现与布莱希罗德相交能让自己获利（是真正的“利润”），444
于是在随后的三年里保持了这种关系。1887 年 5 月末，他致信布莱希罗德，表示“我从 5 月 20 日起担任［俄国］财政部长的特使。因此一切重要事务都会经过我手”。他还保证将继续感谢布莱希罗德之前的服务（没有解释是什么），并承诺在未来也不忘记。布莱希罗德希望确保获得基翁的服务，他在回信中提出为基翁将要进行谈判的那笔交易预付佣金。基翁接受了 120 万法郎的预付款，但要求被允许在真正挣得佣金前承担预付款的利息。考虑得多么周到[22]！随后，基翁陆续给布莱希罗德发来一系列书信和加密电报，最初是从巴黎，1887 年夏天开始从圣彼得堡，因为他再次被维什涅格拉茨基召见，后者希望他帮助打破柏林对俄国贷款的垄断——至少法国人如此看待他的此行。在这次俄国之行中，他还放弃了法国国籍，恢复俄国公民身份。他从圣彼得堡对布莱希罗德发出警告：在德俄交易的前景再次变得光明之时，德国对俄国债券的新闻战正在威胁布莱希罗德的利益。与此同时，基翁公开指责俾斯麦是新闻战的煽动者，而布莱希罗德向他转达俾斯麦对这些指控的否认[23]。在布莱希罗德看来，基翁始终是德俄关系的支持者。在俄国，基翁总是支持法俄同盟和卡特科夫——后者在那年夏天去世，希望基翁能够继承自己的编辑职务和俄国民族主义捍卫者的身份。

但基翁更愿意在巴黎为俄国和他自己工作。随后的两年里，他为布莱希罗德提供关于维什涅格拉茨基与其他法国和德国银行家谈判的内幕消息。有时，基翁不得不“言简意赅”，因为“G［可能是外交部长吉尔斯，卡特科夫的特别目标］要求打开我的所有通信”。他提醒布莱希罗德，在俄国他被视作俾斯麦敌对政策的帮凶，尽管俄国意图和平[24]。

为了自己的目的，基翁为许多主人效过力。所有人都知道他，但也都怀疑他。1887 年 4 月，正当布莱希罗德为基翁尚未履行的服务付钱给他时，俾斯麦也向德国驻圣彼得堡代表伯恩哈德 · 冯 · 彪罗（后来成为德国首相）打听此人，并得到经典的回答："体面和爱国的俄国人把记者基翁看作有革命倾向的虚伪而贪婪的犹太人。不过，基翁是卡特科夫的密友。这仅仅证明卡特科夫要么疯了，要么本人是个秘密革命者。"[25] 吉尔斯也表示，亚历山大三世曾经称基翁为"恶棍……坏蛋"[26]。与此同时，法国警方怀疑基翁有亲德倾向，强调他经常指责法国媒体和议会贪婪，并认为他能为俄国驻巴黎大使馆的所有"秘密和见不得人的需求"服务。1889 年，他被控和布莱希罗德一起试图为俾斯麦和布朗热牵线搭桥。他承认自己 445
与布莱希罗德的关系，但否认指控。不过，一些疑虑仍然未被打消[27]。19 世纪 90 年代末，他撰文抨击维什涅格拉茨基的继承者维特（Witte），为此失去俄国公民身份。德国人因为反俾斯麦小册子驱逐他，法国人也拒绝他的重新入籍申请（他们担心触怒俄国朋友：基翁成了他帮助推动的同盟关系的受害者），他最终在瑞士定居，有时偷偷地前往巴黎看望他的情人。1912 年基翁去世，在教会圣礼的帮助下，他接受基督教葬礼，带着秘密走进坟墓，没有透露为何一位如此有前途的科学家要如此挥霍自己的天赋和才能[28]*。

从 1888 年到 1890 年，布莱希罗德陷入俄国事务，情况变得越来越复杂，以较小规模展现了布莱希罗德在一个相互联系且如此错

* 关于他重新入籍可能性的警方最终报告（被提交给内阁第二办公室）提供了一些线索，也让我们罕见地见识警方对传统道德的看法："他可能希望从各种活动中 [包括巴拿马丑闻] 实现巨大利益，但我们没有找到任何表明他不诚实的证据。德 · 基翁先生的生活一直极为舒适……他的举止并非无可指摘，但符合或基本符合我们时代的大部分浪荡子。虽然已婚而且是一家之长，但他有多位情人，特别是与女演员玛丽 · 勒古尔（Marie Legoult）保持着关系。勒古尔为他生下一个孩子，被他接到自己家里。"巴黎警察局塞纳河档案，1895 年 5 月 28 日。

综复杂的世界中面临的危险。作为银行家，他希望保持与俄国的关系；作为俾斯麦的心腹，他很难忽视首相的愿望，更别说违抗——首相的愿望本身也摇摆不定，受到不断变化的考虑驱使。与此同时，柏林的俄国债券价格下跌，并以较低的价格逐渐流入法国人手中。1888 年 5 月，布莱希罗德受命阻止卢布在柏林的缓慢贬值，从而有机会同时满足自己和普鲁士的利益[29]。

整个 1888 年春天，他一直试图说服俾斯麦改变反俄政策，但没能成功。布莱希罗德焦躁不安，对于俾斯麦的强硬感到愤怒和疑惑。有时，他把反俄路线归咎于普鲁士地主的压力；有时，他认为俾斯麦试图阻止俄国人武装自己。布莱希罗德对这两种想法都不满意，5 月，他告诉法国大使:“我完全不理解俾斯麦亲王目前的政策，我清楚我们在走向何方。”[30]

在差不多七个月的时间里，俾斯麦不为所动。1888 年 7 月，当威廉二世登基以及维什涅格拉茨基和法国银行展开第一次严肃谈判时，他开始有所松动。1888 年秋，法国和德国银行家纷纷前往圣彼得堡，为获得贷款展开竞争。布莱希罗德派出施瓦巴赫，但显然带着各种方案而不是明确条件；基翁解释了施瓦巴赫的失败：“维什 446
涅格拉茨基是个数学家，对于任何不是以清楚和明确的数字提交给他的东西带有某种本能的反感。”[31] 当竞争对手们各自在圣彼得堡展开谈判时，布莱希罗德请求俾斯麦正式批准他参与俄国贷款。

10 月，罗腾堡两次告诉布莱希罗德，俾斯麦希望向俄国“提供方便”，不反对他提出的安排，只要德国人手中的俄国债券总价值不变，并且不用任何方式鼓励公众投资俾斯麦认为“不安全”的债券即可[32]。不过，我们不清楚他认为不安全的究竟是债券还是亲俄宣传。同月，布莱希罗德在弗里德里希斯鲁与俾斯麦讨论他的俄国计划，但几天后又希望得到更多保证。最终，罗腾堡给他写了“非常机密”和非常严肃的信，提醒他刚刚在弗里德里希斯鲁已与俾斯麦讨论此事，现在不应该再打扰俾斯麦：

> 此外，大人觉得书面表达他对此事的看法很不符合他的官方身份。根据我个人的看法，我应该向你指出，目前至少有两个俄国兵团正向奥地利边境进发，而且前线得到大量物资补充，因此在这个时候与俄国签订贷款协议将普遍给人留下战争贷款的印象。

贷款尤其会让罗马和维也纳紧张。“你本人对政治事务如此有洞察力，不必由我提醒你注意这个方面。”[33]

在这件事上，布莱希罗德没有从俾斯麦不情愿的改变主意中获益。1888 年末，以巴黎和低地国家银行（Banque Paris et Pays Bas）为首的法国财团（罗斯柴尔德家族被排除在外）击败根深蒂固的德国对手，与维什涅格拉茨基签署协议。他们提出在巴黎市场上发行 5 亿法郎的贷款，门德尔松和菲尔斯腾贝格的柏林贸易公司也参与其中，但布莱希罗德被拒之门外。这笔贷款带来政治轰动和金融胜利：法国食利者们第一次发现，与看上去不稳定的本国债券相比，可靠而高收益的俄国债券更具吸引力，尽管后者常常受到政治风暴和金融丑闻的影响。参与的银行马上获利近 1100 万法郎。布莱希罗德有充分的理由为自己被排除在外感到懊丧，他试图重整旗鼓[34]。

现在，俾斯麦回归更加亲俄的政策。1889 年 3 月，布莱希罗德参与俄国贷款。4 月，他和汉泽曼（代表曾经的罗斯柴尔德财团）在柏林为一笔大型转换操作进行谈判。巴黎罗斯柴尔德家族借机向布莱希罗德施压，要求他保持耐心，等待他们首先行动，因为即使 447
以后俄国人索取更高的发行费，“我们仍将有利润，不管利润多大，只要安全和确定即可”。此外，阿尔方斯男爵还抱怨说，德国人的着急似乎不成体统，因为大部分新债券将在巴黎市场出售；德国人还一直在减持手中的俄国债券。不过，汉泽曼和布莱希罗德还是继续谈判。5 月底，他们代表罗斯柴尔德财团与维什涅格拉茨基签署协议——两人各自获得 26%，而罗斯柴尔德家族显然远没有像他们所希望的那样获得 33%。价值 2.5 亿马克、利率为 5% 的俄国铁路债券被转换成利率为 4% 的新债券；俄国政府成了这些债券事实上的担保人，既让它们变得更有吸引力，又因为降低利率而省了钱。德国媒体欢迎这些操作，认为它们得到俾斯麦的批准。在金融上，这次转换取得成功，布莱希罗德和汉泽曼赚走最大一部分收益。不过，布莱希罗德也成为史无前例的攻击的唯一靶子。他的最后一笔重大俄国业务也成了他在国内最大的政治负担[35]，对他来说可谓得不偿失。

这笔业务通常被称为布莱希罗德转换，它几乎立刻成了俾斯麦与威廉二世第一次严重冲突的焦点，后者受到他野心勃勃的反犹主义者顾问们的怂恿。为俄国人提供的这次服务激怒了瓦德西和荷尔斯泰因等人，因为他们认为战争不可避免而且有必要。他们希望与俄国开战，而不是赚它的钱，至少也希望俾斯麦对俄国继续展开更加严厉的金融战。他们没费什么劲就激起威廉二世的怒火，后者已经从亲俄转向反俄，决心在治国上给俾斯麦一个无法忘记的教训。对威廉一派来说，问题似乎非常清楚：他们在保卫德国的国家利益，而俾斯麦却允许他的犹太人为了私利伤害它。

威廉确信，这笔操作每年将为俄国人节省 2000 万马克的利息支出，将会加强他们的信贷和充实他们的战争储备，并促使他们对德国全面发难。他要求俾斯麦停止转换，无论是直接向布莱希罗德施压，还是间接向柏林股市施压，让后者拒绝新的俄国债券上市。根据广为流传的说法，在写给俾斯麦的一封信中，威廉指责布莱希罗德是“没有祖国的混蛋，只想着他的买卖”[36]。俾斯麦不为所动，回复说：“我无法……影响他［布莱希罗德］的事，因为如果要他做亏钱的事，他总是提出超过我能力范围的要求作为交换。威吓柏林银行家和外国企业家的工作最好交给媒体，而且媒体已经在这个 448

方向采取积极行动。”此外，转换操作不会增强俄国的军事潜力，官方的禁令反而会危及俄德关系与欧洲和平[37]。不过，俾斯麦还有另一个理由拒绝在当时触怒俄国。由于瑞士对颠覆分子的包庇，他与该国的矛盾正值高峰，并联合德国、奥地利和俄国一起向瑞士施压。俾斯麦对皇帝语出惊人，建议他“把社会党看得比通过贷款增加俄国的实力更加危险”[38]。最终，柏林市场允许新债券上市，威廉因为布莱希罗德而罢免俾斯麦的迫切威胁也解除了，没有像荷尔斯泰因热心地为赫伯特描绘的那样[39]。

但冲突仍在继续：皇帝派不愿错过这么好的机会。他们求助于所有认为银行家腐败和犹太人“没有祖国”的高贵灵魂，求助于许多憎恶布莱希罗德影响力的人，认为此事至少能迫使布莱希罗德和俾斯麦分道扬镳以及令他们双双受辱。赫伯特扮演暧昧的角色。他对皇帝最亲密的朋友菲利普·奥伊伦堡说：“我很想破坏那群帮助俄国人降低利息的银行家的伎俩，但不幸的是我在这件事上无能为力。”[40] 表明自己站在皇帝一边后，他又仔细向兰曹解释威廉愤怒的原因：

> （俾斯麦的敌人们）告诉陛下布莱希罗德到处散布谣言，说首相不反对转换操作——不幸的是，他们所言不虚。通过多年来对爸爸所说的轻率谎言，布莱希罗德在柏林交易所确立这样的地位：其他所有交易者都相信他的交易得到政府批准，否则他不会参与。多年来，我一直希望爸爸不要再让这个犹太人当自己的银行家，他是个太轻率的说谎者，爸爸因为他而遭遇的麻烦和烦恼比他本人知道的还多；如果这个贪婪的犹太人有机会挣个几百万，他不会顾及对爸爸或祖国的影响。

俾斯麦见到这封信，他在关于布莱希罗德无所顾忌的话旁边批注道：“谁会呢？”[41] 但俾斯麦的敌人们不理会他对人类的普遍鄙视：

他们一再强调俾斯麦的犹太人布莱希罗德的近乎叛国行径。

瓦德西是俾斯麦的头号死敌。1888 年，他的朋友威廉二世任命他接替毛奇担任总参谋长。就在此前，俾斯麦刚刚向布莱希罗德透露，他认为应该把瓦德西调离柏林[42]。瓦德西是典型的政客将军，他决心左右政策，最好能成为俾斯麦的继任者。他确信德国正在走 449
向“世界战争”，应该先发制人，尤其是对俄国[43]。瓦德西和俾斯麦过去有过争吵，现在他利用布莱希罗德离间首相和皇帝。

当威廉希望在媒体上攻击布莱希罗德时，瓦德西坚称：“这已经不够，首相必须亲自介入。如果犹太人知道他明确反对［俄国贷款］，他们就会放手，否则便不会。”随后，威廉又因为布莱希罗德的罪恶批评赫伯特，后者带着可以理解的愤怒回复说：“但陛下知道我和他完全没有关系。”威廉答道：“我知道，但我不管，因为他进出你父亲的家。”[44] 威廉还要求赫伯特的下属和布莱希罗德的密友鲁道夫 · 林道谴责布莱希罗德的俄国计划。林道现在经常为威廉的愿望服务，因此毫不介意攻击俾斯麦的银行家和他兄弟的恩人。林道用了卡尔 · 菲尔斯腾贝格写的一些文章，后者曾是布莱希罗德的门徒，现执掌柏林贸易公司，该公司没能参与这笔俄国业务[45]。这段时间对所有人来说都是艰难的。

俾斯麦鼓励官方媒体攻击布莱希罗德的计划，而布莱希罗德的报纸（《民族报》和《柏林交易所通讯》）则支持这笔俄国业务。威廉对媒体的鼓噪感到满意，他和俾斯麦的裂缝正式弥合[46]。不过，俾斯麦仍然对瓦德西怨恨不已。1889 年夏，《北德大众报》批评瓦德西是干涉外交政策的战争贩子。愤怒的瓦德西致信战争部长威尔第·杜·维尔努瓦（Verdy du Vernois），尖刻地指责风波的幕后主使：“整桩媒体丑闻的起因是最高当局试图阻止这笔转换贷款，因此它的发起者是金融利益受到威胁的人，即‘布莱希罗德集团’，或者犹太人和他们的伙伴，或者那些对陛下表达或实现他本人看法感到不安的人。”[47] 随后的几个月里，瓦德西到处散布怨毒之词，竭尽所能地恶毒攻击俾斯麦—布莱希罗德轴心。多年后，在撰写回忆录时，他承认“对俾斯麦与布莱希罗德关系的攻击可能严重夸大”。出于这个原因——也许还因为害怕招来诽谤诉讼——他决定在出版时删去最得罪人的段落[48]。从出版的内容来看，我们也许可以设想，瓦德西的确用强烈的反犹主义情感来为自己的反俾斯麦活动助力。瓦德西取得成功，他写道：1889 年的布莱希罗德转换标志着皇帝“心中与俾斯麦父子般关系的决裂……从那时起，皇帝只与首相逢场作戏”[49]。

当时，布莱希罗德深深陷入俾斯麦倒台前的斗争。他此前一直是反俾斯麦写手们最喜欢的靶子*；现在，皇帝派也为了相同的目标 450
而利用他。他在权力减弱时受到攻击——显然俾斯麦无视布莱希罗德对自己俄国政策的异议。在如此重要的问题上，布莱希罗德的影响有限。反讽的是，遭到最恶毒的攻击时，他已经过了巅峰——而且他当时的选择既是为了私利，也有利于国家。俾斯麦的反俄路线加速法俄两国从金融着手建立同盟，俾斯麦一直正确地把它们的同盟视作对德国最大的威胁。不过，假以时日，俄国可能无论如何都会与法国建立新的经济和政治关系†。

布莱希罗德知道自己有了一些很强大的敌人，也许他甚至察觉到自己的存在加深皇帝与首相的裂痕。他的“朋友们”——荷尔斯泰因、品特和鲁道夫·林道等人——乐意告诉他针对他的最新行动。

* 当然后来仍然如此：1889 年秋，布莱希罗德获得沙皇颁发的圣安妮骑士勋章，几家报纸“借机批评犹太人缺乏爱国心，毫不赧颜地利用自己的信用壮大德国的敌人”。汉泽曼也获得勋章，但未受指责。贸易与工商业部致冯·里希特霍芬，1889 年 10 月 9 日，DZA：波茨坦，王国警察总监关于盖尔森·布莱希罗德的档案，编号 30；《罗马导报》（*Le Moniteur de Rome*）剪报，1889 年 10 月 13 日，GFO：俄国 71，编号 1，第 5 卷。

† 通常喜欢强调长期趋势重要性的汉斯—乌尔里希·维勒持老派观点，把同盟归咎于俾斯麦的体系，并援引俄国保守派外交部长吉尔斯的名言作为证据：“俾斯麦把我们赶到法国人手中，特别是通过他的金融手段。”但在 1893 年，吉尔斯还能对德国大使说些什么呢？见维勒，《帝国的重重危机，1871—1918》（哥廷根，1970 年），第 178—180 页［Hans-Ulrich Wehler, *Krisenherde des Kaiserreichs, 1871–1918* (Göttingen, 1970), pp.178-180］。

他看到当权者的分裂，在威廉与俾斯麦关于其俄国计划的争议达到高峰时，布莱希罗德发出哀叹："但我必须知道俾斯麦是否会继续统治，或者由谁统治！"——换种形式的话，那也是对威廉统治的标准哀叹[50]。

布莱希罗德的选择显而易见。他希望俾斯麦继续统治*。情感和私利要求他做出同样的选择：不遗余力地维护俾斯麦的统治。除了忠诚，布莱希罗德还知道威廉是激进反犹主义者的朋友。俾斯麦的敌人也是他的敌人，而且更加如此。反讽的是，布莱希罗德能为俾斯麦做的最大贡献是他本人从政治中消失。他不能也不愿付出这个代价。

俄国贷款争议只是俾斯麦最后危机的序曲——布莱希罗德见证 451
俾斯麦的结局，就像他曾经在凡尔赛见证俾斯麦对德国统治的开始。1889 年秋天和冬天，当俾斯麦在弗里德里希斯鲁休养，而出访近东的皇帝荒唐地对俾斯麦炫耀自己的胜利时，政治形势逐渐恶化。

1887 年，利用布朗热派的复仇主义和卡特科夫反德活动的幽灵，俾斯麦唤起对战争的严重恐惧，并制造了一场"爱国"选举。右翼的保守党、自由保守党和民族自由党组成执政联盟。这是 19 世纪 80 年代俾斯麦唯一一次拥有某种意义上的议会多数。维持这个不稳定的联盟很难，而且俾斯麦似乎故意加速它的分崩离析。在他的指挥下，联盟毫无组织地参加 1890 年 2 月的选举，并以失败告终。民族自由党和自由保守党失去一半议席，激进党和社会党的议席数分别是原先的两倍和三倍。这是一场大败，俾斯麦过去的保守党—中央党联盟计划现在似乎是唯一的出路。威廉或他的顾问们并不喜欢这样。

---

* 他已经为俾斯麦的可能离开担心了一段时间。1888 年 5 月，在腓特烈三世的短暂统治期间，他恳求俾斯麦不要因为与皇储威廉观点不和而辞职。按照经过荷尔斯泰因精心编排的句子，布莱希罗德告诉俾斯麦："阁下，当一对马受惊狂暴，车夫是被甩下车好呢，还是留在座位上继续对它们施加一点控制好呢？"诺曼·里奇和费舍尔编，《荷尔斯泰因文件》（剑桥，1957 年），第二卷，第 374—375 页。

2月20日的选举结束后，俾斯麦开始实行“最糟糕的政治”（*politique du pire*），加剧现有的各种冲突，以便再次像一开始那样成为不可或缺的领袖。选举结束几天后，他制定了与新议会为敌的路线；他暗示说，君王们创造帝国，他们也可能毁了它。他试图抛弃自己设计的宪法，柏林的其他人则更愿意抛弃那部宪法的缔造者。

到了3月初，布莱希罗德深感忧虑。在维也纳之行中，他告诉自己的朋友和客户，担任德国大使的罗伊斯亲王亨利七世，俾斯麦很可能倒台。对布莱希罗德来说，这仿佛是“世界末日”。他还把瓦德西视作俾斯麦的头号敌人[51]。

布莱希罗德急着赶回柏林。从5月6日到13日，俾斯麦三次召见他[52]。布莱希罗德可能还在其他时候见过俾斯麦，并见了后者的亲随。3月7日，他在俾斯麦府上待了一个半小时，他们决定展开俾斯麦生平最大的一笔金融交易，布莱希罗德随即开始抛售俾斯麦的国债。他恳求俾斯麦不要辞职，两人还讨论了生存策略。俾斯麦希望迫使皇帝接受政变或中央党—保守党联盟——无论哪种选择都会使其失去独立地位。现在，布莱希罗德主动提出——或者应俾斯麦请求——接洽中央党领袖温特霍斯特，就像1879年他上次安排两人见面一样[53]。

布莱希罗德早就与一些天主教要人建立了密切的关系。就像我们知道的，他与温特霍斯特和采邑主教科普（Prince-Bishop Kopp）尤其亲密。温特霍斯特和科普都批评天主教的反犹主义，但他们代表天主教的两个极端。科普是教士外交官，担任利奥十三世和俾斯麦的沟通者，对中央党的“民主”倾向心存怀疑。作为奖赏，俾斯 452
麦提名这位保守主教进入普鲁士上议院，他在那里继续秉持同国家配合与和解的路线。布莱希罗德认识这两个人，现在希望利用他们来为俾斯麦辩护。科普“作为政府和中央党的纽带，似乎在整个［首相］危机中扮演关键角色”。科普还试图说服威廉相信中央党的可靠性[54]。

科普是一位出色的外交官，这位真正的采邑主教管理着微妙的布雷斯劳教区，那里不仅有对德国怀有强烈的爱国主义的西里西亚天主教徒，还有作为上帝和波兰虔诚信徒的数百万波兰人。他与布莱希罗德在 1887 年之后的书信显示出（尽管两人的通信显然开始得更早）他是一个友好而有魅力的人。他的信总是表达与布莱希罗德见面的“渴望”，以及他“最深切和强烈的赞美”。在 1890 年的前三个月，当俾斯麦的命运正在被决定时，科普经常拜访布莱希罗德，因为有“许多重要的东西”要告诉他[55]。1890 年 3 月，他五次请求被接见，有时甚至没有实现书面通知就来访。科普多次称赞布莱希罗德的仁慈，这很可能也与物质方面有关，布莱希罗德可能向教区慈善提供过大量帮助。

3 月 9 日，布莱希罗德与温特霍斯特进行谈话，第二天又与俾斯麦见面。3 月 12 日，布莱希罗德安排两位领袖会面，尽管荷尔斯泰因警告说那将是危险的[56]。俾斯麦展现出坦诚的一面：他在会谈伊始就宣称皇帝准备罢免他。温特霍斯特希望他留任，而俾斯麦表示，那只能通过中央党的支持。两人讨论支持的代价；如果达成协议，德国政界将掀起轩然大波。温特霍斯特要求废除所有剩余文化争端（Kulturkampf）的法律，并获得对教育的独立控制。俾斯麦听上去愿意接受，但温特霍斯特不知道他是否还有能力实现这些让步。另一方面，温特霍斯特怀疑俾斯麦继任者的权力将更小。俾斯麦倒台后，他说：“至少对我们而言，他离开得太早。”结束会谈后，温特霍斯特提醒罗腾堡一定要完全保密，因为此事曝光将伤害俾斯麦。他还对其他人说：“我来自一位临终伟人的床前。”[57]

这次著名的会面匆匆收场。俾斯麦的敌人们（很可能包括内政国务秘书波蒂谢）很快向威廉报告此事。报纸上满是温特霍斯特与俾斯麦见面的报道，这次会谈被称为“布莱希罗德的拜访”[58]。会谈结束三天后，威廉把俾斯麦从床上拖起，严厉斥责他接见了温特霍斯特。俾斯麦非常恼怒，就像在德意志帝国常常发生的那样，此事以对帝国公敌的隐晦指涉告终。这次，威廉指责俾斯麦与“总是同气连枝的犹太人和耶稣会成员”打交道。威廉被俾斯麦擅自的政 453
治行动激怒，更让他恼火的是，俾斯麦的犹太人在其中扮演核心角色。根据皇帝重要心腹的说法，俾斯麦承认布莱希罗德的角色，并解释说此人是他的银行家，“犹太人通常是人类社会有用的一部分，他通过他们完成其他更重要的工作，甚至包括与外国政府打交道”。“布莱希罗德……一直是皇帝的眼中钉。”[59] 在激烈争执的最后，威廉要求俾斯麦辞职。

危机又持续了几天。布莱希罗德直到最后都希望能够避免最坏的结局，并对巴黎罗斯柴尔德家族表达这种想法[60]。17 日，他再次见了俾斯麦；现在，他意识到俾斯麦的被黜只是几小时或几天的问题。结束见面后，品特发现他“非常激动，抽泣着，心口发痛”[61]。布莱希罗德试图说服威廉的亲随，至少应该让俾斯麦留任外交部长，但没能成功。在荷尔斯泰因的要求下，他显然试图说服俾斯麦至少让赫伯特留在外交部，不过同样没能成功[62]。

17 日，皇帝两次要求首相辞职。木已成舟，俾斯麦时代结束了。布莱希罗德直到最后都扮演着重要角色。在最后几周的不确定中，他是活动和阴谋的中心。形形色色的人和派系都试图利用他，但他为俾斯麦所做的努力失败了。他甚至要为此承担些许责任。因为在俾斯麦统治的最后——就像帝国在凡尔赛诞生之时——布莱希罗德的形象让德国精英潜在的反犹主义公开显现出来。1889—1890 年，反犹主义出现在政界的最高层，即宫廷本身。它被用作对付俾斯麦的武器，后者直到那时都认为自己可以不受惩罚地利用犹太人和反犹主义者，就像他利用其他大部分凡人一样。

布莱希罗德的眼泪是真心的。他与俾斯麦的亲密关系已经维持二十八年，与那个伟大人物的相处无论有时多么艰难，它都让布莱希罗德在感觉和实质上拥有重要性，那是他身份的一部分。轻视和痛苦已被遗忘；和许多下属一样，他也忘记自己曾抱怨俾斯麦“不懂得体谅，像挤柠檬那样压榨别人”[63]。剩下的只有悲伤，因为他与权力的联系被切断，他为大人物服务的习惯被打破。俾斯麦的倒台也意味着布莱希罗德的失势，他特殊的太阳落山了。眼泪是为自己而流。

布莱希罗德的朋友们当然认为他需要安慰。听到这个消息后，罗斯柴尔德男爵从巴黎来信说，巴黎家族对俾斯麦辞职的悲伤是布莱希罗德难以企及的：

> 我们不便表态支持德国首相。不过，如果你有机会见到他，
> 我们请求你告诉他：出于世界和平的考虑，我们对他的离开深
> 表遗憾，因为我们确信，过去这些年的和平局面很大程度上要
> 归功于他的努力。如果我们不认为和平受到威胁，那主要是因 454
> 为我们相信，鉴于亲王的巨大影响，他可以在幕后为和平努力，
> 就像他过去做的那样。[64]

无所不在的基翁写道：“过去几天里的大事……无疑让您非常痛苦。即使国外的最大死敌也认为，他留在德国的最高层被看作和平的保证，但您三十年的老朋友却在此时离开政治生活。”[65]德国驻罗马大使致信布莱希罗德，表示克里斯皮首相把俾斯麦的离开看作重大的个人和政治打击[66]。来自欧洲其他国家的信表达同样的看法。欧洲的悲痛远远超过德国。

在柏林，独裁者的最终离开让人感到解脱和兴奋，人们高兴地看着俾斯麦与布莱希罗德的狼狈。作为俾斯麦的老朋友，施皮岑贝格男爵夫人在他被罢免当天写道：“[俾斯麦]一家正遭受粗暴而残忍的复仇。他们并非完全无辜，因为他们曾用同样的方式将许多大大小小的人物打倒在地：但这幕景象并不令人愉快。我的天啊，经历昔日各种拜占庭式的卑躬屈膝，现在将出现什么样的卑鄙行径？”[67]

布莱希罗德的地位显然受到伤害。1890 年 4 月，品特写道：“布莱希罗德现在几乎完全消息闭塞。他唯一的亲信是奥伊伦堡伯爵；

大使们似乎也在离他而去；当然，布莱希罗德不再是俾斯麦。”[68] 反俾斯麦风潮和人们突然转而效忠新的统治者让布莱希罗德陷入困境。

但这种情况没有持续很久。布莱希罗德本人并非没有政治适应力，他对俾斯麦的个人忠诚也没有妨碍他努力与新统治者们建立密切的关系。俾斯麦倒台后，一些人与布莱希罗德的关系更近了，比如荷尔斯泰因；他不再对荷尔斯泰因构成那么大的威胁，因此他们恢复甚至超越了过去的亲密。现在，荷尔斯泰因称布莱希罗德为“尊敬的朋友”，两人不断交流消息。他维持与国务秘书波蒂谢的良好关系，尽管俾斯麦鄙视此人，视之为叛徒*；他还结交阿尔弗雷德·冯·基德伦—威彻(Alfred von Kiderlen-Wächter)和路德维希·拉施道这样的政治新星以及新任外交秘书马绍尔 · 冯 · 毕伯施泰因男爵（Baron Marschall von Bieberstein），并时常接触他们的助手[69]。他继续与政府商议，相信没有政府希望拒绝他的消息或观点。这位 455
银行家与俾斯麦关系的很大一部分是实用性的，他认为自己理所当然能够与任何政府打交道。1891 年 12 月，正值事业巅峰的卡多夫在与布莱希罗德见面后写道：“他总是消息灵通。他对我保证，卡普里维受到皇帝的尊敬，因为此人愿意做皇帝希望的一切……”[70]

布莱希罗德充当新的集体政府与那位被黜独裁者的桥梁。柏林

---

* 1891 年，报纸上出现下面的故事，可能是俾斯麦本人泄露的：几年前，波蒂谢的岳父，一位帝国银行的官员对官方资金处置不当（可能挪用了那笔钱）。在俾斯麦的要求下，布莱希罗德和其他银行家据说帮助波蒂谢筹措了 35 万或 100 万马克。后来，俾斯麦也给了波蒂谢同样多的钱，可能来自韦尔夫基金，让他还给银行家们。这个故事真假莫辨，布莱希罗德对俾斯麦为了抹黑波蒂谢而将其泄露感到震惊。俾斯麦在回忆录中重复这个故事，但没有提到布莱希罗德的角色。恩斯特·菲德尔编，《俾斯麦的宏大游戏：路德维希·巴姆贝格的秘密日记本》（法兰克福，1932 年），第 462 页［Ernst Feder, ed., *Bismarcks Grosses Spiel. Die Geheimen Tagebücher Ludwig Bambergers* (Frankfurt a.M., 1932), p.462］；赫尔穆特 · 罗格，《荷尔斯泰因与霍亨洛厄》（斯图加特，1957 年），第 357 页［Helmuth Rogge, *Holstein und Hohenlohe* (Stuttgart, 1957), p. 357］；《俾斯麦全集》，第 15 卷，第 481 页；诺尔·冯·德·纳莫，《俾斯麦的爬行动物基金》（美因茨，1968 年），第 190—201 页［Robert Nöll von der Nahmer, *Bismarcks Reptilienfonds* (Mainz, 1968), pp. 190–201］。

和弗里德里希斯鲁之间只有怀疑。俾斯麦竭尽所能让新的统治者们尴尬，确信他们正在破坏他的成果。那些人则非理性地担心他卷土重来，因此不遗余力地阻挠他。布莱希罗德不时成为有用的沟通者，并打破关于俾斯麦与皇帝可能和解的一切传言。按照布莱希罗德的说法，俾斯麦说如果他试图和解，妻子就会和他离婚。之前，布莱希罗德还表示，俾斯麦恨他的敌人直到第四代，而约翰娜则恨他们直到第一千代[71]。

落魄中的俾斯麦甚至更加珍视布莱希罗德，而且更加公开。布莱希罗德的忠诚和热心从未动摇。他与倒台后的首相保持最亲密的关系。在俾斯麦抵达弗里德里希斯鲁的当天上午，受他们信任的施魏宁格医生给布莱希罗德发了电报："亲王夫妇睡眠安稳，感到精力充沛。"[72]令大部分柏林人高兴的是，他们不必再担心俾斯麦敏感的健康。退隐后的第二天，俾斯麦庆祝自己的75岁生日——布莱希罗德当然是少数向他表示祝福的人之一。两人进行长谈，俾斯麦解释说，对他伤害最深的是皇帝虚伪地在世人面前假装与自己友好分手[73]*。

俾斯麦继续向布莱希罗德透露自己的想法。他们继续通信、见面和交换消息，并相互信任。俾斯麦担心他们的亲密关系会招来监视；1890年6月，布莱希罗德的一封来信丢失，俾斯麦要求柏林和弗里德里希斯鲁的邮局仔细调查。在主人的要求下，他的秘书写道："怀疑某个部门捣鬼，可能是本地的，或者更可能是柏林的。这样的事可能再次发生。我们不相信柏林的所有部门完全不对大人和您

---

* 俾斯麦被罢免时，威廉给他写了公开信，封他为劳恩堡公爵，并承诺给他一张真人大小的皇帝像。对于新头衔，俾斯麦表示他会在想要匿名旅行时使用；我们没有对于真人大小肖像的评论，但可以想见会是什么样。一个月后，威廉向施魏宁格发出无理要求，命令他继续照顾俾斯麦的健康，并经常向皇帝报告。霍斯特·科尔编，《俾斯麦大事记》（莱比锡，1892年），第二卷，第499页［Horst Kohl, ed., *Bismarck-Regesten* (Leipzig, 1892) II, 499］；威廉致施魏宁格，1890年4月24日，DZA：Merseburg：Rep. 89 H，Zivilkabinett XXIII，12ff。

的通信感兴趣。”[74] 俾斯麦的担心显示出他多么重视与布莱希罗德
的通信。他通过亲身经验知道，很容易下令监视某人的通信。他总 456
是相信，敌人和他自己一样无情与狡猾。此外，被黜的统治者总是
自负地认为，他们会让继任者坐卧不安。

布莱希罗德定期拜访俾斯麦，总是受到热情的欢迎。俾斯麦急于了解消息，常常询问布莱希罗德对于争议问题的“专业看法”，比如卡普里维的新贸易条约[75]。两人见面时会讨论现在和回忆过去。有时，布莱希罗德还会提出建议，比如 1890 年 6 月，他敦促俾斯麦缓和在报纸上的论战。俾斯麦回答说：“当我受到攻击时，我会还击，否则我睡不着觉。”[76] 几天后，俾斯麦接受《小日报》(*Le Petit Journal*) 五个小时的采访，并要求布莱希罗德把发表后的访谈内容寄给他。布莱希罗德告诉品特，他更希望“亲王稍稍沉默些”[77]*。

由于布莱希罗德与俾斯麦的亲密关系，柏林的达官显贵们仍然找他帮忙；他关于俾斯麦想法和计划的报告广为流传，还常常传到威廉的耳朵里[78]。有时，他还为俾斯麦及其昔日的伙伴或熟人斡旋，这些人担心俾斯麦已经断绝同他们的关系。最令人唏嘘的例子也许是科普，他对布莱希罗德抱怨说，俾斯麦的报纸没有正当理由地攻击他。“尽管我对报纸的行径无所谓，但我无法对亲王的评价无动于衷。”关于他支持波兰暴动的指控不是真的：

> 不幸的是，我所处位置的部分困境在于，我同时扮演着波兰人抱负的帮助者和敌人……我本人无意选举或影响中央党

---

* 在访谈中，俾斯麦表现出新的和平姿态——德国完全满足了：“我们不想冒风险。”他对法国特别关心，以至于编辑总结说：“与他人生中的其他任何时候相比，今天的俾斯麦先生是和平必不可少的保卫者。”俾斯麦对个人的困境感到悲哀：“我花了四十三年改掉自己的乡绅习惯；我很难再变回农民；政治仍然抓住我并不愿离去…… [但] 我忘记自己再没有什么可做的。”《小日报》，1890 年 5 月 29 日。

……为了政治目的而牺牲我肩负的教会职责，这有违我对自身位置和责任的理解。

鉴于布莱希罗德的善心，科普认为他知道如何利用“这番诚挚的表白……我不希望亲王认为我已忘记过去——我终于记住，永远心怀感激和赞美”[79]。几周后，当科普成为红衣主教时，俾斯麦给他写了热情的贺信，保证对他的看法没有改变[80]。

布莱希罗德是俾斯麦退隐后少数仍然对他忠诚的人之一，他对
此心怀感激。他现在几乎没有什么能给布莱希罗德；他知道布莱希 457
罗德的忠诚代表真正的尊敬，于是也对后者抱以热情的敬意。1893年，俾斯麦回忆说，无论布莱希罗德的个人生活如何，“在我面前，他总是一位无私、极为聪明、谨慎和高效的商人，思维非常缜密”。然后，俾斯麦提到布莱希罗德的全部服务，并总结说：“简而言之，我本人受过他的恩惠并感激他。”俾斯麦还曾对一位记者表示，即使在他隐退后，布莱希罗德仍然对他表现出“热心和令人愉快的忠诚，可以作为我们的爱国基督徒同胞的榜样”[81]*。

俾斯麦信中经过仔细斟酌的称呼形式反映了这种更加亲密的关系。在布莱希罗德去世前两年的信中，俾斯麦的信以“尊敬的朋友”开头，并几乎总是以“您的”（*Der Ihrige*）结尾，这种形式特别用于同僚和老友，比如卢基乌斯·冯·巴尔豪森和马伊巴赫。他写道：“尊敬的朋友，您的热情鼓励和精美的［生日］礼物再次证明您对我的

* 感激并非不能与恶意交替，特别是当恶意符合时机。1890年8月，在与一名反犹主义者编辑交谈时，俾斯麦对布莱希罗德做了最轻蔑的评价：“我完全知道布莱希罗德是何许人和做过什么，知道这类没受过多少教育、缺乏坚实的道德基础、在无穷财富中养尊处优之辈习惯于做的各种事和拥有的各种喜好。但我不能而且不应该对他无礼，因为那违反先人对贵族礼貌的要求。”他赞扬布莱希罗德的金融服务，后者没有为此获得任何回报，没有获得任何国家机密：“我知道布莱希罗德可能会喜欢（这样的机密），也许还会向第三方炫耀他是俾斯麦的银行家，但那是这个种族和行当的一部分。即使我改变自己的银行家，我也无法改变那些。”《全集》，第9卷，第86—87页。

情谊，这本身对我是最宝贵的。”[82] 俾斯麦在圣诞节回赠给布莱希罗德一张他自己的签名照，并把关怀延伸到布莱希罗德的孩子们身上。现在，他们也被邀请前往弗里德里希斯鲁，受到虽非无条件但不失热情的欢迎。

俾斯麦经常对布莱希罗德的健康表示关切。布莱希罗德去世前几周，他写道：“我很高兴在您的来信中看到，您的健康令人满意，或者像您说的，过得去。因此我希望当天气暖和些时，您能赏光再次拜访我们夫妇。”[83] 这是俾斯麦写给布莱希罗德的最后一封信。布莱希罗德死后，俾斯麦致信施瓦巴赫：“冯 · 布莱希罗德先生的去世让我失去各种情况下都忠心耿耿的真正朋友。我很高兴贵行状况如常，我希望在未来延续与贵行多年来的关系。”[84] 俾斯麦派女儿为代表出席布莱希罗德的葬礼，并送上一个很大的花圈。这是他最后一次公开表达对布莱希罗德的尊敬和友谊。

退隐后的俾斯麦最初生活在伐尔岑，从 1894 年起搬到弗里德
里希斯鲁，生活对他来说变得日益孤独。他把自己离开柏林形容为
“哀荣备至的国葬”[85]。1894 年，他的文书洛塔尔 · 布赫尔、银行 458
家和约翰娜先后去世。他身边的世界变得寂静，健康状况也更加糟
糕。等到 1898 年死亡降临时，他其实早在几年前就已失去生机。

俾斯麦在回忆录中没有提到布莱希罗德，他的编辑和传记作者也同样假装布莱希罗德是个无足轻重的小人物。在布莱希罗德生前，他所谓的邪恶影响常常被夸大，死后却不应该地被漠视。但布莱希罗德也许感觉到今天我们所知道的：在三分之一个世纪里，他在俾斯麦的德国扮演重要角色，帮助塑造那个德国，并让该国首相越来越依赖他。他不明白的也许是，他的成功与羞辱的奇特组合反映出德国人与犹太人关系的严重缺陷。

第三部分

融合的痛苦

第十七章

作为爱国新贵的犹太人

> 但这个世界上最无意义的事情之一是罪责问题受到的严肃对待，至少在我看来如此。我觉得无意义的并非发出指责；痛苦中的人无疑会向方方面面发出指责（在最痛苦的状态下当然除外，因为那时人们无力指责）；同样可以理解，人在激动和混乱时会对这些指责耿耿于怀；但我完全无法理解的是，人们认为可以像争辩任何如此清楚、能决定日常行为的普通算术问题那样对罪责问题进行争辩。你当然应该受到指责，但然后你的丈夫也难辞其咎，然后再是你，接着再是他，因为这在人类的共处中不可避免，指责不断堆积，最终到达暧昧的原罪。但对于我的今天和去伊舍看医生来说，在永恒之罪中纠缠有什么用呢？
>
> ——弗朗茨 · 卡夫卡，
>
> 《致米莱娜的信》（*Letters to Milena*）

布莱希罗德的成功和德国一样迅速而不寻常，但也和德国一样脆弱。盖尔森 · 布莱希罗德的职业生涯反映了他所属的两个世界的某些基本过程，其中一个是他诞生的地方，另一个是他迫切渴望的地方。他生来是犹太人，选择成为德国人。多年来，他认为自己可以把这两个世界合而为一，与犹太世界的私人和松散的关系不会与在德国世界中的公共和更重要的角色发生矛盾。事实上，他的中年见证德国人与犹太人社会最风平浪静的融合时期，他的晚年则出现对这种融合的第一次有组织否定，他的成功本身被视作否定的理由。

德国在19世纪崛起的故事耳熟能详。经过许多个世纪的分裂，这个国家终于由上而下实现统一，它的诞生密不可分地与领袖们维持专制政府本质的意志交织在一起。刚刚统一的国家因为现代化的力量和工业资本主义的全面冲击而分裂，这些影响导致传统的统治阶级陷入经济上的困境，导致市民阶级担心社会主义的兴起。在象征意义上和实践中，俾斯麦和布莱希罗德都试图捍卫旧阶级——在经济上给予保护，重申他们的价值观和生活准则至高无上——并剥夺已经受到威吓的中产阶级的政治意愿。获封贵族后的布莱希罗德 462
没有追求某种独立的贵族生活方式，而是以富豪的身份效仿传统封建阶级。而那个阶级虽然受他很多恩惠，却因为他的富豪身份和平民出身而憎恶他。

德国犹太人的融入反映了19世纪德国社会所走的特别道路，与法国、英国和荷兰的道路截然不同。德国人不情愿地解放犹太人，解放者们认为，比基督徒低等的犹太人将提高自己的道德——最好通过皈依。解放者们不可能知道，解除障碍后，一个相对封闭的社群将很快变得充满动力，机会将大量出现，新富者将挑战昔日的特权者。解放解除障碍，但给予犹太人史无前例飞跃机会的是社会现代化，是突然有可能通过教育和财富出人头地。德国犹太人从社会流动的可能性受益，其他德国人同样如此。但流动性对某些人意味着自由，对另一些人则意味着心理和社会的可怕动荡。当犹太人在经济领域春风得意时，那些失去位置、处于不利地位的群体（经常与犹太商人和贷款者有过直接接触和竞争）回想起解放者的愿望，即犹太人将会提高自己的道德。19世纪70年代，批评者宣称，犹太人不仅远没有“提高”（成为德国人），反而把德国人拉低到他们的层次，用他们的物质主义方式污染德国人。从19世纪70年代中期开始，一个新的反犹主义团体认为犹太人象征现代性，象征自由主义和资本主义，并从中牟利。与其他西方国家相比，德国的自由主义较为弱势，在意识形态上也有所区别。德国的市民阶层也从未像法国或英国资产阶级那样获得自信和历史意义，这意味着德国犹太人社群没有自由之盾，以普遍承认的人权法则之名保护他们的权利。贫穷而贪婪的武士—地主阶级的道德支配意味着金钱话题满载虚伪和禁忌，比类似情感以某种沉默形式存在的其他国家更加严重。一门心思关心钱没有好处，但就像德国的例子所展现的那样，否认钱的重要性，或者向往由荣耀或美德而非金钱决定地位的田园诗般的过去是一种惬意但危险的幻觉。从 19 世纪 80 年代开始，德国民族主义出现好斗和排外的特点；比起其他地方的狭隘，它甚至更加无法容忍多元文化，或者既在国内保持团结又与国外维持特殊关系的少数族裔。其他国家也有类似的狭隘民族主义的鼓吹者，但他们在德国社会领导阶层中能引起更大的共鸣[1]*。

我们概括了决定布莱希罗德人生和时代的某些历史力量。他只是隐约感受到自己职业生涯的这些更大衍生品；很少有人理解主导 463
他们时代的潮流。除了金融事务，布莱希罗德的眼光并不比大多数同时代的人更锐利。因此，他很难理解决定德国人和犹太人普遍生活的特殊状况与力量。他无法理解为何德国人对待犹太人的方式看上去如此反复无常，也许没有其他哪个民族以同样令人费解的方式混合热情与敌意†。布莱希罗德是柏林的商人之王；在他之前，从未有犹太人，也很少有平民达到他的高度；在尊敬、谄媚和低声咒骂中，德国社会处处对他打开了门——但通常是后门。他没有理解过去或

* 我在《成功的负担》（“The Burden of Success”）一文中进一步展开这些想法，收录于纪念莱昂内尔 · 特里林的文集，1977 年由 Basic Books 出版。

† 在 19 世纪 80 年代的一本经常被提到的书籍中（匿名出版，但一般被认为出自卡特琳 · 拉齐威尔亲王夫人之手），有一章被献给“冯·布莱希罗德先生和财政亲王”。这章的开头写道：“柏林不是巴黎。和俄国一样，在新的德意志帝国的首都，法国早就消失的偏见仍然存在。这些偏见中必须包括厌恶当着旁人的面与犹太人握手、去他的家或者在自己家接待他。我特意强调当着旁人的面，因为在亲密的私下交谈中，所有这些小顾及都会消失。在整个世界上，没有其他哪个地方的社会如此鄙视以色列的族裔，但又如此之多地利用他们。”保罗·瓦西里伯爵，《柏林社交界》（巴黎，1884 年），第 152—153 页［Comte Paul Vasili, *La Société de Berlin* (Paris, 1884), pp. 152–153］。

含糊的现在，因此也不可能预见未来。和大多数人一样，他根据现在进行推断，看见一个融入变得日益方便、犹太人被社会接受（如果有必要，还会被国家保护）的世界。19 世纪 60 和 70 年代，他有理由感到乐观：未来显然属于融合和融入，属于像他这样获得被国家封为贵族之荣誉的犹太人。迫害犹太人已经成为历史，成为不幸的过时之事[2]。他不可能理解自己人生的历史状况，对自己主观经验的认知也存在偏颇。

法律说，你是平等的。俾斯麦和国王授予布莱希罗德的贵族证书说，你高人一等。基督徒世界说，你低人一等，并在他背后嘀咕道："肮脏的犹太人……他肮脏的犹太人的钱……和塔木德的智慧……犹太猪。"[3] 他内心的声音说，你不是他们的一员，你和你的同族比你们生活于其间的那些人低等——但在智力、敏锐、精明和刻苦上更胜一筹。世界还记得弑神和罪恶，而渴望被接受的自己仍然没有完全忘记信仰，即犹太人毕竟是上帝的选民。近代的犹太人和德国人在一件事上看法相同：两者有天壤之别，法律上断言的平等只是让他们在交往时更不自在。

事实上，一些犹太人的这种不自在感更加强烈。19 世纪中叶，德国的 50 万犹太人大多更喜欢生活在看不见的隔离区中，他们比邻而居、共同工作和相互通婚。在法律解放——最后的限制于 1869
年被废止——和日益融合的时代，他们逐渐冒险跨过了不可见的界 464
线，进入中学和大学里的基督徒世界，成为商人和士兵，医生和科学家，银行家、记者和律师。

在德国人与犹太人纠结而悲剧性的历史中，布莱希罗德象征着一个重要时刻。作为那个时代最著名的犹太商人，他的人生代表犹太人所能企及的高峰，以及攀爬过程的痛苦和危险。作为俾斯麦的朋友和国王的通信人，作为大企业的投资人和贫穷贵族的物质救世主，布莱希罗德证明德国人和犹太人的共处能给双方带来多少好处。他的成就和社交成功令人惊讶。他赢得德国犹太人历史上前所未有的认同和地位。他显然也代表成功与融合的可能。但族群的历史显然不能由外在的行为或成功来书写，特别是德国犹太人的全部历史。举止和行为的核心取决于人们的态度，无论是否有意识，无论是否表达出来。当接近出身隔离区的布莱希罗德获封贵族时，他的态度也发生改变：和许多犹太人同胞一样，他对施予和夺走恩惠的国家产生最强烈的忠诚。他向国家证明，犹太人极其有用，几乎是资产阶级的替代品。他还把国家看作使自己免遭反犹主义迫害的保护者*。

布莱希罗德的人生是德国犹太人的超大画像，他们（特别是成功的犹太人）的许多行为方式和价值观都反映在此人身上†。新帝国的建立惠及几乎所有的犹太人，但布莱希罗德的获益独一无二。几乎所有的犹太人都成了热情的爱国者甚至超级爱国者，但在新帝国，布莱希罗德对俾斯麦的依附象征这种忠诚。大多数犹太人继续把国家看作潜在的施惠者，但布莱希罗德证明，国家可以提供重要恩惠，有时甚至还能动员它帮助国内外受到威胁或虐待的犹太人。

不过，布莱希罗德的人生也表明，这种有利可图的共存也有另一面。有时，他在与当局的关系中表现出卑躬屈膝和谄媚。本可以 465
恳求时他会乞求，本可以要求时他会恳求，本该坚持时他会屈服，本该自豪时他会虚让。他不吝向施惠者和朋友们奉上礼物，也慷慨

---

* 路德维希 · 波恩（Ludwig Börne）早就指出："由于我生来没有祖国，我对祖国的渴望比你更强烈，因为我的出生地仅限于犹太街，被锁住的大门背后的一切对我而言是陌生国度。因此，现在对我来说，祖国不仅是城市、领地和省份。对我来说，只有祖国语言所及的那个庞大世界才算够。"引自罗伯特 · 伯达尔，《对德国民族主义的新思考》，刊于《美国历史评论》，1972 年第 77 期，第 78—79 页［Robert M. Berdahl, "New Thoughts on German Nationalism," AHR, LXXVII (1972), 78–79］。

† 在这部分，我有时会提到"德国"犹太人，尽管新帝国不同成员邦的犹太人生活状况存在显著不同。我也明白在犹太人群体内部同样存在财富、地位和面貌上的巨大差异。大约三分之二的德国犹太人生活在普鲁士，我的大部分表述将贴近他们的经历。

地向公共慈善捐款。常言道：施予者受到双倍祝福；但布莱希罗德的施予行为更加复杂，他不仅像常人那样期待回报，而且感到慈善是职业必要和一种心照不宣的纳贡[4]。

比起同时代的其他任何德国犹太人，布莱希罗德生活在基督徒世界的边缘。因为他的有用和贵族身份，只有他进入德国社会的最高层。他是唯一能“出入宫廷”的犹太人。某些荣誉会带来羞辱。他急于寻求被那个社会接受，阻力越大，他对成功的欲望就越强烈。成功必须是可见的——于是就有了对勋章的追逐、宴会上的炫耀和热衷于提供柏林最好的款待。布莱希罗德是双重意义上的新贵：他的金钱和地位都是新得的。新贵的生活从不令人愉快或给人教益：在德国社会，犹太人新贵或贱民出身的商人之王处境特别艰难。

布莱希罗德遭遇各种敌意。他的许多朋友都是“礼貌”和背后的反犹主义者，他还不可避免地因为某些“犹太式”失礼而受到嘲笑。他在社交上遭到某些贵族的蔑视，比如反复拒绝他热情的邀请。他与赫伯特·冯·俾斯麦决裂，并遭到后者亲随的恶作剧。也许布莱希罗德忽视这些轻视，也许他不为所动。就像我们将要看到的，他的孩子们一事无成却渴望一切，他对他们的失败不可能不为所动。他们皈依新教，但没有接受新教的伦理，这种对工作福音的无条件接受是他们父亲人生的指导原则。

他也无法忽视德国反犹主义的兴起，他是这场风暴的首要目标。反犹主义文人和精心组织的运动把他描绘成解放和奠基活动的最大牟利者。在生命的最后二十年里，他毁誉参半。回过头来看，最令人吃惊的是，那些曾经带给他荣耀并从他那里获利的人完全没有保护他。布莱希罗德只得独自一人对付敌人，有时也会请求国王和首相保护全部犹太人。但即使俾斯麦有所行动，那也不是为了布莱希罗德、犹太人或正义，而是因为他看到有些攻击的目标是他本人和财产。他认为两者都神圣不可侵犯。

作为德国犹太人，布莱希罗德最主要的感情无疑是满足和安全。

他已经取得可观的成就，并获得安全。但他和犹太人同胞的崛起并非没有受到挑战；用今天的话来说，在他生命的最后阶段，反弹变得越来越强烈。长久以来，对国家和“热心”的俾斯麦的信赖打消了他的恐惧，让他觉得反犹主义有望再次消失[*]。 466

对他和他的同族的攻击加强他作为犹太人的奇特自卑感。通过热烈拥护一个把他排除在外的精英阶层的价值观，通过按着这些主流价值和习惯塑造自己的生活，他让自己和孩子们永远变得脆弱。被德国社会最高层真正接受只是幻觉，引诱盖尔森和他的孩子们走上不归路，在无法实现之雄心的荒野中越陷越深。

盖尔森有别的选择吗？我们将会看到，他的弟弟尤里乌斯的确选择了不同的道路。在评价盖尔森时[†]，我们必须记住他试图融入的德国社会的特点。在某种意义上，获封贵族是一种御前表演。他被强行赋予新角色，虽然他曾经对此如饥似渴。他把自己看作开拓者。其他同样受到青睐的犹太人将追随他的脚步，但目前他的模板只有自己。他的憧憬也并非完全不切实际。德国犹太人的崛起如此惊人，以至于不断融合的希望似乎也显得合理。德国人和犹太人的命运在友谊和婚姻中发生交会。对于成功者而言，接受似乎变得可能；残留的偏见可以被无视（或者以牙还牙）；新教徒与天主教徒、普鲁士人与巴伐利亚人之间，不也有根深蒂固的对立吗？

盖尔森身上令人惊奇的地方并非融合与接受的希望，而是追求

---

* 反讽的是，在布莱希罗德去世那年，19 岁的哈伊姆 · 魏茨曼（Chaim Weizmann）对于犹太人对德国反犹主义视而不见发出最严厉的指责。在与他所任教的犹太人学校校长谈话时，后者相信一旦“德国人睁开眼睛看到犹太人的优点”，他们就会停止反犹。魏茨曼被激怒了，他吼道：“博士，如果人的眼睛里进了什么东西，他只会想着把它弄出来，无论那是一块泥土还是一枚金币。”魏茨曼，《试错》（纽约，1949 年），第 32 页［Weizmann, *Trial and Error* (New York, 1949), p. 32］。

† 我在这里使用“盖尔森”，部分原因是为了与他的弟弟尤里乌斯相区别。两兄弟的反差是盖尔森故事的关键内容，就像克里斯蒂安与托马斯 · 布登勃洛克的冲突是《布登勃洛克一家》的核心主题。“盖尔森”代表他的个人身份，而非那个公共人物。

这个目标的方式。但比他年轻得多、出生在反犹主义再次兴起时的人“渴望不仅是客人，不被视作外人。他们不希望做被邀请的客人，或者出于同情和善良而得到宽容，最重要的是，并非因为主人愿意忽视他的种族和出身而被接受”[5]。19 世纪 70 年代初，在柏林的一位英国观察者对犹太人的显赫身份和他们在基督徒中的地位印象深刻：“事实上，柏林基督徒远比英国基督徒宽容。”* 在幻觉和雄心上，布莱希罗德并不唯一。

但我们必须注意避免把布莱希罗德可能陌生的感情和敏感性放 467
到他的身上。他内心深处的感情从未被记录：他没有留下日记，他的信中只有寥寥几封带有私密或坦诚的内容。他显然为人迟钝，对许多轻视不敏感，满心以为他的财富、地位和智慧足以抵挡来自下层的攻击。迟钝也许是社交成功的关键，就像智慧是他物质成功的关键。他全无海涅那样的情感，在心理意识上甚至不如卡尔 · 菲尔斯腾贝格或瓦尔特 · 拉特瑙†。人们普遍认为，解放刚刚开始，随着

* 谢帕德 · 托马斯 · 泰勒，《1870—1871 年普法战争期间的柏林回忆录》（伦敦，1885 年），第 238 页［Shephard Thomas Taylor, *Reminiscences of Berlin during the Franco-German War of 1870–71* (London, 1885), p. 238］。泰勒如此评价犹太人的财富：“……当柏林的基督徒通常不得不忍受白天的负担和热浪时，多得不成比例的面包和鱼落到更幸运的犹太人手中……［犹太人］生活在城中最好街区的最好房子里，乘坐最精美的马车在公园里到处游荡，总是出现在歌剧院和剧场中的前排座位上，以这样或那样的方式在不那么幸运的基督徒同胞心中激起强烈嫉妒。”泰勒还表示，如果犹太人在英国享有类似的地位，他们将招致强烈得多的仇恨。他认为整个问题很快将会消失，因为“看上去犹太教在柏林几乎即将走向终点”。他的意思是犹太人特征正在减少（第 236、237、241 页）。

† 由于信息的匮乏，也许可以参考别人在布莱希罗德无法回避的情形下作何反应。1898 年，为了犹太复国主义目标，特奥多尔 · 赫茨尔（Theodor Herzl）前往奥古斯特 · 奥伊伦堡伯爵在里本贝格（Liebenberg）的庄园，拜访布莱希罗德的这位老朋友。他描绘自己的复杂感情，首先是在火车站遇到伯爵派来接他的马车夫：“我可能是他载过的第一个犹太人……现在我置身于乡绅施皮尔哈根（Speilhagen）的世界，我曾经生活在一群爱挖苦人的开明犹太人中间，他们对此人只有仇恨、恐惧和嘲笑。此行的不寻常之处在于，我并非为了融入而惟命是从和乞怜，而是作为一个自豪的犹太人……伯爵马上走出来。他身着猎装，我觉得他做的第一件事是查看我的衣着……诚然，作为他认为的更高等种族的成员，他觉得高我一等。但想到‘更高等的’犹太人——也就是与他有过接触的（转下页）

德国人意识到犹太人的巨大用处，反犹主义偏见将会消亡，这种想法可以减轻他的任何担忧或恐惧。在对持续进步的简单假设中，他反映了许多富有犹太人的态度。但现实要无情得多。甚至布莱希罗德的失明也带有某种残酷的象征意义：当他步履蹒跚地走进一个充满或明或暗仇恨的世界时，他无法看见危险。

布莱希罗德的犹太人同胞对未来抱有同样的信心。无论在其他问题上多么意见不一，大多数犹太人都认为，紧跟着完全解放到来的新帝国宣示了他们的新时代。他们流露出对德国事物的骄傲和对他国同族的不满。早在 1866 年，布莱希罗德的普鲁士爱国主义就惹恼了巴黎罗斯柴尔德家族。（这种忠诚和骄傲维持下去，直到 1916 年，一位法国观察者注意到："今天，德国仍然存在着普鲁士人、 468
萨克森人、巴登人、符腾堡人和巴伐利亚人。只有犹太人完全是德国人。从北到南，从东到西，他们组成帝国的支架。"[6]）但他们的忠诚、热爱和超级爱国主义并未获得回报*。因为偏见仍然非常强烈，憎恶不减反增。

这里不便对反犹主义情感的历史做出哪怕最简单的描绘[7]。反犹主义是一种源于宗教的古老歧视（犹太人被认为手上沾染耶稣的鲜血），对犹太人的强制身体隔离让这种歧视更加强烈，因为他们被驱逐到隔离区继续自己的宗教生活。由于基督徒的意愿和后天习

(接上页) 那些——对待我们理想的可鄙行径，我又如何憎恶他呢？顺便说一句，他似乎承认能与犹太人赫茨尔联系在一起的事实。" 当时，赫茨尔希望德国人支持在巴勒斯坦建立犹太复国主义者定居点，奥伊伦堡则表示威廉对于建立一个德国的保护国感兴趣。赫茨尔在日记中写道："保护国！许多人会对此摇头。但我相信唯一正确的道路是感激地接受……生活在这个强大、伟大、有德、治理出色、组织严密的德国的保护下只会对犹太民族的性格产生最有利的影响。" 拉斐尔 · 巴塔伊编，《特奥多尔 · 赫茨尔日记全集》(纽约和伦敦，1960 年)，第二卷，第 687、688、693 页 [*The Complete Diaries of Theodor Herzl*, ed. by Raphael Patai (New York and London, 1960), II, 687, 688, 693]。

* 富有的爱国犹太人常被称为 "皇帝的犹太人"（*Kaiser-Juden*），哈伊姆 · 魏茨曼不客气地把他们描绘成 "比德国人更德国人，谄媚，超级爱国，热切地揣测德国主子的愿望和计划"。《试错》，第 143 页。

得的技能，犹太人成了早前时代的“贱民资本家”[8]。法律和习俗禁止他们从事大部分行当。夏洛克式的犹太人耳熟能详——但他们的故事也非常复杂，就像莎士比亚的夏洛克提醒我们的。

取消大部分法律上的限制，但非正式的限制和偏见仍然存在。反犹主义总是带有仇富成分。就像我们看到的，在新的德国，随着资本主义的传播，对它的反感也日益扩散。贵族们继续让“家族犹太人”为自己打理生意，因此他们同时表达对追求者和追求行为的鄙视——这也表明他们认为犹太人擅长此道。

正如我们将要看到的，相对宽容的自由主义插曲是短暂的。民族国家给予犹太人被昔日等级国家拒绝的权利。但随着犹太人从种种限制中解放出来和参与德国社会的竞争，他们引起激烈的反应，而民族国家，尤其是德国，对任何形式的越轨或多元主义开始形成一种极度的不宽容。从 19 世纪 70 年代开始，民族主义变得狭隘，犹太人——曾经被视作违背信仰的罪人——成了意图对国家不利的阴谋者[9]。文化绝望的政治融合民族主义、反现代和反资本主义，犹太人在其中成了罪恶的象征。1870 年后，逐渐有传言说，这股异族力量是巨大国际阴谋的一部分，“致力于毁灭然后统治其他人类”[10]。

犹太人有自己的一系列偏见和情感，在变化的外表下，它们同样显得特别根深蒂固。首先，即使融入程度最高的犹太人也相信自己属于单独的群体，最初依靠共同的信仰、仪式和苦难来维系着；但这些共同体验消失时，某些早前时代形成的特征留下来。无论他们是否想这样，但他们在外表、思想和感觉上是犹太人。但这种身为犹太人特征是什么呢？和新教徒一样，宗教在犹太人中间同样逐渐式微，对科学的信仰削弱对超自然的迷信。在启蒙时代，犹太宗教还剩下些什么呢？为了这些宗教残余，值得总是强调不同的身份和潜在的敌意吗？

开明派新教徒们不这样认为。他们相信，犹太人应该把他们现在已经式微的信仰放在普通德国人的祭台上。他们希望犹太人欣然 469

为了解放的特权而放弃自己的宗教。启蒙者把犹太教看作特别的反启蒙力量——激烈的反犹主义无疑受到了它的影响——这种观点开始与兴起的民族主义相结合，导致最宽容和开明的新教徒也无法接受犹太人在宗教上的自成一体*。许多德国人希望放弃犹太教，这不仅是因为他们讨厌犹太人，也因为他们讨厌多元文化，一个仍然拥有强大内部凝聚力的群体对此感到不安。

他们很难理解犹太人的命运。就像布莱希罗德的人生所展现的，犹太人的状况经常通过微妙和不确定的方式随着时代而变化。1830年到1880年间，基督徒很少明确表达希望犹太人用皈依换取解放的想法。犹太人认为自己有权获得解放，同时又保留德国化的独立性。现在他们用德语提供服务，并以德国人自居，这难道还不够吗？他们不能作为犹太信仰或摩西信仰（当时的委婉说法）的德国公民融入吗？不过，瓦尔特·拉特瑙直到1911年仍然表示："每个德国犹太人在少年时都将经历终生难忘的痛苦时刻：他第一次充分意识到，自己以二等公民的身份踏入世界，任何成就和服务都无法让他摆脱这种处境。"[11] 也许出路是接受洗礼，反犹主义压力迫使一些人这样做，也让另一些人望而却步。拉特瑙还指出：犹太人会为了获得物质利益而犹豫是否要放弃祖先的精神遗产吗——即使他早就接受基督教伦理？皈依难道不相当于接受"前提上倒退、虚伪、不合适和不道德的普鲁士犹太政策"吗[12]？保留犹太人身份常常事

---

* 见卡尔·马克思，《论犹太人问题》，收录于《早期作品》，大卫·麦克勒兰编（牛津，1971年），特别见第108—114页［Karl Marx, "On the Jewish Question," *Early Texts*, ed. by David McLellan (Oxford, 1971)］。在早年的马克思如此频繁地受到歌颂的时代，他在那个时期对犹太人问题的表态值得深思。他把大众的偏见放到哲学背景中，宣称："犹太人的世俗崇拜是什么？讨价还价。他们的世俗之神是什么？金钱。所以，摆脱讨价还价和金钱，摆脱实践和真正的犹太教将是我们时代的自我解放。"（第110页）有时我们会忘记（或者认为不重要），马克思是一位皈依基督教的犹太人之子，祖上是著名的拉比家族；他娶了一位贵族女子。他带着强烈的贵族口吻指责作为资本家的犹太人（或者作为犹太人的资本家），上述事实完全与此无关吗？

关荣誉，而非宗教信念；改变信仰带有投机意味，尽管一些皈依者是出于真正的宗教情感。对于不在乎宗教的犹太人而言，选择皈依他们同样不在乎或同样“开明”的新教意味着在矛盾的冲动间做出艰难选择。在被问及为何不皈依时，那位法国老妇人*表示：“我的信仰少到无法改变。”[13]——某些犹太人也许有同感。

来自外部世界的敌意让一些犹太人下定决心保持独立，让另一些人更加坚决地抵制德国元素，还有许多人同时选择两者。尤其对 470
于那些以德国人自居，和同胞们一起崇敬祖国，对德国文化有真正认同并对犹太习俗几乎完全陌生的人来说，无法自由或集体地谈论自己的状况是他们面临的困境之一。这阻碍了抵抗兴起的反犹主义的所有集体和个人努力。反讽的巧合是，在布莱希罗德去世的 1893 年，犹太人成立他们的第一个抵抗组织，抛弃对国家仁慈的依赖[14]。

布莱希罗德的人生和家庭反映了德国犹太人面对的某些相互冲突的可能。当然，相对不那么发达的同族而言，富有和成功的犹太人对融入的诱惑更加强烈。盖尔森本人总是相信，他可以同时是德国人和犹太人。他希望自己的个人地位和保守信念能够有利于他和他的族群的利益。过去，他可能被称作“宫廷犹太人”；后来，在不同的民族中间，他可能被称作“汤姆叔叔”。他的弟弟尤里乌斯走了另一条道路，支持自由主张和领导犹太人的抵抗活动。盖尔森的孩子们选择皈依，尤里乌斯的孩子们则没有。许多犹太人无疑希望摆脱犹太人身份，但怎么做到呢？少数人认为洗礼是答案，其他人则希望被默默地接受。由于这么多人追求如此不同的目标，难怪德国犹太人群体被内部的矛盾和紧张撕裂得四分五裂。

作为一个群体，德国犹太人具有高度的自我意识，并进行尖锐的自我批评。“自我憎恶”是犹太人的普遍特征，犹太人的反犹主

* 指法国沙龙女主人热内维埃芙·阿莱维(Geneviève Halévy)，她的父亲雅克—弗洛芒塔尔·阿莱维和第一任丈夫乔治·比才都是作曲家。她还被认为是普鲁斯特《追忆逝水年华》中的盖尔芒特公爵夫人和奥黛特的原型。——译注

义不仅仅是刻薄的矛盾字眼。他们生活在一个被视作低人一等甚至可鄙的社会。他们没有逃脱被践踏者的堕落，自残式地接受了统治群体对他们本人和同族的评价。他们的自我鄙视反映和加强了在德国人面前的自卑感。作为仅次于拉斯克的重要德国犹太议员，路德维希·巴姆贝格认为“犹太”特征包括：“一意孤行和笨拙、贪婪、粗鲁、虚荣和热衷功名、‘思想上的暴发户’和卑躬屈膝。”[15]犹太人即使在自我批评时仍然喜欢自夸。

但经过许多个世纪的受难和从迫害中幸免于难，他们的集体自我意识中留下某种类似自豪的烙印，并对迫害者表示不屑。他们对自己看法不高，但很自豪属于一个能把自我批评作为美德的坚强而智慧的民族。即使融入程度最高、一心希望被基督徒接受的犹太人，当他们有机会或者被激怒时也会——哪怕只是自言自语——使用“异教徒”（goy）这样的排外字眼表达对外族和麻木灵魂的鄙视。如果能指望用一个词描绘德国犹太人的精神痛苦，那就是矛盾。他们对自己感到矛盾，也对德国人同胞感到矛盾；也许矛盾是一种现 471
实主义，但德国犹太人并不特别现实。在德国犹太人为他们的惊人成功所付出的心理代价中，矛盾占了很大比例。

从 1869 年在法律上彻底解放到 1933 年再次失去自由不过是人一生的时间，但在这段时间发生了何等惊人的变化！强调犹太人对德国生活的贡献已经成为感伤的老生常谈。也许没有其他哪个欧洲国家的犹太人扮演像在德国那么多样和突出的角色。在如此的敌意和矛盾中，我们如何理解这个成功时刻呢（在某些领域还取得成果丰硕而又独一无二的合作）？

海涅曾说，犹太人会变得像他们生活于其间的民族，而且比后者更加典型。德国人与犹太人共处的故事印证这点，他们并非交替相互吸引或排斥的两极。为了理解布莱希罗德，我们必须回顾几个这种共同特征，其中有的受到普遍尊敬，有的如果被注意到的话会令人遗憾。这种必要性，教会犹太人拥有特殊光环的“能干”

（*Tüchtigkeit*）美德，德国人无疑早就擅长这点。德国人和犹太人都是认真、严肃和细致的民族，他们建立亲密的家庭纽带，在生活中注入某种仪式化的温暖和感伤。受过教育的德国人和犹太人都特别重视知识：他们既尊重活着的学者，也崇敬过去的文化遗产。他们还有其他许多共同的价值，但与其罗列这些价值，也许不如谈谈这两个群体远没有那么清楚地意识到的共同态度更有意义。

由于德国人和犹太人都有过漫长的分裂和民族意识不稳固的历史，他们的身份感都存在危机。还有哪个民族会像德国人那样经常问自己：什么是德国人？或者像被解放的犹太人那样自问：什么是犹太人？帝国的德国人用刺耳和强硬的超级爱国主义作为回答，而德国犹太人也常常表示附和。身份感的危机与另一种出于多种更深层次原因的特征有关：公民责任的缺失、公民感的不完善和政治奴性的流行。康德认为，启蒙将带领德国人走出青涩（*Unmündigkeit*）。但在政治上，德国人处于一种常常被掩饰的奴役状态中，他们甚至不知道俾斯麦的独裁和皇帝间断性的专制限制了他们的自由。心理上的倾向正好对应剥夺他们政治体验的严酷政治现实。巴姆贝格曾经宣称“这个民族生来就不是自由的”，但他没有意识到，这也适用于他的许多德国犹太人同胞[16]。（19 世纪 60 年代，在被问及最痛恨哪种恶习时，卡尔·马克思的回答是“奴性”——后来，他还谴责了意见不一的追随者[17]。）德国人和犹太人都习惯于浮夸的恭顺，这既可能造成奴性，也可能导致突然出现关于帝国命运或社会
重生的乌托邦式美梦。德国人和犹太人特别善于快速改变情绪；二 472
战期间，丘吉尔对此做了精辟而夸张的评价：“匈奴人要么直取你的咽喉，要么跪在你的面前。”*——德国反犹主义者常常把这种行为

* 这段话来自 1943 年 5 月 19 日丘吉尔在美国国会上的演说，北非的德军不久前刚刚向盟军投降。“匈奴人”指德国人，这一外号源于 1900 年威廉二世著名的“匈奴人演说”，他对义和团运动爆发后被派往中国的远征军表示，要长久地确立德意志的威名，就像当年的匈奴王阿提拉一样。——译注

归给犹太人。这是我们所谓的独裁性格的普遍特征。

布莱希罗德代表许多这类共有的特征。与许多富有的犹太人同胞一样，他也极其爱国和保守。不过，这位德国最富有的人却没有归属可言，生活在几个世界的边缘。尽管拥有巨大的财富和权力，但他的思想反映了德国人和犹太人公民的犹豫不决。他还证明奴性可以带来回报（他的回报非常丰厚）。但他的人生也显示了德国人和犹太人融合的阴暗面，如虐待、攻击、犹豫、怯懦和腐败。

布莱希罗德的人生既展现德国社会的体面世界，也揭露肮脏、阴谋和不断怀疑的地下世界。富人和穷人一样体验人性的刻薄。在德意志帝国，强大的犹太人吸引那个社会所有的潜在恶意。

布莱希罗德的人生开端相对简单。他作为犹太人出生和长大，这本身就让他的人生具有某种确定性。19 世纪 20 和 30 年代，身为普鲁士的犹太人仍然是相当简单的事；犹太人身份意味着信仰和道德准则，遵守某些仪俗和禁忌。最重要的是，这种身份提供相当紧密的团结。外部世界过于陌生和充满敌意，使人不得不忠于自己的同族。1832 年，年仅 10 岁的布莱希罗德无法想象自己将升入普鲁士贵族的行列。对盖尔森而言，这像月亮一样遥不可及。

同样无法想象布莱希罗德不娶犹太女子。比起今天或他的孩子们的时代，婚姻在他那个时代无论如何都更简单。作为终生的选择，婚姻通常由父母之命和经济条件决定，只有在很少和可疑的情况下会被终止。27 岁的盖尔森对于此事足够重视，这从他前往维也纳相亲时发给父亲的报告中可见一斑。老萨穆埃尔推荐他与利普曼（Lippmann）的女儿们见面，盖尔森最初不确定哪位是长女，后来发现她丑陋而令人反感。这家人很“随和”，让他感到亲切，“但即使那姑娘在百万钱财中游泳，我也不想向她求婚。自尊是我的信条，如果带给您这样的媳妇，我的灵魂最深处都会感到耻辱”。他承诺接下去与布雷斯劳的马克（Mark）的女儿见面，“因为我习惯于欣然遵从您的愿望”。但他对前景同样感到怀疑，并表示“您必须说服自己，只凭物质条件无法让我做出一个将让我和与我在一起的那个人永远不幸福的决定”。父亲在这句话旁边写了“同意”[18]。 473

就像我们看到的，他最终娶了艾玛·古腾塔格，后者的父亲是布雷斯劳的一位银行家。我们对艾玛所知甚少。就攀升社会地位而言，盖尔森比艾玛更加艰难。总有传言说，这位平凡的女子虚荣、苛刻而且不善交际。我们在下文将引用迪斯累利对她的可怕描绘，另一些人对她的记忆则更加厚道。

布莱希罗德过着正派犹太人的生活。1864 年，他成了柏林犹太人社群董事会的成员——这清楚地表明他在柏林犹太人中是个受到尊敬的人物[19]。他遵守部分习俗和所有的节日，并为犹太人慷慨解囊。他把古董祈祷书作为礼物送给像奥本海姆这样的朋友[20]。没有理由认为，在他人生的差不多前四十年里，他曾经想过改变虔诚的生活方式。这些方式在他心中根深蒂固，他与虔诚的犹太人罗斯柴尔德家族的亲密关系也证明他本人的虔敬。冷漠是不可思议的，更别提叛教了。

当然，犹太人身份早就不是他唯一忠诚的对象。在德国犹太人中，对信仰和君主的忠诚早就同时存在，就像在大多数欧洲国家那样*。1848 年革命前，和大部分德国人一样，德国犹太人在政治上保持沉默。海涅的激进主张很少有追随者。富有的犹太人当然比同族兄弟更加倾向于保守。遵循这个传统，盖尔森的老朋友亚伯拉罕·奥本海姆于 1846 年作为保守派候选人参加科隆市议会的选举[21]。

---

* 虽然很少有犹太人能像路德维希·菲利普森（Ludwig Philippson）那样在 1837 年腓特烈·威廉三世的生日上向国王表达如此热烈的敬意：“我是普鲁士人。因此，8 月 3 日对我来说是个神圣而幸福的日子。我的国王出生在这天。一个神和一个国王……他是普鲁士一切的国王。我是普鲁士人，尽管我也是犹太人。”菲利普森是主要的犹太报纸《犹太人大众报》的编辑。引自雅各布·图利，《德国犹太人的政治倾向：从耶拿到魏玛》（图宾根，1966 年），第 21 页［Jacob Toury, *Die politischen Orientierungen der Juden in Deutschland: von Jena bis Weimar* (Tübingen, 1966), p 21］。

1848 年革命让一大批犹太人登上政治舞台，绝大部分站在自由派一边。革命的失败再次导致犹太人脱离政治，直到 1858 年所谓的新时代到来。现在，犹太人倾向于同自由派资产阶级政党合作[22]。

布莱希罗德选择不同的道路。像其他一些富有的犹太人那样，他保持保守倾向。他忠于那个曾经给其先人和自己提供保护和荣耀的王朝。与俾斯麦建立关系后，他的忠诚对象只有一个，那就是首相。和那些甚至地位比他更高的人一样，他无疑希望获得更多恩惠。我们在前文看到，卡尔·迈耶尔·冯·罗斯柴尔德曾向俾斯麦乞求另一枚勋章。如果强大的罗斯柴尔德家族成员能够为了获得提拔而如此卑躬屈膝，那么布莱希罗德拜倒在普鲁士强权面前就更是自然得多。毕竟，罗斯柴尔德家族是世界性力量和得到举世公认的王朝，得到许多君主的施恩，而布莱希罗德才崭露头角。 474

到 19 世纪 60 年代，布莱希罗德的成功依赖他与罗斯柴尔德家族和俾斯麦的关系。除了富有犹太人传统的“国家虔诚”（*Staatsfrömmigkeit*），布莱希罗德还与有史以来最杰出的德国政客建立私人关系。传统和特殊机遇让布莱希罗德对国家日益忠诚；后来，某种形式的普鲁士沙文主义和德国民族主义也影响了他。新的情感处处居于优势地位，随着布莱希罗德越来越觉得自己是俾斯麦成就的一部分，他接受这种情感。当他在凡尔赛与胜利者们谈笑风生时，他已经完全转向德国民族主义，无论他是否意识到转变的过程。

布莱希罗德的新德国主义显然刺激了他想要自己的德国人身份被明确承认的欲望。大多数德国人具有所谓的“纽扣孔恐慌”，害怕自己的纽扣孔和胸口没有勋章。对裸露的羞耻感有多种形式，有人需要遮羞布，有人则需要镶嵌珠宝的勋章。我们已经看到布莱希罗德如何成功地追逐头衔：第一枚勋章于 1858 年到来，八年后他被任命为枢密商务顾问，1871 年他获得铁十字勋章，最后是 1872 年独一无二的获封贵族。他的朋友奥本海姆写道：“很快您的胸前将戴不下来自各位君主的全部高贵勋章。”——奥本海姆本人同样觊觎这些荣耀*。事实上，他积累了来自巴伐利亚、奥地利、俄国、法国和巴西等国的勋章。它们代表对他所提供服务的赞赏，后世将用更加庸俗的方式实现同样的目的。

这些外在荣耀的问题在于，它们永远无法带来长久的满足：总有更多的荣耀被觊觎。荣耀意味着更高的知名度，更多的殖民地不仅意味着更大的开支，也意味着更容易受到嫉妒者的恶意攻击。就像奥本海姆在布莱希罗德获得铁十字勋章时所写的：“最近，您获得巨大的声望，但也深受嫉妒。”[23] 相比之下，他的弟弟尤里乌斯似乎对头衔的诱惑相对无感。尤里乌斯的后人告诉我们，他对过一种比盖尔森朴素得多的生活感到自豪。1898 年，当他被授予商务顾问的头衔时，他带着某种受伤的自尊拒绝了，因为荣耀来得太晚。

盖尔森则不是这样。他渴望眼前的每一项荣耀——为了给自己的贪婪找借口，他也许会认为这些荣誉将令全体犹太人获益。他在为他人铺路，通过确保自己的影响力来帮助同族兄弟。在他获封贵族时，奥本海姆无疑是这样想的：“这是我们犹太同胞的胜 475
利。”[24]1885 年，当维多利亚女王最终不情愿地封纳撒尼尔 · 罗斯柴尔德为世袭贵族时，“英国犹太人以近乎疯狂的兴奋欢迎［这个消息］……英国犹太人的解放终于真正完成”[25]。盖尔森也许感受到某些类似的骄傲，认为自己在为同族赢得荣耀。

但他的情况比纳撒尼尔更加复杂。在布莱希罗德赢得荣耀的那个国家，反犹主义情感从 19 世纪 70 年代中期开始再度兴起，那里的社会同化压力很大，对“异类行为”的接受度也远不如英国。人们对布莱希罗德的期待是同化，而这也是他最想做的。但同化举动招致憎恶和嘲笑，他既与同族稍稍疏远，又没有被试图加入的群体

* 事实上，1871 年，奥本海姆的妻子曾请求布莱希罗德试着为她的儿子争取一枚铁十字勋章。小奥本海姆因为在法国的服务而被许诺将获得勋章，但显然不了了之。亨里耶特 · 奥本海姆致布莱希罗德，1871 年 2 月 28 日。另见奥本海姆致布莱希罗德，1871 年 3 月 12 日、1875 年 1 月 19 日，BA。

所接受。最糟糕的是，他成了笑柄。不怀好意的人喜欢提及布莱希罗德为了庆祝获封贵族而举办的盛大宴会，他请求一位宫廷高官列出合格的军官，并表示："别邀请平民，我希望参加者全是我们贵族。"[26] 这个故事也许不实，但并非完全无中生有。外省报纸上刊载过它的一个变体。布莱希罗德指责上尉带着一位资产阶级出身的军官赴宴："我的朋友，我们不能那么堕落。"在上尉的示意下，军官们纷纷起身离席，直到布莱希罗德当场做出正式道歉才归座。军官们延续非正式的抵制，再也不光顾这位"傲慢的犹太炫富者"的家[27]。

这样的事件一定发生过，甚至早在他被封为贵族之前。施皮岑贝格男爵夫人证实，布莱希罗德的某些所谓的"愚蠢行为"导致柏林最优秀的群体抵制光顾他的家。1872 年 2 月，他们的缺席导致无法举行"正式舞会"。但时机和宾客（包括俾斯麦亲王妃）还是让舞会取得巨大成功，虽然"与通常的柏林舞会相比，燕尾服［而不是制服］占有更明显的优势"。施皮岑贝格是柏林社会的敏锐观察者，对莫里茨 · 拉撒路等文化犹太人仍然遭受的某些限制感到愤怒。另一方面，她和大多数人一样讨厌某种犹太富人。她在描绘在布莱希罗德的朋友及其对手汉泽曼家度过的一个愉快夜晚时，表示参加者是"体面的平民，没有股市犹太人和富豪势利眼"[28]。早在被封为贵族和被召往凡尔赛之前，布莱希罗德就专门设宴款待过贵族（常常令人生厌），把自己的亲属和大部分犹太人排除在外[29]。施皮岑贝格不会忽视这点：此类丑陋行为印证对暴发户的全部偏见。贵族以自己的祖先和家族为荣，暴发户却以他们为耻。当然，德国贵族也不乐意邀请自己的犹太亲属。但布莱希罗德的虚伪"排外" 476
同时针对基督徒和犹太人，而且在他获得贵族的新身份后显然变本加厉。

1874 年的警方档案里有这样的报告：

> 自从被擢升为贵族以来，冯·布莱希罗德先生变得傲气十足，不再公开招待昔日的朋友与合作者，甚至在散步时也和他们保持距离：在胜利大道[Sieges-Allee，沿着蒂尔加腾的柏林时髦大道]散步时，他走在西侧，而不是和大部分行人(几乎都是犹太人)一起走在东侧。在被问及为何走在另一侧时，据说他回答说，东侧的大蒜味太浓。布莱希罗德从前的几位熟人听说了这番话，几天前在散步时为此责备他，从此他们就不太和睦。[30]

无论是否真的属实，警方报告暗示典型的暴发户形象——他们永远无法成为真正的贵族。布莱希罗德暗中否定自己的过去，与昔日的朋友和同族保持距离，并使用食物—味觉歧视——在德国反犹主义者看来，大蒜味是犹太人的共同特征——强调自己更高和气味更甜美的地位。

心理学家可能会提供另一种富有启发性的解释。布莱希罗德正在逐步摸索新角色和新身份。他既为被接受而做了公开努力，在下意识中也可能在寻求新身份以取代犹太人身份。他希望在俾斯麦的基督徒世界中扮演重要角色，而他作为秘密智囊团的显眼角色是获得新身份的途径之一。同样的，布莱希罗德对新身份的执着可能惹恼他的基督徒敌人，他们把“[自己]心灵世界中的形象”投射到他身上，这样做可以让他们更好地保护自己免受这些内在威胁之扰。因此，基督徒需要布莱希罗德保持犹太人身份，当他试图竭力缩小与周遭基督徒的差别时，他们的心灵感到了威胁[31]。

柏林充满关于这类改变的传言。在犹太人和反犹主义者中间，布莱希罗德都背上虚荣和虚伪之名。1876年，施瓦巴赫向盖尔森报告说，有记者问他，盖尔森是否会使用古特戈茨（他的庄园）男爵作为新名字。施瓦巴赫认为很不可能，“因为如果人们那么称呼他，他就不会放弃这个名字”[32]。这种传言的存在本身就颇有深意。大多数人的看法可能和布莱希罗德的朋友菲利克斯·巴姆贝格类似，他在写给霍亨索伦—齐格马林根家族的卡尔·安东亲王的信中表示："布莱希罗德不属于较为谦虚的那类人。"[33]

不过，在进入基督徒世界一事上，布莱希罗德受到的诱惑和主动的意愿同样重要。他在寻找适合新地位的生活方式。财富和贵族
身份要求他炫耀自己的杰出。盖尔森试图追求卓越，就像一直以来 477
的罗斯柴尔德家族和所有的富有君主所做的那样。在此过程中，他做了可笑和懦弱的事。我们必须再次指出，他只是夸大当时大部分德国富人的行为：富豪们模仿贫穷贵族，他们的自愿奉承，帮助贵族延续社会霸权。相比之下，法国的资产阶级发展出自己的风格，虽然无法摆脱贵族式的欲望，而且在小说家和观察者眼中没有特别的教益，但资产阶级而非贵族价值观毕竟在整个国家得以传播[34]。

布莱希罗德的财富要求显眼的消费。生命的最后阶段，官方估计他的年收入为 200 万到 220 万马克——换算成今天的美元将是这个数字的两倍。根据非官方的估计，他在 1892 年的收入达到 334 万马克，总资产在 3600 万到 4000 万马克之间[35]。他是柏林迄今为止最富有的人，在整个帝国也只有阿尔弗雷德·克虏伯被认为能与他匹敌。他必须以配得上自己财富的方式生活。或者就像一位同时代的人在其关于柏林社交界的著名作品中所说的："[他]是我们时代最聪明的人之一，对政治和金融问题具有独到眼光。甚至在肯定导致某些事件发生的情况出现前，他就能预见到那些事件……不过，他缺少必需的道德力量控制自己的一个弱点，即不惜代价地希望在上流社会扮演不同于钱袋子的角色。"[36]

整个资本主义世界的其他犹太人和富豪也有类似的欲望。柏林的情况尤其艰难，一位英国观察者指出，那里的"商业、工业和金融[尚未]能够进入特权者的接待室。但一些显贵会参加大银行家布莱希罗德举办的盛宴"……在柏林，很少有能被称为"社交界"的东西，因此像莱奥妮·施瓦巴赫（Leonie Schwabach）等人举办的这类犹太人沙龙很受推崇[37]。布莱希罗德认为，自己的豪华宴会

将吸引大人物。奥里奥拉伯爵夫人马克塞·冯·阿尼姆（Maxe von Arnim, countess of Oriola）是一位拥有沙龙的贵妇，吸引了艺术家和作家加入。19 世纪 70 年代初，她写道：“[布莱希罗德] 喜欢邀请最显赫的权贵参加盛宴，他是宴会上唯一的非德国人。”（反讽的是，反犹主义文人坚称伯爵夫人嫁入一个犹太血统的葡萄牙家族。）她表示老毛奇曾请求获得她的邀请，并解释说：“我必须这样做，因为我刚刚拒绝布莱希罗德的邀请，理由是我已经接受您的。”[38] 神秘的瓦西里伯爵也在 1884 年写道：“柏林社交界分成两个阵营：有的接受布莱希罗德的邀请但嘲笑他，有的嘲笑他但不赏光。”[39]

赏光者必须获得回报。外交人员和德国官员总是占有相当的比例。这些显贵总是“有请必到”，他们知道在布莱希罗德家，“国事和肠胃极好地融为一体”[40]。布莱希罗德的宴会享有盛名，就像他希望的那样。曾经多次得到布莱希罗德帮助的著名作家路德维希·皮 478
彻（Ludwig Pietsch）曾对艾玛解释说，《弗斯报》拒绝他为她最近的宴会所写的报道。但皮彻希望她知道，他“没有无视在您好客的府上举办的神奇宴会。它的品位、盛大和魅力超过我在私人家中见过的一切”[41]。更重要的是迪斯累利的描绘，他本人对于融入的尝试并不陌生。他在柏林会议期间向维多利亚女王报告说：

> 1878 年 7 月 3 日——布莱希罗德先生是柏林的大银行家。他最初是罗斯柴尔德的代理人，但普鲁士的战争为其提供大量机会，现在他看上去几乎可以和昔日的主人相匹敌。他为自己建造一座真正的宫殿，宏伟的宴会厅让他可以邀请所有的全权代表、使馆秘书和帝国的主要部长。这些部长全部到场，但不包括从不出现的俾斯麦亲王，他只是偶尔与皇帝共同进餐。但布莱希罗德先生是亲王的密友，每天早上都要陪伴后者。根据他自己的说法，他是唯一敢对亲王说真话的人。高大宽敞的宴会厅甚至整座宅邸都用各种稀有的大理石建成，不是大理石的

> 地方则使用黄金。廊台上的音乐家只演奏瓦格纳，这让我很兴奋，因为我很少有机会欣赏这位大师。宴会结束后，我们被带领穿过豪华的沙龙、画廊和童话般的舞厅。沙发上独自坐着一个看上去非常刻薄的小个子妇人，身上戴满珍珠和钻石，她就是布莱希罗德夫人，是他早年身无分文时娶的。她和丈夫不同，完全配不上她令人惊叹的财富。[42]

现实和幻想美好地融为一体，很适合创造西多尼娅（Sidonia）* 这个神秘银行家形象的小说家。

宴会需要一丝不苟的计划。在宾主展开社交欺骗游戏的背后，筹备过程中需要付出巨大的苦恼和费用[43]。一切都必须具有无与伦比的质量，无论是客人、食物抑或娱乐。异国食物需要从欧洲的偏远角落进口，警方不得不派出两名警官维持交通。竞相炫耀制造奢华和耀眼的丰碑。布莱希罗德档案中有一封皇家管弦乐团指挥本雅明·比尔泽（Benjamin Bilse）的来信，比尔泽婉拒在一次这样的宴会上表演，因为他和他的乐团不喜欢指定的场地，而且在演出的同时还要进行槌球游戏。但最终他还是同意表演[44]。再多的钱都换不来品位、举止自信和营造合适氛围等优点。

布莱希罗德的宴会招引大量谈论和光顾。宫廷总管阿道夫·施 479
托克对宴会本身和在四旬斋期间举行感到愤怒，在给国王的抗议中特别提到它们。普鲁士社会无与伦比的记录者特奥多尔·冯塔纳认识布莱希罗德一家，他的妻子和盖尔森是童年玩伴，晚年的他和盖尔森还互致问候和互赠礼物。冯塔纳曾写道，真正的财富总是让他印象深刻，庞大资本的力量总是让他惊愕：

---

* 迪斯累利 1844 年的小说《康宁斯比》（*Coningsby*）中的人物，原型可能是莱昂内尔·罗斯柴尔德和作者本人。——译注

> 从年轻时开始，我就对一切伟大事物着魔，毫不嫉妒地向它们拜服。但“资产阶级”只是对伟大事物的可笑模仿，他们的渺小和永远想要免费获得赞美让我愤怒。资产阶级父亲花1000塔勒请人给自己画像，希望我把这幅拙劣之作当成是委拉斯开兹 [Velásquez] 的。资产阶级母亲给自己买一件蕾丝披风，把这次购物当成大事。一切购置或“呈献”的东西都伴随着仿佛在说“你能吃这蛋糕和喝这酒多么幸福”的目光。一切都是对某种生活和经济方式的幼稚夸张，与我的生活一样廉价……一片面包从来不是便宜货，它是某种崇高之物，是生活和诗。而如果女主人满脸堆笑地端上配有策尔丁格葡萄酒（Zeltinger）和蛋白酥皮甜饼的烤鹅，并以为可以在两小时里让我脱离平日的生活时，那只鹅本身就是便宜货，而她的想法让鹅更加廉价。资产阶级不知道如何给予，因为他们不知道自己的礼物不值钱。[45]*

尽管花费数以千计的马克，但布莱希罗德的崇高宴会永远带有某些廉价品的味道。

不过，财富还需要用更加持久的方式展示。与罗斯柴尔德家族和各地的富人一样，慈善是布莱希罗德的重要职责。例外可以证明规则。莱昂内尔·罗斯柴尔德去世时，盖尔森的儿子汉斯正好在伦敦；他在信中表示：“很少有人真正哀悼，因为莱昂内尔不知道如何受人爱戴，几乎没有为穷人做过什么。”[46] 慈善是一种悔罪金，或者一种自我颂扬的形式，但无论混合什么动机，富人的钱毕竟为病人或

---

* 相比之下，在俭朴的普鲁士贵族家庭中，孩子们被禁止称赞食物（更别说批评了）；不允许谈论食物，对违反者的惩罚是羞辱的耳光，至少在一位出色历史学家的童年记忆中是这样。约阿西姆 · 冯 · 迪索，《过渡中的贵族》（斯图加特，1961 年）[Joachim von Dissow, *Adel im Übergang*. (Stuttgart, 1961)]。迪索的作品是我们关于老普鲁士家庭生活的少数回忆录之一。

孤儿提供了（不充分的）医疗和社会服务，并提高了衣食无忧者的文化水准。布莱希罗德也不例外：他公开和私下进行捐赠，对象包括德国人、犹太人和外国人，永远都有人向他求助。他的捐赠单令 480
人惊叹。路德维希·皮彻表示："得益于您的慷慨，您的成就惠及全人类。"[47]——这番话一定会让布莱希罗德满意，但很少会让他吃惊。

他的慈善的确是普世的。他向所有宗派的穷人和病人提供捐助：从柏林的天主教议员到纽约的希伯来孤儿院。他帮助在柏林建造圣公会教堂，在奥斯坦德建造犹太教堂，在一座莱茵小镇建造新教教堂（因为施托什元帅请求他资助），在勃兰登堡侯国建造天主教堂。《天主教大众报》(*Katholische Volkszeitung*）报道布莱希罗德的慷慨，该报援引一位天主教神父的话说："当其他一切都失败时，我就找冯·布莱希罗德枢密顾问。"最终，他获得 9000 马克用于完成他的教堂[48]。

王室的要求可能特别高。皇太子妃急于在柏林建造装饰华丽的英国教堂，作为维多利亚女王的亲生女儿，她要求总管写信给布莱希罗德，表示教堂将在她的生日那天隆重开放，她听说后者可能再为教堂捐款。早在奠基之前，他已经"捐了一大笔钱"，他是否想好更多捐款的具体金额？他愿意捐赠管风琴吗？——"可以装上捐赠者的铭牌"[49]。布莱希罗德同意了，他的举动被全世界看在眼里*。除了施恩，还有贵族的索取。

事实上，大人物常常索取施舍，就像曾经帮过布莱希罗德各种忙的前部长弗里登塔尔在 1889 年所写的："我们相交多年，我从未

---

* 1883 年 2 月 2 日，伦敦的《犹太人编年报》(*Jewish Chronicle*）评论道："……该项目的首笔也是主要的一笔捐助是来自德国的英国总领事冯·布莱希罗德男爵的 1500 英镑。尽管这笔慷慨的捐助无疑是男爵以官方身份提供的，但同时不应忘记他是个犹太人的事实，在称赞此事将巩固不同信仰者之间的善意纽带的人看来，他的犹太人身份让捐助更有价值。这样的惺惺相惜之举在我国闻所未闻……"

像乞丐那样讨扰你，但现在我必须打破那个习惯。”深受皇后青睐的一家尼斯的德国疗养院需要“大笔捐助”[50]。当权者向富人提出请求，这样的情况每年都会出现。事实上，这是一种税收。布莱希罗德为慈善花费数百万，在哀悼他的去世时，玛丽·拉齐威尔亲王夫人吐露许多人的心声：“布莱希罗德去世了；人们普遍对他表示哀悼，他的离开让我悲痛；他乐善好施，在我们的天主教医院工作中帮了我很多忙，我很感激他。整个柏林金融界也大为震动。布莱希罗德是我国首都的罗斯柴尔德。”[51]

即使在去世时，布莱希罗德仍然无法摆脱罗斯柴尔德家族的阴影。他给予很多，但他们给予的更多；他很有名，但他们是传奇。在某些方面，他们造就了他，他对他们的感情也因此存在矛盾。但他效仿他们不断向犹太人同胞提供慈善支持，有时还同他们合作。

布莱希罗德不仅要在德国慈善中同汉泽曼家族和西门子家族竞
争，还不甘落后于其他主要的犹太人庇护者。比如，他为此与犹太 481
人慈善家领袖摩西·蒙特菲奥雷爵士走到一起，两人交换犹太人事务的消息，直到蒙特菲奥雷 101 岁那年去世。蒙特菲奥雷年轻时就发了财，40 多岁时退出买卖，把随后的差不多六十年用于帮助欧洲、俄国和近东的犹太人同胞。布莱希罗德不准备如此专注，但他看重并渴望得到蒙特菲奥雷的赞许。他有一批要求严格的模板。

很多钱被用于东欧犹太人。布莱希罗德支持法国以色列联盟分布广泛的活动，包括在耶路撒冷建立学校；在向学校捐助 1000 法郎时，他致信联盟，询问“犹太人是否仍在移民离开俄国”[52]……除了帮助与本国较近地区的犹太人，他还为救助巴格达和摩洛哥的穷苦犹太人向联盟捐款。我们已经看到他为罗马尼亚犹太人所做的努力，尽管最终没能成功。对于第一代罗斯柴尔德勋爵，据说“作为［他的慷慨］的回报，他获得更多的不是效忠（因为这在好争论的犹太人中是不可能的），而是神化：在伦敦东区和东欧拥挤的隔离区里，他在生前就成了传奇”[53]。没有人能与罗斯柴尔德家族竞争，但无论哪里的犹太人遭受不幸时，布莱希罗德的名字也会被提到。

慈善和政治常常相互交织。和其他人一样，布莱希罗德也关心俄国犹太人日益变糟的命运。比如1891年，各地的罗斯柴尔德家族认为，新的大屠杀违背俄国的承诺。大批犹太人足够幸运地逃脱；在这波逃离潮的高峰，布莱希罗德估计每天有700名难民抵达柏林，但这个数字完全难以置信。他向英国大使保证，他“已经在相当长的时间里竭尽所能防止这些穷困潦倒的犹太人移民英国”。他要求管理犹太难民的中央委员会警告他们不要移民英国，那里的“劳动力市场已经饱和”。他建议把这些难民送往巴勒斯坦或美洲，因为显然这些东欧犹太人在德国和英国一样不受欢迎。1891年6月的《泰晤士报》刊登了布莱希罗德和爱德华·马雷特爵士（Sir Edward Malet）的通信[54]。

帮助隔离区对布莱希罗德来说天经地义，但他还想要扮演德国文化的马伊克纳斯（Maecenas）*。这是德国犹太人最喜欢扮演的角色，代表他们为伟大的德国精神所做的贡献（符合这个词的全部意义）。他结交一批苦苦挣扎的作家和艺术家。他帮助筹建博物馆，如纽伦堡的日耳曼博物馆，还赞助展览，购买了一批爱国纪念品。他最大的单笔捐助当属在医学领域：1890年，为了纪念自己的父母，他匿名赠给结核杆菌的发现者罗伯特·科赫位于柏林的16英亩上等地块和100万马克，用于修建新的医院和使用科赫的新疗法救治 482
穷苦的病人[55]。

这在当时是一笔巨款，相当于他资产的3%左右。此举还象征商界对科学越来越多的关心。布莱希罗德的名望如此之高，以至于当他的朋友保罗·林道听说科赫获得匿名捐赠时，他马上知道捐赠

---

* 奥古斯都统治时期的重要文化赞助人，提携了维吉尔、贺拉斯和普洛佩提乌斯等诗人。——译注

者一定是布莱希罗德*。

但和美第奇家族一样，富人还试图留下本人形象的合适纪念。布莱希罗德委托德国最好的肖像画家弗朗茨·冯·伦巴赫为俾斯麦画像。几年后，他又请伦巴赫为自己画像。俾斯麦喜欢说这样的故事：伦巴赫为布莱希罗德的画像开出的价格是俾斯麦的两倍，在被问及为何如此时，伦巴赫回答说，他喜欢为首相画像。布莱希罗德为伦巴赫历时三年完成的肖像支付3万马克[56]。他还以1.7万法郎的价格请埃米尔·旺特斯（Emile Wanters）为自己画像。他与柏林的官方雕塑家赖因霍尔德·贝加斯（Reinhold Begas）夫妇关系良好，特别是与夫人葛蕾特（Grete）——至少她的书信这样暗示。富人总是希望用和艺术家的友谊装点自己；布莱希罗德的名字还浪漫地与钢琴家"甜美的格罗泽夫人"（葛蕾特·贝加斯语）联系在一起，尽管我们对两人关系的真正性质一无所知。布莱希罗德委托贝加斯设计家族陵墓，贝加斯同意了，并建议使用卡拉拉大理石†。他估计将耗资7.5万马克——当时超过70%的人的年收入不到900马克[57]。布莱希罗德需要设计高贵而令人难忘的归宿。

更别说设计高贵而舒适的生活了：就像狄更斯对波德斯纳普风格（Podsnappery）‡的夸张讽刺那样，布莱希罗德的生活经过精心计划和安排。人们在他的生活中很少能感觉到即兴或冲动，工作、旅行和疗养的节奏有条不紊。他每天工作许多小时，即使在周六和周日也要接见重要的客户或亲信，拜访或接待俾斯麦，并总是不忘处

* 在布莱希罗德进行这笔捐赠的同一年，冯塔纳写道："至少在柏林，人们主要通过犹太富人接触到所有的自由和高等艺术。人们不得不最终接受这个事实，而作为艺术家或文人，我们不得不欣然接受（若非如此，我们将不可能存在）。"《特奥多尔·冯塔纳书信集》，第二辑（柏林，1909年），第二卷，第245页［*Briefe Theodor Fontanes*, 2nd series (Berlin 1909), II, p. 245］。

† 卡拉拉（Carrara）位于意大利中北部，当地出产的大理石是建筑和雕塑的上佳材料。——译注

‡ 波德斯纳普是狄更斯小说《我们共同的朋友》中的人物，为人极其自以为是。——译注

理自己的信件。娱乐、运动或任何与生意无关的消遣，都不属于布莱希罗德的生活方式。他帮助艺术家并和他们交往，还参加音乐会，但他似乎缺乏审美能力。

食事是当时富人们的共同弱点——那个压抑和工作主导的社会
允许在味觉上放纵自己。布莱希罗德早就知道，美食也是出色的礼
物；19 世纪 50 年代初，亚伯拉罕 · 奥本海姆让他在圣诞节前后四
处搜寻新鲜芦笋。后来，奥本海姆和罗斯柴尔德家族提出更多要
求，宫廷有时也这样做。他们的目标是普通的反季节食物、各个季 483
节的异国食物和一切最优质的食物。鱼子酱是终极珍馐，这种著名
美味来自遥远的里海，它如此美味，如此容易消化，但又如此难以
保鲜。布莱希罗德派自己的信使把它带到柏林。他一生中肯定购买
过几吨鱼子酱，大部分作为礼物，也有一些供自家享用。盖尔森还
特别钟爱水果，从欧洲各地购买它们。在那个时代，获得美食仍然
需要考验个人的才智：当时没有冰箱，柏林也不像巴黎那样有供
应奢侈食物的铺子。食物是所有人的消遣，犹太人可能对其特别
热衷。

对食物的关心与对健康的严重关切不无关系。除了具体的疾病（布莱希罗德患有一种可怕的疾病，最终导致他失明），人们还担心自己的健康、消化、神经和医生。当时的人们直觉地感到心理和身体的病痛会相互影响，他们的信中常常流露出对自己健康的悲观。就像我们看到的，俾斯麦有过大量怨言。施瓦巴赫去世前二十年，他写信给盖尔森，表示自己快要死了[58]。无论这些病痛是否真实，去浴场疗养都是重要的治疗方法。每年检修“机器”和给身体做大扫除已经成为欧洲富人的习惯。尽管浴场风景如画，但疗养是严肃的事。人们饮用泉水，节食，愉快地接受折磨，还常常进行病后康复。

和其他一切类似，浴场也有等级。年轻时的布莱希罗德选择弗朗岑布伦（Franzenbrünn）这类不太时髦的地方。后来，他前往加

斯泰因或奥斯坦德等著名浴场，并一再光顾马林巴德*。即使在疗养期间，布莱希罗德也没有搁下生意。某种程度上，浴场在功能上是高尔夫球场和俱乐部的结合体。为了满足富人的赌博本能，浴场常常还配备赌场。欧洲各地的要人云集于此，相互交换消息。布莱希罗德特别勤奋：每天上午，其银行的部门经理们都会发报告给他，他的儿子汉斯或合伙人施瓦巴赫也会发来私密和补充的消息。即使没有电话，他也从不远离生意。

作为习惯和地位的象征，浴场疗养主要是健康的人减轻不健康生活方式影响的手段。真正的疾病是另一码事，只有好医生能帮得 484
上忙。当时还没有合成药物，医生的技能扮演决定性的角色。布莱希罗德聘请了一批名医，陆续或共同为他服务。1871 年春天和夏天，他病倒了，整体状况和消化系统都受到影响，但最重要的是他的右眼。他罹患青光眼已有多年，玻璃体的溃疡性感染导致情况突然恶化——这也许是他各种操劳的结果。1870 年，他咨询著名的格莱费（Graefe）教授，后者转而推荐自己最好的助手埃维斯博士（Dr. Evers）。埃维斯向布莱希罗德保证，在健康环境中的彻底休息“将对您稍稍受到疾病和过劳影响的神经系统有益”[59]。1871 年秋天，他的状况有所改善，但眼疾日益恶化。后来，他还患上失眠和轻度的糖尿病[60]。

他有充足的理由咨询最好的并寻找最有名的医生。有时，他会找维也纳举世闻名的外科医生比尔洛特（Billroth）或者柏林的著名内科医生贝格曼（Bergmann）看病。他还去拜访每个能找到的眼

---

* 以赛亚·伯林爵士（Sir Isaiah Berlin）告诉我，在 20 世纪 20 年代初的马林巴德，人们仍然会唱一首关于布莱希罗德的流行歌曲。根据另一种口头传说，一战时的俄国士兵有一首关于向布莱希罗德进军的战歌。常驻马林巴德当地的一位著名医生回忆说，晚年的布莱希罗德“在人行道上慢慢挪动步子，他完全失明，用墨镜保护眼睛，步履蹒跚，倚在秘书的手臂上，但更多时候倚在一位美女的手臂上。他是光有钱买不到幸福的典型例证”。海因里希·基什博士，《经历与追求》（斯图加特和柏林，1914 年），第 268—269 页［Dr. E. Heinrich Kisch, *Erlebtes und Erstrebtes* (Stuttgart and Berlin, 1914), pp. 268–269］。

科专家。在威廉一世遭遇两次暗杀企图之后，他与威廉的私人医生冯·劳尔博士（Dr. von Lauer）建立亲密的关系。通过劳尔，布莱希罗德可以奉上皇帝可能想要的各种美味，并获得关于皇帝状况的直接消息。劳尔是布莱希罗德的内科医生之一，直到80多岁时退休。与此同时，布莱希罗德还找弗雷里希斯博士看病，并一度把古特戈茨庄园借给后者使用。作为回报，弗雷里希斯为他提供最热情的医疗服务，并承诺将给予就连他都需要的唯一东西："深情的友谊、忠诚和感情，无论顺境还是逆境，永远乐意牺牲……这在我们的时代变得日益罕见，只有拥有非常敏感之心的人才懂得欣赏，就像您，我亲爱的朋友。"[61]多年来，布莱希罗德一直向俾斯麦提供弗雷里希斯的建议和服务，他确信俾斯麦长期没能得到恰当的医疗服务（事实的确如此）*。

一切东西都要求最好的，这总是布莱希罗德的目标。罗斯柴尔德家族和天生贵族是他的模板，他试图采取一种符合他们预期的生活方式。古特戈茨是他的费里埃尔，他喜欢那里远离柏林的喧嚣。此外，尽管拥有无限的资源，但他并无显眼的怪癖；他没有留下个性或出色品位的纪念碑——他热爱生意和政治。除了这些，他只是个才智有限甚至害羞的人，不敢表露自己的爱好或品位。

养育孩子殊非易事，在奢侈环境中养育孩子更加艰难。对年轻 485
人来说，享乐的诱惑取代了现实的针砭：如果家资充盈，父母的生活又讲究排场，那么为什么要工作、节约和克制自己的欲求呢？如果有父母的得力榜样，再加上严格的信仰和某种新教伦理，也许可以克服富家青年所受的诱惑。但萧伯纳的解决办法——像恩德夏夫特（Undershaft）军火厂这样的大企业，每一代都应该由弃儿继

* 1883年，年轻的恩斯特·施魏宁格医生接管俾斯麦的医疗服务，并马上说服后者接受医嘱和饮食节制。"第一次见面时，俾斯麦不客气地说：'我不喜欢被提问。'施魏宁格回答说：'那就请个兽医。他不向自己的病人提问。'"泰勒，《俾斯麦》（纽约，1955年），第196页［A. J. P. Taylor, *Bismarck* (New York, 1955), p. 196］。

承 *——巧妙地评价了同时把才干和金钱留给自然继承人的困难。父母的怯懦和社会的不确定可能加剧这种困难。罗斯柴尔德家族和洛克菲勒家族是特例，他们迫使年轻一代接受自己的伦理；布莱希罗德则不是。

麻烦早早到来，而且相当无辜。长子汉斯不是个讨人喜欢的孩子；1865 年，家庭教师向他的父亲抱怨说，12 岁的汉斯缺乏他弟弟格奥尔格那样的“单纯、自然的诚实与友善”，“其他孩子们马上就察觉到这种缺陷。两个男孩没有多少对彼此的爱，非常令人遗憾”[62]。在不完整的商业档案中很少能有这样的记录，布莱希罗德档案在这方面尤其匮乏。我们找到汉斯写给父亲的几封信，来自他第三个儿子雅姆斯（James，得名于巴黎罗斯柴尔德家族的那个伟大成员）的信就更少了。

汉斯的信显示出他不讨人喜欢的性格：10 多岁的他要求正在度假的父母给他买一个特制的手杖——柏林的都不够好。从他偶尔提到某位退休的仆人或其他助手来看，此人易怒而无情。25 岁以后，尽管与父亲的银行保持着正式联系，并广泛游历欧洲和美洲，他仍然极为懒散，关心自己的健康和浴场疗养——简而言之，他是个被惯坏的富豪子弟，除了放纵，对什么都没有热情。希望成为不同于自己之人的愿望进一步伤害他的身份和自尊；但父母的金钱和榜样甚至更早就腐蚀了他 †。

盖尔森对儿子们有什么期待呢？某种程度上和当时的大多数父亲一样，他希望儿子是自己的复制品：勤劳、成功、出人头地、赢

* 见萧伯纳的《巴巴拉少校》(*Major Barbara*)。——译注

† 托马斯 · 曼在《瓦尔松家族的血》(*The Blood of the Walsungs*) 中对堕落的财富和虚伪所做的可怕描绘在一定程度上暗示着让汉斯沉湎和受到折磨的环境。这个故事讲述一对银行家子女的堕落，作者没有明言他们的父亲是犹太人，但不难想象是这样。应犹太人岳父的要求，托马斯·曼在故事首次发表后撤回了它。在《布登勃洛克一家》和其他作品中，曼暗示犹太人新贵的不幸福，但没有指明他们的身份。

得正直和虔诚之名。他一再失望了。

他的儿子们都没有学会工作。汉斯很年轻时就参与父亲的生意，
他讨厌继续受到父母监管，多次因为自己无所谓的工作习惯引起父
亲不悦而道歉。26 岁的汉斯向父亲承诺，他将改正自己的习惯，不 486
会再招致不满。还有一次，他报告说自己从 8 点 30 分一直工作到
下午 6 点 30 分，只有吃午饭时休息半个小时。汉斯坚持，他只想
成为自己的主人；1881 年，他成了银行的合伙人[63]。困难仍未解决，
汉斯不可避免地生活在父亲的阴影里。他一面令人同情地渴望独立，
一面表达强烈的父子之情（24 岁时，他写道："以孩子的爱，您忠
诚的儿子。"），我们从中感受到类似赫伯特·俾斯麦在父亲面前的
艰难。身为名人父亲的最爱并不轻松，注定将被父亲的权威和从属
地位压得喘不过气来。

但赫伯特的处境要比汉斯好得多！赫伯特至少知道对自己的期待，对举止、态度和职业生涯没有疑问。反过来，盖尔森的孩子们反映了他们父亲复杂的野心和忠诚。他们从他那里获得矛盾的信号：一方面，布莱希罗德专注于工作；另一方面，他也非常重视外在，重视与社会保持一致。在布莱希罗德一生中，社会角色与工作总是保持着实用关系。他的孩子们却把被接受当成目的本身。

布莱希罗德自然希望孩子们拥有他所不具备的优势。但在那之外是特殊身份和价值的世界，是荣耀和头衔的世界。在当时的德国社会，那个世界仍然非常复杂和重要。布莱希罗德希望他的孩子们在基督徒的世界里获得与身份相当的接受，同时又对犹太人保持一定的忠诚。在最有利的情况下，这也几乎相当于化圆为方。

我们知道他教导孩子们过犹太节日，但不知道归属犹太教是否还意味着别的行为，或者他们过重要节日的习惯维持了多久。布莱希罗德与犹太人群体保持一定的距离。他从不否认自己的出身，直到最后仍保留着沟通者的身份，但他很少公开把自己和犹太人群体联系起来。书信暗示，他主要在家中做礼拜，由于失明，这种高贵

的习惯在他看来更加方便 *。

我们看到布莱希罗德为了自己被接受而做的奋斗，他自然希望竭尽所能地为孩子们营造条件，无论是财富还是关系。男孩们上了文法高中和大学，但成绩平平。（汉斯显然非常令人讨厌，不得不转学到另一所高中。）在社交上，被精英学生联谊会接受对孩子们很重要：布莱希罗德花了很大力气试图让汉斯进入著名的萨克森—普鲁士联谊会，但没能成功，至少在最初如此。反犹主义者宣称他多次逃避强制性的决斗，简而言之，他是个懦夫 [64]。较小的几个儿 487
子可能更加幸运。

但德意志帝国的最高威望来自军事荣誉：在哪个部队服役，军衔是什么，最重要的你是否是预备役军官。汉斯最初干得不错，他在伯恩的皇家轻骑兵团服役，甚至获得令人艳羡的预备役军官委任状。德国年轻人会把它印在自己的名片上，因为这是他们最重要的凭证。它代表男性的勇敢，尤其是它证明对爱国和封建价值的接受 [65]。即使在 19 世纪 70 年代，犹太人也很少成为预备役军官；得益于父亲的获封贵族和影响力，汉斯做到了。

布莱希罗德家族遇到的第一起公开丑闻，让汉斯失去卫队的中尉军衔。细节并不清楚，但似乎在 1878 年 6 月 2 日威廉一世第二次遭遇刺杀企图时，汉斯身着制服出现在皇家城堡前混乱而悲伤的人群中，和他在一起的是几个名声不佳的女子——有人说是荡妇，也有人说是妓女。他被控举止有违军官身份，在荣誉法庭上，他被部队开除。按照传统，荣誉法庭的判决是保密的，因此这次指控和判决仍然扑朔迷离 [66]。

布莱希罗德遭到羞辱：很难想象他在自己的职业生涯中有过更大的挫折或更糟糕的时刻。以他为主要目标的反犹主义骚动正在不

---

* 费里埃尔最漂亮的一个房间曾是私人犹太礼拜堂（古老家族常常在祖宅中设置私人礼拜堂）。直到 20 世纪 50 年代，当时的主人娶了一位基督徒后，犹太礼拜堂被改造成家庭藏书室，称为“狩猎室”（hunting room）。

断升温；柏林会议即将召开，布莱希罗德正在努力帮助罗马尼亚犹太人。同样在当时，布莱希罗德还短暂地考虑过竞选议员。汉斯于8月被开除，这是可怕的羞辱，而且难以掩盖[67]。

布莱希罗德希望获得皇室的宽大处理。1879年2月，当威廉康复后，布莱希罗德把致威廉的请愿书草稿交给俾斯麦，希望皇帝能让汉斯加入后备军或民兵。这样的话，尽管有荣誉法庭的判决，汉斯仍能再次佩戴皇帝的纹章。布莱希罗德还表示，如果请求得不到批准，他本人可能不得不离开德国。他无法忍受这样的羞辱。

我们不知道最终的版本是否包括这个严厉的最后通牒，但至少它让俾斯麦看到，他的银行家多么孤注一掷。多年后，俾斯麦只记得布莱希罗德曾徒劳地向他求助："他愿意用自己最宝贵的财产——他的第一个1000万——交换银质剑鞘插。"[68]虽然忍受过各种侮辱和诋毁，但布莱希罗德无法想象当儿子名誉扫地，被剥夺身着制服的权利后，自己如何在德国生活*。

盖尔森发动所有的朋友和关系。1879年5月26日，他致信俾斯麦，表示莱恩多夫将在第二天把渴望宽大处理的请愿书呈送给皇 488
帝——

> 如果阁下能大发慈悲，为这份请愿书美言几句，您必将得到我最深情的感激。我聊以自慰的是，如果我的儿子触怒的是仁慈的上帝，陛下将会更乐意做出怜悯的举动。[69]

没有关于回复的记录。

奥伊伦堡伯爵和莱恩多夫伯爵将请愿书交到皇帝手中，并表达了"强烈支持"[70]。也许俾斯麦的确为布莱希罗德求了情，布莱希

---

* 在《梦游者》（*Sleepwalkers*）的第一部分，赫尔曼·布洛赫（Hermann Broch）讽刺地描绘了制服在普鲁士军官生活中的象征意义。布莱希罗德的请求提醒我们，德国人和犹太人似乎觉得，制服是让他们免遭社会歧视的终极保障。

罗德的老客户冯·阿尔贝迪尔（General E. L. von Albedyll）也承诺帮助，此人是军事内阁长官，从 1871 年起就“陪王伴驾”。多年来，阿尔贝迪尔一直为了妻子的投资讨扰布莱希罗德，这次他有机会做出回报[71]。但皇帝并不着急。虽然他有意赦免举止不端的汉斯，但他也不得不对付那些等待合适时机干掉汉斯的人。事实上，事件发生后不久，赫伯特·冯·俾斯麦向包括查尔斯·迪尔克在内的一些英国朋友吹嘘汉斯如何被干掉。

> 他 [赫伯特] 对席上的所有人言之凿凿地表示，不应该允许犹太人加入普鲁士卫队或俱乐部。席上有人说：“但你们的卫队里有一个犹太人。”赫伯特对此回应说：“我们很快就把他驱除了。”[迪尔克继续说] 那个被驱除的人是俾斯麦亲王的银行家之子，此人的父亲还是罗斯柴尔德的代理人和英国驻柏林领事，在签署《凡尔赛和约》时还是俾斯麦的秘密顾问。[72]

对布莱希罗德特别痛恨的赫伯特表达了 19 世纪 80 年代初开始流行的更强硬的新态度。汉斯属于最后一批成为普鲁士预备役军官的犹太人，从 1885 年到 1914 年，再没有犹太人获得提拔。普鲁士军官团体和政府认为犹太人配不上这种荣誉，而上层对犹太人事实上的排斥也鼓励了底层新的反犹主义。法律面前的平等并不意味着军队中的平等，也许因为军队自认为高于法律[73]。

布莱希罗德不断为恢复儿子的声誉努力着。1879 年 7 月，他克服巨大的困难，说服英国外交部任命汉斯为英国驻柏林的副领事[74]。当年年底，布莱希罗德向俾斯麦抱怨说，他还没有收到皇帝的回复[75]。最终，国王似乎做出罕见的决定，把荣誉法庭的判决放到一边，但汉斯再也无法回到过去的部队[76]。他也没有收到其他任何委任。

此事让汉斯更加不屑于努力。他知道自己的坏情绪惹恼了父亲， 489
于是致信道歉说：

> 很遗憾，我缺乏足够的性格力量控制这种精神沮丧，但 [1878 年] 遭遇的不幸深深地影响我的心灵，因此我多次想要请求您把我送到世界的偏远地方，让我自生自灭。但既然我 [在柏林] 独自一人，我慢慢恢复自信，更加诚挚地希望在生意上做出些成绩，因为我并不比普通人更笨，而且天才很少从天而降，但我必须被允许成为自己的主人……[77]

由于汉斯遭受如此的羞辱，盖尔森忙着争取让次子进入合适的部队。他成功地动员奥伊伦堡、莱恩多夫和阿贝尔迪尔三巨头[78]。1882 年，轮到他最小的儿子雅姆斯被提携。这次，罗森贝格上校制定策略，并向布莱希罗德保证，他认为没有理由“不让如此能干和来自如此忠于皇室的家族的人成为军官”。但罗森贝格警告说，别人不这么看，需要采取相当巧妙的手段。他将尽其所能，而布莱希罗德也应该向皇储求助。他认为阿尔贝迪尔将友好地保持中立。经过十个月的斡旋，在某个未具名的敌人离开后，一位新的预备役军官诞生了[79]。

军衔是进入帝国社交圈的最佳途径，与体面的基督徒家庭联姻是另一条途径，第三条也是最激进的途径则是皈依。就像我们将要看到的，布莱希罗德家的孩子们尝试了所有的途径。他们既受到基督徒世界的诱惑，也诱惑着后者。财富让他们炙手可热，而沉迷声色让他们轻易成为自身欲望和他人贪念的俘虏。传言和丑闻甚嚣尘上。

1881 年，布达佩斯著名的《佩斯劳埃德报》（*Pester Lloyd*）以《皈依天主教》为头版标题刊发一则大新闻，显示出人们心目中的布莱希罗德可能在融入的道路上走多远：

> 近来柏林有传言说，布莱希罗德一家将皈依天主教。《德国地方报》（*Deutsche Landes-Zeitung*）告诉我们，近来 [关于皈依] 的故事……在罗马得到证实。我们可以透露更多，但因为此事涉及家庭隐私，我们不便多言。

《帝国信使报》(*Reichsbote*)还表示，布莱希罗德的一个儿子将娶天主教姑娘为妻，新娘是保罗·哈茨菲尔特伯爵的女儿[80]。布莱希罗德的朋友们认为这个传言是可信的。菲利克斯·巴姆贝格领事致信霍亨索伦—齐格马林根家族的卡尔·安东亲王，表示德国和意大利的报纸声称，“冯·布莱希罗德先生一家被认为将前往罗马 490
皈依天主教”[81]。

我们没有发现这则沸沸扬扬的传言的来源线索。对于所有认识布莱希罗德和了解他与罗斯柴尔德家族关系的人来说，这个故事一定显得很不可能。但它的不可信还出于另一个理由。普鲁士犹太人通常皈依新教，很难想象有人认为布莱希罗德会为了加入另一个受到怀疑的少数群体而叛教，他的朋友俾斯麦显然对天主教持保留态度。无论布莱希罗德皈依新教还是天主教都将在欧洲引起轰动。这次什么都没有发生，他的后代们做了更加容易和正统的决定，选择皈依新教。

1881年末，艾玛·布莱希罗德突然去世。盖尔森感到丧亲之痛，无论他们内心深处的关系如何，两人已经达到和谐互补的境界。他的档案中保存着大量吊唁信。比如，埃德蒙·德·罗斯柴尔德(Edmond de Rothschild)表示，他知道盖尔森心中充满对“你人生的甜蜜伴侣的柔情，她给予你所配得上的一切爱”。埃德蒙不愿含糊其辞，他又说，在如此悲痛的时刻，“只有宗教感情能带来一些帮助；我知道你的宗教感情多么庄严，我相信你的虔诚会在这场可怕的考验中予以支持”[82]。

葬礼堪称盛事，至少在一家外省报纸的报道中是这样：

> 冯·布莱希罗德夫人的去世完全出人意料……她直到最后都非常健康和生机勃勃；娇小而优美的身材让她看上去很年轻，尽管她已经五十出头。她是一个富有魅力、仁慈和端庄的女人，没有因为她财富的光芒而迷了眼……伴随着来自犹太教堂的合

> 唱团的精彩歌声，犹太教士的发言显然打动了[布莱希罗德家中]的大批悼念者。高级贵族和外交团体出席葬礼，包括俾斯麦亲王夫人和安特希尔夫人。

宫廷也正式派了代表[83]。

布莱希罗德以她的名义向受皇后庇护的一家天主教医院做了特别捐赠，因此得到奥古斯塔的亲切赞扬：

> 我迫不及待地表达我对您善举的由衷感谢，由于此举与对
> 您夫人的怀念紧密相连，它更加显得宝贵。通过您的善举，您
> 夫人的仁慈将被许多穷人铭记，在她过世后继续发挥作用。现
> 在我更能理解她的过世在您和您孩子们的生活中留下了最痛苦 491
> 的空缺——这个空缺永远无法填补。[84]

我们将看到，艾玛的去世正赶上布莱希罗德当时面对的另一场危机。昔日的轻率行为可能被曝光，让布莱希罗德处于公共丑闻的边缘。他生活中的矛盾加剧了：显赫而可敬的外表下是恐惧和受到威胁的卑鄙，公开的赞扬和私下的辱骂共存，一边是对幸福的家长制生活的渴望，一边是孤独不断加剧和子女日益冷漠的现实。

布莱希罗德的孩子们没有为他争光。他们忙于自己的事，满足于花他的钱，并在他孤独而多病的晚年冷落他。当回想起自己如何对待父母时，他也许更加伤心。艾玛死后不久，他沉浸于回忆中，并由秘书记录下来。他描绘自己的幸福童年：有兴趣的工作，亲密的伙伴，母亲有时会大声朗读库柏或布尔维的小说*；夏天，一家人在潘科夫租下房子，直到盖尔森有能力在布科夫（Bukow）镇上为

---

* 詹姆斯·费尼莫尔·库柏（James Fenimore Cooper，1789—1851），美国小说家。爱德华·布尔维-利顿（Edward Bulwer-Lytton，1803—1873），英国小说家和政治家。——译注

父亲买下一处庄园。盖尔森谈起母亲时带着“动人的虔诚”，他还很年轻时母亲就去世了，但在他的记忆中，母亲象征着完美的女性。他回忆起自己对父亲的热爱，后者非常节约，就连用于从避暑地前往柏林办公室的马车都是租来而非买下的。在父亲晚年的某次生日时，盖尔森送上一辆体面的马车。他记得父亲流下了感激的泪水。这些记忆也许是由于艾玛的去世而重新浮现，是他留给我们的最个人化记录。盖尔森显然有感伤的一面，在稍后写给儿子汉斯的信中，盖尔森表示他“深情地拜访了”自己父母的坟墓，而在重要的节日时，“我将照常祈祷，不会忘记你”[85]。他有时可能会嫉妒尤里乌斯，后者的生活更加和谐，更接近古老的根。

对自己过去的回忆让他罕见地抱怨起自己的孩子们。“老板表示”，他的秘书继续写道——

> 在教育自家孩子这件事上，出于最好的意图和思考，他曾经认为不同的方法更适合当前时代，因此他不把他们拴在家里，甚至在他们更小时就给予他们更大的自由，也不焦急地阻止他们与现代世界的一切接触。他的本意是好的，但现在他意识到自己错了。

秘书还写道：“难道他不经常感到孤独吗？他有时不是几乎无法和四个孩子中的任何一人见面或者交谈吗，因为他们都不愿花时间陪伴他？”[86]

但布莱希罗德是个宽容的父亲；他还相信“如果你必须装傻，那么就装亲切的傻子，而不是愤怒的傻子”[87]。他的孩子们冷落他， 492
有时甚至羞辱他，但他没有表现出任何愤怒。最让他痛苦的也许是他的孩子们皈依新教，放弃他自己的价值观。他们拒绝同他来往，但他仍然爱着他们。

19 世纪 80 年代他写给汉斯的两封信留存下来，信中洋溢着不寻常的温情，他在信尾的签名是“永远爱你和忠于你的父亲”[88]。他把特别的爱给了最小的孩子和唯一的女儿埃尔泽（Else），叫她“小埃尔泽”（Elschen）或“小囡囡”（*Töchterchen*）。埃尔泽同样遭受过著名的冷落；根据一个经常被说起但也经常被歪曲的故事，在她参加的第一场舞会上，军官们拒绝她，她“因此有很大的危险沦为背景……不过，皇储要求［伯恩斯托夫伯爵——时任卫队军官，后来成为驻华盛顿大使］与这位小姐跳舞……皇储很清楚，我和他一样把反犹主义看作德国文化盾徽上的污点”[89]。在反犹主义者的频繁重述中，这个故事的焦点不再是皇储的举动，而是如此勇敢地羞辱一位年轻姑娘的军官们，从而保护他们作为普鲁士人的荣誉[90]。

这是布莱希罗德家较小的孩子们成长的环境——他们试图从中逃脱。1887 年，埃尔泽嫁给伯恩哈德·冯·于希特里茨男爵（Baron Bernhard von Uechtritz）。在关于他们不可避免的流言蜚语中——男爵获得 250 万马克的嫁妆，埃尔泽获得贵族姓氏——他们的婚姻几乎马上就走到尽头。1889 年，她又嫁给一位来自维也纳的皈依犹太人鲁道夫·冯·毕德曼—图罗尼（Rudolf von Biedermann-Tourony）。婚礼在柏林的圣三一教堂（Dreifaltigkeitskirche）举行，净花费为 45 马克。（账单保存在布莱希罗德档案中[91]。）在这场基督教婚礼中，老盖尔森的感觉一定非常奇怪和矛盾。布莱希罗德在布雷斯劳附近为新人买了一处大庄园；他对自己的新女婿很满意，一语双关地对朋友鲁道夫·林道表示：“事实上，新郎是个非常老实的人［*biederer*］*。我毫不怀疑两人的结合能带来真正的幸福。”同样令他高兴的是，他们被正式邀请前往俾斯麦家做客。去世前不久，他致信林道说：“我和女儿、女婿以及迷人的外孙在一起，从心底里感到满足。”[92] 他渴望成为犹太家长，被忠诚、亲爱和顺从的家

---

* 新郎的姓氏 Biedermann 在德语中有老实人的意思。——译注

人所环绕。但命运让他更接近李尔王*。

1888年，他的第一个孙子小汉斯出身，然而是个私生子。在军队遭遇挫折后不久，汉斯与一位基督徒洗衣工的女儿玛丽·布雷贝克（Marie Brebeck）建立亲密但不唯一的关系。1892年，另一个孙子魏尔纳出生，也是个私生子。1904年，已经是布莱希罗德银行合伙人的汉斯娶了玛丽，而16岁的小汉斯做出了布莱希罗德家族的典型举动，他为同班同学们举办香槟酒会，庆祝自己刚刚获得的嫡子身份[93]。

1888年，布莱希罗德的小儿子雅姆斯娶了19岁的哈丽叶特·亚历山大（Harriet Alexander），新娘是汉堡一位富有的商务顾问之女。婚礼在汉堡的圣彼得教堂（St.-Petri Churuch）举行。布莱希罗德也活着看到他们给自己生了两个孙辈，他认为萨克森州小德雷萨（Klein-Drehsa）的那处美丽的大庄园会让雅姆斯幸福。但雅姆 493
斯的婚姻充斥着偷情和丑闻，最终同样以离婚收场。

在外人眼里，布莱希罗德看上去是一个被成功和好运眷顾的人。1879年，绍芬将军在布莱希罗德家中向他表示祝贺时说："也许其他德国银行的历史同样悠久，但很少能取得如此巨大的成功，这要特别归功于你。"在1885年的新年祝福中，俾斯麦的助手克里斯托弗·蒂德曼写道，对于像布莱希罗德那么幸运的人，人们只能为他的健康送上最诚挚的祝福[94]。事实更加复杂。他是一个孤独和受到中伤的人。他的孩子几乎没有为克服他的孤独做些什么，他的敌人却为让他更加孤独做了很多。

---

* 莎士比亚戏剧《李尔王》中的人物，他所宠爱的两个女儿背叛了他，把他赶到荒郊野外。爱她的小女儿前来救他，却不幸身亡。最终他也悲痛而死。——译注

第十八章

新反犹主义的人质 494

你我属于不容失败的种族。

——迪斯累利致莱昂纳德·蒙特菲奥雷，约 1870 年

布莱希罗德的犹太人身份主导着他的人生。在最后的二十年里，他几乎没有哪天不被以某种方式提醒属于一个少数群体，无论那个群体的命运如何，他都遭人憎恶。在人生的前四十年里，他的犹太人和德国人身份很少发生冲突，他可以生活在这两个世界中，并在其间斡旋。19 世纪 70 年代，获封贵族后的他试图将新荣誉转变成社会现实。他遭遇私下和公开的怠慢、拒绝和侮辱。19 世纪 80 年代，俾斯麦亲随中的反犹主义流言蜚语变得更加普遍。妻子死后，布莱希罗德出于各种原因降低了社会野心。拥有影响力和某种形式的权力已经足够，不必再炫耀社会地位。在许多方面，他的人生反映了德国人和犹太人关系的周期：他在风平浪静的 19 世纪 50 和 60 年代开始崛起，在随后的几十年里达到巅峰和陷入痛苦。

就像我们看到的，布莱希罗德总要面对所谓的流行或可接受的反犹主义，那是对一个被视作唯利是图和本质上低人一等之异族的不屑和怀疑的残留。这种情感如此普遍，看上去如此自然和无害，因此很少有德国人羞于承认。事实上，布莱希罗德的大部分最好的朋友就是反犹主义者。同样类型的反犹太人思想也存在于

法国、英国和美国，乃至整个文明世界。“体面”人认为，除了少数例外，犹太人“非我族类”。犹太人不被允许作为平等的社会成员进入俱乐部或其他机构性联谊场所；有特长（才干或金钱）的犹太人会被家庭雇佣。这是一种残留的偏见，在社会地位显赫的群体中特别根深蒂固，无论是自由派还是保守派，共和派还是保皇派。

但在19世纪70年代的德国，情况发生剧变，在某种意义上还是永久性的。反犹主义情感和感情留存下来，而在一定程度上补充 495
并转换为新的反犹主义教条和骚动。“反犹主义”（anti-Semitism）一词诞生于19世纪70年代的德国，开始代表对犹太人不可动摇的原则性敌意，以及将这种敌意转化为政治行动的意志——限制他们的权力或者消灭他们的存在[1]。经过在公开场合二十年的相对沉寂，“犹太人问题”在许多地方被高调和持续不断地提出。反犹主义有许多变种，但核心思想都是：贱民已经成为新德国的真正力量，犹太人不仅可鄙而且具有致命危险，因为德国人特别容易遭到犹太人的颠覆。自始至终，德国反犹主义都是对犹太人权力的这种偏执恐惧：最初，他们被描绘成德国经济的主宰，但早在希特勒之前就逐渐出现这样的神话，即犹太人有能力摧毁德国人的特征，在经济、道德、优生学和性方面腐蚀德国人。

布莱希罗德是这种新反犹主义的主要见证者。由于他的显赫和权力，他成了特别的目标，尤其是他的生活方式为诋毁者提供了充足的弹药。他的名字不可小觑，能够引发嫉妒和怀疑。他代表社会弱势群体憎恶的一切：他是一个拥有传奇般财富和权力的犹太人，一个动摇传统等级秩序的新贵和富豪。他似乎符合反犹主义者的一切刻板印象：作为推动者、阴谋家、腐蚀者和永远的幕后操纵者的犹太人，简而言之，犹太人拥有不正当的权力——这种权力让基督徒不安，让反犹主义者抓狂。他通过股票投机积累财富，违反人们应该靠汗水挣得每日食粮的神圣原则。新的反犹主义包含强烈的反资本主义元素；作为国际银行家和可敬的放高利贷者，布莱希罗德是犹太人和资本家所有罪恶的证据*。

我们将会看到，布莱希罗德觉得难以应付这些攻击。当与伟人交好并看似平起平坐的布莱希罗德成了底层的靶子时，精英阶层尴尬地保持沉默。更糟糕的是，他们自己的“礼貌”反犹主义也带上更加恶毒的基调，就像俾斯麦的亲随所展现的。精英们不愿谴责布莱希罗德的诋毁者或者整个反犹主义，这种态度和布莱希罗德本人不安的抵抗预示将要发生的事情。最糟糕的是，曾经以各种方式利用布莱希罗德，并为其提供仁慈保护的政府似乎抛弃对犹太人的中立，至少暂时性地采取反犹主义态度和行动。最坏的情况 496
下，这将纵容或引发确立犹太人二等公民身份的行动（比如军官的任命）。

整个过程中，布莱希罗德保持了犹太人身份。他继续为国内外的犹太人同胞斡旋。尽管有资格进入基督徒社会，尽管他非常渴望被接受，但他并未追随孩子们皈依新教。他有很多理由不背弃自己的信仰，和他的孩子们不同，这种信仰造就他。他还是个精明的人，谨慎地权衡着自己的一举一动。在考虑皈依时，他可能本能地感到这样做得不偿失。1818 年皈依的路德维希 · 伯尔纳（Ludwig Börne）感叹道：“这就像奇迹！我已经体验上千遍，但它仍然每次都是新的。有人指责我是犹太人，也有人因为我的犹太人身份而宽恕我，还有些人为此称赞我，但他们都对此念念不忘。”[2] 布莱希

* 在对“美国政治的偏执风格”(The Paranoid Style in American Politics) 的研究中，理查德·霍夫施塔特强调“卖弄学问的特性”：“偏执作品几乎总是包含论证，它给人印象深刻的地方之一正是对论证的极度关心。我们不应该被这种政治风格特有的奇特结论误导，以为它们并非由事实推导而来。结论的奇特引发寻找‘证据’的英勇努力，以证明无法相信的才是唯一可以被相信的……得体的偏执作品不仅源于某些可以被许多非偏执者认可的道德承诺，而且细心甚至过度地积累‘证据’。”《美国政治中的偏执风格和其他论文》(纽约，1965 年)，第 35—36 页 [*The Paranoid Style in American Politics and Other Essays* (New York, 1965), pp. 35–36]。

罗德反思自己的犹太人身份，知道周遭世界将永远对此念念不忘，无论他可能做什么。

布莱希罗德的经历还提醒我们“反犹主义”一词的矛盾性。大屠杀之后，它还能怎样呢？奥斯维辛之后的大约三十年，“反犹主义”一词的使用比以往更加宽泛和不祥。人们开始认为，过去或现在对犹太人的任何批评都是反犹主义，过去的一切反犹主义（特别是德国的）为最终的悲剧铺平道路。因此，出于完全可以理解、在很大程度上可能也是无意识的理由，1933 年之前的所有犹太人获得某种含蓄和回溯性的豁免。显然，无论欧洲犹太人可能有过什么疏失或集体性错误，比起纳粹对受害者施加的终极恐怖都算不了什么。但犹太人行为与纳粹反应的不可比性也能激励我们坦然而无谓地研究那个较早的时期。

也许这个词本身存在缺陷。一边是仇恨的煽动者，比如早在 19 世纪 70 年代就叫嚣灭绝犹太人的保罗 · 德 · 拉加德（Paul de Lagarde），一边是特奥多尔 · 冯塔纳或雅各布 · 布克哈特警告说，如果犹太人不变得更加低调和降低诉求，他们将被灾难击垮——把两者混为一谈有意义吗？一边是阿尔瓦特或德吕蒙*这样生活在精心编织的幻想世界里的狂热分子，一边是有犹太人朋友，但对犹太人怀有潜在怀疑，不时爆出反犹论调的商人或政客——对两者应该使用同一个词吗？† 反犹主义冲动流行于欧洲和美洲，犹太人被看作可

* 赫尔曼 · 阿尔瓦特（Hermann Ahlwardt，1846—1914），德国反犹主义记者。爱德华 · 德吕蒙（Édouard Drumont，1844—1917），法国记者和作家，反犹主义报纸《自由言论》（*La Libre Parole*）的创始人。——译注

† 词典上对这个词的定义显示了其总括性：“对犹太人和犹太文化等的反对、偏见或歧视，或者不容忍。”芬克和瓦格纳尔斯，《标准大学词典》（纽约，1963 年），第 65 页［Funk and Wagnalls, *Standard College Dictionary*（New York, 1963）, p. 65］。

疑的异类，尽管有些好处，但罪行累累 *。不过在 20 世纪 30 年代前，旨在打击犹太人或他们影响的大众运动在许多国家并未盛行，只有过短暂爆发。简而言之，即使在后来成为犹太人权利捍卫者的人中也普遍存在反犹主义情感，但同心协力把反犹主义情感转变成政治行动的反犹主义主要在德国和奥地利得以壮大 †。 497

布莱希罗德的故事还暗示某些关于反犹主义起因的理论存在缺陷。仅举一个著名的例子：让—保罗·萨特宣称："如果犹太人不存在，反犹主义者也会发明他们……反犹主义者……创造了犹太人。"这番话反映了许多启蒙观点，尽管他关于反犹主义只有在社会主义国家中才会消失的结论在今天看来令人失望 [3]。布莱希罗德是反犹主义者的人质。他们不可能创造他。他的权力、关系和疏失不是反犹主义者的发明。我们将会看到，反犹主义者所做的是把特例变成普遍，把意外变成固有，从现实跳到幻想。他们坚称，个人的举动证明存在预设的阴谋模式。抵抗这样的攻击几乎不可能。

---

* 历史学家们总是专注于有组织的反犹主义，对欧洲不同国家潜在和非正式的反犹主义的研究是困难但回报巨大的冒险。作为这种潜在反犹主义的一个例子，约翰·梅纳德·凯恩斯描绘了巴黎和会上劳合·乔治（Lloyd George）如何突然痛斥法国财政部长克洛茨（Klotz）。克洛茨拒绝允许德国人用黄金进口食品，希望将黄金用于赔款。"你见过克洛茨吗？这是个又矮又胖、留着浓密八字胡的犹太人，衣着得体，保养得当，但眼神游移不定……劳合·乔治一直憎恶和鄙视此人，现在一度想要杀了他。乔治吼道：女人和孩子们在挨饿，克洛茨先生却在这里大谈特谈他的'金子'。乔治身体前倾，向所有人做出丑陋的犹太人抓住钱袋的手势。他两眼放光，话中带着如此强烈的鄙夷，仿佛在向克洛茨吐口水。在这样的会议上，反犹主义本就没有被隐藏得很深，这时更是在所有人的心中涌起。众人都一度用鄙夷和憎恶的目光看着克洛茨……"凯恩斯，《随笔和生平梗概》（纽约，1956 年），第 229 页［J. M. Keynes, *Essays and Sketches in Biography* (New York, 1956), p. 229］。

† 1890 年或 1900 年前后的世界充满埃莉诺·罗斯福（Eleanor Roosevelt）身上那种令人吃惊的偏见，因为她后来成了如此坚决反对各种宗族或宗教偏见的战士；但在 1904 年，她问富兰克林是否在哥伦比亚法学院的第一天"遇到老熟人，还是只能和犹太绅士合作！"她评价菲利克斯·弗兰克福特（Felix Frankfurter）是"一个有趣的小个子，但犹太人气质太浓"。她还表示"犹太人的聚会真可怕。我再也不想听人提起钱、珠宝……或貂皮"。约瑟夫·拉什，《埃莉诺和富兰克林》（纽约，1971 年），第 135、214 页［Joseph P. Lash, *Eleanor and Franklin* (New York, 1971), pp. 135, 214］。

最后，我们必须重申一个明显的事实。布莱希罗德和他的大部分犹太人同胞并不相信反犹主义的突然兴起会真正威胁他们新获得的平等宪法权利。虽然因为反犹主义而不安和困惑，但他们仍然认为这种现象将会式微。他们显然不认为反犹主义将变成日益强大的政治工具。1880 年时没人能想象希特勒，就像 1933 年时没人能想象奥斯维辛。19 世纪 70 和 80 年代，除了沉湎于乐观的完全人性的 498
欲望，还有许多理由认为犹太人将继续不断取得进步。

19 世纪 70 年代初，一种新型的反犹主义开始出现，不同于昔日的传统、程式化和以宗教为主的反犹主义 *。老式反犹主义厌恶和鄙视犹太人，新反犹主义鄙视和恐惧犹太人，或者至少宣扬对他们的恐惧。新的教条坚称，犹太人制定统治德国人的阴谋，犹太人本身（不再是个体）对德意志民族构成致命威胁。19 世纪 70 年代，这种世界观成了德国的一股强大力量。我们关心布莱希罗德在新意识形态中的地位，但我们必须弄明白该意识形态如何在这么短的时间内获得信赖和尊崇。

经常有人认为，1873 年开始的大萧条（被认为是欺诈性投机的结果）滋生这种新的意识形态，就像在包括美国在内的其他国家那样 [4]。纳粹的兴起同样被归咎于后来的一次更严重的萧条，但在这两件事上，历史学家们可能都在著作中犯了错置具体性的错误。在 19 世纪 70 年代，其他因素也扮演重要角色，证实这种事件和情感

---

* 显然，对于犹太人的存在和影响的某种抱怨之声从未停止。俾斯麦的朋友赫尔曼 · 瓦格纳就是其中之一，1862 年他写道："犹太一族在血质上的确不同于欧洲的基督教民族，他们拥有不同的身体和体质，不同的情感与热情，与体质相关的是他们的异质性 [Fremdschaft]。" 由于无法创造自己的家园，犹太人 "被他人统治，渴望被压迫和剥削……除了这些特点，如果再加上又肥又厚的皮肤以及易激动和大多容易染病的血质，我们面前的犹太人就像白种的黑人，但他们不具备黑人的活泼天性和体力工作的能力。相反，犹太人大脑的体积和活动让他们接近高加索人"。引自威廉 · 鲍尔博士，《1830 年到 1870 年的德国文化》，收录于《文化史手册》，海因茨 · 金德曼编（波茨坦，1937 年），第 216—217 页［Dr. Wilhelm Bauer, "Deutsche Kultur von 1830 bis 1870," *Handbuch der Kulturgeschichte*, ed. by Dr. Heinz Kindermann (Potsdam, 1937), pp. 216–217］。

的交会有助于新教条的兴起。19 世纪 70 年代的德国社会处于变革之中，人们突然开始意识到现代化的不良后果。歌颂民族统一延续了 1871 年的兴奋，但这也是适合一个现代化过程中的社会的世俗信仰[5]。此外，基督教国家与基督教会之间的文化斗争伤害了特定群体的利益，让许多人感到不安。因此，19 世纪 70 年代是一个经济、精神和意识形态领域的动荡时期。新国家将往何处去，新社会有何特点，谁将决定新的方向和特点？

在上述变革和痛苦中，德国犹太人的地位发生无可争议的戏剧性变化。在此之前，也许没有哪个欧洲少数民族的崛起速度或进步程度比得上 19 世纪的犹太人。他们的成功取决于解放，得益于经
济大变革；这次崛起迎合了犹太人的习惯和野心，但也被剩余的无 499
形障碍所扭曲。曾经被德国社会主流拒之门外的犹太人扑向新机会，也许比其他任何群体更惊人地证明“唯才是举”可能带来的活力。1871 年，犹太人仅占德国人口的 1.25%，但这个数字很难体现他们在德国社会中的地位。他们被一些领域排斥，于是群集于另一些领域，并取得成功。19 世纪中叶，柏林犹太人占总人口的 2% 到 3%，该城的早期企业家中有约一半是犹太人。1881 年，柏林犹太人占总人口的 4.8%，公务员的 0.4%，作家和记者的 8.6%，货币市场从业者的 25.8%，批发商、零售商和承运商的 46%。在西里西亚的许多城市，犹太人占人口的约 4%，但纳税额占比超过 20%，反映了他们不成比例的收入。1871 年，汉堡居民中有 43% 的年收入低于 840 马克，但其中只有 3.4% 是犹太人。到了 19 世纪 80 年代，英国驻柏林大使馆的一位工作人员表示：“随着工业开始蚕食昔日的农业利益，这个国家的首都正快速落入一小群犹太人大富翁之手。”[6]

犹太人对知识的传统尊重和社会回报的新承诺让他们特别有动力在德国教育中脱颖而出。因此，他们在文理高中和大学里占有不寻常的高比例。19 世纪 80 年代中期，普鲁士大学近 10% 的学生是犹太人，相当于他们在人口中占比的七倍。在大城市的文理高中里，

比例失调甚至更加明显，班上那么多活生生的犹太孩子可能也与中学老师的反犹主义有关，加之既如此接近大学老师但地位上又远不如后者让中学老师产生职业憎恶，他们的反犹主义情感因此更加强烈。

简而言之，在大城市、商业以及通常可以确保收入和影响远远超过普通德国人的行业，犹太人的活跃超乎寻常比例。布莱希罗德只是这种新角色的一个显眼典型，在应召前往凡尔赛和1872年获封贵族后，他还象征新富豪和当权者之间的联系。鉴于过去德国人对犹太人、商业和普遍社会价值的情感，如果犹太人的突然崛起没有引发憎恶反倒是咄咄怪事。

犹太人的崛起正赶上新德国的生活和精神的普遍变革，这种变革让许多人感到遗憾。厌恶资产阶级标准或资本主义价值的不一定是反犹主义者。该时期的小说和日记证明了这种厌恶。比如，小说家弗里德里希·施皮尔哈根（Friedrich Spielhagen）试图揭露新的金钱社会的刻薄、腐败和丑陋。反犹主义者最大的花招是把欧洲流行的这种反资产阶级情感与犹太人捆绑起来，通过坚称犹太人要对新的价值和做法负责，他们为德国被“犹太化”的指控找到某些似 500
是而非的逻辑。

除了资本主义，有人还对新帝国的基调和精神感到绝望。1872年，在与施特劳斯（David Friedrich Strauss）* 的大论战中，尼采警告说：战胜法国后，德国人的狂妄可能导致“德国精神的灭亡”。作为路德宗牧师之子和俾斯麦曾经的赞美者（后来变成批评者），康斯坦丁·弗朗茨（Constantin Frantz）以类似的口吻——可能更加尖刻和在政治上更狭隘——谴责新帝国的道德腐败，1872年，他将其归咎于志得意满的民族自由党人无孔不入的精神。他谴责这些

* 大卫·弗里德里希·施特劳斯（1808—1874），德国神学家。他的《耶稣传》将耶稣描绘成历史人物，否定其神性。——译注

人“抛弃基督教，转向新的异教”——谎言和财神的统治，“整个世界充斥着欺诈”。充斥着现代性罪恶的柏林，失去“成为德国精神之大都市”的资格。1866年后，他又表示德国人已经陷入新的傲慢，但他们只在“股市欺诈和投机恐怖”上超过法国人。对财神和现实政治的崇拜加剧富人与穷人的矛盾，从而提升社会主义的力量。“我们赢得对外和平，但没有内部满足。”[7]对于1872年的弗朗茨来说，敌人是不受限制的资本主义毒瘤和俾斯麦的不道德政策所象征的民族自由党精神。犹太人没有出现在这次指控中，但四年后（时间间隔之短暗示反犹主义思想流行的迅速）他写道：“谁在真正统治新帝国？如果不是首先为了推进犹太人的统治，萨多瓦（Sadowa）和色当的胜利取得了什么，数十亿的战利品为了什么，文化斗争为了什么？”[8]1878年，他宣称国家已经成为犹太人统治的工具，很快“甚至连铸币权都将拱手交给银行家，布莱希罗德或罗斯柴尔德未来将出现在我们的货币上……如果已经如此也许最好，因为那样的话所有人都会知道谁统治着今天的社会”[9]。

对于腐败意识的不断提高，推动新反犹主义的被接受。弗朗茨不是上述指控的始作俑者。1873年2月，爱德华·拉斯克指责政府与发起者相互勾结。1873年的经济崩溃为所有的腐败指控提供戏剧性的证据，并造就阴谋理论可以大行其道的理想氛围。鉴于腐败假设，很容易猜想和影射布莱希罗德和俾斯麦的关系也是腐败的证明，因为要不是从这种关系中获得非法利益，俾斯麦永远不会与一个犹太人合作并奖赏他。

腐败指控吸引众多愤愤不平的群体和阶层，他们因为变革的后果遭受损失，但不理解损失的原因。文化斗争时期，正统的新教徒和基督教徒都为自己的精神霸权担心，开始感到流离失所和无家可归。日益贫困的容克贵族担心新贵崛起，反对俾斯麦与新的商人阶
级眉来眼去。工匠受到工厂的威胁，被新的商人所取代。工人阶级 501
已经遭受各式各样的剥削，包括可怕的居住条件，现在他们又受到

失业的威胁——这导致柏林出现巴黎公社的阴影。

就像我们所看到的，19 世纪 70 年代，保守派对俾斯麦的怀疑达到顶峰，但正面攻击政府首脑和人民偶像并不容易。想要抹黑俾斯麦的名字，还有什么办法比通过暗示他是肆无忌惮的阴谋的受害者更好，并把矛头指向布莱希罗德，从而暗示俾斯麦不是无辜的受害者？俾斯麦的“礼尚往来”原则让这种做法显得可行；以可行性为背景，聪明的笔杆子们可以影射俾斯麦与布莱希罗德散发着非法获利气味的关系在某种程度上代表俾斯麦与犹太人的所有奇特交往。对于民众来说，没有什么比经常听到的指控更令他们不安，即他们的痛苦来自被掌握实权的幕后阴谋者收买和迷惑的腐败官员。俾斯麦的敌人们碍事，首相受到由布莱希罗德主导的犹太人阴谋的影响。“在这些圈子里，对俾斯麦的敌意和对犹太人的斗争是同一个问题。”[10] 他们需要的只是一些证明，因为所有的大阴谋理论（历史上屡见不鲜）需要某些可见的事实作为依据。提供必要证据的工作（事实的标准很低）留给奥托·格拉高（Otto Glagau）、奥托·冯·迪斯特—达伯（Otto von Diest-Daber）和鲁道夫·迈耶尔。

奥托·格拉高是职业记者，1874 年 12 月，他开始在《园亭》（*Gartenlaube*，一家品位低下但销量巨大的家族期刊）上发表一系列关于腐败和资本家发起人活动的文章。当时，该杂志卖出 46 万份，读者接近 200 万[11]。格拉高发明一种聪明的论战形式，将其伪装成时事的样子，并偷偷加入反犹主义元素。这些文章后来被编成两卷出版，并多次再版，它们大多揭露公司的发起制度，涉及何人以何种虚假条件和在何种贵族信誉的外衣下创立什么公司。格拉高把矛头指向控制这些新公司的相互勾结的董事，指向给予它们信誉的显赫名字，并把布莱希罗德银行和贴现公司列为最大的“主要发起人”。他描绘布莱希罗德创立的各种公司和提携的对象，特别是后者与卡多夫和哈茨菲尔特的亲密关系[12]。通过语带讥讽的旁白和不时的影射，格拉高强调犹太人的角色，但他最猛烈的攻击来自他最初的文章受到公开和私下的攻击之后，它们被指复辟中世纪的偏见和散布偏执。《园亭》的编辑也受到各种压力。格拉高随即发起反击，试图描绘犹太人统治的可怕画面：

> 虚伪的宽容和感伤、该死的软弱和恐惧不应再阻止基督徒
> 对犹太人这个放肆而傲慢的毒瘤发难。我们再也无法忍受看到 502
> 犹太人四处登上前台，看到他们四处攫取领导权和控制舆论。他们一直在排挤我们基督徒，把我们推到墙边，夺走我们的空气和呼吸……柏林最富有的人是犹太人，犹太人虚伪至极而且穷奢极欲，远远超过贵族或宫廷。坐在我们的剧场、音乐会、歌剧院和教室等场所的主要是犹太人……操纵议会和帝国议会选举的主要也是犹太人……愿上帝怜悯我们这些可怜的基督徒。

在这些愤怒的抗辩中，他第一次宣称 90% 的发起人和股市牟利者都是犹太人[13]。

布莱希罗德有理由感到烦恼。格拉高混杂各种事实和谎言，布莱希罗德不是最大的发起人之一，但他的确有同族在媒体和议会。格拉高给布莱希罗德扣上腐败的帽子，并设法把他的名字与当时的某些最放肆的人物联系起来，比如布莱希罗德曾经亲自警告过的施特鲁斯贝格。这一切都是在销量巨大的杂志上完成的。剩下的工作留给其他热衷揭露腐败的人。

保守政客弗朗茨·佩洛特追随格拉高的脚步，1875 年夏天，他在《十字报》上发表了几篇耸人听闻的文章。（我们已经在不同背景下讨论过这些“新时代”文章。佩洛特给俾斯麦和德尔布吕克的经济政策贴上“犹太人政策”的标签，直指“大银行家”布莱希罗德是这些政策的主要策划者，旨在让他和他的犹太人同胞获利[14]。）《十字报》是新教正统派的喉舌，该报以读者群而非思想基调闻名，布莱希罗德的许多客户也是它的读者。俾斯麦建议布莱希罗德公开

否认对政府政策有任何影响，但这样做既无法带来安慰，也不是可接受的解决办法[15]。最终，布莱希罗德默默地忍受痛苦，而俾斯麦后来对《十字报》的攻击也无果而终。他昔日的保守派同僚们拒绝否定自己的报纸，而是继续反对俾斯麦的政策。事实上，指控被四下传播。俾斯麦确信，孜孜不倦的嚼舌者已经把谣言散布到宫廷最核心的圈子里，传到他的最大敌人奥古斯塔皇后的耳中。

与此同时，主要的天主教报纸呼应了这些攻击。其中一家报纸写道：“我们国家的法律制定者，以及在金融、科学、艺术和媒体一言九鼎的人都有犹太血统。”[16] 新教徒报纸刊发“新时代”文章后，重要的天主教日报《日耳曼尼亚》（*Germania*）也发表系列文章，谴责盛行的“犹太人经济”并要求抵制犹太人的公司。文章指责犹太金融家申购1870年的法国战争贷款，却不愿意接手北德联邦贷款。简而言之，犹太人不爱国（天主教徒也常常受到类似指控）。对于《日耳曼尼亚》来说，向自由派（“自由派”总是被等同于“犹太人”）发起反击的诱惑太大了：“在事实上和许多表现上，文化斗争完全 503
是犹太人事务的结果。对于文化斗争，我们同样很高兴地看到，犹太人问题在近期已经被清晰而明确地提出。”[17] 该报还表示：“真正的‘文化斗争’并不针对犹太人的宗教或犹太人本身，而是针对危及基督教和德国人性格的犹太精神，针对将终结我们民族繁荣的犹太人的金钱统治，这场斗争已成迫切需要，幸运的是，它已经变得广为流行。”[18]《日耳曼尼亚》还暗示另一位反俾斯麦作者肆无忌惮地提出的看法：“保守派和著名的中央党人经常认为，俾斯麦亲王发动对天主教和新教同样有害的文化斗争是为了把公众的注意力从他与布莱希罗德的联系及其后果上转移开。”[19] 外省的天主教报纸传播了同样的看法。

天主教的反犹主义根深蒂固，可以上溯到许多个世纪之前。当犹太人有史以来第一次真正对天主教徒构成威胁时，他们需要不寻常的自我克制才能不吐露自己的反犹主义。难怪布莱希罗德寻求与温特霍斯特和采邑主教科普交好，因为两人都试图缓和天主教的反犹主义。

正统新教徒和愤怒的天主教徒呼应威廉·玛尔（Wilhelm Marr）当时正在精心构思的关于犹太人统治的主题，此人是最早的激进和被公认的非宗教性反犹主义者之一。在写于1873年并被多次重印的小册子《犹太人对德国人的胜利》(*Der Sieg des Judenthums über das Germanenthum*)中，玛尔宣称："犹太人成了19世纪重要的社会政治力量，这个事实显而易见。消除犹太人对我们的影响已经超过我们的形体和头脑能力。"德国人的软弱让犹太人获得这种力量,成为"国家金融体系的独裁者"。沉浸在绝望中的玛尔表示:"犹太人的专制只是时间问题……世界的统治权属于犹太人。"[20] 犹太人显而易见的卓越证明他们暗中的统治，这种恐惧是新反犹主义的主流。

不过，大部分政论家没有那么宿命论，而是在寻找个体肇事者和腐蚀者。在这些政论家中，奥托·冯·迪斯特—达伯扮演了突出的角色。迪斯特—达伯的父亲是一位获得过功勋勋章（Pour le Mérite）的普鲁士将军，他本人在莱茵兰担任过县长，也曾是普鲁士议会的一名保守派议员。从19世纪60年代中期开始，他变得越来越不满。担任县长期间，他发现富人花钱让儿子们离开军队，于是他马上提出腐败指控。但很快，他不分青红皂白地攻击有罪者和无辜者，开始热衷于诽谤。1870年的战争期间，50岁的他志愿参军担任上尉；他获得一等铁十字勋章的承诺，但从未收到勋章——他总是感到失望，认定世界已经朽坏。他处处闻到罪恶和腐败的味道，有时还会发现他人没有看见的痕迹[21]。

1868年，他和其他不满的保守派一起与俾斯麦发生争执。19 504
世纪70年代初，他不断给俾斯麦写信，请求后者切断跟犹太人和金融家的关系。在迪斯特—达伯看来，俾斯麦与布莱希罗德的联系象征首相与财神的勾结——对俾斯麦不满的助手蒂勒在1870年第一次向他透露这种联系。发现泄密后，俾斯麦把蒂勒称作"一个危险的人……非常无能”[22]。迪斯特等人对俾斯麦感到愤怒，因为他在志得意满之时抛弃昔日的朋友们，背叛过去的信条，让自己置身于犹太人和自由派中间。反过来，俾斯麦认为迪斯特—达伯等人是一群“嫉妒而不满的贵族成员”——这个刻薄的批评并不完全属实。他们的批评任性而嫉妒，有时还显得疯狂，但表达的憎恶远远超过俾斯麦当时所能理解的。在同一段文字中，他更加切中要害地指出：“奇怪的是，不满者比满足者更加勤奋和繁忙，觊觎者比满足者更有野心，如果不适用于全人类，至少对德国人是这样。”他认为，自己的敌人比支持者们更活跃，前者的动力不仅来自原则，也“来自野心……或者来自对政治和信仰之敌的憎恶”[23]。

迪斯特—达伯无疑很忙。多年后，他宣称自己在1874年与陆军元帅毛奇有过交谈，发现这位德国的头号军事英雄同样相信“拜金主义”和发起者们正对新帝国构成威胁。毛奇认同迪斯特的观点，即“必须打击金钱的权力，因为它正中社会主义的下怀。他遗憾地看到，俾斯麦亲王与布莱希罗德关系密切，并授权这个犹太人代为打理自己的财产。我们必须消除这种影响，将俾斯麦与布莱希罗德分开”。与此同时，迪斯特还拜见陆军元帅曼陀菲尔，后者不意外地同样对俾斯麦和布莱希罗德的关系感到愤怒[24]。在这些显赫人物的支持下，迪斯特开始向布莱希罗德发难。

毛奇和曼陀菲尔的名字此前并未与针对俾斯麦的反犹主义运动联系起来；事实上，迪斯特提到的这些谈话也许只是他的想象，但很有理由认为它们就像所描述的那样真的发生过。我们已经看到在凡尔赛司令部的反犹主义暗流。像毛奇这样的朴素军人，认为文化斗争隐含的拜金主义和世俗主义将带来毁灭。毛奇的反物质主义态度还出于其他原因，他是莎士比亚的译者，从美学上反对新的富豪统治。军方对许多我们称之为现代的东西怀有反感，这无疑是过去百年间的一个重要主题。写手们宣扬毛奇的傲慢想法，这样做常常有利于他们自己。

我们将会看到，这些攻击性质各异，但都集中在布莱希罗德身上，并都使用了影射、暗示和谎言。它们的伎俩是在普遍的偏见中加入已知的事实，并对由此产生的怪物大惊小怪。布莱希罗德是俾斯麦的犹太人银行家和亲信，而人们普遍认为犹太人天生放肆而贪 505
婪。俾斯麦只有为了自己的巨大利益才会背上布莱希罗德这个负担，这种想法似乎合情合理。另一方面，布莱希罗德的巨大关系网让他更容易被描绘成一只可怕的蜘蛛。显然，这些写手的偏执天分让他们本能地感觉到布莱希罗德的某种意义。

早在1874年，迪斯特就撰文谴责新的物质主义孕育了社会主义，必须摧毁这条"金色的九头蛇"。他送给俾斯麦一份名为《金钱权力和社会主义》（*Geldmacht und Sozialismus*）的小册子，宣称自己仍然是首相的支持者[25]。他一度希望帮助俾斯麦摆脱这条九头蛇，但没能成功。于是，他开始证明俾斯麦通过与蛇头布莱希罗德的联系获得巨大利益。1876年，他出版关于国家道德基础的小册子，包含第一场运动的核心指控（后来常常被重申），即首相给了以布莱希罗德为首的财团某些特权，于1870年创立普鲁士中央土地信贷股份公司。布莱希罗德因此赚得巨额利润，而俾斯麦以私人身份也获得丰厚的回报。迪斯特断言，布莱希罗德以108塔勒的发行价向俾斯麦转让公司股票，然后以128塔勒的价格在股市上售出，为俾斯麦赚得83 000塔勒。又一项指控声称，布莱希罗德为俾斯麦的资本提供18%的年收益率。如果是合法所得，俾斯麦应该会乐于接受这样的意外之财，但布莱希罗德并没有上演如此的奇迹。俾斯麦因为从未获得的利益受到中伤，他的怒火可想而知。迪斯特的指控还涉及其他人，特别是卡多夫[26]。

一系列诉讼和反诉讼随之展开。无尽的纠纷由此产生，枢密顾问冯·威德迈耶尔（Geheimrat von Wedemeyer）的自杀为此事增添可怕的基调，此人是迪斯特主要的消息来源，和迪斯特一样，他也是贵族地下世界偏执的失败者。鲁道夫·迈耶尔主编的激烈反对俾斯麦的报纸《帝国之钟》（*Reichsglocke*）重复迪斯特的指控。1877 年 2 月，迈耶尔被起诉诽谤，布莱希罗德是这场著名审判的主要证人。为了让自己的证词具有效力，他不得不承认自己作为俾斯麦银行家和顾问的角色。除了本书第十二章已经引用过的证词，他还表示：“俾斯麦亲王不久前问我他是否拥有普鲁士中央土地信贷股份公司的股票，这也许可以说明他很少有时间关心自己的私事。”布莱希罗德仔细地做了核查，确信俾斯麦从未拥有过该股票，从未从那家公司获得任何收益，“我可以断言，任何相反的指控都是恶意诽谤”。俾斯麦拥有的是该公司的抵押债券而非股票，但那些并非投机性投资[27]。保存在俾斯麦档案中的常规档案完整记录布莱希罗德在宣誓后所做的反驳。审判以迈耶尔被判有罪告终，但俾斯麦与布莱希罗德的亲密关系也已大白于天下。

1877 年 5 月，迪斯特—达伯出现在法庭。布莱希罗德再次作证，506
他在写给赫伯特 · 俾斯麦的信中表示，自己“相当犀利地挫败迪斯特的盘问”。他威胁对迪斯特提起反诉，如果后者继续声称布莱希罗德的一位雇员用秘密信息交换 1 万塔勒的贿赂。迪斯特支支吾吾，而布莱希罗德的态度则得到朋友们的“赞美”[28]。几天后，布莱希罗德致信赫伯特 · 俾斯麦，表示迪斯特仅仅被判三个月监禁。他把这种令人遗憾的“轻判”归咎于其他证人，包括俾斯麦从前的秘书蒂勒和卡尔 · 迈耶尔 · 罗斯柴尔德。另一位证人汉泽曼也对宽大处理感到遗憾，赫伯特认同对迪斯特的惩罚的确很轻：“我不知道法官们出于什么动机做出判决！”[29]

迪斯特觉得三个月监禁一点也不轻，这毫不奇怪。1878 年，他起诉俾斯麦，但后者坚称，作为骑兵将军，自己有权要求案件在军事法庭审理。施瓦巴赫在另一场审判中作证（布莱希罗德银行总是牵扯其中）[30]。更早之前，军队荣誉法庭判决迪斯特必须辞去骑兵上尉，并交出制服*。这两项惩罚让迪斯特坚信，自己是受迫害的牺牲品和真理的殉道者。多年来，他纠缠着宫廷和要人，主张自己无辜，指责别人暗算自己，并对所有人发起肆无忌惮的指责——其中永远包括俾斯麦和布莱希罗德。俾斯麦的银行家成了他个人的死敌，他重复并编造了一些关于布莱希罗德作伪证的指控。布莱希罗德死后，迪斯特出书总结跟俾斯麦和布莱希罗德旷日持久的战争，书中充满真相和幻想，大量加入对于他本人无尽的凄苦悲哀。他的偏执中也有些令人怜悯的地方，如果他不是那么好战，也许人们能够对他感到些许同情。但刚刚从威廉二世那里获得强烈渴望的赦免（允许他重新穿上制服），他就卷入与格奥尔格·冯·布莱希罗德的纠纷，起因是后者父亲所谓的不当行为[31]。迪斯特属于那些注定将要遭受和制造痛苦的政治地下世界的成员。

在专门揭露丑闻的褊狭的记者阵营中，鲁道夫·迈耶尔也许是最吸引人和最丰富多彩的一个。他曾是自然科学和政治经济学专业的大学生，与卡尔·洛贝尔图斯（Karl Rodbertus）†和赫尔曼·瓦格纳是朋友，还与卡尔·马克思和奥古斯特·倍倍尔关系密切。迈耶尔相信，无产阶级的崛起是那个时代最重要的社会现象。他的理想是致力于下层阶级的利益并得到共同宗教信仰保护的社会主义君

---

* 在迪斯特的文件中有他妻子提交给国王的请愿书，请求恢复丈夫的军衔。为了支持自己的主张，她引用迪斯特生平的一则往事，用一句话概括她那个时代与今天截然不同的道德世界：“当他临终的父亲痛苦不已地躺在床上时，儿子日夜守在父亲身边，带着最深情的爱哭喊道：‘要是我能为您受苦和去死就好了。’父亲回答说：‘别这样，我的孩子，你必须参军报效你的祖国。’”梅塔·冯·迪斯特（Meta von Diest）致威廉一世，1877 年 6 月 12 日，DZA：波茨坦，帝国首相办公厅，迪斯特—达伯对俾斯麦亲王的攻击和恢复军衔的请求，第 401 号，第 1 卷。

† 卡尔·洛贝尔图斯（1805—1875），德国经济学家和社会主义者。——译注

主制 *。他推崇俾斯麦的外交政策，但反感在他看来的俾斯麦对自私和腐败的曼彻斯特自由经济的支持。多年来，他一直希望让俾斯麦脱离自由派合作者，但俾斯麦不愿听从。1877 年，迈耶尔出书大量揭发腐败商人和腐败政客之间的联系。这是一部严肃而有力的作品，包含大量细节，语调清晰而尖锐，并对拒绝其请求的俾斯麦进行恶毒攻击。罪魁祸首是不受限制的资本主义和犹太人，两者的同一性很容易在布莱希罗德身上得到体现。迈耶尔声称就连威廉也受到股市的影响，并表示：“通过柏林最显赫的商人 G. 布莱希罗德先生，股市……总能接触到俾斯麦，甚至连外国大使都做不到这点，剩下的只是同样腐化的议会。”[32] 布莱希罗德与俾斯麦的关系是迈耶尔观点的典型例证，即“德国已经出现涉政商人和涉商政客的组合，他们打入议会，通过各种手段让公务员高层为自己服务，处处获得影响，并借此推行只服务于他们自己短视利益的经济政策”[33]。 507

在史无前例的萧条中，对于勾结、腐败和愚蠢的指控变得流行。迈耶尔用俾斯麦最喜欢的武器对付后者，指责他纵容——

> 社会上层阶级的如此腐败……那个社会已经成为社会民主党的囊中之物……这要归咎于那个从未利用自己的巨大权力遏制这种腐败的人。任何像俾斯麦亲王那样在时代上留下自己印记并宣称有权这样做的人都要为我们社会的额上污点负责。[34]

迈耶尔反对俾斯麦的主要证人也是布莱希罗德。作为俾斯麦的“家庭朋友”，具有“可耻贪婪和肮脏商业习惯”的布莱希罗德被描

---

* 迈耶尔曾经相当干脆地表达自己的观点：“把宗教从人民夺走都是罪犯，但如果那个人还属于有产阶级，那么他还是个傻瓜——因为无论是谁把天堂从人民夺走，他必须给他们土地。”《德国土地报》(*Deutsche Landeszeitung*)，1871 年 7 月 25 日，引自库尔特 · 法伊贝尔曼，《鲁道夫 · 赫尔曼 · 迈耶尔》(维尔茨堡，1933 年)，第 38 页 [Kurt Feibelmann, *Rudolf Hermann Meyer* (Würzburg, 1933), p. 38]。

绘成俾斯麦政策的邪恶谋士。“众所周知，俾斯麦亲王对经济事务一窍不通。”因此他让布莱希罗德打理韦尔夫基金的投资，操纵帝国银行和发起无数半欺诈性质的公司。几乎每一页上都出现布莱希罗德的名字，但他很少受到具体不当行为的指控，一切都通过暗示和表面上的言之凿凿。但俾斯麦为何允许布莱希罗德拥有不寻常的影响，并因此纵容社会主义的兴起呢？在书的开头，迈耶尔援引迪 508
斯特—达伯的指控，表示俾斯麦从布莱希罗德发起的活动中收益：“如果它们被证实的话，那么就能以最痛苦但最充分的方式解释事实上已经让德国受苦多年的犹太人统治。”[35] 这是典型的耍花招：如果某项具体指控被证明属实，那么因为笼统性质而无法被证明的幻想（犹太人的统治）就能得到“解释”。对俾斯麦的这次指控被证明不符合事实，但幻想得以延续，它的创造者们无疑在等待新的证明。

迈耶尔对布莱希罗德的权力拥有不寻常的意识：

> 如果俾斯麦抓住欧洲最贪婪和最臭名昭著的发起人之手，让他成为自家的常客，那么热衷于研究俾斯麦如何清嗓子和如何吐痰的各阶级崇拜者们自然会认为与这个[腐败]集团的首领建立最亲密的关系是种荣耀。难怪宫廷贵族、宫廷典礼官、礼宾司长和宫廷贵妇们会把积蓄交给他打理，并参加他家的宴会……在所有的欧洲国家，没有哪个政客同拜金主义思想的新兴代表保持着像俾斯麦亲王同他的家庭犹太人布莱希罗德那样友好的关系。[36]

差不多两百页的这种诽谤和曝光被证明非常有效，但也足以让迈耶尔走上法庭。他因为侮辱俾斯麦和其他部长而被判处十八个月的监禁，他的书遭到查禁。迈耶尔选择流亡，怀着更猛烈的满腔怒火继续攻击“让德国人民陷入文明世界绝无仅有的奴役状况的俾斯麦体系”[37]……迈耶尔的事实和虚构的大杂烩充斥着恐惧和怨毒，预示后来右翼的激进攻击；他还以自己的方式预示激进右翼和激进左翼的接近。迈耶尔没有白白结识马克思，19 世纪 90 年代，他为马克思主义杂志《新时代》（*Neue Zeit*）写各种文章。当时的反犹主义相当于不道德的社会主义，就像在工人阶级中，社会主义也许是反犹主义的替代品。难怪反犹主义者把马克思看作犹太人阴谋中的重要人物：他发明的学说转移了无产阶级对他族人的愤怒。

现在，我们看到这种新毒酒的主要成分：伪装成反犹主义的反资本主义，并加入少许德国社会主义。奥古斯特·倍倍尔经常引用“反犹主义是白痴的社会主义”这句话[38]。此言很能说明问题，但带有典型的乐观主义。说反犹主义是白痴的信仰并不完全属实。反犹主义也是感到失去地位、家园和财产的暴躁和愤愤不平者的抗议。只
有牢记自由主义、资本主义和本质上世俗的文化存在缺陷并引发不 509
满，我们才能理解为何反犹主义和后来的法西斯主义具有如此之大的吸引力。说它是白痴的信仰掩盖了这样的事实，即人们想要信仰，觉得官方文化是贫瘠的空话。19 世纪 70 年代出现针对政治上自由主义、经济上资本主义和社会上犹太主义的浩大运动，到了这个十年的最后，它在德国获得新的力量，因为政府本身也选择褊狭的路线。从那时起，地下世界和政府开始同仇敌忾。

还必须从另一个背景下看待新反犹主义。从 19 世纪 70 年代开始，种族主义开始成为流行和排外的神话，因为科学主义的外衣而更受尊敬。犹太人或非白人开始被视作在生物学上（因此无可救药）低人一等。并非所有的反犹主义者都是种族主义者，反之亦然。种族主义为由来已久的流行观点提供某种科学依据，即可以从特定的体貌特征上认出犹太人：深色的油腻头发、鹰钩鼻、肥厚肉感的嘴唇和矮胖的身体。（布莱希罗德不符合上述任何特征，但人们还是常常提到他具有犹太人的面相。）这种流行思潮甚至影响那些并不接受它的人。比如，俾斯麦有时满口种族主义的蠢话，但不能认为

他接受了种族主义。这是他词汇的一部分，本身无法忽视，但也不能小题大做地以为发现了新大陆。种族主义只是怀疑犹太人的另一个冠冕堂皇的理由。

布莱希罗德成了地下世界最喜欢的目标。他很可能因为这些不断的攻击而感到困惑和烦恼，法律诉讼也让他无法忽视它们*。不过，他可能把这些来自下层的狙击看作身居高位的自己不可避免受到的骚扰——大人物戴着自己的十字架。让他感到安慰的是，俾斯麦与他同病相怜。将他和俾斯麦联系起来的所有言论让布莱希罗德苦乐参半——他也许不愿面对更常见的把他和犹太人联系起来的其他言论。无论如何，直到 19 世纪 70 年代末，反犹主义者的社会接受度甚至还不如他们的受害者犹太人。反犹主义者是局外人、麻烦制造者和反俾斯麦的怪人，他们缺乏尊严和体面。但在短得令人吃惊的时间里，他们将获得两者。

决定性的改变发生在 1878—1880 年。那段时间，布莱希罗德 510
正在希望罗马尼亚会接受公民平等的原则，让那里的犹太人获得生存和成功的必要条件。正是在罗马尼亚局势尘埃落定的过程中，俾斯麦的政策发生变化。1878—1879 年，他抛弃与民族自由党的盟友关系，选择新的保守路线。在罗马尼亚犹太人的相关事务上，布莱希罗德曾认为俾斯麦“热心而宽容”。但到了 1879 年，俾斯麦在国内的主要敌人成了进步党，该党领袖大多是犹太人。俾斯麦变得不

* 另一方面，一位拉比代表两名因为布莱希罗德的发起活动而损失金钱的犹太人写信给他，提醒他注意，如果他的商业荣誉受到玷污，他将给自己和其他人带来危险：“到时候，你将无法带着你的数百万财产出现在上帝的面前，你将抛下尘世的财产，在最高审判者的宝座前，重要的是我们是否保持自己的荣誉不受玷污，只有在那方面我们才会受到检验，如果被发现不合格，我们将被无情地驱逐。”但即使在尘世间也有危险，布莱希罗德一定知道“其他信仰的人如何经常无情地……把以色列人称为吸血鬼和放贷者”。布莱希罗德必须保证不为这类指控提供口实。大拉比兰茨贝格博士（Dr. Landsberger）致布莱希罗德，1877 年 4 月 24 日，BA。

再“热心”；事实上，他对反犹主义者越来越宽容，并意识到自己在与进步党的激烈斗争中用得上他们。敌人对他的影响永远要超过朋友，犹太人在他敌人中占据显著位置，这让他对犹太人逐渐采取的中立态度面临巨大压力。布莱希罗德为德国犹太人所做的请求能像他之前为罗马尼亚犹太人所做的请求那样取得俾斯麦的同情吗？以牺牲他人之举摆高姿态永远是更容易的。

到了1879年，帝国气氛的变化已经显而易见。那年，两位信誉无可指摘的重要人物用得体的语调对犹太人构成的危险提出警告，从而让“犹太人问题”的存在合法化。其中之一是阿道夫·施托克，此人担任宫廷牧师，因此被看作皇室和教会的代表。另一位是海因里希·冯·特莱奇克，他被广泛称赞为普鲁士最伟大的历史学家和柏林大学的骄傲。作为民族德性的保卫者，拥有无与伦比的威望的牧师和教授让反对犹太人和自由派的运动变得受人尊敬。施托克和特莱奇克也许受到政府转向的鼓励，他们的鼓动反过来又激励其他人。来自下层的呼声中有某种原始的理想主义，新信息把早前运动的实质带到德国—基督教思想的“更高”领域。

施托克的反犹主义路线本身具有典型性。他出身贫寒，多亏父母的巨大牺牲才获得新教神职。施托克在普法战争期间担任随军牧师，他的爱国热情使其被任命为柏林的宫廷牧师。这个职务拥有显赫的光环；事实上，其他牧师与宫廷的关系还要亲密得多。他的职务让他有充分的时间研究柏林的生活：他对富人的世俗主义和穷人的社会主义感到惊愕——两者都显示出教会的可怕衰弱。在贫穷中长大的他认为穷人没有理由不保留对教会和国家的信仰。1878年，他成立基督教社会工人党，希望用新的社会福音吸引工人，取代马克思主义的地位。他的党派将成为保守党的附属，他的改革旨在回归旧式父权传统。他是第一个走进柏林工人阶层聚居地区寻找选民和选票的教士，他的同事们偏好更安全的地区。但即使他那样的“强大人格和迷人口才”也无法战胜社会主义教条[39]。用甜蜜的话语或

承诺无法打动柏林工人，他们记得教会曾经一边倒地支持现有秩序。 511
在 1878 年的选举中，施托克的党派遭遇惨败，只获得柏林不到 1% 的选票[40]。

施托克从自己的失败中吸取显而易见的教训。他开始向不同的对象宣传反资本主义福音和民族主义，如无组织的店主和工匠，或者那些觉得自己是新富豪统治受害者的人。新的受众需要新的策略。施托克一度犹豫是否加入反犹主义阵营；最终，在 1879 年 9 月的一次集会上，他发表题为“我们对现代犹太主义的要求”的演讲，终于踏上一条有前途的道路*。

施托克提到关于犹太人影响的各种传统警告，他采用克制和得体的方式，更多流露出悲哀而非愤怒。这是好基督徒可能采取的唯一立场。在第一次演讲中，他遗憾地表示，自由媒体谈论一切，唯独不包括犹太人问题。他对犹太人的要求带有反讽的合理味道，甚至许多保守的犹太人也表达类似的观点[41]。他要求犹太人更加庄重一点，更加宽容一点，更加平等一点。换句话说，这些要求在改写和戏谑了犹太人对基督徒的传统要求。他带着威胁的口气表示：“犹太人必须放弃成为德国主人的目标”，他们必须停止做“不信教的力量”，这些人失去自己的信仰，现在试图颠覆基督教——因此有了宽容的要求。犹太人也应该停止依靠基督徒的劳动生活——因此有了平等的要求。施托克还希望减少犹太人的数量。他声称柏林有 4.5 万犹太人，相当于生活在法国和英国的总和（这种说法并不正

---

* 施托克的传记作者瓦尔特·弗朗克（Walter Frank）是纳粹党员，他这样描绘新的受众：“除了小商人和小业主，还有受过教育的中产阶级、军官、公务员和青年学者，虽然没有像其他人那样陷入经济上的困境，但他们感觉在经济上更加强大的犹太人威胁到自己的社会地位，后者非常清楚如何如何把经济力量转化成教养，把教养转化成权力。他们的职业和社会阶层观点的形成与普鲁士军国政府关系密切，而唯利是图的犹太人否定这些观点，这是他们反对犹太人的另一个原因。”瓦尔特 · 弗朗克，《宫廷牧师阿道夫 · 施托克和基督教社会运动》，第二版（汉堡，1935 年），第 76—77 页［Walter Frank, *Hofprediger Adolf Stoecker und die christlichsoziale Bewegung*, 2nd. ed. (Hamburg, 1935), pp. 76–77］。

确）。他的话仍然是老调重弹：犹太人太多、太强大、太格格不入。这就是为什么他认为“现代犹太人对德国人的生活构成巨大威胁”。这就是为什么他要求对犹太人设置各种限制，否则“我们罹患的肿瘤将会增大”。在克制的外表下，他的本意是：犹太人构成致命威胁。他警告说，如果不满足他的适度要求，更激进的犹太人之敌将会得势并诉诸更强硬的手段——他一语成谶[42]。

施托克的反资本主义路线已经让一些柏林的富人产生警觉，他对犹太人的攻击似乎只是对一个危险的主题火上浇油。在施托克第一次向犹太人发难几天后，布莱希罗德的朋友卡多夫敦促他提醒俾斯麦公开与施托克划清关系，否则人们会认为首相是施托克的庇护者[43]。卡多夫有充分的理由担心公众可能把俾斯麦视作施托克的庇护者：他不是在激烈地向拉斯克和巴姆贝格等人发难，并私下称他们为“犹太人”吗[44]？卡多夫对沉默的危险很敏感，但他从未公 512
开表态，而且几乎肯定没有直接给俾斯麦写过信。在这种时候，布莱希罗德无疑会欢迎基督徒采取主动。

布莱希罗德在等待。他仍然要为罗马尼亚犹太人做足够多的事。但几周后，第二波打击降临，这次是特莱奇克在很有影响力的《普鲁士年鉴》（*Preussische Jahrbücher*）上发起的攻击。特莱奇克同样谴责了犹太人的主导地位和他们对德国理想的颠覆。他和施托克对德国人软弱的担忧和对犹太人力量的恐惧同样强烈。对于特莱奇克来说，攻击犹太人只是重申他对德国的热爱，重申维系国家的纯粹民族主义。犹太人是外来者，如果希望享有德国公民身份的全部特权，他们应该放弃自成一体，加入基督教——尽管许多反犹主义者警告不要鼓励这些种族上堕落的人通过假装叛教获得特权[45]。但特莱奇克和施托克都不是种族主义者，特莱奇克想要的只是信仰基督教的德意志民族。外来者是敌人，聪明而放肆的外来者是更大的敌人，用特莱奇克的著名结语来说：“犹太人是我们的不幸。”[46]

特莱奇克一举让反犹主义变得可敬，将其变成德国爱国主义的一部分，为旧有偏见披上理想主义的新外衣。他在自己著名的年度政治讲座上重复这些批评——从那时起，反犹主义煽动者可以指望来自上层的同情相应，至少也能得到体面阶层有分歧和矛盾的回应。追随特莱奇克步伐的可以是各种群体，包括德国学生，他们把犹太人驱逐出自己的联谊团体，并在他们的民族组织中接受反犹主义原则。德国学生拥有支持褊狭主张的悠久历史。特莱奇克让反犹主义脱离地下世界，让旧有情感和新的恐惧在公众面前获得尊严。以无可指摘的爱国主义为名，他扼杀对宽容的开明信仰。特莱奇克之后，身为反犹主义者成了某种美德。

特莱奇克的文章激起巨大的争议，但主要是在犹太学者中间。他们用不同的方式做出回应，有的只是辩护，也有的咄咄逼人。其中一位历史学家的反驳似乎指涉布莱希罗德："基督徒圈子并不充分了解定居在城市中的普通犹太人大众，他们以和平而勤劳的中产阶级方式生活，没有富有贵族的炫耀奢华，也没有放贷者和小商贩的肮脏堕落。"（特莱奇克的一位支持者马上对"好犹太人"或"安静犹太人"的提醒进行反击，坚称"银行家的头衔掩盖欺骗，商人的头衔掩盖股票经纪人——只要有可能，到处都是放贷者。头衔是周日的华丽外衣"[47]。）特莱奇克引发许多犹太人的反省，也遭到
一位伟大的开明同行的有力反驳。蒙森预见特莱奇克释放的邪恶力 513
量，他的辩护铿锵有力，他关于基督徒和犹太人"内战"的警告有先见之明。他在结语中请求已经失去强烈宗教信仰的犹太人皈依基督教，从而完全融入德意志民族和主流国际文明。他解释说，民族国家痛恨一切特殊主义的残余。简而言之，就连他也把皈依视作解放的迟来代价[48]。

和许多富有的犹太人一样，布莱希罗德可能也希望新的反犹

主义（仍然带着反资本主义的锋芒）会很快再次消失*。但布莱希罗德无法长时间扮演鸵鸟。因为他过于显赫，早晚会成为单独的靶子。1880 年 6 月，在一次大型集会上，面对社会党人关于教会两千年来从未帮助过下层阶级的诘问，施托克一如既往地用转移焦点的方式回应说："你们为什么只对教士提出社会援助的要求？为什么不向犹太人提出？冯 · 布莱希罗德先生的钱比所有新教教士加起来还多。"[49]

这对布莱希罗德来说太过分了。他已经被动忍受各种谎言和诽谤，但一位宫廷牧师对他的财产（可能的确超过所有新教牧师的财产总和）这种公开煽动让他马上采取行动。他在当周就向威廉一世递交请愿书："我斗胆请求陛下对我提供慈父般的保护，或者说不仅是我，也包括一整类陛下的忠实臣民，他们绝非国家的无用公民。"犹太人并非唯一的目标。施托克正把"对犹太人的激烈斗争［转变成］对财产本身的社会斗争"。他曾经公开指责布莱希罗德通过放贷（"欺骗基督徒"）积累了 700 万塔勒，"现在，我的名字滚动在每个基督教社会党煽动者的舌尖上，它不仅是迫害的目标，也被视作为一切资本、股市、繁荣和罪恶的典型"。布莱希罗德明白自己的困境和无助。起诉施托克只会让丑闻愈演愈烈。另一方面，当局没有向他提供任何帮助。反过来，公众认为"有影响力的高层人物"保护了煽动者。但基督教社会党的煽动与社会民主党的区别仅仅在于前者"更加危险……民众从心底受到鼓动"。他警告说，如果这种情况继续下去，任何意外都足以引发无人能够控制的运动。布莱希罗德用笨拙而隐晦的语言暗示，他当时极度痛苦，可能不得不离开祖国。

---

* 他一定写信安慰过国外的朋友们。莫里茨 · 冯 · 戈德施密特在信中表示，他希望自己能认同布莱希罗德的观点，即施托克"像你说的那样并不危险，只是［他的鼓动］以某种奇特的方式迎合了你们马伊巴赫部长的毒树言论"。戈德施密特致布莱希罗德，1879 年 12 月 3 日，BA。

他警告说，对他的煽动只是将危及所有社会的“可怕社会革命之不幸的开始”。在请愿书的最后，布莱希罗德恳求皇帝用“慈父般的心和杰出的智慧设法避免他的臣民和国家遭到毁灭”[50]。请愿书混乱而笨拙，这种风格反映了起草时的匆忙和作者的尴尬*。 514

布莱希罗德的请愿书是他第二次威胁自我流亡，值得加以反思。他一定把这种威胁看作武器，也许心照不宣地效仿俾斯麦别有意图的辞职威胁。国王愿意失去像布莱希罗德这样有用的仆人吗？愿意让世人看到德国最著名的犹太人选择流亡吗？但此举不仅仅是威胁：难道我们不应该把它解读成布莱希罗德承认自己对无家可归的担忧（也许并不完全有意识）？他已经变得更像德国人而非犹太人，成年后的他依靠简单的互惠关系为生：我为国家效劳，国家保护我。如果这种礼尚往来不复存在，布莱希罗德的角色将会消失，他的生意也将损失惨重。国家真的会任由他成为民众煽动者的靶子吗？他是受保护的犹太人，在适当的时机，他可以利用自己的特殊身份，以自己的方式为不那么幸运的犹太人同胞求情，他的整个角色和身份都有赖于此。除了威胁，布莱希罗德的悲伤中还有他可能并未完全意识到的痛苦事实：没有保护的话，他可能不得不离开他深爱着并为之效劳和取得成功的国家†。

---

* 瓦尔特·弗朗克评价说，布莱希罗德的“抱怨混杂了东方拜占庭风格、胆怯、隐藏的威胁和不地道的德语，对于文化史学家和心理学家来说，这并非没有吸引力”。这份文件无疑发人深省，但被弗朗克嘲笑的混杂并非布莱希罗德的特有风格。除了稍显独特的德语，它符合德国市民阶层的一般风格。弗朗克，《宫廷牧师阿道夫·施托克和基督教社会运动》，第 85—86 页。

† 布莱希罗德把威胁移民国外作为最后一招，这种想法可能是对的。1908 年，威廉二世宫廷的一位要人回忆道：“我的父亲显然是坚定的保守党人，但在犹太人问题上，他无法忽视这样的事实，即我们的相关政策不仅狭隘和不公正，而且有违道德。我们因为逐步迫使一些最好、最有事业心和最富有的家庭离开这个国家而伤害了自己，并因为驱使犹太人成为反对者而招致危险。”罗伯特·策德利茨—特鲁弛勒伯爵，《在德意志帝国宫廷的十二年》（伦敦，无日期［可能是 1924 年］），第 217—218 页［Count Robert Zedlitz-Trutzschler, *Twelve Years at the Imperial German Court* (London, n.d.［1924?］), pp. 217–218］。

布莱希罗德的请愿书成了政府内部旷日持久的争议焦点。普鲁士政府如何在最重要的犹太人和宫廷牧师间做出裁决呢，谁对王室的忠信堪称典范？人们说了和做了什么——更重要的是没有说和做什么——让我们有难得的机会了解官员们在面对当时的反犹主义煽动时的想法和予设立场。

布莱希罗德把请愿书的副本寄给俾斯麦："如果您认同它的内容，我将非常高兴。"[51] 没有记录显示出俾斯麦书面承认收到信。他是担心加剧布莱希罗德的担忧，还是不便写这样一封势必触及微妙事件实质的信？事实上，对俾斯麦和布莱希罗德的关系有一个不 515
寻常的评价，即在留存下来的任何俾斯麦书信或两人谈话的书面记录中都没有涉及德国反犹主义的话题。布莱希罗德写给外国朋友（比如罗斯柴尔德家族或迪斯累利）的已知书信中也都看不到这样的话："新的反犹主义让我热心的朋友惊愕。"对布莱希罗德来说幸运的是，施托克当时对俾斯麦没什么用，此人也攻击政府。此外，政治反犹主义被用来对付俾斯麦已经将近十年，他有理由对此感到厌倦。

威廉也不太可能支持施托克。除了其他理由，他也有自己宠幸的犹太人银行家，尽管他可能不喜欢必须在犹太人和牧师间做出选择。9月的《柏林交易所通讯》（一份与布莱希罗德关系特别亲密的报纸）正确地报道说，威廉在埃姆斯接见布莱希罗德，并向其暗示对施托克的不满。其他报纸转载这种说法。施托克当即愤然向威廉提交请愿书，他在提到《柏林交易所通讯》上的报道时表示："那家纯粹的犹太人报纸……是柏林，可能也是全欧洲最恶毒的"，该报试图将威廉描绘成"德国运动的敌人"。施托克请求威廉不要否定他对犹太人的斗争，特别是因为斗争的对象不是所有的犹太人，而只是"反对轻薄、放贷和欺诈的犹太人，他们的确是我们民族的不幸"。他承认自己提到过布莱希罗德的名字，不过只是"以最无害的方式……但冯·布莱希罗德先生的确是犹太人显赫地位的支柱。每年四旬斋期间，他都会放肆地在圣周就要开始前举办舞会；不幸的是，几乎所有的宫廷和国家官员都会光顾那场宴会。此事在我国民众中留下最痛苦的印象”[52]。这封信让威廉更加难以保持中立。他向俾斯麦和罗伯特·冯·普特卡默（极端保守的普鲁士新任公共信仰和教化部长）问计。两人意见不一，普特卡默同情施托克，尽管对此人混淆教士身份和政治可能略感担忧；俾斯麦则希望以反社会党人法起诉他。1880 年夏天，布莱希罗德似乎有望成为胜利者。

俾斯麦一直害怕政界的教士力量，尤其让他恼火的是，施托克批评政府的社会政策和俾斯麦要求提高富人纳税额的“社会主义”请求。（在这点上，施托克触及俾斯麦敏感的神经。）此外，他认为施托克对犹太人的攻击选错目标。在征询关于一个重要新主题的意见时，俾斯麦对普特卡默抱怨说，就犹太人问题而言，不应认为——

> 在我们这里，富有的犹太人对媒体施加的影响更大。巴黎的情况也许不同。在我们的媒体和代议机构发挥重要影响的并非有钱的犹太人，而是犹太人政治改革者。有钱的犹太人离不开我们的国家制度，更愿意致力于维护它们。几乎没什么可失去的却能得到很多的无产犹太人才是危险的。 516

他们可以与各式反对派颠覆势力勾结，包括社会主义和施托克[53]。

换句话说，富有的犹太人有用而保守，普通犹太人则容易激进或具有颠覆性。这是一种粗糙的阶级分析：俾斯麦似乎暗示，阶级对犹太人的分化超过宗教对他们的联系。反犹主义者可能把富有的犹太人赶进激进阵营，因此有必要阻止施托克的社会主义反犹活动。保护犹太人免受施托克这样的煽动者攻击能带来回报，此举能把富有的犹太人拉到他这边，也许还能减少自由主义对其他犹太人的吸引力*。另一方面，他可能觉得“一点点反犹主义”让富有的犹太人更加听话；但无论如何，像这样激烈地谴责反犹主义会触怒作为他的新支持者的保守派。考虑到这些压力，加上俾斯麦不受任何原则性主张之累，他倾向于权宜之计：以煽动阶级不合为理由对施托克大加斥责。

11 月中旬，俾斯麦仍在谴责媒体和议会中的“犹太人无产者”，认为施托克的煽动正在驱使思想正确的富有犹太人投入进步党的怀抱[54]。这成了俾斯麦不断重申的重要主题，并得到布莱希罗德的响应。

俾斯麦向普特卡默保证，促使他干预的不是施托克的反犹攻击：“对我来说，他的演讲和煽动中的社会主义元素远比反犹主义元素重要。”[55] 这无疑是俾斯麦的真实感受，但也是安抚普特卡默的很好理由，后者非常不愿意对施托克采取任何法律行动。以反社会党人法起诉施托克既能取悦俾斯麦的犹太人选民，又不会触怒反犹主义者。这是俾斯麦式的解决办法。

普特卡默没有那么重视区分犹太人；他讨厌任何类型的犹太人，把特莱奇克的断言看作歧视的理由。在普特卡默和俾斯麦尚未就提 517
供给威廉的建议达成一致前，施托克事件被卷入 1880 年秋天更加普遍的反犹主义爆发之中。反犹主义突然成为重大的政治问题，俾斯麦对施托克的看法因此急剧转变。

就像想要成为改革者的人经常遭遇的那样，施托克很快被更加激进的煽动者抢去风头。1880 年秋，各种反犹主义团体开始史无前

---

* 俾斯麦不是唯一认识到 19 世纪犹太人保守性格的人。迪斯累利笔下的犹太人银行家西多尼娅表示：“……如果你允许人们积累财产，而他们又充分利用这种许可，那么权力将与那些财产不可分割，让任何有权阶级的利益反对他们所处的制度极不明智。比如，除了他们拥有的勤奋、克制以及思想的能量和活跃等主要的公民品质，犹太人本质上是保皇和宗教上非常虔诚的民族，像逃避灾难一样躲避皈依者，并总是急于看到他们所在国家的宗教体系欣欣向荣……”尽管有时持激进立场，“犹太人本质上是保守党”。鉴于迪斯累利还认为他们掌握着巨大的秘密权力，这种事实令人安心。《康宁斯比，或新的一代》（纽约，1961 年），第 302—303 页 [*Coningsby or, the New Generation* (New York, 1961), pp. 302–303]。

例的浩大运动，为向政府请愿收集签名，要求取消犹太人在法律上的平等，禁止他们担任政府公职，并限制犹太移民流入。关于犹太人问题的争议突然上升到新的高度，包括布莱希罗德的朋友圣瓦里耶在内的一些人认为，犹太人自己要对声势日益浩大的煽动负责*。

1880年11月，在菲尔肖、里克特†和里希特等著名同僚的支持下，右翼的进步党议员汉内尔博士（Dr. Hänel）将反犹主义请愿书问题提上普鲁士议会的日程，要求政府对请愿书上“取消犹太人完全宪法平等”的要求表态[56]。进步党人希望政府在请愿书被提交前就批评反犹主义，若非如此，政府可能暴露对反犹主义心照不宣的支持。

俾斯麦的态度马上发生改变。他回应的愤怒和果断此前一直未被注意。他在弗里德里希斯鲁对这种“进步党毫无根据、粗鲁和轻浮的揣测”大发雷霆，要求同僚们忽视这一质询；当发现无法忽视时，他提醒政府避免在公开场合表现出对施托克“哪怕最小的”支持。内阁接受他的请求，普特卡默只是做了有趣的保留，“如果有人提出施托克事件是普特卡默系统造成的”，他将不得不表态。在这样的指控面前，他将不得不为自己辩护——他对如此指控的预期和他 518
用“系统”形容自己的政府都耐人寻味[57]。

---

* 1880年11月，圣瓦里耶伯爵为德国的反犹主义运动写了特别报告：“近来，德国媒体和外国媒体先后开始大力关注部分民众发起的反犹太人运动，这场奇怪运动更符合中世纪而非我们时代的理念。”攻击始于一年前，由施托克发起，矛头对准“犹太种族迅速而连续的篡权”。圣瓦里耶以戏剧性的细节总结施托克对犹太人垄断的指控，指出新成立的反犹联盟对施托克的主张提供更多支持。联盟由教士、教授和其他社会知名成员（转下页）（接上页）组成，甚至包括一些自由派，他们准备向政府提交请愿书，要求对犹太人采用限制性法律，“让人想起14和15世纪的迫害”。政府仍然无动于衷，但在议员、教授和作家中已经出现谴责新联盟的“强烈反应”。媒体论战已经开始，所有的重要报纸都为犹太人辩护，只有五六家报纸在攻击他们。圣瓦里耶写道，如果没有这场论战，反犹主义骚动将完全消失，媒体的喋喋不休只能归因于“主要报纸的出版人和编辑几乎都是犹太人。他们在请求保卫家园”，希望到处唤起对反犹主义的谴责。圣瓦里耶最后解释说，之所以提到如此“局部和短暂”的话题，只是因为他意识到驻柏林记者同样大多是犹太人的巴黎媒体夸大了该事件。圣瓦里耶致圣伊莱尔，1880年11月16日，MAE：德国，第38卷。

† 海因里希·里克特（Heinrich Rickert，1833—1902），德国政治家，左翼进步党成员。——译注

两天的辩论突然展现出反犹主义者的优势和自信，也反映了进步党的孤立和他们的论点处于守势。汉内尔解释质询的理由，指出反犹主义煽动旨在限制犹太人的权利，并提醒议会注意柏林大会新近通过和得到俾斯麦支持的原则。德国要违背这些原则吗？汉内尔承认犹太人有许多令人讨厌的特点，但要求肯定他们的法律权利。他警告说，通过接受种族主义，通过以无法选择的出身对个人进行这种无可补救的谴责，反犹主义已经做出最背信弃义的举动。他表示，种族主义是反基督教的。普鲁士副首相说了几句冷冰冰的话，最后表示："王国政府无意改变宪法安排。"他完全没有提到煽动，难怪菲尔肖称他的回答"正确，但冷到骨子里"。保守党和大多数中央党的发言者对犹太人大加侮辱和指责，不断翻着花样指责他们通过放贷和欺诈在德国经济中取得统治地位，而对所有其他群体造成伤害，指责犹太人在公共生活的其他领域取得同样有害的力量。汉内尔关于柏林会议的言论也遭到反驳，被指展现"这一小群人在各国已经取得的无法衡量的国际力量"。犹太人的可憎角色已经不言自明，无须再做辩论。一位保守党发言者呼吁"解放基督徒"*。一位中央党议员表达强烈的敌意，声称天主教徒最初支持犹太人的解放，尽管后者有许多令人反感的地方，但在过去十年间却"换来这些人最极端和最暴力的敌意与迫害"。温特霍斯特的态度更加温和，呼吁结束所有反犹和反天主教煽动。

两场辩论的记录描绘了当时的可怕气氛：反犹主义的嘘声、恶

* 施托克结语中的画面说明一切："先生们，最近距此不远的地区发现一具尸体。尸检时在场的有一名该地区的犹太人内科医生、一名犹太人外科大夫、一名犹太人法官和一名犹太人律师，只有尸体是德国人。[听众大笑] 先生们，我们不希望柏林或其他大城市遭受这样的命运，我们希望通过本民族自己的生命力让我们活下去，确保人民支持我们的努力。"《犹太人问题：普鲁士下议院关于议员汉内尔博士质询的记录》（柏林，1880 年），第 138 页 [*Die Judenfrage: Verhandlungen des preussischen Abgeordnetenhauses über die Interpellation des Abgeordneten, Dr. Hänel* (Berlin, 1880), p. 138]。

毒的讽刺和高涨的仇恨。辩论的基调比内容本身更加不祥[58]*。

这个时刻无法让普鲁士议会感到光荣，也无法让德国犹太人感 519
到宽慰。布莱希罗德的朋友贝托尔德·奥尔巴赫陷入无助†。路德维希·巴姆贝格想移民国外[59]。葡萄牙最著名的小说家埃萨·德·奎罗斯（Eça de Queiroz）完全没有无视犹太人的罪恶和权力，但政府的反应让他吃惊：

> 它让犹太人群体不受保护地面对广大德国人的怒火，像本丢·彼拉多那样洗净自己高贵的双手。它甚至没有表示自己将确保执行保护作为帝国公民的犹太人的法律；它仅仅表达暂时不改变这些法律的模糊意向，模糊得就像早上的云。[60]‡

---

* 伦敦的《泰晤士报》刊载这样的报道："下面的事实可以说明人们对这场辩论多么感兴趣……辩论开始前，所有的旁听席就被挤爆。目前的争议让所有人深感兴趣，所有人都被牵扯其中，尽管相对很少有人敢于通过语言或行动表达自己的态度……宫廷包厢和外交旁听席早早座无虚席。在普通公众中……可以看到有比例惊人的男人和女人具有明显的犹太人特征。甚至议会外的人行道上也站满没能进场的人……有趣的是，辩论中针对的某些罪恶正以较小的规模出现在外面的街道上。几位相当懒散但聪明的绅士（无疑来自东欧）平日里在菩提树下大街叫卖歌剧票……他们设法获得几张公众旁听证，现在正试图以高价出售……这一切让我们想起俾斯麦亲王的比喻，即猎人用来射鹰的箭上安了从那只鹰胸前拔下的羽毛。"《泰晤士报》，1880 年 11 月 22 日。

† 年事已高的犹太作家奥尔巴赫在德国人中间度过整个文学生涯，并珍视自己的德国人身份。他痛苦而愤怒地旁听全部议会辩论，感叹道："我白活了吗？"当几个月后他试图回应施托克时，拉斯克说服他不要这样做。安东·贝特尔海姆，《贝托尔德·奥尔巴赫》（斯图加特，1907 年），第 376 页［Anton Bettelheim, *Berthold Auerbach* (Stuttgart, 1907), p. 376］。

‡ 埃萨·德·奎罗斯继续解释说："这股反犹主义怒火的主题是犹太人群体的日益兴旺……高级金融和小买卖都掌握在［犹太人］手中……在自由职业中，他们占有一切：犹太律师接到更多的案子，犹太医生接到更多的病人……但如果犹太人的财富触怒他［德国人］，看到犹太人赚钱绝对会让他发疯……［犹太人］总是像踏着被征服的土地那样高声谈笑……他们身上戴满珠宝，马车的装饰都是金的，还喜爱粗俗和显摆的奢华……在德国，犹太人慢慢地和偷偷地占有两大社会力量：交易所和媒体……"然后，埃萨·德·奎罗斯列举德国人对社会和经济的各种不满，如果是在过去，俾斯麦本可以用战争来消除它们。但战争已经不再可行，"由于战争希望渺茫，为了转移饥饿的德国人的注意力，俾斯麦亲王把矛头对准富有的犹太人。他自然不会暗示我主耶稣基督的死，但他提到数以百万计的犹太人和犹太教会的势力。这解释了政府奇怪而灾难性的声明"。《英国来信》（俄亥俄州，阿森斯，1970 年），第 51—55 页［*Letters from England* (Athens, Ohio, 1970), pp. 51–55］。

布莱希罗德曾期待截然不同的结果。辩论当天，他致信俾斯麦："关于犹太人问题的煽动在这里非常激烈，但随着今天议会会议的召开，它将画上句号。"[61]就在辩论开始前，他获得保证（或者以为如此），政府将对反犹主义煽动采取强硬立场。他在两封信中对伦敦罗斯柴尔德家族（被其转交给迪斯累利）表达自己的乐观：

> 面对关于犹太人问题的质询，政府将回复说请愿书尚未被交到它的手中，但它甚至现在就会声明，它永远不会违反给予所有公民平等权利的宪法，无论他们属于何种宗教信仰。 520
>
> 在讨论质询时，政府将声明对已经发生的放肆行为遗憾至极。不过，更重要的是，皇帝将在几天内亲自声明，他完全反对所有此类不可取的煽动。
>
> 鉴于公众中已经有传言称，最高层对迫害犹太人表示认同，这种声明显得更加重要。皇帝很有可能以回复我在6月份提交的卑微请愿作为声明的形式，授权我发表他的回复。我非常遗憾无法用反社会党人法起诉宫廷牧师施托克，该法令只适用社会民主党人，不能用于其他性质的煽动。我希望这件非常令人遗憾的事能随着议会讨论而终结。

第二天他写道：

> 今天的议会议程还未结束。我只想确认昨天给你的信息，即政府言简意赅地指出自己在此事上所持的宪法立场。它无疑会进一步声明对于已经发生的放肆行为极其遗憾……
>
> 我相信结果会对犹太人有利，煽动将会停止。

布莱希罗德的期待落空了。如果他知道罗斯柴尔德对迪斯累利说了下面这些诛心言论，他的沮丧将无以复加：

> 布莱希罗德本人无疑是犹太人受到迫害的原因之一。因为经常受雇于德国政府，他变得傲慢，忘记自己常常只是“测风气球”。
>
> 等我们见面时，我们还可以详细讨论大量其他理由，比如不断涌入的波兰、俄国和罗马尼亚的犹太人，他们刚刚到来时饥肠辘辘，在变得富有前一直是社会主义者。
>
> 犹太人还拥有一半的报纸，特别是那些反俄报纸。圣彼得堡无疑为鼓动这次迫害提供了很多钱。
>
> 我还听说冯·布莱希罗德夫人非常令人厌恶和傲慢。[62] 521

这是对布莱希罗德，也是对罗斯柴尔德家族的可悲描绘*。

政府没有谴责放肆的行为，甚至未发一言。政府误导布莱希罗德，从而避免他发动自己的力量吗？这样做并不难，因为他希望听见自己想听见的，而且这也符合他对俾斯麦有意对施托克所做回应的了解。或许俾斯麦和同僚们决定在最后一刻让自己的态度强硬起来。1880 年，俾斯麦既不反犹也不明显亲犹：他对犹太人怀有范围广泛的各种看法，既有正面的（因为他们得到证明的作用和力量），也有许多负面的（因为残留的敌意和对立的立场）。进步党的质询突然迫使他做出决定；他在压力下采取行动，压力总能激起他的怒火。用他过去的比喻来说，指针总要在某个位置停下。在 1880 年 11 月的那个星期里，指针决定性地停在反犹主义的位置。这是临时做出的决定，但具有相当的意义。它确立了先例。此外，做出这样

* 罗斯柴尔德家族似乎喜欢将反犹主义归咎于犹太人。1875 年，卡尔·迈耶尔·罗斯柴尔德致信布莱希罗德说：“犹太人自己要为反犹主义情感负责，目前的骚动必须归咎于他们的傲慢、虚荣和无以言表的无礼。”恰好一百年后，吉·德·罗斯柴尔德家族男爵（Baron Guy de Rothschild）公开表示：“对犹太人群体的最大单个威胁常常是犹太人。”拥有无与伦比的财富和力量的罗斯柴尔德家族难道对反犹主义全无贡献吗？ 罗斯柴尔德致布莱希罗德，1875 年 9 月 16 日，BA；《纽约时报》，1975 年 3 月 30 日。

的临时决定后，人们根据所采取的行动相应重置了过去的想法。这正是在俾斯麦和德国官员们身上所发生的。对犹太人的看法更狭隘了。进步党完全事与愿违：政府的路线变得更加褊狭，在面向媒体的半官方表态中，政府吹嘘新的路线：

> ……进步党试图通过质询实现鲁莽的目标，即让议会对所谓的反犹主义运动提出谴责。该目标完全没有实现……这场运动通过辩论显露力量……并因为对力量的认识而获益……它更可能获得新的勇气，而不是在任何方面感到灰心。[63]*

伦敦《泰晤士报》报道柏林人的共识，“即便没有公开鼓励，当权者至少也倾向于默许一场旨在遏制犹太人提升在帝国的势力和 522
影响的运动”[64]。此外，政府的做法足够正确，使其对反犹主义心照不宣的支持不至于被进步党拿作把柄。事实上，反犹主义者属于进步党的敌人，德国的政治由他们的敌人主导。

布莱希罗德一定感到失望，无论他多么努力地试图掩盖失败。可能令他略感安慰的是，在议会辩论进行期间，七十五位柏林重要的人物发表声明，谴责反犹主义煽动破坏国家团结。犹太人“为祖国带来荣耀和利益”。德国人应该抛弃中世纪的狂热主义，珍惜“莱辛的遗产。我们已经可以听到要求采取歧视性立法，要求把犹太人排除出这个或那个行当、荣誉和亲信地位。再过多久普通民众也会提出同样的要求呢？”签名者包括大学和市政府的重要成员、几位商人和一位有过叛逆记录的牧师，许多签名者是著名的进步党人[65]。布莱

* 一本在维也纳匿名出版，题为《俾斯麦亲王与反犹主义》(*Fürst Bismarck und der Antisemitismus*，维也纳胡戈 · 恩格尔［Hugo Engel］出版社，1886 年，第 143 页）的书清醒地指出，即使最激进的反犹主义者也把俾斯麦视为“他们沉默但最有用的领袖”，尽管他们表现出各种激烈言行，**“但据我们所知，德国首相迄今为止没有真正说过任何反对这一切的话，而且肯定没有发表过公开声明”。**

希罗德的朋友和客户中无人签名，包括莱恩多夫、哈茨菲尔特和卡多夫这样的正直贵族，尽管他们常常向他标榜感激和友谊。他们也没有发起自己的公开请求，以免染上与左翼合作的污点。其中的某些人可能在私下里和口头上向布莱希罗德表示过关切，尽管我们没有相关记录。在公开场合，辩论双方是反犹主义者和进步党人，而庞大的中间派一如既往地袖手旁观。当威廉在 11 月底表示自己“不认同宫廷牧师施托克的活动……但整件事将会平息……这次混乱有助于让犹太人更加节制一点”[66] 时，许多人可能有同感。

如果 1880 年前后的基督徒和犹太人有共同的老生常谈，那就是对“节制的犹太人”的渴望。这种渴望具有不同的动机和意图，但总是隐含对不那么炫目、艳俗和喧嚣的模糊渴望。有教养的犹太人医生（与基督徒病人关系和谐）以及低调的犹太学者或作家希望犹太人出于美感和谨慎的理由保持谦虚。贝托尔德·奥尔巴赫在 1877 年写道：“当然，在大西洋两岸，犹太人有许多可以被指摘的地方*。最重要的是，他们缺乏低调的教养，通过自我改善和内部升华获得自我满足。他们沉湎于炫耀和浮华的显摆，特别是在犹太妇女当中。”但他反问道，在基督徒新贵中不也有类似的特征吗[67]？1880 年初，雅各布·布克哈特同样在一封信中警告说：

> 我奉劝犹太人表现得非常睿智和节制，但即使那样，我仍 523
> 然不相信目前的骚动将会平息……犹太人特别需要为他们完全没有理由地干涉各种事务赎罪，报纸必须摆脱犹太人编辑和记者才能生存下去。这种事 [反犹主义] 可能突然爆发，并一天天蔓延开去。[68]

* 他在这封写给流亡美国的德国民主党人弗里德里希·卡普（Friedrich Kapp）的信中提到那件“可怕的事”，即萨拉托加温泉一家酒店的所有人希尔顿（Hilton）禁止纽约银行家赛里格曼（Seligmann）入住，因为后者是犹太人。此事在美国和欧洲犹太人中引起轩然大波。

布克哈特对“节制”的呼吁表达了保守派希望削弱自由派犹太人，但也流露了担心社会仇恨远远超过“基督徒”反犹主义者的想象，可能吞噬和摧毁犹太人。

我们不能忽视在19世纪80年代的观察者中非常普遍的想法，即在新的反犹主义出现时，犹太人的行为和显赫地位与正在升温的激烈反应之间的确存在某种关系。长期来看，幻想、种族主义或偏执很可能终将战胜事实，但大多数人并不考虑“长期”，而是以过去的选择性记忆作为引导，希望在短期内发达和生存下去。因此，许多犹太人，他们的自卫同样理所当然地需要自我提高——但对这种需要的意识无法减轻围绕着自卫的不确定性[69]。

“节制的犹太人”还再次提醒我们，反犹主义和反资本主义最初密不可分地纠缠在一起。不谦虚的犹太人通常是富有的犹太人，而富有的犹太人是资本主义的产物——在德国的庸俗理想主义中，“资本主义”通常被称为“物质主义”，暗示这是一种精神的扭曲，而非经济秩序的运行方式[70]。

此外，“节制的犹太人”还让人想起德国人和外国人对新帝国的德国人如何自负、张狂和傲慢的无数描绘，特别是当他们来到外国的土地上。（许多德国犹太人也许下意识地感觉自己永远在外国的土地上*。）德国人下意识地认为，犹太人夸张地展现德国人自己的粗俗和社会焦虑，对此憎恶不已。最重要的是，布莱希罗德的人生以另一种方式展现反犹主义的力量：他的错误或疏失总被说成是犹太人的错误；普遍的做法是将犹太人和负面特征联系起来。基督 524

* 关于这点，见约翰·梅纳德·凯恩斯参加1919年初关于为德国公民提供食物的谈判中对德方代表的描绘。当时，凯恩斯竭尽所能地帮助德国人和减轻他们对协约国的仇恨：“当时，德国人见到我们……肥胖而恶心的埃茨贝格［Erzberger］身着毛皮大衣，走下讲台前往元帅沙龙。他身边是一位将军和一位海军上尉，后者脖子上挂着铁十字，面庞和体态非常像《爱丽丝漫游仙境》里的猪。这些人极其贴近大众对匈奴人的想象。那个民族的个体外貌实在非常令人反感。谁知道这是不是战争的真正原因呢！”凯恩斯，《随笔和生平梗概》，第202页。

徒的过错属于个人，犹太人的过错则是他们民族特性。

政府仍然需要回复布莱希罗德的请愿，议会的辩论有利于施托克，对布莱希罗德造成伤害。在谈判之前，俾斯麦曾希望用反社会党人法对付施托克，甚至威廉也“忿忿然地”对普特卡默谈起此人。施托克在教会中的上级认为他很快将失去宫廷牧师的职位[71]。但谈判改变一切，特别是对俾斯麦来说。他不再认为自己和普特卡默应该向威廉提交不同的意见。俾斯麦又多次强烈批评施托克不可饶恕地要求实行累进税，然后突然缓和下来，在议会辩论后放弃之前“更严厉的要求”。赫伯特写道：“里希特和里克特等人厚颜无耻的攻击让我父亲下定决心不再对施托克表达如此严厉的看法。”“避免任何可能被看作赞同政府最大敌人的举动”，是俾斯麦突然对施托克表现出宽容的动机[72]。在俾斯麦对进步党的强烈仇恨面前，他对犹太人矛盾而无情的看法起不到什么影响。如果他可憎的敌人支持犹太人，那么俾斯麦就不能那么做，甚至不能以最暧昧和最不直接的方式。进步党后来被称为“犹太人护卫军”（*Judenschutztruppe*），有了这样的朋友，犹太人注定将招惹上强大的敌人。

12月初，俾斯麦和普特卡默终于向威廉提交共同报告。他们反对施托克“煽动阶级仇恨和做出无法兑现之承诺”的集会，敦促皇帝“严正警告不要煽动敌意和分裂”。威廉的最终声明措词更加和缓，仅仅表示“不认同”施托克具体提到某些巨额财富和批评政府的社会政策。他责成施托克“维持我的臣民中各阶级的和平，就像好牧师应该做的那样”[73]。这虽然是批评，但就连不像施托克那么好战的人也能接受，而且完全回避犹太人问题。

威廉等了更长时间才回复布莱希罗德的请愿。12月末，布莱希罗德向俾斯麦抱怨说，皇帝尚未回复他。俾斯麦不得不再次催促普特卡默，后者认为简短的确认信足以打发布莱希罗德。提交请愿书七个月后，在俾斯麦的坚持下，布莱希罗德终于收到来自宫廷的六行回复，表示皇帝已经对施托克做了“适当的”训话[74]。这件事就以如此简短而委婉的回复告终。布莱希罗德是否想过，如果犹太人头面人物都受到这种待遇，那么不太出名的同族的处境是否更加糟糕？

我们知道，对于布莱希罗德乃至德国内外的整个犹太人群体，民众反犹主义的突然爆发令他们不安。如果德国反犹主义成为持久的力量，他在国际犹太人群体中的地位将受到影响。在 1880 年
6 月向威廉提交请愿书的同时，他还向摩西 · 蒙特菲奥雷通报新的 525
反犹主义运动。布莱希罗德可能认同老前辈的自信回答，即尽管形势严峻，“但一方面通过我们的慎重和谨慎，一方面通过非犹太人以人性原则为基础的进一步启蒙，我希望仍能影响我们同胞的生存状况”[75]。布莱希罗德无疑相信慎重和谨慎。蒙特菲奥雷不是唯一向他提起德国反犹主义的人，来自国外的关心可能让他安心，即使外国人对德国人的随意污蔑也许会触怒他的爱国心。早在 1875 年，老朋友莫里茨 · 冯 · 戈德施密特就在信中表达某种担忧：“找时间告诉我为什么你们国家的反犹主义又变得如此声势浩大。对于在教会问题上如此开明的普鲁士，这种现象令人悲哀。”多年来，戈德施密特不断向布莱希罗德打听新的德国反犹主义的消息。1880 年 11 月，他对反犹主义联盟表达“不安”：“最高层无意对付施托克一伙吗？”[76] 巴黎的阿尔方斯 · 德 · 罗斯柴尔德（布莱希罗德经常与他讨论犹太人同胞在俄国或摩洛哥等半野蛮国家的苦难）也在议会辩论结束后立即对他表达同情：“在犹太人问题上，我们非常遗憾地看到贵国政府采取如此矛盾的立场，很不合适地试图从中赚取政治资本。我们对这种有违时代精神的立场感到遗憾，特别是因为我们无法对贵国的决定施加任何影响。”[77] 这是在挖苦布莱希罗德的无能吗？或者更可能是承认，尽管罗斯柴尔德家族的力量在需要他们金钱的国家如此有效，却在德意志帝国遇到对手？欧洲的犹太人对此忧心忡忡，因为他们感到德国的反犹主义可能马上在他们自己的国家引起反应。

很难重现布莱希罗德内心深处对反犹主义突然卷土重来的反应。如果他没有被选定为主要目标，他可能也会将煽动归咎于其他犹太人的不端行为，比如下层“爱出风头的犹太人”，或者越来越多在语言和习惯上与德国人格格不入的东欧犹太人，或者攻击俾斯麦的自由派犹太人。当时，布莱希罗德曾经的朋友路德维希·巴姆贝格警告说，处境优越的犹太人不理解对犹太人攻击的严重性；他也许想到了布莱希罗德[78]。

布莱希罗德继续谨慎和请愿的道路。1880 年 12 月 1 日，杰出犹太人集会上成立由重要人物组成的委员会，旨在制定抵抗反犹主义运动的计划和推动“犹太人的自我提高”，在委员会中扮演活跃角色的是他的弟弟尤里乌斯[79]。盖尔森对这类政治冒险敬而远之。

布莱希罗德本人对 1880 年事件的反应再次证明他对政府的忠诚。他煞费苦心地强调自己不属于犹太人反对派，他与自由派媒体
的关系被大大夸大。他特别急于撇清与《柏林交易所通讯》的关系， 526
并在权威的《北德大众报》上刊文澄清。他向蒂德曼解释这种做法，指出此举“将推动保守的犹太人与进步党中的犹太人分离”。蒂德曼转而对俾斯麦报告这种举动，并表示他认为应该鼓励布莱希罗德这样做，尽管对此事的介绍不尽准确。赫伯特同意了[80]。

布莱希罗德有两个目标：他希望俾斯麦和德国官场知道自己仍然是坚定的保守派，但反犹主义的兴起（被普遍认为得到政府的首肯）将导致“除了他之外的全部犹太人”投票给进步党。他向人们保证，他与自由派媒体没有联系；当荷尔斯泰因表示惊讶，因为所有人都认为布莱希罗德“主宰”《柏林交易所通讯》时，布莱希罗德问有谁这样认为，荷尔斯泰因回答说：“你最好还是问麻风病人身上哪里有斑点。”布莱希罗德一次次表达对“反犹主义运动发展”的沮丧，这场运动最终将把他的所有同族赶入进步党阵营[81]。他试图以好犹太人的形象出现，同时警告政府，对反犹主义的露骨支持

将破坏它的政治目的。

布莱希罗德有很好的时机意识。威廉对施托克不痛不痒的批评没有平息反犹主义骚动，相反，它在德国和东欧愈演愈烈。俾斯麦面临着反犹主义势头的上升，而越来越多的犹太人相信他与反犹主义相勾结，于是在德国市民阶层内部组织反俾斯麦派别[82]。是时候提醒俾斯麦了，一些犹太人仍然留在保守阵营。

1881 年，反对犹太人的民众运动再次爆发。最著名的事件发生在距离俾斯麦的伐尔岑庄园不远的新什切青（Neustettin），反犹主义煽动者对犹太人进行特别尖刻的谩骂后，当地的犹太人教堂被焚毁，城中的头面犹太人被控纵火，以便用获得的保险金建造新教堂[83]。这次，政府的确禁止在波美拉尼亚和西普鲁士的反犹主义演讲[84]。1881 年 4 月，一份由 25 万人签名的请愿书被提交给俾斯麦，要求对犹太移民入境和担任公职加以法律限制。一年后，在亚历山大三世统治下的俄国出现屠杀犹太人的浪潮；5 月的内阁会议上，俾斯麦讨论随之而来的东方犹太移民入境的威胁，敦促采取措施将“不受欢迎的元素”挡在德国之外。在内政部长奥伊伦堡的建议下，内阁下令在与俄国的边界展开特别巡逻，阻止“看上去不受欢迎的人”入境。俾斯麦还表示，在有大量犹太难民涌入的奥珀伦（Oppeln）的上西里西亚地区，任何明显靠放贷为生的人都应该被驱逐[85]。对于柏林犹太人来说，移民威胁长久以来也是一个微妙的问题。柏林的发言人一度警告巴黎的以色列联盟，如果后者继续鼓励俄国犹太人穿越德国首都，他们将暂停与联盟的一切 527
合作[86]。

但对犹太人来说，最重要的问题是，反犹主义从 1881 年开始成为国内政治中的重要武器。在 1878—1880 年决定性的全面重组中，民族自由党最终分裂，由路德维希·巴姆贝格和爱德华·拉斯克（两个俾斯麦憎恶的犹太人）领导的左翼组建新党。尽管所谓的分离党（Secessionists）中也有基督徒，甚至连德意志银行的支柱格奥尔格·西门子也属于该党，但俾斯麦还是称他的敌人为“格莱斯顿内阁”，认为它是犹太人党派。施托克及其伙伴们不遗余力地试图将柏林从进步党和犹太人手中夺走。施托克本人是保守党候选人，对手是菲尔肖。威廉·俾斯麦也投入选战，流露出父亲对分离党和进步党的仇恨。但俾斯麦看到问题的复杂性，他致信儿子表示：“施托克当选是理想的结果：首先，这将意味着他的对手［菲尔肖］落选；其次，因为他是个特别、好斗和有用的战友。”不过，他随后警告儿子不要公开支持施托克，因为那将暗示他支持过去的反犹主义活动，这是俾斯麦无法容忍的[87]。几个月前，进步党领袖欧根·里希特曾经指出这种心照不宣的新联盟：“［反犹主义］运动开始抓住俾斯麦的后衣襟，虽然他不希望这样，有时还会让自己的媒体谴责它放肆，但它的领导人继续挨近他和提到他，就像吵闹的孩子们围着父亲不放。”[88]

保守党和反犹主义者：公然的反犹主义选战为他们赢得一些额外选票，但反俾斯麦势力取得前所未有的胜利。进步党和分离党表现极佳，进步党不仅保住在柏林的议席，还在全国新获得 33 个议席，所获民众选票增加近 70%[89]。

反犹主义没有得到回报，俾斯麦暗中拉开与它的距离。选举刚结束，他就授权自己在伐尔岑的商业伙伴贝伦德发表他们早前一次谈话的主旨。俾斯麦在对话中表示：“我非常坚决地不支持这场对犹太人的斗争。”在对话的其他部分（直到 1895 年才发表），他特别强烈地谴责任何以血统为根据的歧视：“有朝一日，人们会拥有同样的权利攻击波兰或法国血统的德国人，声称他们不是德国人。”他还向贝伦德保证，他永远不会同意对犹太人的宪法权利做任何限制[90]。一年前，这样的表态可能在议会辩论中产生巨大影响，但 1881 年在不知名的外省报纸上，它的意义相对寥寥。不过，这场激烈的选战影响深远：在政治危机中，体面的保守派将毫无愧疚地煽动反犹主义行动。其次，犹太人现在发现自己只有一个盟友，即进步党和分离党，他们是德国政治的自由派，恰好也是俾斯麦仇恨的主要目标。因此，虽然俾斯麦和布莱希罗德希望把犹太人留在保守 528
阵营，但现在却发现他们越来越左倾，更多出于必要而非选择。在后来的选举中，为了对付进步党，甚至民族自由党有时也会支持反犹主义候选人。1881 年后，大部分德国犹太人把票投给左翼自由主义党派。盖尔森的弟弟尤里乌斯就公开表明属于这大部分人[91]。两大敌对集团的相互排斥再次加深他们的恐惧与偏见。排斥的力量导致犹太人把票投给左翼，反过来又给反犹主义者新的借口。

这些事件提供难得的机会，让我们看到德国政府、俾斯麦和布莱希罗德对第一波政治反犹主义的爆发有何反应。那几个月里做出的反应将持续很长时间。政府拒绝对反犹主义煽动者采取明确的反对立场，这让煽动更加受人尊敬，并预示后来的推诿搪塞，还掩盖政府方面的歧视。19 世纪 80 年代，俾斯麦政府开始暗中实行歧视犹太人的政策，这种政策在威廉二世时期的行政部门中得到延续[92]。在确立新政策的过程中，俾斯麦本人的角色远比以往所注意到的更加关键。

俾斯麦道德上的满不在乎隐藏更复杂的机会主义。反犹主义不属于他的信条，他已经发现犹太人对国家和他本人的用处。此外，可以推定他反对极端的煽动，部分原因在于担心外国的反应[93]。另一方面，俾斯麦缺乏能自动保护他免受政治反犹主义诱惑的原则。他对我们所谓的公民权利没有基本信仰，对任何形式的平等缺乏感情，这种想法令他反感。他最多接受犹太人的平等公民权，但如果他的敌人提出这种平等在实践中存在缺陷时，他宁愿质疑敌人，也不愿以任何方式承认他们的抱怨可能不无道理。

法国人说 ：“我朋友的朋友是我的朋友。”俾斯麦生平则相信，他敌人的敌人必定是他的朋友，特别是当他们很有影响时。换句话说，对俾斯麦而言，所有的人和事都是卒子。

早前的政治反犹主义还暗示，这不仅是统治阶级对付下层阶级的工具。反犹主义无法吸引无产阶级社会主义者，但可以有效地对付一部分有产精英，也就是自由主义者。保守派希望用该问题吸引一部分下层中产阶级元素加入右翼爱国党派。

1884 年 3 月，距离下次帝国议会选举还有几个月，分离党和进步党合并组建自由思想党（Freisinnige Partei）——经常被译作激进党。新党代表与俾斯麦的国家社会主义相对立的老式自由主义，以及与他的独裁方式相对立的宪法改革——因此代表他最厌恶的一切。“俾斯麦像一头疯狂的公牛冲向这个新敌人，后者因为自身的 529
力量和与皇储的关系而变得危险。”[94]

再次为了选举而与反犹主义调情的舞台已经搭好。布莱希罗德显然察觉到这点，他马上向威廉请愿。与之前的尝试相比，这次的请愿个人色彩较淡，内容更加发人深省。1884 年 5 月 21 日，他上书皇帝，谈到“犹太人迫于反犹主义煽动而面临的政治形势。我不是政客，不敢对政治事务妄加判断”。但反犹主义煽动的力量正在增强，试图赢得政府和保守党的青睐，一些保守党领袖“已经把最激进的反犹主义煽动者称为‘他们亲爱和尊敬的朋友’”。反犹主义者相信政府青睐自己，他们注意到政府似乎接受议会对反犹主义的支持。保守党正在逐渐响应反犹主义情感。“这种趋势……必将把犹太人赶出保守党。他们越是被保守党拒绝，就越是强烈地倾向自由主义党派，包括作为其极端代表的进步党和激进党。”简而言之，犹太人正被赶往反对派，“因为他们发现只有自由派明确承认和尊重他们的权利，并保护他们免受恶意攻击。我从最可靠的来源获悉，完全出于对反犹主义运动的担忧，犹太人已经把大量原本留给保守派的精力和资金提供给自由派”。俾斯麦在“原本留给保守党的资金”这句话旁打了问号。

布莱希罗德向皇帝保证，在他的犹太人臣民中，持有保守观点者的比例至少与基督徒中一样高，但他们面临着可怕的两难境地。比如，在 1881 年的柏林选举中，保守党推举反犹主义候选人：“我不得不在进步党人与用最无耻的方式污蔑我、我的出身和我的家族的反犹主义者之间做出选择。我决定不参加选举。”其他人也有类似经历，甚至是在柏林之外：“因此，由于反犹主义，我们犹太人不得不在相当程度上出于道德原因而无法行使选举权。”布莱希罗德还表示，甚至一些基督徒也反感投票给支持反犹主义的保守党。最后，布莱希罗德提出请求和承诺：

> 但如果反犹主义运动能被取缔，那么我确信犹太人将因为被从巨大的痛苦中解救和从这种非自然的压力下解放而深怀感激，我们将用自己的全部能量和方式在选举中表达对皇帝、德国和政府的真正爱国信念。我们寄希望于陛下卓越的智慧和对全体德国臣民的爱，找到引领祖国及其公民走向幸福的道路。[95]

布莱希罗德的请愿中有许多事实：反犹主义者的确认为政府心 530
照不宣地支持他们。大部分德国犹太人遭受挫折，像布莱希罗德这样的人在政治上正变得无家可归。据我们所知，他在拒绝支持反犹主义的保守党一事上从未动摇。但并非所有的犹太富人坚持类似的道路，甚至包括他的密友。布莱希罗德提交请愿书一年后，巴黎的以色列联盟从柏林收到这样的报告：“在不久前举行的柏林初选中，布莱希罗德的合伙人施瓦巴赫把票投给反犹主义候选人，尽管布莱希罗德男爵的弟弟尤里乌斯·布莱希罗德是自由派指定的候选人。”德国通讯记者还表示，近来有人提议由施瓦巴赫担任以色列联盟德国分支的负责人：“绝妙的安排。”[96]

反犹主义的高涨让犹太人不安，并分化了他们。过去，他们得到国家的保护。但现在，经过多年的解放，当许多犹太人内心已经德国化之后，国家却暗中利用反犹主义煽动。布莱希罗德的整个生活取决于同政府及其伟大领导人的密切关系，19 世纪 80 年代初的事件一定令他非常痛苦。他认识到危险，并诉诸传统的防御策略，即低声下气和私下向皇帝请愿。

如果德国犹太人中有谁能向国家辩护犹太人的用处，那就是布莱希罗德。不过，他的请求中存在某些令人悲哀的缺陷：首先，他高估国王制止新骚动的能力。国王没有魔棒来驱散所有的反犹主义思想和派别，尽管政府的否定无疑将让反犹主义失去可敬的外衣，如果政府不再心照不宣地支持，许多德国人将犹豫是否接受这种新的恐惧。但更糟糕的是，如果布莱希罗德不得不仅仅以德国的自身利益为理由向政府提出请求，那么其他人（比如恐慌的保守派）可以宣称反犹主义的确有价值，70 年代末和 80 年代初的事件说明它是一次受欢迎的转向。犹太人唯一可以诉诸的先验原则是对平等权利和宽容的自由主义信仰，但布莱希罗德没有考虑这些，德国官场也把此类原则看作非德国式的胡扯。没有被普遍接受的政体原则能至少在理论上谴责反犹主义煽动。自由派犹太人可以诉诸自由主义信条，即便德国自由派也开始不再支持犹太人既享有平等的公民权又作为具有不同身份的宗教群体[97]。布莱希罗德不可能想过公开谴责或公然反对政府，这不符合他的性格或者他心目中的利益。布莱希罗德只剩下一个理由，即反犹主义的不明智。这个理由令人讨厌和信心不足，但也许并不完全不切实际。在俾斯麦的德国，这也许是唯一能起到效果的理由。如果它失败了，那么就像布莱希罗德多次暗示的那样，他“在国内”或者国外都将无家可归。

没有关于威廉对布莱希罗德新请愿的回复或者任何政府内部相 531
关讨论的记录。但在 19 世纪 80 年代中期，反犹主义的确降温了。俾斯麦需要新的政治盟友，觉得施托克成了累赘。经过连续的选举失利，俾斯麦于1887年建立由保守党和民族自由党组成的政治联盟。作为保守党的重要成员，施托克的角色冒犯了民族自由党，而布莱希罗德据说收买了一位反犹主义候选人，好让犹太人和自由派把票投给政治联盟*。对布莱希罗德用钱干涉选举过程的指控经常被重复和添油加醋[98]。

另一方面，令俾斯麦更加不安的并非他的自由派敌人们，而是施托克的朋友们。1887年冬天，施托克与阿尔弗雷德·冯·瓦德西领导的另一个反俾斯麦集团越走越近。瓦德西说服皇帝的孙子威廉对施托克表现出友好的兴趣。俾斯麦对“新教徒中的温特霍斯特”的攻击让年轻的威廉皇子退缩，但也导致他开始对俾斯麦不满。施托克的声望不断下降：在信奉自由主义的腓特烈三世短暂统治期间，反犹主义被视作对国家的真正威胁。当时，俾斯麦出于自己的理由帮助他逃过被罢免的命运。最终，就连登基后的威廉也不愿与引起不和的施托克联系起来。1890年3月和4月，威廉先后罢免俾斯麦和施托克。但施托克为美化反犹主义贡献力量。其他人用更加激进的方式延续这场运动，而布莱希罗德仍然是无比宝贵的目标。在反犹主义煽动开始时，布莱希罗德是明星证人。如果他不存在，反犹主义者将无法创造出这样的形象。他是反犹主义的人质，直到后者成了如此盛行的恐惧，不再需要他作为证据。

---

* 布莱希罗德的名字马上出现在俾斯麦与施托克的新争议中。在1887年的关键选举中，政治联盟提名天主教徒克里斯托弗·约瑟夫·克莱默为柏林选区的候选人，对手是进步党领袖欧根·里希特。克莱默是施托克的朋友和合作者，据说还是70年代中期刊登在《日耳曼尼亚》上的一篇反犹主义文章的作者。此人很可能令自由党或犹太人的感情陷入尴尬。他在选举前夕退出，有传言说布莱希罗德为此花了1万马克。里希特和施托克提到这些传言，克莱默最终出版一本小册子《冯·布莱希罗德先生所谓的1万马克》，辩解说他本人没有收布莱希罗德的任何钱，而布莱希罗德支持他认同的主张无可厚非：“我们不应该首先考虑冯·布莱希罗德先生可能至少是民族自由党人还是自由保守党人。或者他最终是否会变得更加‘保守’，因为他通过婚姻让女儿跻身西里西亚的贵族，并多次散布消息称，他本人已经皈依基督教。”克莱默宣称，令人吃惊的不是布莱希罗德可能给了政治联盟委员会1万马克，而是他没有给10万或20万马克。不过，克莱默当时真正的敌人是施托克——这并不奇怪，因为德国反犹主义者内部总是争吵不休，他们的受害者有时也这样。 克里斯托弗·约瑟夫·克莱默，《冯·布莱希罗德先生所谓的1万马克》（柏林，1889年）[Christoph Joseph Cremer, “Die angeblichen 10,000 Mark des Herrn von Bleichröder” (Berlin, 1889)]。

第十九章

苦涩的结局

532

……但依我看来，

吃得太饱和完全没东西吃的人

同样痛苦。

——《威尼斯商人》，第一幕，第 2 场

反犹主义不是布莱希罗德唯一不得不忍受的痛苦。但它刻薄而且无处不在，让其他所有的不快更加难以忍受。布莱希罗德遭受着富人的苦恼，每天都有求助性请求，无论是来自著名的慈善组织还是听闻布莱希罗德传奇般仁慈的陌生穷人。有时，人们也会采取其他做法。在反犹主义骚动期间，布莱希罗德多次成为勒索的受害者。1880 年 11 月底，他收到三封匿名信，对方索要的金额并不大，从 1500 到 3000 马克，要求他把钱放到预先指定的地点。如果他拒绝，他的一位家人将被杀害。几乎与此同时，一位前记者要求得到 500 马克，否则就会揭露某个可怕的丑闻。1881 年 4 月，自由派的《柏林日报》以《无政府主义色彩的勒索企图》为题刊载其中一些威胁的概况。布莱希罗德对被报告感到愤怒，马上向他的朋友，柏林警察总监圭多·冯·马达伊抱怨此事[1]。马达伊之前曾试图阻止媒体获悉勒索企图。同样在 1880 年冬天，布莱希罗德的女儿埃尔泽遭遇威胁或无礼言行，马达伊承诺暗中派警察保护她[2]。

19 世纪 80 年代末，有名妇女试图勒索布莱希罗德，威胁曝光她丈夫与埃尔泽的通奸行为。布莱希罗德将此事交给检察官，法庭判处那名妇女三个月监禁；反犹主义媒体看到了这条新闻[3]。布莱希罗德的财富和地位既让他获得保护，也给他带来危险。

布莱希罗德与马达伊的关系不仅仅具有象征意义。马达伊是个有点神秘的人物，符合他的警察头子身份。社会党人特别憎恶他，认为他是“实际上的帝国警察部长”，主管着包括审查在内的事务[4]。有作家称他为“最糟糕的反动者”和施托克的保护伞，而当时的一 533
些反犹主义文人则指责他是犹太人，并与犹太人关系密切，特别是布莱希罗德[5]。马达伊写给布莱希罗德的信非常亲密，常常以“亲爱的朋友和施恩者”开头。这种关系毫不意外地以礼尚往来为基础。布莱希罗德给马达伊的妻子送过礼物，并向她的慈善团体捐赠过，更重要的是，他把马达伊的儿子康拉德从自身无能造成的后果中解救出来。身无分文、没有工作和处于极度绝望中的康拉德致信布莱希罗德，表示他离开了父亲给他找的工作，因为雇主是“典型的民主派”，但他无法向父亲承认此事。布莱希罗德同意保护那个孩子“免遭最可怕的不幸……为了赢得我父母的爱，我会日夜工作”——但他在萧条中找不到工作，布莱希罗德的帮助至关重要[6]。反过来，老马达伊不时向布莱希罗德提供信息，并试图（没能成功）在布莱希罗德的岳父金婚时为其“索取”三等王冠勋章，但遭到内政部长奥伊伦堡的拒绝，理由是金婚不足以授勋[7]。马达伊还为布莱希罗德各种宴会提供特别警卫。不过，布莱希罗德也不断接到马达伊手下某些警官的请求，记录显示，他和门德尔松以及瓦绍尔等银行家一起以 300 马克的小笔款项“支持”几名警官，但回报不明[8]。

但马达伊的主要角色是帮助布莱希罗德解决个人麻烦。在生命的最后二十五年里，布莱希罗德卷入可怕的丑闻，就像那个世纪经常发生的一样，他同时遭遇通奸指控和敲诈企图。德高望重的他几乎被控作伪证。他的警方档案对此做了一些记载，而司法部厚厚的文件包含大部分正式材料。大量低俗下流的小册子向公众描绘不堪入目的细节，并提出伪证和腐败指控。当时的法庭和今天的历史学家唯一忽视的是此事的完整真相，但我们对这件事有足够了解。

不容置疑的事实很少，但简单而可耻。从 1868 年起，一位名叫朵萝提 · 科洛纳（Dorothee Croner）的柏林离婚妇女开始向布莱希罗德提出金钱要求，理由是她的丈夫在家中发现布莱希罗德后与她婚姻破裂。很久以后真相大白，法庭允许科洛纳夫人离婚的理由是她的丈夫通奸，而且被认定为唯一的过错方。这个女人提出要求后，布莱希罗德马上找到警察局局长冯 · 德里加尔斯基（von Drygalski）和警官霍普（Hoppe），希望他们做出某种和解安排。布莱希罗德可以很方便地找到警官作为自己的代表，霍普后来还为他服务多年——霍普的主管和布莱希罗德的朋友马达伊对此心知肚明。收到钱和更多补偿的承诺后（具体数字仍有争议），科洛纳同意前往哥本哈根，德里加尔斯基的下属，刑事警察胡戈 · 冯 · 施魏林（Hugo von Schwerin）护送她前往。19 世纪 70 年代初，科洛纳 534
返回柏林，根据霍普的官方记录，她一直试图提高自己的定期补偿：“她抓住一切机会保持和加剧冯 · 布莱希罗德先生的神经紧张……每天给他写一到两封长信，或者在他散步时突然出现在他身边。”[9]她交替使用威胁和乞求的游戏引起同样的交替反应，对方时而慷慨，时而试图通过切断一切资金来迫使她投降。1875 年 1 月，布莱希罗德的法律调解人卡利什博士（Dr. Kalisch）去世，我们手中的第一封马达伊就此事写给布莱希罗德的信正是从那年 6 月开始的[10]。后来，马达伊承认“布莱希罗德曾请求我亲自干预科洛纳夫人令人无法忍受的不断骚扰和乞求。不过，我所做的只是让她来见我，并向她提出严正警告”[11]。警察总监的亲自干预无疑对她产生一些震慑效果。

但这种效果既不长久也不足够。1880 年 4 月，她再次向布莱希罗德发起 1.8 万马克的民事诉讼，声称他们在 1865—1866 年间有过亲密关系，并因此导致离婚。她还表示，通过卡利什先生，布莱希罗德在书面协议中同意在她有生之年每月支付给她 30 塔勒，在每年的四个重要犹太节日支付 25 塔勒，并为她的孩子们提供一笔钱 *。这些数字微不足道，相当于马达伊付给他的最廉价线人的报酬 [12]。作为协议的一部分，科洛纳承诺不向布莱希罗德的妻子透露此事。问题在于，她那份所谓的协议已经神秘地失踪了。在随后的调查中（显然完全不为公众所知），布莱希罗德两次发誓。首先是文书誓（*Editionseid*），他发誓自己没有所谓的协议文书；然后是履行誓（*Erfüllungseid*），内容有些拗口："我发誓，我签署了以在对方有生之年每月支付 30 塔勒等承诺为条件交换她不向我妻子透露我与她关系的文件不属实。"根据这些誓言，加之法庭认为"拥有如此出色商业头脑的……著名商人"不会在这样一份旨在保守秘密的协议上签署自己的名字，科洛纳的案件被驳回。检察官交给她一份对案件的详细回顾，强调"作为我们这个时代最杰出商人之一的被告"会"愚蠢到"提供给她关于某件希望她守口如瓶之事的证据是绝无可能的 [13]。

检察官从审判过程中得出唯一可能的推断：布莱希罗德的确与
科洛纳有不合法的关系，事实上向她支付了一大笔钱，并得到普鲁 535
士警方最高层的帮助 [14]。历史学家也无法得出不同的结论。如此关注社会地位的布莱希罗德居然会与这样的女人偷情实在是咄咄怪事，根据所有人的描述，她完全不具备美貌、魅力和地位。布莱希罗德第一次见到她时，可能还不知道她在 19 世纪 50 年代末已经因为勒索被判三个月监禁。法庭文件形容她是文盲。能够买得起最上等奢侈品的男人显然与一位平凡、愚蠢和刻薄的女人（不友善的传言有时也把这些特点安到他妻子身上）有过短暂的偷情。通奸没有品位可言，我们也许可以想象布莱希罗德希望谨慎地"出轨"

---

* 第二项要求强烈暗示她是犹太人。在重要节日支付的规定是否可以追溯到赎罪日的传统习俗呢？即如果罪人表示忏悔，并向受害者道歉，那么即使受害者仍然心怀怨恨，过错方也不再会受到指责。我的朋友杰伊 · 温特（Jay Winter）向我提出这种解释。

(*Seitensprung*)。但朵萝提·科洛纳并不谨慎——因为短暂的不法放纵，盖尔森遭受多年的勒索、流言和卑鄙的曝光。不那么富有的人和不那么显赫的公民可能不会遭受那么大的痛苦。

他的两次起誓结束了第一阶段的法律程序，但也带来无穷无尽和日益糟糕的影响。科洛纳觉得受了委屈，正在此时，一个典型的地下世界怪人和她走到一起，此人集偏执、自负和无限愤恨于一身，并对个人利益拥有狡猾的嗅觉。1880 年，刑警胡戈·冯·施魏林因为被指与赌徒勾结而遭到开除，他本人的说法当然不是这样，显得他完全无辜[15]。他认为自己是阴谋的牺牲品。被从警局开除后，他失去养老金，也找不到其他工作。在愤怒和绝望中，施魏林显然想起自己曾代表布莱希罗德的保护者护送科洛纳前往哥本哈根。现在，他开始给科洛纳帮忙，这样做既有利可图，因为他将获得科洛纳从布莱希罗德那里争取到钱款的十分之一，而且带有报复意味，因为施魏林认为他可以让前老板和布莱希罗德的生活陷入痛苦。另一项心理回报是，他可以让科洛纳不以被告身份出现（据说两人当时已经同居），而是作为纯洁的普鲁士正义的捍卫者——在这个案例中，正义显然受到侵害。

1883 年，科洛纳和施魏林一起要求检察官对布莱希罗德提出作伪证的指控，理由是他在 1881 年第二次起誓时说谎。作伪证显然是严厉的指控，如果被判有罪，布莱希罗德可能身陷囹圄，人生和事业将毁于一旦。检察官开始重新调查，召集证人起誓作证。1883 年 11 月，他宣布没有足够的证据起诉。施魏林和科洛纳直接向最高法院请愿，试图推翻这个决定。但在准备过程中，科洛纳正式撤回请愿，因为现在她确信“被告无辜”。经过全面考虑，法庭认定 536
没有足够的证据发起诉讼，于是撤销了该案件[16]。

很难理解她为何突然变卦，除非假设布莱希罗德说服科洛纳宣称他无辜，这样做对两人都有好处。根据从未被否定的传言，布莱希罗德的调解人是他前雇员、前柏林市长韦伯（Weber），此人给了科洛纳7.5万马克*。唯一的麻烦是她拒绝分给施魏林十分之一，导致后者变得比以往更加愤愤不平。布莱希罗德的调解人最终说服不情愿的施魏林接受直接来自布莱希罗德的6000马克，施魏林本人承认这笔交易[17]。但这6000马克进一步刺激施魏林的良心。现在，他单枪匹马地为科洛纳辩护和控诉布莱希罗德。他确信上层的腐败保护了布莱希罗德，正义遭到抛弃。从1884年开始，布莱希罗德在普鲁士司法部的文件中加入大量施魏林的请愿书；他向检察官和法官、普特卡默和弗里德贝格、威廉一世和皇储发出愤怒的请求——在所有这些请求中，施魏林用无礼而谄媚的语气暗示，被不公正地开除的他是法律神圣性的唯一捍卫者。他的指控逐渐升级，断言布莱希罗德受益于最高等级的司法保护。文件显示，司法部长海因里希·冯·弗里德贝格本人对此事感兴趣，要求用特别函件把报告直接发给他，虽然施魏林当时不可能知道这点。显然，弗里德贝格的下属们知道布莱希罗德是俾斯麦的特别亲信。检察官和法官们相信，布莱希罗德在1881年做了误导性证言，卡利什为了满足科洛纳的要求曾经制定过某种协议，但他们都不认为有足够的证据认定布莱希罗德作伪证。（毕竟，布莱希罗德只是起誓自己没有签署过任何协议，完全没有提到他的代理人卡利什。）没有司法上的渎职行为，施魏林等人多年来抓住不放的只是强烈的偏袒气息。

政府最高层不得不应付施魏林的指控。人们不得不向威廉通报情况，弗里德贝格和普特卡默开始官方通信，而皇储则询问施魏林的指控是否诽谤，是否应该为此被起诉。但这同样遭到否定，因为私人请愿传统上被免予起诉[18]。地下骚动继续维持一段时间。

1884年，部长会议讨论此事。布莱希罗德曾邀请全体内阁赴

---

* 根据1896年科洛纳写给司法部长的信，从1884年到1893年，她每年通过前市长韦伯收到6000马克。当韦伯减少支付，并最终在布莱希罗德死后停止支付后，她变得穷困潦倒。科洛纳致朔恩施泰特，1896年4月30日，DZA：梅泽堡：司法部，对枢密商务顾问冯·布莱希罗德的调查，文件8，编号764。

宴，但弗里德贝格觉得“有必要警告人们暂时与布莱希罗德保持距离，因为他正面临不光彩的案件”。弗里德贝格（荷尔斯泰因声称 537
他是布莱希罗德的远亲）向内阁全面通报案件，特别提到科洛纳已经将伪证指控从不情愿的公诉部门转到法院本身——荷尔斯泰因认为，这暗示弗里德贝格主管的检察官和布莱希罗德勾结，但也可以解读为科洛纳被允许用尽各种法律手段。一周后，布莱希罗德再度发出邀请，这次弗里德贝格接受了，因为“那个女人已经撤回指控”。荷尔斯泰因本人的评价发人深省，也许还具有典型性。他指出，“弗里德贝格的焦虑……首先是担心布莱希罗德这个犹太人可能在当下的反犹主义时代引发丑闻，导致检察官的办公室无法运行”。（弗里德贝格是个皈依犹太人。）简而言之，荷尔斯泰因相信司法受到干涉；他同样认为布莱希罗德有罪，因为无罪者会坚持高调宣传指控，而不是买通科洛纳撤回案件。但布莱希罗德也可能在法律上无罪，却不愿面对公开审判的羞辱。

荷尔斯泰因还更加愤怒地表示，“因为担心触怒首相大人”，俾斯麦的女婿兰曹拒绝向岳父通报布莱希罗德的案件和内阁的讨论。相反，处于麻烦漩涡中的布莱希罗德还被邀请到弗里德里希斯鲁，因此“巩固了自己的声望……［他］回来时容光焕发”[19]。由于荷尔斯泰因知道这个故事，我们可以相信他是传播者。如果荷尔斯泰因怀疑布莱希罗德有罪和与官方勾结，其他人可能也有类似的怀疑。面对这样的良机，反犹主义者无法保持沉默。

从1884年到1886年，施魏林满足于提交关于布莱希罗德所谓作伪证的请愿，有时也请求恢复他自己的职务。他没有收到满意的答复，到了80年代末，特别是俾斯麦被罢免后，他开始与反犹主义领袖赫尔曼·阿尔瓦特联合，后者和施魏林一样，也是来自地下世界的道学家。在发现反犹主义这个神圣使命前，阿尔瓦特曾因为挪用公款而被免去校长职务[20]。他身经百战而且擅长抹黑，成了反犹主义运动的领袖。1891年，他出版《雅利安民族与犹太人的殊死斗争》(*Der Verzweiflungskampf der arischen Völker mit dem Judentum*)，该书第二部分《犹太人的誓言》中的六十四页文件和评论只可能由施魏林提供。在阿尔瓦特的手中，臆测和道听途说变成事实，编造出一个看似真实的纵欲、作伪证和腐败的故事，堪称反犹主义畅销书的完美程式。在罗列“事实”后（包括在1866年的普奥战争中，布莱希罗德让科洛纳把密信藏在胸部，带给法兰克福的罗斯柴尔德家族），他最后传递了必要的反犹主义信息：“让犹太人滚出我们的司法体系，否则德国就完了。”布莱希罗德的故事 538
再次展现犹太人的邪恶力量，但罪魁祸首是被罢免的首相：1871年，“俾斯麦将德国交给那个‘大犹太人’，后者将它榨干”[21]。作为帝国议会议员，阿尔瓦特指控布莱希罗德作伪证，并与司法当局勾结，特别是与“犹太人”弗里德贝格。他的小册子售出数千册，“引起了巨大轰动”*。这对布莱希罗德和当局发起明白无误的挑战。

阿尔瓦特的指控马上引起共鸣。重要的社会报纸《前进报》(*Vorwärts*)将布莱希罗德的故事描绘成资本主义社会腐败的证据：

> 冯·布莱希罗德男爵是股市的小酋长和围绕金牛犊起舞的领舞者，我们对他的情事不感兴趣。但阿尔瓦特的小册子指责柏林警方帮助布莱希罗德掩盖和压制这桩丑闻……这涉及公共利益。这个问题就是安全部门是否真的协助富人——我们不在乎他是否代表受过或没受过割礼的资本家。

阿尔瓦特以假定的文件证据为基础指控警方与布莱希罗德勾结，这是否属实？如果警方的确有阿尔瓦特所控诉的行为，“那将

---

* 阿尔瓦特知道自己对事实经常相当漫不经心，在被要求证明某项指控时，他曾回答说：“如果我无法证明某事，那么我就下断言。”赫尔穆特·冯·格尔拉赫，《从右派到左派》（苏黎世，1937年），第114页［Hellmut *von Gerlach, Von Rechts nach Links* (Zurich, 1937), p. 114］。

是对法律的公然违背、对公共安全的巨大威胁、对官方权力的恶意滥用，法庭最直接的干预应该是不言自明的结果”[22]。早前，弗朗茨·梅林（Franz Mehring）也在社会党人的《新时代报》（*Neue Zeit*）上提到阿尔瓦特的指控：

> 特别是犹太人大资本家通过作伪证来逃避向被抛弃的情妇支付赡养费，而一些警官协助他干了私下摆脱不利证人的肮脏事，此事已被证明非常有可能。令人非常难以理解的是，为何官方不对证据展开调查，毕竟此事给“敬畏上帝的虔诚帝国”抹了黑。[23]

社会主义者的视角是阶级正义，反犹主义者则从种族正义的角度出发。19 世纪 90 年代，阿尔瓦特领导下的反犹主义运动卷土重来，他的伪证和勾结指控对追随者具有无法抵挡的吸引力。有时，指控变得更加异想天开：警方代理人报告说，在一场有 1800 名听众参加的柏林反犹主义集会上，有位阿克斯博士（Dr. Ax）指控一名犹太医生试图毒死科洛纳，并提供各种必要的可怕细节。另一位发言者的叫嚣赢得满堂喝彩：“趁着犹太人还没把你们锁进基督徒 539
区，先把犹太人锁在他们的老巷子里。”[24] 数以百计的集会响应这些指控，数十种报纸和宽幅印刷品到处宣扬它们，政府也不断收到要求重开布莱希罗德案件的请愿——因为根据申诉时限规定，他在 1891 年后将无法被定罪。警方一度没收阿尔瓦特的小册子并起诉他，这为该案件染上壮烈的色彩[25]。

1891 年秋天，在这样的混乱中，几名内阁成员调查该案件。司法部长正式质询检察官和总检察长，阿尔瓦特的新证据是否足以要求重开此案。低俗和体面的报纸都听说了这次质询，纷纷报道可能会有新的起诉。

重新仔细核查全部证据后，主检察官传唤了一些证人，并发现阿尔瓦特的小册子中披露的某些19世纪80年代初的文件已经失踪。他得出的结论是，没有理由重开此案。他回忆说，布莱希罗德没有用诉讼来对付阿尔瓦特的公然挑衅“令人吃惊”，但原因可能是害怕丑闻扩大。他认为无法获得足够的证据，说服法庭相信布莱希罗德发了伪誓。鉴于该案的“特殊性”，加之过去所有的寻找无可辩驳证据的努力都以失败告终，他建议目前不要重开此案[26]。检察官和司法部长先后表示认同，1891年10月末，他们正式决定不重开此案[27]。

对布莱希罗德而言，这一定算得上小小的安慰。他在阴霾下生活多年,情况有时较为不利,有时有所好转。几位朋友对他表示同情。1890年12月，保罗 · 林道在写给布莱希罗德的信中谈到两人正遭受的可怕侮辱：“您同样不幸地撞上世界上最卑劣的贱民。”[28]但和布莱希罗德本人一样，大部分伙伴尴尬地保持沉默。

即使申诉有效期已过，即使司法部长竭尽所能地保持“最严格的机密”，风暴也没有减弱*。《北德大众报》刊载官方声明，否认新调查将导致重开此案，已经决定不这样做[29]。1893年1月，一份匿名出版的小册子（几乎肯定出自施魏林之手）问世，题为《施魏林与布莱希罗德》(*Schwerin und Bleichröder*)。它传递的意思非常简单：

> 男爵、伯爵、亲王和许多最高层的国家显贵纷纷向他[布 540
> 莱希罗德]示好,德国人已经如此接受一个腐化千年的外来种族,

* 1892年，莱比锡出现又一份匿名的反犹主义小册子，真正的作者是巴尔德（Balder)。《俾斯麦的真相：致德意志民族的公开讲话》(*Die Wahrheit über Bismarck: Ein offenes Wort an die deutsche Nation*）重复关于布莱希罗德为俾斯麦所做的各种欺诈交易的老掉牙传言:“通过俾斯麦，布莱希罗德得到权力和声望；通过布莱希罗德，俾斯麦得到同样的——他们是一对当代的名人。”（第117页）小册子还指控布莱希罗德控制了50家报纸，积累了7亿马克的财富。

> 他们以钱袋为上帝，以欺诈为信仰。德国人，团结起来，为德国的法律体系而战，否则你们将再无出头之日。[30]

小册子的其他部分如出一辙，以早前诉讼过程中的无数文件作为佐证。布莱希罗德可能也看到了这本小册子，警方和政府各个部门当然也不例外。

公共煽动和私下勒索都没有停止。无数文章和影射让案件无法平息。1892—1893 年冬天，朵萝提 · 科洛纳回到柏林，找到另一个愿意起诉布莱希罗德的“保护人”。甚至连她的女儿也加入战团，请求以作伪证为由审判布莱希罗德。这次起诉同样被正式驳回[31]。《大众报》(*Volks-Zeitung*) 的消息表示，刚刚返回的科洛纳再次找到检察官，因为她向布莱希罗德索要数十万马克的请求仍未得到答复。她声称布莱希罗德在 1891 年给过她 4 万马克，想要堵住她的嘴，但她的现任丈夫偷走了其中的四分之一。该报在 1893 年 2 月 18 日报道这个故事，并起了恰如其分的标题：《旧事新说》[32]。

公开的影射让布莱希罗德的生活直到最后都苦恼不已。与此同时，直到去世前几天，他仍然扮演着自己的公共角色，同部长们会谈，并招待显贵们[33]。尽管身体日益虚弱，但他直到最后都忙碌着。对他的最后一次公开攻击发生在 1893 年 2 月 18 日。第二天，布莱希罗德在短暂的发病后死于肺水肿，享年 71 岁。

布莱希罗德人生的各种矛盾也体现在他的结局中。人们为他举行奢华的葬礼。普鲁士掌礼局收到一份关于这位逝世贵族最后荣耀的全面报告。布莱希罗德的宅邸变成庄严的悼念厅。“他的宫殿顶上飘扬着降到一半的黑旗”，随处可见精美的棕榈枝和鲜花，还有布莱希罗德、俾斯麦和威廉的半身像，棺材的脚下放了四个垫子，上面摆放着他的勋章和奖章——棺材顶部是他自家的花圈，还有来自俾斯麦的插在鲜花中的棕榈枝，以及来自英国大使馆的两个花圈。“阿尔方斯·德·罗斯柴尔德男爵派特使从巴黎送来一个巨型花圈，一半是紫罗兰，一半是‘尼尔元帅’玫瑰。”波蒂谢部长和莱恩多夫伯爵献上巨大的棕榈枝，商业公司竞相奉上最好的插花。铁十字骑士们也在棺材附近放置花圈。参加葬礼的有外交使团和政府成员，高官和国际商界代表。马伊鲍姆拉比（Rabbi Maybaum）宣读长篇悼词，列举布莱希罗德的伟大成就，但主要称赞了显示出 541
“他凭借自己的力量战胜财富之巨大危险”的特点和行为。“我们在这里首先强调他的虔诚和父母。他很少错过在犹太教堂举行的缅怀活动，并建立基金会缅怀父母——愿他们在天堂安息。”[34]“壮观的送葬队伍”最终经过布莱希罗德的出生地，来到位于舍恩豪泽大道（Schönhauser Allee）的犹太公墓，按照犹太人的仪式将他安葬。最后的盛大仪式就此结束——根据官方的报告，这几乎堪称国葬[35]。

报纸也纷纷刊发长篇悼词：“德国最慷慨的人之一，最崇高的慈善家……［德国金融界］失去最杰出的代表。”但主要的犹太人报纸出言谨慎：

> 盖尔森·冯·布莱希罗德的去世结束了他充实而成功的人生，但他的人生也没有逃过人类的悲伤和烦恼……取得如此伟大的物质成功并非没有经过艰苦的斗争，并非没有遭遇过伴随人们终生、对人生产生巨大影响的嫉妒和其他敌意。盖尔森·冯·布莱希罗德最大程度地经历这些，在其他方面，命运同样多次重创他。[36]

掌礼局或报纸都没有记录警方文件中的一份官方记录。这份由奥伊伦堡伯爵提供的记录写道：“布莱希罗德的后人很担心反犹主义示威”可能会干扰送葬队伍；他们还担心，有人会在前往公墓的沿途发放关于这位“最卑鄙犹太人”死亡的恶毒小册子*。警方负责人里希特霍芬做了必要安排，暗中部署特别的保护，葬礼得以平安无事。第二天，布莱希罗德的后人送给柏林市长10万马克，用于公共目的和纪念先父[37]。

布莱希罗德满载着荣誉安息了，但他仍然需要国家的保护。为了奖赏他的服务，普鲁士王室和德意志帝国给了他丰厚的回报。他唯一没有得到的是归属感和安全感，是确保获得接受的感觉。也许那就是融合之痛苦的本质。

* 家人的担忧并非全然没有理由。一家新教徒报纸对于他去世当天“整个犹太人媒体称颂盖尔森·冯·布莱希罗德为‘圣人’”感到愤怒，指责他们忘记针对他的所有严重指控。该报试图揭穿“一个虚假时代的虚假膜拜”。《大众路德福音教会报》（*Allgemeine evangelische-lutherische Kirchen-Zeitung*），1893年3月21日，引自《真理封印：犹太人词典》（埃尔福特，1929年）[*Sigilla Veri. Lexikon der Juden* (Erfurt, 1929)]，第646页，“布莱希罗德”词条。

后记

家族的衰败 542

> 思想先于行动，就像闪电先于雷声。德国的雷声具有真正的德国人性格：它并不非常灵活，有点迟缓地隆隆而来。但它终会到来，当你听见世界历史上从未被听见过的碰撞声时，你就知道德国的霹雳终于降临。在这混乱中，老鹰会从空中坠亡，非洲最偏远荒漠中的狮子会咬住自己的尾巴，爬进它们高贵的巢穴。比起德国将要上演的剧情，法国大革命将显得只是单纯的田园诗。
>
> ——海因里希·海涅，《论德国宗教和哲学历史》（*Zur Geschichte der Religion und Philosophie in Deutschland*）

> 决定是今天逃走还是可以等到明天所需的智力，可以让你在几十年前创造出不朽的杰作。
>
> ——贝托尔特·布莱希特，《逃亡者对话》（*Fl ü chtlingsgespräche*）

作为布莱希罗德的公共遗产，带有他姓氏的银行继续在柏林扮演着显赫的角色——但从他去世后不久，银行就开始走下坡路，不过最初几乎注意不到。其他私人银行遭遇类似的命运，它们被大银行排挤或者吞并[1]。布莱希罗德死后，他的银行与德国政府的联系不像过去那么亲密。银行业务由高级主管尤里乌斯·施瓦巴赫接管；盖尔森的长子汉斯·冯·布莱希罗德是任职合伙人（active partner），他从 1881 年就开始在父亲的银行工作，但他的工作热情并未随着年龄或职责的上升而提高。

布莱希罗德银行仍然享有国际声誉，是欧洲的精英私人银行之一，伴随德国新的世界政策，它的业务领域不断扩大。布莱希罗德银行与贴现公司、罗斯柴尔德家族和门德尔松家族等老伙计合作，参与欧洲、亚洲、非洲和美洲的政府贷款项目。该行继续在罗马尼亚、意大利和墨西哥金融中占据主导地位；布莱希罗德还在世时，纽约的拉登堡和塔尔曼公司（Ladenburg，Thalmann and Company）就已经成为该行事实上的财产[2]。施瓦巴赫属于“国际高级金融界无 543
视边界的杰出代表”。从 1898 年到 1914 年，在法国和德国银行的许多合资项目中，布莱希罗德银行首屈一指。即使各自的政府渐行渐远，莱茵河两岸的银行家们仍然偏爱延续他们低调和有利可图的和平合作[3]。

我们对盖尔森去世后该行的状况了解较少；施瓦巴赫时代没有私人文件留存，而该行本身也失去许多独立声望。它保留了在德国的显赫客户和在国外的地位。1897 年，尤里乌斯 · 施瓦巴赫庆祝自己加入布莱希罗德银行五十周年。根据警方的报告，为了纪念这个日子，他向慈善机构捐赠 10 万马克，尽管作为唯一已知的接受者，柏林的犹太人改革协会只收到 2 万马克。他对犹太人群体非常慷慨，但他的孩子们都放弃信仰，选择皈依新教。施瓦巴赫的年收入估计为 250 万马克，总资产达 2700 万马克。政府拒绝再授予他一枚勋章作为纪念。一年后他去世[4]。

即使在施瓦巴赫生前，盖尔森的孩子们在银行中扮演的角色影响也很小。汉斯是银行成员，雅姆斯是隐名合伙人——根据警方档案，后者入股 1400 万马克。从 1896 年到 1903 年，警方估计雅姆斯的财富从 1600 万马克增加到 2200 万马克（想必反映了该行的兴旺），他在 1903 年的年收入估计为 80 万马克 *。格奥尔格也一度是隐名合伙人。

该行在某种程度上生活在自己过去的荣耀之上，甚至在尤里乌斯·施瓦巴赫生前便是如此。从马克斯·瓦尔堡写给他在纽约的兄弟保罗的信中可以推断出，该行的国际声誉已经不如过去，因为施瓦巴赫愤愤不平地抱怨被伊利诺伊中央证券的发行“完全排除”。马克斯敦促兄弟与库恩和劳埃布公司（Kuhn，Loeb and Company）讨论布莱希罗德银行未来对美国事务的参与，他同时哀叹自从布莱希罗德死后，该行管理者的素质大不如前：“这仍然是我们首屈一指的犹太人银行；此外，我们对此事非常感兴趣，因为我听说布莱希罗德银行一度与贝伦家族关系紧张。”——该行与瓦尔堡家族的 544
关系同样如此 [5]。

随后的三十年间，该行继续由施瓦巴赫的儿子保罗执掌。保罗最初有过别的职业规划，他学的是历史，写过关于 17 世纪法国税收管理的令人称道的论文。1896 年，29 岁的保罗加入布莱希罗德银行，两年后接替去世的父亲担任主管。年迈的俾斯麦几乎马上将其召到弗里德里希斯鲁，他回忆过去更加美好的时光，严厉指责威廉二世和在 1890 年抛弃他的保守党，并短暂地提到延续布莱希罗

---

* 据说雅姆斯属于保守的农场主联盟（Bund der Landwirthe），与竞争对手和更加平民主义的农民联盟（Bauernbund）不同，该组织接纳犹太人，尽管并不情愿。该组织也非常积极地参与反犹主义煽动。见《论帝国议会选举》，刊于《历史政治杂志》，1893 年，II，60 [“Über die Reichstagswahlen,” *Historisch-politische Blätter* (1893)]。同年，布莱希罗德的又一位后人在政治版图的另一头变得臭名昭著。自由派的尤里乌斯·布莱希罗德的女婿利奥·亚隆斯（Leo Arons）是社会党人，此人是修正主义的《社会主义月刊》（*Sozialistische Monatshefte*）的主要资助者，也是柏林大学的物理学私人讲师。围绕着这样的“颠覆分子”是否有资格任教展开激烈的争论，最终不得不出台名为“亚隆斯法”的特别法令。关于民主德国对此事的描述，见迪特·弗里克，《威廉时代德国精神生活的军事化：利奥·亚隆斯事件》，刊于《历史科学期刊》，1960 年第 8 期，第 1069—1107 页 [Dieter Fricke, “Zur Militarisierung des deutschen Geisteslebens im wilhelminischen Kaiserreich: Der Fall Leo Arons,” *Zeitschrift für Geschichtswissenschaft,* VIII (1960), 1069–1107]。

德银行与他的金融关系。在会面结束前，俾斯麦说："我还有两个愿望：希望再次见到伐尔岑和再次用冷香槟把自己灌醉。"[6]这是他最后的几次会面之一，四个月后俾斯麦去世*。俾斯麦家族与布莱希罗德银行的良好关系一直延续到20世纪30年代[7]。

保罗·施瓦巴赫很快开始在柏林社交界扮演重要角色，比起当年的盖尔森，他进入社交界更加容易。1893年，当他申请预备役军官的委任状时，他的部队向柏林警方提出各种问题，首先是（可能也是最重要的）："尤里乌斯·利奥波德·施瓦巴赫家族仍然追随摩西信仰吗？"警方马上做出回复，虽然这家的父母仍然追随摩西信仰，但"三个儿子都皈依福音教会"——原稿上的"信仰"被划去，代之以"教会"[8]。这个障碍被去除后，加之他在1896年娶了一位汉堡的著名银行家之女埃莉诺·施罗德（Ellinor Schröder），保罗可以开始社交生涯。

施瓦巴赫家族在柏林开设了一家光鲜的沙龙，供外交官和官员们聚会。他们还在克尔岑多夫（Kerzendort）拥有一处专属庄园，卡尔·菲尔斯腾贝格这样的特殊朋友经常造访那里[9]。保罗获得巨大的社会声望。1907年，他被封为贵族；就在不久前，他帮助威廉二世在科孚岛（Corfu）上买了一处地产。现在两人都有了"太阳下的位置"†，保罗的社会地位进一步提高。船舶建造商阿尔伯特·巴林（Albert Ballin）对此"深恶痛绝……［因为］犹太富人的社会野心只会加剧反犹主义"[10]。但施瓦巴赫是荷尔斯泰因的密友，并时常参加威廉的宴会和狩猎活动，他不再觉得自己是犹太人，即便其他人对此念念不忘。不过，与布莱希罗德的后人类似，施瓦巴赫

* 《纽约时报》如此描绘他的墓地："花圈极其美丽。来自冯·俾斯麦伯爵夫妇的花圈上题写着'威廉和西比尔'，来自布莱希罗德银行的花圈特别巨大，需要整辆马车装载。"1898年8月3日。

† 威廉二世的名言。他上台后推行殖民扩张，声称要为德国寻找"一个太阳下的位置"。——译注

及其后人也无法避免调和犹太人血统和融入热情的问题。

和盖尔森一样，保罗无法抵抗外交的诱惑。但和盖尔森不同，在为外国政客和银行家（当然包括罗斯柴尔德家族）执行各种使命时，保罗非常小心谨慎。他多次主张节制，特别是在几次摩洛哥危 545
机中，并受柏林官员的委托向法国和英国政客传递表达和平意图的私信。他与英国的罗斯柴尔德家族和他童年时的朋友埃尔·克劳爵士（Sir Eyre Crowe）关系最为亲密，完全没有察觉到后者的反德情感。他是个热情的爱国主义者，但并非无条件的沙文主义者或扩张主义者。一战爆发后，他回到自己的部队。后来，他与比利时的德国占领军当局保持着联系，并试图拯救伊迪思·卡维尔（Edith Cavell）的生命[11]*。怀着和平意愿的国际银行家们在战时的柏林扮演次要角色。保罗不赞成许多工业家的扩张主义计划，反对无限制潜艇战。（1917 年 5 月，他写道："我不确定潜艇战的延期是否真的要归功于冯·贝特曼—霍尔维格先生†。如果是这样，那么他为祖国立下大功，很难高估他的贡献。"[12]）

保罗不是皇帝统治的无条件赞美者；他抱怨该政权的拜占庭风格，对醉心权力的泛日耳曼主义者感到警觉。但和大部分德国人一样，德意志帝国的覆灭给他带来可怕的打击。1918 年，他加入民主党，尽管他后来可能再次右倾。1921 年，在庆祝自己加入布莱希罗德银行二十五周年时，他回想起盖尔森，称其为第一个认识到和体现政治与金融间密切关系的德国人："冯·布莱希罗德先生知道，如果个体商人想要成功，他们的活动就永远不能离开祖国的共同目标。"[13]这也是他本人的看法，整个魏玛共和国时期，他与当权者

* 伊迪丝·卡维尔（1865—1915），英国护士，以平等地救治交战双方的伤员而闻名。因为帮助协约国士兵逃离被德国占领的比利时而被捕遇害。——译注

† 特奥巴德·冯·贝特曼—霍尔维格（Theobald von Bethmann-Hollweg，1856—1921），德国政治家，1909 年至 1917 年间任德意志帝国首相。——译注

和重要人物保持着密切的联系。通过与冯·莱宾夫人*的亲密友谊，他继承了与盖尔森亦敌亦友、对其最为怨恨的弗里茨·冯·荷尔斯泰因的遗稿。战争结束后，他重新开始与外国友人通信，试图让英国政客和银行家相信，贫困潦倒的德国将毁掉欧洲。1925 年 5 月，他在写给一位英国合作伙伴的信中表示，布尔什维克主义是最大的危险：

> 根据我所说的，唯一的出路是改变俄国的政治和经济体制。我认为，如果欧洲所有国家的内阁采取积极的政策，形成所谓的统一阵线，它们应该能找到让俄国发生改变的方法。我所说的改变并非让沙皇回归宝座，政府的形式只是无关大局的细节，我们所关心的是经济体制。[14]

反布尔什维克主义让他没有对国内的致命危险做好准备。

加入银行二十五周年之际，保罗在谈到汉斯和格奥尔格·布莱希罗德时流露出某种优越感，这两人原先是他的合伙人，“但主要忙于别的事”[15]。（1902 年，运动发烧友格奥尔格死于车祸。汉斯 546
于 1917 年去世。）随着布莱希罗德的后人继续迅速变得堕落、放纵和懒惰，保罗的角色的确显得愈发重要。盖尔森的儿子们嘲弄他本人的传统†。在他儿子们卷入的所有丑闻中，雅姆斯与一位名叫弗洛

---

* 海伦娜·冯·莱宾（Helene von Lebbin，1849—1915），德国沙龙女主人，父亲是总参谋部成员海因里希·冯·勃兰特。她与荷尔斯泰因和卡普里维等人是朋友。1909 年，她得到荷尔斯泰因的遗稿，但因为内容有争议而一直深藏箱底，直到去世前不久才把它们交给保罗。——译注

† 唯一的重要例外是，他们延续他对医学研究的慷慨资助。1914 年 5 月，布莱希罗德家族（声明中如此表示）向柏林的内科医生弗里德里希·克劳斯（Friedrich Kraus）和柏林慈善医院捐赠 100 万马克，用于以新的物理疗法“治疗有困难的病人，特别是包括那些来自中产阶级的”。克劳斯，《布莱希罗德基金》（Bleichröderstiftung），刊于《德国医学周刊》（*Deutsche Medizinische Wochenschrift*），1914 年 5 月 14 日，第 1023 页。

拉·德·圣里基耶（Flora de Saint Riquier）的女子的关系也许最具典型性。他与这位比他几乎年轻20岁的女子生活很长时间，后者在柏林相当有名，但名声不太好。弗洛拉甜美的名字是伪造的，她是一个名叫海曼（Heymann）的柏林犹太马贩子的女儿，1889年被贪污犯冯·霍赫贝格（von Hochberg）收养。她可能在英国与一位拥有优美姓氏圣里基耶的法国人有过短暂的婚姻。警方猜测，“通过被冯·霍赫贝格收养获得贵族姓氏和嫁给圣里基耶都来自布莱希罗德的授意”[16]。最终，雅姆斯娶了弗洛拉，并试图让柏林社交界接受她。几年后，她抛弃了雅姆斯，带着昂贵的珠宝与一位南美外交官再次私奔。媒体尽责地报道这些情况[17]。雅姆斯的儿子们试图成为预备役军官。一战期间，雅姆斯本人成了国内的一名后备骑兵上尉，他的一个儿子战死，“冲在队伍的最前列”。战争爆发前不久，他的女儿嫁给来自古老普鲁士家庭的约尔丹·冯·坎普（Jordan von Campe）[18]。

下一代人并不更加出色。反犹主义者称小汉斯是“伊西多类型的青年*”。汉斯还是全职的情场高手，他与萨克森—魏玛公国的索菲亚公主（Princess Sophia of Sachsen-Weimar）的恋情最为著名。1913年，索菲亚因为父母反对她与汉斯的婚姻而饮弹自尽，她的家人禁止汉斯参加葬礼[19]。

布莱希罗德家族的衰败甚至比它的崛起更加迅速。这是一个耳熟能详的故事：经常有家族被财富腐化和摧毁。德国社交界的诱惑也许比其他地方更大。抵制这些诱惑离不开家族意识和自我意识，后者尤为重要。但年轻的布莱希罗德家族渴望成为他们永远无法成为的另一种人，因此他们虽然富有，却没有什么自尊。声色驱散雄心，父辈的辛劳满足子女的放纵。这一切在富豪中耳熟能详，但背景和

---

* 这里玩了一个文字游戏，将法语*jeunesse dorée*（花花公子）改成*jeunesse isidorée*，伊西多是许多皈依基督教的犹太人所取的名字，相当于以赛亚（Isaiah）。——译注

最终的结局是独一无二的。

在战后的经济风暴中，布莱希罗德银行的生存变得艰难。它的公共声望仍然很高，在战后德国经济最困难的1923年，该行庆祝自己一百二十周年纪念日。随后，它开始迅速衰败。到了20世纪20年代中期，经过一场肮脏的官司，布莱希罗德的后人们（主要是雅姆斯的儿子库尔特·冯·布莱希罗德）被清理出家族生意，保罗一度希望独自运营。但该行急需新的资本和人才。早期与奥 547
夫霍伊泽（H. Aufhäuser）的慕尼黑银行的合作效果不理想；1931年，在巨大的经济危机中，该行与德累斯顿的阿恩霍尔德兄弟银行（Gebrüder Arnhold）组成亲密的利益共同体。这家欣欣向荣和管理有序的银行创建于1864年，1875年到1926年期间由格奥尔格·阿恩霍尔德执掌。相比之下，布莱希罗德银行已经大不如前。同年，保罗把自己的沃尔夫通讯社股份卖给帝国政府，就此结束了存在超过六十年的联系[20]。

希特勒上台后发起的雅利安化运动最终让该行寿终正寝。1938年，该行在德国不复存在，而伦敦和纽约先后建立名为阿恩霍尔德和布莱希罗德银行（Arnhold and S. Bleichroeder）的新公司，老名字获得新声望。新公司的成功在很大程度上要归功于布鲁纳（F.H. Brunner）的突出贡献，他曾是那家柏林银行的重要成员，还抢救了布莱希罗德档案。

希特勒上台是该行衰败和消失的有形原因。布莱希罗德和施瓦巴赫许多后人的彻底茫然和道德混乱是无形原因。新政权规定，按照纳粹的法律，皈依基督教的犹太人仍然是犹太人。在切断与犹太教的联系和无保留地接受德国价值后，他们该对这个新政权作何反应呢？保罗·冯·施瓦巴赫的儿子小保罗遭受的打击尤为残酷，这个认真而能干的人深深爱上一个古老普鲁士家族的美丽后人卡门·冯·维德尔（Carmen von Wedel），但《纽伦堡法令》禁止两人结婚。1936年2月，孤注一掷的保罗向内政部长提交特别请愿，希望认定自己是半雅利安人（*Halbarier*），从而获准娶他心爱的姑娘。他甚至试图动员有影响力的人物向鲁道夫·赫斯（Rudolf Hess）* 施压。施瓦巴赫试图让大卫·劳合·乔治（David Llyoyd George）† 直接与希特勒交涉，但后者和其他几位英国人一样婉拒了。1937 年 6 月，他的请愿被驳回。在阿尔弗雷德·达夫·库珀（Alfred Duff Cooper）和邓肯·桑兹（Duncan Sandys）‡ 的帮助下，他不情愿地尝试获得英国的永久居留权。在上述计划过程中，35 岁的保罗在短暂患病后突然去世，以至于一些著名的瑞士报纸声称他因为伤心欲绝而自杀。这很可能并不属实，但他的生存意志和理解世界的能力的确受到致命的打击[21]。

老保罗一直没有从他的朋友、合伙人和儿子的去世中恢复过来。无论在私人还是公共领域，他的生活遭到毁灭，也无法理解围绕着他的各种荣誉。在他最后的某一封信中（写于他去世前几周，恰逢《慕尼黑协定》签署不久），他愤怒地抱怨《凡尔赛条约》，声称条约制定者“不是笨蛋就是坏蛋。我在后一类中为克列孟梭和威尔逊 § 安排了荣耀的位置”[22]。1938 年 11 月的纳粹反犹事件爆发几天后，他去世了。

盖尔森的一些孙辈逃到国外，其他人则试图通过请愿和屈膝来 548
逃避。德国内政部的档案中有一封 1942 年 1 月 7 日库尔特·冯·布莱希罗德的来信，他是雅姆斯第一次婚姻中生下的儿子。库尔特在信中请求内政部长弗里克豁免他按照新法令的规定佩戴作为犹

* 鲁道夫·赫斯（1894—1987），纳粹德国的副元首，统管除外交政策和武装部队以外的一切事务。——译注

† 大卫·劳合·乔治（1863—1945），英国自由党领袖，曾任英国首相。——译注

‡ 阿尔弗雷德·达夫·库珀（1890—1954），英国保守党政治家、外交家和作家。邓肯·桑兹（1908—1987），英国保守党政治家，丘吉尔的女婿。——译注

§ 乔治·克列孟梭（Georges Clemenceau，1841—1929），法兰西第三共和国总理。托马斯·伍德罗·威尔逊（Thomas Woodrow Wilson，1856—1924），美国总统。两人都参加了巴黎和会。——译注

太人标志的黄星，让他免于被遣送，“此外请给我机会，让我通过雅利安化重新成为有用的军官”。作为理由，他指出自己在一战期间曾担任前线的后备军官，并三次负伤。“在战后的第一次国内骚乱‘卡普政变’（Kapp-*Putsch*）*中，我忠于职守”。作为“钢盔团”（*Stahlhelm*）†成员，他参加了“对伏尔铿造船厂（*Vulkan-Werft*）的冲锋”。他的一个兄弟在前线牺牲，另一个兄弟埃德加也在行动中被子弹击中。他的父亲雅姆斯尽管当时已经55岁，但还是以骑兵上尉的身份在军队服役。库尔特在信上写了“希特勒万岁！”随后，埃德加也另外提交请求，主要以两位“党员”（埃德加用纳粹的术语）的证词为依据。他们的证词将证明埃德加支持纳粹运动。埃德加写道，其中一位党员“坚称他在1930年入党是受到了我的鼓动”。这位党员还提出要为埃德加作证，证明他了解自己的种族出身，一直想要实现“雅利安化”。有位贝西施泰因夫人（Frau Bechstein，可能来自钢琴生产商贝西施泰因家族）正式为库尔特向弗里克求情，但最后的决定将由党卫军一级突击大队长阿道夫·艾希曼做出。1942年5月7日，艾希曼的办公室拒绝了请求，理由是布莱希罗德家族是犹太人，特别是根据“元首关于如何对待这类请求的反复声明”。由于他们在一战中负过伤，他们将被免于遣送到东方，“但在帝国领土上的犹太人问题最终解决前，他们将被安置在帝国土地上的老年犹太人隔离区”[23]。

这些乞求所展现的堕落无需评论。它们的象征意义几乎再明白不过。在赤裸裸的绝望乞求中，它们显得如此毫不含糊。不过无论这个最后的自我贬低举动中折射出多少盖尔森本人的卑躬屈膝，我们都不能忘记他们所处的混乱正在演变成难以置信的灾难，兄弟们

---

* 1920年3月，对《凡尔赛条约》不满的守旧保皇派发动政变，成立由沃尔夫冈·卡普（Wolfgang Kapp）领导的国民政府，试图取代魏玛政权，但仅四天后就宣告失败。——译注

† 1918年德国军国主义者组织的义勇兵团。——译注

试图从中拯救自己的性命。

为了保住性命，他们最终逃到瑞士，红十字会给了身无分文的库尔特一件大衣。1942 年 8 月，库尔特的妹妹冯 · 坎普男爵夫人被作为“女犹太人”遣送到里加（Riga）的集中营[24]。战争结束后，这个已经流离失所的家庭的成员们因为对布莱希罗德遗产的处置而陷入激烈的争执[25]。《纽约时报》刊载的一则声明为布莱希罗德银行在德国历史漩涡中的离奇故事写下最后一笔。声明表示，纽约阿恩霍尔德和布莱希罗德银行主合伙人的孙女将嫁给奥托 · 冯 · 俾斯麦的曾孙。经过两次战争和两场革命，这将标志着布莱希罗德银行 549
和俾斯麦家族最终平等地携手。不过，婚约后来被取消。小爱神破坏了历史女神的愿望，布莱希罗德的故事没有以大团圆告终。

布莱希罗德没有墓志铭。他留下一个成就、胜利和毁灭的故事，一个徒劳的希望被历史潮流撕碎的故事。他是德国社会大转变的一部分；他的人生（包括成功和痛苦）折射出那个社会的活力和有缺陷的特点[26]。他的多重公共角色使他成为那个时代的重要人物，但甚至他的私人生活也被他与一个迷人但不友好的社会的茫然斗争所支配。他同时是那个社会的主人和奴隶。德国最富有的人远非最自由的人。他的故事讲述他本人和他人对他的狂妄，讲述黄金锁链如何蒙蔽人们的双眼，让他们接受钢铁般无情的奴役。他人生中的某些教训远比他的影响或财富更加重要：它们是他永恒的纪念碑。

注释

序言

1.《特洛伊罗斯与克瑞西达》(*Troilus and Cressida*),第五幕,第10场。

2. 马克斯·韦伯,《经济与社会:理解社会学基础》,第5版(图宾根,1972年),第531页[*Wirtschaft und Gesellschaft. Grundriss der verstehenden Soziologie*, 5th ed. (Tübingen, 1972), p. 531]。

3.《凡勃伦便携选集》,马克斯·勒纳编(纽约,1950年),第475页[*The Portable Veblen*, ed. by Max Lerner (New York, 1950), p. 475]。

4. 里彻博士备忘录,卡尔曼·施泰因(Kalman Stein)引述,《1866–1914年吕贝克的劳工运动:社会民主发展的另一种模式》("The Labor Movement in Lübeck 1866–1914. An Alternative Model for the Development of Social Democracy"),哥伦比亚大学历史学博士论文,1976年。

5. 德国历史学家魏尔纳·约赫曼(Werner Jochmann)近来指出:"德国史学界突如其来的想法在19世纪催生犹太人研究学科及其后来的繁荣。但对于这个当时绝大部分生活在欧洲的活跃少数民族的历史,德国史学界本身从未想要给予其哪怕一点关注。"[《帝国时期的犹太人与德国社会》("The Jews and German Society in the Imperial Era," *LBY*),1975年第20期,第5页。]1911年,魏尔纳·桑巴特(Werner Sombart)写了富有争议的《犹太人与经济生活》(*Die Juden und das Wirtschaftsleben*),而马克斯·韦伯对犹太人在资本主义和德国社会中的角色做了零星但重要的点评,可惜他始终没有系统分析该问题的复杂性,虽然他本可以做得很好。

6. 莱昂内尔·特里林,《自由的想象:文学与社会随笔》(纽约,1950年),第212页[*The Liberal Imagination. Essays on Literature and Society* (New York, 1950), p. 212]。

7. 弗里德里希·尼采,《善恶的彼岸:未来哲学序曲》,瓦尔特·考夫曼(Walter Kaufmann)译(纽约,1966年),第80页[*Beyond Good and Evil. Prelude to a Philosophy of the Future*, trans. by Walter Kaufmann (New York, 1966), p. 80]。

8. 理查德·霍夫施塔特,《美国政治传统及其缔造者》(纽约,1948年),第viii页[*The*

American Political Tradition and the Men Who Made It (New York, 1948), p. viii]。

9. 莱昂内尔 · 特里林，《诚与真》（马萨诸塞州，剑桥，1972 年），第 15 页 [*Sincerity and Authenticity* (Cambridge, Mass., 1972), p. 15]。

第一章　初逢：容克贵族与犹太人

1. 里斯贝特 · 蒙西，《威廉二世时代普鲁士政府中的容克贵族，1888–1914》（普罗维登斯，1944 年）[Lysbeth W. Muncy, *The Junker in the Prussian Administration under William II, 1888–1914* (Providence, 1944)]，p. 15。
2. 雅各布 · 雅各布森编，《柏林城的犹太市民名录，1809–1851》（柏林，1962 年），第 108、494 页 [Jacob Jacobson, ed., *Die Judenbürgerbücher der Stadt Berlin, 1809–1851* (Berlin, 1962), pp. 108, 494]。
3. 雅各布 · 卡茨，《走出隔离区：犹太人解放的社会背景，1770–1870》（马萨诸塞州，剑桥，1973 年），第 26、61、80–81 页 [Jacob Katz, *Out of the Ghetto: The Social Background of Jewish Emancipation, 1770–1870* (Cambridge, Mass., 1973), pp. 26, 61, 80–81]。
4. 关于宫廷犹太人，见海因里希 · 施尼，《宫廷金融与近代国家：专制时代德意志宫廷的宫廷商人历史和制度》，三卷本（柏林，1953–1955 年）[Heinrich Schnee, *Die Hoffinanz und der moderne Staat: Geschichte und System der Hoffaktoren an deutschen Fürstenhöfen im Zeitalter des Absolutismus*, 3 vols. (Berlin, 1953–1955)]；另见塞尔玛 · 斯特恩，《宫廷犹太人》（费城，1950 年）[Selma Stern, *The Court Jew* (Philadelphia, 1950)]。
5. 赫尔曼 · 萨姆特，《五代人：布莱希罗德家族史》，刊于《柏林犹太人团体团报》，1935 年 6 月 16 日 [Hermann Samter, “Fünf Generationen. Die Geschichte der Familie Bleichröder,” *Gemeindeblatt der jüdischen Gemeinde zu Berlin*, June 16, 1935]。
6. 见迪特里希 · 艾希霍尔茨，《1848 年之前普鲁士铁路史上的容克贵族和资产阶级》（东柏林，1962 年）[Dietrich Eichholtz, *Junker und Bourgeoisie vor 1848 in der preussischen Eisenbahngeschichte* (East Berlin, 1962)]。
7. 萨穆埃尔 · 布莱希罗德致巴黎罗斯柴尔德家族，1838 年 4 月 18 日、5 月 5 日、11 月 5 日和 6 日，1839 年 1 月 9 日，RA。
8. 萨穆埃尔 · 布莱希罗德致雅姆斯男爵，1840 年 9 月 16 日、1843 年 1 月 9 日，RA。
9. 萨穆埃尔 · 布莱希罗德致伦敦罗斯柴尔德家族，1831 年 9 月 14 日、11 月 11 日、12 月 15 日，RA：伦敦；萨穆埃尔 · 布莱希罗德致法兰克福罗斯柴尔德家族，1848 年 5 月 8 日，BA。
10. 材料来自萨穆埃尔 · 布莱希罗德致伦敦罗斯柴尔德家族，1831 年 10 月 8 日，RA：伦敦。材料由大卫 · 兰德斯从伦敦罗斯柴尔德家族取得。
11. 萨穆埃尔 · 布莱希罗德致巴黎罗斯柴尔德家族，1840 年 7 月 17 日，RA。
12. 萨穆埃尔 · 布莱希罗德致雅姆斯男爵，1843 年 2 月 28 日，RA。
13. 见胡戈 · 拉谢尔、约翰尼斯 · 帕普利茨和保罗 · 瓦里希，《柏林的大商人和资本家》，卷三：《进入发达资本主义的过渡时期，1806–1856》（柏林，1967 年），第 126–127 页 [Hugo Rachel, Johannes Papritz 和 Paul Wallich, *Berliner Grosskaufleute und Kapitalisten*, Vol. III: *Übergangszeit zum Hochkapitalismus, 1806–1856* (Berlin, 1967), pp. 126–27]。
14. 萨穆埃尔 · 布莱希罗德致安塞尔姆 · 所罗门男爵，1839 年 11 月 17 日，RA。

15. 萨穆埃尔 · 布莱希罗德致雅姆斯男爵，1843 年 2 月 28 日，RA。
16. 哈约 · 霍尔伯恩,《近代德国史，1840–1945》(纽约，1969 年)，第 122 页 [Hajo Holborn, *A History of Modern Germany, 1840–1945* (New York, 1969), p. 122]。
17. 西奥多 · 哈梅洛,《德国统一的社会基础，1858–1871 : 理念和制度》(普林斯顿，1969 年)，第 1 章各处和第 31 页 [Theodore S. Hamerow, *The Social Foundations of German Unification, 1858–1871: Ideas and Institutions* (Princeton, 1969), ch. 1 passim, and p. 31] ; 大卫 · 兰德斯,《被解放的普罗米修斯 : 1750 年至西欧的技术变革和工业发展》(伦敦，1969 年)，第 4 章 [David S. Landes, *The Unbound Prometheus: Technological Change and Industrial Development in Western Europe from 1750 to the Present* (London, 1969), ch. 4]; 赫尔曼 · 明希,《阿道夫 · 冯 · 汉泽曼》(慕尼黑，1932 年) [Hermann Münch, *Adolph von Hansemann* (Munich, 1932)]。 552
18. 亚伯拉罕 · 奥本海姆致布莱希罗德，1855 年 7 月 12 日、1859 年 6 月 5 日，BA。
19. 见 Münch，Hansemann，pp. 77–78 ; 赫尔穆特 · 波姆,《德国的大国之路 : 帝国奠基时代经济与国家的关系研究，1848–1881》(科隆和柏林，1966 年)，第 57–82 页 [Helmut Böhme, *Deutschlands Weg zur Grossmacht: Studien zum Verhältnis von Wirtschaft und Staat während der Reichsgründungszeit, 1848–1881* (Cologne and Berlin, 1966), pp. 57–82]。
20. 列夫 · 托尔斯泰,《安娜 · 卡列尼娜》(纽约，1939 年)，第一卷，309 页 [Leo Tolstoi, *Anna Karenina* (New York, 1939), I, 309]。
21.《俾斯麦全集》，第 XIV1 卷，第 14 页。*GW*, XIV1, 14.
22. 同上，p.58。
23. 同上，p.16。
24. 同上，p.179。
25. 即使是对俾斯麦最细致的刻画也极力关注他在宗教上的巨大转变，但几乎忽略 1848 年革命的影响，比如奥托 · 普弗朗茨的论文《对俾斯麦的心理分析诠释》，刊于《美国历史评论》，1972 年第 77 期，第 419–444 页 [Otto Pflanze , “Toward a Psychoanalytical Interpretation of Bismarck,” *AHR*, 77 (1972), 419–44]。亨利 · 基辛格,《白色革命家 : 反思俾斯麦》，刊于《代达罗斯》，1968 年第 77 期，第 888–924 页 [Henry A. Kissinger, “The White Revolutionary: Reflections on Bismarck,” *Daedalus*, 97 (1968), 888–924]。
26.《奥托 · 冯 · 俾斯麦亲王思想和回忆录》(斯图加特，1898 年)，第一卷，第 31–32 页 [*Gedanken und Erinnerungen von Otto Fürst von Bismarck* (Stuttgart, 1898), I, 31–32]。以下简称 *Gedanken*。
27. *GW*, XIV1, 150.
28. *Gedanken*, I, 72.
29. *GW*，XIV1，187 ; 转引自 Pflanze，“Psychoanalytical Interpretation”，p. 424。
30. *GW*, XIV1,228.
31. 同上，p.214。
32. 同上，p.213。
33. 同上，p.222。
34. 埃根·凯撒·孔特·科尔蒂,《鼎盛时期的罗斯柴尔德家族，1830–1871》(莱比锡，1928 年)，第 334–350 页 [Egon Caesar Conte Corti, *Das Haus Rothschild in der Zeit seiner Blüte, 1830–1871* (Leipzig, 1928), pp. 334–50]。

35. 同上，pp.290–319；另见埃尔里希 · 埃克，《俾斯麦：生平与作品》，三卷本（埃伦巴赫–苏黎世，1941–1944 年），第一卷，第 197–200 页 [Erich Eyck, *Bismarck: Leben und Werk*, 3 vols. (Erlenbach-Zürich, 1941–1944), I, 197–200]；卡尔 · 德米特尔，《俾斯麦在法兰克福时的圈子》，刊于《勃兰登堡与普鲁士历史研究》，1936 年第 48 期，第 294–326 页 [Karl Demeter, "Aus dem Kreis um Bismarck in Frankfurt am Main," *FBPG*, 48 (1936), 294–326]；转引自 Böhme，*Deutschlands Weg*，p. 56。
36. Corti, *Haus Rothschild*, pp. 353–55. 另见 *GW*，I，278。
37. *Gedanken*, I, 200–206.
38. *GW*, III, 343.
39. *GW*，XIV1，1851 年 1 月书信，特别是 1 月 25 日，p. 191。
40. *Gedanken*, I, 191.
41. 沃尔夫兰 · 费舍尔（Wolfram Fischer）教授友好地向我提供布莱希罗德搬家的日期，他依据的是 1860、1861 和 1863 年的《普通住宅指南》（*Allgemeiner Wohnungs-Anzeiger*）。
42. 瓦格纳和柯西玛 · 彪罗的汇票保存在巴黎罗斯柴尔德兄弟档案。
43. 德尔布吕克（Delbrück）致警察总监，1861 年 9 月 22 日；警方关于布莱希罗德的报告，1861 年 10 月 4 日，勃兰登堡州首府档案，王国警察总监关于盖尔森 · 布莱希罗德的文件，编号 30。关于商务顾问的头衔，见哈特穆特 · 凯尔布勒，《工业化初期的柏林企业家：出身、社会地位和政治影响》（柏林，1972 年），第 273–275 页 [Hartmut Kaelble, *Berliner Unternehmer während der frühen Industrialisierung. Herkunft, sozialer Status und politischer Einfluss* (Berlin, 1972), 273–75]。

第二章　俾斯麦的生存斗争

1. 引自威廉 · 波特，《1862 年到 1866 年俾斯麦与普鲁士议会的斗争》（布雷斯劳，1932 年），第 14 页 [Wilhelm Bothe, *Bismarcks Kampf mit dem preussischen Parlament 1862 bis 1866* (Breslau, 1932), p. 14]。关于普鲁士宪法冲突的最佳近作，见海因里希 · 奥古斯特 · 温克勒，《普鲁士自由主义与德意志民族国家：德国进步党研究，1861–1866》（图宾根，1964 年）[Heinrich August Winkler, *Preussischer Liberalismus und Deutscher Nationalstaat: Studien zur Geschichte der deutschen Fortschrittspartei, 1861–1866* (Tübingen, 1964)]；另见 Eugene N. Anderson, *The Social and Political Conflict in Prussia, 1858–1864* (Lincoln, Nebr., 1954)。
2. Holborn, *Modern Germany*, p. 141.
3. 布莱希罗德致雅姆斯男爵，1862 年 3 月 11 日，BA。
4. Böhme, *Deutschlands Weg*, pp. 116–120.
5. 以 Böhme 为首的当代史学家强调政府与反对派在物质利益上的一致，这是早前的历史学家常常忽视的。但当下的这种过分强调可能导致低估 1862 年的局势所产生的绝望感：只有重新设定冲突双方的要求才能打破僵局，但在俾斯麦之前，任何当事人都无法做到这点。
6. *GW*, XIV1, 228.
7. 关于俾斯麦的作品当然数不胜数。超过 7000 种书籍被列入卡尔 · 埃尔里希 · 波恩编辑的《俾斯麦书目：关于俾斯麦及其时代历史的材料和作品》（科隆，1966 年）[*Bismarck-Bibliographie. Quellen und Literatur zur Geschichte Bismarcks und seiner Zeit*, (Cologne, 1966)]。较好的新书目可以见瓦尔特 · 布斯曼，《俾斯麦时代，1852–1890》（法兰克福，1968 年）[Walter

Bussmann, *Das Zeitalter Bismarcks, 1852–1890* (Frankfurt am Main, 1968)]；关于1862年俾斯麦观点的最佳分析之一仍然是埃格蒙特·策希林,《俾斯麦与作为大国的德国之奠基》(第二版，斯图加特，1960年) [Egmont Zechlin, *Bismarck und die Grundlegung der deutschen Grossmacht* (2d ed.; Stuttgart, 1960)] 的第2章和第3章，尽管他同样不够重视俾斯麦对政治中物质利益的必要关心。

8. 就像之前提到的，关于俾斯麦的作品数量惊人。除了已经提到的那些，我觉得古斯塔夫·施莫勒的观点很有见地，见《关于俾斯麦的社会政治与国民经济立场与解释的四封书信》，收录于《忆俾斯麦》，古斯塔夫·施莫勒、马克斯·伦茨和埃尔里希·马科斯编(莱比锡，1899年) [Gustav Schmoller, "Vier Briefe über Bismarcks sozialpolitische und volkswirtschaftliche Stellung und Bedeutung" , *Zu Bismarcks Gedächtnis*, ed. by Gustav Schmoller, Max Lenz, and Erich Marcks (Leipzig, 1899)]。 553
9. GW,II,142.
10. 引自 Zechlin，*Bismarck*，p. 369。
11. 基辛格做出过类似论断，"The White Revolutionary"，*Daedalus*，97 (1968)，888–924。
12. 引自 Robert Blake，*Disraeli* (London，1966)，p. 430。
13. Zechlin, *Bismarck*, pp. 369–75.
14. *APP*, III, 131–32.
15. *GW*, XIV1, 223.
16. 利奥波德·冯·兰克，《日记》，瓦尔特·彼得·福克斯编(慕尼黑—维也纳，1964年)，第139–140页 [Leopold von Ranke, *Tagebücher*, ed. by Walther Peter Fuchs (Munich-Vienna, 1964), pp. 139–40]。
17. *GW*, XIV1, 223.
18. *GW*, IV, 28–33.
19. 关于此事，见路德维希·德希奥的生动论文《俾斯麦与冲突时期的军队草案》，刊于《历史期刊》，1931年第144期，第31–47页 [Ludwig Dehio, "Bismarck und die Heeresvorlagen der Konfliktszeit," *HZ*, 144 (1931), 31–47]。
20. 西奥多·哈梅洛，《德国统一的社会基础，1858–1871：斗争与成就》(普林斯顿，1972年)，第158–159页 [Theodore S. Hamerow, *The Social Foundations of German Unification, 1858–1871: Struggles and Accomplishments* (Princeton, 1972), pp. 158–59]。
21. Schmoller, "Vier Briefe," p. 17.
22. 雅各布·图利，《德国犹太人的政治倾向：从耶拿到魏玛》(图宾根，1966年)，第115页 [Jacob Toury, *Die politischen Orientierungen der Juden in Deutschland: von Jena bis Weimar* (Tübingen, 1966), p. 11]。
23. 对1862年议会的新近社会学研究估计，根据收入和资本，超过八成的议员是富人。阿达尔贝特·黑斯，《违抗俾斯麦的议会：冲突时期普鲁士议会的政治和社会构成，1862–1866》(科隆和奥普拉登，1964年)，第56页 [Adalbert Hess, *Das Parlament das Bismarck widerstrebte: zur Politik und sozialen Zusammensetzung des preussischen Abgeordnetenhauses der Konfliktszeit, 1862–1866* (Cologne and Opladen, 1964), p. 56]。
24. 布莱希罗德致雅姆斯男爵，1862年9月24日，RA。
25. 引自奥托·普弗朗茨，《俾斯麦与德国的发展：统一时期，1815–1871》(普林斯顿，1963年)，第177页 [Otto Pflanze, *Bismarck and the Development of Germany: The Period of

Unification, 1815–1871 (Princeton, 1963), p. 177]。

26. 布莱希罗德致雅姆斯男爵，1862 年 12 月 30 日，1863 年 1 月 18、24 日，RA。
27. 同上，1863 年 1 月 25 日、2 月 9 日，RA。
28. Zechlin, Bismarck, p. 436; Bleichröder to Baron James, 21 Feb. 1863, RA.
29. 曾在 1863 年抨击过俾斯麦对波兰政策的海因里希 · 冯 · 聚贝尔（Heinrich von Sybel）后来写下这样的代表性颂词："通过干涉波兰起义，她 [普鲁士] 赢得俄国的真正友谊。" 聚贝尔，《威廉一世建立德意志帝国》（纽约，1890–1898 年），卷三，第 431 页 [Sybel, *The Founding of the German Empire by William I* (New York, 1890–1898), III, 431]。一个值得注意的例外，当然是 A. J. P. Taylor，他在这件事和其他许多事上颠覆传统观点，见泰勒，《俾斯麦：人和政客》（纽约，1955 年），第 65–66 页 [Taylor, *Bismarck: The Man and the Statesman* (New York, 1955), pp. 65–66]。另见 Pflanze 富有见地的总结，Bismarck，pp. 185–189。
30. 布莱希罗德致雅姆斯男爵，1863 年 2 月 21 日，RA。
31. 舒尔特斯编，《欧洲历史年表，1860–1940》，81 卷本（诺德林根，1861–1941 年），1863 年，第 123–124 页 [H. Schulthess, ed., *Europäischer Geschichtskalender, 1860–1940* (81 vols.: Nördlingen, 1861–1941), 1863, pp. 123–24]；以及伊尔姆加德 · 戈德施密特，《普鲁士议会对 1863 年波兰起义的商议》（科隆，1937 年）[Irmgard Goldschmidt, *Der polnische Aufstand von 1863 in den Verhandlungen des Preussischen Abgeordnetenhauses* (Cologne, 1937)]。
32. 罗恩致俾斯麦，1863 年 3 月 1 日，DAZ：梅泽堡，齐特尔曼遗稿。
33. 布莱希罗德致雅姆斯男爵，1863 年 2 月 28 日，RA。
34. I. Goldschmidt, *Der polnische Aufstand*, p. 29; APP, III, 239–335 *passim*.
35. 布莱希罗德致巴黎罗斯柴尔德家族，1863 年 2 月 22 日，3 月 9、10 日，4 月 9 日，RA。
36. 参见赫伯特 · 罗特弗里茨的重要研究，《普鲁士驻巴黎大使罗伯特 · 冯 · 德 · 戈尔茨伯爵的政策，1863–1869》（柏林–格林瓦尔德，1934 年）[Herbert Rothfritz, *Die Politik des Preussischen Botschafters Grafen Robert von der Goltz in Paris, 1863–1869* (Berlin-Grünewald, 1934)]；以及奥托 · 施托尔贝格–维尔尼格罗德伯爵著，《罗伯特 · 海因里希 · 冯 · 德 · 戈尔茨伯爵，1863–1869 年驻巴黎大使》（柏林，1941 年）[Otto Graf zu Stolberg-Wernigerode, Robert Heinrich Graf von der Goltz. *Botschafter in Paris, 1863–1869* (Berlin, 1941)]。
37. 布莱希罗德致巴黎罗斯柴尔德家族，1863 年 5 月 15 日，RA。
38. *GW*, XIV2, 639.
39. 参见 Pflanze，*Bismarck*，pp. 192–212。
40. *Gedanken*, I, 287.
41. 布莱希罗德致雅姆斯男爵，1863 年 5 月 17 日，RA。
42. Schulthess, *Geschichtskalender, 1863*, pp. 130–31.
43. 引自 Bothe，*Bismarcks Kampf*，p. 49。
44. 见 Pflanze，*Bismarck*，pp. 207–212。
45. 布莱希罗德致巴黎罗斯柴尔德家族，1863 年 5 月 24 日，RA。
46. 引自 Hamerow，*German Unification……Struggles*，p. 164。
47. 布莱希罗德致巴黎罗斯柴尔德家族，1863 年 5 月 24 日，RA。

48. 同上，1863 年 6 月 9、3 日，RA。
49. 引自 Bothe，*Bismarcks Kampf*，p. 52。
50. 关于“民族统一时期各种主张和习惯的交汇”显示了“新的机会主义治国方法”的观点，见 Hamerow，*German Unification……Struggles*，p. 192 and ch. 5 *passim* 以 及 Böhme，*Deutschlands Weg*，pp. 120–138。
51. 布莱希罗德致巴黎罗斯柴尔德家族，1863 年 6 月 9 日，RA。 554
52. 同上，1863 年 9 月 28 日，RA。
53. 汉斯—约阿希姆 · 舍伊普斯盛赞俾斯麦的成就，认为那是其他普鲁士政客无法复制的，见《法兰克福诸侯会议与普鲁士的民意》，刊于《作为科学和教学的历史》，1968 年第 19 期，第 73–90 页 [Hans-Joachim Schoeps, “Der Frankfurter Fürstentag und die öffentliche Meinung in Preussen,” *GWU*, 19 (1968), 73–90]。
54. 布莱希罗德致雅姆斯男爵，1863 年 5 月 1 日，RA。
55. 布莱希罗德致巴黎罗斯柴尔德家族，1863 年 9 月 29 日，RA。
56. 同上，1863 年 11 月 19 日，RA。
57. *Gedanken*, I, 297–98.
58. 罗伯特 · 冯 · 科伊德尔，《俾斯麦亲王夫妇：1846–1872 年的回忆》（柏林和斯图加特，1901 年），第 194–195 页 [Robert von Keudell, *Fürst und Fürstin Bismarck: Erinnerungen aus den Jahren 1846–1872* (Berlin and Stuttgart, 1901), pp. 194–95]。
59. 布莱希罗德和俾斯麦的档案中包含许多双方提出的会面请求。比如，在 1864 年 2 月 24 日写给俾斯麦的信中（FA），布莱希罗德请求约见对方，因为他新收到一封信。在写给雅姆斯男爵的信中，我们得知第二天他的确见了俾斯麦。我们可以有把握地假设，布莱希罗德与俾斯麦见面的次数比他向雅姆斯男爵报告的更多。
60. *GW*, V, 474.
61. *GW*, VII, 66.
62. 弗里茨 · 赫尔维希，《萨尔争夺战，1860–1870：论拿破仑三世的莱茵地区政策》（莱比锡，1934 年），第 152–156 页 [Fritz Hellwig, *Der Kampf um die Saar, 1860–1870: Beiträge zur Rheinpolitik Napoleons III* (Leipzig, 1934), pp. 152–56]。赫尔维希认为，内阁讨论了布莱希罗德的建议。
63. 汉斯–约阿希姆 · 冯 · 科拉尼，《宪法冲突时期普鲁士政府的财政状况，1862–1866》（杜塞尔多夫，1939 年），第 26 页 [Hans-Joachim von Collani, *Die Finanzgebarung des preussischen Staates zur Zeit des Verfassungskonfliktes, 1862–1866* (Düsseldorf, 1939), p. 26]。另参见 Pflanze 不太令人满意的叙述，*Bismarck*，p. 263。
64. Schulthess, *Geschichtskalender, 1863*, pp. 146–47.
65. 布莱希罗德致雅姆斯男爵，1863 年 12 月 21 日，RA。
66. 《议会下院商谈速记报告》（*SBHA*），1864 年 1 月 15 日，第九卷，第 525–538 页。
67. 洛塔尔 · 维克特编，《特奥多尔 · 蒙森与奥托 · 雅恩通信集，1842–1868》（法兰克福，1962 年），第 302 页 [Lothar Wickert, ed., *Theodor Mommsen-Otto Jahn: Briefwechsel, 1842–1868* (Frankfurt, 1962), p. 302]。甚至在 1890 年俾斯麦被罢免后，蒙森仍用《浮士德》中的这句引文形容他。
68. 卡洛伊致莱西贝格，1864 年 1 月 22 日，HHSA：PA III：普鲁士。
69. 布莱希罗德致雅姆斯男爵，1863 年 12 月 21 日，RA。

70. 布莱希罗德致巴黎罗斯柴尔德家族，1864 年 1 月 29 日，RA。
71. 肯尼斯 · 波恩，《维多利亚时代英国的外交政策，1830–1902》（牛津，1970 年），第 107–110 页 [Kenneth Bourne, *The Foreign Policy of Victorian England, 1830–1902* (Oxford, 1970), pp. 107–10]。另见凯斯 · 桑迪福德，《英国内阁与石勒苏益格–荷尔斯泰因危机，1863–1864》，刊于《历史》，1973 年第 58 期 [Keith A. P. Sandiford, "The British Cabinet and the Schleswig-Holstein Crisis, 1863–1864," *History*, 58 (1973), 360–83]。
72. Collani, *Die Finanzgebarung*, pp. 26–27.
73. 保罗 · 埃姆登，《19 和 20 世纪欧洲的金钱势力》（伦敦，1937 年），第 397 页 [Paul H. Emden, *Money Powers of Europe in the Nineteenth and Twentieth* (London, 1937), p. 397]。
74. 布莱希罗德致雅姆斯男爵，1864 年 2 月 4 日，RA。
75. 布莱希罗德致巴黎罗斯柴尔德家族，1864 年 2 月 17、19 日，RA。
76. 关于俾斯麦同波德尔施温格的会面，见霍斯特 · 科尔编，《俾斯麦亲王：德意志帝国首任首相科学传记的大事记》，两卷本（莱比锡，1891–1892 年），第一卷，第 222–224 页 [Horst Kohl, ed., *Fürst Bismarck: Regesten zu einer wissenschaftlichen Biographie des ersten deutschen Reichskanzlers*, 2 vols. (Leipzig, 1891–1892), I, 222–24]。
77. 奥斯瓦尔德·施耐德，《俾斯麦的财政与经济政策》（慕尼黑，1912 年），第 1–3 页 [Oswald Schneider, *Bismarcks Finanz- und Wirtschaftspolitik* (Munich, 1912), pp. 1–3]。
78. 《战争部长，陆军元帅冯 · 罗恩伯爵回忆录》，第四版，三卷本（布雷斯劳，1897 年），第二卷，第 214–215 页 [*Denkwürdigkeiten aus dem Leben des General-Feldmarschalls Kriegsministers Grafen von Roon*, 4th ed., 3 vols. (Breslau, 1897), II, 210, 214–15]。
79. 布莱希罗德致巴黎罗斯柴尔德家族，1864 年 2 月 25 日，RA。
80. 布莱希罗德致俾斯麦，1864 年 3 月 14 日，SA。
81. 克里斯托弗 · 希伯特，《加里波第和他的敌人们：意大利建国过程中的兵戈与个性之争》（波士顿，1966 年），第 338–344 页 [Christopher Hibbert, *Garibaldi and His Enemies: The Clash of Arms and Personalities in the Making of Italy* (Boston, 1966), pp. 338–44]。
82. 布莱希罗德致雅姆斯男爵，1864 年 3 月 14 日，RA [Bleichröder to Baron James, 14 March 1864, RA]。
83. Collani, *Die Finanzgebarung*, p. 27.
84. 同上。
85. 布莱希罗德致巴黎罗斯柴尔德家族，1864 年 5 月 5 日，RA。
86 布莱希罗德致俾斯麦，1864 年 5 月 6 日，FA。
87. 普鲁士内阁会议纪要原件，1864 年 6 月 14 日，DZA：Merseburg，编号 90a。
88. Collani, *Die Finanzgebarung*, p. 29.
89. 同上，pp.29–30。
90. 同上，p.31。
91. 肖泰克致莱西贝格，1864 年 6 月 14 日，HHSA：PA III：普鲁士。
92. 沃尔夫冈·措恩，《德意志帝国奠基时的经济与社会史背景（1850–1879）》，收录于维勒编辑，《近代德国社会史》（科隆和柏林，1966 年），第 254–270 页 [Wolfgang Zorn, "Wirtschafts- und sozialgeschichtliche Zusammenhänge der deutschen Reichsgründungszeit（1850–1879）," in H.-U. Wehler, ed., *Moderne deutsche Sozialgeschichte* (Cologne and Berlin, 1966), pp. 254–70]。

93. 普鲁士内阁会议纪要原件，1864 年 7 月 6 日，DZA：Merseburg，编号 90a。
94. 同上，1864 年 7 月 12 日。

第三章 宝座和绞刑架间

1. Pflanze, *Bismarck*, p. 237.
2. 莱昂内尔 · 特里林编，《约翰 · 济慈书信选》(纽约，1951 年)，第 92 页 [Lionel Trilling, *The Selected Letters of John Keats* (New York, 1951), p. 92]。
3. 该表述来自鲁道夫·施塔德尔曼，《1865 年与俾斯麦的德意志政策问题》(慕尼黑，1933 年)， 555
第 41 页 [Rudolf Stadelmann , *Das Jahr 1865 und das Problem von Bismarcks Deutscher Politik* (Munich, 1933), p. 41]。
4. 他指的可能是阿尼姆—波伊岑堡（Arnim-Boitzenburg）的请愿书，要求吞并两个公国，或者建立普鲁士的保护国。请愿书得到“两万个签名，主要来自保守派和自由派右翼”[Pflanze, *Bismarck*, p. 266]。
5. 布莱希罗德致雅姆斯男爵，1864 年 5 月 13 日，RA。
6. 同时，1864 年 9 月 7 日，RA。
7. *GW*, IV, 545.
8. 同上，p.484。
9. 同上，p.554。
10. 布莱希罗德致俾斯麦，1864 年 8 月 3 日，DZA：Merseburg：科伊德尔遗稿。
11. Roon, *Denkwürdigkeiten*, II, 258.
12. 布莱希罗德致雅姆斯男爵，1864 年 12 月 9 日，RA。
13. Roon, *Denkwürdigkeiten*, II, 268.
14. 布莱希罗德致雅姆斯男爵，1864 年 10 月 26 日，RA。
15. Pflanze, *Bismarck*, p. 271.
16. Roon, *Denkwürdigkeiten*, II, 326–27,387–88.
17. *GW*, X, 252.
18. Schulthess, *Geschichtskalender, 1865*, pp. 156–66; Collani, *Die Finanzgebarung*, p. 31.
19. *GW*, X, 252.
20. 布莱希罗德致科伊德尔，1865 年 6 月，未署日期；科伊德尔致布莱希罗德，1865 年 6 月，未署日期，BA。布莱希罗德致雅姆斯男爵，1865 年 6 月 5 日和 9 日，RA。
21. *DPO*, IV, 371–82.
22. 同上，p.387。
23. *GW*, V, 95.
24. *APP*, V, 700.
25. 同上，p.701。
26. 赫尔曼 · 冯 · 戈德施密特，《旧日回忆》(维也纳，1917 年)，第 7–13 页 [*Einige Erinnerungen aus längst vergangenen Tagen* (Vienna, 1917), pp. 7–13]。
27. 切斯特·克拉克，《弗朗茨·约瑟夫与俾斯麦：1866 年战争前的奥地利外交》(马萨诸塞州，剑桥，1934 年)，第 212 页 [Chester W. Clark, *Franz Joseph and Bismarck: The Diplomacy of Austria before the War of 1866* (Cambridge, Mass., 1934), p. 212]。

28. 戈德施密特致布莱希罗德，1865 年 3 月 1 日，BA。
29. 同上，1865 年 3 月 7 日，BA。普鲁士外交部文件中发现这封信的复本，但没有写信人和收信人的名字。重新刊印在 *APP*，V，753–754，日期被错标为 1865 年 3 月 14 日。显然布莱希罗德把戈德施密特来信的复本送交俾斯麦，后者批注"存档"并将其转交给蒂勒（Thile）。
30. 戈德施密特致布莱希罗德，1865 年 3 月 9 日，BA。
31. 同上，1865 年 3 月 11 日，BA。
32. 科伊德尔致布莱希罗德，1865 年 3 月 14、16 日，BA。
33. *APP*, V, 752–754.
34. 戈德施密特致布莱希罗德，1865 年 3 月 11 日，BA。
35. *DPO*, IV, 606.
36. 布莱希罗德致雅姆斯男爵，1865 年 3 月 19 日，RA。
37. *DPO*, IV, 638.
38. 同上，p.733。
39. 御前会议纪要，枢密院，1865 年 6 月 19 日，DZA：Merseburg，编号 90a。
40. Münch, *Hansemann*, pp. 81–82.
41. 布莱希罗德致雅姆斯男爵，1865 年 6 月 5 日，BA。
42. 科伊德尔，《俾斯麦亲王夫妇》，第 211 页 [Keudell, *Fürst und Fürstin Bismarck*, p. 211]。
43. *GW*, XIV2, 697.
44. 阿道夫·比尔，《19 世纪的奥地利贸易》（维也纳，1891 年），第 332–333 页 [*Die österreichische Handelspolitik im 19. Jahrhundert* (Vienna, 1891), pp. 332–33]；另见 Clark, Franz Joseph and Bismarck，p. 278。
45. 约翰·洛尔的观点依据未发表的俾斯麦写给弗里茨·奥伊伦堡的书信。见《战争威胁与加斯泰因条约。1865 年夏天的俾斯麦，奥伊伦堡和普奥战争的延期》，收录于《19 世纪和 20 世纪世界政治中的德国》，伊曼纽尔·盖斯和伯恩德·尤尔根·文特编（杜塞尔多夫，1973 年），第 89–103 页 ["Kriegsgefahr und Gasteiner Konvention. Bismarck, Eulenburg und die Vertagung des preussisch-österreichischen Krieges im Sommer 1865," in *Deutschland in der Weltpolitik des 19. und 20. Jahrhunderts*, ed, by Imanuel Geiss and Bernd Jürgen Wendt (Düsseldorff, 1973), pp. 89–103]。
46. *GW*, XIV2, 699.
47. Röhl, "Kriegsgefahr," p. 97.
48. 同上，p.98。
49. 亚历山大·贝尔根格鲁恩，《奥古斯特·冯·德·海特男爵部长》（莱比锡，1908 年），第 40–53 页 [Alexander Bergengruen, *Staatsminister August Freiherr von der Heydt* (Leipzig, 1908), pp. 40–53]；另见 1865 年 12 月 18 日关于布莱希罗德代表科隆—明登铁路活动的警方报告，BLHA：王国警察总局，关于盖尔森·布莱希罗德的报告，编号 30。Hamerow, *German Unification ... Struggles*, pp. 24–27.
50. 公共工程部的文件中有此前从未被注意的布莱希罗德备忘录原件（1862 年 12 月 20 日）和其他科隆—明登铁路的相关文件，DZA：Merseburg：编号 93C。
51. Schulthess, *Geschichtskalender*, 1865, p. 174；也有人认为，协议签署日期为 8 月 10 日，因此忽视它对俾斯麦政策的全部影响。

52. Collani, *Die Finanzgebarung*, pp. 40–41.
53. *GW*, V, 240.
54. Roon, *Denkwürdigkeiten*, II, 354–55.
55. 肖泰克致门斯多夫，1865 年 8 月 12 日，HHSA：PA III：普鲁士。
56. 布莱希罗德致俾斯麦，1865 年 7 月 19 日，DZA：Merseburg：Zitelmann 档案。
57. *APP*, VI, 318.
58. Röhl, "*Kriegsgefahr*," p. 102.
59. 弗里德里希 · 斐迪南 · 冯 · 波伊斯特伯爵，《1809–1885：四分之三个世纪的回忆与记录》 556
（斯图加特，1887 年），第一卷，第 279 页 [Friedrich Ferdinand Graf von Beust, *Aus drei Viertel-Jahrhunderten: Erinnerungen und Aufzeichnungen, 1809–1885* (Stuttgart, 1887), I, 279]。
60. *GW*, V, 271.
61. 肖泰克致门斯多夫伯爵，1865 年 9 月 15 日，HHSA：PA III：普鲁士。
62. 戈德施密特致布莱希罗德，1865 年 9 月 25 日，BA。
63. Böhme 强调这点，但没有提出足够的证据。*Deutschlands Weg*，第 2 章和第 3 章各处。
64. *DPO*, V1, 4.
65. Stadelmann, *Das Jahr 1865*, p. 54.
66. 施瓦巴赫致巴黎罗斯柴尔德家族，1865 年 9 月 11 日，RA）。
67. *GW*, V, 299.
68. 同上，pp.309，316。
69. 贝特朗·吉尔，《罗斯柴尔德家族史》，两卷本（巴黎，1965–1967 年），第二卷，《1848–1870 年》，第 449 页 [*Histoire de la Maison Rothschild*, 2 vols. (Paris, 1965–1967), II, *1848–1870*, p. 449]；另见 Kohl，*Bismarck-Regesten*，I，265。
70. *APP*, VI, 420.
71. Stadelmann, *Das Jahr 1865*, pp.16–17.
72. 关于奥地利贷款，见劳伦斯·斯蒂费尔，《罗斯柴尔德家族与1865年的奥地利贷款》，刊于《近代史期刊》，1936 年第 8 期，第 27–39 页 [Lawrence D. Steefel, "The Rothschilds and the Austrian Loan of 1865," *JMH*, 8 (1936), 27–39]；关于法国人对这笔贷款的政策，见安妮·波丁格的出色研究，《拿破仑三世与德意志危机，1865–1866》（马萨诸塞州，剑桥，1966 年），第 42–47 页 [E. Ann Pottinger, *Napoleon III and the German Crisis, 1865–1866* (Cambridge, Mass., 1966), pp. 42–47]。
73. 戈德施密特的书信不在 BA 中，而是见 Clark，*Franz Joseph and Bismarck*，p. 312。
74. *DPO*, V1, 52.
75. Eyck, *Bismarck*, II, 105.
76. Roon, *Denkwürdigkeiten*, II, 380, 319.
77. 肖泰克致门斯多夫，1865 年 10 月 7 日、11 月 20 日，HHSA：PA III：普鲁士。
78. *GW*, X, 256.
79. *SBHA*, 19 Jan. 1866, I, pp. 15–31.
80. Eyck, *Bismarck*, II, 118.
81. Roon, *Denkwürdigkeiten*, II, 420.
82. 尤里乌斯 · 海德霍夫编，《俾斯麦时代的德国自由主义：政治书信集》，第四版（奥斯纳布吕克，1967 年），第一卷，第 273 页 [Julius Heyderhoff, ed., *Deutscher Liberalismus im*

Zeitalter Bismarcks. Eine politische BriefSammlung (2nd ed., Osnabrück, 1967), I, 273]。

83．布莱希罗德致巴黎罗斯柴尔德家族，1866 年 2 月 3 日，RA。

84．*GW*, X, 209.

85．同上，p.264。

86．*APP*, VI, 615, 617.

87．Heyderhoff, *Deutscher Liberalismus*, I, 286.

88．Roon, *Denkwürdigkeiten*, II, 400–401.

89．Collani, *Die Finanzgebarung*, p. 45.

90．戈德施密特致布莱希罗德，1866 年 2 月 11、18 日，BA。

91．海因里希 · 弗里德容，《德意志霸权争夺战，1859–1866》(斯图加特，1897–1898 年)，第一卷，第 165 页 [Heinrich Friedjung, *Der Kampf um die Vorherrschaft in Deutschland, 1859–1866* (Stuttgart, 1897–1898), I, 165]。显然，霍亨塔尔收到如果开战普鲁士人将入侵的警告。他的消息来源可能并非布莱希罗德，而是某位普鲁士高级军官——也可能两人都向他提供信息。*DPO*, V1, 267, 273–74.

92．*DPO*, V1, 253, 400–401.

93．戈德施密特致布莱希罗德，1866 年 3 月 17 日，BA。

94．同上，1866 年 3 月 20、26 和 31 日，5 月 1 日，BA。

95．Clark, *Franz Joseph and Bismarck*, pp. 375–79.

96．引自理查德 · 米尔曼，《英国外交政策和法普战争的来临》(牛津，1965 年)，第 13 页 [Richard Millman, *British Foreign Policy and the Coming of the Franco-Prussian War* (Oxford, 1965), p. 13]。

97．弗里茨 · 洛文塔尔，《普鲁士宪法冲突，1862–1866》(慕尼黑，1914 年)，第 276 页 [Fritz Löwenthal, *Der preussische Verfassungsstreit, 1862–1866* (Munich, 1914), p. 276]。

98．引自瓦尔特 · 莱希尔，《国家与教会之间：普鲁士文化部长海因里希 · 冯 · 穆勒的人生与工作》(柏林，1938 年)，第 174 页 [Walter Reichle, *Zwischen Staat und Kirche: Das Leben und Wirken des preussischen Kultusministers Heinrich v. Mühler* (Berlin, 1938), p. 174]。

99．雅姆斯男爵致布莱希罗德，1862 年 5 月 25 日，RA。

100．关于罗斯柴尔德的哀怨，见 Corti，*Haus Rothschild*，pp. 422–428 和 Pottinger，*Napoleon III*，p. 123；关于法国人对奥地利胜利的预期，见 Pottinger，pp.82–105；关于德国人的类似情感，见 Böhme，*Deutschlands Weg*，pp. 197–207。

101．布莱希罗德致雅姆斯男爵，1866 年 2 月 16 日，RA。

102．参见 Hellwig, *Der Kampf*，pp. 161–162。

103．*DPO*, V1, 215–16.

104．布莱希罗德致俾斯麦，1866 年 3 月 9 日，FA。

105．波德尔施温格致布莱希罗德，1866 年 3 月 12 日，BA。

106．布莱希罗德致巴黎罗斯柴尔德家族，1866 年 3 月 17 日，RA。

107．Schulthess, *Geschichtskalender*, 1866, p. 167; and Hellwig, *Der Kampf*, p. 170.

108．Reichle, *Mühler*, p. 172.

109．*APP*, VI, 728.

110．*GW*, V, 415.

111．*APP*, VI, 731–32.

112. *GW*, V, 451.
113. *APP*, VI, 645.
114. *Reichle*, Mühler, p. 173.
115. 贝埃纳致布莱希罗德，1866 年 4 月 7 日，BA。
116. 布莱希罗德致莱昂内尔·罗斯柴尔德男爵，1866 年 4 月 11、13 日，RA，New Court 档案馆。兰德斯教授见到这些书信，并友好地把他做的摘要交给我。伦敦罗斯柴尔德家族只允许展示很少的几封信和其他少量转录件。
117. 尤尔根 · 舒夏特，《1866 年以来的德国经济危机》，刊于《经济史年鉴》（东柏林，1962 年），第二卷，第 91–141 页 [Jürgen Schuchardt, "Die Wirtschaftskrise vom Jahre 1866 in Deutschland," *Jahrbuch für Wirtschaftsgeschichte*, II (East Berlin, 1962), 91–141]。
118. Reichle, *Mühler*, p. 173. 557
119. *OD*, VIII, 78.
120. 雅姆斯男爵致布莱希罗德，1866 年 4 月 3、15 日，BA；布莱希罗德致雅姆斯男爵，1866 年 4 月 18 日，RA。
121. Hellwig, *Der Kampf*, pp. 225, 169.
122. *GW*, V, 474–75.
123. 很少有历史学家注意过这次内阁会议。普鲁士内阁，内阁会议纪要，1866 年 5 月 2 日，DZA：Merseburg，编号 90a。
124. 有趣的是，1866 年 8 月 28 日，内阁要求重新讨论这个问题，但 1867 年 1 月 16 日，内阁又对国王提出，鉴于形势已经改变，应该取消出售煤矿的计划。内阁会议纪要，1866 年 8 月 28 日，DZA：Merseburg，编号 90a。那些年里与萨尔煤矿有关的档案材料（归入矿业类，编号 89 和 90）大多在二战中或二战后佚失。
125. Hellwig, *Der Kampf*, pp. 174–175.
126. 戈德施密特致布莱希罗德，1866 年 5 月 18 日，BA。
127. 摘自枢密院和内阁会议纪要，1866 年 5 月 3 日，GFO：I.A.A.a 27，第 1 卷。
128. 鲁道夫·冯·德尔布吕克，《生平回忆，1817–1867》，两卷本（莱比锡，1905 年），第 2 卷，第 370 页 [Rudolf von Delbrück, *Lebenserinnerungen 1817–1867*, 2 vols. (Leipzig, 1905), II, 370]。
129. Schulthess, *Geschichtskalender*, 1866, p. 169. 另见阿尔弗雷德 · 施特恩，《1848 年到 1871 年的欧洲史》（斯图加特和柏林，1923 年），第 3 卷，第 468 页 [Alfred Stern, *Geschichte Europas von 1848 bis 1871* (Stuttgart and Berlin, 1923), III, 468]。
130. 布莱希罗德致巴黎罗斯柴尔德家族，1866 年 5 月 2 日，RA。
131. 格奥尔格 · 布斯，《1865–1913 年的柏林证券市场》（柏林，1913 年），第 116 页 [Georg Buss, *Die Berliner Börse von 1865–1913* (Berlin, 1913), p. 116]。
132. Delbrück, *Lebenserinnerungen*, II, 371–72.
133. Löwenthal, *Preussischer Verfassungsstreit*, p. 275；另参见海因里希 · 冯 · 波辛格编，《俾斯麦亲王经济政策文件汇编》，两卷本（柏林，1890–1891 年），第 2 卷，第 84–85 页 [Heinrich von Poschinger, ed., *Aktenstücke zur Wirthschaftspolitik des Fürsten Bismarck*, 2 vols. (Berlin, 1890–1891), II, 84–85]。
134. 布莱希罗德致莱昂内尔 · 罗斯柴尔德男爵，5 月 4、7 日，RA，New Court 档案馆。
135. 戈德施密特致布莱希罗德，1866 年 5 月 5、11 日，BA。

136. 贝纳利致布莱希罗德，1866 年 5 月 11、22 日，BA。
137. 普鲁士外交部档案中有一张布莱希罗德给俾斯麦的便条，日期为 1866 年 5 月 9 日，内容是转交来自维也纳的一封重要书信。书信已经丢失，或者被归档到其他地方，它很可能来自贝纳利或戈德施密特。DZA: Merseburg: I.A.A.l. 41. sec.
138. 戈登·克雷格，《克尼格雷茨战役：1866 年普鲁士对奥地利的胜利》（费城和纽约，1964 年），第 6 页 [*The Battle of Königgrätz: Prussia's Victory over Austria, 1866* (Philadelphia and New York, 1964), p. 6]。这是关于那场战役及其意义的出色研究。
139. Collani, *Die Finanzgebarung*, p. 45.
140. Münch, *Hansemann*, p. 116.
141. Bergengruen, *Heydt*, p. 327; Schulthess, *Geschichtskalender*, 1866, p. 169.
142. Collani, *Die Finanzgebarung*, p. 49.
143. 同上，p.53。
144. 戈尔茨致俾斯麦，1866 年 5 月 21 日，DZA：Merseburg：I.A.A.l. 41. sec。
145. 布莱希罗德致罗斯柴尔德，1866 年 5 月 26 日，RA。

第四章　银行家与俾斯麦的胜利

1. Zechlin, *Bismarck*, p. 341.
2. Keudell, *Fürst und Fürstin Bismarck*, pp. 263–64.
3. Heyderhoff, Deutscher Liberalismus, p. 312；Eyck, Bismarck, II, 203–204；卡尔·特维斯腾，《我们还能拯救什么：一些直言》（柏林，1861 年），第 24、52 页 [Karl Twesten, *Was uns noch retten kann. Ein Wort ohne Umschweife* (Berlin. 1861), pp. 24, 52]。
4. *GW*, VII, 131.
5. *GW*, XIV2, 623.
6. *GW*, VII, 132.
7. Bergengruen, *Heydt*, pp. 322–24.
8. 参见海特的备忘录，1865 年 1 月 1 日，1866 年 2 月 15 日，BA。
9. *GW*, IV, 373；V, 349–350；奥托·贝克著，亚历山大·沙夫编，《俾斯麦的德意志形态斗争》（海德堡，1958 年），第 114–117 页 [Otto Becker, *Bismarcks Ringen um Deutschlands Gestaltung*, ed. by Alexander Scharff (Heidelberg, 1958), 114–117]。
10. 舒夏特，《经济危机》，刊于《经济史年鉴》，1962 年第 2 期，第 113 页 [Schuchardt, "Die Wirtschaftskrise," *Jahrbuch für Wirtschaftsgeschichte*, 2 (1962), 113]。
11. 海特致布莱希罗德，1866 年 5 月 16、18 日，BA。
12. 摘自枢密院和内阁会议纪要，1866 年 6 月 4 日，GFO：I.A.A.a 27，第 1 卷。
13. Münch, *Hansemann*, p. 27.
14. 同上，p.117。
15. 俾斯麦亲手修改过的备忘录，1889 年 6 月，DZA：Potsdam：帝国首相办公厅工商业档案，No. 18，Vol. 6。
16. Pflanze, *Bismarck*, p. 321.
17. 格洛·曼，《德意志第二帝国：从未存在的帝国》，收录于孚希特万格编，《突变与传承：

德国历史的一个世纪》（匹兹堡，1974 年），第 31 页 [Golo Mann, "The Second German Empire: The Reich That Never Was," in E. J. Feuchtwanger, ed., *Upheaval and Continuity: A Century of German History* (Pittsburgh, 1974), p. 31]。

18. 引自古斯塔夫·阿道夫·赖因，《俾斯麦政策中的革命》（哥廷根，1957 年），第 144 页 [Gustav Adolf Rein, *Die Revolution in der Politik Bismarcks* (Göttingen, 1957), p. 144]。
19. 鲍迪辛致布莱希罗德，1866 年 5 月 22 日，BA。
20. 奥本海姆致布莱希罗德，1866 年 6 月 14、21 日，BA。
21. 布莱希罗德致俾斯麦，1866 年 6 月 19、20 日，FA；海因里希·冯·波辛格编，《汉斯·维克多·冯·翁鲁生平回忆录》（斯图加特，1895 年），第 241–243 页 [Heinrich von Poschinger, ed., *Erinnerungen aus dem Leben von Hans Viktor von Unruh* (Stuttgart, 1895), pp. 241–43]。 558
22. 关于 1866 年俾斯麦与翁鲁的谈话，见 Poschinger, *Unruh*, pp. 243–250；关于 1859 年的谈话，见 *GW*，VII，37–40；关于他与王储的谈话，见 *GW*，VII，137。
23. 布莱希罗德致巴黎罗斯柴尔德家族，1866 年 6 月 21 日，RA。
24. 布莱希罗德致巴黎罗斯柴尔德家族，1866 年 6 月 19 日，RA。
25. Heyderhoff, *Deutscher Liberalismus*, p. 307.
26. 布莱希罗德致巴黎罗斯柴尔德家族，1866 年 6 月 25 日，RA。
27. 布莱希罗德的便条，1866 年 6 月 29 日，SA。关于舍恩豪森档案（SA），见第十二章，注释 14。
28. Craig, *Battle of Königgrätz*, p. 26.
29. 同上，pp. 163–164。
30. 似曾相识的感叹，引自亚当·万德鲁茨卡出色的《1866：命运之年》（格拉茨，1966 年），第 13 页 [Adam Wandruszka, *Schicksalsjahr 1866* (Graz, 1966), p. 13]。
31. 见卡尔·海因里希·霍费勒，《克尼格雷茨与 1866 年后的德国人》，刊于《作为科学和教学的历史》，1966 年第 17 期，第 393–416 页 [Karl Heinrich Höfele, "Königgrätz und die Deutschen von 1866," *GWU*, 17 (1966), 393–416]。
32. 布莱希罗德致俾斯麦，1866 年 7 月 4 日，DAZ：梅泽堡，科伊德尔档案。
33. *GW*, VI, 120.
34. Rein，Die Revolution，p. 148；爱德华·冯·维特海默，《政治斗争中的俾斯麦》（柏林，1930 年），第 236–237 页 [Eduard von Wertheimer, *Bismarck im politischen Kampf* (Berlin, 1930), pp. 236–37]。
35. *GW*, V, 537–38.
36. 布莱希罗德致巴黎罗斯柴尔德家族，1866 年 7 月 3 日，RA。
37. Holborn, *Modern Germany*, p. 135；尼古拉斯·基斯（Nicolas Kiss）致俾斯麦的书信草稿，1866 年 5 月 21 日，科苏特档案，布达佩斯，国家档案 1，4405。
38. 俾斯麦的草稿，1866 年 7 月 5 日，DAZ：梅泽堡，I.A.A.l. 41. sec.，另见 *GW*，VI，37。
39. Wandruszka, *Schicksalsjahr*, p. 177.
40. 布莱希罗德致俾斯麦，1866 年 7 月 8 日，DAZ：梅泽堡，科伊德尔档案。
41. *GW*, VI, 20.
42. 霍斯特·科尔编，《俾斯麦年谱：1894–1899 年》，6 卷本（莱比锡，1894–1899 年），第六卷，第 186 页 [Horst Kohl, ed., *Bismarck-Jahrbuch 1894–1899*, 6 vols. (Leipzig, 1894–1899), IV,

186]。

43. 布莱希罗德致俾斯麦，1866 年 7 月 18 日，DAZ：梅泽堡，科伊德尔档案。

44. 理查德·施维默，《法兰克福自由市史》，第 III2 卷：1814–1866 年（法兰克福，1918 年），第 349 页和第 8、9 章各处 [Richard Schwemer, *Geschichte der freien Stadt Frankfurt a.M.*, Vol. III2: 1814–1866 (Frankfurt a.M., 1918), p. 349 and chs. 8, 9, passim]。

45. 同上，p.344。

46. 布莱希罗德致科伊德尔，1866 年 7 月 23 日，DAZ：梅泽堡，科伊德尔档案。

47. *GW*, VI, 63, 90; Eyck, *Bismarck*, II, 268–72.

48. 俾斯麦致布莱希罗德，1866 年 7 月 25 日，BA。

49. Schwemer, *Frankfurt*, p. 383.

50. 布莱希罗德致巴黎罗斯柴尔德家族，1866 年 7 月 8 日，RA。

51. 关于谈判的后续情况，见 Schwemer，*Frankfurt*，第 9 章。

52. 俾斯麦致布莱希罗德，1866 年 7 月 18 日，BA。

53. 科伊德尔致布莱希罗德，1866 年 7 月 19 日，BA。

54. 布莱希罗德致科伊德尔，1866 年 7 月 23 日，DAZ：梅泽堡，科伊德尔档案。

55. 同上。

56. 参见布莱希罗德致科伊德尔，1866 年 7 月 29 日，DAZ：梅泽堡，科伊德尔档案；Kohl，*Bismarck-Regesten*，I，291。

57. Keudell, *Fürst und Fürstin Bismarck*, p. 367.

58. 布莱希罗德致科伊德尔，1866 年 7 月 8 日，DAZ：梅泽堡，科伊德尔档案。

59. Schulthess, Geschichtskalender, 1866, p. 175；另见格哈德·里特，《1866 年赔偿草案的提出》，刊于《历史期刊》，1915 年总第 114 期，第 18–64 页 [Gerhard Ritter, "Die Entstehung der Indemnitätsvorlage von 1866," *HZ*, 114 (1915), 18–64]。

60. 布莱希罗德致巴黎罗斯柴尔德家族，1866 年 8 月 8 日，RA。

61. 基辛格，《白色革命家》，刊于《代达罗斯》，1968 年总第 97 期，第 888–924 页 [Kissinger, "The White Revolutionary," *Daedalus*, 97 (1968), 888–924]。

62. 见《非政治德国人的政治后果》("The Political Consequences of the Unpolitical German")，来自拙作《狭隘主义的失败：论近代德国的政治文化》（纽约，1972 年），特别是第 11–15 页 [*The Failure of Illiberalism: Essays on the Political Culture of Modern Germany* (New York, 1972), esp. pp. 11–15]。

63. 引自 Becker，*Bismarcks Ringen*，p. 258。

64. GW, *VII*, 140.

65. 戈德施密特致布莱希罗德，1866 年 8 月 1 日，BA。

第五章　俾斯麦的钱袋和布莱希罗德的地位

1. 莫里茨·布施，《日记选》，3 卷本（莱比锡，1899 年），第二卷，第 65 页 [Moritz Busch, *Tagebuchblätter* (3 vols., Leipzig, 1899), II, 65]。

2. 见夏洛蒂·赞佩尔，《俾斯麦的无名书信》，刊于《历史期刊》，1968 年总第 207 期，第 609–616 页 [Charlotte Sempell, "Unbekannte Briefstellen Bismarcks," *HZ*, 207 (1968), 609–

616]。

3. 米夏埃尔 · 魏尔纳编,《与海涅相会：同时代人的报告》(汉堡，1973 年)，第二卷，第 241 页 [Michael Werner, ed., *Begegnungen mit Heine: Berichte der Zeitgenossen* (Hamburg, 1973), II, 241]。
4. 引自阿尔弗雷德 · 瓦格茨,《俾斯麦的财富》，刊于《中欧史》，1968 年第 1 期，第 203–233 页 [Alfred Vagts, "Bismarck's Fortune," *CEH*, 1 (1968), 203–33]。瓦格茨的文章是对俾斯麦金融交易最早的认真总结之一。总结显然不完整，而且非常依赖乌尔里希 · 库恩策尔（Ulrich Küntzel）很不准确的《伟人的金融》(维也纳和杜塞尔多夫，1964 年)，第 447–511 页 [Ulrich Küntzel, *Die Finanzen grosser Männer* (Vienna and Düsseldorf, 1964), pp. 447–511]。
5. Sempell, "Briefstellen Bismarcks," pp. 609–13.
6. 布莱希罗德致俾斯麦，1859 年 5 月 3 日，SA，以及随后的账户账单。
7. Küntzel, *Die Finanzen*, p. 477. 559
8. 布莱希罗德致俾斯麦，1859 年 4 月 4 日，1861 年 1 月 11 日，SA。
9. 同上，1861 年 4 月 11 日。
10. 奥本海姆致布莱希罗德，1861 年 11 月 8、12 日，BA。
11. 布莱希罗德致俾斯麦，1862 年 1 月 22 日，SA。
12. Küntzel, *Die Finanzen*, p. 478
13. 布莱希罗德的账单，1863 年 12 月 31 日，SA。
14. SA：布莱希罗德文件。
15. 布莱希罗德致俾斯麦，1863 年 5 月 6 日，SA。
16. 同上，1864 年 4 月 5 日；1864 年 4–9 月账单。
17. 布莱希罗德致俾斯麦，1864 年 9 月 12 日；1865 年 5 月 31 日账单，BA。
18. 布莱希罗德致俾斯麦，1863 年 11 月 23 日，FA;布莱希罗德致齐特尔曼，1863 年 12 月 4、5、8 日，DAZ:梅泽堡，齐特尔曼档案。布莱希罗德写给齐特尔曼的其他书信似乎已佚，档案中的留存少得可怜。
19. 年度账单，1866 年 12 月 31 日。
20. 布莱希罗德致俾斯麦，1867 年 7 月 4 日，SA。
21. 同上，1867 年 7 月 12 日。
22. Kohl, *Bismarck-Regesten*, I, 311–12.
23. *GW*, XIV2, 725.
24. 同上，p.729。
25. 恩斯特 · 威斯特法尔,《地主俾斯麦：伐尔岑护林人的回忆》(莱比锡，1922 年)，第 12 页 [Ernst Westphal, *Bismarck als Gutsherr: Erinnerungen seines Varziner Oberförsters* (Leipzig, 1922), p. 12]；阿诺德 · 奥斯卡 · 迈耶尔,《俾斯麦：人和政客》(斯图加特，1949 年)，第 382–389 页 [Arnold Oskar Meyer, *Bismarck. Der Mensch und der Staatsmann* (Stuttgart, 1949), pp. 382–89]。
26. A. O. Meyer, *Bismarck*, p. 382.
27. 引号中的文字原文为英语，*GW*，XIV2，761、753。
28. 同上，pp. 727、739。
29. 伯恩哈德 · 冯 · 普特卡默致俾斯麦，1867 年 9 月 28 日，BA。

30. *GW*, XIV2, 725.
31. Westphal, *Bismarck*, p. 20.
32. 同上，pp. 48–49。
33. Busch, *Tagebuchblätter*, I, 468.
34.《约翰娜·冯·俾斯麦：书信中的人生，1844–1894》（斯图加特，1915 年），第 215 页 [*Johanna von Bismarck. Ein Lebensbild in Briefen (1844–1894)* (Stuttgart, 1915), p. 215]。
35. 布莱希罗德致俾斯麦，1868 年 9 月 2 日，SA。
36. 同上，1867 年 11 月 6 日。
37. 同上，1868 年 9 月 6 日。
38. 同上，1868 年 9 月 15 日；另见 *GW*，XIV2，762。
39. 见 Münch，Hansemann，pp. 298–333；齐格弗里德·冯·卡尔多夫，《威廉·冯·卡尔多夫：俾斯麦和威廉二世时期的国民议员，1828–1907》（柏林，1936 年），第 89–95 页 [*Siegfried von Kardorff, Wilhelm von Kardorff: Ein Nationaler Parlamentarier im Zeitalter Bismarcks und Wilhelms II, 1828–1907* (Berlin, 1936), pp. 89–95]。
40. 1868 年 7 月 –12 月账单，SA。
41. 布莱希罗德致俾斯麦，1869 年 7 月 1 日、12 月 31 日，SA。
42. 布莱希罗德致巴黎罗斯柴尔德家族，1868 年 1 月 25 日，RA。
43. 明希致博伊斯特，1869 年 9 月 25 日，HHSA：PA III：普鲁士。
44. Busch, *Tagebuchblätter*, I, 467.
45. 布莱希罗德致俾斯麦，1869 年 11 月 25 日，SA。
46. 胡戈·莱申费尔德—科菲林伯爵，《回忆与铭记》（柏林，1935 年），第 254 页 [Graf Hugo Lerchenfeld-Koefering, *Erinnerungen und Denkwürdigkeiten* (Berlin, 1935), P. 254]。
47. 普特卡默致俾斯麦，1867 年 11 月 28 日，1868 年 1 月 15 日，BA。
48. 普特卡默致俾斯麦，1868 年 11 月 25 日，BA。
49. 布莱希罗德致俾斯麦，1867 年 7 月 12 日，1868 年 9 月 6 日，SA。
50. 施特鲁克（Struck）致布莱希罗德，1870 年 4 月 29 日，BA。
51. Becker, *Bismarcks Ringen*, p. 185.
52. 关于该项目的后续情况，见 Münch，*Hansemann*，pp. 138–148。
53. 尤里乌斯致盖尔森·布莱希罗德，1864 年 3 月 29 日，1868 年 4 月，1869 年 6 月 1 日，1870 年 7 月 2 日，BA。
54. 警方报告，1861 年 10 月 4 日，BLHA：王国警察总局，关于盖尔森·布莱希罗德的报告，编号 30。
55. 雅姆斯男爵致布莱希罗德，1864 年 5 月 8 日，BA。
56. 布莱希罗德致巴黎罗斯柴尔德家族，1867 年 10 月 14 日，RA。
57. 戈德施密特致布莱希罗德，1866 年 8 月 27 日，BA。
58. 布莱希罗德致巴黎罗斯柴尔德家族，1866 年 11 月 10 日，12 月 18 日，RA。
59. 布莱希罗德致巴黎罗斯柴尔德家族，1868 年 6 月 6 日，RA。
60. 理查德·冯·弗里森男爵，《生平回忆》（德累斯顿，1880 年），第二卷，第 305–306 页 [Richard Freiherr von Friesen, *Erinnerungen aus meinem Leben* (Dresden, 1880), II, 305–6]。
61. 布莱希罗德致罗斯柴尔德，1866 年 11 月 10 日，RA。
62. 加斯克尔（Kaskel）致布莱希罗德，1866 年 7 月 18 日，BA。

63. Friesen, *Erinnerungen*, p. 340.

64. 布莱希罗德致罗斯柴尔德家族，1866 年 10 月 18、22 日，11 月 8、16 日，12 月 1、17 日，RA。

65. 布莱希罗德致罗斯柴尔德家族，1866 年 11 月 8 日，RA。

66. 萨克森驻柏林大使致布莱希罗德，1870 年 2 月 15 日，BA。

67. Friesen, *Erinnerungen*. pp. 351–52.

68. 汉斯·菲利皮，《韦尔夫基金的历史》，刊于《下萨克森州地方史年鉴》，1959 年总第 31 期（新序号），第 190–199 页 [Hans Philippi, "Zur Geschichte des Weifenfonds," *Niedersächsisches Jahrbuch für Landesgeschichte*, n.s., 31 (1959), 190–99]；埃伯哈德·纳乌约克斯，《俾斯麦与官方媒体的组建》，刊于《历史期刊》，1967 年总第 205 期，第 69 页 [Eberhard Naujoks, "Bismarck und die Organisation der Regierungpresse," *HZ*, 205 (1967), 69]。

69. 布莱希罗德致俾斯麦，1869 年 10 月 1 日，SA。 560

70. *GW*, XIV2, 762.

71. Bergengruen，*Heydt*，pp. 367–369；布莱希罗德致俾斯麦，1869 年 10 月 15 日，SA.

72. 布莱希罗德致俾斯麦，1869 年 11 月 6、21 日，SA。

73. 弗里德里希·琮克尔，《1834–1879 年的莱茵—威斯特法伦企业家：19 世纪德国市民阶层史论文集》（科隆和奥普拉登，1962 年），第 118–122 页 [Friedrich Zunkel, *Der Rheinisch-Westfälische Unternehmer 1834–1879: Ein Beitrag zur Geschichte des deutschen Bürgertums im 19. Jahrhundert* (Cologne and Opladen, 1962), pp. 118–22]。

74. 给俾斯麦的报告，1865 年 12 月 18 日，BLHA：王国警察总局，关于盖尔森·布莱希罗德的报告，编号 30。另见布莱希罗德致伊岑普利茨，1865 年 12 月 26 日，科布伦茨联邦司法部档案。该材料来自纽约莱奥·拜克学会的弗雷德·格鲁贝尔博士（Dr. Fred Grubel）。

75. 致警察总监的信，1867 年 3 月 1、7 日，BLHA: 王国警察总局，关于盖尔森·布莱希罗德的报告，编号 30。

76. F. 奥伊伦堡致布莱希罗德，1867 年 5 月 7 日，BA。

77. Zunkel, *Rheinisch-Westfälische Unternehmer*, p. 314.

78. 书信，1868 年 8 月 27 日，10 月 15、16 日，11 月 10 日，BLHA：王国警察总局，关于盖尔森·布莱希罗德的报告，编号 30。

79. 布莱希罗德的备忘录，1870 年 10 月 10 日，1871 年 3 月 31 日，BA。

80. 罗斯柴尔德致俾斯麦，1863 年 11 月 12 日（斜体为原文所标），SA；罗斯柴尔德致俾斯麦，1863 年 12 月 30 日，SA。

81. 奥古斯特·奥伊伦堡致菲利普·奥伊伦堡，1890 年 5 月 31 日，科布伦茨联邦档案：奥伊伦堡档案。该材料来自约翰·洛尔（John Röhl）。

82. 不幸的是，只有寥寥几封信留存下来，尽管它们包含不寻常的信息量。关于俾斯麦和内塞尔罗德，参见尤里乌斯·海德霍夫编，《在俾斯麦的敌人圈子里》（莱比锡，1943 年），第 134、191 页 [Julius Heyderhoff, ed., *Im Ring der Gegner Bismarcks* (Leipzig, 1943), pp. 134, 191]。

83. 内塞尔罗德致布莱希罗德，1866 年 7 月 17 日，1867 年 5 月 21 日、7 月 3 日和 6 日，BA。

84. 海因里希·奥托·麦斯纳编，《陆军元帅阿尔弗雷德·瓦德西伯爵回忆录》，3 卷本（斯图加特和柏林，1922–1923 年），第一卷，第 10 页 [Heinrich Otto Meisner,

ed., *Denkwürdigkeiten des General-Feldmarschalls Alfred Grafen von Waldersee* (3 vols.; Stuttgart and Berlin, 1922–1923), I, 10]。

85. 勃兰特致布莱希罗德，1870年3月28日，BA。
86. 拉斯克致布莱希罗德，1869年12月19日，1870年3月11日，BA。
87. 罗德致布莱希罗德，1867年5月4日，1869年3月28日，1870年1月26日，BA。
88. 同上，1870年4月2日。
89. 鲁道夫·费尔豪斯编，《施皮岑贝格男爵夫人日记：对霍亨索伦王朝宫廷圈子的记录》，（哥廷根，1960年），第15页 [Rudolf Vierhaus, ed., *Das Tagebuch der Baronin Spitzemberg. Aufzeichnungen aus der Hofgesellschaft des Hohenzollernreiches* (Göttingen, 1960), p. 15]。
90. *APP*, X, 223–24.
91. 《皇室文件与通信》（巴黎，1870年），第一卷，第230–234页 [*Papiers et correspondance de la famille impériale* (Paris, 1870), I, 230–34]。关于斯托费尔，见 Vierhaus, *Spitzemberg*, p. 122。
92. 关于罗斯柴尔德家族在社交界取得的非凡成功的简要描绘，参见 Gille, *Maison Rothschild*, *I : Des Origines à 1848*, pp. 467–488。
93. 科伊德尔致布莱希罗德，1868年1月3日（两封），1868年1月11日，BA。
94. F. 奥伊伦堡致布莱希罗德，1869年4月25日，BA。
95. 科伊德尔致布莱希罗德，1866年12月28日，BA。
96. 收据，1868年10月4日，BA。
97. Vierhaus, *Spitzemberg*, p.88.

第六章 第三场战争

1. 布莱希罗德致罗斯柴尔德，1867年3月22日，RA。
2. 贝纳利致布莱希罗德，1867年4月11日，BA。
3. 戈德施密特致布莱希罗德，1867年4月26日，BA。
4. 布兰代致布莱希罗德，1867年5月1日，BA。
5. 科伊德尔致布莱希罗德，1867年5月7日，BA。
6. 布兰代致布莱希罗德，1867年5月16日，BA。
7. 布莱希罗德致俾斯麦，1867年7月25日，FA。斜体为作者所加。
8. 莱曼致布莱希罗德，1867年8月14日，BA。
9. 布莱希罗德致俾斯麦，1868年10月2日，SA。
10. *APP*, X, 223–24.
11. *Papiers de la Famille Impériale*, I, 230–34.
12. Busch, *Tagebuchblätter*, I, 303.
13. 明希致博伊斯特，1869年3月13日，HHSA：PA III：普鲁士。
14. Pflanze, *Bismarck*，第17章，《民族运动的失败》，"The Failure of the National Movement"。
15. 明希致博伊斯特，1869年10月9日，HHSA：PA III：普鲁士。
16. 洛塔尔·加尔，《作为执政党的自由派：复辟与帝国建立之间的巴登大公国》（威斯巴登，1968年），第467–471页 [Lothar Gall, *Der Liberalismus als regierende Partei. Das*

Grossherzogtum Baden zwischen Restauration und Reichsgründung (Wiesbaden, 1968), pp. 467–71]。

17. *GW*, VI, 166–168；关于该问题，见约瑟夫 · 贝克尔，《俾斯麦与 1870 年初接受巴登加入北德邦联的问题：1870 年 2 月 24 日拉斯克议会质询档案》，刊于《上莱茵史期刊》，1971 年总第 119 期，第 427–470 页 [Josef Becker, “Bismarck und die Frage der Aufnahme Badens in den Norddeutschen Bund im Frühjahr 1870. Dokumente zur Interpellation Laskers vom 24. Februar 1870,” *Zeitschrift für die Geschichte des Oberrheins*, 119 (1971), 427–70]。
18. 维姆普芬致博伊斯特，1870 年 5 月 21 日，HHSA：PA III：普鲁士。
19. Keudell, *Fürst und Fürstin Bismarck*, p. 419.
20. *GW*, VI2, 202–3. 561
21. 关于近年来对西班牙乱局所造成国际冲击的概述，见理查德 · 科内茨克，《西班牙，1870 年战争的由来与德意志帝国的建立》，刊于《历史期刊》，1972 年总第 214 期，第 580–613 页 [Richard Konetzke, “Spanien, Die Vorgeschichte des Krieges von 1870 und die Deutsche Reichsgründung,” *HZ*, 214 (1972), 580–613]。
22. 霍亨索伦家族的候选资格与普法战争的源头一直以来都是争议重重的话题，至今仍然如此。近年来最好的概述包括约瑟夫 · 贝克尔的《俾斯麦在 1870 年西班牙王位之争中的政策问题》，刊于《历史研究》，1971 年总第 212 期，第 529–607 页 [Josef Becker, “Zum Problem der Bismarckschen Politik in der Spanischen Thronfrage 1870,” *HZ*, 212 (1971), 529–607]；以及威廉 · 哈尔佩林的《重温普法战争的源头：俾斯麦与霍亨索伦家族的西班牙王位候选资格》，刊于《近代史期刊》，1973 年总第 45 期，第 83–91 页 [S. William Halperin, “The Origins of the Franco-Prussian War Revisited: Bismarck and the Hohenzollern Candidature for the Spanish Throne,” *JMH*, 45 (1973), 83–91]。全方位描绘这场战争的最佳著作是迈克尔 · 霍华德的杰作《普法战争：德国人入侵法国，1870–1871》（纽约，1961 年）[Michael Howard, *The Franco-Prussian War: The German Invasion of France, 1870–1871* (New York, 1961)]。
23. 维姆普芬致博伊斯特，1870 年 3 月 19 日，HHSA：PA III：普鲁士。
24. 劳伦斯 · 斯蒂费尔，《俾斯麦，霍亨索伦家族的候选资格和 1870 年普法战争的源头》（马萨诸塞州，剑桥，1962 年），第 39 页 [Lawrence D. Steefel, *Bismarck, the Hohenzollern Candidacy, and the Origins of the Franco-German War of 1870* (Cambridge, Mass., 1962), p. 39]。
25. Pflanze, *Bismarck*, p. 449.
26. 约瑟夫·贝克尔致作者，1969 年 10 月 17 日。有人反复断言布莱希罗德参与此事，但没有证据，比如巴斯蒂安 · 肖特的《德法战争的源头与德意志帝国的建立》，收录于赫尔穆特 · 波姆所编的《帝国建立时期的问题，1848–1879》（科隆和柏林，1968 年），第 276 页 [Bastian Schot, “Die Entstehung des Deutsch-Französischen Krieges und die Gründung des deutschen Reiches,” in Helmut Böhme, ed., *Probleme der Reichsgründungszeit 1848–1879* (Cologne and Berlin, 1968), p. 276]。
27. 勃兰特致布莱希罗德，1870 年 5 月 22 日、7 月 9 日，BA。
28. 布莱希罗德致罗斯柴尔德，1870 年 6 月 25、29 日，RA。
29. 布莱希罗德致俾斯麦，1870 年 6 月 26 日，SA。

30. 俾斯麦致布莱希罗德，1870 年 7 月 1 日，BA。
31. 俾斯麦致布莱希罗德，1874 年 10 月 1 日，BA。
32. 布莱希罗德致罗斯柴尔德，1870 年 7 月 5 日，RA。
33. 约翰·莫利，《威廉·尤尔特·格莱斯顿传》(修订版单卷本，纽约，1921 年)，第二部分，第 325 页 [John Morley, *The Life of William Ewart Gladstone* (Revised edition in 1 volume; New York, 1921), II, p. 325]。
34. 赫尔曼·翁肯，《1863 年到 1870 年拿破仑三世的莱茵地区政策与 1870 年到 1871 年战争的源头》(斯图加特，1926 年)，第三部分，第 416 页 [Hermann Oncken, *Die Rheinpolitik Kaiser Napoleons III von 1863 bis 1870 und der Ursprung des Krieges von 1870/71* (Stuttgart, 1926), III, 416]。乔治·博南所编的《俾斯麦与霍亨索伦家族的西班牙王位候选资格：德国外交档案文件》(伦敦，1957 年，第 228 页)刊印了布莱希罗德比这封信早几个小时发出的电报，"召回"(*Abberufung*)一词被误译为"辞职" [Georges Bonnin, ed., *Bismarck and the Hohenzollern Candidature for the Spanish Throne. The Documents in the German Diplomatic Archives* (London, 1957), p. 228]。
35. 布莱希罗德致俾斯麦，1870 年 7 月 8 日，FA。
36. 布莱希罗德致罗斯柴尔德，1870 年 7 月 6 日，RA。
37. 布莱希罗德致俾斯麦，1870 年 7 月 9 日，GFO：西班牙 32。另见 Bonnin，*Bismarck*，pp. 237–238。
38. 约翰娜·冯·俾斯麦致布莱希罗德，BA。
39. *GW*, VI2, 349.
40. 布莱希罗德致罗斯柴尔德，1870 年 7 月 10 日，RA。
41. Corti, *Haus Rothschild*, p. 441.
42. 罗伯特·霍华德·洛德，《1870 年战争的源头：来自德国档案的新文件》(马萨诸塞州，剑桥，1924 年)，第 163、178–180 页 [Robert Howard Lord, *The Origins of the War of 1870: New Documents from the German Archives* (Cambridge, Mass., 1924), pp. 163, 178–80]。
43. 瓦德西致勃兰特，1870 年 7 月 8 日；勃兰特致布莱希罗德，1870 年 7 月 9 日，BA。另参见 Meisner, *Denkwürdigkeiten ... Waldersee*, I, 75。
44. 佩彭谢致布莱希罗德，1870 年 7 月 12 日，BA。
45. *GW*, VI2, 353.
46. 关于俾斯麦在 7 月 12、13 日发起的外交反击，参见威廉·朗格精彩的探索性论文，《剧作家俾斯麦》，收录于萨基希安所编的《外交史与史学史研究——纪念古奇》(伦敦，1961 年)，第 199–216 页 [William L. Langer, Bismarck as Dramatist," in *Studies in Diplomatic History and Historiography in Honour of G. P. Gooch*, ed. by A. O. Sarkissian (London, 1961), pp. 199–216]。
47. Lord, *Origins of the War*, pp. 60–61, 196.
48. 赫伯特·俾斯麦战时日记，FA，第 28 柜，1870 年 7 月 12 日；我要感谢克劳斯—彼得·霍伊普科博士(Dr. Klaus-Peter Hoepke)，他帮助编辑赫伯特·俾斯麦的通信，并向我提供这段摘要。
49. 见 Langer，"Bismarck"，另见约亨·迪特里希近来的简短概要，《1870–1871 年德法战争的源头和爆发》，收录于特奥多尔·希德和恩斯特·多伊莱因所编的《帝国建立，1870–

1871》(斯图加特，1970 年)，第 88–91 页 [Jochen Dittrich, “Ursachen und Ausbruch des deutsch-französischen Krieges 1870–71,” in *Reichsgründung 1870–71*, ed. by Theodor Schieder and Ernst Deuerlein (Stuttgart, 1970), pp. 88–91]。

50. Howard, *Franco-Prussian War*, p. 57.
51. Münch, *Hansemann*, pp. 89–96; Hamerow, *German Unification... Struggles*, pp. 400–403.
52. 维姆普芬致博伊斯特，1870 年 8 月 13 日，HHSA : PA III : 普鲁士。
53. 戈德施密特致布莱希罗德，1870 年 7 月 13、19 日，8 月 20 日，BA。
54. 关于民族情感的这种转变，见卡尔 · 海因里希 · 霍费勒，《1870–1871 年德国的使命信仰和时代意识》，刊于《宗教和精神史期刊》，1963 年第 15 期，第 265–276 页 [Karl Heinrich Höfele, “Sendungsglaube und Epochenbewusstsein in Deutschland 1870–71,” *Zeitschrift für Religions- und Geistesgeschichte*, 15 (1963), 265–76]。
55.《俾斯麦的笔杆子 : 海因里希 · 阿贝肯传》(伦敦，1911 年)，第 292 页。由他的妻子根 562
据其书信和日志整理而成，查尔斯·爱德华·巴雷特—伦纳德夫人和霍佩翻译 [*Bismarck' s Pen: The Life of Heinrich Abeken*, edited from his letters and journals by his wife, trans. by Mrs. Charles Edward Barrett-Lennard and M. W. Hoper (London, 1911), p. 292]。
56. Otto Becker, *Bismarcks Ringen*, p. 797.
57. 瓦克(Wacker)致外交部，1870 年 8 月 5 日，GFO：法国 70。另参见瓦尔特·利普根斯，《俾斯麦，舆论和 1870 年吞并阿尔萨斯—洛林》，刊于《历史期刊》，1964 年总第 199 期，第 64 页 [Walter Lipgens, “Bismarck, die öffentliche Meinung und die Annexion von Elsass und Lothringen 1870,” *HZ*, 199 (1964), 64]。
58. 蒂勒致科伊德尔，1870 年 8 月 4 日；科伊德尔致蒂勒，1870 年 8 月 16 日，GFO：法国 70；君特 · 里希特，《弗里德里希 · 冯 · 荷尔斯泰因 : 俾斯麦的合作者》(吕贝克和汉堡，1966 年)，第 33–34 页 [Günter Richter, *Friedrich von Holstein: Ein Mitarbeiter Bismarcks* (Lübeck and Hamburg, 1966), pp. 33–34]。
59. 伯恩斯托夫致外交部，1870 年 8 月 4 日，GFO：法国 70，机密。
60. 罗伯特 · 亨雷编译，《巴黎来信，1870–1875》(伦敦，1942 年)，第 72 页 [*Letters from Paris, 1870–1875*, trans. and ed. by Robert Henrey (London, 1942), p. 72]。作者 C. de B. 是伦敦罗斯柴尔德家族族长的一名政治线人。
61. 佩格拉斯致布莱希罗德，1870 年 7 月 29 日，BA；鲁道夫 · 伦茨，《1870–1871 年德法战争的开支和筹资：以符腾堡、巴登和巴伐利亚为例》(莱茵河，波帕德，1970 年)，第 82–84 页 [Rudolf Lenz, *Kosten und Finanzierung des Deutsch-Französischen Krieges 1870–1871. Dargestellt am Beispiel Württembergs, Badens and Bayerns* (Boppard am Rhein, 1970), pp. 82–84]。
62. 埃伯哈德·魏斯，《从战争爆发到帝国建立》，刊于《巴伐利亚地方史期刊》，1970 年第 33 期，第 806–808 页 [Eberhard Weis, “Vom Kriegsausbruch zur Reichsgründung,” *Zeitschrift für bayerische Landesgeschichte*, 33 (1970), 806–8]。
63. 参见科伊德尔致布莱希罗德，1872 年 3 月 27 日，引自威廉·许斯勒，《路德维希二世“劝进信”的秘密》，收录于《历史性的力量与决定：奥托·贝克尔贺寿集》(威斯巴登，1954 年)，第 209 页 [Wilhelm Schüssler, “Das Geheimnis des Kaiserbriefes Ludwig II,” *Geschichtliche Kräfte und Entscheidungen, Festschrift für Otto Becker* (Wiesbaden, 1954), p. 209]。关于普鲁士的补助与“劝进信”联系的更谨慎观点，见汉斯 · 拉尔，《俾斯麦的帝国建立与来

自巴伐利亚的金钱要求》，刊于《巴伐利亚地方史期刊》，1969 年第 22 期，第 408–409 页 [Hans Rall, "Bismarcks Reichsgründung und die Geldwünsche aus Bayern," *Zeitschrift für bayerische Landesgeschichte*, 22 (1959), 408–9]。

64. 汉斯·菲利皮，书评，《下萨克森地方史年鉴》，1968 年新序列第 40 期，第 194–197 页 [Hans Philippi, review, *Niedersächsisches Jahrbuch für Landesgeschichte* n.s. 40 (1968), 194–97]。
65. Otto Becker, Bismarcks Ringen, p. 798.
66. 奥古斯特 · 洛夫特斯，《奥古斯特 · 洛夫特斯勋爵外交回忆录，1862–1879》，两卷本（伦敦、巴黎和墨尔本，1894–1895 年），第一卷，第 317–318 页 [Augustus Loftus, *The Diplomatic Reminiscences of Lord Augustus Loftus, 1862–1879*, 2 vols. (London, Paris, and Melbourne, 1894–1895), I, 317–18]。
67. 布莱希罗德致科伊德尔，1870 年 8 月 3 日，DZA：梅泽堡，科伊德尔档案。
68. 布莱希罗德致阿尔方斯男爵，1870 年 9 月 9 日，RA。
69. 布莱希罗德致伦敦罗斯柴尔德家族，1871 年 5 月 6 日，RA，伦敦。
70. 布莱希罗德致门德尔，1870 年 12 月 3 日，BA。
71. 布莱希罗德致科伊德尔，1870 年 8 月 13 日，DZA：梅泽堡，科伊德尔档案；库尔特 · 莱茵多夫，《英国与 1870–1871 年德法战争》（波恩和莱比锡，1923 年），第 44–45 页 [Kurt Rheindorf, *England und der deutsch-französische Krieg 1870–1871* (Bonn and Leipzig, 1923), pp. 44–45；Loftus, *Reminiscences*, I, 318；布莱希罗德致罗斯柴尔德，1870 年 9 月 5 日，RA]。
72. 布莱希罗德致罗斯柴尔德，1870 年 9 月 2、3 日，RA；布莱希罗德致伦敦罗斯柴尔德家族，1870 年 9 月 2 日，RA，伦敦；Münch，*Hansemann*，p. 90。
73. 布莱希罗德致阿尔方斯男爵，1870 年 8 月 19 日，RA；布兰代致布莱希罗德，1870 年 8 月 26 日，BA。
74. 同上，1870 年 9 月 7 日，BA。
75. 所有日期为 9 月 15 日之后的布莱希罗德书信都盖有罗斯柴尔德的戳记："巴黎收讫，1871 年 2 月 18 日"，RA。
76. 伊丽莎白王后致布莱希罗德，1870 年 10 月 3 日，BA。
77. 参见德国救济伤病士兵协会中央委员会 1870 年 12 月 28 日的书信，BA。
78. 施耐德，《威廉皇帝传，1849–1873》，两卷合订本（柏林，1888 年），第二卷，第 132–134 页 [L. Schneider, *Aus dem Leben Kaiser Wilhelms, 1849–1873*, 2 vols, in 1 (Berlin, 1888), II, 132–34]。
79. 威廉致布莱希罗德，1870 年 11 月 28 日，BA。
80. 施耐德致布莱希罗德，1871 年 1 月 13 日，BA。
81. 约翰娜 · 冯 · 俾斯麦致布莱希罗德，1870 年 9 月 30 日，BA。
82. 约翰娜 · 冯 · 俾斯麦致布莱希罗德，1870 年 11 月 22 日，BA。
83. 施耐德致布莱希罗德，1870 年 8 月 19 日，BA。
84. Howard, *Franco-Prussian War*, pp. 227–28.
85. 施耐德致布莱希罗德，1870 年 9 月 22 日，BA。
86. Schneider, *Leben Kaiser Wilhelms*, II, 257.
87. 引自 Busch，*Tagebuchblätter*，I，217。
88. Howard, *Franco-Prussian War*, pp. 347–48.

89. *GW*, XIV2, 793.

90. 保罗 · 哈茨菲尔特，《哈茨菲尔特信札：保罗 · 哈茨菲尔特伯爵与夫人书，1870–1871》（莱比锡，1907 年），第 72 页 [Paul Hatzfeldt, *Hatzfeldts Briefe. Briefe des Grafen Paul Hatzfeldt an seine Frau, 1870–71* (Leipzig, 1907), p. 72 ; Busch, *Tagebuchblätter*, I, 214–15]。

91. 参见施耐德致布莱希罗德，BA。

92. 科伊德尔致布莱希罗德，1870 年 9 月 5 日，BA。

93. 参见佩彭谢、拉齐威尔和温特菲尔特的书信；布莱希罗德的礼单；奥伊伦堡致布莱希罗德，BA。

94. 保罗 · 布隆萨特 · 冯 · 舍伦多夫，《秘密战时日记，1870–1871》，彼得 · 拉索编（伯恩，1954 年），第 349 页 [Paul Bronsart von Schellendorff, *Geheimes Kriegstagebuch 1870–1871*, ed. by Peter Rassow (Bonn, 1954), p. 349]。

95. 布莱希罗德致科伊德尔，1870 年 8 月 5、13 日，DZA：梅泽堡，科伊德尔档案。

96. 科伊德尔致布莱希罗德，1870 年 8 月 16 日，BA。 563

97. *GW*, VI2, 442 ff.

98. Keudell, *Fürst und Fürstin Bismarck*, pp. 448–50.

99.《恩格斯与马克思往来书信》，倍贝尔和伯恩斯坦编（斯图加特，1913 年），第四卷，第 316 页 [*Der Briefwechsel zwischen Friedrich Engels und Karl Marx*, ed. by A. Bebel and Ed. Bernstein (Stuttgart, 1913), IV, 316]。

100. 关于吞并问题的著作数量繁多；最近的争议由利普根斯的《俾斯麦》引起（第 31–112 页）。另见洛塔尔 · 加尔，《阿尔萨斯–洛林问题》（Das Problem Elsass-Lothringen），收录于特奥多尔 · 希德和恩斯特 · 多伊莱因所编的《帝国建立，1870–1871》（第 366–385 页），关于后利普根斯作品的评论，见第 367 页。

101. Howard, *Franco-Prussian War*, pp. 181–82.

102. *GW*, VI2, 454–55.

103. Howard, *Franco-Prussian War*, pp.220–222.

104. 关于俾斯麦之前的媒体活动，见 Lipgens，“Bismarck”，pp. 31–112。

105. 布莱希罗德致科伊德尔，1870 年 8 月 14 日，DZA：梅泽堡，科伊德尔档案。

106. 布莱希罗德致科伊德尔，1870 年 9 月 10 日；科伊德尔致布莱希罗德，1870 年 9 月 11 日，GFO：法国 70。

107. 伯恩斯托夫致俾斯麦，1870 年 9 月 12 日，同上。俾斯麦也许会对这种类比感到震惊，因为当时他常常称赞美国。

108. 门德尔致布莱希罗德，1870 年 9 月 13 日，BA。不幸的是，门德尔后来的书信（直到 1870 年 12 月底）不在布莱希罗德档案中，可能被布莱希罗德转交给外交部。

109. 科伊德尔致布莱希罗德，1870 年 9 月 29 日，BA。

110. Bronsart von Schellendorff, *Kriegstagebuch*, pp. 93–94.

111. 科伊德尔致布莱希罗德，1870 年 9 月 29 日，BA。

112. 蒂勒致俾斯麦，1870 年 10 月 14 日，GFO：法国 70。

113. 同上，1870 年 10 月 26 日，11 月 8、21 日。

114. 科伊德尔致布莱希罗德，1870 年 10 月 20 日，BA。

115. 布莱希罗德致科伊德尔，1870 年 10 月 28 日，DZA：梅泽堡，科伊德尔档案。

116. 戈德施密特致布莱希罗德，1870 年 8 月 20 日、10 月 21 日，BA。

117. 施魏因尼茨（Schweinitz）致俾斯麦，1870 年 10 月 25 日，GFO：法国 70。科伊德尔致布莱希罗德，1870 年 11 月 3 日，BA。
118. 同上，1870 年 11 月 3 日、12 月 12 日，BA。
119. 同上，1870 年 12 月 13 日，BA。参见 *Heinrich Abeken*，p. 297。
120. *GW*, VI2, 625–28.
121. 科伊德尔致布莱希罗德，1870 年 12 月 18 日，BA。
122. 布莱希罗德致俾斯麦，1870 年 12 月 13 日，FA。
123. 关于当时的反俾斯麦和反德意志情绪，参见 Lipgens，"Bismarck"，pp. 84–88；莫斯，《欧洲诸强与 1848–1871 年的德意志问题：特别涉及英国和俄国》（剑桥，1958 年），第 11 章各处 [W. E. Mosse, *The European Powers and the German Question 1848–1871. With Special Reference to England and Russia* (Cambridge, 1958), ch. 11, passim]；奥多 · 罗素勋爵当时告诉外相格兰维尔，如果俾斯麦"对欧洲版图的改变远远超过拿破仑皇帝被认为能做到的"，他将不再感到意外。他还表示，"我们必须对许多令人不快的意外做好准备"。同上，第 354 页。
124. 科伊德尔致布莱希罗德，1870 年 9 月 5 日、11 月 26 日，BA。
125. 同上，1870 年 12 月 12 日。
126. 布莱希罗德致俾斯麦，1870 年 12 月 13 日，FA。
127. 阿尔布莱希特 · 冯 · 施托什，《回忆录：书信和日记选》，乌尔里希 · 冯 · 施托什编辑（斯图加特，1904 年），第 227 页 [Albrecht von Stosch, *Denkwürdigkeiten. Briefe und Tagebuchblätter*, ed. by Ulrich von Stosch (Stuttgart, 1904), p. 227]。
128. 参见门德尔致布莱希罗德，1870 年 12 月 29 日，1871 年 1 月 1、2、8、9、14、20、21 和 25 日，BA。当时，门德尔还经常给普鲁士大使伯恩斯托夫写信。
129. 科伊德尔致布莱希罗德，1871 年 1 月 23 日，BA。

第七章　凡尔赛宫里的狂妄

1. 关于这场矛盾，见埃伯哈德 · 科尔布（Eberhard Kolb），《作战与政治，1870–1871》（*Kriegführung und Politik, 1870–71*），收录于特奥多尔·希德和恩斯特·多伊莱因所编的《帝国建立，1870–1871》，第 95–118 页，特别是第 95、99 和 113 页。
2. 引自 Hamerow, *German Unification ... Struggles*, p. 419。
3. 理查德 · 米尔曼，《英国的政策与普法战争的到来》（牛津，1965 年），第 217 页 [Richard Millman, *British Policy and the Coming of the Franco-Prussian War* (Oxford, 1965), p. 217]。
4. Busch, *Tagebuchblätter*, I, 77.
5. 同上，I，236；II，161。
6. 利普曼致菲利普森，1870 年 12 月 21 日；菲利普森致布莱希罗德，1870 年 12 月 23 日，BA。
7. *GW*, VII, 479.
8. Stosch, *Denkwürdigkeiten*, p. 230.
9. Busch, *Tagebuchblätter*, II, 110.
10. 同上，p. 125。

11. 勃兰特致布莱希罗德,1871 年 2 月 1 日;理查德·文策尔(Richard Wentzel)致布莱希罗德,1871 年 1 月 31 日;彪罗(Bülow)致布莱希罗德,1871 年 1 月 30 日,BA。
12. Busch,*Tagebuchblätter*,II,155;阿贝肯致布莱希罗德,1871 年 2 月 6 日,BA。
13. *GW*, VI2, 691.
14. Stosch, *Denkwürdigkeiten*, p. 232.
15. 布莱希罗德致巴黎罗斯柴尔德家族,1871 年 2 月 12 日,RA。
16. 维姆普芬致博伊斯特,1870 年 8 月 13 日,HHSA:PA III:普鲁士。 564
17. 1815 年的先例引自 David S. Landes 未发表的论文《大赔款》("The Great Indemnity")。
18. *GW*, XIV2, 793.
19. 摘自枢密院和内阁会议纪要,1870 年 9 月 26 日,GFO:I.A.A.a 27,第 1 卷。
20. 奥本海姆致布莱希罗德,1870 年 10 月 20 日,BA。
21. 奥本海姆致布莱希罗德,1871 年 1 月 23、31 日,BA。
22. 摘自枢密院和内阁会议纪要,1870 年 9 月 26 日,GFO:I.A.A.a 27,第 1 卷。
23. 在这点上,必须遗憾地指出,为了反衬德国人的宽宏大量和法国人的斤斤计较,汉斯·赫茨菲尔德(Hans Herzfeld)对 1871 年和谈的描绘有失偏颇。见《德国与战败的法国,1871 年:和约,战争赔款与占领期》(柏林,1924 年)[*Deutschland und das geschlagene Frankreich, 1871: Friedensschluss, Kriegsentschädigung, Besatzungszeit* (Berlin, 1924)]。
24. 赫尔曼·翁克尔编,《巴登大公腓特烈一世与 1854–1871 年的德国政治:书信、备忘录与日记》,两卷本(斯图加特,1927 年),第二卷,第 365 页 [*Hermann Oncken, ed., Grossherzog Friedrich I von Baden und die deutsche Politik von 1854–1871: Briefwechsel, Denkschriften, Tagebücher* (2 vols.; Stuttgart, 1927), II, 365]。
25. Meisner, *Denkwürdigkeiten Waldersee*, I, 162.
26. Bronsart von Schellendorff, *Kriegstagebuch*, p. 348.
27. 奥本海姆致布莱希罗德,1871 年 2 月 14 日,BA。
28. 施瓦巴赫致巴黎罗斯柴尔德家族,1871 年 2 月 11 日,RA。
29. 布兰代致布莱希罗德,1871 年 2 月 17 日,BA。
30. 布莱希罗德致布兰代,1871 年 2 月 20 日,RA。
31. 莱曼致布莱希罗德,1871 年 2 月 20 日,BA。
32. 关于梯也尔,见西奥多·泽尔丁,《法国,1848–1945》,第一卷,《野心、爱情和政治》(牛津,1973 年),第 606、610 页 [Theodore Zeldin, *France, 1848–1945*, Vol. I: *Ambition, Love, and Politics* (Oxford, 1973), pp. 606, 610]。
33. *GW*, VI2, 705–6.
34. 阿林森编,《腓特烈三世皇帝战时日记,1870–1871》(伦敦,1927 年),第 312 页 [A. R. Allinson, ed., *The War Diary of the Emperor Frederick III, 1870–1871* (London, 1927), p. 312]。
35. Meisner, *Denkwürdigkeiten* … *Waldersee*, I, 162; Busch, *Tagebuchblätter*, II, 169.
36. Loftus, *Reminiscences*, I, 328.
37. 儒勒·法夫尔,《1871 年 1 月 29 日到 7 月 22 日的国防政府》(巴黎,1875 年),第三卷,第 96 页 [Jules Favre, *Gouvernement de la défense nationale du 29 janvier au 22 juillet 1871*, (Paris, 1875), III, 96]。
38. 同上,pp. 96–97。

39．Allinson, *War Diary of the Emperor*, p. 313.

40．Rheindorf, *England und der Krieg*, pp. 156–57.

41．Allinson, *War Diary of the Emperor*, p. 325; and Corti, *Haus Rothschild*, pp. 446–53.

42．*GW*，VI2，708；法伊特·瓦伦丁，《英国外交官对俾斯麦建立帝国的评价》（阿姆斯特丹，1937 年），第 452–455 页 [Veit Valentin, *Bismarcks Reichsgründung im Urteil englischer Diplomaten* (Amsterdam, 1937), 452–55]。

43．*GW*, XIII, 218.

44．见 BA 中出处不明的剪报，以及 1871 年 2 月 23 日的《科隆日报》。

45．科伊德尔致布莱希罗德，1871 年 2 月 20 日，BA。

46．参见布莱希罗德致巴黎罗斯柴尔德家族，1871 年 2 月 17 日，RA。他要求向哈茨菲尔特的岳父穆尔顿先生（Mr. Moulton）支付 1800 法郎。另见 Hatzfeldt，*Briefe*，p. 73 等处。

47．Bronsart von Schellendorff, *Kriegstagebuch*, pp. 348–49, 360–63.

48．赫尔曼·鲍姆加藤和路德维希·约利，《约利首相》（图宾根，1897 年），第 212 页 [Hermann Baumgarten and Ludwig Jolly, *Staatsminister Jolly* (Tübingen, 1897), p. 212]。

49．Hatzfeldt, *Briefe*, p. 314; Keudell, *Fürst und Fürstin Bismarck*, p. 475; Kolb, "Kriegführung," p. 117.

50．莱曼致布莱希罗德，1871 年 2 月 20 日，BA。

51．门德尔致布莱希罗德，1871 年 3 月 12 日，BA。

52．戈德施密特致布莱希罗德，1871 年 3 月 9、18 日，BA。

第八章　新柏林的新男爵

1. 引自霍费勒，《1870–1871 年德国的使命信仰和时代意识》，刊于《宗教和精神史期刊》，1963 年第 15 期，第 267 页 [Höfele, "Sendungsglaube und Epochenbewusstsein," *Zeitschrift für Religions-und Geistesgeschichte*, 15 (1963), 267]。

2. Vierhaus, *Spitzemberg*, p. 121.

3.《来自马克斯·韦伯：社会学论文》，格斯和赖特·米尔斯编（纽约，1946 年），第 391 页 [*From Max Weber: Essays in Sociology*, ed. by H. H. Gerth and C. Wright Mills (New York, 1946), p. 391]。

4. Vierhaus, *Spitzemberg*, p. 127.

5. 柏林艺术学院，《奠基时期面面观，1870–1890》（1974 年，展览目录），第 45–46 页 [Akademie der Künste (Berlin), *Aspekte der Gründerzeit, 1870–1890* (Catalogue of Exhibit, 1974), pp. 45–46]。

6. 见拙作《金钱、道德和社会支柱》（"Money, Morals, and the Pillars of Society"），收录于《狭隘主义的失败》（*The Failure of Illiberalism*），特别是第 27–30 页。

7.《柏林城国民经济和统计年鉴》，第 32 卷（柏林，1913 年），B 部分，第 3 页；第 4 卷（柏林，1978 年），第 15 页；第 15 卷（柏林，1890 年），第 8 页 [*Berliner Städtisches Jahrbuch für Volkswirtschaft und Statistik*, Vol. 32 (Berlin, 1913), section B, p. 3; Vol. 4 (Berlin, 1878), p. 15; Vol. 15 (Berlin, 1890), p. 8]。

8.《卡尔·菲尔斯腾贝格：一位德国银行家的生平，1870–1914》，汉斯·菲尔斯腾贝格编（柏林，

1931 年），第 64–65 页 [*Carl Fürstenberg. Die Lebensgeschichte eines deutschen Bankiers, 1870–1914, ed. by Hans Fürstenberg* (Berlin, 1931), pp. 64–65]。

9. 引自格哈德·马苏尔，《帝国时期的柏林》（纽约，1970 年），第 74 页 [Gerhard Masur, *Imperial Berlin* (New York, 1970), p. 74]。
10. 同上。
11. 罗伯特·米歇尔斯，《社会哲学问题》（莱比锡，1914 年），第 150 页 [Robert Michels, Probleme der Sozialphilosophie (Leipzig, 1914), p. 150]；另见罗伯特·贝达尔，《德国民族主义新思索》，刊于《美国历史评论》，1972 年第 77 期，第 65–70 页 [Robert M. Berdahl' s "New Thoughts on German Nationalism," *AHR*, 77 (1972), 65–70]。 565
12. Michels, *Probleme*, p. 151.
13. 施瓦巴赫致布莱希罗德，1871 年 9 月 14 日，BA。
14. 沃尔特·白芝浩，《伦巴底街：货币市场写照》（纽约，1897 年），第 267 页 [Walter Bagehot, *Lombard Street: A Description of the Money Market* (New York, 1897), p. 267]。
15. 汉斯–乌尔里希·维勒，《俾斯麦与帝国主义》（科隆与柏林，1969 年），第 97 页 [Hans-Ulrich Wehler, *Bismarck und der Imperialismus* (Cologne and Berlin, 1969), p. 97]。
16. 见阿尔弗雷德·鲁本斯，《讽刺画中的罗斯柴尔德家族》，英国犹太历史学会《1968–1969 年学报》，1970 年第 22 期，第 76–87 页 [Alfred Rubens, "The Rothschilds in Caricature," The Jewish Historical Society of England, *Transactions, 1968–1969*, 22 (1970), 76–87]。
17. Fürstenberg, *Lebensgeschichte*, p. 56.
18. 奥特马尔·冯·莫尔，《为国效劳五十载：生平回忆》（莱比锡，1921 年），第 46 页 [Ottmar von Mohl, *Fünfzig Jahre Reichsdienst. Lebenserinnerungen* (Leipzig, 1921), p. 46]。俾斯麦的父亲在柏林的贝伦街 53 号度过许多个冬天，他本人也于生命中的不同时间在贝伦街 20 号和 60 号生活过。见格奥尔格·施密特博士，《舍恩豪森与俾斯麦家族》（柏林，1897 年），第 156、167、172 页 [Dr. Georg Schmidt, *Schönhausen und die Familie von Bismarck* (Berlin, 1897), pp. 156, 167, 172]。
19. Mohl, *Fünfzig Jahre*, p. 72.
20. 见格奥尔格·施魏策尔，《柏林证券交易所》，刊于《柏林石子路：柏林人生活画卷》，雷蒙德和曼策尔编辑（柏林，1891 年），第 325 页 [Georg Schweitzer' s "Berliner Börse," in *Berliner Pflaster. Illustrierte Schilderungen aus dem Berliner Leben*, ed. by M. Reymond and L. Manzel (Berlin, 1891), p. 325]。
21. 甚至尼采也在一段明显带有亲犹色彩的文字中最后写道："也许那个年轻的犹太证券交易员是人类最恶心的发明。"弗里德里希·尼采，《作品集》，卡尔·施莱希塔编（慕尼黑，日期不明），第一卷，第 686 页 [Friedrich Nietzsche, *Werke*, ed. by Karl Schlechta (Munich, n.d.), I, 686]。
22. 施瓦巴赫致布莱希罗德，1871 年 9 月 11 日，BA。
23. 古腾塔格致布莱希罗德，1871 年 8 月 13 日，BA。
24. 俾斯麦致奥伊伦堡，1872 年 3 月 8 日，DZA：梅泽堡，王国掌礼局关于冯·布莱希罗德的文件，VI. B. 154。
25. 贵族书信，1872 年 3 月 8 日，同上。
26. 拉玛尔·塞西尔，《普鲁士的贵族受封，1871–1918》，刊于《美国历史评论》，1970 年第 75 期，第 757–795 页 [Lamar Cecil, "The Creation of Nobles in Prussia, 1871–1918,"

AHR, 75 (1970), 757–95]。

27.《犹太人大众报》，1872 年 4 月 16 日。

28. 参见 *GW*，VIII，462；Fürstenberg，*Lebensgeschichte*，p. 58。

29. 维尼弗雷德·塔夫斯，《俾斯麦的大使：奥多·罗素勋爵》(伦敦，1938 年)，第 302 页 [Winifred Taffs, *Ambassador to Bismarck. Lord Odo Russell* (London, 1938), p. 302]。

30. Fürstenberg，*Lebensgeschichte*，p. 57；另见布莱希罗德致俾斯麦，1871 年 1 月 22 日，SA。

31. 布莱希罗德致俾斯麦，1872 年 3 月 13 日，SA。

32. *GW*, XIV2, 818–19.

33. 希尔弗里德（Hillfried）致布莱希罗德，1873 年 1 月 13 日，BA。

34. Vierhaus, *Spitzemberg*, p. 16.

35. 引自海因茨·戈尔维策，《直属贵族：德国社会史论文》(哥廷根，1964 年)，第 325 页 [Heinz Gollwitzer, *Die Standesherren. Ein Beitrag zur deutschen Sozialgeschichte* (Göttingen, 1964), p. 325]。

36. 1872 年 3 月 21 日提交的纹章草图和对其未具日期的描述，见 DZA：梅泽堡，王国掌礼局关于冯·布莱希罗德的文件，VI. B. 154。

37. 乔治娜·布拉基斯顿，《威廉·罗素勋爵和夫人，1815–1846》(伦敦，1972 年)，第 337–338 页 [Georgiana Blakiston, *Lord William Russell and His Wife, 1815–1846* (London, 1972), pp. 337–38]。

38. 奥多·罗素勋爵致恩菲尔德子爵（Viscount Enfield），1872 年 9 月 28 日，PRO：FO, 64/749。

39. 格兰维尔的便条，同上，1872 年 10 月 8 日。

40. 罗素致布莱希罗德，1872 年 10 月 12 日，BA。

41. 布莱希罗德致俾斯麦，1872 年 10 月 21 日，SA。另见俾斯麦给勃兰登堡州行政长官的正式通知，1872 年 11 月 26 日，BLHA：王国警察总监关于盖尔森·布莱希罗德的文件，编号 30。

42. 同上，1870 年 12 月 17 日，1873 年 10 月 4 日，1873 年 11 月 5 日：布莱希罗德申请接受巴伐利亚、意大利和巴西的勋章；1872 年 12 月 13 日，通知布莱希罗德佩戴萨克森和奥地利勋章的申请获得批准。

43. 施瓦巴赫的书信，1871 年 9 月 8 日，1877 年 10 月 1 日，1878 年 2 月 6 日，同上，关于尤里乌斯·利奥波德·施瓦巴赫的文件，编号 30。

44. 库洛（Kühlow）的便条，BA。

45. Roon, *Denkwürdigkeiten*, III, 358. 罗恩的后人记录他出售古特戈茨，但没有提及买家，这并不出人意料。

46. 关于售价的信息来自勃兰登堡地方史学会主席格哈德·库希勒（Gerhard Küchler）写给作者的信，1973 年 2 月 24 日。

47. 关于吉利对古特戈茨的改造，见汉斯·赫茨菲尔德编，《柏林与勃兰登堡州》(柏林，1968 年)，第 564 页 [Hans Herzfeld, ed., *Berlin und die Provinz Brandenburg* (Berlin, 1968), p. 564]。

48. 参见汉斯·罗森贝格，《骑士有产阶级的伪民主化》，刊于《当代德国社会史》，汉斯－乌尔里希·维勒编（科隆和柏林，1966 年），第 287–308 页 [Hans Rosenberg, "Die Pseudodemokratisierung der Rittergutsbesitzerklasse," in *Moderne deutsche Sozialgeschichte*,

ed. by Hans-Ulrich Wehler (Cologne and Berlin, 1966), pp. 287–308]。

49. 罗恩致布莱希罗德，1875 年 6 月 9 日，BA。

50. 西贝特致布莱希罗德，1883 年 7 月 12、23 日，BA。

51. 布莱希罗德致俾斯麦，1877 年 8 月 13 日，SA。

52. 施耐德致布莱希罗德，1877 年 8 月 22 日和几封更早的书信，BA。戈德施密特致布莱希罗德，1877 年 8 月 15 日，他在信中附上 1877 年 8 月 13 日《新自由报》(*Neue Freie Presse*) 的剪报，BA。

53. Fürstenberg, *Lebensgeschichte*, p. 91.

54. 玛丽 · 冯 · 本森，《我生活的世界：回忆幸福时光，1860–1912》(莱比锡，1929 年)，第 49 页 [Marie von Bunsen, *Die Welt in der ich lebte. Erinnerungen aus glücklichen Jahren 1860–1912* (Leipzig, 1929), p. 49]。 566

55. Mohl, *Fünfzig Jahre*, p. 87.

56. 阿洛伊斯 · 布劳德尔（Alois Braudl）语，引自卡尔 · 海因里希 · 霍费勒编，《俾斯麦时代的精神与社会，1870–1890》(哥廷根，1967 年)，第 221 页 [Karl Heinrich Höfele, ed., *Geist und Gesellschaft der Bismarckzeit (1870–1890)* (Göttingen, 1967), p. 221]。

57. 特奥多尔 · 冯塔纳，《通奸者》(柏林，1891 年)，第 1 页。

58. 恩斯特 · 路德维希 · 冯 · 格拉赫，雅各布 · 冯 · 格拉赫编，《生平与工作记录：1795–1877 年》第二卷，《1848–1877 年》(什未林，1903 年)，第 361 页 [Ernst Ludwig von Gerlach, *Aufzeichnungen aus seinem Leben und Wirken 1795–1877*, ed. by Jakob von Gerlach, Vol. II: *1848–1877* (Schwerin, 1903), p. 361]。

第九章 政治和经济上的帝国风格

1. 关于他以辞职威胁为手段，见米夏埃尔 · 施蒂尔默，《俾斯麦帝国中的政变想法》，刊于《历史期刊》，1969 年第 209 期，第 566–615 页 [Michael Stürmer, “Staatsstreichgedanken im Bismarckreich,” *HZ*, 209 (1969), 566–615]。

2. *GW*, XIV2, 921.

3. 罗素致索尔兹伯里，1878 年 4 月 15 日，PRO：FO，64/904，no. 269，秘密。

4. 钦格勒，《霍亨索伦亲王卡尔 · 安东》(斯图加特和莱比锡，1911 年)，第 224、226 页 [K. Th. Zingeler, *Karl Anton Fürst von Hohenzollern* (Stuttgart and Leipzig, 1911), pp. 224, 226]。

5. 卢基乌斯 · 冯 · 巴尔豪森，《回忆俾斯麦》(斯图加特和柏林，1921 年)，第 236 页 [Lucius von Ballhausen, *Bismarck-Erinnerungen* (Stuttgart and Berlin, 1921), p. 236]。

6. 弗里德里希 · 库尔提乌斯编，《克洛德维希 · 霍亨洛厄 – 希灵斯菲斯特亲王回忆录》(斯图加特和莱比锡，1907 年)，第二卷，第 367 页 [Friedrich Curtius, ed., *Denkwürdigkeiten des Fürsten Chlodwig zu Hohenlohe-Schillingsfürst*, (Stuttgart and Leipzig, 1907), II, 367]。

7. 俾斯麦致布莱希罗德，1872 年 12 月 20 日，FA。

8. 同上，1874 年 12 月 11 日，FA。

9. 同上，1874 年 12 月 11 日和 19 日；关于帝国银行的成立，另参见恩斯特 · 鲁道夫 · 胡伯，《1789 年以来的德国宪法史》(斯图加特，1969 年)，第四卷，第 1053–1057 页 [Ernst Rudolf Huber, *Deutsche Verfassungsgeschichte seit 1789* (Stuttgart, 1969), IV, 1053–57]。

10. 布莱希罗德致俾斯麦，1876 年 10 月 25 日，SA。
11. 同上，1877 年 10 月 3 日。
12. Wehler, *Bismarck*, p. 57. 赫尔穆特 · 波姆，《大企业、压力集团和俾斯麦的保守主义转变，1873–1879》，刊于《历史期刊》，1967 年第 10 期，第 221 页 [Helmut Böhme, "Big Business, Pressure Groups and Bismarck's Turn to Protectionism, 1873–1879," *Historical Journal*, 10 (1967), 221]。
13. 伊莫尔曼（Imelmann）致布莱希罗德，1871 年 9 月 5 日，BA。
14. 关于对诈骗的著名曝光，见奥托 · 格拉高，《柏林的证券和奠基诈骗》，第四版（莱比锡，1876 年）[*Der Börsen-und Gründungs-Schwindel in Berlin*, 4th ed. (Leipzig, 1876)]。书中没有列出布莱希罗德创办的其他企业。
15. 1877 年 10 月 1 日，BLHA：王国警察总监关于尤里乌斯 · 利奥波德 · 施瓦巴赫的文件，编号 30。
16. 曼弗雷德 · 波尔博士，《奠基危机中的德意志银行（1873–1876）》，收录于《德意志银行：经济和币制问题与银行史论文集》，第 11 卷，1973 年 [Dr. Manfred Pohl, "Die Deutsche Bank in der Gründerkrise (1873–1876)," *Deutsche Bank, Beiträge zu Wirtschafts- und Währungsfragen und zur Bankgeschichte*, no. 11, 1973]。
17. 对繁荣和随后萧条的最佳快速盘点见 Wehler, *Bismarck*，特别是第 53–84 页。
18. 关于萧条对文化的冲击，见拙作 Failure of Illiberalism，pp. 26–57，以及《资本主义与文化史学家》，收录于《自帕尔纳索斯山：致雅克 · 巴尔赞文集》，朵拉 · 维纳和威廉 · 凯勒编（哈珀和洛出版社，1976 年）["Capitalism and the Cultural Historian," *From Parnassus: A Volume of Essays for Jacques Barzun*, ed. by Dora B. Weiner and William R. Keylor (Harper & Row, 1976)]。
19. 托马斯 · 曼，《布登勃洛克一家：一个家族的衰弱》（柏林，1928 年），第 209 页 [Thomas Mann, *Buddenbrooks. Verfall einer Familie* (Berlin, 1928), p. 209]。
20. 这种看法来自 Otto Pflanze. *GW*，VI3，58–60。
21. 见 Helmut Böhme，"Big Business"，pp. 224–225。
22. 布莱希罗德致俾斯麦，1873 年 7 月 25 日，1874 年 7 月 27 日，SA。
23. Kardorff, *Kardorff*, pp. 22–25.
24. 同上，第 87、86–115 及其他多处。
25. 卡多夫致布莱希罗德，1871 年 7 月 6 日，BA。
26. 卡多夫致布莱希罗德，1876 年 1 月 18 日，BA。
27. 弗里登塔尔致布莱希罗德，1877 年 10 月 29 日，BA。
28. 卡多夫致布莱希罗德，1887 年 4 月 1 日，BA；描述卡多夫财务困境的另一个版本完全无视布莱希罗德的角色，也没有提及卡多夫的个人财产与他支持某项特别立法间的联系，见 Kardorff，*Kardorff*，pp. 192–193。
29. 从 1887 年 4 月到 6 月，布莱希罗德共收到 10 封关于卡多夫陷入麻烦的信，BA。
30. 卡多夫致布莱希罗德，1876 年 8 月 18 日，BA。
31. 奥本海姆致布莱希罗德，1875 年 6 月 24 日，BA。
32. 《十字报》，1879 年 6 月 29 日，由赫伯特 · 冯 · 俾斯麦还给布莱希罗德，BA。
33. 卡多夫致布莱希罗德，1875 年 7 月 3 日，BA。
34. 布莱希罗德致赫伯特 · 冯 · 俾斯麦，1875 年 6 月 29 日，FA。

35. 赫伯特·冯·俾斯麦致布莱希罗德，1875 年 7 月 1 日。俾斯麦档案中保留着首相亲自修改过的草稿。当时，奥托·冯·俾斯麦也在考虑起诉《十字报》，但因为担心该报将从一场“轰动性审判”中获利而犹豫不决。*GW*, VI3, 61–62.

36. 布莱希罗德致赫伯特·冯·俾斯麦，1875 年 7 月 5 日，FA。

37. Lucius, *Bismarck*, p. 78.

38. 俾斯麦致德尔布吕克，1875 年 10 月 23 日，GFO：I.A.A.a. 50，第一卷。 567

39. 卡多夫致布莱希罗德，1875 年 8 月 29 日，BA。

40. 奥本海姆致布莱希罗德，1875 年 10 月 31 日，BA。

41. 布莱希罗德致俾斯麦，1875 年 11 月 7 日，SA。

42. 罗斯柴尔德致布莱希罗德，1876 年 2 月 13 日，BA。

43. 德尔布吕克致威廉，1875 年 8 月 31 日，DZA:梅泽堡:民事内阁，89H III 号柜，第 6 卷；另见关于 1875 年 6 月 30 日奥本海姆请愿的大量政府内部通信。

44. 伊沃·尼科莱·兰比，《德国的自由贸易与贸易保护，1868–1879》(威斯巴登，1963 年)，第 115–116 页 [Ivo Nikolai Lambi, *Free Trade and Protection in Germany, 1868–1879* (Wiesbaden, 1963), pp. 115–16]。

45. 卡多夫致布莱希罗德，1876 年 2 月 6 日，1877 年 9 月 15 日，BA。

46. 罗斯柴尔德致布莱希罗德，1876 年 4 月 16 日，BA。

47. 同上，1876 年 10 月 9 日。

48. 同上，1876 年 4 月 17 日。

49. Lucius, *Bismarck*, pp. 76–78, 87.

50. 卢基乌斯致俾斯麦，1876 年 7 月 2 日，GFO：I.A.A.a. 50，第 2 卷。

51. Kardorff, *Kardorff*, pp. 100–101.

52. 亚伯拉罕·奥本海姆致布莱希罗德，1876 年 9 月 4 日，BA。

53. 罗斯柴尔德致布莱希罗德，1876 年 10 月 27 日，BA。

54. 奥伊伦堡致俾斯麦，1876 年 10 月 25 日，GFO：I.A.A.a. 50，第 1 卷。

55. 俾斯麦致布莱希罗德，1877 年 1 月 31 日，BA;布莱希罗德致俾斯麦，1877 年 1 月 31 日，FA。

56. 布莱希罗德致俾斯麦，1877 年 4 月 30 日，FA。

57. 尼科莱·奥洛夫亲王，《俾斯麦与卡特琳娜·奥洛夫：高层政治中的田园诗》(慕尼黑，1936 年)，第 164 页 [Fürst Nikolai Orloff, *Bismarck und Katharina Orloff. Ein Idyll in der hohen Politik* (Munich, 1936), p. 164]。

58. A. J. P. Taylor, *Bismarck*, p. 137.

59. Lucius, *Bismarck*, p. 110.

60. Kohl, *Bismarck-Regesten*, II, 140.

61. Lucius, *Bismarck*, p. 137.

62. 俾斯麦致威廉，1876 年 10 月 7 日，DZA：梅泽堡：民事内阁，89H III 号柜，第 6 卷。

63. 卡尔·哈达赫的《1879 年德国重设钢铁和粮食关税的经济因素意义》(柏林，1967 年) 强调这点 [Karl W. Hardach, *Die Bedeutung wirtschaftlicher Faktoren bei der Wiedereinführung der Eisen-und Getreidezölle in Deutschland 1879* (Berlin, 1967)]。

64. 克里斯托弗·冯·蒂德曼，《在俾斯麦亲王手下担任帝国首相办公厅主任的六年》，第二版(莱比锡，1910 年)，第 355 页 [Christoph von Tiedemann, *Sechs Jahre Chef der Reichskanzlei*

unter dem Fürsten Bismarck, 2nd ed. (Leipzig, 1910), p. 355]。

65. 法恩布勒致俾斯麦，1877 年 6 月 29 日，GFO：I.A.A.a. 50，第 2 卷。
66. 法恩布勒致布莱希罗德，1875 年 6 月 20 日，1879 年 10 月 29 日，1879 年 11 月 19 日，BA。
67. 彪罗致俾斯麦，1877 年 12 月 25 日，DZA：波茨坦：帝国首相办公厅，关于 1877–1888 年德国贸易和经济改革的文件，第 408 号，第 1 卷。
68. 施瓦茨科普夫（Schwartzkopf）致布莱希罗德，1877 年 6 月 4 日，BA。
69. 布莱希罗德致赫伯特·冯·俾斯麦，1877 年 6 月 4 日，FA。
70. 赫伯特·冯·俾斯麦致布莱希罗德，1877 年 6 月 6 日，BA。
71. *GW*, VI3, 85；布埃克，《德国工业家中央联合会》（柏林，1902 年），第一卷，第 177–179 页 [H. A. Bueck, *Der Centralverband deutscher Industrieller* (Berlin, 1902), I, 177–79]。
72. 法恩布勒致俾斯麦，1877 年 6 月 29 日，GFO：I.A.A.a. 50，第 2 卷。
73. 布莱希罗德致俾斯麦，1878 年 2 月 2 日，SA。
74. 路易斯·迈耶尔致布莱希罗德，1878 年 3 月 1、15 日，BA。
75. 布莱希罗德致俾斯麦，1878 年 3 月 4 日，SA。
76. 布莱希罗德致俾斯麦，1878 年 3 月 4 日；Huber，*Deutsche Verfassungsgeschichte*，IV，145；*Gedanken*，II，179，188–198。
77. Lucius, *Bismarck*, p. 134.
78. Tiedemann, *Sechs Jahre*, pp. 235–44.
79. *GW*, VI3, 156.
80. Tiedemann, *Sechs Jahre*, pp. 249,252.
81. 俾斯麦致布莱希罗德，1878 年 1 月 25 日，BA；布莱希罗德致俾斯麦，1878 年 2 月 1 日，FA.
82. 赫伯特·冯·俾斯麦致布莱希罗德，1878 年 5 月 20 日，BA；Bueck，*Centraiverband*，I，364–65；*GW*，VI3，111–112。
83. 布莱希罗德致赫伯特·冯·俾斯麦，1878 年 5 月 21 日，1878 年 5 月 18 日，FA；Kardorff，*Kardorff*，pp. 139–141。
84. *Gedanken*, II, 188–97.
85. 布莱希罗德致俾斯麦，1878 年 5 月 11 日，SA。
86. 一封关于布莱希罗德的信，1878 年 5 月 23 日，致某位“枢密顾问”，保存于 SA；该信很可能是写给布莱希罗德的朋友，帝国首相办公厅主任克里斯托弗·冯·蒂德曼。
87. 爱德华·拉斯克，《议会十五载，1866–1880》（柏林，未具日期），第 141 页 [Eduard Lasker, *Fünfzehn Jahre parlamentarischer Geschichte, 1866–1880* (Berlin, n.d.), p. 141]。
88. Eyck, *Bismarck*, III, 227.
89. 奥古斯特·倍倍尔，《我的人生》（斯图加特，1911 年），第二卷，第 418 页 [August Bebel, *Aus meinem Leben*, II (Stuttgart, 1911), 418]；保罗·文茨克编，《在新帝国，1871–1890 自由党领袖遗物中的政治书信》（波恩和莱比锡，1926 年），第 215 页 [Paul Wentzcke, ed., *Im Neuen Reich, 1871–1890. Politische Briefe aus dem Nachlass liberaler Parteiführer* (Bonn and Leipzig, 1926), p. 215]。
90. Bueck, *Centraiverband*, I, 373.
91. 波伊特纳致布莱希罗德，1878 年 5 月 20 日、6 月 1 日，BA。

92. 同上，1878 年 6 月 12、13 日。
93. *Denkwürdigkeiten ... Hohenlohe*, II, 234–35.
94. Tiedemann, *Sechs Jahre*, p. 252.
95. 布莱希罗德致波伊特纳，1878 年 7 月 6 日，BA；布莱希罗德的信被归回档案，标明波伊特纳已经离开柏林。 568
96. 波伊特纳致布莱希罗德，1878 年 6 月 28 日，1878 年 7 月 4 日；冯·施魏因男爵（Freiherr von Swaine）致波伊特纳，1878 年 6 月 29 日，BA；布莱希罗德致赫伯特 · 冯 · 俾斯麦，1878 年 7 月 2 日，FA。
97. 赫伯特 · 冯 · 俾斯麦致兰曹，1878 年 7 月 28 日，SA。
98. 关于拉斯克政治生涯的出色概述，见厄内斯特 · 韩伯格，《德国公共生活中的犹太人：1848–1918 年君主制时期的政府成员、官员和议员》（图宾根，1968 年），第 269–284 页 [Ernest Hamburger, *Die Juden im öffentlichen Leben Deutschlands. Regierungsmitglieder, Beamte und Parlamentarier in der monarchischen Zeit, 1848–1918* (Tübingen, 1968), pp. 269–84]。
99. 赫伯特 · 冯 · 俾斯麦致布莱希罗德，1878 年 7 月 8 日，BA。
100. 兰曹致布莱希罗德，1878 年 7 月 28 日、8 月 4 日，BA。
101. 赫伯特 · 冯 · 俾斯麦致兰曹，1878 年 8 月，SA。霍伊普科博士提供。
102. 俾斯麦致弗伦斯堡（Flensburg）的行政专区主席波蒂谢（Bötticher），1878 年 8 月 11 日，以及俾斯麦致施托儿贝格伯爵（Count Stolberg），1878 年 9 月 1 日，DAZ：波茨坦：帝国首相办公厅，帝国议会选举，候选人赫伯特与威廉 · 冯 · 俾斯麦伯爵，编号 3，第 1 卷。
103. 布兰克致布莱希罗德，1878 年 6 月 30 日，BA。
104. 布莱希罗德致布朗克，1878 年 7 月 3 日，副本，BA。
105. 1878 年 7 月 8 日，写在德国工业家中央协会的信笺上，以及 1878 年 7 月 3 日，布莱希罗德致布朗克的信件草稿，BA。也许值得注意的是，布莱希罗德一定曾要求波伊特纳归回关于他参选的文件，不然它们不可能出现在今天的布莱希罗德档案中。他可能想要抹掉关于这次失败尝试的所有证据。
106. 布朗克致布莱希罗德，1878 年 7 月 13 日，BA。
107. 鲁道夫·迈耶尔，《德国的政治奠基人与腐败》（莱比锡，1877 年），第 34–35 页 [Rudolph Meyer, *Politische Gründer und die Corruption in Deutschland* (Leipzig, 1877), pp. 34–35]。
108. 理查德 · 文策尔致布莱希罗德，1878 年 7 月 13 日，BA。
109. 布莱希罗德致俾斯麦，1878 年 7 月 19 日，GFO：I.A.A.a. 50，第 3 卷。
110. 相反的观点见 Wehler，*Bismarck*，pp. 92–93。
111. Hardach, *Bedeutung*, p. 193.
112. Kohl, *Bismarck-Regesten*, II, 171–72.
113. 圣瓦里耶致瓦丁顿，1879 年 1 月 8 日；关于俾斯麦对铁路问题观点的详细阐述，参见 1879 年 4 月 8 日，出处同上，MAE：德国，第 27、28 卷。
114. 迈耶尔致布莱希罗德，1878 年 3 月 26 日，BA.
115. 许斯根，《路德维希 · 温特霍斯特》，第三版（科隆，1911 年），第 272 页。E. Hüsgen, *Ludwig Windthorst*, 3rd ed. (Cologne, 1911), p. 272.
116. 迈耶尔致布莱希罗德，1878 年 12 月 13 日，BA。

117. 埃尔里希 · 埃克,《俾斯麦与德意志帝国》(伦敦，1950 年)，第 205 页 [Erich Eyck, *Bismarck and the German Empire* (London, 1950), p. 205]。
118. 温特霍斯特致布莱希罗德，1879 年 3 月 28 日，BA。
119. 迈耶尔致布莱希罗德，1879 年 4 月 6 日，BA。
120. 圣瓦里耶致瓦丁顿，1879 年 4 月 8、22 日，MAE：德国，第 28 卷；温特霍斯特致布莱希罗德，1879 年 4 月 13 日，BA。
121. 奥古斯特 · 冯 · 奥伊伦堡致布莱希罗德，1879 年 4 月 3 日，BA。
122. 迈耶尔致布莱希罗德，1879 年 5 月 16 日，BA。
123. 诺尔特（E. Nolte）致布莱希罗德，1879 年 7 月 2 日，BA。
124. Vierhaus, *Spitzemberg*, p. 178.
125. 迈耶尔致布莱希罗德，1879 年 5 月 4 日，BA。
126. 圣瓦里耶致瓦丁顿，1879 年 4 月 8 日，MAE：德国，第 28 卷。
127. Kohl, *Bismarck-Regesten*, II, 188.
128. Lucius, *Bismarck*, pp. 158–59.
129. 圣瓦里耶致瓦丁顿，1879 年 7 月 2 日，MAE：德国，第 29 卷。
130. 圣瓦里耶致瓦丁顿，1879 年 7 月 5 日，同上。
131. *GW*, XII, 117–28.
132. Orloff, *Bismarck*, p. 168.
133. 圣瓦里耶致瓦丁顿，1879 年 7 月 15 日，MAE：德国，第 29 卷。
134. 布莱希罗德致俾斯麦，1879 年 12 月 3 日，SA。
135. 布莱希罗德致赫伯特 · 冯 · 俾斯麦，1879 年 12 月 12 日，FA。
136. 赫伯特 · 冯 · 俾斯麦的备忘录，1880 年 12 月 14 日，GFO：I.A.A.a. adh. secr.；以及俾斯麦致威廉，1879 年 7 月 12 日，DAZ：梅泽堡：民事内阁，第 89H III 号柜，第 7 卷。
137. 关于这点，见詹姆斯 · 希汉,《卢约 · 布连塔诺的生涯》(芝加哥，1966 年)，第 3–4 章 [James J. Sheehan, *The Career of Lujo Brentano* (Chicago, 1966), chs. 3–4]。
138. 拉尔夫 · 达伦多夫,《德国的社会与民主》(纽约，1967 年)，第 39 页 [Ralf Dahrendorf, *Society and Democracy in Germany* (New York, 1967), p. 39]；阿尔弗雷德 · 冯 · 德 · 莱恩的《俾斯麦亲王的铁路政策》(柏林，1914 年) 仍然不可或缺 [Alfred von der Leyen, *Die Eisenbahnpolitik des Fürsten Bismarck* (Berlin, 1914)]；另见鲁道夫 · 莫塞,《俾斯麦时期的帝国最高行政部门，1867–1890》(明斯特，1957 年)，第 139–160 页 [Rudolph Morsey, *Die Oberste Reichsverwaltung unter Bismarck, 1867–1890* (Münster, 1957), pp. 139–60]，以及卡尔 · 马克思和弗里德里希 · 恩格斯的《作品集》(东柏林，1962 年)，第 19 卷， 第 172–175 页 [Karl Marx-Friedrich Engels, *Werke* (East Berlin, 1962), XIX, 172–75]。
139. 弗朗茨 · 佩洛特,《俾斯麦与犹太人》，菲尔德穆勒–佩洛特编（柏林，1931 年），第 63 页 [Franz Perrot, *Bismarck und die Juden*, ed. by L. Feldmüller-Perrot (Berlin, 1931), p. 63]。
140. 布莱希罗德致俾斯麦，1873 年 7 月 25 日，SA。
141. 俾斯麦致布莱希罗德，1873 年 8 月 13 日，BA。
142. Morsey, *Reichsverwaltung*, p. 143.
143. 同上，pp. 143–146。
144. 库尔特 · 格伦瓦尔德,《欧洲铁路与犹太企业》，刊于《莱奥 · 拜克学会年鉴》，1967 年 569

第 12 期，第 201 页 [Kurt Grunwald, "Europe's Railways and Jewish Enterprise," *LBY*, 12 (1967), 201]。

145. 大卫 · 奥本海姆致布莱希罗德，1875 年 2 月 2 日、5 月 9 日，BA。
146. 同上，1876 年 6 月 5 日。
147. 布莱希罗德致俾斯麦，1877 年 12 月 11 日，SA。
148. Morsey, *Reichsverwaltung*, p. 153; *GW*, VI3, 96.
149. Fürstenberg, *Lebensgeschichte*, p. 72.
150. 罗斯柴尔德致布莱希罗德，1876 年 6 月 22 日，BA。
151. 汉斯 · 布莱希罗德致盖尔森 · 冯 · 布莱希罗德，1877 年 7 月 26 日，BA。
152. 戈德施密特致布莱希罗德，1877 年 11 月 14 日，BA。
153. 布莱希罗德致俾斯麦，1876 年 6 月 8 日，SA。
154. 布莱希罗德致俾斯麦，1878 年 12 月 16 日，SA；关于利率，见萨托利乌斯 · 冯 · 瓦尔特斯豪森，《德国经济史，1815–1914》，第二版（耶拿，1923 年），第 298 页 [A. Sartorius von Waltershausen, *Deutsche Wirtschaftsgeschichte, 1815–1914*, 2nd ed. (Jena, 1923), p. 298]。
155. 赫伯特 · 冯 · 俾斯麦致威廉 · 冯 · 俾斯麦，1879 年 1 月 11 日，SA。霍伊普科博士提供。
156. 科恩致布莱希罗德，1879 年 1 月 25 日，BA。
157. 罗伊斯亲王亨利七世致布莱希罗德，1878 年 12 月 1 日，1879 年 5 月 2 日；莱恩多夫致布莱希罗德，1879 年 7 月 15 日；奥古斯特·奥伊伦堡致布莱希罗德，1879 年 8 月 29 日、11 月 20 日，BA。布莱希罗德致俾斯麦，1879 年 6 月 1、12 日，SA。
158. 布莱希罗德致俾斯麦，1879 年 6 月 3 日，SA。
159. 弗里德里希 · 容尼克尔，《阿尔伯特 · 冯 · 马伊巴赫部长》（斯图加特，1910 年），第 73–81 页 [Friedrich Jungnickel, *Staatsminister Albert von Maybach* (Stuttgart, 1910), pp. 73–81]。
160. 基利施（Killisch）致布莱希罗德，1877 年 12 月 6 日，BA。
161. 莱茵–纳厄铁路国有化事务备忘录，未具日期，BA。
162. 布莱希罗德致比特，1880 年 6 月 14 日；比特致布莱希罗德，1880 年 6 月 28 日；布莱希罗德致比特，1880 年 6 月 29 日，BA。
163. 布莱希罗德致比特，1880 年 6 月 29 日；1880 年 7 月 5 日、9 月 5 日，BA。
164. SBHA，1881 年 1 月 11 日，I，pp. 896–904。
165. 未具日期的备忘录，BA。
166. 见 1880 年 11 月 16 日、1881 年 5 月 4 日、1881 年 6 月 30 日、1881 年 8 月 8 日的账目，1884 年 1 月 24 日的账单；另参见 Jungnickel，*Maybach*，pp. 90–91。
167. Leyen, *Eisenbahnpolitik*, p. 129；Jungnickel, *Maybach*, p. 92.
168. 约翰内斯·齐库施，《新德意志帝国政治史》，三卷本（法兰克福，1925–1930 年），第二卷，第 374 页 [Johannes Ziekursch, *Politische Geschichte des neuen deutschen Kaiserreiches*, (3 Vols.; Frankfurt, 1925–1930), II, 374]；在该书第 357–375 页，齐库施提醒读者注意 19 世纪 80 年代的这番话；施图尔默分析称，这是俾斯麦策略体系中不可或缺的一部分，见 Stürmer，"Staatsstreichgedanken"。
169. 波蒂谢致布莱希罗德，1887 年 9 月 10 日，1888 年 1 月 11 日，BA；布莱希罗德致赫伯特 · 冯 · 俾斯麦，1879 年 12 月 7 日，FA。

170. Wentzcke, *Im Neuen Reich*, p. 383.
171. Lucius, *Bismarck*, pp. 306–307；布莱希罗德致俾斯麦，1884年12月17日，FA；Morsey, *Reichsverwaltung*, pp. 115–6。
172. *GW*, XII, 146–48.
173. 参见拉尔夫·鲍文对俾斯麦社团理念的出色概括,《德国的社团国家理论》(纽约,1947年),第148–156页 [Ralph H. Bowen, *German Theories of the Corporative State* (New York, 1947), pp. 148–56]。
174. 引自汉斯·罗特菲尔斯编,《奥托·冯·俾斯麦：德意志国家》(慕尼黑，1925年)，第387页 [Hans Rothfels, ed., *Otto von Bismarck. Deutscher Staat* (Munich, 1925), p. 387]。
175. 圣瓦里耶致巴泰勒米·圣伊莱尔（Barthelemy Saint Hilaire），1880年11月1日，MAE：德国，第38卷。
176. Rothfels, *Bismarck*, p. 414.
177. 布莱希罗德致俾斯麦，1880年9月29日，FA。
178. 参见瓦尔特·福格尔,《俾斯麦的工作保险》(不伦瑞克,1951年),第34–50、138页 [Walter Vogel, *Bismarcks Arbeiterversicherung* (Braunschweig, 1951), pp. 34–50, 138]。
179. 朗格致俾斯麦，1885年11月3日、12月4日，SA。
180. 威廉·冯·朔尔茨编,《阿道夫·冯·朔尔茨部长：与俾斯麦的经历和谈话》(斯图加特和柏林，1922年)，第36、60、70–71页 [Wilhelm von Scholz, ed., *Staatsminister Adolf von Scholz, Erlebnisse und Gespräche mit Bismarck* (Stuttgart and Berlin, 1922), pp. 36, 60, 70–71]。
181. 诺曼·里希和费舍尔编,《荷尔斯泰因文件》，第1–3卷（剑桥，1955–1961年），第2卷，第56–57页 [Norman Rich and M. H. Fischer, eds., *The Holstein Papers*, Vols. I–III (Cambridge, 1955–1961), II, 56–57]。
182. Schulthess, *Geschichtskalender, 1884*, p. 60.
183. 布莱希罗德致俾斯麦，1884年5月24日，SA。
184. *Holstein Papers*, II, 227–28; *Schulthess*, Geschichtskalender, 1884, p. 63；*GW*, VIII, 511.
185. 引自汉斯·戈德施密特,《帝国与普鲁士的领导权争夺战》(柏林,1931年),第69页 [Hans Goldschmidt, *Das Reich und Preussen im Kampf um die Führung* (Berlin, 1931), p. 69]。
186. 圣瓦里耶致弗雷西内（Freycinet），1880年4月7、8和13日，MAE：德国，第34卷。
187. *GW*, XIV2, 917–18.
188. 汉斯·菲利皮,《普鲁士与不伦瑞克王位继承问题，1866–1913》(希尔德斯海姆，1966年) [Hans Philippi, *Preussen und die braunschweigische Thronfolgefrage, 1866–1913* (Hildesheim, 1966)]；斯图尔特·斯蒂林,《俾斯麦与圭尔夫问题，1866–1890：特别利益者对国家统一的反对研究》(海牙，1973年)，第6章 [Stewart A. Stehlin, *Bismarck and the Guelph Problem, 1866–1890: A Study in Particularist Opposition to National Unity* (The Hague, 1973), ch.6]。
189. Lerchenfeld-Koefering, *Erinnerungen*, p. 165；汉斯·菲利皮,《巴伐利亚国王路德维希二世与韦尔夫基金》，刊于《巴伐利亚地方志期刊》，1960年第23期，第90页 [Hans Philippi, “König Ludwig II. von Bayern und der Weifenfond,” *Zeitschrift für bayerische Landesgeschichte*, 23 (1960), 90]。
190. *Holstein Papers*, III, 104.

191. *Holstein Papers*, II, 75–80.

192. 同上。

193. 关于这 100 万马克，参见 Philippi，“König Ludwig”，p. 94；菲利皮的文字全盘接受荷尔斯泰因的证词，有时还引证不当。 570

194. 普菲斯特致布莱希罗德，1884 年 2 月 14、23 日，BA。

195. *GW*, XIV2, 949–50.

196. 布莱希罗德致普菲斯特，1884 年 4 月 26 日，草稿，BA。

197. 普菲斯特致布莱希罗德，1884 年 6 月 19 日，BA；另见 Philippi，“König Ludwig”，pp. 95–96。

第十章　贪婪与阴谋

1. 关于节俭和贵族生活总体状况的少数优秀描述之一，见约阿西姆·冯·迪索，《过渡中的贵族：一位批判性贵族成员来自城中和庄园宅邸的报告》（斯图加特，1961 年），第 24 页 [Joachim von Dissow, *Adel im Übergang. Ein kritischer Standesgenosse berichtet aus Residenzen und Gutshäusern* (Stuttgart, 1961), p. 24]。

2. 莱昂内尔 · 特里林，《诚与真》（马萨诸塞州，剑桥，1972 年），第 37 页 [Lionel Trilling, *Sincerity and Authenticity* (Cambridge, Mass., 1972), p. 37]。

3. 马克斯 · 韦伯，《政治作品集》（慕尼黑，1921 年），第 14 页 [Max Weber, *Gesammelte Politische Schriften* (Munich, 1921), p. 14]。

4. 我在《德国的土地精英》（German Landed Elites）进一步展开该主题，收录于大卫 · 斯普林编，《欧洲的土地精英》（巴尔的摩，约翰 · 霍普金斯大学出版社）[*European Landed Elites*, ed. by David Spring (Baltimore，Johns Hopkins University Press)]。另见汉斯 · 罗森贝格（Hans Rosenberg）的重要论文，“Die Pseudodemokratisierung，” in H.-U. Wehler, ed.，*Sozialgeschichte*，pp. 287–308。

5. Dissow, *Adel*, p. 25.

6. 查尔斯 · 狄更斯，《我们共同的朋友》（纽约，1960 年），第 134 页 [Charles Dickens, *Our Mutual Friend* (New York, 1960), p. 134]。

7. Thomas Mann, *Buddenbrooks*, p. 49.

8. 特奥多尔·冯塔纳，《致格奥尔格·弗里德兰德的信》，库尔特·施莱内特编（海德堡，1954 年），第 2 页 [Theodor Fontane, *Briefe an Georg Friedlaender*, ed. by Kurt Schreinert (Heidelberg, 1954), p. 2]。

9. 最简单的例子见同上，第 305 页；以及彭里斯的霍华士勋爵，《人生剧场，1863–1905》（伦敦，1935 年），第一卷，第 84 页 [Lord Howarth of Penrith, *Theatre of Life, 1863–1905*, Vol. I (London, 1935), p. 84]。

10. Lucius, *Bismarck*, pp. 21, 56；另见 A. O. Meyer，*Bismarck*，pp. 485–505 *passim*。

11. *GW*, XIV2, 85.

12. Kardorff, *Kardorff*, p. 114.

13. Lucius, *Bismarck*, p. 78；*GW*, XV, 343–355；格哈德 · 里特，《普鲁士保守派与俾斯麦的德意志政策，1858–1871》（海德堡，1913 年），特别见第 361–378 页 [Gerhard Ritter, *Die preussischen Konservativen und Bismarcks deutsche Politik 1858–1871* (Heidelberg, 1913),

esp. pp. 361–78]。

14. Lucius, *Bismarck*, p. 111 ；另见 Heyderhoff，*Im Ring* 各处。
15. Kardorff, Kardorff, p. 112.
16. Heyderhoff, *Im Ring*,p22.
17. Lucius, *Bismarck*, p.28.
18. *Holstein Papers*, II, 64–65, 228.
19. *Denkwürdigkeiten ... Hohenlohe*, II, 120.
20. 哈茨菲尔特致布莱希罗德，1878 年 4 月 15 日，BA；另见 Lerchenfeld-Koefering 透彻的评论，*Erinnerungen*，pp. 229–233。
21. 汉斯 · 戈德施密特（Hans Goldschmidt）的《俾斯麦外交斗争中的合作者》(Mitarbeiter Bismarcks im aussenpolitischen Kampf）一文提供关于其亲随的大量信息，但忽视不愉快的气氛。《普鲁士年鉴》，1934 年第 235 期，第 29–48、125–156 页 [*Preussische Jahrbücher*, 235 (1934), 29–48 and 125–56]。
22. 瓦尔特 · 布斯曼编，《国务秘书赫伯特 · 冯 · 俾斯麦伯爵：政治私信集》(哥廷根，1964 年），第 15 页 [Walter Bussmann, ed., *Staatssekretär Graf Herbert von Bismarck. Aus seiner politischen Privatkorrespondenz* (Göttingen, 1964), p. 15]。
23. Hans Goldschmidt, "Mitarbeiter Bismarcks," p. 30.
24. Bussmann, *Herbert von Bismarck*, p. 71.
25. *Holstein Papers*, II, 103.
26. 同上，p.131。
27. 安东 · 蒙茨伯爵，《大使的所忆所想》，卡尔 · 弗里德里希 · 诺瓦克和弗里德里希 · 蒂姆编（柏林，1932 年），第 50 页 [Graf Anton Monts, *Erinnerungen und Gedanken des Botschafters*, ed. by Karl Friedrich Nowak and Friedrich Thimme (Berlin, 1932), p. 50]。
28. Vierhaus, *Spitzemberg*, p. 17.
29. Bussmann, *Herbert von Bismarck*, p. 71.
30. 同上，pp. 71–73。
31. 最佳相关描述见乔治 · 肯特，《阿尼姆与俾斯麦》(牛津，1968 年）[George O. Kent, *Arnim and Bismarck* (Oxford, 1968)]；另见，诺曼 · 里奇，《荷尔斯泰因与阿尼姆事件》，刊于《近代史期刊》，1956 年第 28 期，第 35–54 页 [Norman Rich, "Holstein and the Arnim Affair," *JMH*, 28 (1956), 35–54]；Bussmann，*Herbert von Bismarck*，pp. 15–17。利用布莱希罗德和俾斯麦档案，我获得比肯特的描述更多的信息。
32. *GW*, XIV2, 844.
33. Kent, *Arnim*, p. 83 ；Rich, "Holstein," p. 42.
34. 兰茨贝格致布莱希罗德，1874 年 3 月 5、11 日，BA。
35. Kent, *Arnim*, p.97.
36. 布莱希罗德致俾斯麦，1872 年 7 月 10 日，BA。
37. Kent，*Arnim*，p.98；诺曼 · 里奇，《弗里德里希 · 冯 · 荷尔斯泰因：俾斯麦与威廉二世时期的政策与外交》(两卷本，剑桥，1965 年），第一卷，第 77–78 页 [Norman Rich, *Friedrich von Holstein: Politics and Diplomacy in the Era of Bismarck and Wilhelm II* (2 vols., Cambridge, 1965), I, 77–78]；Bussmann，*Herbert von Bismarck*，pp. 73–75；Morsey，*Reichsverwaltung*，p. 122；海因里希 · 施皮罗，《鲁道夫 · 林道》(柏林，1909 年），

第 7 页 [Heinrich Spiero, *Rudolf Lindau* (Berlin, 1909), p. 7]；另见埃伯哈德 · 瑙约克斯的精彩论文,《鲁道夫 · 林道与俾斯麦对外新闻政策的新定位，1871–1878》，刊于《历史期刊》，1972 年第 215 期，特别是第 299–318 页 [Eberhard Naujoks, "Rudolf Lindau und die Neuorientierung der Auswärtigen Pressepolitik Bismarcks (1871–1878)," *HZ*, 215 (1972), esp. pp. 299–318]。

38. 布莱希罗德致俾斯麦，1873 年 10 月 13 日，GFO：II B.10，卷五。魏尔纳 · 波尔斯（Werner Pöls）忽视这封信，未能看清兰茨贝格与布莱希罗德通信的全貌。布莱希罗德在其中扮演的角色比波尔斯想象的更大。见《布莱希罗德与阿尼姆事件》，刊于《历史期刊》,1968 年第 211 期,第 65–76 页 ["Bleichröder und die Arnim-Affäre," *HZ*, 211 (1968), 65–76]。
39. 兰茨贝格致布莱希罗德，1875 年 4 月 12 日；未具日期，可能是 1875 年 11 月 20 日；1880 年 11 月 19 日，BA。 571
40. 同上，1873 年 2 月 3 日。
41. 让 · 布维耶,《罗斯柴尔德家族》(巴黎，1960 年)，第 184–186 页 [Jean Bouvier, *Les Rothschilds* (Paris, 1960), pp. 184–86]。
42. *Holstein Papers*, III, 33.
43. 兰茨贝格致布莱希罗德，1873 年 10 月 10 日，BA；另见布莱希罗德致俾斯麦，1873 年 10 月 13 日，GFO：II B.10，卷五。
44. *GW*, XV, 346.
45. 保罗,克纳普隆德编,《柏林大使馆来信:英国驻柏林代表和外相格兰维尔勋爵私人通信选，1871–1874，1880–1885》(华盛顿，1944 年)，第 91 页 [Paul Knaplund, ed., *Letters from the Berlin Embassy: Selections from the Private Correspondence of British Representatives at Berlin and Foreign Secretary Lord Granville, 1871–1874, 1880–1885* (Washington, 1944), p. 91]。
46. 兰茨贝格致布莱希罗德，1874 年 1 月 14 日，BA。
47. Kent, *Arnim*, p. vi.
48. 兰茨贝格致布莱希罗德，1874 年 3 月 4 日，BA。
49. 同上，1874 年 3 月 5、11 日。
50. 布莱希罗德致俾斯麦，1874 年 3 月 6 日，SA。
51. 兰茨贝格致布莱希罗德，未具日期，可能是 1874 年 3 月初，BA。
52. 兰茨贝格致布莱希罗德，1874 年 4 月 29 日，BA。
53. 同上，1874 年 4 月 14 日。
54. 兰茨贝格致布莱希罗德，1874 年 5 月 12 日，原信见 BA，副本见俾斯麦档案中的布莱希罗德文件，归于致赫伯特的信，FA。
55. 兰茨贝格致布莱希罗德，1874 年 5 月 20 日，BA。
56. Lucius, *Bismarck*, pp. 65–66.
57. 兰茨贝格致布莱希罗德，1874 年 5 月 20 日，BA。
58. 同上，1874 年 5 月 27 日。
59. 布莱希罗德致俾斯麦，1874 年 7 月 2、27 日，SA。
60. Kent, *Arnim*, pp. 144–153.
61. 同上。

62. 布莱希罗德致俾斯麦，1874 年 10 月 4 日，SA。
63. 兰茨贝格致布莱希罗德，1874 年 10 月 6 日，BA。《阿尼姆审判》(柏林，1874 年)，第 25–26 页 [*Der Arnim' sche Prozess* (Berlin, 1874), pp. 25–26]。
64. Kent，*Arnim*，pp.160–161；保利(Pauly)致俾斯麦，1874 年 12 月 8 日；*Der Arnim' sche Prozess*，p. 217。
65. 彪罗致威廉一世，1874 年 12 月 26 日，DZA：梅泽堡：民事内阁，89H VI，卷 3b，冯·阿尼姆。
66. 布莱希罗德致俾斯麦，1874 年 12 月 15 日，FA；布莱希罗德告诉俾斯麦，兰茨贝格将返回巴黎，除非首相想见他。俾斯麦在信上批注道："L 博士，今晚 9 点。"
67. *Denkwürdigkeiten ... Hohenlohe*, II, 141. 英译本令人遗憾。
68. Lerchenfeld-Koefering, *Erinnerungen*, p. 82.
69. Kent, *Arnim*, p. 172.
70. 兰茨贝格致布莱希罗德，1875 年 3 月 12 日、6 月 18 日，BA。
71. 同上，1875 年 10 月 24 日。
72. 施瓦巴赫致布莱希罗德，1876 年 6 月 6 日，BA。
73. 兰茨贝格致布莱希罗德，未具日期，可能是 1874 年 3 月，BA；*Denkwürdigkeiten……Hohenlohe*，II，120。
74. 兰茨贝格致布莱希罗德，1874 年 5 月 27 日；*Denkwürdigkeiten……Hohenlohe*，II，123。
75. 兰茨贝格致布莱希罗德，1875 年 11 月 20 日，BA。
76. 关于对荷尔斯泰因角色的最佳评价，见 Rich，"Holstein"。
77. 兰茨贝格致布莱希罗德，1876 年 4 月 21 日，BA；另见 Rich，*Holstein*，I，162–173。
78. 未具日期的信，1890 年后，BA。
79. 《议会下院商谈速记报告》，1873 年 2 月 7 日，第二卷，第 940 页。另见拉斯克早前的演讲，同上，1873 年 1 月 14 日，第一卷，第 521–547 页。
80. 布莱希罗德致俾斯麦，1873 年 2 月 7 日，FA。
81. 沃尔夫冈·萨伊勒，《赫尔曼·瓦格纳和他与俾斯麦的关系》(图宾根，1958 年)，第 114–122 页 [Wolfgang Saile, *Hermann Wagener und sein Verhältnis zu Bismarck* (Tübingen, 1958), pp. 114–22]；Ritter，*Preussischen Konservativen*，p. 370。
82. Kardorff, *Kardorff*, p. 96.
83. *GW*, XIV2, 828.
84. 赫尔曼·瓦格纳，《经历：1848 年到 1866 年以及 1873 年至今我的回忆》(两卷合订本，柏林，1884 年)，第二卷，第 58 页 [Hermann Wagener, Erlebtes: *Meine Memoiren aus der Zeit von 1848 bis 1866 und von 1873 bis jetzt* (2 vols. in one; Berlin, 1884), II, 58]；Saile，*Wagener*，pp. 122–124。
85. Lucius, *Bismarck*, p. 116.
86. 约翰娜·冯·俾斯麦致布莱希罗德，1876 年 11 月 23 日，BA。
87. 瓦格纳致布莱希罗德，1876 年 12 月 6 日，BA。
88. 同上，1876 年 12 月 4 日，1877 年 2 月 13、28 日。
89. 同上，1880 年 6 月 24 日；Saile，*Wagener*，p.120。
90. Morsey, *Reichsverwaltung*, p. 248.

91. Lerchenfeld-Koefering, *Erinnerungen*, p. 120.
92. *Hatzfeldt Briefe*, p. 256.
93. Rich, *Holstein*, I, 9–10.
94. *Hatzfeldt Briefe*, p. 275.
95. 同上，p.310。哈茨菲尔特以四个点结束这封信。
96. 布莱希罗德致哈茨菲尔特，1871 年 11 月 23 日，HN。巴德内恩多夫（Bad Nenndorf）的格哈德·埃贝尔博士（Dr. Gerhard Ebel）曾编辑过哈茨菲尔特的政治通信，我们交流了哈茨菲尔特和布莱希罗德的信。关于劳拉舍的成立，另见 Glagau 粗俗但内容丰富的 572
Börsen- und Gründungs-Schwindel，pp. 200–201。
97. 哈茨菲尔特致布莱希罗德，1871 年 11 月 13 日，BA。
98. 布莱希罗德致哈茨菲尔特，1872 年 1 月 29 日，HN；Glagau，*Börsen-und Gründungs-Schwindel*，pp. 200–201。
99. 哈茨菲尔特致布莱希罗德，1872 年 2 月 9 日，BA。
100. Kardorff, *Kardorff*, p. 96.
101. 布莱希罗德致哈茨菲尔特，1872 年 1 月 18 日，HN；哈茨菲尔特致布莱希罗德，1872 年 1 月 5、10 日和 7 月 12 日，1873 年 1 月 1 日，BA。
102. 布莱希罗德致哈茨菲尔特，1873 年 8 月 9 日，HN。
103. 同上，1873 年 3 月 22、24 日和 4 月 5 日。
104. 同上，1875 年 2 月 28 日、3 月 6 日。
105. 同上，1875 年 3 月 6 日。
106. 哈茨菲尔特致布莱希罗德，1875 年 3 月 13 日，BA。
107. 布莱希罗德致哈茨菲尔特，1876 年 3 月 21 日，HN。
108. 哈茨菲尔特致布莱希罗德，1876 年 9 月 13 日，1877 年 9 月 24 日，HN。
109. 哈茨菲尔特致布莱希罗德，1878 年 3 月 4 日，BA。
110. 同上，1878 年 5 月 15 日。
111. 另见荷尔斯泰因对哈茨菲尔特驻节马德里的溢美之词，*Holstein Papers*，I，193；布莱希罗德致赫伯特·冯·俾斯麦，1878 年 4 月 28 日，FA。
112. 赫伯特·冯·俾斯麦致布莱希罗德，1878 年 4 月 29 日，BA。
113. *Holstein Papers*, III,44.
114. 布莱希罗德致俾斯麦，1879 年 1 月 30 日，SA。
115. *Denkwürdigkeiten ... Hohenlohe*, II,278–279.
116. 布莱希罗德致赫伯特·冯·俾斯麦，1879 年 10 月 31 日，FA。
117. 赫伯特·冯·俾斯麦致布莱希罗德，1879 年 11 月 2 日，BA。
118. Bussmann，*Herbert von Bismarck*，pp. 96–97；赫尔穆特·罗格，《荷尔斯泰因与霍亨洛厄》（斯图加特，1957 年），第 149–150 页 [Helmuth Rogge, *Holstein und Hohenlohe* (Stuttgart, 1957), pp. 149–50]。
119. 荷尔斯泰因致布莱希罗德，1880 年 1 月 1 日（不确定），BA。
120. 布莱希罗德致俾斯麦，1880 年 8 月 1 日，FA；赫伯特·冯·俾斯麦致布莱希罗德，1880 年 8 月 2 日，BA；布莱希罗德致赫伯特·冯·俾斯麦，1880 年 8 月 19 日，FA。
121. 赫伯特·冯·俾斯麦致兰曹，1880 年 8 月 31 日，SA；Rogge，*Holstein*，pp. 89，149–150；Bussmann，*Herbert von Bismarck*，pp. 95–96；兰曹致外交部，1880 年 11 月 10 日

和 11 日；GFO：I.A.A.a. 50 adh. secr.，第三卷。

122. Rogge，*Holstein*，pp. 104–105；德国《周一报》(*Montagsblatt*)，1880 年 2 月 2 日，FA；*Holstein Papers*，II，31。

123.《泰晤士报》，1885 年 10 月 15 日。

124. Morsey, *Reichsverwaltung*, pp. 119–120.

125. 莫里茨·布施，《俾斯麦：人生的秘密篇章》(三卷本，伦敦，1898 年)，第三卷，第 67、73–74 页 [Moritz Busch, *Bismarck: Some Secret Pages of His History* (3 vols.; London, 1898), III, 67, 73–4]。另参见哈约·霍尔波恩编，《约瑟夫·玛利亚·冯·拉多维茨大使生平记录与回忆》(两卷本，莱比锡，1925 年)，第二卷：《1878–1890》，第 204 页 [Hajo Holborn, ed., *Aufzeichnungen und Erinnerungen aus dem Leben des Botschafters Joseph Maria von Radowitz*, 2 vols. (Leipzig, 1925), II, *1878–1890*, p. 204]。

126. Bussmann, *Herbert von Bismarck*, pp. 139–41.

127.《泰晤士报》，1885 年 10 月 16 日。

128. 布莱希罗德致哈茨菲尔特，1885 年 11 月 21 日，HN；哈茨菲尔特致布莱希罗德，1885 年 10 月 7 日，BA。

129. 布莱希罗德致哈茨菲尔特，1882 年 8 月 5 日，HN。

130. Bussmann, *Herbert von Bismarck*, p. 142.

131. 哈茨菲尔特致布莱希罗德，1885 年 11 月 5 日，BA。

132. 同上，1889 年 9 月 17、27 日和 10 月 11 日；Bussmann，*Herbert von Bismarck*，p.546。

133. 布莱希罗德致哈茨菲尔特，1888 年 3 月 2 日和 4 月 7、9 日，HN；哈茨菲尔特致布莱希罗德，1889 年 1 月 30 日，BA。

134. 伯克内廷参事(Hofrath Bork)致布莱希罗德，1878 年 7 月 26 日，BA。

135. 佩彭谢伯爵致布莱希罗德，1878 年 12 月 6、13 日，BA。

136. 赫尔曼·冯·埃卡德斯泰因男爵，《生平与政治回忆》(莱比锡，1919 年)，第一卷， 第 35–40 页 [Freiherr Hermann von Eckardstein, *Lebenserinnerungen und Politische Denkwürdigkeiten* (Leipzig, 1919), I, 35–40]。

137. 威廉二世，《我的早年》(伦敦，1926 年)，第 89 页 [William II, *My Early Life* (London, 1926), p. 89]。

138. 哈里·凯斯勒伯爵，《面容与时间：回忆录》(柏林，1962 年)，第 79–80 页 [Graf Harry Kessler, *Gesichter und Zeiten. Erinnerungen* (Berlin, 1962), pp. 79–80]。

139. 莱恩多夫致布莱希罗德，1875 年 11 月 23 日，1878 年 11 月 8、19 日，1879 年 7 月 15 日，1880 年 10 月 10 日，1885 年 3 月 31 日，BA。

140. 同上，1877 年 7 月 21 日，1880 年 5 月 5 日，1881 年 11 月 29 日。

141. 威廉一世致布莱希罗德，1884 年 7 月 6 日，BA。我没能找到神秘的加布里埃拉·德·卡斯基(Gabrielle de Karsky)的信息——信上署名为 de Karski。她在华沙有家，可能是波兰人。

142. 关于对拉齐威尔的爱，见埃尔里希·马克斯，《威廉一世皇帝》(第八版，慕尼黑和莱比锡，1918 年)，第 29–34 页 [Erich Marcks, *Kaiser Wilhelm I* (8th printing, Munich and Leipzig, 1918), pp. 29–34]；另见 Kessler，*Gesichter*，pp. 45–46。

143. *Holstein Papers*, III, 128.

144. 布莱希罗德致威廉一世，1884 年 8 月 18 日，附威廉一世致布莱希罗德的便条，1884 年

8 月 19 日；威廉一世致布莱希罗德，1884 年 8 月 20 日，BA；库蒙特（Coumont）致布莱希罗德，1884 年 10 月 4 日，BA。

145. 加布里埃拉 · 德 · 卡斯基致布莱希罗德，2 月 11 日（无年份，可能是 1885 年），BA。
146. 同上，9 月 5 日（无年份，可能是 1885 年）。
147. 同上，12 月 28 日（无年份，可能是 1885 年）。 573
148. 威廉一世致布莱希罗德，1886 年 8 月 27 日，BA。
149. 赫伯特 · 冯 · 俾斯麦致布莱希罗德，1876 年 9 月 19 日，BA。
150. 《菲利普 · 奥伊伦堡–赫特菲尔德亲王五十年回忆录》（柏林，1923 年），第 95 页 [*Aus 50 Jahren. Erinnerungen des Fürsten Philipp zu Eulenburg-Hertefeld* (Berlin, 1923), p. 95]。奥伊伦堡是当时赫伯特最亲密的心腹，他的记录是我们手头最可靠的资料。另见路易斯 · 斯奈德，《赫伯特 · 冯 · 俾斯麦婚姻事件的政治影响，1881–1892》，刊于《近代史期刊》，1964 年第 36 期，第 155–169 页 [Louis Snyder, "Political Implications of Herbert von Bismarck's Marital Affairs, 1881, 1892," *JMH*, 36 (1964), 155–69]。
151. *Aus 50 Jahren*, p. 93.
152. 同上，pp. 102，105。
153. 布莱希罗德致俾斯麦，1881 年 4 月 13 日，FA。
154. BA.
155. 布莱希罗德致赫伯特 · 冯 · 俾斯麦，1881 年 7 月 5 日；赫伯特 · 冯 · 俾斯麦致布莱希罗德，1881 年 7 月 6 日；布莱希罗德致赫伯特 · 冯 · 俾斯麦，1881 年 7 月 8 日，BA。
156. 波蒂谢遗稿，科布伦茨联邦档案。感谢约翰 · 洛尔博士提供材料。
157. 卡多夫致布莱希罗德，1881 年 6 月 20 日，BA。
158. 赫伯特 · 冯 · 俾斯麦致威廉 · 冯 · 俾斯麦，1882 年 8 月 9 日，FA。感谢 Bussmann 所编的《国务秘书赫伯特 · 冯 · 俾斯麦伯爵：政治私信集》的助理编辑克劳斯–彼得 · 霍伊普科博士提供材料。
159. *Holstein Papers*, III, 104–5.
160. 兰曹致赫伯特 · 冯 · 俾斯麦，1882 年 8 月 11 日，FA。感谢霍伊普科博士。
161. 比如，兰曹致赫伯特 · 冯 · 俾斯麦，1882 年 8 月 11 日。感谢霍伊普科博士。
162. *Holstein Papers*, II, 57.
163. 同上，p. 277。
164. 布莱希罗德致俾斯麦，1882 年 5 月 24 日和 8 月 3、9 日，SA；威廉 · 冯 · 俾斯麦致布莱希罗德，1882 年 6 月 7、8 日，BA。
165. 布赫尔致布莱希罗德，1872 年 11 月 16 日，BA。
166. 俾斯麦致布莱希罗德，1882 年 7 月 17 日，BA。
167. 布莱希罗德之俾斯麦，1882 年 8 月 3、7 和 9 日，SA；另见 *GW*，XIV2，950。
168. 赫伯特 · 冯 · 俾斯麦致威廉 · 冯 · 俾斯麦，1882 年 8 月 9 日；兰曹致赫伯特 · 冯俾斯麦，1882 年 10 月 7 日，霍伊普科博士提供；Bussmann，*Herbert von Bismarck*，p. 210。
169. *GP*, VI, 355.

第十一章　第四等级

1. 鲁道夫 · 莫塞，《俾斯麦的新闻政策：外交部新闻司的由来（1870）》，刊于《传播》，1956

年第 1 期，第 180 页 [Rudolf Morsey, "Zur Pressepolitik Bismarcks. Die Vorgeschichte des Pressedezernats im Auswärtigen Amt (1870)," *Publizistik*, I (1956), 180]。

2. *GW*, XII, 349.
3. 见莱诺尔 · 奥博伊尔出色的《法国、德国和英国的记者形象，1815–1848》，刊于《社会和历史比较研究》，1968 年第 10 期，第 302–312 页 [Lenore O' Boyle' s excellent "The Image of the Journalist in France, Germany, and England, 1815–1848," *Comparative Studies in Society and History*, 10 (1968), 302–12]。
4. 直到近年来，俾斯麦与新闻媒体的关系才开始被仔细研究。关于这段历史早期的出色作品，见埃伯哈德 · 瑙约克斯，《俾斯麦的对外新闻政策与帝国奠基，1865–1871 年》（威斯巴登，1968 年）[Eberhard Naujoks, *Bismarcks Auswärtige Pressepolitik und die Reichsgründung, 1865–1871* (Wiesbaden, 1968)]；另见瑙约克斯的"俾斯麦与官方媒体的组织"，刊于《历史期刊》，1967 年第 205 期，第 46–81 页 ["Bismarck und die Organisation der Regierungspresse," *HZ*, 205 (1967), 46–81]。伊莲娜 · 费舍尔–弗劳恩迪恩斯特与鲁道夫 · 莫塞的其他研究见下文。诺尔 · 冯 · 德 · 纳莫（R. Nöll von der Nahmer）的《俾斯麦的爬行动物基金》(*Bismarcks Reptilienfonds* ,Mainz, 1968),不可靠而且算不上学术作品。
5. 奥托 · 格洛特，《报刊：报刊学体系》，第二卷（曼海姆，1929 年），第 199 页 [Otto Groth, *Die Zeitung. Ein System der Zeitungskunde*, Vol. II (Mannheim, 1929), p. 199]。
6. 格雷厄姆·斯托雷，《路透社：收集新闻的世纪故事》（纽约，1951 年），第 3–31 页 [Graham Storey, *Reuters: The Story of a Century of News-Gathering* (New York, 1951), pp. 3–31]。
7. 参见 Naujoks，"Regierungspresse"，pp. 46–81。
8. 保罗 · 林道，《只是回忆》（两卷本，柏林，1916–1917 年），第一卷，第 234–241 页 [Paul Lindau, *Nur Erinnerungen* (2 vols.; Berlin, 1916–1917), I, 234–41]。
9. 参见一份未具日期的备忘录，几乎肯定是理查 · 文策尔在 1869 年所写，BA。另参见埃伯哈德 · 瑙约克斯稍有不同但没有说服力的版本，《俾斯麦与沃尔夫通讯社》，刊于《作为科学和教学的历史》，1963 年第 14 期，第 19–20 页 ["Bismarck und das Wolffsche Telegraphenbüro," *GWU*, 14 (1963), 19–20]。
10. 文策尔备忘录，BA。另参见施蒂伯博士，《大事记：来自他的遗留文件》，利奥波德 · 奥尔巴赫编（柏林，1994 年），第 246–247 页。施蒂伯描绘 1865 年的协议，但隐瞒 1869 年的协议 [Dr. Stieber, *Denkwürdigkeiten: Aus seinen hinterlassenen Papieren*, ed. by Leopold Auerbach (Berlin, 1884), pp. 246–47]。
11. 见成立大陆通讯公司的最初协议，1865 年 5 月 22 日，BA。
12. Naujoks, "Wolffsche Telegraphenbüro," pp. 19–20.
13. 尤里乌斯 · 弗洛贝尔致俾斯麦，1869 年 2 月 6 日，DZA：梅泽堡：A.A.I. Rep. 4. No. 721，秘密国家档案，一般类。另见尤里乌斯 · 弗洛贝尔，《人生历程：大事、回忆和自白》（两卷本，斯图加特，1890–1891 年），第一卷，第 521–522 页。书中谈到了路透的努力，但没有提及他写给俾斯麦的私信 [Julius Fröbel, *Ein Lebenslauf: Aufzeichnungen, Erinnerungen, und Bekenntnisse* (2 vols.; Stuttgart, 1890–1891), I, 521–22]。
14. 科伊德尔致布莱希罗德，1869 年 2 月 20 日，BA。
15. 同上，1869 年 4 月 23 日。
16. 文策尔致布莱希罗德，1869 年 4 月 24 日，BA。
17. 参见 1869 年 6 月 10 日的合同，6 月 11 日获得俾斯麦批准，DZA：梅泽堡：A.A.I. Rep. 4.

No。721，秘密国家档案，一般类。

18. 罗森贝格（Rosenberg）致俾斯麦，1870 年 3 月 10 日，同上。 574
19. 伊莲娜·费舍尔–弗劳恩迪恩斯特,《俾斯麦的新闻政策》(明斯特,1963 年),第 29 页 [Irene Fischer-Frauendienst, *Bismarcks Pressepolitik* (Münster, 1963), p. 29]。
20. 引自 O' Boyle，"Journalist"，p. 305。
21. Storey, *Reuters*, p. 53.
22. Knaplund, *Letters from the Berlin Embassy*, p. 101.
23. 汉斯 · 菲利皮致作者，1970 年 4 月 20 日。
24. 菲利皮,《韦尔夫基金史》，刊于《下萨克森州年鉴》，新系列，1959 年第 31 期，第 190–199 页 [Philippi, "Zur Geschichte des Welfenfonds," *Niedersächsisches Jahrbuch*, n.s., 31 (1959), 190–99]。
25. 埃伯哈德·瑙约克斯,《韦尔夫基金结算，1869 年 4 月 1 日 –12 月 31 日》，刊于《传播》，1969 年第 1 期，第 16–29 页 [Eberhard Naujoks, "Eine Abrechnung über den Welfendonds (1. April–31. Dezember 1869)," *Publizistik* (1969), I, 16–29]。
26. 科伊德尔致布莱希罗德，1868 年 1 月 29 日，BA。
27. 文策尔致布莱希罗德，1871 年 8 月 2 日，BA。
28. 路透致布莱希罗德，1874 年 12 月 29 日；文策尔致路透，1875 年 1 月 1 日，副本，BA。
29. 布莱希罗德致俾斯麦，1875 年 2 月 20 日，DZA：梅泽堡：A.A.I. Rep. 4. No. 721，秘密国家档案，一般类。
30. 彪罗致布莱希罗德，1875 年 2 月 23 日，BA。
31. 彪罗备忘录，1875 年 3 月 10 日，DZA：梅泽堡：A.A.I. Rep. 4. No. 721，秘密国家档案，一般类。
32. 大陆通讯公司致布莱希罗德，1875 年 12 月 30 日，BA。
33. 博斯（Bosse）备忘录，1879 年 3 月 4 日，DZA：梅泽堡：A.A.I. Rep. 4. No. 721，秘密国家档案，一般类。
34. 文策尔致布莱希罗德，1879 年 6 月 4 日、11 月 24 日；协议草案，1880 年 2 月 5 日，BA。
35. 荷尔斯泰因致布莱希罗德，1880 年 8 月 28 日，BA。
36. 参见 Naujoks，"Wolffsche Telegraphenbüro"，pp. 26–28。
37. 阿瓦斯和路透又为收购沃尔夫通讯社做了几次尝试；最后一次收购尝试发生在 1889 年，但再次以失败告终。爱德华 · 勒拜（Eudard Lebey）致布莱希罗德，1889 年 3 月 28 日，BA。
38. Busch, *Tagebuchblätter*, I, 304；Naujoks, *Bismarcks Auswärtige Pressepolitik*, p. 333.
39. 俾斯麦致坎普豪森，1872 年 1 月 14 日，DZA：梅泽堡：A.A.I. Rep. 4. No. 721，秘密国家档案，一般类。
40. 见瑙约克斯,《林道》,刊于《历史期刊》,第 215 期,第 299–344 页各处 [Naujoks, "Lindau," *HZ*, 215: 299–344, passim]。
41. 普鲁士内阁与大陆通讯公司的协议副本，1872 年 3 月 4 日，DZA：梅泽堡：A.A.I. Rep. 4. No. 721，秘密国家档案，一般类。
42. 施莱辛格致布莱希罗德，1877 年 6 月 11 日，BA。
43. 施莱辛格致布莱希罗德，1878 年 5 月 9 日，BA。

44. *Holstein Papers*, II, 140–41.
45. 政府备忘录，1876 年 2 月 2 日，GFO：I.A.A.a. 33。
46. 未具日期和署名的备忘录，记录 1872 年谈判的过程和后续，DZA：梅泽堡：A.A.I. Rep. 4. No. 721，秘密国家档案，一般类。
47. 布莱希罗德致布赫尔，1876 年 2 月 21 日，附施莱辛格致布莱希罗德，1876 年 2 月 19 日，GFO: I.A.A.a. 33。
48. 未署名备忘录，1876 年 3 月 1 日，同上。
49. 布莱希罗德致俾斯麦，1876 年 3 月 15 日，SA。
50. 布赫尔致布莱希罗德，1876 年 4 月 12 日，BA。
51. 汉斯 · 冯 · 布莱希罗德致父亲，1876 年 4 月 20 日，BA。
52. 布莱希罗德、施莱辛格和文策尔签署的协议，1876 年 4 月 14 日，DZA：梅泽堡：A.A.I. Rep. 4. No. 721，秘密国家档案，一般类。
53. 布莱希罗德致布赫尔，1876 年 4 月 21 日；布赫尔致布莱希罗德，1876 年 4 月 27 日，同上；Naujoks，“Lindau”，308–309。
54. 施莱辛格致布莱希罗德，1876 年 4 月 19 日；《英国通讯》，1876 年 4 月 29 日，BA.
55. 坎普豪森致俾斯麦，1878 年 2 月 26 日，1878 年 2 月 28 日（标为机密），DZA：梅泽堡：A.A.I. Rep. 4. No. 721，秘密国家档案，一般类。
56. 施莱辛格致布莱希罗德，1878 年 5 月 9 日，BA。
57. Tiedemann, *Sechs Jahre*, pp. 298–99.
58. 圣瓦里耶致瓦丁顿，1879 年 2 月 26 日，MAE：德国，第 27 卷。
59. 瓦尔特 · 海德对新闻界和犹太人的研究结合德国人的严谨和纳粹的论调。瓦尔特 · 海德编《新闻学手册》（莱比锡，1940–1943 年）[Walter Heide, ed., *Handbuch der Zeitungswissenschaft* (Leipzig, 1940–1943)]。
60. *GW*, VII, 66.
61. 详细描述见 Naujoks，*Bismarcks Auswärtige Pressepolitik*，pp. 68–78。
62. 巴姆贝格致布莱希罗德，1879 年 9 月 24 日，BA。
63. 同上，1880 年 9 月 13 日。
64. 艾蒂安致布莱希罗德，1876 年 5 月 3 日，BA。
65. 赫茨卡致布莱希罗德，1880 年 2 月 20 日，BA；戈德施密特致布莱希罗德，1880 年 3 月 3 日，BA。
66. 格奥尔格 · 冯 · 本森（Georg von Bunsen）和鲁道夫 · 冯 · 格奈斯特，1877 年 4 月 3 日，BA。
67. 施瓦巴赫致布莱希罗德，1876 年 7 月 4 日，BA。
68. 保罗 · 林道致布莱希罗德，1890 年 12 月 16 日，1891 年 3 月 16 日、5 月 15 日，BA。
69. 关于索纳曼，见 Hamburger，*Juden im öffentlichen Leben*，pp. 311–321。另见圣瓦里耶 575 致瓦丁顿，1878 年 10 月 9 日，MAE：德国，第 25 卷。
70. 索纳曼致布莱希罗德，1875 年 6 月 11 日，1877 年 2 月 10 日，BA。
71. 布莱希罗德致俾斯麦，1880 年 12 月 11、21 日，FA。
72. Bussmann, *Herbert von Bismarck*, p. 196；Busch, *Tagebuchblätter*, III, 40.
73. 见 1875 年 –1880 年间赫斯多弗（Hersdörfer）与布莱希罗德非常活跃的通信，BA；Bussmann，*Herbert von Bismarck*，p. 177；库尔特 · 科齐克，《德国新闻界的历史：19

世纪的德国新闻界》(柏林，1966年)，第二卷，第151–152页 [Kurt Koszyk, *Deutsche Presse im 19. Jahrhundert. Geschichte der deutschen Presse* (Berlin, 1966), II, 151–52]。

74. Glagau, *Börsen- und Gründungs-Schwindel*, pp. 316–17.

75. 基里施·冯·霍恩致布莱希罗德，1877年12月5日，BA。

76. 同上，1879年10月20、24日。

77. Groth，*Die Zeitung*，II，193，574–577；Münch，*Hansemann*；Koszyk，*Deutsche Presse*，II，291；另见弗朗茨·梅林，《全集》(柏林，1960年)，第二卷，第396–397页 [Franz Mehring, *Gesammelte Schriften* (Berlin, 1960), II, 396–97]。

78. 贝措尔德致布莱希罗德，1870年4月9日，BA；关于令人着迷的贝措尔德，见Eckardstein，*Lebenserinnerungen*，I，240–246。

79. 弗朗茨–克萨维尔·克劳斯，《日记》(科隆，1957年)，第618页；Koszyk，*Deutsche Presse*，II，182。

80. 约阿西姆·伯梅，《北德大众报》，刊于《新闻学》，1926年第1期，第56、73、92、103页 [Joachim Boehmer, "Die Norddeutsche Allgemeine Zeitung," *Zeitungswissenschaft*, 1 (1926), 56, 73, 92, 103]。

81. Bussmann, *Herbert von Bismarck*, p. 387；Busch, *Tagebuchblätter*, II, 570.

82. 赫伯特·冯·俾斯麦致兰曹，1878年8月9日，FA，魏尔纳·波尔斯博士提供。另见Bussmann，*Herbert von Bismarck*，pp. 99–101。

83. 见赫尔曼·霍夫曼，《俾斯麦亲王，1890–1898》(斯图加特，1914年)，第一卷，第76–90页 [Hermann Hofmann, *Fürst Bismarck, 1890–1898* (Stuttgart, 1914), I, 76–90]。

84. 品特致布莱希罗德，1880年8月8日，BA；戈德施密特致布莱希罗德，1882年5月20日，BA。

85. *GW*, VI3, 198–99.

86. 奥伦多夫致布莱希罗德，1880年12月8、9、16、18日，BA；蒂德曼致布莱希罗德，1880年12月27日，BA；Fischer-Frauendienst，*Pressepolitik*，p. 170。

第十二章 发财的亲王

1. *GW*, XV, 346–47.

2. *GW*, XIV2, 821。俾斯麦的说法是8.5万塔勒，但真实数字被证明是8.75万塔勒。关于弗里德里希斯鲁现在的规模，见1976年1月31日的《汉堡晚报》(*Hamburger Abendblatt*)。

3. 布莱希罗德致俾斯麦，1884年5月1日，SA。

4. *GW*, XIV2, 820–21.

5. 根据布莱希罗德助手的报告；西贝特致布莱希罗德，1871年7月15日，BA。

6. 俾斯麦致科伊德尔，1871年7月15日；迪特里希博士致科伊德尔，1871年8月3日，SA。关于人均收入，见瓦尔特·霍夫曼等人所编的《德国人的收入，1851–1957》(图宾根，1959年)，第39页 [Walther G. Hoffmann, et al., *Das deutsche Volkseinkommen, 1851–1957* (Tübingen, 1959), p. 39]。

7. 柏林地区税收委员会，1871年10月20日，SA。

8. 1877年3月15日，SA。

9. Kardorff, *Kardorff*, p. 107.
10. *GW*, XII, 103.
11. Taylor, *Bismarck*, p. 112.
12. 各种指控和随后的审判将在第十八章讨论；关于对指控不加鉴别的重复，见《明镜周刊》（*Der Spiegel*），1965 年 3 月 31 日，第 67 页。
13. 1881 年 1 月 1 日，1890 年 10 月 31 日，SA。
14. 这些和下面的数字来自布莱希罗德给俾斯麦的财务清单，是我在三个贴有舍恩豪森档案标签的包裹中找到的，存放于现任俾斯麦亲王马棚的阁楼上。布莱希罗德给俾斯麦寄来月度、季度、半年度和年度清单，这些并没有全部留存下来。他有时还寄来投资组合列表，有一部分留存下来。哈佛大学的布莱希罗德档案中也有几张布莱希罗德的清单。
15. 关于 19 世纪 70 年代初的一般情况，参见 Böhme，*Deutschlands Weg*，pp. 320–44。
16. 布莱希罗德致俾斯麦，1872 年 8 月 4 日，SA。
17. Böhme, *Deutschlands Weg*, pp. 341–45.
18. 布莱希罗德致俾斯麦，1873 年 7 月 25 日，SA。
19. 俾斯麦致布莱希罗德，1874 年 8 月 22 日，BA。
20. 布莱希罗德致俾斯麦，1874 年 8 月 25 日、9 月 2 日，SA。
21. 俾斯麦致布莱希罗德，1874 年 10 月 1 日，SA。
22. *GW*, VIII, 212, 383.
23. 关于彼得 · 舒瓦洛夫，参见休 · 塞顿–沃特森，《沙俄帝国》（牛津，1967 年），第 378 页 [Hugh Seton-Watson, The Russian Empire (Oxford, 1967), p. 378]；亦见罗伯特 · 威廉 · 塞顿–沃特森，《迪斯累利、格莱斯顿和东方问题》，新版（爱丁堡，1962 年），第 40 页，R. W[Seton-Watson, *Disraeli, Gladstone and the Eastern Question*, new ed. (Edinburgh, 1962), p. 40]。
24. 约翰娜 · 冯 · 俾斯麦致布莱希罗德，1875 年 9 月 29 日；热妮 · 法提奥致布莱希罗德，1875 年 10 月 31 日，BA。
25. 布莱希罗德致赫伯特 · 冯 · 俾斯麦，1875 年 10 月 2 日，FA。
26. *GW*, VIII, 383.
27. 参见布莱希罗德信上的手写记录。
28. 布莱希罗德致俾斯麦，1885 年 6 月 11 日，SA。
29. 同上，1890 年 3 月 8、14 日，SA。
30. 洛尔，《没有俾斯麦的德国：第二帝国的政府危机》（伯克利，1967 年），第 52–55 页 [J. C. G. 576
Röhl, *Germany without Bismarck: The Crisis of Government in the Second Reich* (Berkeley, 1967), pp. 52–55]。
31. 赫伯特用英语向罗斯贝里勋爵（Lord Rosebery）如此报告，1890 年 3 月 30 日；Bussman，*Herbert von Bismarck*。p. 567。
32. 布莱希罗德致俾斯麦，1890 年 6 月 4、7 日，SA。
33. 俾斯麦致布莱希罗德，1891 年 7 月 23 日，BA。
34. *GW*, XII, 365.
35. *GW*, XIV2, 909.
36. *GW*, XIV2, 834.
37. A. O. Meyer, *Bismarck*, p. 446；Westphal, *Bismarck*, p. 12.

38. 关于对土地的饥渴，见 A. O. Meyer，*Bismarck*，p. 382。
39. Westphal, *Bismarck*, p. 56.
40. *GW*, XII, 374.
41. 西贝特致布莱希罗德，1871 年 7 月 15 日，BA。
42. 布莱希罗德致俾斯麦，1873 年 11 月 12 日，SA；俾斯麦致布莱希罗德，1873 年 11 月 16 日，BA。
43. 布莱希罗德致俾斯麦，1879 年 10 月 20 日，以及俾斯麦手中关于收购的草稿，SA。
44. 同上，1882 年 12 月 1、2、6、20 日，SA。
45. 布莱希罗德的对账单，1883 年 12 月 31 日，SA。
46. 俾斯麦致布莱希罗德，1872 年 8 月 25 日，BA。
47. 引自 Vagts，"Bismarck' s Fortune"，*CEH*，1，213。
48. Bussmann，*Herbert von Bismarck*，p. 459；赫伯特·冯·俾斯麦致兰曹，1887 年 7 月 2 日，FA，霍伊普科博士提供。
49. 俾斯麦致布莱希罗德，1880 年 10 月 29 日，BA。他试图保住里彻的面子。四年后，布莱希罗德两次提到里彻，当时此人已经是商品市场中的投机常客，据说损失 100 万马克。布莱希罗德致俾斯麦，1884 年 6 月 30 日、8 月 11 日，SA。另见 Westphal，*Bismarck*，p. 112。
50. 布莱希罗德致俾斯麦，1881 年 1 月 24 日，SA。
51. A. O. Meyer, *Bismarck*, pp. 448–49.
52. 原保险公司的要求，祖国火险公司（Vaterländische Feuer-Gesellschaft）致朗格，1882 年 11 月 24 日，BA；布莱希罗德致俾斯麦，1883 年 2 月 27 日，SA；威廉 · 冯 · 俾斯麦致布莱希罗德，1882 年 12 月 21 日，BA。
53. Westphal, *Bismarck*, pp. 49, 54.
54. 布莱希罗德致赫伯特 · 冯 · 俾斯麦，1876 年 7 月 8 日，FA。
55. 赫伯特 · 冯 · 俾斯麦致布莱希罗德，1876 年 7 月 9 日；德鲁斯致布莱希罗德，1876 年 7 月 9 日，BA。
56. 布莱希罗德致赫伯特 · 冯 · 俾斯麦，1876 年 7 月 11、13 日，FA；俾斯麦致布莱希罗德，1876 年 8 月 6 日；赫伯特 · 冯 · 俾斯麦致布莱希罗德，1876 年 10 月 12 日，BA。
57. 布莱希罗德致俾斯麦，1876 年 8 月 2 日，SA。
58. 俾斯麦致布莱希罗德，1876 年 8 月 6 日，BA。
59. 同上，1876 年 10 月 3 日。
60. 布莱希罗德致俾斯麦，1877 年 10 月 9 日和 10 日，SA。
61. 俾斯麦致布莱希罗德，1877 年 12 月 3 日，BA；布莱希罗德致俾斯麦，1877 年 12 月 8 日，SA。
62. 布莱希罗德致赫伯特 · 冯 · 俾斯麦，1878 年 1 月 10 日；布莱希罗德致俾斯麦，1878 年 2 月 5 日、10 月 2 日、11 月 4 日，SA。
63. 威廉 · 冯 · 俾斯麦致布莱希罗德，1879 年 1 月 13 日，BA。
64. 布莱希罗德致赫伯特 · 冯 · 俾斯麦，1879 年 1 月 16 日；布莱希罗德致俾斯麦，1879 年 1 月 15 日，SA。
65. 布莱希罗德致赫伯特 · 冯 · 俾斯麦，1879 年 11 月 11 日，SA。
66. 赫伯特 · 冯 · 俾斯麦致布莱希罗德，1879 年 12 月 25 日，BA。

67. 同上，1879 年 12 月 31 日。
68. 布莱希罗德的对账单，无日期（1883 年）；威廉 · 冯 · 俾斯麦致布莱希罗德，1885 年 1 月 30 日，BA；兰曹致布莱希罗德，1888 年 9 月 26 日；伯恩哈德 · 贝伦德致布莱希罗德，1888 年 10 月 1 日；罗腾堡致布莱希罗德，1888 年 10 月 7、22、25、27 日，11 月 5 日，BA；Kohl，*Bismarck-Regesten*，II，492。
69. Westphal, *Bismarck*, p. 55；*GW*, VIII, 489.
70. *GW*, VIII, 423–24. 见奥托·约林格,《俾斯麦与犹太人》(柏林,1921 年),第 105、129 页 [Otto Jöhlinger, *Bismarck und die Juden* (Berlin, 1921), pp. 105, 129]。
71. *GW*, XII, 106.
72. 威廉 · 冯 · 俾斯麦亲笔备忘录的副本，1882 年 2 月 6 日，BA。
73. 朗格致布莱希罗德，1882 年 7 月 20 日，BA。
74. 同上，1886 年 8 月 21 日，1887 年 11 月 6 日。
75. 希波尼亚致布莱希罗德，1890 年 3 月 29 日，BA。
76. Böhme, *Deutschlands Weg*, pp. 318–19, 508.
77. 布莱希罗德致俾斯麦，1879 年 1 月 1 日，1880 年 1 月 6 日，1884 年 1 月，SA。
78. 布莱希罗德的备忘录，致格洛纳博士（Dr. Gloner），1891 年 2 月 1 日，BA。
79. Taylor, *Bismarck*, p. 251.
80. 罗腾堡致布莱希罗德，1890 年 5 月 21 日，BA。
81. Vagts, "Bismarck's Fortune," p. 230.
82. 引自 Kohl，*Bismarck-Jahrbuch*，VI，399。
83. 各种账户清单，布莱希罗德致俾斯麦，1885–1890，SA；另见 *Holstein Papers*，II，204–205。
84. *Holstein Papers*，II，178，181，277；Küntzel，*Die Finanzen*，pp. 483–484；《弗斯报》，1885 年 3 月 23、24、25 日，DZA：梅泽堡：民事内阁，冯 · 俾斯麦亲王受封档案，Rep. 89H XXIII，No. 12f。 577
85. 各种账户清单，布莱希罗德致俾斯麦，1885–1890，SA；另见 *Holstein Papers*，II，204–205；俾斯麦致威廉一世，1885 年 6 月 13 日，DZA：梅泽堡：民事内阁，冯 · 俾斯麦亲王受封档案，Rep. 89H XXIII，No. 12f.
86. Vierhaus，*Spitzemberg*，pp. 218–219；*Holstein Papers*，II，178–179；另见 Lerchenfeld-Koefering，*Erinnerungen*，p. 255。
87. *Holstein Papers*, II, 82.
88. *GW*, XIV2, 900–1.
89. Lucius, *Bismarck*, p. 382.
90. 恩斯特·菲德尔编,《俾斯麦的宏大游戏：路德维希 · 巴姆贝格的秘密日记本》(法兰克福，1932 年)，第 333 页 [Ernst Feder, ed., *Bismarcks Grosses Spiel. Die Geheimen Tagebücher Ludwig Bambergers* (Frankfurt a.M., 1932), p. 333]。
91. Vagts, "Bismarck's Fortune," p. 216.
92. *GW*, XII, 348, 371.
93. 威尔莫夫斯基（Wilmowski）致布莱希罗德，1890 年 5 月 17 日；俾斯麦致布莱希罗德，1890 年 5 月 22 日，BA。布莱希罗德的账户清单，1890 年 12 月 31 日；官方税务评估，1890 年 3 月 8 日，SA。赫尔穆特 · 冯 · 格尔拉赫，《从右派到左派》(苏黎世，1937 年)，第 96–101 页 [Hellmut von Gerlach, *Von Rechts nach Links* (Zurich, 1937), pp. 96–101]。关于普鲁士的税务评估，见格尔德 · 霍霍斯特，尤尔根 · 科卡和格哈德 · 里特，《社会史练习手册：帝国统计材料，1870–1914》(慕尼黑，1975 年)，第 106 页 [Gerd Hohorst, Jürgen Kocka, and Gerhard A. Ritter, *Sozialgeschichtliches Arbeitsbuch. Materialien zur Statistik des Kaiserreichs, 1870–1914* (Munich, 1975), p. 106]。

第十三章 银行业与外交界

1. 这句话来自安特希尔勋爵，1881 年 12 月 10 日，Knaplund，*Letters from the Berlin Embassy*，p. 235。
2. Kardorff, *Kardorff*, p. 108.
3. 当然，有大量作品谈到外交政策的各种因素和老式外交史的缺陷。1954 年，外交史大师皮埃尔 · 勒努万 (Pierre Renouvin) 提出在外交史研究中应该更加关注经济和金融因素，在评估因果关系时也要保持“谨慎”，见《国际关系的当代史：研究方向》，刊于《历史研究》，1954 年第 211 期，特别见第 234–242 页 [“L’ histoire contemporaine des relations internationales; orientation de récherches,” *Revue Historique*, 211 (1954), esp. 234–42]。埃克哈特 · 科尔 (Eckart Kehr) 对德国外交政策之国内源头的开创性研究 (该主题在当时面临很多禁忌) 和汉斯–乌尔里希 · 维勒 (Hans-Ulrich Wehler)“国内政策优先”观点。比如，见科尔的《国内政策优先：19 世纪普鲁士–德意志社会史论文集》，维勒编 (柏林，1965 年) [Kehr, Der Primat der Innenpolitik. Gesammelte Aufsätze zur preussisch-deutschen Sozialgeschichte im 19. Jahrhundert, ed. by Hans-Ulrich Wehler (Berlin, 1965)]。另见莱昂内尔 · 罗宾斯 (Lionel Robbins) 理性而简明的陈述，《战争的经济原因》(伦敦，1939 年) [*The Economic Causes of War* (London, 1939)]；以及詹姆斯 · 乔尔(James Joll)的就职演讲，《1914：未说出的假设》(伦敦，1968 年)，1914[*The Unspoken Assumptions* (London, 1968)]。
4. Knaplund, *Letters from the Berlin Embassy*, p.193. 戈德施密特致布莱希罗德，1879 年 11 月 27 日，BA。
5. *GP*, VI, 165.
6. Knaplund, *Letters from the Berlin Embassy*, p. 256.
7. 见赫伯特 · 费斯，《欧洲：世界的银行家，1870–1914》(纽黑文，1930 年)，第 160 页 [Herbert Feis, Europe: *The World’s Banker, 1870–1914* (New Haven, 1930), p. 160]。
8. 布莱希罗德致俾斯麦，1880 年 2 月 3 日，SA。
9. *GP*, V, 320.
10. *DDF*, II, 482；罗腾堡致布莱希罗德，1882 年 11 月 28 日，BA。
11. *GP*, VI, 165,169.
12. 布莱希罗德致俾斯麦，1877 年 8 月 8 日，SA。
13. 见 Morsey，*Reichsverwaltung*，pp. 104–122；以及 Monts，*Erinnerungen*，pp. 39–53。
14. Knaplund, *Letters from the Berlin Embassy*, p. 208.
15. Bussmann, *Herbert von Bismarck*, p. 477.
16. 同上，p.268。
17. *GP*, VI, 343.
18. 马丁 · 温克勒，《俾斯麦的结盟政策和欧洲的平衡》(斯图加特，1964 年)，第 31 页 [Martin

Winckler, *Bismarcks Bündnispolitik und das europäische Gleichgewicht* (Stuttgart, 1964), p. 31]。

19. 威廉 · 弗拉维尔 · 莫尼佩尼和乔治 · 厄尔 · 巴克尔,《比肯斯菲尔德伯爵本杰明 · 迪斯累利传》, 新修订版（两卷本，纽约，1929 年），第二卷，第 1202 页 [William Flavelle Monypenny and George Earle Buckle, *The Life of Benjamin Disraeli, Earl of Beaconsfield*, new and rev. ed. (2 vols.; New York, 1929), II, 1202]。
20. 阿图尔 · 冯 · 布劳尔,《为俾斯麦效力》（柏林，1936 年），第 206–277 页 [Arthur von Brauer, *Im Dienste Bismarcks* (Berlin, 1936), pp. 206–77]；明斯特致布莱希罗德，1878 年 6 月 8 日，BA。
21. 赫伯特 · 冯 · 俾斯麦致兰曹，1887 年 10 月 17 日，FA。霍伊普科博士提供。
22. *Holstein Papers*, II, 131；Bussmann, *Herbert von Bismarck*, p. 476.
23. 温弗雷德 · 许洛,《格奥尔格 · 赫伯特 · 明斯特伯爵》（希尔德斯海姆，1968 年），第 140 页 [Winfred Sühlo, *Georg Herbert Graf zu Münster* (Hildesheim, 1968), p 140]；扎拉 · 斯泰纳,《外交部与外交政策，1898–1914》（剑桥，1969 年），第 174 页 [Zara S. Steiner, *The Foreign Office and Foreign Policy, 1898–1914* (Cambridge, 1969), p. 174]。
24. 关于俾斯麦时代的欧洲外交的作品数量众多，而且还在不断增加。专论很多，但大型的综合性重构作品寥寥无几，且多有缺陷。最好的研究是威廉 · 兰格的《欧洲的同盟与阵营，1871–1890》，第二版（纽约，1956 年）[William L. Langer, *European Alliances and Alignments, 1871–1890*, 2nd ed. (New York, 1956)]；泰勒的《对欧洲霸权的争夺，1848–1918》（牛津，1954 年）[A. J. P. Taylor, *The Struggle for Mastery in Europe, 1848–1918* (Oxford, 1954)]；以及皮埃尔 · 勒努文的《国际关系史》，第六卷，《19 世纪》，第二部分，《1871–1914 年》（巴黎，1955 年）[Pierre Renouvin, *Histoire des relations internationales*, Vol. VI: *Le XIXe siècle*, Part 2, *De 1871 à 1914* (Paris, 1955)]。对一般性作品的有用盘点见阿兰 · 米切尔,《俾斯麦与法兰西民族，1848–1890》（纽约，1971 年）[Allan Mitchell, *Bismarck and the French Nation, 1848–1890* (New York, 1971)]；安德里亚斯 · 希尔格鲁伯,《俾斯麦的外交政策》（弗莱堡，1971 年）[Andreas Hillgruber, *Bismarcks Aussenpolitik* (Freiburg, 578
1972)]。汉斯–乌尔里希 · 维勒（Hans-Ulrich Wehler）的《俾斯麦与帝国主义》（*Bismarck und der Imperialismus*）出色地运用原始素材和二手记述，支持一个特别的观点。
25. *DDF*, VII, 4.
26. Taffs, *Ambassador to Bismarck*, p. 66.
27. Taylor, *Mastery in Europe*, p. 255.
28. 圣伊莱尔致布莱希罗德，1883 年 1 月 3 日；明斯特致布莱希罗德，1884 年 1 月 1 日，BA。
29. Taffs, *Ambassador to Bismarck*, p. 70；Blake, *Disraeli*, p. 613；圣瓦里耶致瓦丁顿，1878 年 4 月 24、25 日，MAE：德国，第 22 卷。
30. 明斯特致布莱希罗德，1890 年 1 月 21 日，BA。
31. 大卫 · 兰德斯的未发表手稿《大赔款》（*The Great Indemnity*）涵盖 1871 年 6 月第一期贷款的时间段。
32. 瓦德西致俾斯麦，1871 年 7 月 1 日，GFO：法国 70。
33. 相关内容见昂利 · 多尼奥尔,《梯也尔先生，圣瓦里耶伯爵和曼陀菲尔将军》（巴黎，1897 年）[Henri Doniol, *M. Thiers Le Comte de Saint Vallier Le Général de Manteuffel*

(Paris, 1897)]。我还使用梅泽堡档案中的曼陀菲尔遗物，其中有对圣瓦里耶写给曼陀菲尔的迷人信件的完整记录——我相信该材料此前从未被使用过。

34．Knaplund, *Letters from the Berlin Embassy*, p. 34.

35．施托什致布莱希罗德，1892 年 4 月 16 日，BA。

36．科伊德尔致布莱希罗德，1871 年 7 月 25 日，BA。

37．布莱希罗德致俾斯麦，1871 年 7 月 22、24、25、28、31 日；俾斯麦致布莱希罗德，1871 年 8 月 10 日，GFO：法国 70。

38．*DDF*, I, 60.

39．*DDF*, I, 61–65.

40．德·布罗伊公爵，《贡托–比隆先生在德国的使命》，第二版（巴黎，1896 年），第 22 页 [Le Duc de Broglie, *La Mission de M. de Gontaut-Biron à Berlin*, 2nd ed. (Paris 1896), p. 22]。

41．科伊德尔致布莱希罗德，1871 年 8 月 28 日，BA。

42．施瓦巴赫致布莱希罗德，1871 年 8 月 30 日，9 月 5、9 日，BA。

43．布莱希罗德致罗斯柴尔德，1871 年 9 月 29 日、12 月 29 日，RA。

44．Hans Herzfeld, *Deutschland und das geschlagene Frankreich*, p. 127.

45．关于对这些谈判几乎逐字逐句的记录，见伊莫尔曼致布莱希罗德，1871 年 12 月 7 日，BA。

46．俾斯麦致布莱希罗德，1872 年 1 月 6 日，BA。

47．《领土的被占与解放：1871–1875，通信》（两卷本，巴黎，1903 年），第一卷，第 131 页 [*Occupation et Libération du Territoire, 1871–1875, Correspondances* (2 vols.; Paris, 1903), I, 131]；布莱希罗德致罗斯柴尔德，1871 年 12 月 29 日，RA。

48．*Occupation et Libération*, I, 157, 170. 对布莱希罗德的典型历史待遇是：在与德法关系相关的无价档案中，他的名字一直被提到，贡托–比隆与他的密切关系也有大量佐证，但布罗伊描绘贡托–比隆在柏林任期的《使命》一书多少有点理想化，布莱希罗德只是被偶尔提到（第 26、27 页）。那么，与宫廷犹太人合作是否能提高一个人的名声呢？另见 *DDF*，I，132–133。

49．布莱希罗德致罗斯柴尔德，1872 年 3 月 24 日，RA。

50．同上，1872 年 4 月 20 日；Broglie，*La Mission*，pp. 26–27。

51．布莱希罗德致俾斯麦，1872 年 5 月 19 日，GFO：法国 72。

52．布赫尔致布莱希罗德，1872 年 6 月 16、17 日，BA。

53．布莱希罗德致俾斯麦，1872 年 7 月 4 日，FA。

54．布赫尔致科伊德尔，1872 年 6 月 12 日，BA；布莱希罗德致俾斯麦，1872 年 7 月 10 日，FA。

55．布莱希罗德致俾斯麦，1872 年 10 月 21 日，FA。

56．*Occupation et Libération*, II, 162 ff, 266 ff.

57．赫伯特 · 冯 · 俾斯麦致布莱希罗德，1875 年 6 月 10 日，BA。

58．戈德施密特致布莱希罗德，1875 年 12 月 27 日，BA。

59．兰茨贝格致布莱希罗德，1877 年 5 月 6 日，BA。

60．*GP*，III，395–396；另见《德法谅解的开始，1878–1885》[“Beginnings of a German-French Understanding, 1878–1885”]，*GP*，III，379–454，但该文缺陷很多。

61．Taylor, *Bismarck*, p. 214.

62. 赫伯特 · 冯 · 俾斯麦致布莱希罗德，1878 年 2 月 7 日，BA。
63. *DDF*, II, 469–73, 477–78, 481–82.
64. 同上，p.526。
65. 同上，III，243。
66. 霍亨洛厄致俾斯麦，1881 年 7 月 25 日，另附有《民族统一报》(*L' Unité Nationale*)，1881 年 7 月 26 日刊，GFO：法国 87。
67. 霍亨洛厄致俾斯麦，1882 年 2 月 13 日，同上。
68. 布莱希罗德致俾斯麦，1882 年 2 月 2 日，同上。
69. 同上，1882 年 2 月 6 日。
70. 布莱希罗德致俾斯麦，1882 年 6 月 17 日，SA。
71. 见 Taylor，*Mastery in Europe*，pp. 281–303。
72. *DDF*, VI, 440.
73. *DDF*, V, 49；圣瓦里耶致布莱希罗德，1883 年 10 月 12 日，BA。
74. Rogge, *Holstein*, p. 132.
75. Bussmann, *Herbert von Bismarck*, p. 175.
76. *DDF*, V, 212.
77. 同上，pp 242–244。 579
78. Rogge，*Holstein*，pp.205–206，210；圣瓦里耶致布莱希罗德，1884 年 3 月 22 日，BA。
79. 布莱希罗德致哈茨菲尔特，1885 年 1 月 10 日，BA。
80. *DDF*, V, 566–67.
81. 布莱希罗德致卡尔·安东·冯·霍亨索伦–齐格马林根，1885 年 3 月 30 日，HS；戈登·赖特，《近代法国》(芝加哥，1960 年)，第 310 页 [Gordon Wright, *France in Modern Times* (Chicago, 1960), p. 310]。
82. 弗雷西内，《回忆录，1878–1893》，第七版（巴黎，1913 年），第 438–439 页 [C. de Freycinet, *Souvenirs, 1878–1893*, 7th ed. (Paris, 1913), pp. 438–39]。
83. 布莱希罗德致俾斯麦，1886 年 9 月 26、29 日，GFO：法国 87。
84. 弗雷西内致布莱希罗德，1886 年 10 月 8 日、11 月 29 日，BA。
85. *DDF*, V, 342–43.
86. 明斯特致布莱希罗德，1886 年 2 月 9 日，1885 年 12 月 31 日，BA。
87. 俾斯麦致布隆萨特，1886 年 12 月 22 日；内阁会议，1886 年 12 月 23 日，DZA：波茨坦，帝国首相办公厅，普通外交政策相关事务文件，第 1 号，第 2 卷。
88. 明斯特致布莱希罗德，1887 年 1 月 1 日，BA。
89. 同上，1887 年 2 月 10 日。
90. *DDF*, VI, 397.
91. 同上，p.453。
92. 布莱希罗德致俾斯麦，1889 年 2 月 22 日，GFO：法国 105，编号 3a。
93. *DDF*, VII, 660–63, 683. 埃贝特致布莱希罗德，1891 年 8 月 13、15、19 日，9 月 24 日；明斯特致布莱希罗德。
94. 夏尔 · 德 · 穆伊伯爵，《一个外交官的回忆与漫谈》(巴黎，1909 年)，第 114 页 [Comte Charles de Moüy, *Souvenirs et Causeries d' un Diplomate* (Paris, 1909), p. 114]。1881 年，罗素勋爵被封为安特希尔勋爵。

95. 奥多·罗素致亚瑟·罗素，1872 年 4 月 3 日，罗素文件，PRO，阿列克·兰道尔爵士（Sir Alec Randall）提供。

96. 安特希尔致布莱希罗德，1882 年 1 月 5 日，BA。

97. 艾米丽·安特希尔致布莱希罗德，1884 年 9 月 21 日，BA。

98. Taffs, *Ambassador to Bismarck*, p. 4.

99. Holborn，*Modern Germany*，pp. 193–194；明斯特致布莱希罗德，1878 年 5 月 11 日，BA。

100. 赫伯特·冯·诺斯蒂茨，《俾斯麦不驯服的大使：明斯特·冯·德内堡亲王，1820–1902》（哥廷根，1968 年）[Herbert von Nostitz, *Bismarcks unbotmässiger Botschafter. Fürst Münster von Derneburg (1820–1902)* (Göttingen, 1968)]。该书和其他一些近年来的专著都没有提到布莱希罗德。

101. 圣瓦里耶致瓦丁顿，1879 年 4 月 25 日，圣瓦里耶致弗雷西内，1880 年 5 月 30 日，MAE：德国，第 28、35 卷。

102. 明斯特致布莱希罗德，1881 年 3 月 31 日，BA。

103. 他的外孙和不尽如人意的传记作者诺斯蒂茨（Nostitz）强调他的病；*Bismarck unbotmässiger Botschafter*，pp. 19–25。

104. 明斯特致布莱希罗德，1878 年 7 月 17 日，1879 年 3 月 7 日，1884 年 5 月 12 日，1885 年 4 月 4 日，BA。

105. 布莱希罗德致比肯斯菲尔德，1878 年 10 月 24 日，迪斯累利文件，休恩登庄园（白金汉郡）；比肯斯菲尔德致布莱希罗德，1878 年 11 月 2 日，BA。

106. 比肯斯菲尔德致布莱希罗德，1879 年 1 月 5 日，BA。

107. 布莱希罗德致比肯斯菲尔德，1880 年 6 月 10 日，休恩登庄园。

108. 比肯斯菲尔德致布莱希罗德，1880 年 6 月 16 日，BA。

109. 同上，1880 年 9 月 24 日；布莱希罗德致比肯斯菲尔德，1880 年 10 月 6 日，1881 年 3 月 1 日，迪斯累利文件，休恩登庄园。布莱希罗德致俾斯麦，1881 年 2 月 19 日，GFO：英国 69；俾斯麦致威廉，1881 年 2 月 19 日，同上。

110. 布莱希罗德致俾斯麦，1880 年 10 月 10 日，FA。

111. 明斯特致布莱希罗德，1883 年 10 月 23 日，1884 年 7 月 1 日，BA；俾斯麦致布莱希罗德，1882 年 8 月 6 日，BA。

112. 关于这点和其他细节，见约阿西姆·马伊，《俄国的德国资本，1850–1894》（东柏林，1970 年），特别见第 74–77 页 [Joachim Mai, *Das deutsche Kapital in Russland, 1850–1894* (East Berlin, 1970), esp. pp. 74–77]；马伊在其透彻的研究中使用兰德斯教授和我向 DZA 提供的某些布莱希罗德的材料（作为交换，我们获准使用他们的档案，并对一些文件拍了微缩照片）。不过，他的政治态度几乎就是讽刺画，让人看到被政治权力支持下的意识形态体系所束缚的德国学者会变成什么样。

113. 同上，p.115。

114. 布莱希罗德致赫伯特·冯俾斯麦，1878 年 4 月 28 日；布莱希罗德致俾斯麦，1878 年 5 月 16 日，FA。

115. 布莱希罗德致俾斯麦，1878 年 10 月 5 日，SA。

116. 萨克致布莱希罗德，1878 年 10 月 21 日。关于萨克，见 Fürstenberg，Lebensgeschichte，pp. 109–110，该书描绘战前俄国银行家的大量生活状况。

117. 布莱希罗德致俾斯麦，1878 年 10 月 15 日，FA。
118. 圣瓦里耶致瓦丁顿，1878 年 11 月 8 日，MAE：德国，第 24 卷。
119. 关于这点，亦见汉斯–乌尔里希·维勒，《帝国的重重危机，1871–1918》（哥廷根，1970 年），第 163–180 页 [Hans-Ulrich Wehler, *Krisenherde des Kaiserreichs, 1871–1918* (Göttingen, 1970), pp. 163–80]。
120. *DDF*, II, 469–73, 477–78.
121. 指明布莱希罗德为信息来源的备忘录，1879 年 8 月 31 日，GFO：俄国 65，附件 1，卷 1。
122. 奥古斯特·奥伊伦堡致布莱希罗德，1879 年 8 月 21、24、29、31 日；莱恩多夫致布莱希罗德，1879 年 9 月 24 日，BA。
123. Hugh Seton-Watson, *Russian Empire*, p. 517.
124. 见特奥多尔·冯·劳厄的一般性分析，《谢尔盖·维特与俄国的工业化》（纽约，1963 年），第 22 页和第一章各处 [Theodore H. von Laue, *Sergei Witte and the Industrialization of Russia* (New York, 1963)]。 580
125. Hugh Seton-Watson 为发表的讲稿《中欧的民族主义、超民族主义和压迫》（*Nationalism, Supra-Nationalism and Repression in Central Europe*）。
126. 瓦鲁耶夫致布莱希罗德，1879 年 3 月 7 日，BA；布鲁斯·沃勒，《十字路口的俾斯麦：柏林会议后德国外交政策的重新定向，1878–1880》（伦敦，1974 年），第 125 页 [Bruce Waller, *Bismarck at the Crossroads: The Reorientation of German Foreign Policy after the Congress of Berlin, 1878–1880* (London, 1974), p. 125]。
127. 瓦鲁耶夫致布莱希罗德，1880 年 1 月 23 日；格莱格致布莱希罗德，1880 年 5 月 9 日，BA。
128. 萨布罗夫致布莱希罗德，1882 年 2 月，BA。
129. *Holstein Papers*, II, 83.
130. 格莱格致布莱希罗德，1880 年 11 月 12 日，BA。
131. 汉斯·冯·布莱希罗德致布莱希罗德，1879 年 8 月 6、8 日，BA。
132. 布莱希罗德致俾斯麦，1880 年 11 月 25 日。
133. 阿巴萨致布莱希罗德，1881 年 3 月 15 日，BA。
134. 瓦鲁耶夫致布莱希罗德，1880 年 4 月 23 日，BA。
135. Hugh Seton-Watson, *Russian Empire*, pp. 493–96.
136. *Holstein Papers*, II, 16–17.
137. 本格致布莱希罗德，1882 年 3 月 30 日，BA。
138. 布莱希罗德致俾斯麦，1882 年 7 月 20 日，SA。另见 1881 年 8 月 16 日，1882 年 3 月 21 日，GFO：俄国 71。
139. 兰曹致外交部，1883 年 12 月 5 日，同上；迪特尔·弗里德，《被隐瞒的俾斯麦》（维尔茨堡，1960 年），第 167–168 页 [Dieter Friede, *Der Verheimlichte Bismarck* (Würzburg, 1960), pp. 167–68]。
140. Knaplund, *Letters from the Berlin Embassy*, p. 392；布莱希罗德致霍亨索伦–齐格马林根家族的卡尔·安东亲王，1884 年 5 月 9 日，HS。
141. *Holstein Papers*, II, 131.
142. *Holstein Papers*, III, 107.
143. 本格致布莱希罗德，1884 年 5 月 1 日，BA。

144. 贺拉斯 · 德 · 古恩茨堡致布莱希罗德，1883 年 8 月 10 日，BA。
145. 明斯特致布莱希罗德，1885 年 4 月 4 日，BA；Knaplund，*Letters from the Berlin Embassy*，pp. 396，395。
146. 布莱希罗德致俾斯麦，1885 年 6 月 5、11 日，SA；俾斯麦致布莱希罗德，1885 年 6 月 9 日，BA；*Holstein Papers*，II，202–203。
147. 同上，p.230.
148. 萨布罗夫致布莱希罗德，1883 年 5 月，BA；萨克致布莱希罗德，1887 年 1 月 24 日，BA。

第十四章　罗马尼亚：权宜的胜利

1. 英语的标准作品是塞顿–沃特森的《罗马尼亚人史：从罗马时代到完成统一》（剑桥，1934 年）[R. W. Seton-Watson, *A History of the Roumanians: From Roman Times to the Completion of Unity* (Cambridge, 1934)]。该书对我们的故事只是做了概述，而且明显站在罗马尼亚一边；关于罗马尼亚的建国，另见莱克的生动作品《罗马尼亚的诞生：1856–1866 年的国际问题研究》（伦敦，1931 年）[T. W. Riker, *The Making of Roumania: A Study of an International Problem, 1856–1866* (London, 1931)]。
2. R. W. Seton-Watson, *Roumanians*, p. 315.
3. Riker, *Roumania*, p. 554.
4. R. W. Seton-Watson, *Roumanians*, p. 347.
5. 雅西领事致俾斯麦，1869 年 12 月 24 日，GFO：土耳其 24。西蒙 · 杜布诺夫（Simon Dubnow），《犹太民族的最新历史：第一波倒退和第二次解放时期（1815–1881）》[*Die neueste Geschichte des jüdischen Volkes. Das Zeitalter der ersten Reaktion und der zweiten Emanzipation (1815–1881)*]，《从起源到现在的犹太民族世界史》第九卷 [*Weltgeschichte des jüdischen Volkes von seinen Uranfängen bis zu seiner Gegenwart*]，施泰因贝格博士（Dr. A. Steinberg）译自俄语（柏林，1929 年），第 483 页。该书中提到的数字是 20 万，而包括布莱希罗德线人在内的其他记录则认为是 30 万。
6. 感谢休 · 塞顿–沃特森阅读本章草稿并对罗马尼亚的反犹主义发表评论，我的一些话以他的评论为根据。
7. 戈德施密特致布莱希罗德，1867 年 5 月 26 日、6 月 1 日，BA。伯恩斯托夫致俾斯麦，1867 年 5 月 27 日；俾斯麦致圣皮埃尔，1867 年 5 月 28 日，GFE：土耳其 24。
8. 《罗马尼亚卡罗尔国王生平记事：来自目击者的描述》（四卷本，斯图加特，1894–1900 年），第一卷，第 210 页 [*Aus dem Leben König Karls von Rumänien. Aufzeichnungen eines Augenzeugen* (4 vols.; Stuttgart, 1894–1900), I, 210]。
9. 同上，p. 213。
10. 俾斯麦致克雷米厄，1868 年 2 月 22 日，罗马尼亚犹太人，AI：ID2。
11. 雅西犹太人联盟致布莱希罗德，1868 年 4 月 6、10 日，BA。
12. *APP*，IX，821，835；伯恩斯托夫致俾斯麦，1868 年 3 月 27 日；罗伊斯致俾斯麦，1868 年 5 月 28 日，GFO：土耳其 24。
13. *Aus dem Leben König Karls*, I, 257.
14. 亚伯拉罕 · 冯 · 奥本海姆致卡尔 · 安东，1868 年 3 月 28 日；卡尔 · 冯 · 罗斯柴尔德男爵，1868 年 4 月 8 日；奥尔巴赫致卡尔 · 安东，1868 年 4 月 7、24、26 日；《交易所报》（*Börsenzeitung*），1868 年 4 月 20 日；《新自由报》（*Neue Freie Presse*），1868 年 4 月 4 日，HS。

15. R. W. Seton-Watson, *Roumanians*, p. 350 .
16. 哈约 · 霍尔波恩，《德国与土耳其，1878–1890》（柏林，1926 年），第 1 页 [Hajo Holborn, *Deutschland und die Türkei, 1878–1890* (Berlin, 1926), p. 1]。
17. Riker, *Roumania*, p. vii.
18. 圣皮埃尔致俾斯麦，1863 年 8 月 15 日，DZA：梅泽堡：A.A.II. Rep. 6. No. 4205，国家秘密档案，罗马尼亚铁路。
19. 俾斯麦致圣皮埃尔，1863 年 9 月 29 日，同上。
20. 1876 年在俄国坏事后，施特鲁斯贝格写了一本有趣的辩解书，名为《施特鲁斯贝格博士和他的成就》（柏林，1867 年）[*Dr. Strousberg und sein Wirken* (Berlin, 1876)]。 581
21. *Aus dem Leben König Karls* I，243；凯泽林（Keyserling）致俾斯麦，1868 年 3 月 13 日；俾斯麦致凯泽林，1868 年 3 月 15 日，DZA：梅泽堡：A.A.II. Rep. 6. No. 4205，国家秘密档案，罗马尼亚铁路。
22. 布莱希罗德致俾斯麦，1869 年 11 月 6 日，SA。
23. 来自雅西的约林（Jorring？）致俾斯麦，1868 年 3 月 22 日；凯泽林致俾斯麦，1868 年 6 月 5 日，DZA：梅泽堡：A.A.II. Rep. 6. No. 4205，国家秘密档案，罗马尼亚铁路。
24. 拉多维茨致俾斯麦，1870 年 4 月 8 日，同上；Münch，*Hansemann*，pp. 149–150。
25. 布吕什致外交部，1868 年 9 月 21 日，DZA：梅泽堡：A.A.II. Rep. 6. No. 4205，国家秘密档案，罗马尼亚铁路。
26. Holborn, *Radowitz*, I, 189 ff.
27. 拉多维茨致俾斯麦，1870 年 4 月 8 日，DZA：梅泽堡：A.A.II. Rep. 6. No. 4205，国家秘密档案，罗马尼亚铁路。
28. Münch, *Hansemann*, pp. 157–158；拉多维茨致俾斯麦，1870 年 4 月 22 日，DZA：梅泽堡：A.A.II. Rep. 6. No. 4205，国家秘密档案，罗马尼亚铁路。
29. 拉多维茨致俾斯麦，1870 年 5 月 6 日，同上。
30. 同上，1870 年 10 月 2 日。
31. 同上，1870 年 10 月 21 日。
32. Holborn, *Radowitz*, I, 196.
33. *Aus dem Leben König Karls*, II, 159.
34. 俾斯麦致外交部，1870 年 11 月 9、11 日，DZA：梅泽堡：A.A.II. Rep. 6. No. 4205，国家秘密档案，罗马尼亚铁路。
35. 施特鲁斯贝格致俾斯麦，1870 年 12 月 13 日，同上。
36. 俾斯麦致坎普豪森，1870 年 12 月 23 日，同上。
37. 不同的观点见 Wehler，*Bismarck*，pp. 215–223。
38. 坎普豪森致俾斯麦，1870 年 12 月 31 日，DZA：梅泽堡：A.A.II. Rep. 6. No. 4205，国家秘密档案，罗马尼亚铁路。
39. *Aus dem Leben König Karls*, II, 144–170.
40. 海因里希 · 施托伊贝尔，《国家和银行在普鲁士债券领域的关系，1871–1913》（柏林，

1935 年），第 34 页 [Heinrich Steubel, *Das Verhältnis zwischen Staat und Banken auf dem Gebiete des preussischen Anleihewesens von 1871 bis 1913* (Berlin, 1935), p.34]；*Aus dem Leben König Karls*，II，203。

41．拉多维茨致俾斯麦，1871 年 3 月 10 日，DZA：梅泽堡：A.A.II. Rep. 6. No. 4205，国家秘密档案，罗马尼亚铁路。

42．同上；Holborn，*Radowitz*，I，215。

43．拉多维茨致俾斯麦，1871 年 3 月 24 日，DZA：梅泽堡：A.A.II. Rep. 6. No. 4205，国家秘密档案，罗马尼亚铁路。Holborn，*Radowitz*，I，217–222；*Aus dem Leben König Karls*，II，174–178。

44．Holborn，*Radowitz*，I，231；《噼里啪啦》报，1871 年 7 月 30 日、8 月 13 日。

45．*Aus dem Leben König Karls*, II, 213.

46．这在一定程度上可能是因为过去的历史学家没有查看过档案记录。比如，研究罗马尼亚的最优秀的英国历史学家就有过错误的观点："俾斯麦对声名狼藉的施特鲁斯贝格的坚定支持一直有点令人费解。有人试图这样解释：后者依赖布莱希罗德开设在柏林的大银行，而俾斯麦在所有的金融问题上也几乎无保留地依赖该行。"见 R. W. Seton-Watson，*Roumanians*，pp. 330–331。Münch 的叙述同样有误，见 *Hansemann*，pp. 148–167。

47．加布里亚克（Gabriac）致雷穆萨（Rémusat），1871 年 8 月 12 日，MAE：德国，第 1 卷。

48．明希致博伊斯特，1871 年 10 月 9 日，HHSA：PA III：普鲁士。

49．施瓦巴赫致布莱希罗德，1871 年 7 月 31 日、8 月 15 日，BA。

50．莱恩多夫致布莱希罗德，1871 年 12 月 24、25 日，BA。

51．布莱希罗德致俾斯麦，1872 年 8 月 26 日，FA。

52．Münch, *Hansemann*, pp. 154 ff.

53．俾斯麦的便条，1872 年 1 月 24 日；布赫尔致布莱希罗德，1872 年 6 月 16 日，BA；蒂劳（Thielau）致俾斯麦，1871 年 12 月 28 日，1872 年 1 月 7 日；阿贝肯致威廉一世，1872 年 4 月 25 日，GFO：土耳其 104。

54．*Aus dem Leben König Karls*, II, 246.

55．布莱希罗德致汉泽曼，1871 年 4 月 1 日，BA，布莱希罗德私人办公室。

56．*Aus dem Leben König Karls*, II, 414.

57．Münch, *Hansemann*, pp. 158–60.

58．关于这点，见索萨·沙伊科夫斯基，《世界以色列联盟内部的冲突以及英国犹太人协会、维也纳联盟和互助联盟的成立》，刊于《犹太人社会研究》，1957 年第 19 期，第 29–50 页 [Zosa Szajkowski, "Conflicts in the Alliance Israélite Universelle and the Founding of the Anglo-Jewish Association, the Vienna Allianz and the Hilfsverein," *Jewish Social Studies*, 19 (1957), 29–50]。

59．圭达拉（H. Guedalla）致布莱希罗德，1880 年 2 月 23 日，BA；圭达拉是摩西·蒙特菲奥雷爵士的合伙人，并娶了后者的侄女。

60．见劳埃德·加特纳博士（Dr. Lloyd P. Gartner）的出色研究：《罗马尼亚、美国和世界犹太人：驻布加勒斯特领事佩肖托，1870–1876》，刊于《美国犹太史季刊》，1968 年第 58 期，第 54 页 ["Romania, America, and World Jewry: Consul Peixotto in Bucharest, 1870–1876, *American Jewish Historical Quarterly*, 58 (1968), 54]。

61．布莱希罗德致俾斯麦，1872 年 3 月 30 日；俾斯麦致蒂劳，1872 年 4 月 2 日；俾斯麦致布莱希罗德，1872 年 4 月 2 日，GFO：土耳其 24。

62. 布莱希罗德致以色列联盟，1872 年 3 月 30 日、4 月 2 日，AI：ID1。

63. 关于柏林委员会，见盖尔伯，《德国犹太人对柏林会议的干预，1878》，刊于《莱奥·拜克学会年鉴》，1960 年第 5 期，第 223 页 [N. M. Gelber, "The Intervention of German Jews at the Berlin Congress, 1878," *LBY*, 5 (1960), 223]。另见他关于同一主题的未发表手 582
稿，他非常慷慨地把手稿借给兰德斯教授。

64. 诺伊曼博士（Dr. S. Neumann）致莱文（N. Leven），1872 年 5 月 10 日，AI：IA1。

65. 尤里乌斯·布莱希罗德致以色列联盟，1872 年 8 月 16 日，同上。

66. Knaplund, *Letters from the Berlin Embassy*, p. 63.

67. Gelber，"Intervention"，pp. 225–227；柏林委员会致以色列联盟，1876 年 4 月 24 日、7 月 20 日和 8 月 22 日，AI：IA1。

68. 布莱希罗德致俾斯麦，1877 年 11 月 13 日，FA。

69. Gelber, "Intervention," p. 227.

70. Taylor, *Mastery in Europe*, p. 245.

71. 罗斯柴尔德致布莱希罗德，1878 年 1 月 12 日，德国通信，RA。

72. 引自 Gelber，"Intervention"，p. 229。

73. 诺依曼博士（Dr. S. Neumann）致布莱希罗德，1878 年 6 月 4 日，BA。

74. 赫伯特·冯·俾斯麦致布莱希罗德，1878 年 2 月 7 日，BA。

75. 彪罗书信的副本，1878 年 2 月 28 日，BA。

76. 布莱希罗德致以色列联盟，1878 年 3 月 4 日，AI：ID1。

77. 维也纳以色列联盟致布莱希罗德，1878 年 2 月 1 日，3 月 6、26 日，BA。圣瓦里耶致瓦丁顿，1878 年 3 月 27 日，MAE：德国，第 22 卷。

78. 丹尼尔致布莱希罗德，1878 年 3 月 13 日，BA。

79. 布莱希罗德致以色列联盟，1878 年 2 月 21 日，AI：ID1。

80.《犹太人大众报》，1878 年 3 月 5 日。

81. 布莱希罗德致俾斯麦，1878 年 4 月 10 日，FA。

82. 布莱希罗德致克雷米厄，1878 年 2 月 12 日，AI：ID1。

83.《议会下院商谈速记报告》，1878 年 5 月 14 日，第三卷，第 1314–1325 页；拉斯克致布莱希罗德，1878 年 5 月 18 日；彪罗致布莱希罗德，1878 年 5 月 22 日，BA。

84. 布莱希罗德致克雷米厄，1878 年 5 月 19 日，AI：ID1。伊西多·劳埃布（Isidore Loeb）致布莱希罗德，1878 年 5 月 20、29 日，BA。

85. 布莱希罗德致摩西·蒙特菲奥雷爵士，1878 年 5 月 23 日；摩西·蒙特菲奥雷爵士致布莱希罗德，1878 年 6 月 5 日，BA。

86. Holborn, *Radowitz*, II, 28.

87. 引自 R. W. Seton-Watson，*Disraeli*，*Gladstone*，p. 434。

88. 彪罗致布莱希罗德，1878 年 6 月 15 日；Gelber，"Intervention"，pp. 236–238。

89. 克雷米厄致布莱希罗德，1878 年 7 月 2 日；摩西·蒙特菲奥雷爵士致布莱希罗德，1878 年 7 月 2、11 日，BA，

90. Gelber，未发表手稿，第 87 页。

91. 同上，p. 87c。亚历山大·诺沃特尼，《柏林会议历史探源与研究》，第一卷（格拉茨和科隆，1957 年），第 115 页 [Alexander Novotny, *Quellen und Studien zur Geschichte des Berliner*

Kongresses, Vol. 1 (Graz and Cologne, 1957), 115]。

92. 布莱希罗德致蒙特菲奥雷，1878 年 7 月 9 日，BA；布莱希罗德致克雷米厄，1878 年 7 月 9 日，AI：ID1。
93. 蒙特菲奥雷致布莱希罗德，1878 年 7 月 28 日，BA。
94. 布莱希罗德致俾斯麦，1878 年 7 月 2 日，FA。
95. 柏林社群领袖致俾斯麦，1878 年 7 月 11 日，DZA：波茨坦，帝国首相办公厅，普通外交政策相关事务文件，第 1 号，第 1 卷。
96.《泰晤士报》，1878 年 7 月 4 日。
97. 卡特琳·拉齐威尔，《腓特烈皇后》（纽约，无日期），第 150 页 [Catherine Radziwill, *The Empress Frederick* (New York, n.d.), p. 150]。
98. 引自 Gartner，"Romania"，p. 111。
99.《泰晤士报》，1878 年 7 月 5 日。
100. 安德拉什致施塔德勒（Stadler）领事，1878 年 8 月 8 日，HHSA：PA XVIII：罗马尼亚。
101. Waller, *Bismarck at the Crossroads*, pp. 58–59. Waller 把罗马尼亚故事的最后阶段放在俾斯麦外交活动的背景下；他对铁路纠葛和犹太人问题的叙述非常简略，并重复了阿道夫·汉泽曼是犹太人的常见错误。
102. 布莱希罗德致以色列联盟，1878 年 8 月 31 日，9 月 16、18 日，AI：ID1；以色列联盟致布莱希罗德，1878 年 9 月 4 日，BA；比肯斯菲尔德致布莱希罗德，1878 年 11 月 2 日，BA；彪罗致德国大使，1878 年 10 月 6 日，GFO：土耳其 24。
103. 克雷米厄致布莱希罗德，1878 年 10 月 12 日，BA；布莱希罗德致以色列联盟，1878 年 10 月 14 日，AI：ID1。
104. 圣瓦里耶致瓦丁顿，1879 年 4 月 12 日，MAE：德国，第 28 卷。
105. 索尔兹伯里致罗素，1878 年 11 月 22 日，PRO：FO，64/900，no. 499。
106. 引自梅德利科特，《承认罗马尼亚独立，1878–1880》，刊于《斯拉夫评论》，1933 年第 11 期，第 369 页 [W. N. Medlicott, "The Recognition of Roumanian Independence, 1878–1880," *Slavonic Review*, 11 (1933), 369]。梅德利科特的论文是关于该问题的最佳研究，不过"出发点是英国的外交政策"（第 355 页）。但在谈到罗马尼亚事务中俾斯麦的动机和布莱希罗德的角色时，甚至他也犯了严重错误："犹太人待遇的问题被危险地与铁路问题纠缠在一起，部分原因是罗马尼亚铁路的许多下级官员是德国犹太人，部分原因是铁路的大部分利益掌握在犹太大银行家汉泽曼和布莱希罗德之手，俾斯麦与他们的个人和政治关系变得日益亲密。"（第 356 页）
107. Medlicott, "Roumanian Independence," pp. 573–75. 583
108. 同上，p.574。
109. 圣瓦里耶致瓦丁顿，1879 年 2 月 27 日，MAE：德国，第 27 卷。
110. 同上，1879 年 4 月 12、24 日，第 28 卷。
111. 同上，1879 年 6 月 28 日，第 29 卷。
112. Waller，*Bismarck*，p. 169；安德拉什致霍约斯（Hoyos），1879 年 7 月 6 日，HHSA：PA XVIII：罗马尼亚。
113. Medlicott, "Roumanian Independence," p. 577.
114. R.W. Seton-Watson, *Roumanians*, p. 351.
115. 霍约斯致安德拉什，1879 年 7 月 9 日，HHSA：PA XVIII：罗马尼亚。

116. 霍约斯致安德拉什，1879 年 7 月 16 日；另见波西齐奥（Bosizio）致安德拉什，1879 年 8 月 15 日，同上。
117. 圣瓦里耶致瓦丁顿，1879 年 7 月 19 日，MAE：德国，第 29 卷。
118. 布莱希罗德致俾斯麦，1879 年 7 月 21 日，FA。
119. 赫伯特·冯·俾斯麦致拉多维茨，1879 年 7 月 23 日，GFO：土耳其 104。
120. 拉多维茨致布莱希罗德，1879 年 7 月 11、25 日，BA。
121. 布莱希罗德致俾斯麦，1879 年 7 月 22 日；布莱希罗德致赫伯特·冯·俾斯麦，1879 年 7 月 28 日，FA。这封信否定 Waller 的说法，即到了 7 月，布莱希罗德“已经……收回个人预支给铁路公司的钱”（*Bismarck*, p. 171）。
122. 布莱希罗德致赫伯特·冯·俾斯麦，1879 年 7 月 25、28 日；赫伯特·冯·俾斯麦致布莱希罗德，1879 年 7 月 26、29 日，BA；圣瓦里耶致瓦丁顿，1879 年 7 月 28 日，MAE：德国，第 29 卷。
123. *Aus dem Leben König Karls*, IV, 233–37.
124. 圣瓦里耶致瓦丁顿，1879 年 7 月 28 日，MAE：德国，第 29 卷。
125. Medlicott, “Roumanian Independence,” p. 584.
126. 布莱希罗德致克雷米厄，1879 年 8 月 11 日，AI：ID1。
127. 博伊斯特致外交部，维也纳，1879 年 8 月 26 日，HHSA：PA XVIII：罗马尼亚。
128. 布莱希罗德致以色列联盟，1879 年 10 月 1、3、18 日，AI：ID1。
129. 罗腾海恩（Rotenhein）致布莱希罗德，1879 年 11 月 25 日，BA。
130. 布莱希罗德致以色列联盟，1879 年 11 月 16 日，AI：ID1。
131. 菲利普森致布莱希罗德，1879 年 11 月 25 日，BA。
132. *Aus dem Leben König Karls*, IV, 288–89.
133. 布莱希罗德致俾斯麦，1879 年 12 月 12、13 日，GFO：土耳其 104。
134. 赫伯特·冯·俾斯麦致拉多维茨，1879 年 11 月 18 日，同上。
135. *Aus dem Leben König Karls*, IV, 251.
136. 引自 Medlicott，“Roumanian Independence”，p. 587。
137. *Aus dem Leben König Karls*, IV, 272.
138. 圣瓦里耶致瓦丁顿，*DDF*，II，597–598。
139. 赫伯特·冯·俾斯麦致布莱希罗德，1879 年 11 月 28 日，BA。
140. 同上，1879 年 12 月 21 日。
141. *Aus dem Leben König Karls*, IV, 276–280.
142. 塞切尼（Szecheny）致海默勒（Haymerle），1880 年 1 月 31 日，HHSA：PA XVIII：罗马尼亚。
143. *Aus dem Leben König Karls*, IV, 294；海默勒致奥地利各大使馆，1880 年 2 月 5、7、11 日；博伊斯特致维也纳，1880 年 2 月 12 日，HHSA：PA XVIII：罗马尼亚。
144. 圣瓦里耶致弗雷西内，1880 年 3 月 14 日，弗雷西内致圣瓦里耶，1880 年 6 月 16 日，MAE：德国，第 33、34 卷。
145. Gartner, “Romania,” p. 112.
146. 布莱希罗德致以色列联盟，1880 年 2 月 14 日，AI：ID1。

第十五章 不情愿的殖民者

1. 霍布森,《帝国主义研究》(密西根州,安娜堡,1965 年),第 56–59 页 [J. A. Hobson, *Imperialism: A Study* (Ann Arbor, Mich., 1965), pp. 56–59]。
2. 吉尔森,《萨摩亚,1830–1900:多民族社群的政治》(墨尔本,1970 年),第 259 页 [R. P. Gilson, *Samoa, 1830–1900: The Politics of a Multi-National Community* (Melbourne, 1970), p. 259]。
3. 保罗·肯尼迪,《萨摩亚纠葛:英美关系研究,1878–1900》(纽约,1974 年),第 28 页和第一章各处 [Paul M. Kennedy, *The Samoan Tangle: A Study in Anglo-American Relations, 1878–1900* (New York, 1974), p. 28 and ch. 1, passim]。
4. 赫尔穆特·瓦斯豪森,《汉堡与德意志帝国的殖民政策,1880–1890》(汉堡,1968 年),第 55–57 页 [Helmut Washausen, *Hamburg und die Kolonialpolitik des deutschen Reiches, 1880 bis 1890* (Hamburg, 1968), pp. 55–57];另见库尔特·施马克编,《戈德弗洛伊父子公司:汉堡商人,一家世界贸易公司的成就与命运》(汉堡,1938 年)[Kurt Schmack, ed., *J. C. Godeffroy & Sohn, Kaufleute zu Hamburg. Leistung und Schicksal eines Welthandelshauses* (Hamburg, 1938)]。
5. 古斯塔夫·戈德弗洛伊致布莱希罗德,1879 年 3 月 24 日、6 月 15 日,BA。
6. 戈德弗洛伊致彪罗,1879 年 1 月 25 日;彪罗致戈德弗洛伊,1879 年 2 月 6 日;戈德弗洛伊致彪罗,1879 年 3 月 9 日,DZA:波茨坦:Ausw. A. Rep. VI,贸易与航运事务:澳大利亚。
7. 文策尔致俾斯麦,1879 年 12 月 1 日,同上;戈德弗洛伊致布莱希罗德,1879 年 12 月 2 日,BA。
8. 布莱希罗德致赫伯特·冯·俾斯麦,1879 年 12 月 5 日,FA;赫伯特·冯·俾斯麦致布莱希罗德,1879 年 12 月 7 日,BA。
9. 古斯塔夫·戈德弗洛伊致布莱希罗德,1879 年 12 月 10 日,BA。
10. 施托尔贝格致俾斯麦,1879 年 12 月 17 日;俾斯麦致施托尔贝格,1879 年 12 月 21 日;菲利普斯波恩(Philipsborn)致俾斯麦,1879 年 12 月 25 日,菲利普斯波恩致威廉,1879 年 12 月 31 日,DZA:波茨坦:Ausw. A. Rep. VI,贸易与航运事务:澳大利亚;Münch, *Hansemann*, p. 224;另见尤金·斯塔利,《战争与私人投资者:国际政治与国际私人投资的关系研究》(芝加哥,1935 年),第 109–127 页 [Eugene Staley, *War and the Private Investor. A Study in the Relations of International Politics and International Private Investment* (Chicago, 1935), pp. 109–27]。关于萨摩亚,见马克·沃克,《德国与对外移民,1816–1885》(马萨诸塞州,剑桥,1964 年),第 206–213 页 [Mack Walker, *Germany and the Emigration, 1816–1885* (Cambridge, Mass., 1964), pp. 206–13];另见罗伯特·路易斯·史蒂文斯,《历史的脚注:在萨摩亚动荡的八年》(纽约,1901 年)[Robert Louis Stevenson, *A Footnote to History: Eight Years of Trouble in Samoa* (New York, 1901)]。 584
11. 《改革报》剪报,1879 年 12 月 13 日,第 296 期,DZA:波茨坦:Ausw. A. Rep. VI,贸易与航运事务:澳大利亚;Washausen, *Hamburg*, p. 58。
12. 明斯特致布莱希罗德,1879 年 12 月 16、20、25、31 日,BA。
13. 圣瓦里耶致布莱希罗德,1878 年 7 月 14 日、11 月 21 日,MAE:德国,第 24、25 卷。
14. 同上,1879 年 12 月 8、27 日,第 31 卷。
15. 圣瓦里耶致弗雷西内,1880 年 3 月 27 日,同上,第 33 卷。

16. 见 Wehler, *Bismarck*, p. 219, pp. 215–225；鲁道夫 · 伊贝肯,《德意志帝国的外交问题、政府与经济，1880–1914》(石勒苏益格，1928 年)，第 44 页 [Rudolf Ibbeken, *Das aussenpolitische Problem, Staat und Wirtschaft in der deutschen Reichspolitik, 1880–1914* (Schleswig, 1928), p. 44]。
17. 圣瓦里耶致弗雷西内，1880 年 4 月 28 日，MAE：德国，第 34 卷。
18. Kennedy, *Samoan Tangle*, ch. 2.
19. 俾斯麦致布莱希罗德和汉泽曼，1880 年 5 月 7 日，DZA：波茨坦：Ausw. A. Rep. VI, 贸易与航运事务：澳大利亚；Münch 的 *Hansemann* 中有这封信的部分影印。
20. 汉泽曼致霍亨洛厄，1880 年 7 月 29 日，DZA：波茨坦：Ausw. A. Rep. VI，贸易与航运事务：澳大利亚；汉泽曼致布莱希罗德，1880 年 8 月 14 日，BA。
21. 关于这点，见弗斯,《新几内亚公司，1885–1899：一个不盈利帝国主义的案例》，刊于《历史研究》，1972 年第 15 期，第 361–377 页 [S. G. Firth, "The New Guinea Company, 1885–1899: A Case of Unprofitable Imperialism," *Historical Studies*, XV (1972), 361–77]；Wehler, *Bismarck*, pp. 391–400；Münch, *Hansemann*, pp. 226–46。
22. 见本书第十一章。
23. 绍芬致布莱希罗德，1880 年 4 月 9 日，BA。
24. 班宁,《政治与外交回忆录：刚果如何建立》(巴黎和布鲁塞尔，1927 年)，第 xiv 页 [É. Banning, *Mémoires Politiques et Diplomatiques: Comment fut fondé le Congo* (Paris and Brussels, 1927), p. xiv]；W. L. Langer, *European Alliances*, p. 284。
25. 鲁斯 · 斯雷德,《利奥波德国王的刚果：刚果独立邦的种族关系面面观》(伦敦和纽约，1962 年)，第 35–39 页 [Ruth Slade, *King Leopold's Congo: Aspects of Race Relations in the Congo Independent State* (London and New York, 1962), pp. 35–39]；另见尼尔·阿舍森,《公司化的国王：信托时代的利奥波德》(伦敦，1963 年)，第 39–58 页 [Neal Ascherson, *The King Incorporated: Leopold II in the Age of Trusts* (London, 1963), pp. 39–58]。
26. 利奥波德二世致布莱希罗德，1878 年 12 月 5 日，BA；马塞尔 · 吕维尔（Marcel Luwel）的论文在一定程度上以布莱希罗德档案为基础，概括他们的关系，见《盖尔森 · 冯 · 布莱希罗德、利奥波德二世与俾斯麦的共同朋友》，刊于《非洲–特尔菲伦》，1963 年第 8 期，第 93–110 页 ["Gerson von Bleichröder, l'ami commun de Leopold II et de Bismarck," *Afrika-Tervuren*, 8 (1963), 93–110]。
27. 利奥波德二世致布莱希罗德，1884 年 5 月 4 日，BA。
28. 关于这个时期的外交，见 Langer, *European Alliances*, pp. 299–307。
29. 利奥波德二世致布莱希罗德，1884 年 5 月 15 日，BA。
30. 布莱希罗德致俾斯麦，1884 年 8 月 6 日，SA。
31. Luwel, "Bleichröder," p. 98.
32. 利奥波德二世致布莱希罗德，1884 年 6 月 1 日，BA。
33. Luwel, "Bleichröder," pp. 99–100.
34. 引自罗贝尔·通松,《刚果独立邦的建立：瓜分非洲历史中的一章》(布鲁塞尔，1933 年)，第 182 页 [Robert S. Thomson, *Fondation de l'état indépendent du Congo. Un chapitre de l'histoire du partage de l'Afrique* (Brussels, 1933), p. 182]。
35. Luwel, "Bleichröder," p. 103.
36. 同上，p. 104。

37. 利奥波德二世致布莱希罗德，1884 年 9 月 8 日，BA。
38. 同上，1884 年 9 月 16 日。
39. Luwel, "Bleichröder," p. 106.
40. 利奥波德二世致布莱希罗德，1884 年 11 月 19 日、12 月 12 日，BA。
41. 同上，1884 年 10 月 29 日。
42. 赫伯特 · 鲁蒂，《殖民与人类的塑造》，刊于《经济史期刊》，1961 年第 21 期，第 487 页 [Herbert Lüthy, "Colonization and the Making of Mankind," *JEH*, 21 (1961), 487]。
43. 见 Banning，*Mémoires*，pp. 24–25。
44. Schulthess，*Geschichtskalender*，1885，pp. 55–62；Wehler，*Bismarck*，pp. 239–257；利奥波德二世致布莱希罗德，1885 年 8 月 20 日、10 月 31 日、12 月 24 日，BA；布莱希罗德致俾斯麦，1885 年 9 月 8 日，SA。
45. 利奥波德二世致布莱希罗德，1884 年 11 月 12 日、12 月 12 日，BA。
46. 杜特尔蒙致布莱希罗德，1884 年 11 月 28 日；利奥波德二世致布莱希罗德，1884 年 11 月 29 日、12 月 12 日，BA；库蒙致布莱希罗德，1884 年 10 月 3 日，BA。
47. Busch, *Bismarck*, I, 552.
48. 今天的相关作品非常多。除了较早的作品，如玛丽 · 汤森德的《德国殖民帝国的兴衰，1894–1918》（纽约，1930 年）[Mary E. Townsend, *The Rise and Fall of Germany's Colonial Empire, 1884–1918* (New York, 1930)]，权威性的基本作品是 Hans-Ulrich Wehler 的 *Bismarck und der Imperialismus*，该书材料丰富，作者认为俾斯麦的政策主要出于国内考虑，反映了相关的经济现实。Weler 的书催生各种对它的批判作品，尤其招致批判的是他着力强调俾斯麦政策的"社会帝国主义"基础。关于这点，见保罗 · 肯尼迪，《德国的殖民扩张："被操纵的社会帝国主义"为时过早吗？》，刊于《过去与现在》，1972 年第 54 期，第 134–141 页 [Paul M. Kennedy, "German Colonial Expansion: Has the 'Manipulated Social Imperialism' been Ante-dated?," *Past and Present*, 54 (1972), 585
134–41]。另见亨利 · 特纳更灵活的诠释，亨利 · 特纳，《俾斯麦的帝国主义冒险：源于反英吗？》，收录于《英国和德国在非洲：帝国对立和殖民统治》，吉福德教授和罗杰 · 路易斯编（纽黑文，1967 年），第 47–82 页，特别是第 51 页]Henry A. Turner, "Bismarck's Imperialist Venture: Anti-British in Origin?" in *Britain and Germany in Africa*, ed. by Prosser Gifford and Wm. Roger Louis (New Haven, 1967)]；另见泰勒令人激动但现在饱受批评的研究，《德国的首次殖民地尝试，1884–1885：俾斯麦欧洲政策的转变》（伦敦，1938 年 ）[A.J.P. Taylor, *Germany's First Bid for Colonies, 1884–1885: A Move in Bismarck's European Policy* (London, 1938)]；以及弗里茨 · 斐迪南 · 穆勒，《德国–桑给巴尔–东非，1884–1890》（东柏林，1959 年）[Fritz Ferdinand Müller, *Deutschland–Zanzibar–Ostafrika 1884–1890* (East Berlin, 1959)]。
49. Turner, "Bismarck' s Imperialist Venture," p. 57.
50. Knapland, *Letters from the Berlin Embassy*, pp. 87–89, 119.
51. Langer, *European Alliances*, p. 296.
52. 安特希尔勋爵致布莱希罗德，1884 年 7 月 3 日，BA。
53. A. J. P. Taylor 断言，俾斯麦的"首次殖民地尝试"主要是一次外交行动，旨在为法德同盟寻找可行的理由；Turner 强烈反驳这种观点："事实恰好相反：俾斯麦向法国示好是他殖民政策的结果而非原因。" [Turner, "Bismarck's Imperialist Venture," p. 77] 事实上，对布莱希罗德的研究暗示，从 1878 年，莱茵河两岸就在积极展望法德和解。

54. 明斯特致布莱希罗德，1884 年 10 月 17 日、12 月 24 日，BA。
55. 萨布罗夫致布莱希罗德，1884 年 12 月 9 日，BA。
56. 亨德森，《德国殖民历史研究》（伦敦，1962 年），第 46 页 [W. O. Henderson, *Studies in German Colonial History* (London, 1962), p. 46]；Staley，*War and the Private Investor*，pp. 431–432；Müller，*Deutschland*，p. 425；菲尔德豪斯，《经济学与帝国》（伊萨卡，1973 年），第 331 页和第一章各处 [D. K. Fieldhouse, *Economics and Empire, 1830–1914* (Ithaca, 1973), p. 331 and part I, passim]。另见本杰明 · 科恩的一般性讨论，《帝国主义问题：主宰与依赖的政治经济》（纽约，1973 年）[Benjamin J. Cohen, *The Question of Imperialism: The Political Economy of Dominance and Dependence* (New York, 1973)]。
57. Wehler, *Bismarck*, pp. 163–68.
58. 阿莱克斯·拜恩，《弗里德里希·哈马赫，1824–1904》（柏林，1932 年），第 88–90 页 [Alex Bein, *Friedrich Hammacher, 1824–1904* (Berlin, 1932), pp. 88–90]。
59. Wehler, *Bismarck*, p. 165.
60. 同上，pp. 236–238；戴程德致布莱希罗德，1884 年 8 月 23 日，BA。
61. Wehler, *Bismarck*, pp. 282–85；Bein, *Hammacher*, pp. 92–93.
62. 施瓦巴赫，1885 年 6 月 18 日，BA。
63. Münch, *Hansemann*, pp. 246–48.
64. 詹姆斯 · 雷内尔 · 罗德爵士，《社交与外交回忆录，1884–1893》（伦敦，1922 年），第一卷，第 65 页 [Sir James Rennell Rodd, *Social and Diplomatic Memories, 1884–1893* (London, 1922), I, 65]。
65. Münch, *Hansemann*, pp. 246–48.
66. 关于这点，见库尔特 · 布特纳，《德国在东非的殖民政策的开始》（东柏林，1959 年），第 104–105 页 [Kurt Büttner, Die Anfänge der deutschen Kolonialpolitik in Ostafrika (East Berlin, 1959), pp. 104–5]；Müller，*Deutschland*，各处；Wehler，*Bismarck*，pp. 343–367。
67. 罗腾堡致贝谢姆（Berchem），1886 年 7 月 17 日，GFO：I.A.A.a. 50，adh. secr.，Vol. III。
68. Müller, *Deutschland*, pp. 174–76. 关于彼得斯扭曲的人格以及这种民族主义变态心理如何恰如其分地反映了德国的殖民主义，见 Wehler 尖刻而敏锐的评论，*Bismarck*，pp. 337–339。
69. 比如，黄金海岸的一位德国探险者曾向布莱希罗德求助。此人将自己的发现与史丹利的相提并论，身无分文而又疾病缠身的他从阿克拉（Accra）来信，乞求贷款 2000 马克。克劳泽（Krause）致布莱希罗德，1887 年 11 月 2 日，BA。
70. Müller, *Deutschland*, p. 297；邓哈特致布莱希罗德，1885 年 12 月 14 日，1886 年 5 月 13 日；另见邓哈特致格洛纳，1886 年 5 月 13 日，BA。
71. Wehler, *Bismarck*, pp. 369–70.
72. 汉斯 · 冯 · 布莱希罗德致布莱希罗德，1885 年 8 月 31 日，BA。
73. 贝谢姆备忘录，1890 年 4 月 29 日，GFO：俄国 71。关于贝谢姆，见 Wehler，*Bismarck*，p. 237。
74. 见约翰 · 加拉格和罗纳德 · 罗宾逊，《自由贸易的帝国主义》，刊于《经济史评论》，1953 年第 6 期，第 1–15 页 [John Gallagher and Ronald Robinson, "The Imperialism of Free

Trade," *The Economic History Review*, 6 (1953), 1–15]。该文讨论英国的案例，但也涉及德国。

75. 大卫·兰德斯,《关于经济帝国主义本质的一些思考》,刊于《经济史期刊》,1961 年第 21 期，第 505 页 [David S. Landes, "Some Thoughts on the Nature of Economic Imperialism," *JEH*, 21 (1961), 505]。
76. Feis, *Europe*, p. 313.
77. 唐纳德 · 布莱斯戴尔,《欧洲对奥斯曼帝国的财政控制》(纽约，1929 年)，第 1–107 页和其他各处 [Donald C. Blaisdell, *European Financial Control in the Ottoman Empire* (New York, 1929), pp. 1–107, passim]。阿尔伯特 · 瓦兰,《论国债与对外国债券持有者利益的保护》(日内瓦，1907 年)，第 225 页 [Albert Wuarin, *Essai sur les Emprunts d' états et la protection des droits des porteurs de fonds d' états étrangers* (Geneva, 1907), p. 225]。
78. Holborn，*Deutschland*，p. 46 ; Knaplund，*Letters from the Berlin Embassy*，p. 230 ; 关于对苏丹以及德国在其帝国影响力提升的通俗描述，见琼 · 哈斯利普,《阿卜杜勒 · 哈米德苏丹传》(伦敦，1958 年)，第 189–205 页 [Joan Haslip, *The Sultan: The Life of Abdul Hamid* (London, 1958), pp. 189–205]。
79. *Holstein Papers*，II，18，23 ; 库尔特 · 格伦瓦尔德,《土耳其的希尔施 : 企业家和慈善家莫里斯 · 德 · 希尔施男爵研究》(耶路撒冷，1966 年)，第 46–47 页 [Kurt Grunwald, *Türkenhirsch: A Study of Baron Maurice de Hirsch, Entrepreneur and Philanthropist* (Jerusalem, 1966), pp. 46–47]。
80. Blaisdell, *European Financial Control*, pp. 113–14.
81. 拉多维茨致布莱希罗德,1883 年 10 月 6 日,1883 年未具日期的信;霍亨洛厄致布莱希罗德，1883 年 11 月 1 日，1884 年 4 月 20 日 ; 罗伊斯亲王亨利七世致布莱希罗德，1883 年 11 月 10 日，BA ; 泰斯塔致布莱希罗德，1883 年 10 月 6 日 ; 兰曹致布莱希罗德，1883 年 10 月 27 日，BA。 586
82. 鲍尔 (Bauer) 备忘录，1887 年 1 月 26 日;布莱希罗德致俾斯麦，1887 年 1 月 30、31 日，GFO : 土耳其 144 ; 拉多维茨致布莱希罗德，1886 年 11 月 20 日，BA。
83. 布莱希罗德致俾斯麦，1888 年 1 月 14 日，BA。
84. 见 Grunwald，*Türkenhirsch*，pp. 58–62 及书中各处。
85. 施瓦巴赫致外交部，1888 年 2 月 15 日，GFO : 土耳其 144。
86. 卡尔 · 赫尔菲里希,《格奥尔格 · 冯 · 西门子 : 德国伟大时代的人生肖像》(柏林，1923 年)，第三卷，第 28–29 页 [Karl Helfferich, *Georg von Siemens. Ein Lebensbild aus Deutschlands grosser Zeit*, Vol. III (Berlin, 1923), pp. 28–29]。
87. 罗伊斯致俾斯麦，1888 年 12 月 20 日，GFO : 土耳其 144 ; 布莱希罗德致哈茨菲尔特，1888 年 8 月 15 日，BA。
88. 布莱希罗德致俾斯麦，1888 年 9 月 8 日，SA。
89. Feis, *Europe*, p. 318.
90. 关于以布莱希罗德银行最初提供的材料为基础的细节，见 Wuarin，*Les Emprunts d'états*，pp. 223–235。
91. Helfferich，*Siemens*，III，46 ; 关于西门子在铁路建设中的角色，见 pp. 15–132。
92. 鲁道夫 · 林道致布莱希罗德，1893 年 1 月 22 日，BA ; Fürstenberg，*Lebensgeschichte*，p. 236。

93. Busch, *Bismarck*, III, 52.
94. 关于埃及依赖地位的整个故事同时包含金融、政治和人的因素，没有谁比大卫·兰德斯更好地把握其复杂性，他的著作《银行家与帕夏：埃及的国际金融和经济帝国主义》（伦敦，1958 年）可谓名不虚传 [*Bankers and Pashas: International Finance and Economic Imperialism in Egypt* (London, 1958)]。不幸的是，对英国人占领后的埃及没有可与之媲美的研究。但可参考马蒂尔德·克莱因，《德国与埃及问题，1875–1890》（格赖夫斯瓦尔德，1927 年）[Mathilde Kleine, *Deutschland und die ägyptische Frage, 1875–1890* (Greifswald, 1927)]；查尔斯·伊萨维，《1800 年后的埃及：畸形发展研究》，刊于《经济史期刊》，1961 年第 21 期，第 1–25 页 [Charles Issawi, "Egypt since 1800: A Study in Lop-sided Development," *JEH*, 21 (1961), 1–25]；沃尔夫冈·蒙森，《埃及的帝国主义》（慕尼黑，1961 年）[Wolfgang J. Mommsen, *Imperialismus in Ägypten* (Munich, 1961)]；以及 William L. Langer，European Alliances，ch. 8。关于埃及在英国人的心目中和战略计划中的核心角色，见罗纳德·罗宾逊和约翰·加拉格尔，《非洲与维多利亚时代的人：帝国主义的官方思维》（伦敦，1961 年）[Ronald Robinson and John Gallagher, *Africa and the Victorians: The Official Mind of Imperialism* (London, 1961)]。
95. 布莱希罗德致俾斯麦，1882 年 6 月 19 日，SA。
96. Langer, *European Alliances*, p. 254.
97. 亚瑟·克劳奇利，《近代埃及的经济发展》（伦敦，1938 年），第 145 页 [Arthur E. Crouchley, *The Economic Development of Modern Egypt* (London, 1938), p. 145]。
98. Emden, *Money Powers*, p. 399.
99. 阿图尔·冯·布劳尔备忘录，1885 年 4 月 19 日；布莱希罗德致俾斯麦，1885 年 4 月 20 日，GFO：埃及 5。
100. 布莱希罗德致俾斯麦，1886 年 3 月 24 日；德伦塔尔（Derenthall）致俾斯麦，1886 年 4 月 6 日；朔尔茨致俾斯麦，1886 年 4 月 10 日，GFO：埃及 5，附件 1。
101. 布劳尔致德伦塔尔，1886 年 4 月 14 日，同上。
102. 布莱希罗德致俾斯麦，1886 年 4 月 13 日，同上。
103. 同上，1886 年 10 月 1 日。
104. 布劳尔备忘录，1886 年 10 月 6 日，同上。
105. 布劳尔致朔尔茨，1886 年 10 月 12 日，同上。
106. 施密特致俾斯麦，1886 年 11 月 22、29 日；哈茨菲尔特致俾斯麦，1887 年 1 月 28 日；德国外交部驻开罗通讯员，1887 年 2 月 20 日，同上。
107. 布莱希罗德致俾斯麦，对账单，1889 年 12 月 31 日，SA。
108. 布莱希罗德致哈茨菲尔特，1888 年 4 月 7、9 日，BA。
109. 普拉特，《拉丁美洲与英国贸易，1806–1914》（伦敦，1972 年），第 101 页 [D. C. M. Platt, *Latin America and British Trade, 1806–1914* (London, 1972), p. 101]。
110. 埃德加·图灵顿，《墨西哥和她的外国债主》（纽约，1930 年），第 213 页 [Edgar Turlington, *Mexico and Her Foreign Creditors* (New York, 1930), p. 213]。亦见弗里德里希·卡茨，《德国、迪亚兹和墨西哥革命》（东柏林，1964 年），第 100 页 [Friedrich Katz, *Deutschland, Diaz, und die Mexikanische Revolution* (East Berlin, 1964), p. 100]。另见德国驻墨西哥大使冯·策特维茨男爵（Freiherr von Zedtwitz）致拉施道，1888 年 12 月 26 日；穆伦堡（Mühlenberg）备忘录，1898 年 2 月 5 日，GFO：墨西哥 1，Alfred

Vagts 提供。

111. 引自 F. Katz，*Deutschland*，p. 100。

112. 同上，p.103。

113. 同上，pp. 107，131；Wehler，*Bismarck*，p. 226；另见 Platt，*Latin America*，pp. 298–302。

114. 厄内斯特·卡塞尔爵士致布莱希罗德，1893 年 12 月 1 日，BA。

115. 关于德国进入中国的主要著作，见赫尔穆特·施托克，《19 世纪的德国和中国：德国资本主义的进入》(东柏林，1958 年) [Helmuth Stoecker, *Deutschland und China im 19. Jahrhundert. Das Eindringen des deutschen Kapitalismus* (East Berlin, 1958)]。该书参考德国公使们在北京的残留档案。另见 Wehler，*Bismarck*，p. 409；Münch，*Hansemann*，p. 218。

116. H. Stoecker, *Deutschland und China*, pp. 193–94, 279–80. 遗憾的是，布莱希罗德档案中没有后一时期的勃兰特来信，而 Stoecker 只引用这一封信；考虑到他想要追寻德国“剥削者”在中国的角色，也许可以推断北京的档案中没有其他的信留存下来。

117. 布莱希罗德致俾斯麦，1887 年 9 月 9 日；施瓦茨科本 (Schwartzkoppen) 备忘录，1887 587
年 9 月 17 日；*Reichskanzlei*，关于与施瓦巴赫会面的备忘录，无日期；俾斯麦致朔尔茨，关于远洋航运、贸易关系和殖民地的档案，第 18 号，第 4 卷。Stoecker 似乎没有用到 *Reichskanzlei* 中的材料。

118. H. Stoecker, *Deutschland und China*, pp. 207–8；Münch, *Hansemann*, pp. 215–20. 路德维希·拉施道，《在俾斯麦和卡普里维手下：一位德国外交官的回忆，1885–1894》(柏林，1939 年)，第 18 页 [Ludwig Raschdau, *Unter Bismarck und Caprivi. Erinnerungen eines deutschen Diplomaten aus den Jahren 1885–1894* (Berlin, 1939), p. 18]。

119. H. Stoecker, *Deutschland und China*, pp. 261–62. 卡尔·帕什，《德国的摩西五经：与犹太人战斗的工具，用于所有党派的政客和议员》(莱比锡，1892 年) [Carl Paasch, *Ein deutscher Pentateuch: Rüstzeug zum Kampfe gegen das Judenthum. Für Politiker und Abgeordnete aller Parteien* (Leipzig, 1892)]。

120. 最早分析该问题的是雅各布·维纳的《国际金融与外交权力平衡，1880–1914》，重新刊发于他的《国际经济学》(格伦科，1951 年)，第 49–85 页 [Jacob Viner, “International Finance and Balance of Power Diplomacy, 1880–1914,” *International Economics* (Glencoe, 1951), pp. 49–85]。另见 Ibbeken，*Staat und Wirtschaft*。两人的研究都未使用档案材料。

121. 维也纳罗斯柴尔德家族致布莱希罗德，各处，BA。

122. 见 Münch，*Hansemann*，pp. 111–113，196–198。Münch 娶了汉泽曼的孙女，他的传记无论多么一丝不苟，总是受到这种关系的影响。他把汉泽曼描绘成“德国第一银行家”(p.88)。

123. 布莱希罗德致俾斯麦，1884 年 10 月 14 日；罗伊斯致俾斯麦，1882 年 3 月 28 日，1886 年 1 月 5 日；GFO：塞尔维亚 7。

124. 俾斯麦致罗伊斯，1885 年 12 月 30 日，同上；大部分为俾斯麦亲笔。

125. 布拉依致俾斯麦，1886 年 1 月 21 日；外交部备忘录，1886 年 1 月 15 日，同上。

126. 同上，1888 年 12 月 7 日。Fürstenberg,*Lebensgeschichte*,pp. 278–98;Feis,*Europe*,pp. 258–68。

127. 布莱希罗德致俾斯麦，1888 年 7 月 17 日；备忘录，1888 年 7 月 19、22 日；电报，1888 年 7 月 21 日；兰曹致布劳尔，1888 年 7 月 28 日，GFO：土耳其 133，附件 22。

128. 彪罗致俾斯麦，1888 年 6 月 5、18 日，GFO：罗马尼亚 4；另见 Helfferich，*Siemens*，III，4；勒 · 迈斯特尔（Le Maistre）致俾斯麦，1889 年 5 月 18 日，GFO：希腊 44。BA 中还有《罗马尼亚石油工业的发展以及贴现公司和布莱希罗德银行的参与》(Die Entwicklung der rumänischen Petroleum-Industrie und die Beteiligung der Disconto-Gesellschaft und des Bankhauses S. Bleichröder daran）一文，没有其他信息，但显然发表于 1907 年左右。
129. Langer, *European Alliances*, pp. 447–448; Staley, *Private Investor*, pp. 92–93; Viner, "International Finance," pp. 59–63. 劳纳伊致俾斯麦，1888 年 2 月 15 日，GFO：意大利 73，秘密。谢泼德·克拉夫，《近代意大利经济史》(纽约，1964 年)，第 117 页 [Shepard B. Clough，*The Economic History of Modern Italy* (New York，1964)，p. 117]。
130. 荷尔斯泰因致布莱希罗德，1875 年 6 月 5 日；赫伯特 · 冯 · 俾斯麦致布莱希罗德，1875 年 6 月 10 日，BA。
131. 布莱希罗德致俾斯麦，1880 年 9 月 1 日，10 月 1、4 日，FA。
132. 副本，罗斯柴尔德致布莱希罗德，1880–1887 年，RA。
133. Clough, *Modern Italy,* p. 126.
134. 劳纳伊致俾斯麦，1888 年 2 月 15 日；备忘录，1888 年 2 月 16 日，GFO：意大利 73，秘密。
135. 贝谢姆致俾斯麦，1888 年 2 月 29 日；罗腾堡致俾斯麦，1888 年 3 月 1 日；俾斯麦致索尔姆斯，1888 年 3 月 3 日，同上。
136. 贝谢姆致俾斯麦，1888 年 3 月 21 日；索尔姆斯致俾斯麦，1888 年 3 月 30 日；老纳伊致俾斯麦，1888 年 3 月 7 日，同上。
137. Feis, *Europe*, p. 238; Clough, *Modern Italy*, pp. 124–32; Münch, *Hansemann*, pp. 204–6.
138. 索尔姆斯致布莱希罗德，1890 年 4 月 3 日，BA；吉纳 · 卢扎托，《1861 年到 1914 年的意大利经济》，第一卷：1861–1894 年(米兰，1963 年)，第 244 页 [Gina Luzzato, *L'economia italiana del 1861 al 1914*, Vol. 1: *1861–1894* (Milan, 1963), p. 244]。
139. Münch, *Hansemann*, p. 206; Feis, *Europe*, p. 239; Ludwig Raschdau, *Unter Bismarck*, pp. 188–89. 另见他的《我如何成为外交官：生平故事》(柏林，1938 年)，第 9 页 [*Wie ich Diplomat wurde: Aus dem Leben erzählt* (Berlin, 1938), p. 9]。
140. Staley, War and the Private Investor, p. 11.

第十六章　俾斯麦的倒台

1. GW, *XII*, 390.
2. Holstein *Papers*，II，书中各处，特别是第 362、369 页。
3. 莱恩多夫致布莱希罗德，1888 年 3 月 10 日，BA。
4. 《1888–1890 年与盖尔森 · 冯 · 布莱希罗德或关于他的谈话，来自埃米尔 · 弗里德里希 · 品特的日记》(*Gespräche mit und über Gerson von Bleichröder in den Jahren 1888–1890. Aus den Tagebüchern von Emil Friedrich Pindter*)，第 7 页，1888 年 3 月 29 日。由他的孙子，弗莱堡的约阿西姆 · 品特编辑和提供。
5. 伊利 · 德 · 基翁，《法俄同盟史，1886–1894》(巴黎，1895 年)，第 379 页 [Elie de Cyon, *Histoire de I' entente Franco-Russe, 1886–1894* (Paris, 1895), p. 379]。
6. Langer, *European Alliances*, p. 370.

7. 引自彼得·拉索夫,《德国在大国圈子中的地位,1887–1890》(美因茨,1959 年),第 211 页 [Peter Rassow, *Die Stellung Deutschlands im Kreise der Grossen Mächte, 1887–1890* (Mainz, 1959), p. 211]。
8. Mai, *Das deutsche Kapital*, pp. 131, vi, 195.
9. Bussmann, *Herbert von Bismarck*, p. 196.
10. 鉴于俄国债券在布莱希罗德客户中的受欢迎程度，一位东德历史学家近来的说法值得仔细商榷。他宣称，普鲁士容克贵族总是“不赞成”向与德国竞争的农业国家输出资本。
布莱希罗德因为自己的工业利益而反对向俄国投资的说法同样证据不合。齐格里德 · 孔 588
普夫–科费斯,《俾斯麦的“俄国牵线”》(东柏林，1968 年)，第 125、154 页 [Sigrid Kumpf-Korfes, *Bismarcks "Draht nach Russland"* (East Berlin, 1968), pp. 125, 154]。
11. 美国外交部,《1884 年外交文件》，第 449–450 页。
12. 罗腾堡致兰曹，1886 年 12 月 16 日，FA，Pöls 博士提供。
13. 罗腾堡致兰曹，1886 年 12 月 24、25 日，FA。
14. *Holstein Papers*，II，253；罗腾堡致兰曹，1886 年 12 月 26 日，FA。
15. *Holstein Papers*, II, 327.
16. 萨克致布莱希罗德，1887 年 1 月 24 日，BA。
17.《经济学人》第 45 期，1887 年 10 月 15 日，第 1306 页；勒内 · 吉洛尔,《俄国贷款与法国在俄国的投资，1887–1914 年：国际投资研究》(巴黎，1973 年)，第 141 页 [René Girault, *Emprunts russes et investissements français en Russie, 1887–1914. Récherches sur l' investissement international* (Paris, 1973), p. 141]。
18. Kumpf-Korfes, "*Draht nach Russland*," p. 157.
19.《德国周一报》剪报，1887 年 11 月 28 日，GFO：德国 122，No. 1a 4。布莱希罗德致俾斯麦，1887 年 12 月 1 日，FA，Pöls 博士提供。
20. 巴黎大使馆的雷登（Redern）致俾斯麦，1886 年 9 月 10 日，GFO：法国 105，No.2；彪罗致奥伊伦堡，1893 年 3 月 13 日，奥伊伦堡遗稿，John Röhl 博士提供。
21. Cyon, *L'entente Franco-Russe*, pp. 302–7.
22. 基翁致布莱希罗德，1887 年 5 月 29 日、6 月 4 日，BA。
23. 同上，1887 年 7 月 24 日。Cyon, *L'entente Franco-Russe*, pp. 349–350.
24. 基翁致布莱希罗德，1888 年 2 月 24 日，BA。
25. 彪罗致俾斯麦，1887 年 4 月 13 日，GFO：法国 105，第 2 号。
26. 施魏因尼茨致外交部，1887 年 3 月 19 日，GFO：俄国 91，第 1 号。
27. 巴黎警察局塞纳河档案，BA 1023；另见 Cyon，*L'entente Franco-Russe*，pp. 395–405。
28. 直到现在，基翁仍然作为科学家或历史学家–记者被铭记。比如,《犹太百科全书》(*Encyclopedia Judaica*, 1971 年版）就只记录他出色的科学生涯，作为卡特科夫的代理人，他的名字还出现在历史学家中间。我因为基翁与布莱希罗德的关系而对他产生兴趣，在德国外交部和法国警方的档案中寻找他的更多信息。感谢普林斯顿高等研究院的乔治·凯南教授（George F. Kennan）与我就基翁以及整个法俄关系进行几番谈话。我还非常感激他让我读他尚未出版的关于 1894 年法俄同盟的著作手稿中的几个章节。
29. Girault, *Emprunts russes*, pp. 156–58.
30. Pindter，"Gespräche"，1888 年 1 月 1 日，4 月 7 日，5 月 12、17 日；*DDF*，VII，131。
31. 基翁致布莱希罗德，1888 年 11 月 6 日，BA。

32. 罗腾堡致布莱希罗德，1888 年 10 月 3、6 日，BA。
33. 同上，1888 年 11 月 9 日。
34. Girault, *Emprunts russes*, pp. 159–70.
35. *DDF*, VII, 431. Kumpf-Korfes, "*Draht nach Russland*," pp. 165–71; Mai, *Das deutsche Kapital*, pp. 151–53. 阿尔方斯·德·罗斯柴尔德致布莱希罗德，1889 年 4 月 8、10、23 日，BA。
36. Pindter，"Gespräche"，1889 年 6 月 26 日，P. 21。
37. Kumpf-Korfes, "*Draht nach Russland*," pp. 166–7.
38. 理查德 · 赫茨，《沃尔格穆特事件》，刊于《历史季刊》，1939 年第 31 期，第 760 页 [Richard Hertz, "Der Fall Wohlgemuth," *Historische Vierteljahrschrift*, 31 (1939), 760]。
39. Bussmann, *Herbert von Bismarck*, p. 537.
40. 赫伯特·冯·俾斯麦致奥伊伦堡，1889 年 6 月 24 日，奥伊伦堡遗物，John Röhl 博士提供。
41. Bussmann, *Herbert von Bismarck*, p. 540–41.
42. Rogge, *Holstein*, p. 330.
43. 马丁 · 基钦，《德国军官团，1890–1914》（牛津，1968 年），第 4 章和第 68 页 [Martin Kitchen, *The German Officer Corps, 1890–1914* (Oxford, 1968), ch. IV and p. 68]。
44. Meisner, *Denkwürdigkeiten ... Waldersee*, II, 55.
45. 见洛尔，《执政联盟的瓦解与俾斯麦下台的政治，1887–1890》，刊于《历史期刊》，1966 年第 9 期，第 79 页 [J. C. G. Röhl, "The Disintegration of the Kartell and the Politics of Bismarck' s Fall from Power, 1887–1890," *Historical Journal*, 9 (1966), 79]；Fürstenberg, *Lebensgeschichte*，pp. 244–246。
46. Rich, *Holstein*, I, 253；Raschdau, *Unter Bismarck*, p. 18.
47. Meisner, *Denkwürdigkeiten ... Waldersee*, II, 66–67.
48. 同上，p.112。
49. 同上，pp. 54–55。另见 Langer，*European Alliances*，p. 496。
50. Pindter，"Gespräche"，1889 年 6 月 18 日，第 20 页。
51. 麦斯纳编，《陆军元帅阿尔弗雷德 · 冯 · 瓦德西伯爵书信选》，第一卷（斯图加特，1928 年），第 351 页 [H. O. Meisner, ed., *Aus dem Briefwechsel des Generalfeldmarschalls Alfred Grafen von Waldersee*, Vol. I, (Stuttgart, 1928), p. 351]。
52. 俾斯麦致布莱希罗德，1890 年 3 月 6、10、13 日，BA。
53. Pindter，"Gespräche"，1890 年 3 月 8 日，第 28 页。我对俾斯麦最后行动的总结基于 Röhl 的 *Germany without Bismarck* 第一章。
54. 关于科普，见弗朗茨 · 施纳贝尔（Franz Schnabel）的敏锐研究，《科普红衣主教对德国天主教政治力量的意义》，收录于《论文与演讲，1914–1965》，海因里希 · 卢茨编（弗莱堡，1970 年），第 1–13 页 ["Kardinal Kopps Bedeutung für den politischen Katholizismus in Deutschland," *Abhandlungen und Vorträge, 1914–1965*, ed. by Heinrich Lutz (Freiburg, 1970), pp. 1–13]；鲁道夫·莫塞，《文化斗争与一战间的德国天主教徒和民族国家》，刊于《历史年鉴》，1970 年第 90 期，第 31–64 页 [Rudolf Morsey, "Die deutschen Katholiken und der Nationalstaat zwischen Kulturkampf und Ersten Weltkrieg," *Historisches Jahrbuch*, 90 (1970), 31–64]；Röhl，"Disintegration of the Kartell"，p. 86；威廉 · 许斯勒，《俾斯麦的倒台》（莱比锡，1922 年），第 159–160 页 [Wilhelm Schüssler, *Bismarcks Sturz* (Leipzig, 589

1922), pp. 159–60]。

55. 科普致布莱希罗德，1890 年 3 月 23 日，BA。

56. Röhl，“Disintegration of the Kartell”，p. 87；Pindter，“Gespräche”，1890 年 3 月 8 日，第 28 页。

57. 巴谢姆遗稿，第 63 卷，科隆城档案。这些内容由 John Röhl 博士提供；另参见 Eyck，*Bismarck*，III，588。

58. Kardorff, *Kardorff*, p. 223. 布莱希罗德的斡旋广为人知，但关于谁是策动者存在很多猜测。1891 年 11 月 28 日的《弗斯报》上再次讨论这个问题，俾斯麦寄给布莱希罗德一份该报，保存在布莱希罗德档案中。另见 *GW*，IX，336–337。

59. Eulenburg, *Aus 50 Jahren*, p. 234; *GW*, VIII, 696.

60. 罗斯柴尔德致布莱希罗德，1890 年 3 月 19 日，BA。

61. Pindter，“Gespräche”，1890 年 3 月 17 日，第 30 页。

62. *Holstein Papers*, III, 332.

63. Hohenlohe, *Denkwürdigkeiten*, II, 120.

64. 罗斯柴尔德致布莱希罗德，1890 年 3 月 19 日，BA。

65. 基翁致布莱希罗德，无日期，BA。

66. 索尔姆斯致布莱希罗德，1890 年 4 月 3 日，BA。

67. Vierhaus, *Spitzemberg*, p. 272.

68. Pindter，“Gespräche”，1890 年 4 月 12 日，第 32–33 页。

69. 基德伦致布莱希罗德，1891–1892 年，BA；拉施道致布莱希罗德，1891 年，BA；卡普里维致布莱希罗德，1892 年 2 月 1 日，BA；备忘录，1890 年 12 月 9 日，GFO：德国 131。

70. Kardorff, *Kardorff*, p. 247.

71. Raschdau，*Unter Bismarck*，p. 155；路德维希·莱纳斯，《俾斯麦奠基帝国，1864–1871》（慕尼黑，1957 年），第二卷，第 263 页 [Ludwig Reiners, *Bismarck gründet das Reich, 1864–1871* (Munich, 1957), II, 263]。

72. 施魏宁格医生致布莱希罗德，1890 年 3 月 30 日，BA。

73. Pindter，“Gespräche”，1890 年 4 月 7 日，pp. 31–32。

74. 克里桑德（Chrysander）致布莱希罗德，1890 年 6 月 17 日，BA。

75. 俾斯麦致布莱希罗德，1891 年 12 月 9 日，BA。

76. Pindter，“Gespräche”，1890 年 5 月 15 日，第 33 页。

77. 克里桑德致布莱希罗德，1890 年 6 月 30 日；Pindter，“Gespräche”，1890 年 6 月 2 日，第 34 页。

78. Rogge, *Holstein*, p. 364.

79. 科普致布莱希罗德，1892 年 9 月 11 日，BA。

80. *GW*, XIV2, 1008.

81. *GW*, IX, 336；萨姆特，《五代》，来自《柏林犹太人社群档案》，1935 年 6 月 16 日 [Samter, “Fünf Generationen,” *Gemeindeblatt der jüdischen Gemeinde zu Berlin*, June 16, 1935]。

82. 俾斯麦致布莱希罗德，1891 年 4 月 7 日，BA。

83. 俾斯麦致布莱希罗德，1893 年 2 月 3 日，BA。

84. 俾斯麦致施瓦巴赫，1893 年 2 月 23 日，BA。

85. Taylor, *Bismarck*, p. 253.

第十七章 作为爱国新贵的犹太人

1. 这是对一个相当庞大的话题的高度概括。我在之前的研究中涉及过这个核心主题，特别是《文化绝望的政治：德国意识形态兴起研究》（伯克利，1961 年）[*The Politics of Cultural Despair: A Study in the Rise of the Germanic Ideology* (Berkeley, 1961)]；《自由主义的失败》[*The Failure of Illiberalism*]；和最近的《评论》，刊于《莱奥·拜克学会年鉴》，1975 年第 20 期，第 79–83 页。对于将犹太人的故事置于正确的德国背景下的任何研究，下面的作品不可或缺：莱昂纳德·克里格，《德国的自由理念：政治传统史》（波士顿，1957 年）[Leonard Krieger, *The German Idea of Freedom: History of a Political Tradition* (Boston, 1957)]；拉尔夫·达伦多夫，《德国的社会与民主》（纽约，1967 年）[Ralf Dahrendorf, *Society and Democracy in Germany* (New York, 1967)]。
2. 关于门德尔松家族的类似观察，见菲利克斯·吉尔伯特编，《银行家、艺术家和学者：19 世纪门德尔松家族的未公开书信》（纽约，1975 年），第 xxxvii 页 [Felix Gilbert, ed., *Bankiers, Künstler und Gelehrte. Unveröffentlichte Briefe der Familie Mendelssohn aus dem 19. Jahrhundert* (New York, 1975), p. xxxvii]。
3. *Holstein Papers*, III, 104; Bussmann, *Herbert von Bismarck*, pp. 71, 73; Curtius, *Denkwürdigkeiten ... Hohenlohe*, II, 234.
4. 德国犹太人大多会强调慈善是他们的特殊使命。见 Toury，*Die politischen Orientierungen der Juden in Deutschland*，pp. 147–148。
5. 雅各布·瓦泽曼，《我的德国人和犹太人生活》（纽约，1933 年），第 24 页 [Jacob Wassermann, *My Life as German and Jew* (New York, 1933), p. 24]。
6. 引自 Hamburger，*Juden im öffentlichen Leben*，pp. 551–552。
7. 关于这个话题的作品非常丰富。现有的反犹主义思想研究包括乔治·莫斯，《德国意识形态的危机》（纽约，1964 年）[George Mosse, *The Crisis of German Ideology* (New York, 1964)]；诺曼·科恩，《种族灭绝的许可》（伦敦，1967 年）[*Warrant for Genocide*(London, 1967)]。关于反犹主义组织和政治，见彼得·普尔泽，《德国和奥地利政治反犹主义的兴起》（纽约，1964 年）[Peter Pulzer, *The Rise of Political Anti-Semitism in Germany and Austria* (New York, 1964)]；保罗·马兴，《毁灭演练：德意志帝国的政治反犹主义研究》（纽约，1949 年）[Paul Massing, *Rehearsal for Destruction: A Study of Political Anti-Semitism in Imperial Germany* (New York, 1949)]。关于反犹主义的背景，见汉娜·阿伦特，《极权 590 主义的起源》（纽约，1951 年）[Hannah Arendt, *The Origins of Totalitarianism* (New York, 1951)]。关于自由新教和犹太教，见乌里尔·塔尔，《德国的基督徒和犹太人：第二帝国的宗教、政治和意识形态，1870–1914》（伊萨卡，1975 年）[Uriel Tal, *Christians and Jews in Germany: Religions, Politics, and Ideology in the Second Reich, 1870–1914* (Ithaca, 1975)]。关于犹太人有组织的自卫，见伊斯玛尔·绍尔什，《犹太人对德国反犹主义的反应，1870–1914》（纽约，1972 年）[Schorsch, *Jewish Reactions to German Anti-Semitism, 1870–1914* (New York, 1972)]。我们尚无从 1869 年德国犹太人群体被解放到 1944 年它遭遇灭绝的综合研究，几乎没有作品类似迈克尔·马鲁斯令人激动的《融合的政治：德雷弗斯事件发生时法国犹太人群体研究》（牛津，1971 年）[Michael R. Marrus, *The Politics*

of Assimilation: A Study of the French Jewish Community at the Time of the Dreyfus Affair (Oxford, 1971)]。

8. 这个表述来自马克斯·韦伯的《新教伦理与资本主义精神》(纽约,1958年),第271页 [*The Protestant Ethic and the Spirit of Capitalism* (New York, 1958), p. 271]。

9. 关于19世纪反犹主义的演变，特别见埃利奥诺·施特林,《他就像你：来自德国反犹主义的早期历史，1815–1850》(慕尼黑，1956年) [Eleonore Sterling, *Er ist wie Du. Aus der Frühgeschichte des Antisemitismus in Deutschland (1815–1850)* (Munich, 1956)]。

10. Cohn, *Warrant for Genocide*, p. 16.

11. 瓦尔特·拉特瑙,《作品全集》, 第一卷 (柏林, 1918年), 第188–189页 [Walther Rathenau, *Gesammelte Schriften*, Vol. I (Berlin, 1918), pp. 188–89]。

12. 同上，p. 190。

13. 引自 Marrus，*Politics of Assimilation*，p. 61。

14. 关于上述内容，特别见 Schorsch，*Jewish Reactions*。

15. Toury 汇编，*Politischen Orientierungen*，p. 151。

16. 巴姆贝格，p. 286。

17. 布鲁门贝格,《来自马克思生活的未知资本:与荷兰亲戚的通信》,刊于《国际社会史评论》, 1956年 第1期， 第107–108页 [W. Blumenberg, "Ein Unbekanntes Kapitel aus Marx' Leben. Briefe an die holländischen Verwandten," *International Review of Social History*, 1 (1956), 107–8]。

18. 盖尔森·布莱希罗德致萨穆埃尔·布莱希罗德，1850年6月8日，BA。

19. 亚伯拉罕·奥本海姆致布莱希罗德，1864年3月19日，BA。

20. 同上，1858年9月19日。

21. Toury, *Politischen Orientierungen*, p. 16.

22. 同上，p.111。

23. 奥本海姆致布莱希罗德，1871年3月12日，BA。

24. 同上，1871年3月24日。

25. 塞西尔·罗斯,《辉煌的罗斯柴尔德家族》(伦敦，1939年)，第125页 [Cecil Roth, *The Magnificent Rothschilds* (London, 1939), p. 125]。

26.《真理封印：犹太人词典》(埃尔福特，1929年) [*Sigilla Veri. Lexikon der Juden* (Erfurt, 1929)]，第638页，"布莱希罗德"词条。

27.《新弗兰肯和图林根大众报》(*Neue Allgemeine Zeitung für Franken und Thüringen*), 1879年4月25日，BA。

28. Vierhaus, *Spitzemberg*, pp. 132, 136, 138.

29. 同上，p.88。

30. 警方报告，1874年1月16日，FA，由 Allan Mitchell 提供。

31. 这一段得益于大卫·德·勒维塔 (David J. De Levita) 的惊人观察,《身份的概念》(巴黎和海牙，1965年)，第86–95、187–189页 [*The Concept of Identity* (Paris and The Hague, 1965), pp. 86–95, 187–89]。作者讨论了"秘密"的角色和反犹主义的投射性属性。

32. 施瓦巴赫致布莱希罗德，1876年4月20日，BA。

33. 巴姆贝格致卡尔·安东，1883年10月5日，HS。

34. 见 Theodore Zeldin 让人浮想联翩的作品，*France*，*1848–1945*，第一卷；另见恩斯特·布

拉姆斯泰特，《德国的贵族和中产阶级：德国文学中的社会类型，1830–1900》书中各处，修订版（芝加哥，1964年）[Ernest K. Bramstedt, *Aristocracy and the Middle-Classes in Germany: Social Types in German Literature, 1830–1900*, rev. ed. (Chicago, 1964)]。

35. 备忘录，1888年10月9日，BLHA：王国警察总监关于盖尔森·布莱希罗德的档案，编号30；鲁道夫·马丁编，《普鲁士百万富翁的财产与收入年鉴》（柏林，1912年），第138页起 [Rudolf Martin, ed., *Jahrbuch des Vermögens und Einkommens der Millionäre in Preussen* (Berlin, 1912), pp. 138 ff]。
36. 保罗·瓦西里伯爵，《柏林社交界》（巴黎，1884年），第156–157页 [Comte Paul Vasili, *La Société de Berlin* (Paris, 1884), pp. 156–57]。
37. Sir James Rennell Rodd, *Social and Diplomatie Memories*, p. 60. 关于整个问题，见拉玛尔·塞西尔，《帝国时期柏林的犹太人和容克贵族》，刊于《莱奥·拜克学会年鉴》，1975年第20期，第47–58页 [Lamar Cecil, "Jews and Junkers in Imperial Berlin," *LBY*, 20 (1975), 47–58]。作者稍稍低估基督教社会的自给自足。
38. 《马克塞·冯·阿尼姆，贝蒂娜之女，冯·奥里奥拉伯爵夫人》，约翰尼斯·魏尔纳编（莱比锡，1937年），第269–279、305页 [*Maxe von Arnim, Tochter Bettinas/Gräfin von Oriola*, ed. by Johannes Werner (Leipzig, 1937), pp. 269–79, 305]；关于奥里奥拉伯爵夫人，见 Vierhaus，*Spitzemberg*，pp. 137–138。
39. Vasili, *La Société de Berlin*, p. 158.
40. 关于娱乐严肃的一面，见退休的巴登外交官欧根·冯·雅格曼的佐证，《七十五年的经历和遭遇，1849–1924》（海德堡，1925年），第209页 [Eugen von Jagemann, *Fünfundsiebzig Jahre des Erlebens und Erfahrens, 1849–1924* (Heidelberg, 1925), p. 209]。
41. 路德维希·皮彻致艾玛·冯·布莱希罗德，1879年3月7日，BA。
42. Monypenny and Buckle, *Disraeli*, II, 1202.
43. 19世纪的伟大小说家描绘这些宴会和席间的勾心斗角。我们感兴趣的例子见查尔斯·狄更斯，《我们共同的朋友》，特别是第一卷第2章 [Charles Dickens, *Our Mutual Friend*]；安东尼·特罗洛普，《如今世道》，第59章 [Anthony Trollope, *The Way We Live Now*]。
44. 比尔泽致布莱希罗德，BA。
45. 引自赫伯特·罗赫，《冯塔纳》（柏林，1962年），第107–108页 [Herbert Roch, *Fontane* (Berlin, 1962), pp. 107–8]。
46. 汉斯·冯·布莱希罗德致布莱希罗德，1879年6月3日，BA。
47. 皮彻致布莱希罗德，1879年12月26日，BA。
48. 《天主教大众报》，第53期，3月5日（无年份），BA。
49. 塞肯多夫（Seckendorff）致布莱希罗德，1885年10月30日，BA；Taffs，*Ambassador* 591
to Bismarck，p. 374。
50. 弗里登塔尔致布莱希罗德，1889年4月26日，BA。
51. 玛丽·拉齐威尔王妃，《玛丽·拉齐维尔王妃写给德·罗比朗将军的信，1889–1914》，第一卷，《1889–1895》（博洛尼亚，1933年），第152页 [Princesse Marie Radziwill, *Lettres de la Princesse Radziwill au Général de Robilant, 1889–1914*, Vol. I: *1889–1895* (Bologna, 1933), p. 152]。
52. 布莱希罗德致以色列联盟，1883年1月11日，AI：IIB13。
53. Roth, *Magnificent Rothschilds*, pp. 126–27.

54. 明斯特致卡普里维，1891 年 6 月 3 日，梅特涅致卡普里维，1891 年 6 月 20 日，GFO：俄国 73。
55. 格斯勒（Gossler）致布莱希罗德，罗伯特 · 科赫致布莱希罗德，《北德大众报》，1890 年 12 月 2 日，BA。
56. *GW*，IX，476；伦巴赫的收据，1882 年 8 月 10 日，BA。
57. 魏尔纳 · 桑巴特，《19 世纪的德国国民经济》（柏林，1927 年），第 648 页 [Werner Sombart, *Die Deutsche Volkswirtschaft im neunzehnten Jahrhundert* (Berlin, 1927), p. 648]；贝加斯致布莱希罗德，1882 年 6 月 23 日，BA。
58. 施瓦巴赫致布莱希罗德，1876 年 5 月 15 日，BA。
59. 格莱费教授致布莱希罗德，1870 年 5 月 20 日；埃维斯博士致布莱希罗德，1871 年 7 月 9 日；另见埃维斯的医学报告，1871 年 8 月 29 日；赫茨贝格博士（Dr. Herzberg）致布莱希罗德，1871 年 8 月 19 日、9 月 2 日，BA。
60. 弗雷里希斯博士致布莱希罗德，1881 年 7 月 31 日，BA。
61. 劳尔致布莱希罗德，1889 年 1 月 1 日；弗雷里西斯博士致布莱希罗德，1883 年 9 月 8 日，BA。
62. 埃伯哈德博士（Dr. A. Eberhard）致布莱希罗德，1865 年 8 月 6 日，BA。
63. 汉斯 · 冯 · 布莱希罗德致布莱希罗德，1878 年 8 月 14 日，BA。
64. 埃伯哈德博士致布莱希罗德，1865 年 8 月 6 日；劳尔致布莱希罗德，1875 年 10 月 20 日，BA。
65. 关于预备役军官，见埃克哈特·科尔的经典论文，《德意志王国预备军官的起源》，收录于《内政的特权》，维勒编，第 53–63 页 [Eckart Kehr, "Zur Genesis des Königlich Preussischen Reserveoffiziers," *Der Primat der Innenpolitik*, ed. by H.-U. Wehler, pp. 53–63]；以及戈登·克雷格，《普鲁士军队的政治，1640–1945》（牛津，1955 年），第 237–238 页 [Gordon Craig, *The Politics of the Prussian Army, 1640–1945* (Oxford, 1955), pp. 237–38]。
66. *GW*, IX, 86.
67. 汉斯 · 冯 · 布莱希罗德致布莱希罗德，1879 年 8 月 14 日，BA。
68. 草稿副本见 FA，原稿似乎已经丢失；*GW*，IX，86。
69. 布莱希罗德致俾斯麦，1879 年 5 月 26 日，SA。
70. 奥伊伦堡致布莱希罗德，1879 年 6 月 27 日，BA；莱恩多夫致布莱希罗德，1879 年 5 月 27 日，BA。
71. 阿尔贝迪尔致布莱希罗德，1875 年 10 月 8、16 日等，BA；另见 Craig，*Prussian Army*，p. 225。
72. 斯蒂芬·格温和格特鲁德·塔克维尔，《查尔斯·迪尔克从男爵议员阁下传》，第一卷（纽约，1917 年），第 432 页 [Stephen Gwynn and Gertrude M. Tuckwell, *The Life of the Rt. Hon. Sir Charles W. Dilke*, Bart., M.P., Vol. I (New York, 1917), p. 432]。
73. 见魏尔纳·安格雷斯出色的《一战前的普鲁士军队与犹太预备役军官争议》，刊于《莱奥·拜克学会年鉴》，1972 年第 17 期，第 19–42 页 [Werner T. Angress, "Prussia's Army and the Jewish Reserve Officer Controversy Before World War I," *LBY*, 17 (1972), 19–42]。
74. 外交部致布莱希罗德，1879 年 7 月 28 日，PRO：fo，62/944。
75. 布莱希罗德致俾斯麦，1879 年 12 月 29 日，FA。
76. *Sigilla Veri*, "Bleichröder," p. 653.

77. 汉斯 · 冯 · 布莱希罗德致布莱希罗德，1879 年 8 月 14 日，BA。
78. 莱恩多夫致布莱希罗德，1889 年 1 月 19 日，BA。
79. 罗森贝格致布莱希罗德，1882 年 1 月 27 日、6 月 13 日、10 月 19 日，BA。
80.《佩斯劳埃德报》，1881 年 2 月 19 日。
81. 巴姆贝格致卡尔 · 安东，1881 年 2 月 20 日，HS。
82. 菲利普斯伯恩（Philipsborn）致布莱希罗德，1881 年 12 月 3 日；埃德蒙 · 德 · 罗斯柴尔德致布莱希罗德，1881 年 12 月 1 日，BA。
83.《汉诺威信使报》，1881 年 12 月 12 日，BA。
84. 奥古斯塔皇后致布莱希罗德，1882 年 1 月 4 日，BA。
85. 库洛（Kühlow）的记录，1882 年 5 月 17、22 日；布莱希罗德致汉斯 · 冯 · 布莱希罗德，1884 年 9 月 28 日，BA。
86. 库洛，1882 年 5 月 17 日，BA。
87. Fürstenberg, *Lebensgeschichte*, p. 57.
88. 布莱希罗德致汉斯 · 冯 · 布莱希罗德，1884 年 9 月 28 日、10 月 19 日，BA。
89.《伯恩斯托夫伯爵回忆录》（伦敦，1936 年），第 12 页 [*The Memoirs of Count Bernstorff* (London, 1936), p. 12]。
90. *Sigilla Veri*, "Bleichröder," p. 656.
91. 1889 年 6 月 8 日，BA。
92. 布莱希罗德致鲁道夫·林道，1890 年 12 月 3 日，1892 年 11 月 30 日，联邦档案：科布伦茨，Kl. Erw.，310。
93. 这里和下面的花絮来自约阿西姆 · 施普林茨博士（Dr. Joachim Sprinz），他曾多年担任德国驻尼斯领事，是汉斯和魏尔纳的亲密伙伴。他被称为布莱希罗德的跟班（*Begleiterscheinung*）。我在 1967 年见过他，对他的帮助深表谢意。
94. 绍芬致布莱希罗德，1879 年 8 月 25 日；蒂德曼致布莱希罗德，1884 年 12 月 31 日，BA。

第十八章　新反犹主义的人质

1. 关于这个术语及其内涵的简明历史，见托马斯·尼佩代和赖因哈德·吕鲁普的《反犹主义》，收录于《基本历史概念：德国政治社会语言的历史词典》，布鲁纳等人编，第一卷（1972 年），第 129–153 页 [Thomas Nipperdey and Reinhard Rürup, "Antisemitismus," *Geschichtliche Grundbegriffe. Historisches Lexikon zur politisch-sozialen Sprache in Deutschland*, ed. 592
by O. Brunner et al., I (1972) pp. 129–153]。现在重新刊印在吕鲁普的《解放与反犹主义：市民社会的"犹太问题"研究》上（哥廷根，1975 年）[Rürup, *Emanzipation und Antisemitismus. Studien zur "Judenfrage" der bürgerlichen Gesellschaft* (Göttingen, 1975)]。
2. 引自 Schorsch 的 *Jewish Reactions*，p. 5。
3. 让–保罗 · 萨特，《反犹主义者肖像》（伦敦，1948 年），第 10、120 页 [Jean-Paul Sartre, *Portrait of the Anti-Semite* (London, 1948), pp. 10, 120]。
4. 长久以来，萧条和新反犹主义之间被认为存在联系。汉斯 · 罗森贝格对此做了最有力的断言，见《大萧条与俾斯麦时代》（柏林，1967 年），第 88–117 页 [Hans Rosenberg, *Grosse Depression und Bismarckzeit* (Berlin, 1967), pp. 88–117]。关于对罗森贝格的简要批判，特

别是根据乌里尔 · 塔尔（Uriel Tal）对新反犹主义思想起源的分析，见赫尔曼 · 格莱夫，《1870–1871 年德意志帝国的反犹主义探源》，刊于《犹太人》，1971 年第 27 期，第 184–192 页 [Hermann Greive, "Zu den Ursachen des Antisemitismus im Deutschen Kaiserreich von 1870–71," *Judaica*, 27 (1971), 184–92]。关于萧条与美国反犹主义的联系，见约翰 · 海格姆，《镀金时代的反犹主义》，刊于《密西西比河谷历史评论》，1957 年第 43 期，第 559–578 页 [John Higham, "Antisemitism in the Gilded Age," *Mississippi Valley Historical Review*, 43 (1957), 559–78]；另见，理查德 · 霍夫施塔特，《改革时代》（纽约，1955 年），第 77–81 页 [Richard Hofstadter, *The Age of Reform* (New York, 1955), pp. 77–81]。另见拙作 "Money，Morals，and the Pillars of Society"，*Failure of Illiberalism*。

5. 见贝达尔（R. M. Berdahl）对德国民族主义富有洞见的评论，《美国历史评论》，第 77 期，第 65–80 页。
6. Kaelble, *Berliner Unternehmer*, pp. 79–80. 另见 Schorsch，*Jewish Reactions*，特别是 pp. 14–15；莫妮卡·理查兹，《解放时期德国犹太人的社会流动（1790–1871）》，刊于《莱奥·拜克学会年鉴》，1875 年第 20 期，第 69–77 页 [Monika Richarz, "Jewish Social Mobility in Germany during the Time of Emancipation (1790–1871)," *LBY*, 20 (1975), 69–77]。Sir James Rennell Rodd, *Social and Diplomatic Memories*, p. 56.
7. 康斯坦丁 · 弗朗茨，《民族自由党的宗教》（莱比锡，1972 年），第 v、59、213、217、221、235–237 页 [Constantin Frantz, *Die Religion des Nationalliberalismus* (Leipzig, 1872), pp. v, 59, 213, 217, 221, 235–37]。
8. 引自 Nipperdey and Rürup，"Antisemitismus"，p. 137。
9. 引自 Pulzer，*Political Anti-Semitism*，p. 78。
10. 库尔特 · 瓦夫里齐内克，《德国反犹主义党派的诞生（1873–1890）》，刊于《历史研究》，1927 年第 168 期，第 11 页 [Kurt Wawrzinek, "Die Entstehung der deutschen Antisemitenparteien (1873–1890)," *Historische Studien*, 168 (1927), 11]。
11. 赫尔曼·灿恩，《作为政治工具的〈园亭〉》（维尔茨堡，1935 年），第 14 页 [Hermann Zang, *"Die Gartenlaube" als politisches Organ* (Würzburg, 1935), p. 14]。
12. Glagau, *Börsen-und Gründungs-Schwindel*, p. 24.
13. 同上，pp. xxx，150；xxv，30。
14. Wawrzinek, "Entstehung," p. 9.
15. 同上，pp. 9–11。
16. 同上，p.12。
17. 引自瓦尔特 · 波里希编，《柏林反犹主义斗争》（法兰克福，1965 年），第 56 页 [Walter Boehlich, ed., *Der Berliner Antisemitismusstreit* (Frankfurt, 1965), p. 56；Massing, *Rehearsal for Destruction*, pp. 14–15]。
18. 《日耳曼尼亚》，1875 年 9 月 10 日，引自 Nipperdey and Rürup，"Antisemitismus"，p. 142。
19. 奥托·冯·迪斯特–达伯，《俾斯麦与布莱希罗德：德国的权利意识和法律面前的平等》（慕尼黑，1897 年），第 40–41 页 [Otto von Diest-Daber, *Bismarck und Bleichröder. Deutsches Rechtsbewusstsein und die Gleichheit vor dem Gesetze* (Munich, 1897), pp. 40–41]。
20. 玛尔，《犹太人对德国人的胜利：非忏悔者的视角》（伯尔尼，1879 年），第 33、46、48 页 [W. Marr, *Der Sieg des Judenthums über das Germanenthum, Vom nicht confessionellen*

Standpunkt aus betrachtet (Bern, 1879), pp. 33, 46, 48]。

21. 理查德 · 莱温森,《政治中的金钱》(柏林，1931 年)，第 43–45 页 [Richard Lewinsohn, *Das Geld in der Politik* (Berlin, 1931), pp. 43–45]。
22. Busch, *Bismarck*, II, 312.
23. *Gedanken*, II, 160.
24. Diest-Daber, *Bismarck und Bleichröder*, pp. 4–6.
25. 奥托·冯·迪斯特–达伯,《关于俾斯麦亲王和德国权利意识的回忆中不实之处的报告》(苏黎世，1899 年)，第 8 页 [Otto von Diest-Daber, *Berichtigung von Unwahrheiten in den Erinnerungen des Fürsten Bismarck und Deutsches Rechtsbewusstsein* (Zurich, 1899), p. 8]；迪斯特–达伯致俾斯麦，1874 年 10 月 11 日，DZA：波茨坦，帝国首相办公厅，迪斯特–达伯对俾斯麦亲王的攻击和恢复军衔的请求，第 401 号，第 1 卷。
26. Kardorff, *Kardorff*, pp. 101–105; Diest-Daber, *Bismarck und Bleichröder*, p. 10 和书中各处。
27. Kardorff, *Kardorff*, p. 107.
28. 兰茨贝格致布莱希罗德，1877 年 6 月 1 日，BA。
29. 布莱希罗德致赫伯特 · 冯 · 俾斯麦，1877 年 5 月 25、28 日，FA；赫伯特 · 冯 · 俾斯麦致布莱希罗德，1877 年 5 月 27 日，BA。
30. 法庭判决，1878 年 3 月 28 日，DZA：波茨坦，帝国首相办公厅，迪斯特–达伯对俾斯麦亲王的攻击和恢复军衔的请求，第 401 号，第 1 卷；卡多夫致布莱希罗德，1877 年 10 月 27 日，BA。
31. Kardorff, *Kardorff*, p. 110; Diest-Daber, *Bismarck und Bleichröder*, pp. 106–201. 另见 Diest-Daber，*Berichtigung*，书中各处。
32. Rudolph Meyer, *Politische Gründer*, p. 27.
33. 同上，p.2。
34. 同上，p.200。
35. 同上，p.4。
36. 同上，pp. 77，104，185，200–201。
37. Rudolph Meyer, *Briefe und sozialpolitische Aufsätze* ... , I, pp. 709, 740. 另见，*Politische Gründer*，p. 202；Kardorff，*Kardorff*，pp. 106–107。
38. 赫尔曼 · 巴尔,《反犹主义：国际访谈》(柏林，1894 年)，第 12 页 [Hermann Bahr, *Der Antisemitismus. Ein internationales Interview* (Berlin, 1894), p. 12]。
39. 施皮岑贝格男爵夫人后来如此形容他；Vierhaus，*Spitzemberg*，p. 386。
40. Pulzer, *Political Anti-Semitism*, p. 92.
41. 关于当时犹太人的自我批评，见 Schorsch，*Jewish Reactions*，pp. 47–48；以及迈克尔·迈耶尔，《反犹主义大辩论：犹太人对德国新敌意的反应，1879–1881》，刊于《莱奥 · 拜克学会年鉴》，1966 年第 11 期，第 164 页 [Michael A. Meyer, "Great Debate on Antisemitism: Jewish Reaction to New Hostility in Germany, 1879–1881," *LBY*, 11 (1966), 164]。
42. 阿道夫 · 施托克，《基督教社会党：演讲和论文》(比勒菲尔德和莱比锡，1885 年)，第 593
143–154 页 [Adolf Stoecker, *Christlich-Sozial. Reden und Aufsätze* (Bielefeld and Leipzig, 1885), pp. 143–54]。
43. 卡多夫致布莱希罗德，1879 年 9 月 30 日，BA。
44. Lucius, *Bismarck*, pp. 163–64.

45. 参见拙作 *Politics of Cultural Despair*，p. 140。

46. 见 Boehlich，Antisemitismusstreit，p. 11；另见安德里亚斯·多尔帕伦，《海因里希·冯·特莱奇克》（纽黑文，1957 年）[Andreas Dorpalen, *Heinrich von Treitschke* (New Haven, 1957)]；另见 Hamburger 对特莱奇克攻击之意义的出色总结，*Juden im öffentlichen Leben*，pp. 99–100。

47. Boehlich, *Antisemitismusstreit*, pp. 76, 190.

48. 特奥多尔·蒙森，《演讲与论文》（柏林，1905 年），第 410–426 页 [Theodor Mommsen, *Reden und Aufsätze* (Berlin, 1905), pp. 410–26]。

49. 瓦尔特·弗朗克，《宫廷牧师阿道夫·施托克与基督教社会主义运动》（汉堡，1935 年），第 85 页 [Walter Frank, *Hofprediger Adolf Stoecker und die christlichsoziale Bewegung* (Hamburg, 1935), p. 85]。

50. 布莱希罗德致威廉一世，1880 年 6 月 18 日，DAZ：波茨坦：帝国首相办公厅，犹太人事务，第 16 号，第 1 卷。

51. 布莱希罗德致俾斯麦，1880 年 6 月 18 日，同上。

52. 戈德施密特致布莱希罗德，1880 年 9 月 23 日，BA。Frank，*Stoecker*，pp. 89–90；书信草稿见 DZA：梅泽堡：施托克遗稿。

53. *GW*，VI3，199；这封信的草稿见 DAZ：波茨坦：帝国首相办公厅，犹太人事务，第 16 号，第 1 卷。

54. 俾斯麦致蒂德曼，1880 年 11 月 15 日，同上。另见 Lucius，*Bismarck*，p. 216。

55. 俾斯麦致蒂德曼，1880 年 11 月 21 日，DAZ：波茨坦：帝国首相办公厅，犹太人事务，第 16 号，第 1 卷；Frank，*Stoecker*，p. 96。

56. 1880 年 11 月 13 日，汉内尔的质询，DAZ：波茨坦：帝国首相办公厅，犹太人事务，第 16 号，第 1 卷。

57. 赫伯特·冯·俾斯麦致蒂德曼，1880 年 11 月 17、18 日；蒂德曼致赫伯特·冯·俾斯麦，1880 年 11 月 19 日，同上。

58.《犹太人问题：普鲁士众议院对众议员汉内尔博士的质询所做的讨论》（柏林，1880 年），第 211 页和其他各处 [*Die Judenfrage. Verhandlungen des preussischen Abgeordnetenhauses über die Interpellation des Abgeordneten, Dr. Hänel* (Berlin, 1880), p. 211]。

59. 关于巴姆贝格，见斯坦利·祖克，《路德维希·巴姆贝格与德国反犹主义的兴起，1848–1893》，刊于《中欧史》，1970 年第 3 期，第 332–352 页 [Stanley Zucker, "Ludwig Bamberger and the Rise of Anti-Semitism in Germany, 1848–1893," *CEH*, 3 (1970), 332–52]。

60. 埃萨·德·奎罗斯，《英国来信》（俄亥俄州，雅典，1970 年），第 47 页 [Eça de Queiroz, *Letters from England* (Athens, Ohio, 1970), p. 47]。

61. 布莱希罗德致俾斯麦，1880 年 11 月 20 日，GFO：I.A.A.a. 50，第 3 卷。

62. 吉·德·布莱希罗德致迪斯累利，1880 年 11 月 22 日，休恩顿庄园，B/XXI，R/263 及附件。这条资料由我的同事 Marvin Swartz 提供。

63. 引自《泰晤士报》，1885 年 11 月 25 日。

64. 同上，1880 年 11 月 23 日。

65. Pulzer，*Political Anti-Semitism*，pp. 337–338；汉斯·利伯舒茨，《从黑格尔到马克斯·韦伯的德国历史画面中的犹太人》（图宾根，1967 年），第 341–342 页 [Hans Liebeschütz,

Das Judentum im deutschen Geschichtsbild von Hegel bis Max Weber (Tübingen, 1967), pp. 341–2]；Boehlich，*Antisemitismusstreit*，pp. 202–204。

66. Denkwürdigkeiten ... Hohenlohe, II, 307.
67. 安东·贝特尔海姆，《贝托尔德·奥尔巴赫》（斯图加特，1907 年），第 375 页 [Anton Bettelheim, *Berthold Auerbach* (Stuttgart, 1907), p. 375]。
68. 《雅各布·布克哈特写给友人弗里德里希·冯·普莱恩的信，1864–1893》（斯图加特和柏林，1922 年），第 137 页 [*Jakob Burckhardts Briefe an seinen Freund Friedrich von Preen, 1864–1893* (Stuttgart and Berlin, 1922), p. 137]。
69. 关于这点，见 Schorsch，*Jewish Reactions*，pp. 47–48 和书中各处。
70. 关于庸俗理想主义，见拙作 *Failure of Illiberalism*，pp. 17–19。
71. 蒂德曼致赫伯特·冯·俾斯麦，1880 年 11 月 19 日，DAZ：波茨坦：帝国首相办公厅，犹太人事务，第 16 号，第 1 卷。
72. 赫伯特·冯·俾斯麦致蒂德曼，1880 年 11 月 29 日，同上。
73. 俾斯麦和普特卡默致威廉，1880 年 12 月 4 日，威廉的草稿，1880 年 12 月 27 日，同上；Frank，*Stoecker*，p. 100。
74. 布莱希罗德致俾斯麦，1880 年 12 月 29 日，FA；威尔莫夫斯基（Wilmowsky）致布莱希罗德，1881 年 1 月 26 日，DAZ：波茨坦：帝国首相办公厅，犹太人事务，第 16 号，第 1 卷。
75. 蒙特菲奥雷致布莱希罗德，1880 年 6 月 13 日，BA。弗朗茨·柯布勒编，《东西欧书信中的犹太人历史》（维也纳，1938 年），第 352 页 [Franz Kobler, ed., *Jüdische Geschichte in Briefen aus Ost und West* (Vienna, 1938), p. 352]。
76. 戈德施密特致布莱希罗德，1875 年 9 月 29 日，1880 年 11 月 5 日，BA。
77. 阿尔方斯·德·罗斯柴尔德致布莱希罗德，1880 年 12 月 4 日，BA。
78. Boehlich, *Antisemitismusstreit*, p. 176.
79. M. A. Meyer, "Great Debate on Antisemitism," p. 169. 英格里德·贝尔克编，《莫里茨·拉撒路与赫尔曼·施泰因塔尔：书信中的大众心理奠基者》（图宾根，1971 年），第 154 页 [Ingrid Belke, ed., Moritz Lazarus und Hermann Steinthal. *Die Begründer der Völkerpsychologie in ihren Briefen* (Tübingen, 1971), p. 154]。
80. 蒂德曼致赫伯特·冯·俾斯麦，1880 年 12 月 31 日，DAZ：波茨坦：帝国首相办公厅，犹太人事务，第 16 号，第 1 卷。
81. 荷尔斯泰因致赫伯特·冯·俾斯麦，1880 年 12 月 22 日，FA，由 Hoepke 博士提供。
82. Zucker, "Ludwig Bamberger," pp. 338–350.
83. Schulthess，*Geschichtskalender*，1881，p. 31；普特卡默报告，1881 年 5 月 22 日，1881 年 8 月 21 日，DAZ：波茨坦：帝国首相办公厅，犹太人事务，第 16 号，第 1 卷。
84. Schorsch, *Jewish Reactions*, p. 39.
85. 普鲁士王国内阁，1882 年 5 月 22 日，DAZ：波茨坦：帝国首相办公厅，犹太人事务，第 16 号，第 1 卷。
86. 以色列联盟柏林委员会，1881 年 12 月 29 日，AI：IA1。
87. Frank, *Stoecker*, pp. 109–110. 594
88. Massing, *Rehearsal for Destruction*, p. 37.
89. 古斯塔夫·希伯，《倍倍尔和俾斯麦之间》（东柏林，1965 年），第 77 页 [Gustav Seeber, *Zwischen Bebel und Bismarck* (East Berlin, 1965), p. 77]。

90.《邮报》(*Die Post*)剪报，1881 年 11 月 6 日，DAZ：波茨坦：帝国首相办公厅，犹太人事务，第 16 号，第 1 卷；*GW*，VIII，423–424。

91. 警方报告，1894 年 5 月 8 日，1897 年 12 月 31 日，BLHA：王国警察总监，关于尤里乌斯 · 布莱希罗德的报告，编号 30；另见 Hamburger，*Juden im öffentlichen Leben*，pp. 136–138；Toury，*Politischen Orientierungen*，pp. 182–185。

92. 玛杰里 · 兰贝蒂，《普鲁士政府与犹太人：威廉时代的政府行为与政策制定》，刊于《莱奥 · 拜克学会年鉴》，1972 年第 17 期，第 17 页 [Marjorie Lamberti, "The Prussian Government and the Jews: Official Behavior and Policy-Making in the Wilhelminian Era," *LBY*, 17 (1972), 17]。

93. Jöhlinger 的 *Bismarck und die Juden* 主张这种观点，pp. 43–45。

94. 约翰内斯 · 齐库施，《新德意志帝国政治史》，第二卷：《俾斯麦时代》(法兰克福，1927 年)，第 366 页 [Johannes Ziekursch, *Politische Geschichte des Neuen Deutschen Kaiserreiches*, Vol. II: *Das Zeitalter Bismarcks* (Frankfurt, 1927), p. 366]。

95. 布莱希罗德致威廉，1884 年 5 月 12 日，DAZ：波茨坦：帝国首相办公厅，犹太人事务，第 16 号，第 1 卷。

96. 齐吉斯蒙德 · 齐梅尔（Sigismund Simmel）致伊西多 · 劳埃布，1885 年 11 月 6 日，AI：IA1。

97. 见 Tal，Christians and Jews，书中各处。

98. 克里斯托弗 · 约瑟夫 · 克莱默，《冯 · 布莱希罗德先生所谓的 1 万马克》(柏林，1889 年)，第 3、7、17、21 页 [Christoph Joseph Cremer, *Die angeblichen 10,000 Mark des Herrn von Bleichröder* (Berlin, 1889), pp. 3, 7, 17, 21]。

第十九章 苦涩的结局

1. 布莱希罗德致马达伊，1881 年 4 月 10 日，以及后续的报告，BLHA：王国警察总监，关于盖尔森 · 布莱希罗德的档案，编号 30。

2. 马达伊致布莱希罗德，1879 年 9 月 26 日，1880 年 12 月，BA。

3.《国家市民报》(*Staatsbürger-Zeitung*)剪报，1889 年 9 月 5 日，BLHA：王国警察总监，关于盖尔森 · 布莱希罗德的档案，编号 30。

4. 迪特 · 弗里克，《俾斯麦的禁卫军：镇压德国工人运动中的柏林政治警察（1871–1898）》(东柏林，1962 年)，第 62 页 [Dieter Fricke, *Bismarcks Prätorianer. Die Berliner politische Polizei im Kampf gegen die deutsche Arbeiterbewegung* (1871–1898) (East Berlin, 1962), p. 62]。

5. Jöhlinger，*Bismarck und die Juden*，pp. 46–47；卡尔 · 帕什，《犹太恶魔》，两卷本合订本（莱比锡，无日期，可能是 1891 年），第 145 页 [Carl Paasch, Der Jüdische Dämon (2 vols. in 1; Leipzig, n.d.)(1891?), p. 145]。另见赫尔曼 · 阿尔瓦特，《对曼谢和布莱希罗德的审判》(莱比锡，1891 年)，第一章，第 4 节 [Hermann Ahlwardt, *Die Prozesse Manché und Bleichröder* (Leipzig, 1891), I, 4]。

6. 康拉德 · 马达伊致布莱希罗德，1877 年 3 月 18、24 日，BA。

7. 马达伊致布莱希罗德，1879 年 6 月 18、22 日，BA。

8. 汉斯 · 冯 · 布莱希罗德致布莱希罗德，1880 年 7 月 3、24 日，BA。

9. 霍普，1884 年 11 月 22 日；另见马达伊致普特卡默，1883 年 12 月 4 日，DZA：梅泽堡：司法部，对枢密商务顾问冯 · 布莱希罗德的调查，文件 8，编号 746。
10. 马达伊致布莱希罗德，1875 年 6 月 11 日，BA。
11. 马达伊致普特卡默，1883 年 12 月 4 日，DZA：梅泽堡：司法部，对枢密商务顾问冯 · 布莱希罗德的调查，文件 8，编号 746。
12. Fricke, *Bismarcks Prätorianer*, p. 53.
13. 检察官致科洛纳，1883 年 11 月 13 日，副本，DZA：梅泽堡：司法部，对枢密商务顾问冯 · 布莱希罗德的调查，文件 8，编号 746。
14. 王国地方法庭第一检察官致王国最高法院最高检察官的报告，1891 年 10 月 15 日，同上。
15.《施魏林与布莱希罗德：贵族与犹太人》（德累斯顿，1893 年），书中各处 [*Schwerin und Bleichröder: Edelmann und Jude* (Dresden, 1893)]。这本小册子出自施魏林之手，或者为他而写。
16. 最高检察官致司法部长弗里德贝格，1884 年 2 月 12 日，DZA：梅泽堡：司法部，对枢密商务顾问冯 · 布莱希罗德的调查，文件 8，编号 746。
17. *Schwerin und Bleichröder*, p. 82.
18. 私人副官佐莫菲尔德中尉（Adjutant Oberstleutnant）致弗里德贝格，1884 年 12 月 30 日，DZA：梅泽堡：司法部，对枢密商务顾问冯 · 布莱希罗德的调查，文件 8，编号 746。
19. *Holstein Papers*, II, 84–85, 93–94; Bussmann, *Herbert von Bismarck*, pp. 210–3.
20. Pulzer, *Political Anti-Semitism*, pp. 112–3.
21. 赫尔曼 · 阿尔瓦特，《一个犹太人的誓言》（柏林，1891 年），第 45、61 页 [Hermann Ahlwardt, *Der Eid eines Juden* (Berlin, 1891), pp. 45, 61]。
22.《进步报》剪报，1891 年 7 月 10 日，BLHA：王国警察总监，关于盖尔森 · 布莱希罗德的档案，编号 30。
23.《新时代》，1890 年 7 月 27 日；引自 Massing，*Rehearsal for Destruction*，p. 266。
24. 政治警察，1891 年 10 月 28 日，BLHA：王国警察总监，关于盖尔森 · 布莱希罗德的档案，编号 30。
25. Ahlwardt, *Prozesse Manché*, p. 8. 关于这类宽幅印刷品的另一个例子，见埃尔文 · 鲍尔博士，《布莱希罗德事件》（莱比锡，1891 年）[Dr. Erwin Bauer, *Der Fall Bleichröder* (Leipzig, 1891)]。
26. 第一检察官致最高检察官，1891 年 10 月 15 日，DZA：梅泽堡：司法部，对枢密商务顾问冯 · 布莱希罗德的调查，文件 8，编号 746。
27. 司法部长备忘录草稿，1891 年 10 月 29 日，同上。
28. 保罗 · 林道致布莱希罗德，1890 年 12 月 3 日，BA。因为各种缺乏良好品位的行为和对柏林舞台实行某种独裁统治，林道正遭受公开侮辱。Paasch, *Jüdische Dämon*, II, 125 ff. 595
29. 第 51 警区，1891 年 10 月 13 日；《北德大众报》，1891 年 10 月 23 日；DZA：梅泽堡：司法部，对枢密商务顾问冯 · 布莱希罗德的调查，文件 8，编号 746。
30. *Schwerin und Bleichröder*, p. vii
31. 王国最高法院，1892 年 2 月 1 日，DZA：梅泽堡：司法部，对枢密商务顾问冯 · 布莱希罗德的调查，文件 8，编号 746。
32.《民众报》剪报，1893 年 2 月 18 日，同上。
33. Kardorff, *Kardorff*, p. 278.

34.《柏林交易所通讯》剪报，1893 年 2 月 22 日，《柏林日报》剪报，1893 年 2 月 22 日，DZA：梅泽堡，王国掌礼局关于冯 · 布莱希罗德的文件，VI. B. 154。

35. 引自彼得 · 迪格，《宫廷犹太人》（纽伦堡，1939 年），第 454–457 页 [Peter Deeg, *Hofjuden* (Nuremberg, 1939), pp. 454–7]。

36.《国际银行和贸易期刊》（*Internationales Bank-und Handels-Journal*，维也纳），1893 年 2 月 20 日，BA；《犹太人大众报》，1893 年 2 月 24 日。

37. 警方报告，1893 年 2 月 21 日，BLHA：王国警察总监，关于盖尔森 · 布莱希罗德的档案，编号 30；另见 BA。

后记：家族的衰败

1. 大卫 · 兰德斯，《布莱希罗德银行：一份中期报告》，刊于《莱奥 · 拜克学会年鉴》，1960 年第 5 期，第 211 页 [David S. Landes, "The Bleichröder Bank: An Interim Report," *LBY*, 5 (1960), 211]。
2. Fürstenberg, *Lebensgeschichte*, p. 117.
3. 关于布莱希罗德银行在法德合作中的角色，见雷蒙 · 普瓦德文的重要作品，《1898 年到 1914 年间法德的经济与金融关系》（巴黎，1969 年），第 83 页等处 [Raymond Poidevin, *Les relations économiques et financières entre la France et l' Allemagne de 1898 à 1914* (Paris, 1969), p. 83 and passim]。
4. 备忘录，1897 年 5 月 12、15 日，BLHA：王国警察总监，关于尤里乌斯 · 利奥波德 · 施瓦巴赫的档案，编号 30。
5. 马克斯 · 瓦尔堡致保罗瓦尔堡，1898 年 10 月 22 日，瓦尔堡档案，由舍尔曼（J.A. Sherman）提供。埃里克 · 瓦尔堡（Eric M. Warburg）致信作者，允许引用这段摘录，1976 年 6 月 9 日。
6. 保罗 · 冯 · 施瓦巴赫，《我的档案》（柏林，1927 年），第 334 页 [Paul H. von Schwabach, *Aus meinen Akten* (Berlin, 1927), p. 334]。
7. 同上，第 330 页，以及来自布鲁纳的个人信息。
8. 部队质询，1893 年 1 月 4 日；警察总监的回复，1893 年 2 月 11 日，BLHA：王国警察总监，关于尤里乌斯 · 利奥波德 · 施瓦巴赫的档案，编号 30。
9. Fürstenberg, *Lebensgeschichte*, p. 399.
10. 拉玛尔 · 塞西尔，《阿尔伯特 · 巴林：德意志帝国的商业与政治，1888–1918》（普林斯顿，1967 年），第 109 页 [Lamar Cecil, *Albert Ballin: Business and Politics in Imperial Germany, 1888–1918* (Princeton, 1967) ,p. 109]，另见他的《犹太人与容克贵族》，刊于《莱奥 · 拜克学会年鉴》，第 20 期，第 47–58 页 ["Jews and Junkers," *LBY*, 20: 47–58]。
11.《泰晤士报》，1938 年 11 月 19 日。
12. Schwabach，*Aus meinen Akten*，p. 313；另见弗里德里希 · 提姆，《外交政策与高级金融：来自保罗 · 冯 · 施瓦巴赫的文件》，刊于《欧洲对话》，1929 年第 7 期，第 317–318 页 [Friedrich Thimme, "Auswärtige Politik und Hochfinanz. Aus den Papieren Paul H. von Schwabachs," *Europäische Gespräche*, 7 (1929), 317–8]。
13. Schwabach, *Aus meinen Akten*, p. 386.
14. 同上，p.440。

15. 同上，p.387。
16. 警方备忘录，1903 年 4 月 1 日，BLHA：王国警察总监，关于尤里乌斯 · 利奥波德 · 施瓦巴赫的档案，编号 30。
17. 警方备忘录,1909 年 4 月 24 日;《真理报》(*Die Wahrheit*) 剪报,1909 年 4 月 24 日,同上。
18. 部队的质询，1913 年 12 月 5 日，1917 年 1 月 12 日；《柏林午报》(*Berliner Zeitung am Mittag*) 剪报，1913 年 6 月 13 日。
19. Jagemann, *Fünfundsiebzig Jahre*, p. 271.
20. Emden，Money Powers，p. 254；齐格蒙德 · 卡茨尼尔森编，《德国文化领域的犹太人》，第三版（柏林，1962 年），第 725–726 页 [Siegmund Kaznelson, ed., *Juden im deutschen Kulturbereich*, 3rd ed. (Berlin, 1962), pp. 725–6]；莫德里斯 · 埃克斯泰因斯，《理性的极限》（牛津，1975 年），第 76 页 [Modris Eksteins, *The Limits of Reason* (Oxford, 1975), p. 76]。
21. 布莱希罗德档案中有详细记录。Sprinz 博士也向我谈起过自杀的可能。
22. 保罗 · 冯 · 施瓦巴赫致布鲁纳，1938 年 10 月 18 日，BA。施瓦巴赫与布鲁纳的全部通信令人辛酸地看到，对纳粹的反应多么各不相同，但遭受的痛苦又多么一致。
23. 库尔特 · 冯 · 布莱希罗德致帝国内政部长弗里克，1942 年 1 月 7 日；埃德加 · 冯 · 布莱希罗德致帝国内政部长副官，1942 年 1 月 23 日；帝国内政部长副官致帝国安全负责人，提请党卫军一级突击大队长阿道夫 · 艾希曼注意，1942 年 1 月 29 日；帝国党卫军和德国警察总监，1942 年 5 月 7 日，德国内政部，联邦档案，科布伦茨：R 18/5246。
24. 信息来自 Sprinz 博士。国际红十字会追踪服务处致作者，1976 年 6 月 28 日。
25. 美国法院提交给盟军驻德国最高委员会的归偿请求，1953 年 11 月 23 日，案件第 611 号，副本，BA。
26. Dahrendorf, *Society and Democracy in Germany*, ch. 4.

致 谢

本书的撰写历时漫长，我也因此得到许多重要的帮助。如果没有美国和欧洲的个人与机构的帮助，本书将不可能完成。

首先，我要对纽约阿恩霍尔德和布莱希罗德银行的布鲁纳表示感谢，他把布莱希罗德档案带到纽约，交给大卫·兰德斯使用。后来，布鲁纳先生和我变得非常熟悉，我从他的实用智慧和丰富经验中学到很多。他没能等到他寄予厚望的本书完成就去世了，但我给他看过几乎每一章的草稿，并获得他的批评性指教。

我的朋友大卫·兰德斯首先邀请我和他一起从事这项研究。在快速浏览了布莱希罗德档案后，我确信它的重要性，于是接受兰德斯的合作邀请。那是在二十年前，当时我们的计划都是写一本能很快完成的小书。

我们从1960年起在巴黎的罗斯柴尔德银行展开工作。1961年和1962年，我们去了民主德国的档案馆，并在维也纳和布达佩斯一起工作。我们希望有所分工，由兰德斯负责经济方面，我负责社会和政治领域。我们的日程逐渐发生分歧，1970年，他决定暂停对布莱希罗德的研究，转向其他更紧迫的工作。在那之前和之后，我都受益于他对19世纪历史的出色了解，他对历史和人文事物的自信判断，以及他对商业档案的熟悉。我们彼此分享研究，阅读对方的章节，他总是不吝提供建议和帮助。1973年，他读了本书的初稿。1974年，他又读了经过大幅修改的几个章节。

从一开始，我就得到各种机构的不可或缺的帮助，让为本书所做的广泛研究成为可能。1960—1961年，得益于社会科学研究会的补助金，我可以利用公休前往巴黎。哥伦比亚大学社会科学研究会还以几项暑假补贴和基金的形式向我提供更多支持，为我提供微缩胶卷的费用。哥伦比亚大学历史系的邓宁基金（Dunning Fund）让我可以把一些最重要的微缩胶卷打印出来。

我还要感谢各处档案保管人的慷慨。首先要感谢巴黎罗斯柴 598
尔德银行允许我查看它无与伦比的档案；我要感谢贝特朗·吉尔（Bertrand Gille）和皮埃尔·杜邦—费里耶（Pierre Dupont-Ferrier），我尤其要感谢吉·德·罗斯柴尔德男爵，他很久以后还允许我参观费里埃尔城堡。我还要感谢不久前去世的弗里德里希斯鲁的奥托·冯·俾斯麦亲王，他从1961年到1967年间允许我查阅关于布莱希罗德的无价材料。最后，我要感谢联邦德国外交部管理政治档案的官员，特别是已故的前负责人乌尔里希博士（Dr. Ullrich），在持续多年的研究过程中，我还一直得到萨斯博士（Dr. Sasse）和魏因南迪博士（Dr. Weinandy）的帮助。我要对波茨坦和梅泽堡的德国中央档案的负责人勒茨克博士（Dr. Lötzke）和威尔弛博士（Dr. Weltsch）表示特别的感谢，他们想尽办法让我们在档案馆期间的生活愉快而多产。我还要感谢上述档案的所有其他保管人。我要特别感谢哈佛大学克莱斯图书馆（Kress Library）的馆长肯尼斯·卡朋特（Kenneth E. Carpenter）。哥伦比亚大学的各个图书馆在帮助不断提出要求的申请人方面堪称表率。海牙的皇家图书馆也特别乐于助人。

另一些赞助让我查阅上述和其他档案成为可能：1966年，美国学术团体协会（American Council of Learned Societies）的补助金让我可以利用公休前往牛津，我在那里受到来自纳菲尔德学院（Nuffield College）和圣安东尼学院（St. Antony’s College）的热情接待和鼓励。哥伦比亚大学欧洲研究所多次向我提供旅行和文书开支的补贴；我至今仍然感激研究所的第一任所长菲利普·莫斯利（Philip E. Mosely）的鼓励。

在漫长的研究过程中，我得到几位朋友和同事的帮助。在关键的节点和寻找必要材料的过程中，我获得汉斯—乌尔里希·维勒（Hans-Ulrich Wehler）和现任莱茵兰—巴拉丁州（Rhineland-Palatinate）教育部长伯恩哈德·福格尔（Bernhard Vogel）的鼎力支持。如果没有乔治·加斯特朗（Georges Castellan）在巴黎的帮助，我怀疑我们可能无法进入民主德国档案馆工作。我还得到彼得·拉索（Peter Rassow）、瓦尔特·布斯曼（Walter Bussman）和维克多·布隆贝尔（Victor Brombert）。我要特别感谢沃尔夫兰·费舍尔（Wolfram Fischer），他专业而迅速地回答我的问询。我遭遇了所有研究欧洲史的美国学者必然曾经面对过的困难：意外所需的档案或图书馆距离遥远。但同事们慷慨地与我分享他们在自己的研究中碰巧得到的更多关于布莱希罗德的材料，这对我帮助很大。我特别想到约翰·洛尔（John Röhl）、克劳斯—彼得·霍伊普科（Klaus-Peter Hoepke）和阿尔弗雷德·瓦格茨（Alfred Vagts），此外还有马尔文·斯瓦茨（Marvin Swartz）、舍尔曼（J. A. Sherman）、阿兰·米切尔（Allan Mitchell）、魏尔纳·波尔斯（Werner Pöls）、奥托·普弗朗茨（Otto Pflanze）和埃伯哈德·瑙约克斯（Eberhard Naujoks）。我还要感谢伦敦萨缪尔·蒙塔古有限公司（Samuel Montagu & Co. Limited）的鲁道夫·布莱希罗德，他非常友好地与我分享他对盖尔森和尤里乌斯·布莱希罗德的回忆。

我得以在几处学术避风港写完本书的许多内容。1969—1970年，在约翰·西蒙·古根海姆纪念基金会（John Simon Guggenheim

Memorial Foundation）的帮助下，我在普林斯顿高等研究院度过一年。1972—1973 年，我在荷兰高等研究院工作，在米塞特博士 599
（Dr. Misset）的关切注视和埃尔斯·古拉斯特拉·范隆—布恩（Els Glastra van Loon-Boon）的热心帮助下，那里成立欧洲首家跨学科研究院。同一年，洛克菲勒基金会邀请兰德斯和我在塞尔贝罗尼别墅（Villa Serbelloni）度过短暂但很有收获的时光。

许多朋友和同事们与我讨论了我的作品，我要特别感谢雅克·巴赞（Jacques Barzun）、以赛亚·伯林爵士（Sir Isaiah Berlin）、小威廉·迪波尔德（William Diebold，Jr.）、阿尔伯特·赫希曼（Albert O. Hirschman）、乔治·凯南（George F. Kennan）、大卫·德·勒维塔（David De Levita）和沃尔特·索科尔（Walter Sokel）。我的一些朋友很早就对个别章节提出意见：彼得·凯南（Peter Kenen）、亚瑟·米茨曼（Arthur Mitzman）、休·塞顿—沃特森（Hugh Seton-Watson）和鲁道夫·费尔豪斯（Rudolf Vierhaus）。莱昂纳德·克里格（Leonard Krieger）读了经过修改的本书第一部分，他的评论不仅带来启迪，而且鼓励了我。我还把完成后的书稿交给菲利克斯·吉尔伯特（Felix Gilbert）、克里斯托弗·基米奇（Christoph M. Kimmich）、罗伯特·韦布（Robert K. Webb）和杰伊·温特（Jay Winter）审阅，我非常感谢他们能从自己的工作中抽出时间承担如此繁重的工作。他们的意见在许多重要方面改进了书稿。菲利克斯·吉尔伯特还读了本书的导言，他对欧洲历史理解透彻，并具有历史学家的责任感。在此之前，我们已经有过无数次对话，令我受益匪浅。大卫·罗斯曼（David Rothman）、伊斯玛尔·绍尔什（Ismar Schorsch）和拉尔夫·达伦多夫（Ralf Dahrendorf）也读了导言。差不多二十年前，我和达伦多夫都是行为科学高等研究中心的研究员，我在此后所写和所做的一切都留下他的思想和我们的友谊的印记。

多年来，我得到一系列研究助理的帮助，包括沃伊塔·马斯特尼（Vojta Mastny）、马丁·兰迪（Martin Landy）、汉斯·托尔克（Hans Torke）、拉里·艾布拉姆斯（Larry Abrams）、亚瑟·多普尔特（Arthur Doppelt）和马丁·纽豪斯（Martin Newhouse）；1974年夏天，我有幸雇佣耶鲁的古典学家黛博拉·罗伯茨（Deborah Roberts）为寻书员和打字员，她还对本书的缺陷做了随性评论。大部分书稿由艾妮·瑟维特（Ene Sirvet）凭借出色的技巧和耐心打出；伊内克·费尔布里夫—范·艾格蒙德（Ineke Veilbrief-van Egmond）和露丝·伊尔曼（Ruth Earman）之前也帮助誊写笔记。在工作的最后阶段，米歇尔·凯米（Michelle Kehmi）整理笔记的技巧对我帮助巨大。过去十个月里，我还得到卡塔琳娜·齐默（Katharina J. Zimmer）耐心和机敏的帮助；在准备将书稿付梓的最后阶段，她的帮助大胆而不可或缺。

我非常感谢我的朋友和编辑阿什贝尔·格林（Ashbel Green），如果没有他，本书的篇幅会更长，各种疏失将会更多。他的忠告和宽容令人鼓舞，令我感到莫大的荣幸。

本书的撰写和修改经历漫长而艰苦的过程。创作的关键时期恰逢哥伦比亚大学遭受动荡，在之前的二十五年里，那里一直是我的思想家园，要求并值得我付出全身心的热爱。我在这段时间还遭受巨大的个人损失。哈约·霍尔波恩（Hajo Holborn）于1969年去世，他一直是我的朋友和导师。不久之后，与我认识时间最长的两位朋 600
友和同事理查德·霍夫施塔特和亨利·罗伯茨（Henry L. Roberts）也去世了。过去五年间，我长久以来的老师和朋友莱昂内尔·特里林对本书非常感兴趣。最重要的是，他对工作的热情投入不断激励着我。他在几个月前去世。我希望可以在本书中找到他们的思想和鼓励的痕迹。

在过去这些年里，家人的支持让我坚持下来。他们的奉献是对我最大和最无形的帮助。多年来，我的妻子理解和包容这本书，以各种我无法描绘的微妙方式期待着它的完成。我的孩子们也以许多互补的方式帮助我。我的儿子弗雷德从文学角度出发，帮助我从新的视角看待事件和情感。直到最后，他还要求我努力解决导言中的某些痼疾。我的女儿凯瑟琳本人也是历史学家，她和我一起读了长条校样。在此过程中，她愤怒的叹息和她许多出色的改进建议一样大有帮助。

我得到大量帮助。这是一次令人生畏的体验，任何判断或事实错误都归咎于我。

弗里茨·斯特恩

佛蒙特州罗切斯特

1976年7月28日

参考书目

为了简约起见，我决定不一一列出我使用过的所有档案中的所有文件。那样的话，名单将会很长；当然，我引用的文件在前面的注释中都已提到。

我觉得列出我读过的所有书目同样显得啰唆。我引用的书籍和文章已经在前面的注释中列出。这里列出的是对我具有特别价值的书目，有的加深我对本书中心主题的理解，有的拓宽我对其历史背景的观点。这份书目并不完整，但我希望它能对某些读者有用。遴选过程容易产生不公正，我担心无意中可能略去某些本该被包括进来的书目。

就像我在导言中所提到的，我觉得 19 世纪的伟大小说以及易卜生和萧伯纳的戏剧具有极高的价值，这点在正文和注释中一定也显而易见。我相信自己不仅是为了乐趣才阅读和思考司汤达、巴尔扎克、福楼拜、狄更斯、特罗洛普、托马斯 · 曼和特奥多尔 · 冯塔纳的小说。

在理解 19 世纪 70 年代的社会方面，我觉得《噼里啪啦》杂志特别能给人启发。

汉娜 · 阿伦特，《极权主义的起源》，纽约，1951 年［Arendt, Hannah, *The Origins of Totalitarianism*. New York, 1951］。

罗伯特 · 贝达尔，《德国民族主义新思索》，刊于《美国历史评论》，1972 年第 77 期，第 65—70 页［Berdahl, Robert M., "New Thoughts on German Nationalism," *AHR*, 77 (1972), 65–70］。

罗伯特 · 布雷克，《迪斯累利》，伦敦，1966 年［Blake, Robert, *Disraeli*. London, 1966］。

赫尔穆特 · 波姆，《德国的大国之路：帝国奠基时代经济与国家的关系研究，1848—1881》，科隆和柏林，1966 年［Böhme, Helmut, *Deutschlands Weg zur Grossmacht: Studien zum Verhältnis von Wirtschaft und Staat während der Reichsgründungszeit, 1848–1881*. Cologne and Berlin, 1966］。

卡尔 · 埃尔里希 · 波恩编，《俾斯麦书目，关于俾斯麦生平及其时代的材料和作品》，科隆，1966 年［Born, Karl Erich, ed., *Bismarck-Bibliographie. Quellen und Literatur zur Geschichte Bismarcks und seiner Zeit*. Cologne, 1966］。

瓦尔特 · 布斯曼编，《国务秘书赫伯特 · 冯 · 俾斯麦伯爵：政治私信集》，哥廷根，1964 年［Bussmann, Walter, ed., *Staatssekretär Graf Herbert von Bismarck. Aus seiner politischen Privatkorrespondenz*. Göttingen, 1964］。

戈登 · 克雷格，《普鲁士军队的政治，1640—1945》，牛津，1955 年［Craig, Gordon A., *The Politics of the Prussian Army, 1640–1945*. Oxford, 1955］。

大卫 · 德 · 勒维塔，《身份的概念》，巴黎和海牙，1965 年［De Levita, David J., *The Concept of Identity*. Paris and The Hague, 1965］。

约阿西姆 · 冯 · 迪索，《过渡中的贵族：一位批判性贵族成员来自城中和庄园宅邸的报告》，斯图加特，1961 年［Dissow, Joachim von, *Adel im Übergang. Ein kritischer Standesgenosse berichtet aus*

Residenzen und Gutshäusern. Stuttgart, 1961]。

埃尔里希·埃克，《俾斯麦：生平与作品》，三卷本，埃伦巴赫—苏黎世，1941—1944 年 [Eyck, Erich, *Bismarck: Leben und Werk*, 3 vols. Erlenbach-Zürich, 1941–1944]。

沃尔夫兰·费舍尔，《工业化时代的经济与社会：论文、研究与报告》，哥廷根，1972 年 [Fischer, Wolfram, *Wirtschaft und Gesellschaft im Zeitalter der Industrialisierung. Aufsätze, Studien, Vorträge*. Göttingen, 1972]。

齐格蒙德·弗洛伊德，《文明及其不满》，第四版，伦敦，1949 年 [Freud, Sigmund, *Civilization and its Discontents*, 4th ed. London, 1949]。

汉斯·菲尔斯腾贝格编，《卡尔·菲尔斯腾贝格：一位德国银行家的生平，1870—1914》，柏林，1931 年 [Fürstenberg, Hans, ed., *Carl Fürstenberg. Die Lebensgeschichte eines deutschen Bankiers, 1870–1914*. Berlin, 1931]。

菲利克斯·吉尔伯特编，《银行家、艺术家和学者：19 世纪门德尔松家族的未公开书信》，纽约，1975 年 [Gilbert, Felix, ed., *Bankiers, Künstler und Gelehrte. Unveröffentlichte Briefe der Familie Mendelssohn aus dem 19. Jahrhundert*. New York, 1975]。

理查德·霍夫施塔特，《改革时代》，纽约，1955 年 [Hofstadter, Richard, *The Age of Reform. New York, 1955*]。

——《美国政治中的偏执风格和其他论文》，纽约，1965 年 [*The Paranoid Style in American Politics and Other Essays*. New York, 1965]。

哈约·霍尔伯恩，《德国与欧洲：历史随笔》，纽约，1970 [Holborn, 602
Hajo, *Germany and Europe: Historical Essays*. New York, 1970]。

——《近代德国史，1840—1945》，纽约，1969 年 [*A History of Modern Germany, 1840–1945.* New York, 1969]。

迈克尔·霍华德，《普法战争：德国人入侵法国，1870—

1871》，纽约，1961 年［Howard, Michael, *The Franco-Prussian War: The German Invasion of France, 1870–1871*. New York, 1961］。

詹姆斯·乔尔的就职演讲，《1914：未说出的假设》，伦敦，1968 年［Joll, James, *1914. The Unspoken Assumptions*. London, 1968］。

哈特穆特·凯尔布勒，《工业化初期的柏林企业家：出身、社会地位和政治影响》，柏林，1972 年［Kaelble, Helmut, *Berliner Unternehmer während der frühen Industrialisierung. Herkunft, sozialer Status und politischer Einfluss*. Berlin, 1972］。

雅各布·卡茨，《走出隔离区：犹太人解放的社会背景，1770—1870》，马萨诸塞州剑桥，1973 年［Katz, Jacob, *Out of the Ghetto: The Social Background of Jewish Emancipation, 1770–1870*. Cambridge, Mass., 1973］。

埃克哈特·科尔，《国内政策优先：19 世纪普鲁士—德意志社会史论文集》，汉斯—乌尔里希·维勒编，柏林，1965 年［Kehr, Eckart, *Der Primat der Innenpolitik. Gesammelte Aufsätze zur preussischdeutschen Sozialgeschichte im 19. Jahrhundert*, ed. by Hans-Ulrich Wehler. Berlin, 1965］。

亨利·基辛格，《白色革命家：反思俾斯麦》，刊于《代达罗斯》，1968 年第 77 期，第 888—924 页［Kissinger, Henry A., “The White Revolutionary: Reflections on Bismarck,” *Daedalus*, 97 (1968), 888–924］。

大卫·兰德斯，《银行家与帕夏：埃及的国际金融和经济帝国主义》，伦敦，1958 年［Landes, David S., *Bankers and Pashas: International Finance and Economic Imperialism in Egypt*. London, 1958］。

——《关于经济帝国主义本质的一些思考》，刊于《经济史期刊》，1961 年第 21 期，第 496—512 页［“Some Thoughts on the Nature of Economic Imperialism,” *JEH*, 21 (1961), 496–512］。

——《被解放的普罗米修斯：1750 年至当前西欧的技术变革和工业发展》，伦敦，1969 年 [*The Unbound Prometheus: Technological Change and Industrial Development in Western Europe from 1750 to the Present*. London, 1969]。

威廉·兰格，《欧洲的同盟与阵营，1871—1890》，第二版，纽约，1956 年 [Langer, William L., *European Alliances and Alignments, 1871–1890*, 2nd ed. New York, 1956]。

赫伯特·鲁蒂，《殖民与人类的塑造》，刊于《经济史期刊》，1961 年第 21 期，第 483—495 页 [Lüthy, Herbert, "Colonization and the Making of Mankind," *JEH*, 21 (1961), 483–95]。

卡尔·马克思，《共产党宣言》；《路易·波拿巴的雾月十八日》；《法兰西内战》；《1848—1850 年的法国阶级斗争》[Marx, Karl, *Manifesto of the Communist Party*; *The Eighteenth Brumaire of Louis Bonaparte*; *The Civil War in France*; *The Class Struggles in France, 1848 to 1850*]。

赫尔曼·明希，《阿道夫·冯·汉泽曼》，慕尼黑，1932 年 [Münch, Hermann, *Adolph von Hansemann*. Munich, 1932]。

赫尔曼·冯·彼得斯多夫等人编，《俾斯麦全集》，15 卷本，共 19 册，柏林，1923—1933 [Petersdorff, Hermann von, and others, eds., *Bismarck: Die Gesammelten Werke*, 15 vols, in 19, Berlin, 1923–1933]。

奥托·普弗朗茨，《俾斯麦与德国的发展：统一时期，1815—1871》，普林斯顿，1963 年 [Pflanze, Otto, *Bismarck and the Development of Germany: The Period of Unification, 1815–1871*. Princeton, 1963]。

——《对俾斯麦的心理分析诠释》，刊于《美国历史评论》，1972 年 第 77 期， 第 419—444 页 ["Toward a Psychoanalytical Interpretation of Bismarck," *AHR*, 77 (1972), 419–44]。

诺曼·里希和费舍尔编，《荷尔斯泰因文件》，第 1—3 卷，剑桥，1955—1961 年［Rich, Norman, and Fischer, M. H., eds., *The Holstein Papers*, vols. I-III. Cambridge, 1955–1961］。

吕鲁普，《解放与反犹主义：市民社会的"犹太问题"研究》，哥廷根，1975 年［Rürup, Reinhardt, *Emanzipation und Antisemitismus. Studien zur "Judenfrage" der bürgerlichen Gesellschaft*. Göttingen, 1975］。

汉斯 · 罗森贝格，《大萧条与俾斯麦时代》，柏林，1967 年［Rosenberg, Hans, *Grosse Depression und Bismarckzeit*. Berlin, 1967］。

让—保罗 · 萨特，《反犹主义者肖像》，伦敦，1948 年［Sartre, Jean-Paul. *Portrait of the Anti-Semite*. London, 1948］。

伊斯玛尔 · 绍尔什，《犹太人对德国反犹主义的反应，1870—1914》，纽约，1972 年［Schorsch, Ismar, *Jewish Reactions to German Anti-Semitism, 1870–1914*. New York, 1972］。

泰勒，《俾斯麦：人和政客》，纽约，1955 年［Taylor, A. J. P., *Bismarck: The Man and the Statesman*. New York, 1955］。

——《对欧洲霸权的争夺，1848—1918》，牛津，1954 年［*The Struggle for Mastery in Europe, 1848–1918*. Oxford, 1954］。

莱昂内尔 · 特里林，《自由的想象：文学与社会随笔》，纽约，1950 年［Trilling, Lionel, *The Liberal Imagination: Essays on Literature and Society*. New York, 1950］。

——《诚与真》，马萨诸塞州剑桥，1972 年［Sincerity and Authenticity. Cambridge, Mass., 1972］。

雅各布 · 图利，《德国犹太人的政治倾向：从耶拿到魏玛》，图宾根，1966 年［Toury, Jacob, *Die politischen Orientierungen der Juden in Deutschland: Von Jena bis Weimar*. Tübingen, 1966］。

鲁道夫 · 费尔豪斯编，《施皮岑贝格男爵夫人日记：对霍亨索伦王朝宫廷圈子的记录》，哥廷根，1960 年［Vierhaus, Rudolf, ed., *Das Tagebuch der Baronin Spitzemberg. Aufzeichnungen aus der*

Hofgesellschaft des Hohenzollernreiches. Göttingen, 1960]。

马克·沃克,《德国与对外移民, 1816—1885》, 马萨诸塞州剑桥, 1964 年 [Walker, Mack, *Germany and the Emigration, 1816–1885*. Cambridge, Mass., 1964]。

马克斯 · 韦伯,《政治作品集》, 慕尼黑, 1921 年 [Weber, Max, *Gesammelte Politische Schriften*. Munich, 1921]。

——《经济与社会 : 理解社会学基础》, 第 5 版, 图宾根, 1972 年 [*Wirtschaft und Gesellschaft. Grundriss der verstehenden Soziologie*, 5th ed. Tübingen, 1972]。

汉斯—乌尔里希 · 维勒,《俾斯麦与帝国主义》, 科隆与柏林, 1969 年 [Wehler, Hans-Ulrich, *Bismarck und der Imperialismus*. Cologne and Berlin, 1969]。

——《帝国的重重危机, 1871—1918》, 哥廷根, 1970 年 [*Krisenherde des Kaiserreichs, 1871–1918*. Göttingen, 1970]。

——《近代德国社会史》(编), 科隆和柏林, 1966 年 [*Moderne deutsche Sozialgeschichte*. Cologne and Berlin, 1966]。

西奥多 · 泽尔丁,《法国, 1848—1945》, 第一卷 :《野心、爱情和政治》, 牛津, 1973 年 [Zeldin Theodore, *France, 1848–1945*, Vol. I: *Ambition, Love, and Politics*. Oxford, 1973]。

约翰内斯·齐库施,《新德意志帝国政治史》, 三卷本, 法兰克福, 1925—1930 年 [Ziekursch, Johannes, *Politische Geschichte des Neuen Deutschen Kaiserreiches*, 3 vols. Frankfurt, 1925–1930]。

弗里德里希 · 琮克尔,《1834—1879 年的莱茵—威斯特法伦企业家 : 19 世纪德国市民阶层史论文集》, 科隆和奥普拉登, 1962 年 [Zunkel, Friedrich, *Der Rheinisch-Westfälische Unternehmer 1834–1879: Ein Beitrag zur Geschichte des deutschen Bürgertums im 19. Jahrhundert*. Cologne and Opladen, 1962]。

索 引

（按汉语拼音顺序排列，页码见本书边码）

B

C

I

J

N

T

U

V

W

Y

Z

关于作者

弗里茨·斯特恩曾长期在哥伦比亚大学任教，他关于19世纪、20世纪德国政治文化的探索性研究对德国为何坠入极权主义提供了新的理解。和那一代的许多德国历史学家一样，斯特恩教授试图解释让他的生活和家庭流离失所的事件背后的原因。2006年，他在兼具回忆录和历史作品色彩的《我所认识的五个德国》一书的序言中表示："虽然在纳粹德国只生活了五年，但那段短暂的经历还是向我提出了一个让我在整个学术生涯都试图回答的迫切问题：邪恶的普遍可能如何在德国成为现实？"

1926年2月2日，他出生在布雷斯劳一个被同化了的富裕犹太人家庭，直到1938年因形势所迫而移民美国。父亲鲁道夫是外科医生，母亲拥有物理学博士学位，父母家都皈依了路德宗。20世纪50年代初，斯特恩在康奈尔大学任教，后来在哥伦比亚大学度过了剩下的学术生涯。他于1967年被任命为塞斯·洛（Seth Low）历史学教授，1992年成为校级教授。从1980年到1983年，他担任大学教务长，并于1996年底退休。2016年，斯特恩在曼哈顿去世。

在处女作《文化绝望的政治：德国意识形态兴起研究》（1961年）

中，斯特恩博士揭示了让德国接受纳粹意识形态的思想氛围。他另辟蹊径，以不太知名的人物为研究对象，如文化批判者尤里乌斯·朗贝恩、圣经学者保罗·德·拉加德和文人阿图尔·莫勒·冯·登·布鲁克，他们的神秘民族主义和对西方自由价值的敌意代表了更广泛的思潮。在该书第二版前言中，斯特恩表示："我试图展现这种新型的文化不满的重要性，以及它如何促使本质上无关政治的抱怨入侵了政治。"他对政治和文化精英所扮演的角色特别感兴趣，作为文化价值表面上的守护者，他们却促成了希特勒的上台，并参与了德国对自由思想的抵制。在收入《非自由主义的失败：论现代德国政治文化》（1972 年）和《梦想与错觉：德国历史的戏剧》（1987 年）的一系列论文中，他沿着上述思路做了更多探索。

斯特恩的著述遍及整个德国近现代史，探讨了从 1871 年德国统一至今的各种主题和思潮。在《金与铁》中，他关注俾斯麦的财政代理和顾问，一位在德国统一和普法战争中起决定性作用的普鲁士犹太人。此人既有钱有势，又因身为犹太人而遭到鄙视，是个标志性人物。《经济学人》对该书的评价是："他的风格，他对人物性格的理解，对历史事件的重构和将其置于更广大背景中的做法，都体现出让所有学者艳羡的清晰、明智和深厚学养。"

他对 20 世纪初德国科学文化的兴趣催生了一部历史重构作品：《爱因斯坦恩怨史》（1999）。对纳粹时期的道德困惑困扰他终生，2013 年与妻子合著的《不凡之人狄特里希·邦霍费尔和汉斯·冯·多南伊：教会和政府中的希特勒反对者》是对这种困惑的表达。斯特恩博士的公共角色对应了他的学术兴趣，他是一位德国历史的诠释者、自由价值的捍卫者，也是统一和平的欧洲的热情倡导者。